Program
Programming
Programmer

16

Coders at Work

Coders at Work:
Reflections on the Craft of Programming

by Peter Seibel

오래된 인터뷰, 개발자의 미래를 긷다 2:
웹 대중화 개척자부터 우리 시대 석학까지

초판 1쇄 발행 2025년 9월 25일 **2쇄 발행** 2025년 10월 1일 **지은이** 피터 사이블 **옮긴이** 정지용·지유록 **펴낸이** 한기성 **펴낸곳** (주)도서출판인사이트 **편집** 송우일 **영업마케팅** 김진불 **제작·관리** 이유현 **용지** 월드페이퍼 **인쇄·제본** 천광인쇄사 **후가공** 이레금박 **등록번호** 제2002-000049호 **등록일자** 2002년 2월 19일 **주소** 서울시 마포구 연남로5길 19-5 **전화** 02-322-5143 **팩스** 02-3143-5579 **이메일** insight@insightbook.co.kr **ISBN** 978-89-6626-491-9 책값은 뒤표지에 있습니다. 잘못 만들어진 책은 바꾸어 드립니다. 이 책의 정오표는 https://blog.insightbook.co.kr에서 확인하실 수 있습니다.

일러두기

- 단행본은 《》로, 시·노래·영화 제목 등은 〈〉로, 단행본 이외의 신문·잡지·논문집 등은 『』로, 기사·논문 제목은 「」로 나타냈다.
- 모든 주는 옮긴이 주이다.

오래된 인터뷰, 개발자의 미래를 긷다

2

웹 대중화 개척자부터 우리 시대 석학까지

피터 사이블 지음 | 정지용·지유록 옮김

인사이트

차례

추천의 글

1990년대 초로 기억한다. 마이크로소프트웨어라는 월간지에 '전설적 프로그래머' 인터뷰 기사 연재가 실렸다. 나는 이 글을 읽으며 프로그래머의 꿈을 꿨고 지향점을 세울 수 있었다. 그런데 사실 이 연재는 1986년도에 수전 래머스라는 사람이 전설적 프로그래머 19명을 인터뷰한 《Programmers at Work》라는 책의 일부를 번역한 기사였다. 번역서(《천재 프로그래머 컴퓨터 소프트웨어의 창시자들》)도 나왔는데 인터뷰 대상자 중 몇 명을 빠뜨린 채 번역되었다. 누락되었다는 언급도 없이 말이다.

인공 지능 영역의 선구자 중 한 명인 피터 노빅이 2006년도에 이 책에 대한 서평을 아마존에 올린 적이 있다.(그런데 피터 노빅이 2009년에 또 다른 인터뷰집 《Coders at Work》에 인터뷰이로 등장하게 되었다는 점이 재미있다.)

> 이 책은 위대한 책이라고 말해야겠습니다. 그 범위에 있어서 거의 독보적입니다. 저는 이런 책이 더 많았으면 합니다. … 전문 프로그래머가 되기 위해 여전히 10년이 걸릴 겁니다만 이 책을 신경 써서 읽는다면 그 여정에 속도를 올리거나 최소한 여러분 주변의 프로그래머들을 더 잘 이해할 수 있게 될 거예요.

이번에 이 《Programmers at Work》가 제대로 완역되어 나오게 됐다. 오리지널 텍스트가 나오고 근 40년 만이다. 동시에 《Programmers at Work》의 계보를 잇는 《Coders at Work》(2009년 출간)라는 책도 함께 번역되어 나온다.

2006년에 인사이트 출판사에 이런 종류의 책이 한국에도 나왔으면 좋겠다고 메일을 드린 적이 있다. 감회가 남다르다. 한국 개발자들을 인터뷰한 책은 아니지만 그래도 완역되어 나온다는 게 기쁘다.

다 합쳐서 60년이 다 되어 가는 책 두 권이 오늘날 프로그래머들에게 도대체 어떤 의미일지에 대해 짧게 쓰고자 한다. 헌책방에서도 사지 않으려는 윈도 3.0 매뉴얼 정도로 느껴지기 쉬우니까.

게리 킬돌을 예로 들어 보자. 그는 CP/M과 PL/I을 만든 전설적 인물이다. 인터뷰에서 그는 문제 해결 능력의 중요성을 이야기한다. 자신이 학생들에게 가르치는 가장 중요한 두 가지가 문제 해결과 공부법이라고 한다. 그리고 문제 해결법을 가르칠 때 쓰는 연습 문제를 소개한다. 미분 방정식을 기호적으로 푸는 (수치 해석이 아니고) 프로그램을 작성해야 한다. 그런데 책은 다 내려놓아야 한다. 인터넷도 없었으니까 웹 검색도 불가. 프로그램은 다항식을 미분해 기호적 결과를 내야 한다. 이걸 10분간 하고 나서 이 문제를 해결하기 위해 무슨 도구(종이와 펜을 말하는 게 아니고 인지적 도구를 말한다)를 썼는지 묻는다. 이 과정에서 우리는 자신이 문제 해결에 쓰는 기법과 도구를 자각하게 된다. 이걸 우리가 의식적으로 더 수련하고 발전시켜야 한다는 이야기이다.

여기에서 우리는 대가의 사고방식을 엿볼 수 있다. 바로 이 사람이 무엇을 중시하는가 하는 것이다. 아마 게리 킬돌은 이런 방식을 통해 자신의 문제 해결 기법과 도구를 수련했을 것이다. 이게 오늘날 프로그래머들에게 여전히 유효한가? 그렇다고 생각한다.

주위를 둘러보면 휘황찬란한 도구들이 차고 넘치는 요즘, 어쩌면 당시보다 이게 더 중요할지도 모르겠다. 바이브 코딩을 하면서 생각을 깊이 하려고 하지 않게 되었다는 이야기가 심심치 않게 들리고, 인공 지능과 대형 언어 모델에 지나치게 의존하는 경우 학생들의 학습 능력이 오히려 위축된다는 최신 연구들(예: *https://arxiv.org/abs/2506.08872*)도 있지 않나. 그런 식으로 얼빠진 (mindless) 채 계속 작업하다가는 자신이 대형 언어 모델에 대체되는 지름길이 될 수도 있을 것이다.

이 책들을 읽다 보면 철 지난 기술에 대한 세세한 내용이 나온다. 독자들을 위해 한 가지 팁을 드리고 싶다. 우리가 지금 알아야 할 것은 어느 왕이 몇 년도에 태어났고, 전쟁이 몇 년도에 났느냐가 아니다. 그것이 어떤 역사적 의미가 있으며 당시의 문제의식은 뭐였고 어떤 선택을 했으며 후대의 평가는 무엇인지 이해하는 것이 역사 공부의 가치라고 할 수 있다. 마찬가지이다. 이 책에서도 기술 디테일을 꼭 좇을 필요는 없다. 그 대신 '번역'을 하며 읽기를 권하고 싶다. 이 이야기를 현재 나에게 어떤 의미로 번역할 수 있을지 자문하는 것이다. 그 기술적 문제를 해결하면서 당사자는 무슨 생각을 하고 어떤 의사 결정을 내린 걸까, 그 이면의 사고는 뭘까, 이런 생각을 하면서 능동적으로 이 책을 읽는다면 고리타분한 이야기가 팔딱팔딱 살아 숨 쉬는 이야기로 바뀔 것이다.

내가 한문 세대라는 점이 좋을 때가 있다. 박물관에서 조선왕조실록 원본을 보면서 옛 시절의 이야기가 살아 숨 쉬듯 나에게 다가오는 순간, 세종·영조의 얘기를 옆에서 듣는 황홀감은 내가 1990년대에 한 달에 인터뷰 하나씩 읽으면서 비지캘크 창시자, dBase 고안자, PFS 시리즈 창조자의 생각을 엿보며 느꼈던 감흥과 비슷하다. 여러분이 이 책을 읽으면서 그런 경험을 할 수 있기를 바란다.

김창준(애자일 컨설팅 대표)

옮긴이의 글

이 책이 출간된 2009년으로 잠시 돌아가 보자. 아이폰과 앱스토어가 등장하며 선풍적인 인기를 끌었다. 웹 2.0의 기치 아래 소통과 참여에 기반을 둔 웹 서비스가 우후죽순 등장했고, 소프트웨어 개발에 혁신을 가져온 애자일 운동도 점점 더 세를 키워 나갔다. 짧은 개발 주기가 대중화되고 클라우드 서비스가 등장하면서 소프트웨어 개발 속도 경쟁에 불이 붙었지만, 통합 개발 환경이나 컴파일러, 디버거 같은 개발 도구의 발전은 그 속도를 잘 따라잡지 못했다. 자바스크립트는 5.0 표준을 발표하며 재탄생의 시작을 알렸고, jQuery를 비롯한 자바스크립트 라이브러리의 춘추 전국 시대가 펼쳐졌다. 루비와 파이썬도 주류 언어로 서서히 부상하기 시작했다.

2009년 국내에 처음 도입된 아이폰을 쓰며 놀랐던 기억이 난다. 자바스크립트와 비동기 HTTP 요청(당시에는 Ajax라는 멋진 이름이 있었다)을 사용하여 웹 애플리케이션을 처음 만들어 보면서 다가올 미래를 살짝이나마 엿보기도 했다. 큰 변화가 일어나는 게 분명해 보였고 그 변화의 흐름을 타고 지인들과 스타트업을 창업하기도 했다. 하지만 이 책을 위한 인터뷰가 이루어지던 그 시점에는 무엇이 정말 혁명적인 변화이고 무엇이 터무니없는 과대광고인지 구분할 수 없었다.

2025년을 사는 우리는 인터뷰이들이 몰랐던 결론을 알고 있다. 개인용 컴퓨터가 아니라 모바일이 기본이 되었고 컨테이너와 클라우드 서비스가 널리 쓰이고 있다. 자바스크립트는 웹을 진즉에 집어삼켰고 이제는 제일 인기 있는 언어 자리를 파이썬과 다투고 있다. C++는 여전히 많이 쓰이지만 사람들은 계속 대안을 찾고 있다. 반면에 문학적 프로그래밍이나 매시업, STM 같은 용어는 자취를 거의 감췄으니 어쩌면 이 책에서 처음 접하는 독자들도 있을 것 같다.

요즘에는 대형 언어 모델을 위시한 인공 지능이 추동하는 변화의 바람이 거세게 불고 있다. 이런 때일수록 아마존 창업자 제프 베이조스의 말처럼 우리는 변하지 않는 것에 더 집중해야 할 것이다. 이 책에서 자주 등장하는 표현을 빌리자면 프로그래머라는 직업의 '불변식(invariant)'은 무엇일까? 2009년에 기록한 프로그래밍이라는 일 그리고 이 일을 하는 사람에 대한 이야기를 지금 다시 읽어 봐야 하는 이유이다.

이 책의 인터뷰이 15명은 모두 한 시대를 풍미했는데 그 배경은 각양각색이다. 도널드 커누스나 더글러스 크락포드처럼 책도 많이 쓰고 유명한 사람도 있지만, 프랜 앨런이나 버니 코셀처럼 한 회사에서 오랫동안 묵묵히 업적을 쌓아 온 사람도 있다. 그 덕분에 다양하고 흥미로운 관점을 접할 수 있다. 무엇보다 피터 사이블의 능수능란한 인터뷰 덕분에 한 명 한 명을 만나는 일 자체가 재미있다. 감춰져 있던 흥미로운 뒷얘기도 많다.

피터 사이블의 말처럼 코딩은 프로그래밍의 꽤 좁은 일부만 가리킨다. 하지만 이 책에서 단순한 코딩만 다루지는 않는다. 인터뷰이 15명은 모두 매우 뛰어난 코더인 동시에 전설적인 프로그래머이기도 하다. 물론 사이블이 코딩의 순수한 재미나 구체적인 코딩 스킬에 대한 질문들을 던지기는 하지만 그 외에도 컴퓨터 과학이라는 분야 전체를 폭넓게 조망하기도 한다. 사실 소프트웨어 개발이라는 기예의 특성상 좋은 코더가 되려면 좋은 프로그래머가 되어야 하고 그 반대도 마찬가지이지 않을까?

책장을 넘기다 보면 사람들의 의견이 정반대여서 충돌하는 부분도 있고, 지금은 너무나 당연한 기술이나 업무 방식을 상찬하는 모습이 당황스러운 부분도 있다. 그러니 이들의 의견을 곧이곧대로 받아들일 필요는 없다. 시간이 흐르면서 프로그래밍 환경이나 여건이 많이 달라졌고 프로그래머라는 직업도 더 다양하게 분화했기 때문이다. 하지만 컴퓨터 프로그래밍이 그동안 어떻게 진화했는지 그리고 우리가 어떻게 거인의 어깨 위에 서 있게 되었는지, 짧지 않은 역사를 되돌아보는 이들의 목소리 속에서 많은 교훈을 찾을 수 있었다. 독자들도 다양한 시각과 의견 속에서 자신만의 불변식을 발견하기를 바란다.

마지막으로, 예전에 스킴과 스몰토크를 공부하면서 두 언어뿐 아니라 프로그래밍 자체를 더 잘 이해하게 된 경험을 했는데 여러 사람이 스킴(또는 그 원조인 리스프)과 스몰토크를 언급하는 게 내심 반가웠다.(사이블이 리스프를 좋아해서 그와 관련된 질문을 많이 했을 것이다.) 두 언어를 현업에서 쓸 일은 거의 없겠지만 한 번쯤 공부해 보길 추천한다. 긴 인터뷰를 생생한 글로 함께 옮긴 지유록 님 그리고 인사이트 출판사에 감사를 전한다.

2025년 9월
옮긴이 정지용

감사의 말

무엇보다 너그럽게 시간을 내준 인터뷰이들에게 감사를 전하고 싶다. 그들이 없었다면 이 책은 답 없는 질문이 적힌 종이쪽지에 불과했을 것이다. 특히 스톡홀름과 버지니아에서 머무를 장소를 준비해 준 Joe Armstrong, Bernie Cosell과 그들의 가족에게 감사를 전한다. Peter Norvig과 Jamie Zawinski는 내 녹음기에 자신들의 목소리를 담을 기회를 주었을 뿐 아니라 이후 인터뷰에 참여한 다른 사람들에게 연락할 수 있도록 도와주었다. 특별한 감사를 전한다.

인터뷰를 하며 세계를 여행하는 동안 나를 자신의 집에 초대해 준 다른 가족들도 있다. 보스턴의 Dan Weinreb, Cheryl Moreau, 영국 케임브리지의 Gareth와 Emma McCaughan 그리고 뉴욕시에서 멋진 활동 근거지를 마련해 준 우리 부모님에게도 감사를 전한다. Christophe Rhodes는 인터뷰 사이 남는 시간 동안 케임브리지 대학을 구경할 수 있도록 도와주었고, Dave Fox와 함께 식사와 케임브리지 펍 탐방을 하는 완벽한 저녁 시간을 마련해 주기도 했다.

보스턴에서 머무를 곳을 내준 Dan Weinreb은 인터뷰 후보를 추리고 있던 초기부터 이 책을 전반적으로 가장 성실하게 검토해 주었다. Zach Beane, Luke Gorrie, Dave Walden, 우리 어머니도 모든 내용을 읽고 시의적절하게 격려해 주었다. Beane은 내가 책을 낼 때 늘 그랬듯이 표지에 실릴 무언가를 더해 주었는데 이번에는 이 책의 부제였다. Alan Kay는 Dan Ingalls와 L Peter Deutsch라는 훌륭한 인터뷰 대상을 추천해 주었다. Scott Fahlman은 Jamie Zawinski의 초기 경력에 대한 유용한 배경 정보를 주었다. Dave Walden은 BBN(Bolt Beranek and Newman)의 역사에 대한 자료를 보내 주었는데 Bernie Cosell과의 인터뷰 준비에 도움이 되었다. 혹시 빠트린 사람이 있다면 감사와 사과를 함게 전한다.

에이프레스 출판사 사람들에게 감사한다. 특히 내게 이 책을 쓰라고 처음 추천해 준 Gary Cornell, 많은 조언을 해 준 John Vacca와 Michael Banks, 셀 수 없이 많은 실수를 바로잡아 준 교열 담당 Candace English에게 감사를 전한다.

마지막으로, 함께 사는 가족 그리고 떨어져 사는 가족 모두에게 가장 큰 감사를 보낸다. 어머니와 장모님이 아이를 보러 와 주신 덕분에 일을 더 많이 해치울 수 있었다. 아내와 아이가 일주일 동안 놀러 갈 수 있도록 부모님이 거처를 내주신 덕분에 진도를 많이 뺄 수 있었다. 그리고 그 누구보다도 아내 Lily와 딸 Amelia에게 감사한다. 때때로 혼자 집중할 시간이 필요하기는 했지만, 내 삶에 이들이 없었다면 이 모든 일은 아무 의미가 없었을 것이다. 사랑한다.

들어가며

19세기 백작 부인 에이다 러브레이스의 업적은 찰스 배비지의 미완성 해석 기관을 위한 알고리즘을 고안한 것인데 이를 잠시 떼어 놓고 따져 보면, 컴퓨터 프로그래밍이라는 인간 활동이 존재해 온 기간은 사람의 생애보다도 짧다. 이 책을 쓰고 있는 2009년은 콘라트 추제가 최초의 다목적 컴퓨터인 Z3 전기 기계식 컴퓨터를 선보인 해인 1941년으로부터 68년밖에 되지 않았다. 탄도 궤적을 손으로 계산하던 미 육군 '계산원 부대'로부터 차출된 여섯 여성인 케이 안토넬리, 진 바틱, 베티 홀버튼, 말린 멜처, 프랜시스 스펜스, 루스 테이텔바움이 최초의 다목적 전자 컴퓨터인 에니악의 첫 프로그래머가 된 후로도 64년밖에 지나지 않았다.[1] 컴퓨터 프로그래머가 존재하지 않았던 세상에 태어난 사람들인 초기 베이비붐 세대[2]와 베이비붐 세대의 부모들도 아직 많이 살아 있다.

물론 지금은 완전히 달라졌다. 오늘날 세상은 프로그래머로 넘쳐 난다. 미국 노동 통계국에 따르면 2008년 기준 컴퓨터 프로그래머나 소프트웨어 엔지니어는 노동자 106명당 한 명꼴이다. 125만 명이 넘는다. 미국 바깥에도 전업 프로그래머가 있다. 여기에 공식적인 직업은 따로 있지만 자신의 생각대로 컴퓨터를 동작시키려고 노력하면서 일정 시간, 때로는 긴 시간을 보내는 많은 학생과 취미 프로그래머도 빼놓을 수 없다. 이 분야의 문이 열린 이후로 수백만 명이 코드를 썼고 그렇게 만들어진 코드가 수십억, 아니면 수조 줄은 될 것이다. 하지만 가끔은 우리가 하는 일이 아직도 즉흥적이라는 느낌이 든다. 사람들은 프로그래밍이 무엇인지 여전히 언쟁을 벌인다. 프로그래밍이란 수학인가, 공학인가, 기술인가, 예술인가, 과학인가를 놓고 말이다. 그리고 알다시피 우리는 최선의 프로그래밍 방법이 무엇인지 논쟁한다. 논쟁은 때로는 아주 격렬하다. 인터넷은 코드를 이렇게, 아니면 저렇게 써야 한다는 블로그나 게시판 글로 넘쳐 난다. 서점에는 새로운 프로그래밍 언어나 새로운 방법론 그리고 프로그래밍이라는 일을 바라보는 새로운 관점에 대한 책이 빼곡하다. 이 책은 프로그래밍이란 무엇인가 하는 질문에 답하기 위해 다른 접근 방법을 택했는데 문학잡지 『The Paris Review』[3]가 정립한 전통을 따른다. 『The Paris Review』는 영국 소설가 E. M. 포스터에게 교수 두 명을 보내서 인터뷰를 했는데, 이 인터뷰가 질문과 답변으로 이루어진 인터뷰 시리즈의 첫 편이 되었고 나중에 《Writers at Work》라는 책으로 묶여 출간되었다.

나는 이 분야에서 다양한 경험을 하고 위대한 업적을 이룬 프로그래머 15명과 마주 앉았다. 유닉스를 발명한 켄 톰프슨이나 아르파넷(ARPAnet)의 최초 구현에 참여한 버니 코셀처럼 시스템 해킹에 몰두한 사람도 있고, 해커로서의 명성과 학계에서의 탄탄한 입지를 함께 갖춘 도널드 커누스와 가이 스틸, 사이먼 페이튼 존스도 있다. IBM의 프랜 앨런이나 에릭슨의 조 암스트롱, 구글의 피터 노빅처럼 산업계에서 활동하는 연구자들과 제록스 파크(Palo Alto Research Center)에서 활약했던 댄 잉걸스나 엘 피터 도이치, 넷스케이프 초기 구현에 참여했던 제이미 자윈스키와 브렌던 아이크도 있다. 아이크와 함께 오늘날 웹의 언어를 설계하고 구현하는 데 참여한 더글러스 크락포드와 조슈아 블로크도 만날 수 있다. 라이브저널을 만든 브래드 피츠패트릭은 웹 시대에 프로그래머가 된 세대를 대표할 수 있을 것이다.

나는 이들에게 프로그래밍에 관해 물었다. 어떻게 프로그래밍을 배웠는지, 그동안 무엇을 깨달았는지 그리고 프로그래밍의 미래를 어떻게 생각하는지 물었다. 더 구체적으로는 프로그래머가 늘 씨름하는 문제들을 놓고 이야기하려고 했다. 소프트웨어를 어떻게 설계해야 하는지, 생산성을 올리고 오류를 피하는 데 프로그래밍 언어가 어떤 역할을 할 수 있는지 그리고 찾기 어려운 버그를 더 쉽게 추적하는 방법이 있는지 물었다.

이런 문제들의 해결은 아직 요원하기에 인터뷰 대상자들이 때로는 서로 꽤나 다른 의견을 내보였다는 것은 놀랄 일이 아니다. 제이미 자윈스키와 댄 잉걸스는 코드를 일단 동작하게 만드는 것의 중요성을 강조한 반면, 조슈아 블로크는 구현을 시작하기 전에 먼저 API를 설계하고 이 API가 작성하려고 하는 코드를 잘 지원하는지 검사하는 방식을 설명했다. 도널드 커누스는 자신의 조판 소프트웨어 텍(TeX)을 만들 때 먼저 코드를 종이에 연필로 모두 쓴 후 컴퓨터에 입력한 이야기를 해 주었다. 프랜 앨런은 C 때문에 최근 수십 년간 컴퓨터 과학에 대한 관심이 줄어들었다고 주장했고, 버니 코셀은 C를 "현대 컴퓨터에 닥친 가장 큰 보안 문제"라고 말했지만, 켄 톰프슨은 보안 문제는 프로그래머의 탓이지 프로그래밍 언어의 문제가 아니라고 주장했다. 도널드 커누스는 C의 포인터 용법을 자신이 본 "가장 놀라운 표기법상의 발전" 중 하나로 꼽았다. 인터뷰이 중 몇몇은 형식 증명(formal proof)이 소프트웨어 품질 향상에 유용하다는 발상을 비웃었지만, 가이 스틸은 형식 증명의 효능과 한계를 둘 다 멋지게 보여 주었다.

하지만 목소리가 일치하는 주제도 있었다. 거의 모두가 읽기 쉬운 코드를 쓰는 일의 중요성을 강조했다. 대부분의 사람이 가장 찾기 어려웠던 버그가 동시성 코드에 있었다고 했고, 프로그래밍이 이미 해결된 문제라고 생각하는 사람은 없는 듯했다. 다들 소프트웨어를 만드는 더 나은 방법을 여전히 찾고 있었다. 코드를 자동으로 분석하는 방법을 찾거나, 프로그래머가 함께 일하는 더 나은 방법을 제안하거나, 더 좋은 프로그래밍 언어를 찾거나 만들면서 말이다. 그리고 거의 모든 사람이 멀티코어 CPU가 흔해지면 소프트웨어를 작성하는 방식이 크게 변할 수밖에 없으리라고 생각하는 듯했다. 이 대화는 우리 분야의 역사 중 특정한 시점에 이루어졌으므로 이 책에서 다룬 주제들 역시 언젠가는 시급한 현재의 문제라는 위치에서 흥미로운 역사적 사실의 자리로 옮겨 가리라는 데에는 의심의 여지가 없다. 하지만 프로그래밍 같은 신생 분야에서조차 역사는 우리에게 교훈을 줄 수 있다. 그뿐 아니다. 프로그래밍이 무엇이고 우리가 어떻게 프로그래밍을 더 잘할 수 있는지에 대해 인터뷰이들이 나눠 준 통찰은 오늘날의 프로그래머뿐 아니라 지금으로부터 몇 세대 후 프로그래머에게도 유용하리라 본다.

마지막으로 제목에 대해 한마디 하겠다. 이 책 원서의 제목 《Coders at

Work》는 앞에서 언급한 『The Paris Review』의 《Writers at Work》 시리즈뿐 아니라 에이프레스의 책 《Founders at Work》에 맞추어 정했다.[4] 《Founders at Work》는 이 책과 비슷한 시도를 한 책이다. 책의 주제가 컴퓨터 프로그래밍이 아니라 기술 회사 창업이라는 점만 다르다. '코딩'이라는 말이 프로그래밍이라는 더 넓은 의미의 활동 중 꽤 좁은 일부만을 가리키기도 한다는 점은 알고 있다. 개인적으로 나는 좋은 프로그래머가 되지 않으면 좋은 코더가 될 수 없을 뿐 아니라 설계나 의사소통, 생각 면에서 뛰어나지 않으면 좋은 프로그래머가 될 수 없다고 믿는다. 이 책의 인터뷰이들은 분명 이 모두에 뛰어나다. 아니, 뛰어난 정도를 훨씬 넘어선다. 여러분이 앞으로 읽을 대화에서 느낄 수 있을 것이다. 재미있게 읽기 바란다!

1장

넷스케이프 개발자

제이미 자윈스키

Jamie Zawinski

제이미 자윈스키는 리스프 해커이자 초창기 넷스케이프 개발자이다. 나이트클럽도 소유하고 있다. 해커 세계에서는 이니셜 'jwz'로 통하며 모르는 사람이 없다.

자윈스키는 고등학생 때 카네기 멜런 대학교(Carnegie Mellon University, 이하 CMU) 인공 지능 연구실에 고용되어 리스프 프로그램을 짜면서 프로그래머 경력을 시작했다. 대학에 입학한 지 얼마 되지 않아 지루하다는 생각이 들어 견딜 수 없었던 그는 중퇴를 결심한다. 그리고 거의 10년간 리스프와 인공 지능 세계에서 프로그래머로 일했다. 당시 자윈스키 세대의 프로그래머들이 마이크로컴퓨터[1]와 함께 자라난 것과는 달랐다. 그 결과 자윈스키는 저물어 가던 해커 하위문화에 발을 깊이 담그는 특이한 경험을 할 수 있었다.

캘리포니아 대학교 버클리 캠퍼스에서 자윈스키는 피터 노빅과 같이 일하기도 했다. 노빅은 그를 가리켜 "내가 지금까지 고용했던 프로그래머 중 최고로 손꼽는 사람 중 하나"라고 말했다. 이후에는 리스프 관련 회사였던 루시드(Lucid Inc.)로 옮겨 루시드 이맥스 개발을 주도하게 되었다. 루시드 이맥스는 차후에 XEmacs로 이름이 바뀌었다. 루시드 이맥스가 출시되자 이맥스 커뮤니티에는 엄청난 분열이 일어났다. 이 이맥스 파생판은 영리를 추구하는 회사에서 내놓은 오픈 소스 포크(fork)로 굉장히 유명했다.

1994년 자윈스키는 마침내 루시드를 그만두고 리스프 세상 밖으로 나오게 된다. 그리고 당시 아직 스타트업 단계에 있던 넷스케이프에 합류한다. 자윈스키는 넷스케이프 브라우저 유닉스 버전과 넷스케이프 이메일 리더를 만든 원조 개발자 중 한 명이었다.

1998년 넷스케이프 브라우저의 소스 코드가 공개되었다. 당시 자윈스키는 모질라 커뮤니티에서 브렌던 아이크와 함께 넷스케이프 오픈 소스화를 주도했다. 그 일로부터 1년 후, 새로운 브라우저 출시에 진척이 없자 낙담한 그는 프로젝트를 그만두고 샌프란시스코로 옮긴다. 그곳에서 DNA 라운지라는 이름의 나이트클럽을 인수해 운영하고 있다. 그는 모든 연령의 고객이 라이브 음악을 즐길 수 있는 공간을 제공하기 위해 캘리포니아 주류 단속국과 싸우고 있다.

이 인터뷰에서 우리는 C++가 끔찍한 이유, 자신이 만든 소프트웨어를 수백만 명이 사용할 때 느끼는 기쁨에 관해 이야기를 나누었다. 이리저리 실험해 보며 시행착오를 겪는 일이 새내기 프로그래머에게 얼마나 중요한지에 대한 이야기도 빼놓을 수 없겠다.

자윈스키는 2008년에 모든 연령의 고객이 DNA 라운지에 방문할 수 있는 허가를 얻어냈고, 2025년 현재 여전히 DNA 라운지를 운영 중이다. 2017년에는 자윈스키가 만든 화면 보호기가 네덜란드에서 열린 화면 보호기 전시회에 출품되기도 했다. jwz.org에서 최근 소식을 볼 수 있다.

사이블 **프로그래밍은 어떻게 배우게 된 거죠?**

자윈스키 와, 너무 오래전 일이라 가물가물하네요. 제가 생각하기론 아마 8학년[2] 때였을 거예요. 컴퓨터를 정말 프로그래밍 목적으로 사용했던 건 말이죠. 학교에 TRS-80[3]이 몇 대 있었어요. 반 친구들과 베이식으로 약간 장난을 칠 수 있는 정도였죠. 정규 수업이 있었는지는 기억이 나지 않아요. 방과 후 수업 같은 게 아니었을까 합니다. 그 컴퓨터에는 프로그램을 저장할 수 있는 방법이 없었어요. 그래서 잡지에 실린 코드를 그대로 타자하거나 하는 식이었어요. 그때 책을 정말 많이 읽었던 것 같습니다. 실행해 볼 방법이 없는 프로그래밍 언어에 대한 책도 읽었던 기억이 나네요. 책으로만 접한 언어로 종이에다 프로그램을 짜기도 했어요.

사이블 **어떤 언어들에 관한 책이었나요?**

자윈스키 그중에 APL[4]이 생각나네요. APL을 다룬 잡지 기사를 읽었는데 정말 잘 만든 언어라고 생각했죠.

사이블 **그러니까, 멋진 키보드를 사려고 돈 들일 필요는 없었다는 말이군요.[5] 고등학생 시절에 컴퓨터 수업은 없었나요?**

자윈스키 고등학교 때 포트란을 배웠습니다. 그게 전부예요.

사이블 **그리고 어찌저찌해서 리스프라는 신세계를 만났고요.**

자윈스키 저는 과학 소설을 많이 읽었어요. 컴퓨터가 지배하는 세상이라니. 인공 지능이 정말 놀랍다고 생각했어요. 그래서 인공 지능에 대해 조금 공부를 했지요. 고등학교 때 댄 지그몬드라는 반 친구가 있었어요. 우리는 서로의 책을 돌려보면서 같이 리스프 공부를 했죠. 어느 날 CMU에서 애플 컴퓨터 사용자 모임이 열렸고, 댄이 거기 참석했어요. 행사에서 주는 공짜 선물을 받으려고 말이지요. 댄이 거기서 대학생과 무언가 이야기를 나눴습니다. 그러더니 그 대학생이 그랬나 봐요. "와, 열다섯 살인데 리스프를 안다고? 이런 경우는 처음이군. 스콧 팔먼[6]에게 일을 시켜 달라고 부탁해 봐." 댄은 팔먼을 찾아갔고 팔먼은 일자리를 줬지요. 댄이 팔먼에게 "제 친구도 꼭 채용해야 해요."라고 말했는데 그게 저였습니다. 결국 저도 채용되었습니다. 팔먼이 우리를 채용했던 동기는 아마 이랬을 겁니다. '와, 여기 우리가 하는 일에 정말로 관심이 있는 고등학생이 두 명이나 있네? 연구실에서 놀게 놔둬도 괜찮겠어. 별로 해가 되지는 않을 테니.' 우리가 하는 일은 기초적인 잡일이었어요. 이런저런 소스 코드를 다시 컴파일하는 일을 했죠. 새 버전의 컴파일러가 막 들어온 시점이었거든요. 컴파일하는 방법도 스스로 알아내야 했습니다. 정말 기가 막히게 재미있었죠. 그러니까 우리 둘은 언어와 인공 지능을 연구하는 대학원생 무리에 둘러싸여 있던 거예요. 십대 애 둘이서요.

사이블 리스프를 실제로 실행해 본 건 그때가 처음이었나요? CMU에서요.

자윈스키 그랬던 것 같아요. 언젠가 매킨토시에서 실행되는 XLISP를 갖고 이것저것 하면서 놀았던 기억이 납니다. 그런데 그건 좀 나중 일이었고요. 실제로 프로그래밍을 어떻게 하는지 배웠던 건 CMU에서 스파이스 프로젝트의 일환으로 설계된 PERQ 워크스테이션 컴퓨터[7]를 사용하면서부터였어요. 그 기계는 스파이스 리스프를 탑재하고 있었는데 지금은 명칭이 CMU 커먼 리스프로 바뀌었습니다. 정말 독특한 환경이었어요. 우리 둘은 매주 회의에 참석했는데 그냥 앉아서 듣기만 하면서 소프트웨어 개발이 어떻게 이루어지는지 배웠죠. 연구실에는 정말 재미있는 사람들이 꽤 있었어요. 우리의 일거수일투족을 지켜보던 관리자가 그랬죠. 롭 매클라클런이라는 이름의, 덩치가 산만 한 원시인처럼 보이는 금발의 사내였습니다. 정말 무시무시했죠. 입도 잘 열지 않았어요. 벽이 없이 사방이 뚫린 공간에 파티션을 친 사무실이었는데, 저는 거기 앉아서 일하고 리스프 프로그램을 짜고 뭔가를 하고는 했어요. 그렇게 하루를 보낼 때가 많았습니다. 그런데 어느 날 그가 맥주잔 크기 정도의 거대한 머그컵을 들고, 맨발로 바닥을 쓸면서 왔습니다. 그러고는 제 뒤에 가만히 서 있더군요. 저는 롭에게 "안녕하세요." 하고 인사를 건넸어요. 롭은 침묵을 지켰습니다. 뭐라고 알 수 없는 혼잣말을 중얼거린 건지, 아니면 애초에 아무 말도 하지 않은 건지 모르겠더군요. 그저 서서 제가 타자하는 것을 지켜보기만 했죠. 제가 작업하는 것을 쓱 보다가 "땡, 틀렸잖아!" 한마디를 남긴 채 자리를 떠나 버리곤 했습니다. 그럴 땐 마치 누군가 저를 구렁텅이에 빠뜨린 느낌이 들었습니다. 선불교 수행 같았어요. 선사가 죽비로 저를 때리면 저는 그때마다 명상을 하라는 신호로 받아들이는 거죠.

사이블 팔먼에게 이메일을 보내 물어봤어요. 팔먼은 당신이 재능 있고 빨리 배우는 편이라고 말했어요. 하지만 규율이 없다고도 했죠. 실제로 이렇게 답변했어요. "우리는 자윈스키를 조심스럽게 가르쳤습니다. 한 달 안에 팀이나 다른 사람들과 녹아들어 일할 수 있도록 그리고 다른 사람들이 알아볼 수 있는 코드를 작성할 수 있도록 말이죠." 이런 가르침에 관해 혹시 기억나는 것이 있나요?

자윈스키 거기서 배운 내용은 잘 기억나지 않아요. 다만 한참 뒤에 들여다볼 때에도 이해할 수 있는 코드를 쓰라는 조언은 저에게 확실히 가장 중요한 교훈으로 남아 있습니다. 저는 이제 곧 39살이 됩니다. 그 얘기는 제가 15살 때 일이고요. 그때 기억은 흐릿하게만 남아 있어요.

사이블 그 일은 언제 시작한 거죠?

자윈스키 1984년, 아니면 1985년일 겁니다. 10학년에서 11학년으로 올라가던 여름부터 일하기 시작한 것 같거든요. 방과 후 그러니까 오후 4시쯤 곧장 출근해서 밤 8시, 아니면 9시까지 연구실에 머물러 있었어요. 매일 출근하지는 않았어요. 하지만 적지 않은 시간을 거기서 보냈습니다.

사이블 그리고 고등학교 졸업 후 CMU를 아주 잠깐 다니셨죠?

자윈스키 맞아요. 고등학교는 제 인생 최악의 시기였어요. 그래서 졸업하기 직전에 팔먼에게 저를 상근직으로 고용할 의사가 있는지 물어봤죠. 그랬더니 팔먼이 그랬어요 "그건 안 될 것 같아. 그 대신에 내 친구 몇 명이 스타트업을 하고 있거든. 그 친구들한테 가서 물어보지 그래?" 그 회사가 바로 ETI(Expert Technologies Inc.)였죠. 팔먼이 당시 ETI 이사로 일하고 있었나 그랬을 거예요. ETI는 전화번호부를 자동으로 구성하는 전문가 시스템(expert system)[8]을 구축 중이었어요. 그 회사 사람들은 리스프로 프로그램을 짜고 있었고, 몇몇은 팔먼 연구실에서 이미 봤던 사람들이었어요. ETI에 들어가고 나서 한동안은 좋았어요. 그러다 1년쯤 지났을까 하는 시점에 갑자기 공황 상태에 봉착했어요. 혼자서 이런 생각이 들었죠. '어쩌면 좋지. 운 좋게 연달아서 이렇게 훌륭한 곳에 취직하다니. 다시는 이런 기회를 잡지 못할 거야. 여기서 일을 더 못하게 되면 햄버거 가게에서 햄버거나 뒤집고 있겠지. 대학 졸업장이 없으니까.' 그래서 대학 졸업장을 따야겠다는 결심을 하게 되었죠.

ETI에서 시간제로 일하면서 학교 공부도 시간제로 하자는 계획이었어요. 결국 계획대로 되지 않았습니다. ETI에서도 상근직으로 일하고 학교 공부도 다 해야 했죠. 6주 정도를 그렇게 보냈습니다. 어쩌면 9주였을지도 몰라요. 수강을 취소할 수 있는 기간을 놓쳐 버렸으니까요. 수강 취소 기간을 한참이나 넘긴 바람에 환불도 전혀 못 받았어요. 그렇다고 학점을 딸 수 있을 정도로 길게 다닌 것도 아니었죠. 그래서 제가 실제로 학교를 다녔는지도 의심스럽습니다.

정말 끔찍했어요. 고등학교 다닐 때에는 모두가 이렇게 말했어요. "대학만 가. 지겨운 반복 학습과 천편일률적인 시험은 이제 안녕이야." 그리고 대학에 입학해서 1년만 지나면 모두가 이렇게 말합니다. "조금만 참아. 대학원만 가면 사정이 더 나아질 거야." 시기만 다를 뿐 전부 똑같은 헛소리였어요. 참을 수 없었죠. 매일 아침 8시에 일어나 뭔가를 달달 외워야 했어요. '장비 사용 입문'이라는 강의에서는 고작 마우스 사용법이나 가르쳤는데 필수 과목이라 뺄 수도 없었죠. "저는 이 학교에서 1년 반이나 일했습니다. 마우스 사용법 정도는 이미 알고 있어요."라고 말했더니 학교 당국은 학칙이라며 빠지면 안 된다고 하더군요. 대부분의 강의가 이런 식이었어요. 받아들일 수 없었죠. 그래서 중퇴해버렸어요. 그만 다니길 정말 잘한 것 같습니다.

그리고 ETI에서 4년 정도 일했어요. 그 후에 회사가 서서히 공중분해되기 시작했어요. ETI에서는 TI 익스플로러라는 리스프 전용 컴퓨터를 사용하고 있었어요. 그래서 저는 그 컴퓨터를 만지며 시간을 많이 보냈습니다. 실제로 저는 TI 익스플로러를 사용해서 전문가 시스템을 만드는 일을 일부 맡고 있었어요. 그래서 이 시스템의 사용자 인터페이스를 요리조리 돌려 보면서 이 컴퓨터가 어떻게 작동하는지 밑바닥부터 배웠습니다. 그 컴퓨터를 정말 좋아했어요. 컴퓨터를 구동하는 운영 체제를 샅샅이 파고들어 가는 일과 모든 요소가 어떤 식으로 짜맞춰져 있는지 알아내는 일도 정말 흥미로웠습니다.

코드를 많이 짠 다음 뉴스그룹[9]에 제 코드를 첨부해서 글을 올렸죠. 일자리를 찾고 있다는 메시지를 함께 넣었어요. 정말 많은 코드를 올렸습니다. 피터 노빅이 제 글을 읽고선 면접을 보자며 일정을 잡았어요. 당시 제 여자 친구는 캘리포니아 대학교 버클리 캠퍼스에 가려고 집을 이미 정리한 상태였어요. 그래서 여자 친구를 따라가기로 했죠.

사이블 **노빅이 당시 버클리에 있었나요?**

자윈스키 네, 아주 이상한 일거리였어요. 노빅의 연구실에는 대학원생이 여럿 있었어요. 그들은 자연 언어 이해 분야를 연구하고 있었죠. 그들은 사실상 언어학자였어요. 코딩을 좀 하긴 했지만요. 그리고 자신이 짰지만 방치하고 있었던 이러저러한 코드를 누군가가 전부 가져가서 실제로 작동하는 무언가로 통합해 주길 고대하고 있었죠.

이 작업은 믿을 수 없을 만큼 어려웠어요. 저에겐 그 언어학자들이 대체 뭘 하고 있는지 이해할 만한 배경지식이 없었으니까요. 이런 상황은 그 후로도 반복될 예정이었습니다. 뭔가를 이해하려고 하긴 했지만 완전히 막혔어요. 용어의 뜻이 뭔지, 어떤 책을 찾아봐야 알 수 있는지, 그 책을 어디에서 찾아야 하는지 전혀 알 수가 없었습니다. 그래서 노빅에게 물어보았죠. 노빅이 친절히 답해주었습니다. “자네가 이걸 아직 이해 못 하는 건 당연해. 매주 화요일에 여기 오면 내가 설명해 주지.” 화요일이 될 때까지 전 할 일이 아무것도 없었어요. 그래서 그동안에는 윈도 관련 프로그래밍 방법을 공부하거나 순전히 재미 삼아 전부터 만들고 있었던 화면 보호기 프로그램이나 사용자 인터페이스 관련된 것들을 궁리하면서 시간을 때웠어요.

이런 식으로 6개월에서 8개월 정도가 지나자 정말 시간 낭비 같다는 느낌이 들었어요. 노빅의 연구실에 기여하는 것이 없었거든요. 그저 방학 기간처럼 느껴졌지요. 돌이켜 보면 예전엔 정말 많이 일했거든요. 그러자 또 다른 내가 말했어요. ‘이렇게 여유로운 돈벌이를 대체 왜 그만두려고? 정신 나간 거 아니야? 너는 고작 화면 보호기를 만들면서 돈을 받고 있다고!’

결국 저는 루시드로 자리를 옮겼습니다. 이 회사는 그때까지 남아 있던 리스프 전문 개발 회사 두 곳 중 하나였어요. 그때 저는 아무것도 성취하지 못하고 있다는 느낌에 휩싸여 있었어요. 노빅의 연구실을 떠나게 된 이유죠. 프로그래머가 아닌 사람들에게 둘러싸여 있기도 했고요. 연구실 사람 몇 명과는 아직도 친하게 지냅니다. 좋은 사람들이에요. 하지만 언어학자죠. 그래서 문제를 푸는 것보다는 추상적인 것에 더 관심이 많았어요. 저는 손가락으로 화면을 가리키며 “보세요. 제가 멋들어진 걸 만들었어요!”라고 자랑하고 싶었는데 말이죠.

사이블 루시드에서 맡으셨던 프로젝트가 결국 XEmacs라는 제품으로 탄생했습니다. 그런데 루시드에 합류하자마자 리스프 관련된 일을 맡으셨나요?

자윈스키 네, 처음 맡았던 프로젝트 중 하나는 프로세서가 16개 달린, 지금은 이름을 잊어버린 어떤 병렬 컴퓨터에서 구동할 루시드 커먼 리스프의 변형 버전을 구현하는 일이었어요. 원본 리스프와는 다르게 각 프로세서마다 작업을 병렬로 수행할 수 있는 제어 구조를 가지고 있었죠.

제가 맡은 일은 일종의 백엔드 최적화였는데, 스레드를 생성하면서 발생하는 부하를 낮추는 일이었어요. 예를 들어 피보나치수열 같은 것을 병렬로 계산하는 코드를 돌릴 경우 스레드를 하나 생성할 때마다 독립적으로 스택 그룹도 같이 생성됩니다. 이때 생기는 부하로 인해 성능이 급격히 저하되는 일이 없도록 시스템을 개선해야 했습니다. 저는 그 일이 정말 재미있었어요. 그렇게 묘한 컴퓨터는 처음 만져 봤어요.

그전에 새로운 컴퓨터에 리스프를 띄워야 했어요. 무슨 말인가 하면 기본적으로 다른 사람이 새로운 아키텍처에 맞는 컴파일러 백엔드를 이미 작성했고, 프로그램을 로드해서 실행하는 부트스트래핑 동작이 구현되어 있었다는 뜻이에요. 제가 봐야 하는 건 이 새로운 컴퓨터에서 실행 파일에 해당하는 바이너리 코드였습니다. 바이너리 코드 속 로더 형식을 해독해서 리스프를 로드하는 간단한 프로그램을 C 언어로 짰어요. 리스프를 로드한 다음, 로드된 메모리 페이지의 내용을 실행 가능하게 만들고, 프로그램 실행 위치를 그리로 점프시키는 거죠. 잘 돌아가면 리스프 프롬프트가 나타납니다. 이 시점부터는 그냥 손으로 다른 것들을 불러올 수 있어요.

저는 제대로 문서화되어 있지 않은 이상한 아키텍처들만 다뤘어요. 그래서 C 언어 코드를 컴파일한 다음, 컴파일된 코드를 바이트 단위로 살펴봐야 했습니다. 이맥스에서 바이트를 하나하나 바꿔 가면서요. 특정 부분을 0으로 바꾸면 무슨 일이 벌어지는지, 혹시 프로그램이 종료되는지 확인하는 식이었죠.

사이블 문서화가 제대로 되어 있지 않았다는 뜻은 문서화는 되어 있지만 내용이 잘못되었다는 말인가요, 아니면 문서 자체가 아예 없었다는 말인가요?

자윈스키 보통 문서화는 되어 있었어요. 그런데 대부분의 경우 잘못된 내용이 채워져 있었죠. 아니면 소프트웨어는 이미 세 번쯤 업데이트되었는데도 문서에는 개정된 부분이 전혀 반영되지 않았거나요. 어쩌면 세 번 이상일지도 모르죠. 이걸 좀 고치고 저걸 좀 개선하다 보면 실행되는 파일인지 아닌지도 모를 아리송한 시점이 옵니다. 그럴 때에는 실제로 파일 내부를 들여다보면서 무슨 일이 벌어지고 있는지 알아내야 하지요.

사이블 저수준 시스템 프로그래밍부터 고수준 API까지 늘 일어나는 그런 문제네요. 어떤 기능이 예상한 방식으로 작동하지 않거나 문서에 적힌 대로 작동하지 않을 때가 있잖아요. 이런 문제는 어떻게 대처하시나요?

자윈스키 글쎄요, 그런 예감이 올 때가 있습니다. 자신이 지닌 지도가 틀렸다는 것을 더 빨리 깨달을수록 지도에서 어떤 부분이 틀렸는지도 더 빨리 알아낼 수 있지요. 제 경우에는 실행되는 파일을 만들어 내려는 것이었죠. 어쨌든 C 컴파일러로 실행 가능한 파일을 하나는 만들 수 있잖아요. 이 잘 동작하는 실행 파일을 실행되지 않는 파일과 비슷하게 조금씩 고쳐서 동작하지 않게 만들어 봅니다. 리버스 엔지니어링을 하는 기본적인 방법이지요.

제가 고쳐 본 것 중에 가장 어려웠던 버그는 아마도 루시드에서 일할 때 맞닥뜨린 것 같아요. 컴퓨터가 실행 파일을 구동하고 있었고, 어느 시점부터 리스프를 부트스트랩하는 단계를 수행하기 시작했어요. 그런데 명령어가 500개까지 순차적으로 실행되다가 머신이 멈춰 버렸어요. 저는 코드를 한 스텝씩 실행하기 위해[10] 키보드에서 S 키를 연신 눌러 댈 수밖에 없었어요. 그러면서 어떤 부분에서 먹통이 되는지 알아내려고 노력했죠. 그런데 디버깅할 때마다 다른 부분에서 먹통이 되는 것처럼 보였어요. 말이 되지 않았습니다.

디버거가 출력한 어셈블리어를 읽어 봤습니다. 제가 잘 모르는 아키텍처의 코드였어요. 마침내 깨달았죠. '맙소사. 스텝 단위로 실행하면 동작이 달라지잖아! 아마 실행 타이밍에 따라 달라지는 걸지도 몰라.' 알고 보니 이 컴퓨터는 추측 실행(speculative execution)[11] 기능을 탑재한 초기 모델 중 하나였습니다. 이 컴퓨터는 두 가지 분기(조건을 만족할 때 분기와 조건을 만족하지 않을 때 분기)를 모두 실행하도록 되어 있었어요. 그리고 GDB로 프로그램에서 브랜치를 스텝 명령으로 지나가면 언제나 조건을 만족할 때의 분기만 선택되었어요. GDB 안에 버그가 있던 겁니다.

사이블 멋지네요.

자윈스키 맞아요. 그러자마자 이런 생각이 스쳤어요. '아이고, GDB를 디버깅하게 생겼군. 전에 비슷한 걸 해 본 적도 없는데 이걸 어쩐다.' 이 문제를 풀기 위해 사용한 방법은 일단 분기 명령어가 위치한 코드까지 프로그램을 전진시켜서 잠시 멈춘 다음, 분기 시 실행되는 코드 양쪽의 첫 번째 명령어에 중단점을 걸어 놓는 것이었어요. 그리고 그 중단점에 이를 때까지 진행시키는 거죠. 이것이 제가 이 컴퓨터에서 실제로 무슨 일이 일어나고 있는지 증명하기 위해 사용한 방법입니다. 이런 식으로 GDB를 고치려고 한 주 내내 매달렸지만 끝내 이유는 찾을 수 없었습니다. 곰곰이 생각해 보다 혹시 어떤 코드를 실행할 때 레지스터 하나에 엉뚱한 값이 들어가서 그런 것 아닐까 하는 직감이 스쳤죠. 분기를 할지 말지 검사하는 레지스터에 양수 값이 들어 있어서 언제나 분기하는 게 아닐까 싶었어요. 그래서 인스트럭션 하나를 실행하는 스텝 명령어를 수정해서 분기 명령어에 이르면 알아서 실행을 멈추도록 했어요. 그 후에는 S 키에 의지할 수 있었죠. 스텝 단위로 진행하다 보면 결국에는 어딘가에서 멈추었고, 저는 수동으로 중단점을 설정한 후 디버깅을 계속할 수 있었는데요. 이런 방식의 디버깅으로 저는 문제의 원인에 도달하는 방법이 잘못되었을 뿐 아니라, 문제를 찾는 도구 자체도 망가져 있음을 알아냈습니다. 고무적인 일이었습니다.

리스프 시스템에서 디버깅하는 일은 특히 힘들었어요. GDB는 리스프 코드를 다루는 데 전혀 쓸모가 없었거든요. 리스프 컴파일러가 만든 결과물을 이해하지 못하니까요. 그래서 GDB는 아무런 디버그 정보도 출력하지 않았습니다. GDB가 이해할 수 없는 방식으로 스택 프레임이 짜여 있는 플랫폼에서는 그렇게 작동하는 거죠. 이 경우 GDB는 어셈블리어를 한 문장씩 실행하는 역할 그 이상도 그 이하도 아니게 됩니다. 이쯤 되면 이제 GDB 세상에서 될 수 있는 한 빨리 나가고 싶을 거예요.

사이블 리스프 전용 디버거가 하나 있었으면 싶었겠네요. 그러면 모든 게 완벽했을 텐데요.

자윈스키 맞아요. 정말.

사이블 그러던 어느 날 루시드가 사업 방향을 바꿨죠. C++ 통합 개발 환경을 만드는 걸로요.

자윈스키 그건 제가 그 회사에 합류하기 전부터 시작되어 이미 진행 중이던 프로젝트였어요. 리스프 개발 부서에서 일하던 사람들이 서서히 에너자이즈(Energize)[12] 개발 부서로 배치되고 있었어요. 에너자이즈는 정말 훌륭한 제품이었지만 세상에 2~3년쯤 일찍 나온 감이 있었습니다. 적어도 유닉스 개발자들은 이 제품이 출시되던 당시에 아무런 관심을 보이지 않았어요. 물론 지금은 많은 사람이 통합 개발 환경을 사용하고 있죠. 하지만 당시만 해도 우리는 사람들에게 이 제품이 vi와 GCC에 비해 얼마나 좋은지 일일이 설명하느라 많은 시간을 투자해야 했어요. 하여간 그건 그렇고, 저는 이맥스와 관련된 일도 좀 했어요. 당시에 저는 이미 새로운 이맥스 바이트 컴파일러[13] 개발을 마친 상태였어요. 왜 그걸 했냐고요? 롤로덱스[14] 같은 전화번호·주소록 프로그램을 만들려고요.

사이블 빅브라더 데이터베이스[15] 말씀이신가요?

자윈스키 네, 프로그램이 너무 느려서 그렇게 느린 이유를 찾아보기 시작했는데 금세 원인을 찾았습니다. 컴파일러가 형편없어서였습니다. 그래서 컴파일러를 다시 작성한 겁니다. 이로 인해 리처드 스톨먼[16]과 첫 번째 언쟁이 시작되었는데 그는 정말 타협할 줄 몰랐어요. 아무튼 저는 컴파일러를 작성할 정도로 이맥스에 대해 잘 알았습니다.

사이블 바이트 컴파일러에 손을 대셨군요. 그렇다면 컴파일러만 바꾸신 건가요, 아니면 아예 바이트코드 형식까지 바꾸신 건가요?

자윈스키 실제로는 여러 옵션이 있었어요. 저는 C 언어로 된 실제 컴파일러 코드 자체에 수정을 가했을 뿐 아니라 바이트코드 인터프리터도 고쳤어요. 처리 속도를 높이기 위해 바이트코드 인스트럭션도 몇 개 더 추가했고요. 하지만 컴파일러 설정에서 예전 스타일 코드와 속도가 빠른 새로운 스타일의 코드 중 하나를 고를 수 있도록 만들었습니다.

이렇게 새 컴파일러를 만들었더니 스톨먼의 반응은 이랬어요. "나는 그런 수정이 필요하다고 보지 않습니다." 저는 이런 식으로 대꾸했어요. "무슨 소리하는 겁니까? 훨씬 빠른 코드를 생성하잖아요." 그러자 스톨먼의 다음 반응은 이랬습니다. "좋아요. 음··· diff를 보내 주세요. 그리고 변경된 코드 한 줄 한 줄을 모두 설명해 주시고요." 저는 또 대꾸했죠. "글쎄요, 저는 GNU 이맥스 바이트 컴파일러를 수정한 게 아닙니다. 그걸 전부 다시 작성한 겁니다. 왜냐하면 예전 컴파일러는 쓰레기 같았거든요." 상황은 이것으로 종료되지 않았어요. 그런데 제가 이 컴파일러를 공개하자마자 이맥스 사용자 수천 명이 사용하기 시작했고, 너무나 맘에 들어 했습니다. 사용자들은 스톨먼에게 내가 만든 버전의 컴파일러를 이맥스에 정식으로 추가하라고 2년 동안이나 바가지를 계속 긁었어요. 스톨먼은 성화에 못 이겨 그만 사람들의 요구를 받아들였죠. 그래서 결국 이 논쟁은 사그라들었습니다.

사이블 **자유 소프트웨어 재단에 저작권을 양도한다는 문서에 서명을 했나요?**

자윈스키 네, 그랬죠. 바로 서명했어요. 이메일로 받은 첫 번째 문서가 아마 그거였을 거예요. 이메일 안에는 diff를 보내 달라는 메시지와 함께 서명을 요구하는 저작권 양도 문서가 첨부되어 있었어요. 그래서 문서에 서명한 후 이렇게 답신했습니다. "나머지는 못하겠습니다. diff는 보내 줄 수 없습니다. 그건 정말 터무니없는 요구입니다. 제가 짠 코드에 주석이 잘 달려 있으니 그걸 참고해 보시길 바랍니다." 하지만 스톨먼은 제 코드를 전혀 읽어 보지 않았을 겁니다.

세간에 루시드와 자유 소프트웨어 재단 간에 법적 다툼이 있었다는 소문이 떠돌아다니는데 전혀 사실이 아니에요. 우리는 자유 소프트웨어 재단에 우리가 만든 소프트웨어의 저작권을 전부 양도했습니다. 자유 소프트웨어 재단은 마치 우리가 저작권을 양도하지 않으려고 의도한 것처럼 꾸몄습니다. 그러는 게 편했나 봐요. 우리는 실제로 몇 번이나 서류 작업을 해서 자유 소프트웨어 재단에 전달했는데 그럴 때마다 그들은 문서를 잃어버렸다는 말로 일관했거든요. 자유 소프트웨어 재단과는 이 일 말고도 한참 후에 XEmacs 저작권 양도 때문에 난리법석을 피운 적이 있어요. 하지만 그건 제가 루시드를 떠나고 한참 후의 일이

었죠.

사이블 리스프로 경력을 시작하셨잖아요. 하지만 개발자 경력을 전부 리스프 관련 프로젝트로 채우지는 않으셨는데요. 다음에는 뭘 하셨나요?

자윈스키 맞습니다. 리스프 다음으로 진지하게 사용한 프로그래밍 언어는 C였어요. 애플 II 컴퓨터에서 어셈블리어로 프로그램을 짜던 시절로 돌아가는 듯한 기분이 들었죠. PDP-11[17] 어셈블리어 말이에요. 잘 아시듯이 너무나 불편했어요. C는 어떻게든 최대한 피하려 했습니다. C++는 정말 혐오스럽습니다. 모든 게 온갖 꼴로 잘못된 언어예요. C++로 하는 프로젝트도 최대한 피해 다녔습니다. 넷스케이프에서도 모든 일을 전부 C로만 진행했고요. 그러기는 꽤 쉬웠습니다. 우리는 C++ 프로그램이 잘 돌지 않는 꽤 작은 컴퓨터를 목표로 소프트웨어를 개발하고 있었거든요. C++로 프로그램을 짜면 어떤 라이브러리를 추가할 때마다 코드 크기가 금세 풍선처럼 부풀어 올랐어요. 그러니 작은 컴퓨터에서는 쓸 수 없었습니다. 게다가 C++ 컴파일러는 버전이 쉴 새 없이 바뀌고 있었어요. 그래서 호환성 문제가 너무나 많이 생겼습니다. 그런 이유로 우리는 애초부터 안시(ANSI) C를 쓰기로 결정했어요. 이 결정은 우리가 일을 진행하는 데 상당히 많은 도움이 됐습니다. 자바 말인데요. 그 언어도 어느 정도 시간이 흐르면서 많은 개선을 이루어 냈어요. 약간은 리스프 같은 언어로 되돌아갔다는 느낌도 듭니다. 자바는 기피 대상이 되지 않기 위해 최선을 다한 덕분에 역행하는 언어로 남지 않았을 뿐 아니라 좀 더 편한 언어로 변모했어요.

사이블 어떤 면에서 말이죠?

자윈스키 메모리 관리 측면에서요. 또 자바 함수는 서브루틴보다는 더 함수처럼 느껴집니다.[18] 예전 언어들보다 모듈화가 훨씬 강제되고 있으니까요. C를 쓸 때는 goto 문을 툭 던져 넣고 싶은 유혹을 늘 느껴요.[19] 그게 더 쉽거든요.

사이블 요즘은 C나 펄 같은 언어를 주로 사용하시는 것 같은데요.

자윈스키 아, 요즘은 그다지 코딩을 하지 않습니다. 그나마 제 서버를 돌리기 위해 단순하고 짧은 펄 스크립트를 좀 짜긴 했죠. 시시껄렁한 코드를 많이 짜고 있어요. 예를 들어 제가 소장한 MP3 음악 파일의 앨범 아트를 받아 오는 작업을 하고 있어요. 어떤 느낌인지 아시겠지요. 한 번 쓰고 버릴 프로그램을 짜고 있습니다. 아주 작고 단순 무식한 프로그램이에요.

사이블 펄을 좋아하시는 건가요, 아니면 단지 쓰기 편해서 쓰시나요?

자윈스키 좋아하다니요. 펄은 정말 싫어요. 끔찍한 언어죠. 그런데 펄은 어느 곳에나 설치되어 있어요.[20] 누군가에게 펄을 설치해 달라고 말할 필요가 없죠. 어떤 컴퓨터든지 앉기만 하면 펄 스크립트를 바로 실행할 수 있으니까요. 펄은 이미 깔려 있습니다. 펄을 권장할 만한 이유는 이거 하나밖에 없어요.

펄에는 그럭저럭 쓸 만한 라이브러리가 많습니다. 잘 찾아보면 만들고 싶은 프로그램에 딱 맞는 라이브러리도 꽤 있고요. 작동하지 않는 라이브러리가 가끔 있긴 하지만 그래도 있는 게 어딥니까. 자바로 프로그램을 짜는 일에 비하면 양반입니다. 자바는 설치 과정부터 골치가 팍팍 아파요. 정말 짜증 나죠. 아무튼 이 펄이란 언어는 경멸을 받을 만하다고 생각합니다. 펄을 맛보기만 한 사람들은 C를 사용하는 듯한 느낌을 받을 거예요. 아니 C보다는 자바스크립트에 가깝겠군요. 하지만 실제로 한번 써 보세요. 문법은 혼란스러운 데다 자료 구조는 엉망이란 사실을 알게 될 겁니다. 장점이 별로 없는 언어예요.

사이블 그래도 C++보다 나쁘지는 않겠죠.

자윈스키 당연하죠. 그리고 두 언어는 서로 목적이 다르거든요. 어떤 프로그램은 C보다 펄 또는 펄 비슷한 언어로 짤 때 훨씬 쉬워요. 이른바 '스크립트 언어'라는 텍스트 처리 중심 언어가 그렇죠. 사람들은 '프로그래밍'과 '스크립팅'을 구별하던데 저는 정말 무슨 차이가 있는지 모르겠습니다. 말도 안 되는 얘기라고 생각합니다. 어쨌든 기본적으로 텍스트를 조작하거나 프로그램에 옵션을 줘서 실행하려고 할 때가 있잖아요. 예를 들어 wget 같은 유틸리티로 HTML을 받은 다음 그 안에서 패턴으로 원하는 내용을 찾고 싶을 때 말이에요. 이런 경우에는 펄로 하는 게 훨씬 쉽습니다. 심지어 이맥스 리스프보다도 편리하죠.

사이블 **저도 이맥스 리스프가 명령 줄 유틸리티로 쓰기에 그다지 적합하지 않다는 사실은 잘 알고 있습니다.**

자윈스키 맞습니다. 이맥스로 이런저런 작은 유틸리티를 늘 만들어 왔는데도 솔직히 쓸 만하지 않았어요. 넷스케이프 초창기에 우리 빌드 과정의 일부로 어떤 파일을 조작하기 위해 이맥스를 배치 모드로 실행해야 했던 적이 있었죠. 정말 아무도 좋아하지 않았어요.

사이블 **그렇군요. 그랬을 것 같네요. X스크린세이버에 대해 말해 주세요. 그 프로그램은 아직도 작업하시나요?**

자윈스키 지금도 새로운 화면 보호기 프로그램을 가끔 짜고 있어요. 심심풀이로 말이죠. 모두 C 언어로 짭니다.

사이블 **X스크린세이버는 통합 개발 환경으로 코딩하시나요?**

자윈스키 대부분은 이맥스만 써요. X스크린세이버를 맥OS용으로 이식하기도 했죠. 맥에서 쓰는 그래픽 프레임워크인 코코아를 이용해서 Xlib[21]을 다시 구현하는 방식을 사용했기 때문에 스크린세이버 소스 코드 자체를 모두 변경할 필요는 없었습니다. 여전히 X API를 호출하지만 모든 것은 백엔드에서 처리하게끔 만들어 두었죠. 화면 보호기는 오브젝티브-C 언어로 작성했는데 실제로 정말 괜찮은 언어예요. 꽤 재미있었습니다. 자바의 장점을 담은 C랄까요. 어쨌든 이것도 기본적으로는 C의 일종이에요. 그러니 C 코드와 직접적으로 링크하거나 C 함수를 호출할 수도 있어요. 어렵지 않게 말이죠.

사이블 **이맥스 개발에 얽힌 정치적 갈등을 해결하는 법 말고 루시드에서 무엇을 배우셨나요? 기술적인 것을 중심으로 알려 주세요.**

자윈스키 거기서 일하는 동안 저는 분명히 더 나은 프로그래머가 되었습니다. 가장 큰 이유는 제가 어울렸던 사람들 중에 가장 똑똑한 사람들이 한데 모여 있었기 때문이에요. 거기서 같이 일했던 팀원들은 모두 정말 총명했어요. 팀원 중 누군가 "그건 말도 안 돼요."라거나 "우리는 그 일을 이런 식으로 해야 돼요."라고 말한다고 합시다. 그들은 그 말의 의미를 잘 알고 있었어요. 저는 단지 그 말을 믿고 새겨듣기만 하면 되었죠. 그런 환경 속에서 일하는 게 좋았어요. 정말 좋았습니다. 그렇다고 제가 전에는 똑똑한 사람들과 일하지 않았다는 건 아니에요. 하지만 루시드 팀원들은 한결같이 각자가 최고 수준의 능력을 갖고 있었어요.

사이블 개발 팀 규모는 어느 정도였나요?

자윈스키 회사 전체가 아마 70명 정도였을 거예요. 잘은 모르지만 개발 팀은 40명쯤 되지 않았을까 합니다. 에너자이즈 팀엔 아마 25명이 있었고요. 20명이었던 것 같기도 하네요. 같은 팀 안에서도 또 별개 분야로 나뉘었습니다. 컴파일러 쪽을 담당하는 동료들이 있었는가 하면, 백엔드 데이터베이스 쪽을 맡은 동료들도 있었죠. 이맥스 개발과 GUI 개발은 별도 팀으로 분리되어 있었어요. 그래서 어느 시점엔가 이맥스 안에다 GUI 환경을 통합해야 했습니다. 두세 명 정도가 통합을 마무리했습니다. 결국 저는 대부분의 시간 동안 이맥스 개발을 붙잡고 있어야 했죠. 우리가 만드는 이맥스 버전 19를 늘 죽는 편집기가 아니라 쓸 만한 편집기로 만들어야 했어요. 그뿐 아니라 기존에 사용하던 이맥스 패키지가 모두 새 버전에서도 작동하도록 만들어야 했죠.

사이블 그러니까 루시드는 자기 제품에 완전한 기능을 가진 이맥스가 들어가길 바랐다는 거군요.

자윈스키 원래 계획은 우리 제품에 이맥스를 포함시키지 않는 것이었어요. 이맥스는 사용자 컴퓨터에 이미 설치되어 있을 테니 우리 제품을 사서 깔면 함께 잘 작동하리라 예상했지요. 마찬가지로 사용자 컴퓨터에 GCC가 이미 설치되어 있을 테니, 우리 제품을 설치하면 잘 작동하겠거니 했습니다. 우리가 만든 소프트웨어의 최초 코드명은 '히치하이커'였어요. 우리 아이디어는 사용자 컴퓨터에 이미 설치되어 있는 필요한 도구를 전부 찾은 다음에 슬쩍 가져다 우리 제품에 통합하자는 식이었거든요. 그래서 기존에 설치된 도구들이 상호 작용할 수 있도록 통신 계층을 갖춰 주기만 하면 될 거라고 생각했어요.

그런 방식은 전혀 통하지 않았습니다. 결국 우리 스스로 만든 GCC와 GDB 버전도 같이 출시할 수밖에 없었죠. 이런 도구들은 우리가 원하는 만큼 충분히 빠르게 업그레이드되지 못하고 있었어요. 어떤 부분은 변화가 전혀 없었고, 어떤 부분은 천천히 업데이트되었죠. 기존 이맥스도 마찬가지였습니다. 그래서 제품에 이맥스도 새로 짜서 넣기로 한 겁니다. 그러다가 이미 돌이킬 수 없는 곳까지 왔다는 걸 깨달았습니다. '어, 잠깐만, 우리가 이맥스를 갈아 치우고 있잖아. 젠장, 잘 동작하지 않으면 큰일 날 거 같은데, 이왕 할 거면 제대로 하자고.' 제가 특히 신경 쓴 부분 중 하나는 vi 에뮬레이션 모드였어요. 이 기능이 잘 작동하도록 만드는 데 많은 시간을 쏟았습니다.

사이블 그 몇 주가 당신 인생에서 되돌리고 싶지 않은 부분이 되었고요.

자윈스키 맞아요. 정말 힘들었어요. 결국에는 프로그램이 잘 작동했던 것 같아요. 진짜 문제는 vi를 잘못 에뮬레이션하는 게 아니었어요. vi 사용자들이 항상 프로그램을 종료하고 재시작한다는 게 문제였죠. 제가 아무리 코딩을 해 봤자 사용자들의 그런 사고방식을 바꿀 수는 없었죠. 사용자들은 "이 프로그램은 0.5초면 떠야 하는데 왜 14초나 걸리는 거야. 어이없군. 이딴 걸 쓸 순 없어." 하는 식이었어요.

사이블 루시드를 떠난 이유는 뭔가요?

자윈스키 루시드는 끝장난 상태였어요. 여러 차례 정리 해고가 있었고요. 그러던 어느 날 저는 지인들에게 메일을 뿌렸습니다. "이제 곧 새 직장을 알아봐야 할 것 같아요." 그중 하나가 마크 앤드리슨이었어요. "정말요? 제이미 씨가 일자리를 찾고 있다니 잘됐네요. 지난주에 막 우리 회사를 세웠거든요." 그 회사가 바로 그 회사였죠.

사이블 **그렇게 넷스케이프로 옮기셨군요. 거기서는 무슨 일을 하셨나요?**

자윈스키 입사하자마자 유닉스 버전 브라우저 작업에 매진하기 시작했어요. 가 보니 그때까지 딱 며칠 정도 짠 코드만 있었어요. 윈도 버전이나 맥 버전은 유닉스 버전보다는 진척이 있는 상황이었고요. 계획은 기능을 백엔드 코드에 최대한 몰아넣고, 세 플랫폼별로 각각 만들어야 하는 프런트엔드 코드는 최소화하는 것이었죠.

사이블 **코드를 전부 새로 짠 건가요?**

자윈스키 전부 새로 짰어요. 넷스케이프 창업자들은 대부분 NCSA[22] 모자이크를 개발하던 사람들이에요. 그들은 사실상 플랫폼마다 전혀 다른 프로그램이라고 봐도 무방한 여러 버전의 브라우저를 모두 구현했습니다. 그리고 개발 인력 전체였던 여섯 명 모두 넷스케이프로 옮겨 왔습니다. 그들은 예전 코드를 재사용하지 않았어요. 하지만 전에 브라우저를 만들어 본 적이 있었죠.

사이블 **그러니까 갖고 온 소스 코드 하나 없이 개발을 새로 시작했다는 말인가요?**

자윈스키 정확해요. 저는 모자이크 코드를 들여다본 적이 없습니다. 아직도 그렇죠. 그러던 어느 날 고소장이 날아왔어요. 한 대학에서 온 것이었는데 우리가 그들의 코드를 재사용하고 있다고 주장했어요. 그 후에 어떤 식인지는 잘 모르겠지만 아무튼 합의가 이루어졌습니다. 그 이후로 쭉 넷스케이프 브라우저가 모자이크 코드를 베껴서 시작했다는 루머가 돌고 있는데요. 우리는 그러지 않았습니다.

그리고 대체 우리가 베낄 이유가 어디 있나요? 개발자라면 누구나 버전 2.0을 작성하고 싶을 겁니다. 그렇지 않나요? 버전 1.0을 완성하는 동안에 버전 2.0을 어떻게 만들어야 하는지 깨달았을 겁니다. 그리고 지금 그 기회를 잡았다면 예전에 만든 걸 전부 집어던지고 새로 시작하게 되어 있어요. 그래서 다음번에 만드는 프로그램은 더 나아지는 거죠. 우리가 만든 브라우저도 그랬어요. 전작인 모자이크 브라우저의 설계로는 이미지 여러 개를 병렬로 불러오는 일 같은 걸 할 수가 없었습니다. 하지만 그 기능은 정말 중요했어요. 그래서 우리 백엔드 설계가 더 나았지요.

사이블 두 번째 시스템 증후군[23]에 빠지는 전형적인 사례가 될 수도 있었는데 말이에요.

자윈스키 맞아요. 충분히 그럴 수 있었죠.

사이블 어떻게 두 번째 시스템 증후군을 피하셨나요?

자윈스키 마감 시한은 우리 팀에 종교나 마찬가지였어요. 정말 집중해서 일했죠. 6개월 안에 완성품을 출시하기 위해 죽을 만큼 노력했습니다.

사이블 6개월이란 시한은 어떻게 나온 거죠?

자윈스키 글쎄요, 세상 돌아가는 걸 좀 지켜보니 답이 나왔습니다. 우리가 6개월 안에 새로운 브라우저를 출시하지 못하면, 다른 누군가가 비슷한 걸 먼저 만들어서 우리 뒤통수를 휘갈겨 버릴 거라 생각한 거죠. 그래서 6개월 안에 완성해야 했습니다.

사이블 마감 일정이 먼저 정해졌으니 기능이나 품질에 제한을 둘 수밖에 없었겠군요. 그런 건 어떻게 정해졌나요?

자윈스키 어떤 기능을 넣고 뺄지에 대해 오랫동안 갑론을박을 벌였습니다. 사실 그리 오래는 아니었어요. 하루하루를 일주일처럼 몰입하며 지냈기에 그렇게 느껴졌을 뿐이죠. 날마다 그런 식으로 일했습니다. 당연히 기능을 줄일 수밖에 없었어요. 화이트보드에다 아이디어를 끄적거린 다음 필요 없는 걸 지워 나갔습니다. 우리 팀은 6~7명이었던 것 같아요. 정확히 몇 명이었는지는 기억이 잘 나지 않네요. 똑똑하지만 자기주장이 강한 사람들이 한 방에 모여 일주일인가 내내 서로에게 고함을 질렀죠.

사이블 **6~7명 정도였다는 게 넷스케이프 개발 팀 전체인가요, 아니면 유닉스 버전용 개발 팀만인가요?**

자윈스키 (플랫폼과 상관없이) 클라이언트 쪽을 담당하는 팀 전체 인원이요. 아파치 웹 서버를 포크해서 구현하는 서버 팀도 따로 있었어요. 우리는 바빴기 때문에 그쪽 팀과는 그다지 소통이 없었습니다. 점심은 같이 먹었지만 그게 전부였어요. 우리는 브라우저 개발에 누가 어떤 부분을 맡으면 좋을지 생각해 둔 상태였습니다. 따라서 우리는 쪼개져서 각자 맡은 일을 했어요. 제 기억에 프로젝트의 어떤 부분이든지 세 명 이상이 같은 일을 하는 경우는 없었던 것 같네요.

1.0 이전 버전에서는 제가 유닉스 쪽을 구현하고 있었고, 루 몬틀리[24]는 백엔드에서 네트워크를 거의 혼자 책임지다시피 했어요. 에릭 비나[25]는 레이아웃 작업을 하고 있었고, 존 미텔하우저와 크리스 하우크는 윈도 프런트엔드 쪽을 구현하고 있었습니다. 알렉스 토티치와 마크 래닛이 맥 프런트엔드를 맡았죠. 시간이 지나면서 각 팀의 규모가 조금 커지긴 했습니다. 우리는 회의가 끝나면 곧장 파티션으로 둘러싸인 책상으로 돌아와 뭔가 동작하게 만들기 위해 모니터에 시선을 고정한 채로 16시간 동안 키보드만 두드렸습니다.

정말 대단한 환경이었어요. 저는 이곳에서 일하는 게 정말 즐거웠습니다. 모두가 자신의 방식에 강한 확신이 있어서 좋았습니다. 자주 싸우더라도 소통도 그만큼 빠르게 할 수 있어서 좋았고요. 누군가 다른 사람의 파티션에 기댄 채로 한마디 던집니다. "빌어먹을, 도대체 뭘 체크인한 거야? 네가 쓴 코드는 완전 쓰레기라고. 그런 식으로 하면 안 돼. 이 멍청이!" 그러면 그 사람이 대꾸합니다. "꺼져!" 그러고 나서 코드를 유심히 살펴보고 고치죠. 그리고 다시 코드를 밀어 넣습니다. 서로 거친 말을 주고받았지만 그만큼 의사소통은 빠르게 진행되었습니다. 옆 사람에게 겉으로만 다정한 척 기만하며 그 사람의 생각이 왜 틀렸는지 친절히 설명해 줄 필요가 없었어요. 그냥 이렇게 말하기만 하면 됐습니다. "이봐, 코드 완전 엉망진창이잖아! 난 이거 못 쓴다고." 그러면 결론이 뚝딱 나왔습니다. 스트레스 가득한 분위기였지만 일은 정말 빨리 끝낼 수 있었어요.

사이블 **소프트웨어를 빨리 출시하기 위해 꼭 그렇게 긴 시간 동안 고강도로 일해야 할까요?**

자윈스키 분명히 건강한 방법은 아닐 겁니다. 다만 우리는 그 방식으로 일했고 그 방식이 먹혔다는 겁니다. 따라서 그 질문에 대한 대답을 드리자면… 예를 들어 거대한 소프트웨어를 내놓아야 하는 사람들이 있다고 합시다. 이 사람들이 실제로 저녁 식사도 집에서 먹고 밤에 잠도 잘 자면서 품질도 합당한 제품을 만들어 낼 수 있을까요? 그런 일이 일어난 적이 있을까요? 사실 잘 모르겠습니다. 아마 있을지도 모르죠.

하지만 제품을 최대한 빨리 만들어 내는 것만이 능사는 아닙니다. 이런 식으로 일하면 2년 안에 소진될 테니까요. 소진을 피하면서 10년간 일을 계속할 수 있는 방법이 더 나을 겁니다. 일주일에 80시간 넘게 일한다면 불가능한 꿈이지만요.

사이블 **브라우저를 개발하면서 가장 자랑스러웠던 점은 무엇이었나요?**

자윈스키 그저 우리가 그걸 출시했다는 사실 자체가 뿌듯합니다. 온전한 제품을 만들었다는 것 말이에요. 저는 유닉스 쪽 프런트엔드에서 사용자 인터페이스를 작성하느라 엄청 집중했습니다. 어쨌든 정말 자랑스러운 일은 우리가 제품을 온전히 출시했고, 사람들이 그걸 좋아했다는 거예요. 사용자들은 모자이크에서 우리 제품으로 순식간에 갈아탔습니다. 사람들의 반응은 이랬어요. "와, 이렇게 잘 만든 브라우저는 처음 봐." 우리는 브라우저 툴바에다 'What's Cool(멋진 곳)' 버튼을 달았어요. 이 버튼을 누르면 사람들에게 세상에 이미 존재하고 있는 엄청나게 멋진 웹사이트를 보여 줄 수 있었어요. 농담이 아니었어요. 거의 200개나 되는 북마크가 있었다니까요! 제가 짠 프로그램이라서 뿌듯한 건 딱히 아니었어요. 프로젝트는 이미 끝났습니다. 여러 면에서 볼 때 코드 품질은 그다지 훌륭하지 않았어요. 작업을 빨리 끝내는 데 치중했으니까요. 하지만 브라우저가 완성되었고 우리가 제품을 출시했다는 것, 그게 중요합니다.

0.96 베타 버전을 올려놓은 밤에 우리는 다 함께 사무실에 모여서 다운로드 통계 숫자를 쳐다보고 있었죠. 사람들이 브라우저를 다운로드할 때마다 소리가

나게 만들어 놓았는데, 정말 환상적인 기분이었어요. 두 달이 지나자 제가 짠 소프트웨어를 돌리는 사람이 무려 200만 명이 넘었습니다. 믿을 수 없었죠. 분명 우리의 노력은 가치를 인정받고 있었어요. 우리가 만든 제품은 사람들의 삶에 커다란 영향을 끼쳤습니다. 우리가 만든 제품으로 인해 사람들의 일상이 좀 더 재미있고 즐겁고 쉬워졌습니다.

사이블 끈질기게 달려서 제품을 완성한 후 어느 시점부터는 코드 품질에도 신경을 쓰기 시작해야만 했을 텐데요. 그 문제는 어떻게 해결하셨나요?

자윈스키 우리는 잘못된 방식으로 그 문제를 대처했습니다. 코드를 갈아엎고 새로 쓸 시간 따위는 없었어요. 갈아엎고 새로 쓴다는 것 자체가 좋은 생각이 아니에요.

사이블 언제부턴가 넷스케이프 메일도 같이 개발하셨잖아요. 맞죠?

자윈스키 버전 2.0 때부터예요. 마크 앤드리슨이 제 업무 공간으로 들어와서 말했어요. "이메일 리더가 필요해요." 저는 이렇게 말했어요. "좋아요. 멋진 아이디어군요. 전에도 이메일 리더를 만들어 본 적이 있어요." 저는 당시 버클리에서 살고 있었는데 2주 정도 회사에 나오지 않았어요.[26] 종일 카페에서 이메일 리더에 뭐가 들어가면 좋을지 빈 종이에다 끄적거렸습니다. 목록을 만들었다가 몇 가지 항목을 지워 버리길 반복했죠. 제가 그 프로그램을 완성하는 데 얼마나 걸릴지도 계산해 보고요. 사용자 인터페이스가 어떻게 보여야 할지도 궁리해야 했어요.

그러고 나서 회사에 돌아와 코딩을 시작했습니다. 그러자 마크가 제 책상 앞에 다시 와서 말했어요. "있잖아요. 전에 이메일 프로그램을 만들어 봤다는 친구를 한 명 고용했어요. 둘이 같이 일해 보세요." 테리 와이스먼이었어요. 환상적인 친구였죠. 우리는 일에서 합이 정말 잘 맞았습니다. 우리는 기존 브라우저 팀원과 일하는 원동력이 완전히 달랐어요.

우리는 서로에게 소리를 전혀 지르지 않았습니다. 둘이서 일을 나누는 방식도 달랐어요. 지금 와서 생각해 보면 그런 방식이 어떻게 먹힌 건지 이해되지 않습니다. 또 이런 방식이 다른 사람들에게도 먹힐지도 모르겠어요. 기초적인 설계를 마쳤으니 코딩을 조금씩 했습니다. 그리고 매일, 아니면 이틀에 한 번꼴로 우리는 구현해야 할 기능이 적힌 목록을 들여다봤어요. 그리고 제가 "저기, 이 부분은 내가 할까요?"라고 말하면 테리가 "좋아요, 나는 저걸 할게요."라고 말한 후 각자 자리로 돌아갔어요.

코드를 올리고 나서 우리는 상대방에게 찾아갑니다. 테리가 "좋아요, 난 이 부분 다 끝났어요. 무슨 작업 중이에요?"라고 물으면 제가 "어, 난 이거 작업 중이에요."라고 답합니다. 그리고 그가 다시 "알았어요. 그러면 나는 저 부분 구현 들어갈게요."라고 말하는 식이었어요. 이런 식으로 분업을 했죠. 이 방식은 우리에게 정말 잘 들어맞았습니다.

의견이 일치되지 않은 적도 있었어요. 저는 우리가 필터링 기능을 빼고 폴더로 대신해야 한다고 생각했어요. 다른 이유가 있었던 건 아니고 필터링을 제대로 만들 만한 시간이 없었거든요. 그러자 테리가 "안 돼요, 그러면 안 돼요. 난 그 기능이 반드시 들어가야 된다고 생각해요."라며 응수했죠. 저는 또 이렇게 말했죠. "시간 없다니까요!" 결국 테리가 그 기능을 그날 밤에 완성했어요.

다른 일화도 알려 드리죠. 테리와 저는 서로를 거의 보지 못했어요. 왜냐고요? 테리는 산타크루즈에, 저는 버클리에 살고 있었거든요. 회사에서 각자의 집이 반대 방향으로 거의 비슷한 거리만큼 떨어져 있었어요. 시로 소통해야 할 사람도 우리 단 둘밖에 없었습니다. 그래서 이런 식으로 협상을 했어요. "나한테 회사에 오라고 안 하면 나도 당신한테 회사에 오라고 안 할게요." "좋아요!"

사이블 서로 이메일을 많이 보냈나요?

자윈스키 네, 끊임없이 보냈어요. 인스턴트 메신저가 나오기 전인데 이메일을 거의 인스턴트 메신저처럼 사용했어요. 달랑 한 줄짜리 이메일을 계속해서 주고받았으니까요. 그리고 전화도 많이 했습니다.

결국 이메일 리더가 추가된 넷스케이프 2.0을 출시할 수 있었어요. 반응도 꽤

호의적이었고요. 그러고 나서 거의 완성 단계에 접어든 2.1 버전을 작업하고 있었는데, 첫 버전에 넣지 못한 것을 모두 넣은 버전이었죠. 테리와 제가 새 버전 작업을 중간 정도 진행하고 있을 때 마크가 뛰어들어와서 말했습니다. "회사를 하나 인수할 거예요. 그 회사에서 두 사람이 작업하던 것 같은 이메일 리더를 만든다고 하더군요." 저는 이렇게 대답했어요. "우리도 이메일 리더는 있잖아요." 마크가 말했어요. "글쎄, 그렇긴 한데. 우리 회사는 정말 빠르게 성장하고 있는데 좋은 인재를 일일이 고용하는 건 너무 힘든 일이에요. 사람을 한 명씩 고용하는 것보다 어쩌면 그런 인재들을 이미 보유한 기업을 인수하는 편이 더 나을 수 있죠. 우리 대신 인재를 잘 골랐을 테니까요." 제가 또 물었죠. "좋아요. 그런데 그 회사 사람들은 무슨 일을 하게 되나요?" 마크가 대답했습니다. "두 사람이 하던 프로젝트를 같이하게 될 거예요." 저는 이렇게 말했습니다. "알았어요. 정말 최악이네요. 그렇다면 저는 차라리 다른 프로젝트를 맡겠습니다."

그렇게 해서 넷스케이프가 콜라브라(Collabra)를 인수한 겁니다. 저와 테리 위에 관리 계층 구조도 새로 도입했죠. 콜라브라에서 출시한 제품이 하나 있었는데 여러모로 우리가 만들었던 이메일 리더와 비슷했어요. 윈도에서만 돌아가는 데다 시장에서 처참한 실패를 맛봤다는 것만 빼고는 말이죠.

콜라브라는 스타트업 로또를 맞아서 넷스케이프에 인수되었어요. 그러고 나서 무엇보다도 넷스케이프는 회사에 대한 주도권을 콜라브라에 넘겨주고 말았습니다. 콜라브라는 이메일 리더 개발 팀뿐 아니라 아예 클라이언트 개발 부서 전체를 접수해 버렸어요. 콜라브라를 인수할 무렵 테리와 저는 넷스케이프 2.1 작업을 하고 있었어요. 그런데 그들이 똑같은 프로그램을 다시 작성하기 시작했죠. 그들의 넷스케이프 3.0 작업 진척이 엄청 늦어지자 우리가 만들고 있던 2.1 버전을 3.0으로 둔갑시켜 버렸어요. 제품 출시일이 다가오는 데다가 메이저 버전 업데이트가 필요했기 때문이었죠. 그 대신 그들이 작업하던 3.0 버전은 곧장 4.0으로 이름이 바뀌었는데, 아시다시피 이 버전은 소프트웨어 역사에 길이 남을 거대한 재앙이 되었습니다. 회사를 죽였다고 봐도 손색이 없을 정도예요. 시간이 좀 걸리긴 했지만 어쨌든 죽이는 데는 성공한 셈이죠. 우리가 인수한 회사에 소프트웨어를 제 맘대로 다시 쓰도록 키를 넘겨줬어요. 그것도 아무것도 제대로 성취한 게 없고 우리가 이룬 모든 성과와 성공을 깡그리 다 무시한 그런 회사에 말이죠. 그 대가로 우리는 곧장 두 번째 시스템 증후군에 빠지면서 주저앉아 버렸습니다.

콜라브라 사람들은 넷스케이프에 인수됐으니 자기 식대로 할 수 있으리라고 기고만장했어요. 하지만 과거 자신들의 회사에서 자신들의 방식으로 해서 실패했던 거잖아요? 그동안 훌륭하게 일해 온 사람들이 그들에게 조언했습니다. "저기요. C++로 작업하지 마세요. 스레드 같은 것도 쓰면 안 됩니다." 그러면 그들은 이렇게 대꾸했어요. "뭐라는 겁니까? 당신들이 뭘 안다고!"

글쎄요, 저희가 제품을 제때 출시할 수 있었던 까닭이 뭐라고 생각하십니까? C++와 스레드를 쓰지 않기로 한 결정 덕분이에요. 또 다른 성공 요인은 모든 플랫폼 버전을 항상 동시에 출시하는 것이었어요. 그들은 우리의 결정이 멍청하다 생각하고 이렇게 말했습니다. "사용자의 90%는 윈도를 사용합니다. 그러니 윈도 버전만 신경 쓰고 나머지 플랫폼에는 차후에 이식하기로 합시다." 수많은 실패한 회사들이 전형적으로 부리는 꼼수였지요. 크로스 플랫폼 제품을 출시하려거든 역사를 들여다보세요. 이런 방식은 먹히지 않는다는 걸 훤히 알 수 있습니다. 진정 크로스 플랫폼 제품을 원한다면 무조건 동시에 출시해야만 합니다. 원본 플랫폼용 제품을 이식해서 만든 두 번째 플랫폼용 제품은 쓰레기예요.

사이블 4.0 버전은 백지에서부터 새로 작성했나요?

자윈스키 백지에서부터 새로 코드를 짜지는 않았어요. 하지만 결국 코드가 모조리 교체되었습니다. 그들은 애초부터 C++로 코드를 짰어요. 그러지 말라고 열심히 싸웠는데요. 망할, 제 말이 맞았어요. C++ 때문에 코드가 산처럼 부풀어 올랐거든요. C++는 호환성 문제도 자주 생깁니다. 이 언어의 기능 중 사용해도 안전한 10%가 무엇인지에 대해 절대 의견 일치를 볼 수 없거든요. 예를 들어 C++에서 템플릿 기능을 사용하기로 합의를 봤다고 칩시다. 그런데 알고 보니 컴파일러마다 템플릿 구현이 모두 제각각인 거죠.

윈도 3.1과 윈도 95 같은 걸 동시에 지원하는 수준의 업무만 접해 보고 다중 플랫폼 개발을 해 봤다고 말하는 사람들은 다중 플랫폼을 지원한다는 게 얼마나 큰일인지 인식하지 못합니다. 그 사람들이 유닉스용 브라우저를 만들었는데(다행히도 더는 제 담당이 아니었죠) 완전 엉망이었어요. 맥용 브라우저도 완전 개판이었고요. 윈도 3.1처럼 Win16 API를 사용하는 저사양 윈도 기계는 지원할 수 없게 되기도 했어요. 우리는 지원 플랫폼을 줄이기 시작할 수밖에 없었습니다. 어쩌면 그래야 할 시기였을지도 모르겠습니다. 하지만 잘못된 이유였어요. 꼭 그래야 하는 건 아니었는데요.

다소 가혹하고 이기적인 시각일 수도 있겠지만 뭐랄까, 테리와 제가 만든 이 위대한 소프트웨어가 멍청이들의 손아귀에 넘어간 후로 결국 우리의 성공이 전부 무너져 버린 느낌이었어요. 그때가 넷스케이프에서 가장 불행했던 시기였습니다. 저는 그때부터 베스팅[27] 날이 오기만 고대하며 지냈습니다.

사이블 그러니까 5년 동안 넷스케이프에 있었던 거죠?

자윈스키 맞아요. 베스팅이 되고도 1년 더 일했어요. 베스팅 직전에 모질라 프로젝트가 시작됐고 정말로 다시 재미있어졌거든요. 그래서 넷스케이프에서 좀 더 버티기로 마음먹었습니다.

사이블 그렇다면 결국 C++ 세계로 끌려간 건가요?

자윈스키 아니요, 자바 세계에서 일했습니다. 어느 순간부터 우리는 브라우저를 자바로 다시 작성하기 시작했습니다. 이렇게들 말하곤 했죠. "우리 회사를 파괴할 4.0 코드 기반은 전부 내버립시다. 그 대신에 자바 버전으로 다시 만드는 겁니다. 이건 잘될 거예요. 왜냐하면 우리가 잘 아는 일이니까요." 그리고 이 방식은 실패했습니다.

사이블 자바라는 언어의 완성도가 모자라서 실패한 건가요?

자윈스키 아니에요. 당시 우리는 다시 꽤 잘 정의된 팀으로 분업할 수 있게 되었죠. 우리 중 세 명이 이메일 리더를 맡아 작업했습니다. 그리고 완성했지요. 정말 괜찮은 이메일 리더를 만들었어요. 빠르고 쓸 만한 기능을 많이 갖추고 있었고 데이터 저장 기능도 더 나아져서 큰 파일을 기록할 때에도 버벅거리거나 하는 현상은 전혀 없었어요. 우리는 애초에 기대했던 것보다 훨씬 간단한 방법으로 자바에 있는 멀티스레딩 기능을 이용해 성능을 높일 수 있었습니다. 작업하는 것 자체가 정말 즐거웠죠. 우리가 설계한 API를 들여다보면 이 프로그램을 어떻게 키울지 방향성이 보였습니다.

그런데 큰 문제가 하나 있었습니다. 화면에 메시지를 표시하지 못했다는 겁니다. 메시지에서 HTML을 생성한 후 생성된 HTML을 화면에 표시하기 위해서는 HTML 디스플레이 레이어가 필요합니다. 그런데 그 부분이 구현되지 않고 계속 지연되었습니다. 레이어 담당자들은 구덩이에 빠져 허우적거리기만 할 뿐이었어요. 결국 그 한 가지 이유로 프로젝트는 취소되었습니다.

사이블 어떻게든 해 보려 씨름했겠지만 당시 자바에 탑재된 GUI 기술의 완성도가 워낙 떨어져서 힘들었던 게 아닐까요.

자윈스키 그렇게 생각하지 않습니다. 창 테두리는 전부 작동했거든요. 창 한가운데에 커다란 사각형 공백 안에다 서식 없는 글자들만 표시할 수 있었죠. 개발팀은 자신이 하는 프로젝트에 극도로 학구적이었어요. DOM·DTD 쪽에서 쓰던 접근법을 사용하고 있었죠. "아, 우리가 필요한 건 여기다 추상 레이어를 하나 더 쌓아 올린 뒤에, 여기 있는 델리게이트에 대한 델리게이트를 만들고, 또 그 델리게이트에 대한 델리게이트를 만드는 거예요. 그러면 마침내 화면에 글자 한 개를 보여 줄 수 있어요." 하는 식이었죠.

사이블 오버엔지니어링[28]을 극도로 혐오하시는 것 같네요.

자윈스키 맞아요. 언젠가는 그 빌어먹을 것을 출시해야 하니까요. 물론 코드를 다시 짜서 깨끗하게 만들 수 있고, 좀 더 고쳐서 예쁘게 보이게도 할 수 있을 겁니다. 하지만 요점은 그게 아니에요. 개발자는 코드를 짜기 위해서가 아니라 제품을 출시하기 위해 존재하는 겁니다.

사이블 오버엔지니어링에 밥 먹듯 빠지는 개발자들은 보통 이렇게 말하죠. "일단 이 프레임워크를 제대로 갖추기만 하면 그 이후부터는 모든 게 쉬워요. 이렇게 하면 실제로는 시간을 절약할 수 있을걸요."

자윈스키 이론은 현실과 늘 다르죠.

사이블 이론이 맞을 때도 있지 않나요? 개발자가 좋은 감각이 있고 프레임워크 자체도 그렇게 거대하지 않다면 실제로도 개발 시간이 단축될 수 있으니까요. 어느 쪽이 나을지 판단할 만한 기준을 갖고 있으신가요?

자윈스키 상투적인 표현이긴 하지만 '더 못한 것이 더 낫다(worse is better)'는 말로 돌아갈 수밖에 없어요. 자신이 원하는 모든 기능을 수행하며 실제로는 5.0 수준인 완벽한 프레임워크 버전 1.0을 릴리스하려고 시간을 들인다? 다 좋습니다. 좋아요. 그런데 생각해 보세요. 당신은 버전 1.0을 출시하는 데 3년이 걸리는 반면, 경쟁자는 6개월 만에 그걸 출시할 겁니다. 당신은 이제 게임에서 아웃입니다. 당신의 버전 1.0 제품은 빛도 보지 못할 거예요. 다른 사람이 당신의 기회를 낚아채 버렸으니까요.

당신의 경쟁자가 6개월 만에 구현한 버전 1.0 코드는 쓰레기 같을 거예요. 그들은 2년 안에 코드를 다시 짜야만 합니다. 하지만 뭐 어떻습니까. 당신은 실직했을 테니 신경 쓸 경쟁자는 없을 거예요. 느긋하게 다시 짜면 됩니다.

사이블 다시 시작하는 게 차라리 더 빠를 것이라고 판단해서 상당한 양의 코드를 들어낸 적이 분명 있으셨겠지요? 개발 기간이 짧을수록 그런 일이 빈번할 것 같은데요.

자윈스키 네, 손실을 줄여야 할 때가 분명히 있습니다. 그리고 이것 때문에 늘 죄책감을 느끼는데요. 하지만 분명 다른 사람의 코드를 이어받아 재사용하는 것보다 코드를 스스로 작성하는 편이 더 빠를 때가 있어요. 코드를 이해하고 사용방법을 배우고 디버깅할 수 있을 만큼 충분히 이해하는 데 시간이 어느 정도 걸리기 때문이죠. 반대로 밑바닥부터 스스로 쌓아 나가면 시간이 덜 걸려요. 이런 식으로 작업하면 필요한 기능의 80%밖에 수행하지 못할 수도 있겠죠. 하지만 그 80%가 실제로 필요한 전부일 수도 있어요.

사이블 "나 이거 이해 안 돼. 그냥 다시 짤 거야."라고 말하고는 코드를 끊임없이 다시 짜는 건 오픈 소스 개발에서 일어나는 안타까운 상황과 똑같지 않나요?

자윈스키 네, 그런데 효율성 말고도 다른 면도 있다는 사실을 간과하면 안 돼요. 다른 사람이 쓴 코드를 파악하기보다 스스로 코드를 짜는 게 더 재미있어서 코드를 다시 짜는 경우가 있으니까요. 자신이 짠 코드는 그 안에서 무슨 일이 벌어지는지 이해하기 쉬워요. 물론 리눅스에서 돌아가는 GUI 데스크톱 환경인 GNOME 같은 프로젝트는 누군가의 취미 활동과 제품 사이에 걸쳐 있긴 합니다. 데스크톱 화면을 어떻게 디자인할지에 대한 결정은 상황에 따라 다릅니다. 그것이 연구 프로젝트인가, 그저 실험 중인가, 아니면 매킨토시 진영과 경쟁할 제품을 만들고 있는가? 무엇인가요? 두 가지를 한꺼번에 하기는 힘듭니다.

이렇게 말하면 실제로 누군가 결정을 내리는 사람이 존재한다고 오해하실까 봐 미리 말씀드리는데, 결정을 내리는 사람 같은 건 없습니다. 이런 사건은 모두 그냥 벌어지는 거예요. 오픈 소스 세상에서 일어나는 일 한 가지는 모든 코드가 늘 재작성되고 어떤 프로젝트도 끝나는 일이 없다는 거예요. 오픈 소스 개발자라면 잘된 일이죠. 자신의 취미가 목표 달성을 위한 수단이 아니라 컴퓨터를 갖고 노는 것 자체라면 이 세상에는 갖고 놀 장난감이 널리고 널려 있으니까요. 이런 사람은 컴퓨터를 실제로 자신이 흥미를 느끼는 작업을 수행하기 위한 도구로 사용합니다.

사이블 컴퓨터를 갖고 노는 것 자체가 취미라는 말씀을 하셨는데요. 아직도 프로그래밍을 즐기시나요?

자윈스키 때때로요. 결국 시스템 관리자 역할도 맡게 되었는데 오래는 못하겠더군요. 절대 좋아할 수 없는 일이었죠. X스크린세이버 만드는 일은 정말 재미있어요. 물론 X스크린세이버 프로그램을 만들기 위한 프레임워크가 아니라 실제로 화면에 띄우는 프로그램을 좋아했지요. 어떻게 보면 화면 보호기만큼 완벽한 프로그램은 없어요. 코드를 거의 밑바닥부터 한 줄 한 줄 짜서 멋진 것을 화면에 보여 주면 버전 2.0에 대해 고민할 필요가 전혀 없으니까요. 화면 보호기 프로그램에서는 버그도 거의 찾아볼 수 없고요. 아, 어쩌다 0으로 나누기 같은 버그로 프로그램이 죽는 경우도 있긴 해요. 하지만 금방 고칠 수 있죠.

하지만 어떤 사용자도 화면 보호기에 새로운 기능을 넣어 달라고 요구하지 않아요. "좀 더 노랗다면 좋겠네요!"라고 말하지도 않죠. 버그 리포트도 날아오지 않고요. 화면 보호기는 화면 보호기일 뿐이죠. 그게 화면 보호기 개발이 늘 재미있는 이유입니다. 근사한 결과를 보여 주는 데다 열심히 뭔가를 고민하며 만들 필요도 없으니까요. 이런 프로그램은 자신을 괴롭히지 않습니다.

사이블 머리를 좀 쥐어짜서 수학으로 화면 보호기에 기하학적 구조의 그래픽을 표현하는 걸 좋아하시나요?

자윈스키 그렇습니다. 여기 있는 추상적이고 작은 방정식 하나를 시각화하면 어떤 모습으로 그려질까, 비눗방울 모양 물체들이 로봇처럼 딱딱하게 움직이는 게 아니라 좀 더 유기적이고 부드럽게 움직이게 만들 수 있을까, 이 사인 파형을 어떻게 통통 튀는 것처럼 애니메이션으로 표현할 수 있을까 하는 것들이죠.

단순 무식한 셸 스크립트도 수없이 짰어요. 다 자기만족을 위한 것들이죠. 이를테면 웹 페이지 3만 개를 일일이 클릭해서 뭔가를 만드는 대신에 자동 스크립트를 작성하면 좋지 않을까? 그런 생각에서 시작된, 시간을 절약하는 작은 프로그램들이죠. 이런 스크립트들을 프로그램이라고 말하긴 좀 민망하군요. 그래도 프로그래머가 아닌 사람들에겐 흑마술이나 마찬가지일 겁니다.

저는 X스크린세이버 프레임워크를 맥 버전으로 이식하는 일을 정말 좋아했어요. API와 그 구조에 대해 깊이 생각하면서 코드를 짜야만 했거든요.

사이블 그 API를 직접 만드신 건가요? 코드는 어떻게 구성하셨나요?

자윈스키 반반이에요. 기존 API를 파악하기도 했고, X11 세계와 맥 세계를 연결하는 계층을 구축하는 최선의 방법을 고민해서 API를 직접 만들기도 했죠. 어떻게 구성할까? 맥 API 중 가장 적절한 것은 뭘까? 이런 질문 던지기를 반복했습니다. '와, 이거 너무 재미있는걸. 나 이런 일 좀 잘하는 것 같아.'

그런 신바람은 정말 오랜만에 느껴 보는 것이었어요. 소프트웨어 업계에 완전히 학을 뗀 상태였거든요. 업계나 자유 소프트웨어 세계 모두 정치 싸움으로 얼룩져 있었어요. 그 부분은 정말 참을 수 없었습니다. 저는 너무 지쳐 있었죠. 온라인에서 시시콜콜한 문제로 논쟁하고 싶지 않았습니다. 또 제가 관여할 수 없는 관료적 결정으로 인해 제가 만든 제품이 파괴되는 것도 보고 싶지 않았습니다.

사이블 업계로 다시 돌아가고 싶다는 생각이 들진 않았나요? 모질라 같은 데로요.

자윈스키 전혀요. 전 더는 버그질라[29]에서 사람들과 논쟁하거나 쓸데없이 입씨름하고 싶지 않아요. 그런 건 재미없어요. 그런 종류의 다툼은 큰 제품을 만들기 위해서나 필요해요. 모질라가 하는 일처럼 두 명 이상의 사람이 필요한 일이라면 그런 식으로 작업해야 합니다. 하지만 저는 그런 싸움을 더 이상 겪고 싶지 않습니다. 그런 일에 너무 오랜 세월 제 시간을 뺏겼거든요. 프로그래머로서 또 다른 대안은 다른 사람이 시키는 일을 하는 것입니다. 그런데 저는 굳이 그럴 필요가 없어요. 필요성이 없으니 할 수도 없죠. 회사에 갔는데 기분 나쁜 일을 겪으면 저는 바로 사표를 낼 겁니다. 제가 스스로 회사를 차려도 문제는 해결되지 않습니다. 저는 제 회사에서 프로그래머가 될 수 없어요. 회사를 운영해야 하니까요.

사이블 당신이 만든 소프트웨어를 200만 명이나 사용한다는 사실 말고, 프로그래밍에서 느끼는 즐거움이 따로 또 있나요?

자윈스키 어려운 질문이네요. 문제 해결 측면에서 느끼는 희열이 있는 것 같아요. 딱히 퍼즐 풀이 같은 느낌은 아니지만요. 저는 사실 퍼즐 종류의 게임을 잘 하지 않아요. 프로그래밍은 그보다는 'A 지점에서 B 지점으로 어떻게 갈 것인가? 당신이 원하는 걸 기계가 어떻게 수행하도록 만들 것인가?' 같은 질문에 답하는 일에 가깝지요. 이런 것이 프로그래밍이 주는 만족감의 기본적인 요소입니다.

사이블 코드가 아름답다고 느낄 때도 있나요? 유지 보수가 쉬운 걸 넘어서서 말 그대로 아름다운 코드가 존재하나요?

자윈스키 네, 그런 게 분명히 있어요. 정말 간결하게 표현한 것이든 그냥 포착한 것이든 간에, 정말 잘 정리된 문장이나 짧은 낙서 또는 획 4개만으로 누군가를 정말 똑같이 그린 캐리커처 같은 걸 보면 아름답잖아요? 프로그래밍도 똑같아요.

사이블 프로그래밍과 글쓰기가 지적으로 비슷한 활동이라고 생각하시나요?

자윈스키 네, 어떤 의미에서는 그렇다고 생각해요. 프로그래밍이 확실히 형식에 더 구애받기는 하지만요. 그래도 어떤 생각을 표현하는 전반적인 능력의 견지에서 볼 때, 둘은 상당히 비슷합니다. 프로그래밍이나 글쓰기나 모두 머릿속에 들어 있는 생각을 횡설수설하지 않고 간결하게 표현해야 하기 때문이죠. 생각의 간결성이라는 핵심적 측면에서 둘은 공통분모가 있어요.

둘 다 뇌의 비슷한 부분을 사용하는 것 같아요. 하지만 그것이 무엇인지 정확히 표현하기는 어렵습니다. 저는 나쁜 코드 같은 걸 읽을 일이 많아요. 계약서들이 대부분 그렇죠. 딱딱하고 반복적인 스타일로 되어 있어요. 그런 걸 볼 때마다 왜 이걸 서브루틴으로 떼어 버리지 않는 거지 하는 생각이 들지요. 글쓰기에서는 단락이라고 하는 거 말이에요. 그리고 둘 다 보통 무언가에 대한 정의로 시작한다는 점도 비슷합니다. 이러저러한 것이 있다고 하고선 그걸 이렇게 저렇게 언급하는 식이죠.

사이블 프로그래밍의 쟁점들에 관해 조금 이야기를 나눠 볼까요. 코드는 어떻게 설계하시나요? 코드 구조는 어떻게 잡으시죠? 맥OS용으로 이식한 X스크린세이버를 예로 들어 설명해 주시겠습니까?

자윈스키 일단 한번 시험 삼아 데모 프로그램을 작성해 봤어요. 앞으로 다시는 사용되지 않을 프로그램이었죠. 화면에 창을 하나 띄우는 방법 같은 걸 알아내려고 했어요. 맥용 X11 프로토콜을 구현해야 했을 때에는 제가 만들었던 화면 보호기 하나를 골라서 그 프로그램이 어떤 X11 API를 호출하는지 목록을 만드는 일을 가장 먼저 해야 했습니다.

그러고 나서 그런 호출마다 대응하는 스터브(stub)[30] 함수를 만들고 그런 함수를 실제로 어떻게 구현할지 궁리하면서 하나씩 천천히 채워 나갔어요.

다른 차원에서 들여다보면 맥용 프로그램은 그것을 돌리기 위한 시작 코드를 거쳐야 합니다. 맥 화면에 창을 띄우려면 어떻게 해야 할까요? 어느 시점에는 제가 짠 코드가 X프로토콜을 이용한 호출을 수행해야 할 겁니다. 이 작업을 하는 데 가장 까다로웠던 부분 중 하나는 빌드 시스템을 설정하는 일이었어요. 어떻게 빌드 시스템을 설정해야 제대로 돌아가는지 알아내야 했습니다. 이것저것 많은 실험을 했지요. 코드를 뜯어서 이리저리 옮기다 보면 어느 시점에는 코드의 계층이 만들어져요. 어떤 코드 조각을 좀 더 아랫단의 함수로 내리고, 다른 함수가 그 함수를 호출하는 식으로요. 어떨 땐 완전히 반대로 뒤집기도 하고요. 제어 흐름이 나름대로 합리적인 모양새를 갖추었다고 판단할 때까지 잘라 내기-붙여 넣기 식의 작업을 계속합니다. 그런 다음 코드를 들여다보고 깔끔하게 정리하기 시작해요. 다른 파일에 들어 있지만 서로 함께 있어야 하는 코드 조각들을 빼서 같은 파일에 옮겨 놓기도 하고요.

여기까지는 기반 구조를 구축하기 위한 큰 그림이었고요. 이제부터는 다음 화면 보호기로 넘어가기만 하면 됩니다. 이 화면 보호기에는 이전에 사용하지 않았던 세 가지 기능이 필요했기 때문에 그 기능들을 구현해야 했습니다. 그 작업들 하나하나는 그다지 어렵지 않았는데요. X11 API는 쓰기가 꽤 까다로운 편이었어요. 화면에 텍스트를 넣고 직사각형을 움직이는 것만 해도 수없이 많은 옵션이 있었거든요. 그래서 코드가 점점 복잡해지고 커질 수밖에 없었죠. 뭐 그래도 코드를 알아보는 데는 문제없었어요. 직관적인 것들의 연속이었으니까요.

사이블 그러니까 사용하는 X11 호출마다 구현을 하신 거네요. 구현 과정에서 비슷한 코드들이 꽤 많이 중복되는 현상은 없었나요?

자윈스키 아, 맞아요. 확실히 그런 현상이 있었어요. 보통 똑같은 잘라 내기-붙여 넣기를 두세 번 정도 하면 '좋아, 이젠 잘라 내기-붙여 넣기는 그만하고 서브루틴을 하나 만들어서 그 안에 넣어야 할 때가 됐군.' 하는 생각이 들어요.

사이블 만약 이메일 리더 수준의 프로그램을 다시 작성하신다면 말이에요. 아까 말씀하시길 그럴 경우 연필로 한 쪽 분량 정도를 끄적거려 보고 어떤 기능이 들어가야 하는지 목록을 만드는 일로 시작하신다고 하셨는데요. 그 정도가 코드를 작성하기 전에 하는 가장 세밀한 준비 작업인가요?

자윈스키 그렇습니다. 라이브러리와 프런트엔드는 다르다며 이 둘을 구분해서 개발해야 한다고들 하는데요. 하지만 구분할 필요가 있을까요? 혼자 일하고 있다면 저는 그런 구분을 신경 쓰지 않을 겁니다. 어떤 부분이 라이브러리이고 어떤 부분이 프런트엔드인지 금세 파악할 수 있거든요. 구현을 시작할 때에는 하향식이나 상향식으로 작업하면 됩니다. 둘 중 아무 방식이나 선택해서 시작하면 돼요. 하향식으로는 예를 들어 화면에 버튼이 있는 창을 띄우고 그 안에 있는 버튼들의 기능을 구현하는 식으로 작업을 할 수 있어요. 똑같은 걸 상향식으로도 할 수 있죠. 메일함을 파싱하거나 저장하는 코드부터 짤 수도 있는 겁니다. 어느 쪽이든 가능합니다. 아니면 양쪽에서 각각 시작해서 중간에서 만나는 방식을 취해도 되고요.

경험으로 알게 된 사실이 하나 있는데요. 그것은 바로 화면에 최대한 빨리 무엇인가를 띄워 보라는 겁니다. 그러면 문제에 초점을 맞추기가 쉽습니다. 다음에 할 일이 무엇인지 훤히 드러나기 때문이죠. 굵직한 항목이 적힌 목록만 들여다보고 있으면 다음에 뭘 해야 할지, 어떤 순서로 해야 할지 도통 알 수 없거든요. 하지만 실제로 눈으로 보이는 것이 있으면 다음에 할 일을 결정하기 훨씬 수월해요. 설령 눈에 보이는 것이 메일함 파서가 출력하는 디버깅용 메시지이더라도 말입니다. 나아가야 할 다음 방향에 대한 실마리를 주거든요. 다음 작업을 어떤 식으로 할지 결정할 수 있어요. 예를 들어 그냥 트리 구조만 화면에 그리는 대신 HTML이나 무언가를 함께 표시할지, 아니면 메일 헤더를 더 자세하게 파싱할지를 말이죠. 현재 시점에서 다음에 만들 것을 찾기만 하면 되는 거예요.

사이블 코드의 내부 구조를 일관성 있게 조직하기 위해 별도로 리팩터링을 하시나요, 아니면 시작할 때부터 모든 조각이 어떻게 맞추어질지 알아보는 특출난 감각이 있는 편이신가요?

자윈스키 남다른 감각이 좀 있긴 합니다. 이런 생각을 했던 적은 거의 없었던 같아요. '와, 나 완전히 거꾸로 해 버렸잖아. 전부 옮기지 않으면 안 되겠는걸.' 물론 가끔은 그런 일도 생기긴 하지만요.

프로그램의 첫 번째 버전을 작성할 때 저는 파일 하나에 다 몰아넣는 습관이 있어요. 그러고 나서 파일을 쓱 훑으며 구조를 관찰하기 시작하죠. 그러다 보면 아주 비슷한 것들이 눈에 띕니다. 파일 하나에 코드가 1000줄이나 되니까 '이제 여러 파일로 나눌까?' 하고 생각합니다. API는 대개 이런 방식을 사용해서 유기적으로 구축됩니다. 설계는 확실히 끝이 없는 과정이에요. 프로그램이 완성되기 전까지는 올바른 설계가 무엇인지 알 수 없거든요. 그래서 저는 가능한 한 빨리 시작하는 편을 선호합니다. 그리고 화면에 뭐라도 보이게 만들어 놓고 결과물을 곁눈질하며 코딩합니다.

코딩을 일단 시작하면 제가 떠올린 아이디어가 얼마나 멍청했는지 금방 알아챌 수 있는 장점도 있어요. '이 모듈은 생각보다 만들기 훨씬 어렵네. 왜 쉽다고 생각했을까?' 이런 건 실제로 코드 구현을 시작하기 전에는 실마리가 보이지 않는 특징이 있어요. 코드를 짜 봐야 코드 완성이 점점 멀어지고 있다는 걸 느낄 수 있죠.

사이블 그렇게 코드 완성이 점점 멀어지는 건 어떻게 알 수 있을까요?

자윈스키 무언가를 만들기 시작할 때 머릿속에서 '그래, 이 부분은 반나절 정도 걸릴 것 같아. 코드는 이 정도 크기가 될 것 같아.' 하는 식으로 예측합니다. 그런데 막상 시작하면 '아, 맞아. 그런데 이 부분에서 다른 코드가 또 필요해 보이네.

그것부터 만들어야겠어. 어쩌지? 이것 말고도 다른 코드가 또 필요하네? 젠장, 일이 커졌군.' 하면서 가슴이 철렁하죠.

사이블 훌륭한 프로그래머와 수준 낮은 프로그래머를 구분하는 한 가지 잣대가 있어요. 훌륭한 프로그래머라면 추상화 계층 사이를 자유자재로 건너뛸 수 있어야 해요. 변경 작업을 수행하는 동안 각 계층을 독립적으로 관리할 수 있을 뿐 아니라 변경하기 적절한 계층도 고를 수 있어야 합니다.

자윈스키 어떤 코드를 어느 부분에 둘지는 사람마다 제각기 스타일이 확실히 다릅니다. 특정한 스타일을 택한 이유가 매우 중요할 수도 있죠. 사용자 인터페이스에 가까운 곳의 코드를 약간 건드릴 수도 있고, 그것보다 아래쪽에서 여파가 큰 거대한 구조 변경을 할 수도 있어요. 둘 중 하나가 정답일 수 있지만 어느 스타일이 맞는지 알기는 무척 까다롭습니다. 변경해야 하는 게 정말 특별한 한 가지 경우일 수도 있고, 아니면 그런 경우가 열두 가지가 될 수도 있으니까요.

어쨌든 저는 뭔가를 밑바닥부터 쌓아 올리며 만들 때 가능한 한 빨리 프로그램을 프로그래머가 사용할 수 있는 상태로 만드는 것을 가장 중시합니다. 기능이 아주 조금밖에 없더라도요. 실행되는 프로그램이 다음에 가야 할 방향에 대한 직관을 줄 거예요. 일단 프로그램 창이 화면에 뜨면 거기에 버튼을 하나 추가해서 어떤 일을 하도록 연결해 보세요. 그러면 이제 그다음에는 어떤 버튼을 추가하고 거기에 어떤 기능을 연결해야 할지 알 수 있습니다. 분명히 GUI 프로그램을 만드는 데 치중된 설명이긴 합니다만 어쨌든 그렇습니다.

사이블 인터뷰 초반에 GDB 버그처럼 추적하기가 정말 끔찍이 어려웠던 버그 이야기를 조금 해 주셨는데요. 디버깅 이야기를 조금 더 이어 가 보겠습니다. 혹시 어떤 디버깅 방식을 선호하시나요? 프린트 문인가요, 아니면 심벌릭 디버거?[31] 그것도 아니라면 알고리즘의 정확성에 대한 형식 증명을 이용하시나요?

자윈스키 제 디버깅 방법은 그동안 많은 변화를 겪었습니다. 리스프 머신을 사용할 때에는 프로그램을 실행하다 멈추고, 데이터가 어떻게 채워져 있는지 보기만 하면 그만이었죠. 리스프에는 메모리에 들어 있는 값을 살펴볼 수 있는 인스펙터 도구가 있었어요. 저는 리스프 리스너[32] 코드를 변경해서 인스펙터 기능을 넣었습니다. 그래서 리스프 리스너가 그냥 인스펙터가 되었죠. 리스너가 객체를 출력한 결과의 콘텍스트 메뉴를 클릭해서 값을 확인할 수 있게 만들었습니다. 말하자면 연결된 객체들을 따라가면서 보기 쉽게 만든 겁니다. 이런 디버깅 방법을 생각한 지는 꽤 오래되었어요. 이런 방법을 사용하면 코드를 실행하는 도중에 무슨 일이 벌어지고 있는지 좇아가면서 이런저런 실험을 할 수 있죠.

그다음 C로 프로그래밍하고 이맥스 안에서 GDB를 사용하기 시작했을 때에도 예전과 같은 방식을 유지하려고 노력했어요. 우리는 이런 방식의 모델을 이용해서 에너자이즈를 구축했습니다. 그런데 전혀 제대로 작동하지 않더군요. 시간이 흐르면서 저는 점차 그런 도구를 사용하려는 시도조차 하지 않게 되었습니다. 프린트 문을 추가하고 실행 결과를 보는 방식으로 다시 돌아갔어요. 버그를 완전히 잡을 때까지 이곳저곳에 반복적으로 프린트 문을 달아 사용했습니다. 특히 자바스크립트나 펄 같은 언어는 환경이 상당히 열악합니다. 디버거 자체가 없어요. 이때에는 프린트 문을 써야 합니다. 선택의 여지가 없어요.[33]

요즘 사람들에게 "디버거가 무엇인지 아시나요?" 하고 물어보면 대부분 알쏭달쏭한 표정을 짓습니다. "대체 그런 게 왜 필요하죠? 디버거가 하는 일이 뭐죠?"라든가 "그게 프린트 문을 대신 넣어 주나요? 이해가 안 돼요. 그런 용어 자체가 세상에 존재하나요?"라고 되묻습니다. 요즘에는 대부분 프린트 문으로 디버깅을 하니까요.

사이블 그런 변화가 생긴 이유 중 리스프와 C의 차이가 차지하는 비중이 얼마나 될까요? 물론 디버깅 도구 자체의 차이는 빼고요. 두 언어의 차이점 중 하나는 작은 코드 조각을 테스트할 수 있는지 여부입니다. 리스프에서는 작동이 제대로 되는지 확실치 않은 작은 함수가 있을 때, 그 함수를 직접 실행해 함수 내부에서 어딘가에 중단점을 걸고 실행 중 일어나는 일을 조사해 볼 수 있어요. 그런데 C는 좀 다르지요. 원하는 코드 부분에 중단점을 걸고 복잡하게 얽히고설킨 프로그램 전체를 실행해야만 하니까요.

자윈스키 리스프 계열 언어는 그런 방면에는 C보다 더 적합합니다. 펄이나 파이썬 같은 언어는 그런 쪽에서 리스프스러운 면이 더 있지요. 하지만 사람들이 그런 식으로 사용하는 것 같지는 않습니다.

사이블 GDB에 객체를 조사하는 기능이 들어 있지 않나요? 왜 GDB로는 그렇게 못하는 거죠?

자윈스키 GDB는 전혀 마음에 들지 않더군요. 아무래도 GDB가 C에 딱 맞춰서 나온 프로그램이라 더 그런 것 같아요. C에서는 배열 안에 무엇이 들어 있는지 보려면 수많은 숫자를 이리저리 뒤적거리며 확인해야 합니다. 게다가 그 숫자들이 뭘 의미하는지 알아내려면 타입 변환도 해 봐야 되고요. GDB로는 제대로 할 수가 없어요. 더 나은 언어가 하는 식으로는요.

사이블 C와 다르게 리스프에서는 배열 안에 뭐가 들었는지 들여다보면 그냥 다 보이죠. 리스프가 안에 뭐가 들었는지 다 알고 있으니까요.

자윈스키 제 말이요. GDB로 작업하면 오르락내리락 늘 정신이 없어요. 스택 정보도 그래요. 복잡하게 꼬이기만 하거든요. 스택을 따라 올라가다 보면 아래쪽에서 했던 무언가 때문에 내용이 바뀌어 있어요. GDB가 어떤 식으로 오작동했기 때문인 경우가 빈번합니다. 이를테면 이 레지스터가 여기 있어야 하는데 엉뚱한 스택 프레임 안에서 헤매게 됩니다. 이런 식으로는 디버깅을 할 수가 없어요.

GDB가 보여 주는 값을 정말 믿을 수는 없다는 생각이 늘 들어요. 뭔가를 숫자 형태로 출력하기는 합니다. 그것이 올바른 결과인지 아닌지 저는 모르겠어요. 게다가 디버깅용 정보조차 나오지 않는 경우가 많죠. 스택 프레임을 보면 아예 인자가 없는 것처럼 나와요. 그래서 첫 번째 인자가 저장되는 레지스터가 뭐였는지 기억해 내려고 10분 동안 고민하죠. 그러다가 그냥 포기해요. 프린트문을 넣은 후 다시 빌드하는 거죠.

시간이 지날수록 디버깅 장치가 어째 점점 퇴보하는 것 아닌가 하는 느낌이 들었어요. 하지만 다른 한편으로 메모리를 수동으로 할당하는 방법은 한물갔다는 사실을 사람들이 마침내 깨닫고 있는 것 같아요. 자료 구조를 깊이 파고들어야 하는 정말 복잡한 버그는 대개 메모리 오염 문제잖아요. C에서는요. 그래서 메모리를 수동으로 할당하지 않으면 그런 오류를 만날 일이 훨씬 줄어들죠.

사이블 단정문을 사용하시나요, 아니면 형식을 갖추어서든 아니든 다른 방식으로 문서화를 하시나요? 혹시 실제로 불변식 검사를 하시나요?

자윈스키 우리는 넷스케이프 코드에 단정문을 넣을지에 대해 오락가락했어요. 코드에 단정문을 집어넣으면 디버깅할 때 확실히 도움이 됩니다. 말씀하신 대로 문서화에도 도움이 되고요. 단정문 자체가 이 코드로 뭘 하려는지 의도를 나타내니까요.

그런데 말입니다. 여기엔 문제가 있어요. 질문을 하나 던져 보지요. 제품 개발이 이미 끝나 출시된 코드에서 단정문이 실패하면 무슨 일이 일어날까요? 이 상태에서는 뭘 해야 될까요? 우리 개발 팀은 그냥 0을 반환하고 아무 일이 없기를 기도하기로 했어요. 브라우저가 죽는 건 아주 나쁜 일이거든요. 대기 상태 반복문으로 돌아가거나 메모리나 다른 자원을 낭비하는 것보다 훨씬 나빠요. 사람들이 화를 더 내겠죠.

많은 프로그래머의 잠재의식 속에는 '에러 메시지를 출력해야만 해!'라고 말하는 목소리가 있습니다. 안 됩니다. 그렇게 만들면 안 돼요. 에러 메시지 따위는 아무도 신경 쓰지 않습니다. 이런 식의 처리는 실제로 예외 처리 시스템이 탑재된 자바 같은 언어에서 훨씬 편합니다. 프로그램 가장 바깥쪽 반복문에서 모든 예외를 잡은(catch) 다음 그냥 무시하면 돼요. 사용자에게 코드에서 어떤 결괏값이 0이 나왔다는 둥 호들갑을 떨 필요가 없습니다.

사이블 스텝 기능으로 프로그램을 한 단계씩 실행하며 따라가 본 적이 있으신가요? 디버깅을 위해서든, 아니면 어떤 사람들이 추천하듯이 프로그램을 완성한 후에 잘 동작하는지 검사하기 위해서든요.

자윈스키 아니요, 별로요. 저는 무언가를 디버깅할 때에만 스텝 기능을 써요. 물론 완성된 코드를 검증하려는 목적으로 쓸 때도 가끔은 있었을 거예요. 하지만 많지는 않았습니다.

사이블 디버깅은 보통 어떤 식으로 접근하시나요?

자윈스키 먼저 눈을 부릅뜨고 코드부터 노려봅니다. 쭉 훑어보다 보면 코드 전개와 맞지 않고 걸리는 느낌이 오는 부분이 있어요. 그 부분을 살짝 바꾸고 문제가 해결되는지 확인하는 거죠. 코드를 쭉 읽었을 때 걸리는 느낌이 없을 때도 있는데요. 그럴 땐 무작위로 코드의 중간 아무 데서나 멈춰서 자세히 읽어 보기도 해요. 그때그때 달라요. 제 방법을 일반화하기는 어렵습니다.

사이블 단정문 말인데요. 그런 건 얼마나 형식을 갖추어 사용하시나요? 어떤 사람들은 단정문을 상황에 맞게 즉석에서 만들어 씁니다. '이 지점에서는 이게 참이어야 해.' 하는 식이죠. 반면에 어떤 사람들은 형식을 갖추어 접근합니다. 함수에는 선행 조건과 후행 조건이 있고 언제나 지켜져야 하는 불변식이 있다는 식이지요. 여기 둘 사이 어딘가에 해당하실 것 같은데요. 어느 쪽으로 더 치우쳐 있으신가요?

자윈스키 저는 분명 뭔가를 수학 증명이 가능한 방식으로 생각하지는 않습니다. 그보다는 확실히 더 즉흥적인 편이에요. 아시다시피 함수에 입력값이 있을 때 최소한 그 값의 범위가 어떻게 되는지가 머릿속에 들어 있다면 언제나 도움이 됩니다. 이게 빈 문자열일 수 있는지 같은 것 말이에요.

사이블 디버깅과 같이 연관되는 작업이 테스트인데요. 넷스케이프에는 품질 보증 팀이 따로 있었나요, 아니면 담당 개발자가 테스트도 직접 했나요?

자윈스키 우리는 둘 다 했습니다. 우리는 모두 우리가 만드는 프로그램을 늘 쓰고 있었어요. 품질 보증 최전선을 구축하는 최선의 방법이죠. 공식 품질 보증 팀도 있었고 자체적으로 테스트 절차도 갖추고 있었죠. 소프트웨어 새 버전이 릴리스될 때마다 품질 보증 팀은 테스트 목록을 들여다보고는 그 안에 있는 항목을 모두 검사했어요. 목록 안에는 어떤 웹사이트의 주소를 입력하라, 어떤 버튼을 클릭하라, 화면에 어떤 것이 표시되어야 한다, 어떤 것은 표시되면 안 된다 같은 사항이 일일이 적혀 있었습니다.

사이블 단위 테스트처럼 개발자가 해야 하는 테스트는 어떻게 하셨죠?

자윈스키 안 했어요. 팀에서는 그런 종류의 테스트는 전혀 하지 않았어요. 저는 특정한 목적으로 가끔 하긴 했어요. 이메일 메시지 헤더에서 날짜와 시간을 읽어오는 파서를 구현할 때에는 엄청난 분량의 테스트 케이스를 수행했죠. 적어도 그 시절에는 표준을 일일이 따지는 사람은 아무도 없었습니다. 그래서 온갖 이상한 헤더가 잔뜩 들어왔죠. 그리고 입력 내용이 어떻든 메일 정렬이 잘못되면 짜증 나지 않을 사람은 없을 거예요. 저는 온라인에서 상당한 양의 이메일 메시지 표본을 긁어모았고 손으로 직접 만들기도 했습니다. 엉망진창으로 표현된 날짜 문자열과 그 문자열이 표현하고 있는 숫자를 담은 거대한 목록이 생겼죠. 그래서 코드를 고칠 때마다 이 테스트를 돌렸어요. 몇 가지 결과가 바뀌었다면 바뀐 결과가 말이 되는지 고민하면 되는 거죠.

사이블 이런 테스트들이 자동으로 수행되도록 구성하셨나요?

자윈스키 아니요, 그런 단위 테스트는 제가 직접 실행할 때에만 돌아가도록 만들었습니다. 그렌델과 함께 자바로 브라우저를 다시 작성할 때에는 자동 테스트를 조금 만들었어요. 자바에서 새로 클래스를 만들 때에는 단위 테스트를 작성하기 훨씬 쉬웠기 때문이죠.

사이블 돌이켜 봤을 때 테스트를 하지 않아서 조금이라도 힘들었다고 생각한 적이 있으신가요? 테스트를 조금 더 체계적으로 수행했더라면 개발이 좀 더 쉽거나 빠르지 않았을까 하며 후회한 적은 없으신가요?

자윈스키 그렇게 생각하지는 않습니다. 테스트 때문에 우리의 개발 과정이 더뎌졌을 거예요. 완벽한 뭔가를 단번에 만들려 하는 관점에 대해서는 할 말이 많습니다. 초기에 우리는 속도에만 집중했어요. 제품이 완벽하지 않더라도 출시해야만 했지요. 물론 품질을 더 높이고 나중에 출시할 수도 있었겠죠. 하지만 그때쯤이면 우리가 노렸던 먹이는 남이 이미 채 갔겠죠.

단위 테스트나 작은 모듈 같은 걸 사용했을 때 더 빨리 진행되는 프로젝트도 틀림없이 있습니다. 원칙적으로는 훌륭한 방법이에요. 개발 시한이 여유롭게 주어졌다면 분명히 이런 방향을 따르는 게 맞다고 봅니다. 하지만 6주 안에 무에서 유를 창조해야만 하는 상황에 봉착했다면? 글쎄요, 전 그렇게 할 수 없습니다. 원래 계획에서 무언가를 빼지 않는 이상 힘들 거예요. 절대적으로 중요하지 않은 것들은 빼 버려야 합니다. 단위 테스트는 그렇게 중요하지 않습니다. 단위 테스트를 왜 안 했냐며 고객이 따지러 오는 일도 없고요. 그것은 소비자가 아닌 생산자에만 관련된 쟁점일 뿐입니다.

'테스트는 얼간이에게나 필요하다'는 소리로 들리지 않았으면 좋겠네요. 제 뜻은 그런 게 아니에요. 우선순위 문제일 뿐이에요. 좋은 소프트웨어를 작성하려고 하는 건가요, 아니면 제품을 다음 주까지 완성하려고 하는 건가요? 둘 다 할 수는 없습니다. 넷스케이프에서 자주 했던 농담을 하나 알려 드리죠. "우리는 품질에 100% 헌신하고 있습니다. 그리고 3월 31일까지 우리가 만들 수 있는 최고 품질의 제품을 공개할 예정입니다."

사이블 자연스럽게 소프트웨어 유지 보수 쪽으로 이어 가겠습니다. 내가 작성하지 않은 코드가 무슨 뜻인지 이해해야 할 때에는 어떤 식으로 공략하시나요?

자윈스키 그냥 뛰어들어 코드를 읽기 시작해요.

사이블 어디서부터 읽기 시작하시나요? 첫 줄부터 시작해서 아래로 내려가며 읽으시나요?

자윈스키 가끔은요. 그보다는 새로운 라이브러리나 툴킷 사용법을 익혀야 하는 일이 더 많습니다. 운이 좋으면 문서를 찾을 수 있을 겁니다. API도 있을 거고요. 그중에 써 보고 싶은 것들을 골라내면 됩니다. 또는 그것들의 내부가 어떤 식으로 구현되어 있는지 알아내는 것도 좋습니다. 그런 식으로 코드를 누비며 나아가세요. 아니면 이맥스 같은 건 맨 아래부터 시작할 수도 있죠. 예를 들어 cons 셀[34]은 어떤 요소로 구성되며 또 어떻게 생겼는지 공부하는 거예요. 기초부터 익힌 다음에 이리저리 응용해 보는 거죠. 때로는 빌드 시스템을 자세히 들여다보는 것도 도움이 됩니다. 코드가 전체적으로 어떻게 묶여서 작동하는지 감을 잡을 수 있기 때문이죠. 제 생각에 프로그램에 깊숙이 몰입하는 가장 좋은 방법은 일거리를 하나 골라잡은 다음 바로 시도해 보는 거예요.

이맥스 같은 것을 이용하면 기존 모듈을 가져와 내용물을 뜯어낸 후 필요한 부분만 남길 수 있어요. 즉, 실제로 뭔가를 하는 복잡한 코드는 날려 버리고 구조만 남겨 두는 거예요. 그러면 해당 시스템의 구성 요소가 어떻게 생겼는지 훤히 알 수 있어요. 빈자리에 코드를 다시 짜서 넣을 수도 있고요. 집을 허물어 뼈대만 남기는 작업에 빗댈 수 있겠습니다.

사이블 그 결과로 이맥스 바이트코드 컴파일러에, 바이트코드 VM 일부까지 다시 만드셨고요. 지금까지 코드를 새로 작성하는 즐거움에 관해 이야기를 나누었는데요. 하지만 코드를 다시 짜는 것이 언제나 좋은 생각은 아니잖아요. 어떤 기준으로 그 경계를 나누시는지 궁금합니다. 컴파일러 전체를 다시 작성하는 게 여기저기를 조금씩 손보는 일보다 훨씬 쉬웠기 때문에 전체를 다시 만드신 건가요, 아니면 그냥 컴파일러를 작성하는 게 재미있어서였나요?

자윈스키 어쩌다 보니까 다시 작성하게 된 거예요. 처음에는 그저 살짝 고치려는 마음으로 시작했죠. 그러다 코드를 좀 최적화해 볼까 하는 마음이 들었고요. 그러다 보니 결국 원래 있던 코드는 한 줄도 안 남고 사라져 버렸습니다. API 이름만 똑같이 유지한 채 코드를 완전히 바꿔 버렸죠. 제가 작성한 바이트코드 컴파일러는 잘 작동했던 것 같습니다. 다른 모듈과 그다지 연동될 필요가 없는 고립된 모듈이라 더 쉬웠던 것 같아요. 이 컴파일러에는 진입점이 딱 하나밖에 없거든요. 파일을 넣으면 컴파일된 파일이 나온다, 이것뿐입니다.

루시드 이맥스에는 이런 기본 기능 말고도 확실히 더 조잡한 기능도 많이 들어갔습니다. 사실 당시 저는 이맥스를 리스프 전용 컴퓨터처럼 동작하도록 만들고 싶은 의욕이 가득했습니다. 저에게 익숙한 이맥스로 바꾸고 싶었죠. 저는 리스프 환경에 익숙했거든요. 부족한 이맥스를 여러모로 어엿한 리스프 개발 환경으로 탈바꿈시키고 싶었습니다. 그래서 정말 많은 기능을 넣었죠. 번호를 넣어야 하는 리스트 대신에 별도의 이벤트 객체도 있어야 한다고 생각했습니다. 번호가 달린 리스트 형태로 된 이벤트 객체는 정말 멋없고 시대에 뒤진 방식이거든요. 돌이켜 보니 그런 것들을 바꾸면서 큰 문제에 시달렸던 같네요. 외부 라이브러리와 호환되지 않는 문제도 발생하기 시작했고요.

사이블 물론 그 시점에는 이맥스가 둘이 되리라고는 상상하지 못하셨을 테지요.

자윈스키 맞아요. 하지만 이맥스가 둘이 되기 전 오로지 하나만 있었을 때에도 이맥스는 이미 두 가지 버전이 쓰이고 있었습니다. 이맥스 버전 18과 19요. 어쨌든 호환성 문제는 생길 운명이었죠. 지나갔으니 하는 말인데요. 당시에 호환성 문제가 얼마나 큰 영향을 미칠지 제가 알았더라면 이 부분을 조금 더 신경 써서 작업했을 겁니다. 시간을 더 들여 예전 버전도 작동하게끔 만들었을 수도 있고요. 그런 아쉬움이 좀 있어요.

사이블 인터뷰 앞부분에서 코드의 가독성을 좀 더 높이면 유지 보수도 쉬워진다고 말씀하셨는데요. 가독성이 높은 코드의 특징을 몇 가지 알려 주시겠습니까?

자윈스키 음, 당연한 말이지만 주석은 반드시 달아야 합니다. 주석에는 코드를 작성하게 된 배경이나 가정을 밝히고 코드가 무슨 일을 하는지도 적어야 합니다. 자료 구조를 구축하는 코드에는 그것이 어떤 식으로 구성되어 있는지 레이아웃을 기술해야 하고요. 이런 것들을 끄적여 놓으면 도움이 꽤 됩니다. 예를 들어 펄에서 해시 테이블이 하나 있는데 값으로 리스트가 들어 있다고 해 볼게요. 펄의 자료 구조는 제정신이 아니에요. 이 리스트에 있는 값을 가져오려면 오른쪽 화살표를 써야 하던가? 이럴 때에는 코드 위에 주석으로 사용법 예제를 하나 적어 두면 편리하더군요.

저는 사람들이 주석을 더 많이 달아 주었으면 하는 바람이 늘 있어요. 그런데 가끔가다 어떤 주석들은 함수 이름을 길게 늘여 말하기만 해서 허탈할 때가 있어요. 예를 들어 어떤 사람은 push_stack이라는 함수 위에다 '스택에 푸시한다.' 같은 의미 없는 주석을 적어 놓는데요. 너무나 감사해서 사양하고 싶습니다.

주석 부분에는 코드에서 직접 드러나 보이지 않는 내용을 적어야 합니다. 어떤 목적으로 적냐고요? 가장 중요한 것이 무엇인지에 따라 때로는 높은 수준으로, 때로는 낮은 수준으로 주석을 달아야 합니다. 가장 중요한 것이 뭐냐고요? 어떤 경우는 '대체 뭘 하려고 이 코드를 짰는가?' 그리고 '어떤 경우에 이 코드를 사용해야 하는가?' 같은 질문에 대한 답이겠고요. 또 다른 경우에는 이 함수가 기대하는 입력값의 범위는 어디부터 어디까지인지 서술하는 것일 수도 있습니다.

변수 이름을 충분히 길게 만드는 것도 도움이 됩니다. 저는 헝가리안 표기법[35] 추종자는 아닙니다. 하지만 영어 단어 여러 개를 붙여서 변수나 함수 이름을 만들면 그게 어떤 목적을 위해 쓰이고 있는지 금방 이해할 수 있는 장점이 있어요. 물론 반복문에서 쓰이는 반복자(iterator) 같은 객체는 그럴 필요가 없어요. 너무나 빤히 보이니까요. 아무튼 코드를 최대한 수다스럽게 짜면 좋다고 생각해요.

사이블 프로그램을 만들어 나가는 순서에 관한 질문입니다. 완성된 프로그램 코드가 파일 속에 순서대로 나오긴 하지만 프로그램이 실제로 한 방향으로 흘러가지는 않잖아요? 코드를 하향식으로 구성하시는 편인가요, 아니면 상향식으로 구성하시는 편인가요?

자윈스키 저는 상향식으로 구성하는 편이에요. 파일 맨 위에 말단의 단순한 모듈들이 나오는 식이죠. 파일 맨 위에는 API 사용법을 문서화합니다. 이 파일이나 모듈의 최상위 진입점은 무엇인지 같은 걸 적어 놓는 거죠. 객체 지향 언어를 쓰면 언어가 그런 API들을 자동으로 문서화해 주지요. 하지만 C 같은 언어를 쓰면 프로그래머가 좀 더 명시적으로 API 사용법을 만들어야 합니다. 그래서 저는 C를 쓸 때 .c 파일마다 .h 파일을 만들고 `extern`으로 선언한 걸 모두 모아 놓아요. .h에 추가하지 않은 건 모두 `static`이죠.[36] 그러다가 그 파일로 다시 가서 '잠깐만, 이 함수는 부를 수 있어야 하는데.' 하고는 헤더 파일에 다시 추가하기도 하고요. 하지만 이런 과정을 그냥 우연이 아니라 명시적으로 수행하는 거예요.

사이블 말단의 단순한 모듈이 파일 위에 오게 한다고 하셨잖아요. 프로그램을 구축할 때에도 이 순

서로 하시나요?

자윈스키 늘 그런 건 아니에요. 때로는 꼭대기에서 시작하고 때로는 밑바닥에서 시작하죠. 그때그때 다릅니다. 한 가지 방법은 이런저런 구성 요소가 들어가야 한다는 걸 알 때 그것부터 일단 붙여 놓는 방식이죠. 또 다른 방법은 먼저 머릿속에 완성된 모습을 그린 후에 세부를 파헤쳐 들어가는 방식입니다. 저는 두 가지 방법을 모두 사용합니다.

사이블 이건 순전히 논의를 이어 가기 위한 가정인데요. 은퇴를 번복하고 새롭게 개발 팀을 꾸리는 위치에 섰다고 해 보지요. 개발 팀을 어떻게 조직하시겠습니까?

자윈스키 제 생각에 매일 얼굴을 맞대고 가깝게 일하는 사람은 서너 명을 넘지 않아야 좋을 것 같습니다. 그 대신 팀 수는 얼마든지 늘어날 수 있죠. 어떤 개발 프로젝트에 착수했다고 가정해 봅시다. 이 소프트웨어는 최대 25개의 개별 모듈로 나뉠 수 있고요. 물론 아주 작은 팀 25개로 쪼갤 수도 있겠지만 좀 지나친 감이 있습니다. 10개 정도면 적당할 것 같네요. 다른 팀들과 서로 협동 가능한 선까지는 팀을 얼마든지 잘게 쪼갤 수 있습니다. 딱히 제한은 없을 것 같고요. 그런데 팀을 잘게 쪼갤수록 사람들이 한 프로젝트에 참여하는 게 아니라 서로 다른 프로젝트에 참여하는 것처럼 보이기 시작하죠.

사이블 그러니까 최대 4명으로 된 팀을 여러 개 구성하겠다는 말씀이군요. 팀 사이 조율은 어떻게 하시겠어요? 총괄 아키텍트를 한 명 두고 그 사람이 의존성 문제를 조율하고 여러 팀 간의 문제를 중재하게끔 하시겠어요?

자윈스키 모듈 간 인터페이스를 맞출 때에는 의견 조율이 필요하겠지요. 제가 앞서 말했던 세밀한 모듈식 접근법이 잘 작동하려면 모듈 사이의 인터페이스가 명확하고 단순해야 해요. 그래야만 모두가 동의하는 안을 만드느라 소리를 지르지 않을 수 있습니다. 또 단순할수록 모두가 이런 규약을 지키기 쉽거든요. 그러니 모듈 간 상호 작용이 원활해지려면 정말 단순하게 만들어야 합니다. 그게 가장 좋은 방법이에요. 단순할수록 잘못될 가능성도 훨씬 낮아요.

팀을 쪼개는 기준은 전적으로 프로젝트에 달려 있어요. 특정한 종류의 웹 앱 프로젝트를 진행한다면 아마도 사용자 인터페이스를 담당하는 팀, 데이터베이스를 담당하는 팀, 서버에서 실행되는 부분을 담당하는 팀 그리고 서버 뒤에 있는 컴퓨터에서 실행되는 부분을 담당하는 팀으로 쪼갤 수 있습니다. 데스크톱 앱 프로젝트도 이와 비슷한 구조로 일을 나눌 수 있어요. 파일 형식을 담당하는 팀, GUI를 담당하는 팀 그리고 기본적인 명령 구조를 담당하는 팀으로 나누면 되거든요.

사이블 **사람들의 재능을 알아보시는 방법이 있나요?**

자윈스키 그런 건 잘 몰라요. 저는 사람들을 고용해야 하는 위치에 서 본 적이 전혀 없습니다. 면접 자리에는 쭉 참여했지만 도대체 뭘 질문해야 할지 늘 막막했죠. 면접으로 그 사람과 제가 잘 지낼 수 있는지 판단할 수는 있어요. 하지만 겨우 말 몇 마디로 그 사람이 유능한 프로그래머인지 아닌지 판단할 수는 없어요. 저에게 그런 능력은 없습니다. 그래서 그런 일은 늘 어렵더군요.

사이블 **수준 낮은 프로그래머들은 어떻게 식별하시나요? 무능함을 나타내는 믿을 만한 징표라도 있을까요?**

자윈스키 가끔은 눈에 띄기도 해요. C++ 템플릿의 열렬한 추종자 같은 사람은 멀리하고 싶어요. 어떻게 보면 저만의 섣부른 판단일지도 모르겠군요. 그 사람이 템플릿을 쓰는 환경에서는 문제없이 일할 수도 있으니까요. 제 경험으로 말씀드리자면 제 동료들과 일할 때에는 자신의 요점을 강력히 주장하는 능력이 중요했습니다. 결국 우리는 모두 논쟁을 꽤 많이 벌일 수밖에 없으니까요. 논리적으로 자기주장을 펴는 능력은 그런 환경에서 많은 도움이 됩니다. 물론 프로그래밍 능력과는 딱히 상관이 없는 능력이긴 해요. 그냥 사람 사이의 역학 문제일 뿐이니까요.

사이블 **그런 사람이 팀에 채용되면 다른 팀은 긴장해야겠군요.**

자윈스키 네, 확실히 그래요.

사이블 넷스케이프는 소프트웨어를 만들 때 개발자가 각자 코드 일부를 소유하는 체계를 갖추고 있었던 것 같은데요. 이런 개인별 코드 소유 구조를 정말 반기는 사람이 있는 반면, 팀이 모든 코드를 공동으로 소유하는 편이 더 낫다고 이야기하는 사람도 있습니다. 둘 중 어떤 방식을 지향하시나요?

자윈스키 저는 두 가지 방법으로 다 해 봤어요. 둘 다 나름대로 장점이 있죠. 모든 사람이 전체 코드를 소유해야 한다는 말에는 반대입니다. 너무 과도하고 실용적이지 않거든요. 차라리 전문화하는 편이 낫습니다. 우리는 때때로 전문가가 필요하죠. 어느 시점엔가 전문가가 필요한 상황이 찾아옵니다. 어떤 모듈을 다른 사람들보다 훨씬 많이 손대고 구현하는 사람이 반드시 있어요. 당연히 그 사람에게는 이 코드가 남들보다 익숙해질 겁니다. 아니면 애착이 더 가는 부분이 있을 수도 있고요. 그러면 다른 사람보다 그 코드에 관심이 더 많이 가서 더 많이 들여다볼 겁니다. 물론 어떤 사람이 현재 어떤 코드를 책임진다고 한들 영원히 유지하지는 못하겠지요. 따라서 다른 사람이 당신 코드에 손을 대는 건 분명 좋은 일이에요. 이런저런 이유로 다른 사람에게 코드 소유권이 넘어갈 수 있으니까요. 지식이 널리 퍼지는 점도 좋지요. 하지만 책임질 사람을 명확히 하는 것도 좋은 일이라고 생각해요. 만약 모든 사람이 모든 코드를 공동으로 소유한다고 해 보세요. 누가 스스로 책임을 떠안으려 나설까요?

사이블 관리자가 되어 본 적은 있으신가요?

자윈스키 별로 없어요. 루시드에서 이맥스 작업을 하던 시기만 빼놓고요. 그때에는 사내 다른 개발자들이 작성한 모듈을 이맥스 안에 많이 포함시켜야 했어요. 그 개발자들이 딱히 저를 위해 일을 하는 건 아니었어요. 그런데 어쩌다 보니 그들을 관리하는 신세가 되어 버렸죠. 신참에다 별로 경험이 없는 사람들이 가득했어요. 프로젝트가 잘 돌아가게 하는 방법은 그냥 그들이 가장 좋아하는 일을 하게 놔두는 것이었어요. 저는 그들에게 피드백을 주는 역할에 머물렀어요.

이를테면 "글쎄, 나는 이걸 여기에 포함시키고 싶은데. 그러려면 이것과 저것을 넣고, 저기에서 이것을 가져와야 할 것 같은데." 하는 식으로 조언했습니다.

사이블 **개발자들에게 자율권을 준 건가요? 당신이 X, Y, Z를 원한다고 하면 어떤 식으로든 그들이 방법을 알아내 구현하도록 한 건가요?**

자윈스키 네, 제가 출시하려는 제품 안에 특정한 모듈을 끼워 넣을지 말지 결정하기 위해 필요조건을 하나하나 따져 봐야 했어요. 요점은 '그 모듈이 제대로 작동하는가?'였습니다. 그래서 "이런 방식 말고 내가 추천하는 방식으로 하면 훨씬 좋을 것 같은데?" 같은 식으로 조언을 했어요. 저는 소프트웨어가 작동하기를 원했지만 코드를 직접 작성하는 사람이 되고 싶지는 않았어요. 그래서 팀원들이 별의별 이상한 트릭을 접목해서 모듈을 작성하더라도 그게 돌아가기만 하면 문제 삼지 않았습니다. 그래야 두 번째 조건을 만족시킬 수 있었으니까요. 바로 제가 코드를 작성할 필요가 없어야 한다는 점이죠. 게다가 제가 팀원들에게 건넨 피드백도 대부분은 그저 코드가 작동하는지, 요구 사항대로 돌아가는지 물어보는 정도에 그쳤습니다.

사이블 **이번에는 반대로 당신이 아직 경험이 부족한 프로그래머였을 때 멘토들은 어떤 도움을 주었나요?**

자윈스키 그들은 제 실력이 발전하는 걸 알아보고 그에 맞춰 더 수준 높은 일을 시켜 줬어요. 그게 아마 가장 도움이 되었던 것 같군요. 팔머의 연구실에서 처음 일하기 시작했을 때 저는 시시한 잡일을 도맡아 했어요. 바쁘기만 했죠. 그러다 마침내 예전에 하던 일보다는 좀 더 의미 있는 업무가 주어졌지요. 그렇다고 정말로 중요한 일은 전혀 아니었지만요.

사이블 **롭이 당신 책상 주위를 맴돌면서 "틀렸잖아!"라고 지적하곤 했다고 말씀하셨어요. 회사에 조금 더 보살펴 주는 선배는 없었나요? 그랬다면 균형이 좀 맞았을 것 같은데요.**

자윈스키 글쎄요, 롭이 완전히 야만인처럼 굴지는 않았어요. 이것저것 설명해 주기도 했거든요. 코드를 읽고 그에게 수없이 물어보러 갔던 기억이 나네요. 무지를 두려워하지 말라고 말씀드리고 싶어요. 모른다는 것을 인식하고 질문하는 게 정말 중요해요. 어떤 코드가 어떤 식으로 작동하는지 이해가 안 되나요? 그걸 아는 사람에게 물어보세요. 모르는 것을 들킬까 부끄러워서 질문을 못하는 사람이 많습니다. 그런 태도는 누구에게도 도움이 되지 않아요. 무언가를 모른다는 게 자신이 바보라는 뜻은 아니에요. 그저 아직까지는 모른다는 뜻일 뿐이죠.

사이블 **지금까지 코드를 읽는 동기는 대체로 어떤 이유였나요? 작업하던 프로젝트와 관련이 있기에 참고로 읽어야 해서, 아니면 순수하게 그 프로그램이 어떻게 동작하는지 알고 싶어서?**

자윈스키 후자요. 특정한 프로그램이 어떤 식으로 동작하는 건지 궁금해서 코드를 뒤져 보며 읽었어요. 저처럼 사물을 파헤치려는 충동이 큰 사람들은 프로그래머라는 직업에 큰 매력을 느끼죠.

사이블 **어렸을 때 분명 토스터를 분해하며 갖고 노셨겠군요?**

자윈스키 맞아요. 전화기도 만들었죠. 통조림 깡통으로 만든 전신기 키 버튼으로 전화 거는 법을 배웠어요. 제가 어렸을 때 중고 장터였나 하여간 그런 곳에서 오래된 책들을 샀던 기억이 있어요. 그중에는 1930년대에 발간된 《The Boys' Own Book of Science》라는 책도 있었죠. 이것저것 분해하고 조립하면서 정말 즐거운 시간을 보냈습니다. 그때 저는 1920~1930년대 미국에서 유행했던 해커 문화에 빠져 있었어요. 안방에서 헛간으로 전보를 치는 방법과 라이덴병[37] 만드는 법 같은 걸 책으로 배울 수 있었죠.

사이블 **그 말씀을 들으니 제가 인터뷰할 때 꼭 던지는 질문이 떠오르는군요. 프로그래머로서 자신이 어떤 직업인에 가깝다고 생각하시나요? 과학자, 엔지니어, 예술가, 장인, 아니면 그밖에 다른 직종?**

자윈스키 어디 보자. 과학자나 엔지니어는 확실히 아니에요. 엄청 공식적인 어감이 느껴지거든요. 저는 수학도 많이 해 보지 않았고, 설계용 도면도 그려 본 적이 없습니다. 뭔가를 증명하지도 않고요. 차라리 장인과 예술가 사이 어딘가에 가까울 것 같네요. 물론 둘 사이에서 어느 쪽으로 더 기우는지는 프로젝트마다 다릅니다. 저는 화면 보호기 프로그램을 자주 만드는데요. 이런 건 장인이 하는 일이라기보다는 예쁜 그림을 그리는 일에 가깝지 않나 싶습니다. 어쨌든 그 둘 사이에서 왔다 갔다 합니다.

사이블 독학으로 컴퓨터 과학을 공부했다고 생각하시나요, 아니면 그냥 프로그래밍하는 방법만 배우셨다고 생각하시나요?

자윈스키 글쎄요, 저는 지난 세월 동안 컴퓨터 과학을 정말 많이 공부했어요. 하지만 프로그래밍을 배우는 게 제 목표였죠. 컴퓨터에 뭔가를 시키는 것이 목표였어요. 컴퓨터 과학 쪽 지식은 목표를 달성하기 위한 수단이었고요.

사이블 그런 점이 자신의 단점이라고 느낀 적은 없었나요? 좀 더 체계적인 방식으로 컴퓨터 과학을 배웠더라면 좋았겠다고 생각한 적은 없었나요?

자윈스키 분명 그런 적이 있어요. 특히 루시드에서는 그런 생각을 많이 했어요. 거기서 연구원들이 하는 이야기를 듣고 있으면 블랙홀로 빨려 드는 기분이 들었어요. 도통 알아들을 수가 없었죠. 제가 알아들을 필요가 없어서 그랬는지도 모르겠습니다. 저는 주로 쓰는 용어들을 찾아보고 사람들이 말하는 주제의 기본적인 배경을 익혀 보려 했어요. 책을 조금 찾아보기도 했고요. 특히 제가 알아두어야 할 내용이라면요. 그러니까 저도 '큰일 났네, 아무것도 모르겠어.' 하고 느꼈던 때가 분명히 있었단 말이죠. 특히 초창기에 그런 느낌이 심했어요. 들키면 너무나 창피할 것 같았죠. 이것이 오히려 저 자신감을 갉아먹고 있었어요. 박사 학위 무리에 끼어 있는 어린아이를 떠올려 보세요. '아, 난 아무것도 모르는 바보 멍청이야! 대체 어떻게 허풍을 떨었기에 여기에 올 수 있었던 거지?' 하는 거죠.

학교에서 더 많은 시간을 보냈더라면 분명히 제 삶은 판이하게 달라졌겠죠.

하지만 저는 적절한 순간에 제가 해야만 했던 일을 했다고 자부합니다.

사이블 이번엔 반대 질문인데요. 실질적인 프로그래밍에 있어서는 오히려 주변 컴퓨터 과학자들이 당신보다 떨어진다는 느낌을 받지는 않으셨나요?

자윈스키 물론 그렇게 느낀 적이 많았어요. 그런데 '와, 이런 바보들. 헛다리만 짚고 있잖아.' 하며 무시한 건 전혀 아니에요. 오히려 '우리는 서로 다른 것에 관심이 있구나.' 하는 느낌에 가까웠죠. 수학자가 되고 싶지 않다고 해서 수학자들을 비난할 필요가 있을까요?

사람들은 두 가지 다른 방향성을 혼동하는 것 같아요. 이상한 일이죠. 엄청 이론적인 컴퓨터 과학을 연구하는 사람과 데스크톱 앱을 개발해서 시장에 내놓으려는 사람을 같다고 생각한다니까요. 이 둘은 서로 얽힐 만한 공통점이 별로 없는데도 말이죠.

사이블 대체로 모든 걸 독학하셨잖아요. 독학으로 프로그래머가 되려는 사람에게 해 주고 싶은 조언이 있나요?

자윈스키 정말 어려운 질문이군요. 요즘 세상은 정말 빠르게 변하고 있으니까요. 늘 느끼는 건데요. "내가 성공한 방법은 바로 이거예요."라는 식으로 조언하는 건 사실 좀 민망해요. 그런 조언을 하는 게 맞나 싶기도 하고, 사람들이 자꾸 그 말을 "나처럼 하기만 하면 돼요."로 들으니까요.

저는 순전히 우연으로 프로그래머가 되었습니다. 어쩌다 보니 그렇게 됐죠. 몇 가지 결정을 내렸고 다른 사람이 나를 끌어 줬습니다. 결국 어쩌다 보니 여기까지 왔네요.

이따금 사람들에게 이메일로 받는 질문이 있는데요. 대략 "프로그래머가 되고 싶습니다. 대체 뭘 해야 당신처럼 될 수 있나요?" 같은 질문이나, "프로그래머가 되기 위해 대학을 꼭 가야 하나요?" 같은 질문입니다. 저라고 딱히 답이 있겠어요? 물론 똑같은 질문을 1986년에 받았다면 이러쿵저러쿵 잔소리를 많이 늘어놓았을 겁니다. 하지만 시대가 변했습니다. 이제 사람들은 저와 똑같은 경로를 밟아 성공할 수 없습니다. 왜냐고요? 제가 밟았던 경로는 이미 사라지고 없거든요.

10년 전의 저라면 아마 사람들에게 무엇보다 어셈블리어는 꼭 배우라고 당부했을 것 같아요. 컴퓨터 내부에서 코드가 어떻게 작동하는지 알아야만 한다고 하면서요. 어셈블리어가 지금도 중요하냐고요? 글쎄요, 잘 모르겠어요. 중요할 수도 있지만 아마 아닐 것 같아요.

지금으로부터 10년 안에 소프트웨어는 전부 웹 기반 앱이나 컴퓨터가 여러 개 묶인 클러스터를 이용해 분산 처리되는 형식이 될 거예요. 그런 프로그램은, 이를테면 구글 서버를 수십 개 단위로 빌린 다음에 각 서버에서 문제를 나눠 처리하겠죠. 그렇게 나온 각각의 결과를 하나로 다시 합치는 방식을 사용해서 사용자들에게 서비스할 겁니다.[38] 이런 환경이 정착되었다고 생각해 보세요. 어셈블리어를 배워야 할 이유가 더 이상 있을까요? 이렇게 추상적인 방식으로 프로그래밍을 하는 환경이라면 저수준 언어는 더 이상 안중에도 없을 것 같은데요. 아닌가요? 잘 모르겠습니다.

요즘 컴퓨터 과학과에서는 C조차 만져 보지 않고 졸업하는 학생들이 있답니다. 그 말을 들었을 때 좀 놀랐어요. 자바로 코딩을 접한 뒤 자바만 줄곧 쓴다더군요. 분명히 이상하고 잘못된 방식 같아 보였어요. 하지만 모르겠네요. 괜찮을 수도 있죠. "나 때에는 9볼트 배터리와 안정된 손놀림만으로 프로그래밍을 했다고!"라고 하면 구닥다리가 하는 잔소리로 들릴지도 모르겠네요.

사이블 책에 관해서도 한 말씀해 주시죠. 모두가 꼭 읽어야 하는 컴퓨터 과학 책이나 프로그래밍 책이 있다면요?

자윈스키 사실 독서는 그다지 열심히 하지 않았어요. 그래도 늘 추천하는 책은 있어요. 바로 《컴퓨터 프로그램의 구조와 해석》이라는 제목의 책이죠. 이 책은 리스프 비슷한 언어를 사용하기 때문에 많은 사람이 읽기 부담스러워하죠.[39] 하지만 특정한 언어에 국한해서 설명하지 않기 때문에 프로그래밍 자체에 대해 잘 배울 수 있는 좋은 책이라고 생각합니다. 반면에 다른 입문자 수준의 프로그래밍 도서 상당수는 문법에만 초점을 맞추고 있어요. 고등학교 다닐 때 수강한 강좌에서도 문법만 지겹게 배웠어요. CMU에 잠깐 다닐 때 들었던 강의도 매한가지였죠.

그런 건 세미콜론을 어디에 붙여야 하는지 가르치는 강좌였지, 프로그래밍을 가르치는 강좌가 아니었어요. 문법만큼 입문자들을 죄다 쫓아 버릴 수 있는 게 또 있을까요. 문법은 재미와는 거리가 먼 부분이거든요. 문법을 제대로 이해하고 사용하는 사람들조차 지루해하는 게 문법이에요.

제가 자주 추천하는 책이 또 하나 있었는데…, 제목이 뭐였더라? 디버깅에 관한 책인데 마이크로소프트에 다니는 어떤 개발자가 썼고요.[40] 단정문을 어떻게 사용해야 효과적인지 알려 주는 책이었죠. 읽고 나니 울림이 강하게 왔던 기억이 있어요. 그 책에서 뭔가 새로운 걸 배워서 감동한 건 아니었어요. 그보다는 제 멍청한 동료들에게 꼭 읽으라고 쥐어 주고 싶은 마음이 굴뚝같았죠.

비슷한 시기에 모두가 최고라고 찬양해 마지않는 책이 한 권 출간되었었죠. 《Design Patterns》라는 책이요. 하지만 저는 형편없는 책이라고 생각했어요. 복사-붙여 넣기로 프로그래밍을 하라는 책 같아 보였어요. 실제 요리를 해 본 경험을 통해 노하우를 전수하는 게 아니라 누군가의 요리법을 베껴서 쭉 늘어놓기만 한 느낌이었어요. 그런 건 프로그래밍 책이라 부르면 안 되죠. 색칠하기 그림책이니까요. 하지만 사람들은 이 책에 열광했습니다. 회의에 들어가면 사람들이 그 책에 나오는 전문 용어들로 의견을 주고받더군요. 그들은 '인버스'니 '리버스'니 '더블 백 플립 패턴'이니 하는 용어를 줄줄이 꿰고 있었어요. "혹시 반복문에 관해 말하는 건가요?" 하고 물어보니 그렇다더군요.

사이블 프로그래머가 반드시 지녀야 하는 핵심 역량이 있을까요?

자윈스키 네, 당연히 호기심이죠. 사물을 분해하고자 하는 의욕이 있어야 해요. 사물의 표면 아래에서 무슨 일이 벌어지고 있는지 궁금한 마음을 억누를 수 없어야 합니다. 호기심이 바로 프로그래머가 되기 위한 토대예요. 이미 있는 사물을 분해하고 그 안을 들여다보는 행위는 스스로 뭔가를 만들어 내는 능력을 기르기 위해 피할 수 없는 배움의 과정이에요. 적어도 저는 그렇게 믿습니다. 저는 컴퓨터에 관한 책은 거의 읽지 않았어요. 그 대신에 소스 코드를 파 보거나 참고용 설명서를 탐독했죠. 저에게는 목표가 분명했어요. 항상 이런 식이었죠. '좋아. 이걸 만들려면 이 코드가 무슨 일을 하고 저 코드가 무슨 일을 하는지 알아내야 해.' 제가 가야 하는 방향을 찾을 때까지 계속해서 무작위로 이것저것을 건드려 보며 앞으로 나아갔어요.

사이블 커누스의 《The Art of Computer Programming》을 읽어 보셨나요?

자윈스키 아니요, 아직이요. 하지만 이 책도 제가 반드시 읽어야 하는 책 중에 하나가 아닐까 생각합니다. 다만 아직까지는 못 읽었네요.

사이블 그 책 진도 나가기가 어려워요. 수학이 계속 나와서 정말 제대로 이해하기 힘든 책이죠.

자윈스키 저는 수학에는 젬병이에요.

사이블 흥미롭네요. 프로그래머 중에는 수학과 출신이 많잖아요. 게다가 컴퓨터 과학 이론은 무척 수학적이고요. 수학을 못해도 프로그래머가 될 수 있다는 산 증인이시군요. 좋은 프로그래머가 되려면 얼마나 수학에 능숙하고 수학적 사고에 조예가 깊어야 한다고 생각하시나요?

자윈스키 글쎄요, 수학에 조예가 깊은 사람과 그렇지 않은 사람의 경계를 나누는 방식에 따라 다를 것 같네요. 패턴 찾기에 능숙한 프로그래머에게 수학에 조예가 깊다고 해야 할까요? 물론 프로그래머라면 수의 크기나 가능한 조합의 수에 대한 감각이 중요합니다. 하지만 그런 종류의 문제를 프로그래머 자격 입문 시험으로 쳐야 한다면 저는 완전히 낙제하고 말 겁니다. 그렇게 엄밀한 공식에 따라 뭔가를 해 본 지 상당히 오래됐거든요.

고등학교 때 이후로는 정말로 수학 수업을 제대로 들은 적이 없어요. 고등학교 때 대수학을 수강했고요. 미적분학도 조금 들었지요. 수학에 큰 재능은 없었나 봐요. 어찌저찌 통과는 했어요. 그런데 과정은 정말 힘들었어요. 무엇 하나 쉽게 넘어간 적이 없었죠. 고등학교 시절 물리 수업에서 역학 부분을 배울 때 사포를 댄 바닥에서 네모난 블록을 끄는 실험 같은 걸 했던 기억이 나네요. 저는 물리 수업에서 낙제를 겨우 면하는 수준이었어요. 저 자신이 바보처럼 느껴졌죠. 물리 시간은 너무나 재밌었는데 성적은 꽝이었기 때문이었어요. 실습 시간에는 정말 잘했어요. 실험 절차도 완벽히 지켰고요. 단지 수학을 못한다는 게 흠이었죠.

제가 계산한 답은 정답에 비해 자릿수가 3개 정도 부족하거나 많았어요. 전 자신 있게 제 답안을 냈지만 뭘 잘못 계산했는지도 몰랐죠. 데이터를 적절히 수집하고 깔끔히 정리한 점을 고려하여 50점은 받을 수 있었습니다. 수학은 결코 제 강점이 아니었다는 게 결론이에요.

하지만 저는 프로그래머가 되기 위해 수학이 필요하지 않다고 말할 생각은 없습니다. 분명히 프로그래밍에는 여러 종류가 있으니까요. 저와 다른 유형의 프로그래머들이 없었다면 지금 같은 세상은 존재하지 않았을 겁니다. 하지만 저는 프로그래밍은 수학보다 글쓰기와 공통점이 더 많다고 항상 생각했어요. 프로그래머는 알아들을 수 있는 어휘가 몇 개 안 되는 심각한 바보도 읽을 수 있는 이야기를 쓰는 사람이에요. 바보에게 이야기에서 표현하고자 하는 핵심 생각을 전달하고 싶은 거죠. 여기서 말하는 심각한 바보는 컴퓨터고요. 자신이 표현하고 싶은 생각이 있는데 그걸 전달하기 위한 도구는 아주 제한적입니다. 어떤 단어를 사용해서 글을 쓸 것인가? 글의 서론과 결론에는 어떤 내용이 들어가야 할까? 글을 쓸 때에는 이런 것들을 생각해 봐야 합니다.

글쓰기 문체가 천차만별이듯 프로그래밍도 똑같아요. 취향에 따라 다르거든요. 어떤 작가는 어떤 사물을 정확히 묘사하는 문체로 글을 쓰지만, 어떤 작가는 거기다 약간 과장된 기교를 섞은 문체로 글을 씁니다. 프로그램에서도 마찬가지예요. 어떻게든 프로그램을 완성하는 데 치중하는 스타일의 프로그래머도 있지만, 꼼꼼히 논리적으로 어긋나지 않는 프로그램을 작성하는 프로그래머도 있잖아요. 두 가지 스타일을 잘 배합하는 프로그래머도 있고요.

사이블 프로그래밍에서 스타일을 따지는 이유는 뭔가요? 단지 개인적인 만족을 위해서인가요, 아

니면 실제로도 더 나은 점이 있나요?

자윈스키 거시적으로 볼 때 우아한 코드와 유지 보수가 쉬운 코드는 비슷합니다. 적어도 그 둘의 연관성은 매우 큽니다. 쉽게 읽히는 방식으로 이야기의 틀을 잡으면 글도 우아해 보이죠. 사실 관계가 책 앞부분에 모두 모여 있으면 이야기를 따라가기 쉬운 반면, 사실 관계가 여기저기 흩어져 있으면 읽는 데 방해가 됩니다. 사실 관계가 흩어져 있는 책을 읽으면 이러기가 일쑤예요. 페이지를 넘기다 어떤 문장에 모르는 단어가 나옵니다. 아까 봤던 단어인가 싶어 페이지를 반대로 넘기며 찾아보지만 찾을 수가 없죠. 이렇게 페이지를 왔다 갔다 들쑤시며 읽게 됩니다. 이런 식으로 말이죠. '맞아, 이건 아까 그 사람이 설명했던 용어야. 아마 책 중간쯤 어딘가에서 읽었던 것 같은데….' 그러지 않으려면 읽은 내용을 모조리 기억해야 할 텐데요. 그게 가능할까요? 용어 설명 부분이 정말로 여기저기 흩어져 있을지도 몰라요. 그러면 용어를 다시 들춰내기도 어려울 겁니다. 책의 구성으로 인한 가독성 문제는 프로그래밍에도 그대로 적용될 수 있어요.

사이블 프로그래머로서 성공할 만한 사람의 종류가 바뀌었다고 생각하시나요?

자윈스키 요즘 시대에 밑바닥부터 어떤 의존성도 없이 프로그램을 짜기란 분명히 불가능한 일이에요. 각종 툴킷과 라이브러리, 프레임워크 같은 외부 모듈이 폭발적으로 늘어났어요. 가장 기초적이고 작은 소프트웨어를 개발할 때에도 요즘에는 그런 외부 모듈을 삽입하지 않으면 개발이 안 돼요. 외부 모듈에 대한 의존성이 폭발적으로 늘어났죠. 또 요즘은 앱들이 모두 웹 기반으로 바뀌는 추세잖아요. 개발에 접근하는 관점 자체가 정말 달라졌어요.

그러니까 그게 무슨 프로그램이든지 간에 다른 사람의 코드에 뛰어들어 사용 방법을 빠르게 파악하는 능력이 요즘 시대에는 더욱더 중요해지고 있다는 거예요. '남의 코드는 이해가 안 되는군. 차라리 내가 직접 만드는 게 낫겠어.' 하는 자세가 예전엔 통했습니다. 그게 과거에도 좋은 생각이었는지는 모르겠지만 어쨌든 요즘은 그런 방법으로 프로그래밍하기가 훨씬 어려워졌지요.

사이블 **그래서 말인데요. 요즘에는 모든 것을 분해해서 이해하려는 욕망을 좀 완화할 필요가 있지 않나 싶어요. 작업 중인 코드를 전부 샅샅이 분해하기 시작하면 일이 결코 끝나지 않을 테니까요. 일단은 깊이 파고들고자 하는 의욕을 내려놓고 작업을 쭉 진행하는 거예요. 그러다 코드를 좀 더 깊이 이해하지 않으면 안 되는 긴급 상황에 처하게 될 때가 오겠죠. 그때 세밀히 뜯어보며 어떤 식으로 작동하는지 탐구하는 거죠.**

자윈스키 그럴 수도 있겠죠. 그런데 그런 환경에서 육성된 프로그래머 세대는 기본적으로 코드의 속도나 메모리 사용 같은 요소에 대해 아무것도 이해하지 못할 겁니다. 그런 사람들이 코딩을 하다가 프로그램이 쓸데없이 거대해지는 걸 발견했다 치자고요. 그들에게 대책이 있을까요? 어디서부터 뭘 어떻게 손대야 할지도 모를 겁니다. 아무튼 그런 문제가 제일 먼저 떠오르네요. 구닥다리의 의견인지도 모르겠지만요. 실제로는 그런 건 문제가 아닐 수도 있죠. 메모리를 더 늘리면 그만일 테니까요.

사이블 **아니면 처리 효율성이나 메모리 문제에 관련된 좀 더 높은 수준의 관점을 획득하는 중인지도 모릅니다. 데이터를 할당하기 위해 6바이트짜리 변수를 쓸지, 4바이트짜리 변수를 쓸지는 중요하지 않을 수도 있을 것 같아요. 그보다는 데이터를 클러스터 노드 한 개에 맞춰 담을지, 아니면 두 번째 노드로 나머지 데이터를 넘길지 따져 보는 일이 더 중요해졌거든요.**

자윈스키 맞아요. 정확한 지적입니다. 그런 면에서 프로그래밍은 확실히 바뀐 게 맞아요. 예전에는 지금과 초점의 방향도 달랐어요. 옛날엔 데이터의 바이트 수에 집중해야 했죠. 객체 크기가 얼마나 클지, 배열 헤더가 쌓이다 보면 너무 커지지는 않을지 고려해야 했어요. 지금은 아무도 그런 자잘한 최적화에 신경 쓰지 않습니다. 앞과 뒤 포인터를 하나의 워드에 XOR로 담는 것 같은 트릭은 일종의 흑마법처럼 여겨지고요. 대체 누가 그런 걸 하겠습니까? 미친 짓이죠. 하지만 지금은 예전부터 늘 필요했지만 곁가지에 불과했던 기술이 전면에 부상하고 있기도 합니다. 예를 들어 지금은 API 목록을 파고들어 그중 어떤 API는 필요하고 필요하지 않은지 알아낼 수 있는 능력이 중요해졌다고 생각합니다.

사이블 당신이 지금 13살이라면 오늘날의 프로그래밍 방식으로도 프로그래머의 길에 매력을 느끼실 것 같나요?

자윈스키 대답하기 정말 어렵네요. 주변에 13살짜리 아이도 없고요. 아이의 눈에는 세상이 어떻게 보일지 모르겠습니다. 지금은 뭔가를 분해하기도 더 힘들죠. 저는 어렸을 때 전화기를 분해해서 스피커가 어떻게 작동하는지 알아냈어요. 요즘에 그렇게 휴대 전화를 분해하는 10살짜리 아이는 없을 거예요. 더 이상 우리가 직접 부품을 교체하고 수리할 수도 없잖아요.[41]

카세트테이프 데크의 뒷면을 뜯어내고 톱니바퀴들이 어떻게 맞물리는지 지켜보는, 그런 종류의 이설픈 전자 제품 탐구가 저를 여기로 이끌었어요. 레고 마인드스톰 같은 장난감들만 빼면 요즘 사람들이 그런 경로를 따를 기회는 많지 않은 것 같아요. 하지만 제가 틀렸을지도 모릅니다. 아까도 말했듯이 전 요즘 13살짜리 아이를 전혀 모르니까요. 요즘 아이들이 뭘 갖고 노는지도 모르고요. 비디오 게임은 정말 많더군요. 많은 게 리모컨으로 작동되고요. 그런데 정말 무언가를 만들면서 놀 수 있는 좋은 장난감은 본 적이 없어요. 그런 점이 슬퍼요.

사이블 긍정적인 면도 있어요. 프로그래밍 자체에 접근하기는 훨씬 쉬워졌잖아요. 컴퓨터에서 뭔가 멋진 거 하나 돌려 보려고 어셈블리어의 복잡한 세부 사항을 모두 터득할 필요는 없어졌으니까요.

자윈스키 맞네요. 요즘 아이들은 웹 앱이나 페이스북 플러그인을 만들어 보며 프로그래밍에 입문하는 것 같습니다. 라이브저널이라는 소셜 네트워크 서비스를 만든 브래드 피츠패트릭은 제 친구예요. 라이브저널을 만들던 당시 브래드는 빈둥거리고 있었어요. 그러다 친구들과 서로 "나 점심 먹으러 갈 건데, 너는?" 같은 짧은 대화를 주고받을 수 있게 하는 펄 스크립트를 만들었죠. 라이브저널 서비스는 그 펄 스크립트를 웹 서버에 올리면서[42] 시작되었죠. 아마 요즘에는 이런 방향이 좀 더 통할 것 같군요.

2장

라이브저널 개발자

브래드 피츠패트릭

Brad Fitzpatrick

브래드 피츠패트릭은 이 책에서 만난 인물 중 가장 젊다. 또 인터넷이나 개인용 컴퓨터가 없는 세상에서 살아 본 적이 없는 유일한 인물이기도 하다. 피츠패트릭은 1980년에 태어나 이른 나이에 프로그래머로 첫발을 뗐다. 그는 다섯 살 때 집에서 조립한 애플 II 컴퓨터 복제품을 켜고 프로그램을 짜기 시작했다. 피츠패트릭이 십 대를 보내던 시절 인터넷 혁명이 한창 무르익어 가고 있었다. 피츠패트릭은 고등학생 시절 자신의 첫 유료 웹사이트를 구축했고, 대학에 진학하기 전 여름 방학 동안에는 인기 있는 인터넷 커뮤니티로 성장한 라이브저널이라는 사이트[1]를 만들었다.

라이브저널의 인기가 나날이 높아지면서 피츠패트릭은 확장 가능한 웹사이트를 구축하는 방법에 대해 심각하게 고민하기 시작했다. 그러던 도중에 피츠패트릭은 그가 설립한 당가 인터렉티브(Danga Interactive) 프로그래머들과 함께 멤캐시디(memcached), 펄발(Perlbal), MogileFS 등 몇 가지 오픈 소스 소프트웨어를 만들어 내놓았다. 이것들은 현재 세계에서 가장 바쁜 웹사이트들을 돌리기 위해 쓰이는 프로그램들이다.

피츠패트릭은 그의 눈부신 업적과는 별개로, 전형적인 21세기의 웹 프로그래머이다. 피츠패트릭은 개발할 때 펄과 C 언어를 주로 사용해 왔지만 필요에 따라 자바나 C++, 파이썬, 자바스크립트, C#도 쓴다. 그가 하는 프로그래밍은 전부 어떤 식으로든 네트워크와 관련되어 있다. 웹사이트 서비스를 위해 더 나은 백엔드 인프라를 구축하고, 블로그 업데이트 소식을 블로그 구독 소프트웨어가 알 수 있도록 프로토콜과 소프트웨어를 설계하기도 하지만, 자신의 오토바이에 올라타면 차고 문이 자동으로 열리는 스마트폰 프로그램도 짠다.

우리는 어떻게 피츠패트릭이 《Clifford the Big Red Dog》[2]를 읽을 만한 나이에 코딩을 배우게 되었는지 이야기했다. 피츠패트릭이 라이브저널을 운영하는 동안에 어떻게 대학에 남아 공부할 수 있었는지, 그 경험은 어땠는지 그리고 다른 사람이 쓴 코드를 어떻게 읽어야 하는지도 이야기했다.

피츠패트릭은 인터뷰 이후 2020년까지 구글에서 고(Go) 언어를 개발했고, 이후 구글 동료들과 함께 테일스케일(Tailscale)이라는 네트워크 소프트웨어 회사를 창업했다. 테일스케일은 2022년 1억 달러 투자를 유치하며 유니콘(시가 총액이 10억 달러 이상인 비상장 스타트업)이 되었다.

사이블 어떻게 프로그래머가 되었나요?

피츠패트릭 아버지가 모스텍(Mostek)에서 일하셨어요. 메모리를 만드는 회사였죠. 아버지는 컴퓨터에 빠져 있었습니다. 집에 굴러다니는 전자 부품을 이용해 애플 II를 만드실 정도였어요. 거의 손수 만드셨죠. 아버지는 어머니와 함께 텔레비전 옆에 앉아서 기판에 부품을 납땜하곤 하셨어요. 납땜하는 데만 몇 달은 걸렸죠. 얼마 후에 아버지가 회사에서 롬을 몇 개 가져오셨습니다. 메모리 소자 하나가, 아니면 가끔은 여러 개가 불량이라 팔지 못하는 것들이었죠. 비트 값이 0, 아니면 1로 고정된 상태였어요. 부모님은 애플 II 롬 원본을 어디선가 입수하셔서 불량 롬에 데이터를 굽기 시작하셨죠. 계속 실패했어요. 그러다 하나가 제대로 작동했습니다. 불량 롬의 일부 고정된 비트가 운 좋게 원본 데이터와 일치했던 거예요. 그건 시작에 불과했습니다. 결국 아버지가 일하시는 회사의 많은 동료들이 자작 애플 II를 갖게 된 발단이었죠. 저는 두 살 즈음부터 그런 환경에서 놀았어요. 아버지가 프로그램 짜는 걸 쳐다보면서요.

사이블 아버지는 프로그래머셨나요, 아니면 하드웨어 엔지니어셨나요?

피츠패트릭 전기 엔지니어였어요. 프로그래밍은 취미 삼아 하셨죠. 저에게 코딩을 가르쳐 주신 게 제가 다섯 살 때였는데 여섯 살인가 일곱 살쯤에 당신을 뛰어넘었다고 농담을 하셨죠. 어머니 말씀에 따르면 제가 도서관에서 빌린 애플 II 프로그래머 설명서와 《Clifford the Big Red Dog》를 동시에 읽고 있었다고 해요. 'variables(변수)'를 'valuables(귀중품)'라고 잘못 읽었다고요. 어린 시절 아버지와 함께 프로그램을 짜던 기억이 생생해요. 우리는 함께 식탁에 앉아 있었어요. 아버지가 종이 위에 무언가를 끄적거리고 계셨죠. 그러고는 물어보셨어요. "너 이게 뭐라고 생각해?" 기억하기로는 종이에 `10 PRINT HELLO, 20 GOTO 10.` 같은 말이 적혀 있었어요.

사이블 **베이식으로 코딩에 입문했군요?**

피츠패트릭 맞아요. 베이식이었어요. 마우스도 못 쓰고 고화질 그래픽 모드나 컬러 모드도 켤 수 없었죠. 그러다 가족의 지인 한 명이 저에게 C 언어를 써 보라고 말했어요. 터보 C^3 소프트웨어도 구해 줬고요. 여덟 살이나 열 살쯤이었을 겁니다. 1984년쯤 아버지가 인텔로 이직하셨어요. 덩달아 우리 가족도 포틀랜드로 이사했죠. 아버지는 386, 486 프로세서 설계에 참여하셨어요. 아직도 인텔에 계시죠. 그 덕분에 저는 재미난 최신식 컴퓨터를 언제나 만져 볼 수 있었어요.

사이블 **어셈블리어로 프로그래밍해 보신 적도 있나요?**

피츠패트릭 계산기용 어셈블리어를 조금 만져 봤습니다. 텍사스 인스트루먼트에서 나온 Z80이라는 공학용 계산기로 해 봤죠. 그게 전부예요.

사이블 **프로그래밍에 끌리게 된 계기랄까, 혹시 기억나는 게 있으신가요?**

피츠패트릭 모르겠어요. 다만 늘 재미있다고 생각했어요. 엄마가 제 컴퓨터 사용 시간을 제한해야 할 정도였어요. 그 대신 친구들과 바깥에서 놀다 오면 컴퓨터를 일정 시간 사용하게 해 주셨죠. 놀러 온 친구들은 이렇게 말하곤 했어요. "브래드 또 컴퓨터 한다. 정말 재미없는 녀석이야." 그 말을 들은 엄마는 "밖에 나가 놀아라." 하고 말씀하셨죠.

사이블 **처음으로 짠 흥미로운 프로그램은 뭐였나요?**

피츠패트릭 집에 엡손 프린터가 한 대 있었어요. 프린터에 크고 두꺼운 설명서가 딸려 왔었죠. 책을 집어 넘겨 보니 맨 뒤에 프로그래머용 참고 설명서가 있더군요. 그걸 보면서 코드를 작성했어요. 다시 애플 컴퓨터를 쓰고 있을 때였는데요. 고해상도 그래픽 상태에서 무언가를 그릴 수 있었죠. 제가 만든 프로그램은 선이든 패턴이든 무엇이든 그릴 수 있었습니다. 프로그램에서 그림을 완성한 후에 컨트롤 C를 누르면 화면에 보이지 않는 영역에서 입력을 할 수 있었는데요. 거기서 제가 만든 다른 인쇄용 프로그램을 로딩해서 화면의 그림을 읽게 했습니다. 그리고 그걸 프린터로 보내면 인쇄할 수 있었죠.

그전에도 작성한 프로그램이 하나 있었어요. 키를 하나 누를 때마다 화면에 가상의 헤드가 있어서 다음으로 넘어갔지요. 백스페이스키를 누르면 헤드가 후진했고요. 일종의 가상 타자기 프로그램이었습니다.

이런 것들이 제가 짠 최초의 프로그램 중 하나였어요. 키보드에서 받은 입력 문자를 가져와 K라는 변수에 넣고, 또 다음 입력을 계속해서 가져왔습니다. 코드는 대략 이런 식이에요. 키보드로 입력을 받아 넣은 K 변수에 들어 있는 문자가 "a"와 같다면, print "a" 명령어를 실행하고, 문자가 "b"와 같다면 print "b" 명령어를 실행하는 거죠. 이런 식으로 문자와 숫자, 문장 부호를 죄다 print 명령어와 연결했어요. 그러다 '잠깐, 그냥 이 변수의 값을 출력해 버리면 되겠는데!' 하는 생각이 들었어요. 결국 40줄짜리 코드를 달랑 한 줄로 대체할 수 있었어요. "와, 이건 정말 신세계야!" 하며 감탄했죠. 여섯 살밖에 안 된 꼬마가 일종의 주요한 추상화 개념에 눈을 뜨는 순간이었어요.

그런 순간들이 기억에 남네요. 중학교에 올라가서는 게임도 만들곤 했어요. 친구들을 위해 그래픽 편집기와 레벨 편집기[4]를 만들어 준 적도 있어요. 그래서 친구들이 게임의 지도를 눈으로 보며 제작할 수 있었습니다. 우리는 곧 레벨 편집기를 반 친구들에게 팔기로 합의했어요. EGA 모드나 VGA 모드[5]를 감지해야 했던 기억이 나네요. 먼저 VGA 모드가 실패하면 EGA 모드로 동작하게끔 되어 있었죠. VGA와 EGA는 전혀 다른 방식으로 작동하며 화면을 그렸어요. 그래서 모든 그래픽을 두 벌씩 만들어야 했죠. 친구들이 우리가 만든 레벨 편집기를 5달러에 사 갔어요. 그런데 집에 가서 설치하니 작동하지 않았나 봐요. 우리 집으로 전화가 빗발쳤죠. 친구 부모님들이 성난 목소리로 말했어요. "당신 아드님 참 대단합니다. 작동하지도 않는 쓰레기를 5달러에 팔다니요." 엄마가 저를 컴퓨터 앞으로 몰아세우고서는 제가 프로그램을 디버깅해 고치는 동안 앉아서 지키고 계셨죠.

사이블 그러는 동안에 프로그래밍 수업도 좀 들었나요?

피츠패트릭 아니요, 전혀요. 도서관에서 빌린 책 한두 권 정도가 전부였어요. 그다음에는 곧바로 코드를 짰습니다. 커뮤니티도 인터넷도 없었죠. 어느 시점엔가 게시판 시스템은 생겼습니다.[6] 물론 별 기능은 없었지만요. 인터넷에 연결되어 있지 않았거든요. 그래서 그저 친구들끼리 보드 게임을 하는 용도로 썼어요.

사이블 학교에 AP[7] 컴퓨터 과학 같은 과목이 개설되어 있었나요?

피츠패트릭 글쎄요, 우리 학교에 컴퓨터 과학 AP는 없었던 것 같네요. 하지만 컴퓨터 프로그래밍 수업은 하나 있었어요. 선생님은 기본적인 코딩을 가르쳤어요. 하지만 수업이 끝나면 제가 일종의 심화 과정을 가르쳤죠. 그때 제가 만든 그래픽 편집기와 그래픽 라이브러리를 아직도 사용하는 친구들이 있어요. 수업 최종 프로젝트가 게임을 만드는 것이었죠. 우리를 가르쳤던 프로그래밍 선생님은 아직도 가끔 뵐 일이 있어요. 우리 가족과 친하게 지냅니다. 제 형제들이 출전하는 축구 경기를 보러 갈 때 관람석에서 마주치기도 하고요. 선생님도 제가 만든 라이브러리를 아직 쓴다고 하시더군요.

컴퓨터 과학 AP 시험을 치기는 했어요. 파스칼로 시험을 치는 마지막 해였죠. 이듬해에는 C로 대체되었어요. 그리고 그다음 해에는 자바인가로 시험을 쳤다고 하네요. 파스칼을 전혀 몰랐던 저는 컴퓨터 과학 AP 과목을 수강하기 위해 근처 다른 고등학교를 다녀야 했어요. 서너 번인가는 수업이 야간에 진행되었던 것 같네요. 거기서 우연히 책 한 권이 눈에 들어왔어요. 그 덕분에 파스칼을 잘 배울 수 있었죠. 책을 읽고 나서는 파스칼로 소행성 게임을 만들면서 하루를 보냈습니다. 삼각 함수에 대해 막 배웠기 때문에 가능했어요. 사인 함수, 코사인 함수 같은 것들이 흥미롭다고 생각했습니다. 이런저런 수학을 게임에 이용했어요. 우주선의 추력을 흉내 낼 수도 있었고요.

사이블 시험 결과는 어땠나요?

피츠패트릭 좋았죠. 큰 정수를 표현하는 클래스를 작성하는 문제였어요. 지금은 제가 면접 때 써먹는 문제가 되었죠. "임의의 큰 정수를 곱하고 나눌 수 있는 클래스를 작성해 보세요." 같은 문제를 냅니다. 제가 고등학생 때 AP 시험에서 풀었던 문제예요. 그러니 면접자들도 당연히 풀 수 있어야 합니다.

사이블 대학교 1학년 여름 방학 때 인텔에서 일하셨다고 들었어요. 고등학생 때에도 프로그래머 일을 했나요?

피츠패트릭 네, 텍트로닉스(Tektronix)에서 잠깐 일했어요. 공식적인 직업을 갖기 전부터 호스팅 계정을 썼죠. AOL[8]에서 탈퇴당하기도 했어요. 글쓰기 봇을 작성한 다음 대화방을 도배하다시피 하고 사람들을 성가시게 했거든요. 다른 윈도 프로그램이 AOL 클라이언트에 명령을 전달하는 방식을 썼습니다. 무료 CD를 신청하는 양식을 자동으로 채워 보내는 봇도 작성했어요. 중복 가입자 검사를 회피하려고 제 이름을 살짝 다르게 표현해 양식을 채우도록 만들었죠. AOL은 회원 가입을 하면 무료 사용 시간을 100시간 주었는데요. 50번 가입하면 5000시간이나 쓸 수 있는 거예요. 그래서 일주일 동안 봇을 돌려 양식을 수천 번이나 제출했습니다. 일주일 후에 우체부가 CD가 든 소포 더미를 짊어지고 오더군요.

엄마가 말씀하셨죠. "세상에, 브래드, 너 그러다 큰일 나는 거 아니니." 저는 대답했어요. "네, 그런데 저 사람들이 먼저 실수한 거잖아요. 아닌가요?" 그러던 어느 날 전화가 걸려 왔고 제가 받았어요. 평소엔 잘 받지 않았는데 그날은 왠지 받게 되더라고요. AOL 담당자였어요. 대뜸 소리를 지르더군요. "신청서 좀 그만 보내세요!" 평소 머리가 재빨리 돌아가는 편은 아니었어요. 그런데 그날은 잔꾀가 떠올랐습니다. 저도 똑같이 고함으로 응수했어요. "쓸데없는 물건 좀 그만 보내세요! 우체부가 매일 와서는 시디롬 뭉치를 잔뜩 놓고 간다고요!" 그러자 "선생님, 죄송합니다. 다시는 이런 일 없도록 하겠습니다."라고 하더군요. 받은 시디롬은 잘 써먹었죠. 그리고 장식용으로도 썼어요. 대학 기숙사 방 벽에 붙였습니다. 일부는 아직도 남아 있어요. 차고 어딘가 상자에 처박혀 있을 겁니다. 차마 버리지는 못하겠더라고요. 한때 좋은 장식품이었던 물건이라서요.

AOL에서 탈퇴당한 후에는 지역 인터넷 서비스 제공사(이하 ISP)에서 제공하는 셸 계정을 하나 얻었습니다. 기본적으로 거기에서 유닉스를 배운 거죠. 그 계정에서는 CGI 스크립트를 실행할 수 없었어요. 그래서 먼저 집에 있는 PC로 펄 스크립트를 돌려서 제 웹사이트를 생성했어요. 그다음에 모든 파일을 FTP로 계정에 올렸습니다. 그러던 와중에 텍트로닉스에서 연락이 왔어요. 여름 인턴으로 채용되었다고요. 저는 펄을 아주 잘 알았어요. 웹사이트도 잘 만졌고요. 그런데 동적 웹사이트 같은 건 만들어 본 적이 없었어요. 1994년이나 1995년쯤이었을 거예요. 그때만 해도 웹은 사람들에게 꽤 새로운 개념이었어요.

드디어 텍트로닉스에 첫 출근을 했지요. 회사 동료들이 이런저런 장비를 소개해 줬습니다. 제가 쓸 컴퓨터도 보여 주었죠. 거대한 스팍스테이션[9]이었어요. X 윈도와 모티프라는 GUI 툴킷이 구동 중이었죠. 그들은 말했죠. "브라우저는 이걸 써요." 그게 넷스케이프 2인가 그랬을 거예요. 기억이 가물가물하네요. "CGI는 여기에 넣으면 돼요. 이 디렉터리 안에다요."라고 친절히 알려 줬어요. 그날 밤 "hello, world"를 출력하는 3줄짜리 CGI 스크립트를 돌리며 쾌재를 불렀습니다. 너무나 재미있었거든요. 이튿날 아침 6시까지 회사에 남아 있었어요. 밤새도록 미친 듯이 CGI 스크립트를 짰습니다.

그다음으로 제 웹사이트에 동적 웹 프로그래밍을 적용하기 시작했습니다. CGI가 지원되는 윈도 기반 웹 서버를 구한 것도 아마 그 시점일 겁니다. 저는 마침내 ISP를 설득할 수 있었어요. 친분이 많이 쌓였음은 물론이고 제 실력을 증명할 만한 증거도 충분히 보냈기 때문이지요. 그렇게 해서 ISP에서 답을 받았습니다. "좋습니다. 당신의 CGI를 우선 검사한 후 이상이 없으면 실행을 허가하도록 하겠습니다." 그들은 제 CGI를 훑어보고 디렉터리에 넣어 주었어요. 그래서 저는 스크립트로 '투표소(Voting Booth)' 프로그램을 만들어 돌리기 시작했습니다. "가장 좋아하는 영화는?" 같은 주제를 만들어서 사람들이 직접 항목을 추가하고 투표도 할 수 있게 했어요. 이 서비스는 시간이 지날수록 점점 유명해지기 시작했죠. 처음 한두 해 동안은 묻혀 있다고 봐도 과언이 아니었는데 말이죠.

사이블 그게 프리보트(FreeVote)였나요?

피츠패트릭 맞아요. 제가 호스팅하던 서버로는 감당할 수 없을 정도로 사람들이 밀려들기 시작한 서비스가 바로 프리보트예요. 그 당시 배너 광고가 정말 인기 있었거나, 아니면 인기를 얻기 시작했던 것 같은데요. 그 덕분에 제 광고 수입도 계속 늘어났습니다. 더 나은 조건으로 광고 계약을 맺을 수 있었어요. 클릭당 수익도 더 높아졌고요. 수익률이 가장 높았을 시기에는 사람들이 배너 광고 한 개를 클릭할 때마다 저에게 27센트씩 떨어질 때도 있었어요. 요즘 기준으로 보아도 말도 안 될 정도로 높은 금액이죠. 한 달에 2만 5000달러에서 2만 7000달러를 벌었던 거예요. 그까짓 배너 광고 클릭 덕분에요.

모두 고등학교 시절에 벌어진 일이에요. 두 번의 여름 방학 동안 인텔에서 일했어요. 대학에 입학하기 직전 여름에는 라이브저널을 시작했고요. 대학에 입학한 해에는 프리보트를 팔았습니다. 친구에게 넘겨주었죠. 사실상 공짜로요. 1만 1000달러였나? 그저 빨리 훌훌 털어 버리고 싶었어요. 법적인 책임에서도 빨리 벗어나고 싶었고요.

사이블 지역 ISP로 옮겨서 유닉스를 사용해야 했을 때 말이에요. 프로그래밍하는 방식에 많은 변화가 있었나요?

피츠패트릭 아, 그건 그렇게 힘들지 않았어요. 제가 정말 이해할 수 없었던 건 윈도 운영 체제였죠. 윈도 API를 한번 보셨는지 모르겠는데요. 함수 하나 쓸 때마다 인자가 20개씩 들어가요. 인자는 전부 플래그 값인데 그중 절반은 0이죠. 무슨 뜻인지 감을 잡을 수 없었습니다. 명백히 동작해야 할 것 같은데 저주에 걸린 듯이 안 돌아갈 때가 있었어요. 그렇다고 코드를 열어 볼 수 있는 것도 아니고.

사이블 프로그래밍에 대해 생각하는 관점은 어떤가요? 예전과 비교해 프로그래밍 자체나 프로그래밍 스타일에 크게 변화가 있으신가요?

피츠패트릭 저는 여러 스타일을 써 봤어요. 객체 지향 스타일과 함수형 언어 스타일을 써 봤고, 그 두 개를 섞은 혼합 스타일도 써 봤습니다. 제가 펄을 사랑하는 이유도 여기 있어요. 문법이 지저분하고 군더더기도 많아요. 세월을 겪으며 잡동사니가 많이 누적된 언어죠. 하지만 저를 골탕 먹이지 않는 언어예요. 어떤 스타일로 쓰라고 강요하지도 않고요.[10] 그래서 원하는 스타일로 쓸 수 있는 장점이 있어요. 예쁘고 일관성 있는 코드를 만들 수 있지만 언어에서 지정하는 스타일은 없어요. 펄을 잘 안 쓰게 된 건 구글에서 일하게 되면서부터예요.

라이브저널을 시작하면서 테스트도 정말 많이 했습니다. 특히 직원들을 고용하기 시작한 시점부터 많이 했어요. 그러다 제가 만든 코드는 영원히 사라지지 않는다는 것을 깨달았죠. 평생 유지 보수해야 하는 거예요. 올린 지 거의 10년이 다 된 블로그 글에 댓글이 올라올 때가 있어요. "저기, 이 코드 말인데요. 버그가 있습니다." 그러면 갑자스럽게 유지 보수를 해야 하죠.

지금도 수많은 코드를 유지 보수하고 있어요. 다른 직원들도 그러고 있고요. 제가 코드를 똑똑하게 짰지만 조금은 어설픈 구석을 남겨 놓았다면 어떻게 될까요. 제 머릿속에 있었던 불변성 개념을 다른 사람들은 깨닫지 못할 겁니다. 그런 이유로 기발한 구석이 있는 코드는 테스트를 충분히 넣어 놓습니다. 무언가 실수를 했을 땐 요란하게 와장창 깨져서 알려 줘야 하니까요. 다른 사람들에게도 테스트를 작성하라고 강요해야 했어요. 대부분은 저희 직원들이었지만요. 저는 제가 짠 코드가 깨지지 않도록 보호하기 위해 테스트를 썼어요. 직원들이 일단 코드 작성을 완료하면 저는 물었어요. "그런데 그거 작동하는지 확신할 수 있어요? 테스트를 작성하세요. 그걸로 저에게 증명해 보세요."라고 말했습니다. 어느 순간 사람들은 이런 방식이 정말 효과가 있다는 것을 알게 되지요. 특히 유지 보수 비용이 절약되거든요. 나중에 말이에요.

사이블 **언제부터 다른 사람들과 같이 일하기 시작했나요?**

피츠패트릭 사람들을 고용하기 시작하면서부터였어요. 대학 졸업을 앞둔 시점이었죠. 졸업하고 포틀랜드로 돌아온 시점부터는 본격적으로 채용을 시작했고요.

초창기에는 대개 고객 지원을 전담할 사람들을 뽑았습니다. 당연히 그 사람들은 코딩할 줄 몰랐어요. 점차 프로그래머도 고용하기 시작했습니다. 처음으로 고용한 프로그래머는 온라인으로 알게 된 친구였어요. 브래드 휘터커라는 친구인데 우리 둘은 각각 브래들리랜드, 브래들리월드라는 웹사이트를 운영하고 있었어요. 같은 이름 덕분에 서로의 웹사이트를 알게 되었지요. 저는 웹 프로그래밍 측면에서 몇 년, 적어도 1년 이상은 그 친구보다 앞서 있었어요. 휘터커가 "어떻게 그런 걸 할 수 있죠?" 하고 묻더군요. HTML, 프레임, CGI, 펄 같은 것 말이에요. 당시 저는 프로젝트 계약을 너무 많이 따내고 있었어요. 제가 원하지 않는 프로젝트는 그에게 넘겨주곤 했지요. 그러다 우리 중 한 사람이 감당하기에는 너무 큰 프로젝트 의뢰를 받았어요. 그래서 의뢰인에게 "이 프로젝트를 하려면 두 사람이 필요합니다."라고 말했어요. 의뢰인은 우리 둘을 펜실베이니아로 불렀죠. 피츠버그였나? 동부 지리는 전혀 몰라요. 서부 출신이라. 필라델피아였나? 그 치즈 스테이크로 유명한 곳이요.

사이블 **필라델피아예요.**

피츠패트릭 맞아요. 우리는 싸구려 호텔에서 처음으로 만났습니다. 그렇다고 해도 이미 아는 사이나 마찬가지였지요. 휘터커는 이렇게 인사했어요. "어이, 어떻게 지냈어요?" 그는 호텔 방 안에 들어오자마자 화장실 문을 활짝 열어 놓은 채로 볼일을 봤습니다. 그 앞에는 제가 서 있었어요. 제 반응은 이랬어요. "좋아요. 편안해 보이네요." 우리는 몇 년을 서로 알고 지낸 친구 같았어요. 실제로는 한 번도 만난 적이 없었지만요. 우리는 바로 프로젝트에 착수했습니다.

함께 우리 집으로 돌아와서는 휘터커에게 남는 방 하나를 내줬지요. 우리는 부엌에 있던 물건을 모조리 빼냈습니다. 그리고 테이블을 몇 개 놓고 컴퓨터를 세팅했지요. 우리는 10시나 11시쯤 일어나서 정오까지 작업했어요. 그리고 텔레비전을 보며 놀았죠. 팬티 바람으로 앉아서요. 그러다 작업을 다시 시작해서 쉬지 않고 일했어요. 새벽 3시나 4시쯤 돼서야 잠이 들었죠. 여름 방학 때 워싱턴 대학교에 다니는 다른 친구가 합류했지요. 제가 대학교 1학년을 마쳤을 때였죠. 이제는 세 명이 같이 일하게 된 거예요. 세 번째 친구는 시내에서 살고 있었어요. 매일 아침 경전철을 타고 와서 역에서 내려 우리 집 근처 골목까지는 스케이트보드를 타고 왔어요. 도착해서는 집 밖에 앉아서 우리 집 무선 인터넷에 접속해 작업을 하다가 우리가 일어나서 문을 열어 주면 들어왔어요.

세 명이 한 집에서 일하게 되자 집이 조금 좁아지기 시작했어요. 그래서 제가 말했어요. "그래, 사무실을 구하자고." 그렇게 사무실을 얻고 나서 다들 말했어요. "공간이 너무 비네! 직원을 좀 더 뽑는 게 좋겠어요." 두어 해에 걸쳐서 직원이 천천히 늘어 12명이 됐어요. 라이브저널의 인기가 늘어 갈수록 스트레스도 심해졌죠. 인사 업무까지 제가 처리해야 했으니까요.

엄마도 인사 업무를 담당하고 있었어요. 제가 엄마를 채용했거든요. 엄마와 여러 문제로 갈등을 겪었습니다. 그래서 규칙을 만들어 엄마에게 전달했어요. "저와 통화할 때에는 공사를 분명히 헤 주세요. 사적인 용건으로 전화하셨으면 사적인 이야기만 하시고, 공적인 용건으로 전화하셨으면 공적인 이야기만 하고 끝내 주세요. 사적인 용건과 공적인 용건을 섞지 말아 주세요." 엄마가 공사를 분명히 하지 않을 때에는 전화를 그냥 끊어 버렸습니다. 그러면 전화가 다시 왔어요. 저는 말했죠. "안 돼요. 규칙 위반이에요." 이런 일이 정말 스트레스였어요. 제가 회사를 팔아 버렸을 때 엄마는 정말 행복해 보였어요. 제 밑에서 일하지 않아도 되고 서로 싸울 일도 없어졌으니까요.

사이블 당시에도 여전히 과제를 수주해서 일하고 있었나요, 아니면 라이브저널에만 매진했나요?

피츠패트릭 거의 라이브저널에 쏠려 있었죠. 우리는 사진 호스팅 서비스도 시작하려고 준비 중이었어요. 결국 플리커(Flickr)에 패배했지만요. 우리 서비스가 망한 이유는 너무 과도한 설계 때문이었죠. 아름답긴 하지만 너무 추상적인 데다가 다른 모든 서비스와 연동되도록 하려고 했거든요. 라이브저널을 위해 새로운 인프라를 구축할 때마다 우리는 "포토빌더(FotoBilder)에서 이걸 어떻게 작동시키지?"라고 질문했어요. 자연히 우리는 모든 서비스를 추상화해 구축하기 시작했어요. 멤캐시디도 마찬가지로 추상화된 설계를 사용했어요. 라이브저널만을 위해 만드는 게 아니기 때문이었죠. 그런 다음 GFS[11] 같은 파일 시스템을 구축했어요. 작업 대기열도 만들었고요. 더 많은 요청을 처리하기 위해 인프라를 구성하는 요소를 계속해서 만들었습니다. 우리가 만든 제품이면 어디에든 플러그인 식으로 끼워 넣을 수 있도록 만들었어요. 그뿐 아니라 특정 제품과 과도하게 얽히지 않도록 독립적으로 의존성을 유지하려고 했어요. 그런 편이 유지 관리하기도 쉽기 때문이었죠. 물론 품이 조금 더 들어요. 하지만 그만큼 의존성도 쳐낼 수 있으니 훌륭한 방법이에요. 그래서 일반화된 인프라를 구축하기 시작한 거죠.

사이블 라이브저널 시스템 규모를 확장하면서 겪었던 과정이 궁금합니다. 처음에는 어땠고 확장하는 과정에서 필요한 것들을 어떻게 배웠는지 알려 주세요.

피츠패트릭 처음에는 유닉스 서버 한 대, 그것도 여러 고객이 같이 공유하는 서버를 빌려서 시작했어요. 그런데 서버가 다운되는 일이 너무 잦았어요.

사이블 CGI를 돌린 거죠?

피츠패트릭 네, 맞아요. 문자 그대로 CGI 방식의 서비스였을 거예요. 요청마다 프로세스를 새로 띄우고 처리한 다음에 프로세스를 종료하는 식이었죠. 저를 담당하는 ISP 관리자에게 서버가 계속 죽는다고 하소연했습니다. "저는 매달 10달러씩 내고 있다고요. 그런데 이 물건은 왜 제대로 돌아가지 않죠?" 그러면 담당자가 "이렇게 해 보세요." 하고 말했어요. 저는 금방 유닉스를 배울 수 있었고 일이 어떻게 돌아가는지도 알 수 있었죠.

저는 FastCGI[12]로 갈아탔어요. 그러고 나서 아파치 튜닝을 했고, 역방향 DNS 조회[13] 기능을 꺼 버렸어요. 이러한 모든 단계를 다 거쳤어요. 결론적으로 제 서비스는 계속 버벅댔는데, 이유는 입출력 속도와 CPU 속도가 모자라서였지요. 그래서 저 혼자 쓰는 서버로 바꿨어요. 그랬는데도 서버가 한 대뿐이어서 그런지 자주 맛이 가더군요. 서버 한 대로는 감당할 수 없었어요. 라이브저널은 원래 친구들에게만 열어 준 사이트였어요. 그런데 딱히 회원 가입을 막지 않았죠. 친구들이 자신의 친구들을 초대하고, 그들이 또 그들의 친구를 초대하기 시작했어요. 일반인에게 공개하려고 만든 사이트가 전혀 아니었어요. 회원 가입 페이지를 그대로 놔둔 건 실수였어요. 저는 급하게 라이브저널 공지 사항에 메시지를 올렸어요. "도와주세요. 서버 확충이 필요합니다."

공지 사항을 읽은 사람들이 모금을 시작했고 결국 6000달러에서 7000달러 정도가 모였어요. 대형 델(Dell) 서버를 두 대 사서 시애틀 시내에 있는 스피크이지라는 ISP에 집어넣었어요. 누군가가 서버는 델 서버를 써야 한다고 하더라고요. 6U 크기[14]의 거대한 물건이죠. 무게가 40kg이 넘게 나가고요. 이 서버들을 각각 데이터베이스 서버와 웹 서버로 사용했어요. 제가 아는 구분 방법이 그것밖에 없었죠. 당시 서버에서 제가 돌리는 프로세스가 MySQL과 아파치밖에 없었거든요.

이 서버 구성은 한동안 잘 작동했어요. 웹 서버에는 네트워크 카드를 두 개 꽂았어요. 카드 하나는 인터넷에 연결해 외부와 메시지를 주고받았고, 나머지 하나는 짧은 크로스오버 케이블을 꽂아 데이터베이스 서버에 연결했죠. 그러다 어느 날 웹 서버에 과부하가 걸렸어요. 하지만 그대로 쉽게 해결할 수 있었습니다. 이때는 1U 서버를 구할 수 있었어요. 그렇게 웹 서버 3대와 데이터베이스 서버 1대가 되었죠. 그 당시 mod_backhand, mod_proxy, Squid 등 HTTP 로드 밸런서를 서너 가지 써 보기 시작했는데요. 모두 마음에 들지 않았어요. HTTP 로드 밸런서를 싫어하게 된 계기였죠.

얼마 지나지 않아 데이터베이스 서버에도 과부하가 걸리기 시작했어요. "빌어먹을!" 같은 욕이 저절로 나오는 상황이었죠. 웹 서버는 확장이 정말 잘됩니다. 상태가 없는(stateless) 방식으로 일을 처리하거든요. 서버를 증설하는 만큼 자동으로 부하가 골고루 퍼지지요. 어쨌든 이 과부하 문제로 정말 스트레스 가득한 긴 시간을 보냈어요. 데이터베이스 쿼리를 최적화하기도 했어요. 하지만 겨우 일주일쯤 시간을 벌 수 있을 뿐이었죠. 그러다 문득 요청 하나를 처리할 때 무엇이 필요한지에 대해 생각해 보기 시작했어요.

당시에는 제가 세계 최초로 이런 아이디어를 떠올렸다고 생각했는데요. 요지는 이런 식이었어요. 이걸 쪼개자. 나눠서 관리하자. 우리 코드가 어떻게 동작해야 하는지 그림을 곁들여 설명하는 설계 문서를 작성하기 시작했죠. "마스터 데이터베이스를 두어서 전체 시스템에 대한 메타데이터만 저장해 트래픽을 줄이고 개별 블로그 글과 댓글은 사용자별 데이터베이스 클러스터에 분산해 저장한다. 사용자 아이디로 데이터 파티션을 알아낸다." 하는 내용이었어요. 돌이켜 보면 당연한 건데요. 지금은 다들 그렇게 하고 있으니까요. 서비스를 멈추지 않고 코드를 변경하기 위해 많은 궁리를 해야 했어요.

사이블 날짜를 하루 정해서 서비스를 닫고 모두 바꾼 건가요?

피츠패트릭 아니요, 사용자마다 플래그를 하나 만들었어요. 여기엔 사실 그 사용자를 관리하는 클러스터 번호가 들어갔죠. 이 플래그 값이 0이면 아직 마스터 데이터베이스에서 관리되는 사용자라는 뜻이었어요. 0이 아니라면 그들의 정보가 분산된 다른 데이터베이스에서 관리된다는 뜻이고요. '계정 마이그레이션 중'을 나타내는 플래그 값도 있었어요. 사용자 계정을 잠그고 데이터를 마이그레이션하려고 시도했기 때문이에요. 마이그레이션 중에 변경된 데이터가 생겼다면 마이그레이션을 다시 해야 했어요. 마스터에 아무런 데이터 변경 없이 마이그레이션이 끝났다면 플래그를 바꾸고선 "이제 당신의 보금자리는 저기입니다."라고 말하는 거죠.

마이그레이션 작업은 서비스가 이루어지는 도중에 이루어졌는데, 끝날 때까지 여러 달이 걸렸습니다. 시스템을 정지한 후 SQL 파일을 여러 개로 분할하고, 이 파일들을 다른 데이터베이스에 복사해서 시스템을 재가동하는 방법을 쓸 수도 있었어요. 그렇게 하면 일주일 정도 소요된다는 계산이 나왔지요. 서비스 가동 중지를 일주일 견디든지, 아니면 두어 달 동안 천천히 마이그레이션할지 선택해야 했어요. 우리는 천천히 마이그레이션하는 방법을 택했죠. 대략 사용자의 10%가 마이그레이션되자 마이그레이션되지 않은 사용자들도 참을 만하게 사이트가 돌아가기 시작했어요. 마이스 데이터베이스 부하가 감소했으니 마이그레이션 속도도 더 올릴 수 있었고요.

사이블 멤캐시디와 펄발이 나오기 전 이야기군요.

피츠패트릭 맞아요. 펄발 전 일이었던 건 확실해요. 멤캐시디는 이미 개발된 시점이었던 것 같기도 하네요. 그런데 대학을 졸업하고 이사하기 전까지는 멤캐시디를 만들지 않았던 것 같아요. 멤캐시디 아이디어가 떠오른 순간이 기억나네요. 사이트가 죽는 일이 일상다반사였던 어느 날이었죠. 샤워를 하다가 순간 웹 서버들의 메모리가 모두 남아돈다는 사실이 뇌리를 스쳤어요. 그날 밤 프로토타입을 만들었죠. 서버도 클라이언트도 모두 펄 스크립트로 작성했어요. 그런데 펄 스크립트가 CPU를 너무 많이 사용한 나머지 결국 펄로 만든 서버가 죽어 버렸죠. C로 코드를 다시 짤 수밖에 없었어요.

사이블 **그런 식으로 데이터베이스 서버를 사는 비용을 절약했군요.**

피츠패트릭 네, 데이터베이스 서버를 새로 사서 마이그레이션하면 비용도 많이 들고 시간도 오래 걸리거든요. 반면에 웹 서버는 저렴하고 쉽게 추가할 수 있는 데다 효과도 금방 볼 수 있었어요. 데이터베이스 서버를 새로 사면 설치하고 검증하는 데 일주일 정도 소요됩니다. 디스크를 검사하고 새 데이터베이스를 설정하고 튜닝해야 하거든요.

사이블 **그렇다면 멤캐시디와 펄발 같은 모든 인프라는 라이브저널 사이트 확장이 실제로 필요했기 때문에 개발하신 건가요?**

피츠패트릭 아, 당연하죠. 우리는 수시로 죽는 사이트를 살리기 위해 밤새워 일하며 새로운 인프라를 구축해야 했어요. 우리가 만든 모든 소프트웨어는 그 부산물이라 할 수 있습니다. 한때 넷앱(NetApp)을 구매한 적도 있어요. 비용이 얼마나 들지 담당자에게 문의했어요. 그랬더니 그들은 비즈니스 모델부터 알려 달라고 되묻더군요. 그래서 유료 고객이 좀 있다고 말해 줬더니 이번엔 "고객이 얼마나 되나요?", "유료 고객에게 얼마씩 받나요?" 같은 질문을 계속했어요. 가격을 부풀리려는 게 빤히 보였죠. 넷앱이 제시한 가격은 터무니없었어요. 세금을 제하고 우리 회사가 벌어들인 수입을 몽땅 퍼 주지 않으면 계약할 수 없었죠. 계약이 성사돼도 문제였어요. 파산 직전까지 갈 테니까요. 우리 생각은 이랬습니다. "빌어먹을 자식들 같으니라고." 그런데 필요하긴 하더라고요. 그래서 한 개만 샀어요. 넷앱을 사용한 결과는 별로였어요. 입출력 부하가 그다지 줄어들지 않았죠. 비용이 너무 많이 드는 데다가 그 부분이 단일 장애점이 되는 문제도 있었어요. 그들은 고가용성 구성을 제안하며 팔려고 했지만 저희는 거절했죠. 그 후로 우리는 넷앱 제품을 다시는 사지 않으리라 결심했어요.

그 대신 우리는 파일 시스템을 최적화하기 시작했습니다. 당시에 GFS에 관한 논문이 이미 출간되었는지는 잘 모르겠네요. 누군가 말해 준 것 같기도 하고요. 그때 저는 늘 여러 장비의 메모리를 묶어서 사용했는데 키의 해시값을 기준으로 어느 장비를 사용할지 고르고 있었거든요. '가만, 파일도 이런 식으로 관리할 수 있지 않을까?' 하는 생각이 들었어요. 게다가 파일은 영구적이잖아요. 물론 저장 노드가 추가되고 시간이 지나 구성에 변화가 생길 수 있을 테죠. 그렇다면 파일이 어디 있는지 실제 위치를 기록해 놓아야 한다는 말이고요. 이런 위치 정보의 입출력 부하는 그리 크지 않을 터였습니다. 파일이 어디 있는지 추적할 수 있는 정도면 되었고요. 하지만 일부가 고장 나도 문제가 없는 가용성 높은 시스템을 어떻게 구축하느냐가 관건이었죠. 결국 우리는 방법을 찾아냈습니다. 나름대로 계획이 있었어요. 저는 동료들에게 파일 위치를 찾기 위해 어떤 읽기 프로세스와 쓰기 프로세스가 필요한지 보여 주었어요. 그리고 주 테이블과 파일이 어디 있는지 찾는 트래커 테이블의 MySQL 스키마를 먼저 작성했지요. 그러다 갑자기 깨달았죠. '이것 좀 봐! 이 부분은 그냥 HTTP를 쓰면 되잖아. 전혀 어렵지 않다고.'

밤을 꼴딱 새우면서 이런 생각을 한 후에 일하러 갔어요. 기억이 나네요. 우리가 임대한 사무실 빌딩 아래층에는 회의실이 있었어요. 지저분하고 역겨운 냄새가 나는 곳이었죠. 저는 동료들에게 말했습니다. "자, 여러분, 모두 하던 일을 멈추세요. 아래층으로 내려갑시다. 뭔가 그릴 시간입니다." 늘 이런 식으로 말했던 것 같아요. 설계를 할 때가 되면 말이에요. 그다음에는 그림을 그릴 화이트보드를 찾으러 갔고요.

제가 스키마를 보여 주고, 무엇이 무엇과 통신하고, 요청을 받으면 뭐가 무엇을 하는지 설명했어요. 그러고는 위층으로 올라갔죠. 그다음에는 필요한 하드웨어 주문을 가장 먼저 한 것 같아요. 배송에 2주 정도 걸려서요. 그리고 우리는 코드를 작성하기 시작했어요. 주문한 컴퓨터가 도착하기 전까지 코드를 완성하기만 바랄 뿐이었죠. 언제나 온통 재난 상황이었어요. 여기저기서 말썽이 계속 생기고 있었죠. 그래서 인프라 요소를 늘 새로 만들고 있었습니다.

사이블 누군가가 처음부터 "당신은 X, Y, Z를 알아야 합니다."라는 식으로 가르침을 주었다면 어땠을까요? 일이 더 쉬워졌을까요?

피츠패트릭 처음부터 일을 제대로 하는 게 문제가 생긴 다음에 서비스를 수정하고 마이그레이션하는 것보다 훨씬 쉽습니다. 사고가 일어난 후 수습하는 게 언제나 가장 골치 아파요. 지금까지 설명했던 일은 사실 컴퓨터 한 대만 있을 때에도 적용할 수 있어요. 그렇게 동작하도록 설계하면 되는 거죠. 사용자 데이터들이 더 이상 서로 같은 공간에 붙어 있을 필요가 없도록 만들면 되는 거예요. 사용자 20명분의 자료를 불러와야 한다고 가정해 봅시다. 모든 데이터를 한 테이블에서 불러올 수도 있죠. 하지만 그냥 "이러저러한 객체 20개를 가져와."라는 식으로 고수준 코드를 짜고 실제로는 저수준에서 수많은 컴퓨터가 돌며 분산-수집 처리를 하는 식으로 구현할 수도 있어요. 처음부터 이런 식으로 설계를 했더라면 마이그레이션하느라 시간을 낭비하지도 않았을 겁니다.

사이블 말씀하는 교훈이란 기본적으로 이런 거군요. "언젠가 데이터베이스 하나로는 용량이 부족할 날이 온다. 계획을 미리 짜라."

피츠패트릭 요즘 웹 커뮤니티에서는 누구나 아는 상식이잖아요. 자기 웹사이트가 엄청나게 성장하리라 생각하는 사람들은 과하게 대비하는 문제가 있어요. 하지만 당시에는 반대였어요. 다들 아파치와 MySQL만 있으면 된다고 생각했거든요.

사이블 필요해서 모든 것을 개발하긴 했지만 동시에 개발하는 과정도 즐기셨다는 생각이 드네요.

피츠패트릭 아, 당연하죠. 저는 어떤 것이든 써먹을 구실을 찾아다녀요. 그걸 배우기 위해서요. 무엇이든 응용하려 해 보고 그것에 푹 빠져 살아 봐야 해요. 그러기 전까지는 진정으로 배울 수 없으니까요. 언어를 재미 삼아 배울 수도 있어요. 하지만 그 언어로 크고 복잡한 시스템을 구현해 보기 전까지는 실제로 그 언어를 안다고 말할 수는 없어요.

사이블 **그렇다면 정말로 삶의 순간순간을 함께했다고 할 수 있는 언어는 뭔가요?**

피츠패트릭 펄이요. C도 그렇고요. 어렸을 때에는 베이식도요. 베이식도 여기에 낄 수 있는지 확실치 않지만요. 로고[15]도 많이 썼어요. 초등학교 때 로고 수업이 있었거든요. 아이들은 penup 명령어와 pendown 명령어를 이용해서 그림을 그렸습니다. 저는 그래픽 모드에서 코딩하지 않았어요. 단축키를 눌러 그래픽 모드 바깥으로 나가서 함수를 작성했습니다. 선생님이 제 곁에 와서 물었어요. "너 뭐하는 거니? 선생님이 시킨 건 그게 아니야. 집을 그리라고 했잖니." 제가 말했죠. "네, 저는 로고 프로그램을 작성하고 있어요. 한번 보세요." "글쎄, 아닌 것 같은데." 수업이 끝날 때쯤 저는 뭔가를 해냈어요. 모든 알파벳 문자를 그릴 수 있는 라이브러리를 만든 거예요. 글자를 회전시킬 수도, 크기를 마음대로 바꿀 수도 있었어요. 그 라이브러리를 이용해서 구불구불한 깃발 형식의 메시지를 출력할 수 있었어요. 모두들 놀랐죠. "대체 이게 뭐야?" 이런 경험도 쳐줄지는 모르겠지만.

하지만 정말 많이 쓴 건 펄과 C죠. 대학에 들어간 이후에는 C++도 썼어요. 일할 때에도 쓰고 윈도용 프로그램 만들 때에도 썼죠. 그러고는 C++를 까맣게 잊었어요. 거의 쓰지 않았죠. 2007년 구글에 입사하고 나서야 C++를 많이 쓰게 되었죠. 파이썬과 자바도 많이 쓰고요. 자바가 처음 등장했을 땐 자바로 코딩을 정말 많이 했어요. 그런데 금방 싫증이 나더군요. 지금은 다시 자바로 작업을 많이 하고 있어요. 지루한 건 여전하지만요.

사이블 **작업하는 데 쓰는 언어가 무엇인지가 중요한 문제인가요?**

피츠패트릭 지금까지 썼던 언어들은 만족스럽지 않았습니다. 그렇다고 어떤 언어가 만족스러울지는 모르겠어요. 프로젝트 하나에서 여러 언어를 오가는 건 정말 싫어요. 정적 타입이 있어서 원하는 경우 컴파일 시점에 모든 것을 확인할 수 있는 언어를 선호해요. 내가 원하는 스타일로 쓸 수 있게 해 준다는 점에서 펄은 그런 언어에 꽤 가까워요. 물론 컴파일 타임에 정적 검사를 충분히 할 수는 없습니다. 그래도 원하기만 한다면 실행 시에 문제가 생겼을 때 요란하게 죽도록 만들 수는 있어요. 하지만 여전히 만족스러울 정도는 아니에요.

선택적으로 정적 타입을 선언할 수 있는 언어면 좋겠어요. 펄발에서는 데이터를 복사하는 핵심 부분을 제외하면 절반 정도는 성능이 떨어나지 않아도 돼요. 코드의 특정한 부분은 실행에 대한 힌트를 주고 타입도 선언하고 싶어요. 하지만 한편으로는 어떤 부분은 지연된 계산을 하면 좋을 것 같고, 모의 객체[16]도 쓰고 싶어요. 그런 스타일로도 코드를 작성할 수 있는 언어면 좋겠습니다.

사이블 **그러니까 타입을 원하시는 이유는 컴파일러가 최적화를 더 잘했으면 해서인 거네요?**

피츠패트릭 아니요, 컴파일 타임에도 "당신은 지금 멍청한 짓을 하고 있습니다."라고 알려 줄 수 있으면 좋겠어요. 때때로 프로그래머가 신경을 쓰지 않더라도 실행 시에 특정한 방식을 알아서 적용하거나 할 수 있으면 더 좋고요. 펄 버전 6에 대한 기대를 너무 부풀리고 싶지는 않습니다만, 사람들이 떠드는 말대로면 제가 바라는 기능이 많이 탑재된 것 같습니다. 하지만 펄 6는 결국 못 나올 것 같습니다.[17]

사이블 **C++는 좋아하세요?**

피츠패트릭 뭐 그럭저럭이요. 문법이 끔찍하고 일관성도 전혀 없는 데다 GCC에서 뱉어 내는 오류 메시지는 정말 가관이에요. 세미콜론 안 찍었다고 메시지를 40페이지 분량이나 토해 내죠. 하지만 다른 언어와 마찬가지로 그런 오류 메시지 패턴은 쉽게 익숙해져요. 오류 메시지를 제대로 읽어 보지 않고 메시지 생김새만 쓱 훑어보고 알 수 있거든요. '아, 맞아. 헤더 파일에서 네임스페이스를 닫는 중괄호를 빼먹은 것 같군.' 하는 식으로요. C++11 버전은 명세가 엄청 복잡한 것 같습니다. 하지만 타자 횟수만큼은 확실히 줄여 줄 여러 요소를 갖추고 있어요. 변수 선언 시 auto 키워드도 그렇고, 특히 for 반복문은 파이썬 언어처럼 쓸 수 있게 됐죠. 람다 표현식도 그렇고요. 분명히 C++가 맞는데 파이썬으로 코딩하고 있다고 착각할 정도니까요.

사이블 **게다가 C++는 성능도 좋잖아요.**

피츠패트릭 네, 상당히 그렇죠. 구글에서 저는 대부분 C++를 쓰는 편이에요. 구글에서는 성능이 조금이라도 중요하면 C++를 쓰거든요. 아, 그리고 자바도 꽤 많이 쓰고 있어요.

사이블 구글이 C++ 중심 문화를 가진 이유 말인데요. 제가 이해한 바로는, 그들이 원래 사용하던 언어가 C++라서 그 언어를 바탕으로 소프트웨어 인프라 전반이 꾸려졌다고 알고 있어요. 더 좋은 언어로 갈아타겠다고 구글이 만든 모든 역사를 전부 버리기도 불가능하지요. 이미 돌아가는 코드 상당수가 C++로 되어 있기도 하고, 심지어 성능과 직접 관계가 없는 코드까지 C++로 작성된 경우가 많으니까요.

피츠패트릭 그래도 자바는 시간이 지나면서 빨라졌고 JVM도 훨씬 똑똑해졌거든요. 자바에 대해 짜증 나는 건 다들 JNI에 대해 반감이 크다는 점이에요. 예를 들어 C++로 만든 라이브러리가 있는 경우에요. 구글 안에서든 밖에서든 파이썬 개발자들은 신경을 쓰지 않아요. 그들은 그냥 "C++ 라이브러리라고? SWIG[18]로 싸 버리지 뭐." 하고는 행복하게 갈 길을 가요. C++로 만든 무언가가 있으면 파이썬에서 금방 가져다 쓸 수 있습니다. 파이썬은 원본 언어가 뭐든 그렇게 예민하게 따지지 않거든요.

자바 개발자들은 이래요. "순수한 자바여야만 해. JNI를 쓰면 JVM이 죽었을 때 왜 죽었는지 알 수가 없거든. 그러니 JNI는 쓸 수 없어." 그러면 문제는 모든 걸 두 번씩 짜야 한다는 거예요. 한 번은 C++나 파이썬, 아니면 다른 언어로 작성하고 또 한 번은 자바로 작성해야 하기 때문이죠. 자바 개발자들이 다른 언어를 불러와서 쓰는 좋은 방법을 찾아내거나, JNI를 사용하는 두려움을 극복할 수만 있다면 저도 굳이 반대하지는 않아요.

사이블 명시적인 메모리 관리와 가비지 컬렉션 중 어떤 방식이 낫다고 보십니까? 아직 공방 중인 걸로 압니다. 강하게 끌리는 쪽이 있으신가요?

피츠패트릭 아니요, 전혀. 강한 목소리로 의견을 피력하는 사람들을 가만 지켜보면 참 재미있어요. 대개는 별다른 근거도 없더군요. 저는 개인적으로 메모리 관리가 귀찮지 않습니다. 적어도 스마트 포인터가 있는 C++의 경우에는 말이에요. 저는 new나 delete 키워드를 전혀 쓰지 않고도 며칠 동안 C++ 코드를 짤 수 있어요. 모든 작업에 다 적용할 수 있습니다.

구글에 와서 저는 구글 인프라용으로 멤캐시디를 다시 작성했습니다. 앱 엔진[19]에도 멤캐시디를 추가했지요. 이 코드들은 전부 C++로 작성했어요. 메모리 파편화를 줄이기 위해 메모리를 철두철미하게 제어해야 했거든요. 명시적 메모리 관리 기능을 넣을 수 있어서 정말 기쁩니다.

사이블 **멤캐시디는 원래 C 언어로 작성하셨는데요. 구글에서 C++를 더 쳐주기 때문에 C++로 다시 짜신 건가요, 아니면 다른 이점이 있어서 그런 건가요?**

피츠패트릭 원래는 기존 코드를 가져와서 이식하려고 했어요. 그런데 이식하는 게 생각보다 작업량이 너무 많더군요. 멤캐시디는 코드가 그리 길지 않아요. 그래서 처음부터 C++로 다시 작성하는 편이 훨씬 빨랐습니다. C++ 코드를 완성하고 나니 코드 길이도 절반으로 줄었더군요.

사이블 **C++ 언어의 특성 때문이라고 생각하시나요, 아니면 자신이 예전보다 똑똑해져서?**

피츠패트릭 똑똑해졌을 가능성이 있어요. 옛날에 제가 11살 땐가 12살 때에 미국 여행을 했던 적이 있어요. 그때 저는 TI-85[20] 계산기에다 마스터마인드[21] 게임을 코딩했어요. 수백 줄 정도 되는 코드를 짜야 하는 프로그램이었죠. 좁디좁은 화면에서 줄을 위아래로 넘기며 코드를 짜느라 죽는 줄 알았습니다. 그러다 실수로 코드가 지워졌어요. 두 번이나 말이죠. 결국 저는 그 빌어먹을 프로그램을 세 번이나 작성해야 했어요. 하지만 반복할 때마다 점점 쉬워지더군요. 이게 포인트예요. '두 번째부터는 훨씬 쉽다.'

사이블 **펄로도 작업을 많이 하셨지요. 펄은 꽤 고수준 언어인데요. 프로그래머가 얼마나 낮은 수준까지 파고들어 가야 한다고 생각하시는지 궁금합니다. 프로그래머라면 여전히 어셈블리어를 쓸 줄 알아야 하고 칩이 동작하는 원리도 알아야 한다고 생각하시나요?**

피츠패트릭 모르겠어요. 제가 정말 똑똑한 사람들을 아는데요. 그들은 정말 훌륭한 프로그래머라고 장담할 수 있어요. 자바밖에 쓸 줄 몰라서 그렇지. 어떤 문제를 해결해야 할 때 사람들은 언제나 자신이 알고 있는 세상의 틀 안에서만 생각합니다. 처음부터 끝까지 모두 아우르는 생각은 잘하지 못해요. 전체 스택을 다루는 개발자가 아니더라도 전체 스택을 아는 건 정말 중요하다고 생각해요.

라이브저널을 개발하고 있을 때였어요. 자바스크립트 코드가 어떻게 운영 체제 커널과 상호 작용하는지 궁금해졌어요. 리눅스 커널을 열어서 `epoll`이라는 시스템 콜을 수행하는 코드를 읽다가 아이디어가 문득 떠올랐어요. '클라이언트가 충분히 긴 TCP 접속 시간을 유지한다면 자바스크립트에서 로드 밸런서와 연결을 유지한 상태로 폴링하게 만들 수 있지 않을까?' 그래서 각 자료 구조가 메모리를 얼마나 잡아먹는지 따져 보기 시작했습니다. 여기까지는 여전히 고수준에서 일어나는 작업이지요. 하지만 패킷 수신 방식을 인터럽트 방식에서 NAPI[22] 방식으로 바꿔야 할지도 생각해 봤습니다. 이더넷 카드에서 인터럽트가 너무 많이 발생하고 있었거든요. NAPI를 쓰면 인터럽트가 패킷마다 들어오는 게 아니라 초당 100메가비트에 해당하는 정도까지 패킷을 묶어 주었어요. 우리가 쓰는 건 기가비트 카드긴 했지만요. 우리는 인터럽트 개수를 어느 정도까지 줄여야 프로세서에 여유가 생기고 NAPI 전환이 더 이득인지 확인해 보았어요.

이런 식으로 저수준 작업을 최적화한 덕분에 소득이 꽤 있었어요. 최근에 저에게 이렇게 말하는 친구가 있었어요. "어차피 자바가 알아서 다 처리할 텐데. 신경 쓰지 마." 저는 이렇게 대꾸했죠. "과연 그럴까? 알아서 처리해 주지 않아. 네가 쓰는 커널 버전을 내가 아는데 그 커널에서는 그 기능이 지원되지 않아. 가상 머신이 저수준을 숨기고 추상화된 구조만 보여 주기 때문에 마치 그게 효율적인 것처럼 보일 수도 있지. 하지만 이 커널에서 돌릴 때에만 효율적인 거라고." 전체 스택이 어떻게 돌아가는지 표면적인 이해조차도 없는 사람을 보면 참 답답해요.

추상화 자체만으로는 실제로 아무것도 할 수가 없어요. 추상화된 코드는 아름답지만 그 기저에는 지저분한 코드들이 동작하고 있어요. 멋지게 보이는 라이브러리도 실제로는 지저분한 코드로 구현되어 있어요. 서버 비용을 고민하는 위치에 있거나 서버를 안정적으로 관리하기 위해 항시 대기해야 하는 사람은 다른 사람이 만든 라이브러리나 코드, 인터페이스를 곧이곧대로 믿지 말고 껍데기 아래에서 무슨 일이 일어나고 있는지 실제로 알아봐야 합니다.

지금 시점에서 다시 시작해야 한다면 저는 프로그래머가 될 수 없을 것 같아요. 요즘 프로그래밍은 너무나 복잡하거든요. 제가 앱 엔진에 열광하는 이유예요. 누군가 그러더군요. 앱 엔진은 현 세대의 베이식과 같다고. 요즘은 모든 것이 네트워크에 묶여 있어요. 제가 처음 프로그래밍을 배울 때에는 쓸 언어도 하나밖에 없었고, 제 집에 있는 컴퓨터에서 실행할 수밖에 없었죠. 배포는 'RUN(실행)'하고 엔터 키를 누르는 게 전부였죠. 요즘 아이들은 더 이상 자신의 컴퓨터에서 '공 튀기기' 같은 멍청한 게임을 코딩하고 싶어 하지 않아요. 상호 작용이 있는 웹사이트를 만들고 싶어 하죠.

저는 아직도 "안녕하세요. 제가 위키백과와 유튜브를 융합한 사이트를 만들려고 하는데. 괜찮을까요?" 같은 질문을 받습니다. 사람들은 자신이 가장 좋아하는 사이트가 몇 개 있는데 완전히 마음에 들지는 않나 봐요. 그래서 그 단점을 없앤 완벽해 보이는 사이트를 만들고 싶은 거죠.

앱 엔진에 들어가면 버튼이 하나 있어요. '이 코드를 웹에 올리기'라는 버튼이죠. 물론 언어를 하나 골라야 해요. 논쟁의 여지가 있지만 배우기 쉬운 언어인 파이썬을 고르면 안성맞춤입니다. 앱 엔진은 프로그래밍 초심자들에게 제격이에요. 추상화된 구조 아래에 층층이 깔린 지저분한 세부 사항을 몰라도 되거든요.

사이블 아까는 "자바가 알아서 다 처리하니 신경 안 써도 돼."라고 말하는 사람을 실망스러워하셨잖아요? 같은 것 아닌가요? "자, 앱 엔진이 알아서 다 처리하니 신경 안 써도 돼."라고 말씀하시는 것 같은데요.

피츠패트릭 글쎄요, 저는 컴퓨터 안에서 무슨 일이 일어나는지 훤히 잘 알거든요. JVM은 사실 그렇게 나쁘진 않아요. 내부에서 무슨 일이 일어나는지 이해하지 못한 채 추상화를 맹신할 때 문제가 생긴다고 봅니다.

사이블 대학에 가서 컴퓨터 과학 공부를 할 때쯤이면 프로그래밍 경험이 이미 상당하셨을 것 같은데요. 학교 수업은 어땠나요?

피츠패트릭 저학년 때 컴퓨터 과학 수업은 빼먹는 날이 많았어요. 지루해서 견딜 수 없었거든요. 그나마 시험을 칠 때에나 출석했네요. 고학년이나 돼서야 재미난 과목을 수강할 수 있었어요. 그런 과목들은 과목 번호가 300번대나 400번대였습니다. 막 재미있어질 무렵 졸업해야 하는 게 흠이었지요. 대학원에는 더 재미난 과목이 많았는데 대학원생이 아니라며 못 듣게 하더군요.

컴파일러 수업이 기억나네요. 수업 때 이용하던 언어에 기능을 잔뜩 추가하는 것이 기말 프로젝트 목표였습니다. 거기에 우리가 고른 기능을 하나 더 추가하면 보너스 점수를 받을 수 있었어요. 제가 선택한 기능은 배열에 접근할 때 배열 크기를 벗어나지 않는지 실행 시점에 검사하는 기능이었습니다. 어쨌든 평가일에 담당 교수님이 학생들의 컴파일된 바이너리를 테스트 묶음에 넣고 돌렸어요. 테스트 중 몇 개는 통과하지 못했죠. 교수님이 말했어요. "아쉽지만 내 단위 테스트가 실패했으니 자네는 C 학점이네." 제가 교수님의 테스트 코드를 살펴보고 말했죠. "교수님, 테스트 묶음에 오프 바이 원(off-by-one) 오류가 있는데요?" 결국 평점을 고쳐 주셨죠. A 학점을 얻어 냈어요. 하지만 언어에 추가 기능을 넣었는데도 보너스 점수는 결단코 안 주더군요. 학교 다니기 싫을 만큼 화가 난 순간이었어요.

데이터베이스 수업도 생각이 나네요. 실제로 데이터베이스를 운영해 본 경험이 전혀 없는 것 같은 사람이 가르쳤죠. 그에 비해 저는 오라클과 마이크로소프트 SQL 서버도 만져 봤고, MySQL은 엄청나게 운영해 본 학생이었습니다. 그래서 저는 실제 세상에서 벌어지는 일에 대한 질문을 왕창 던졌습니다. 제가 실제로 답을 얻고 싶었던 건 그런 것들이었거든요. 그 시점에 우리 데이터베이스는 날마다 뻗고 있었으니까요. 그러면 그저 교과서적인 대답만 날아왔습니다. 저는 반박했지요. "아니에요. 아닙니다. 그런 식으로는 동작하지 않습니다."

사이블 2002년에 대학을 졸업하셨어요. 지금은 어떠신가요. 대학에서 당신을 가르쳐 준 사람들에게

감사하는 마음이 더 커졌나요?

피츠패트릭 수강했던 과목 중 절반은 매우 좋았어요. 당시에 어디서도 배울 수 없었던 완전히 새로운 지식을 배울 수 있었죠. 그게 아니더라도 적절한 배경지식과 표준 용어 정도는 배울 수 있었습니다. 대학에 들어가기 전에도 프로그래밍에 대해선 꽤 잘 알고 있었지만, 내가 하는 일을 적절한 용어로 설명할 수가 없었어요. 아니면 스스로 용어를 만들어 내기도 했지요. 사람들은 내가 알지도 못하는 걸 떠든다고 생각했을 거예요. 컴퓨터 과학 교육을 정식으로 받은 덕택에 사람들과 소통할 수 있게 되었죠.

사이블 공부와 사업을 같이 한 것에 후회는 없나요? 둘 중 하나만 집중했더라면 어땠을까 하는 후회요.

피츠패트릭 전혀요. 그게 저에게 최선이었어요. 제 친구 중에 대학에 가서 공부만 하는 녀석들도 있었지만 저는 이미 아는 게 너무 많아서 공부만 하기엔 지루했을 거예요. 제 친구 중 저처럼 아는 게 많은 녀석이 한 명 있었어요. 그 친구는 이런 신조였죠. 대학에 들어가는 이유는 학점이 아니라 배우기 위해서이다. 결국 그 친구는 컴퓨터 과학과는 별도로 아랍어와 중국어, 일본어를 공부하기 시작했어요. 게다가 듣도 보도 못한 프로그래밍 언어까지 죄다 섭렵했지요. 녀석은 매주 저에게 자신이 가장 좋아하는 언어가 새로 생겼다고 말했어요. "이번 주는 OCaml로 코딩해 볼까 해." 녀석은 정말 바쁘게 사는 것 같았어요. 물론 저도 바쁘게 살았습니다. 저만의 방식으로요.

대학교 1학년을 마치고 중퇴한 친구들이 있었는데 웹 사업을 시작했더라고요. 둘은 커플이었는데 포르노 사이트 비슷한 걸 운영하더군요. 두 사람은 "이거 정말 돈 돼."라고 말하더군요. 그거 말고도 이런저런 일을 많이 하더라고요. 언제나 지하실에서 일하고 있었어요. 대학은 사람과 어울리기에도, 파티를 하기에도 안성맞춤인 장소였어요. 라이브저널 '하나에만' 목매고 있었다면 아마 저는 스트레스로 자살했을지도 몰라요.

사이블 컴퓨터 과학을 전공하길 잘했다고 생각하시나요?

피츠패트릭 딱히 전공하지 않았어도 프로그래밍은 할 수 있었겠죠. 평소 같으면 하지 않았을 일들도 학교 수업 때문에 많이 했으니 그런 면에선 잘한 것 같습니다. 돌이켜 보면 1년 정도 대학에 더 머물면서 다른 것도 해 봤으면 어땠을까 하는 마음은 있어요. 전혀 관련 없는 전공을 택해 복수 전공도 해 보고요. 특히 언어학을 좀 더 공부했으면 좋지 않았을까 합니다. 아쉬운 기분이 들어요. 대학 재학 시절 새로 배운 건 절반밖에 안 되는데 이미 졸업해 버렸으니까요. 저학년 수업 때에는 출석을 거의 하지 않았다고 말씀드렸죠. 졸업이 가까워져서야 재미난 걸 배우기 시작했는데 "자, 이제 끝이에요."라는 말을 들은 거죠."

사이블 대학원에 진학하려고 생각해 보신 적은 있나요?

피츠패트릭 네, 재미있을 것 같았지만 일이 너무 바빴어요.

사이블 컴퓨터 과학 분야에서 일어나는 최신 연구 동향에 관심을 두고 지켜보시는 편인가요?

피츠패트릭 저와 제 친구들은 지금까지도 괜찮은 논문들을 서로 추천해 가며 읽고 있어요. 며칠 전에는 실행 시점에 블룸 필터[23]의 크기를 조정할 수 있는 새로운 기술에 대한 논문을 읽었는데 정말 끝내주더라고요. 데이터 저장 관련 콘퍼런스에서 발표된 논문이나 멋지게 구축된 시스템을 소개하는 업계나 학계 논문 같은 것을 읽는 편이죠. 구글 사내에는 논문 읽기 모임이 여럿 있어요. 시스템 논문 읽기 모임도 있고 데이터 저장 논문 읽기 모임도 있어요. 저는 레딧(reddit.com)에서 눈에 띈 거나, 친구가 메일로 보내 주는 논문, 블로그에 올라오는 링크 등을 다 찾아봅니다.

사이블 학계와 업계에서 나온 논문을 다 읽는다고 말씀하셨는데요. 요즘 두 분야가 적당한 지점에서 만나고 있다고 생각하시나요?

피츠패트릭 저에겐 학계든 업계든 똑같이 느껴져요. 하지만 업계에서 나온 논문이 더 흥미로울 때가 많죠. 논문을 읽다 보면 그들이 문제를 정말 풀었고 그 솔루션이 작동하리라는 걸 알 수 있어요. 그냥 '이러면 멋질 것 같은데.' 하는 식이 아닌 거죠. 학계에서는 더 신기한 발상을 훨씬 많이 제시하지만 실제로 작동하지는 않아요. 그냥 엄청나게 놀라운 '아이디어'에 불과한 거죠. 나중에는 아이디어가 실제로 팔 수 있는 물건이 되기도 하겠지만요.

사이블 소프트웨어 설계는 어떤 식으로 하시나요?

피츠패트릭 구성 요소들을 연결하기 위한 인터페이스부터 설계하기 시작합니다. 공통으로 사용될 것들이 뭐가 있는지부터 알아봐요. 공통 메서드, 공통 RPC, 공통 쿼리 같은 것들이요. 지장소에 관련된 소프트웨어라면 공통 쿼리가 무엇일지 생각해 봅니다. 어떤 인덱스가 필요할까? 디스크에 데이터를 어떻게 배치해야 할까? 일단 각 부분에 더미나 모의 객체[24]를 만들어 넣은 다음에 진짜 코드를 차츰차츰 채워 나가요.

사이블 개발하면서 테스트도 함께 진행하기 위해 모의 객체를 사용하시는 건가요? 테스트 주도 개발처럼요.

피츠패트릭 맞아요. 테스트를 점점 더 많이 하고 있어요. 저는 늘 이런 식으로 소프트웨어를 설계합니다. 심지어 테스트를 많이 하지 않을 때에도 이렇게 했었어요. 인터페이스와 저장소를 먼저 설계한 다음에 실제 구현을 채워 나가지요.

사이블 설계는 보통 어떤 형태로 하시나요? 의사 코드를 쓰시나요? 실제 코드, 아니면 화이트보드에 끄적이면서?

피츠패트릭 일반적으로는 텍스트 편집기를 켜 놓고 스키마에 관한 의사 코드와 함께 메모를 끄적이는 편이에요. 끄적인 내용에 이상이 없으면 실제 스키마를 만들고요. 그다음으로는 CREATE TABLE 쿼리가 작동하는지 확인하기 위해 실제로 복사-붙여 넣기를 해서 실행해 봅니다. 여기까지 모든 것이 잘 작동한다면 바야흐로 구현을 시작할 차례예요. 일단 spec.txt(명세 텍스트 파일)를 작성하는 게 첫 번째 일이에요. 늘 그렇게 합니다.

사이블 코드를 많이 짜 놓았는데 원래 계획을 재고해야만 했던 적은 없었나요?

피츠패트릭 그런 일이 가끔 있지요. 하지만 저는 어렵거나 확실하지 않은 부분부터 구현하기 시작해요. 이런 부분부터 먼저 구현하려고 노력합니다. 어렵거나 예측하기 어려운 문제를 뒤로 미루지 않으려고 노력해요. 어려운 일을 먼저 하는 걸 즐긴달까? 제가 결코 끝내지 못하는 프로젝트가 상당히 많이 있어요. 친구들이 건네준 일감들이 그런 편이에요. 그런 프로젝트를 받으면 어려운 부분부터 먼저 끝내 버려요. 거기서 배우고 싶은 건 다 배웠기 때문에 나머지 일에 집중하지 못합니다. 지루한 일만 남아 있거든요.

사이블 독학하는 프로그래머들에게 조언을 한마디 한다면?

피츠패트릭 항상 자기 능력보다는 살짝 더 어려운 일에 도전하세요. 코드를 읽으세요. 저도 이런 조언을 많이 들었지만 실제로 실천한 건 한참 지나서였어요. 수년간 많은 코드를 작성하면서도 정작 다른 사람의 코드는 읽지 않은 거예요. 인터넷에 접속하면 제가 이바지할 수 있는 오픈 소스 코드 프로젝트가 널려 있었어요. 하지만 그건 제 코드가 아닌 데다 제 머릿속에 전체 설계가 들어 있지도 않았죠. 그래서 몹시 겁을 먹었고 뛰어들어 이해하려고 하지 못했어요.

그러다 가임(Gaim)이라는 GTK[25] 기반 인스턴트 메시징 프로그램이 눈에 들어왔어요. 역시 오픈 소스 프로젝트였지요. 가임에 패치를 하나 만들어서 보냈어요. 코드를 파헤치다 보니 전체 설계가 눈에 들어왔거든요. 일부만 봤는데도 이해가 가더라고요. 다른 사람의 코드를 들여다보면서 깨달았어요. 저도 제 코드를 다 외우고 있지는 않다는 걸요. 그래서 패턴을 보기 시작했죠. 그렇게 다른 사람의 코드를 보니 '아하, 이 코드의 구조는 이런 식이군.' 하고 이해하게 되더군요.

그러자 코드 읽기가 정말 재미있어졌습니다. 패턴이 잘 이해되지 않을 때마다 고민을 하게 되었죠. '잠깐, 이 사람들은 대체 왜 이런 식으로 한 거지?' 주변 코드를 좀 더 살펴보면 여지없이 패턴이 드러났고 감탄사가 나왔어요. '와, 이거 정말 기발한 방법이잖아! 복잡하게 짠 보람이 있네.' 예전에도 이런 식으로 할 수 있었을 거예요. 하지만 두려웠죠. 제 코드가 아니면 이해하지 못할 거라고 생각했으니까요.

사이블 다른 사람의 코드는 어떻게 읽으시나요? 코드가 전반적으로 어떻게 작동하는지 먼저 살펴보시는 편인가요, 아니면 코드에서 고치고 싶은 부분을 깊이 파고들어 가시는 편인가요?

피츠패트릭 일반적으로는 코드에서 변경하고 싶은 부분을 중점적으로 읽어요. 정말 존경하는 프로그래머가 쓴 코드라면 전체적으로 다 읽을 수도 있고요. 이 과정에서 그들 또한 보통 인간에 불과하며, 우상으로 떠받들어야만 하는 존재는 아니라는 사실을 깨달을지도 모르지요. 코드에서 뭔가 배울 수도 있고요.

사이블 코드에서 변경하고 싶은 부분이 있을 때 어떤 식으로 접근하시나요?

피츠패트릭 첫 단계는 저장소에서 코드 타르볼[26]을 받거나 서브버전으로 체크아웃한 다음에 빌드하는 거예요. 그 관문부터 통과해야 합니다. 대부분의 사람에겐 이 단계가 가장 뛰어넘기 어려운 장벽인 경우가 많습니다. 빌드 도구가 필요할 수도 있고, 어떤 라이브러리가 이미 설치되어 있다고 가정하고 있기도 하죠. 이런 거대 프로젝트는 빌드 환경이 설치된 가상 머신과 함께 배포되었으면 하는 소망이 있어요.

사이블 VMware 같은 가상 머신을 말하는 거죠?

피츠패트릭 네, 남이 만든 코드를 재빨리 빌드해서 고치고 싶은 사람에게는 가상 머신 패키지가 제격이죠. 필요한 도구나 라이브러리도 모두 넣어서요. 코드가 이렇게 배포되면 사람들이 프로젝트에 훨씬 빠르게 접근할 수 있어요. 분명 가능한 일입니다.

어쨌든 말끔히 작동하는 빌드를 손에 쥐게 되면 프로그램을 죽이고 변화를 약간 가합니다. 창 제목을 이렇게 바꿔도 됩니다. "브래드 가라사대, 'Hello world.'" 뭐든 바꿔 보세요. 엉망진창이 되더라도 상관없습니다. 일단 뭐라도 바꿔 보세요.

그런 다음 패치를 만들어 올리세요. 원작자에게 말을 붙여 보려면 이런 방식이 최선이란 걸 깨달았습니다. 메일링 리스트에 가입해서 "안녕하세요. 제가 X 기능을 추가하고 싶은데요."라고 말하면 저장소 관리자가 "제가 바쁘니 딴 데 가서 알아보세요. 그리고 저는 X 기능이 필요 없습니다."라고 대꾸할 겁니다. 하지만 "X 기능을 추가하고 싶은데요. 패치 파일을 첨부했으니 제 생각이 어떤지 평가해 주세요."라는 식으로 접근한다면 다릅니다. 물론 그 패치 파일은 완전히 잘못된 게 맞아요. 하지만 선수를 치세요. "압니다. 저도 완전히 틀렸다고 생각해요. 그래서 X를 구현할 수 있는 올바른 방법을 궁리하는 중입니다."라고 말하세요. 방법이 약간 복잡해 보일 수도 있는데 아무튼 그러면 저장소 관리자는 당신의 패치를 진지하게 확인해 볼 거예요. 그리고 그들은 '이런 젠장, 이게 뭐야. 노력은 가상하지만 완전히 이상하게 했잖아?'라고 생각할 겁니다.

아마도 그것 때문에 관리자는 마음 한구석에 찝찝한 마음이 생길지 몰라요. '정말 말도 안 돼. 이렇게 헛고생하다니 올바른 방식으로 하면 참 쉬운데.' 하며 속으로만 아쉬워할 수도 있고, 아니면 '와, 완전히 이상한 길로 가고 있잖아. 더 이상 이 방향으로 가게 놔두면 안 될 것 같아.' 하고 생각한 뒤 답장을 줄 수도 있을 겁니다.

원작자에게 말을 붙여 보려면 이게 제일 나은 방법이었습니다. 심지어 저는 구글에서도 이런 방법을 쓰고 있어요. 모르는 팀에 다가가야 할 때 이런 식으로 대화를 시작합니다. 다른 팀이 만든 제품에 있는 버그를 고치고 싶으면 먼저 그 팀에 메일로 패치 파일을 보내요. 그러고 나서는 "이 패치 어떻습니까?"라고 물어봅니다. 아니면 사내 코드 리뷰 도구에 "리뷰 부탁드립니다. 어떻게 생각하세요?" 하고 메시지를 남깁니다. 그러면 "절대 안 됩니다. 완전히 잘못 고쳤어요."라는 답변이 올 수도 있겠죠.

사이블 지금도 여전히 재미로 코드를 읽나요, 아니면 일을 하기 위해 어쩔 수 없이 읽는 경우밖에 없나요?

피츠패트릭 가끔 재미 삼아 읽습니다. 안드로이드 소스 코드를 체크아웃해서 읽은 적이 있었어요. 딱히 특별한 이유는 없었고요. 크롬 웹 브라우저 코드도 그랬어요. 오픈 소스로 풀렸을 때였죠. 저장소를 복제해서 훑어보는 정도였지만요. 파이어폭스 웹 브라우저 코드도, 오픈 오피스[27] 코드도 재미 삼아 읽었죠. 우리가 날마다 사용하는 프로그램들인데 어느 날 갑자기 소스 코드에 접근할 권한이 생긴 거예요. 안 들여다볼 수 있나요.

사이블 **그런 프로그램들은 코드 베이스가 엄청나게 방대하잖아요. 재미 삼아 그런 프로젝트 코드를 읽을 때 얼마나 깊이 들여다보는 편인가요?**

피츠패트릭 일반적으로는 받은 코드 베이스의 디렉터리 구조를 find와 less를 파이프로 붙여서 훑어보는 정도예요. 그러다 보면 유독 눈길이 가거나 고개를 갸웃할 만한 파일 이름이 나타나요. 그러니까 무작위로 파일 하나를 골라 열고는 대강 느낌만 보는 거예요. 정처 없이 코드 여기저기를 누비면서요. 그러다 지루해지면 또 다른 파일을 아무거나 열어서 같은 일을 반복해요.

많은 경우 저는 코드를 읽으면서 동시에 빌드를 해 봐요. 코드 읽기와 코드 빌드는 병행하기 아주 좋은 작업이거든요. 빌드가 어렵다면 특히 더 그렇습니다. 마침내 프로그램 빌드가 끝났을 때쯤이면 코드를 고치기 시작할 수 있죠. 그러고 싶다면요.

사이블 **좋은 코드를 읽으면 자신이 이미 아는 패턴이 드러날 수도 있고, 새로운 패턴을 발견할 수도 있다, 그런 얘기군요. 하지만 모든 코드가 다 좋지는 않잖아요. 품질이 나쁜 코드는 어떻게 알아보시나요? 겉으로 드러나는 표시 같은 게 있나요?**

피츠패트릭 글쎄요, 구글에서는 엄격한 코딩 스타일 가이드를 따라야 해요. 모든 언어에 대해 다 그렇죠. 지침이 워낙 까다롭다 보니 저도 코딩 스타일 면에서 까탈스러워졌어요. 구글에서 가장 많이 쓰는 언어 6~7개에 대해 정말 엄격한 스타일 가이드가 있어요. 이 지침 안에는 코드 모양이 어때야 하는지, 변수 이름은 어떻게 정해야 하는지, 공백이나 들여쓰기는 어떤 식으로 해야 하는지, 어떤 패턴과 관례를 써야 하는지, 정적 필드는 어떤 식으로 선언하는지 등이 다 나오죠.

최근에는 온라인에도 스타일 가이드를 올리기 시작했어요.[28] 우리 프로젝트에 참여하는 외부 기여자도 참고할 수 있도록 말이에요. "당신 코딩 스타일이 맘에 들지 않아요."라고 말만 하는 것보다 문서로 만든 정책을 보여 주는 편이 낫다는 판단이었죠.

C로 프로젝트를 시작할 때 이제는 가장 먼저 스타일 가이드부터 챙깁니다. 프로젝트가 자리를 잡고 여러 사람이 달려들어 기능을 추가할 때쯤이면 스타일 가이드가 생겼을 거예요. 스타일 가이드란 것이 언제나 문서로 만들어지지는 않지만, 그쯤 되면 프로그래머들이 이미 작성된 코드를 존중하고 그에 맞추려고 하니까요. 개개인은 스타일 가이드에 정해진 중괄호 넣는 위치에 대해 반감이 있을지도 몰라요. 하지만 어쩌라고요. 개인이 선호하는 방식보다는 파일 내에서, 프로젝트 내에서 일관성이 더 중요합니다.

사이블 짝 프로그래밍을 해 보신 적이 있나요?

피츠패트릭 상당히 재미있더군요. 장점도 많고요. 물론 때로는 혼자 있으면서 생각할 시간이 필요합니다. 그러니 둘이 늘 붙어 있을 필요는 없겠지요. 하지만 확실히 재미는 있어요.

저는 프로젝트를 너무 많이 벌여 놓는 버릇이 있어요. 끝내지 못하는 경우의 죄책감 때문에 끝내긴 끝내요. 하지만 프로젝트 여러 개를 저글링하며 일해야 해서 집중력이 넓고 얕게 흩어진달까요. 저에게 짝 프로그래밍이 필요한 이유죠. 서너 시간씩 자리에 앉아서 한 가지 일만 하도록 강제할 수 있거든요. 한두 시간만이라도 좋아요. 게다가 다른 사람과 같이 한 가지 일만 해야 해요. 지루해질 틈이 없죠. 제가 지루해하고 있으면 상대방이 말하겠죠. "저기, 우리 이거 끝내야 해요." 그리고 끝내겠죠.

저는 혼자 일하는 걸 좋아해요. 혼자 일할 때 너무 기웃거려서 탈이죠. 비행기를 탈 때에는 예비 노트북 배터리를 몇 개 더 가져가서 로컬 웹 서버를 세팅하고 개발 환경을 구축한 다음에 웹 브라우저를 열어 놓고 이것저것 테스트하는 편이에요. 그런데 나도 모르게 자연스럽게 새 탭을 열고 'reddit'이나 'lwn'[29]을 입력하지 뭐예요. 제가 평소에 가는 사이트들이에요. 단어를 입력하면 웹사이트 주소가 자동 완성되고 엔터 키를 누르지요. 그러면 오류 메시지가 뜨는 거예요. 이런 짓을 1분 안에 몇 번씩 했습니다. '내가 단단히 미쳤구나. 회사에서도 내가 이러고 있나? 아무 생각도 없이 자연스레 웹사이트에 접속하고 있잖아? 무섭다.' 인터넷 중독을 막으려고 iptables 방화벽 규칙까지 수정한 친구가 있었어요. 일과 시간에 특정 사이트에 접속하면 '업무 시간입니다.' 페이지로 자동으로 넘어가게끔 설정해 두더군요. 그 정도까지 가 본 적은 없지만 아마 저에게도 비슷한 게 필요하지 않을까 합니다. 어쩌면요.

사이블 코드 소유권에 관해서는 어떻게 생각하시나요? 개인이 코드에 책임을 지는 게 마땅하다고 보시나요, 아니면 팀 전체가 코드를 공동으로 소유하는 것이 더 바람직하다고 보시나요?

피츠패트릭 저는 코드를 단독으로 소유하면 안 된다고 생각해요. 다른 사람도 그렇게 생각할 겁니다. 구글에서는 하나의 거대한 소스 트리, 하나의 루트 그리고 이 모든 것을 아우르는 하나의 통합 빌드 시스템을 통해 일을 진행합니다. 직원이면 아무나 그 안에 들어가서 아무거나 고칠 수 있어요. 하지만 코드 리뷰가 기다리고 있고 디렉터리마다 담당 소유자가 있지요. 소유자는 반드시 두 명 이상이에요. 누군가가 퇴사하거나 휴가를 떠날 경우를 대비해서 말이지요.

자신의 코드를 등록하려면 세 가지 조건을 충족해야 해요. 첫째, 코드를 리뷰해 주고 괜찮아 보인다고 해 줄 사람이 필요합니다. 둘째, 언어 사용에 대해서도 검사를 받아야 해요. 그러니까 이 언어의 코딩 스타일을 안다는 걸 증명해야 하죠. 이걸 '가독성(readability)'이라고 부릅니다. 마지막으로, 해당 디렉터리의 소유자에게 승인을 받아야 합니다. 운 좋게 자신이 그 디렉터리의 소유자이며, 해당 언어의 가독성 인증을 이미 받았다면, "괜찮아 보이네요."라고 확인해 줄 사람만 구하면 됩니다. 꽤 좋은 시스템이죠. 최소 두 명, 많게는 20명에서 30명이 공동으로 코드를 소유하거든요. 특정 코드를 갖고 한동안 씨름하다 보면 누군가 해당 디렉터리의 소유자 목록에 당신을 추가할 겁니다. 굉장한 시스템 아닌가요?[30]

사이블 이제 시간을 조금 거꾸로 돌려 볼까요. 라이브저널은 어떡하다 시작하신 건가요?

피츠패트릭 그냥 친구들과 장난치려고 만든 거였어요. 제가 원하기도 했고, 재미있을 것 같았거든요. 라이브저널의 댓글 기능은 실제로는 농담을 던지려고 추가한 거예요. 수업 들어가기 전에 라이브저널에 잠깐 접속했어요. 친구 페이지 기능을 막 추가했던 참이었죠. 그런데 친구가 써 놓은 글 하나가 좀 한심해 보였어요. 친구를 골려야겠다는 생각이 들었죠. 그런데 문제가 있었어요. 댓글을 달 수 없었거든요. 수업 내내 저는 골똘히 생각에 잠겼어요. '어떻게 하면 댓글 기능을 추가할 수 있을까?' 기존 스키마를 골똘히 생각하면서 댓글을 표시할 방법을 고민했습니다. 수업 사이에 두 시간 정도 비는 시간을 이용해 댓글 기능을 추가했어요. 친구의 글에 우쭐대며 비꼬는 댓글을 남기고는 다음 수업에 들어갔죠. 수업을 마치고 나서 사이트에 다시 접속했더니 친구가 "뭐야, 우리 이제 댓글을 달 수 있어?"라고 댓글을 썼더군요.

라이브저널에 있는 모든 기능은 대개 장난치려다 생긴 거예요. 친구 전용 게시물, 개인용 게시물 같은 보안 기능도 그래요. 친구가 파티에 가서 술에 진탕 취해 그다음 날 일어나 보니 도랑에 빠져 있었더라는 글을 올렸나 봐요. 녀석의 부모님이 그걸 읽은 거예요. "뭐? 술을 마셨다고?" 한바탕 난리가 났죠. 걔가 이렇게 말했어요. "브래드, 이 사이트 아무나 들어오지 못하게 해야 할 것 같아." 저는 좋다고 대답했어요. 친구 기능은 이미 있었어요. 그래서 친구만 볼 수 있는 글을 만들었죠. 부모님과는 친구를 맺지 않으면 되니까요.

사이블 라이브저널 초창기에는 밤늦게까지 일하고 늦게 자는 등 전반적으로 끊임없이 과로하셨을 듯한데요. 프로그래밍이라는 일에 이런 게 얼마나 필요할까요?

피츠패트릭 저는 프로그래밍할 때 스트레스가 제일 적다고 생각했던 것 같아요. 낮 동안에는 항상 별의별 일이 다 일어났어요. 때가 되면 밥을 먹어야 했고, 수업에 출석해야 했지요. 그리고 전화도 받아야 했고요. 제 집중력을 늘 앗아 갔던 주범이었어요. 쉴 수도 없었고요. 두 시간 일하다 회의에 참석해야 하는 날은 회의가 없는 날이나 회의를 먼저 한 후 일하는 날보다 생산성이 떨어져요. 중간에 방해받을 일이 없다는 걸 알면 훨씬 편안히 작업할 수 있어요.

밤은 온전히 내 것처럼 느껴져요. 게다가 모두 자고 있을 때 나만 시간을 훔치고 있는 느낌이잖아요. 사방이 고요하고 아무런 방해도 없죠. 그러니 뭐든지 할 수 있어요. 요즘도 저는 가끔 늦게까지 깨어 있어요. 지난 주말에도 그랬는데 여러 가지 일을 하느라 늦게 잤어요. 그래서 며칠 동안 수면 부족에 시달렸죠. 대학 다닐 때에는 특히 밤을 지새우는 날이 많았어요. 수업 과제물을 제출해야 했고 부업으로 라이브저널도 운영해야 했으니까요. 라이브저널 관련 일을 할 수 있는 시간은 밤이 전부였어요. 서버 유지 보수도 모두 밤에 해야 했고요. 여름 방학 때에도 늦은 밤까지 일했습니다. 못할 이유가 뭐 있겠어요? 아침 일찍 일어나 수업에 갈 필요도 없으니 밤에 하는 게 더 좋죠.

사이블 **업무 시간이나 강도는 어땠나요? 일을 주당 80, 100, 120시간 정도는 하신 게 분명한데요. 꼭 그렇게 길게 일해야 했나요? 그렇게 힘들게 일하는 것이 필요한 때가 분명 있다고 생각하지만, 그저 바쁘게 일하는 걸 과시하고 싶은 허세도 있지는 않나요?**

피츠패트릭 제 경우에는 글쎄요, 필요해서였는지 과시욕이었는지 구분하기가 어렵습니다. 재미있었고 또 꼭 하고 싶었던 거라 그렇게 일했을 뿐이에요. 때로는 서비스가 제대로 동작하지 않아서 밤을 새우며 고치기도 했지만, 잘 동작하고 있을 때에도 밤을 새워 일하곤 했어요. 제가 정말로 넣고 싶었던 새로운 기능이 있었거든요.

사이블 **프로젝트가 언제 끝날지 추정을 꼭 해야만 하는 상황은 혹시 없었나요?**

피츠패트릭 한 번 있어요. 식스 어파트(Six Apart)[31]에 우리 회사를 매각했을 때였죠. 2005년 일이었는데 저로선 처음 겪는 경험이었습니다. 우리는 마이그레이션을 하기 시작한 상황이었어요. 한 고객이 요청하더군요. "제 데이터 좀 옮겨 주세요." 고객의 요구를 들어주려면 우리 코드에 특정 기능을 넣고, 테스트를 수행하고, 시스템을 확장한 후 서비스를 재개해야 했어요. 저는 추정 실력이 정말 형편없었어요. 아마 지금도 여전히 형편없을 테지만요. 저는 언제나 시간을 더 넉넉하게 잡아야 한다는 걸 까먹거든요. 여러 가지 방해를 받는 데다가, 10개가 넘는 프로젝트 관리 업무를 달고 살아야 하니 늘 몇 배는 시간을 길게 잡아야 하는데 말이죠.

조금씩은 나아지고 있다고 생각해요. 그리고 다행히 사람들이 일정을 물어보는 일이 그렇게 많지는 않습니다. 게다가 요즘은 마감 시한이 정해진 일을 더 잘하는 편이에요. 마감 시한이라는 말을 들으면 아드레날린이 샘솟는 것 같아요. 정말 짜릿하죠. 몰입해서 일하고 프로젝트를 빨리 끝내 버립니다. 구글의 마감이란 건 진짜가 아니에요. 그 대신에 "이 제품을 출시하는 것에 대해 의견을 부탁드립니다. 이 정도면 괜찮을까요?" 하는 느낌이죠. 마감이 정말로 정해진 프로젝트는 거의 찾아볼 수 없어요. 대부분의 경우는 이래요. 직원 대부분이 특정한 날짜에 출시하는 게 좋다고 생각해요. 그래서 모두 그 날짜까지 정말 열심히 일할 거고요. 그런데 그 날짜까지 자신의 몫을 끝내지 못하면 어떻게 될까요? 그냥 그날 제품이 출시되길 원했던 다른 사람들을 실망시키는 게 다예요. 제가 하는 프로젝트는 대부분 '일이 끝날 때 끝나는' 부류죠.

사이블 라이브저널에서 프로그래머를 채용할 때 관리도 직접 하셨나요?

피츠패트릭 글쎄요, 저는 그들 중 누구도 관리할 필요가 없다고 생각하고 있었어요. 모두 저처럼 자기 주도적일 거라고 예상했습니다. 인사 팀 일을 하면서 배운 게 있죠. 어떤 사람은 시키는 대로만 해요. 탁월해지고자 하는 열망도 전혀 없고요. 그런 사람들은 과제를 끝내고는 수동적으로 다음 과제를 달라고 기다리죠. 아니면 끝났다고 말하지 않고 몰래 인터넷만 하던가요. 그런 사람들을 몇 번 경험했는데 정말 골치 아프더군요. 그러다 한두 해가 지나고 나서야 사람들이 제각기 다르다는 사실을 깨달았어요.

어떤 사람들은 순수주의자예요. 그들은 추상화를 좋아해요. 추상화된 계층에 추상화를 적용하고, 또 그 위에 추상화를 쌓아 나가죠. 순수주의자들은 작업 속도가 아주 느려요. 고집도 꺾을 수 없고요. 그들은 자신을 장인이라고 여깁니다. 그런데 그들이 짠 코드는 작동하지 않거나 효율성이 떨어질 때가 많아요. 함께 돌아가는 다른 코드와 전혀 다르게 생겼을 때도 있고요. 저는 그런 점을 지적했습니다.

사이블 **그런 외골수들을 구슬리는 방법은 알아내셨나요?**

피츠패트릭 기억나는 사람이 하나 있네요. 정말 수십 가지 방법을 시도했죠. 정확히 몇 살인지는 모르겠지만 나이가 저보다 열 살은 족히 많아 보였어요. 법적으로 문제가 될까 봐 실제 나이를 물어본 적은 없거든요. 어쨌든 그 사람은 고작 스물두 살밖에 안 되는 애송이 아래서 일하고 싶지 않은 것 같았어요. 결국 그 사람은 회사를 떠났습니다. 제가 내보낸 유일한 사람이죠.

반대로 다른 사람들에게서는 제각기 동기 부여가 될 만한 것들을 찾아낼 수 있었어요. 결국에는 말이죠. 한 사람은 조립하듯 시제품을 빠르게 만들어 내는 데 선수였어요. 펄로 시스템 관리자용 프로그램을 만들어 냈는데, 기존 프로그램 몇 개를 가져다 엮는 걸 잘했죠. 셸 스크립트도 쓰고 정말 지저분한 펄 코드도 썼죠. C 코드도 알아볼 수 없을 정도였어요. 하지만 돌아가긴 하더군요. 우리 반응은 이랬어요. "세상에. 이 많은 걸 혼자 다 연구한 거예요? 이렇게 다양한 컴포넌트를 서로 소통하도록 만드는 방법은 어떻게 알아냈죠?"

우리는 목소리를 녹음해서 올릴 수 있도록 라이브저널에 음성 중계 기능을 만들고 있었어요. 끼워 맞춰야 하는 요소가 정말 많았지요. 머리가 돌 만큼 엄청 복잡했어요. 그 친구는 좋아하더군요. 그가 전체를 이해하고 돌아가게 만들어 냈어요. 그다음 우리가 모두 다시 작성했죠. 이것이 그 친구를 써먹는 방식이었어요. 먼저 그 친구가 이런저런 요소를 짜맞춰 시제품을 만들어 내면 우리가 그걸 전부 뜯어고쳐 제대로 만들었죠. 그 친구에게 뭘 맡기면 되는지 깨닫고 나서 우린 아주 잘 지낼 수 있었습니다.

사이블 **라이브저널에서도 채용을 했고 아마 구글에서도 채용에 관여하실 텐데요. 훌륭한 프로그래머는 어떻게 알아보시나요?**

피츠패트릭 저는 보통 부탁하지도 않은 일을 많이 벌이고 혼자서 완수해 본 적이 있는지 봅니다. 학교 프로젝트나 이전 고용주가 시킨 일 말고요. 열정적으로 매진하는 사이드 프로젝트가 있는지 확인해 봐요. 사이드 프로젝트를 계속하고 있는지, 얼마나 애지중지하며 발전시켜 가는지, 아니면 땜질하듯 대충 마감하고 금방 버리는지, 그런 걸 확인합니다.

사이블 **면접에서 많이 던지는 질문이 있나요?**

피츠패트릭 예전에 제가 AP 프로그래밍 시험에서 풀어야 했던 문제에서 가져온 게 하나 있어요. '임의의 길이로 된 십진수 숫자 문자열 두 개를 곱하는 방법은 무엇인가?'라는 문제죠. 면접자는 이 문제를 여러 가지 방법으로 풀 수 있을 겁니다. 저는 수학을 잘 못하지만 면접자가 수학에 대단히 능숙하다면 똑똑한 방법을 찾아내서 정말 효율적으로 문제를 해결할 수 있을 겁니다. 정말 아무런 아이디어가 없다면 덧셈을 여러 번 반복해서 곱셈을 구현해도 무방해요.

저는 처음부터 면접자들에게 "스트레스 받지 마세요. 효율적으로 할 필요 없어요. 어떻게든 돌아만 가면 됩니다."라고 말해 줍니다. 개중에는 압박을 받은 나머지 어디서부터 시작할지 감을 못 잡는 사람도 있어요. 일종의 나쁜 징조예요. 아무것도 생각나지 않더라도 그냥 초등학교 때 배운 방법을 이용하면 되는데 말이죠.

실제로 저는 초등학교 때 숙제를 하려고 큰 수의 곱셈과 나눗셈을 하는 프로그램을 짰던 적이 있어요. 모든 풀이 과정은 물론, 숫자가 약분되는 것까지 표시하도록 만들었죠. 풀어야 할 문제집이 있었는데 한 쪽에 문제가 10개씩 있었어요. 저는 모든 문제를 전부 타자해서 컴퓨터로 옮겨 넣었습니다. 그리고 컴퓨터가 수행한 풀이 과정과 해답을 그대로 베껴서 옮겨 적었어요. 화학 시험 때에도 똑같이 했는데, 프로그램을 짜서 전자의 오비탈을 찾으려고 했어요. 편법을 쓰려고 프로그램을 만들면서 깨달은 점은 그 덕분에 제가 제대로 공부를 했다는 것이었죠. 뭔가를 깊이 이해하지 못하면 프로그램을 작성할 수 없으니까요.

사이블 **그런 방식이 다른 사람들에게도 효과가 있을 것 같나요? '아이들에게 큰 숫자를 어떻게 나누는지 장황하게 가르치는 대신에, 어떻게 프로그래밍하는지를 가르치라. 그다음엔 큰 숫자를 나눌**

수 있는 프로그램을 작성하도록 과제를 내주라. 아이들이 실제로 그 프로그램 작성을 끝냈을 때쯤이면 나눗셈이 뭔지 이해할 것이다.' 이렇게요. 아니면 특별히 이런 방식의 배움에 유독 끌리는 사람한테만 효과가 있을까요?

피츠패트릭 저에겐 효과가 있었어요. 누군가로부터 어떤 걸 배웠다 칩시다. 그러면 내가 그걸 정말 안다고 착각해요. 자기기만이죠. 대충 넘어가지 말고 깊숙이 파고들어서 실제로 무슨 일이 일어나는지 배우고 모든 변수와 예외 상황을 이해하려 노력해 보세요. 강제로 뭔가를 배울 수밖에 없는 환경이 만들어질 겁니다. 하지만 모두에게 효과적인 방법인지는 모르겠네요.

사이블 **구글은 면접에서 퍼즐 문제를 낸다는 소문이 자자하던데요. 마이크로소프트도 그런 것 같고요.**

피츠패트릭 요즘은 금지된 것 같기도 한데 여하튼 퍼즐 문제는 웬만하면 내지 말라고 합니다. 그런 문제를 물어보는 면접관이 있을 수도 있어요. 하지만 일반적으로는 하지 않는 분위기일 거예요.

사이블 **구글 입사 면접에서 받으셨던 질문은 뭐였나요?**

피츠패트릭 질문 중에는 이런 것도 있었어요. "허브에 컴퓨터 여러 대가 물려 있습니다. 관리자가 전체 랙을 켰다고 가정합시다. 이때 랙에 있는 모든 컴퓨터가 다른 모든 컴퓨터의 상태를 확인할 수 있는 알고리즘을 고안해 보세요." 쉽게 말하자면 기계의 존재 여부를 확인하는 알고리즘 같은 거예요. 제약 조건은 이게 전부였어요. 사실상 이더넷 환경에 대한 문제였죠. 브로드캐스트 방식으로 모든 컴퓨터에 패킷을 뿌릴 수도 있고, 특정한 맥 주소를 골라서 컴퓨터 하나에만 패킷을 보낼 수도 있습니다. 저는 대역폭을 최소로 사용하면서도 어떤 컴퓨터에 생긴 문제를 발견하는 데 걸리는 시간 지연을 최소화하기 위해 생각할 수 있는 다양한 전략을 모두 다 끄집어내 설명했습니다. 재미있는 문제였어요.

사이블 **고쳐야 했던 최악의 버그가 있었다면 무엇인가요?**

피츠패트릭 그런 것들은 기억하고 싶지 않네요. 최악의 상황은 버그의 원인을 엉뚱한 곳으로 추측하고 있을 때 발생합니다. 예전에 있었던 일인데요. 물론 결코 최악의 경우라 부를 순 없겠지만, 출력 내용을 파일로 저장한 후에 그 파일을 다시 읽어 들였는데 저장된 내용이 다른 거예요. 이것 때문에 90분이나 디버깅했어요. 실은 그 두 파일이 이름만 같을 뿐 서로 다른 디렉터리에 있는 다른 파일이었죠. 저는 그것도 모르고 맵리듀스 과정이 잘못됐나 싶어 이 방대한 계산을 계속 다시 수행했죠. 그러고 나서 출력도 확인해 보고 프로그램을 GDB에 넣고 한 스텝씩 실행해 보기도 했는데 결과는 전과 같았어요. 욕이 튀어나오더군요. 변한 게 아무것도 없다는 점이 정말 이상했어요. 그러다 내보낸 파일의 경로를 살펴봤어요. 그제야 원인을 깨달았어요. 정말 바보 같았죠. '90분 동안 삽질했다.' 이게 결론이에요. 엉뚱한 곳에서 문제의 원인을 찾느라 등잔 밑이 어두웠던 거예요. 명령 줄을 한 번만 확인해 봤어도 이런 일은 없었겠죠.

이런 삽질을 정말 많이 했습니다. 예를 들어 펄에서 **$_** 같은 변수는 문법상 범위에 제한이 없습니다. **$_**를 가지고 장난치다 다른 사람이 쓴 코드를 오작동하게 만들 수도 있다는 뜻입니다. 이런 버그 때문에 개발이 전혀 진척되지 않고 있었어요. 우리를 사사건건 괴롭히는 문제가 계속 튀어나오고요. 결국 문제의 원인이 밝혀졌죠. 그래서 '**$_**는 절대 쓰지 말 것!'이라는 정책을 만들고 우리 코드를 전부 검사했어요.

사이블 어떤 디버깅 도구를 주로 사용하시나요? 디버거, 프린트 문, 아니면 다른 걸 쓰시나요?

피츠패트릭 프린트 문을 쓸 수 있는 환경이라면 프린트 문을 쓸 거예요. 좋은 디버거가 갖춰진 환경이라면 디버거를 쓸 수도 있고요. 구글에서는 GDB를 정말 잘 관리하고 있어요. 디버거를 꼭 써야 하는 상황에서는 대체 불가라고 할 수 있죠. 저는 디버거에 너무 의존하지 않으려고 노력해요. 디버깅에 능숙한 편은 아니거든요. 하지만 주변을 둘러보고 무슨 일이 일어나는지 전반적으로 감을 잡을 수 있어요. 코드를 실행해서 그 안으로 깊숙이 들어가면 보통은 출구를 찾을 수 있죠. 저는 strace[32]를 애용합니다. strace 없으면 못 산다고 할 정도예요. 누군가가 또는 제가 짠 프로그램 내부에서 무슨 일이 일어나는지 모르겠으면 저는 strace를 이용해 프로그램을 돌려 봅니다. 그러면 무슨 일이 일어나는지 정확히 알 수 있어요. 디버깅 도구를 딱 하나만 골라야 한다면 strace를 고르고 싶네요. 물론 밸그린드(Valgrind)[33]나 콜그린드(Callgrind)[34] 등 좋은 도구가 참 많습니다.

하지만 최근에는 디버깅을 좀 다르게 하고 있어요. 프로그램이 오작동하면 이젠 무작정 아무 데나 프린트 문을 걸지 않아요. 그 대신에 거대한 함수를 잘게 쪼개고, 각 조각을 단위 테스트를 사용해서 따로 테스트해 보는 편이에요. 이러면 내 가정이 어디에서 잘못됐는지 쉽게 찾을 수 있죠.

코드를 리팩터링하는 과정에서 자연스럽게 코드에 대해 좀 더 생각하게 되는데, 그러다 보면 문제가 무엇인지 분명해지죠. 버그를 고친 후 거대하고 지저분한 코드를 그냥 놔둘 수도 있을 거예요. 하지만 이미 반쯤 왔잖아요? 그러니 다음에 코드를 관리할 사람을 위해서라도 단순하게 쪼개 놓는 편이 더 낫다고 생각합니다.

사이블 코드에서 불변식은 어떻게 사용하시나요? 그때그때 필요할 때에만 단정문을 추가하는 사람이 있는 반면, 모든 단계마다 불변식 검사를 넣어서 프로그램의 형식적인 속성을 엄밀하게 검사하는 사람도 있잖아요. 두 부류 사이에 상당히 다양한 절충주의자들이 존재하죠.

피츠패트릭 저는 형식을 따지는 사람과는 거리가 멀어요. 제 기본적인 규칙은 이거예요. 입력값이 최종 사용자에게서 올 수도 있다면 프로그램을 죽이지는 않을 거예요. 하지만 입력값이 제가 짠 코드에서 나온다면 최대한 요란하게 그리고 최대한 이른 시점에 죽도록 할 겁니다.

저는 선행 조건이라는 관점에서 곰곰이 생각해 보고, 생성자나 함수의 시작 부분에서 이런 걸 확인하려고 노력합니다. 가능하다면 개발 환경에서만 확인하도록 할 거고요. 최종 제품을 컴파일할 때에는 사라지도록 말이지요. 단정문에 관해선 아마도 수많은 학파가 있겠지요. 그런데 그중 어떤 방법이 가장 적절한지는 배우지 못한 것 같네요. 이런 것들이 공식적으로 언어의 일부인 프로그래밍 언어도 있어요. 제가 쓰는 언어에서는 대부분 사용자에게 달렸지만요.

사이블 프로그래밍에서 가장 좋아하는 부분이 최적화라고 말씀하신 적이 있지요? 어떤 글에서 본 것 같은데 그게 아직도 사실인가요?

피츠패트릭 맞아요. 최적화는 필수가 아니잖아요. 그래서 재미있어요. 최적화를 할 때에는 내 생각대로 돌아가게 구현해 내는 것 외에는 아무것도 중요하지 않아요. 돈을 아낄 수 있거나, 아니면 펄 골프[35] 같기 때문에 하거나 둘 중 하나죠. 얼마나 짧으냐, 아니면 얼마나 빠르냐 하는 거요. 라이브저널에서 성능 문제를 발견할 때가 있었어요. 그러면 저는 시합을 열었죠. "여기 코드가 있습니다. 벤치마크 결과는 이렇습니다. 누가 가장 빠르게 만드는지 봅시다." 제가 우리 로드 밸런서에 들어가는 헤더 파싱을 과제로 냈다고 해 보죠. 모두가 달려들어 말도 안 되는 정규 표현식을 만들어 내죠. 역추적을 하지 않으면서 가장 효율적인 캡처 그룹으로 파싱을 하려고 노력합니다.[36] 우리 모두가 경쟁하고 있었고 속도도 점점 더 빨라졌죠. 그런데 그다음 날 한 친구가 불쑥 파싱을 C++로 구현한 다음 펄 XS(eXtendable Subroutine)[37]로 붙였더라고요. 그러고는 이러더군요. "제가 이겼습니다."

사이블 하지만 반면에 요즘에는….

피츠패트릭 그렇게 쥐어짜 아낀 시간보다 프로그래머의 시간이 더 소중하다, 뭐 그런 말씀이죠? 그럴 수도 있긴 합니다. 컴퓨터가 몇 대 없을 때에는 그렇죠. 당신이 사용할 컴퓨터가 많다면 갑자기 프로그래머의 시간보다 프로그램이 배포되는 컴퓨터 숫자가 더 중요해집니다. 그러니 C로 짜는 거죠. 프로그램을 프로파일링하고 컴파일러를 개선해야 해요. 컴파일된 결과가 더 빨라지도록 GCC 만드는 사람들에게 돈도 지불하고요.

사이블 하지만 구글조차도 어셈블리어가 아니라 C++를 사용하잖아요. 성능을 최대로 짜내는 일의 가성비가 떨어지기 시작하는 지점이 있는 거죠. 아니면 잘 만든 C++ 컴파일러가 생성하는 바이너리 품질이 웬만한 어셈블리 코드보다 월등하다는 이론도 있고요. 장인 수준의 어셈블리 코드를 짜는 소수의 사람을 제외한다면 말이지요.

피츠패트릭 구글에서도 어셈블리어로 작성하는 것이 여전히 있긴 해요. 하지만 드물죠. 우리는 성능 측정을 정말 수없이 했어요. 펄에서 C로, 더 나아가 C에서 어셈블리로 코드를 재작성하려면 정말 합당한 이유가 있어야 해요. 모두 x86 아키텍처라고 해도 x86은 변종이 아주 많거든요. x86의 모든 변종마다 어셈블리 코드가 모두 달라요. 전부 다시 짜야 하죠. 어떤 아키텍처는 SSE2를 지원하고 어떤 아키텍처는 SSE3.1을 지원하죠. 이쯤 되면 그냥 컴파일러가 알아서 하도록 놔두는 게 좋을 수 있어요.

사이블 어렸을 때 프로그래밍 설명서를 들여다보며 코딩에 입문했다고 하셨습니다. 지금 프로그래밍에 입문한 사람들에게 강력히 추천하고 싶은 책이 있나요? 혹시 모두가 읽어야 한다고 생각하는 책이 있다면요?

피츠패트릭 마크 제이슨 도미누스의 《Higher-Order Perl》을 추천하고 싶어요. 제가 펄을 익힐 때 읽었던 책인데요. 펄을 정말 잘 아는 사람들에게도 추천하고 싶은 책이에요. 이 책이 정말 재미있는 이유는 처음엔 정말 누구나 아는 단순한 얘기만 하는 것 같거든요. 다들 "그래, 그래, 나도 클로저(closure)가 뭔지 안다고."라고 할 거예요. 페이지를 계속 넘기다 보면 뒤통수를 크게 한 방 맞는 때가 옵니다. 책이 끝날 때쯤이면 완전히 감동한 상태가 되고요. 저도 이 책 안에 나오는 것들을 모두 이론적으로는 알고 있었어요. 제가 안다고 생각했던 걸 저자가 극한까지 밀어붙이는 걸 보면서 제 생각이 완전히 변했어요. 여러 친구에게 이 책을 추천했죠. 친구들도 읽어 보고 저와 똑같은 반응을 보였습니다. 다시 말해 사람들에게 다른 스타일로 생각하는 방법을 알려 주는 책을 추천하는 편입니다. 최근에 읽은 책 중에서는 이 책이 최고였어요.

사이블 《The Art of Computer Programming》을 소장하시고 있군요. 책 상태가 많이 낡지는 않았던데요. 얼마나 읽으셨나요?

피츠패트릭 아, 책을 산 지 5년도 안 되었나, 아마 5년쯤 되었을 겁니다. 여기저기 넘기다가 재미 삼아 조금씩 발췌해서 읽어요. 하지만 제가 이 책을 입수했을 때에는 컴퓨터 과학을 전공했기에 여러 가지 지식을 이미 섭렵한 상태였어요. 이 책을 훨씬 일찍 접할 수 있었더라면 좋았을 것 같아요. 인터넷이 없었을 때에는 정말 이런 책이 있는지도 몰랐다니까요.

사이블 프로그래머가 되려면 수학에 얼마나 능숙해야 할까요? 커누스의 책을 읽고 제대로 이해하려면 꽤 높은 수준의 수학적 소양이 필요한데요. 하지만 실제로 프로그래머가 되기 위해 그 정도로 수학을 잘 알아야 할까요?

피츠패트릭 수학에 그렇게 매달릴 필요는 없어요. 그 대신에 대부분의 평범한 프로그래머에게는 통계가 훨씬 중요해요. 그래픽스 프로그래밍을 한다면 수학이 엄청 중요해요. 하지만 자바 엔터프라이즈나 웹을 다루는 사람에게는 수학이 그렇게 중요하지 않겠죠. 오히려 논리적 사고 능력과 통계 분석 능력이 훨씬 중요합니다.

사이블 누가 봐도 프로그래밍을 여전히 즐기시고 있는데요. 하지만 프로그래밍에 스트레스를 너무 많이 받아서 컴퓨터 자체가 싫어진 때도 있으셨던 것 같아요. 대학 재학 시절에 라이브저널에 올리신 글을 좀 읽어 봤거든요.

피츠패트릭 아, 맞아요. 컴퓨터 때문에 늘 짜증이 납니다. 상당히 오랫동안 아무런 혁신도 없었다고 생각합니다. 컴퓨터는 그 어느 때보다 느리고 충돌이 심하며 버그투성이예요. 하지만 긍정적으로 바라보고 싶습니다. 점점 더 좋아질 거라고 믿어요. 요새 컴퓨터로 뭔가 하려고 하면 불편합니다. 10년 전에는 훨씬 쾌적했는데요. 컴퓨터도 10년 전에 쓰던 게 더 빠릿빠릿한 거 같아요. 하드웨어는 빨라졌는데 소프트웨어는 점점 느려졌고 버그도 많아졌어요.

사이블 왜 그런 일이 벌어진다고 생각하시나요?

피츠패트릭 모르겠어요. 소프트웨어 품질이 전반적으로 하향 평준화된 걸까요, 아니면 컴퓨터 속도가 빨라졌기 때문에 코드를 효율적으로 작성할 필요가 없어진 걸까요, 아니면 내부에서 무슨 일이 일어나는지 알 필요가 없어져서 그런 걸까요?

저도 궁금할 뿐입니다. 아니면 이 모든 게 조금씩 섞여서 일어난 일인지도 모르죠. 어쩌면 코드 밑바닥에서 도대체 무슨 일이 일어나고 있는지 이해할 수 없을 정도로 높아진 추상화 수준 때문인지도 모르고요. 컴퓨터가 너무 빨라졌기 때문에 바보같이 프로그래밍해도 괜찮아 보이는 거죠.

사이블 **반대로 말하자면 요즘은 소프트웨어 때문에 컴퓨터의 진짜 속도가 안 나온다는 말이군요. 하지만 10년 전 사람들은 오늘날 사용자들이 구글로 하는 일들을 할 수 없었죠.**

피츠패트릭 맞아요. 효율적인 코드를 작성하는 사람이 있는가 하면 그걸 활용하는 사람도 있는 거죠. 저는 게임을 자주 하진 않는데 가끔 누군가가 하는 걸 볼 때가 있어요. 게임을 정말 잘하는 사람은 입이 딱 벌어질 정도로 정말 효율적인 손놀림을 보여 줘요. 프로그래밍도 똑같죠. 분명히 코드를 제대로 짜고 있는 사람도 있습니다.

제 생각엔 제 데스크톱 컴퓨터의 상태가 가장 불만족스러운 것 같아요. 서버 백엔드에서는 재미난 일이 많이 일어나는 것 같은데요. 어째 데스크톱 컴퓨터는 사용하면 할수록 점점 더 불만이 쌓이는지. 맥에서 앱을 실행하면 비치볼 아이콘만 하염없이 빙글빙글 돌아요.[38] 한숨만 나오죠.

사이블 **고품질 데스크톱 소프트웨어를 개발하는 일에 관심이 있으신가요?**

피츠패트릭 이젠 아무도 데스크톱 앱을 쓰지 않아요. 그게 문제예요. 대부분은 사람들이 다들 쓰는 것을 쓰고 싶어 할 겁니다. 웹 앱이 대세일 수밖에 없어요. 며칠 전에 노트북을 잃어버렸어요. 지인들이 걱정하더군요. 하지만 그 안에는 파일이 하나도 없었어요. 그냥 인터넷 단말기였거든요. 디스크도 암호화되어 있었기에 제 비밀번호나 쿠키 같은 게 유출될까 염려할 필요도 없었어요. 그런 면에서 볼 때 받아서 설치해야 하는 프로그램은 이제 사람들에게서 점점 멀어질 거라고 봅니다.

사이블 **자신이 만든 소프트웨어를 사용해 주는 사용자와 프로그래밍 자체의 재미 중에 어떤 것에 동**

기 부여를 더 많이 받으시나요?

피츠패트릭 분명 저 자신을 위해 작성하는 프로그램이 있어요. 제가 유일한 사용자라는 걸 분명히 인식하고 작업하는 것들이죠. 그런 프로그램은 그다지 세심하게 개선하고 고치려 들 필요도 없어요. 하지만 다른 사람과 함께 일하고 싶을 때도 많습니다. 그리고 사용자가 많을수록 기여하는 사람도 많아지죠. 사용자가 많을수록 버그도 더 많이 발견할 수 있고 활용 방법도 더 많이 찾을 수 있어요. 다른 사람들과 함께 하는 일은 재밌어요. 오픈 소스 관련 일은 특히 더 그렇고요.

어떤 프로젝트에 제가 만든 소프트웨어를 쓴다는 사람이 가끔 있어요. 그런 말을 들을 때면 기분이 늘 좋죠. 정말 환상적인 일이에요. 가끔 멤캐시디나 펄발 같은 걸 사용하는 웹사이트 개수를 셀 때면 감개무량한 마음이 절로 들어요. 포르노 사이트 다수가 제 파일 시스템을 이용해서 운영되고 있다는 말을 들은 적이 있는데요. 어쩌면 제가 포르노 유통을 돕고 있는지도 모르겠네요. 다른 예로 크레이그리스트(craigslist.org)에 들어오는 모든 요청을 처리하는 웹 서버는 기본적으로 멤캐시디의 프런트엔드죠. 좋아요. 정말 멋진 일이죠.

사이블 프로그래머들이 너무 새로운 것에만 빠져 있다고 보시나요? 새로운 언어, 새로운 도구 등이요.

피츠패트릭 그럴지도 모르죠. 새로운 프로그래밍 언어가 나오면 우리 모두가 바랐던 일이 가능해지잖아요. 그래서 옛날 언어보다 덜 형편없기를 간절히 바라는지도 몰라요. 사용자들도 마찬가지예요. 사용자들은 높은 버전을 늘 기다려요. 의미 없는 업그레이드라도 말입니다.

전반적으로 볼 때 프로그래머와 보통 사람 간에 통계적으로 차이가 있는지는 모르겠어요. 새로운 건 더 좋아야 해요. 늘 그런 건 아니지만 사람들의 희망은 그래요. 새로운 게 더 좋길 바라죠.

얼마 전에 아는 치과 의사와 대화를 한 적이 있어요. 그 치과 의사는 지난 5년 동안 치의학 기술이 얼마나 발전했는지 쉬지 않고 떠들어 댔죠. 새로운 기술이 가져다줄 변화에 대해 몹시 흥분한 모습이었어요.

사이블 요즘 세상에서 프로그래머가 되려면 필요한 조각을 잘 찾아야 하고 그걸 사용할 수 있을 만큼만 이해하면 됩니다. 이런 상황을 어떻게 보시나요?

피츠패트릭 펄 모듈 저장소인 CPAN 홈페이지에 들어가 보세요. ID3 파서 모듈을 검색하면 14개나 나올 겁니다. 그중에 쓸 만한 걸 고르면 돼요.

사이블 어떻게 보면 현대 프로그래머가 직면한 문제가 바로 이거네요. 선택지가 14개나 된다는 거요. 어떤 걸 골라야 하나요?

피츠패트릭 구글 검색 결과 최상단을 차지하는 걸 고르세요. 사람들이 뭘 더 선호하는지도 알아보세요. 그리고 사람들에 대해서도 알아야 합니다. 저는 오픈 소스 커뮤니티 일도 훨씬 많이 맡게 되었는데요. 오픈 소스 콘퍼런스는 죄다 돌아다니며 참석하려고 했거든요. 사람들을 만나고 누가 존경할 만하고 누가 멋진지도 알 수 있으니까요.

그러고 나서는 그 사람들의 코드를 보죠. 기억나는 사람이 한 명 있는데요. 굉장한 사람이었어요. 재미있고 친절하고 주의 깊은 데다가 코드에 정말 공을 들이는 사람이었어요. 사람들이 그의 프로그램에 문제가 있다며 불평할 때마다 정말 열정을 다해 프로그램을 고치곤 했죠. 저라면 그가 만든 프로그램을 사용할 겁니다. 거기서 버그를 발견한다면 그가 어떻게든 고쳐 낼 걸 알거든요. 훌륭한 코드를 작성할지 몰라도 우호적이지는 않은 사람과 정반대였죠. 그가 까다로운 사람이었다면 질문이 있거나 버그를 제보하고 싶어도 말 걸기가 쉽지 않았을 겁니다. 그래서 사람들은 믿음직스럽거나 존경할 만한 사람을 가까이하고 싶어 하죠.

사이블 그렇다면 어떤 모듈이 자신의 요구 사항에 들어맞는지 빨리 알아낼 수 있는 비결이 있을까요?

피츠패트릭 저는 그냥 시작합니다. 바로 제 코드에 끼워 넣지는 않아요. 먼저 테스트 프로그램부터 만들죠. 테스트 프로그램에는 제가 앞으로 사용할 함수를 몇 개 넣어요. 그리고 그것들이 잘 작동하는지 검사해 봅니다. 아니면 단위 테스트를 짜서 이 라이브러리가 내가 사용할 예정인 데이터를 잘 처리하는지 확인해 봅니다.

기존 라이브러리 상당수는 자체 테스트도 갖추고 있지 않아요. 설사 테스트가 갖춰져 있고 그걸 통과하더라도 문서에 나와 있는 대로 기능이 정확히 동작하리라는 보장이 없어요. 아니면 문서에 적힌 내용이 너무 부실해서 모듈이 어떤 식으로 동작하는지 정확히 이해하지 못할 수도 있잖아요. 그래서 저에게 중요한 몇 가지 기능을 골라서 테스트를 작성해 봅니다. 어차피 라이브러리를 사용하는 법을 배우려면 프로그램을 뭐라도 하나 만들어야 하잖아요. 그래서 첫 번째 "Hello, World" 프로그램이 단위 테스트일 때도 있습니다.

사이블 실제로 개발 도구는 어떤 걸 쓰시나요? 아마 여전히 이맥스를 쓰실 것 같은데 맞나요?

피츠패트릭 여전히 이맥스를 애용합니다. 이맥스를 더 잘 다룰 수 있으면 좋겠어요. 물론 단축키 같은 건 기본적으로 다 외웠어요. 그렇다고 제 취향대로 옵션을 바꾸는 편은 아니에요. 다른 사람들 설정을 훔쳐다 쓰죠. 어떤 설정인지 읽을 수는 있어요. 하지만 무언가에 짜증이 나서 이렇게 말하곤 해요. "이맥스 리스프를 좀 써서 단축키를 추가해야겠어." 그러고는 아무것도 하지 않죠.

스티브 예기가 이맥스 리스프를 자바스크립트 버전으로 대체하는 프로젝트를 진행한다는 말을 들었어요. 그러니 저는 예기가 프로젝트를 완성할 때까지 계속 기다릴 겁니다.[39] 다른 언어를 또 배우고 싶지는 않네요. 그냥 자바스크립트를 계속 쓰려고요. 자바스크립트는 그럭저럭 괜찮은 언어라고 생각해요. 브라우저가 형편없어서 그렇지. 구글에서도 저는 자바스크립트로 코딩을 많이 해요. 그걸 자바와 C++ 코드 안에 임베딩하기도 하고요. 자바스크립트는 임베딩하기 좋은 언어 같아요.

사이블 쓰기 싫어도 정기적으로 사용해야만 하는 도구는 없나요? 데스크톱 자체는 제외하고요.

피츠패트릭 네, 데스크톱 자체가 다 쓰기 싫어요. 제 데스크톱에는 엄청 많은 게 있죠. 브라우저들은 죄다 느려 터진 데다 툭하면 죽어요. 메모리도 엄청나게 잡아먹고요. 운영 체제 전체가 먹통이 되죠. 제가 이맥스에서 코딩하고 있으면 동료들이 와서는 이클립스나 인텔리제이로 갈아타라고 하더군요. 그런 작업은 자동으로 해 준다면서요. 솔깃하더군요. 그래서 6개월마다 이클립스나 인텔리제이 중 하나를 시험 삼아 써 봐요. 그런데 이런 개발 환경은 너무 느린 데다 메모리를 과도하게 잡아먹어요. 코딩하는 와중에 먹통이 되기도 해서 타자조차 계속할 수가 없어요. 이거 원, 문법 강조 기능이 백그라운드에서 돌게 만들어 놓거나, 아니면 컴파일이 다른 스레드에서 돌게 만들어 놓든지요. 도대체 왜 타자하는 데 먹통이 되는 거죠? 그래요. 6개월 후에 다시 시도해 보려고요. 그런 개발 도구를 꼭 써야만 하는 상황이 아니라서 다행이에요. 역시 이맥스에 지금보다 더 능숙해져야겠어요.

제 학습 곡선을 말씀드리자면, 꽤 생산적이고 능숙해지는 일정 수준까지는 엄청나게 빨리 배워요. 그러고 나서 80~90% 지점에 도달하면 학습 곡선이 완만해지면서 결과물을 만들어 내기 시작하죠. 자료를 찾아보느라 시간 낭비도 하지 않고요. 이 정도면 만족스럽죠. 그 후로는 발전이 더뎌져요. 아주 익숙해진 후에야 맨 페이지 같은 문서를 구석구석 샅샅이 읽어서 그 언어에 대해 깊이 파고들 생각을 합니다.

사이블 요즘에도 그런 방식이 현명할까요? 배울 게 너무나 많잖아요. 텍스트 편집기 사용법 하나 익히는 데 평생 걸린다면 소프트웨어 개발은 언제 하죠?

피츠패트릭 좋은 질문이에요. 하지만 저에겐 그런 식의 배움은 늘 성과가 있었어요. 적어도 편집기 사용법은요. 뭔가를 배울 때마다 그랬는데요. 대강 1~2주 후에는 그에 맞는 결실이 따라오곤 했어요. 저는 컴퓨터 `bin` 디렉터리에다 아주 작고 남들에게 보여 주기 민망한 셸 스크립트나 펄 스크립트 같은 것들을 자주 짜서 넣어요. 귀찮은 일을 자동화하려고 짜는 편이죠. 이런 것들은 투자한 보람이 늘 있어요.

사이블 끝도 없이 도구를 다듬느라 시간을 낭비한 적은 없나요?

피츠패트릭 전혀요. 저는 목적이 있을 때에만 도구에 시간을 쓰는 편이에요. 제 지인 중에도 자신이 만든 도구에만 너무 집착하는 바람에 아무 성과도 못 내는 친구가 몇 명 있어요. 하지만 저는 도구를 다듬는 방향으로 조금 더 가더라도 신중할 수 있을 것 같아요.

사이블 **프로그래머가 갖춰야 할 가장 중요한 기술이 뭐라고 생각하시나요?**

피츠패트릭 과학자처럼 생각하기가 아닐까요? 한 번에 변인을 하나씩만 자세히 조사하는 태도, 인내심 그리고 사물의 근본 원인을 이해하고자 하는 노력이요. 디버깅 과정이나 설계 과정에서 뭔가가 제대로 동작하지 않을 때 이런 과학적 사고가 특히 필요해요. 보니까 젊은 프로그래머들은 작동하지 않으면 불평하고는 갈아엎고 전부 다시 작성하는 경향이 있더군요. 일단 하던 일을 멈추고 무슨 일이 벌어지고 있는지 알아내야 합니다. 코드를 점진적으로 작성하는 방법을 배워야 해요. 그래야만 각 단계에서 어떤 부분이 잘못되었는지 확인할 수 있어요.

사이블 **프로그래밍 기술 향상을 위해 특별히 한 일이 있다면요?**

피츠패트릭 안전한 길에서 벗어나 도전할 때가 가끔 있어요. 구미가 잘 당기지 않는 언어로 낑낑거리며 코드를 작성하는 일이 그렇죠. 똑같은 프로그램을 만든다고 하면 훨씬 오래 걸리리라는 걸 저도 잘 알아요. 하지만 그 덕분에 결국 더 발전할 수 있겠죠. 제가 구글에서 처음 일하기 시작했을 때처럼 말이죠. 저는 한 번 쓰고 버리는 코드를 많이 작성하는데 그때까지는 대부분 펄 스크립트였어요. 구글에 와서는 그런 것들을 파이썬으로 작성해 보자고 결심했어요. 그 이후로 코드를 엄청나게 짠 덕분에 현재는 파이썬 도사가 되었습니다. 웬만한 건 검색하지 않아도 다 알아요. 또 펄발은 애초에 C#으로 작성했는데 순전히 C#을 배우기 위해서였죠.

사이블 **프로그래밍 기술 말고, 프로그래머가 되고 싶은 사람이 갈고닦아야 하는 또 다른 능력이 있다면요?**

피츠패트릭 의사소통 능력 아닐까요? 연습으로 나아질 수 있는지는 확실히 모르겠지만, 메일링 리스트에 있는 사람들과 메일을 많이 주고받을 필요가 있어요. 글쓰기 스타일은 쉽게 변하지 않습니다. 하지만 사람들은 살면서 글로 의사를 전달해야 할 때가 많잖아요? 고등학교 졸업 후에 누가 성공할지에 관한 연구 결과를 들은 적이 있어요. 똑똑한 아이가 성공했을까요, 아니면 사회성 있는 아이가 성공했을까요? 정답은 사회성 있는 아이랍니다. 돈은 좋은 성적이 아니라 좋은 사회성에 달려 있다는 결론이었죠. 흥미로운 연구 결과라고 생각해요.

사이블 **과거와 약간은 달라진 것 같기도 하네요. 예전에 프로그래머라고 하면 온종일 책상에 들러붙어 은둔하는 외톨이라는 인식이 있었는데 요즘은 메일링 리스트와 협업이 전부잖아요.**

피츠패트릭 그런 셈이죠. 오픈 소스에서든 회사에서든 제가 일했던 곳에서는 모두가 서로에게 의존하고 있어요. 그럴 수밖에 없는 환경이에요. "저기, 제가 쓸 모듈을 2주 안에 만들어 주셔야 해요."라고 말하니 빨리 코드를 짜서 주는 수밖에요. 반대로 저도 그렇게 요청할 때가 있고요. 그러면 동료가 저에게 빨리 코드를 짜서 줘야 하죠. 사람과 사람 사이에서 소통은 필수예요.

사이블 **최고의 프로그래머와 최악의 프로그래머 사이에는 생산성 면에서 엄청난 차이가 있다는 주장이 퍼져 있는데요. 경험상 그 견해가 맞는다고 보십니까?**

피츠패트릭 그렇게 생각해요. 하지만 모든 분야가 다 비슷하지 않을까요. 얼마나 많은 경험치가 쌓였느냐, 이게 요점이죠. 같은 종류의 프로그래밍을, 같은 시간 동안 해 온 두 사람의 실력이 10배나 차이가 나는 경우는 흔치 않아요. 어떤 일을 했을 때 시간이 지나도 발전이 없다면 대개는 좌절하고 그만두게 될 겁니다.

돈을 벌려고 일할 뿐, 일 자체를 별로 즐기지 않는 사람들이 있어요. 문제는 없다고 생각해요. 하지만 그런 사람을 뼛속까지 프로그래머인 사람과 비교하는 건 무리예요. 생산성 10배 차이는 무엇을 뜻할까요? 남들보다 10배나 일할 뿐 아니라 쉴 때에도 그것에 관해 생각하는 사람과 그냥 일하는 사람은 당연히 그만큼 차이가 나겠죠.

사이블 **디버깅할 때에도 과학자처럼 접근하라고 조언하셨는데요. 자신을 과학자, 엔지니어, 예술가,**

장인 중 어떤 위치에 두고 싶으신가요?

피츠패트릭 과학자나 엔지니어 아닐까요. 엔지니어 쪽으로 좀 더 기울겠지만요. 과학자는 두 번째 위치로 놓고 싶어요. 한 번에 하나의 변인을 조작하고 나머지는 통제해 문제의 원인을 진단한다는 과학적 방법론을 좋아하기 때문이에요. 다른 이유는 없습니다. 프로그램을 설계한다는 측면에서는 엔지니어에 가깝다고 생각하고요. 자신을 예술가나 장인이라고 생각하는 친구도 몇 명 알고 있지만 저 자신을 그렇게 생각해 본 적은 없네요.

사이블 반대로 소프트웨어 쪽에서는 공학을 부러워하는 분위기가 퍼져 있어요. "소프트웨어를 만드는 방식으로 지어 올린 고층 빌딩은 딱따구리가 한 번만 쪼면 와르르 무너질 거고 결국 문명은 몰락한다."라는 농담을 들어 보신 적이 있을 거예요. 소프트웨어 구축이라는 분야가 체계를 갖춘 공학 분야라고 생각하시나요?

피츠패트릭 아니요, 아직 그 정도에 이르진 못한 것 같아요. 자격증이 없어도 아무나 코드를 짤 수 있잖아요. 아무나 코드를 짤 수 없도록 강력한 규제를 해야 한다는 뜻은 아니에요. 하지만 XSS 취약점을 양산하는 PHP 프로그래머와 항공 교통 관제 시스템을 작성하는 프로그래머는 같은 사람들이 아니란 점을 알았으면 좋겠습니다. 저는 둘 사이에 공식적인 경계가 있었으면 좋겠어요.

제 친구 중에는 구조 공학자도 있어요. 그 친구는 평생 학교에 다녔죠. 별의별 인증, 자격증도 죄다 섭렵했어요. 한번 생각해 보세요. 교량을 건설하는 사람들이 복잡하고 어려운 주제를 밤새워 공부하고 수많은 시험을 치르며 평생 연구했기에 우리가 다리를 안심하고 건널 수 있는 거예요.

사이블 하지만 어떤 식으로 시험을 쳐야 '이 사람은 작동하는 소프트웨어를 충분히 만들어 낼 수 있는 프로그래머입니다.' 하고 인증할 수 있을까요?

피츠패트릭 모르겠어요. 그런 방식은 조금 무섭기도 하네요.

사이블 자격증이 없더라도 프로그래머라면 사회에 특별한 윤리적 책임을 져야 한다고 생각하시나

요? 프로그래머도 틀림없이 전문직이고 이런 전문직에는 행동 강령이 있잖아요.

피츠패트릭 일단 아무도 죽이면 안 됩니다. 비행 조종 소프트웨어를 구축하는 프로그래머라면 반드시 이걸 염두에 둬야겠지요. 상당히 드문 경우긴 하지만요. 아, 신용 카드 번호를 입력하는 칸은 좀 일관된 양식으로 통일했으면 좋겠어요. 제발 숫자 사이에 공백이나 하이픈도 쓸 수 있게 해 주고요. 그런 건 컴퓨터로 쉽게 지울 수 있잖아요. 제 신용 카드 번호를 어떤 형식에 맞게 입력하라고 강요하지 않았으면 좋겠어요. 물론 이런 건 윤리와는 상관없는 얘기죠. 그냥 답답해서 말해 봤습니다.

사이블 이 인터뷰를 진행하는 시점에 28살이 되셨는데요. 프로그래밍은 젊을수록 유리한 점이 많다고 여겨지는데, 나이가 들수록 젊은 세대에게 점점 뒤처지지 않을까 하는 걱정은 없나요?

피츠패트릭 아니요, 아무리 일이 안 풀리더라도 저는 언제나 그냥 그 자리에 머무르면서 혼자 재미있는 일을 할 수 있을 거라고 생각해요. 전 지금 누구와도 경쟁한다고 느끼지 않습니다. 저보다 더 잘하는 사람이 보여도 상관없어요. 저보다 잘하는 사람은 이미 수없이 많은 것 같거든요. 저는 언제나 중간 정도라는 걸 알고 있어서 중간쯤에 있는 게 좋습니다.

사이블 일을 그만둔다 해도 프로그래밍은 재미로 계속할 건가요?

피츠패트릭 오, 당연하죠. 지금도 바보 같은 걸 짜고 있어요. 제 전화기에 한심한 보드게임이 하나 들어 있는데요. 피곤했던 날이라 심각한 프로젝트는 할 수는 없었어요. 그 대신에 이 보드게임을 푸는 프로그램을 짰습니다. 동적 프로그래밍 기법을 시도했어요. 보드 크기도 바꿔 보고 무작위로 말의 위치를 바꿔 보며 보드 데이터를 만든 후 프로그램을 돌렸습니다. 또 보드 크기별로 레벨을 완료하는 데 필요한 움직임 수가 몇 개인지 히스토그램도 그려 봤지요. 그러고 나서 보드게임 원작자에게 분석 결과를 보냈습니다. 상식적으로 이전 판보다는 잘해야 다음 판을 깰 수 있어야 하잖아요. 메일링 리스트에 있는 사람들은 모두 게임을 진행할수록 게임이 오히려 쉬워진다는 걸 알고 있었죠. 기본적으로 원작자가 아무런 근거 없이 움직임 수를 추정했기 때문이었어요. 그래서 제가 모든 보드 크기에 대한 히스토그램을 보냈죠. 제 생각에 새로운 버전에서는 필요한 움직임 수를 조정한 것 같아요. 코딩은 집으로 가는 셔틀버스 안에서 했어요. 즐거운 시간이었죠. 은퇴하고 온종일 이렇게 바보짓만 하고 살 수도 있을 것 같네요.

3장

JSON 창시자

더글러스 크락포드

Douglas Crockford

야후의 선임 자바스크립트 아키텍트인 더글러스 크락포드는 1970년대 초 프로그래머의 여정을 시작했다. 크락포드는 대학 시절 텔레비전 방송을 전공했는데 촬영 스튜디오 시간을 확보하지 못하는 바람에 대신 포트란 수업을 들었고, 그 일을 계기로 프로그래밍에 입문했다. 경력을 이어 오는 동안 크락포드는 아타리, 루카스필름, 일렉트릭 커뮤니티스, 야후 등에서 다양한 방식으로 컴퓨터와 미디어를 연결해 왔다.

크락포드는 태생적으로 단순하고 정돈된 것을 좋아한다. 크락포드는 Ajax 애플리케이션에서 널리 쓰이는 데이터 교환 형식인 JSON을 발명했다. XML이 너무 복잡하다고 생각했기 때문이었다. 그는 자신이 쓴 책 《JavaScript: The Good Parts》에서 자바스크립트가 특정한 기능들을 쓰지 않으면 사실 꽤 좋은 언어라고 주장했다. 이 인터뷰에서 크락포드는 복잡도를 다루기 위해서는 사용하는 기능을 일부 기능으로 제한하는 것이 중요하다고 강조했다. 또한 코드를 읽어야 할 때에는 코드를 단순하게 정리하는 것으로 시작한다고 설명했다.

이 인터뷰가 이루어진 시점에 크락포드는 에크마스크립트(ECMAScript) 언어 표준의 에크마스크립트4(ES4) 개정 제안을 거침없이 비판한 것으로 유명했다.[1] 너무 복잡하다는 이유였다. 크락포드는 ES3.1이란 이름이 붙은 더 온건한 제안을 선호했고, 그 이후 그와 여러 ES3.1 지지자들이 우세해졌다. 결국 ES3.1은 ES5로 이름이 바뀌었고 ES4 제안은 공식적으로 폐기되었다.

크락포드와 나는 ES4 제안 중 싫어하는 점, 팀 활동으로서 코드 읽기의 중요성, 기존 시스템이라는 레거시에도 불구하고 웹을 미래로 나아가게 할 방법에 대해 이야기를 나누었다.

> 크락포드는 2012년까지 야후에서, 2019년까지 페이팔에서 근무했다. 이후 소속 없이 블로그와 책을 쓰며 활발히 활동하고 있다. 2018년에는 《자바스크립트는 왜 그 모양일까?》라는 책을 썼다. crockford.com에서 최근 소식을 볼 수 있다.

사이블 어떻게 프로그래밍을 시작하셨나요?

크락포드 저는 샌프란시스코 주립 대학에 입학했습니다. 텔레비전 전공이 정말 좋은 학교였거든요. 1학년 때 촬영 스튜디오에 들어가지 못했죠. 그래서 어느 수업을 들을지 찾고 있었어요. 그런데 우연히 수학과에 개설된 포트란 수업을 들은 거죠. 수업을 들어 보니 제가 프로그래밍을 정말 잘하더라고요. 그래서 두 번째 학기 수업도 들었습니다.

그게 1971년, 1972년이에요. 도서관 지하에서 천공 카드로 프로그래밍을 했죠. 시분할 시스템이 학교에 막 도입되던 시기였어요. 샌프란시스코 주립대에는 컴퓨터를 모두 담당하고 관리할 역량 있는 공학부가 없었어요. 그래서 컴퓨터가 각 단과대마다 분산되어 있었습니다. 자연 과학대, 경영대, 교육대, 인문대 제각기 컴퓨터 연구실이 있었어요. 모든 학과가 저마다 컴퓨터를 다루었다니 정말 신기하죠.

처음에는 자연 과학 연구실에서 일하다가 나중에 인문대 연구실로 옮겼어요. 그래서 경제학자, 심리학자, 지리학자와 일할 수 있었죠. 지리학자들이 가장 재미있었어요. 저는 그 사람들이 다루는 문제들에 대해 배웠고, 그 덕분에 일반인이 이 끔찍한 기계를 사용하면서 맞닥뜨리는 어려움을 알아챌 수 있는 예민한 감각을 아주 일찍부터 계발할 수 있었어요. 그래서 어떻게 하면 일반인들이 컴퓨터를 더 쓰기 편하게 만들 수 있을지 고민하기 시작했죠.

드디어 촬영 스튜디오에 자리가 나면서 텔레비전 관련 전공도 다 마치긴 했어요. 재미있었죠. 하지만 결국엔 컴퓨터라는 길을 택했어요. 그러는 동안 저는 두 가지를 한꺼번에 생각하면서 많은 시간을 보냈습니다. 제가 예상했던 것들이 나중에 멀티미디어, 오늘날의 디지털 미디어가 되었죠. 경력을 쌓으며 때때로 미디어 분야로 돌아갔다가 프로그래밍 분야로 다시 돌아오기도 했습니다.

사이블 **포트란으로 시작했다가 소질이 있다는 걸 깨달았군요. '어라? 내가 이걸 좀 잘하는데?' 말고 프로그래밍을 택하게 된 계기가 또 있을까요?**

크락포드 그게 전부였어요. 제가 대학에서 맞이한 첫 학기였고 수학 과목 중 하나를 수강해야만 했어요. 그래서 그냥 하나를 골랐는데 우연히 그게 포트란이었던 거죠. 프로그래밍하는 법을 배우려고 수업에 들어간 건 아니었어요. 정말 우연이

었죠.

사이블 **처음으로 짠 의미 있는 프로그램은 무엇인가요?**

크락포드 아주 오래전인데요. 제가 사용하던 시분할 시스템에서 포트란 시스템 런타임을 디스어셈블하는 프로그램이었던 것 같아요. 그 덕분에 시스템이 어떻게 동작하는지 읽을 수 있었고, 이를 통해 프로그래밍을 독학했어요. 이런 건 책에는 좀처럼 나오지 않았었거든요.

사이블 **그때와 지금을 비교하면 프로그래밍에 대해 생각할 때 어떤 점이 가장 많이 바뀌었을까요?**

크락포드 한 10년간은 효율성이 정말로 정말로 중요했어요. 메모리가 아직 매우 작고, CPU도 아직 정말 느리던 초기 마이크로프로세서 시기였던 것 같아요. 우리는 게임이나 음악 같은 걸 메모리 크기에 맞추고 빠르게 실행하기 위해 어셈블리어에 몰두했죠. 결국에는 그런 시기가 지나갔고, 오늘날에는 커다란 애플리케이션을 자바스크립트로 짜서 브라우저에서 실행하죠. 우리가 사용하던 환경에 비하면 정말 어마어마하게 비효율적인 환경이에요. 하지만 무어의 법칙이 모두 상관없게 만든 셈이죠.

사이블 **프로그래밍을 배우게 된 과정에 대해 혹시 후회하는 부분이 있나요?**

크락포드 제가 들어는 봤지만 사용할 기회는 없었던 언어가 몇 개 있는데요. APL에 대해서는 많은 글을 읽었고 그게 왜 대중화되지 못했는지도 이해합니다. 하지만 정말 멋진 언어였는데 써 볼 기회를 얻지 못했던 게 아쉬워요. 이런 언어가 더 있는데요. 들어는 봤고 관련된 글도 읽었지만 실제로 그 언어를 바탕으로 생각할 기회는 없었던 언어들이죠.

사이블 **자, 실제로는 방송 전공으로 학위를 마치셨군요. 그다음에는 무엇을 하셨나요?**

크락포드 교육 공학 석사 학위를 시작했어요. 하지만 학위 과정에서 다루는 수준보다 제가 훨씬 앞서 있다는 느낌이 들었고 시간을 낭비하는 것 같았죠. 그래서 1년 정도 만에 그만두고 멘로 파크 지역에 있는 SRI(Stanford Research Institute)에 연구원으로 들어갔습니다. 그 후에는 베이식 포(Basic Four)라는 회사에 갔는데요. 소규모 기업용 미니컴퓨터를 만드는 회사였어요. 거기서 오래 있었죠. 저는 회사에서 워드 프로세싱 시스템을 개발했고, 휴대용 기기와 PC 연구도 시작했어요. 저는 이 회사를 PC 분야로 진출시키려고 노력했죠. 제가 회사에서 처음으로 PC를 샀고, 제 책상 위에 설치해 두었어요. 다른 엔지니어들이 와서 IBM이 무엇을 만들었는지 볼 수 있게 말이죠. 하지만 결국 그 회사의 문화를 바꾸진 못했어요. 이미 갖춰진 틀을 벗어나려고 하지 않았죠.

그러던 어느 크리스마스에, 아마 1981년 크리스마스였던 것 같아요. 아타리 800[2]을 샀어요. 컴퓨터 가게에 갔는데 애플 II와 아타리 800이 있었죠. 아타리 800이 더 세련되어 보여서 그걸 산 거죠. 원래는 그 위에서 도는 워드 프로세서나 프로그래밍 언어를 만들려고 했어요. 하지만 6502[3]로는 아무것도 할 수가 없었죠. 2000달러나 써 버렸는데 말이에요. 그걸로 뭘 하겠어요? 아타리니까 당연히 게임은 할 수 있었죠. 그래서 저는 컴퓨터 게임을 만들기 시작했어요. 그러다 아타리에 제가 만든 게임을 하나 팔았는데, 아타리로부터 서니베일에 있는 아타리 연구소에 채용하고 싶다는 제안을 받았어요. 앨런 케이[4]가 시작한 연구소였어요. 제록스 파크를 떠난 바로 다음이었죠. 그래서 거기 갔고 정말 좋았어요. 아타리에 2년간 있으면서 회사가 몰락하는 걸 목격했죠. 하지만 그래도 재미있는 일들을 할 수 있었어요. 정말로 훌륭한 사람들과 일했죠.

사이블 **그전에는 게임광이었던 적이 있었나요?**

크락포드 스페이스 인베이더와 팩 맨에 몇 학기를 바쳤죠. 저는 게임을 좋아했어요. 열성 게이머는 아니었지만요. 특히 텔레비전이 컴퓨터와 연결되는 또 다른 환경이었다는 점이 좋았습니다. 일반인이 텔레비전과 컴퓨터의 상호 작용에 참여하는 최초의 환경이었습니다. 저는 그게 정말 흥미로웠죠.

사이블 **아타리가 무너진 다음에는 뭘 했나요?**

크락포드 그다음에는 루카스필름에 가서 8년 동안 일했어요.

사이블 해비탯(Habitat)[5]은 거기서 일하시는 동안 시작된 거겠네요.

크락포드 네, 맞아요. 제 친구 칩 모닝스타가 그 프로젝트를 시작했죠. 모닝스타는 아바타와 그래픽 가상 세계를 발명했어요. 이 모든 걸 처음으로 해낸 거죠. 게임은 코모도어 64[6]에서 돌아갔어요. 통신은 전화 수요가 적을 때 X.25 네트워크[7]를 사용했고요. 그런 걸 멋지게 설계하다니 정말 시대를 훌쩍 앞서간 사람이에요. 대단했죠. 저는 그냥 구경꾼이었어요. 사람들이 개발하는 걸 보면서 응원하는 역할이었습니다. 이 업적에 제가 기여한 건 없어요.

사이블 그 후에는 그 사람들과 일렉트릭 커뮤니티스를 창립합니다. 이 아이디어에 기반해서 세운 회사인가요?

크락포드 맞아요. 모닝스타와 랜디 파머가 루카스필름을 떠나서 아메리칸 인포메이션 익스체인지라는 회사를 세웠죠. 소셜 서버라는 자신들의 아이디어를 가져다가 온라인 장터라는 아이디어에 접목했어요. 훌륭한 아이디어였지만 시대를 너무 앞서갔죠. 조금만 더 늦게 시작했으면 이베이가 되었을 텐데요.

그 후에 우리는 이런 생각을 했어요. 다시 해 보자. 하나의 공용 플랫폼을 만들어서 엔터테인먼트도 하고, 소셜도 하고, 사업도 하고, 물건도 팔고, 모든 걸 하자. 전 세계를 대상으로 말이에요.. 그리고 하나의 중심 서버가 없도록 완전히 분산된 구조로 만들 생각이었어요. 인터넷 전체에 퍼진 구조로요. 그리고 완전히 탈중앙화할 수 있는 보안 모형을 만들려고 했죠. 정말 강력한 아이디어였고 그래서 일렉트릭 커뮤니티스를 만든 거죠.

사이블 그래서 E의 첫 버전이 탄생한 거군요.

크락포드 맞아요. 우리는 플랫폼과 애플리케이션을 만들 안전한 프로그래밍 언어가 필요했어요. 처음에는 아고릭스(Agorics)라는 다른 회사가 개발한 줄(Joule)이라는 언어를 쓰려고 했습니다. 줄은 액터[8] 언어였고 아주 이상한 방식으로 동작했죠.

훌륭하긴 했지만 아주 특이했어요.

우리는 줄에 대한 우려가 있었죠. 사람들이 이 언어를 쓰게 만들 수 있을까? 너무 이상한 거 아닐까? 그래서 E를 만들 생각을 한 거예요. 줄에서 액터라는 중심 개념은 차용하되 자바 위에서 재구현하는 거였죠.

사이블 E를 만든 사람들 말고 E를 실제로 도입한 사람이 있나요?

크락포드 원조 E를 도입한 사람은 없어요. 처음에 만든 E는 자바를 확장한 거였어요. 그래서 썬 마이크로시스템스(이하 썬)와 온갖 문제를 다퉈야 했죠. 그래서 우리는 더 가벼우면서도 비슷한 특성을 지닌 E 스크립트 언어를 만들었습니다. 이제는 E라고 하면 이 스크립트 언어를 말하는 거예요.

일렉트릭 커뮤니티스에서 이 언어를 만들긴 했지만 우리도 사용하지는 않았어요. 어느 시점엔가 사용하지 않기로 결정을 내렸죠. 하지만 꽤 괜찮은 언어여서 우리 회사에서 분리시켰고 여태껏 살아남은 걸 보니 정말 기쁘네요.

일렉트릭 커뮤니티스에 다닐 때 좋았던 게 하나 있는데, 클로저라는 관점에서 생각하는 법을 배운 점이었어요. 그래서 웹에 처음 뛰어들었을 때 자바스크립트를 보면서 '어, 좀 익숙한 게 있는데?' 하는 생각이 들었죠. 사실 자바스크립트는 스킴으로부터 물려받은 게 무척 많은데, 문서를 봐도 자바스크립트에 클로저가 있다고 알려 주지를 않아요. 저는 우연히 그걸 발견하고는 '와! 멋진걸.' 한 거죠. 그래서 그 이후로 이 우스꽝스러운 작은 언어로 중요한 프로그래밍 작업을 진짜로 할 수 있다는 이야기를 여기저기 알리고 있습니다.

사이블 이렇게 최근 ES4를 둘러싼 논란으로 이어지네요. 자바스크립트 ES3 버전의 단순함을 좋아하신다고 들었습니다.

크락포드 사실 언어를 얼마나 많이 바꿀 수 있는지는 궁극적으로 그 언어의 성공 정도에 달려 있습니다. 더 성공한 언어일수록 바꾸는 비용도 더 크지요. 재교육 비용도 더 크고 잠재적인 오류 비용도 더 커지고 감내할 수 없게 되기도 하고요. 정말로 성공을 거두었다면 어떤 변화를 도입하든지 극도로 조심해야만 합니다. 반면에 아직 성공하지 못했다면 무언가를 바꿀 수 있는 자유가 훨씬 많지요.

순전히 우연이긴 하지만 자바스크립트는 세상에서 가장 인기 있는 언어가 되었습니다. 전 세계 다른 어떤 언어보다도 자바스크립트를 돌리는 CPU가 훨씬 많아요. 보안 모델에 문제가 있긴 하지만 자바스크립트는 코드를 작성해서 어느 기계에서나 돌릴 수 있는 유일한 언어입니다.[9]

게다가 그것도 모자라서 이제는 많은 애플리케이션에 내장되고 있습니다. 대부분의 어도비 애플리케이션은 안에 자바스크립트가 들어 있어서 스크립트를 직접 짤 수 있습니다.[10] 다른 애플리케이션도 있고요. 인기가 정말 엄청나게 높아졌습니다.

이 언어의 문제는 빨리 출시하기 위해 너무 성급하게 만들어졌고, 너무 서둘러 표준화되었다는 점입니다. 그래서 대부분의 결함이 현재 구현체가 아니라 언어 명세 자체에 있습니다. 표준이 '이걸 틀리게 하라고' 말하고 있어요. 정말 끔찍하죠. 하지만 현재 상태가 그래요. 표준은 1999년에 확립되었어요.[11] 사실 그 이후로 방치되다가 사라졌어야 마땅했죠. 하지만 우연히 Ajax가 생겨났고 갑자기 세계에서 가장 중요한 언어가 되어 버렸습니다.

그래서 다들 이제는 이걸 고쳐야 한다고 생각하고 있어요. 사실 2000년에 고쳤어야 했죠. 하지만 고치지 않았어요. 그땐 아무도 관심이 없었거든요. 이제는 자바스크립트가 너무 커졌죠.

웹이라는 관점에서 자바스크립트의 특이한 점이 또 있어요. 서버 환경이든, 데스크톱이든, 임베디드든, 보통 프로그램을 만들 땐 사용하는 언어뿐 아니라 어떤 특정 컴파일러, 어떤 특정 실행 환경을 골라야 해요. 하지만 자바스크립트에서는 이런 걸 고를 수가 없죠. 바깥세상의 모든 것 위에서 돌아야 해요.

모든 것 위에서 실행되어야 하기 때문에 버그가 고쳐지지 않습니다. 브라우저 개발사가 배포한 버전에 버그가 있으면 "앗, 우리가 사고를 쳤네." 하고선 다음 달에 다음 버전을 배포해요. 하지만 우리는 모든 사용자가 업그레이드할 거라고 기대할 수 없지요. 대다수 사용자는 인터넷 익스플로러를 자기 컴퓨터에 한 번 설치하면 그걸로 끝이에요. 업그레이드란 없어요. 버그가 몇 년 동안이나 그대로

있는 거죠.[12]

사이블 **자, 그게 현재 상황이죠. 하지만 당신은 웹이 애플리케이션을 개발하기에 더 좋은 플랫폼이 되기를 바라고요. 모든 브라우저가 문제를 고치지 않는다면, 게다가 새 버전에서 버그가 수정된다 하더라도 우리 문제를 고치는 데 도움이 되지 않는다면, 우리는 막다른 골목에 다다른 거죠. 어떻게 앞으로 나아갈 수 있을까요?**

크락포드 그게 제가 고민하는 부분이에요. 저도 이상향은 알아요. 무엇이 필요한지도 알죠. 그리고 우리 위치와 우리 앞에 놓인 장애물도 보입니다. 그래서 저는 우리가 앞으로 나아갈 수 있는 방법을 찾으려고 노력하고 있어요. 우리는 함정에 빠진 꼴이에요. 저는 기술적인 시스템뿐 아니라 경제 시스템과 사회 시스템이 더 걱정돼요. 이렇게 거대한 시스템들이 전부 충분히 잘 고민해서 만들지 않은 이 언어 체계에 의존하고 있다는 게요.

자바스크립트 최악의 기능은 의문의 여지없이 전역 객체에 대한 의존성이죠. 자바스크립트는 링커가 없고 컴파일 단위 사이에 정보를 숨길 수 있는 방법도 전혀 없어요. 죄다 하나의 공통 전역 객체에 쏟아부어지죠. 그래서 모든 컴포넌트가 다른 모든 컴포넌트를 볼 수 있어요. 모든 컴포넌트가 동일하게 DOM에 접근할 수 있고, 모두가 동일하게 네트워크에 접근할 수 있어요. 어떤 스크립트가 페이지에 삽입된다면, 그래서 마치 당신 스크립트인 것처럼 가장한 다음 서버로 요청을 보낼 수 있다면, 서버에서 구별할 수 있는 방법이 전혀 없어요.

화면에도 접근할 수 있죠. 어떤 스크립트가 사용자에게 당신 스크립트인 것처럼 뭔가를 보여 주면 사용자는 구별할 수 있는 방법이 없죠. 웹 페이지가 서버에서 온 것이고 모든 스크립트가 같은 권한을 가진다면, 사람들이 크롬에 추가하고 있는 온갖 새로운 피싱 방지 기법도 무용지물입니다.

그런데 더 심각한 문제는 스크립트가 페이지에 로드될 수 있는 다른 방법들이 있다는 겁니다. 웹 아키텍처에는 몇 가지 전달 수단이 있는데요. HTTP, HTML, URL이 있습니다. CSS도 있고 스크립트 언어도 있지요. 이 모든 게 한군데 들어 있는데 서로가 서로를 포함할 수 있습니다. 그런데 이것들은 문자열을 표현하는 방식도 제각각이고 특수 문자를 표현하는 방법이나 주석을 다는 방식도 제각각이죠. 게다가 모든 브라우저가 이걸 일관되게 구현하지도 않았습니다. 명세가 정해지지 않은 언어도 있어요. 그래서 나쁜 짓을 하려는 사람이 스크립트 조각을 끼워 넣기가 정말 쉽습니다. URL 안이나 스타일 시트 안에 또는 어떤 HTML 안에, 아니면 다른 스크립트 안에 넣을 수도 있지요.

사이블 브라우저 버그를 이용하는 전형적인 XSS 공격이죠.

크락포드 맞아요. 정말 끔찍해요. 우리는 이 문제를 바로잡아야 합니다. 이런 식으로 계속 내버려두는 건 용납할 수 없어요.

게다가 우리는 매시업[13]이란 걸 발견했습니다. 매시업은 우리가 소프트웨어 산업에서 20년 동안 추구해 왔던 걸 현실화하고 있어요. 재사용 가능한 흥미로운 컴포넌트들을 레고 블록처럼 조립해서 새로운 애플리케이션을 순식간에 만들어 내는 것 말이에요. 매시업에서 이런 일이 일어나고 있는데 정말 대단해요. 야후에서 이거를, 구글에서 저거를, 당신 사이트에서 또 무언가를, 또 다른 누군가의 사이트에서 무언가를 가져다가 모두 한데 모아 애플리케이션을 만들 수 있죠. 정말 멋져요. 이 모든 일이 바로 우리 눈앞 브라우저 안에서 일어나니까요. 이 컴포넌트들이 모두 같은 내용에 접근할 수 있다는 점만 빼고요. 그러니까 우리는 일부러 XSS 취약점 공격 프로그램을 만드는 셈이죠. 브라우저의 보안 모델은 이런 멋진 기술을 예상하지 못했고, 협력하면서도 서로를 의심하고 검사할 수 있는 수단을 제공하지 않습니다. 웹 전체가 실수 위에 또 다른 실수를 쌓으며 만들어졌어요. 우리 앞에는 이런 거대한 사고 더미가 놓여 있습니다.

사이블 그렇다면 ES4에 노력을 들이는 건 기회비용만 치르는 셈인 걸까요? 다들 ES4를 붙잡고 고민하느라 이런 문제들은 고치지 않을 테니까요.

크락포드 그러니까요. ES4를 도입해도 해결되는 건 엉뚱한 문제뿐이에요. 사람들이 자바스크립트를 싫어한다는 문제만 풀리겠죠. 브렌던 아이크가 ES4에 대해 그런 입장을 취하는 것도 이해가 됩니다. 자바스크립트를 탄생시킨 건 끝내주는 업적이긴 하지만 너무 서두르는 바람에 일을 그르치고 말았고 나쁜 요소들이 세상에 퍼져 버렸죠. 그래서 브렌던은 지난 10여 년간 수많은 저주와 비난을 견뎌야 했습니다. 브렌던은 어리석고 자바스크립트는 쓸모없다고요. 하지만 모두 사실이 아닙니다. 자바스크립트에는 탁월한 면모가 있고 브렌던도 탁월한 사람이에요. 브렌던은 이제는 자신의 정당성을 입증하고 자신이 정말 똑똑한 사람임을 증명하려고 하고 있죠. 자바스크립트에 지금껏 알려진 좋은 프로그래밍 언어의 기능을 모두 넣고 그게 잘 동작하리라는 걸 보여 주려고 노력하고 있어요.

저는 그게 우리가 지금 풀어야 하는 문제라고 생각하지 않아요. 우리가 풀어야 하는 문제는 이거죠. 웹은 망가졌고 이걸 고쳐야 해요. 우리는 더 발전할 수 있는 방법을 찾아야 해요. 브렌던이 추구하는 것에 반대하는 가장 큰 이유는 그의 노력이 사람들의 주의를 딴 데로 돌린다는 점이에요.

저는 이 문제를 단계적으로 해결해야 한다고 봐요. 우리가 모듈을 쓸 수 있다면, 우리가 프로그래밍 언어를 선택할 수 있다면, 많은 걸 해냈을지도 몰라요. 아직은 해내지 못했지만 지금보다는 더 나은 상태가 될 거예요. Caja[14]나 ADsafe[15]처럼 현재 기술로 이런 걸 해내는 방법이 있어요. 우리는 미룰 수 없어요.

ADsafe는 자바스크립트에서 안전한 부분 집합을 만들자는 거예요. 그래서 전역인 무언가나 위험한 무언가에 접근할 수 없게 막아요. 실제로 해 보니 이렇게 부분 집합만 가지고도 여전히 유용했거든요. 람다의 힘을 모두 사용할 수 있었으니까요. 람다는 많은 일을 할 수 있어요. 우리가 그동안 해 오던 것처럼 프로토타입[16]을 사용할 수 없다는 점은 좀 다릅니다. 하지만 람다를 온전히 활용할 수 있는 언어예요. 그래서 엄청나게 강력하죠.

사이블 ES4가 엉뚱한 문제를 푼다는 이야기는 제쳐 두고, 순수한 언어 관점에서 ES4 가운데 마음에 드는 게 있나요?

크락포드 마음에 드는 버그 수정이 좀 있어요. 반드시 고쳐야 하는 버그라고 봐요. 하지만 ES4에는 우리가 아직 시도해 보지 않은 게 너무 많아요. 그리고 ES3에서 우리가 배운 건 일단 명세에 오류가 들어가면 다시 빼는 건 불가능하다는 점이죠. 우리는 ES4에 대한 경험이 아직 없어요. 아무도 이 언어로 큰 프로그램을 짜 본 적이 없죠.

이게 잘 동작하는지 확인하기도 전에 표준화되어 배포될 거예요. 제 생각에 이건 너무 빨라요. 참조 구현이 여러 개 있고 사람들이 유용한 애플리케이션을 만들고 있다면 마음이 훨씬 편안하겠죠. '좋아, 이 언어는 돌아가는 것 같아. 이제 표준화를 하고 전 세계에 배포하자고.' 하는 식이어야죠. 하지만 우리는 일을 거꾸로 하고 있어요.

사이블 구글 웹 툴킷(GWT)은 자바를 자바스크립트로 컴파일합니다. 다른 언어를 자바스크립트로 컴파일하려고 시도한 사람들도 있고요. 이게 더 발전할 수 있는 길일까요?

크락포드 자바스크립트가 어디서나 동작하는 실행 환경이 된 건 흥미로운 일이에요. 우리가 예상했던 역할은 아니지만요.

사이블 하지만 말씀하셨듯이 자바스크립트는 어디에나 있어요. 정말 어디서나 동작하는 실행 환경이죠.

크락포드 그래서 자바스크립트가 빨라져야 한다는 압력이 더 커지고 있어요. 특히 모바일 환경으로 가고 있으니까요. 무어의 법칙이 배터리에는 적용되지 않아요. 그래서 자바스크립트를 해석하느라 낭비하는 시간이 정말 문제가 돼요. 정말 중요해지죠. 그래서 실행 환경의 품질을 개선해야 한다는 압박이 더 커질 거라고 봅니다.[17]

저는 GWT나 다른 변환 도구들에 대해서는 정말 실용주의적으로 접근하는 편이에요. 자바스크립트 환경은 일하기에 녹록지 않거든요. 무언가 동작하는 방법을 찾아냈다면 좋은 거죠. 하지만 제가 직접 사용하는 건 좀 무서운데요. 추상화가 완벽하지 않아서 구멍이 있을까 봐 걱정되거든요. 자바 코드나 GWT 또는 생성된 자바스크립트에 문제가 있을 때 그걸 다루는 방법이 있을 수도 있고 없을 수도 있어요. 특히 자바스크립트가 완전히 숨겨져서 자바스크립트를 완전히 몰라도 되는 방식을 택했다면요. 무언가가 잘못된다면 고통의 세계에 빠지고 말 거예요. 그런 경험에 대한 이야기를 들은 적은 없는 걸 보니 지금까지는 잘하고 있는 것 같아 보여요. 하지만 그럴 위험은 여전히 있습니다.

사이블 자바스크립트가 어떻게 되기를 바라시나요?

크락포드 자바스크립트를 개선하는 최선의 방법은 자바스크립트를 더 작게 만드는 거라고 생각합니다. 자바스크립트가 정말로 잘하는 것만 남기고 가치를 거의 더하지 않는 기능은 제거할 수 있다면 더 좋은 언어가 될 겁니다. 저는 HTML에도 같은 방식을 적용할 수 있다고 봐요. HTTP와 CSS도 마찬가지고요. 우리가 다루고 있는 모든 표준이 무엇을 제대로 하고 있는지 그리고 무엇을 놓치고 있는지 알아내고 거기에 집중해야 한다고 생각합니다. 새로운 기능을 계속 얹기만 하지 말고요.

사이블 여전히 작고 우아한 보석과 아무렇게나 주물러 펼 수 있는 실용적인 진흙 덩어리 사이의 갈등이 자주 있습니다. 작고 완벽한 보석은 이해하기 쉽고 꼬인 부분이 없지요. 하지만 그 위에서 무언가를 하려면 직접 만들어야 하는 게 더 많습니다. 그래서 모든 사람이 똑같은 걸 끝없이 재구현하게 되고, 결국 또 다른 방식으로 난잡하고 지저분한 결과로 이어집니다.

크락포드 하지만 실제로는 그런 일이 벌어지지 않아요. 그런 문제를 풀고 있는 Ajax 라이브러리 개발자가 몇 명 있는데 그 사람들은 언어를 아주 정교하게 다룹니다. 그러면 자바스크립트 생태계의 다른 사람들이 그 위에 대강 다른 것들을 얹지요. 이런 식으로 돌아가고 있어요. 그러니 애플리케이션을 만드는 모든 프로그래머가 자바스크립트의 람다 기능을 활용하기 위해 람다 공략법을 완전히 이해할 필요는 없습니다. 우리는 이미 이렇게 하고 있어요. 문제를 고치기 위해 언어를 버릴 필요는 없어요. 망가진 부분은 거기가 아닙니다.

문제는 Ajax 라이브러리가 너무 많다는 점이죠. 자바스크립트가 너무 강력하고 라이브러리에 대한 수요도 클뿐더러 라이브러리를 만들기도 너무 쉽기 때문에 벌어진 일입니다. 그래서 한때는 모든 사람이 라이브러리를 만들고 있었어요. 언젠가는 라이브러리를 솎아 내는 일이 벌어질 거라고 봅니다만, 아직까지는 그런 일이 벌어지지 않았어요. 라이브러리가 너무 많아요. 그래서 우리에게는 또 다른 문제가 있는데, 고를 수 있는 라이브러리가 너무 많아서 개발자가 어느 걸 써야 할지 알기가 어려워졌다는 거죠. 결국 옥석이 가려지는 시기가 올 거예요.

요즘 눈에 띄는 것 한 가지는 Ajax 라이브러리가 수렴하고 있다는 점이에요. jQuery는 CSS 선택 구문을 사용해서 DOM에서 객체 목록을 얻어 내고, 이 객체들을 대량으로 조작하는 메서드를 제공하는데요. 아주 좋은 발상이었어요. 자바스크립트가 아주 효과적으로 할 수 있는 일이죠. 원래 DOM 인터페이스에는 아주 끔찍하고 비효율적인 부분이 있는데 jQuery가 감춰 버렸어요. 아주 단순화된 프로그래밍 모델이죠. 훌륭해요.

그래서 모든 사람이 라이브러리를 만들고 있긴 하지만 기능들이 수렴하는 듯해요. 사용자 커뮤니티 입장에서는 문제가 더 어려워지는데, 라이브러리들이 죄다 비슷해지고 있어서 어떤 걸 사용할지 결정하기가 더 힘들어요. 하지만 결국에는 한두 가지로 줄어들 거예요. 저는 마이크로소프트의 아틀라스 프레임워크가 승자가 될 것이라고 예상했는데요. 마이크로소프트는 늘 승리하니까요. 하지만 별로 주목을 받지 못하고 있어요. 오픈 소스 프레임워크가 더 인기 있는 것 같네요. 결국에는 오픈 소스 프레임워크 한두 개가 승리할 것 같습니다.

사이블 요즘 여기 야후에서 자바스크립트 아키텍트이자 기술 전도사로 일하시고 있는데요. 맡으신 일 중 하나가 야후의 자바스크립트 프로그래머들에게 "자, 이렇게 하세요."라고 알려 주는 일인 것 같습니다. 범용적인 좋은 설계 방법과 좋은 코딩 방법에 대한 것도 업무에 포함되나요?

크락포드 제가 추진하고 있는 것 중에 코드 읽기도 있습니다. 저는 코드 읽기가 프로그래머들이 모여 있을 때 서로에게 해 줄 수 있는 가장 유용한 일이라고 생각해요. 정기적으로 시간을 내서 서로의 코드를 읽는 거죠. 프로젝트를 관리하다 보면 프로그래머들이 각자 독립적으로 일을 하도록 하는 경향이 있어요. 그러다 대형 코드 병합을 맞닥트리죠. 빌드가 통과하면 출시하고 이제 끝났으니 다 잊어버려요.

그로 인한 문제 하나는 실력이 부족하거나 문제를 착각한 프로그래머가 있을 때 그런 상황을 너무 늦게 파악하게 된다는 점이죠. 이는 프로젝트에 위험 요인이 됩니다. 빌드에 안 좋은 부분이 들어갈 수도 있고 그로 인해 지연이 생기기도 하죠. 받아들일 수 없을 만큼이요. 또 다른 문제는 프로젝트에 훌륭한 프로그래머가 있어도 팀의 다른 사람을 멘토링하는 일이 충분히 일어나지 않는다는 거예요. 코드 읽기는 두 가지 문제를 다 해결합니다.

사이블 그렇다면 코드 읽기를 어떻게 하는지 살짝 알려 주실 수 있나요?

크락포드 코드 읽기 모임 때마다 한 사람이 진행을 맡습니다. 그리고 모든 코드를 쭉 읽어 나가고 다른 사람은 지켜봅니다. 팀의 다른 사람들 입장에서는 자신이 만든 코드가 다른 코드와 어떻게 맞물리는지 이해할 수 있는 정말 좋은 기회죠.

모든 사람이 테이블에 둘러앉습니다. 각자 코드를 인쇄한 종이 뭉치를 받죠. 화면에도 띄워요. 그리고 함께 쭉 읽는 거예요. 그러면서 코드에 대해 의견을 말하죠. "이 주석은 이해가 안 돼요."라거나 "이 주석은 코드에 대한 설명이 아닌 것 같아요."라고요. 프로그래머는 자신이 쓴 주석을 읽지 않기 때문에 다른 사람이 오해할 수 있다는 걸 알기 어려워요. 그래서 이런 지적이 아주 소중하죠. 함께 일하는 동료가 당신의 코드를 깨끗하게 유지할 수 있도록 도와주는 건 아주 큰 의미가 있습니다. 혼자서는 절대 찾을 수 없는 문제도 찾게 돼요.

저는 코드 읽기 한 시간이 2주간의 QA 정도에 해당하는 가치가 있다고 생각합니다. 오류를 잡아내는 정말 효과적인 방법이에요. 코드 읽기를 잘하는 사람이 있다면 그 주위 초보자들은 다른 방법으로는 배울 수 없었던 걸 잔뜩 배울 겁니다. 코드 읽기를 하는 초보자 역시 정말 좋은 조언을 많이 받을 테고요.

그리고 코드 읽기를 맨 마지막으로 미루면 안 됩니다. 과거에는 우리도 프로젝트가 끝나 갈 때 코드 읽기 시간을 잡았어요. 그러면 보통 일정에 쫓기다가 취소되곤 했죠. 저는 이제 코드 읽기가 프로젝트 전반에 걸쳐 지속적으로 이루어져야 한다고 봅니다. 이걸 이해하기까지 시간이 좀 걸렸지만 지속적으로 코드를 읽어서 얻는 이득이 정말 큽니다.

예를 들어 프로젝트 진행 상황을 알기가 쉬워집니다. 사람들이 정말로 뭘 했는지 실제로 볼 수 있으니까요. 일정에서 벗어났는지 여부도 훨씬 빠르게 알 수 있고요.

저는 그런 프로젝트를 관리한 적도 있어요. 마감이 다 되어 가는데 사람들이 이렇게 말해요. "네, 저는 거의 다 됐어요." 그리고 코드를 보면 아무것도 없는 거죠. 아니면 엉터리거나, 아니면 뭐, 여하튼 완성과는 아주 거리가 멀어요. 관리자 입장에서는 최악의 상황이죠. 저는 코드 읽기가 그런 함정에 빠지지 않는 최선의 방책이라고 생각합니다.

사이블 자, 그럼 제가 쓴 코드를 읽고 있다고 해 보죠. 코드를 인쇄해서 나눠 주고 화면에도 띄웠어요. 이제 어떻게 하나요? 제가 말 그대로 코드를 소리 내서 읽나요?

크락포드 네, 한 줄씩 읽어요. 읽으면서 코드에 대한 해설도 곁들이고요. 원래 코드 읽기 모임이 그렇게 하는 겁니다. 시간이 있으면 한 줄 한 줄 다 읽어요.

사이블 그러면 코드 읽기 모임 방식을 사람들에게 가르쳐야 하던가요? 적절한 균형을 찾기가 힘들 것 같은데요. 코드 읽기가 의미 있으려면 어느 정도 비판적이어야 할 텐데, 그렇다고 코드를 쓴 사람이 공격을 당한다고 느끼지는 않아야 하니까요.

크락포드 네, 참여하는 팀 구성원에 대한 신뢰가 아주 많이 필요하죠. 그래서 비판 허용 범위에 대한 규칙이 명확해야 해요. 제대로 돌아가지 않는 팀이라면 코드 읽기를 하지 않는 게 낫겠죠. 코드 읽기가 팀을 갈가리 찢어 버릴 테니까요. 제대로 돌아가지 않는 팀이라는 걸 모르고 있었다면 순식간에 알게 될 테고요. 코드 읽기를 통해 배울 수 있는 것도 많고 이 과정에서 밝혀지는 것도 많아요. 처음에는 부자연스럽게 느껴지지만 일단 익숙해지고 나면 아주 자연스럽게 느껴지죠.

코드 읽기의 또 다른 측면은 읽기 좋은 코드를 쓰게 된다는 점이에요. 그렇게 깨닫게 됩니다. 깔끔함이 주는 가치, 스타일의 중요성 같은 걸요. 그 덕분에 코드 베이스 품질이 점점 좋아지고, 프로그래밍 공동체의 역량도 높아집니다.

사이블 당신에게 읽기 좋은 코드는 어떤 코드인가요?

크락포드 여러 수준을 고려해야 해요. 가장 단순한 수준은 일관적으로 표현하는 거죠. 그러니까 언제나 들여쓰기를 올바르게 하고 공백을 정확하게 넣는다든가 하는 거요. 제가 옛날 포트란을 쓰던 시절에 생긴 버릇 중에 아직도 고치지 못한 게 하나 있는데, 한 글자 변수명을 너무 많이 쓰는 겁니다. 안 좋은 습관이라는 걸 알고 고치기 위해 정말 열심히 노력하는데도 쉽지가 않네요. 여전히 고치려고 노력하고 있습니다.

사이블 얼마나 손에 밴 건가요? 코드를 작성한 후 나중에 다시 볼 때 '으, 이 한 글자 변수명들 좀 봐.' 하는 생각이 드는 건가요?

크락포드 저는 한 글자 변수명으로 생각을 해요. 또 별로 설득력은 없지만 자바스크립트의 효율성 논리가 있거든요. 글자 수가 늘어날 때마다 다운로드 비용이 실제로 증가하니까요. 변수명을 짧게 만들면 프로그램을 더 짧게 만들 수 있지요.

사이블 그런 처리를 대신해 주는 도구도 있지 않나요?

크락포드 사실 gzip으로 압축하면 거의 상관이 없어져요. 그러니 제 주장은 설득력이 없죠. 제가 예전에 짠 코드를 돌아볼 때면 너무 짧은 이름이 눈에 띄어요. 시간이 있으면 이름을 바꾸죠. 어떤 변수, 예를 들어 반복문 횟수 같은 건 아마 언제나 `i`일 거예요. 제가 이걸 고칠 것 같지는 않네요. 하지만 변명의 여지가 없는 경우도 많아요.

이게 첫 번째 단계인 문법에 대한 관점입니다. 영어나 다른 언어로 글을 쓰는 것과 비슷해요. 마침표를 제자리에 찍고 대소문자를 바르게 쓰고 쉼표를 올바른 자리에 넣어야 되는 것에 해당하죠. 그다음으로는 더 높은 수준의 것을 보기 시작합니다. 문장을 어떻게 구성했고 단락을 어떻게 나누었는지 같은 거죠. 프로그래밍 언어에서는 문제를 어떻게 일련의 함수 또는 일련의 클래스로 나누었는지 같은 관점입니다.

사이블 프로그래머가 읽기 좋은 코드를 쓰기 위해 신경 써야 할 요소를 구체적으로 알려 주실 수 있

을까요?

크락포드 부분 집합 아이디어가 정말 중요해요. 특히 자바스크립트라면요. 자바스크립트에는 안 좋은 기능이 너무 많거든요. 하지만 다른 언어도 모두 마찬가지입니다. 제가 경력을 쌓아 나가던 시절에는 늘 언어 설명서를 읽고 모든 기능을 이해하려고 했어요. 그리고 어떻게 해야 그 기능을 모두 사용할 수 있을지 고민했지요. 정말로 언제나 모든 기능을 다 사용했어요. 하지만 나중에 알고 보니 그런 기능 중 많은 수가 충분한 고민을 거치지 않은 것이었죠.

지금 제가 생각하고 있는 건 포트란인데 다른 언어도 모두 마찬가지예요. 가끔은 언어를 설계하는 사람이 실수를 하죠. 지금 제가 보기에는 C도 오류가 아주 많아요.

사이블 예를 들면요?

크락포드 switch 구문에서 명시적으로 break를 쓰지 않으면 자동으로 다음 case로 넘어가는 게 한 가지 예죠. 잘못된 선택이에요. ++ 연산자도 심각한 보안 문제가 있어요. 사용자가 너무 까다로운 코드를 쓰게 만들어요. 한 줄에서 너무 많은 일을 하게 만드는 거죠. 한 줄에서 모두 처리하라고 부추겼기 때문에 코드가 이해하기 어려워지고, 그러면 버퍼 오버런 오류 같은 걸 일으킬 확률이 높아집니다. 지난 몇 년간 우리가 운영 체제에서 발견한 보안 문제 대부분이 ++를 사용한 결과였어요.

저는 이제 프로그래밍할 때 ++를 '절대' 사용하지 않습니다. 절대로요. 이런 경우에는 써도 되고 저런 경우에는 쓰면 안 된다고 할 수도 있겠지만, 제 코드에서 그런 경우를 구분하기는 어려웠어요.

사이블 ++로 인한 보안 문제는 사실 ++의 문제가 아니라 경계 검사가 없어서라거나 포인터를 직접 사용하기 때문이라고 주장할 수도 있지 않을까요? 자바에서는 배열 끝에서 ++를 쓰더라도 예외가 발생하기 때문에 보안 문제가 없잖아요.

크락포드 네, 자바에서는 확실히 덜 위험하죠. 자바스크립트에는 배열이 없으니 아에 위험이 존재하지 않고요. 그렇긴 하지만 제가 ++ 쓰는 걸 중단했더니 제 코드 품질이 좋아지더라고요. ++는 한 줄에 모든 코드를 넣으라고 저를 유혹하는데 이건 대개 안 좋은 생각이거든요.

또 다른 사례로 continue 문이 있습니다. 제가 지금껏 본 코드는 모두 continue를 제거해서 더 낫게 만들 수 있었어요. continue를 쓰면 특정한 종류의 복잡한 구조를 쉽게 짤 수 있어요. 하지만 이걸 없앨 수 있는 방법을 찾으면 구조도 언제나 더 나아진다는 걸 깨달았죠. 그래서 저는 개인적인 규칙으로 continue를 절대 쓰지 않습니다. 제 옛날 코드에서 continue를 발견하면 제가 그 코드에 대해 깊이 고민하지 않았다고 여기지요.

사이블 다른 사람이 쓴 코드는 어떻게 읽으시나요?

크락포드 깨끗이 정리하면서요. 텍스트 편집기에 던져 넣은 다음 고치기 시작합니다. 가장 먼저 문장 부호를 맞춥니다. 들여쓰기를 맞추고 뭐 그런 일들을 합니다. 이런 걸 자동으로 해 주는 프로그램도 있지만, 길게 보면 제가 직접 하는 게 더 효율적이더라고요. 그 과정에서 코드에 더 친숙해지니까요. 모닝스타가 저에게 이 방법을 가르쳐 줬어요. 모닝스타는 다른 사람이 쓴 코드를 정말 잘 리팩터링하거든요. 그래서 그는 이런 방법을 택했고 알고 보니 저한테도 통하더라고요.

사이블 그런 적이 혹시 있나요? 처음 봤을 때에는 코드가 엉망이었는데 모두 정리하고 나니 그 안의 코드는 사실 괜찮았던 적이요.

크락포드 그런 경험은 한 번도 없었어요. 대강대강 짠 코드가 좋은 코드일 확률은 정말 낮을 것 같아요. 제가 말하는 좋은 코드는 읽기 좋은 코드예요. 이런 생각이 들기도 해요. 그 코드가 무슨 일을 하는지 제가 이해할 수 없다면 실제로 코드가 기계에 어떤 일을 시키는지는 중요하지 않아요. 이 코드가 효율성이나 코드 크기 또는 다른 척도로 아주 뛰어날 수도 있겠지만 저는 관심 없어요.

지금은 코드 가독성이 제 최우선 순위입니다. 속도가 빠른 것보다 훨씬 중요하고, 정확한 것과는 거의 비등할 정도로 중요합니다. 하지만 아마 읽기 좋게 만드는 것이 정확한 코드를 만들 확률이 가장 높은 방법일 거예요. 읽기 어려운 코드를 만난다면 아마 좋지 않은 코드라고, 구현하면서 잘못된 선택을 했다고 생각할 거예요.

사이블 정말 꼭 엄청나게 빨라야 하는 중첩된 반복문 안의 코드라면 어떨까요? 꼭 모든 코드가 읽기 좋아야 하나요, 아니면 효율성을 얻기 위해 가독성을 희생해야 하는 경우도 있을까요?

크락포드 그런 경우도 있을 거예요. 하지만 그런 코드 앞뒤에 주석으로 소설을 한 편 쓰겠죠. 이런 코드를 왜 작성했는지, 이 코드가 무슨 일을 하는지 설명하면서요. 보통은 이런 주석이 날리지 않아요. 저는 빠르게 수행될 필요가 전혀 없는 상황에서 조금 더 빠르게 하려고 안달하는 사람도 많이 봅니다. 자신의 프로그램이 시간을 어떻게 사용하는지를 몰라요. 그러니 최적화가 필요 없는 것을 최적화하고 있는 거죠. 그 경로를 따라 수행되는 건 차이를 만들 정도로 큰일이 전혀 아니니 최적화해 봐야 아무런 보상도, 이득도 없을 텐데요. 모든 최적화는 배배 꼬인 코드를 남깁니다. 저는 그런 걸 아주 많이 봤어요.

사이블 중괄호를 쓰는 언어에서는 중괄호를 놓는 위치에 대해 끝없는 종교 전쟁이 벌어집니다. 사람들은 한 스타일이 다른 스타일보다 읽기 편하다고 주장하죠. 말씀하신 코드 '정리' 과정에 중괄호 위치를 이해하기 편한 형태로 바꾸는 것도 포함되나요?

크락포드 네, 당연하죠. 제가 쓰는 스타일이 유일하게 올바른 방식이고 다른 모든 사람은 틀렸다고 믿으니까요! 저는 톰프슨과 리치가 읽기 좋은 C 표현 방식을 정의하지 않아서 세상에 해를 끼쳤다고 생각합니다. "우리는 이렇게 합니다. 하지만 다른 방식으로 해도 됩니다."라고 함으로써 인류에 어마어마한 과제를 남겼죠. 아마 앞으로도 계속 이어질 과제입니다.[18]

사이블 그래서 K&R[19]을 좋아하신다는 거죠?

크락포드 네, 저는 두 사람이 제대로 썼다고 생각해요. 그들이 처음에 생각한 스타일이 맞아요. 특히 자바스크립트에서는요. 자바스크립트는 세미콜론 삽입[20]을 하기 때문에 중괄호를 오른쪽이 아니라 왼쪽에 붙이면 프로그램의 의미가 완전히 이상하게 바뀌는 경우가 있습니다. K&R 스타일로 쓰면 그런 문제가 없는데 여는 괄호를 새로운 줄에 넣으면 문제가 생길 수 있어요.

그러니까 자바스크립트의 경우에는 명확하게 괄호를 붙이는 올바른 방법이 있다고 주장할 수 있어요. 하지만 다른 C 계열 언어에서는 같은 주장을 할 수 없습니다. 중괄호를 새로운 줄에 넣는 걸 좋아하는 사람도 있고, 어떤 방식이 옳은지를 놓고 몇 시간씩 논쟁하는 사람도 본 적 있어요. 하지만 그런 설명은 어느 쪽에서 들어도 말이 안 되는데 사실 그 사람들 주장은 '내가 학교에서 이렇게 배웠다. 내 첫 직장에서 이렇게 했다. 아니면 내가 존경하는 어떤 사람이 이런 스타일을 썼다. 그래서 나에겐 이게 맞고 다른 건 모두 틀렸다.' 따위거든요.

제 생각에 그건 우리가 차를 길의 왼쪽으로 몰아야 하는지, 오른쪽으로 몰아야 하는지와 비슷한 거예요. 결국 둘 중 하나가 더 좋을 이유는 딱히 없어요. 외부와 고립된 곳에서 산다면 어느 쪽으로 하든지 상관없죠. 하지만 모든 사람이 같은 쪽으로 운전하기로 합의한다면 모두에게 도움이 됩니다.

사이블 **그렇다면 다른 회사로 이직하셨는데 거기서는 C나 자바를 다른 스타일로 짜고 있다면 어떻게 할 건가요? '뭐, 내가 바꾸지. 좀 지나면 이 스타일도 괜찮아질 테니까.' 할 건가요, 아니면 그런 회사에는 가지 않을 건가요?**

크락포드 어쩌면 사람들이 고려해야 할 요소일 수 있겠네요. 이 회사의 스타일은 무엇인가? 우리는 왼쪽인가, 오른쪽인가? 잘못된 쪽을 선택한 곳이라면 옮기지 않을 수도 있겠죠. 배에 별이 있는지를 놓고 싸워야 했던 닥터 수스 수준으로 내려가기도 해요.[21] 결국에는 그 회사의 스타일을 수용하고 그 스타일을 정하는 사람들이 그런 선택을 내리는 이유를 잘 알기를 바라야 해요. 어쩌면 모를 수도 있겠지만 그게 상관없을 수도 있죠. 모두가 같은 방식을 사용하는 것이 더 중요합니다.

사이블 **자, 코드를 읽을 때 문법을 정리하는 걸로 시작한다고 하셨는데요. 리팩터링을 얼마나 깊이**

또는 급격하게 하시나요?

크락포드 저는 코드를 전부 정리해서 모든 요소가 호출되기 전에 선언되고 준비되도록 만듭니다. 어떤 언어는 유연해서 굳이 이렇게 할 필요가 없는데요. 저는 그런 유연성을 원하지 않습니다.

사이블 선행 참조(forward reference)가 필요 없으시다는 건가요?

크락포드 맞아요. 선행 참조가 있다고 하더라도 명시적이면 좋겠어요. 저는 코드가 아무 순서로나 나오지 않았으면 좋겠어요. 문학적 프로그래밍을 하는 게 아니라면요. 문학적 프로그래밍에서는 코드를 언어가 요구하는 순서가 아니라 독자에게 제시하는 순서로 명시적으로 쪼개야 하니까요. 이건 마음에 들어요. 하지만 실제로 문학적 프로그래밍 도구를 사용하는 게 아니라면 이런 순서로 코드를 쓰면 안 돼요.

사이블 한 강연에서 성서 출애굽기 23장 10, 11절을 인용하셨던데요. "너희는 육 년 동안은 밭에 씨를 뿌려 그 소출을 거두어들이고, 칠 년째 되는 해에는 땅을 놀리고…" 그리고 일곱 번째 스프린트마다 스프린트 하나를 코드 정리에 쓰라고 제안하셨어요. 코드 정리를 하기에 좋은 기간은 언제인가요?

크락포드 주기 여섯 번이요. 무언가를 내놓는 주기가 얼마이든 상관없어요. 한 달에 한 번씩 배포를 하는 주기라면 여섯 달마다 한 주기는 건너뛰면서 코드 정리에만 시간을 써야 한다고 생각합니다.

사이블 일곱 번째 주기마다 정리를 하지 않으면 대규모 재작성을 할지 말지 정해야 하는 순간이 온다는 거군요. 그렇다면 대규모 재작성을 해야 할 시간인 건 어떻게 알 수 있나요? 만약 그랬던 적이 있다면요.

크락포드 일반적으로는 담당 팀이 그때가 되었다는 걸 알아요. 관리층에서는 한참 나중에 알게 되죠. 담당 팀이 꽤 주기적으로 문제에 빠져요. 버그를 너무 많이 만들고 코드도 너무 크고 느리죠. 일정을 맞추지 못하고요. 팀원들은 이유를 알아요. 그들이 멍청해졌거나 게을러진 건 아니죠. 코드 베이스가 더 이상 제 역할을 못하고 있기 때문입니다.

관리층에서 이걸 깨닫는 건 정말 어려워요. 특히 관리자가 프로그래머가 아니라면요. 하지만 프로그래머인 관리자도 어려움을 겪어요. 여기에 이르기까지 투자한 수많은 시간을 보아 왔거든요. 새로 시작하는 건 전부 처음으로 돌아가서 다시 만들어야 한다는 거잖아요. 그 와중에는 어떤 성과도 더 올릴 수 없을 텐데 정말 불가능한 일이죠. 재작성이 아니라 지금 가진 것을 바탕으로 계속 전진해야 한다고 생각하기 마련이죠.

또 다른 오류는 다시 똑같은 시간이 걸릴 거라고 생각하는 건데 여기엔 반례가 있지요. 두 번째 시스템 문제에 빠질 테니까요. 자, 그동안 성공을 거둬 온 사람들에게 빈 종이가 주어졌습니다. 그리고 원하는 건 무엇이든 하라고 허락을 받았다고 해 보죠. 그러면 일반적으로 실패합니다. 야심이 너무나 크고 한계를 이해하지 못하거든요. 그래서 아무것도 나오지 않습니다. 그러니 철두철미하게 이렇게 강조해야 해요. "빈 종이가 아닙니다. 우리에게 있는 걸 재구현하는 거예요. 우리가 이미 아는 일을 다시 하는 거죠."

프로그래밍을 어렵게 만드는 요인 중 하나는 우리가 전에 해 보지 않았던 일을 하면서 대부분의 시간을 보낸다는 점이죠. 전에 해 봤던 무언가를 해야 한다면 우리는 무언가를 재사용할 거예요. 우리가 하는 일의 대부분은 전에 해 본 적이 없는 일을 하는 거죠. 그리고 해 본 적이 없는 일을 하는 건 어렵습니다. 훨씬 재미있긴 하지만 어려워요. 특히 클래스 방법론을 사용한다면 자신이 완전히 이해하지 못하는 시스템에서 클래스를 정의해야 할 텐데요. 클래스를 잘못 정의할 확률이 높습니다.

사이블 '클래스 방법론'이라는 건 클래스를 사용한다는 말씀이시죠?

크락포드 맞아요. 프로토타입을 사용하는 세계에서는 문제가 덜합니다. 클래스가 아니라 인스턴스에 집중하니까요. 주어진 문제에 관련된 전형적인 인스턴스를 하나 찾으면 끝이죠. 일반적으로는 그걸 리팩터링할 필요도 없습니다. 하지만 클래스 체계에서는 이게 불가능합니다. 추상화부터 시작해서 다시 인스턴스까지 돌아와야 해요. 그리고 이 클래스 계층을 제대로 만드는 건 정말 어렵죠. 그래서 결국 문제를 더 잘 이해하게 되면 돌아가서 리팩터링을 하게 됩니다. 하지만 그러려면 코드를 아주 많이 고쳐야 하죠. 특히 그동안 코드가 더 커졌다면요. 그래서 리팩터링을 포기합니다. 결국 새로운 걸 만들어서 기존 코드 위에 덧붙이는 식으로 기존 클래스 계층의 문제를 땜질하기를 반복합니다. 코드는 더 꼬이고 더 나빠지죠.

사이블 하지만 리팩터링이 도움이 된다고 생각하시잖아요. 일곱 번째 주기마다 리팩터링을 하면 대규모 재작성이 '필수'는 아닐 것 같은데요.

크락포드 그럴 수 있다고 생각합니다. 모두 내다 버리고 새로 시작하는 일은 정말 예외적인 경우에만 고려해야 해요. 자신이 만든 게 아니거나, 아주 엉터리로 만들었거나, 무언가 잘못되었거나, 작업이 불가능한 코드 베이스가 되었거나 할 때에만요. 그리고 고치기보다 대체하는 편이 더 빠를 거라고 합리적으로 판단할 수 있어야 해요.

사이블 재작성하려는 코드가 실제로 하는 일을 온전히 이해하지 못할 위험은 또 어떻고요. 모든 코드에는 지식이 담겨 있고 형편없어 보이는 코드 조각이 사실은 힘들게 구현한 기능일 수도 있잖아요. "뭐, 다시 짤 수 있어요."라고 말할 때에는 몰랐겠지만요.

크락포드 그게 진짜 문제예요. 우리가 지금 이 난장판에 처해 있는 이유 중 하나가 웹이 엉터리로 정의되었기 때문이에요. 명세가 불완전했고 그마저도 잘못 해석하는 일이 많았죠. 그렇게 잘못 해석한 것 중 많은 부분이 정식 규칙의 일부가 되었어요. 이런 역사적인 이유로 이 시스템은 예상보다 훨씬 복잡해졌어요. 이런 상황에서 일하는 건…, 네, 그래요, 코드 베이스에 문서화되지 않은 지식이 많이 쌓였다는 데 정말 공감해요.

마이크로소프트도 운영 체제를 개발할 때 비슷한 문제가 있어요. 너무 오랜 기간 동안 엉터리 제품을 출시했고, 자신들이 만든 나쁜 것들에 기반한 다른 나쁜 것들과 모두 호환성을 유지해야만 하죠. 다음 버전의 운영 체제를 설계할 때 주어지는 제약은 정말 끔찍해요. 그래서 계속 발전하기가 정말 힘들죠. 결국에는 마이크로소프트도 더 나아갈 수 없게 될지 몰라요.

그런 종류의 명세 오류는 정말 정말 바로잡기 힘들어요. Ajax 세상에도 그런 문제가 있죠. Ajax 세상에서 우리의 문제는 대부분 브라우저 차원의 차이 때문이에요. 모든 브라우저에서 잘 동작하게 만들기가 필요 이상으로 너무 어려워요. 다 웹이 잘 정의되지 않았기 때문에 그리고 그 구현이 제각각이어서 벌어지는 일이죠.

지난 몇 년간 우리는 훨씬 나아졌어요. Ajax 라이브러리들이 나타난 게 특히 도움이 되었죠. 이 라이브러리들은 아직 완벽하진 않지만 대부분 아주 잘 동작해요. 사람들이 하는 프로그래밍 수준을 올리는 데 큰 역할을 하죠. 브라우저 내부 문제를 직접 다루지 않아도 돼요. 우리가 작업할 수 있는 가상의 애플리케이션 계층이 생긴 셈이죠. 꽤나 안정적이고 이식성도 좋아요. 여기 야후에는 브라우저들 때문에 생기는 문제를 주도해서 다루는 그룹이 있어요. 이들이 맡은 일을 제대로 한다면 다른 개발자의 일이 훨씬 쉬워지죠. 좋은 일이에요.

사이블 하지만 재작성이 언제나 통하지는 않는데요. 방금 두 번째 시스템 효과도 언급하셨고 예전에 한 강연에서는 두 번째 시스템 효과가 일어나는 상황을 지켜보는 게 "가슴이 아팠다."라고도 하셨는데요. 그건 언제였나요?

크락포드 일렉트릭 커뮤니티스에서였어요. 제가 그동안 모아 본 프로그래머들 중 제일 똑똑한 사람들로 팀을 만들었죠. 우리는 돈도 충분했고 모닝스타와 랜디가 이미 만들었던 걸 재구현할 생각이었어요. 어떻게 하는지도 알았죠. 더 큰 규모라는 점만 빼고요.

사이블 기본적으로 해비탯을 다시 만드는 거였군요.

크락포드 네, 해비탯을 다시 만드는데 이번에는 전 세계로 진출할 예정이었어요. 그리고 그건 아주 힘든 일로 드러났죠. 실제로 만들긴 했지만 정말 고통스러웠어요. 다시는 하고 싶지 않은 일입니다.

사이블 아까 주셨던 조언, 그러니까 철두철미하게 우리가 이미 아는 걸 다시 구현하기만 하는 규칙을 지키는 것을 따랐다면 그 재앙을 피할 수 있었을까요?

크락포드 도움이 되긴 했을 거예요. 우리는 이걸 단계적으로 잘 고려하지 못했어요. 점진적인 접근 방법을 사용하지 않았죠. 점진적인 방법을 취했다면 일을 두 가지로 쪼개서 동시에 진행했을 것 같아요. 하나는 안전한 분산 플랫폼을 만드는 거죠. 메시지를 보내고 객체를 관리하는 기반 구조를 구축하기만 하고 다른 건 아무것도 안 하는 거예요. 두 번째는 해비탯을 다시 만드는 거고요. 우리가 지금 아는 지식과 더 현대적인 언어를 바탕으로 다시 만드는 거요.

그렇다면 두 번째 단계는 '자, 이제 두 가지를 합치자'였겠죠. 이걸 저 위에 올릴 수 있나, 여전히 동작하나, 이제 배포하자 하는 식으로요.

이런 식의 점진적인 방법을 사용했다면 아주 성공적으로 해냈을 거라고 생각해요. 하지만 우리는 이 모두를 단번에 해내려고 했고, 그건 아주 어려운 일이었죠.

사이블 그리고 그 시스템의 큰 덩어리를 이미 알고 있었기 때문에 단번에 해내려고 했다고 생각하시는 거고요.

크락포드 우리는 너무 똑똑한 데다 경험도 많았거든요. 우리는 해비탯을 완전히 꿰뚫고 있었고 실패할 리가 없었어요. 프로그래머들은 낙관적입니다. 그리고 낙관적이어야만 했어요. 그렇지 않다면 이 일을 해낼 수 없었거든요. 그 덕분에 두 번째 시스템의 제물이 된 거죠. 우리 프로젝트의 일정을 제대로 세우지 못했던 이유이자 그렇게 힘들었던 이유이기도 하고요.

사이블 프로그래밍은 점점 쉬워지고 있나요? 미래에는 더 많은 사람이 우리가 지금 프로그래밍이라고 부르는 일을 할 수 있게 될까요?

크락포드 제가 프로그래밍에서 관심 있는 부분은 다른 사람이 프로그래밍을 할 수 있도록 돕는 일입니다. 특히 더 많은 사람이 프로그래밍에 접근할 수 있도록 만드는 언어나 프로그래밍 도구를 설계하는 데 관심이 있지요. 스몰토크가 만들어진 이유와 같아요. 스몰토크는 다른 방향으로 흘러갔지만 첫 시작 방향은 아주 매력적이었어요. '어떻게 하면 어린이를 위해 특별히 고안된 언어를 만들 수 있을까? 어떻게 자신을 프로그래머라고 여기지 않는 사람을 위해 특별히 고안된 언어를 만들 수 있을까?' 하는 방향이요.

사이블 그건 모든 사람이 프로그래밍을 배워야 한다고 생각했기 때문인가요? 아주 조금이라도?

크락포드 그렇다고 생각해요. 이 세상은 지금 컴퓨터에 거의 장악당했어요. 자신을 보호하려 하거나 온전한 시민이 되려면 이게 어떻게 돌아가는지 어느 정도 지식을 갖추어야 합니다.

사이블 어떤 사람은 프로그래밍 교육이 사고의 방법을 가르치기 때문에 중요하다고 주장하기도 합니다. 읽기나 수학이 서로 다른 사고의 방법을 가르치기 때문에 둘 다 중요한 것처럼요.

크락포드 저도 그렇게 생각한 적이 있었습니다. 제가 프로그래밍을 처음 시작했을 때 그런 멋진 통찰을 깨달았는데요. 모든 것이 질서 정연해지고 구조가 눈에 들어왔죠. 이제껏 본 적 없는 것들이 보였어요. '우와, 정말 멋진걸. 모든 사람이 이렇게 하는 법을 배워야 해.' 하고 생각했죠. 제가 갑자기 훨씬 똑똑해진 것 같았거든요. 하지만 다른 프로그래머들과 이야기해 보니 웬일인지 그들은 그렇지 않다는 걸 금방 알 수 있었죠. 프로그래머도 세상을 완전히 잘못 이해할 수 있어요. 다른 사람들과 정확히 동일한 방식으로요. 이걸 깨달았을 때 정말 슬펐어요.

사이블 아직도 예전처럼 프로그래밍하는 걸 즐기시나요?

크락포드 오, 물론이죠.

사이블 프로그래밍이라는 분야가 모두 젊은 사람에게 유리하도록 기울어져 있다고 생각하시나요?

크락포드 예전에는 그렇게 생각했어요. 몇 년 전 수면 무호흡증을 앓았는데 저는 그 사실을 모르고 있었죠. 그냥 지쳤다고 나이를 먹었다고 생각했어요. 집중하기가 어려워서 더 이상 프로그래밍을 못할 정도였어요. 머릿속에 무언가를 충분히 담고 있을 수가 없었거든요. 프로그래밍의 많은 부분이 무언가를 제대로 쓰고 구조화할 수 있을 때까지 머릿속에 잘 담고 있는 일이니까요. 하지만 그걸 할 수가 없었죠.

저는 그런 능력을 잃어버렸고 제가 나이를 먹어서 그런 거라고 생각했죠. 다행히 제 몸이 좋아지면서 능력이 돌아왔고, 다시 프로그래밍을 할 수 있게 되었습니다. 지금은 프로그래밍을 잘하고 있고 어쩌면 이전보다 더 나은지도 모르겠어요. 제 기억력에 너무 의지하지 않는 방법을 배웠거든요. 지금은 예전보다 코드 문서화를 더 잘합니다. 제가 이 코드를 짜는 이유를 다음 주에 기억할 수 있을지 자신감이 줄었거든요. 사실 가끔은 제가 짠 코드를 보다가 놀라기도 해요. 제가 쓴 건지 기억이 나지 않는데 아주 끔찍하거나 아주 훌륭하거나 둘 중 하나죠. 이런 코드를 짜다니 하면서요.

사이블 어디선가 도널드 커누스가 주창한 문학적 프로그래밍이 훌륭한 아이디어라고 말씀하신 걸 읽었는데요. 문학적 프로그래밍 도구를 사용하시나요?

크락포드 아니요, 생각해 보긴 했어요. 제가 사용하는 언어에 맞춘 문학적 프로그래밍 도구를 설계해 보기도 했고요. 하지만 지금은 아무것도 사용하고 있지 않습니다.

사이블 적절한 도구가 없기 때문인가요? 그런 도구가 있다면 문학적 프로그래밍 방식을 사용할 것 같은가요?

크락포드 그럴 것 같아요. 예를 들어 JSLint는 제가 문학적 프로그래밍 스타일로 썼다면 유지 보수하기 더 쉬웠을 거예요. 제가 문학적 프로그래밍 스타일에서 좋아하는 점은 프로그램을 설계할 때 읽기에 더 초점을 둔다는 점이에요. 이런 방식은 프로그램에 엄청나게 큰 가치를 더해 주거든요.

사이블 문학적 프로그래밍 도구의 주요 기능은 무엇이라고 보시나요?

크락포드 커누스가 발견하기도 하고 구현하기도 한 주요 기능은 프로그램의 순서를 자유롭게 바꿀 수 있는 거죠. 여기저기 코드를 건드리는 특정한 부분에 관심이 있다면 관련된 코드를 모두 모아서 함께 설명할 수 있어요. 그러면 도구가 그 코드를 필요한 곳으로 잘 나눠 주죠.

없어지는 제약이 하나 더 있는데 바로 함수 크기에 관한 거예요. 이상적으로는 함수의 크기가 화면에 모두 들어갈 정도를 넘어가면 안 되겠죠. 그래야 한눈에 들어올 테니까요. 그보다 크기가 크다면 너무 많은 기능을 넣고 있는 거예요. 그리고 그런 기능이 프로그램의 구조에 실제로 아무런 영향을 주지 않는다면 쓸데없는 것들을 집어넣고 있는 거죠.

커누스는 함수의 특정한 부분 부분을 떼어 낼 수 있게 해 줬어요. 서로 밀접한 관련이 있을 수 있으니 한곳에 모여 있으면 좋지만 그러면 너무 커지는 거죠. 가끔은 뭔가가 너무 클 수 있어요. 커누스는 이런 부분 각각에 극도로 자세한 설명을 곁들인 이름표를 붙일 수 있도록 해 주었어요. 그러면 이런 이름표를 나열해서 함수를 설명할 수 있는 거죠. 함수를 여러 개로 나눌 수도 있지만 그러면 좀 달라져요. 각 함수가 서로 주고받는 것도 다루어야 하고 신경 쓸 것들이 있죠. 그러다 보면 코드에 실제 문제와는 정확히 맞지 않는 구조가 추가되는 문제가 발생해요.

궁극적으로는 문학적 프로그래밍에 특별히 맞추어 설계된 언어가 있으면 좋겠어요. 커누스가 이 발상을 파스칼과 C에 잘 적용하긴 했지만, 아예 새로운 언어가 있으면 정말 좋을 것 같아요. 이런 방식으로 바닥부터 설계된 언어요.

사이블 커누스가 쓴 문학적 프로그램을 읽어 보신 적 있나요?

크락포드 물론이죠.

사이블 어떻게 읽으셨나요? 소설책 읽듯이 읽으셨나요?

크락포드 네, 소설책처럼요. 프로그램보다는 문장을 읽게 되더라고요. 하지만 프로그램을 배치하는 방식이 정말 좋았어요. 그리고 커누스는 글을 정말 잘 쓰거든요. 농담도 가끔 슬쩍 하고요. 커누스의 작업물을 읽는 건 재미있었어요.

사이블 **그래서 무엇을 얻었나요? 《TeX: The Program》[22]을 끝까지 다 읽으면 텍에 기능을 추가할 준비가 끝나나요, 아니면 그저 '와, 커누스는 정말 똑똑한 사람이야.' 하는 느낌만 드나요?**

크락포드 정말 좋은 질문이네요. 이 책을 읽긴 했지만 텍을 바꾸고 싶어서 읽은 건 아니었어요. 커누스가 한 일을 보고 싶었을 뿐이죠. 저는 줄 바꿈 계산을 어떻게 하는지 특히 궁금했어요. 그래서 그 부분을 특별히 더 관심 있게 읽었죠. 커누스가 쓴 알고리즘을 이해하고 싶었던 거지, 코드 동작 방식을 이해한 다음 수정하거나 재사용하고 싶었던 건 아니었어요. 제가 프로그램을 이리저리 가지고 놀고 싶은 생각으로 읽었다면 분명 다르게 읽었을 것 같네요.

사이블 **재미로 코드를 자주 읽나요? 문학적 프로그래밍으로 쓴 코드든, 아니면 다른 코드든요.**

크락포드 네, 재미로 읽을 수 있을 만큼 좋은 코드는 그렇게 많지 않아요. 커누스가 있고, 프레이저와 핸슨이 쓴 C 컴파일러가 있죠. 이것도 문학적 프로그래밍으로 작성했는데 아주 좋아요.[23] 하지만 이런 사례가 아직 많지는 않습니다. 안타까운 일이죠. 문학적 프로그래밍이 실패했음을 시사하는 예일 수도 있지만요. 문학적 프로그래밍으로 쓴 코드가 별로 많지 않거든요.

사이블 **커누스의 대표작 《The Art of Computer Programming》은 어떤가요? 당신은 이 책을 처음부터 끝까지 쭉 읽는 사람인가요, 가끔 펼쳐서 찾아보는 사람인가요, 아니면 책장에 꽂아 놓고 절대 보지 않는 사람인가요?**

크락포드 마지막은 아니고 앞의 둘에 해당해요. 대학생 시절 이 책을 사느라 방세를 두어 달 못 냈던 적도 있어요. 이 책을 읽으면서 유머를 찾기도 했죠. 1권 색인에 있는 TUG식 농담[24]처럼요. 저는 그 유머를 모두 이해하지는 못했어요. 커누스가 제가 따라갈 수 있는 것보다 훨씬 깊이 들어가는 곳들이 있지요. 하지만 저는 재미있게 보았어요. 이 책을 참고용으로 쓰기도 했고요.

사이블 그 책을 정말로 처음부터 끝까지 읽었다는 건가요? 이해할 수 없는 수학을 얼추 넘겨보면서?

크락포드 네, 별이 왕창 달려 있는 부분은 아주 빠르게 읽었어요.[25] 커누스 책을 얼마나 아는지를 채용 기준으로 삼으려고 해 본 적도 있는데 이 책을 읽은 사람이 드물어서 실망했죠. 제가 볼 때 자칭 프로그래밍 전문가인 사람은 커누스의 책을 읽어야 해요. 최소한 책을 갖고 있기는 해야죠.

사이블 제가 보기에 커누스의 책을 읽으려면 수식을 잘 읽고 이해할 수 있어야 하는 것 같은데요. 프로그래머가 되려면 이런 종류의 수학 공부가 얼마나 필요하다고 생각하시나요?

크락포드 분명 꼭 필요한 건 아니에요. 대부분 프로그래머가 수학 지식이 별로 없거든요. 제가 다루는 애플리케이션 종류는 커누스가 가르쳐 준 걸 그렇게 많이 활용하지 않습니다. 운영 체제나 프로그램 실행 환경 같은 걸 만들고 있다면 훨씬 중요하겠죠. 하지만 우리는 양식을 잘 채웠는지 검사하는 일이나 사용자 인터페이스를 만드는 일을 주로 하니까요. 우리 일에서 전반적인 성능은 그렇게 중요하지 않습니다. 우리 프로그램은 사용자 입력이나 네트워크 응답을 기다리면서 대부분의 시간을 보내죠.

이 점을 사람들이 꼭 이해해야 한다고 강조하고 싶네요. 다들 놓치고 있거든요. 어쩌면 웹 프로그래밍이 인기를 끄는 이유가 이건지도 모르겠어요. 웹 프로그래밍이 이해하기 쉽고 자바스크립트가 잘되는 이유이기도 하겠죠. 정말로 그렇게 어렵지 않아요. 웹 프로그래밍을 어렵게 만드는 요소들은 사실 그렇게 어렵지 않아도 되는 부분들이에요. 우리가 플랫폼을 조금 더 정리하기만 하면 이 일은 훨씬 쉬워질 거예요.

사이블 프로그래밍의 핵심적인 부분은 커누스가 방법을 가르쳐 주지만 우리는 큰 그림도 그려야 합니다. 웹 프로그래밍 플랫폼을 정리한다고 하더라도, 큰 시스템을 이해하기 쉽게 만들고 설계하는 일은 여전히 어려울 겁니다. 그렇다면 코드를 어떻게 설계하시나요?

크락포드 프로그램을 작성하는 일보다 프로그램이 살아남도록 반복하는 일이 더 중요합니다. 일반적으로 우리가 소프트웨어를 만드는 이유는 언젠가는 이걸 바꿔야 한다는 걸 알기 때문이죠. 그리고 무언가를 바꾸는 일은 힘듭니다. 바꾸다가 망가트릴 확률이 있으니까요.

소프트웨어의 앞날을 모두 예측할 수는 없지만 사람들은 소프트웨어를 충분히 유연하게 만들려고 노력합니다. 하려는 일이 무엇이든 적응하기 쉽게 만들기 위해서죠. 자, 이게 제가 고민하는 거예요. 어떻게 하면 내 코드가 나를 궁지에 몰아넣지 않도록 만들 수 있을까? 어떻게 하면 내 필요에 따라 적응할 수 있는 유연성을 갖출 수 있을까?

제가 자바스크립트를 정말 좋아하는 이유 중 하나가 이거예요. 제가 볼 때 자바스크립트는 리팩터링이 정말 쉬워요. 반대로 깊은 클래스 계층을 리팩터링하는 건 정말 정말 고통스럽죠.

예를 들어 JSLint는 제가 만들기 시작한 2000년, 2001년 이후로 꽤 많이 바뀌었어요. 프로그램의 목적도 급격하게 변했죠. 처음엔 상상조차 하지 않았던 일을 많이 하고 있어요. 대부분은 자바스크립트가 아주 유연한 덕분입니다. 프로그램이 엉성해지지 않도록 이리저리 만지작거리면서 키워 나갈 수 있어요.

사이블 그렇게 쉬운 이유가 뭘까요?

크락포드 저는 유연한 객체(soft object)를 정말 좋아하게 되었어요. 자바스크립트에서는 개발자가 뭐라고 쓰든지 그 자체가 바로 객체가 됩니다. 클래스 위주 세계관에서 넘어온 사람이라면 걱정이 먼저 들 거예요. 클래스 없이 뭐가 만들어지죠? 그냥 자신이 필요한 것이 만들어지죠. 이게 정말 유용합니다. 자신의 객체, 그러니까 자신에게 필요한 객체를 적응시키기가 훨씬 간단해요.

사이블 짐작건대 클래스 기반 언어로 일할 때 문제는 너무 정적이라는 점일 거예요. 커다란 클래스 계층 구조가 있는데, 구조를 바꾸고 싶다면 분해했다가 다시 조립해야 합니다. 자바스크립트에서는 반대로 너무 동적이라는 점이 위험할 수 있죠. 보이는 건 온통 조그만 땜질 자국뿐이고 실제 프로그램 구조는 실행 시점에 일어나는 많은 일에 의해 결정됩니다. 쓱 훑어보고선 "그래, 이 프로그램은 이런 구조군."이라고 할 수 있는 정적인 요소가 없어요.

크락포드 그게 무서운 부분이죠. 무서운 일이고 그게 사실이니 무서운 게 당연합니다. 규율이 필요해요. 클래스 기반 언어에서는 대개 언어가 그런 규율을 강요합니다. 자바스크립트에서는 여러분이 자신만의 규율을 세워야 해요.

저는 제 코드가 무너지지 않도록 제가 코드를 구성하는 방식에 대해 정말 엄격해지려고 애씁니다. 언어가 저를 엄격하게 제한하지 않는다는 걸 아니까요. 그래서 지금이라면 JSLint처럼 복잡한 건 JSLint 없이는 만들 엄두도 내지 못할 겁니다. 자바스크립트는 그 자체만으로는 규모를 키우기 쉽지 않습니다. 하지만 이런 도구가 있으면 계속 잘 돌아가게 만들 수 있다고 더욱 안심할 수 있지요.

사이블 자바스크립트 객체의 유연한 면은 이렇게 위험할 수 있습니다. 하지만 객체를 변형하는 능력을 경험해 보지 못했다면 당신도 자바로 클래스를 쓰고 있었겠죠. 자바스크립트 프로그램을 만들 때 언어가 제공하는 유연함을 잘 활용할 수 있도록 프로그램을 구성하기 위해 사용하는 특별한 방식이 있나요?

크락포드 제 경우에는 오랜 기간에 걸친 시행착오의 결과로 익히게 됐습니다. 자바스크립트를 쓰기 시작했을 때 자바스크립트에 대해 읽은 게 전혀 없었어요. 그냥 시작한 거죠. 예제 프로그램을 하나 찾았는데 정말 끔찍했죠. 그래서 그걸 만지작거리면서 제가 생각하는 옳은 방식으로 동작하도록 고쳤어요. 그렇게 자바스크립트로 프로그래밍을 하기 시작한 거죠. 생각해 보면 이 언어가 어떤 언어이고 어떻게 돌아가고 왜 필요한지 전혀 모르는 채로요.

왜 사람들이 자바스크립트에 불만이 많은지 이해합니다. 자바스크립트를 자바처럼 쓰려고 하면 함정에 계속 빠지죠. 저도 그랬어요. 제가 자바스크립트로 제일 처음 한 일 중 하나는 무언가를 자바 클래스처럼 보이도록 만드는 방법을 알아내는 거였어요. 하지만 때때로 전혀 예상과 다르게 동작했죠. 저는 늘 그런 경우까지 다다랐고 결국 문제를 겪었어요.

그러다 마침내 이런 클래스가 전혀 필요 없다는 걸 깨달았습니다. 그러자 자바스크립트가 제 생각대로 돌아가기 시작했어요. 자바스크립트와 맞서 싸우는 대신 자바스크립트에서 힘을 얻은 거죠.

사이블 소프트웨어를 설계할 때 상향식을 선호하시나요, 하향식을 선호하시나요, 아니면 중간부터 시작하시나요?

크락포드 모두 한번에요. 시스템을 머릿속에 넣어 두는 일에 관한 거예요. 결국에는 분할 정복을 해야 하고 자신이 다룰 수 있는 무언가로 만들어야 해요. 저는 문제의 모든 부분을 파악하고 모든 기법을 동시에 사용해요. 그리고 구조가 어떤 모습이어야 하는지 명확해질 때까지 계속해서 씨름하죠. 일단 구조를 정하면 나머지는 저절로 해결됩니다.

사이블 설계와 코딩은 어떤 관계인가요? 즉각 코딩을 시작하고 단계적으로 다듬으시나요, 아니면 코드 쓰기와 별개로 무언가를 하시나요?

크락포드 예전에는 설계와 코딩이 별개의 일이었어요. 하지만 지금은 더 비슷해지고 있네요. 전에는 설계 언어나 메타언어를 쓰기도 했어요. 영어와 비슷한데 구조가 있고 작성할 코드를 더 잘 설명하는 언어였죠. 하지만 지금은 코드가 자바스크립트라면 설계도 자바스크립트로 해요.

사이블 코드를 실제로 짤 때 어떤 도구를 쓰시나요?

크락포드 작은 무료 텍스트 편집기를 써요. 복잡한 기능은 쓰지 않거든요. 필요한 게 많지 않아요. 자바스크립트는 다른 언어보다 형식적인 도구가 훨씬 적게 필요하죠. 브라우저는 소스 파일만 있으면 되니까요. 소스 파일을 보내기만 하면 돼요. 컴파일러는 브라우저에 포함되어 있고 아무 일도 하지 않아도 됩니다. 링커도, 컴파일러도 다 필요 없어요. 모든 게 그냥 브라우저에서 돕니다.

사이블 아마 JSLint는 사용하시겠죠?

크락포드 JSLint는 씁니다. 많이요. 프로그램을 실행하기 전에 항상 쓰려고 해요. JSLint를 돌린 후에 조금 고쳤다면, 실행하기 전 코드에 JSLint를 먼저 돌립니다.

사이블 텍스트 편집기로 편집하고 프로그램에 JSLint를 돌리고 브라우저에서 실행하는 거군요. 그

렇다면 디버깅은 어떤가요?

크락포드 브라우저에 따라 다릅니다. 파이어폭스라면 파이어버그를 씁니다. 인터넷 익스플로러라면 비주얼 스튜디오 디버거를 쓰죠. 둘 다 꽤 괜찮아요. 브라우저의 디버거는 의외로 괜찮습니다.

디버깅을 도와주는 프레임워크를 써 본 적도 있어요. 프레임워크 안에 DOM 요소로 만든 검사 도구가 들어 있었죠. 그걸로 객체 안으로 들어가서 객체를 열고 해당하는 프레임을 조사할 수 있었는데요. 하지만 그다지 필요가 없더라고요. 그냥 디버거로 충분합니다.

사이블 특정한 버그를 찾는 게 아닐 때에도 디버거로 한 단계씩 실행하면서 코드를 확인해 보시나요?

크락포드 정말 복잡한 게 있을 경우라면요. 테스트의 일환으로 한 단계씩 실행해 볼 것 같네요. 하지만 일반적으로는 문제가 있을 때에만 한 단계씩 실행합니다.

사이블 다른 디버깅 기법은 어떤가요? 단정문이나 증명 같은 거요. 이런 걸 쓰시나요? 불변식을 염두에 둘 때도 있나요?

크락포드 저는 그런 걸 좋아해요. 에펠[26]이 객체 지향 언어 경쟁에서 승리하지 못해서 안타까웠어요. C++가 이겼죠. 저는 에펠이 훨씬 흥미로운 언어라고 생각했어요. 에펠에 있는 선행/후행 조건 계약 같은 것도 좋아했고요. 제가 어떤 언어를 쓰든지 그런 게 언어에 내장되어 있으면 좋을 것 같아요. 하지만 실제로는 많은 호응을 받지 못한 아이디어 중 하나가 되었죠.

사이블 고쳐야 했던 최악의 버그가 있었다면 무엇인가요?

크락포드 실시간 버그였을 거예요. 비디오 게임 버그였을 텐데, 인터럽트가 사방에서 튀어나오고 메모리 관리라는 건 아예 없었죠. 프로그램이 갑자기 사라져 버리는데 그 이유를 알 수 없었어요. 이런 종류의 문제가 정말 어렵죠. 게다가 대개는 쓸 수 있는 디버거도 없었을 거예요.

베이식 포에서 우리는 워드 프로세서 단말기를 만들었어요. Z80[27] 기반 단말기였는데 한 페이지를 모두 보여 줄 수 있는 화면과 64K 메모리가 있었어요. 그런 큰 화면을 표시하기에는 턱없이 부족한 메모리였죠. 단말기는 페이지 정보를 보내 주는 우리 서버와 근거리 네트워크로 연결되어 있었어요.

그런데 이따금 화면이 모두 사라지는 문제가 있었죠. 우리 아키텍처는 이랬어요. 텍스트가 한 줄 나오고 그다음에 멈춤 코드가 나와요. 그다음에는 다음 줄의 주소가 있죠. 그러면 조그만 DMA[28] 프로세서가 그 주소 연결을 따라가요. 그런데 어쩌다가 그 주소 연결이 사라지는 거예요. 어디선가 경합이 벌어지는 거였죠.

우리가 보기에 논리적으로는 모든 연결이 정상이었지만, DMA 프로세서와의 실시간 상호 작용을 고려하지 않은 거죠. DMA 프로세서와 우리가 메모리를 본 시점이 서로 다를 수도 있었으니까요. 제가 답을 찾아냈어요. 그날 저는 집에서 일하고 있었는데 팀원과 전화 통화를 하다가 갑자기 문제의 원인이 떠올랐던 기억이 나요. 문제가 무엇인지 깨달은 다음 어떻게 고쳐야 하는지 팀원들에게 알려 줄 수 있었죠. 그 후로 다시는 그 문제가 일어나지 않았습니다.

제 경험상 최악의 버그는 실시간 버그예요. 여러 스레드가 상호 작용하는 경우에 생기죠. 그래서 저는 아예 그런 구현 방식을 피하려고 해요. 제가 스레드를 안 좋아하는 이유죠. 저는 스레드가 형편없는 프로그래밍 모델이라고 생각해요. 때로는 필요악이긴 하지만 우리가 스레드를 쓰는 대부분의 경우는 사실 스레드가 필요 없어요.

브라우저 모델에서 마음에 드는 점 하나는 스레드가 딱 하나밖에 없다는 거죠. 여기에 대해 불평하는 사람들도 있어요. 스레드를 멈춰 버리면 브라우저가 멈춰 버리죠. 그러니 그러면 안 돼요. 자바스크립트에 스레드를 추가해 달라는 요청이 끊이지 않아요. 아직까지는 버티고 있습니다. 다행입니다.

우리가 브라우저에서 사용하는 이벤트 기반 모델은 정말 잘 작동합니다. 이 모델이 문제가 되는 유일한 경우는 너무 오래 걸리는 프로세스가 있을 때예요. 저는 이 문제를 풀기 위해 구글이 기어스[29]에서 선택한 접근 방법을 정말 좋아해요.

완전히 격리된 별도의 프로세스가 있어서 거기로 실행할 프로그램을 보낼 수 있죠. 작업이 끝나면 결과가 이벤트로 다시 돌아옵니다. 정말 훌륭한 모델이에요.

사이블 형식 증명에 관심을 가지셨던 적이 있나요?

크락포드 1970년대에는 면밀히 지켜보았어요. 무언가 만들어 내지 않을까 하면서요. 하지만 성공하지 못한 것 같아요. 소프트웨어는 너무 복잡하고 다양한 방식으로 망가질 수 있죠.

기본적으로 소프트웨어는 소프트웨어가 작동하는 방식에 대한 명세이기도 해요. 그리고 완전한 명세에서 뭐가 조금이라도 빠지면 소프트웨어가 궁극적으로 어떻게 동작하는지에 대해 예측할 수 없어지죠. 그래서 소프트웨어가 정말 정말 어려운 거예요.

사이블 테스트는 어떻게 하시나요? 요즘 말로 테스트에 전염되셨나요?[30]

크락포드 저는 좀 더 임기응변식입니다. 제 스타일을 바꿔야 한다고 생각하는 부분 중 하나인데요. 아직은 바꾸지 못했습니다.

사이블 JsUnit도 있죠?

크락포드 네, JsUnit도 있습니다.[31] 사용자 인터페이스 코드 테스트는 정말로 어려워요. 다른 여러 가지에 많이 의존하거든요. 그래서 작은 단위로 쪼개는 일이 효과적이지 않은 경우가 많아요. 그리고 제가 자바스크립트를 쓰는 스타일 때문인데요. 질서 정연하게 작은 단위로 쪼개지지 않더라고요. 클래스를 정의하고 각 클래스를 독립적으로 테스트하는 것처럼 말이죠.

자바스크립트에서는 함수 하나를 떼어서 독립적으로 테스트하는 게 말이 안 되는지도 몰라요. 함수가 의미 있게 동작하기 위해 필요한 상태 정보가 있으니까요. 자바스크립트에서 단위 테스트를 충분히 유용하게 하는 법을 아직은 찾지 못했어요.

사이블 별도 QA 조직이 있는 곳에서는 개발자와 QA 조직이 서로 어떻게 협업하나요?

크락포드 저는 개발 팀과 테스트 팀이 서로 적대시하는 회사에도 있어 봤어요. 극도로 해로운 상황이라고 생각합니다. 두 팀을 분리해 놓으면 한 팀이 다른 팀을 고자질할 거라는 이론까지 있더군요. 그런 건 끔찍한 구조라고 생각합니다.

두 팀을 한곳에 모아 놓고 개발자가 더 나은 프로그램을 만들도록 테스터가 돕는 책임을 졌을 때 훨씬 잘 돌아갔어요. 개발자를 고자질하는 게 아니라요. 문제를 보고하는 방식이 바뀌었고 훨씬 효과적이었죠. 한 역할에만 고착되지 않도록 개발자와 테스터 역할을 순환하는 것도요.

이게 제일 효과적이었던 경우는 테스트를 말하자면 극단까지 가져갔을 때인데요. 우리가 고객을 만나러 가는 거죠. 제 경력 초반부에 그런 일이 몇 번 있었는데 아주 좋은 경험이었어요. 고객과 함께 일주일을 보내면서 새 시스템 설치를 돕거나 새 시스템을 사용하면서 겪는 문제를 해결해 줘야 했죠.

그 덕분에 어마어마한 깨달음을 얻을 수 있었어요. 우리 제품을 실제로 사용하는 게 어떤지, 제가 만드는 걸 쓸 사람들에게 어떤 도움을 주고 싶은지 같은 거요. 그 이후 다시 원래 부서로 돌아가고 보니 그런 경험이 없는 개발자는 모두 오만해 보였죠. 절대 용납할 수 없을 정도로요. 우리 제품을 쓰는 사람에 대한 존중이 아주 형편없었어요. 무엇보다 사용자들을 한 번도 만나 보지 못한 탓이죠.

사이블 자신을 무엇이라고 생각하시나요? 과학자, 엔지니어, 예술가, 장인, 아니면 다른 무언가?

크락포드 저는 스스로를 작가라고 생각해요. 가끔은 영어로, 가끔은 자바스크립트로 쓰죠.

둘 다 결국엔 의사소통 그리고 그런 의사소통을 돕기 위해 사용하는 구조로 요약할 수 있어요. 사람의 언어와 컴퓨터 언어는 여러 가지 면에서 매우 다르게 동작하지만, 궁극적으로 저는 좋은 컴퓨터 프로그램을 그 프로그램을 읽는 사람과 소통할 수 있는 능력으로 평가하거든요. 그런 면에서는 두 가지가 다르지 않죠.

사이블 프로그램이 사람과 잘 소통할 수 있다면 컴퓨터와의 소통은 자연히 따라온다고 보시나요?

크락포드 그러면 좋겠죠. 컴퓨터는 제멋대로이고 그다지 똑똑하지 않아요. 컴퓨터가 알아듣도록 하려면 특별히 더 노력을 기울여야 합니다. 그게 너무 어렵기 때문에 다른 쪽, 그러니까 사람과의 소통을 간과하기 쉬워요. 하지만 그것도 컴퓨터와의 소통 이상으로 중요해요.

사이블 **데이크스트라가 쓴 유명한 논문이 있습니다. 「On the Cruelty of Really Teaching Computer Science」라는 논문에서 데이크스트라는 컴퓨터 프로그래밍이란 사실 응용 수학의 한 갈래라고 주장하는데요. 여기에 동의하시나요?**

크락포드 프로그래밍에서 수학은 중요합니다. 하지만 여러 가지 중요한 것 중 하나일 뿐이죠. 저는 수학을 너무 강조하면 더 중요할지도 모를 다른 게 묻힐 수도 있다고 봅니다. 읽고 쓰기 같은 거요.

커누스 책을 읽었는지를 채용 기준으로 하고 싶었다고 말했는데요. 그렇게 하지 못한 이유는 그 책을 읽은 사람이 충분히 많지 않아서였어요. 또 한 가지 제가 원했던 것은 다른 사람을 위한 글을 잘 쓰는 능력이었어요. 어떤 언어를 쓰더라도요. 글을 잘 쓰는 사람을 원합니다. 우리는 서로에게 글을 쓰면서 많은 시간을 보내거든요. 이메일도 쓰고 문서도 씁니다. 계획도 쓰고요. 명세도요. 저는 제 팀에 속한 사람들이 이런 걸 할 수 있는지 알고 싶었는데, 이게 굉장히 어려운 기술이더라고요. 그래서 저는 차라리 수학보다는 영어를 전공한 사람이 프로그래밍을 했으면 좋겠어요.

사이블 **데이크스트라도 그런 의미의 말을 했던 것 같아요. "자신의 모국어로 글을 잘 쓸 수 없다면 포기하라."**

크락포드 그 말에 동의합니다.

사이블 **프로그래밍의 역사를 보면 계속 맞부딪히는 듯한 양상이 하나 있는데요. 우리가 물리적인 제약으로부터 자유롭긴 하지만 과거의 실수에는 구속을 받는다는 점입니다. 자바스크립트를 제한하려는 당신의 제안이나 당신이 정의한 HTML5는 대부분 이런 과거의 실수를 바로잡으려는 시도인**

것 같은데요.

크락포드 네, 가끔은 돈키호테 같기도 하죠. 저도 제가 이루고 싶은 일 중 많은 게 이루어지지 않으리라는 걸 압니다. 잘 알고 있어요. 하지만 이따금 성공하는 게 있습니다. XML이 데이터 교환 형식으로 제안되었을 때를 생각해 보죠. 제 첫 인상은 이랬어요. '세상에, 이건 정말 너무 너무 복잡해. 데이터를 이리저리 옮기기 위해 이런 게 다 필요하지는 않아.' 그래서 저는 다른 방식을 제안했고 성공했습니다. 이제는 JSON이 Ajax 애플리케이션에서 데이터를 옮기기 위해 가장 널리 쓰입니다. 다른 많은 프로그램에서도 세력을 넓혀 가고 있죠. JSON은 정말 간단해요. 인류에 대한 제 믿음을 회복시켜 주죠. 그러니까 결국엔 다른 것도 몇 가지는 바로잡을 수 있을 거예요.

하지만 모든 사람이 들고일어나 저마다 무언가를 직접 만들 수는 없어요. 그런 식은 불가능합니다. 누구에게도 도움이 되지 않아요. 한 사람이 무언가를 만들고 다른 사람들은 그런 것들 중 무엇을 지지할지를 놓고 결정해야 합니다. JSON은 또 다른 종류의 우연이었어요.

사이블 **전반적으로 보기에 소프트웨어 산업이 훌륭한 혁신 엔진이라고 보시나요, 끔찍한 엉터리라고 보시나요?**

크락포드 지금 '끔찍한 엉터리'를 좀 더 낫게 표현할 방법을 고민 중이에요. 저는 소프트웨어가 일반적으로 더 나아졌다고 생각합니다. 무어의 법칙이 하드웨어를 개선하는 정도의 속도는 아니에요. 거기에 비하면 훨씬 느리죠. 우리의 소프트웨어 개발 효율성을 두 배로 만들려면 20년은 걸려요. 하지만 발전하는 게 보입니다. 우리가 이룬 발전의 대부분은 더 이상 하드웨어에 맞출 필요가 없다는 사실 덕분입니다. 더는 빠르게 만들지 않아도 돼요. 그래서 그냥 잘 만들기만 하면 되죠. 하지만 제 생각에 우리는 잘 만드는 데 시간을 충분히 들이지 않아요.

사이블 **뭐라고 포장할 수 있을지 모르겠지만 어쨌든 우리가 끔찍한 엉터리라면 그런 엉터리가 되지 않기 위해 무엇을 할 수 있을까요?**

크락포드 저도 무엇을 할 수 있을지 찾고 있어요. 많은 부분이 표준을 만드는 방식과 관련되어 있는 것 같아요. 무언가가 지금처럼 잘 동작하는 이유가 있다면 인터넷이 작동하기 때문이에요. 모든 것을 한데 꽤 안정적으로 엮을 수 있었던 덕분에 소프트웨어의 혜택을 누리고 있는 거죠.

하지만 우리가 잘못한 부분, 우리가 더 잘할 수 있었던 부분을 찾기 위해 아주 깊이 파고들 필요는 없습니다. 어려운 점은 현재 상태를 유지하면서 이 문제를 고쳐야 한다는 거죠. 소프트웨어 표준을 바꾼다는 건 언제나 폭력적인 행위입니다. 파괴적이죠. 무언가를 망가지게 만들 겁니다. 사람들에게 해를 끼치고 비용을 발생시킬 겁니다. 이런 비용이 있기 때문에 우리는 표준을 개정할 때 아주 조심스러워야 합니다. 이런 비용을 감수할 만큼 더 많은 가치를 반드시 주어야 해요. 제가 볼 때 현재 표준 수정 방향은 그렇지 않아요. 표준 변경이 '이걸 하고 싶어요.' 또는 '그러면 더 깔끔할 테니까요.' 따위의 세상에 많은 가치를 주는 것과는 다소 거리가 있는 이유로 추진되고 있습니다. 그래서 저는 싸우고 있어요. 어떻게 더 나은 방향으로 변화할 수 있을까요?

사이블 명세를 더 적게 만드는 쪽으로 기울어져 있으신 것 같아요. 물론 나중에 후회할 명세를 만들거나 표준화하는 걸 피하는 방법이긴 합니다. 하지만 표준이 정의하는 게 너무 적으면 사람들은 더 많은 걸 만들어 내야 합니다. 그리고 사람들은 하고 싶은 일을 완수하는 괜찮은 방법을 정하고 싶어 하니 결국 사실상 표준에 해당하는 것들이 우후죽순으로 늘어날 텐데요. 정말로 표준을 단순하게 만들면 문제가 해결될까요? 복잡성이 도처에서 튀어나올 텐데도요?

크락포드 우리가 정말로 해야 하는 일은 미래에 무엇이 정말로 필요할지 더 잘 예측하는 거예요. 어쩌면 이걸 제대로 만들기 위해 일단 시간 여행 기술이 발명되기를 기다려야 할지도 모르겠네요. 그동안에는 일단 가능한 방법을 실험하고 널리 퍼트리는 모습을 지켜볼 거예요. 그런 시도는 긍정적이에요. 어쩌면 표준화를 시작하는 올바른 방법은 이런 시도 중 무엇이 가장 심사숙고해서 만들어졌는지, 무엇이 가장 유지 보수하기 좋은지, 무엇이 가장 잠재력이 높은지 파악한 다음 그걸 고르는 것일지도 모르죠. 표준화 위원회가 최선의 방법을 추측하려고 애쓰는 대신, 시장에 나와 있는 사례들로부터 실제로 입증된 최선의 방법이 무엇인지 선택하는 거죠.

사이블 그런데 우리가 전반적으로 진전을 이루고 있다고 보시나요?

크락포드 언제나 앞으로 나아가는 건 아니죠. 가끔은 도약하기도 하지만 가끔은 뒷걸음질 치기도 합니다. 우리는 PC로 도약했을 때 많은 걸 잃었어요. 시분할 시스템 시대에 우리에겐 온라인 소셜 시스템이 있었죠. 시분할 시스템은 시장 같은 역할을 했어요. 공동체가 있었고요. 시스템에 속한 사람은 누구나 이메일이나 파일을 교환할 수 있었죠. 채팅이나 게임도 할 수 있었고요. 이 모든 게 가능했는데 PC 시대와 함께 모두 사라졌어요. 이것들을 되찾는 데 20여 년이 더 걸렸죠.

보안 측면에서도 아주 크게 뒷걸음질 쳤어요. 시분할 시스템은 시스템과 사용자들을 서로로부터 보호하는 방법을 이해하기 시작하던 참이었죠. PC 시대가 되자 모두가 각자 컴퓨터를 소유하게 되었고, 그 컴퓨터에서는 모든 게 같은 권한으로 돌았어요. 어떤 일을 하든지 같은 권한이었죠. 하지만 알고 보니 내 컴퓨터에서 실행되는 프로그램이 항상 내 이익을 위해서만 돌지는 않았어요. 우리는 이 문제와 여전히 싸우고 있죠. PC 운영 체제가 아주 많이 개선되기는 했지만 한참 옛날에 있었던 더 진보적인 시분할 시스템 수준에는 아직도 도달하지 못했어요.

사이블 어떤 시스템을 떠올리신 건가요?

크락포드 멀틱스는 여러 프로세스가 함께 작업하는 부분에 정말 흥미로운 기능이 있었죠. 주소 공간을 여러 개 갖고 있어서 각각이 서로 통신할 수는 있었지만 다른 공간으로 직접 들어갈 수는 없었어요. 여러 프로세스가 함께 작업하기 시작하려면 기본적으로 필요한 것들이죠. 그리고 이제 우리는 이걸 브라우저로 가져오는 방법을 고민하고 있어요. 멀틱스와 우리 사이에는 긴 시간 간격이 있죠. 그 당시에 이미 돌아가고 있던 기술을 이제야 따라잡기 시작한 거예요.

사이블 언어에서도 비슷한 일이 일어나는 것 같아요. PC는 어셈블리어로 프로그래밍했죠. C조차도

너무 고수준 언어였으니까요. 그런데 이제야 우리는 스몰토크나 리스프 같은 언어의 힘을 일부 가진 언어로 회귀하고 있어요. 둘 다 PC가 나오기 전부터 있던 것들인데요. 프로그래머들이 우리 분야의 상대적으로 짧은 역사를 가능한 정도라도 파악하고 있는지, 아니면 바퀴를 계속 재발명하고 있는지 궁금합니다.

크락포드 저는 우리가 비극적일 정도로 역사를 모르고 있다고 생각합니다. 프로그래밍이라는 기예를 익히고 있으면서도 이 모든 게 어디서 왔는지에 대해 아무런 지적 호기심이 없는 사람을 보면 정말로 실망스러울 때가 많습니다. 그냥 어딘가에 있는 위원회가 어련히 잘 만들어서 도구와 언어를 가져다주었으니 자기는 제대로 사용하기만 하면 된다는 식이에요.

놀라운 이야기가 많아요. 이것들이 어디서 왔는지, 무엇이 무엇에 영향을 주었는지, 누가 무엇을 했고, 무엇이 지금은 실수라고 여겨지는지, 무엇이 '실수인데' 사람들이 아직 모르고 있는지 등이요. 저는 가끔 저를 소프트웨어 기술의 고고학자라고 생각해요. 오랫동안 저평가된 기술들을 모아 왔어요. 제 생각에는 정말 정말 멋지고, 우리가 지금 쓰는 최첨단 기술보다도 훨씬 앞서간 것들을요. 저는 우리가 어떻게든 이것들을 재발견하고 진가를 알아본 다음 그것들로부터 혜택을 볼 수 있기를 바라요. 하지만 정말 느린 과정이죠. 사람들은 지금 잘 동작하는 방식에서 정말 꼼짝달싹하지 않아요. 움직이기가 정말 어렵죠.

사이벨 그런 저평가된 기술엔 뭐가 있나요?

크락포드 방금 언급된 리스프와 스몰토크가 있죠. 정말 멋진 언어인데 마침내 이 언어들의 아이디어가 현대 언어에 도입되고 있어요. 이제 우리는 많은 일을 자바스크립트로 하고 이 언어를 현대화하려고 하고 있죠. 알고 보니 자바스크립트는 이런 것들을 이미 많이 예측하고 있었어요. 함수는 정의된 환경의 변수에 접근할 수 있고 일급(first-class)이죠. 정말 멋져요. 이제 우리는 스몰토크와 스킴의 장점을 이 언어에 넣는 방법을 고민하고 있어요. 기존 프로그램을 깨 먹지 않으면서요. 그냥 지금 하던 걸 다 집어던지고 스몰토크와 스킴으로 돌아가는 게 더 낫다고 주장할 수도 있겠지만 가능한 일 같지는 않군요.

우리가 매시업을 더 많이 만들수록 온갖 곳에서 불러온 코드가 실제로 바깥세상에서 잘 돌기를 원할 거예요. 하지만 우리는 이런 코드를 절대 테스트할 리 없죠. 새로운 종류의 프로그래밍이에요. 이런 적은 한 번도 없었어요. 저는 이게 프로그래밍의 미래라고 생각해요. 자바스크립트에서 제일 먼저 경험하고 있을 뿐이죠. 그리고 이게 지금 동작하는 이유는 자바스크립트에 잘못 만들어진 요소들이 있긴 하지만 그 이외의 것들은 제대로 만들었기 때문이죠.

지나온 프로그래밍의 역사를 돌아보면 우리는 기계어로 시작했어요. 그다음엔 심벌을 쓰는 어셈블리어로 도약했죠. 그다음엔 고수준 언어로, 그다음엔 구조적 프로그래밍으로, 그다음엔 객체 지향 프로그래밍으로 도약했어요. 그리고 각 도약마다 인간 기준으로 한 세대 정도가 걸렸어요.

다음 도약의 시기는 이미 지났어요. 우리는 꽤 오래 객체 단계에 머물러 있죠. 그 시작을 스몰토크-80[32]이라고 볼 수도 있고 조금 더 시간을 거슬러 올라갈 수도 있어요. 어쨌든 객체라는 발상에 꽤 오래 멈춰 있어요.

제 생각에 다음 도약은, 아직 그걸 뭐라고 부를지는 모르겠지만, 매시업에 관련된 것일 듯해요. 프로그램 조각을 편하게 가져다가 한데 모아서 새로운 프로그램을 순식간에 만들 수 있는 거죠. 레고처럼 프로그램을 끼워서 무언가를 만들어내는 프로그래밍 모델에 대한 이야기는 이미 수십 년째 하고 있어요. 하지만 아직 실현되지 않았죠. 하지만 제 생각에는 이제 시작된 것 같아요. 그것도 그런 일이 제일 일어나지 않을 것 같았던 언어인 자바스크립트에서 일어나고 있죠.

사이블 프로그래머를 채용할 때 좋은 사람을 어떻게 알아보시나요?

크락포드 제가 지금 쓰는 방식은 코드 읽기를 하는 거예요. 지원자에게 자신이 정말 자랑스러워하는 코드를 조금 가져오라고 해서 같이 읽습니다.

사이블 그러면서 어떤 점을 보시나요?

크락포드 표현을 얼마나 잘하는지 봅니다. 저는 지원자가 어떤 점을 자랑스러워하는지 알고 싶어요. 지원자가 가져온 코드를 정말로 직접 썼다는 증거도 보고 싶고요. 저에게는 이게 아주 효과적이었어요. 퍼즐을 풀라고 하거나 상식을 물어보는 것보다 나아요. 그런 건 별로 쓸모가 없습니다. 제가 채용할 때 보는 건 의사소통을 얼마나 효과적으로 하는지예요.

사이블 **독학하는 프로그래머에게 해 주고 싶은 조언이 있나요?**

크락포드 네, 많이 읽으세요. 세상엔 좋은 책이 많습니다. 좋은 책을 찾아서 읽으세요. 웹 개발을 한다면 최고의 사이트를 찾아서 코드를 열어 보세요. 이런 조언을 하는 건 아직 조금 망설여지긴 하네요. 대부분의 웹 개발자는 '소스 보기'로 웹 개발을 배웠답니다. 그런데 아주 최근까지도 대부분의 소스 코드는 아주 나빴어요. 한 세대의 프로그래머는 정말 안 좋은 예제를 보며 자란 거죠. 나쁜 코드를 보며 원래 이렇게 쓰는 거라고 생각하면서요.

상황은 나아지고 있습니다. 하지만 나쁜 코드가 아직도 많으니 이런 조언을 하기가 조금 망설여지네요.[33]

사이블 **컴퓨터 과학 학위를 받은 후 프로그래머로 일하려는 사람에게 해 주실 조언은 없나요?**

크락포드 의사소통 측면을 강조하고 싶네요. 쓰는 법을 배우세요. 그리고 읽는 법을 배우세요.

제 조언은 모든 사람에게 거의 동일합니다. 읽기와 쓰기죠. 저는 대개 특정한 기술을 보고 채용하지는 않습니다. 아주 최근까지도 좋은 자바스크립트 프로그래머를 채용하는 건 불가능했죠. 극도로 희귀한 존재였거든요. 지금은 정말 잘하는 사람이 많습니다. 하지만 꽤 최근 일이에요. 그전까지는 오직 자질만 보고 뽑았어요. 좋은 자바 프로그래머이신가요, 아니면 좋은 C 프로그래머이신가요? 뭐든 상관없습니다. 제가 궁금한 건 그저 알고리즘을 한데 모아 엮을 줄 아는지, 자료 구조를 이해하는지, 문서화하는 법을 아는지 같은 것뿐입니다. 이런 일을 할 수 있으면 자바스크립트도 이해할 수 있을 거예요.

사이블 **그래서 혹시 문제를 겪으신 적은 없나요? 한 언어를 잘했던 사람이 과거 방식을 잘 버리지 못**

하는 경우도 있잖아요. 새로운 언어에서는 그런 방식이 말이 안 될 수도 있는데 말이지요.

크락포드 네, 예를 들어 윈도 프로그래머들이 그런 적이 있어요. 윈도에는 아주 복잡한 API가 좀 있는데 그것만 연구하다가 몇 년을 보낼 수도 있거든요. 그리고 그게 전부예요. 아는 건 그 API 하나뿐이죠. 윈도 핸들을 하나 만들 수는 있겠지만 그밖에 더 할 줄 아는 건 별로 없어요. 저는 정말로 특정한 필요가 있지 않는 한 지나치게 전문화된 사람은 원하지 않는 편이에요. 일반적으로 저는 다방면에 능숙한 사람을 선호해요. 저는 그런 API들을 배울 수 있는 사람을 원해요. 특정 API에 능숙할 필요는 없어요.

사이블 예전에 컴퓨터가 세상을 더 나은 곳으로 만들기 때문에 컴퓨터 업계에 들어왔다고 말씀하셨는데요.

크락포드 그런 의도였지요.

사이블 어떻게 되고 있나요?

크락포드 대부분의 경우에는 우리가 꽤 잘했어요. 세상이 더 나아졌다고 생각해요. 언제나 앞으로 가기만 한 것은 아니지만요. 예를 들어 지난 10년간의 국제 정치를 보세요. 대형 미디어의 통합과 그 폐해를 열린 네트워크가 바로잡지 못했어요. 정말 실망스럽습니다.

그 직접적인 결과로 수십만 명의 사람이 죽었어요. 정말 슬픕니다. 네트워크가 더 잘 작동해서 이런 종류의 일이 다시는 일어나지 않았으면 좋겠어요. 그러기 위해 네트워크를 어떻게 바꾸어야 할지는 아직 명확하지 않습니다. 어쩌면 지금 상태로 괜찮을 수도 있겠지만 저는 좀 비관적입니다. 지금 잘 작동하지 않는 게 무엇이든, 이를 극복할 수 있도록 다음 도약의 목표 지점을 찾아야 한다고 생각해요.

사이블 인터넷의 무수한 블로거들이 이렇게 말하지 않나요? "봐요, 우리가 지금 모든 것에 대해 블로깅을 하고 있어요. 주류 미디어는 몰락하고 있다고요."

크락포드 네, 그건 좋아요. 하지만 우리는 아직 제대로 못하고 있어요. 모두가 함께 연결되고 서로에게 메시지를 보낼 수 있는 멋진 걸 가지고 있죠. 하지만 제대로 동작하지 않고 있습니다. 지금으로선 그저 소음일 뿐이에요.

사이블 그런 문제를 해결하는 방법 중에 기술적인 것도 일부 있다고 보시나요? 프로그래머나 시스템 설계자가 아키텍처를 살짝 바꾸는 걸로 도움이 될 수 있을까요, 아니면 사회적인 문제인 걸까요?

크락포드 새로운 네트워크 기반 구조 위에서 새로운 소셜 시스템이 진화해야 하는 건지도 모르겠어요. 지금은 아직 충분히 성숙하지 않아서 동작하지 않을 뿐인지도요. 어쩌면 자연히 해결될 수도 있어요. 그러길 바랍니다. 하지만 개입이 더 필요할 수도 있다고 생각해요. 지금은 네트워크가 신원 확인을 아주 엉망으로 하고 있어요. 보안도 아주 엉망으로 하고 있고요. 하지만 제 생각에 이것들은 튼튼한 소셜 시스템을 만들려면 꼭 필요합니다. 그런 측면의 웹은 여전히 부족합니다. 어쩌면 그래서 소음이 아직도 그렇게 많은 건지도 모르겠네요.

4장

자바스크립트 창시자

브렌던 아이크

Brendan Eich

자바스크립트는 아마 현대 웹에서 가장 널리 사용되고, 또 가장 많은 욕을 먹는 프로그래밍 언어일 것이다. 이 언어를 창조한 브렌던 아이크는 이 인터뷰를 하는 현재 모질라 코퍼레이션의 CTO이다. 모질라 코퍼레이션은 파이어폭스 브라우저 개발을 이끌고 있는 모질라 재단의 자회사이다.

우아한 이론과 실용적인 엔지니어링에 모두 능통했던 아이크는 경력 초반을 실리콘 그래픽스(이하 SGI)와 마이크로유니티[1]에서 네트워크와 커널 코드를 해킹하며 보냈다. 마이크로유니티를 떠난 후에는 넷스케이프로 옮겨서 넷스케이프 브라우저를 만들었고, 시간 압박이 엄청난 상황에서 자바스크립트를 발명했다.

1998년에는 제이미 자윈스키와 함께 넷스케이프를 설득해 브라우저를 오픈 소스화하는 일을 이끌기도 했다. 그 결과 모질라 커뮤니티가 탄생했고 브렌던 아이크는 거기서 최고 아키텍트 역할을 맡았다.

이 책을 쓰는 현재 브렌던은 높은 수준에서 보면 모질라 플랫폼의 방향성을 정하는 데 관여하고 있다. 동시에 낮은 수준에서는 트레이스멍키라는 이름의 JIT 기능을 갖춘 새로운 자바스크립트 가상 머신을 해킹하고 있다. 그리고 이 인터뷰에서 설명하듯이 모질라 프로젝트가 '연구의 방향을 바꿀' 수 있는 방법을 찾으려 노력하고 있다. 실용적인 생각을 갖춘 연구자를 모질라의 우산 아래로 데려와서 학계의 이론과 산업계의 실천 사이의 틈을 메꾸려 하고 있다.

그 외에 우리는 왜 자바스크립트가 자바와 비슷하게 생겼는지, 하지만 왜 너무 비슷하지는 않은지, 왜 ES4 프로젝트 실패에도 불구하고 자바스크립트가 언어로서 더 성장할 필요가 있는지, 정적 코드 분석 같은 것이 왜 필요한지 등을 이야기했다.

2014년 모질라 코퍼레이션 CEO에 임명되었으나 과거 동성 결혼을 금지하는 법안을 후원했던 사실이 밝혀진 후 사임했다. 모질라를 떠난 이후 아이크는 2015년 브레이브 소프트웨어를 창업했다. 이 회사는 2016년 개인 정보 보호에 초점을 둔 웹 브라우저인 브레이브를 발표했고, 관련된 암호 화폐인 BAT(basic attention token)를 공개하기도 했다. 하지만 광고를 차단하면서 자체 광고를 대신 표시하는 비즈니스 모델로 비판을 받기도 했다.

사이블 프로그래밍을 언제 처음 배웠나요?

아이크 저는 1970년대 말, 1980년대 초에 샌터 클래러 대학에서 물리학을 전공했어요. 저는 친구들과 스탠퍼드에 가서 LOTS-A와 LOTS-B를 해킹하곤 했어요. 둘 다 큰 DEC TOPS-20[2] 시스템이었죠. 샌터 클래러에도 TOPS-20 시스템이 하나 있었어요. DEC의 36비트 프로세서[3]에 좋은 운영 체제, 멋진 매크로 어셈블러[4]를 갖추고 있었죠. C는 '이식 가능한 어셈블러'이지만 매크로 처리가 끔찍해요. 하지만 당시에 어셈블리에는 진짜 매크로가 있었고, 숙달된 사람은 꽤나 구조적인 프로그래밍을 할 수 있었죠. 타입은 없었지만 어차피 C에도 이렇다 할 타입 체계란 건 없었어요. 거기에다 풍부한 시스템 콜이나 시스템 서비스, 메모리 맵 입출력 등을 갖추고 있었습니다. 모두 첫 유닉스에서는 빠진 것들이었죠.

저는 물리 전공이었지만 프로그래밍을 더 많이 하기 시작했어요. 그 당시 듣고 있던 수학과 컴퓨터 과학 수업이 더 좋았죠. 오토마타 이론과 형식 언어에 대한 것이었는데요. 당시에는 최고의 상향식 파서 생성기[5]를 개발하기 위한 연구 경쟁이 벌어지고 있었습니다. 야크(yacc)도 있었고 다른 것들도 있었죠. 이런 도구를 쓰면 형식 언어의 순수함이 상당히 깨끗한 코드로 바뀌었기 때문에 이해하기 쉬웠어요. 컴파일러의 프런트엔드를 만들 때에는 거의 항상 이런 부분이 있죠. 당시의 컴파일러 백엔드는 구전 지식과 휴리스틱으로 엉망진창이었어요. 하지만 저는 형식 언어 이론과 정규 언어[6] 이론 같은 게 정말 좋았어요.

사이블 그러면 어떤 환경에서 어떤 언어로 프로그래밍을 하셨나요? 물리를 전공하셨으니 포트란을 하셨나요?

아이크 그게 웃긴 부분인데요. 저는 순수 물리학을 했기 때문에 공학 수업을 듣지 않았어요. 그 덕분에 천공 카드 뭉치를 옮기다 떨어트릴 위험이 없었죠. 천공 카드 병합기(collator)를 쓸 필요도 없었고요. 저는 사실 포트란을 건너뛰었어요. 그 당시에는 파스칼이 대세였고 C로 옮겨 가는 중이었죠. 그리고 어셈블리요. 저는 저수준 코드를 짰기 때문에 어셈블리로 해시 테이블 같은 걸 만들었습니다. 저는 그게 좋았어요. 서로 다른 절충점들을 더 잘 이해하게 되었거든요. 비트를 갖고 노는 수준까지 내려간 프로그래머와 이런 쪽을 평생 볼 일이 없는 프로그래머를 구분할 수 있게 되죠.

저는 C와 유닉스에도 관심이 있었어요. 하지만 낡은 DEC 기계에서 유닉스를 겨우 돌리기 시작한 참이었죠. 포터블 C 컴파일러가 있었는데 야크로 만든 파서를 바탕으로 하긴 했지만 골칫덩이였죠. 우리는 그걸로 막 코드를 생성하기 시작한 단계였어요. 유닉스 유틸리티를 이식하며 놀았죠. 물리학은 여름 인턴 자리 구하기에는 별로이기도 하고 저는 해킹을 많이 했던 데다가 연구실 조교도 하고 있었기 때문에, 결국 마지막 학년 때 전공을 수학·컴퓨터 과학으로 바꾸었습니다. 이걸로 학사 학위도 받았죠.

사이블 **처음으로 짠 의미 있는 프로그램은 무엇인가요?**

아이크 이건 좀 쑥스러운데요. DEC가 만들었던 끔찍한 그래픽 터미널이 있습니다. 확장 비트열[7]이 동작했던 걸로 보아 VT100의 후속판이었던 것 같아요. 하지만 색깔 심도는 한심했고 1980년대 초 해상도를 갖추고 있었달까요. 그래서 저는 게임 복제품을 만들기 시작했어요. 팩 맨, 동키콩 같은 걸 만들었죠. 게임은 파스칼로 짰는데 확장 비트열을 써먹었죠. 하지만 취미 수준의 프로그래밍이었어요. 계속 더 많이 하긴 했지만요. 이게 제가 처음으로 짠 단순하지 않은 프로그램인 것 같네요. 그래서 모듈화 같은 데 신경을 쓰고 제 함정을 스스로 파지 않도록 주의해야 했어요.

그때는 아직 물리학을 전공하고 있었어요. 아마 3학년 때였을 거예요. 4학년 때에는 수학·컴퓨터 과학 전공이 되면서 형식 언어를 공부하고 파서 생성기를 짜기 시작했죠. 그런 프로그램들을 만든 거죠. 게임, 아니면 심각한 괴짜들이 만들 법한 파서 생성기 종류의 프로그램이요. 그다음엔 컴파일러에 대해 고민하기 시작했고 매크로 처리기 복제품을 만들었어요. m4[8] 복제품이나 CPP[9] 복제품 같은 거요. 어떤 버전인지 모르겠는데 유닉스 소스 코드를 구해서 읽었던 기억이 나네요. 정말 난잡한 C 코드가 있었어요. 존 라이저의 C 전처리기가 아마 원본일 것 같은데 정말 놀라울 정도로 엉망이었어요. 하지만 아주 빨랐죠. 전역 버퍼와 거대한 포인터 잡탕을 썼죠. 복사를 피하려고 했을 거예요. 저는 이렇게 생각했어요. '더 좋은 방법이 있을 텐데.'

그렇게 물리학을 떠나 컴퓨터 과학과 프로그래밍 세계에 온 거죠. 그전에는 정말로 프로그래밍을 하진 않았어요. 수학, 과학뿐이었죠. 부모님이 애플 II를 사주지 않으셨거든요. 졸라 본 적은 있어요. 하지만 빌지는 않고 이렇게 말한 정도였죠. "이걸로 외국어를 배울 수 있어요." 제멋대로 갖다 붙인 거죠. "안 돼. 넌 아마 게임하다가 시간만 낭비할 거야." 부모님이 맞았어요. 저를 그런 운명에서 구해 주신 거죠.

사이블 물리학보다 여름 인턴 자리를 구하기 수월하다는 점 말고, 프로그래밍의 어떤 점이 마음에 들었나요?

아이크 이론과 실제 사이의 연결이요. 특히 컴파일러 프런트엔드를 만드는 부분이 매력적이었습니다. 수치 해석은 별로 끌리지 않아서 많이 공부하지 않았습니다. 실수를 유한한 정확도의 부동 소수점 수로 표현하기 위해 온갖 종류의 이상한 절충 기법을 다루어야만 하거든요. 정말 지옥 같죠. 자바스크립트에도 이 문제는 여전합니다. 1980년대에 정한 하드웨어 표준이 늘 사람들의 예상대로 돌아가지는 않거든요.

사이블 '종교 재판은 언제나 예상 밖'[10]이라는 인터넷 밈처럼 부동 소수점 연산 결과는 언제나 예상 밖이니까요.

아이크 누구도 끝수 처리로 인한 오차를 예상하지 못하죠. 십진법에서 필요한 5의 지수 승은 잘 표현되지 않아요. 이진법에서는 끝수 처리가 이상하게 되죠. 그래서 자바스크립트에서는 달러든, 센트든, 합이든, 차든 이상하게 0이 쭉 이어지다가 맨 끝에 9가 하나 붙어요. 사파리 웹 브라우저와 맥이 숫자 계산을 이상하게 한다고 지적하는 블로그 글이 있었는데, 사실 그게 IEEE에서 정의하는 double이에요. 모든 언어가 똑같죠. 자바든 C든요.

물리학은 좀 정체된 느낌이라 만족스럽지 못하기도 했어요. 귀납적으로 만들어진 거대한 이론이 있고 사람들이 열심히 구석구석을 다듬죠. 암흑 에너지 같은 걸 고안하기도 하고요. 사실상 부정될 수가 없는 이론이죠. 그런 점은 별로였어요. 저는 좀 더 실용적인 무언가, 하지만 동시에 수학과 논리에 바탕을 둔 탄탄한 이론이 있는 쪽에 끌렸어요.

그 후에는 일리노이 어배너-샘페인 대학교(University of Illinois Urbana-Champaign, 이하 UIUC) 대학원 과정에 들어갔어요. 저는 박사까지 마칠 생각이었는데 거기서 맡은 프로젝트에 붙잡혀 버렸죠. 사실 IBM에 속아 넘어간 거였어요. IBM은 코네티컷주 댄버리에 있는 회사에서 인수한 이상한 68020[11] 컴퓨터를 가지고 있었는데 제닉스[12]를 여기에 이식했죠. 이게 버그투성이어서 우리 연구 프로젝트를 끌어들여 우리를 QA처럼 써먹었어요. 매주 월요일 파란 정장을 입은 사람이 와서 우리에게 격려 연설을 해 주었죠. 저희 교수님은 무관심했어요. 어쩌면 다른 교수님을 찾아야 했던 것 같아요. 그런데 그때 짐 클라크[13]가 강연을 하러 학교에 온다는 소식을 들었고, 저는 SGI에 취업하고 싶다고 거의 마음을 먹었죠.

사이블 SGI에서는 어떤 일을 하셨나요?

아이크 대부분 커널과 네트워킹이었어요. 언어와 관련된 배경지식을 점점 더 많이 활용하게 되었죠. 우리는 결국 자체적으로 네트워크 관리와 패킷 분석 계층을 만들어야 했거든요. 제가 필드와 패킷을 찾는 데 쓸 표현식 언어를 만들었어요. 그리고 표현식 변환기도 만들었는데 패킷의 맨 앞 36바이트에서 특정 비트를 뽑아내서 비교해 비교 횟수를 줄이고 최적화하는 변환기였어요.

저는 언어도 또 하나 구현했는데요. 프로토콜 설명을 주면 C 코드를 생성하는 컴파일러였죠. 그런데 누가 이 패킷 분석기에 애플토크[14] 지원을 추가해 달라고 요청했어요. 애플토크는 거대하고 복잡한 프로토콜 잡탕이었습니다. 다양한 크기와 의존성을 갖는 타입의 시퀀스나 필드 문법이 있었는데 대부분은 배열 같은 거였어요. 재미있고 도전적인 일이었죠. 결국 에이호와 얼먼이 집필한 '드래건' 책[15]에 나오는 컴파일러 기술을 써야 했어요. 그게 전부였죠. 결국 `unifdef`[16] 복제품을 만든 것 같아요. 데이브 요스트가 만든 버전이 있긴 했지만 그건 `#if`를 지원하지 않았고, 또 파일 내에서 정의되거나 정의되지 않은 문자열에 따라서 표현식 최소화를 하지 않았어요. 제가 만든 건 둘 다 했죠. 그래서 제 구현은 아직도 살아 있어요. 어쩌면 제 구현이 리눅스에 들어갔을 수도 있겠네요.[17]

저는 1985년부터 1992년까지 SGI에 있었어요. 1992년에 아는 사람 하나가 SGI에서 마이크로유니티로 옮겼어요. 저는 SGI가 회사들을 합병하면서 몸집을 불려 나가는 게 지겨웠죠. 정치꾼들만 들끓었어요. 그래서 저도 마이크로유니티로 옮겼죠. 1990년대에 디지털 경제를 다루는 잡지였던 『Forbes ASAP』에서 경제학자 조지 길더가 다음 대세가 될 것처럼 쓴 회사죠. 그러고 나서 모두에게 잊혔어요. 북부 서니베일에서 2억 달러가 사라졌죠. 그 경험에서 아주 많은 걸 배웠어요. 저는 거기서 GCC 관련 일을 맡아서 컴파일러와 언어 해킹을 했죠. MPEG-2 동영상을 다루는 작은 편집기 언어를 만들었는데, ISO나 IEC 표준 명세처럼 생긴 이상한 언어로 뭔가를 쓰면 실제로 그 문법에 맞는 테스트용 비트 스트림을 생성해 주었습니다.

사이블 마이크로유니티를 떠난 후 넷스케이프로 옮기셨고 그 이후 일은 모두가 알 것 같습니다. 과거를 되돌아볼 때 프로그래밍을 배우는 데 있어 다르게 했더라면 싶은 일이 있나요?

아이크 저는 수학·컴퓨터 과학 전공으로 바꾸기 전까지 물리학 수업을 많이 들었습니다. 수학 수업은 충분히 들었고 프로그래밍도 조금 들었어요. 하지만 저 혼자서도 이미 공부를 좀 했죠. 그래서 정작 프로그래밍 수업에 들어가서는 맨 뒤에 앉아서 다음 공부를 미리 하거나 지루해하거나 딴짓을 했어요. 이런 행동은 개인적인 자기 훈련에는 좋지 않았어요. 아마 제가 배울 수 있었던 걸 놓치기도 했겠죠.

박사 과정을 마친 사람을 만나 보면 그 사람들은 분명 어떤 영역을 저보다 훨씬 깊이 공부했더라고요. 제 생각에는 그게 제가 놓친 기회인 것 같아요. 이제는 돌아가서 다시 할 수 없죠. 인터넷으로 무엇이든 공부할 수 있다고는 하지만 정말로 배우기 좋은 교수와 좋은 강의 내용, 좋은 기회를 만날 수 있을까요? 그래도 그렇게 많이 후회하는 건 아니에요.

프로그래밍에 관한 한 저는 앞서 말했듯이 저수준에서 코딩을 했어요. 객체 지향이나 디자인 패턴 같은 건 몰랐죠. 에리히와 그 동료들이 쓴 '그' 책[18]은 산 적이 없어요. 넷스케이프의 몇몇 사람, 그러니까 다른 인수 합병으로 합류한 몇몇 사람은 제이미 자윈스키와 저한테는 앙숙이었는데 그들은 그 책을 성서처럼 흔들고 다녔죠. 참기 힘들었어요. 그 사람들은 최고의 프로그래머가 아니었거든요.

저는 필요한 것보다 더 저수준에서 일했어요. 모질라와 파이어폭스 일을 하면서 테스트 주도 개발에 대해 더 많이 배웠습니다. 값어치가 있었죠. 퍼즈 테스트[19] 등 다른 것도 많이 했어요. 입력 언어는 다양했고 화면을 그리는 파이프라인은 아주 크고 깊었어요. 게다가 다른 종류의 계산 파이프라인도 있었는데 모두 메모리 안전과 관련된 버그가 있을 가능성이 높은 곳이었죠. 퍼즈 테스트는 다른 어떤 테스트보다도 거의 항상 더 좋은 결과를 냈어요.

저는 정적 분석에도 시간을 쏟도록 다른 사람들을 독려했는데 역시 도움이 되었어요. 꽤 난해하긴 했지만요. 우리는 정적 분석을 잘 활용할 수 있는 사람들을 채용했어요.

사이블 어떤 종류의 정적 분석이었나요?

아이크 C++ 정적 분석이요. 어려운 문제죠. 대개 정적 분석에서는 전체 프로그램 분석 같은 걸 해서 특정 메모리 영역이 제대로 사용되었는지 증명하는 방법을 쓰죠. 그래서 하나의 메모리 영역을 가리키는 변수를 모두 찾기 위해 메모리에 대한 접근을 모두 구분해야 하는데 이건 지수 복잡도의 문제예요. 프로그램이 조금만 복잡해져도 적용 불가능해집니다. 하지만 우리는 정말로 메모리를 걱정할 필요는 없다는 점에서 큰 돌파구를 찾았어요. 프로그램 실행 흐름 그래프를 완벽하게 만들고 호출될 수 있는 함수 구현에 가상 함수를 연결할 수만 있다면, 실제로 실행하지는 않으면서 코드를 부분 부분 떼어서 평가할 수 있어요. 사용하지 않는 코드나 중복인 테스트, 널(null) 검사가 빠진 부분 등을 찾을 수 있죠.

우리가 프로그램을 작동시키는 고수준, 우리가 작성하는 프로그램에 대한 우리 머릿속 증명 시스템이 있는 고수준에서 논의를 할 수 있다면 실제로 더 많은 게 가능해져요. 하지만 이런 증명을 위한 요소를 표현할 수 있는 공통 언어로 된 타입 체계가 없죠. 이게 진짜 문제예요. 커리-하워드 대응 관계에 따르면 논리 시스템과 타입 체계는 서로 대응되는 관계입니다. 타입은 항(term)에 해당하고 프로그램은 증명이죠. 따라서 우리가 강제하려고 하는 이런 고수준 모델을 기술할 수 있어야 해요. 예를 들어 '이 배열은 최소한 처음에는 길이에 이런 제약이 있어야 해. 하지만 그 후에는 다른 제약이 있거나 아예 제약이 없을 수도 있어.' 하는 식으로요. 여기서 한 가지 요령은 다른 규칙이 있을 때에도 이런 구구절절한 설명을 거치는 것입니다. 아니면 추상화를 통해 방화벽 같은 걸 하나 만든 다음, 그 안에서만 효율성을 위해 우리가 세운 불변식을 어길 수도 있죠. 그 안에서 우리가 뭘 하는지는 잘 알고 있고, 방화벽 외부에서 보기에는 여전히 안전할 수 있습니다. 온전한 타입 검사 방식으로는 이런 방식의 구현이 매우 힘들어요.

해스켈로 프로그램을 짜면 무얼 해야 하는지 알기도 전에 증명 시스템부터 정해야만 합니다. 동적 언어가 인기를 얻는 건 실제로 빠르게 프로토타이핑을 하고 암시적인 타입 체계를 머릿속에만 담아 둘 수 있기 때문이지요. 하지만 나중에 그 언어가 타입을 지원하거나 정적 언어로 코드를 다시 짠다면 타입을 적을 수 있어요. 그래서 자바스크립트가 타입을 선택적으로 명시하기를 추구했던 겁니다. 여전히 그렇고요. 위원회에서 논쟁이 있긴 하지만요. 자바스크립트도 미래에는 일종의 하이브리드 타입 체계가 생길 가능성이 아주 높습니다.

우리는 C++ 코드에 주석을 달아서 보수적인 정적 분석기로 검사를 하고 싶었어요. 보수적인 분석기였기 때문에 정지 문제라는 함정에 빠지거나, 시간이 지수적으로 증가해서 검사가 영원히 끝나지 않거나 하지 않았죠. 이런 분석기는 우리가 가비지 컬렉션 안전성이나 함수 분류에 대한 걸 증명하는 데 도움이 되었어요. 스크립트에서 흐름을 가져가는 함수, 스크립트로 흐름을 넘기는 함수 같은 걸로 분류할 수 있었거든요. 그리고 보안 검사를 하기 위해 인터프리터 스택을 다시 만들어야 할 때에도요. 그 덕분에 안전에 관한 특성을 몇 가지 증명할 수 있었어요. 대부분은 고수준 특성이죠. 그저 메모리 안전뿐이 아니에요. 우리는 이 싸움을 계속해야 할 거예요.

사이블 프로그래밍에 대한 아주 고수준 관점이네요. 오늘날 프로그래머가 얼마나 기계에 가까운 부분까지 알아야 할까요? 대부분의 애플리케이션을 자바스크립트로 짜는 프로그래머인데 어셈블리를 이해하는 게 여전히 중요할까요?

아이크 저는 똑똑한 자바스크립트 프로그래머를 많이 압니다. 그중 최고 수준의 사람들은 낭비 없는 프로그래밍을 하죠. 프로그램을 짜면서 벤치마크를 하고 테스트를 합니다. 그리고 자바스크립트를 효율적으로 쓰죠. 하지만 그게 기계어와 어떻게 대응되는지 알 필요는 없습니다.

그들 중 대부분은 우리가 만들고 있는 JIT, VM 트레이스[20]에 관심이 많죠. 게다가 그래픽 작업을 하는 사람이 섬점 더 늘고 있습니다. 사람들에게 충분한 프로그래밍 언어 성능과 그래픽 처리 능력을 준다면 자바스크립트 프로그래머들이 저수준에서도 자바스크립트를 쓰기 시작할 거라고 생각해요. 물리적인 컴퓨터를 잘 활용하는 것과 가상 머신을 잘 활용하는 것 중 어떤 게 정말 중요할까요? 어쩌면 가상 머신 쪽일 수도 있어요.

추상화는 강력합니다. 제가 몹시 싫어하는 것이기도 한데요. 1990년대에는 코바(CORBA), COM, DCOM, 객체 지향 같은 헛소리가 못마땅했어요. 그 당시 어떤 스타트업이 만든 정신 나간 프로그램은 구동돼서 고작 "Hello world."를 출력하기까지 메서드 호출을 20만 번이나 해야 했죠. 비극적인 일입니다. 그런 종류의 것들과 얽힌 프로그래머가 되고 싶지는 않을 거예요. SGI에서는 진짜 하드 코어 프로그래머라면 당연히 커널을 개발했죠. 거기서는 그런 너저분한 짓을 할 수 없었어요. 커널 내 동적 메모리 할당은 아직 낯선 기능이었고 우리는 여전히 고정 크기 테이블을 썼어요. 테이블이 꽉 차면 그냥 뻗었죠.

기계에 가까운 위치를 고수하는 방식으로 저는 허튼소리에 휩쓸리지 않고 제자리를 지키려고 했어요. 하지만 아시다시피 지금은 시간이 갈수록 더 좋고 빠른 하드웨어가 나오고, 어떤 추상화가 좋은지 나쁜지 가리는 진화적인 과정이 동작하고 있어요. 그래서 사람들이 어느 수준 이상에서 일할 수 있다고 봅니다. 어셈블리를 몰라도 좋은 프로그래머가 될 수 있고 효율적인 코드를 쓸 수 있어요.

사이블 반대로 과거에 복잡하고 미로 같은 어셈블리 코드를 쓰던 사람들이 고수준 프로그래밍을 하는 오늘날의 환경에서도 훌륭한 프로그래머가 될 수 있을까요, 아니면 고수준 프로그래밍은 다른 종류의 능력을 필요로 할까요?

아이크 프로그래밍의 특정한 측면에서는 둘 사이에 비슷한 면이 있다고 생각합니다. 생짜 포인터와 행복하고 즐거운 자바스크립트 세계 사이에는 분명 차이가 있긴 하지만요. 어쨌든 이런 면의 차이가 능력 있는 프로그래머와 그렇지 않은 프로그래머를 가르는 것 같긴 합니다.

모든 걸 머릿속에 담아 두는 게 중요합니다. 당연히 사람마다 기억력에는 차이가 있습니다. 기억력이 좋은 사람은 안전한 메모리를 사용하는 아키텍처의 고수준 불변식을 잘 따라갈 수 있기 때문에 포인터 걱정을 할 필요가 없겠죠. 하지만 시간이 흐를수록 기계를 바로 다룰 수 있는 능력을 잃어버리는 것에 대한 불편한 마음도 있습니다. 누군가는 기계를 여전히 다루고 있습니다. 컴파일러가 코드를 만들어야 하니까요. 컴파일러 제작자는 계속해서 더 좋은 결과를 내야 합니다.

사이블 그런 종류의 프로그래밍은 언제나 필요하겠군요. 하지만 지금 성공적인 프로그래머들 중 일부는 저수준 해킹을 해야 했던 시절에는 성공하지 못하지 않았을까요, 아니면 원래 프로그래밍에 적합한 뇌를 가진 무리가 있었는데 지금은 그 무리가 저수준과 고수준으로 나뉜 걸까요?

아이크 저도 커널 코드 해킹을 오래 하진 않았습니다. 그러니 옮겨 가야 하는 사람에 속할지도 모르겠네요. 세상엔 작성해야 할 코드가 많습니다. 그리고 괜찮은 추상화 덕분에 전에는 다룰 수 없던 문제도 해결할 수 있게 되었지요.

사이블 첫 자바스크립트를 구현했던 그 열흘로 돌아가 보죠. 제가 알기로는 어느 시점엔가 당신에게 에이벌슨과 서스먼 책[21]에 관심을 가져 보라고 한 사람이 있었다고요. 그래서 당신의 원래 아이디어는 브라우저에 스킴을 넣는 것이었고요.

아이크 넷스케이프 안에서 나온 반응은 새로운 언어가 자바와 비슷해 보여야 한다는 것이었어요. 스킴을 만든 사람들은 리스프에 알골[22]과 비슷한 문법을 적용했죠. 하지만 스킴 구현을 가져올 시간은 없었어요. 그래서 결국 직접 다 만들었습니다. 이 말은 제가 다른 사람들이 한 실수를 똑같이 했을 수 있다는 거죠.

스톨먼이 주장했던 것 같은 온전한 동적 스코프는 아니었어요. 이맥스에서는 동적 스코프가 중요해서 이맥스 리스프가 온통 동적 스코프[23]죠. 자바스크립트는 대부분 렉시컬 스코프를 사용하지만 약간 특이한 부분이 있습니다. 꽤 동적인 것에 가까운 몇 가지 구멍이 있어요. 전역 객체와 `with` 구문, `eval` 같은 거요. 하지만 `my`가 등장하기 전 펄의 `$` 변수나 Tcl의 `upvar`, `uplevel`과는 달라요.[24] 1990년대엔 그런 게 참 많았어요. 유행이었나 봐요.

하지만 스킴에만 매달리진 않았어요. 시간이 없었거든요. 제가 하는 일의 여파를 충분히 숙고하기엔 시간이 너무 모자랐죠. 저는 브라우저에 구현할 객체의 수를 줄이고 있었어요. 그래서 전역 객체를 윈도 객체로 활용했어요. 알 수 없는 새로운 이름 바인딩이 추가될 수 있게 만들고, 자유 변수[25]에 대한 분석을 정적으로 할 수 없게 만든 원흉이죠. 이 부분은 후회가 됩니다. 더글러스 크락포드와 여타 객체 추종자들은 이 전역 객체를 통한 의도치 않은 접근을 굉장히 싫어합니다. 표현은 다르지만 결국 같은 이야기죠. 자바스크립트에는 메모리 문제를 일으키지 않는 참조 기능이 있고 우리가 원하던 바에 가까이 갔지만 반면에 이런 큰 실수와 구멍이 있죠.

사실 가장 바깥 범위의 이런 변수가 객체의 변경 가능한 속성이 될 수 있도록 만드는 바람에 문제가 되었죠. 다른 사람 모르게 객체의 이름을 덮어써 버리거나 엉망으로 만들어 버릴 수 있거든요. 이건 좋지 않아요. 렉시컬 스코프를 썼어야 했습니다. 함수나 중첩된 함수 안으로 들어가면 거기부터는 스킴과 훨씬 비슷해지거든요. `fluid-let` 같은 복잡한 바인딩 형태는 사실 없어요. `set!` 같은 것뿐이죠.[26] 하지만 지역 변수를 선언할 때 생기는 최초의 바인딩은 렉시컬 바인딩을 따릅니다.

사이블 그래서 이제 사람들은 네임스페이스를 만들기 위해 최상위 함수를 만들죠.

아이크 맞아요. 함수를 만들자마자 호출하는 식이죠.[27] 프라이빗 변수를 선언할 수 있는 안전한 환경이 생기니까요. 더글러스가 이런 방식을 밀고 있죠. 스킴이나 리스프 프로그래머들 중에는 이런 기법을 이미 아는 사람이 있었겠지만, 자바스크립트 사람들은 대부분 이 기법을 배워야 했죠. 더글러스를 비롯한 사람들이 이 방법을 널리 알려서 큰 공헌을 했어요. 안타깝게도 모든 사람이 고품질 스킴 프로그래머가 되지는 못했지만 어느 정도는 성공한 셈이에요. 이제는 사람들이 깊은 수준은 아닐지라도 특정한 패턴 수준에서는 함수형 기법들을 더 많이 이해하고 있죠.

사이블 자, 그게 10년 넘게 이어진 자바스크립트의 상황이고요. 이제는 Ajax 덕에 자바스크립트가 다시 성행하고 있습니다. 사람들이 그러죠. "그래, 이제 자바스크립트를 다시 살펴봐야겠어." 최근에 ES4 제안과 여기에 맞선 ES3.1 제안이라는 극적인 상황을 겪으셨는데요. 이제는 '하모니'라는 계획 아래 두 가지를 통합하기로 정리된 것 같습니다.[28] ES4를 제안하셨을 때 세상에 이렇게 선언하고 싶었던 건가요? "저기요. 저는 정말 똑똑한 사람이고 자바스크립트는 정말 좋은 언어예요."

아이크 아니요, 그렇게 생각하지 않습니다. 더글러스는 그렇게 생각할지도 모르겠지만요. 제 생각에 더글러스는 저를 그렇게 잘 알지는 못합니다. 여하튼 저는 존경을 바라지는 않습니다. 특히 자바에서 온 사람들에게서는요. 자바의 선구자든, 추종자든요.

사이블 ES4는 당신의 발명품이었나요? 지금 알고 있는 걸 모두 알고 있었다면 자바스크립트를 어떻게 만들었을까 하는 질문에 대한 당신의 답변인가요?

아이크 아니요, ES4는 분명 여러 사람이 협동한 결과였습니다. 그리고 타협한 부분도 있어요. 우리는 어도비와 일하고 있었는데 어도비에서 자바스크립트에서 파생된 액션스크립트라는 언어를 만들었거든요. 액션스크립트 3.0이 ES4 제안에 영향을 주고 있었죠. 액션스크립트 3.0은 또 1990년대 후반에 나왔던 월더마 호와트의 최초 자바스크립트 2·ES4 제안에 기반한 것이었고요. 이 원래 제안은 2003년에 넷스케이프가 구조 조정을 겪고 모질라 재단이 세워지는 과정에서 보류되었던 것이었죠.

호와트가 만든 건 괜찮았어요. 제가 1997년 말에 제이미와 함께 모질라 커뮤니티 쪽으로 가면서 호와트에게 전권을 주었죠. 호와트는 아주 영특한 친구였어요. 제 기억에 1987년에 퍼트넘을 땄던 것 같아요.[29] MIT 박사죠. 호와트는 언어의 동적인 면을 계속 유지하려고 했는데, 대규모 프로그래밍을 위한 특정한 기능을 넣는 걸 어려워했죠. 네임스페이스 같은 거요.

반대로 규칙을 더 엄격하게 적용하는 유파도 있었는데요. "우리는 최소한의 기본적인 기능만을 가져야 해요. 우리 명세에서 편의 문법[30]을 모두 없애야 해요. 람다만으로 모든 걸 다 짤 수 있어요. 제가 그런 식으로 생각하니까 사람들도 그렇게 코드를 짜야 해요."라거나 "그렇게 생각하는 게 최선의 방식이에요."라고 주장했죠. 아주 환원주의적이었지만 모든 사람을 위한 방향은 아니었어요. 당연히 머리만 써서 프로그램의 정확성을 증명하는 방법 중 하나는 무언가의 수를 줄여서 원래 언어의 부분 집합만 남기는 거죠. 부분 집합이라는 발상은 강력해요. 하지만 모든 사람에게 이런 종류의 극히 작은 부분 집합만 이용해서 프로그래밍하라는 건 사용성이 떨어져요.

사이블 ES4에 대한 논의 도중 가이 스틸[31]의 논문 「Growing a Language」를 인용하셨잖아요. 리스프 프로그래머로서 제가 이해한 그 논문의 요지는 일단 언어에 매크로 시스템을 넣으면 특별한 편의 문법이 모두 사라진다는 거였는데요.

아이크 확실히 큰 문제가 두 가지 있습니다. 매크로 시스템을 넣는 건 S-표현식에서보다 C와 비슷한 문법에서 훨씬 어렵습니다. AST[32]를 직접 정의하고 표준화해야 할 텐데 힘든 일이죠. 또 다른 문제가 있는데, 매크로 확장 시 변수 충돌 문제를 아직 완전히 이해하지 못하고 있다는 점입니다. 우리와 함께 일하는 데이브 허먼이 매크로 확장의 안전함을 증명하는 논리에 대한 논문을 쓰고 있습니다. 제가 마지막으로 확인했을 때에는 쓰고 있었어요. 어쨌든 이건 아마 유용할 겁니다. 언젠가는 우리도 매크로를 추가할 테니까요.

한두 해 전에 야후에 강연하러 갔을 때 더글러스 크락포드에게 이 이야기를 했는데요. 제가 무척 좋아하는 편의 문법에 대해 이야기를 꺼냈더니 더글러스가 그러더군요. "에이, 그냥 매크로 시스템을 먼저 만들어야 할 것 같은데요." 그래서 제가 말했죠. “아니요, 그러면 9년은 걸릴 거예요.” 그 당시 정말로 정치적인 문제가 있었습니다. 마이크로소프트가 비협조적으로 나왔거든요. 그들은 한참이나 보이지 않다가 ECMA 위원회에 돌아왔죠. 인도 하이데라바드에서 아주 열정적인 사람이 새로 왔는데 이렇게 말했죠. “우리는 CLR(common language runtime)을 인터넷 익스플로러 8에 넣을 거예요. JScript.NET[33]이 우리가 쓰는 새로운 웹 자바스크립트 구현체가 될 거고요.” 하지만 저는 그의 열정이 도가 지나치다고 생각했고 이렇게 대꾸했죠. “아니요, 우리는 그런 방향으로 가지 않아요.” 그래서 사람들이 들고일어났고 위원회가 쪼개졌죠.

그래서 우리는 걱정이 되었어요. 우리가 매크로에 착수해 연구를 시작하면 마이크로소프트가 참여하지 않게 되고, 그러면 마이크로소프트에 경쟁 압력을 줄 수 없게 될까 봐요.[34] 그래서 매크로는 미룰 수밖에 없었습니다. 저는 우리가 자동 문법 검사를 잘 수행하고 나중에 매크로가 생길 때 편의 문법을 모두 매크로로 바꿀 수만 있다면 상관없다고 생각했어요. 하지만 매크로를 기다리는 동안 사용자들에게서 편의 문법을 모두 빼앗을 필요는 없었죠. 이가 썩을 리도 없고[35] 실수를 줄이는 데 도움이 되니까요.

사이블 **다시 1995년으로 돌아가 보죠. 또 어떤 언어가 자바스크립트 최초 설계에 영향을 주었나요?**

아이크 셀프[36]가 큰 영향을 주었죠. 데이브 엉거가 막 썼던 논문들 때문에요. 셀프 코드는 한 번도 만져 본 적이 없었지만 논문에서 영감을 얻었어요. 저는 스스몰토크를 좋아했는데 누군가가 스몰토크에 셀프에서 비롯된 프로토타입 기반 위임(delegation)이라는 아이디어를 적용해 최대한 밀어붙였더군요. 다만 자바스크립트와는 달리 복수의 프로토타입이었습니다. 저는 그게 흥미로웠는데 좋은 컴파일러와 VM 수준 엔지니어링이 둘 다 있었거든요. 좋은 언어 설계라고 생각했어요.

더글러스나 다른 사람과 마찬가지로 당신도 단순화를 원할 거라고 생각해요. 저도 최소한의 기본 요소만으로 얼마나 멀리까지 갈 수 있는지 보여 주는 언어 설계자들을 좋아하고요. 저는 자바스크립트에 일종의 스톡홀름 증후군이 있다고 생각해요. "아, 자바스크립트는 마이크로소프트가 개선하는 걸 멈춰 버렸기 때문에 늘 하던 것만 하는구나. 더 나은 문법이 있어 뭐하겠어. 람다로 모든 코드를 짜는 게 사실 더 추구해야 할 목표야." 하는 거죠. 그런데 이런 스톡홀름 증후군이나 웹을 침체시킨 마이크로소프트와는 상관없이, 언어 설계라는 건 핵심 아이디어 한두 개를 강하게 밀어붙이는 식으로도 잘할 수 있는 일이에요.

사이블 뉴턴스크립트[37]는 전혀 몰랐나요?

아이크 누군가가 저에게 알려 줘서 그제야 깨달았죠. "이런, 저 사람들이 부모 링크라는 이름으로 우리 스코프 체인과 비슷한 걸 만들었어요. 우리 단일 프로토타입 같은 것도 있는데요?" 하고요. 저는 이게 셀프에 기반한 수렴 진화라고 생각해요. DOM 이벤트 핸들러도 그렇죠. 하이퍼토크와 앳킨슨이 만든 하이퍼카드[38]의 영향을 일부 받았죠. 그러니까 제가 셀프와 스킴만 본 건 아니에요. 하이퍼토크에 `onFoo` 형식의 이벤트 핸들러가 있었고 그래서 DOM에 `onClick` 같은 걸 만든 거죠.

추가로 긍정적인 영향을 준 게 있다면 약간 당황스러울 수 있지만 awk[39]였어요. 정말로요. 저는 오래된 유닉스 해커였고 펄이 나온 후에도 여러 가지 자질구레한 일을 하기 위해 여전히 awk를 쓰고 있었죠. 자바스크립트의 일급 함수에 이름을 붙여야 했는데 사실상 awk 때문에 `function`이라고 정했어요. 여덟 글자 키워드가 좀 길긴 하지만 그렇게 된 거죠.

사이블 적어도 'lambda'는 아니었네요. 그 덕분에 자바스크립트가 시작부터 외면을 받는 불행한 운명에 처하지는 않았군요. 자바스크립트에 반대 방향으로 영향을 준 언어도 있었나요? 그러니까 '저건 하지 말아야지' 같은 거요.

아이크 시간이 너무 부족했기 때문에 '아, 나는 에이다나 커먼 리스프를 만들면 안 돼.' 같은 걱정은 없었어요. 자바는 어떤 면에서 타산지석이 되었죠. 저는 자바스크립트가 자바와 비슷하게 보이도록 만들면서도 자바처럼 이상한 동작을 하지는 않게 만들어야 했어요. 이를테면 자바에서 기본(primitive) 타입과 객체 타입을 구분한 거요. 또 클래스 비슷한 건 전혀 넣고 싶지 않았죠. 그래서 클래스 방식에서 방향을 틀어 셀프를 보고 프로토타입을 넣게 된 거죠.

사이블 **자바와 더 밀접하게 얽힌 언어를 만드는 것은 고려해 본 적이 없나요? 자바를 가져다가 기본 타입이나 다른 필요 없는 복잡한 것들을 빼고 일종의 단순한 부분 집합을 만든다든지 해서요.**

아이크 문법이 자바와 비슷해야 한다는 경영진의 압력이 좀 있었어요. 또 너무 크게 만들면 안 된다는 압력도 있었죠. 어쨌든 진짜 프로그래밍을 하려면 사람들은 자바를 써야 할 테니까요. 이 언어는 자바의 모자란 동생이 되어야 했죠.

사이블 **그래서 자바와 비슷하지만 너무 비슷하지는 않게 만들길 원했군요.**

아이크 맞아요. 제가 클래스를 넣었다면 아주 큰 문제에 빠졌겠죠. 그럴 시간이 없기도 했지만 넣지 않는 게 맞았어요.

사이블 **현재로 돌아와서, ES4는 공식적으로 폐기되었고 이제는 모두가 ES3.1에 ES4의 아이디어를 적당히 섞은 ES 하모니에 집중하고 있는데요. 이게 정말 옳은 선택이라고 생각하시나요?**

아이크 더글러스가 첫 블로그 글에서 승리를 좀 뽐냈어요. "우리가 이겼습니다. 악마를 퇴치했습니다." 하면서요. 제가 작년에 런던에서 발표를 하면서 슬라이드에 농담을 하나 넣었는데요. 간달프인 더글러스가 크하자드둠의 다리에서 ES4발로그를 처치하는 그림[40]이었죠. 더글러스가 이걸 좋아했죠. 제가 더글러스를 놀린 건 처음이었는데 이 주제만 나오면 더글러스는 너무 심각해지거든요. 어쨌든 더글러스는 좋아했습니다. 영웅이었으니까요. ES4가 그런 괴물은 아니었지만요.

돌이켜 보면 ES4는 너무 컸어요. 하지만 표준을 만들려면 현실적일 필요가 있죠. "알론조 처치[41]가 람다만 있으면 된다고 증명했어. 그러니 언어에 람다 말고 다른 건 필요 없어."라고 말할 수는 없어요. 그렇게 모든 사람을 전문가로 만들려고 하는 접근 방식은 언어의 질을 떨어트릴 거예요. 자바 업계에서 엉뚱한 걸 배운 세상의 수많은 프로그래머에게는 통하지도 않을 거고요. 자바스크립트가 '언젠가는' 몰락하겠지만 우리는 계속 진화할 수 있어요. 순수함을 좇느라 편의 문법을 너무 제한하지만 않는다면 이론적인 면이나 현실적인 면 양쪽에서 경쟁력을 유지할 수 있습니다.

언어는 프로그래머에게 주어지는 문제를 풀기 위해 진화해야 해요. 프로그래머가 추상화된 라이브러리를 직접 만들어서 문제를 풀 수도 있겠죠. 하지만 언어가 확장되지 않으면 그런 언어로 추상화를 만드는 능력이 제한을 받아요. 게터나 세터를 만들 수 없다든지, 객체가 네이티브인 것처럼 보이게 만들 수 없다든지, 프로퍼티를 코드로 표현할 수 없다든지 하는 것들이요. 또 이런 보안 문제는 암시적인 방식이나 자동화된 방식으로는 풀 수 없어요.

사이블 전반적으로 프로그래밍 언어들이 점점 나아지고 있다고 느끼시나요?

아이크 네, 그래요. 어쩌면 두 번째 황금기에 접어들었는지도 모르겠네요. 언어에도, 새로운 언어를 발명하는 일에도 관심이 모이고 있어요. 우리는 프로그래밍에 대해 이야기합니다. 프로그래밍은 글쓰기나 음악처럼 기술을 꾸준히 갈고닦아야 하죠. 그런데 우리가 쓰는 언어는 말이죠. 음악으로 따지면 조성 체계 같은 것인데 이것도 중요합니다. 언어는 중요해요. 따라서 프로그래밍 언어는 진화해야 합니다. 그대로 멈춰 있으면 안 돼요. 웹에는 호환성이 필요하기 때문에 자바스크립트가 오랫동안 가만히 있어야 할 수도 있죠. 하지만 그렇다고 멈춰 서 있어서는 안 됩니다. 웹의 자바스크립트를 대체하지 못하더라도 더 나은 자바스크립트를 만들거나, 아니면 그다음 단계로 나아가야 해요.

루비 같은 걸 보세요. 에이다와 스몰토크의 영향을 받았죠. 좋아요. 저는 절충하는 걸 꺼리지 않아요. 하지만 루비는 과대평가된 것 같아요. 언어가 나쁜 건 아니지만 이따금 루비 팬들을 보면 예수가 재림한 듯이 루비가 모든 문제를 풀어준다는 식이에요. 그렇지는 않은데 말이죠. 우리에겐 새로운 언어가 필요하지만 너무 과장해서는 안 됩니다. C++ 열풍이나 '디자인 패턴이 우리를 구원할 거야.' 같은 걸 좀 보세요. 1980년대 유닉스 C 세계의 보수적인 면에 대한 반작용일 수도 있지만요.

어쨌든 언젠가는 더 나은 언어가 나와야 합니다. 증명 도우미나 증명 체계 같은 게 필요하거든요. 코드에서 활용하는 어떤 전제를 자동으로 검증하는 무언가 말이에요. 물론 모든 걸 증명할 수는 없겠죠. 그렇죠? 밸그린드나 경합 상태를 감지하는 동적 도구도 멋지긴 합니다. 브룩스 말마따나 은 탄환은 없습니다.[42] 하지만 더 나은 언어는 있고 우리는 그런 언어로 가능한 한 옮겨 가야 합니다.

사이블 프로그래밍 언어를 설계할 때 어느 정도까지 프로그래머의 실수를 막을 수 있어야 할까요?

아이크 자바처럼 노동력이 드는 블루칼라 언어는 말도 안 되게 복잡한 제네릭 시스템을 가지면 안 됩니다. 블루칼라 사람들은 공변(covariant)이나 반변(contravariant) 타입 조건 문법이 대체 뭔지 이해하기 힘들거든요. 분명 저도 C나 C++를 쓰면서 제 발등을 찍은 적이 있습니다. 프로그래밍은 엔지니어링적인 측면이 있죠. 엔지니어링에는 다양한 안전 요건을 다루는 일이 포함되고 또 중요해요. 브라우저를 만드는 일에서도 그렇죠. 세락-25라면 더 중요하고요. 세락-25 사고는 스레드 스케줄링 문제였던 것 같긴 하지만요. 하지만 그렇더라도 동시성이 있는 프로그램을 작성하거나 하드웨어 병렬성을 활용할 때 더 나은 언어에 대한 이야기를 하게 되죠. 모든 사람이 항상 `synchronized` 블록을 쓸 수는 없어요. 뮤텍스나 스핀락을 쓸 수도 없고요. 그러니 언어를 통해 얻을 수 있는 이점은 절충점을 받아들이는 형태일 수도 있어요. "안전을 위해 이런 표현력을 희생해야겠어."처럼요.

제 생각에 자바스크립트는 자바스크립트를 일종의 x86 람다 언어로 쓰고 싶어 하는 과격한 순수주의자들에 맞서서 이런 점을 고수해 왔어요. `call/cc`[43]는 추가하지 않을 겁니다. 그럴 이유가 없어요. 구현하는 사람의 부담은 일단 논외로 하더라도 언어를 사용하는 사람들이 분명 이상한 방향으로 몰고 갈 거예요. 그런 사람이 다수는 아닐지 몰라도 슈퍼 해커가 되고 싶은 사람들은 그러고도 남죠. 일종의 프로그래밍 신전이 있어요. 〈필사의 도전〉 보셨나요? 그 주인공들처럼 특별한 자질을 지닌 대담한 사람들이 있죠. 사람들은 그 가장 높은 곳에 오르려고 합니다. 그러다가 떨어지거나 다치기도 하면서요.

자바스크립트를 가지고 그렇게 쓸데없는 걱정을 할 필요는 없어요. 자바스크립트에는 일급 함수가 있어요. 프로토타입도 있는데 다만 표준적인 클래스 기반 객체 지향이 아니라서 조금 헷갈리는 거죠.

그걸로 거의 충분해요. 저는 "됐어요. 우리는 언어를 더 이상 고치지 않을 겁니다."라고 말하는 최소주의자는 아닙니다. 마이크로소프트한테는 좋은 핑계였지요. 저는 그게 아주 화가 났어요. 사람들이 엄청나게 많은 시간을 허비해야 했고 아직도 버그가 있거든요.[44] 그리고 아시다시피 람다로 코딩을 하면 찾기 어려운 버그가 아주 많이 생기죠.

더글러스는 사람들에게 다른 패턴을 가르쳤어요. 하지만 저는 피터 노빅[45]에게 동의하는데, 이런 패턴은 언어에 일종의 결함이 있다는 걸 보여 줍니다. 이런 패턴은 공짜가 아니에요. 공짜 점심은 없죠. 우리는 올바른 요소를 추가해 가며 언어의 진화를 추구해야 합니다. 선택적인 타입은 어쩌면 들어갈 수도 있어요. PLT 계약[46]과 비슷한 형태일 수도 있습니다.

사이블 C++ 정적 분석부터 자바스크립트의 트레이스 JIT와 새로운 기능들까지 다루시는 많은 일을 보면 최첨단 컴퓨터 과학 연구를 많이 쫓아가려고 노력하시는 것 같습니다.

아이크 우리는 훌륭한 일을 하고 있습니다. 하지만 영리하게 하려고 하죠. 우리는 연구의 초점을 움직이려고도 하고 있습니다. 학계 연구에 아주 큰 문제가 있기 때문이죠. 업계와 너무 멀리 떨어져 있어요. 이 문제는 심지어 제가 학교에 있던 시절부터 아주 뚜렷했는데요. 여전히 문제입니다.

자, 우리는 무언가 잘못된 걸 고치고 싶습니다. 우리는 현실적인 사고방식을 지닌 학계 사람들과 일하고 있어요. 이건 좋죠. 우리에겐 돈이 많지 않기 때문에 지렛대를 활용해야 합니다. 사람들이 서로 이야기하고 교류할 수 있게 돕는 정도의 일도 조금이나마 지렛대가 될 수 있지요.

해마다 학계가 죄다 미국 국립 과학 재단[47] 연구비를 쫓아갈 때 우리는 무언가를 놓칩니다. 또한 우리는 동적 언어의 부상을 목도하고 있는데요. 동적인 언어가 자바나 여타 정적 언어를 완전히 몰아낼 거라는 바보 같은 소리가 들립니다. 터무니없는 생각이죠. 그런데 정작 학계는 정적 타입 체계가 궁극적인 지향점이라고 확신하고선 특정한 타입 체계만 연구하고 있습니다. ML[48]이나 힌들리-밀너 타입 추론 같은 거요. 업계와는 완전히 동떨어져 있죠.

사이블 왜 그런 걸까요? 진짜 문제는 전혀 풀지 않아서일까요, 아니면 부분적인 해결책만 내놓아서일까요?

아이크 지금은 사라진 자바스크립트 버전 4의 참조 구현을 셀프 호스팅하려고 SML 뉴저지[49]로 작업한 적이 있어요. 언어 정의를 위한 인터프리터를 만들려고 하고 있었습니다. 힌들리-밀너 추론도 사용하지 않았어요. 타입이나 인자 정보를 달아서 타입을 같게 만들 수 없을 때 나오는 악명 높은 끔찍한 오류 메시지를 벗어나려고 했죠. 게다가 문제가 있는 소스 코드를 아무 데나 막 보여 주었는데요. 보통은 엉뚱한 곳이었죠. 그러니까 구현 품질 문제가 있었어요. 어쩌면 타입 이론에도 문제가 있었는지도 몰라요. 타입을 같게 만들 수 없을 때 유용한 오류 메시지를 내보내는 건 어려우니까요.

이제는 더 많은 연구를 해서 프로그래머가 더 이해하기 쉬운 오류, 문제가 있는 곳을 더 잘 짚어 주는 오류를 내기 위해 더 높은 수준의 모델을 개발해 볼 수 있을 거예요. 제가 너무 지엽적인 문제를 짚는 것일 수도 있겠지만 저에게는 큰 문제 같아 보여요.

학계는 사람들을 더 나은 모형으로 이끄는 데 그리 도움이 되지 않았어요. 이건 학계의 직무 유기라고 생각합니다. 그들의 잘못은 아닐 수도 있어요. 그들이 먹고살기엔 경제적인 조건이 좋지 않으니까요. 하지만 우리가 엄청나게 병렬성이 높은 미래를 향해 가고 있는 걸 모두 알고 있었어요. 아무도 그 문제를 풀지 않았죠. 이제는 모두들 트랜잭셔널 메모리에 관심을 쏟고 있는데요. 그걸론 문제가 풀리지 않을 거예요. 중첩된 트랜잭션의 롤백이나 많은 수의 프로세서를 놓고 다툴 수 있는 중첩된 트랜잭션은 나오지 않을 거예요. 효율적일 수가 없거든요. 몇몇 경우에는 정확하게 동작하지 못할 거예요. 모든 동시성, 병렬성 프로그래밍 알고리즘을 옮길 수도 없을 거고요. 그러니 기대하지 마세요.

조 암스트롱[50] 같은 사람은 아무것도 공유하지 않는 접근 방식을 아주 멋지게 구현했죠. 브라우저 구현 속 맞춤형 시스템에서 많이 볼 수 있어요. 크롬이 아주 많이 쓰죠. 우리도 이 방식을 우리 자바스크립트 구현에서 우리 식으로 만들었어요. 그런데 제 생각에 학계는 아무것도 공유하지 않는 방식에 관심도 없는 거 같아요. 트랜잭셔널 메모리가 더 흥미로울 수는 있죠. 특히 컴퓨터 아키텍처로 구현한 종류는요. 트랜잭셔널 메모리를 위한 좋은 인스트럭션이나 하드웨어 지원을 잘 만드는 방법을 알아낼 수 있을 테니까요. 하지만 그걸로는 우리가 마주한 모든 문제를 풀 수 없어요.

저는 앞으로 진전이 있다면 분명 프로그래밍 언어의 발전을 수반하리라고 봅니다. 그래서 저는 두 번째 황금기에 대한 이야기가 틀리지 않았다고 생각해요. 그저 미래 언어의 사용자가 미래 언어의 개발자 그리고 진정한 돌파구가 될 언어를 연구할지 모를 학계와 연결되지 않았을 뿐이에요.

사이블 석사만 따고 박사 과정은 들어가시지 않았는데요. 프로그래머가 되고 싶은 사람에게 일반적으로 컴퓨터 과학 박사 과정을 추천하시나요, 아니면 특정한 부류의 사람에게만 추천하시나요?

아이크 특정한 부류의 사람들에게는 추천할 만해요. 박사 과정을 공부하려면 특정한 기술이 필요합니다. 가끔은 그저 오래 버텼기 때문에 박사를 따는 게 아닌가 싶기도 하고요. 하지만 그러면 이름 뒤에 붙일 수 있는 두 글자가 생기죠. 어떤 길에 들어서려면 박사가 도움이 되기도 합니다. 하지만 실리콘 밸리에서 제 경험을 보면 경제적으로 좋은 선택은 분명히 아닌 것 같아요. 우리가 살아온 지난 20여 년의 활황 속에서는요. 비록 그 활황에 끝이 오는 건지도 모르겠지만요. 여하튼 저는 후회하지 않습니다.

체계적으로, 어쩌면 심지어 여가 활동처럼 무언가를 연구할 수 있는 능력은 매력적이에요. 업계 일각에서는 시장 진입이니, 무어의 법칙 편승이니 하며 경쟁하면서 빠른 호흡으로 대응하기 바쁘고, 가끔은 날림 소프트웨어를 내놓죠. 모든 사람이 이렇게 산다면 창피할 것 같아요. 그러니까 박사가 되고 싶은 사람, 박사에 걸맞은 능력이 있는 사람의 역할이 있는 거죠. 흥미로운 연구 주제도 있고요. 모질라에서 우리는 학계 연구 그룹 사이에서 높이 평가되는 것과 업계에서 이미 쓰이고 있는 것 사이에 위치한 것들을 추구하기도 해요. 컴파일러나 VM 관련 주제, 디버거, 심지어 밸그린드 같은 프로파일링 도구도 있죠. 저평가되고 연구자들에게는 별로 흥미롭지 않은 것들, 어쩌면 충분히 새롭지 않거나 엔지니어링이 너무 많이 필요한 것들, 그런 것들에도 혁신이 일어날 여지가 있어요. 우리는 안드레아스 갈[51]과도 일하고 있는데 안드레아스가 쓴 이런 논문들은 너무 실용적이라고 거절당했죠.

물론 우리는 이런 방향으로 관심을 기울이는 연구자도 필요하고 연구를 하는 프로그래머도 필요해요. 우리는 프로그래밍 규율이 상아탑의 사람들로부터 고립된 블루칼라 사람들만의 것이 되지 않도록 해야 해요.

사이블 증명에 대해서는 어떻게 생각하시나요?

아이크 증명은 어렵습니다. 대부분의 사람은 게으르죠. 래리 월이 맞아요. 게으름은 미덕이 되어야 합니다. 그래서 제가 자동화를 좋아해요. 학계에서는 증명을 사랑하지만 대부분의 프로그래머는 질색을 하죠. 단정문을 쓰는 건 도움이 될 수 있어요. 경고 레벨이었어야 하는 나쁜 단정문도 있긴 하지만 모질라에서는 좋은 단정문이 점점 늘어나고 있죠. 단정문을 보다 보니 이상적인 타입 체계가 있었다면 표현하고 싶었을 불변식이 무엇인지 어렴풋하게 감을 잡을 수 있었어요.

단정문을 증명해야 할 요소로 생각하면 좋은 것 같아요. 하지만 그렇다고 완전한 증명으로 착각해서는 안 됩니다. 사실 학계에서 출판된 논문에도 구멍투성이인 증명이 아주 많습니다.

사이블 완전히 다른 주제로 넘어가 보죠. 고쳐야 했던 최악의 버그가 있었다면 무엇인가요?

아이크 아, 최악의 버그는 멀티스레드 버그죠. SGI에서 했던 일 중에 유닉스 커널에 관련된 게 있었어요. 그 당시 다른 유닉스 커널처럼 그 커널도 원래는 거대한 단일 실행 흐름만 있었어요. 일단 시스템 콜로 커널에 진입하면 끝까지 멈추지 않고 실행되었죠. 인터럽트만 빼고요. 그래서 끝까지 모두 실행되는 걸 보장하기 위해 커널 자체 자료 구조에는 락을 사용하지 않아야 했어요. 뭐, 좋아요. 꽤 단순하죠.

그런데 SGI에 HP 출신의 야심만만한 젊은 사람들이 들어왔어요. 그 사람들은 SGI에 들어와서 대칭형 다중 처리[52]를 선전하고 다녔습니다. 그들이 기존 커널 그룹을 완전히 흔들어 놓았어요. 신입들과 함께 와서 대칭형 다중 처리 작업을 했는데요. 끝까지 열심히 하더군요. 정말 꽤이나 대단한 성공이었죠. 그들이 사용한 기술은 C와 세마포어, 스핀 락에다 아마 모니터, 조건 변수였나 그 정도가 다였어요. 모두 손으로 짠 코드였죠. 당연히 버그가 엄청나게 많았습니다. 정말 악몽 같았죠.

저는 호주와 뉴질랜드로 출장을 떠나야 했죠. 덤으로 공짜 여행도 했고요. 그 일에 대해 글도 썼이요.[53] 현장에서 결국 버그를 잡긴 했지만 문제를 찾아서 고치는 건 지옥 같았죠. 단일 스레드 커널 코드를 가져다 SMP 멀티스레드 커널에 넣어 놓고서는 경합 조건은 별로 따져 보지도 않았거든요. 그래서 일단 문제를 찾는 테스트 케이스를 만들어 내야 했죠. 그것만으로도 아주 어려웠어요. 고객은 우리가 출장을 와 있는 동안 버그가 수정되기를 원했기 때문에 시간 압박도 있었죠. 문제를 고쳐 내야만 했어요.

분석하는 것도 어려웠죠. 실행 타이밍에 따라 결과가 달랐으니까요. 이 컴퓨터가 터미널 집중 장치 때문에 혹사당하는 것과 관련이 있었어요. 사람들은 PTY[54]를 진짜 터미널에 잔뜩 연결해서 썼어요. 연구소든 호주 브리즈번에 위치한 소프트웨어 회사든 1970년대식으로 칸막이가 가득 세워진 공간에서 많은 사람이 일하고 있었고, 한쪽 끝에 세워진 유리벽 너머에는 프로세서가 두 개 달린 SGI 머신을 비롯해서 컴퓨터들이 많이 있었습니다. 어려운 일이었지만 결국 문제를 찾아내서 기뻐요.

이런 버그는 몇 년씩 남아 있지는 않지만 찾기 정말 어렵죠. 여러분의 삶을 일시 중지하고 여기에 대해서만 늘 생각하고 꿈도 여기에 대해서만 꾸어야 합니다. 하지만 결국에는 아주 기초적인 방법을 사용하게 되는데요. 다른 버그들과 마찬가지예요. 이진 분할을 하게 되죠. '늑대 울타리' 아시죠?[55] 실행되는 모습이나 메모리 상태를 관찰하면서 단서를 쫓거나 버그가 있을 수 있는 영역이나 실행 흐름, 접근 가능한 데이터 영역을 구분하려고 노력하게 됩니다. 잘못된 포인터가 저장되는 문제라면 큰일 난 거죠. 더 쓰기 어려운 도구를 고민하기 시작해야 합니다. 기가헤르츠 CPU 덕에 최근 빛을 보고 있는 밸그린드나 퓨러파이(Purify) 같은 거요.

전체 메모리 계층을 계측하고 검사를 통과한 모형이 있다면 큰 도움이 될 겁니다. 뉴질랜드에 있는 우리의 브레인, 로버트 오캘러핸이 밸그린드 프레임워크에 기반한 자신만의 디버거를 만들었는데요. 실행하는 모든 인스트럭션을 효율적으로 기록합니다. 전체 프로그램 상태를 어느 시점으로든 재현할 수 있죠. 단순한 시간 여행 디버거가 아니에요. 완벽한 데이터베이스라서 어떤 자료 구조가 있을 때 어떤 필드에 망가진 값이 있으면 이렇게 할 수 있는 거죠. '누가 마지막으로 이 값을 썼지?' 확인하면 전체 스택이 나와요. 효과로부터 원인을 추적할 수 있는 겁니다. 디버깅에선 이게 전부잖아요? 그래서 아주 느립니다. 실제 실행보다 100배쯤 느려요. 하지만 희망이 있습니다.[56]

하지만 더 빠른 기록용 VM을 쓸 수도 있는데요. 이걸 쓰면 시스템 콜이 일어나거나 I/O가 일어날 때에만 기록이 이루어집니다. 망가진 프로그램 상태를 기록된 상태로 되돌릴 수 있지만, 기록된 시점들 사이로 들어가기는 어렵죠. 하지만 이건 거의 실제 실행 시간에 가깝게 빠르기 때문에 일단 이걸로 범위를 좁힌 다음에 로버트의 기록 디버거를 쓰면 될 거예요. 아주 느리지만 모든 프로그램 상태를 기록해서 버그를 찾을 수 있으니까요.

디버깅 분야는 안타까울 정도로 연구가 부족합니다. 업계와 학계 사이의 큰 격차를 보여 주는 또 다른 예죠. 학계에서는 증명을 합니다. 가끔은 손으로 하지만 POPLmark 챌린지[57] 같은 것 덕분에 기계적인 증명도 늘어나고 있죠. 하지만 현실 세계에서는 모두가 디버거를 사용하고, 이런 디버거는 GDB처럼 1970년대에서 온 물건들이죠.

사이블 현실 세계에서 사람들이 갈리는 것이 또 한 가지 있다면 심벌릭 디버거를 쓰느냐, 프린트 문을 쓰느냐일 것 같은데요.

아이크 네, 저는 GDB를 씁니다. GDB가 적어도 맥에서는 대부분의 경우 와치포인트가 잘 동작해서 다행이에요. 특정한 메모리 주소에 와치포인트를 만들면 데이터가 좋은 값에서 나쁜 값으로 바뀔 때 잡아낼 수 있죠. 꽤 유용해요. 이게 안 되면 printf를 써서 이진 분할을 합니다. 범위를 충분히 좁히고 난 다음엔 보통 GDB 안에서 이런저런 시도를 해 보거나 GDB 명령어 스크립트를 사용합니다. 하지만 믿을 수 없을 만큼 잘되지 않아요. GDB 스크립트 언어 자체가 좀 약하죠. 밴 제이콥슨이 반복문을 추가했던 것도 같은데 실제 GDB에 포함되었는지는 모르겠네요. 자유 소프트웨어 재단의 검사를 뚫고요.[58]

하지만 도움이 되는 다른 디버깅 도구도 아주 많습니다. 기록해서 재현해 보는 크로노맨서(Chronomancer)나 리플레이(Replay) 같은 새로운 시도는 좋죠. 최근 제 경험으로는 확실히 엄청나게 편해졌습니다. 멀티스레드는 잘 모르겠네요. 헬그린드(Helgrind)[59]도 있고 우리가 쓰는 다른 동적 경합 감지 도구도 있습니다. 이런 도구는 가짜 오류도 내뱉기 때문에 우리가 오류를 걸러 내야 합니다. 도구를 개선하거나 아예 감지되지 않도록 우리 코드를 고치면서요. 이런 도구의 성패는 아직 결정되지 않은 것 같네요.

솔직히 저는 멀티스레드가 무서워요. 결혼해서 애가 생기기 전에는 멀티스레드가 제 인생의 많은 부분을 잡아먹었거든요. 모든 사람이 동시성을 고민할 준비가 되어 있지는 않아요. 간단한 시나리오에서도 가능한 순서의 조합을 모두 고려할 수 있는 사람은 많지 않죠. 자신의 코드를 다른 사람의 코드와 결합하면 바로 통제가 불가능해집니다. 어떤 상태가 가능한지 머릿속에 다 떠올릴 수도 없어요. 대부분의 사람은 감당할 수 없습니다. 저도 슬래시닷(slashdot.org)의 허풍쟁이들처럼 할 수 있습니다. 제가 블로그에 "스레드는 형편없어."라고 쓰면 이렇게 말하는 사람이 꼭 있죠. "헐, 아무것도 모르는 사람이군. 진짜배기가 아니야." 어이가 없죠. 바보들 같으니라고. 전 뉴질랜드와 호주에 출장 가서 멀티스레드 버그를 잡은 사람이에요. 출장에 여러 특전이 있긴 했지만 정말 고통스러웠고 오래 걸렸어요. 아일랜드 작가 오스카 와일드가 공산주의에 대해 말했듯이요. "저녁이 너무 많이 필요합니다."[60]

사이블 코드를 어떻게 설계하시나요?

아이크 프로토타이핑을 많이 합니다. 일종의 고수준 의사 코드를 쓴 후에 바닥부터 채워 나가는 식으로 하기도 했는데요. 이런 방식은 좀 줄었습니다. 그냥 제 머릿속에 고수준 의사 코드를 넣어 놓고 그 수준에 이를 때까지 아래서부터 채워 나가면 되거든요. 가끔은 기존 코드를 가지고 일할 때도 있는데요. 새로운 서브시스템이나 뭔가를 따로 추가하거나 하는데 거의 다 상향식으로 할 수 있습니다. 중간에 문제가 생기면 여전히 의사 코드를 씁니다. 그리고 완성할 때까지 다시 상향식으로 채워 나가죠. 하지만 이 과정이 너무 길어지지 않게 하려고 노력합니다. 테스트를 할 수 있어야 하니까요. 코드가 실행되는 걸 보고 한 단계씩 실행하면서 기대한 대로 동작하는지 확인해야 합니다.

이런 수준의 설계를 하기 전에 개체 관계 모델링이나 전체 모듈 나누기 같은 걸 하기도 합니다. 아마 알고리즘에 대한 것도 있겠죠. 복잡도가 얼마인지 따져봐야 하는 시점이에요. 이게 선형인지, 상수인지 하는 것들이요. 제가 뭔가 선형 탐색을 썼는데 이게 합성을 거쳐 더 높은 차수가 되면, 웹에 풀린 후 언제나 웹 개발자들이 이 문제를 찾아내요. 이 사람들이 작성한 프로그램에서는 그런 코드가 문제가 되는 거죠. 그래서 우리는 상수 시간인 자료 구조를 아주 많이 쓰는 경향이 있습니다. 그렇더라도 상수는 1이 아닐 수 있죠. 신경 써야 할 만큼 클 수도 있어요.

그래서 우리는 프로토타이핑을 많이 합니다. 상향식도, 하향식도, 중간에서 만나는 식도 많이 합니다. 제 생각에 모질라에서 우리는 코드 재작성을 충분히 하지 않는 것 같아요. 우리는 아주 보수적입니다. 오픈 소스잖아요. 그래서 우리가 키우려고 하는 커뮤니티가 있습니다. 새로운 사람도 끌어들여야 하고요. 분명 사용자들이 우리에게서 얻는 가치가 있어요. 새로운 시도를 과도하게 하는 바람에 코드를 재작성하면서 3년간 릴리스를 멈추고 싶지는 않아요.

하지만 정말로 변화를 만들고 싶은데 자신이 하는 일을 정확히 모르겠으면 재작성을 하세요. 자신이 하는 일을 깨달으려면 몇 번의 시도가 필요할 거예요. 그러고 나면 더는 바뀌지 않을 더 견고한 설계가 생기겠죠. 그러면 패치를 하기 시작하는 거예요. 그러다 패치가 잘되지 않는 성숙한 상태에 다다르게 되지요. 코드가 진화적으로 막다른 길에 다다른 거예요. 어쩌면 좋은 매몰 비용이었다고 치고 수년간 그대로 있을 수도 있어요. 어쩌면 교체가 절실히 필요한 건지도 모르고요. 오픈 소스 세계에서는 더 나은 표준 라이브러리가 출현할 수도 있죠.

제 생각에는 그래서 이야기가 다시 프로그래밍의 기예로 돌아옵니다. 우리는 옛날 설계 하나만 보고 코드를 쓰는 게 아니에요. 우리는 프로그래밍을 계속 갈고닦기를 원하고 여기에는 설계에 대해 생각하고 자신의 코딩 경험을 설계 과정에 반영하는 일이 포함됩니다.

저는 상아탑에서 나오는 설계와 디자인 패턴이 딱 질색이에요. 피터 노빅이 할리퀸[61]에 있을 때 논문을 하나 썼는데, 프로그래밍 언어에서 디자인 패턴은 사실 결함일 뿐이라는 거였어요. 더 좋은 프로그래밍 언어를 찾으라고요. 노빅의 말이 전적으로 옳아요. 패턴을 경배하면서 '아, 나는 X 패턴을 쓸 거야.' 하고 생각하는 꼴이라니요.

사이블 새로운 경험이 일을 풀어 나가는 새로운 길을 보여 줄 수 있다는 거군요. 코드를 작성하다 보니 현재 설계의 큰 결함이 보이는 경우는 어떤가요?

아이크 그런 일도 일어나죠. 많이요. 가끔은 다 버리고 출발점으로 돌아가기가 어려워요. 발을 이미 담가 버렸고 함정에 빠진 거죠. 자바스크립트를 만들 때에도 그런 일이 있었어요. 저는 아주 급했고 바이트코드 인터프리터를 만들었죠. 그 시점에 제가 한 일을 후회하게 될 걸 알고 있었어요. 하지만 다른 사람이 이해할 수 있는 설계였고, 다른 사람이 제 일을 도와줄 수 있다고 생각했죠. 저는 설계에 대해 항상 고민합니다. 제가 방금 깨달은 게 있는데 우리가 가장 까다로운 설계 결정을 재검토하는 사치를 언제나 누릴 수 있지는 않다는 사실입니다. 보통 이런 때에는 대규모 재작성을 시도하니까요. 단계적으로 재작성하는 방식으로 까다로운 설계 결정을 바꾸는 게 정말 어려울 수도 있잖아요?

사이블 대규모 재작성을 해야 할 때라고 어떻게 결정하시나요? 조엘 스폴스키[62] 덕에 넷스케이프는

이래저래 대규모 재작성의 위험을 보여 주는 전형으로 알려졌는데요.

아이크 넷스케이프의 명령이었어요. 새 회사 인수 후에 디자인 패턴 책을 흔들어 대는 사람들이 만든 새 렌더링 엔진을 쓰기로 결정했죠. 그 사람들은 승자처럼 느꼈을 거예요. '처음으로 만들어 본 객체 지향 렌더링 엔진' 정도였는데 말이에요. 높은 수준에서 보면 좋아 보였죠. C++와 디자인 패턴을 썼으니까요. 하지만 문제가 많았어요.

하지만 대규모 재작성을 결정한 두 번째 이유는 제가 모질라 커뮤니티에 있었고 넷스케이프에 정말 화가 난 상태였기 때문이죠. 제이미처럼요. 제이미는 언제라도 그만둘 태세였어요. 아시다시피 저는 우리가 새로운 기여자들이 정착할 공간을 열어야 한다고 생각했어요. 1994년부터 이어져 온 이리저리 엉킨 학생 수준 코드로는 할 수 없었죠. 제가 쓴 유닉스 커널 스타일 인터프리터 코드도 그렇고요. 이건 코드 자체는 괜찮았지만요.

우리는 꽤 큰 재시작을 해야 했어요. 네, 출시까지 4년이 걸릴 예정이었죠. 그 시점에는 고위 경영진에게 이야기하지 않았던 것 같아요. 그 사람들이 듣고 싶지 않아 했을 테니까요. 그래서 우리는 그들에게 '최적화해서' 이야기했어요. 그 덕분에 경영진 몇 명의 목이 잘렸죠. 그래도 그 사람들은 주식으로 엄청나게 벌었어요. 저보다 훨씬요. 어쨌든 모질라를 위해서는 올바른 선택이었습니다.

지나고 보니 우리는 운이 좋았어요. 웹이 더 빠르게 변화할 수도 있었거든요. 그런데 마이크로소프트는 그냥 웹을 방치하고 가만히 있는 걸 택했죠. 어떤 사람은 마이크로소프트가 원래 그런 회사는 아닌데 반독점 재판 때문에 그랬다고 주장하기도 해요. 어쨌든 우리는 표준이라는 깃발을 흔들 시간을 벌었고 재작성을 했죠. 이 깃발은 양날의 검이자 반쯤은 헛소리였지만요. 조엘처럼 저도 재작성에 회의적이었어요. 그런 식으로 이해관계를 맞추고 그 시기를 버틸 수 있을 만큼 충분한 재정적 지원을 받으면서 시장 기회를 놓치지 않는 건 아주 드문 일이거든요. 이런 예외는 아주 드물어요.

그런데 제가 앞에서 말했던 재작성은 프로토타이핑할 때 이야기예요. 중요하긴 하지만 더 작은 규모로 하는 거죠. 그렇더라도 큰 무더기 코드에 광범위한 영향을 주는 변경 사항일 수도 있어요. 바뀌는 줄 수는 적지만 만족시켜야 하는 불변식을 모두 따져 보면 영향이 매우 클 수 있죠. 아니면 새로운 JIT 같은 거라서 잘 해치울 수도 있고요.

사이블 **커누스가 말하는 문학적 프로그래밍을 해 보신 적이 있나요?**

아이크 최초의 문학적 프로그래밍을 따라 해 본 적이 있어요. 멋졌죠. 저도 좋아했어요. 단어 검색이었는데 일종의 해시-트라이 자료 구조였어요. 모두 문학적 프로그래밍으로 작성됐죠. 그런데 더글러스 매컬로이가 나타나서 파이프라인으로 같은 일을 모두 해치웠어요.[63]

우리 프로그램에 주석이 잔뜩 달려 있긴 하지만 거기서 글을 뽑아내거나, 아니면 수동으로라도 코드와 주석이 일치하는지 검사할 수 있는 방법은 없습니다. 파이썬 프로그래머들은 주석에 재미있는 기능을 넣었더군요. 저는 주석을 잔뜩 다는 일 외엔 해 본 게 없어요. 예전에 썼던 주석을 고치기도 합니다. 정말 귀찮은 일이어서 가끔 까먹기도 하는데 그러면 후회할 일이 생기죠. 누군가가 잘못된 주석에 속아 넘어가거든요.

저는 사실 매컬로이가 응수한 버전이 좋습니다. 문학적 프로그래밍에 대한 반박은 아니지만 뭐 조금은 그런 셈이죠. 글이든 코드든 너무 길게 쓰고 싶지는 않잖아요. 어떤 면에서는 코드가 스스로 말을 해야 해요. 작은 단위에서는요. 거대한 괴물 함수나 모듈 경계처럼 큰 단위에서는 문서가 필요합니다. 문서용 주석이나 그와 비슷한 독스트링 같은 것 그리고 주석에 테스트를 포함시키는 것 등이요. 이런 건 파이썬에서 많이 쓰이는 것 같은데요. 좋아 보입니다.

문학적 프로그래밍에는 뭔가가 있어요. 특히 통합 테스트나 독스트링 같은 거에는요. 더 많은 언어에서 지원되면 좋겠어요. 우리도 ES4에 문서 주석을 일급 메타데이터 훅이나 리플렉션 훅 같은 걸로 넣으려고 해 봤는데, 모든 사람이 동의하는 방안을 찾을 수는 없었죠.

사이블 **직접 작업하지 않는 코드도 읽으시나요?**

아이크 그것도 제 일 중 하나예요. 코드를 제출하기 전에 반드시 코드 리뷰를 해야 하죠. 처음에는 넷스케이프가 저지른 채용 실수 때문이었는데, 여전히 이를 지키고 있고 코드 통합 전 검토에 사용하고 있어요. 별도의 '슈퍼 리뷰'라는 것도 있습니다. 모질라를 떠난 아무개의 머릿속에만 들어 있던 숨겨진 불변식까지 다 알지는 못하는 상황인데 많은 수의 모듈을 건드려야 할 때 사용하는 거예요. 그걸 이해하고 있는 다른 누군가가 있을 수도 있으니 큰 그림을 봐 달라고 경험이 많은 다른 사람에게 부탁하는 거죠. 변경 사항이 무슨 코드인지 잘 알고 있고 제다이 평의회의 일원처럼 능력을 인정받은 사람이라면 가끔은 리뷰를 건너뛸 수도 있어요. 하지만 이런 편법은 너무 많이 쓰지 않으려고 합니다.

우리는 설계 검토 절차가 없어요. 가끔은 뒤늦게 설계 검토를 하게 되기도 하죠. "다시 화이트보드로 와 봐요. 코드를 너무 많이 썼네요. 그렇게 말고 이렇게 설계했어야 했는데." 하는 식이요. 이런 건 예외적인 경우예요. 우리는 설계를 먼저 하고 구현하라는 식으로 폭포수 방법론 같은 걸 강제하지 않으려고 해요. 1980년대 초 제가 업계에 발을 막 들여놓을 즈음에 폭포수가 유행이었죠. 솔직히 악몽 같았어요. 문서를 쓰느라 한참 시간을 쓰고선 코드 작업을 시작하죠. 그런데 바보 같은 생각이었다는 걸 깨닫고는 코드를 완전히 바꿔 버려요. 문서는 기억 속에서 잊힌 지 오래죠.

사이블 그렇게 읽으시는 건 모질라에 들어가는 코드일 테고요. 모질라 밖 사람들의 코드도 읽으시나요? 자기 계발을 위해?

아이크 오픈 소스는 정말 좋아요. 저는 세계 반대편에 있는 사람들 코드를 보는 게 좋아요. 서버 프레임워크나 파이썬, 루비 같은 걸 봅니다. 시간을 많이 쓰지는 못하지만요.

사이블 그런 게 어떻게 구현되었는지 보시는 건가요?

아이크 구현과 라이브러리 코드도요. Ajax 라이브러리도 봅니다. 사람들이 얼마나 똑똑한지 몰라요. 클로저, 프로토타입, 객체 같은 몇 안 되는 도구만 가지고 어쩜 그렇게 적절하고 편리한 추상화를 만들어 내는지 정말 감동적이에요. 몇 가지는 정말 편리하다니까요. 항상 탄탄하고 안전한 건 아니긴 하지만 굉장히 편리해요.

사이블 읽을 코드 덩어리가 아주 크면 어떻게 공략하시나요?

아이크 과거에는 맨 위부터 하향식으로 읽었어요. 코드가 너무 커서 함수 포인터가 등장하기 시작하면 흐름이 잘 보이지 않죠. 가끔은 디버거를 띄워서 이리저리 실행해 봅니다. 제가 알아볼 수 있는 상향식 패턴이 있는지도 찾아보죠. 예를 들어 어떤 언어를 처리하는 부분이나 제가 아는 시스템 콜을 사용하는 부분이 있다면, 이런 기본 요소가 어떻게 사용되는지 찾아볼 수 있겠죠. 시스템의 더 높은 수준에서 이런 것들을 어떻게 쓰는지 말이에요. 그러면 시스템을 둘러보는 데 도움이 돼요. 하지만 제대로 이해하려면 이것만으로는 부족합니다. 위아래나 다른 각도에서 바라보기도 하고, 디버거로 이리저리 돌려 보고, 한 단계씩 실행도 해 보는 과정을 모두 아우르는 게슈탈트 과정[64]이거든요. 말도 안 될 만큼 많은 시간이 걸리는 일이죠.

포인터를 쫓아가든지, cons 셀을 탐험하든지, 무엇이든 해서 힙에서 일어나는 일을 조금이라도 이해할 수 있다면 그만한 가치가 있을 겁니다. 지난한 과정이긴 하지만요. 저에겐 이런 게 코드 읽기만큼이나 중요했어요. 소스를 읽으며 많은 걸 얻을 수 있긴 하지만 읽다가 막혀서 지루해진 나머지 자신이 다 이해했다고 믿어 버리기도 하죠. 사실은 그렇지 못했는데 말이죠.

자바스크립트 정규 표현식을 만들 때 저는 펄 4를 보고 있었어요. 코드를 읽으면서 디버거에서 한 단계씩 실행해 봤죠. 그래서 코드를 이해할 수 있었고 제가 만든 구현도 비슷했어요. 이 경우엔 정규 표현식의 재귀 역추적 동작이 조금 신기해서 이해하느라 땀을 좀 뺐죠. 그 덕분에 간단한 정규 표현식을 디버깅하거나 실행 방식을 따라갈 때 도움이 되었어요. 다른 프로그래머 중에도 이런 이야기를 하는 사람이 있는데요. 예를 들어 코드를 한 단계씩 따라가 봐야 한다고도 하고요. 프로그램의 동적 상태가 어떻게 생겼는지 이해할 수 있어야 한다고도 하죠. 다양한 방식으로 프로그램 동작을 빠르게 대강 살펴보거나 이상이 없는지 확인할 때요. 저도 동의합니다.

사이블 자신이 짠 코드에 대해서도 그렇게 하시나요? 버그를 찾고 있지 않을 때에도요?

아이크 물론이죠. 주로 이상이 없는지 확인하기 위해서죠. 저는 단정문을 많이 써요. 그러니 단정문이 실패하면 틀림없이 디버거를 띄울 거예요. 그런데 가끔은 우리가 코드를 쓰다가 교묘한 계략 같은 것을 활용할 때가 있습니다. 테스트해 보면 잘 동작하는 것 같은데 한 단계씩 실행해 보면 그렇지 않죠. 운이 좋을 때에만 효과가 있는 교묘한 방식을 쓸 때 특히 그렇습니다. 그러면 조건부 중단점이나 와치포인트, 그러니까 데이터 중단점을 쓰게 되는데요. 실제로 오류가 발생하는 경우를 잡아서 확인할 수 있습니다. 사실 운 같은 건 따르지 않고 우리가 행복한 유토피아에 살고 있지 않다는 사실을 알려 줄 뿐일지도 모르겠네요. 디버거에서는 실제로 문제를 볼 수 있어요. 소스 코드에서는 우리가 유토피아에 사는 것처럼 보이겠지만요. 그래서 이게 중요한 것 같아요. 저는 여전히 이렇게 코드를 따라가 봅니다.

사이블 프로그램을 한 단계씩 실행할 때 문제를 발견하는 건가요? 소스 코드를 머릿속으로 따라가면서 다음으로 일어날 일을 생각하고, 그 일이 일어나지 않았다는 걸 확인하면서요?

아이크 일어나지 않았다는 걸 확인하기도 하고요. 아니면 제 문제일 수도 있는데 제가 유토피아에 있었다는 걸 깨닫기도 하죠. 제가 나이를 먹으면서 의심이 더 많아지다 보니 더 나아지고는 있지만, 여전히 낙관적으로 생각하는 면이 있습니다. 제 마음 한구석에서 지미니 크리켓[65]이 속삭이는 거죠. '아마 버그가 있을 거야. 네가 뭔가를 까먹었거든.' 아직도 이런 문제를 일으킵니다.

가끔은 그냥 알기도 해요. 정말요. 어딘가에서는 제가 틀렸다는 걸 아는데요. 제 뒷골이 가려운 것 같은 느낌, 아니 뒷골은 아닌데, 어딘지 모르겠어요. 세포 속에 들어 있는 미세 소관인가? 어쨌든 제가 신경 써야 할 무언가가 있는 느낌 같은 게 들어요. 디버거 안에 있으면 그런 부분에 주의를 기울이는 데 도움이 돼요. 문제를 붙들고 테스트 입력을 확인하게 되죠. 주어진 입력값으로 어떤 면에서는 코드를 검사했지만 모든 조합을 검사하지는 못해요. 조합의 수는 정말 정말 방대하니까요. 그래서 값을 하나 바꿔 보면 잘못된 상태에 빠지죠.

사이블 코드 읽기에 더해서 많은 프로그래머가 프로그래밍에 관한 책도 읽습니다. 추천하는 책이 있나요?

아이크 책은 제가 잘 모르는 분야예요. 하지만 프로그래밍은 연습을 해야 한다는 면에서는 음악과 비슷하다고 생각합니다. 그리고 다른 사람의 코드를 읽으면서 배울 수 있다는 점도요. 저는 브라이언 커니핸의 책들을 좋아해요. 커니핸의 책은 코드를 조금 만든 다음, 이를 재사용하고 모듈화한다는 점이 멋져요. 커누스의 《The Art of Computer Programming》 1~3권, 특히 2권의 준수치적 알고리즘 부분도 있네요. 이중 해시[66] 부분이 정말 좋아요. 황금 비율에 대한 보조 정리도 생각나네요. 증명은 연습 문제로 남겨 두셨죠.

하지만 저는 프로그래밍을 책으로 배우는 일에는 좀 회의적이에요. 프로그래밍의 어떤 부분은 공학이에요. 어떤 날은 수학이 좀 필요할 수도 있죠. 하지만 거기에 실용적인 부분이 잔뜩 따라올 거예요. 이런 건 토목 공학이나 기계 공학 관점에서는 공학 수준에도 미치지 못하는 것들이죠. 어쩌면 시간이 흐르면서 더 체계를 갖출지도 모르겠지만요.

확실히 좋은 지식이 많이 있긴 합니다. 컴퓨터 과학이란 게 과학이긴 하죠. 20년 전 누군가가 뉴스그룹에 올렸던 글이 생각나네요. "간이 과학, 엄밀함은 1/3." 시간이 흘러도 그 가치가 변치 않을 거라고 말하기 어려운 지식이 여전히 많습니다. 오직 학계에서 살아남으려는 목적으로 작성한 글꼴 크기 10포인트에, 10쪽짜리 논문에는 구멍이 흔하죠. 저널 출판은 심사 위원과 의견을 주고받는 과정이 있어서 더 낫습니다. 모 아니면 도가 아니죠. 더 꼼꼼히 심사하기도 하고요. 기계적인 증명 분야는 흥미로워지고 있어요. 하지만 프로그래머들에게는 아직 닿지 못했죠. 그래서 제가 보기에 컴퓨터 과학에는 빠진 부분이 좀 있는 것 같습니다. 그래서 책으로 배우는 일에 회의적이 되네요. 반대파 활동은 이쯤에서 멈춰야 될 것 같지만 컴퓨터 과학에 부족한 부분이 있는 건 맞습니다.

여하튼 과학이 있고 배워야 할 중요한 것들도 있죠. 그런 걸 공부하면서 시간을 많이 보낼 수도 있습니다. 자바스크립트 언어를 개발하며 이론 쪽 사람을 많이 알게 되었어요. 다행스럽게도 그들 중 많은 수는 해커이기도 하죠. 반면에 프로그래밍을 하지 않는 사람도 있고요.

그 사람들은 현실적이진 않아요. 놀라운 통찰을 가졌고 가끔은 아주 생산적이기도 합니다. 하지만 실제로 프로그램을 작성하고 사용자에게 배포하는 일, 실제로 쓰이는 프로그램을 만들고 시장 경쟁에서 이기는 일 같은 건 이론과 딴 세상 이야기입니다. 그래도 저는 이론에 관심이 있어요. 우리의 삶을 개선하는 데 도움이 됩니다.

사이블 **다른 종류의 책도 있는데요. 이론을 많이 다루지 않고 프로그래밍 기술을 소개하는 책도 있습니다.**

아이크 그런 책은 저도 좋아합니다. 아까 커누스의 문학적 프로그래밍 논문 이야기도 했고요. 제가 좋아하는 기예로서의 프로그래밍에 대한 분야도 있습니다. 저는 스몰토크 책을 좋아합니다. 생각해 보니 그런 책의 영향도 꽤 컸던 것 같네요. 아델 골드버그의 책[67] 그리고 그전에는 그 『Byte』 잡지도요.

사이블 **표지에 열기구가 그려진 거[68] 말씀이신가요?**

아이크 네, 제 인생을 완전히 바꿔 놓았죠. 정말 대단했어요. 1980년쯤이었는데 그 당시에는 프로그래밍을 아주 많이 하지는 않았거든요. 잡지를 읽고선 그 내용에 대해 생각하고 또 다른 글을 찾아 읽었죠. 대학에 다니는 동안 저는 오래된 컴퓨터만 다루고 있었는데요. 스몰토크 환경의 순수함, 대부분이 스몰토크 자체로 구현되었다는 사실, 이 모든 게 저에겐 충격이었고 그 덕분에 프로그래밍과 관련된 일이 하고 싶어졌습니다. 언어나 가상 머신 같은 거요. 저는 유닉스 일을 하면서 실제로 작업을 처리하는 물리적인 기계나 운영 체제를 다루어 왔습니다. 하지만 그때에도 저는 여전히 스몰토크를 글로밖에 못봤죠. 스프링거-페를라크 출판사에서 나온 책이 있었거든요. 논문이 잔뜩 실려 있었죠. 그 시절 사람들은 보편 실행 파일 형식이나 자바 바이트코드 같은 것에 환상을 품고 있었어요. 사실 시기가 아직 무르익지 않았었죠. 그래도 어쨌든 스몰토크는 대단했어요. 저는 나중에 UIUC에 가서야 써 볼 수 있었죠. 마침내 그 당시 썬 기계에서 돌아가는 게 나왔거든요. 좀 느렸어요.

사이블 **다른 주제로 넘어가서 프로그래밍 재능은 어떻게 알아보십니까?**

아이크 예전에 어떤 사람을 채용했던 적이 있어요. 같이 일하던 한 천재 동료의 친구였죠. 그런데 아직 대학생이었던가 학사 학위를 막 땄던가 그런 사람이었어요. 결국 대학교를 졸업했는지는 잘 모르겠네요. 어쨌든 그 사람이 우리 동료를 만났는데 둘 다 OCaml 해커였죠. 그는 여가 시간에 혼자서 OCaml 해킹을 하고 있었는데요. 제가 정적 분석 결과에서 마주쳤던 문제를 이 사람도 고민하고 있었죠. 우리가 면접을 보았을 때 어리다는 건 알았지만 어리다는 말을 대놓고 할 수는 없었습니다. 이렇게 생각한 사람도 있었어요. '아직 한 게 별로 없잖아. 우리는 대단한 업적을 이룬 사람만 채용해야 한다고. 이 사람이 이룬 게 뭐야?'

제가 말했죠. "지금 뭔가 잘못 생각하고 있어요. 이 친구는 전도유망한 우리 인턴들과 비슷해요. 어릴 때 붙잡아야 한다고요. 이 친구는 혼자서 많은 일을 했어요. OCaml을 배웠고 코드를 작성하는 언어뿐 아니라 실행 환경도 잘 알아요. 네이티브 코드[69]도 다뤄 봤고 OCaml로 운영 체제를 만들고 있다니까요. 장난감 같은 운영 체제이지만요. 정말 좋은 친구예요." 그렇다고 제가 뭔가 특별한 프로그래밍 테스트를 한 건 아니었어요. 그냥 무엇을 했는지, 그걸 왜 했는지 들었을 뿐이죠. C++ 패턴에 대한 책만 앵무새처럼 읊어 대는 사람이 아니었어요. 안타깝지만 그런 친구들도 있거든요. 자바 엔터프라이즈 업무를 하는 친구들인데 그 일에는 적당한 프로그래머들이에요. 좋은 사람들이고요. 하지만 우리는 다른 사람이 필요했어요. 그 사람은 좀 달랐죠.

그래서 제가 면접 과정에서 풀어야 했던 문제는 그의 나이에 대한 편견과 그가 이룬 게 없다는 인식을 극복하는 일이었습니다. 그래도 채용했고 그는 우리의 영웅이 되었죠. 정적 분석 도구 작업을 많이 했어요. 처음에는 버클리에서 만든 오픈 소스 프로젝트인 오인크(Oink)[70] 프레임워크에서 작업을 했고, 그다음에는 GCC 플러그인 작업을 했죠. GCC 사람들과 일하면서요. 이제는 우리 모바일 작업에 박차를 가하고 있어요. 부실한 프로파일링 도구를 쓰면서 시간을 `printf`로 찍어 가며 느려지는 지점을 찾아서 해치우고 있죠.

저는 면접을 보면서 그의 재능을 알아보았어요. 똑똑한 누군가로부터 추천을 받아 왔다는 것도 좋았죠. 똑똑한 사람들끼리는 서로를 좋아하고 알아볼 수 있거든요. 대개 "제 친구 좀 채용하세요. 정말 똑똑하지는 않지만요." 이러지는 않으니까요. 그 사람들도 똑똑한 사람과 일하고 싶어 해요. 편법을 쓰는 것처럼 들릴 수도 있겠지만 제가 재능을 알아보는 한 가지 방법입니다. 우리가 슈퍼해커를 채용할 수 있는 이유라고도 생각해요. 우리가 밸그린드 해커는 모두 채용하는 것 같은데요. 그 친구들 중 몇몇은 무엇이든 할 수 있어요. 난장판을 만들지 않죠.

사이블 면접 때 지원자의 프로젝트에 대한 이야기를 많이 물어보시는 편인가요?

아이크 네, 그래요. 저는 사람들에게 퍼즐 문제를 내지 않아요. 우리 회사에 그런 문제를 내는 사람도 있는데요. 퍼즐 문제를 내서 그걸로 지원자를 걸러 내야 할 정도라면 걱정이네요.

사이블 1차 관문으로는 괜찮지 않나요?

아이크 저는 회의적이에요. 구글이 그걸 아주 많이 한다던데요. 그래서 아주 똑똑한 퍼즐 해결사들을 많이 채용하죠. 하지만 일부 경우에는 까다로운 문제를 잘 푸는 게 꼭 필요하지는 않아요. 분석력도 그렇고요. 그래서 저는 회의적입니다. 저는 어느 정도는 그런 테스트를 할 필요가 있다고 봅니다. 말만 잘하고 진짜 프로그래밍은 못하는 사람을 뽑으면 안 되니까요. 빠르게 반응을 하는지, 문제를 해결해 본 적이 있는지 알고 싶겠지요. 그래서 우리는 꽤 실용적인 문제를 냅니다. 난해한 퍼즐이나 수학적으로 복잡한 거 말고, 프로그래밍 문제에 더 가까운 거요.

C++ 지식을 확인합니다. C++는 난잡하니까요. 하지만 문제가 없는지 확인하

는 용도이지, 이것만으로 "채용합시다."라고 할 수는 없어요. 통과한다면 좋은 거죠. 통과 못 하면 좀 어렵겠죠. "채용합시다."라고 하려면 다른 무언가가 필요해요. 상세한 무언가가 어우러진 신호가 있어야 해요. 무엇을 해 왔고, 어떻게 문제에 접근했으며, 어떤 언어를 사용했는지 같은 거요.

저는 별난 사람에게 마음이 가는 것도 같아요. 조금 색다른 사람도 개의치 않아요. 함께 일하기 힘든 사람을 채용하고 싶지는 않지만 우리에겐 재능 있는 사람이 필요해요. 다르게 생각하는 사람이 필요하죠.

대학생 때 피어시그가 쓴 《선과 모터사이클 관리술》의 영향을 많이 받았거든요. 플라톤과 초기 철학자들에 대해서도 공부했고요. 그 당시 저는 철학적인 관점에서 보자면 이상주의에 더 기울어 있었어요. 리틀 엔디언이 빅 엔디언보다 우월하다고 생각했죠. 무엇보다도 가장 작은 자리가 가장 낮은 주소에 있잖아요. 일종의 조화나 기하학적인 요소가 있어요. 하지만 메모리 덤프를 읽을 때를 생각해 보세요. 현실적인 게 중요합니다. 세부 사항이 중요해요. 유명한 〈아테네 학당〉 그림을 보면 아리스토텔레스는 손으로 아래를 가리키고 있고, 플라톤은 위를 가리키고 있죠. 저는 이제 좀 더 아래를 가리키는 쪽이에요. 나이를 먹을수록 점점 회의적이 되고 있습니다. 제대로 동작하는 것에 점점 더 관심이 가네요.

면접을 볼 때 재능이 있는지 보면서 세부 사항이나 실현 가능성에 집착하지 않기가 아주 힘들어요. '좋아. 이 친구는 OCaml을 아는군. 똑똑하다는 뜻이지. 그러면 채용해야 하나? 글쎄, 그래도 혼자 한 일들도 있는데? 질문했을 때에도 바로 잘 대답했어. 우리가 채용한다면 맡기려고 했던 일인 컴파일과 분석 문제에 대해서도 이미 알고 있어. 그런데 어쩌면 더 중요한 진짜 이야기는 인간관계일 수도 있어. 이 사람 친구도 우리가 이미 채용했잖아.' 같은 식이죠.

사이블 **여전히 프로그래밍을 즐기시나요?**

아이크 네, 좀 중독 같아요. 좀 문제가 되기도 하고요. 저에게 프로그래밍은 실행할 코드를 쓰는 것만이 아니에요. 이제는 올바른 아이디어를 찾는 일이 더 중요하죠. 90/10 절충점, 그러니까 '모든' 문제를 해결할 수는 없더라도 해결하지 못하는

10%를 만났을 때 완전히 망하지는 않아야 해요. 이런 성격의 견고한 이론적 중심을 찾는 뉴저지 철학[71]을 잘 따르는 최선의 아이디어를 찾아야 합니다. 이런 방식으로 실제 성과를 거두면서도 코드는 여전히 작고 단순하게 유지할 수 있어요. 이론과 구현 사이에서 조율을 좀 해야 하죠. 저는 이런 게 좋아요. 여전히 흥미가 있고 재미있습니다. 자야 할 시간에도 이런 문제를 생각하느라 잠을 못 이루죠.

사이블 **더 이상 흥미가 없는 부분도 있나요?**

아이크 글쎄요, C++겠네요. 기능을 대부분 쓸 수는 있습니다. 그래도 기능이 너무 많아요. 자바보다 타입 체계는 더 나은 듯해요. 그런데 우리는 여전히 1970년대 디버거와 링커에 머물러 있죠. 한심한 일이에요. 어떻게 다들 참고 사는지 모르겠어요.

성급함 그리고 원시적인 도구에 대한 반감 때문에 저는 더 나은 프로그래머가 되도록 노력해요. 우리 코드는 지금 단정문투성이인데 이 단정문은 실패하면 프로그램이 종료되죠. 우리에겐 이게 중요해요. 과거에 제가 도움을 받은 적도 있는데, 특히 제가 90/10 최선 절충점 조치를 코드에 적용하고 있을 때였죠. 모든 불변식을 만족시키지 못했거든요. 제가 뭘 까먹는 거죠. 그러면 단정문이 실패하고 그러면 '아하!' 하면서 어딜 고쳐야 되는지 아는 거죠.

심지어 이제는 저 자신의 단점에 대해서도 배우고 있어요. 제가 무언가를 너무 최적화한다는 점이죠. 제 머릿속에 일종의 유토피아를 만들어 놓는데 사실 중요한 문제를 빼먹은 거예요. 프로그래머가 낙관적이 되기는 늘 힘들어요. 대개는 편집증적이고 노이로제에 걸려 있다고 여겨지거든요. 모든 일에 걱정이 많은 영화감독 우디 앨런 같은 사람이죠. 하지만 정말로 편집증적이라면 프로그래밍으로 아무것도 할 수 없어요.

사이블 **프로그래밍이 젊은이들만의 분야라고 생각하시나요?**

아이크 젊은이들에게 크나큰 이점이 있다고 생각해요. 두뇌와 관련된 생리적인 이점만 해도 그렇죠. 하지만 젊은이들에게는 지혜가 없어요! 나이가 들면서 뇌가 더 딱딱해지고 어쩌면 더 느려지겠지만 뼈아픈 교훈도 얻게 될 겁니다. 이런 교훈을 다음 세대에게 전해 주려고 노력하게 되겠죠. 하지만 제 말을 무시하고 고생을 하면서 같은 교훈을 얻는 사람들도 봅니다. 그런 걸 보면 화가 나네요.

하지만 그와 별개로, 지식을 많이 쌓고 유지할 수 있다면 꼭 양으로 승부할 필요는 없어요. 많은 양의 코드 생산이 여전히 중요하긴 하지만 제가 좀 더 관심을 기울이는 게 있습니다. 넷스케이프에서 우리가 수석 엔지니어 제도에 대해 이야기할 때 거론했던 것이기도 한데요. 관리자는 아니지만 여전히 리더십과 영향력을 가지고 다른 프로그래머에게 도움을 주는 사람이 될 수 있습니다. 다른 사람이 코드를 작성할 수 있도록 도와주는 거죠. 한 사람의 시간과 손가락 수는 유한하니까요.

자신의 접근 방식이나 프로그래밍 지식을 퍼트릴 수 있는 능력이 있다면 그리고 일종의 커뮤니티가 만들어져서 혼자서 만들었을 코드보다 더 큰 코드 뭉치를 만들 수 있다면 저는 만족스러울 겁니다. 혼자서 밤새도록 너무 많은 코드를 찍어 내는 사람이 되는 것만큼이나요.

저는 여전히 너무 많이 일하고 있고 어린아이도 있습니다. 제 배우자가 너그럽긴 하지만 제가 자주 출장 가는 걸 좋아하지는 않겠죠. 하지만 출장도 다니고 있습니다. 프로그래밍은 아니지만 어쩌다 보니 중요해진 일인데요. 우리는 자바스크립트라는 언어를 어떻게 발전시킬 것인지 결정해야 합니다. 그러려면 그저 기술 전도사 활동 정도로는 부족합니다. 언어가 움직였을 때 어떤 일이 일어날지, 어떻게 움직이고 싶은지, 어디로 움직여야 하는지 사람들이 생각하도록 해야 하죠. 그리고 그에 대한 다양한 응답의 불협화음을 조율해 내야 합니다.

모든 프로그래머가 이렇게 말하지는 않을 거예요. 많은 수는 구석에서 혼자 일합니다. 하지만 제가 넷스케이프에서 깨달은 사실 하나는 제가 제 코드를 실제로 사용하는 사람들과 어울리는 걸 좋아한다는 점이었죠. 제가 구석으로 다시 돌아간다면 그리울 거예요. 저는 현실에 있고 싶어요. 저는 오직 저 자신을 위해 하늘에 멋진 성을 지을 수 있을 정도의 능력이 있어요. 하지만 저는 현실주의자라서 그런 일은 저 혼자만을 위한 것이고 다른 사람에게는 도움이 되지 않으리라는 걸 알죠. 그게 무슨 의미겠어요. 랍비 힐렐이 말했죠. "자기 자신의 것만 생각하는 사람은 자기 자신조차 될 자격이 없다."

저 자신을 자바스크립트와 동일시하지 않습니다. 초창기에는 너무 서둘러야 했기 때문에 버그가 많았죠. 제이미 자윈스키가 뉴스그룹 글 몇 개를 전달해 주면서 말했어요. "사람들이 당신 자식을 엉망이라고 하네요." 저는 이제 진짜 자식이 있습니다. 그런 글에는 신경 쓰지 않아요.

5장

자바 컬렉션 프레임워크 개발자

조슈아 블로크

Joshua Bloch

블로크는 이 인터뷰를 하는 현재 구글에서 최고 자바 아키텍트로 일하고 있다. 이전에는 썬에서 기술 임원으로 일하면서 자바 2에 도입된 자바 컬렉션 프레임워크 설계와 구현을 이끌었고 자바 5 릴리스의 몇 가지 언어 추가 사항 설계에도 관여했다. 그는 컬럼비아 대학에서 학부를 졸업한 후 CMU에서 박사 학위를 받았다. 박사 연구 주제는 캐멀롯이라는 분산 트랜잭션 처리 시스템이었는데, 이 시스템은 나중에 트랜스아크라는 회사의 제품인 엔시나가 되었다. 블로크는 트랜스아크에서 선임 시스템 디자이너로 일했다. 2001년에 졸트상[1]을 수상한 책 《이펙티브 자바》를 집필했고, 《자바 병렬 프로그래밍》과 《Java Puzzlers》[2]를 공저했다.

구글에서 자바 사용을 늘리는 역할을 맡고 있다는 점에서 볼 수 있듯이 블로크는 자바를 강력하게 지지한다. 최근 동시성에 관해 소프트트웨어 트랜잭셔널 메모리(이하 STM)나 얼랭의 메시지 패싱 같은 방식에 관심이 쏟아지고 있지만 블로크는 자바가 "시중에 나와 있는 언어 중 가장 좋은 접근 방식"을 가졌다고 생각한다. 그는 멀티코어 CPU를 갖춘 컴퓨터를 프로그래밍해야 하는 프로그래머가 늘어날수록 자바에 대한 관심이 다시 늘어나리라 예상하고 있다.

블로크는 프로그래밍을 API 설계로 여겨야 한다고 강력하게 주장하는 사람이기도 하다. 우리는 이런 관점이 설계 과정에 어떻게 영향을 주는지 이야기를 나누었다. 자바가 너무 복잡해지지는 않았는지, 왜 프로그래밍 언어 선택이 술집을 고르는 것과 같은지도 이야기했다.

> 블로크는 2012년 구글을 떠났고 2025년 현재 모교인 CMU에서 교수로 재직 중이다.

사이블 **프로그래밍을 어떻게 시작하셨나요?**

블로크 제 핏속에 프로그래밍이 들어 있었다고 이야기하고 싶군요. 아버지가 브룩헤이븐 국립 연구소에서 화학자로 일하셨어요. 제가 4학년 때 아버지가 프로그래밍 수업을 들으셨습니다. 물론 그 당시 컴퓨터는 유리창 너머에 있는 메인 프레임이었습니다. 카드 뭉치를 조작원에게 건넬 뿐, 컴퓨터를 직접 만질 수는 없었어요. 하지만 이런 전자 컴퓨터에 일을 시킬 수 있다는 발상에 전율을 느꼈죠. 그래서 아버지가 수업을 들으시는 동안 아버지에게 포트란을 조금 배웠어요.

사이블 **그게 몇 년도인가요?**

블로크 1971년이었던 것 같아요. 제가 정말로 버그에 시달리기 시작한 건 그로부터 한두 해가 더 지난 후였죠. 물론 아직 시분할 컴퓨터였고요. 뉴욕 롱아일랜드에는 DEC시스템-10[3]이 한 대 있었는데, 서퍽 카운티의 모든 학교가 공유하는 컴퓨터였죠. 내소 카운티에서 쓰는 게 한 대 더 있었고요. 이 두 대의 DEC시스템-10에서 첫 발을 뗀 유명 인사가 얼마나 많은지 놀라울 정도예요.

대화식으로 이용할 수 있게 되면서 버그에 시달리기 시작했죠. 1973년에서 1976년 즈음이었을 거예요. 그 당시 누구나 그랬듯이 베이식으로 프로그래밍을 했죠. 이때 본격적으로 프로그래밍을 시작했어요. 신기한 게 하나 있는데요. 제가 그때 짠 프로그램을 아직도 가지고 있습니다. 텔레타이프[4] 종이에 인쇄한 걸 지금껏 잘 보관했습니다. 이 프로그램을 보면 자잘한 코드 조각 속에서 지금까지도 변함없는 제 스타일이 눈에 띕니다.

사이블 **처음으로 짠 의미 있는 프로그램은 무엇인가요?**

블로크 아, 1977년 7월 4일 미국 독립 기념일에 '동물'이라는 이름의 전통적인 스무고개 게임을 만들었던 기억이 나요. 이 프로그램 안에는 이진트리가 있었는데, 중간 노드에는 예/아니요 질문이 있고, 말단 노드에는 동물이 있었죠. 새로운 동물을 처음 마주치면 사용자에게 예/아니요 질문을 던져서 그 동물에 대해 '배웠습니다.' 그런 식으로 잘못 추측한 동물과 새로운 동물을 구분할 수 있었죠. 이 이진트리는 디스크에 저장했기 때문에 프로그램은 계속 조금씩 '영리해'졌습니다.

이렇게 생각했던 기억이 나요. '우와, 멋진데? 프로그램이 정말로 배우고 있잖아.' 일종의 깨달음의 순간이었죠. 또 기억나는 것 하나는 고등학교 시절인 10학년 때였는데, 아마 DEC시스템-10에서였던 것 같아요. 그 시스템에서는 요즘이라면 인스턴트 메신저라고 부를 프로그램을 쓰는 게 금지되어 있었습니다. 시스템

자원을 너무 많이 낭비한다고 생각한 거죠.

사이블 사실 지금도 그렇죠.

블로크 말도 마세요. 인스턴트 메신저는 제 삶을 망가트렸어요. 아니죠. 이메일이 제 삶을 망가트렸고, 메신저는 집중을 방해하는 정도예요. 어쨌든 저는 반항적인 아이였기 때문에 롱아일랜드 수학 축제에 '작업 간 통신 프로그램'이라는 이름의 프로젝트를 들고 갔어요. 실제로 상도 탔죠.

사이블 실제로 프로그램을 짜신 건가요?

블로크 네, 제가 짰죠. 토머스 드벨리스라는 제 친구가 만든 부분 딱 하나만 빼고요. 토머스의 프로그램은 온전히 베이식으로 만들었다는 게 독특했는데, 줄 단위로 작동하면서 파일을 이용해 통신을 했죠. 빠르지도 않고 효율적이지도 않았지만 어쨌든 작동했어요! 저는 프로그램을 두 개 짰는데 하나는 줄 단위이고 하나는 문자 단위였죠. PDP-10의 어셈블리 언어인 매크로-10으로 작성했는데, 이 프로그램들은 '상위 세그먼트'라는 일종의 공유 메모리로 서로 통신했어요.

그 당시에는 동시성 프로그래밍에 대해 아무것도 몰랐죠. 뮤텍스가 뭔지도 잘 몰랐어요. 하지만 통신을 위한 버퍼를 두었고 서로 동시에 통신을 주고받을 수 있도록 관리하는 독립된 에이전트가 있었죠. 그러다 보니 경합 조건 문제가 있었고 프로그램이 가끔 한두 글자를 빼먹었어요. 고등학생으로서는 해결할 수 없는 문제였습니다.

사이블 처음으로 짠 프로그램에서도 자신의 요즘 스타일을 엿볼 수 있다고 하셨는데요. 바뀌지 않은 부분은 어떤 건가요?

블로크 프로그램을 읽기 좋게 만들려는 부분이요. 커누스가 말했듯이 프로그램은 본질적으로 문학 작품이거든요. 이유는 모르겠지만 저는 그 당시에도 프로그램은 읽기 좋아야 한다고 생각했어요. 이건 바뀌지 않았죠.

사이블 그럼 바뀐 건 뭔가요?

블로크 아, 변수 이름을 죄다 한 글자로 지으면 프로그램을 읽기 좋게 만들기 힘들겠죠. 지금은 변수 이름에 더 신경을 씁니다. 새로운 기능이 있는 언어를 쓰면 당연히 많은 것이 바뀌죠. 그리고 수년간 애매하게 이해했던 것을 정말로 깨닫게 되고요.

예를 들어 '반복하지 말라.'[5]가 있습니다. 그 당시에는 지금보다 복사-붙여 넣기에 더 관대했죠. 이제는 중복을 전혀 만들지 않으려고 노력합니다. 조금은 과장한 것 같긴 하지만 정말 조금입니다. 일반적으로 말해서 저는 복사-붙여 넣기를 할 때마다 이렇게 생각합니다. '설계에서 뭐가 잘못된 거지? 어떻게 고치지?' 이런 습관을 들이기까지 시간이 조금 걸렸습니다. 기본적으로 저는 세월이 흐르면서 저에게 더 엄격해졌습니다. 좋은 프로그램을 작성하기 위해서죠. 자신의 나쁜 습관을 절대 받아들여선 안 돼요.

사이블 만약 시간을 돌려서 처음부터 다시 시작할 수 있다면 다르게 하고 싶은 게 있나요? 베이식이 뇌를 망가트리거나 하지는 않았나요?

블로크 아니요, 사실 베이식은 재미있었어요. 데이크스트라(편히 쉬시길)가 이건 완전히 틀렸다고 생각해요.[6] 저는 베이식으로 프로그래밍을 시작한 정말 훌륭한 프로그래머를 많이 알아요. 그것밖에 없는 경우가 많았거든요.

하지만 여러 언어를 사용해 보는 게 좋다고 생각합니다. 대학 시절에 저는 정말 많은 언어로 프로그래밍을 했어요. 수업마다 다른 언어를 썼죠. 수학이나 과학 수업에서는 포트란을 썼고요. 프로그래밍 수업을 듣는다면 파스칼이나 SAIL[7] 또는 시뮬라[8] 아니면 그와 비슷한 언어를 썼죠. 인공 지능 수업에서는 리스프였습니다.

그런데 언어를 더 많이 배울 걸 그랬어요. 좀 웃기지만 저는 꽤 나중에서야 객체 지향을 접했어요. 자바는 제가 조금이라도 진지하게 접한 최초의 객체 지향 언어였죠. 부분적으로는 좀처럼 C++를 쓸 수 없었던 게 이유 중 하나였어요.

사이블 자바를 접한 건 언제였나요?

블로크 1996년에 썬에 합류하면서부터였어요. 객체 지향 같은 개념을 그보다 조금 더 일찍 배웠으면 좋았을 것 같아요. 하지만 그런 개념이 모두 좋다고 생각하진 않아요. 객체 지향은 재미있어요. 사실 두 가지를 의미하죠. 하나는 모듈성이에요. 모듈성은 좋죠. 하지만 객체 지향 사람들이 모듈성을 발명했다고 주장할 수는 없다고 봅니다. 더 예전 문헌을 보면 일종의 클래스 같은 걸 찾을 수 있는데, 객체 지향 프로그래밍이 태어나기 전부터 존재했던 추상화죠. 예를 들어 파르나스의 정보 은닉 같은 개념이요. 또 다른 하나는 상속입니다. 저는 상속이 은총이자 지주라고 보는데 요즘은 많이들 그렇게 생각하는 듯해요.

컴퓨터 과학 안팎의 더 많은 분야도 경험해 보았으면 좋았을 것 같아요. 더 어렸을 때 더 많은 걸 배울수록 더 나은 것 같아요. 저는 GUI 프로그래밍을 거의 해보지 않았는데 어느 시점엔가 해 보았어야 했어요. 하지만 이유야 어떻든 저는 그동안 라이브러리에 가장 끌렸고 다른 사람이 사용하는 구성 요소를 만드는 게 좋았어요. 그래서 수십 년째 자료 구조와 알고리즘 같은 걸 하고 있죠.

사이블 모든 프로그래머가 반드시 읽어야 하는 책이 있을까요?

블로크 확실히 한 권 있죠. 조금은 복잡한 감정이 들긴 하지만 여전히 모두가 읽어야 한다고 생각해요. 《Design Patterns》요. 공통 어휘를 주거든요. 좋은 아이디어가 많이 들어 있어요. 반면에 스타일과 언어가 좀 뒤죽박죽이긴 하죠. 좀 낡은 느낌도 들기 시작했고요. 하지만 분명 읽을 가치가 있다고 생각합니다.

또 하나는 《Elements of Style》[9]인데 프로그래밍 책은 아니죠. 이 책을 읽어야 하는 이유가 두 가지 있는데요. 하나는 소프트웨어 엔지니어의 업무 중 많은 부분이 글쓰기이기 때문입니다. 정확하고 일관되고 읽기 좋은 명세를 쓸 수 없다면, 당신이 만든 걸 사용할 수 있는 사람은 없을 거예요. 따라서 글쓰기 스타일을 개선할 수만 있다면 뭐든 좋습니다. 두 번째 이유는 이 책에 나오는 지침 대부분을 프로그램에도 적용할 수 있기 때문이에요.

제가 무인도에 갇힌다면 가져가고 싶은 책은 조금 특이한데요. 예를 들어 저에게 너무나도 중요한 책은 헨리 워런의 《Hacker's Delight》입니다.

사이블 이게 그 비트를 이리저리 비트는 방법에 대한 책인가요?

블로크 네, 저는 비트를 가지고 노는 걸 좋아합니다. 제가 하는 일에 관련되어 있기도 하고요. 라이브러리나 컴파일러, 저수준 그래픽스, 암호화 같은 걸 만든다면 이 책은 필수입니다. 워런은 구전되던 지식을 한곳에 모두 모아 두었어요. 그리고 꼭 필요한 엄밀한 수학 논의를 곁들였죠. 이 책이 출판되었을 때 흥분했던 기억이 납니다.

물론 커누스의 《The Art of Computer Programming》이 있지요. 사실 저는 시리즈를 대충이라도 전부 읽어 보지는 않았어요. 하지만 제가 특정한 알고리즘 작업을 할 때 관련된 부분을 펴고 커누스가 뭐라고 했는지 읽어 보죠. 그러면 필요한 게 딱 나오는 경우가 많아요. 필요한 건 전부 설명하고 있죠.

하지만 전부 읽을 만한 시간이나 능력은 없어요. 그러니 제가 이 책들을 읽었다고 하면 거짓말일 거예요. 제가 훌륭하다고 생각하는 오래된 책이 또 하나 있는데, 커니핸과 플로거가 쓴 《The Elements of Programming Style》입니다. 모든 예제가 포트란 IV[10]와 PL/I[11]이니 조금 옛날 책이긴 하죠. 하지만 멋진 책이에요. 오래되었는데도 책에 담긴 견해는 여전히 유효합니다.

오래된 책을 또 하나 골라 보면 《맨먼스 미신》이 있습니다. 나온 지 40년이 되었지만 책이 집필된 당시만큼이나 요즘 상황에도 들어맞는 책이죠. 재미도 있습니다. 모든 사람이 읽어야 하는 책이에요. 이 책의 주요 메시지는 '늦어진 프로젝트에 사람을 추가하면 더 늦어진다.'인데 지금도 맞는 말입니다. 하지만 다른 중요한 교훈도 많습니다. 일부 세부 사항은 요즘 상황에 안 맞긴 하지만 그래도 모든 사람이 읽어야 하는 책입니다.

요즘에는 누구나 동시성을 공부해야 합니다. 《자바 병렬 프로그래밍》도 좋겠죠. 제목에 자바가 들어 있긴 하지만 대부분의 내용은 모든 프로그래밍 언어에 적용됩니다.

사이블 브라이언 게츠와 함께 쓰신 책 말인가요?

블로크 제 이름이 표지에 적혀 있긴 하지만 사실 제 책이 아니기 때문에 마음 놓고 언급한 겁니다. 1 저자는 브라이언이고 2 저자는 팀 피얼스예요. 나머지 사람들은 JSR-166에 이름을 올린 자바 동시성 사람들이죠. 하지만 사실 예의상 이름을 올린 거예요. 내용에 공헌하긴 했지만 책에 나오는 문장을 정말 쓰진 않았거든요.

아, 하나 더 있어요. 《메리엄-웹스터 대학생 사전, 11판》이요. 이거 없이는 일을 잘할 수 없죠. 실제로 '읽는' 책은 아니지만 제가 말했듯이 프로그램을 쓸 때에는 이름을 잘 지어야 합니다. 문장도 잘 써야 하고요. 좋은 사전이 없다면 어찌할 바를 모를 거예요.

사이블 프로그래밍을 할 때 경험이 쌓이면서 달라진 게 또 있을까요? 변수명을 잘 짓고 붙여 넣기를 덜 하는 것 말고요.

블로크 나이를 먹을수록 그저 돌아가게 만드는 일이 전부가 아니라는 걸 깨닫게 돼요. 읽기 좋고 유지 보수하기 좋고 효율적인 무언가를 생산해 내는 것이죠. 일반적으로 보면 통념과는 다르게 프로그램이 더 깨끗하고 좋을수록 실행 속도도 더 빠른 것 같아요. 빠르지 않더라도 속도를 개선하기 더 쉽습니다. 이른바 정확한 코드를 최적화하는 게 최적화된 코드를 정확하게 만들기보다 쉽다는 거죠.

제 접근 방식에서 변한 것 중 특정 언어에 국한된 것도 있어요. 모든 언어는 도구들을 제공합니다. 사람들은 딱 맞는 도구를 사용하고 싶을 텐데, 한 언어에서는 딱 맞는 게 다른 언어에서는 그렇지 않을 수 있습니다. 간단한 예로, 자바 5로 프로그램을 만든다면 `int` 상수나 `boolean` 대신 `enum`을 쓰면 프로그램이 훨씬 단순해질 뿐 아니라 안전하고 튼튼해지죠.

사이블 그렇다면 혹시 새로운 언어에 빠르게 능숙해지는 법을 알려 주실 수 있나요?

블로크 입으로 하는 말을 배우는 것과 비슷하다고 생각해요. 한 가지 방법은 언어를 아주 많이 아는 거죠. 이탈리어아와 스페인어를 이미 알고 있다면 포르투갈어를 배우는 일이 그렇게 어렵지 않을 거예요. 아는 게 많을수록 의지할 게 많아지죠.

새로운 언어를 배울 때 그동안 배운 것들이 있더라도 열린 마음을 가져야 해요. '프로그램은 모두 이런 식으로 짜야 해.' 하는 마음가짐을 지닌 사람들이 있잖아요. 특정 언어를 거명하지는 않겠지만 왜인지 몰라도 어떤 언어는 사람들을 이렇게 만들어요. 이 언어를 배운 사람들은 다른 언어에 가서는 무슨 동작을 하든지 이게 신이 만든 진정한 언어가 아니라는 양 비난해요. 그리고 새로운 언어를 쓸 때에도 어떻게든 신이 만든 진정한 언어 식으로 프로그래밍하려고 애쓰죠. 그런 식이면 그 언어의 특별한 면모를 놓치기 일쑤예요.

이건 마치 그동안 망치만 사용해 온 사람에게 누군가가 드라이버를 준 거나 다름없어요. 그 사람은 이렇게 말하죠. "이런, 별로 안 좋은 망치인걸. 이 쇠 부분을 잡고 손잡이로 무언가를 내려칠 수는 있겠네." 사실 멀쩡한 드라이버인데 안 좋은 망치로만 쓰는 거죠. 그래서 열린 마음과 이미 아는 것을 모두 적용해 보고 싶은 마음의 조합이 중요해요. 그리고 물론 코드를 쓰고 쓰고 또 써야죠! 언어를 더 많이 사용할수록 더 빨리 배울 거예요.

사이블 왜 사람들은 그렇게 컴퓨터 언어에 종교적인 걸까요?

블로크 모르겠어요. 하지만 언어를 고르는 일은 일련의 기술적인 절충점을 선택하는 것일 뿐 아니라 공동체를 선택하는 일이기도 해요. 술집을 고르는 것과 같죠. 물론 좋은 술을 파는 가게에 가고 싶겠죠. 하지만 그게 제일 중요하지는 않잖아요? 그 술집에 어떤 사람들이 오는지, 어떤 이야기를 하는지가 중요하죠. 컴퓨터 언어를 고르는 방식도 마찬가지예요. 시간이 흐르면서 언어에 대한 공동체가 만들어지죠. 사람만이 아니에요. 소프트웨어 산출물들이 쌓입니다. 도구나 라이브러리 같은 것들이요. 이게 때로는 어떤 언어가 이론적으로는 더 나은데도 다른 언어를 이기지 못하는 이유 중 하나예요. 그 언어에 대한 좋은 공동체를 만들지 못한 거죠.

사이블 자바는 그런 면에서 흥미로워요. 자바에는 공동체가 두 개 있잖아요. 구현하는 사람들과 시스템 프로그래머들이요. 먼저 자바소프트나 웹로직[12] 같은 곳에서 일하는 사람들이 있죠. 그리고 자바나 애플리케이션 서버, 기존 프레임워크를 써서 비즈니스 애플리케이션을 만드는 사람들 무리가 있고요. 이 둘은 아주 다른 술집이에요.

블로크 자바와 관련된 다양한 공동체가 있습니다. 다른 프로그래밍 언어도 그렇고요. 그렇지 않다면 보통 그 언어가 아주 작은 분야를 위한 언어이거나 아직 미성숙한 언어라는 신호예요. 언어가 성장하고 발전하면서 자연스럽게 더 다양한 공동체가 모입니다. 그뿐 아니라 그 언어에 대한 투자도 늘어나고 그 언어의 가치도 늘어나죠.

네트워크의 가치는 사용자 수의 제곱에 비례한다는 멧캐프의 법칙 아시나요? 언어도 마찬가지죠. 언어를 사용하는 사람이 늘어나면 갑자기 이클립스가 생겨요. 파인드버그[13]가 생기고 주스(Guice)[14]가 생기죠. 자바가 완벽한 언어는 아닐지 몰라도 이 언어를 사용했을 때 생기는 이런 부수적인 이득이 잔뜩 있어요. 그래서 공동체를 직접 만들게 되는 거죠. 자바로 수학 프로그래밍을 하는 방법을 연구하는 공동체라든지, 아니면 하고 싶은 무엇에 관해서든지요.

사이블 프로그래밍을 어렸을 때만큼 즐기시나요?

블로크 네, 정확하게 같은 방식은 아니지만요. 다른 아이들과 마찬가지로 삶에서 어느 정도는 제가 어찌할 수 없는 면으로부터 도망치는 데가 프로그래밍이었던 것 같아요. 또 다른 점 한 가지는 어렸을 땐 무한한 에너지가 있다는 점이죠. 몇 시간이고 계속해서 해킹을 할 수 있어요.

나이를 먹고 가족을 이루고 아이가 생기면서 삶에 다른 책임과 다른 중요한 일이 등장합니다. 그래도 프로그램을 짤 때 느껴지는 거부할 수 없는 쾌감이 여전히 있죠. 조각들이 딱 맞아떨어지는 걸 볼 때나 읽기 쉽고 빠르고 원하는 대로 도는 아름다운 코드 조각들을 만들어 낼 때요.

사이블 더 많이 알기 때문에 프로그램이 돌아가기만 해서는 충분하지 않고 이런저런 문제가 있으며

더 어렵다고 느끼신 적은 없나요?

블로크 물론이죠. 참, 책도 마찬가지예요. 저도 무언가를 시작할 때에는 확실히 회피하는 행동을 하죠. 시작이 가장 어렵습니다. 프로그램이든 책이든 무엇이든지요. 반면에 이렇게 혼잣말을 하기도 해요. '이봐, 조시, 넌 이 일을 30년 동안이나 해 왔다고. 다른 사람들만큼이나 이 일을 하는 방법을 잘 알아. 그러니 어서 해 봐.' 그리고 이런 식으로 되새기는 거죠. '봐, 예전에 이런 일을 했을 때에도 결과가 거의 항상 괜찮았어. 그러니 이번에도 아마 괜찮을 거야.'

사이블 **방금 인생 경험의 폭이 넓어질수록 시간을 쪼개야 하는 경우가 많다고 말씀하셨는데요. 혹시 프로그래밍 이외의 경험 덕분에 더 좋은 프로그래머가 될 수 있었던 경우는 없었나요?**

블로크 아, 물론 있죠. 거의 모든 일이 영향을 준다고 생각합니다. 제대로만 하면요. 아이디어는 어디에서든 올 수 있습니다. 생각나는 사례를 하나 말씀드리면 제가 졸업 논문을 쓸 때였는데요. 복제된 축약 메모리라는 분산 자료 구조를 분석했죠. 이 분석의 기본 발상은 제가 들었던 화학 수업에서 가져온 것이었어요. 비율 평형 방정식이라는 개념이었는데요. 한 시스템이 동적 평형 상태이면 '무언가가 특정한 상태에 진입하는 양과 그 상태를 벗어나는 양이 동일하다.'는 방정식을 쓸 수 있다는 것이었죠. 저는 변수 3개를 가진 연립 방정식 3개를 만들었고, 이를 풀어서 이 복잡한 분산 자료 구조의 관측된 동작과 정확하게 맞아떨어지는 결과를 얻었어요. 화학에서 아이디어를 훔쳐다 그대로 컴퓨터 과학에 적용한 셈이죠.

삶에서 보이는 많은 것을 다른 분야에 적용할 수 있습니다. 건축에서 건물이 지어지는 방식이나 언어에서 의사소통이 이루어지는 방식 같은 것도요. 물론 수학도 있죠. 수학과 프로그래밍은 상당히 비슷합니다. 그러니 눈을 크게 뜨고 차용할 아이디어를 찾아야 합니다.

사이블 **훌륭한 프로그래머이지만 수학에 서툴거나 수학을 잘 배우지 못한 사람을 본 적이 있으신가요? 미적분학이나 이산 수학 등을 배우는 게 프로그래머가 되는 일에 그렇게 중요할까요, 아니면 수**

학을 잘 배우지 않았더라도 수학적인 사고방식을 갖출 수 있다고 보시나요?

블로크 저는 수학을 많이 배우지 않았어도 수학적인 사고방식을 갖출 수 있다고 생각합니다. 하지만 수학 교육이 도움이 되긴 합니다. 저는 madbot이라는 이름으로 통하는 마이크 맥클로스키와 일했던 적이 있는데요. 마이크는 수학을 아주 잘하지만 정수론을 배운 적은 없었어요. 마이크가 BigInteger를 재작성했죠. 원래는 C 패키지에 껍데기를 씌운 거였거든요. 그런데 자바로 재작성하라는 임무를 받고 C 기반 버전만큼 빠른 패키지를 만들었죠. 그가 정말 해낸 거예요. 이를 위해 정수론을 엄청 많이 배워야 했죠. 수학 재능이 없었다면 아마 할 수 없었을 거예요. 하지만 원래 정수론을 잘 알았다면 굳이 배우지 않아도 되긴 했겠죠.

사이블 하지만 그건 애초에 수학적인 문제잖아요.

블로크 맞습니다. 터무니없는 예시네요. 하지만 애초에 수학적인 문제가 아니더라도 수학에서 배우는 사고방식이 프로그래밍에 필수라고 믿습니다. 예를 들어 귀납 증명법은 재귀 프로그래밍과 밀접한 관련이 있기 때문에 하나를 이해하지 못하면 나머지도 이해할 수 없어요. '기초 단계(base case)'나 '귀납 가정(induction hypothesis)' 같은 용어는 모를 수 있지만, 개념은 이해해야 재귀 프로그램을 정확하게 짤 수 있습니다. 그래서 수학과 무관한 분야더라도 이런 개념에 익숙지 않은 프로그래머는 더 고생할 겁니다.

미적분학도 언급하셨는데요. 그건 좀 덜 중요한 것 같아요. 지난 몇 년간 좀 재미있는 일이 벌어졌는데요. 예전에는 대학 교육을 받은 사람이라면 미적분학을 잘 알 거라고들 생각했어요. 미적분학에는 멋진 개념이 많죠. 무한을 미적분학 방식으로 이해할 수 있는 건 좋은 일이죠.

그런데 무한을 이해하는 데에는 이산적인 방법이 있고 연속적인 방법이 있어요. 프로그래머에게는 이산적인 방법을 갈고닦는 게 더 중요하다고 봅니다. 예를 들어 방금 귀납 증명 이야기를 했는데요. 어떤 명제가 모든 정수에 대해 참이라는 걸 증명할 수 있죠. 정말 마법 같아요. 정수 하나에 대해 성립함을 증명하고, 하나의 정수에 대해 성립했을 때 그다음 정수에 대해 성립한다는 것을 보이면,

모든 정수에 대해 성립함을 증명한 거예요. 저는 이걸 이해하는 게, 이를테면 극한이라는 개념을 이해하는 것보다 프로그래머에게 더 중요하다고 봅니다.

다행히 우리가 꼭 선택을 할 필요는 없어요. 대학 교과 과정에 둘 다 충분히 넣을 수 있으니까요. 이산 수학을 사용하는 것만큼 미적분학을 사용하지는 않더라도 저는 둘 다 배워야 한다고 생각해요. 하지만 이산적인 게 연속적인 것보다 더 중요하긴 합니다.

사이블 **예전에 문장을 쓰는 일이 프로그래밍과 아주 비슷하다고 이야기하신 적이 있는데요. 수학은 컴퓨터나 프로그래밍과 늘 밀접한 관련이 있었잖아요. 웹 프레임워크를 개발하는 일이나 프레임워크 위에서 웹 애플리케이션을 개발하는 일을 놓고 보았을 때 글쓰기 기술이 수학보다 더 중요한 건지 궁금합니다.**

블로크 네, 아까 자바 프로그래머의 두 가지 서로 다른 공동체를 말씀하셨는데요. 수학은 라이브러리나 컴파일러, 프레임워크를 쓰는 공동체에서 훨씬 중요합니다. 프레임워크 위에서 웹 애플리케이션을 개발한다면 의사소통을 이해해야 합니다. 언어와 시각적인 면 모두에서요. 제가 엉뚱한 일을 하도록 하는 웹사이트를 보면 정말 화가 나요. 사람들이 이 사이트를 어떻게 이용하는지 생각해 보지 않은 게 분명해요. 한마디로 프로그래밍은 다양한 학문이 모이는 지점에 있다는 거예요. 자신이 뛰어난 분야가 어딘지에 따라 어떤 애플리케이션을 더 잘 만들지가 달라지죠. 하지만 라이브러리나 컴파일러, 프레임워크라 하더라도 읽기 좋고 유지 보수하기 좋아야 합니다. 저는 괜찮은 글을 쓸 수 없다면 프로그래머로서의 목표 달성도 아주 힘들 거라고 주장하는 바입니다.

사이블 **소프트웨어 설계는 어떤 과정으로 하시나요? 이맥스를 띄운 다음 바로 코드를 쓰기 시작해 그다음 다 맞춰질 때까지 이리저리 옮겨 보시나요, 아니면 연습장을 들고 소파에 앉으시나요?**

블로크 몇 년 전 OOPSLA[15]에서 '좋은 API를 디자인하는 방법과 그렇게 해야 하는 이유'라는 발표를 한 적이 있는데요. 몇 가지 버전이 인터넷에 돌아다니더군요.[16] 거기서 제가 설계하는 방법을 나름 설명했습니다.

가장 중요한 점은 무얼 만들려고 하는지 아는 거죠. 어떤 문제를 풀고 싶은지요. 요구 사항 분석의 중요성은 아무리 강조해도 지나치지 않습니다. 이렇게 생각하는 사람도 있죠. '아, 요구 사항 분석? 고객에게 가서 뭐가 필요한지 물어봐야겠다. 대답을 잘 들으면 끝 아닌가?'

완전히 틀린 생각이죠. 요구 사항 수집은 협상일 뿐 아니라 이해의 과정입니다. 많은 고객이 문제를 말해 주지 않아요. 해결책을 말해 주죠. 예를 들어 이렇게 말할 거예요. "이 시스템이 다음 17가지 특성을 추가로 지원하도록 해 주세요." 그러면 물어봐야 해요. "왜요? 이 시스템으로 뭘 하시려는 거죠? 이 시스템이 그 후에는 어떻게 발전할까요?" 이런 식으로요. 이렇게 주고받는 과정을 이 소프트웨어가 고객에게 정말로 해 주어야 하는 걸 알아낼 때까지 반복합니다. 이런 게 유스 케이스예요.

이 단계에서는 좋은 유스 케이스를 모으는 게 가장 중요합니다. 이런 유스 케이스들이 가능한 해결책을 견줘 볼 수 있는 잣대가 되어 줄 겁니다. 정답에 충분히 가까워질 때까지 시간을 아주 많이 들여도 괜찮아요. 이걸 잘못하면 이미 망한 거거든요. 나머지 과정이 모두 헛고생이 될 테니까요.

최악의 방법은 똑똑한 사람 한 무리를 한 방에 몰아넣고 여섯 달 동안 247쪽짜리 시스템 명세를 쓰라고 시키는 거죠. 정말로 만들려고 하는 게 무엇인지 이해하지도 못한 채로요. 실제로 저도 이런 일을 목격한 적이 있습니다. 6개월 후에 아주 정교하게 기술된 명세가 생기겠지만 아마 쓸모가 없겠죠. 하지만 이런 말이 나오기 일쑤입니다. "명세 작업에 많은 투자를 했으니 이걸 꼭 만들어야 해요." 그래서 쓸모없는 시스템을 만들지만 절대 쓰이지 않습니다. 끔찍하죠. 유스 케이스가 없으면 시스템을 다 만든 후에 아주 간단한 일을 시도해 보고서야 '세상에나, 겨우 XML 문서를 읽어다 인쇄하는 것뿐인데 의미 없는 코드를 몇백 줄이나 써야 하잖아.' 하고 깨닫게 됩니다. 끔찍한 일이죠.

유스 케이스를 모은 다음에는 뼈대가 되는 API를 씁니다. 정말 정말 간단하게요. 대개는 전체 API가 한 페이지 안에 들어가야 해요. 엄청나게 정밀할 필요도 없습니다. 패키지, 클래스, 메서드 선언 정도만 있으면 돼요. 무슨 일을 하는지가 명확하지 않다면 각각 한 문장 정도 설명을 쓸 수도 있겠지요. 하지만 최종적으로 배포하는 문서의 품질 정도는 아닙니다.

이 단계에서는 애자일하게 움직이는 게 중요해요. 딱 필요한 만큼만 API를 채워 나가면서요. 갓 만든 API를 써서 유스 케이스를 지원할 수 있는지 코드를 만들어 보는 거죠. 정말 신기한 게, 지나고 보면 뻔한 데 막상 API를 설계할 때에는 유스 케이스를 염두에 두고 있는데도 잘못 만드는 일이 정말 많답니다. 유스 케이스를 코딩하려고 해 보면 이런 생각이 드는 거죠. '아니, 완전히 잘못 만들었는데. 여기는 클래스가 너무 많네. 이것들은 합치고 이것들은 빼내야겠어.' 다행히 API 문서는 아직 한 페이지밖에 안 되니까 쉽게 고칠 수 있습니다.

API에 대한 신뢰가 쌓이면 '그제야' 살을 더 붙입니다. 하지만 기본 규칙은 같습니다. API를 구현하는 코드를 쓰기 전에 API를 사용하는 코드를 먼저 짜야 합니다. 그러지 않으면 사용하지도 않을 구현 코드를 짜느라 시간을 낭비할 수 있으니까요. 사실 API 문서를 더 채우기 전에 API를 사용하는 코드를 짜는 게 더 좋습니다. 근본적으로 잘못된 명세를 작성하느라 시간을 낭비할 수도 있으니까요. 저는 이렇게 설계합니다.

사이블 자바 컬렉션처럼 특별한 종류의 독립적인 API 같은 걸 설계할 때에는 얼마나 자세하게 하시나요?

블로크 아마 생각하시는 것보다는 덜 자세할 거예요. 어느 정도 복잡성이 있는 프로그래밍을 하려면 API 설계가 빠질 수 없습니다. 큰 프로그램은 모듈로 쪼개야 하고 따라서 모듈 간의 인터페이스를 설계해야 하니까요.

좋은 프로그래머는 혼자 떼어 놓아도 말이 되는 조각 단위로 생각합니다. 여러 가지 이유가 있는데요. 한 가지는 아마 의도하지는 않았겠지만 그 결과 유용하고 재사용하기 좋은 모듈들이 생긴다는 겁니다. 시스템을 한 덩어리로 만들면 시스템이 커질 때 여러 조각으로 쪼개야 합니다. 하지만 명확한 경계가 없을 확률이 높죠. 다루기 어려운 쓰레기가 되고 맙니다. 그래서 저는 모듈로 나누어 생각하는 게 최선의 프로그래밍 방법이라고 생각합니다. API 설계를 하는 사람이든 아니든 상관없이요.

그렇긴 하지만 프로그래밍 세계는 아주 넓습니다. 자신이 하는 프로그래밍이 HTML 작성이라면 이게 꼭 최선이 아닐 수도 있죠. 하지만 많은 프로그래밍 분야에서 성립한다고 봅니다.

사이블 정리하면 각각은 응집력이 있고 서로는 느슨하게 연결된 모듈들로 구성한 시스템을 원하시는군요. 요즘에는 그런 상태에 도달하기 위해 크게 두 가지 방식을 사용하는 것 같습니다. 하나는 지금 설명하신 방식인데요. 시간을 들여 모듈 간 API를 미리 설계하는 방법이죠. 다른 하나는 '작동하는 가장 간단한 걸 만든 후 무자비하게 리팩터링'하는 방법인데요.

블로크 저는 그 두 가지가 완전히 다르다고 보지 않아요. 제가 말하는 방식이 어느 정도는 API 설계에 테스트 우선 프로그래밍과 리팩터링을 적용한 사례라고 볼 수도 있고요. API를 어떻게 테스트하냐고요? 구현하기 전에 유스 케이스를 만들어 보는 겁니다. 실행할 수는 없지만 테스트 우선 프로그래밍이죠. 유스 케이스를 구현하면서 API가 괜찮은지 품질을 테스트하는 거예요.

사이블 API를 사용하는 클라이언트 코드를 작성하고 그 코드를 쳐다보면서 이렇게 묻는 거군요. "이렇게 코드를 쓰는 게 괜찮을까?"

블로크 맞아요. 가끔은 클라이언트 코드를 쳐다보는 단계까지 가지도 못해요. 코드를 쓰려고 하다가 "이걸론 구현이 불가능하겠는데. API에서 이 기능을 빼먹었잖아."라고 하거나 "구현을 하려면 할 수 있겠지만 너무 손이 많이 가는데. 이건 좋은 방법이 아닌 것 같아."라고 말하게 되는 거죠.

이건 설계를 얼마나 잘하느냐의 문제가 아니에요. 실제로 사용하는 코드를 짜 보기 전까지는 API를 제대로 만들 수 없습니다. 무언가를 설계한 후 사용하려고 해 보면 이런 말이 나오죠. "어이쿠, 이건 안 되겠는걸." API 아래에 깔린 계층들을 모두 구현하느라 시간을 낭비하기 전에 이걸 깨닫는다면 훨씬 이득입니다. 그러니까 제가 강조하고 싶은 건 API의 테스트 우선 프로그래밍과 리팩터링이에요. API 아래 구현 코드의 리팩터링이 아니라요.

작동하는 가장 단순한 것을 만든다는 게 중요합니다. '마음에 걸리는 건 넣지 않아야 한다'는 게 API 설계의 기본 법칙입니다. 원하는 모든 유스 케이스를 다룰 수 있으면서도 가장 단순해야 해요. 그렇다고 '그냥 엉성한 코드를 한데 던져 넣으라.'는 뜻은 아니에요. 이런 의도를 담은 경구가 아주 많은데요. 제가 제일 좋아하는 건 재즈 피아니스트 텔로니어스 멍크가 말한 것으로 잘못 알려진 다음 경구입니다. "단순함은 쉽지 않다."

엉성한 소프트웨어를 좋아하는 사람은 없어요. '작동하는 가장 단순한 코드를 쓰고 무자비하게 리팩터링하라.'는 말은 '엉성한 코드를 쓰라.'는 말이 아니에요. '코딩하기 전에 설계를 하지 말라.'는 것도 아니고요. 저는 이에 대해 마틴 파울러와 이야기한 적이 있어요. 파울러는 시스템이 합리적인 형태와 구조를 갖추기 위해 해야 하는 일에 대해 생각하는 것을 정말 중요하게 여기죠. 파울러가 한 말은 "247쪽짜리 명세를 쓴 후에야 코딩을 시작하지 말라."는 거예요. 저도 동의합니다.

한 가지는 파울러와 생각이 다른데요. 저는 테스트가 문서의 납득할 만한 대체제가 될 수 없다고 생각합니다. 아주 조금도요. 다른 사람이 당신이 만든 걸 이용해서 코드를 작성하도록 하려면 정밀한 명세가 필요합니다. 테스트는 코드가 그 명세에 맞는지 검사해야 하고요.

그러니 두 진영에 몇 가지는 의견 차이가 있는 셈이죠. 하지만 그 차이가 몇몇 사람이 생각하는 것만큼 크지는 않다고 봅니다.

사이블 **파울러를 언급하셨는데요. 파울러는 UML을 다룬 책도 몇 권 썼죠. 설계할 때 UML을 사용하신 적이 있나요?**

블로크 아니요, 다른 사람이 이해할 수 있는 도표를 만들 수 있는 건 좋긴 해요. 하지만 솔직히 뭐는 네모고 뭐는 동그라미인지도 잘 기억나지 않아요.

사이블 **커누스가 말하는 문학적 프로그래밍을 온전히 적용해 보신 적이 있나요?**

블로크 해 보지는 않았는데 원칙적으로는 반대하지 않습니다. 그냥 해 볼 기회가 없었어요. 다른 이유는, 어, 이걸 어떻게 말해야 할까요, 저는 종교적인 건 잘 안 믿어요. 어떤 종교든, 진심으로는요. 객체 지향 프로그래밍이든, 함수형 프로그래밍이든, 그리스도교든, 유대교든요. 좋은 아이디어를 찾아 탐구해 보긴 하지만 온전히 실천하지는 않습니다. 문학적 프로그래밍에도 멋진 아이디어가 많아요. 하지만 좋은 술집은 아니에요. 거기엔 프로그래머가 그리 많지 않아요. 언젠가는 실험 삼아 한번 해 볼 수도 있겠죠.

그 대신 저는 이름을 짓는 데 몇 시간이라도 기꺼이 투자해요. 정말로요. 변수 이름, 함수 이름 같은 걸 잘 지어야 코드가 읽기 좋아지니까요. 이런 좋은 이름을 쓴 표현식을 읽었는데 그냥 영어 문장처럼 읽힌다면 그 프로그램은 정확할 확률이 훨씬 높아요. 유지 보수도 훨씬 쉽고요. 저는 "시간 낭비야. 그냥 변수 이름일 뿐이잖아."라고 말하는 사람은 이해를 못했다고 생각해요. 그런 자세로는 유지 보수하기 쉬운 프로그램을 만들어 낼 수 없습니다.

사이블 프로그램이 대부분의 글, 물론 실험적인 글은 제외하고, 일반적인 글과 다른 건 프로그램을 읽는 데 정해진 순서가 없다는 점입니다. 직접 만들지 않은 큰 프로그램을 읽을 때 어떻게 읽으시나요?

블로크 좋은 질문입니다. 사실 프로그램이 잘 쓰여 있어야 합니다. 저에겐 그게 정말 중요해요. 제가 아는 몇몇 사람은 쓸데없이 크고 엉망으로 짠 시스템 속으로 파고들어 가서 아키텍처를 머릿속에 하나의 그림으로 그려 내는 능력이 있는데요. 정말 유용한 기술이지만 저는 그런 걸 못합니다.

저는 작은 모듈을 가져다가 그것만 읽고 이해하는 편이 좋습니다. 강하게 결합된 시스템이어서 한 부분을 이해하기 위해 전체를 다 읽어야 하는 상황이라면 악몽 같죠. 읽으려는 '시도'만으로도 정신을 바짝 차려야 합니다. 그리고 모든 코드에 접근할 수 있어야 합니다. 보통은 코드를 모두 출력해서 바닥에 늘어놓은 다음 그 위에 앉아서 메모를 적어 가며 읽습니다.

잘 쓰인 코드를 읽을 때에는 멀리서 본 큰 그림을 정리한 문서를 찾아봅니다. 보통은 전체 시스템의 모습을 어딘가에 설명해 놓거든요. 이걸 찾으면 중요한 모듈이 무엇인지 알 수 있으니 그걸 먼저 읽습니다. 때로는 이해를 위해 저수준 모듈로 뛰어들기도 하면서요.

코드가 위에서 아래로 순차적으로 쓰여 있긴 하지만 그렇다고 차례대로 실행되는 건 아니죠. 위에서 아래로 그냥 차례대로 읽을 수 있는 코드라면 운이 좋은 거예요. 그렇지 않다면 코드 이곳저곳으로 빠르게 이동할 수 있는 도구를 갖추는 것이 중요합니다. 지금 실행되는 메서드나 확장되는 클래스 같은 곳으로 움직일 수 있도록 말이지요. 그러면 코드에서 중요한 실행 경로를 이해할 수 있습니다.

사이블 코드를 이해하기 위해 디버거로 한 단계씩 실행해 보신 적은 있나요?

블로크 당연하죠! 저는 디버깅할 때 여전히 그 방법을 씁니다. 특히 동시성이 있는 코드라면요. 일일이 나열할 수 없을 정도로 너무 많은 상태가 존재할 수 있거든요. 저는 일단 코드를 노려봅니다. 머릿속으로 한 단계씩 따라가면서요. 어떤 시점에 어떤 불변식이 반드시 성립해야 하는지 생각하죠. 단순히 프로그램을 한 단계씩 실행하는 건 우리가 사용할 수 있는 그 어떤 신기한 디버깅 도구보다 강력합니다. 디버거를 쓰든, 아니면 코드를 읽으면서 머릿속에서 실행하든 상관없이요. 저는 이 방법으로 수많은 버그를 찾았고 코드를 작성하는 도중에도 이 방법을 사용합니다.

프로그램을 쓰면서 이렇게 자문하죠. '여기서는 무엇이 반드시 참이어야 하지?' 그리고 이런 생각을 코드에 단정문으로 남겨 두는 게 정말 중요합니다. 나중을 위해서요. 사용하는 언어가 단정문 기능을 제공한다면 사용하세요. 그렇지 않다면 주석으로 남겨 두세요. 어느 쪽이든 정말 놓치기 아까운 정보입니다. 6개월 후 그 프로그램을 이해하기 위해 필요한 정보죠. 동료에게는 그 정보가 언제든지 필요할 테고요.

사이블 사람들이 불변식과 단정문 사용법을 제대로 이해하고 있다고 생각하시나요?

블로크 아니요, 제가 자바 프로그래밍 언어에 처음으로 추가한 문법이 단정문인 걸 아실지 모르겠네요. 하지만 그게 널리 받아들여진 적이 한 번도 없다는 걸 잘 알고 있습니다. 아주 소수의 자바 프로그래머만 단정문을 사용하죠. 왜 그런지 정확히는 모르겠어요. 수학 관점에서 보자면 불변식은 아주 수학적인 발상이죠.

사이블 **하지만 단정문을 이해하기 위해 수학을 아주 잘 알아야 하는 건 아니잖아요.**

블로크 그렇죠. 하지만 제가 잠시 반대 입장에 서 보겠습니다. 수학을 할 때에는 어느 정도 사고의 정확성이 필요합니다. 초등학교 4, 5학년 수학 올림피아드 학생을 지도한 적이 있는데요. 증명이라는 개념을 어느 정도 막 이해하기 시작하는 나이의 아이들이죠. 어떤 명제가 입증 가능하고 명백하게 참임을 보일 수 있다는 거죠. "여기 몇 가지 성립하는 사례가 있으니까 참일 것 같아요."라고 하는 게 아니라요.

불변식 개념을 이해하려면 증명이라는 개념을 이해해야 해요. 안타깝게도 이걸 이해하지 못하는 성인이 아주 많습니다. 이런 사고방식은 보통 수학 수업 시간에 가르치죠.

사이블 **프로그래밍이 이런 사고방식을 가르치기에 더 좋은 장이 아닐까 싶으시겠네요. 프로그래밍을 불변식에 대한 것이라고 가르치셨다면….**

블로크 어느 정도는 동의합니다. 하지만 그 방향으로 극단적으로 갈 수도 있어요. 그러면 데이크스트라로 돌아갑니다. 「On the Cruelty of Really Teaching Computer Science」를 읽으셨을 텐데요. 저는 데이크스트라가 완전히 틀렸다고 생각해요. 그는 학생들이 기호를 조작해서 그 진짜 의미를 깨닫기 전까지는 컴퓨터를 만지면 안 된다고 합니다. 한 학기 동안이나요. 말도 안 되죠. 컴퓨터에 무언가를 시키고 그 일이 실행되는 걸 지켜보는 데서 오는 기쁨이 있습니다. 저라면 학생들에게서 그 기쁨을 빼앗지 않을 거예요. 게다가 어차피 이제는 불가능한 이야기예요. 컴퓨터는 어디에나 있으니까요. 열 살짜리도 프로그래밍을 합니다.

사이블 **구글에서 일하는 자바 사용자로서 자바가 더 많이 쓰일 수 있다고 생각하시나요? 그동안의 역사와 그에 따른 선택의 영향은 배제하고서요. 만약 마법을 부려서 모든 C++ 코드를 자바로 바꿀**

수 있다면 그래도 구글이 잘 돌아갈까요?

블로크 어느 정도는요. 시스템의 많은 부분이 자바로 만들어질 수 있었습니다. 그리고 시간이 흐르면서 그 방향으로 움직이고 있고요. 하지만 시스템의 가장 안쪽은 아주 작은 성능상의 이점이 매우 큰 가치를 가집니다. 예를 들어 색인 서버의 반복문 같은 것은요. 그 정도로 많은 수의 서버가 같은 코드를 실행한다면 1, 2%만 빠르게 만들어도 엄청난 효과를 볼 수 있죠. 경제적으로나, 환경적으로나요. 그래서 어떤 코드는 어셈블리 언어로 쓰는 게 나을 수 있습니다. C는 그냥 좀 예쁘게 생긴 어셈블리어잖아요?

저는 종교적이지 않아요. 작동하면 그걸로 좋은 거죠. 저는 20년간 C 코드를 짰습니다. 하지만 프로그래머의 시간 관점에서 보면 현대적인 언어를 쓰는 게 훨씬 효율적입니다. 더 나은 안전성, 편의성, 표현력을 제공하죠. 대부분의 경우엔 프로그래머의 시간이 컴퓨터 시간보다 훨씬 가치가 있습니다.

하지만 똑같은 프로그램을 수천, 수만 대의 컴퓨터에서 실행한다면 얘기가 좀 다르죠. 그래서 덜 안전할 수 있는 언어로 작성하는 프로그램들이 있습니다. 눈곱만큼만 성능을 더 짜내더라도 가치가 있으니까요. 대부분의 다른 프로그램에 있어서는 오늘날 모든 현대 언어의 성능이 다 고만고만하다고 생각합니다. 자기 언어가 10배 더 빠르다고 하는 사람이 있다면 아마 거짓말일 거예요.

하지만 효율성 측면에서, 엔지니어의 시간 사용 측면에서 보면 전혀 고만고만하지 않습니다. 일단 첫째로 많은 종류의 오류들을 아예 피할 수 있는 현대 언어가 늘어나고 있습니다. 둘째로 엔지니어의 효율을 올려 주는 놀라운 도구들이 있고요. 이런 건 어떤 면에서는 문화적인 측면도 있는데요. 학교에서 배우는 언어를 먼저 접할 테니까요. 하지만 어느 정도는 사실 근본적인 엔지니어링 문제라고 생각합니다. 예를 들어 언어에 매크로 처리 기능이 있으면 좋은 도구를 만들기가 훨씬 어렵죠. C++ 코드 파싱은 자바 코드 파싱보다 훨씬 까다롭습니다.

구글은 이제 과거에 비해 자바를 더 많이 쓰고 있어요. 정확한 숫자는 모르겠지만 다른 언어를 아직 추월하지 않았다면 곧 추월할 겁니다. 각 언어별로 코드 줄 수가 몇 줄인지와 각 언어별로 CPU를 얼마나 활용하는지는 아주 다르죠. 색인 서버의 안쪽 반복문을 자바로 쓰는 건 헛수고일뿐더러 그리 훌륭한 일도 아닙니다. 지금 시점에서 이런 일을 하는 회사를 시작한다면 자바나 다른 현대적이고 안전한 언어로 대부분의 프로그램을 작성할 수도 있겠죠. 필요할 때에만 다른 언어를 쓰면서요. 하지만 구글에는 엔지니어링 기반 구조가 이미 있습니다. 서비스를 돌리기 위한 라이브러리며 모니터링 도구, 온갖 것이 있죠. 드디어 이런 시스템 안에서 자바도 그럭저럭 쓸 만해졌습니다. 완전히 대등한 정도는 아직 아니지만요. 제가 구글에 처음 왔을 때에는 한참 차이가 났었거든요.

회사는 아주 이른 시기에 자신의 DNA를 형성합니다. DNA가 회사를 엄청나게 성공시키기도 하지만, 초기에는 잘 동작하던 것이 더는 잘 동작하지 않을 때 거기서 잘 빠져나가지 못하게 하기도 합니다. 1982년경에 요크타운하이츠의 IBM 리서치에서 인턴을 했던 때가 생각이 나네요. 그곳 문화는 일괄 처리가 여전히 주도하고 있었죠. 시분할 시스템을 사용할 때에도 가상 카드 리더나 가상 카드 천공기 같은 용어로 이야기했습니다. 모든 것을 여전히 80열 레코드로 저장했죠. DEC의 경우에는 시분할 사고방식을 결국 벗어나지 못했고요. 마이크로소프트는 과연 데스크톱 PC 사고방식을 넘어설 수 있을지 궁금합니다.

사이블 **지금으로부터 20년 후 사람들은 구글이 인터넷 광고 판매를 넘어설 수 있을지 이야기하겠죠.**

블로크 물론이죠. 어쨌든 구글에는 자바가 느리고 불안정하다는 문화적인 밈 같은 게 있었어요. 이게 어디서 유래했는지는 명확합니다. 1999년경에 썼던 리눅스용 블랙다운 자바[17]는 느리고 불안정했어요. 그리고 오래된 관념은 잘 없어지지 않죠. 하지만 진실은 구글이 다양한 핵심 사업 분야에 자바를 쓴다는 거죠. 광고를 포함해서요.

그러니까 어느 정도는 자바가 느리지도 불안정하지도 않다는 걸 압니다. 하지만 실제 검색 파이프라인은 사실상 모두 C++입니다. 컴퓨터 CPU 기준으로는 작업이 가장 집중적인 부분이죠. 이렇게 된 데는 분명히 회사가 처음 세워지는 과정이 영향을 주었어요. 아마 꽤 오랫동안 계속 영향을 줄 것 같네요.

사이블 프로그래밍할 때 실제로 쓰는 도구는 무엇인가요?

블로크 이 질문이 나올 줄 알았어요. 저는 고루한 사람입니다. 부끄럽네요. 이맥스 단축키가 제 뇌에 각인되어 버렸나 봐요. 그리고 저는 대개 작은 프로그램이나 라이브러리 같은 걸 씁니다. 그래서 현대적인 도구 없이 코딩하는 경우가 너무 많습니다. 하지만 현대적인 도구가 훨씬 생산적이라는 건 잘 알고 있습니다.

더 큰 무언가를 만들 땐 인텔리제이를 씁니다. 팀 사람들이 다 그걸 쓰거든요. 하지만 아주 능숙하진 않아요. 꽤 인상적이긴 합니다. 이런 도구가 해 주는 정적 분석이 정말 맘에 들어요. 《Java Puzzlers》를 쓸 때 넷빈즈[18]나 인텔리제이, 이클립스, 파인드버그 같은 도구를 만든 사람들에게 각 장의 검토를 부탁했어요. 이런 도구들은 책에 나오는 많은 덫이나 함정을 자동으로 찾아 주죠. 정말 멋진 것 같아요.

사이블 인텔리제이를 완전히 숙달하기 위해 한 달을 투자한다면 정말로 더 생산적이 될 수 있다고 보시나요?

블로크 네, 현대적인 통합 개발 환경은 대규모 리팩터링에 탁월해요. 브라이언 게츠가 지적한 적도 있어요. 사람들이 요즘엔 코드를 더 깨끗하게 쓰는데, 순전히 예전에는 엄두도 못 내던 리팩터링을 할 수 있게 된 덕이라고요. 변경 사항을 코드의 동작을 바꾸지 않으면서 여러 부분에 반영하기 위해 이런 도구에 완전히 의지할 수 있어요.

사이블 다른 도구는 어떤가요?

블로크 저는 프로그래밍 도구를 잘 몰라요. 잘 알면 좋을 텐데요. 빌드 도구나 소스 관리 도구는 제 예상보다 더 빠르게 바뀌어요. 저로서는 따라가기가 힘듭니다. 그래서 새로운 환경을 설정할 때마다 도구를 더 잘 아는 동료에게 의지합니다. "요즘은 이런 걸 어떻게 해요?" 하고 물어보는 거죠. 그러면 잠깐 눈을 치켜떴다가 도와줘요. 그러면 저는 그 환경이 작동하지 않을 때까지 계속 쓰는 거죠.

그리 자랑스럽진 않네요. 엔지니어라면 자신이 잘하는 부분과 못하는 부분이 있어요. 이것이 사실이 아닌 양 구는 사람들도 있죠. 엔지니어는 누구나 대체 가능하고, 모든 사람이 모든 방면의 기술을 갖출 수 있으며, 또 마땅히 그래야 한다고 여기면서요. 하지만 그건 특정한 일에는 깜짝 놀랄 정도로 뛰어나지만 다른 일에는 그리 뛰어나지 못한 사람이 있다는 사실을 간과한 거예요. 그런 사람에게 모든 일을 하라고 강요한다면 그저 그런 제품밖에는 못 만들 걸요.

특히 그런 사람들이 있어요. 구아바(Guava)와 주스 같은 자바 라이브러리를 만든 케빈 부릴리언의 말에 따르면 '공감 유전자가 없는' 사람이요. 자신의 API나 언어를 사용해서 무언가를 하려고 하는 일반적인 프로그래머 입장에서 생각하지 못하는 사람은 좋은 API나 언어를 설계할 수 없어요. 하지만 어떤 사람은 좋은 API나 언어를 만들죠. 반면에 언어 설계의 기술적인 측면에 놀라울 정도로 뛰어난 사람도 있어요. 이런 말을 막 합니다. "아, 그렇게 하면 LALR(1)이 되지 않아요. 그걸 이렇게 바꿔야 해요." 정말로 유용한 능력이죠. 하지만 그런다고 공감 유전자를 대신할 수 있다거나 자기 언어가 사용할 수 없을 만큼 엉망이라는 걸 아는 능력이 생기지는 않아요.

마지막 몇 퍼센트의 성능을 짜내는 데 정말 뛰어난 사람들도 압니다. 그러면 그런 일을 하는 자리에 그런 사람을 배치하고 싶겠죠. 그들도 행복하고 회사도 행복합니다. 그러니 엔지니어들이 무엇을 잘하는지 알아내서 그 일에 맞춰 써먹어야 해요. 자, 이게 제가 도구를 잘 못 다룬다는 점에 대한 변명이에요. 옹색하죠. 저도 알아요.

사이블 디버깅에 대해 이야기해 볼까요? 고쳐야 했던 최악의 버그가 있었다면 무엇인가요?

블로크 떠오르는 게 하나 있네요. 끔찍하기도 했지만 재미있기도 했죠. 1990년대 초 피츠버그의 트랜스아크라는 회사에 다니던 시절에 일어난 일이에요. 저는 아주 빡빡한 일정으로 트랜잭셔널 공유 메모리를 구현해야만 했죠. 설계와 구현을 일정 안에 마쳤고 그 과정에서 재사용할 수 있는 컴포넌트까지 몇 개 만들었어요. 하지만 아주 많은 코드를 급하게 짜야 했기 때문에 아주 불안했죠.

코드를 테스트하기 위해 저는 무시무시한 '요청 폭격기'를 만들었습니다. 트랜잭션을 수없이 실행하는데 각 트랜잭션 안에는 중첩해서 트랜잭션이 또 들어 있고, 그 안에 또 트랜잭션이 재귀적으로 최대 한도까지 들어 있는 거죠. 안에 들어가는 트랜잭션에서는 공유된 배열의 요소를 몇 개 차례대로 읽은 다음 각 요소에 얼마를 더하되 배열의 요소를 모두 더한 값이 0이 되는 불변식은 지켜지는 방식이었습니다. 부분 트랜잭션은 각각 커밋되거나 실패하는데요. 90%는 커밋하고 10%는 실패한다든지 하는 거죠. 여러 스레드가 이런 트랜잭션을 동시에 실행하면서 배열을 오랫동안 조작합니다. 제가 테스트하는 건 공유 메모리 기능이었기 때문에 멀티스레드 요청 폭격기를 여러 프로세스에서 각각 동시에 실행했죠.

통상적인 동시성 수준에서는 요청 폭격기가 멋지게 성공했습니다. 하지만 동시성을 본격적으로 올리자 일관성 검사가 가끔, 아주 가끔 실패했죠. 도대체 무슨 일인지 알 수가 없었습니다. 제 잘못인 건 당연했죠. 이 새로운 코드는 모두 제가 썼으니까요.

일주일쯤 각 컴포넌트마다 빈틈없이 단위 테스트를 작성하면서 고통스러운 시간을 보냈습니다. 모든 테스트는 통과했죠. 그래서 내부 자료 구조마다 상세한 일관성 검사를 추가했습니다. 그래서 테스트가 실패할 때까지 자료 구조의 값이 바뀔 때마다 일관성 검사를 했죠. 결국 낮은 수준에서 일관성 검사가 실패하는 걸 찾아냈죠. 계속 실패하지는 않았지만 실패 이유를 분석할 수 있을 정도는 되었어요. 결국 제가 만든 잠금 구현이 동작하지 않는다는 결론을 마주해야만 했습니다. 동시에 읽기-수정-쓰기를 하는 부분이 있었는데 두 트랜잭션이 잠금, 읽기, 쓰기를 같은 곳에 했고 마지막으로 쓴 값이 첫 번째 값을 덮어써 버렸죠.

제가 잠금 관리자를 직접 만들었기 때문에 당연히 그걸 의심했습니다. 하지만 잠금 관리자는 단위 테스트를 아주 멋지게 통과했어요. 알고 보니 오류가 있는 곳은 잠금 관리자가 아니라 그게 사용하는 뮤텍스 구현이었어요! 운영 체제가 스레드를 지원하기 이전 시절이라서 우리는 직접 만든 스레드 패키지를 쓰고 있었거든요. 그런데 이 뮤텍스 코드를 만든 엔지니어가 솔라리스[19]용 스레드 구현 어셈블리 코드에서 실수로 '잠금'과 '잠금 시도' 루틴의 이름을 바꿔서 써 버린 거예요. 그래서 '잠금'을 호출했다고 생각했을 때 사실은 '잠금 시도'를 호출한 거였죠.

반대도 마찬가지고요. 그래서 실제로 여러 스레드가 동시에 접근했을 때 문제가 발생한 겁니다. 그 당시에는 드문 일이긴 했지만요. 두 번째 스레드가 '잠금'을 하면 사실 첫 번째 스레드가 이미 잠금 상태이기 때문에 실패해야 하지만, 실제 동작은 '잠금 시도'이기 때문에 잠금을 얻지 못해도 잠금을 얻은 것처럼 계속 임계 영역으로 들어갑니다. 여기서 웃기는 건 회사 전체가 2주가 넘도록 뮤텍스 없이 운영되고 있었는데 아무도 눈치를 채지 못했다는 거죠.

커누스가 한 멋진 말이 있습니다. 벤틀리와 매컬로이도 「Engineering a Sort Function」이라는 논문에서 인용했는데, 가능한 한 가장 못되고 가장 비열한 기분으로 가차 없이 테스트에 임하라는 말이었죠. 이 경우에는 확실히 그랬던 것 같아요. 하지만 이 문제는 버그를 찾기 힘들게 만드는 요소를 전부 갖추고 있었죠. 첫째로 동시성 문제였기 때문에 재현이 아예 불가능했고요. 둘째로 핵심 가정이 있었는데 그게 사실이 아니었습니다. "맞아, 언어가 잘못 구현됐어." 아니면 "시스템이 망가졌어." 같은 잘못된 가정은 초보자에게서 볼 수 있는 전형적인 모습인데요. 그런데 이 경우에는 실제로 제가 서 있던 기반인 뮤텍스가 망가졌었죠.

사이블 그러니까 버그는 당신의 코드에 있지 않았고, 철저한 단위 테스트를 작성했기 때문에 당신 코드 바깥을 볼 수밖에 없었겠군요. 그렇다면 뮤텍스 코드를 쓴 사람이 만들 수 있었거나 만들었어야 할 테스트가 있었을까요? 그러면 그 버그를 잡았을 테고 일주일이 넘는 디버깅을 하지 않아도 되었을 테니까요.

블로크 뮤텍스 도구에 좋은 자동화 단위 테스트가 있었다면 그런 괴로움을 겪지 않았을 것 같습니다. 하지만 1990년대 초였다는 점을 염두에 두세요. 단위 테스트를 충분히 작성하지 않은 엔지니어를 비난할 생각은 전혀 하지 않았습니다. 오늘날에도 동시성 도구의 단위 테스트를 만드는 건 예술에 가까워요.

사이블 코드를 한 단계씩 실행하는 일에 대해 잠깐 이야기했었는데요. 실제로 디버깅할 때에는 어떤 도구를 쓰시나요?

블로크 조금은 네안데르탈인처럼 들리겠네요. 하지만 저에게 가장 중요한 도구는 아직도 제 눈과 뇌입니다. 관련된 코드를 모두 인쇄해서 아주 집중해서 읽습니다.

디버거는 훌륭해요. 저도 프린트 문을 쓸 때가 있었죠. 하지만 지금은 중단점을 씁니다. 네, 가끔은 디버거를 씁니다. 하지만 없더라도 크게 문제는 없어요. 코드에 프린트 문을 넣을 수 있고 코드를 꼼꼼히 읽을 수만 있다면 보통은 버그를 찾을 수 있습니다.

말씀드렸듯이 저는 복잡한 불변식이 성립하는지 확인하기 위해 단정문을 씁니다. 불변식이 깨진다면 그 사실을 바로 알고 싶거든요. 어떤 동작이 불변식을 깨트렸는지 알아야 해요.

그러고 보니 찾기 힘들었던 다른 버그가 생각나네요. 이건 기억이 좀 흐릿한데 트랜스아크 때, 아니면 CMU 대학원생일 때였던 것 같아요. 캐멀롯 분산 트랜잭션 처리 시스템을 만들고 있었죠. 제가 이 버그를 찾은 건 아닌데 아주 인상 깊은 버그였어요.

코드에서 디버깅 정보를 출력할 때 사용하는 추적용 패키지가 있었어요. 추적 이벤트에는 이벤트를 내보내는 스레드의 아이디가 붙어 있었죠. 이따금 로그에 잘못된 스레드 아이디가 찍혔는데 이유를 알 수가 없었어요. 우리는 일단 그냥 버그를 무시하기로 했어요. 크게 문제가 되지는 않았거든요.

알고 보니 버그는 추적 패키지의 문제가 아니었어요. 훨씬 심각한 문제였죠. 스레드 아이디를 얻기 위해 추적 패키지는 스레드 패키지를 사용했는데요. 스레드 패키지는 스레드 아이디를 얻기 위해 그 당시에 꽤 널리 쓰이던 기법을 사용했죠. 스택 변수의 주소 중 높은 비트 일부를 쓰는 거예요. 다시 말해 스택 변수의 포인터를 가져다가 오른쪽으로 정해진 길이만큼 시프트시키면 그게 스레드 아이디가 되는 거죠. 이 기법은 각 스레드가 고정 크기 스택을 사용하고, 스택 크기는 잘 알려진 2의 배수라는 가정에 기대고 있어요.

말이 되는 것 같지 않나요? 그 사실을 잘 몰랐던 사람들이 스택에 그 당시 기준으로는 큰 객체들을 만들 때까지는 그랬죠. 아마 4k짜리 요소를 100개 가진 배열이었던 것 같아요. 스레드 스택에 400k가 갑자기 추가된 거죠. 바로 스택의 안전

구역을 벗어나 다음 스레드의 스택까지 들어가 버리게 됩니다. 이제 아까 말한 스레드 아이디 방식은 스레드를 잘못 가리키게 돼요. 더 큰 문제는 스레드가 스레드 한정 지역 변수에 접근할 때 다음 스레드의 값을 읽는다는 거예요. 스레드 한정 지역 변수를 접근할 때 스레드 아이디를 쓰니까요.

추적 시스템의 사소한 오류라고 보았던 것이 실은 정말 심각한 버그의 징후였던 거죠. 이벤트가 thread-42가 아니라 thread-43이라고 찍혔을 때 사실은 thread-42가 의도치 않게 thread-43 행세를 했던 거예요. 어쩌면 끔찍한 일이 벌어질 수도 있었죠.

이게 바로 안전한 언어가 필요한 이유입니다. 누구도 이런 일을 맞닥트려선 안 됩니다. 최근에 누군가 저에게 질문을 했는데요. 자신이 속한 대학교에서 자바를 가르치기 전에 C와 C++를 먼저 가르치기를 원한다고 하더군요. 프로그래머는 시스템을 '밑바닥까지' 알아야 한다면서요. 그러면서 제 생각을 물었어요.

이 말의 전제는 맞지만 결론은 틀렸다고 생각합니다. 학생들이 저수준 언어를 배워야 하는 건 맞습니다. 사실 어셈블리어, 심지어 칩 아키텍처까지 배워야 해요. 요즘은 칩이 말도 안 되게 복잡한 괴물이 되어 버리긴 했지만요. 칩 안의 상태 기계가 너무 복잡해서 이제는 성능 모형도 잘 나오지 않아요. 하지만 시스템의 낮은 수준에서 어떤 일이 일어나는지 이해한다면 훨씬 좋은 고수준 언어 프로그래머가 될 수 있다고 생각합니다.

네, 그래서 이 모든 걸 다 배우는 게 중요하다고 생각합니다. 그래서 C 같은 저수준 언어로 프로그래밍을 시작해야 한다고 생각하냐고요? 아니요! 학생들이 프로그래밍을 처음으로 접할 때부터 버퍼 오버런이나 수동 메모리 할당 같은 걸 마주쳐서는 안 돼요.

한번은 제임스 고슬링이 자바의 탄생에 대한 이야기를 하며 저에게 이런 말을 한 적이 있어요. "가끔은 리셋 버튼을 눌러야 해요. 가장 놀랍고 멋진 일 중 하나죠." 보통은 수십 년 묵은 것들과 호환성을 유지해야 해요. 그럴 필요가 없는 경우는 드물어요. 하지만 그처럼 새로 시작하는 기회는 정말 멋지죠. 안타깝게도 자바 사례에서 볼 수 있듯이 그렇게 새로 만든 것이 10년도 안 되어 다시 문제의 자리를 차지하지만요.

사이블 **말씀을 하셔서 말인데 자바가 갈 길을 살짝 잃은 건가요? 좋아지는 속도보다 복잡해지는 속도가 더 빠른 거 아닌가요?**

블로크 아주 어려운 질문이네요. 특히 자바 5[20]의 변경 사항은 자바를 우리 의도보다 더욱 복잡하게 만들었어요. 제네릭, 특히 와일드카드[21]가 언어에 얼마나 많은 복잡성을 얹을지 잘 몰랐죠. 인정할 건 해야겠네요. 자바 SE 5의 리드 아키텍트였던 그레이엄 해밀턴은 그 당시에 이걸 이해했지만 저는 그러지 못했죠.

얄궂은 사실은 그레이엄이 언어에 제네릭을 넣지 않으려고 수년간 싸웠다는 거죠. 하지만 와일드카드의 기반이 되는 가변성(variance)이라는 개념이 유행한 건 제네릭 추가를 성공적으로 방어해 내고 있던 시절이었어요. 제네릭을 가변성 없이 더 일찍 추가했다면 더 단순하고 쉬운 언어를 사용하고 있을 거예요.

분명 와일드카드로 인해 편리해지는 점은 있습니다. 상속과 제네릭 사이에는 근본적으로 잘 들어맞지 않는 부분이 있습니다. 와일드카드는 이 부분을 바로잡는 데 큰 도움이 되죠. 하지만 복잡도 면에서는 상당한 비용이 함께 추가됩니다. 사용 지점 가변성보다 선언 지점 가변성이 더 낫다고 주장하는 사람들도 있는데, 저는 잘 모르겠네요.[22]

아직 결론은 나지 않은 것 같아요. 어느 쪽도 실제 업무 환경에서 프로그래머들로부터 많이 검증되지 않았거든요. 가끔 아주 좁은 영역에서만 많이 쓰이는 언어에 대해 "정말 좋거든요. 이 언어가 더 크게 성공하지 못해서 안타깝네요."라고 말하는 사람들이 있습니다. 하지만 사실 성공하지 못한 이유는 그렇게 좋지 않아서죠. 다행히 스칼라나 C# 4.0 같은 언어가 선언 지점 가변성을 채택했으니 마지막으로 결론을 내려 줄 것 같습니다.

사이블 **그렇다면 제네릭을 추가한 이유가 뭐죠?**

블로크 예상보다 그다지 훌륭하지 않은 것으로 증명된 아이디어가 늘 그렇듯이 우리 자신의 생각만 너무 믿은 거죠. 제 생각의 흐름은 이랬어요. '자, 컬렉션은 거의 언제나 한 가지 타입만 저장하잖아. 문자열 리스트, 아니면 문자열에서 정수로의 맵 같은 식으로 말이야. 그런데 자바에서는 기본적으로 다른 타입이 들어갈 수 있지. 그냥 객체 컬렉션일 뿐이니까. 그래서 일일이 형 변환을 해야 하는데 정말 말도 안 되는 일이야. 이 맵이 문자열로 정수를 찾는 맵이라고 시스템에 알려 줄 수 있으면 훨씬 좋지 않을까? 형 변환도 자동으로 해 주고 내가 뭔가를 잘못했을 때 오류도 컴파일 시점에 잡아 줄 수도 있고 말이야.' 더 고차원의 타입 정보가 있으니까 더 많은 오류를 잡을 수 있었거든요. 좋은 생각 같았죠.

저는 제네릭을 우리가 자바 5에 추가한 다른 많은 언어 기능과 마찬가지라고 생각했어요. 우리가 손으로 직접 처리해야 했던 걸 언어가 자동으로 해 줄 뿐이라고 생각했죠. 몇몇 경우에는 제 생각이 딱 맞아떨어졌어요. for-each 반복문 같은 게 정말 그랬죠. 반복자나 인덱스 변수 같은 복잡한 부분을 감춰 주기만 했으니까요. 코드는 짧아졌고 고려해야 할 개념은 늘어나지 않았죠. 어떤 면에선 오히려 줄어들었어요. 배열과 기타 컬렉션 사이에 가짜 다형성을 만들어 넣은 덕에 사용자가 지금 반복문에서 돌리는 게 ArrayList인지 배열인지 신경 쓸 필요가 없어졌거든요.

이런 생각이 제네릭에도 통하지 않았던 가장 큰 이유는 안 그래도 복잡한 타입 체계에 큰 변화를 추가했기 때문이었어요. 타입 체계는 아주 섬세해요. 그래서 이걸 바꾸면 언어 전반에 예측하지 못한 큰 파급 효과가 일어날 수 있죠.

제 생각에 여기서 얻은 교훈은 이미 성숙한 언어를 진화시킬 때에는 능력과 복잡성 사이의 절충점에 대해 한층 더 주의해야 된다는 거예요. 사실 복잡도는 언어에 있는 기능 숫자의 제곱에 비례해서 또는 더 빠르게 증가해요. 오래된 언어에 기능을 추가하는 건 대개 엄청난 복잡도를 추가하는 셈이죠. 프로그래머의 이해력 한계에 이미 도달했거나 근접해 있다면 호환성을 깨지 않고서는 더 이상 복잡도를 추가할 수 없어요.

그렇다면 복잡도를 더 추가했을 때 그 언어가 그냥 사라질까요? 아니요, 그렇지 않습니다. 제 생각에 C++는 복잡도 한계를 진작 넘어갔어요. 하지만 여전히 많은 프로그래머가 C++를 쓰죠. 이럴 때에는 사람들이 언어의 일부분만 쓰게 됩니다. 그래서 C++를 쓰는 제가 아는 거의 모든 회사는 "네, 우리는 C++를 쓰지만 다중 상속이나 연산자 오버로딩은 쓰지 않습니다." 하는 식이에요. 쓰지 않을 기능이 한 무더기나 되는 거죠. 그런 기능 때문에 생길 수 있는 코드의 복잡도가 너무 높으니까요. 저는 이런 일이 벌어지는 게 싫습니다. 저는 모든 사람이 모든 사람의 코드를 읽을 수 있기 때문에 생기는 대체 가능성이 중요하다고 생각하는데 이게 사라지거든요.

사이블 제네릭을 넣지 않았다면 오늘날 자바가 더 나은 언어가 되었으리라고 보시나요?

블로크 모르겠어요. 저는 제네릭이 여전히 좋아요. 제 코드의 버그를 찾아 주죠. 주석에 넣어 두었던 내용을 코드에 넣어서 컴파일러가 강제하도록 해 줘요. 반면에 미칠 것 같은 타입 매개 변수 관련 오류 메시지를 볼 때면 제네릭 설계가 아직 추가하기엔 설익은 것이었다는 점이 명백해 보여요. 제가 작성한 `Enum` 클래스[23] 선언인 `Class Enum<E extends Enum<E>>`를 볼 때에도 그렇고요.

우리 직종 사람들은 모두 낙관론자입니다. 아니면 이미 자살했겠죠. 그래서 이렇게 말하곤 합니다. "아, 물론 할 수 있죠. CLU[24] 때부터 제네릭을 써 왔는걸요. 이미 25년이나 된 기술입니다." 요즘에 또 비슷한 주장이 보이는데요. 이번에는 클로저이고 50년 된 기술이라는 점만 다르죠. "아, 그건 쉬워요. 언어 자체에는 아무런 복잡도를 추가하지 않아요." 하더군요.

그럴 리가요. 복잡도는 올라갑니다. 그래도 많은 사람이 제네릭의 경험으로부터 배운 게 있다고 생각해요. 언어를 쓰기 위해 이해해야 하는 개념의 범위에 어떤 영향을 주는지 정말로 이해하기 전까지는 언어에 무언가를 추가하면 안 된다는 걸요. 실제로 언어를 쓰는 프로그래머가 새로운 기능을 효과적으로 쓸 수 있고, 그 결과 프로그래머의 삶이 나아질 거라는 설득력 있는 근거가 있어야 해요.

그냥 보통 사람이 제네릭에 어떻게 반응해 왔는지 보면 뭔가 좀 다르게 했어야 했다는 게 분명해요. 그렇다고 제네릭을 아예 추가하지 말았어야 했다는 걸까요? 그렇게 생각하진 않습니다. 제네릭 자체는 좋다고 생각해요. 대부분의 컬렉션이 한 가지 타입의 원소만 가지고 여러 타입의 원소를 가지지 않으므로 이런 컬렉션을 쉽게 다룰 수 있어야 한다는 근본 가정은 옳습니다. 그뿐 아니라 형 변환은 대개 좋지 않은 행위죠. 실행 시점에 실패할 수도 있을뿐더러 프로그램이 아름답지 않습니다. 따라서 이 컬렉션이 어떤 종류인지 지정할 수 있어야 하고, 그러면 타입이 자동으로 적용되어야 한다고 생각합니다. 하지만 그게 오늘날 우리가 마주하고 있는 복잡도를 감내해야만 한다는 뜻일까요? 아니요, 저는 우리가 그저 잘못된 길을 택했을 뿐이라고 봅니다.

사이블 정말로 실제 사용자들이 제네릭을 원했나요? 제네릭이 없어서 프로그램을 못 쓰겠다고 불평하는 사람이 있었나요?

블로크 엔지니어들이 정말로 제네릭이 없다고 비난하고 있었냐고요? 안타깝지만 제 생각에 답은 '아니요'인 것 같네요. 그렇지 않았어요. 멋지다는 이유로 집어넣은 제 잘못입니다. 당시에는 옳은 일이라는 생각이 들었거든요.

그렇긴 해도 대부분의 엔지니어링은 직관에서 나옵니다. 사람들이 저에게 for each를 넣으라고 말했을까요? 아니거든요. 둘 다 저에게 요청하는 사람은 없었어요. 하지만 그렇게 해야 맞다는 걸 그냥 알았죠. 그리고 실제로 옳은 결정이었어요. 모두들 좋아해요.

하지만 우리 분야에서, 나아가 엔지니어링에서 그저 멋지기 때문에, 그것이 좋은 엔지니어링이기 때문에 같은 이유로 무언가를 하는 건 큰 죄라고 생각합니다. 진짜 사용자의 진짜 문제를 해결하는 게 아니라면 그 기능을 추가해서는 안 됩니다. 이 경우에는 자바 프로그래머의 문제를 해결해야 했겠죠.

제임스 고슬링이 'The Feel of Java'[25]라는 환상적인 강연을 한 적이 있는데요. 무언가를 넣기 전에는 진짜 사용처가 세 군데는 있어야 한다는 말이 나옵니다. 그저 멋지다는 이유만으로 넣으면 안 된다는 거죠.

하지만 사람들은 그냥 넣고 싶어 합니다. 엔지니어가 하는 일이 뭔가요? 코드를 짜죠. 라이브러리를 개발하든, 언어를 작성하든 무언가를 넣고 싶어 합니다. 함께 잘 작동하는 것을 알아내려면 그리고 추가할 것과 추가하지 않을 것 사이에서 적절한 균형을 맞추려면 어느 정도 경험도 있어야 하고 조언도 필요합니다.

단순히 생각해 봐도 어떤 언어든지 넣을 수 있는 게 꼭 넣어야 하는 것보다 항상 더 많거든요. 이렇게 추가하는 것들이 다 나쁘다는 말은 아닙니다. 그렇지는 않아요. 선택을 내려야 하고 어떤 것들은 섞이면 안 된다는 말일 뿐입니다.

사이블 《Java Puzzlers》와 《이펙티브 자바》를 읽다가 느낀 건데요. 자바는 아주 단순하게 시작한 언어였는데 소소하지만 기이한 예외 조건이 많아졌다는 생각이 들었습니다.

블로크 네, 그런 기이한 예외 조건이 있죠. 하지만 그게 현실이에요. 어떤 언어나 그런 부분이 있습니다. 'C 퍼즐러'라는 책은 본 적이 없으시죠? 왜 없을까요?

사이블 '모든' 코드가 다 퍼즐이니까요.

블로크 네, 아마 그런 책을 쓰다간 책꽂이를 가득 채우고도 모자랄 거예요. 사람들이 자바를 단순한 언어라고 생각하기 때문에 퍼즐을 신중하게 모을 필요가 있었죠. 어떤 언어든 특이한 경우가 있습니다. 자바는 그렇게 많지는 않아요. 책의 대부분은 재미와 흥미를 위한 내용이에요.

사이블 자바와 관련된 일을 하고 자바 설계에 대해 고민하면서 특별히 프로그래밍에 대해 배우신 점이 있나요?

블로크 어마어마하게 많이 배웠죠. 그중 한 가지는 블로그 글('Nearly All Binary Searches and Mergesorts Are Broken')[26]로도 썼는데, 작은 프로그램도 정확하게 쓰는 건 매우 어렵다는 점입니다. 우리 프로그램에 대체로 버그가 없다고 생각하는 건 자기기만이에요. 그럴 리 없습니다. 우리가 만든 프로그램에 버그가 없다는 건 보통 우리가 원하는 일을 필요한 만큼 비슷하게 해내는 정도라는 말입니다.

정확한 프로그램을 쓰는 게 얼마나 어려운지 알기 때문에 가능한 한 모든 지원을 활용해야 한다는 걸 배웠습니다. 우리 코드에서 잠재적인 버그를 없애 주는 거라면 무엇이든 좋아요. 제가 정적 타입과 정적 분석의 신봉자인 이유죠. 우리 코드에서 특정한 종류의 버그가 일어날 가능성을 없애 주는 건 무엇이든 아주 좋습니다. 프로그래머의 일을 쉽게 만들어 주는 건 무엇이든 좋지요.

좋은 API 문서의 중요성에 대한 믿음도 더 커졌습니다. 자바 플랫폼의 성공 요인으로 자바독은 별로 언급되지 않는데요. 좋은 API 문서는 늘 자바 문화의 일부였고, 자바독이 자바가 처음 탄생했던 날부터 존재했기에 이런 문화가 생겨났다고 봅니다.

단순한 게 좋다고 생각하는 제 믿음도 더 커졌습니다. 더 복잡한 걸 추가하는 일이 길게 보면, 아니 때로는 짧게 보아도 해로운 경우를 거듭 목격하고 있어요. 무언가를 설계할 때 저는 '복잡도 측정기'에 세심한 주의를 기울입니다. 위험 구역에 진입하기 시작하면 재설계해야 하죠.

생각이 다른 사람을 이따금 만나곤 해요. 이런 식이죠. "조시, 그건 바보 같아요. 이해를 못하시네요. 이게 올바른 방향인데 이해를 못하시니 정말 안타깝네요." 저는 그래도 넘어가지 않습니다. 제 생각은 이래요. 무언가가 복잡해지기 시작했다면 거기엔 무언가 틀린 게 있는 거예요. 아마 더 쉬운 방법을 찾아봐야 할 때일 겁니다.

토니 호어[27]가 튜링상 수상 연설에서 시스템을 설계하는 두 가지 방법을 언급하면서 한 명언이 있어요. "한 가지는 단순하게 만들어서 '명백히' 결함이 없도록 하는 겁니다. 그리고 다른 한 가지는 복잡하게 만들어서 '명백한' 결함이 없도록 하는 것입니다."

그 뒤에 이어지는 말도 잘 알려지지는 않았지만 마찬가지로 멋지죠. "첫 번째 방법이 훨씬 어렵습니다. 복잡한 자연 현상에 감춰진 단순한 물리 법칙을 발견하는 것과 마찬가지입니다. 기술과 헌신, 통찰, 나아가 영감까지 필요하지요. 물리적, 논리적, 기술적 제약으로 제한되는 목표를 받아들이는 자세도 필요합니다. 목표들이 서로 부딪혀서 실현할 수 없을 때 타협하는 자세 또한 필요합니다. 막다른 골목에 다다른 상황이 아니라면 그 어떤 위원회도 이 방법을 따르지 않을 겁니다."

사이블 **앞으로 경력을 이어 가시는 동안 주 사용 언어를 또 바꿀 거라고 보시나요, 아니면 은퇴할 때까지 자바를 쓸 것 같으신가요?**

블로크 모르겠어요. 저는 C에서 자바로 급선회를 한 셈이에요. 대학원을 졸업한 후 1996년까지는 사실상 C로만 프로그래밍을 했으니까요. 그 이후로 지금까지는 자바만 쓰고 있죠. 제가 프로그래밍 언어를 바꾸겠다 싶은 상황이 떠오르긴 해요. 하지만 어떤 언어로 바꿀지는 모르겠네요. 그 언어가 아직 탄생하지 않았는지도 모르죠. 새로운 프로그래밍 언어가 탄생할 분위기는 무르익었다고 생각해요. 하지만 플랫폼의 관성이 과거에 비해 너무 높다는 생각도 드네요. 현대 플랫폼은 그저 언어와 라이브러리 몇 가지가 아니에요. 수많은 도구와 가상 머신도 있죠. 정말 거대합니다. 완전히 새로운 플랫폼을 만들어 내는 건 과거에 비해 훨씬 어려워 보입니다.

다음에 뭐가 올지 모르겠네요. 하지만 과거에 제가 주 언어를 바꾼 일이 잘한 일이었다면, 또 그런 결정을 할 수 있기를 바랍니다. 새로운 가능성에 마음을 열어 두고 싶군요. 다른 언어를 갖고 놀아 보고 싶네요. 최근엔 그럴 시간이 없었거든요. 시간을 좀 내야겠어요.

사이블 갖고 놀아 보고 싶은 언어 후보가 있나요?

블로크 스칼라를 실험해 보고 싶어요. 다음 유행이 될지에 대해서는 조금 회의적이지만요. 저는 마르틴 오데르슈키를 정말 존경합니다. 스칼라에는 멋진 아이디어가 많은 것 같아요. 하지만 너무 복잡한 것 같기도 하고 바깥세상에서 크게 성공하기에는 너무 학계 쪽으로 기울어 있는 것 같기도 해요. 하지만 제가 그런 말을 할 권리는 없죠. 아직 배우지 않았으니까요.

파이썬도 써 봐야겠어요. 정말로 오래된 것 중에는 스킴이요. 한두 달 정도 아들과 함께 《컴퓨터 프로그램의 구조와 해석》을 처음부터 끝까지 공부해 보면 재미있을 것 같네요. 이 책이 훌륭한 책이라고 모두들 말하잖아요. 책을 사긴 했어요. 첫 발짝은 뗀 셈이네요. 하지만 실제로 공부하려면 시간이 걸리겠죠. 이게 지금 제 후보 목록입니다.

사이블 요즘 멀티코어 CPU가 부상하면서 어떻게 하면 이걸 잘 활용하는 소프트웨어를 작성할 수 있

을지 고민하는 사람이 많습니다. 자바는 멀티스레드 지원을 내장한 최초의 주류 언어로 유명한데요. 멀티코어 세상에서 자바의 접근 방식이 통할 것 같으신가요?

블로크 저는 한 발짝 더 나아가고 싶은데요. 저는 현재 존재하는 모든 언어 중 자바가 가장 좋은 접근 방식을 취하고 있다고 생각합니다. 요즘 자바가 죽어 가고 있다고 이야기하면 관심을 받는 것 같은데 좀 웃기죠. 사실 관심을 끌려고 과장하는 거라고 생각해요. 저는 이 시점에 존재하는 최고의 멀티스레드 구성 요소는 자바에 있다고 생각합니다. 자바가 다시 전성기를 맞을 거라고 봐요. 이게 향후 20년간 우리가 나아갈 방향이라는 건 아닙니다. 멀티코어 CPU를 다루는 최선의 방법이라는 것도 아니고요. 하지만 현재 사용할 수 있는 것들을 생각해 보면 자바는 다른 것들보다 월등합니다.

사이블 **자바의 경쟁 상대가 뭐라고 보시나요?**

블로크 음, C++와 C#을 생각하고 있습니다.

사이블 **얼랭이나 STM 같은 건 어떠세요?**

블로크 제가 아는 바로는 STM은 어느 주류 언어에서도 아직 실용적인 형태로 존재하지 않습니다. STM이 제값을 한다는 걸 증명한다면 다른 언어에서 구현되는 것과 거의 비슷한 시기에 자바에도 등장할 겁니다.

얼랭은 동시성을 액터로 다루는데요. 이게 아주 유용하다는 게 증명되면 다른 언어에도 구현될 겁니다. 아시다시피 오데르슈키와 동료들은 액터를 스칼라에 이미 구현했어요.[28] 멀티코어 병렬성에 액터가 최고의 선택인지는 아직 잘 모르겠지만, 그렇다면 누군가가 금세 자바에도 구현할 거예요.

사이블 **말씀하셨듯이 자바는 운영 체제가 제공하는 스레드를 이식성 있는 방식으로 사용할 수 있도록 스레드 기능을 제공합니다. 그리고 `java.util.concurrent` API 같은 고수준 도구도 제공하죠. 하지만 얼랭이나 STM 같은 것에 비하면 여전히 꽤 저수준 도구이지 않나요?**

블로크 글쎄요, 자바의 구성 요소 중 일부는 저수준이죠. `AtomicInteger`처럼요. CyclicBarrier처럼 중간 수준도 있고, ConcurrentHashMap이나 ThreadPoolExecutor처럼 고수준도 있어요. 저는 STM이나 액터도 자바의 '동시성 구성 요소' 접근 방식에 잘 들어갈 수 있다고 생각합니다. 사람들이 쓸 만하다고 생각하기만 한다면요.

미래에 특정한 형태의 트랜잭셔널 메모리가 중요해질지도 모르죠. 동시성 라이브러리 설계에 사용하는 구성 요소로 말이에요. 하지만 STM이 성공해서 애플리케이션 프로그래머가 락에 대해 걱정할 필요가 없고, 스레드가 다른 스레드를 방해하지 않는 아름다운 세상이 찾아올 것 같지는 않네요. 그런 일은 일어나지 않을 거예요.

수많은 요인이 있습니다. 제가 트랜잭션 시스템 일을 하면서 배운 게 하나 있어요. 바이트 수준에서 읽기나 쓰기만으로 자동 잠금이나 낙관적 동시성 제어를 하려고 하면 스레드 간의 '가짜 경합'을 만나게 될 뿐입니다. 논리적 충돌이 아닌 물리적 충돌을 처리할 수 있어야 해요. 어떤 잠금을 써야 할지 골라야 할 때 논리적 충돌을 제어하기 위해 꼭 필요한 잠금 이상은 쓰지 않기 위해 노력해야 하죠.

예를 들어 동시에 실행될 수 있는 두 스레드가 한 카운터를 증가시킨다고 해보죠. 논리적인 관점에서는 두 스레드가 메모리의 같은 부분에 접근하더라도 충돌하지 않습니다. 한 스레드는 카운터를 읽고 다른 스레드는 카운터를 증가시킨다면 충돌이 생기죠. 그런데 사실 M개의 읽기 스레드와 N개의 증가 스레드가 동시에 실행될 수도 있잖아요. 제가 지금껏 본 어떤 시스템도 이런 문제를 자동으로 해결해 내지 못했습니다. 카운터 예시가 좀 인위적일 수 있겠지만 논리적인 경합보다 물리적인 경합이 제한이 훨씬 심한 경우는 드물지 않습니다.

STM의 또 다른 문제는 트랜잭션 안에서 수행할 수 없는 온갖 종류의 동작입니다. I/O가 대표적인 예죠. 세 번째 문제는 어떤 STM 방식은 '실패한 트랜잭션' 안에서 망가진 상태의 메모리를 볼 수 있도록 허용한다는 점입니다. 이런 접근 방식이 끔찍한 결과를 낳을 수도 있죠. 다시 한번 말하지만 이런 문제들은 예전에 우리가 범용 분산 트랜잭션 시스템을 만들 때 다 겪었던 거예요. 해결 방법이 있긴 하지만 제가 아는 모든 해결 방법은 복잡도를 더하거나 성능을 저하시킵니다.

어쨌든 제가 아는 한 STM은 아직 연구 단계예요. 그런 연구를 하는 것은 훌륭해요. 하지만 저는 동시성에 완벽한 해결책은 없을 거라고 믿습니다. 적어도 가까운 장래에는요.

사이블 **좋아요. 다른 주제로 넘어가 보죠. 다른 프로그래머와 어떻게 일하는 걸 좋아하십니까?**

블로크 저는 꽤 유연한 편이에요. 저는 '버디 프로그래밍'을 좋아합니다. 누군가와 함께 일하긴 하지만 키보드 하나를 쓰지는 않는 방식이죠. 시스템의 다른 부분을 나누어 작성하는 겁니다. 그러고는 서로 코드를 바꾸죠. 같은 대륙에 있을 필요조차 없어요. 더그 리[29]와 저는 이런 방식으로 수년간 많은 일을 했습니다. 둘 중 하나가 인터페이스를 작성하면 다른 사람이 이렇게 답하죠. "어, 좋은데 이 부분은 엉망이에요. 그래서 이렇게 바꿨어요."

결국에는 우리 둘 다 좋아하는 인터페이스가 만들어집니다. 그러면 제가 동시성을 지원하지 않는 버전을 구현하고 더그가 동시성 버전을 구현하죠. 그러다 보면 우리가 한 게 다 틀렸다는 사실을 알게 되고 인터페이스를 다시 만들어 봅니다. 서로 코드를 읽다가 더그가 말합니다. "이 부분은 이렇게 고치면 훨씬 빨라질 거예요." 저도 말하죠. "맞아요, 더그. 그렇겠네요." 더그는 속도 올리기의 귀재입니다. VM과 서로 교감하는 사이죠. 이게 제가 좋아하는 방식입니다. 원격 협업에 적합하죠.

누군가와 같이 컴퓨터 앞에 앉아서 코드를 짜는 것도 좋아해요. 하지만 그런 방식으로 프로그램을 바닥부터 모두 짜 본 적은 많지 않습니다. 일반적으로는 코드 리뷰 중에 이런 방식을 쓰게 되죠. 코드 리뷰를 해야 하는데 고칠 게 많으면 이렇게 말합니다. "그냥 컴퓨터 앞에 같이 앉아서 해치우는 게 어때요?" 이게 여러 가지 면에서 더 좋아요. 누군가를 가르치거나 다음 세대의 해커에게 지식을 물려주기에도 좋은 방법이고요.

완전히 고립된 상태로 일하는 건 별로예요. 프로그램을 짜다가 까다로운 설계 결정을 내려야 할 때 저는 다른 사람의 반응을 봐야 해요. 제가 일했던 곳에는 제 아이디어에 대해 이야기해 줄 동료가 늘 있었죠. 저에게는 대단히 중요한 부분입니다. 저는 이런 피드백이 필요해요.

사이블 필요하신 게 그런 피드백인가요, 아니면 그냥 아이디어를 처음부터 끝까지 이야기할 수 있는 기회인가요?

블로크 둘 다요. 우리가 하는 일에는 많은 기술이 필요해요. 한 가지 정답이 없는 경우도 많고 정답이 있더라도 실제로 사용해 보기 전에는 명확하지 않죠. 직감을 따라야 하는데 관점이 다른 누군가와 이야기를 나누면 큰 도움이 됩니다.

이런 식으로 생각하지 않는 사람들을 좀 아는데요. 고립된 상태에서 프로그래밍하는 걸 좋아하는 사람이 있어요. 저는 그게 해가 된다고 생각해요. 다른 사람과 함께 일하면 버그를 더 빨리 발견할 테니까요. 설계에 문제가 있다면 해당 코드에서 버그가 터지기 훨씬 전에 발견하는 게 더 좋지 않겠어요? 그러니 서로 다른 접근 방법을 놓고 고민될 때, 또는 아예 서로 다른 기능을 놓고 이거와 이거를 지원할지, 아니면 그냥 간단하게 저것만 지원할지 고민될 때에는 꼭 다른 사람의 반응을 봐야 해요. 반면에 다른 사람이 말하는 걸 금과옥조로 여기면 안 됩니다. 사람들의 의견은 저마다 다를 테고 결국 자신이 만드는 것에 책임을 지는 사람은 자기 자신이니까요.

사이블 그 말을 들으니 해묵은 질문이 하나 또 떠오르네요. 아마 와인버그가 1970년대에 《프로그래밍 심리학》에서 언급했고, 익스트림 프로그래밍 사용자들이 요즘 이야기하는 주제인데요. 코드를 건드리는 유일한 사람이 그 코드를 '소유'해야 할까요, 아니면 프로젝트의 모든 사람이 모든 코드를 집단적으로 소유해서 누구나 무엇이든 건드릴 수 있어야 할까요?

블로크 저는 코드 소유권을 부정할 수 없다고 생각합니다. 어떤 면에선 모성과 비슷해요. 자신이 작성하는 코드를 낳는 거죠. 특히 그 코드가 크거나 복잡하거나 독창적이라면 그건 바로 당신 겁니다. 다른 사람의 코드를 작업해야 한다면 코드를 망치기 전에 그 사람에게 말하세요. 특히 무언가가 정말 틀린 것 같다면 더 그렇습니다. 자신이 틀릴 수도 있거든요. 다른 사람의 코드를 망가트리는 건 좋지 않습니다.

물론 조직 입장에서는 어떤 코드가 딱 한 사람에게 속하는 건 좋지 않죠. 그 사람이 조직을 떠나면 손쓸 방법이 없어질 테니까요. 그래서 코드 조각마다 여러 사람이 배우고 건드릴 수 있게 하는 일이 정말 중요합니다. 하지만 모든 사람이 모든 코드를 소유하는 건 비현실적이라고 생각해요.

이건 아까 우리가 전문 분야에 관해 이야기했던 것과도 연결되죠. 정말로 비트를 가지고 노는 코드를 쓸 수 있는 사람은 그리 많지 않습니다. 그러니 비트를 다루는 코드 속에 깊이 들어가야 한다면, 회사에서 정말로 그런 걸 다룰 수 있는 몇 안 되는 사람을 찾아야 해요. 자신이 그런 사람이 아니라면요. 이런 일을 하는 사람은 그런 부탁을 정말 좋아할 거예요. 그리고 인스트럭션을 하나 줄이거나 인스트럭션 수는 동일하지만 계산 속도가 더 빠른 방법을 찾으면서 며칠을 보낼 겁니다. 하지만 무언가를 망가트리기는 너무 쉬워요. 예를 들어 가능한 입력 232가지 중 231가지 경우에 잘 동작하는 코드를 쓰는 건 쉽습니다. 단위 테스트가 새로운 해결책이 실패하는 한 가지 경우를 테스트할 수도 있고 안 할 수도 있죠. 해당 경우를 빼먹었고 코드를 망가트렸다면 그 사람 책임입니다.

사이블 복잡한 코드를 쓰는 일에 관해 이야기해 보자면, 어떤 측면에선 너무 똑똑한 사람이 최악의 코드를 만든다는 걸 깨달았습니다. 문제 전체를 머릿속에 전부 넣을 수 있기 때문에 거대한 양의 스파게티 코드를 써낼 수도 있거든요.

블로크 거대한 복잡도를 감당할 만큼 똑똑하면서 우리 같은 나머지 사람들에 대한 공감 능력이 없는 사람이 그런 함정에 빠질 수 있다는 데는 동의합니다. 그 사람들은 이렇게 생각해요. '나는 이걸 이해하고 사용할 수 있어. 그러니 괜찮을 거야.'

사이블 프로그래밍에 이런 사고방식을 지닌 사람을 끌어당기는 본질적인 무언가가 있는 걸까요?

블로크 물론이죠. 우리는 어려운 퍼즐을 좋아하잖아요. 하지만 우리는 진짜 사람들을 위해 진짜 문제를 해결하고 있다는 걸 떠올리고 그런 사랑에 대한 유혹을 다

스려야 해요. 그러지 않는다면 그건 사실 자위일 뿐이죠. 저는 제가 다닌 첫 번째 회사가 실패한 이유 중 하나가 우리 일은 순수한 엔지니어링이 아니라는 걸 깨닫지 못했다는 점이라고 생각해요.

우리는 정말로 우리의 가장 중요한 일이 실제 고객의 실제 문제를 해결하는 거라고 생각하지 않았거든요. 진짜 문제가 무엇인지, 고객이 누구인지 잊어버리는 순간 망하는 거예요. 하지만 이런 사실이 어려운 퍼즐을 사랑하는 사람, 프로그래밍에 끌리는 부류의 사람과 갈등을 빚는 경향이 있다고도 생각합니다. 그래도 저는 두 마리 토끼를 다 쫓을 수 있다고 생각합니다. API를 설계할 때에는 공감 유전자를 잘 활용하고, 그 후에 속도를 엄청나게 빠르게 만들어야 할 때에는 얼마든지 퍼즐의 왕국으로 뛰어들 수 있으니까요.

알고리즘이나 자료 구조, 특히 동시성과 관련된 걸 설계하거나 최적화할 때에는 어려운 퍼즐을 풀 기회가 무수히 많을 거예요. 꽤 복잡한 것을 다룰 때에는 수학적인 정교함을 갖추고 생각할 수 있어야 하고, 원하는 효과를 달성하기 위해서는 기본 요소를 조합하는 창의적인 방법을 고안해 낼 수 있어야 합니다.

하지만 이런 종류의 사고를 적용할 수 있는 곳인지 그리고 적용해야 하는 곳인지 알아야 합니다. 유지 보수하기 어렵거나 사용하기 어려운 시스템을 만드는 건 아닌지도 알아야 하고요.

사이블 그런 종류의 프로그래밍을 할 기회가 줄어들고 있지 않나요? 그런 저수준 동작은 대부분 우리가 사용하는 VM이나 동시성 라이브러리에서 구현되는데요. 이제 대부분의 사람에게 프로그래밍은 주어진 조각들을 이어 붙이는 일이 된 것 같습니다.

블로크 전적으로 동의합니다. 그런 일은 상대적으로 점점 줄어들고 있지요. 그런 일을 맡아야 하는 프로그래머의 비율은 과거에 비해 훨씬 낮습니다. 과거에는 컴퓨터를 사도 그 위에서 돌아가는 운영 체제조차 없었죠. 프로그래밍 언어나 이미 만들어진 애플리케이션 같은 건 당연하고요. 모든 사람이 저마다 직접 만들어야 했습니다.

대부분의 프로그래머가 이런 프로그래밍을 해야 했던 세상은 사라졌거나, 사라져 가고 있습니다. 하지만 절대적인 숫자를 보면 아마 그 숫자가 크게 다르지 않을 거예요. 우리는 두 마리 토끼를 다 쫓고 싶으니까요. 안전한 언어의 장점도 누리면서 손으로 최적화한 어셈블리 코드의 속도도 갖고 싶습니다. 그래서 이런 가상 머신이나 가비지 컬렉터를 만들 사람이 필요합니다. 칩을 설계할 사람도 필요하고요. 이건 하드웨어로 만들어지긴 하지만 사실 소프트웨어 작업이거든요.

이런 문제를 푸는 걸 좋아하는 사람을 많이 채용해야 하긴 하지만 주의 깊게 골라야 합니다. 순수하게 퍼즐 풀이를 즐기는 사람이 있다면 이런 기술이 조직의 가장 큰 이익으로 이어질 수 있도록 관리할 사람을 붙여야 해요.

문제는 이겁니다. 프로그래밍은 지적인 능력이 상당히 중요하기 때문에 이런 퍼즐 해결사들이 조직의 가장 똑똑한 사람인 경우가 많습니다. 그래서 자신들이 모든 결정을 내려야 한다고 여기곤 하죠. 하지만 조직에서 가장 똑똑한 사람이라는 사실만으로 모든 결정을 내려야 한다고 볼 수는 없습니다. 지능은 스칼라양이 아니라 벡터양이거든요. 공감 능력이나 감성 지능이 부족하다면 API나 GUI, 언어를 설계해서는 안 됩니다.

우리는 아름다움을 추구합니다. 장인 정신과 함께 수학 역량이 필요하고, 사람을 다루는 기술과 글을 쓰는 기술이 함께 필요하죠. 이런 것이 모두 엔지니어링이 아니라고 생각할 수도 있지만, 저는 이런 것 없이는 정말 좋은 엔지니어가 될 수 없다고 생각합니다. 그래서 우리 스스로 이런 점을 상기해야 한다고 봐요. 그래도 프로그래밍은 지구상에서 가장 재미있는 직업에 속합니다. 이런 기술이 이런 직업으로 이어질 수 있는 시기에 자란 게 얼마나 행운인지 모르겠어요. 몇 세대 전이었으면 우린 무슨 일을 하고 있었을까요?

6장

얼랭 창시자

조 암스트롱

Joe Armstrong

조 암스트롱은 얼랭 프로그래밍 언어의 창시자이자 얼랭 애플리케이션을 만드는 프레임워크인 오픈 텔레콤 플랫폼(이하 OTP) 개발자로 유명하다.

현대 프로그래밍 언어 지형에서 얼랭의 위치는 살짝 독특하다. 인기 있는 다른 많은 언어보다 오래됐으면서도 신선하다. 암스트롱이 얼랭 개발을 시작한 것은 1986년으로 펄이 탄생하기 한 해 전이다. 하지만 1998년에 오픈 소스로 풀리기 전까지는 상용 제품으로만 쓸 수 있었고 주로 에릭슨 안에서만 쓰였다. 오픈 소스로 풀린 건 자바와 루비가 등장하고 3년이 지난 시점이었다. 알골 계열에 속하는 주류 언어와는 달리 얼랭은 논리 프로그래밍 언어인 프롤로그에 뿌리를 두고 있다. 그리고 꽤 특수한 종류의 소프트웨어를 위해 설계되었는데, 바로 전화 교환기 같은 고가용성·고신뢰성 시스템이다.

그런데 전화 교환기를 만들 때 유용한 특성이 우연히 동시성 소프트웨어를 만드는 일에도 아주 적합했다. 그리고 다가오는 멀티코어의 미래와 씨름을 시작한 프로그래머들의 관심을 끌었다.

암스트롱 역시 조금 별난 사람이다. 원래는 물리학자였는데 물리학 박사 과정 도중 돈이 떨어져서 컴퓨터 과학으로 바꾸었다. 그리고 영국의 인공 지능 분야 개척자 중 한 명인 도널드 미키 밑에서 연구원으로 일자리를 구했다. 암스트롱은 미키의 연구실에서 인공 지능 연구 분야 전반을 접했고 영국 로봇 공학 협회의 창립 회원이 되어 로봇 비전에 대한 논문을 썼다.

유명한 라이트힐 보고서의 영향으로 인공 지능 투자가 얼어붙자 암스트롱은 물리학 관련 프로그래밍으로 돌아가 5년 넘는 시간을 보냈다. 처음에는 EISCAT 과학 협회[1]에서, 나중에는 스웨덴 우주 공사에서 일했다. 그 후 마침내 에릭슨 컴퓨터 과학 연구소에 합류했고 거기서 얼랭을 만들었다.

스톡홀름에서 암스트롱의 부엌 테이블을 사이에 두고 우리는 며칠에 걸쳐 얼랭의 동시성 접근 방법, 프로그램을 연결하는 더 낫고 단순한 방법의 필요성, 블랙박스를 여는 일의 중요성에 대한 대화를 나누었다.

> 암스트롱은 얼랭을 만든 후 2001년 스웨덴 컴퓨터 과학 연구소로 돌아가 박사 학위를 받았다. 2004년 다시 에릭슨으로 돌아가서 2015년까지 근무했고, 이후 스웨덴 왕립 공과 대학

교에서 교수로 근무하다가 2019년 세상을 떠났다.

사이블 **프로그래밍을 어떻게 배우셨나요? 언제 처음 배우셨죠?**

암스트롱 학교에 다닐 때요. 저는 1950년에 태어났는데 그땐 컴퓨터가 별로 없었어요. 제가 17살 때였나, 지방 의회가 메인 프레임 컴퓨터를 샀죠. 아마 IBM이었을 거예요. 거기서 포트란을 쓸 수 있었죠. 그 당시 일반적인 방식이었어요. 코딩 종이에 프로그램을 써서 보내면 일주일 뒤에 코딩 종이와 천공 카드가 돌아왔죠. 그러면 천공 카드가 정확한지 확인해야 해요. 천공 카드를 만드는 사람이 실수를 하기도 하니까요. 그러면 한두 번 더 왔다 갔다 하기도 했어요. 그다음 최종적으로 컴퓨터 센터에 보냈죠.

컴퓨터 센터에 갔다가 결과가 돌아오는데 프로그램의 첫 번째 문법 오류 때문에 포트란 컴파일러가 멈췄다는 거예요. 그 뒤의 프로그램은 처리되지도 않았죠. 첫 번째 프로그램을 돌리는 데 아마 세 달쯤 걸린 것 같아요. 그래서 제가 배운 방법은 프로그램 하나를 보내는 대신 서브루틴을 동시에 모두 개발한 다음 한꺼번에 보내는 거였죠. 체스판을 표시하는 간단한 프로그램을 짰던 것 같아요. 프린터로 체스판을 그리는 거죠. 하지만 결과가 돌아오는 속도가 끔찍하게 느렸기 때문에 모든 서브루틴을 동시에 짜야 했어요.

사이블 **그러니까 서브루틴을, 말하자면 단위 테스트와 함께 짰다는 말씀이신 거죠? 그래야 서브루틴이 실제로 실행되었는지 알 수 있으니까요.**

암스트롱 맞아요. 그리고 그 서브루틴을 모두 이어 붙였죠. 이걸 프로그래밍을 배운 거라고 할 수 있는지 모르겠네요. 대학은 유니버시티 칼리지 런던(이하 UCL)의 물리학과에 들어갔어요. 아마 1학년부터 프로그래밍을 했던 것 같아요. 결과가 돌아오는 시간이 세 시간 정도였죠. 여전히 네다섯 개 프로그램을 동시에 실행해서 빠르게 결과를 확인하는 게 최선이었어요.

사이블 고등학교 때에는 프로그래밍이 학교 수업의 일부였나요?

암스트롱 방과 후 수업이나 컴퓨터 클럽 같은 거였어요. 우리는 컴퓨터를 구경하러 갔죠. 펜을 꼽은 하얀 코트를 입은 나이 많은 사람이 진지한 표정으로 이리저리 돌아다녔어요. 마치 교회 같았죠. 아주 비싼 컴퓨터였어요.

사이블 원래는 물리학 공부를 하셨는데요. 언제 프로그래밍으로 바꾸셨나요?

암스트롱 그러니까 학부생 때에는 몇몇 수업에서 프로그래밍을 해야 했어요. 그게 정말 재미있었죠. 게다가 저는 디버깅도 아주 잘했어요. 모두가 두 손을 들었을 때 제가 사람들 프로그램을 디버깅했죠. 표준 디버깅 비용은 맥주 한 잔이었어요. 더 어려우면 두 잔짜리 문제, 세 잔짜리 문제 하는 식으로 올라갔죠.

사이블 사람들 프로그램을 디버깅해 주고 얻어먹는 맥주잔 수를 말하는 건가요?

암스트롱 네, 사람들 프로그램을 제가 고쳤을 때요. 저는 프로그램을 읽으며 이런 생각을 하곤 했어요. '왜 프로그램을 이렇게 짠 거지. 정말 복잡하군.' 그러고는 단순한 형태로 다시 짰죠. 사람들이 복잡한 프로그램을 짜는 게 이상하다는 느낌이 들었어요. 같은 일을 몇 줄로 할 수 있는 방법이 보이는데 사람들은 수십 줄을 쓰곤 했죠. 왜 단순한 방법을 깨닫지 못하는지 궁금했달까요. 제가 그런 걸 꽤 잘했나 봐요.

프로그래밍을 정말로 시작한 건 학부를 마치고 박사를 해야겠다고 결정한 이후였어요. 처음엔 고에너지 물리학 전공으로 박사 과정을 시작했죠. 거품 상자[2] 그룹에 들어갔는데 거기에 컴퓨터가 있었어요. 허니웰 DDP-516이었는데 제가 독차지해서 쓸 수 있었죠. 천공 카드를 써야 했지만 프로그램을 바로바로 돌릴 수 있었습니다. 천공 카드를 넣고 버튼을 누르면 '짠' 하고 결과가 바로 나왔어요. 정말 재미있었죠. 그걸로 간단한 체스 프로그램도 짰습니다.

진짜 코어 메모리가 달려 있었는데, 나이가 지긋이 든 여성들이 한 땀 한 땀 뜬 거였죠.[3] 코어를 보면 작은 자석 속으로 전선이 통과하는 걸 볼 수 있었어요. 깜짝 놀랄 정도로 비쌌죠. 10MB 디스크 드라이브도 있었는데 원판 20개가 들어 있었고 15kg인가 나갔죠. 또 텔레텍스트 인터페이스가 있었는데 거기에 프로그램을 쳐서 입력할 수 있었습니다.

그리고 '글라스 TTY'라는 게 나왔죠. 프로그램을 입력하고 편집할 수 있는 최초의 시각 표시 장치 중 하나였어요. 정말 끝내준다고 생각했죠. 더는 천공 카드를 쓰지 않아도 되었어요. 컴퓨터 관리자에게 이렇게 말했던 기억이 나네요. "있잖아요. 언젠간 모든 사람이 이걸 갖게 될 거예요." 그러자 그 사람이 대답했죠. "미쳤네, 조. 정말 미쳤어!" "왜요?" "그야 이건 너무나 비싸니까."

이게 제가 프로그래밍을 배우던 시기에 있었던 일이에요. 당시 제 지도 교수님이 말씀하셨어요. "자넨 물리학 박사를 하면 안 돼. 물리는 그만두고 컴퓨터를 해. 자넨 컴퓨터를 사랑하잖아." 그래서 제가 말했죠. "아니요, 아니요. 저는 제가 하던 걸 끝낼 거예요." 하지만 사실 교수님이 옳았어요.

사이블 **박사를 마치셨나요?**

암스트롱 아니요, 돈이 떨어져서 중단해야 했어요. 그러다가 에든버러 대학교에 갔어요. 제가 물리를 전공하던 시절에는 공부하러 물리학 도서관에 가곤 했거든요. 물리학 도서관 구석에 컴퓨터 과학 책 코너가 있었죠. 거기에 갈색으로 장정된 《Machine Intelligence》 1, 2, 3, 4권이 꽂혀 있었어요. 에든버러에 있는 기계 지능과에서 나온 책이었습니다. 저는 물리 공부를 해야 했지만 이 책들을 열심히 읽었고 이런 생각을 했죠. '이거 정말 재미있는걸.' 그래서 저는 에든버러 기계 지능과 학과장이었던 도널드 미키에게 편지를 썼습니다. 이런 일에 아주 관심이 많은데 일자리가 있냐고요. 답장을 받았는데 당장은 자리가 없지만 그래도 저를 일단 만나서 어떤 사람인지 알고 싶다고 했어요.

몇 달 후 미키에게 전화였나, 편지였나 연락이 왔어요. "다음 주 화요일에 런던에 가는데 만날 수 있을까요? 내가 에든버러행 열차를 탈 예정인데 역으로 나올 수 있나요?"라고 했죠. 저는 역으로 갔고 미키를 만났어요. 미키가 말했죠. "아! 이거 참, 여기서 면접을 볼 순 없겠네요. 펍을 찾아봅시다." 그래서 펍에 가서 미키와 이야기를 했죠. 얼마 후 미키가 다시 편지를 보냈는데 이런 내용이었어요.

"에든버러에 연구원 자리가 있는데 지원해 보지 않겠어요?" 도널드 미키의 연구원이 되어 에든버러에 간 거죠. 이렇게 물리학에서 컴퓨터 과학으로 옮겼습니다.

미키는 2차 세계 대전 당시 튜링과 블레츨리 파크[4]에서 일했어요. 그래서 튜링의 논문을 모두 가지고 있었죠. 제 책상은 튜링의 도서관에 있었는데 제 자리 주위가 온통 튜링의 논문이었어요. 에든버러에는 1년간 있었습니다. 그 후에 에든버러는 사실상 망했죠. 정부가 수학자인 제임스 라이트힐을 고용해서 에든버러의 인공 지능 연구를 조사하라고 보냈거든요. 그리고 라이트힐은 보고서에서 "이곳에서 상업적인 가치를 가진 것은 절대 나오지 않을 것"이라고 했어요.

그곳은 허니의 기대한 안전망 같은 곳이었어요. 저는 영국 로봇 공학 협회의 창립 회원이었고, 우리는 모두 로봇이 엄청난 영향을 미칠 거라고 생각했어요. 하지만 연구비 지원 기관의 입장은 달랐죠. "로봇이라고요? 그게 뭡니까? 그런 데 지원하지 않을 겁니다!"였습니다. 아마 1972년 즈음에 벌어진 일인 것 같아요. 모든 연구비가 끊겼고 다들 이렇게 말했죠. "뭐, 여기 있는 동안 즐거웠어요. 이제는 다른 일을 찾아 떠나야겠어요."

그래서 저는 물리학자로 돌아갔습니다. 스웨덴에 와서 EISCAT 과학 협회에 물리학자 겸 프로그래머로 채용되었죠. 제 관리자는 IBM에서 온 사람이었는데 저보다 나이가 많았어요. 그는 명세를 원했죠. 자신이 직접 구현을 하려고 했고요. 우리는 여기에 대해 논쟁을 하곤 했어요. 그는 이렇게 말했어요. "이 일자리의 나쁜 점은 우리 업무 설명이 없다는 거야. 그리고 상세한 명세도 없지." 그러면 제가 말했죠. "뭐, 업무 설명이 없는 일자리가 정말 좋은 자리죠. 원하는 대로 업무를 만들 수 있잖아요." 어쨌든 그는 1년쯤 있다가 떠났어요. 그리고 제가 그가 맡았던 설계 책임자 자리에 앉았죠.

저는 거기서 시스템을 하나 만들었는데 대략 애플리케이션 운영 체제라고 부를 만한 것이었어요. 일반적인 운영 체제 위에서 돌아가는 거였죠. 그때쯤엔 컴퓨터 가격이 꽤 내려갔어요. 우리는 노르웨이에서 만든 NORD-10이라는 컴퓨터를 썼는데, PDP-11 시장을 공략하려는 모델이었던 것 같아요.

거기서 거의 4년을 일했죠. 그다음엔 스웨덴 우주 공사에서 일자리를 구했어요. 거기서도 또 애플리케이션 운영 체제를 만들었는데 '바이킹'이란 이름의 스웨덴 최초 인공위성을 제어하는 일을 맡았습니다. 재미있는 프로젝트였어요. 컴퓨터 이름은 까먹었는데 암달 컴퓨터의 복제품이었어요. 여전히 줄 단위 편집기만 있었죠. 화면 전체를 사용하는 편집기는 없었어요. 그리고 모든 프로그램을 한 디렉터리에 저장해야 했습니다. 파일명은 최대 열 자, 확장자는 세 자였죠. 포트란 컴파일러와 어셈블러, 그게 끝이었어요.

되돌아보면 재미있는 게 현대의 수많은 도구나 장비가 실제로 생산성을 올리는 것 같지는 않아요. 계층적인 파일 시스템이 어떻게 우리 생산성을 올려 주나요? 어차피 소프트웨어 개발은 대부분 머릿속에서 일어나요. 그렇게 단순한 시스템에서 일한 덕분에 사고방식의 규율 같은 게 생기지 않았나 싶어요. 디렉터리 체계가 없어서 한 디렉터리에 모든 파일을 넣어야 한다면 상당한 규율이 생길 수밖에 없죠. 버전 관리 시스템이 없다면? 마찬가지로 상당한 규율이 생길 수밖에 없죠. 이런 규율을 잘 지킨다면 계층형 파일 시스템이나 버전 관리 시스템은 큰 도움이 안 될 거예요. 그런 도구가 과제라는 근본적인 문제를 해결해 주지는 않으니까요. 여러 사람이 함께 일하는 걸 쉽게 만들어 주는 효과는 아마 있겠죠. 혼자 일한다면 별 차이가 없어 보여요.

또 요즘 보면 너무 많은 선택 사항에 짓눌리는 것 같은 느낌이에요. 그러니까 제가 처음 일할 때에는 포트란뿐이었거든요. 그땐 셸 스크립트도 없었던 것 같아요. 컴파일러와 포트란, 이것들만 돌리는 배치 파일들뿐이었죠. 어쩌면 어셈블러도 있었겠네요. 정말로 필요했다면요. 그래서 선택의 고통이 없었어요. 요즘 젊은 프로그래머들은 끔찍할 것 같아요. 20가지 프로그래밍 언어, 수십 가지 프레임워크 중에서 하나를 골라야 하죠. 무수한 선택지 앞에 얼어붙고 말 거예요. 예전엔 그럴 일이 없었죠. 언어 같은 건 이미 정해져 있고 그냥 시작하기만 하면 되었어요. 무얼 해야 하는지 생각할 필요가 없었죠. 그냥 가서 하는 거였습니다.

사이블 **요즘 다른 점이 한 가지 더 있는데 전체 시스템을 더는 속속들이 알 수 없다는 점입니다. 그래서 선택 사항이 많을뿐더러 그런 선택이라는 게 결국 어떤 블랙박스를 사용할 것인가 하는 겁니다.**

그 안이 어떻게 되어 있는지는 온전히 이해하지도 못하면서요.

암스트롱 네, 그런 커다란 블랙박스가 제대로 동작하지 않아서 그것들을 고쳐야 한다면 그냥 백지부터 시작해서 전부 직접 만드는 편이 더 쉬울 것 같아요. 소프트웨어 재사용이란 건 한 번도 성공한 적이 없는 것 같네요. 정말 끔찍할 정도로 나빠요.

사이블 얼랭 아키텍트이시기도 하지만 OTP라는 애플리케이션 프레임워크도 만드셨잖아요. 그건 재사용할 수 있나요?

암스트롱 어느 정도는 재사용할 수 있습니다. 하지만 같은 문제가 일어나요. 프레임워크가 문제를 정확하게 해결한다면, 그러니까 몇 년 후에 OTP의 설계 요건을 전혀 모르는 어떤 프로그래머가 OTP를 보고선 "와, 좋은데. 내가 딱 원하던 거야." 라고 말한다면, 그건 괜찮죠. 재사용성이 있는 거죠. 하지만 그렇지 '않다면' 문제가 생깁니다.

꽤 최근에도 이렇게 말하는 사람이 있었어요. "이건 좀 인위적인 것 같은데요. 코드를 꼬아서 이 OTP 프레임워크에 맞추고 있잖아요." 그래서 제가 그랬죠. "그러면 OTP 프레임워크를 고치세요." 그 사람들은 프레임워크를 바꿀 수 있다고 생각하지 못한 거죠. 하지만 프레임워크도 그냥 프로그램일 뿐이에요. 사실은 고치기 더 쉽죠. 그래서 제가 프레임워크를 고쳤고 프로그램이 원하는 대로 동작했어요. 그러자 그 사람들도 그랬죠. "뭐, 쉽네요." 쉽다는 건 인정했지만 이렇게 말했어요. "하지만 우리 프로젝트 관리자는 이 프레임워크에 손대는 걸 싫어할 거예요." 그러면 프레임워크 이름을 바꿔 버리거나 하면 되죠.

사이블 하지만 그런 식으로 모든 블랙박스를 열어서 어떻게 돌아가는지 확인하고 각자 필요에 따라 변경하는 일이 가능하다고 생각하세요?

암스트롱 오랫동안 저는 일종의 일반적인 실수를 해 왔는데, 바로 블랙박스를 열지 않은 것이었어요. 마음속에서 이 블랙박스는 알아볼 수 없고 이해하기 어려울 테니 열지 말자고 생각하죠. 저는 블랙박스를 한두 번 열어 봤어요. 얼랭의 그래픽 시스템용으로 윈도 시스템을 만들고 싶었거든요. 그래서 생각했죠. '뭐, X 윈도 위에서 돌리자.' X 윈도가 뭐겠어요? 소켓 위에 프로토콜을 얹은 거죠. 소켓을 열고 메시지를 쏘기만 하면 돼요. 왜 라이브러리가 필요하겠어요? 얼랭은 메시지 기반이에요. 무언가에 메시지를 보내면 그게 메시지를 받아서 이런저런 일을 하는 게 전부죠. 그런데 이게 X 윈도가 하는 일이잖아요. 창(window)이 있고 메시지를 보내면 창이 무언가를 하죠. 사용자가 창에서 무언가를 하면 X 윈도가 우리에게 다시 메시지를 보내요. 얼랭과 똑같은 거죠. 그런데 X 윈도의 '프로그래밍' 방식은 콜백 라이브러리 기반이에요. 이 일을 마친 다음에 이걸 호출하라는 식이죠. 하지만 얼랭은 콜백 방식이 아니에요. 얼랭은 무언가에 메시지를 보내고 무언가를 하는 방식으로 돌아가요. 그러니 그런 생각이 드는 거죠. 사이에 있는 라이브러리를 없애 버리자. 그냥 소켓에 직접 대고 이야기하는 거죠.

알고 보니 정말 쉬웠어요. X 프로토콜은 잘 모르겠지만 전체 메시지가 100가지였나, 80가지였나 그랬어요. 그런데 알고 보니 실제로 필요한 건 20가지 정도밖에 없더라고요. 이 20가지 메시지를 얼랭 텀[5]으로 연결한 다음 마법을 살짝 부리면 끝이에요. 창으로 메시지를 직접 보내 무언가를 시킬 수 있죠. 효율적이기도 해요. 그래픽이나 미적인 기준에는 많은 노력을 들이지 않았기 때문에 그리 예쁘진 않습니다. 예쁘게 만들려면 할 일이 좀 많긴 하지만 사실 어려운 일은 아니에요.

다른 사례로 제가 만든 조판 시스템이 있네요. 이 경우에 제가 열어젖힌 추상화 경계는 포스트스크립트[6]였어요. 이 경계에 다가서면 이런 생각이 들죠. '이 경계를 넘고 싶지는 않은걸.' 상상해 보면 그 안이 엄청나게 복잡할 것 같거든요. 하지만 알고 보니 정말 쉬웠어요. 포스트스크립트도 프로그래밍 언어잖아요. 좋은 프로그래밍 언어예요. 이 추상화 경계는 넘기도 쉽고 일단 넘어가면 많은 이득을 볼 수 있어요.

제 얼랭 책에 대해서도 출판사 편집자가 그랬어요. "우리는 도표 그리는 도구가 있어요." 하지만 그런 도표 도구는 화살표 끝을 정확하게 조정하는 게 정말 어려워서 저한테는 별로예요. 손이 정말 아프죠. 그래서 생각했어요. '포스트스크립트를 생성하는 프로그램을 만들자. 그리고 여기 원을 하나 그린 다음 화살표 끝이 정확하게 거기를 가리키도록 만드는 거지. 프로그램을 제대로 만드는 데 시간이 얼마 걸리지 않을 거야.' 정말로 몇 시간 만에 만들었어요. 그 위지위그 도구로 그림을 그리는 시간과 거의 차이가 없었죠. 게다가 두 가지 면에서 더 나았죠. 제 손도 아프지 않았고 1만 배 확대하더라도 화살표 끝 위치가 완벽했죠.

초보 프로그래머가 이런 추상화를 모두 열어 봐야 한다고는 못하겠죠. 하지만 제 말은 그 문을 열 수 있다는 가능성을 꼭 고려해 봐야 한다는 겁니다. 이런 생각을 완전히 배제하면 안 돼요. 패키지를 사용하는 방식보다 직접 접근하는 방식이 더 빠르진 않은지 고민해 볼 만한 가치가 있습니다. 사실 소프트웨어를 산다면 또는 다른 사람의 소프트웨어를 사용한다면, 그 소프트웨어를 자신에게 맞추기 위해 엄청나게 긴 시간이 걸릴 것을 감안해야 해요. 정확하게 자신이 원하는 일을 하지는 않을 테고 살짝 다른 무언가를 하겠죠. 그리고 그 차이를 해결하는 데에는 아주 긴 시간이 걸릴 겁니다.

사이블 소프트웨어 재사용 상황이 "끔찍할 정도로 나쁘다."라고 말씀하셨는데 블랙박스를 모두 열어서 이리저리 손을 대는 건 전혀 소프트웨어 재사용을 지향하는 방법 같아 보이지는 않네요.

암스트롱 저는 재사용성이 없는 게 객체 지향 언어의 문제이지, 함수형 언어의 문제가 아니라고 봅니다. 객체 지향 언어의 문제는 암시적인 환경을 늘 함께 끌고 다닌다는 점이에요. 원한 건 바나나 하나였는데 받은 건 바나나를 들고 있는 고릴라와 정글 전체죠.

코드가 참조 투명성(referential transparency)을 가졌다면, 다시 말해 모든 데이터가 입력 인자로 들어오고 모든 결과를 내보내며 아무런 상태도 남기지 않는 순수 함수라면, 재사용성이 매우 높습니다. 그냥 이곳저곳 모든 곳에서 재사용할 수 있죠. 다른 프로젝트에서 사용하고 싶더라도 코드를 새 프로젝트에 복사해 붙여 넣으면 끝입니다.

프로그래머들은 속았어요. 그래서 그런 엉뚱한 프로그래밍 언어들을 쓰고 있죠. 프로그램을 연결하는 쉬운 방식을 쓰지 않고요. A | B | C 같은 유닉스 파이

프 방식은 정말로 쉽게 여러 가지를 연결할 수 있습니다. 그런데 프로그래머들이 이걸로 프로그램을 연결하나요? 아니죠. API를 쓰고 같은 메모리 공간으로 링크합니다. 끔찍할 정도로 어려울 뿐 아니라 언어를 넘나들 수도 없습니다. 같은 부류의 언어라면 괜찮습니다. 모두 선언적 언어라면 괜찮아요. 하지만 하나는 프롤로그이고 하나는 C라고 생각해 보세요. 이 둘은 관점이 완전히 달라요. 메모리를 다루는 방법도 다르죠. 그래서 둘을 그냥 연결할 수는 없습니다. 재사용이 불가능한 거죠. 분명 프로그램들이 함께 돌아가지 않아야 거대한 상업적인 이득을 보는 누군가가 있는 거예요. 컨설턴트 일자리가 수천 개는 생기겠죠. 존재하지도 않았어야 할 문제를 푸는 도구도 수천 개쯤 생길 테고요. 이런 문제는 사실 한참 전에 해결된 건데 말이죠.

이것저것 사이의 상호 작용을 기술하는 프로그래밍 언어가 거의 없다는 게 정말 이상하다고 생각해요. 저는 여러 가지를 붙이는 방법이나 프로토콜을 기술하는 방법을 계속해서 고민하고 있거든요. 내가 저것 중 하나를 너에게 보내면 너는 이것 중 하나를 나에게 보내라 하는 식으로 무엇과 무엇 사이의 프로토콜을 기술하는 방법이 없어요. 패킷이나 그 유형을 기술하는 방식은 있지만 그 프로토콜을 기술하는 방식은 아주 제한적이에요.

프로그래밍은 우리가 실제 세상에서 무언가를 만드는 방식과 근본적으로 달라요. 자동차 제조사를 생각해 봅시다. 협력 업체에서 부품을 사죠. 루카스나 보슈에서 배터리를 사고 또 다른 곳에서 발전기를 사요. 그리고 이것들을 조립합니다. 각 부품을 붙여서 무언가를 만들죠. 집을 지을 때에는 벽돌을 차례대로 쌓고 '거기에' 문을 답니다. 우리가 칩을 만드는 방식도 마찬가지예요. 인쇄된 회로 기판을 사면 실제로 연결을 해 주는 건 이 회로 기판이죠. 전자 제품을 만드는 건 기본적으로 필요한 칩을 모두 산 다음 칩의 다리를 전선으로 이어 주는 일이라고 생각할 수 있습니다. 이것이 바로 하드웨어를 만드는 방법이죠. 하지만 우리는 소프트웨어를 그렇게 만들지 않아요. 그렇게 만들어야 하는데 사실 그러지 않죠.

그렇게 만들지 않는 이유는 동시성 때문이에요. 아시겠지만 칩을 나란히 붙이면 각 칩은 병렬로 동작합니다. 메시지를 보내죠. 칩들은 프로그래밍으로 따지면 이런 메시지 전달 패러다임에 기반해서 돌아갑니다. 제가 옳다고 생각하는 방식이죠. 하지만 우리는 소프트웨어를 이렇게 연결하지 않아요. 제 생각에 얼랭이 취할 수 있는 방식 중 하나는 이런 컴포넌트 방식입니다. 저는 그랬으면 좋겠어요. 아직 만든 건 아니지만 그런 그래픽 인터페이스를 만들고 싶어요. 컴포넌트를 만들어서 이어 주기만 하면 소프트웨어가 만들어지는 거죠. 데이터플로 프로그래밍[7]은 아주 선언적이에요. 순차적인 상태라는 개념이 아예 없죠. 전체를 아우르는 프로그램 카운터도 없어요. 선언적 모형 딱 그것뿐이죠. 이해하기 아주 쉬워요. 대부분의 프로그래밍 언어에 이런 게 있으면 좋겠어요.

각각의 블랙박스 안 내용이 아주 복잡하지 않다는 말은 아니에요. 예를 들어 grep[8]을 보죠. 밖에서 한번 볼까요? 작은 네모를 상상해 보세요. 입력은 파일 같은 데이터 스트림이에요. `cat foo | grep`을 실행하는데 grep에는 인자가 있어요. 찾을 정규 표현식을 인자로 받아요. 좋아요. 그러면 이 정규 표현식과 일치하는 모든 줄이 나오죠. 이제 눈에 보이는 수준에서 grep이 하는 일을 이해하는 건 엄청나게 쉬워요. 파일과 정규 표현식을 입력으로 받아요. 출력은 정규 표현식과 일치하는 줄의 집합 또는 줄의 스트림이죠. 하지만 그렇다고 블랙박스 안의 알고리즘이 간단하다는 말은 아니에요. 사실 극도로 복잡할 수도 있죠.

블랙박스 안에서 일어나는 일이 극도로 복잡할 수도 있어요. 하지만 이런 복잡한 컴포넌트들을 서로 붙이는 일 자체는 복잡할 이유가 없죠. grep을 사용하는 건 눈곱만큼도 복잡하지 않아요. 이런 블랙박스 안의 복잡도와 컴포넌트들을 붙이는 일 사이의 명확한 차이가 시스템 아키텍처에는 드러나지 않아요.

프로그래밍 언어 API로 컴포넌트들을 연결할 땐 이런 블랙박스 추상화를 누릴 수 없어요. 죄다 하나의 메모리 공간에 몰아넣잖아요. 예를 들어 grep이 검색 루틴을 API로 노출하는 모듈이라고 해 봅시다. 이 모듈을 쓰려면 `char *` 포인터를 넘겨야 하니까 `malloc`으로 메모리를 할당하고 문자열을 통째로 복사해야겠죠. 이런 일을 하는 병렬 프로세스를 만들 수 있을까요? 끔찍할 정도로 이해하기 어려워집니다. 왜 이렇게 복잡한 방법으로 프로그램을 연결하는지 모르겠어요. 단순한 방법으로 연결하면 될 텐데요.

사이블 프로그래밍을 처음 시작했을 때와 비교해 본다면 프로그래밍에 대한 생각 중 가장 크게 바뀐 건 무엇인가요?

암스트롱 프로그래밍에 대한 제 생각의 변화는 하드웨어와는 전혀 관계가 없어요. 분명 훨씬 빠르고 강력해지긴 했죠. 하지만 최고의 소프트웨어 도구보다 사람의 뇌가 100만 배는 더 강력합니다. 프로그램을 짜고선 며칠 후에 갑자기 이런 생각이 들 수 있죠. '프로그램에 실수가 있었어. 이렇게 된 다음 저렇게, 또 이렇게 되면 프로그램이 뻗을 거야.' 실제로 코드를 보면 제 생각이 맞아요. 오류가 일어날 거라는 징후는 전혀 없었는데도 말이에요. 그래서 프로그래머로서 저에게 일어난 변화는 제 안의 정신적인 부분이에요.

두 가지 변화가 있었는데 이건 프로그래밍을 하며 보낸 세월 덕분이에요. 첫 번째로 더 어렸을 때에는 프로그램을 하나 짜면 그걸 마칠 때까지 계속 붙잡고 있는 경우가 많았어요. 일단 마치고 나면 더는 쳐다보지 않았죠. 끝난 거니까요. 그러다 불현듯 깨닫죠. '앗! 틀렸어. 바보 같으니!' 그리고 다시 작성합니다. 그리고 또 다시 '으, 틀렸어.' 하고 또 다시 짜죠.

이런 생각을 했던 기억이 나요. '코드를 짜기 전에 이런 시행착오를 모두 생각해 낼 수는 없을까? 코드를 짜지 않고도 깨달음을 얻을 수 있으면 좋을 텐데.' 제 생각에 이제는 할 수 있는 것 같아요. 그래서 이 기간, 20년쯤 걸린 이 기간을 프로그래밍 방법을 배운 기간이라고 생각합니다. 이제는 프로그래밍하는 법을 알아요. 프로그래밍 방법을 배우기 위해 실험을 하고 있었던 거죠. 이제는 프로그래밍 방법을 배웠기 때문에 더는 실험을 하지 않아도 됩니다.

가끔은 아주 작은 실험을 해야 할 때도 있어요. 어떤 질문에 대한 답을 찾기 위해 엄청나게 작은 프로그램을 짜죠. 충분히 생각하고 나서 프로그래밍을 하면 어느 정도 제 생각대로 동작해요. 충분히 생각했으니까요. 이 말은 시간이 좀 걸린다는 뜻이기도 해요. 프로그램을 짜고 교훈을 얻고 재작성하면 완성하는 데 1년쯤 걸릴 거예요. 저는 그 대신 1년 정도 생각을 하죠. 타자를 하지 않는 것만 달라요.

이게 첫 번째고요. 두 번째 변화는 직감이에요. 어렸을 때에는 밤새 해킹을 했죠. 새벽 네 시까지 코딩을 하고 엄청 피곤해하곤 했어요. 자기 과시를 위한 프로그래밍이었죠. 코드를 끊임없이 해킹했어요. 그리고 잘 돌아가지 않으면 돌아갈 때까지 참고 매달렸어요. 직감이 떠오르지 않아도 프로그래밍을 했죠.

그 결과 제가 배운 점은 피곤할 때 프로그래밍을 하면 형편없는 코드가 나오고 그다음 날 다 버린다는 겁니다. 20년 전에는 이게 옳지 않다는 느낌, 이 코드에 틀린 점이 있다는 강한 느낌이 들어도 프로그램을 계속 짰어요. 하지만 세월이 흐르면서 깨달은 것은 제가 온전히 몰입했을 때 정말 좋은 코드가 나온다는 점입니다. 시간이 흐르는 것도 모르고 프로그램 자체에 대해서는 거의 생각도 하지 않는 편안한 상태에서요. 그냥 타자를 하고 제가 입력하는 게 화면에 나오는 걸 보죠. 그런 코드는 보나마나 괜찮아요. 하지만 이런 생각이 든다고 해 보죠. '아니, 아니, 이건 아니야. 틀렸어.' 집중하기도 힘들고요. 저는 이런 신호를 수년간 무시했었어요. 그리고 코드를 모두 버려야 했죠. 이제는 '아니야.' 하는 생각이 들면 더는 프로그래밍을 하지 않아요. 경험으로부터 코드를 짜지 말고 멈춰야 할 때라는 걸 알죠. 문제를 해결해야 해요. 다른 방법을 찾아야 하죠.

저는 학생 때부터 수학이나 비슷한 과목을 잘했기 때문에 '아, 나는 논리적인 사람이야.'라고 생각했죠. 그런데 심리 검사를 받아 보니 직관에서 훨씬 높은 점수를 받았어요. 논리적 사고 점수는 낮았죠. 아주 낮지는 않았어요. 수학 같은 건 잘하는 편이니까요. 어쨌든 제가 수학을 잘하니까 과학은 논리와 수학에 관한 거라고 생각했죠. 하지만 이제는 그렇게 보지 않아요. 직관이 아주 중요합니다. 무엇이 옳은지 바로 알 수 있는 능력이요.

사이블 이제는 코딩을 하기 전에 생각 단계에서 시간을 더 많이 보낸다고 하셨는데요. 그 단계에서 실제로는 어떤 일을 하시나요?

암스트롱 아, 메모를 하죠. 그냥 생각'만' 하진 않아요. 종이에 낙서를 합니다. 아마 코딩에 쓰는 시간은 많지 않을 거예요. 제 활동을 기록해 보면 대부분은 생각이고 거기에 낙서 조금 정도일 겁니다. 문제 해결에 아주 중요한 활동 한 가지가 더 있는데 동료들에게 묻는 겁니다. "이 문제를 어떻게 풀어야 할까요?" 질문을 하다

보면 이럴 때가 정말 많은데요. 다른 사람에게 가서 이렇게 말하는 거죠. "이걸 이렇게 해야 할지, 저렇게 해야 할지 고민하고 있습니다. A와 B 중에 골라야 해요." 그리고 A와 B를 설명하죠. 그런데 설명하다 말고 "아, B가 맞네요. 감사합니다. 정말 고마워요." 하고 결론이 나는 거죠.

화이트보드에 지성을 더해 줄 사람이 필요한 거죠. 혼자서 화이트보드에 그림을 그리면 피드백이 없잖아요. 하지만 사람이 있다면 달라집니다. 화이트보드에 다른 해결 방법을 그려 가면서 설명을 하면 다른 사람이 대화에 참여해서 뜻밖의 제안을 하죠. 그러면 눈앞에 정답이 갑자기 드러나는 거예요. 제 경우에는 동료와 코드 작성까지 함께 하지는 않아요. 하지만 같은 문제를 풀고 있는 동료와의 대화는 아주 소중하죠.

사이블 **그런 조그만 피드백이나 질문이 중요한 걸까요, 아니면 설명을 한다는 행위 자체가 중요하다고 생각하시나요?**

암스트롱 저는 뇌 속에서 생각의 위치를 옮겼기 때문이라고 봅니다. 해결책을 만들어 내는 뇌의 부위에서 그 해결책을 말로 옮기는 뇌의 부위로 이동한 건데, 이 두 가지는 뇌에서 서로 다른 부위거든요. 그리고 스스로 그렇게 옮긴 거죠. 그렇다고 텅 빈 방에서 혼자 크게 말하는 실험을 해 보지는 않았습니다.

사이블 **전에 어떤 컴퓨터 과학과에서는 조교 사무실에 곰 인형을 둔다는 얘기를 들었습니다. 조교에게 질문하기 전에 곰 인형에게 먼저 문제를 설명하는 게 규칙이라고 하더군요. "자, 곰 인형 씨. 제가 겪고 있는 문제는 이거고 제가 시도한 방법은 이거예요. 아하! 이게 문제구나." 하는 식이 된다고 해요**

암스트롱 정말요? 저도 시도해 봐야겠네요.

사이블 **동료들에게 시도해 보세요.**

암스트롱 동료들이요? 물론이죠. 저와 함께 일하는 동료 한 명은 저보다 나이가 살짝 많은데 아주 현명하죠. 제가 그의 사무실에 가서 질문할 때마다 정말 모든 질문에 대해 이렇게 대답하죠. "프로그램은 블랙박스예요. 입력이 있고 출력이 있죠. 그리고 입력과 출력 사이에는 함수 관계가 있고. 이 문제의 입력은 무엇인가요? 그리고 출력은 무엇인가요? 둘 사이의 관계는 뭐죠?" 이렇게 대화를 나누다가 "당신은 천재예요!"라고 외치고는 사무실 밖으로 달려 나가 버리게 되는데 그는 어이가 없어서 고개를 젓죠. "문제가 뭐였는지 모르겠네. 다 말하지도 않고선." 그러니까 이 경우에는 그 동료가 문제 설명을 듣는 곰 인형인 거군요.

사이블 낙서라고 하셨는데 작은 코드 조각들을 말씀하시는 건가요, 아니면 정말로 그림을 끄적거리시는 건가요?

암스트롱 동그라미와 화살표가 대부분이에요. 사람들에게 화이트보드에서 무언가를 설명할 때 그리는 거 아시죠? 동그라미와 화살표, 수식과 기호죠. 코드가 아니라요. 코드 조각, 아주 작은 조각도 가끔 써요. 무언가를 간단하게 표현할 수 있을 때요. 이게 생각하는 기간에 일어나는 일이죠. 아주 가끔 코드로 실험을 하기도 해요. 무언가를 하는 데 얼마나 오래 걸릴지 모르겠을 때요. 10줄짜리 코드를 써서 시간을 측정하죠.

사이블 컴퓨터가 실행하는 데 얼마나 오래 걸릴지 모르겠을 때를 말씀하시는 걸까요?

암스트롱 네, 밀리초가 걸리는지 마이크로초가 걸리는지 모르겠을 때요. 짐작은 할 수 있더라도 그걸 확인하고 싶은 경우죠. 하지만 얼랭 프로그래밍 경험은 아주 많기 때문에 결과는 거의 예상 가능합니다. 오래전에는 문제를 해결하는 일도 비슷했죠. 어려운 부분이 나타나면 조그만 프로토타입을 만들고, 불확실한 부분이 나타나면 코드를 아주 조금 짜 보는 거죠. 본질적으로는 지금도 같은 방식이긴 하지만 이런 작은 실험이 필요한 경우가 훨씬 줄어들었어요. 얼랭이라면요. 루비나 자바로 코딩해야 한다면 다시 예전처럼 실험을 많이 해야겠죠. 어떤 일이 일어날지 잘 모르니까요.

사이블 그렇게 생각하다 보면 코드를 어떻게 작성해야 할지 문득 깨달음이 오는 지점이 있나요?

암스트롱 네, 모든 조각이 딱 합쳐지는 순간이죠. 하지만 아마 누구에게도 설명할 수는 없을 거예요. 그냥 이제 프로그램을 짜기 시작하면 잘 동작할 거라는 느낌이 강하게 들어요. 정확한 해결책이 무엇인지는 사실 모르죠. 달걀 같아요. 닭이 달걀을 낳을 준비가 되듯이 저도 달걀을 낳을 준비가 된 거죠.

사이블 그때가 몰입이 필요한, 그러니까 방해를 받지 않아야 하는 시점인가요?

암스트롱 네, 네.

사이블 코드 수준에서 정리해야 할 세부적인 문제가 여전히 아주 많겠네요. 그래서 집중해야 할 테고요.

암스트롱 네, 그렇죠. 그런 문제는 두 종류로 나눌 수 있어요. 정말로 집중이 필요한 문제는 자동으로 풀리지 않는 것들이죠. 생각을 좀 해야 해요. 정말로 까다로운 가비지 컬렉션 문제가 있다고 해 보죠. 정확하게 무엇이 가비지인지, 어디에 표시해야 하는지 알아내려면 깊이 고민해야 합니다. 결국 답을 찾아내리라는 건 알고 있어요. 문제의 경계를 잘 그었고 알맞은 작은 블랙박스 안에 넣었으니까요.

미켈란젤로가 시스티나 성당 천장화인가를 그릴 때였어요. 그에게는 함께 그림을 그릴 화가 팀이 있었죠. 미켈란젤로가 큰 그림을 먼저 스케치해요. 거대한 영역은 파란색과 초록색으로 칠해야 했죠. 그러니까 프로그램을 짜는 것과 비슷해요. 첫 번째 스케치는 모든 걸 제자리에 배치하는 커다란 스케치죠. 일정 부분은 단색으로 칠해야 해서 그냥 빠른 속도로 채울 수 있어요. 많은 생각이 필요하지 않죠.

그다음에는 눈의 세부 묘사처럼 까다로운 부분을 해야 해요. 할 수 있다는 건 압니다. 전체 그림도 괜찮은 걸로 봐서 눈의 위치 자체는 괜찮아요. 그러니 달려들어서 눈과 세부 묘사를 해치워야 하죠. 이게 쉽다는 말은 아니에요. 사실 어려운 부분이죠. 눈을 그리는 동안 정말로 집중해야 해요. 이마나 볼처럼 비슷한 색깔을 넓게 칠하는 부분은 그렇게 집중할 필요가 없어요. 수염 부분은 반쯤만 집중하면 되죠.

모든 내용을 입력한 후 문법 오류를 잡고 나면 제대로 작동하는지 간단한 테스트를 돌려 봅니다. 이 부분은 비교적 편하죠. 여기서 컴파일러 오류가 나오면 고칩니다. 일단 언어에 익숙해지고 나면 굳이 오류 메시지를 읽을 필요도 없어요. 줄 번호만 알면 나머지는 몰라도 돼요. 아, 저 줄, 이게 틀렸군. 순식간에 고칠 수 있습니다.

저는 시카고에서 얼랭을 가르쳤습니다. 교실을 돌아다니다 보면 잘못된 것들이 눈에 들어오죠. 쉼표가 빠졌군, 저건 저기까지 가기 전에 뻗을 텐데, 연결되지 않았군 하는 것들이요. 제 배우자는 교정을 아주 잘하는데 원고의 오류가 눈앞에 튀어나온다고 하더라고요. 쉼표가 빠졌거나 맞춤법이 틀렸을 때 말 그대로 눈앞에 튀어나온대요.

저도 돌아다니면서 다른 사람의 코드를 보면 프로그래밍 오류가 그냥 눈앞에 튀어나와요. 의식적으로 생각을 하는 것 같지도 않아요. 그냥 전체적으로 보는 건데도 눈에 들어오죠. 화면에 코드를 전부 띄우면 에러가 딱 보여요. 쓸데없이 출력하는 부분 같은 거요. 그런 표면적인 오류를 잡는 것뿐이죠.

잡기 까다로운 것 하나는 변수명의 작은 오타예요. 그래서 저는 일부러 변수명을 서로 전혀 비슷하지 않게 정합니다. 그런 에러가 일어나지 않도록 말이에요. 예를 들어 personName처럼 긴 변수 이름이 있는데, 사람 이름 목록을 나타내는 변수에는 맨 뒤에 's'만 붙여서 personNames라고 이름을 붙였다고 해 보죠. 제 눈은 제가 예상하는 걸 봤다고 생각해 버리는 경향이 있어서 헷갈리기 십상이죠. 그래서 저는 personName이 있으면 personNames 대신 listOfPeople이라고 이름을 붙여요. 일부러 이렇게 합니다. 제가 예상하는 것을 봤다고 잘 착각하는 걸 아니까요. 하지만 문장 부호는 잘 봅니다. 잘못된 쉼표나 대괄호는 잘 발견해요. 물론 이맥스가 코드 전체에 색깔을 입혀 주고 자동 들여쓰기도 있고 대괄호 색깔도 모두 다르게 칠해 주니까요. 이건 정말 쉬워요.

사이블 코드 입력을 시작하는 시점에 코드를 하향식으로 짜시나요, 상향식으로 짜시나요, 아니면 중간부터 위아래로 넓혀 나가시나요?

암스트롱 상향식으로요. 코드를 조금 짜고 테스트하고 또 조금 짜고 테스트하죠. 지금은 테스트 케이스를 먼저 쓰는 방식으로 넘어갔어요. 단위 테스트요. 테스트 케이스를 짜고 그다음에 코드를 짜죠. 이 방식이 잘 작동한다고 확신합니다.

사이블 과거로 살짝 돌아가 보죠. 스웨덴 우주 공사를 나와서 에릭슨 연구소로 간 건가요?

암스트롱 네, 정말 정말 운이 좋았던 시기였죠. 1984년쯤이었을 거예요. 연구소가 문을 연 지 2년쯤 후에 합류한 거였는데 모두 정말 낙관적이었죠. 우리 세계관이 그랬어요. 우리가 문제를 해결할 거고 해결책을 프로젝트로 내보내 에릭슨의 생산성을 향상시킬 거야 하고 생각했죠. 아직 현실과 접하면서 물들지 않은 세계관이었어요. 우리는 새롭고 유용한 무언가를 쉽게 찾으리라고 생각했고, 새롭고 유용한 무언가를 찾기만 하면 세상이 우리를 두 팔 벌려 환영할 거라고 믿었어요. 나중에 우리가 배운 것은 새로운 것을 찾는 일이 그렇게 만만치 않다는 사실이었죠. 그리고 사람들이 새롭고 더 좋은 걸 쓰게 만드는 일이 '엄청나게' 힘들다는 것도요.

사이블 다른 사람들이 쓰리라고 기대했던 새롭고 유용한 것 중에 얼랭도 들어가나요?

암스트롱 네, 물론이죠. 실제로 일어난 일을 볼까요? 처음에는 그냥 프롤로그 프로그램이었어요. 제가 작은 언어를 만든 셈이고 사람들이 쓰기 시작했죠. 그리고 로베르트 비르딩[9]이 저에게 와서 말했습니다. "저기, 이거 재미있어 보이는데요?" 로베르트가 제 프롤로그 코드를 읽다가 그러는 거예요. "이걸 조금 바꿔도 될까요?" 꽤 무시무시한 일이었죠. 로베르트가 그런 말을 하면 결국 프로그램 맨 위에 이런 주석이 달리거든요. "조가 이걸 생각해 냈습니다. 제가 살짝 바꿨습니다." 그러고 나서는 환골탈태하죠. 그래서 로베르트와 제가 이걸 주거니 받거니 하며 다시 짰습니다. 우리는 좋은 논쟁도 했죠. "으아, 당신 코드는 못 읽겠어요. 쉼표 뒤에 왜 공백이 있는 거예요."

그러고 나서 우리는 에릭슨 안에서 새로운 프로그래밍 언어나 더 좋은 전화 통신 프로그래밍 방법을 원하는 사람을 찾았습니다. 우리는 매주 모였는데, 정확히 기억나지는 않지만 이 모임은 6개월인가, 9개월인가 이어졌습니다. 기본 방식은 우리가 그들에게 프로그래밍을 알려 주고, 그들이 우리에게 전화 통신을 알려 주는 거였죠. 전화 통신에서 생기는 문제가 무엇인지를요. 좌절스러우면서도 동시에 정말 흥미로웠던 기억이 나요. 그 시간이 언어를 바꿔 놓았죠. 정말로 이 새로운 언어를 사용하는 사람이 있었고 그 사람들이 모임에서 이렇게 말했거든요. "뭐, 언어는 괜찮아요. 그런데 너무 너무 느리네요." 그 사람들이 성능을 측정한 후 그랬어요. "70배는 더 빨라야 해요." 그래서 우리가 그랬죠. "이번 단계는 이제 마무리되었어요. 다음으로 우리가 70배 더 빠르게 만들게요." 그들은 새로운 언어로 프로그램을 계속 만들었고, 우리는 2년 정도 안에 속도를 올려야 했어요.

시작 단계에서 실패한 일도 몇 번 있었고 정말로 당황스러운 순간도 몇 번 있었죠. 실제로 구현하기 '전에' 그 결과가 얼마나 빠를지 사람들에게 말하지 말았어야 했는데 큰 실수였어요. 하지만 결국에는 속도를 올리는 방법을 알아냈죠. 저는 컴파일러를 프롤로그로 짰어요. 로베르트는 라이브러리 같은 것들을 맡았죠. 2년쯤 지난 후였던 것 같아요. 이 추상 기계를 C로 구현할 수 있겠다는 생각이 들었어요. 그래서 저는 태어나서 처음으로 C 프로그래밍을 시작했죠. 마이크 윌리엄스[10]가 와서 제 C 코드를 보고선 이랬어요. "이건 내가 태어나서 본 C 코드 중 최악이에요. 완전히 틀려먹었어요." 저는 '그렇게까지' 엉망이라고 생각하진 않았지만 마이크는 별로 좋아하지 않았죠. 그래서 마이크가 C로 가상 머신을 만들었어요. 저는 프롤로그로 컴파일러를 짰죠. 그다음엔 컴파일러로 컴파일러 자체를 컴파일해서 바이트코드를 만들었어요. 그러면 가상 머신으로 실행할 수 있었죠. 그다음엔 문법을 바꾼 다음 컴파일러 코드를 컴파일러로 또 컴파일했죠. 이렇게 자기 자신을 실행할 수 있는 기반을 만든 다음엔 순조롭게 흘러갔죠. 원래 있던 프롤로그 뿌리는 사라졌고 새로운 언어가 탄생했어요.

사이블 **특별히 얼랭 모형에 넣기 어려운 건 없었나요?**

암스트롱 있었죠. 우리는 메모리를 완전히 추상화해 버렸어요. JPEG 이미지를 비트맵 데이터로 변환해 보면 아시겠지만 그렇게 잘 작동하지 않죠. 데이터 위치를 아주 정확하게 계산하는 게 중요하니까요. 상태를 되돌릴 수 없는 방식으로 갱신해야 하는 알고리즘도 잘 동작하지 않아요.

사이블 거대한 이미지 처리 작업 흐름 시스템을 만들어야 한다고 해 보죠. 실제 이미지 변환은 무언가 다른 언어로 작성하는 게 나을까요?

암스트롱 저라면 C나 어셈블러, 아니면 다른 걸로 짤 것 같아요. 아니면 실제로는 얼랭의 파생 언어로 짠 다음에 그 코드를 C로 변환할 것 같아요. 파생 언어를 만드는 건 도메인 특화 언어(DSL) 같은 아이디어죠. 어쩌면 C 프로그램을 손으로 짜는 것보다 C 프로그램을 생성하는 얼랭 프로그램을 짤 수도 있겠네요. 하지만 결국 C나 어셈블러, 아니면 다른 무언가를 생성할 거예요. 손으로 직접 짤지, 생성할지는 흥미로운 질문이네요. 저는 C를 손으로 짜는 것보다는 자동으로 생성하는 쪽이 더 좋아요. 더 쉽거든요.

하지만 얼랭의 구조를 사용할 거예요. 제 가족 사진 같은 걸 다루는 프로그램을 만든 적이 있는데요. 이미지매직[11]과 셸 스크립트를 썼지요. 하지만 제어는 모두 얼랭으로 했어요. 스크립트를 감싸는 래퍼를 만든 다음, 래퍼에서 `os:cmd`[12]를 호출하면 그게 다시 이미지매직 명령어를 호출했죠. 이렇게 감싸는 게 좋아요. 실제 이미지 처리를 얼랭에서 하고 싶지는 않네요. 그런 걸 얼랭으로 짜는 건 바보 같아요. C가 훨씬 낫죠.

사이블 게다가 이미지매직은 이미 만들어져 있으니까요.

암스트롱 그건 저에게 아무 상관이 없어요. 제가 OCaml로 프로그래밍을 하고 있었다면 그냥 바로 짰을 거예요. OCaml은 그런 일을 효율적으로 할 수 있거든요. 하지만 얼랭은 못하죠. 제가 OCaml 프로그래머였다면 이랬을 거예요. "좋아. 뭘 해야 하지? 이미지매직을 재구현하라고? 오케이, 시작!"

사이블 그게 재미있어서인가요?

암스트롱 저는 프로그래밍을 좋아해요. 왜 안 하겠어요? 아시다시피 저는 얼랭이 이미지 처리에 좋지 않다고 늘 말해 왔죠. 실제로 시도해 본 적은 없어요. 안 좋을 것 같다고 생각했지만 사실은 아닐 수도 있죠. 한번 해 봐야 하려나요. 흥미롭겠네요. 절 유혹하지 마세요.

정말 훌륭한 프로그래머는 프로그래밍을 하며 많은 시간을 보내요. 프로그래밍에 시간을 많이 쏟지 않는 훌륭한 프로그래머는 본 적이 없습니다. 저는 이삼일만 프로그래밍을 안 해도 참을 수가 없어요. 그리고 더 잘하게 될수록 더 빨라지죠. 이런 프로그래밍을 하다 보면 평범한 문제는 훨씬 빠르게 해결할 수 있게 됩니다.

사이블 프로그래밍 기술을 갈고닦기 위해 특별히 했던 일이 있나요?

암스트롱 아니요, 없는 것 같아요. 새로운 프로그래밍 언어를 배우긴 했지만 더 나은 프로그래머가 되려는 목적은 아니었어요. 뭐, 언어 설계를 더 잘하려는 목적일 수는 있었겠네요.

저는 무언가가 돌아가는 원리를 이해하는 걸 좋아해요. 그리고 이해했는지 판가름하는 좋은 방법은 직접 구현해 보는 거죠. 저에게 프로그래밍은 기계에 코드를 입력하는 일이 아니에요. 프로그래밍은 이해에 관한 거죠. 저는 무언가를 이해하는 걸 좋아합니다. 제가 앞서 이야기한 JPEG 같은 걸 구현해 보는 이유가 뭐겠어요? 웨이블릿 변환을 이해하고 싶어서죠. 이 경우에 프로그래밍은 웨이블릿 변환을 이해하기 위한 도구예요. 왜 X 윈도 인터페이스를 구현하겠어요? X 프로토콜이 작동하는 방식을 이해하고 싶어서죠.

이게 무언가를 구현하는 원동력이에요. 정말 추천합니다. C를 이해하고 싶은가요? C 컴파일러를 만들어 보세요. 리스프를 이해하고 싶다면 리스프 컴파일러나 인터프리터를 만들어 보세요. 사람들이 그러더군요. "와, 컴파일러를 만드는 건 정말 어려울 텐데요." 그렇지 않습니다. 꽤 쉬워요. 세세한 것을 많이 배워야 하긴 하지만 어려운 건 하나도 없어요. 자료 구조에 대해 알아야 하죠. 해시 테이블을 알아야 하고 파싱에 대해서도 알아야 합니다. 코드 생성도 알아야 하죠. 인터프리터에서 쓰는 기법도 알아야 하고요. 이런 것들 각각은 특별히 어렵지 않습니다. 초보자라면 이게 크고 복잡해서 만들 수 없다고 생각할 것 같네요. 하지 않은 일은 어렵고 이미 한 일은 쉬운 법입니다. 그래서 시도조차 하지 않는 건 실수라고 생각합니다.

사이블 제가 만난 몇몇 사람은 다른 프로그래밍 언어 학습을 추천하는 이유가 문제를 해결하는 새로운 시각을 주기 때문이라고 하더군요.

암스트롱 다른 일을 하는 언어라면 그렇죠. 똑같은 일을 하는 언어를 많이 배우는 건 아무 의미가 없어요. 확실히 저는 자바스크립트를 꽤 많이 썼고 Tcl도 꽤 많이 썼습니다. C도 꽤 많이, 프롤로그도 꽤 많이 썼죠. 아, 프롤로그는 아주 많이, 포트란도 아주 많이, 얼랭도 아주 많이 썼네요. 루비도 조금, 해스켈도 조금 썼고요. 다 대충 읽을 수는 있는 언어들이지만 모두 능숙하게 프로그래밍할 수 있는 건 아니에요. 확실히 제가 프로그래밍할 수 있는 언어가 꽤 많긴 하네요.

사이블 C++는 안 쓰셨나요?

암스트롱 네, C++는 읽기나 쓰기 모두 거의 못해요. C++는 좋아하지 않습니다. 잘못 만들었다는 느낌이 들어요. 너무 복잡하죠. 저는 작고 단순한 언어가 좋은데 C++는 그렇지 않은 것 같아요.

사이블 얼랭 설계에는 어떤 언어가 영향을 주었나요?

암스트롱 프롤로그요. 뭐, 프롤로그에서 갈라져 나왔으니 당연하죠.

사이블 이제는 눈에 띄는 프롤로그의 흔적이 그리 많지 않은데요.

암스트롱 동일화(unification), 그러니까 패턴 매칭 같은 건 직접적으로 프롤로그에서 온 거죠. 자료 구조들도 그렇고요. 튜플이나 리스트 문법은 프롤로그와 살짝 다르지만 비슷해요. 토니 호어의 CSP(communicating sequential process)도 있죠. 데이크스트라의 보호된 명령어 언어(guarded command language)[13]도 본 적이 있습니다. 그래서 패턴 중 하나는 무조건 일치하도록 만들었죠. 디폴트 경우는 없습니다. 한 가지 경우는 반드시 일치하도록 명시적으로 요구해야 해요. 이런 것들이 주로 영향을 준 것 같네요.

사이블 함수형 측면은 어디서 가져오셨나요?

암스트롱 프롤로그에 동시성을 추가하고 나니 뭔가를 한 후에 절대 역추적14하지 않도록 만들어야 했죠. 프롤로그에서는 뭔가를 호출한 후에 호출 효과를 사실상 되돌리기 위해 역추적을 할 수 있어요. 이 명령어가 '미사일 발사' 같은 것이라면, 쐈으니 이걸 다시 역추적해서 되돌릴 수는 없습니다. 순수한 프롤로그 프로그램은 되돌릴 수 있죠. 하지만 실제 세계와 상호 작용한다면 우리가 하는 일은 모두 일방향이죠. "미사일 발사!"라고 했다면 미사일은 날아간 거예요. "신호등을 빨간불에서 파란불로 바꿔."라고 말했으면 신호등 색깔이 바뀌죠. "앗, 잘못된 판단이었어. 실행 취소."라고 할 수는 없어요.

언어에 동시성과 병렬 프로세스를 갖추었어요. 이 프로세스 안에서 역추적과 온갖 일을 하는 온전한 프롤로그가 돌아가고 있는 거예요. 그래서 역추적을 막기 위해 사방에 중단점을 넣어서 프롤로그가 아주 결정론적으로 작동하게 되었습니다.

사이블 역추적을 막은 부분이 다른 프로세스에 메시지를 보내는 곳일까요?

암스트롱 네, 하지만 그냥 함수 호출일 뿐 '로켓 발사 함수'는 아닐 수도 있어요. 그냥 그 함수를 호출하는 다른 무언가를 호출하는 또 다른 무언가를 호출하는 무엇일 수도 있죠. 두 세계를 분리하려고 노력하는 일은 정말 고통스러워요. 그래서 프로세스 안에 쓰는 코드는 점점 더 함수 같아지죠. 프롤로그의 함수형 부분 집합만 모은 파생 언어 같은 거죠. 함수형 부분 집합이라면 완전히 함수형으로 만드는 게 나을 수도 있어요.

사이블 그래도 얼랭은 동적 타입이라는 점이 대부분의 요즘 함수형 언어와 꽤 다른데요. 얼랭이 함수형 언어 커뮤니티의 일부라고 느끼시나요?

암스트롱 물론이죠. 우리는 함수형 프로그래밍 콘퍼런스에 가면 서로의 차이점에 대해 논쟁하죠. 적극적(eager) 계산법과 느긋한(lazy) 계산법에 대해 토론합니다. 동적 타입 체계와 정적 타입 체계에 대해서도 토론하죠. 이런 차이가 있긴 하지만 함수형 프로그래밍의 핵심 아이디어는 변경 불가능한 상태예요. x가 메모리상 위치의 이름이 아니라 값이라는 거죠. 바뀌지 않아요. x가 3이라고 하고 나면 이건 바꿀 수 없어요. 이런 특성이 프로그램을 이해하고 병렬화하고 디버깅하는 데 어마어마한 이점을 준다고 서로 다른 커뮤니티들이 모두 입을 모읍니다. 그런 핵심 아이디어 위에 얼랭처럼 동적 타입 체계를 가진 함수형 언어가 있고, 정적 타입 체계를 가진 함수형 언어가 있죠. 각각 장단점이 있습니다.

얼랭에서도 정적 타입 체계의 이점을 누릴 수 있다면 정말 좋을 것 같아요. 어쩌면 프로그램 일부에는 타입을 좀 더 명시적으로 붙일 수도 있겠죠. 그러면 컴파일러가 타입을 추론해서 훨씬 좋은 코드를 생성할 수 있을 테고요.

그러면 정적 타입 사람들이 그럴 거예요. "자료 구조를 직렬화할 때 동적 타입의 장점을 가져올 수 있다면 좋을 텐데요. 타입을 미리 알아야 하기 때문에 임의의 프로그램을 전송한 다음 다시 복구할 수 없거든요." 동적 타입에서는 가능하죠. 루카 카르델리[15]는 이런 걸 영구적으로 비일관적인 시스템이라고 불렀어요. 우리 시스템은 끊임없이 커지고 변화하죠. 부분적으로는 일시적으로 일관성이 깨질 수 있어요. 제가 시스템의 코드를 바꾸더라도 원자적으로 단번에 바뀌진 않아요. 노드 일부는 바뀌었는데 일부는 바뀌지 않은 상황이 생기니까요. 그리고 이것들은 메시지를 서로 주고받죠. 일관적인 경우도 있어요. 하지만 그렇지 않은 경우, 통신 경계를 넘어갈 때 이 경계가 정확하다고 신뢰할 수 있을까요? 틀린 메시지를 보낼 수도 있으니까요. 그래서 어떤 것들은 확인해야 합니다.

사이블 아까 다른 사람 프로그램을 디버깅해 주고 맥주를 얻어 마셨다고 하셨는데요. 그렇게 디버깅을 잘할 수 있었던 비결이 뭘까요?

암스트롱 음, 저는 디버깅이 재미있었어요. 프로그램의 어떤 시점에 변수 몇 개와 이것저것을 출력해서 어떻게 돌아가는지 확인해 보죠. 모두 예상대로예요. 그래서 그 시점에는 프로그램이 정상이죠. 그런데 다른 데에서는 이상해요. 그러면 그 중간쯤을 살펴보죠. 그러면 결과는 정상이거나 비정상일 테고요. 이런 식으로 구간을 계속 반으로 나눠 나가요. 오류를 재현할 수 있다면요. 재현되지 않는다면 디버깅하기 꽤 어렵죠. 하지만 사람들이 그런 오류는 저에게 맡기지 않아요. 재현 가능한 오류만 맡기죠. 그래서 그냥 계속 반으로 나누기만 하면 돼요. 결국 오류를 찾을 수 있죠.

사이블 자신이 더 체계적인 관점을 갖고 있다고 생각하시나요?

암스트롱 네, 사람들은 그냥 포기하더라고요. 왜 그런지 모르겠어요. 왜 디버깅을 못하는지 정말로 모르겠어요. 제 말은, 디버깅이 어려운가요? 저는 그렇지 않은 것 같거든요. 잠깐 멈추거나 천천히 실행하면 돼요. 그러니까 포트란 배치 작업 같은 건데요.

물론 실시간 시스템이나 가비지 컬렉터 디버깅은 다르죠. 예전에 얼랭이 죽었던 일이 생각나네요. 아직 초기였어요. 재시작하고 얼마 되지 않았는데 제가 입력을 조금 했더니 죽었죠. 그 컴퓨터에는 이맥스 비슷한 명령어를 셸로 실행할 수 있었는데요. `erl`을 입력해 실행하면 입력-실행-출력을 반복하는 환경으로 들어갔죠. 네 글자인가 다섯 글자를 입력했는데 오타를 하나 냈어요. 그래서 커서를 한두 번 움직여서 오타를 고쳤더니 가비지 컬렉터 오류로 죽었죠. 아주 깊은 곳에서 난 오류인 게 분명했어요. 그래서 생각했죠. '내가 정확하게 뭘 입력했는지 기억해 낼 수 있을까?' 키 입력을 겨우 12번쯤밖에 안 했거든요. 그래서 프로그램을 재실행한 후 입력해 봤더니 죽지 않았어요. 그렇게 앉아서 한 시간 반쯤 아마 여러 가지 조합을 100가지쯤은 시도해 봤을 거예요. 그랬더니 마침내 프로그램이 죽었죠! 뭘 입력했는지 바로 적어 놓았어요. 그러고 나서 디버깅을 할 수 있었죠.

사이블 디버깅할 때 어떤 기법을 쓰시나요? 프린트 문인가요?

암스트롱 프린트 문이요. 위대한 프로그래밍 신께서 가라사대 "프로그램이 이상해지는 것 같은 지점에 `printf` 문을 넣으라. 컴파일하라. 그리고 실행하라." 하셨죠.

그리고 어디서 읽은 건지, 제가 발명한 건지 모르겠는데 조의 디버깅 법칙이 있습니다. "모든 오류는 프로그램에서 마지막으로 고친 위치의 앞뒤 세 줄 안에 있다." 스웨덴 우주 공사에서 일할 때 제 관리자는 하드웨어를 만들던 사람이었어요. 우리는 스웨덴 북부 에스랑에(Esrange)에 있었는데 로켓을 발사하고 위성을 추적하는 기지가 있는 곳이었죠. 한 번은 제 관리자가 자기 머리를 치고 있는 거예요. 하드웨어 버그를 디버깅하는 중이었는데 여기저기 오실로스코프를 대 보고 이것저것 바꿔 보고 있었죠. 제가 말했어요. "좀 도와드릴까요?" "아냐, 조. 자넨 도움이 안 돼. 이건 하드웨어 문제거든." "네, 하지만 소프트웨어와 비슷하지 않을까요? 버그는 하드웨어에서 마지막으로 바꾼 것과 아주 가까운 곳에 있을 거예요." 그러자 그가 말했죠. "콘덴서를 바꿨지. 자넨 천재야!" 그는 콘덴서 하나를 더 큰 걸로 바꿨었죠. 그래서 납땜을 다시 떼어 내고 원래 콘덴서를 다시 붙였어요. 그러자 다시 작동하기 시작했죠. 어디든 다 똑같아요. 차를 고쳤을 때 무언가 이상하다면 마지막으로 바꾼 게 문제죠. 무언가를 바꿨다면 마지막으로 한 일이 무엇인지만 기억해 내면 돼요. 어디서나 통하는 법칙이죠.

사이블 자신의 프로그램이 정확하다는 걸 증명해 보신 적은 있나요? 그런 종류의 형식 체계에 관심이 갔던 적은 없나요?

암스트롱 그렇기도 하고 아니기도 해요. 프로그램을 대수적으로 조작해서 동등하다는 걸 증명해 본 적은 있어요. 하지만 그렇게 진짜 증명을 해 본 적은 없죠. 표기의미론(denotational semantics) 같은 수업들을 듣기도 했어요. 그리고 포기했던 기억이 납니다. 연습 문제가 이랬어요. 'x + y에서 x = 3, y = 4라 하자. 적극적 계산법을 나타내는 수식 A와 느긋한 계산법을 나타내는 수식 B가 있을 때 둘 다 계산 결과가 7임을 증명하라.'

증명을 위해 보조 정리가 열네 쪽이나 이어졌죠. 그래서 이런 생각이 들었어요. '잠깐만. x는 3, y는 4이고 x 더하기 y는? 당연히 7이지.' 그때 전 얼랭 컴파일러를 만들고 있었는데요. 3 더하기 4가 7이라는 걸 보이는데 이렇게 긴 증명이 필요하다면 내 컴파일러가 어떤 측면에서든 정확하다는 걸 보이려면 수천, 수만 쪽의 증명이 필요할 거라는 생각이 들었죠.

사이블 **혼자 일하는 게 좋나요, 아니면 팀으로 일하는 게 좋나요?**

암스트롱 저는 팀 단위로 일하는 환경이 좋습니다. 이 말이 이해가 가실지 모르겠네요. 저는 사교성이 없진 않아요. 하지만 프로그래밍은 혼자 하는 게 좋습니다. 물론 사람들과 함께 일하는 것도 좋아요. 사람들과 문제를 토론한다든지 하는 거요. 회사에 도착해서 커피를 마시면서 출근길에 떠올랐던 온갖 아이디어를 이야기하는 시간이 소중하다고 늘 생각했어요. 거기서 많은 깨달음을 얻죠. 사람들 앞에서 자신의 아이디어를 쏟아 내기 좋죠. 그러면 아이디어를 설명하는 위치에 서게 되는데, 제 경우에는 그러면 아이디어를 뇌의 한 부분에서 다른 부분으로 옮기게 돼요. 무언가를 설명하다가 더 잘 이해하게 되는 경우가 많죠.

사이블 **짝 프로그래밍을 해 보신 적이 있나요? 다른 사람과 컴퓨터 한 대 앞에 같이 앉아서 코드를 짜는 거요.**

암스트롱 네, 로베르트, 로베르트 비르딩과 해 봤죠. 우리 둘 다 헤매고 있을 때 하곤 했어요. 정말로 뭘 해야 할지 모르겠을 때요. 그럴 땐 마찬가지로 뭘 해야 할지 모르는 사람과 함께 일하는 게 큰 도움이 된다고 생각해요. 한 프로그래머가 다른 프로그래머보다 더 낫다면 실력이 좀 떨어지거나 경험이 적은 프로그래머가 동료를 관찰하면서 얻는 게 아마 있겠죠. 같이 일하면서 무언가 배우게 될 거예요. 하지만 둘 사이의 차이가 너무 크면 배우지 못하겠죠. 그냥 앉아서 자괴감만 들 테니까요. 저와 실력이 얼추 비슷한 프로그래머와 짝 프로그래밍을 했을 땐 짝 프로그래밍이라는 개념을 모르긴 했지만 꽤 재미있었어요.

그런데 제가 특별한 문제라고 부르는 것들이 있어요. 제가 감기에 걸렸거나 컨디션이 좋지 않을 때에는 그런 문제에 도전하지 않을 거예요. 푸는 데 사흘쯤은 걸리겠다는 생각이 드는 문제도 있을 텐데요. 그렇다면 날을 잡고 계획을 세워요. 이메일도 무시하고 쉬지 않고 하면 아마 네 시간쯤이면 마칠 수 있을 거예요. 방해를 받지 않기 위해 집에서 해야겠죠. 저는 이렇게 가능한 한 온전히 집중한 상태에서 일하는 게 좋아요. 이럴 땐 짝 프로그래밍이 도움이 안 됩니다. 간섭을 많이 받을 테니까요.

사이블 그런 문제는 어떤 게 있을까요? 예를 들어 주시겠어요?

암스트롱 가비지 컬렉터의 세부 사항을 정리하는 거요. 이건 명령형 코딩이죠. 모든 레지스터를 빼먹지 않고 표시해야 해요. 아니면 컴파일러에서 람다 리프팅[16]을 하는 일이요. 꽤 어렵거든요. 변수 이름을 모두 바꿔야 하고 여기저기 뒤섞여 있는 추상 타입의 네다섯 단계 계층과 제각기 다른 내용을 갖고 있는 프레임들을 다루어야 하죠. 그러면 이런 생각이 들어요. '이걸 완벽하게 이해해야 해. 정말 깊이 고민해야 해.' 집중하고 싶겠죠.

저는 제 기분에 따라 하는 작업을 바꿔요. 가끔은 일하기가 싫어져서 이렇게 생각하죠. '아, 이제 누구를 방해할까?' 아니면 이메일을 읽거나요. 다른 경우에는 이제 뭔가 어려운 코딩을 해야겠다는 생각이 들기도 해요. 제가 그런 기분인 거죠. 특별한 문제를 풀려면 그런 기분이 딱 들어야 해요. 그런데 두 사람이 함께 일하면 어떻겠어요? 둘 중 한 명은 집중 모드가 아니거나 이메일 따위를 읽고 싶을 수도 있어요.

사이블 로베르트 비르딩과 일종의 순차 짝 프로그래밍을 하셨는데요. 교대로 코드를 다시 쓴 다음 상대에게 넘기면서요.

암스트롱 네, 번갈아 가며 썼죠. 제가 프로그램 작업을 보통 2~3주쯤 하죠. 그러곤 이렇게 말해요. "아, 할 만큼 했어요. 이제 로베르트 당신 차례예요." 그러면 로베르트가 가져가죠. 코드가 한 번 갔다 오면 언제나 알아볼 수 없는 상태가 돼요. 로베르트가 아주 많이 바꾼 다음 저에게 보내면 저도 또 아주 많이 바꾸죠.

사이블 그런 변경 사항이 다 의미가 있었나요?

암스트롱 오, 물론이죠. 저는 로베르트가 더 나은 방법을 찾아내면 무척 기뻤어요. 우리 둘 다 아주 잘했죠. 로베르트는 일반화를 하곤 했어요. 제가 이상한 변수 하나를 찾아냈던 기억이 나네요. 변수를 따라가 보니 다음 단계, 다음 단계로 45번이나 전달되는 거예요. 그런데 결국에는 전혀 사용되지 않았죠. 쓰지도 않는 변수를 함수 45개에 전달하고 반환받은 거예요. 그래서 제가 물었죠. "이건 뭐에요? 쓰지도 않잖아요." 로베르트가 말했어요. "알아요. 나중에 확장하려고 만들어 둔 거에요." 그래서 제가 지워 버렸어요.

저는 특정한 알고리즘만 구현하고 프로그램에 필요하지 않은 것은 모두 지우죠. 저에게 프로그램이 오면 프로그램은 더 짧아지고 더 특정한 경우를 다루게 돼요. 반면에 로베르트에게 가면 프로그램이 일반화되면서 더 길어지죠. 저는 유닉스 철학을 따라요. 프로그램은 맡은 일만 딱 하고 '더 이상은 하지 않아야' 된다는 철학이죠. 그리고 로베르트의 철학은 프로그램은 일반적이어야 하는데 어떤 프로그램은 그런 일반적인 프로그램의 특정한 경우라는 거예요. 그래서 일반성을 먼저 갖춘 후 요구 사항에 맞추어 특수화하죠.

사이블 꽤 근본적인 철학적 차이 같은데요. 그런 두 극단 사이를 왔다 갔다 하면서 얻는 이점이 있었나요?

암스트롱 물론이죠. 왔다 갔다 할 때마다 프로그램이 개선되니까요. 그 덕분에 훨씬 좋아졌다고 생각해요. 우리 둘 중 한 사람이 혼자서 했을 때보다 아마 더 나을 거예요.

사이블 소프트웨어를 설계하는 방법에 대해 이야기해 주시겠어요? OTP 같은 걸 예로 들어 주셔도 좋고요.

암스트롱 OTP는 저와 마르틴 비에르클룬드, 망누스 프뢰베리가 설계했어요. 우리 셋이서 최초의 설계를 만들었죠. 우리는 매일 아침 커피잔을 들고 긴 대화를 했어요. 화이트보드를 가득 채워 가며 아마 한두 시간씩은 했을 거예요. 제가 메모를 아주 많이 했죠. 제가 모든 문서를 바로 썼고 마르틴과 망누스가 코드를 짰어요. 가끔은 저도 코드를 조금 짰죠. 그런데 문서를 쓰다 보면 깨달을 때가 있어요. 설명하기 힘든데 이걸 바꿔야겠다는 생각이 들죠. 마르틴과 망누스가 저에게 와서 이야기할 때도 있었고요. "아니, 이건 안 되겠어요. 오늘 아침에 이야기한 이 방법은 이러저러해서 안 될 거예요." 결국 하루를 마칠 때쯤이면 문서와 코드를 모두 완성했거나, 아니면 꽤 완성할 수 있었죠. 우리는 이게 다 잘 작동하리라는 걸 알았어요. 그렇게 하루를 마쳤습니다.

이렇게 돌아가지 않는 날도 있었죠. 그러면 이랬어요. "좋아요. 내일 다시 해요." 하루에 이 과정을 두 번 할 시간은 없었죠. 하지만 하루에 한 번 이 과정을 반복하는 걸로 충분했어요. 아침에 두 시간 정도 토론하고 문서와 코드를 만들어내는 데 두 시간 정도를 썼죠. 머리를 짜내는 일을 네 시간 정도 했다면 하루 업무 분량으로 충분해요. 이 체계는 아주 잘 돌아갔습니다. 이렇게 얼마나 일했는지 모르겠네요. 10주, 12주 정도였어요. 이렇게 기본적인 프레임워크가 만들어졌고 그 후에 사람을 더 끌어들였죠. 아키텍처를 정의했으니 키워 나갈 시간이었죠. 그래서 프로그래머를 서너 명 더 추가했어요.

사이블 그러면 새로 온 사람들에게는 일을 어떻게 나누어 주었나요?

암스트롱 우리는 어떤 부분이 프로토타입이고 어떤 부분이 완성되었는지 알고 있었어요. 저는 언제나 시스템 설계 관점에서 보았을 때 어려운 문제를 먼저 풀어야 한다고 생각합니다. 어려운 문제를 찾아서 먼저 풀면 쉬운 문제는 식은 죽 먹기잖아요. 문제를 어려운 것과 쉬운 것으로 분류하려면 경험이 좀 필요하죠. IP 장애 조치 같은 건 꽤 어려울 거예요. 하지만 설정 파일 파싱은 쉽겠죠. 프로토타입에서는 그냥 설정 파일을 읽으면 돼요. 문법 검사를 할 필요도 없고 형식도 따로 없죠. 하지만 제품 버전에서는 아마 XML 같은 걸 써야 할 테고 완벽한 설정 파일 문법은 물론 검증 기능도 있어야 해요. 하지만 이런 일은 기계적으로 하면 된다는 걸 알잖아요. 능숙한 프로그래머라면 몇 주 정도면 하겠죠. 정확하게는 모르겠지만 어쨌든 할 수 있습니다. 시간도 예측 가능하고 이걸 구현하다가 깜짝 놀랄 일은 없어요. 하지만 통신 프로토콜을 제대로 만드는 일이나 무언가 고장났을 때 제대로 동작하게 만드는 일처럼 어려운 작업은 작은 그룹으로 할 것 같네요.

사이블 OTP 사례에서는 코드를 짜기 전에 문서를 쓰거나, 아니면 적어도 코드와 동시에 문서를 작성하셨는데요. 보통 이렇게 하시나요?

암스트롱 문제의 난이도에 따라 다르죠. 아주 어려운 문제라면 문서를 쓰면서 시작할 때가 많은 것 같습니다. 더 어려울수록 문서부터 쓸 때가 더 많아요.

저는 문서 작성이 좋습니다. 저는 적절한 문서가 없다면 프로그램이 완성되지 않은 거라고 생각해요. 명세를 꽤 좋아하기도 하고요. "이 프로그램이 뭘 하냐고요? 코드를 보세요."라고 하는 사람은 전문가답지 않다고 생각합니다. 코드가 뭘 '하는지' 알려 주긴 하죠. 하지만 원래 뭘 했어야 하는지는 알려 주지 않습니다. 코드가 문제에 대한 대답인 건 맞습니다. 하지만 명세나 문서가 전혀 없다면 답으로부터 문제가 무엇이었는지 추측해야 하죠. 틀리게 추측할 수도 있고요. 저는 문제가 무엇인지 듣고 싶어요.

사이블 이 단계에서 쓰는 문서가 다른 프로그래머를 위한 내부 문서인가요, 아니면 사용자용 문서인가요?

암스트롱 사용자용 문서예요. 문제를 다른 방식으로 생각하게 되는 셈이죠. 이런 식으로 시작하죠. 이걸 하려면 저런 이름의 디렉터리를 만들고, 이 파일을 거기에 넣은 다음 이 이름을 저걸로 바꾸라고 하면서 구조를 안내해요. 제가 곰곰이 생각해 본 질문이 있는데요. 커누스라면 모든 프로그램은 문학적 프로그램이라고 했겠죠. 그런데 코드를 다 짠 후 문서를 쓰는 게 아니죠. 둘을 한꺼번에 쓰니까 문학적 프로그래밍이에요. 저는 그런 방식이 아니고요. 제 생각은 좀 달라요. 커누스는 자기 프로그램을 출판하니까 그런 시각을 갖고 있는 건지도 모르겠네요.

좌뇌-우뇌 전환인지, 그게 뭔지는 모르겠지만 문서를 쓸 때에는 코드를 쓸 때와는 프로그램에 대해 다르게 생각하게 돼요. 문학적 프로그래밍을 하면 그런 전환을 강제할 수 있겠죠. 아주 생산적일지도 몰라요. 저도 문학적 얼랭 프로그래밍을 해 보긴 했어요. 아주 오래는 아니었지만요. 흥미로운 아이디어이긴 해요.

문학적 얼랭 프로그래밍을 다시 좀 짜 봐야 할지도 모르겠네요. 이 아이디어를 반대하는 건 아니지만, 저는 좀 성급해서 늘 문서 말고 코드를 짜고 싶어져요. 하지만 프로그램을 정말로 이해하고 싶다면 문서를 쓰는 게 필수적인 단계라고 생각합니다.

해스켈 프로그래밍을 한다면 타입에 대해 꽤 일찍부터 생각해야만 해요. 그래서 문서로 써서 남겨 놓겠죠. 하지만 리스프나 얼랭으로 프로그래밍한다면 타입에 대해 고민하지 않고 코드를 싸기 시작할 수 있어요. 어떤 면에서 문서를 쓰는 건 타입에 대해 생각하는 일이거든요. 아마 '이다(is a)' 관계로 시작할 거예요. '멜로디는 일련의 음이다(is a).' 같은 거요. 맞아요. 멜로디는 일련의 화음이고, 각 화음은 동일한 길이의 음이 병렬로 합쳐진 거죠. 문서에서 무엇은 무엇이라고 용어를 정의하는 것만으로도 일종의 타입 분석을 하는 셈이에요. 어떤 자료 구조가 필요한지 선언적으로 생각하는 거죠.

사이블 전반적인 프로그래밍 언어가 발전하고 있다고 보시나요? 우리가 과거로부터 교훈을 얻고 새로운 아이디어를 만들어 내는 일을 충분히 하고 있는 것 같다고 보시나요?

암스트롱 네, 새로운 언어들은 멋져요. 해스켈이나 그와 같은 언어들을 보세요. 얼랭도요. 정말로 사용해 볼 만한 재미있는 언어도 있어요. 프롤로그는 아름다운 언어이지만 널리 사용되지는 못했죠. 정점을 이미 찍은 것 같아요. 코왈스키[17]는 프롤로그를 문제를 찾고 있는 해답이라고 불렀죠.

사이블 댄 잉걸스는 프롤로그를 우리가 다시 살펴봐야 할 아이디어의 사례로 언급했어요. 20년이 넘는 세월 동안 무어의 법칙을 따라 하드웨어가 발전했으니까요.

암스트롱 프롤로그는 다른 프로그래밍 언어와 아주 달라요. 정말 놀라운 방식이죠. 모든 문제에 적합하지는 않아요. 하지만 굉장히 많은 종류의 문제에 적합합니다. 널리 쓰이지는 않아요. 하지만 프로그램을 엄청나게 짧게 만들 수 있다는 점을 고려하면 아주 안타까운 일이죠. 처음으로 프롤로그 프로그램을 짰을 때 충격을 받았던 기억이 납니다. 충격적인 경험이었어요. 프로그램 진행을 신중하게 생각하게 되죠. 프로그램 코드를 짠다기보다는 시스템에 대해 그리고 풀려는 문제에 대해 몇 가지 사실만 알려 주면 돼요. 그러면 어떻게 해야 하는지 답이 나오죠. 정말 멋져요. 프롤로그로 돌아가야겠어요. 얼랭은 버리고요.

사이블 **프로그래밍에 직접 연관되지 않은 기술 중에 프로그래밍 실력을 키워 준 게 있나요, 아니면 프로그래머로서 갖추면 좋을 만한 기술이 있다면요?**

암스트롱 글쓰기요. 어떤 컴퓨터 과학자가 한 말이 있어요. "글솜씨가 없으면 절대 좋은 프로그래머가 될 수 없습니다."

사이블 **데이크스트라가 비슷한 말을 했던 것 같네요.**

암스트롱 컴퓨터 과학 수업에서 무엇을 가르쳐야 할지 대학에 있는 사람들에게 조언을 해 달라는 요청을 이따금 받아요. 기업에서 일하는 방법이나 기업이 원하는 것을 알고 싶은 거겠죠. 그러면 저는 이렇게 말하죠. "조리 있게 글을 쓰고 토론할 수 있게 좀 만들어 주세요." 대학원에서 컴퓨터 과학 학위를 막 딴 대부분의 석박사 졸업생은 글쓰기 능력이 그다지 뛰어나지 않아요.

사실 글쓰기를 가르치는 일은 아주 어려울 것 같아요. 사람마다 개인적으로 가르쳐야 할 테니까요. 누군가가 학생이 쓴 글을 가지고 빨간 펜을 들고 무엇을 잘못 썼는지 설명해 줘야겠죠. 시간이 아주 많이 들 거예요. 해밍이 젊은 연구자들에게 한 조언을 읽어 본 적 있으신가요?

사이블 **'You and Your Research'[18]요?**

암스트롱 해밍은 "좋은 연구를 하라."라고 합니다. 그리고 "좋은 분야에서 좋은 연구를 하지 않으면 뭘 이루든 아무 의미가 없다."라고 합니다. 해밍은 이런 말도 합니다. "저는 언제나 새로운 것을 배우는 데 일주일에 하루씩 씁니다. 제가 제 동료들보다 새로운 것을 배우는 데 20%씩 시간을 더 쓴다는 거죠. 20%를 복리로 따지면 4년 반 후에는 제가 두 배만큼 더 많이 알게 되겠죠. 그리고 복리 덕분에 일주일에 하루, 20% 추가 시간으로 5년 후에는 세 배만큼 알게 되고요." 정확한 숫자는 기억나지 않네요. 하지만 정말 맞는 말이라고 생각합니다. 저는 연구할 때 새로운 것을 생각하는 일에 제 시간의 20%가 아니라 40%를 씁니다. 그리고 이걸 30년간 해 왔죠. 그래서 이제는 제 지식이 아주 많아졌다는 걸 깨달았죠. 문제를 해결하기 위해 저를 부르면 순식간에 "이렇게 저렇게 하세요." 하며 문제를 해치우죠. 더 좋은 프로그래머가 되기 위해 뭘 해야 되느냐고 물었죠? 무언가를 배우는 일에 자기 시간의 20%를 쓰세요. 이건 복리거든요. 해밍의 글도 읽으시고요. 정말 좋은 글이에요.

사이블 코드가 아름답다고 느끼실 때가 있나요?

암스트롱 네, 그런데 왜인지는 모르겠어요. 재미있는 점은 두 프로그래머에게 똑같은 문제를 주면 같은 코드를 만들어 낼 때가 많다는 거예요. 물론 문제에 따라 다르기는 한데 수학적인 성격이 강한 문제일 때 더 그런 것 같아요. 사소한 줄 바꿈이나 변수 이름, 함수 이름 같은 것만 빼면 동일하죠. 완전히 똑같은 알고리즘이에요. 우리가 프로그램을 만들어 내는 걸까요, 아니면 끄집어 내기만 한 걸까요? 마치 숨겨져 있던 조각상 같아요. 우리는 거미줄을 치우기만 했는데 원래 있었던 알고리즘이 드러난 거죠. 우리가 발명한 것이 새로운 알고리즘일까요, 그냥 원래 있던 구조인 걸까요? 어떤 알고리즘은 그런 생각이 들거든요. 수학적인 알고리즘이 더 그런 것 같습니다. 전화 통화 프로토콜 같은 걸 구현할 때에는 그런 느낌이 들지 않아요. 그건 우리가 거미줄을 치워서 드러나는 조각상이 아니죠.

사이블 그건 수학의 아름다움과 비슷하네요. 자연의 일부라는 면에서요. 하지만 코드에는 다른 수준에서 미학적인 특성 같은 게 있다고 느껴지기도 하는데요.

암스트롱 네, 풍수(風水) 같은 거죠. 저는 아주 간소화되고 매우 아름답게 배치되고 조직된 코드를 좋아합니다. 무언가를 제거하다 보면 하나라도 뺄 경우 더는 작동하지 않게 되는 지점에 이르게 됩니다. 이 지점이 아름다운 지점이죠. 떠올릴 수 있는 변경 사항이 전부 알고리즘을 더 나쁘게 만들어서 더는 바꿀 수 없는 게 바로 아름다운 지점이에요.

사이블 로베르트 비르딩과 코드를 주고받을 때 이야기를 해 주셨는데요. 코드 형식의 자잘한 세부 사항을 바꾸었다고 하셨어요. 프로그래머들이 끝없이 논쟁하는 주제죠.

암스트롱 그건 알고리즘의 아름다움과는 무관해요.

사이블 하지만 미적인 특성의 일부인 걸요. 사람들의 취향이기도 하고요.

암스트롱 네, 하지만 저는 "이 코드는 쉼표 뒤에 공백이 있으니 못생긴 코드네요."라고 하진 않아요. 못생긴 코드란 이진 구간 분할을 할 수 있는데 순차 검색을 하는 코드 같은 거죠. 로그 복잡도로 할 수 있는 일을 선형으로 하는 거요. 잘못된 이유로 말이죠. 물론 원소 수가 10개라는 걸 알고 있다면 선형이어도 상관없죠. 하지만 자료 구조가 컸다면 반드시 이진 검색을 했어야 합니다. 선형으로 했다면 정말 아름답지 않은 거죠. 수학 알고리즘의 아름다움은 정신적인 아름다움 같아요. 반면에 프로그램의 아름다움은 건축과 더 비슷하죠. 우리는 좋은 건물을 보며 감탄하잖아요? 그런 건물이 수학적인 무언가는 아니죠. 어떤 입방체나 구, 프리즘 같은 건 아니잖아요. 그냥 높은 건물이고 멋져 보이죠.

사이블 어떤 프로그래머가 좋은 프로그래머인가요? 프로그래머를 채용할 때 어떤 점을 보시나요?

암스트롱 문제를 어떻게 고르는지인 것 같아요. 문제에 이끌리는 사람인지, 해결책에 이끌리는 사람인지요. 저는 "제가 정말 흥미로운 문제를 가져왔어요."라고 말하는 사람을 선호하는 편이에요. 이렇게 묻죠. "가장 재미있었던 프로젝트가 뭐였나요? 코드를 좀 보여 주세요. 문제를 어떻게 해결했나요?" 저는 언어 X나 Y를 아는지에 연연하지 않아요. 그동안 제가 본 프로그래머들은 모든 언어를 잘하거나 잘하는 언어가 하나도 없거나 둘 중 하나였어요. C를 잘하는 프로그래머는 얼랭도 잘하죠. 그렇게 생각하면 거의 항상 맞아요. 예외인 사람을 본 적이 있지만요. 한 언어를 잘하기 위해 필요한 정신적 기술이 다른 언어에도 적용되는 것 같아요.

사이블 어떤 회사들은 면접 질문으로 논리 퍼즐을 내는 걸로 유명한데요. 면접 때 그런 문제를 내시

나요?

_{암스트롱} 아니요, 그런 문제에는 둔하지만 아주 뛰어난 프로그래머인 경우도 있어요. 얼랭 개발에 참여한 사람 한 명이 수학 박사인데요. 그는 정말 화강암에 구멍을 뚫는 다이아몬드 드릴 같았어요. 그가 감기에 걸리는 바람에 얼랭 코드를 인쇄해서 집에 가져갔던 적이 있었는데요. 회사에 복귀해서는 얼랭 프로그램 아톰[19]을 하나 짜더니 그러는 거예요. "이 아톰을 쓰면 에뮬레이터가 무한 반복에 빠질 거예요." 초기 해시값이 정확하게 0인 아톰을 찾아낸 거죠. 다음 해시값으로 이 값의 나머지를 구하는데 그것도 역시 0이었죠. 그러니까 해시 알고리즘을 역엔지니어링해서 문제가 되는 경우를 찾아낸 거예요. 자기 생각이 맞는지 확인하기 위해 프로그램을 돌려 본 것도 아니에요. 그냥 읽기만 했죠. 순식간에 찾아낸 건 아니에요. 오히려 천천히 읽는 편이죠. 말씀하신 빠른 지능 테스트는 얼마나 잘할지 모르겠네요.

사이블 **좋은 프로그래머의 다른 특성은 없나요?**

암스트롱 괜찮은 프로그래머가 되려면 기억력이 좋아야 한다는 글을 읽은 적이 있어요. 그것도 맞는 것 같아요.

사이블 **빌 게이츠가 알테어용 베이식 코드를 칠판에 대부분 그대로 쓸 수 있다고 주장한 적이 있어요. 코드를 짠 지 10년은 지난 시점에요. 빌 게이츠처럼 그렇게 옛날에 짠 코드를 기억하실 수 있나요?**

암스트롱 아, 어떤 부분은 재현할 수 있겠죠. 가끔은 옛날 코드를 완전히 잃어버리기도 하는데 그래도 전혀 문제없어요. 코드를 출력해 놓거나 하지 않았어도 다시 되살려 낼 수 있거든요. 논리적으로는 동등할 거예요. 변수 이름, 함수 이름, 파일 안에서 함수 순서 같은 건 바뀔 수도 있겠죠. 하지만 거의 동일할 거예요. 어쩌면 제 머릿속에서 고민을 더 했을 테니 더 좋은 코드가 나올 수도 있겠죠.

제가 10년 전에 작성한 컴파일러의 패턴 매칭을 생각해 보죠. 저는 앉아서 그 코드를 다시 쓸 수 있어요. 원래 버전과는 다르겠지만 제 기억을 되살려서 쓴다면 더 나은 코드가 나올 거예요. 아무것도 하지 않았더라도 저절로 발전 같은 걸 하거든요. 아마 구조가 꽤 비슷하겠죠.

저는 코드를 잃어버리거나 그런 일을 걱정하지 않아요. 우리가 기억하는 건 머릿속에 남는 패턴이죠. 이런 걸 기억한다고 할 수 있는지 모르겠네요.

당신도 코드를 다시 짤 수 있어요. 기억하는 일과는 좀 다르죠. 프로그램을 정확하게 기억할 수 있다는 말이 실제로 문자 하나하나를 기억한다는 말은 아닐 거라고 생각해요. 어쨌든 코드를 다시 짤 수는 있죠. 게이츠가 정말로 코드 내용을 기억한다고 주장하는 거라면 저는 못한다고 해야겠네요. 하지만 코드의 구조는 꽤 오랜 시간 동안 기억할 수 있습니다.

사이블 얼랭 방식의 메시지 전달이 동시성 프로그래밍이라는 괴물을 쓰러트릴 은 총알일까요?

암스트롱 아니요, 그렇지 않아요. 개선된 방안이긴 하죠. 공유 메모리 프로그래밍보다는 훨씬 나아요. 그게 얼랭이 이룬 업적이죠. 그런 방식이 실제로 작동한다는 걸 보여 줬어요. 우리가 얼랭을 처음 만들어서 콘퍼런스에 갔을 때 "데이터를 모두 복사해야 합니다."라고 말했죠. 사람들은 우리가 내결함성 때문에 그런 주장을 했다고 받아들였던 것 같아요. 데이터를 모두 복사해야 시스템에 내결함성이 생긴다고요. "데이터를 모두 복사하는 건 끔찍하게 비효율적이에요."라고도 했죠. 우리는 그랬어요. "네, 하지만 그 덕분에 일부가 고장 나도 안전해요."

놀라웠던 점은 특정한 상황에서는 효율이 더 좋았다는 거죠. 우리는 내결함성을 위해 이걸 만들었는데, 알고 보니 많은 상황에서 공유 메모리와 효율이 비슷하거나 오히려 '더' 좋았던 거죠.

그래서 우리 질문은 이거였죠. "대체 왜?" 바로 동시성이 증가해서였어요. 무언가를 공유하면 거기에 접근할 때마다 데이터에 잠금을 걸어야 해요. 잠금 비용은 잊어버렸던 거죠. 그리고 어쩌면 복사하는 데이터양이 그렇게 크지 않을 수도 있고요. 복사하는 데이터양이 꽤 작고, 갱신이나 접근을 많이 하는 바람에 잠금도 많이 걸어야 한다면, 모든 걸 복사하는 방식이 의외로 그리 나쁘지는 않은 거죠. 그리고 멀티코어 환경에서는 옛날 공유 모델을 사용할 경우

잠금을 걸 때마다 모든 코어가 멈출 수도 있어요. CPU 코어가 1000개면 뭐하겠어요. 프로그램 하나가 전역 잠금을 걸면 코어 1000개가 모두 멈춰야 해요.

저는 암시적 병렬성에도 아주 회의적이에요. 프로그래밍 언어가 병렬 기능을 갖추고 있더라도 병렬 하드웨어로 대응되지 않고 프로그래밍 시스템에서 에뮬레이트되는 거라면 이득이 없죠. 자, 하드웨어 병렬성에는 세 가지 방식이 있어요.

먼저 CPU 파이프라인 병렬성이 있습니다. 칩에서 파이프라인을 더 깊게 늘려서 병렬 처리를 더 많이 할 수 있죠. 이건 칩을 설계할 때 다 끝납니다. 일반적인 프로그래머는 인스트럭션 수준 병렬성을 건드릴 수 없어요.

그리고 데이터 병렬성이 있습니다. 이건 진짜 병렬성은 아닌데 캐시 동작에 의존하거든요. C 프로그램을 더 효율적으로 만들고 싶다고 합시다. *p가 16바이트 경계에 있다고 해 보죠. *p에 접근한 다음엔 *(p+1)에 사실상 공짜로 접근할 수 있습니다. 캐시 라인[20]이 데이터를 읽어 오니까요. 그러면 이제 캐시 라인 크기가 얼마인지 고민해야 합니다. 한 번에 몇 바이트씩 캐시되는 건지 따져야 하죠. 이게 데이터 병렬성입니다. 프로그래머가 자료 구조를 주의 깊게 만들고 이것이 메모리에 어떻게 배열되는지 정확하게 알아야 활용할 수 있죠. 골치가 아프기 때문에 정말로 이걸 따지고 싶지는 않을 거예요.

칩 안에서 진짜 동시성이 구현되는 또 다른 장소는 멀티코어입니다. 2009년 정도면 32코어가 될 테고, 2019년이면 코어가 100만 개쯤은 되지 않을까요?[21] 그러니 프로그램에서 동시성을 갖는 알맹이들을 가져다가 컴퓨터의 코어에 대응시켜야 합니다. 물론 꽤 힘든 작업이겠죠. 다른 코어에서 계산을 돌린다면 응답을 받기까지 그 자체로 시간이 걸립니다. 그러니 간단하게 숫자 둘을 더하는 정도라면 그렇게 할 만한 가치가 없겠죠. 계산을 다른 코어로 옮긴 다음에 계산이 끝난 후 결과를 다시 원래 자리로 가져오는 데 걸리는 시간이 더 길 테니까요.

얼랭은 이런 부분에 꽤 잘 맞습니다. 프로그래머가 그냥 이렇게 말하기만 하면 되거든요. "나는 프로세스가 하나 필요해. 프로세스가 또 하나, 프로세스가 또 하나 더 필요해." 그러면 이런 프로세스들이 코어에 할당되죠. 아마 실제 물리적인 코어에 어떻게 할당할지는 우리가 고민해야겠지요. 다른 프로세스를 생성하는 프로세스가 저런 할당을 처리하는 프로세스와 이야기할지도 모르겠네요. 물리적으로 가까운 코어에 할당하는 게 좋겠죠. 멀리 떨어진 코어가 아니라요. 서로 이야기할 일이 별로 '없다는' 걸 알 수 있다면 멀리 떨어진 코어에 할당할 수도 있고요. 입출력을 하는 프로세스라면 칩의 가장자리에 배치해야 할 수도 있겠네요. I/O 프로세스와 이야기하는 프로세스들도요. 칩 크기가 커질수록 데이터를 칩 한가운데로 가져오는 게 칩 가장자리에 비해 비용이 얼마나 더 드는지 고민해야 할 거예요. 서버 프로세스가 두세 개 있고 데이터베이스가 한 개 있다면 어떨까요? 데이터베이스는 칩의 가운데 배치하고, 클라이언트와 이야기하는 서버 프로세스는 칩의 가장자리 근처에 배치할 수도 있겠죠. 잘 모르겠지만 연구해 볼 직한 주제예요.

사이블 **얼랭이 동시성을 처리하는 방식에 신경을 많이 쓰시는데요. 공유하는 것 없이 메시지를 전달하는 동시성 구현 방식이라는 아이디어와 얼랭 언어 자체 중 어떤 걸 더 아끼시나요?**

암스트롱 물론 아이디어죠. 사람들이 계속 저에게 물어봐요. "얼랭은 어떻게 될까요? 인기 있는 언어가 될까요?" 몰라요. 이미 많은 영향을 주고 있다고 생각해요. 스몰토크처럼 끝이 날 수도 있죠. 스몰토크는 정말 정말 많은 영향을 주었고 열성적인 사람들로부터 사랑을 받았지만 사실 정말 널리 사용된 적은 없죠. 저는 얼랭도 비슷할 수 있다고 생각해요. 큰물에서 놀려면 마이크로소프트가 얼랭의 아이디어를 가져다가 여기저기 중괄호를 추가한 다음 CLR에 욱여넣어야 할지도 모르죠.

7장

해스켈 설계자

사이먼 페이튼 존스

Simon Peyton Jones

1987년 해스켈이라는 프로그래밍 언어 개발을 추진한 선구자 중 한 명인 사이먼 페이튼 존스는 영국 케임브리지에 있는 마이크로소프트 리서치에서 수석 연구원으로 일하고 있다. 그는 1998년 해스켈 표준 정의를 설명한 보고서(「Haskell 98 Revised Report」)를 출판했다.[1] 페이튼 존스는 해스켈 컴파일러도 설계했다. 해스켈 공식 웹사이트에 따르면 페이튼 존스는 글래스고 해스켈 컴파일러(이하 GHC)의 설계 및 수석 개발자 역할을 담당했다. 해스켈의 유명한 비공식 모토인 "무슨 수를 써서라도 성공을 피하라."라는 말을 처음 하기도 했다.

연구자로서 엄청난 실력자인 페이튼 존스는 박사 학위도 없이 무려 대학 교수가 되었다. 그는 실용과 이론의 아름다움, 이 모두를 추구하는 사람이다. 페이튼 존스는 영구 저장 장치는커녕, 메모리가 달랑 100워드밖에 안 되는 컴퓨터로 프로그래밍에 입문했다. 대학을 다니면서는 거대한 메인 프레임에서 돌릴 고급 언어 컴파일러도 만들었고, 학생 신분으로 감당 가능한 예산 안에서 자신만의 컴퓨터를 만들기 위해 부품을 사다 직접 조립하기도 했다. 대학 수업 시간에 그는 함수형 언어를 배웠는데, 객체 상태를 변경하지 않고 이중 연결 리스트를 만드는 방법을 익혔다. 느긋한 계산이라는 우아한 개념도 배웠고 결국 이런 함수형 언어의 매력에 푹 빠져 버렸다. 그는 함수형 프로그래밍이 "프로그램 작성에 관한 우리의 통념을 뿌리째 흔드는 우아한 공격"이라고 말한다. 이를테면 기존의 벽에 벽돌을 하나씩 쌓아 올리는 방법이 아니라 완전히 새로운 벽을 만드는 방법이라는 것이다. 2004년 페이튼 존스는 함수형 프로그래밍 언어 연구와 발전에 기여한 공로를 인정받아 ACM 석학 회원으로 선출되었다.

이 인터뷰에서는 함수형 프로그래밍이 현업 소프트웨어 개발에서 앞으로 점점 각광을 받게 될 이유, 동시성이 요구되는 소프트웨어 개발에서 STM이 잠금이나 조건 변수보다 훨씬 나은 대안인 이유, 마지막으로 마이크로소프트 리서치 같은 곳에서도 수많은 프로그래밍 언어 중 어떤 언어가 더 생산성이 높은지 판단하는 일이 어려운 이유를 이야기했다.

페이튼 존스는 2021년 마이크로소프트를 떠나 에픽 게임스에 합류했고, 거기서 버스(Verse)라는 언어 개발에 참여했다. 버스 개발에는 언리얼 엔진을 만든 팀 스위니, 9장의 주인공인

가이 스틸도 참여했으며, 포트나이트(Fortnite)라는 유명 게임의 사용자 콘텐츠 제작 언어로 사용되고 있다.

사이블: **프로그래밍은 언제부터 배우기 시작하셨나요?**

페이튼 존스 학교 다닐 때부터요. 인텔이 세계 최초의 마이크로프로세서인 4004를 막 찍어 냈을 때였을 거예요. 당시에 4004 칩을 사용할 수 있었다는 말은 아니에요. 취미로 컴퓨터를 만지는 사람들에게 4004 칩은 그림의 떡이었으니까요. 우리 같은 사람이 사용할 수 있는 유일한 컴퓨터는 학교에 설치되어 있었던 IBM 컴퓨터였어요. 메인 프레임을 만들다 남은 부품으로 조립한 이상한 기계였죠. 저장 장치도 달려 있지 않았어요. 그래서 프로그램을 실행하려면 매번 새로 입력해야 했습니다.

메모리에는 총 100개의 워드를 저장할 수 있었고 각 워드의 길이는 십진수 8자리였어요. 프로그램과 데이터를 모두 저장하는 방식이었고요. 간단히 말해 이 기계에서 돌릴 프로그램은 어떻게든 100워드 안으로 구겨 넣어야만 했다는 뜻입니다. 처음으로 짠 프로그램이 뭐였는지는 기억이 잘 나지 않네요. 저 말고 열정에 불타는 친구가 한 명 더 있었어요. 우리 둘은 학교 컴퓨터실에서 많은 시간을 같이 보냈습니다. 그때 제가 15살이었으니 1973년이나 1974년쯤이었을 겁니다. 대략 그 정도였어요.

이 기계로 잠시 프로그래밍을 하던 중에 스윈던에 있는 기술 대학에 컴퓨터가 있다는 것을 알게 되었습니다. 친구 녀석과 함께 매주 한 번씩 오후에 느려 터진 버스를 한 시간씩 타고 스윈던에 가곤 했지요. 실험실 안에는 엘리엇 803[2]이라는 거대한 컴퓨터가 있었어요. 냉장고만 한 크기의 흰색 캐비닛 6개가 방을 가득 채우고 있었죠. 운영자도 흰색 가운을 입고 있더군요.

얼마 지나지 않아 우리가 기계에 능숙하다는 사실을 하얀 가운 차림의 운영자가 눈치챘던 것 같습니다. 친구와 이 거대한 엔진을 갖고 놀다 둘러보면 이미 나가고 없었거든요. 종이테이프와 텔레타이프를 이용하는 기계였어요. 프로그램을 종이테이프에 저장할 수 있다는 뜻이었죠. 우리는 알골로 프로그램을 작성했습니다. 제가 처음으로 사용한 고수준 언어였어요. 테이프에 프로그램을 작성하거나 편집할 수 있었습니다. 프로그램을 변경하고 싶을 때에는 텔레타이프로 먼저 테이프를 읽은 다음 새 테이프에 출력 명령을 내린 후 올바른 위치에서 정지시켜야 했죠. 그러고 나서 새로운 내용을 이어서 입력하는 식이었어요. 이런 방식으로 프로그램을 편집하는 일은 너무 번거로웠죠. 물리 매체를 사용하는 일종의 줄 단위 편집기였거든요. 제 프로그래밍 첫 경험은 이런 식이었어요. 아주 흥미로웠죠.

사이블 학교 수업도 아니었는데 정말 열심이었네요.

페이튼 존스 네, 맞아요. 학교에서는 전혀 배울 수 없었어요. 컴퓨터에 대해 가르치는 과목이 하나도 없었거든요.

사이블 그래서 컴퓨터를 맘대로 갖고 놀 수 있다는 사실이 기뻤던 거군요.

페이튼 존스 당연하죠. 자물쇠가 채워진 큰 캐비닛에 컴퓨터가 들어 있었어요. 열쇠를 빌려 캐비닛을 열면 본체를 볼 수 있었죠. 컴퓨터에는 고정된 자릿수의 십진수만 출력 가능한 모니터가 있었어요. 이걸로 레지스터에 있는 값이나 메모리의 특정한 주소에 들어 있는 값을 출력해 볼 수 있었습니다. 프로그램을 넣고 'Go' 버튼을 누르면 프로그램이 실행됐어요. 'Step' 버튼으로 코드를 한 줄씩 실행하는 기능도 있었죠. 그것 말고 다른 기능은 전혀 없었어요. 아스키 문자도 전혀 지원하지 않았기 때문에 어셈블리 언어도 쓸 수 없었습니다. 말 그대로 기계어 코드였어요. 십육진수가 아니라 십진수로 표현된 거요.

사이블 그런데 모니터가 있었다고요?

페이튼 존스 텔레비전 화면이 달려 있었어요. 유일한 출력 장치였죠.

사이블 입력은 어떻게 받았죠?

페이튼 존스 터치 키보드 같은 게 있었어요. 버튼에 손가락을 대면 감지해서 입력을 처리하는 장치였지요. 다시 말해 정말 세련된 입력 장치였습니다. 기계식 입력 장치가 아니었어요. 정전식 터치 방식이었어요. 손을 대기만 하면 입력이 되었죠. 버튼 개수는 20개 정도였고요.

사이블 숫자 버튼만 있었나요?

페이튼 존스 숫자 버튼, Go 버튼, Step 버튼이 있었어요. 그리고 메모리 주소를 입력하면 값을 보여 주는 버튼도 있었고요. 정말 극도로 기초적인 기능뿐이었죠. 오히려 그래서 더 재미있었습니다.

사이블 이 기계에 접근해서 뭔가를 입력하기 전에 프로그램을 어떻게 짤지 매우 상세하게 계획해야만 했겠군요.

페이튼 존스 일단 순서도부터 그려야 했어요. 그런 다음 하나씩 명령어로 쪼갰죠. 명령어에 해당하는 십진수 숫자를 찾아 메모한 다음 키보드로 그 숫자를 입력했습니다. 프로그램을 입력하는 건 800자리 숫자를 입력하는 셈이었죠. 명령어 입력을 마친 후에는 Go 버튼을 눌러 실행했어요. 운이 좋아야 했어요. 입력한 800자리 숫자 중 오타가 하나라도 있다면 프로그램이 제대로 동작하지 않을 테니까요. 그래서 우리 둘 중 한 명이 화면을 보며 입력된 값을 말해 주면, 다른 한 명이 메모를 보며 확인한 후 이상이 없으면 "다음으로 넘어가."라고 말하며 많은 시간을 보내야 했습니다.

마이크로프로세서는 제가 케임브리지 대학에 입학했을 때에야 비로소 널리 쓰이기 시작했어요. 컴퓨터 동아리가 있었는데 대학에 있는 피닉스라는 이름의 거대한 계산용 메인 프레임 컴퓨터를 쓸 수 있었어요. 정교한 계정 시스템을 탑재한 장비였죠.

그 컴퓨터를 사용하려면 시간 종량제 규칙을 따라야 했습니다. 사용자에겐 일정량의 토큰이 할당되었어요. 사용자의 프로그램이 메모리를 많이 사용하거나 프로그램을 오래 돌릴수록 토큰이 더 많이 소진되었어요. 반대로 프로그램이 메모리를 적게 사용하거나 돌리는 시간이 적으면 토큰도 훨씬 적게 소진되는 식이었죠. 문제는 우리 같은 학부생들에겐 토큰 할당량이 많지 않았다는 겁니다. 그 대신 밤 9시부터는 좀 더 저렴한 비용으로 컴퓨터를 사용할 수 있었어요. 자연히 학부생들은 밤에 몰려들었습니다.

우리 둘도 마찬가지였어요. 밤 9시부터 새벽 3시까지 프로그램을 짰습니다. 어떤 언어로 짰냐 하면 주로 BCPL[3]을 썼던 것 같네요. 다시 말하지만 프로그래밍은 그저 취미로 한 거예요. 저는 수학 전공이었거든요. 정식으로 컴퓨터 과학을 배우지는 못했어요.

그 당시엔 컴퓨터 과학 학위 비슷한 것도 없었고요. 저는 1976년부터 1979년까지 대학을 다녔습니다. 4학년 때 들으면 컴퓨터 과학 학위를 취득할 수 있는 과정이 있었어요. 하지만 그 전 3년 동안은 컴퓨터 과학을 공부할 수 없었습니다. 어디까지나 수학이나 자연 과학 같은 다른 학문을 배운 다음에 지원할 수 있는 과정이었죠. 사실 저는 수학을 배우다 1년간 전기 과학을 공부하고 학부 과정을 마쳤습니다. 컴퓨터는 취미라고 생각했어요. 취미 수준의 공부로 학위를 따는 것은 부당하다는 나름의 결론이었지요. 학위 과정은 어려워야 마땅했습니다.

그렇다고는 해도 학사 학위 전공으로 수학을 택하기엔 너무 버거웠어요. 케임브리지에는 엄청나게 비상한 수학자들이 가득했거든요. 그래서 전기 과학으로 전공을 바꾸었습니다.

사이블 **전기 과학은 미국에서 전기 공학이라고 부르는 것과 동일한 학문인가요?**

페이튼 존스 맞습니다. 당시 케임브리지에는 저와 고등학교를 같이 다녔던 토머스 클라크라는 친구가 있었어요. 토머스와 저는 함께 이런저런 컴퓨터를 만들었습니다. 마이크로프로세서 칩 하나에 7400 시리즈 TTL[4] 칩을 여러 개 구매한 뒤에 전선 다발을 이용해 그것들을 연결했어요. 큰 문제가 있었는데요. 바로 프린터였죠. 모니터도 문제였고요. 프린터와 모니터, 어려운 부분이었죠.

사이블 **비쌌으니까요.**

페이튼 존스 너무 비쌌어요. 맞아요. 학생 용돈으로 전자 부품 정도는 살 수 있었지만 프린터는 불가능했어요. 시중에 구매 가능한 프린터는 보통 냉장고 크기만 한 라인 프린터였거든요. 프린터를 만드는 데 필요한 수많은 기계 부품은 우리가 살 수 있는 가격대가 아니었고요. 저장 장치도 마찬가지였어요. 이런 장치들은 복잡했죠. 그래서 우리는 키보드와 모니터 말고는 다른 구색을 갖추지 못한 컴퓨터로 만족해야만 했어요. 그래도 단순한 테이프 방식 같은 건 쓸 수 있었네요.

사이블 **1976년부터 1979년까지 친구와 둘이서 컴퓨터를 밑바닥부터 만들었다고 하셨는데요. 그쯤에 알테어가 출시되지 않았나요?**

페이튼 존스 맞습니다. 그때부터 취미로 다루기 좋은 컴퓨터가 속속 나오기 시작한 건 분명해요. 하지만 그런 제품을 쓰는 건 속임수라고 생각했습니다.

물론 우리가 손수 만든 컴퓨터도 문제는 있었죠. 바로 소프트웨어 문제였어요. 그 기계용으로 짠 가장 복잡한 프로그램이 콘웨이의 생명 게임[5]이었나, 아마 그럴 거예요. 게임은 아주 잘 작동했어요. 하지만 저장 공간 용량이 너무 작아서 프로그래밍 언어처럼 심각한 프로그램을 작성하려면 너무나 많은 작업이 필요했습니다. 프로그램을 죄다 십육진수로 입력해야 했어요. 어셈블러도 없었으니까요.

사이블 **생짜 기계어를 더 많이 쓰게 되었군요.**

페이튼 존스 물론 케임브리지 대학에 있던 메인 프레임에는 BCPL 컴파일러가 설치되어 있었어요. 그래서 BCPL 언어로 프로그램을 많이 짰습니다. 우리는 프로그래밍 언어를 하나 고안한 다음 실제로 그 언어 컴파일러를 작성하려고 했습니다. 그런데 컴파일러를 완성하지는 못했어요. 공은 정말 많이 들였지만요. 우리는 완전히 별개인 두 세계를 왔다 갔다 했어요. 한편으로는 메인 프레임용 고급 언어로 컴파일러를 작성하고 있었고, 다른 편으로는 하드웨어를 설계한답시고 시간 낭비를 했죠.

사이블 **처음으로 만든 재미난 프로그램은 무엇이었나요?**

페이튼 존스 학교에 있던 옛날 컴퓨터로 만들었던 거예요. 제곱근을 24자리까지 구하는 거였죠. 메모리를 99워드만 사용하도록 맞추었습니다.

사이블 **1워드가 남네요!**

페이튼 존스 맞습니다. 제곱근은 뉴턴-랩슨법으로 구할 수 있었어요. 그 프로그램을 짜고 너무나 뿌듯했습니다. 다음엔 뭘 했는지 아세요? 그다음 벌인 큰 프로젝트가 바로 제가 아까 말했던 그 컴파일러였어요. 완성하지 못했던 거요. 컴파일러는 BCPL로 작성했는데 극도로 공을 들여야 하는 작품이었어요. 우리는 정말 야심 차게 작업했습니다. 그런데 타입 체계가 없었어요. 그냥 커다란 종이 위에 그림과 다이어그램, 화살표를 그려 설계했습니다.

사이블 **BCPL 안에 타입 체계가 없었다는 뜻인가요?**

페이튼 존스 네, 맞아요. 그래서 커다란 종이 위에 화살표를 그려 가며 타입을 표현했죠. 그게 우리의 타입 체계였죠. 프로그램이 꽤 컸어요. 야심이 너무 컸죠. 결국 끝내지 못했습니다.

사이블 **실패에서 얻은 교훈이 있다고 생각하시나요?**

페이튼 존스 규모 자체에서 오는 문제가 있다는 걸 처음 깨달은 순간이었어요. 정말 거대한 프로그램을 작성한다면 말이에요. 작은 프로그램은 그런 문제가 없었어요. 머릿속에 충분히 모든 걸 담아 둘 수 있었어요. 작은 프로그램을 작성할 때에는 머릿속에 세부 사항들을 기억하고 작업하는 방식을 썼고 아무 문제도 없었거든요. 그래서 말인데 문서화를 그렇게 진지하게 고려한 건 그때가 아마 처음일 거예요.

사이블 **하지만 그 경우엔 문서화 작업만으로는 충분치 않았다는 말씀이죠?**

페이튼 존스 그런 셈이에요. 다른 일도 많았거든요. 학위도 따야 했고요. 그래서 프로그래밍은 밤 9시부터 새벽 3시까지만 했어요.

사이블 프로그래밍을 좀 다른 식으로 배웠으면 어땠을까 하는 아쉬움은 없나요?

페이튼 존스 글쎄요, 프로그래밍하는 법을 누군가에게 배우지 못하기는 했죠. 그게 아쉬운지는 잘 모르겠네요. 요즘엔 제가 모르는 것이 참 많다는 생각이 들곤 해요. 특히 객체 지향 프로그래밍에 대해서는 솔직히 깊이도, 감각도 그다지 없는 것 같고요. 그렇다고 객체 지향으로 프로그래밍할 줄 모른다는 뜻은 아니에요. 하지만 거대한 프로젝트를 할 때에는 이야기가 달라지죠. 장기간에 걸쳐 규모가 큰 프로그램을 구축하면서 복잡한 방식으로 클래스 계층을 사용해 보고 프레임워크를 구축해 보는 일을 하려면 제가 말씀드린 깊이나 감각이 필요하다는 부분입니다. 이런 것들은 책을 펴서 곧장 배울 수 있는 지식이 아니니까요.

저는 객체 지향 프로그램으로 무엇을 할 수 있고 무엇을 할 수 없는지에 대해 이야기할 만한 적임자가 아닌 것 같아요. 그런 능력은 저에게 없는 것 같습니다. 그리고 명령형 프로그래밍에 대해 불평하지 않으려 늘 조심합니다. 매우 정교하고 풍부한 프로그래밍 패러다임이라고 생각해요. 제가 거쳐 온 삶의 과정과 어느 정도 관련이 있을 텐데, 큰 C++ 프로그램을 짜면서 몇 년을 보낸 적이 전혀 없습니다. 그렇게 해야 객체 지향에 대한 깊이나 감각이 좀 생기는데 저는 그러지 못했어요.

사이블 그러면 보통 반감이 생기지 않나요?

페이튼 존스 맞아요. 하지만 '그건 최악이야.' 같은 수박 겉핥기식 반발이 아니라 이해에 기반한 반응이죠.

사이블 케임브리지를 3년 다니셨고요. 그다음에는요?

페이튼 존스 그러고 나서 '좋아. 컴퓨터 관련 일을 좀 해 보는 게 좋겠어.' 하고 생각했죠. 그래서 나머지 1년간은 컴퓨터 과학 대학원을 다녔어요. 정식으로 컴퓨터 과학을 배운 유일한 기간이죠.

사이블 **석사 학위 같은 걸 따신 건가요?**

페이튼 존스 석사 학위와 비슷해요. 정말 의미 있는 한 해였어요. 학사 학위를 주는 컴퓨터 과학 트라이포스[6]와 상당히 비슷했던 것 같아요. 하지만 제가 다닌 건 이전에 컴퓨터 과학을 전혀 공부하지 않은 학생을 위한 과정이었어요.

사이블 **그리고 학계로 다시 돌아오시기 전에 두어 해 동안 회사에 다니셨군요. 그때에는 어떤 일을 하셨나요?**

페이튼 존스 공정 관리와 점검을 하는 작은 회사였어요. 마이크로프로세서 기반 컴퓨터에 탑재되는 하드웨어와 소프트웨어를 만들었지요. 그 컴퓨터는 컨베이어 벨트 위에 올려진 물건의 무게를 측정하는 컨트롤러 안에 실제로 장착되었습니다. 제가 만든 것 중 하나는 석탄을 운반하는 컨베이어 벨트에 부착된 저울의 값을 읽는 프로그램이었어요. 저울의 값을 읽어서 컨베이어 벨트 속도를 제어할 수 있게 만들었죠. 그렇게 운반되는 석탄의 양을 딱 맞게 조절할 수 있었습니다. 이 기계는 간단한 실시간 운영 체제로 구동되었기 때문에 운영 체제도 직접 작성했습니다. PL/Z라는 언어로 만들었는데 알골과 조금 비슷했어요. Z80 프로세서를 쓰는 컴퓨터 위에서 도는 크로믹스(Chromix)라는 운영 체제에서 프로그래밍했는데 일종의 간소화된 유닉스였어요.

정말 작은 회사였어요. 직원이 여섯 명 될까 말까 했죠. 15명일 때도 잠시 있었지만요. 회사 규모가 작아서 그런지 모든 것이 꽤 불안정했어요. 회사에 돈이 넘쳐 날 때도 있었고, 한 푼도 없을 때도 있었어요. 2년을 지내고 나서 회사 경영 같은 것에는 관심을 두지 말자고 다짐했어요. 작은 회사들을 거치면서 얻은 통찰이 있어요. 그건 바로 진정한 기업가라면 돈에 관련된 스트레스가 가득한 상황에서도 기운이 '샘솟아야' 한다는 사실이에요. 하지만 저는 그런 상황에서 오히려 진이 빠졌어요. 제 상사는 이 회사의 상무였는데 상황이 나빠질수록 원기가 더욱 왕성해지곤 했어요. 그는 소프트웨어에 도입하면 좋을 따끈따끈한 기술 아이디어를 귀동냥하러 돌아다녔죠. 행복한 꿀벌 같아 보였어요. 그때 저는 깨달았습니다. 자신이 하는 일에서 기를 빨리면 평생을 슬럼프에 빠져서 보내게 된다는 걸요.

그때까지 하던 일을 계속하며 버티기엔 너무 힘들다고 판단했어요. 다른 일자리를 찾아다니기 시작했죠. 결국 UCL에 강사로 취직할 수 있었습니다. 박사 학위도 없고 연구라는 일에 대한 훈련도 전혀 받지 못했는데 말이에요. 다행히 학과장님이 연구할 시간을 좀 주셨어요. 연구를 시작할 수 있도록 강의도 줄여 주셨고요. 하지만 뭘 연구해야 할지 실낱같은 아이디어 하나 나오지 않더군요. 한동안은 사무실 책상 위에 빈 종이와 연필을 올려놓은 채 그냥 앉아 있기만 했어요. 거창한 아이디어가 떠오를 때까지요. 좋은 아이디어가 나오기를 바라며 방의 곳곳을 응시하면서 침묵을 지키기도 했어요. 그리고 아무 일도 일어나지 않았죠.

같은 과에 존 워시브룩이라는 학계 선배가 있었어요. 저를 신경 써 주었는데 굉장히 중요한 이야기를 하나 해 주더군요. "뭐라도 해 봐. 아무리 보잘것없어 보여도 괜찮으니까." 프로그램은 보잘것없더라도 짤 수 있어요. 하지만 이건 연구잖아요. 그런데 존은 항상 이렇게 말했어요. "아무리 보잘것없어도, 독창성이 떨어져도, 중요하지 않아 보여도, 뭔가는 시작해야 해. 논문도 꼭 쓰고." 저는 이 말을 새겨들었습니다. 그리고 실천한 거죠. 나중에 알고 보니 정말 중요한 조언이었어요.

그 이후로 저는 연구를 하는 제 학생들에게 항상 똑같은 말을 해 줍니다. 시작은 원래 그렇게 하는 거니까요. 일단 시동을 거세요. 컴퓨터 과학은 프랙털 같은 특성이 있거든요. 대부분의 연구 주제는 파고들수록 점점 더 흥미로워져요. 그 주제를 연구하면 할수록 그 주제에 관해 연구할 것이 점점 더 많아집니다. 연구자는 고정된 사실을 발견하는 게 아니에요. 새로운 발견은 계속해서 생기니까요. 계속 팽창하죠.

사이블 학계로 돌아오셨는데 박사 학위 없이 계속 일을 하셨어요. 가능한 일인가요?

페이튼 존스 요즘은 박사 학위 없이 교수직을 얻기 상당히 어려울 겁니다. 그때가 1982년 아니면 1983년이었을 거예요. 당시에 제 여동생이 UCL에서 컴퓨터 과학을 전공하고 있었죠. 어느 날 동생이 "UCL에 강사 자리가 몇 개 났다던데, 한

번 지원해 보는 게 어때?" 하고 귀띔해 줬어요. 그래서 UCL에 지원서를 넣은 겁니다. 놀랍게도 임용되었죠. 어쩌면 당시 컴퓨터 과학 연구 분야가 심각한 인력난에 시달렸기 때문이 아닐까 싶어요. 컴퓨터 분야에 능숙함을 충분히 입증할 수 있는 사람이라면 누구나 채용되지 않았을까요? 오로지 추측이긴 하지만 그렇지 않고서야 박사 학위도 없는 사람을 어떻게 고용할 수 있었겠어요?

UCL에서 7년을 보낸 후 이제는 박사 학위를 따야 할 때가 아닌가 하는 생각이 들기 시작했어요. 그렇지만 학위 논문을 쓰는 게 고역이었어요. 정말 귀찮게 느껴졌죠. 그런데 케임브리지에는 저서를 출간해 박사 학위 논문을 대신할 수 있다는 특별 규정이 있었어요. 운이 약간 따라야겠지만 그것만으로도 "당신은 박사 학위를 받을 만한 훌륭한 사람입니다."라는 말을 들을 수 있었죠. 그래서 책을 쓰기로 막 마음을 먹은 참에 글래스고 대학 교수로 임명되었습니다. 무려 정교수였어요. 사람들이 저를 '교수님'이라고 불렀어요. 박사 학위 소지 여부도 아무도 몰랐고요. 다시 말해 박사 학위를 따려고 목맬 필요가 없다는 뜻이었습니다. 로빈 밀너[7] 같은 학자도 박사 학위가 없잖아요. 정말 대단한 사람인데요. 아무튼 그 이후로 계속 이런 식으로 지내고 있어요.

사이블 **요즘 같은 시대에 박사 학위를 따는 일이 가치가 있을까요? 누군가 말하더군요. 박사 학위는 소명 의식을 나타내는 자격증이라고요. 교수가 되고 싶다면 필요하지만 그게 아니라면 별 의미가 없다면서요. 그런 견해가 컴퓨터 과학 분야에도 적용된다고 생각하시나요?**

페이튼 존스 그 말씀은 확실히 맞아요. 학술 기관이나 마이크로소프트 리서치, 구글 산하 연구소처럼 주요 연구소에서 연구를 계속하고 싶은 사람이라면 박사 학위가 필수겠지요. 그걸로 충분하지는 않겠지만 그런 곳에 발을 들이려면 박사 학위는 기본 조건입니다.

연구 관련 직종에서 경력을 쌓고 싶은 게 아니더라도 가슴이 뛴다는 이유라면 충분합니다. 열정을 불태울 수 있는 일에 매달려 있을 때 생산성은 5배나 높아지거든요. '이 주제를 연구하는 게 너무 좋아. 그러니 조금 더 자세히 파 보고 싶어.'라는 생각이 든다면 박사 학위 과정은 좀 더 공부할 수 있는 절호의 기회입니다.

영국에서는 3년 정도, 미국에서는 더 오래 공부할 수 있지요. 박사 과정 동안에는 엄청난 자유가 주어집니다. 사회에 빌붙을 수 있지요. 전업으로 연구를 하고 싶지는 않은 사람이 박사 학위에 도전하는 이유는 단지 불타는 열정과 호기심 그리고 재미 때문이죠. 그건 그렇고 박사들은 하나같이 좀 이상한 구석이 있어요. 박사 과정 동안 혼자서 연구를 진행하라고 강요할 뿐 아니라 대부분의 사람이 거의 들여다보지 않을 논문을 만들어 내라고 합니다. 그리고 박사들만 논문을 읽지요. 이건 좀 특이한 연구 행태라 할 수 있어요.

박사 학위를 마치고 나면 많은 사람과 더 많이 협업하면서 연구할 수 있게 돼요. 그래서 맡는 일도 보통 더 작고 감당할 만한 분량이죠. 그런 면에서 볼 때 박사 학위 과정은 연구자 준비 과정으로 보기에도 좀 이상하다는 생각이 들어요. 영국의 박사 과정은 너무 짧은 감이 있거든요. 반면 미국은 좀 달라요. 자신의 연구 프로그램에 집중하기 전까지는 한동안 협업을 경험할 수 있을 것 같네요.

사이블 **함수형 프로그래밍은 연구자 사이에서나 학계 내에서는 꽤 인기가 있습니다. 그런데 학계 밖에서는 좀 다르게 보는 것 같습니다. 함수형 프로그래밍은 깔끔하지만 너무 수학적이다, 늘 하던 프로그래밍 방법론과 동떨어져 있어 난해하다 같은 의견이 있죠. 타당한 견해라고 보시나요?**

페이튼 존스 절반쯤은 타당해 보이네요. 순수한 함수형 프로그래밍에 한정해서 말해 볼게요. 그러니까 부작용을 어떻게든 별도 세계로 추방한 환경이요. 저는 함수형 프로그래밍이 프로그램을 작성하는 산업 전반에 대한 급진적이고 우아한 공격이라고 규정합니다. 급진적인 것은 그 정의상 현재 위치로부터 진화하는 것이 아니죠.

오늘날 거대 기업들은 '기존 프로그래밍 패러다임'에 막대한 자원을 쏟아붓고 있어요. 개발 생태계를 조성하는 데, 편집기나 프로파일러 같은 도구들을 개발하는 데, 프로그래머를 배출하고 그들의 역량을 키우는 데 말이에요. 주류 업계는 그 정의상 매우 실용적일 수밖에 없습니다. 반면에 함수형 프로그래밍은 급진적이고 우아한 패러다임이지만 인프라도 빈약하고 지원도 적지요. 하지만 함수형 프로그래밍을 한다고 무책임하고 제멋대로인 건 아닙니다. 결국 '누군가'는 반드시 급진적이고 우아한 패러다임의 선봉에 서야 합니다. 그러지 않으면 낮은 봉우리를 정상으로 착각하고 머물게 될 겁니다. 기존 패러다임을 조금씩 개선해 봐야 낮은 봉우리에서 결코 빠져나오지 못해요.

그래서 학술 연구와 관련된 일을 할 때 좋은 점을 하나 꼽자면 교수들이 전혀 돈이 되지 않는 엉뚱한 연구를 물어보지도 않고 진행할 수 있다는 점일 겁니다. 결국 어떤 교수가 하는 연구는 부각되고 조명되지만, 어떤 교수의 연구는 안타깝게도 그늘에 가려집니다. 어떤 연구가 더 중요하고 어떤 연구가 덜 중요한지 해보기 전에 미리 알 수는 없지요. 순수한 함수형 프로그래밍의 발전을 위해 연구하는 사람들에게 대체 왜 그런 걸 연구하냐고 묻는다면 이렇게 대답하고 싶습니다. 이런 연구가 새로운 프로그래밍의 가능성을 열어 준다고요. 미래엔 모두가 이 방식으로 프로그램을 작성할 거라고 단언하고 싶지는 않아요. 하지만 새로운 가능성을 열어 줍니다. 실제로도 그런 가능성이 점점 더 '높아지고' 있고요. 명령형 프로그래밍의 단단한 암석이 풍화되고 있으니 좀 있으면 함수형 프로그래밍 지층이 드러날 겁니다.

그렇긴 하지만 순수한 함수형 프로그래밍은 어쨌거나 괴짜들이나 쓰는, 꽤 학구적이고 수학적인 방법으로 시작된 건 맞아요. 그런데 지난 20년간 정말이지 제가 이 일을 해 온 내내 함수형 프로그래밍은 점점 더 실용성 있게 변모해 왔어요. 추상적인 아이디어에 멈추지 않고 실제 프로그래머가 실제 애플리케이션에 함수형 프로그래밍을 적용할 수 있도록 장애물을 하나씩 극복하려고 노력해 왔지요. 해스켈 언어를 개발한 이유도 함수형 프로그래밍을 현실에서 좀 더 쓸모 있게 바꾸자는 시도였어요.

함수형 프로그래밍 커뮤니티에 속한 연구자들이 살짝 비실용적일 수도 있겠지만 그래도 주류 패러다임을 향해 가고 있다는 것은 좋은 일입니다. 그리고 순수 함수형 세계에서 배운 시각들을 주류 패러다임에 속한 사람들에게 알려 주고 깨우쳐 줄 수 있을지도 모르죠. 그리고 보시다시피 그런 일이 실제로 일어났어요. 타입 체계와 제네릭 같은 개념을 보세요. 원래 함수형 프로그래밍 언어에서 개발된 개념이거든요. 함수형 프로그래밍 패러다임은 이런 아이디어를 발전시킨 실험실이나 다름없었어요. 제너레이터나 느긋한 스트림 같은 개념도 함수형 프로그래밍에서 태어난 거죠. 파이썬의 리스트 표현식 문법도 마찬가지고요. 그밖에도 많아요. 함수형 언어 개념을 주류 패러다임 언어 안에 구겨 넣기 위해 보통은 이름을 바꾸는 정도, 그러니까 살짝 다듬는 정도의 변경이 필요했어요. 때로는 상당히 많은 변경이 필요하기도 했지만요. 여기서 순수 혈통이 뭔지 따지려는 건 아니에요. 기존 패러다임에 함수형 패러다임 아이디어가 많이 스며들어 있다, 그래서 유용하다, 뭐 이런 말을 하고 싶었을 뿐이에요.

사이블 경험에 비추어 볼 때 연구와 실제 프로그래밍 작업은 어떤 관계라고 생각하시나요?

페이튼 존스 둘 사이에는 교류가 많아요. 제 전공 분야는 프로그래밍 언어론이에요. 프로그래밍 언어를 만들어 결국 뭘 하려는 걸까요? 프로그램을 더 쉽게 짤 수 있도록 하려는 거지요. 결국 프로그래밍 언어는 프로그래밍하기 위한 사용자 인터페이스 아닐까요? 프로그래밍과 프로그래밍 언어 연구는 이렇듯 서로 깊은 영향을 주고받는 관계입니다. 푸딩이 맛있는지 알아보려면 먹어 봐야 하듯이 우리도 프로그래머들이 먹는 걸 관찰해 봐야 해요. 프로그래머가 하는 프로그래밍 경험에 대해 형식을 갖춘 연구를 제대로 수행할 수 있어야 한다는 뜻이에요. 하지만 학계는 이런 부분에 약해요. 비용이 너무 많이 드는 데다가 방식도 사람마다 제각각이고요. 모호하지 않은 명백한 결과가 나오기는 쉽지 않은 실험이죠.

그래서 프로그래밍 언어 연구자들은 보통 자신이 만든 언어가 가진 타입 체계의 강건성과 완전성을 증명하려고 해요. 그 대신 더 중요하지만 쉽사리 대답할 수 없는 질문은 피하려 드는 경향이 있어요. 이를테면, "이 언어가 실제로 사람들에게 더 높은 생산성을 가져다주는가?" 같은 질문 말이에요. 설득력 있는 대답을 하기 정말로 힘든 질문이지요. "함수형 프로그래밍과 객체 지향 프로그래밍 둘 중 어느 쪽의 생산성이 더 높은가?" 같은 질문도 마찬가지예요. 돈을 많이 투자해서 세밀한 실험을 할 수 있더라도 실제로 사람들이 실험 결과를 받아들일지는 모르는 일이기도 하고요.

사이블 혹시 실험을 하고 계신가요? 작은 규모로라도 말입니다. 돈 많은 마이크로소프트에서 일하시잖아요. 마이크로소프트라면 경험 많은 해스켈 개발자 한 팀과 경험 많은 C# 개발자 한 팀을 꾸려서 같은 과제를 준 다음 어떤 일이 일어나는지 확인해 볼 수 있지 않을까요? 이런 테스트가 말씀하신 그런 실험에 부합하지 않나요?

페이튼 존스 네, 그래요. 그 말이 맞아요. 돈도 문제의 일부이긴 해요. 하지만 돈만 갖고 문제가 해결되지는 않아요. 시간도 필요하고 관심도 필요한 문제니까요. 그런 종류의 실험을 하려면 완전히 다른 방법론이 필요해요. 게다가 문화도 좀 바꿀 필요가 있어요. 아, 참, 마이크로소프트 말인데요. 외부에서 보기에는 이 회사에 현금이 많은 것 같겠지만, 내부 실제 상황은 대개 연구원 한 명당 워크스테이션 한 대가 끝이에요. 우리라고 회사가 특정한 프로젝트 하나에 돈을 쏟아붓게 만들 수는 없습니다. 물론 우리가 할 수 있다면 좋겠지만요. 마이크로소프트 본사가 있는 레드몬드에 가면, 그러니까 예전에 석탄을 캐던 막장이 있던 곳 근처인데, 시제품을 가지고 갖가지 사용성 테스트를 하는 규모가 큰 연구소들이 있어요. 비주얼 스튜디오 새 버전도 거기서 광범위한 사용성 테스트를 거쳤죠.

사이블 프로그래밍 언어에 관련된 문제보다는 사용자 인터페이스 경험 전반을 테스트했을 것 같은데요.

페이튼 존스 그렇긴 한데 API도 테스트하고 있는 거 아세요? 정말 흥미로운 작업이죠. 레드몬드의 스티븐 클라크를 비롯한 동료들이 이런 실험을 했습니다. 프로그래머에게 새로운 API를 주면 그들이 무엇을 하려고 하는가 보는 거죠. 연구원들은 프로그래머가 뭘 하는지 요모조모 관찰했어요. API 설계자들이 유리 스크린 뒤에 앉아서 프로그래머를 지켜보는 방식이죠.

이런 상황에서 프로그래머가 API를 엉뚱하게 사용하려고 하면 유리창 뒤에 있던 사람들이 벌떡 일어나 외칠 겁니다. "아니, 그렇게 쓰는 게 아닌데, 그건 올바른 방법이 아니에요!" 하지만 방음 처리된 공간이라 그들의 목소리는 닿지 못하죠. 이런 실험이 상당히 효과적이라는 사실이 밝혀졌습니다. 애매모호한 API를 찾아내 바로 다듬을 수 있게 된 거죠. 솔직히 말해 프로그래밍 언어 연구에는 이런 실험을 적용하기가 힘들어요. 대답하기 힘든 질문이라 더 그럴 수도 있고요. 그리고 문화적으로도 우리는 이런 실험에 잘 맞지 않는 것 같아요. 약점이라고 할 수 있겠네요. 하지만 제가 딱히 잘 해결할 수 있을 것 같지도 않네요.

사이블 **그렇다면 연구소나 대학에 있는 연구자들이 프로그래밍을 개선할 수 있는 흥미로운 방법을 고안해 낸다면, 그중 가장 좋은 방법이 충분히 빠르게 현업에 반영될 수 있다는 말씀이신가요?**

페이튼 존스 충분히 빠를지는 잘 모르겠습니다. 고객이 원하는, 그러니까 돈을 주고 구매하고 싶어 하는 제품을 만드는 일에 참여한 사람들과 이야기할 때마다 가슴이 답답해질 때가 많았습니다. 저에겐 뻔히 다 보이는 사실을 그들은 보지 못하곤 했거든요.

그 사람들은 고객이 이번 주에 당장 필요하다고 하는 일을 해야 해요. 작동할지, 안 할지 모르거나 어떤 부분은 작동하지만 전체적으로는 아직 때가 무르익지 않은 걸 가지고 놀 시간은 없죠.

아이디어와 실용화 사이에 약간의 괴리랄까요. '닭이 먼저냐, 달걀이 먼저냐' 같은 난제이기도 하고요. 연구실에서 개발된 아이디어를 현실에서 유용하게 쓰려면 원천 기술 말고 주변 기술도 상당히 필요해요. 공학 기술 같은 것 말입니다.

현장에 있는 개발자들이 다 바보라서 그들의 삶을 윤택하게 해 줄 따끈따끈한 아이디어를 받아들이지 못하는 걸까요? 아니에요. 다 그럴 만한 이유가 있거든요. 연구 결과로 나온 시제품과 실제 제품 사이에는 간극이 꽤 있죠. 마이크로소프트가 이런 면에서 좋은 본보기가 될 수 있을 것 같습니다. 마이크로소프트 리서치에서는 이런 간극을 메우려고 열심이에요. 조직 구조도 개편했지요. 연구자와 개발자가 서로 더 긴밀히 접촉하고 경계를 뛰어넘어 협업할 수 있도록 인큐베이션 그룹을 조직한 것도 그 일환이고요. 아무튼 경계를 넘는 것에 관한 한 마이크로소프트만큼 좋은 사례는 없는 것 같습니다.

이런 일에는 층이 여러 겹 있어요. 마치 양파 껍질처럼 말이죠. 주류 개발자가 잔뜩 모여 있는, 예를 들어 자바 개발자 커뮤니티에 한번 들어가 보세요. 그들은 함수형 프로그래밍이 완전히 다른 사고방식을 알려 준다고 무턱대고 쓰는 사람들이 아니에요. 그 대신에 상호 운용성이 얼마나 좋은지 수없이 따져 묻는 사람들이죠. 참고 문헌은 충분한가, 라이브러리는 충분한가 하는 것도 묻고요. 결국 전체 생태계를 고려하지 않으면 안 되거든요. 프로그래밍 방법뿐 아니라 사람, 그 사람이 가진 테크닉, 라이브러리, 프레임워크, 도구를 모두 따져 봐야죠.

이 중에 충족되지 않는 요소가 많을수록 새로운 패러다임으로 전환하기도 더 어려운 법입니다. 프로그래밍 언어에 관한 연구 기술들은 스펙트럼상의 각기 다른 점에 위치하고 있어요. 어떤 것들은 현재 상태에 점진적으로 적용할 수 있습니다. 기존 프레임워크에 연결하기만 하면 현재 자바 버전에서 곧바로 작동하는 것들도 있어요. 코드에 버그가 있는 지점을 정적 분석해서 알려 주는 도구가 그렇죠. 그런 것들은 프로그래밍에 관한 완전히 새로운 사고방식보다 받아들이기 훨씬 쉽습니다.

그럼에도 함수형 프로그래밍에 국한해서 말하자면 사람들의 태도가 판이하게 달라졌음을 확인할 수 있어요. 예전보다 경계심이 훨씬 누그러졌다고나 할까요. 이전보다 함수형 프로그래밍에 대해 주워들은 얘기가 많아졌을 거예요. 사람들에게 훨씬 친숙해졌지요. 예전에는 '늘' 해스켈이 도대체 무슨 언어인지 설명해야 했지만, 이젠 개발자라면 "어, 나 전에 그거 들어 봤어. 사실 지난주에 슬래시닷에서 해스켈에 관한 글을 봤는데 꽤 멋지던데?"라고 반응하죠. 몇 년 전과는 정말 달라졌어요.

갑자기 취급이 달라진 이유가 무엇일까요? 그저 뜬금없는 인기일까요, 아니면 함수형 프로그래밍을 가르치는 대학이 많아졌고, 이 과목을 배우고 졸업한 학생들이 현재는 프로그래머를 관리하거나 상급자 역할을 맡고 있어서? 그럴지도 모르죠. 하지만 다른 이유도 생각해 볼 수 있어요. 어쩌면 제한 없는 부작용으로 인한 나쁜 결과를 처리하는 소프트웨어의 규모를 키워야 하기 때문일지도 몰라요. 그리고 검증과 병렬화를 더 따지게 되었죠. 이런 문제들이 더 중요해지고 있습니다. 그래서 관심이 더 높아진 거라고 생각해요. 비용 대비 이득의 정도가 점점 바뀌어 가고 있다고 봅니다.

사이블 함수형 프로그래밍에 입문한 시기는 언제였나요?

페이튼 존스 케임브리지 대학에서 학부 4학년이 되어서야 배울 수 있었어요. 아서 노먼이 가르치는 짧은 강좌를 수강했습니다. 노먼은 학과 내에서 똑똑하지만 약간 괴짜라고 소문이 자자했어요. 기호 대수학에 관심이 많았죠. 자연히 리스프에도 상당한 기여를 하셨고요. 노먼은 부작용이 전혀 없는 이중 연결 리스트 자료 구조를 만드는 방법을 학생들에게 알려 줬어요. 바로 함수형 프로그래밍으로 말입니다. 그 강의가 생생하게 기억나요. '이렇게 이상한 방식으로도 같은 일을 해낼 수 있구나.' 하고 처음으로 깨달았거든요. 이중 연결 리스트를 작성하려면 상식적으로 우선 셀을 하나 할당한 다음, 셀의 내용을 채우고 포인터로 이전 셀과 다음 셀을 가리키도록 하는 게 당연하죠. 이 과정에서 어떤 식으로든 부작용은 피할 수 '없는' 것처럼 보입니다.

하지만 노먼은 순수한 함수형 언어로 부작용 없이 어떻게 그 자료 구조를 구현할 수 있는지 실제로 보여 줬어요. 그 사건으로 눈이 뜨였다고 말할 수 있어요. 물론 당시에 함수형 프로그래밍에 대해 아는 건 별로 없었어요. 하지만 함수형 프로그래밍이 단순한 장난감이 아니라 꽤 흥미로운 프로그램을 만들 수 있는 무기임은 직감할 수 있었죠.

사이블 많은 학생이 노먼의 강의를 듣고 "와, 정말 신기하잖아!" 하고 놀란 후에도 돌아가면 대부분은 다시 BCPL이나 부여잡고 있었을 텐데요. 남들과 달리 선견지명이 있으셨는데 그 원동력은 뭐였나요? 비전을 갖고 실제로 사람들에게 이 패러다임을 알리고, 어떻게 사용할 수 있는지 보여 주려고 노력하며 살아오셨잖아요.

페이튼 존스 함수형 프로그래밍에 눈을 뜨게 해 준 요소가 하나 더 있어요. 바로 S-K 콤비네이터라는 개념인데 데이비드 터너[8]가 쓴 논문에서 배울 수 있었죠. S-K 콤비네이터는 람다 대수를 번역하고 실행하는 접근법의 일종이에요. 람다 대수는 조금 알고 있었어요. 아마 그때 조금씩 스며들듯 배우지 않았나 싶네요. 터너의 논문은 람다 대수를 닫힌 람다 항[9]인 S, K 두 가지 조합으로 변환하는 방법인 S-K 콤비네이터 그리고 역시 닫힌 람다 항인 I, S, K 세 가지 조합으로 변환하는 방법인 I-S-K 콤비네이터를 정의했어요. 다시 말해 람다 항들이 얼마나 복잡하게 엮여 있든지 실제로는 세 가지 항만 있으면 얼마든지 조합해 낼 수 있다는 증명이었죠. 사실 I 항도 지워 버릴 수 있어요. I는 SKK와 같거든요.

자, 제가 뭔지 알고 있는 람다 항이 있다고 하죠. 이제 람다 항을 하나씩 가져다가 S와 K로 분해해서 다시 조립합니다. 결과로 나오는 수식은 상당히 난삽해요. 눈으로 알아보기 어렵죠. 이상하긴 하지만 컴파일 과정을 거친 셈이나 마찬가지예요. 하지만 이 콤비네이터에 인수를 대입하면 마술과 같이 원래의 람다와 똑같은 답이 계산되는 걸 알 수 있어요. 정말 기가 막힌 아이디어 아닌가요? 당시엔 이게 정말 타당한 방법일까 의심스러웠죠. 하지만 증명은 항상 옳아요. 작동한다고 확신할 수 있어요.

사실 람다 대수 같은 것에 왜 흥미를 느꼈는지는 잘 모르겠어요. 하지만 알 수 없는 영감에 완전히 사로잡힌 건 분명했어요. 람다 대수를 하드웨어로 '구현'할 수 있지 않을까 하는 기대도 한몫했고요. 람다 대수는 언뜻 보면 실행 메커니즘과 무관해 보이거든요. 기계 장치와는 동떨어진 그저 수학적 사고방식처럼 보이죠. 그런데 S-K 콤비네이터로는 기계적인 실행만 하면 되는 것처럼 보이고 실제로도 실행 가능해요.

사이블 S와 K를 하드웨어로 구현한 컴퓨터를 만들자는 아이디어였군요. 프로그램을 S와 K 명령들로 컴파일하기만 하면 되니까요.

페이튼 존스 정확해요. 제 친구들이 그걸 해냈죠. 윌리엄 스토이와 토머스 클라크 그리고 다른 몇몇 사람이 그걸 만들어 냈어요. SKIM(SKI Machine)이라고 S와 K 연산을 직접 실행할 수 있는 기계였죠. 이유는 잘 기억나지 않는데 저는 프로젝트에 직접 참여하지는 않았어요. 하지만 그 당시에 시대정신이랄까, 그런 게 점점 커지는 건 느끼고 있었어요. 존 배커스가 쓴 「Can Programming Be Liberated from the von Neumann Style」이라는 논문이 사람들에게 널리 회자되던 때이기도 했고요. 그 논문은 튜링상 수상 강연이었는데 포트란을 만든 사람인 배커스가 그는 강연에서 "함수형 프로그래밍이 미래입니다."라고 단언하더군요.

게다가 "어쩌면 함수형 프로그램을 실행할 새로운 컴퓨터 아키텍처도 개발해야 할지 모릅니다."라는 말도 덧붙였죠. 배커스 같은 권위자가 우리 연구에 보증을 서 주다니요. 자연히 우리는 그의 논문을 미친 듯이 인용하기 시작했습니다. SKIM 머신도 그 결과로 나온 사례죠. 우리는 프로그램을 실행하는 방식에 있어 독특한, 전혀 다른 종류의 컴퓨터 아키텍처를 고안하거나 적어도 그런 아키텍처를 떠올려 볼 수는 있지 않을까 하고 생각했어요. 이렇게 함수형 프로그래밍을 위한 급진적인 아키텍처를 설계하려는 노력이 이어졌죠. 대략 1980년대부터 1990년대까지 말입니다. 방향성을 약간 잘못 잡지 않았나 하는 생각이 들긴 해요. 하지만 어쨌든 우린 그때 엄청 들떠 있었으니까요.

느긋한 계산이라는 개념도 마찬가지예요. 이것도 우리에게 엄청난 동기 부여가 되었어요. 느긋한 계산은 우리가 밀던 핵심 개념이었어요. 그때에도 그랬지만 지금 돌이켜 봐도 정말 훌륭한 개념이라고 생각해요. 느긋한 계산에서는 함수가 인수를 곧바로 평가하지 않아요. 계산을 뒤로 미루죠. 다시 한번 말하지만 우리가 함수형 프로그래밍에 끌린 이유는 그것이 지닌 아름다움과 우아함, 독특함과 급진성 때문이었어요.

상상력을 이끌어 내는 데도 도움이 되고요. 프로그래밍을 완전히 새로운 방식으로 생각하게 만드니까요. 기존의 벽 위에 벽돌을 한 장씩 쌓는 방식이 아니라, 아예 완전히 새로운 벽을 만드는 방식이죠. 정말 짜릿했습니다. 동기 부여가 필요 없을 정도였죠. 멋진 꼼수에 불과할지도 모른다는 생각은 안 해 봤냐고요? 상관없습니다. 정말 중요한 것은 '꼼수가 얼마나 완벽한가?'니까요. 느긋한 계산은 가능할 거라고 상상해 보지도 못한 많은 일을 정말 깔끔하게 해낼 수 있는 도구예요.

사이블 **예를 들어 주시겠어요?**

페이튼 존스 제 친구 존 휴스가 만들어 준 프로그램이 있는데요. 저는 람다 대수를 두 가지 방식으로 구현한 다음에 성능을 비교하는 프로젝트를 하고 있었어요. 존이 와서 테스트 프로그램을 몇 개 주더군요. 그중 하나가 오일러 상수 e의 소수

부분을 임의의 정밀도로 계산할 수 있는 프로그램이었어요. 느긋한 계산을 이용한 프로그램이었죠. 정말 아름다운 프로그램이었습니다. 말 그대로 원하는 만큼 '얼마든지' 많이 e의 소수 부분을 계산할 수 있었거든요.

사이블 결국에는 말이지요.

페이튼 존스 결국에는 계산이 되겠지요. 맞아요. 결과를 사용하는 쪽에 달렸죠. 몇 자리까지 계산할지 미리 정할 필요가 없어요. 결과 리스트가 주어지면 실제로 CPU가 계산을 끝내기 전까지는 리스트의 원소가 나오지 않습니다. C 프로그램으로는 이런 식의 구현이 어렵습니다. 물론 머리를 굴리면 가능은 해요. 하지만 그런 방법이 자연스러운 C 언어의 패러다임에 속한다고 볼 수는 없어요. 함수형 언어의 느긋한 계산 개념을 어떤 식으로든 차용하는 수밖에 없거든요. 반면 존이 작성한 프로그램은 고작 코드 네댓 줄에 불과했어요. 경이로웠습니다.

사이블 그 이후로 다른 언어들도 특수한 사례에서 느긋한 계산 개념을 지원하는데요. 예를 들어 파이썬에는 제너레이터도 있고 값을 내는(`yield`) 무언가를 만들 수도 있죠. 느긋한 계산에 대해 어떻게 생각하시나요? 세상에 이런 방식으로 풀어야 하는 문제가 많다고 보시나요? 느긋한 계산을 써서 그저 지칠 때까지 무한히 계산을 반복하며 답을 계속 도출하도록 하지 않으면 해결하기 어려운 문제 말입니다. 아니면 흥미로운 기술이긴 하지만 그저 특정한 문제에만 적용될 수 있을 뿐, 모든 문제를 해결할 수 있는 토대는 되지 못하는 기술이라고 생각하시나요?

페이튼 존스 그 당시에는 그 정도로 곰곰이 숙고하지는 않았어요. 너무 멋져 보여서 끌렸을 뿐이에요. 재미도 있었고요. 동기 부여가 되는 일, 재미있는 일을 찾을 찾아 그 길을 따라간 겁니다. 그게 저에게 중요했어요. 함수형 패러다임을 접하고 커다란 영감을 받았죠. 이게 왜 '진정한' 프로그래밍 방식인지 궁금해하며 그 원리를 깊이 생각해 본 적은 정말 없어요. 아주 좋은 프로그래밍 방법임이 틀림없다는 생각은 들었지만요. 저는 스키 타는 걸 좋아해요. 그런데 제가 스키를 좋아하는 이유는 뭘까요? 스키가 세상을 바꿀 수 있어서? 아니요, 스키 타는 게 재미있어서 그래요. 그냥 재미있어서요.

우리의 순수성을 지켜 준다는 점에서 느긋함이란 개념은 정말 중요하다고 생각합니다. 아마 제 강연에서 이미 몇 번 들으셨겠지만, 저는 사실 그런 느긋한 동작을 정말 좋아해요. 마음대로 고를 수 있다면 저는 언제나 느긋한 언어를 선택할 겁니다. 어떤 종류의 프로그램을 짜든 무척 도움이 된다고 생각하니까요. 존 휴스의 논문 「Why Functional Programming Matters」는 당연히 읽어 보셨겠죠? 아마 느긋함이 그저 영리한 특징이 아니라 더 중요한 특성일 수 있다고 명확히 논증한 최초의 논문일 거예요. 느긋함 개념이 모듈식 프로그램을 만드는 데 도움이 된다는 게 존의 주요 주장이었습니다.

느긋한 계산 덕분에 제너레이터를 쓸 수 있어요. 존은 체스 게임을 예로 들었지요. 이 방식을 사용하면 한 위치에서 가능한 움직임을 전부 미리 생성하지 않고도 탐색을 디자인할 수 있어요. 트리 위를 걸어 다니며 실제로 알파 베타 미니맥스[10]를 수행하는 컨슈머 행동과 제너레이터는 별개거든요. 물론 다음으로 움직일 수 있는 모든 위치에 대한 조합을 전부 생성해 나가면서 어느 깊이까지 트리를 탐색할지 사용자에게 맡길 수도 있겠지요. 제너레이터와 컨슈머를 분리하면 프로그램을 모듈별로 분해할 수 있는 장점이 있어요. 그런데 컨슈머가 그만 만들라고 제너레이터에 알려 줘야 하는 식으로 프로그램을 만들면 모듈별로 분해하기 어려워지죠. 별개의 아이디어가 별개로 구현되고 이를 조합할 수 있어야 모듈화가 되는 거잖아요. 논문에서 존은 제너레이터와 컨슈머가 서로 간섭 없이 작업하는 방법을 보여 줬어요. 이렇게 하면 복잡하게 얽힌 요소들을 수정하지 않고서는 작업하기 어려웠던 새로운 프로그램을 엮을 수 있죠.

느긋함을 찬양하는 이유를 아시겠죠? 프로그램의 지역적인 부분에서도 느긋한 계산을 이용하면 상당한 이점이 있습니다. 해스켈 프로그래머는 함수를 정의할 때 지역적인 부분에서만 의미 있는 정의도 포함시킬 수 있거든요. 이를테면 `f(x)=이것, 저것, where...` 같은 형식이에요. `where` 뒤에다 여러 가지 정의를 빼곡히 적어 두죠. 이것들은 모든 경우에 다 필요하지는 않아요. 그래도 어쨌든 그냥 다 써 둡니다. 이 중에 필요한 것만 계산되지요. 필요 없는 것들은 계산되지 않아요. 따라서 '어떤 표현식이 계산되면서 어떤 숫자를 0으로 나누는 일이 발생해서 프로그램에 크래시가 일어나면 어쩌지?' 하면서 '여기 있는 정의에 조건문을 넣어서 이 표현식을 건너뛰게 만들어야 하나?' 하는 염려를 전혀 할 필요가 없습니다.

그런 일은 발생하지 않으니까요. 그래서 어떤 사람들은 혹시 필요할 수도 있는 보조 정의를 다 적어 두기도 해요. 그러면 실제로 필요한 것만 계산되겠죠. 이런 방식의 프로그래밍에서 얻을 수 있는 일종의 편리함이라고나 할까요. 매우 편리한 메커니즘이지요.

그런데 넓게 보면 문제가 없는 건 아니에요. 느긋한 계산을 사용하면 표현식이 정확히 언제 계산될지 예측하기 더 힘들거든요. 예를 들어 화면에 어떤 내용을 찍어 보고 싶을 때가 있잖아요. 이럴 때 값에 의한 호출을 사용하는, 계산 순서가 완전히 명시된 언어는 모두 순수하지 않은 '함수'를 사용해요. 여기서 말하는 함수 앞뒤에는 따옴표가 붙어야 하는데 그 이유는 사실 전혀 함수가 아니기 때문이에요. 문자열을 입력으로 하고 유닛[11] 같은 걸 반환하는 함수일 테니까요. 이 함수를 호출하면 부작용으로 화면에 뭔가를 띄울 수 있는 거고요. 리스프에서도 사정은 같습니다. ML에서도 마찬가지고요. 값에 의한 호출을 사용하는 언어에선 이런 현상이 보통이에요.

반대로 순수한 언어의 경우 입력이 문자열이고 출력이 유닛인 함수가 있다면 사실 함수를 호출할 필요가 없어요. 순수한 언어에서는 유닛을 반환하는 게 뻔하니까요. 함수가 하는 일이란 정답을 제공하는 것밖에 없어요. 그게 전부예요. 코드를 짜는 사람도 그 답이 뭔지 알고 있을 테고요. 하지만 당연히 부작용이 있을 테니 함수를 꼭 호출해야 합니다. 그런데 느긋한 계산을 쓰는 언어에서의 문제점은, 예를 들어 `print "hello"`에 `f`를 적용하면, `f`가 첫 번째 인수를 계산하는지가 분명하지 않다는 거예요. 이건 함수 내부 구조에 달려 있는 문제예요. `f`에 인수를 두 개, 예를 들어 `print "hello"`와 `print "goodbye"`를 넣어 주면, 내부 구조에 따라 화면에 문자열 두 개가 출력될 수도 있고, 아니면 아무것도 출력되지 않을 수도 있어요. 출력 순서도 물론 알 수 없고요. 느긋한 계산으로는 어떻게 하든 부작용을 통한 입력과 출력을 제대로 구현할 수 없다는 건데요. 결국 똑똑하고 신뢰할 수 있으며 예측 가능한 프로그램을 만들 수 없다는 의미였죠. 우리는 이 사실을 받아들일 수밖에 없었습니다. 정말 당황스러웠어요. 어떤 것도 입력받을 수 없고 출력도 할 수 없다는 걸 말이죠. 그래서 오랫동안 프로그램은 문자열을 받아서 문자열을 내보내는 구조를 유지했어요. 프로그램 전체가 이런 식으로 작동했어요. 입력으로 입력 문자열을 받고 출력으로 결과 문자열을 내보낸다. 이게 순수한 프로그램이 할 수 있는 전부였죠.

그러다 좀 더 영리한 방법이 떠올랐어요. 출력되는 문자열에 출력 명령어를 써넣은 다음에 외부 인터프리터를 사용해서 이 문자열을 실행하게 하는 거죠. 출력 문자열에 '화면에 결과를 표시하라. 디스크에 결과를 저장하라.' 식의 메시지를 넣으면, 인터프리터가 메시지를 명령어로 해석해서 실행하게 만드는 겁니다. 이렇게 하면 함수형 프로그램은 모두 완전하고 순수한 상태를 유지할 수 있는 동시에, 순수하지 않은 인터프리터가 문자열을 명령어처럼 해석하고 실행할 수 있게 되죠. 물론 파일을 읽은 다음에 읽은 내용을 프로그램에 입력으로 보내는 방법이 궁금할 겁니다. 음, 어렵지 않은 문제예요. 출력 문자열로 명령어를 내보내면 순수하지 않은 인터프리터가 명령어를 해석하고, 느긋한 계산을 활용해 인터프리터 결과가 프로그램의 입력으로 들어가도록 할 수 있죠. 따라서 이 프로그램은 응답 스트림을 입력으로 받아서 요청 스트림을 출력하는 구조로 작동합니다. 순수하지 않은 인터프리터에 부탁하면 모든 소원을 다 들어주죠. 요청이 들어오면 응답을 생성해서 다시 프로그램에 입력으로 피드백하는 식이죠. 느긋한 계산 방식이기 때문에 프로그램은 정확히 인터프리터에서 입력을 필요로 할 때에만 출력을 내보내죠. 하지만 좀 취약한 방법이었어요. 너무 적극적으로 출력을 기다리도록 하면 교착 상태에 빠질 수 있었거든요. 아직 응답으로 내보내지도 않은 질문에 대한 대답을 요구하는 곤란한 상황이 되니까요.

느긋한 계산 때문에 I/O 문제가 생겼고 우리는 그걸 해결할 방법을 생각해 내지 않으면 안 되는 궁지에 몰린 거예요. 극도로 중요한 문제였다고 생각합니다. 느긋한 계산에서 가장 중요한 사항 때문에 이런 상황에 도달한 거죠. 시작할 때에는 이럴 줄 몰랐어요. 시작할 때에는 느긋함이라는 개념이 멋져 보였죠. 이렇게 훌륭한 프로그래밍 방식이 있을까 했으니까요.

사이블 프로그래밍을 시작한 이후로 지금까지 프로그래밍에 대한 생각이 달라진 점이 있나요?

페이튼 존스 아마도 모나드와 타입 체계를 접한 이후부터일 거 같은데요. 이 둘 때문에 프로그래밍에 대한 관점이 크게 변했죠. 1980년대 초반 상대적으로 단순한 타입 체계를 갖춘 순수 함수형 프로그래밍 모델과 비교하면, 요즘은 순수 함수형 모델에 명령형 모델 그리고 동시성 모델이 모나드를 통해 혼합된 방식이에요. 타입도 훨씬 정교해졌고 순수 함수형 모델로 상상할 수 있는 범위보다 훨씬 다양한 프로그램을 표현할 수 있게 되었지요. 두 가지 모두 함수형 프로그램의 진화를 보여 주는 단면이라 볼 수 있어요.

사이블 컴파일러 만들기도 그렇게 진화했다고 할 수 있겠군요. 컴파일러를 구현하려는 첫 번째 시도는 실패로 끝났지만 그 이후로 수많은 컴파일러를 만들어 내셨으니까요. 컴파일러 개발 방법에 대해 뭔가를 배우신 덕분에 오늘날 컴파일러를 성공적으로 만드셨겠군요.

페이튼 존스 그렇죠. 음, 정말 많은 걸 배웠죠. 물론 그때 실패한 것은 명령형 언어 소스 코드를 컴파일하는 명령형 언어로 만든 컴파일러였지요. 지금은 함수형 언어 소스 코드를 컴파일하는 함수형 언어로 된 컴파일러를 만들고 있다는 게 다른 점이고요. 우리가 만든 해스켈 컴파일러인 GHC에 관해 말하자면, 컴파일하는 동안에 자체 타입 체계를 가진 중간 언어로 된 코드가 생성된다는 큰 특징이 있어요.

사이블 그런 중간 표현[12]은 원본 소스 코드만을 참고해서 생성되는 코드인가요?

페이튼 존스 네, 하지만 소스 코드보다 훨씬 명확한 타입을 가진 코드로 바뀌죠. 원본 소스에서는 타입 추론이 상당히 많이 일어나요. 그래서 소스 언어는 타입 추론이 가능하도록 세심하게 설계되어 있어요. 중간 언어에서는 타입 체계가 훨씬 보편적이고 표현력도 뛰어나죠. 훨씬 구체적으로 타입을 표시하거든요. 함수의 인수도 모두 타입이 명시되죠. 중간 언어에서는 타입 '추론'이 필요 없어요. 그저 타입을 '확인'할 뿐이지요. 다시 말해 중간 언어는 정확한 타입을 명기하지만 소스 언어는 그렇지 않습니다.

타입 추론을 하려면 타입 추론 엔진이 필요한데 엔진이 제대로 작동하게 만들려면 어떤 규칙들을 선택할지 신중하게 결정해야만 해요. 엔진은 규칙에 들어맞는 범위 안에서만 타입을 알아낼 수 있거든요. 소스 대 소스 변환으로 프로그램을 변환하면 엔진이 추론할 수 있는 범위를 벗어날 가능성이 있어요. 이런 상황에서 타입 추론은 제대로 기능하지 못해요. 최적화하기엔 좋지 않은 상황이죠. 최적화 단계에서 타입 추론이 가능한지를 따지고 싶지는 않을 테니까요.

사이블 그러니까 소스 대 소스 변환 규칙에 맞게 작성한 프로그램이라 하더라도 컴파일러가 타입을 추론하지 못할 수 있다는 뜻인가요? 사람이 손으로 직접 짰더라도요.

페이튼 존스 맞아요. 정적 타입 체계의 특성이죠. 그래서 동적 언어에 대한 관심과 기대가 여전한 겁니다. 동적 언어는 특정한 타입 체계로 타입을 지정하지 않아도 실행 시점에 오작동하지 않는 프로그램을 만들 수 있어요. 세그먼테이션 오류도, 정수에 문자를 더하는 일도 없어요. 그거면 충분하죠. 그냥 잘 돌아가요.

사이블 그래서 동적 타입 방식과 정적 타입 방식을 옹호하는 사람들이 논쟁할 때 동적 타입 쪽에서는 "정적 타입 때문에 원하는 방식으로 짤 수 없는 프로그램이 엄청 많아요."라고 하고, 정적 타입 쪽에서는 "아니에요. 그런 경우가 있긴 하지만 별로 문제는 아닌걸요." 라고 하죠. 어떤 의견이신가요?

페이튼 존스 부분적으로는 익숙함에 달린 문제이기도 해요. 제겐 C++ 프로그램 작성에 대한 직관적 감각이 없어요. 느긋한 계산을 한 번도 써 본 적 없는 사람에겐 그 개념이 지원되지 않는 언어를 쓰더라도 아쉬울 게 없겠죠. 하지만 저처럼 느긋한 계산을 많이 쓰는 사람은 아쉬울 겁니다. 동적 타입 문제도 이와 비슷해요. 제가 약간 치우쳐 있을 수 있으니 그걸 감안해서 들어 주세요. 저는 아주 많은 수의 프로그램에서 아주 풍부한 타입 체계를 사용해서 타입을 완벽하게 정적으로 정의할 수 있다고 생각해요. 가능할 뿐 아니라 광범위하게 사용되어 왔다는 점이 큰 장점이죠.

그동안 많이 강조되지 않은 부분은 유지 보수에 대한 점입니다. 3년 전에 써 둔 코드의 구조 자체를 뜯어고치고 싶다고 해 보죠. 단순히 프로시저 한두 개 건드리는 정도가 아니라 시스템 전체를 갈아엎는 수준으로요. 그럴 땐 타입 체계가 아주 큰 도움이 됩니다.

우리 컴파일러에도 그런 일이 있었어요. 언젠가 GHC에서 많이 쓰는 데이터 표현 방식을 전부 바꿔야 했던 적이 있었습니다. 정적 타입 덕분에 그런 표현식을 모조리 쉽게 찾아낼 수 있었어요. 동적 언어였다면 아주 불안했겠죠. 표현식 하나를 못 찾고 컴파일러를 출시했다면 어떻게 됐을까요? 사용자가 그 컴파일러에 제가 예상하지 못한 데이터를 집어넣기라도 하면 엉망진창이 될 겁니다. 변경되지 않은 요소 달랑 하나 때문에요. 생각만 해도 오싹하네요.

정적 타입 언어로 코딩할 때 좋은 점이 또 있어요. '뭘' 하는 프로그램인지 대충 감을 잡기 쉽다는 거죠. 정적 타입 자체가 일종의 작은 언어처럼 작동한다고 볼 수 있어요. 그래서 프로그램이 뭘 하는지 힌트를 살짝 얻을 수 있습니다. 함수형 프로그래밍에도 UML 다이어그램 같은 게 있는지 묻는 사람들이 가끔 있어요. 몇 가지 있긴 하겠지만 타입 체계가 그나마 제일 비슷하지 않을까 싶어요. 객체 지향 프로그래머는 그림을 그리겠지만, 저 같은 함수형 프로그래머는 어떠어떠한 타입을 사용하는지를 적거든요. 타입이 눈에 보이는 그림은 아니지만 형식 언어 축에는 속해요. 프로그램 소스 코드의 영구적인 부분이기도 하고, 제가 쓴 코드를 정적으로 검사해 주죠. 여러모로 좋은 특성입니다. 프로그램에서 아키텍처를 설명하는 부분이라 봐도 손색이 없고요.

사이블 프로그램을 분명 올바르게 짰는데 타입 검사에서 잘못되었다고 판단하는 일을 겪어 본 적이 있으신가요?

페이튼 존스 제네릭 프로그래밍에 따라오는 문제예요. 예를 들어 매개 변수 타입에 상관없이 아무 데이터나 가져와서 쭉 훑으며 직렬화하는 함수를 쓰다고 하죠. 이런 경우에는 타입이 오히려 거추장스럽고 타입 없는 언어가 더 쉽죠. 직렬화 프로그램을 작성하기에는 타입 없는 언어가 훨씬 쉬워요.

작은 가내 수공업 수준이지만 제네릭 프로그램을 작성하는 기발한 타입 방식을 만들려는 사람들이 있어요. 대단한 시도라고 생각해요. 하지만 동적 타입 언어로 짜는 것만큼 단순하지는 않은가 봐요. 요즘은 존 휴스에게 함수형 프로그래밍 저널에 논문을 하나 내 보라고 설득 중이에요. '정적 타입 방식이 나쁜 이유'에 관해 써 보라고 했죠. 그가 논문을 낸다면 정말 흥미로울 것 같아요. 존은 함수형 프로그래밍에서 주류인 엄격한 정적 타입 언어로 복잡한 프로젝트를 많이 했는데, 지금은 타입이 없는 얼랭 언어로 돌아서서 많은 일을 하고 있거든요. 그러더니 정적 타입은 나쁜 것 같다며 저에게 이런저런 말을 해 줬어요. 아무튼 생각할 거리도 많고 재미난 논문을 써 줄 거라 기대하고는 있는데, 글쎄요, 결론이 어떻게 날지는 잘 모르겠네요.

그래도 정적 타입이 잘 들어맞는 곳에서는 정적 타입을 계속 쓰는 편이 나을 겁니다. 유지 보수가 훨씬 쉬워지니까요. 정적 타입을 쓰면 프로그램의 모양새가 잘 드러나요. 그래서 코드를 짜거나 고치기가 쉽죠. 우리가 왜 타입 체계를 점점 더 정교하게 만드는지 아세요? 다채로운 프로그램이 작성 가능해지려면 우선 타입의 역량을 더 확장하지 않으면 안 되거든요. 갈 길이 멀어요.

의존 타입 프로그래밍 사람들은 결국엔 무엇이든 표현해 낼 수 있는 타입 체계가 나와야 한다고 주장해요. 그런데 타입이란 게 재미있어요. 매우 간결한 명세 언어 같거든요. 코드가 무슨 일을 하는지 말하긴 하지만 설명이 장황하지는 않아요. 그 대신 설명이 선명하죠. 그 자리에서 바로 이해할 수 있을 정도로요. 타입에 대한 기술이 두 페이지가 넘어간다면 중요한 정보는 오히려 묻혀 버리거든요.

제가 바라는 방향은 이렇습니다. 타입은 계속 분명하고 간결해야 하는데요. 타입이 무엇을 하는지 분명하게 드러낼 수 있도록 조금 완화하되 타입 검사를 잘 처리할 수 있어야 하고요. 추론 가능한 타입 체계보다 좀 더 풍부한 언어로 표현할 수 있는 불변식도 있어야 합니다. 관련된 프로젝트를 하나 하고 있어요. 입력값을 제한하는 선행 조건, 출력값을 제한하는 후행 조건, 데이터 타입 불변성을 정적으로 검증하는 프로젝트죠.

사이블 **에펠 같은 언어에서 쓰는 일종의 '계약에 의한 설계' 개념인가요?**

페이튼 존스 맞습니다. 예를 들어 함수를 작성할 때 '0보다 큰 인수를 입력하면 0보다 작은 출력이 나온다.' 같은 일종의 계약 사항을 넣는 거죠.

사이블 소프트웨어 설계는 어떤 식으로 접근하시나요?

페이튼 존스 프로그램을 작성한다고 할 때, 예를 들어 GHC에 들어갈 새로운 모듈을 짜야 할 때 문제는 대개 아이디어를 어떻게 코드로 구현할 것인가에 있지 않아요. 문제는 오히려 아이디어 자체를 어떻게 짜낼 것인가에 있어요.

예를 들어 우리 팀은 요즘 GHC 백엔드와 코드 생성 부분을 새로운 방식으로 리팩터링하는 중인데, 컴파일러가 함수형 코드를 받아서 C-- 코드로 변환하는 단계까지 와 있죠. C--는 명령형 언어인데 꽤 큰 작업이에요. C--라는 이름에서 알 수 있듯이 이 언어는 작은 C 언어라고 볼 수 있어요. 실제로는 이식성이 있는 어셈블리 언어나 다름없어요. 물론 C-- 코드는 사람이 읽을 수 있는 형태로 출력되지는 않아요. 내부 데이터 타입으로만 쓰이죠. 이 단계에서 컴파일러는 함수형 프로그램 형식의 자료 구조를 명령형 프로그램 형식의 자료 구조로 변환해요. 어떻게 그렇게 하냐고요?

그러니까 처음엔 그런 과정을 수행하려고 엄청 복잡한 코드를 짜 놨는데요. 며칠 전에 이걸 두 단계로 나눌 수 있다는 것을 깨달았어요. 첫 번째 단계에서는 입력을 변형된 C-- 코드로 변환해요. 여기에는 프로시저 호출이 있을 수 있는데 그 안에서 또 다른 프로시저를 호출할 수도 있죠. 두 번째 단계에서는 '이걸' 꼬리 호출만 있고 일반적인 프로시저 호출은 없는 코드로 바꿔 버려요.

그러고 나서는 이제 데이터 타입만 알아내면 되죠. 그러면 C-- 코드는 뭐겠어요? 명령형 프로그램을 표현하는 자료 구조죠. 두 번째 단계를 수행하면서 한 번에 코드 한 줄씩 프로그램을 전체적으로 훑게 됩니다. 그러면 제어 흐름에 따라 초점이 위로 올라갔다 아래로 내려갔다 하게 되죠. 이런 목적에는 지퍼(zipper)라는 자료 구조가 안성맞춤이죠. 순수 함수형 데이터 구조에서 이리저리 초점을 움직일 때 아주 유용한 순수 함수형 데이터 구조예요.

하버드의 노먼 램지가 명령형 제어 흐름 그래프를 나타내는 자료 구조에 지퍼를 적용하는 방법을 고안했는데요. 저와 존 디아스가 노먼과 함께 이 기술을 적용하여 GHC 백엔드를 다시 설계했습니다. 그렇게 함으로써 컴파일러를 더욱 일반화해서 이제는 동일한 컴파일러 백엔드를 다른 언어용으로도 사용할 수 있게 된 거죠.

우리는 본질적으로 타입 수준에서 언어를 건드렸어요. 노먼이 타입 정의를 건네며 "여기 API예요."라고 하면 저는 "너무 복잡해 보이는데요. 왜 이렇게 복잡한 거죠?" 하고 불평했어요. 노먼이 이유를 설명하면 저는 좀 더 간단하게 만들었으면 좋겠다고 대답했지요. 타입을 어떻게 나타낼지 이야기를 주고받다가 시간을 많이 잡아먹었습니다.

그 이유는 구현이 어려워서가 아니었어요. 쓸 만한 아이디어를 떠올리느라 그랬어요. 데이터 흐름을 어떻게 분석해야 할까? 이 프로그램에서 각 단계는 정확히 어떤 의미인가? 입력과 출력을 어떻게 정해야 하는가? 그것들의 데이터 타입은 어떻게 정해야 하는가? 이런 질문에 명확한 답을 얻기 위해 긴 시간을 들여야 했죠. 데이터 타입만 잘 정의하면 프로그램이 무엇인지 상당 부분 정의한 셈이에요. 정말로 깜짝 놀랄 만큼 많은 정보를 얻을 수 있거든요.

사이블 아이디어를 착상한 후에 실제 구현 과정은 어떤 식으로 진행하셨나요? 종이 위에 타입은 이러이러한 것이라고 대강 써 본 다음에 코딩에 들어가셨는지, 아니면 코딩하다가 뭔가 깨닫고는 다시 타입 정의 단계로 돌아가 수정을 반복하셨는지 궁금하네요.

페이튼 존스 후자에 더 가깝습니다. 파일을 열고 타입을 나타내는 키워드부터 바로 적기 시작하죠. 아마 그 타입으로 변수를 하나 만들고 값을 바꾸는 코드도 짜 볼 테고요. 그러다 다시 돌아가서 데이터 타입을 수정하기도 합니다. 타입을 정하는 단계를 딱 마치고 코드를 구현하는 두 단계 방식으로 일이 끝나지는 않아요.

사실 일하는 체계가 좀 없는 편이에요. 큰 팀의 일원으로 일해 본 적이 없거든요. 한 사람이 머릿속에 모두 담을 수 있는 정도의 코드를 다루기 때문에 가능한 일입니다. 큰 팀에서 일한다면 이렇게 못하겠죠.

사이블 최근 GHC 코드를 완전히 뜯어고쳤고 그 결과 일반성을 더 갖춘 컴파일러가 되었다고 말씀하셨는데요. GHC는 시간이 지나며 진화해서 점점 거대한 프로그램으로 변모했습니다. 그 과정에서 일반성을 적절히 추구하면 도움이 되겠지만 과도하게 추구하면 오히려 손해일 것 같은데요. 일반성이 부족하지도 넘치지도 않게 균형을 맞추려면 어떻게 해야 할까요?

페이튼 존스 처음부터 프로그램을 너무 일반적으로 짜지 않으려고 해요. 그게 기본이라고 생각해요. 저는 프로그램을 가능한 한 '아름답게' 만들려고 노력해요. 하지만 가능한 한 '일반화'하려고 노력하진 않아요. 이 둘은 다른 거죠. 저는 늘 가능한 한 명확하고 명료하게 작업을 수행하게끔 코드를 짭니다. 일반화는 같은 코드가 여러 곳에서 반복될 때에만 하는 편이죠. 그럴 땐 예를 들어 어떤 함수에다 매개 변수를 몇 개 추가해서 조건에 따라 처리를 다르게 하면 새로운 함수를 만들 필요가 없거든요.

사이블 실제로 프로그래밍할 때 개발 환경은 어떤가요? 통합 개발 환경 같은 도구를 쓰시나요?

페이튼 존스 아, 지독히 원시적인 환경이에요. 이맥스 편집기와 GHC만 사용하는 편이에요. 딱 그 정도죠. GHC에는 프로파일링 도구가 딸려 있어요. 사람들이 해스켈 프로그램을 프로파일링할 때 주로 쓰는 도구죠. 우린 컴파일러를 프로파일링할 때에도 그 도구를 쓰고 있어요. GHC는 중간에 정보를 많이 덤프해서 무슨 일이 일어나고 있는지 잘 보여 줘요.

저는 대개 컴파일러가 품질이 떨어지는 프로그램을 생성할 때 디버깅을 해요. 그래서 내부에서 어떤 일이 벌어지는지 살펴보죠. 소스 코드를 조금 뜯어다가 특정 단계까지만 컴파일해서 들여다보기도 해요. 이게 제가 하는 디버깅이죠. 프로그램 전체를 한 단계씩 실행해 보는 일은 별로 없어요. 컴파일 과정에 다양한 부분이 어떤 값을 갖는지 살펴보는 편이죠.

그렇다고 이맥스 고급 기능을 자유자재로 쓰는 것도 아니에요. 그런 사람들도 있긴 합니다만. 사람들이 비주얼 스튜디오나 이클립스 같은 통합 개발 환경을 쓰는 세상도 있죠. 저도 압니다. 함수형 프로그래밍은 이렇다 할 통합 개발 환경이 없어요. 이런 점도 사람들이 함수형 프로그래밍 언어에 쉽사리 다가가지 못하는 이유가 될 수 있다고 생각합니다. 닭이 먼저냐 달걀이 먼저냐 같은 문제긴 한데, 요즘 닭이 연일 상한가를 갱신하고 있어요. 예전보다 확실히 함수형 프로그래밍에 많은 관심이 생겼으니 달걀을 다루는 일도 일어나길 기대하고 있어요. 물론 해스켈 전용 통합 개발 환경을 하나 구축하려면 엔지니어링이 상당히 많이 필요할 겁니다. 비주얼 스튜디오나 이클립스 위에 플러그인 방식으로 끼워 넣는 것도 녹록지 않을 겁니다. 플러그인의 모든 기능이 매끄럽게 제대로 작동하게 하려면 많은 노력이 필요하니까요.[13]

사이블 GHC에는 REPL인 GHCi가 들어 있는데요. 보통 이렇게 대화형으로 돌리시나요?

페이튼 존스 아니요, 편집기에 코딩한 다음 컴파일해서 돌리는 편이죠. 평생 GHCi만 쓰는 사람들도 꽤 있긴 해요.

사이블 함수형 언어 프로그램은 테스트에서 진면목을 발휘한다고 생각합니다. 예를 들어 프로그램 전체에서 자그마한 함수 하나만 따로 테스트하기가 쉬워요. 그 함수의 입력이 어떤 형태로 되어 있는지만 알면 되니까요.

페이튼 존스 글쎄요, 입력 데이터가 그렇게 간단하다면 문제가 없겠지요. 진짜 문제는 터무니없이 큰 입력을 집어넣을 때 발생해요. 그렇게 되면 GHC는 컴파일을 제대로 못할 거고 오답을 출력하겠지요.

테스트는 특정한 함수가 만족해야 할 속성을 기술하는 게 매우 중요하다고 생각합니다. 그런 속성을 검사할 때 속성 기반 테스트 도구인 퀵체크가 정말 유용하죠. 퀵체크는 해스켈 라이브러리 중 하나예요. 타입에 근거해서 함수에 대한 무작위 테스트를 생성하는데요. 꽤 좋은 도구이긴 하지만 제가 퀵체크를 애용하지 않는 까닭이 있어요. 제가 어려움을 겪는 경우들은 테스트 데이터를 생성하기 어렵거든요. 어쨌든 GHC가 감당하기 어려운 프로그램을 만들어 내는 사람은 여기저기 정말 많습니다. GHC 버그 트래커에 가 보면 확인할 수 있어요.

저는 보통 문제가 이미 있는 상황에서 시작합니다. 컴파일러가 완전히 뻗거나 정상적인 프로그램을 거부할 수도 있겠죠. 아니면 최적화가 잘되지 않은 코드를 생성할 수도 있고요. 컴파일러가 내뱉는 코드가 엉망이면 컴파일 파이프라인을 단계마다 들여다봅니다. 코드를 한 줄씩 읽으며 '이 부분은 좋아, 이 부분도 좋고.' 하며 넘어가죠. 그러다 이상해지는 부분을 발견해요. '대체 뭐가 잘못됐길래 이런 게 튀어나왔지?' 하죠.

사이블 그런 버그를 실제로 어떻게 들여다보시나요?

페이튼 존스 GHC 옵션을 보면 출력 플래그가 여러 개 있어요. 플래그를 조합해 필요한 정보를 모조리 출력해 볼 수 있죠.

사이블 내장된 프린트 문을 이용해 디버깅하는 셈인가요?

페이튼 존스 그렇죠. GHC라고 해서 여타 컴파일러와 구조적으로 다르지는 않거든요. 프로그램이 실행되는 파이프라인의 최상위 구조가 있죠. 그런데 파이프라인 어딘가가 잘못되었다면 디버깅하기 상당히 골치 아파져요. 그래서 단순한 방법으로 디버깅하는 편이에요. 각 단계 실행 전과 후를 출력해 보죠. 그러면 뭐가 잘못됐는지 금방 보여요. 문제를 찾기 어려울 때가 가끔 있는데 그럴 땐 안전하지 않은 `printf` 함수를 여기저기 집어넣어서 무슨 일이 일어나는지 알아내죠.

해스켈에는 다양한 디버깅 환경이 있어요. 여름 인턴으로 왔던 학생인 페페 이보라가 올해 초 괜찮은 디버깅 환경을 만들어서 GHC에 추가했죠. 일종의 대화형 GHC 디버거인데요. 저는 그 디버거를 잘 쓰지 않는데, 오랫동안 디버거 같은 도구를 쓰지 않아 익숙하지 않아서 그렇기도 하고, 디버거로 함수형 프로그램을 한 단계씩만 실행하는 게 어떤 건지 명확하지 않아서예요.

함수형 프로그램 디버깅 방법이 한동안 흥미로운 연구 주제가 될 것 같네요. 상자 안에서 무슨 일이 일어나는지 직접 확인할 수 없다는 게 조금 난처한 상황이랄까요. 오히려 그래서 흥미로운 연구 문제라 볼 수 있죠.

안전하지 않은 `printf` 함수로 생짜 디버깅한다는 고백도 이제야 하네요. 별로 자랑스럽지 않은 고백이거든요. 하지만 사실 오랫동안 별로 쓸 만한 게 없었어요. 적어도 GHC 개발에 관한 한 어떻게든 가장 빨리 완성할 수 있는 방법을 발전시켜 왔다고 생각합니다.

사이블 비슷한 이야기를 하는 사람이 많은데요. 이렇게나 많은 사람이 프린트 문 디버깅에 의존하는 상황이라면 더 나은 디버거를 개발해도 쓸모가 있을지 의문이네요.

페이튼 존스 문화적인 이유도 무시할 수는 없어요. 닷넷 플랫폼에 탑재된 디버거만 봐도 그래요. 엔지니어링에 수십에서 수백 인년(man-year)을 투입한 산물이죠. 함수형 디버거들과 질적으로 다른 경험을 제공할 수밖에요. 함수형 디버거가 제대로 작동하게 만들려면 여러 가지를 더 세심하게 다듬을 필요가 있어요. 하지만 실제로 이렇게 공을 들이면 현업에서 정말로 훨씬 쓸 만한 소프트웨어가 만들어질 겁니다.

그렇게 이야기했던 사람들은 학술용으로 만든 소프트웨어를 주로 다뤘을 거예요. 고도의 디버깅 환경도 갖추지 못한 채 성장했을 테고요. 여기서 일반론을 펼치려는 건 아니에요. 좋은 디버깅 환경의 중요성을 폄하하거나 경시하려는 의도도 분명 아니고요. 소프트웨어 층을 겹겹이 쌓아 만들어지는 프로그램들은 좋은 디버깅 환경이 특히 중요하니까요. GHC는 정말 간단한 시스템이에요. DOM이며 UML에 이것저것 정체불명의 소프트웨어를 쌓아 만든 닷넷 개발 환경 완전체에 비하면요. 현실 세계는 너무 복잡해지고 있기 때문에 도구에 점점 기댈 수밖에 없어요. 쓸 만한 도구를 만드는 일이 정말 중요해질 겁니다.

사이블 올바른 소프트웨어를 만드는 또 다른 접근법도 있잖아요. 형식 증명 말이에요. 앞으로 형식 증명이 쓸모 있어질 거라고 보시나요?

페이튼 존스 모든 소프트웨어의 정확함을 기계적으로 증명하자는 목표를 세웠다고 가정해 보죠. 문제는 그 목표가 뭘 의미하는지조차 불분명하다는 겁니다. 도대체 뭘 기계적으로 증명한다는 거죠? 어떤 명세에 대해 증명하는 겁니다. 그런 명세는 어떻게 작성해야 할까요? 명세 안에 프로그램이 하는 '모든' 일이 포함되도록 적어야겠죠. 그렇지 않으면 형식 증명으로는 프로그램이 모든 일을 정확히 수행한다는 것을 증명할 수 없을 테니까요. 따라서 명세서 안에는 모든 작업에 관한 형식 명세가 들어가야만 해요. 자, 이제 그 명세서를 실제로 작성할 차례입니다. 아마 함수형 언어로 적어야겠죠. 이런 경우 명세서 자체가 최종 프로그램인 셈이에요.

제가 너무 나가긴 했어요. 사실 프로그램으로 표현할 수 없지만 명세로서는 온전한 경우도 있거든요. 예를 들어 '이 함수의 결과 y는 y의 제곱이 x와 같은 수이다.'는 제곱근 함수에 대한 좋은 명세이지만 실행할 방법은 없죠. 어쨌거나 명세에 프로그램이 해야 할 일을 '모두' 나열하는 건 좋지 않다고 생각해요. 그렇게 되면 명세가 너무 복잡해져서 오히려 명세가 의도를 정확하게 표현했는지도 믿을 수 없어지거든요.

프로그램이 가졌으면 하는 '속성'만 들어가는 명세가 현실적으로 좀 더 생산성 있는 명세가 아닐까 해요. '이 밸브는 저 밸브와 동시에 닫히면 안 된다. 이 트리는 언제나 균형 트리 상태를 유지해야 한다. 이 함수는 항상 0보다 큰 결과를 반환해야 한다.' 같은 것들 말이에요. 이런 것들은 만족해야 할 속성이 들어 있는 명세의 일부분일 뿐이지, 완전한 명세라고는 볼 수 없어요. 참이 되어야 하는 속성을 적은 것에 불과합니다.

이런 속성을 어떻게 적냐고요? 그러니까, 함수형 언어는 이런 걸 적기 꽤 편리해요. 실제로 퀵체크 명세를 작성하는 방법을 들여다보면 알 수 있는데, 이런 속성을 해스켈 함수 형태로 기입하게 되어 있어요. 어떤 것에 reverse 함수를 적용한 결과가 그것을 뒤집은 것과 같은지 검사하고 싶다고 합시다. 이럴 때에는 checkreverse라는 함수를 만들겠죠. 이 함수는 A의 리스트를 받아서 참이나 거짓을 반환해요. 입력이 xs이면 xs에 reverse를 두 번 적용한 결과가 xs와 같은지 비교하면 되겠죠. 그러니 reverse가 정상이라면 언제나 참을 반환할 겁니다. 이게 바로 퀵체크의 속성 함수예요. 하지만 프로그램을 작성할 때와 같은 언어를 써서 만들었잖아요. 상당히 편리하죠.

물론 속성에 대해 정적 검사를 실시하고 싶을 때도 있을 텐데요. 어려울 수도 있고 쉬울 수도 있을 것 같군요. 하지만 속성을 엄밀하게 기입해 두면 이런 일에 큰 도움이 됩니다. 테스트 데이터를 생성해서 실제 테스트를 수행할 수도 있거든요. 퀵체크에서는 실제로 그렇게 작업을 수행하고요.

따라서 프로그램에서 수행해야 하는 일의 명세를 '죄다' 적으려고 하기보다 명세 일부분만 적는 편이 훨씬 생산적이라고 생각합니다. 명세를 일부분씩 여러 조각으로 구성하면 될 거고요. 명세를 검사하고 싶을 때에는 테스트를 실행할 수도 있고, 동적 검사나 정적 검사도 모두 수행할 수 있을 겁니다. 이렇게 구성한다고 프로그램의 정확성을 증명할 수 있는 건 아니에요. 다만 정확할 확률이 높아질 뿐이죠. 개인적으로는 누구나 만족할 만한 수준이 아닐까 합니다.

사이블 그러니까 무엇이든 필요하면 속성으로 정의하시는군요. 그런 다음 실제로 테스트 가능한 속성이라면 정적 검사나 동적 검사로 속성이 유지되는지 확인하고요. 정적 검사로만 모든 속성을 확인할 방법이 아직은 없나요?

페이튼 존스 맞아요. 하지만 함수형 언어에는 더 나은 방안이 있어요. 그 방법이 낫다는 것을 보여 주기까지 많은 시간이 걸리고 있지만요. 일단 이러한 속성을 기록해 둬야 합니다. 그게 첫 번째 단계예요.

여기서 핵심은 완벽한 명세 또는 아무런 명세 없음의 양자택일 관점에서 벗어나는 겁니다. 부분적인 명세만으로도 쓸 만한 정적, 동적 테스트를 수행할 수 있어요. 이런 테스트로 프로그램이 정확하다는 확신을 더욱 높일 수 있고요. 이게 우리가 기대할 수 있는 전부예요.

명세서를 완전하게 기술한다 해도 중요한 사항이 빠질 수 있어요. 프로그램이 0.1초 안에 동작해야 한다든가, 메모리 용량을 10KB 이상 잡아먹으면 안 된다든가 하는 것들 말이에요. 리소스에 관련된 조건은 명세에 적혀 있지 않을 때가 많아요. 시간 조건도 그렇고요. 프로그램이 형식 명세를 충족하더라도 실제로는 원하는 대로 작동하지 못하게 만드는 제약 사항이 수도 없이 많을 수 있죠. 프로그램의 정확성을 완벽하게 증명했다고 자신해 봤자 우리 스스로를 기만하게 될 뿐입니다. 완벽에 점점 더 가까워지고 있다고 말하는 게 최선이에요. 우리가 하고 있는 일이 그런 일이니까요. 처음에는 아주 가볍게 시작하는 것도 좋아요. 5% 더 노력하기만 해도 자신감은 75% 오를 수도 있으니까요. 그 정도면 괜찮지 않을까요?

사이블 동시성에 관한 이야기로 좀 넘어가 볼까요? 가이 스틸이 부탁한 질문인데요. STM이 세상을 구할 수 있냐고 물어봐 달라더군요.

페이튼 존스 아, 아니요. STM만으로 세상을 구하지는 못할 거예요. 동시성이나 병렬성이 요구되는 프로그래밍은 쉽게 말해 머리가 여럿 달린 괴수예요. 마법의 총알 한 발로 죽일 수 있을까요? 저는 동시성 해결에 특정한 방식을 고집하지 않는 편이에요.

동시성 프로그램을 짜려는 사람들에게 이렇게 말해 줄 수 있으면 좋겠어요. "아무 프로그래밍 패러다임이나 하나 골라 세심히 잘 구현하세요. 그게 끝이에요."라고요. 딱 그 정도만 배우면 된다고요. 하지만 저도 그렇게 생각하진 않아요. 메시지 전달을 사용해 프로그램을 짜야 할 때도 있고, STM을 사용하면 더 좋을 때도 있고, 데이터 병렬화 기법을 쓰면 훨씬 좋을 때도 있거든요. 동시성 프로그래머라면 한 가지 방법에 집착하기보다 여러 방법을 시도해 볼 필요가 있어요.

하지만 STM이 잠금과 조건 변수보다 더 낫냐고 물어본다면? 사실 이것들은 고만고만해요. 저도 알아요. 누구나 잠금과 조건 변수를 쓰고 있다는 걸 말이죠. 그러니까 이것들에 관해선 설명이 필요 없을 것 같고요. 다중 프로그램 카운터나 멀티스레드 프로그래밍, 공유 메모리를 쓰는 멀티코어 프로그래밍을 할 때에는 STM이 제격이죠. 하지만 STM이 아니면 이런 부류의 동시성 프로그래밍을 못한다? 절대 아니죠.

사이블 STM이 제공하는 낙관적 동시성 제어로는 원하는 만큼 동시성을 얻을 수 없다는 비판이 있던데요. 그런 방식을 쓰면 아무 진척도 없는 상황이 꽤 쉽게 발생하거든요. 그래서 그런 비판이 있었다고 생각합니다.

페이튼 존스 프로세스의 기아 상태[14]가 일어날 수 있으니까요. STM으로 인한 걱정거리 중 제가 많이 드는 예는 작은 트랜잭션이 끼어들어 먼저 커밋하는 일이 이어져서 큰 트랜잭션 커밋이 계속 실패하는 현상이에요. 도서관을 정리하는 사서에 비유할 수 있어요. 사서들이 '낙관적으로' 도서관 정리를 시작했다고 하죠. 얼마 지나서 이들이 서고 정리를 3분의 2 정도 완료했습니다. 그런데 학부생 한 명이

와서 책을 한 권 빌려 갔어요. 학생은 트랜잭션을 성공적으로 커밋했어요. 도서관 정리는 아직 커밋되지 않았으니까요. 시간이 지나 사서들은 정리를 마치고 나서야 깨닫죠. 정리하는 동안 도서관에 커밋이 일어났고 그래서 메모리 일관성이 깨졌으니 처음부터 다시 정리해야 한다는 걸요.

사이블 잠금과 조건 변수를 이용했더라면 사서의 행동은 전혀 달랐을 것 같네요. 도서관 출입구를 잠근 다음 서고 정리가 완전히 마무리될 때까지 누구에게도 책을 대출해 주지 않았을 겁니다. 서고 정리가 끝날 때까지 도서관을 잠그지 않고 대출만 거부할 수 있지 않느냐는 반론이 있을 수 있어요. 훨씬 복잡한 잠금 방식을 고안해 내야 한다는 문제가 있지만요.

페이튼 존스 맞아요. 도서관 입구 앞에 도서 대여 부스를 임시로 설치하는 거예요. 중앙 도서관을 잠그고 재정비하는 동안 대출할 수 있도록 말이죠. 대여 부스에는 학부생들이 자주 빌리는 책들만 가져다 둬도 충분할 테고요. 애플리케이션 특성에 맞는 전략을 구상했다면 그걸 구현해야 합니다. 우리는 두 가지 문제를 동시에 해결해야 합니다. 첫째, 어떤 식으로든 도서 대출을 막지 않는다. 둘째, 서고 정리가 중단되는 일 없이 말끔히 완료한다. 이런 목적을 달성하기 위한 애플리케이션 전략이 필요한 거죠. 어떤 전략이 필요한지 곰곰이 생각한 후에는 아이디어를 실제로 표현할 수 있는 방법을 찾아야 합니다. 우리의 전략을 뭘로 표현하면 좋을까요? 정답은 STM입니다. 이것보다 좋은 수단은 없어요. 이런 상황에서는 잠금 및 조건 변수보다 동시성을 훨씬 잘 유지할 수 있으니까요.

사이블 어떤 학생이 들어와서 21번째로 대출 요청이 많은 책이 뭔지 물어보고 그 책을 대출하려 한다면요? 게다가 도서관 문을 닫지 않은 채로 서고 정리를 해야 한다면요? 실제 세계의 해법이라면 누군가가 책을 대출했을 때 그 책이 있던 자리에 모조 책을 꽂아 두었다가, 책이 반납될 때마다 모조 책을 꺼내고 진짜 책을 다시 꽂아 두는 방식을 이용할 수 있겠죠. 하지만 STM으로는 그렇게 할 수 없어요. 도서관에 있는 모든 책을 다시 정리하듯이 모든 트랜잭션을 다시 수행해야만 할 테니까요.

페이튼 존스 하지만 변하지 않는 것이 있습니다. 특정한 책을 나타내는 키는 변하지 않아요. 그건 보증할 수 있어요. 맞죠? 이걸 이용해서 문제를 해결할 수 있는 방식이 여럿 있습니다. 예를 들어 모조 책으로 바꾸는 작업을 수행한다고 도서관의 책 정리 상태도 바뀔까요? 그렇지 않죠. 진짜 책에서 모조 책으로 바뀌었을 뿐이죠. 빌려 간 책의 '키 필드'는 삭제하지 말고 그대로 두고 내용, 그러니까 '값 필드'만 수정하는 방법을 쓰면 어떻게 될까요? 빌려 간 책 정보가 그대로 메모리에 남아 있겠죠? 이젠 진짜 책이 다른 곳에 있어도 색인 정보를 그대로 재구성할 수 있어요. 멋지게 해결했어요. 이제 모든 과정을 완벽하고 자연스럽게 코드로 옮기기만 하면 끝이에요.

이 방식을 STM에 적용해 봅시다. STM에도 일종의 사서 역할을 하는 관리자가 필요해요. 관리자는 서고 전체를 돌며 데이터가 변했는지 검증할 겁니다. 이때 책의 인덱스를 나타내는 정보가 키 필드이고, 그 인덱스가 가리키는 책의 실제 내용이 값 필드인 셈이죠. 관리자는 키 필드에 대한 값 필드가 변경되었는지만 확인하면 됩니다. 관리자가 서고를 훑다가 특정 위치에 다다르면 거기에도 당연히 책의 키 필드가 존재하겠죠. 모조 책을 거기에 놔두었으니까요. 하지만 관리자는 책의 내용은 아직 들여다보지 않은 상황이에요. 관리자는 이를테면 이런 식으로 질문하고 검증할 수 있습니다. "이 키 필드가 가리키는 내용이 아직 73인가? 확인해 보니 그렇군."

물론 이런 방식을 사용한다고 STM의 프로세스 기아 문제가 다 해결되는 건 아니에요. 방심하는 사이 기아 문제가 은밀히 다시 고개를 쳐들거든요. 일단 트랜잭션이 계속 실패하고 커밋되지 않는 상황을 파악할 수 있는 괜찮은 프로파일링 도구가 필요해요. 프로그램이 묵묵히 아무 진전도 없다면 그렇구나 하고 놔두지 말고 프로파일링을 걸어 보세요. 대체 왜 아무런 진전이 없는지 피드백을 얻을 수 있을 테니까요. 잠금을 사용한 동시성 프로그램도 마찬가지예요. 프로파일링을 해 봐야 합니다. 모래시계가 한참 도는 모습을 보면 짜증 나잖아요.

사이블 **잠금 방식을 이용해 본 사람들은 프로그램에서 잠금 상태가 유지되는 시간을 최소화해야 한다는 걸 알리라 생각합니다. 그래야 스레드가 리소스를 두고 경합하는 횟수가 줄어들 테니까요.**

페이튼 존스 맞아요. 하지만 코딩이 더 어렵죠. 잠금을 짧게 유지하면서도 올바르게 수행하도록 구현하기가 상당히 까다롭거든요. 그에 비해 STM은 잠금을 짧게 유지할 수 있는 데다 추론 원리도 매우 간단해 구현하기도 쉽죠. 결국 STM이 이런 점에선 훨씬 우월하다 생각해요.

STM에는 잠금 방식이 절대로 제공할 수 없는 추론 원칙이 하나 있는데요. 바로 최상위 수준의 불변식을 설정할 수 있다는 점이죠. 은행 잔고를 예로 들어 보겠습니다. 은행에 계좌가 많이 있는데 모든 계좌에서 잔고를 전부 합합니다. 이 금액이 N이어야 합니다. 은행 계좌 간에 돈이 이동할 수 있고요. 그게 다예요. 이게 제가 설정한 불변식입니다. 모든 트랜잭션이 시작하는 시점에 불변식이 성립해야 하고, 트랜잭션이 끝난 직후에도 불변식이 성립해야 합니다. 불변식이 성립하는지 어떻게 추론하냐고요? '이 계좌에서 3달러를 빼서 저 계좌로 3달러를 이체하라.'는 트랜잭션이 있었다고 해 보죠. 합계 금액이 변하지 않았으니 불변식이 성립합니다. 어떻게 추론한 걸까요? 차근차근 순서대로 추론하면 됩니다. 최상위 불변식이 뭔지 기술하기만 하면 그다음부터는 트랜잭션 각각을 완전히 별개로 취급해서 차례대로 추론할 수 있어요.

사이블 **트랜잭션 격리 말씀하시는 거죠?**

페이튼 존스 네, 트랜잭션이 서로 고립되도록 만들었기 때문이죠. 여기서 쓰는 추론 원리는 보기보다 강력해요. 동시에 실행되는 프로그램이라 하더라도 명령형 언어 코드라서 순차적 추론이 가능한 점을 이용하지요. 최상위 불변식이 뭔지 밝혀야 한다는 전제가 있지만요. 그건 어차피 프로그램 이해에도 도움이 됩니다. 불변식을 찾아내야 프로그램에서 유지해야 할 속성이 뭔지 알 수 있기 때문이죠. 트랜잭션 도중 예외가 발생하더라도 불변식이 파괴되는 일은 없어요. 그저 트랜잭션이 반영되지 않고 취소될 뿐이죠. 이런 점은 굉장하다고 생각해요. 성능 추론은 다른 차원의 문제예요. 어느 정도 정확성을 보장받았으니 이젠 성능상 결함이 없는지 확인할 차례죠. 그런데 성능에 관한 정보는 입수하기 어려워요. 프로파일링 도구나 전용 피드백 수집 도구를 사용하는 것 말고 현재로서 다른 방법은 없어 보입니다.

사이블 낙관적인 동시성 제어 기법은 영속적인 데이터베이스 환경에서는 가끔 사용해 왔지만, 잠금 기법만큼 확고한 발판은 마련하지 못했다는 생각이 드네요.

페이튼 존스 사실 STM은 모든 종류의 방법으로 구현할 수 있어요. 낙관적인 동시성은 그중 하나에 불과하고요. 트랜잭션을 진행하면서 잠금을 적용하는 방식도 가능해요. 이건 어쩌면 비관적인 동시성 모델에 가깝겠네요.

사이블 그런데 잠금 관리자가 데이터베이스에서 가장 복잡한 부분이 되는 데에는 다른 이유도 있잖아요.

페이튼 존스 맞아요. 그래서 말인데, 한 사람이나 한 팀이 STM을 구현하고 다른 사람들은 구현된 STM을 사용하는 게 낫지 않나 하는 생각이에요. 일단 돈을 많이 줘야 할 겁니다. STM을 구현하는 사람들을 1년 내내 컴컴한 방에 가둬 둬야 하니까요. 가끔 와서 정말 제대로 하는지 감독하고요.

누구나 사용할 수 있을 정도로 아주 간단한 인터페이스로 설계하라고 시키고요. 저는 그게 바람직하다고 생각하고 있습니다. 모든 사람이 똑같이 전문가 수준으로 이해할 필요는 없다고 봅니다. 그런 상황은 최대한 피하고 싶어요. 어제 강연에서 제가 인용한 예시가 있어요. 원래 모리스 헐리히[15]가 만든 예시인데, 양쪽에서 입출력을 할 수 있는 큐에서 원소를 삽입하고 삭제하는 작업에 대한 겁니다.

이런 큐는 컴퓨터 과학과에서 학부 1학년 때 프로그래밍 과제로 나가요. 물론 순차적 구현 방식이죠. 그런데 이걸 노드마다 잠금을 걸 수 있는 동시성 지원 구현으로 확장하는 문제는 연구 논문 수준이에요. 갑작스러운 도약이랄까요. 문제 난이도가 터무니없을 정도로 높아져요. 물론 트랜잭션 메모리 자체는 학부 수준에 불과한 문제예요. 삽입 및 삭제 연산을 '원자적'으로 만들면 끝이거든요. 환상적이죠. 그런데 여기서 질적인 차이가 발생해요. STM을 구현하는 사람들은 많은 변경을 메모리에 하나로 통합해서 원자적으로 커밋해야 해요. 비교 후 바꾸기 연산만 갖고 쉽게 끝나는 그런 일이 아니에요. 불가능한 일은 아니지만 조심해야 합니다.

프로세스 기아 같은 성능 문제가 발생할 수도 있거든요. 이를 피할 수 있는 방법을 애플리케이션 차원에서 고려해야 할 수도 있고요. 하지만 애플리케이션 차원에서 회피 방법을 구현할 때에도 STM을 사용한다는 것, 이 점이 그런 프로그램에서는 한 차원 도약하는 셈이 아닐까 싶습니다.

그리고 한 가지 더, 이 모든 게 결국 함수형 프로그래밍과 연결되어 있다는 말씀을 드리고 싶었어요. 물론 STM은 함수형 프로그래밍과는 전혀 관계가 없어요. 실제로는 공유 상태를 바꾸는 것에 불과하니까요. 함수형 프로그래밍과 이게 무슨 상관이냐 궁금하실 수 있어요.

그런데 말이죠. 일전에 자바로 STM을 구현했다는 팀 해리스의 강연에 다녀온 적이 있어요. 그때까지 저는 STM에 대해 들어 본 적도 없었어요. 어쩌다 우연히 그 강연을 들은 거죠. 해리스는 강연에서 '원자성' 말고 다른 특성은 거의 없는 STM에 대해 설명하고 있었어요. 그런 원자적 트랜잭션을 구현할 수 있다고요.

정말 멋진 아이디어라고 생각했어요. 그런데 그러기 위해서는 메모리에 모든 부작용을 기록해야만 합니다. 모든 로드 명령, 저장 명령이 부작용인데 말이죠. 자바에서는 이런 일이 상당히 빈번해요. 하지만 해스켈의 모나드 환경 같은 데에서는 부작용이 사실상 발생하지 않아요. 그 대신에 극도로 명시적인 방식으로 로드 명령이나 저장 명령을 수행하죠. 프로그래머들에게 이건 정말 중요한 해결책이에요.

그래서 저는 해스켈에도 원자적 메모리 같은 기능이 들어가면 좋지 않을까 하고 생각했어요. 그리고 곧바로 일에 착수했습니다. 해리스에게 찾아가 자문을 구했죠. 우리가 갖고 있던 프레임워크가 순수하고 다소 유연했던 까닭인지 그걸 발명하는 데는 얼마 걸리지 않았어요. `retry`(재시도)-`orElse`(아니면)라는 메커니즘이었는데요. `retry`는 트랜잭션 안에서 블로킹을 수행하는 부분이고, `orElse`는 트랜잭션 안에서 선택권을 주는 부분이에요. 자바용 트랜잭션 메모리를 개발할 때 해리스와 동료들은 이 메커니즘을 넣지 못했어요. 이걸 넣으면 문맥상 나머지 부분이 상당히 복잡해지는 문제가 있었거든요.

그래서 당시에 블로킹 메커니즘은 염두에 두지 않았던 것 같아요. 아니면 단순히 어떤 조건식이 성립할 때에만 트랜잭션을 원자적으로 실행하도록 하는 방식만 가정했을지도 모르고요. 그런 방식으로는 트랜잭션을 조합하기 매우 어려워요. 한 은행 계좌에서 다른 은행 계좌로 돈을 이체하려 한다고 생각해 보자고요. 이때 거래가 실행될 수 있는 조건은 무엇일까요? 제가 생각할 수 있는 답변은 이겁니다. 출금 은행 계좌의 잔고가 충분하고 입금 은행 계좌의 한도가 충분히 넉넉해야 하죠. 양쪽 모두에 제한이 걸려 있는 상황이죠. 이 조건을 모두 충족하는지 알아내야 해요. 좀 복잡한 상황이죠. 거래 중간에 세 번째 은행 계좌가 끼어들면 일이 더욱 복잡해지고요. 이런 식으로는 트랜잭션을 조합할 수 없어요. 모든 선행 조건을 끌어내서 살펴보지 않으면 안 되거든요.

이게 해리스가 했던 방법이죠. 물론 작은 프로그램들에서는 잘 작동했을 테지만 우리에겐 확실히 별로였어요. 그 대신 등장한 것이 해스켈 버전의 retry-orElse 기법이었습니다. 우리는 이걸 주류 패러다임인 명령형 언어 맥락으로 다시 이식했습니다. 지금도 열심히 적용하는 중이에요. 멋진 일이죠.

사이블 해스켈만의 고유한 특성이 없었다면 그런 아이디어는 떠올릴 수 없었다고 말씀하실 줄 알았는데요. 전혀 그렇지 않다는 말씀이군요. 그렇다면 그런 아이디어가 그냥 떠오른 건가요?

페이튼 존스 맞습니다. 그런데 함수형 언어는 기본적으로 잡동사니가 적어요. 그래서 멋진 아이디어가 도드라져 보이는 건 있어요. 기존 방법으로 블로킹을 수행하려면 추상성을 파괴해야만 했는데 저는 그 점이 몹시 맘에 들지 않았어요. 그래서 retry-orElse 기법이 나온 거예요. 함수형 프로그래밍은 엄청 어려운 문제를 푸는 일종의 실험실로 기능할 수 있다고 생각합니다. 그게 맞는 자리이자 역할이 아닐까 해요. 그 후에 그 아이디어를 다른 곳에 다시 적용할 수 있는 거죠. 그런 면에서 STM은 특히 명확한 사례라고 볼 수 있어요. 양방향에서 진화해 왔거든요. 끝없이 이어지는 개선이랄까? 제가 가장 좋아하는 점이죠.

사이블 무인도에 꼭 가져가야 할 프로그래밍 책을 꼽으신다면요?

페이튼 존스 존 벤틀리의 《생각하는 프로그래밍》은 반드시 챙겨야 할 겁니다. 아름다움이라면 《Beautiful Code》도 빼놓을 수 없지요. 이 책에는 브라이언 헤이스[16]가 쓴 글이 실려 있는데 제목이 〈'그 책'에 실릴 프로그램 짜기〉예요. 여기서 헤이스가 말하는 '그 책'은 영원한 아름다움을 나타내는 프로그램이라고 생각해요. 그 글에는 이런 수학 문제가 나와요. 각기 다른 위치에 두 점이 찍혀 있습니다. 그리고 세 번째 점을 찍었을 때 이 점이 앞선 두 점 사이에서 어느 쪽에 있는지 찾는 문제죠. 먼저 몇 가지 해법을 열거하는데 그것들이 잘 작동하지 않는 상황을 보여 줍니다. 그리고 마지막으로 완벽하고 가장 단순한 해법이 튀어나오지요.

물론 커누스의 《The Art of Computer Programming》 시리즈도 챙겨야 합니다. 이 책은 한 번에 쭉 읽을 수 있는 책이 아니에요. 그런 책들과는 거리가 멀죠. 한때 이 책을 반드시 읽으라고 많이 떠들고 다녔습니다. 크리스 오카사키의 《순수 함수형 데이터 구조》도 꼭 가져가야 합니다. 굉장한 책이죠. 아서 노먼의 강의를 책 한 권에 펼쳐 놓은 듯한 느낌이에요. 큐와 룩업 테이블, 힙을 부작용 없이 복잡도 상한이 낮은 방법으로 수행하는 방법에 대한 책입니다. 정말 정말 좋은 책이에요. 이 책은 너 나 할 것 없이 반드시 읽어야 합니다. 굉장히 얇은 데다 쉽게 읽히거든요. 에이벌슨과 서스먼이 쓴 《컴퓨터 프로그램의 구조와 해석》도 꼭 가져가야 합니다. 너무나 좋은 책이었어요. 정말 열심히 읽었지요. 앤드루 애펠이 쓴 《Compiling with Continuations》라는 책도 빼놓을 수 없습니다. 앞으로 할 일을 전달하는 방식으로 함수형 프로그램을 컴파일하는 방법에 관한 책이지요. 정말 놀라운 책이에요.

정말 애지중지 읽었지만 한동안 손대지 않은 책들도 있습니다. 데이크스트라가 쓴 《A Discipline of Programming》 같은 책을 예로 들 수 있겠네요. 데이크스트라는 아름다운 프로그램을 작성하는 방법에 진지하게 골몰했던 사람이에요. 이 책은 순전히 명령형 언어에 관한 것이긴 하지만 '호어다움(Hoare property)'을 가졌죠. 명백히 보이는 버그가 없는 게 아니라 명백히 버그가 없다는 뜻이에요.[17] 그리고 프로그램의 정확성을 아주 훌륭하고 우아하게 추론하는 방법도 알려 줘요. 프로그램의 정확성을 빈틈없이 추론하는 방법은 이 책에서 처음 배운 겁니다. 당시 저에게 큰 인상을 남긴 책이 또 있어요. 페르 브린크 한센 교수가 쓴 운영 체제에서 동시성을 어떻게 구현하는지에 관한 책이었는데요. 정말 열심히 탐독했지요.

사이블 프로그래밍은 지금도 하시나요?

페이튼 존스 예, 코딩은 날마다 조금씩 합니다. 사실 매일 하는 건 아니에요. 그러려고 노력할 뿐이죠. 어떤 일에 조금 능숙해졌다고 승진하거나 높은 자리에 오르게 되면, 전에 잘했던 일을 더는 못하게 될 위험성이 있어요. 제가 끔찍이 두려워하는 상황이죠. 여기서 연구원으로 일하면서 연구하는 일이 대체로 만족스러운 건 하나를 붙잡고 계속 발전시킬 수 있다는 이유도 커요. 1990년부터 만들기 시작한 컴파일러를 아직까지 붙잡고 있거든요. 이 컴파일러에는 수많은 코드가 들어가는데 상당수는 제가 만든 거예요. 가장 잘 아는 사람도 당연히 저죠.

하루에 작성하는 코드가 얼마나 되는지 묻는다면 실제로 컴퓨터 화면을 응시하면서 종일 코딩하는 날이 있는가 하면 아무것도 안 하는 날도 있어요. 그러니까 평균 하루에 두세 시간 정도? 그 정도는 됩니다. 프로그래밍은 정말 재미있어요. 안 할 이유가 어디 있겠어요? 게다가 프로그래밍은 하면 할수록 사람이 솔직해져요. 자신이 만든 컴파일러를 사용해 보면서 그리고 자신이 열심히 전파하는 언어를 사용하면서 현실을 직시하게 되거든요.

사이블 아직도 처음 배울 때처럼 프로그래밍을 즐기시나요?

페이튼 존스 아, 그럼요. 당연하죠. 제일 재미난 일인데요. 프로그래머 대다수에겐 '이 문제를 해결할 방법이 분명 어딘가 있을 거야.' 같은 직감이 있다고 생각해요. 연구하는 직업에서 정말 마음에 드는 부분이 바로 그런 거예요. 일반 회사에서는 직장 상사가 "이번 주가 마감이니 꼭 완료해 주기 바랍니다." 하고 독촉하는 분위기잖아요. 그런데 연구소에서는 '이 일을 하는 올바른 방법이 어딘가 있을 텐데.' 하며 따져 볼 여유가 있거든요.

그럴 때에는 코드를 리팩터링하거나 인터페이스 설계를 바꿔 보거나 타입을 새로 만들면서 시간을 보내기도 합니다. 아예 전체를 갈아엎고 처음부터 제대로 만들려고 노력하기도 하고요. GHC는 코드 크기가 꽤 방대한 편이에요. 업계 기준으로 보면 큰 편이 아니겠지만, 함수형 프로그래밍 기준으로 보면 큰 편이죠. 해스켈 코드가 대략 8만 줄인데 어쩌면 조금 더 길지도 모르고요. 생각보다 오래 살아남은 컴파일러죠. 이제 15년이나 되었으니까요. 기존 모듈을 계속해서 갈아엎고 새 코드를 덮어쓰고 있어요. 아직 활발히 개발된다는 징표라 할 수 있죠. 남겨 두는 부분 없이 싹 뜯어고치죠. '이 문제를 해결하는 올바른 방법이 뭘까?' 하고 생각하며 일할 수 있어 좋아요. 어렵지만 즐겁거든요. 곰곰이 몇 주 동안 생각했는데도 마땅한 아이디어가 떠오르지 않을 때도 있어요. 분명 어딘가에 좋은 방법이 있을 텐데요. 그럴 땐 정말 애가 탑니다.

사이블 그런 지지부진한 시기는 어떻게 돌파하시나요?

페이튼 존스 마음 한편에서 해결책을 계속 생각해 보는 편이에요. 그럴 때에는 운동도 열심히 해 봐요. 언덕을 힘차게 뛰어오른다든지요. 문제가 복잡하든지, 머릿속이 복잡하든지 하여간 복잡할 때에는 전혀 다른 활동을 해서 주의를 환기하는 편인데요. 가끔은 언덕길을 수차례 뛰어올라 가면서 몸을 풀기도 하고, 가끔은 멍하니 생각할 때도 있고, 가끔은 '이제 그만 놀고 뭔가 해야 할 때야.' 같은 생각이 들 때도 있고, 물론 이도 저도 아니고 머릿속이 뒤죽박죽인 채로 쭉 갈 때도 있어요.

사이블 그런 활동을 하면 다음 날 아침에 눈을 뜨자마자 으레 "유레카!"를 외칠 경우가 많나요, 아니면 하루 더 달리기를 해야 하는 상황이 많나요? 이번에는 언덕 꼭대기까지 뛰어가 보자고 결심을 불태우시나요?

페이튼 존스 후자에 더 가까운 편이랄까요. 유레카를 외치며 이불을 박차고 일어난 적은 거의 없는 것 같네요. 연구하는 사람에겐 그래도 특권이 하나 있어요. 자신이 수행한 연구에 관해 반성할 수도 있고, 진행 상황을 기록으로 남길 수도 있거든요. 연구하다 솔깃한 점이 나오면 언제든 논문으로 정리해 두려고 하지요. 「The Secrets of the GHC Inliner」라는 논문도 그런 이유로 썼어요. GHC 내부의 특정 부분을 어떻게 구현했는지 기법을 풀어 설명했죠. 다른 연구자들이 이 기법을 따라 충분히 구현할 수 있게요. 학자에겐 코드를 추상화해서 핵심 기술만 보기 좋게 뽑은 후 글로 남길 기회가 주어져요. 그러면 다른 사람들이 똑같은 기법을 사용할 수 있죠.

사이블 프로그래밍은 스스로에게 어떤 의미인가요? 스스로 생각하기에 과학자에 가깝다고 보시나요, 아니면 공학자, 장인 또는 전혀 다른 사람?

페이튼 존스 프레드 브룩스가 쓴 「The Computer Scientist as Toolsmith」라는 논문을 혹시 읽어 보셨나요? 최근에 다시 읽어 봤는데 내용이 참 좋습니다. 일단 저는 뭔가 만들어 내는 일을 하잖아요. 그런 관점에서 보면 프로그래밍은 저에게 흥미로울 수밖에 없어요.

게다가 저는 변치 않는 '근본 원리'를 뽑아내려고 연구도 정말 열심히 합니다. 좋은 논문을 쓰거나 좋은 연구 발표를 하는 법에 관한 논문을 쓴 적이 있을 정도예요. 요지는 대강 말하자면 '산출물을 직접 설명하지는 말자.'였어요. 산출물은 아이디어를 구현한 거예요. 듣는 이의 머릿속에 옮겨져서 재사용되어야 할 것은 구체적인 코드가 아니라 아이디어 그 자체죠. 쓸모 있는 건 바로 아이디어니까요. 구체적인 코드를 추상화해 재사용 가능한 아이디어로 만드는 일, 이게 바로 컴퓨터 과학 학계가 하는 일이에요. 그런데 과학이라고 보기는 힘들어요. 법칙을 발견하는 학문은 아니거든요. 하지만 실생활 여기저기에서 쓸 만한 개념을 뽑아 제공한다는 점에서는 상당히 중요한 학문이라고 생각해요.

사이블 그렇다면 공학 대 공예 중 어느 쪽에 가깝다고 보시나요? 다리를 건설하는 엔지니어에 가깝다고 봐야 할까요? 여러 기술을 동원해서 다리가 무너지지 않도록 설계하는 그런 사람 말입니다. 아니면 도자기를 빚는 사람에게 더 가까울까요? 도자기 공예는 어마어마하게 복잡하니까 제대로 된 작품 하나를 만들려면 당연히 오랜 수련 기간이 필요하겠지만요.

페이튼 존스 이건 흑이냐 백이냐의 문제가 아니에요. 컴퓨터 과학은 그렇게 딱 나뉘는 학문이 아니거든요. 전문 소프트웨어 엔지니어나 개발자도 그런 질문에 딱 부러지는 답을 줄 수 없을 겁니다. 그들이 얽혀 있는 소프트웨어의 규모는 직관을 벗어날 정도로 거대하거든요. 엠파이어 스테이트 빌딩을 가로세로 30㎝짜리 창문으로 들여다본다고 생각해 보세요. 빌딩이 얼마나 큰지 가늠이 될까요? 빌딩이 어떻게 맞물려 있는지 알 수 있을까요?

GHC도 얼마나 클까요? 이 컴파일러가 가늠이 잘 안 될 만큼 거대한 구조물인지 생각해 보면 그 정도까지는 아닌 것 같아요. 그런 면에서는 교량을 건설하는 엔지니어도 아닌 것 같고요. 엔지니어의 목표는 단 하나로 압축할 수 있어요. 절대로 무너지지 않는 다리를 설계하는 것이요. 다리가 무너지면 큰일 나기든요. 소프트웨어가 그 정도까지 안전할 필요는 없어요. 그렇다고 소프트웨어가 실패해도 괜찮다는 소리는 아니에요.

안전한 소프트웨어를 만드는 데 함수형 프로그래밍은 실제로 상당한 도움을 줄 수 있어요. 구조물을 훨씬 강건하게 쌓아 올릴 수 있는 방식으로 프로그래밍할 수 있거든요. 함수형 프로그램은 구조가 훨씬 덜 복잡해서 이해하기도, 테스트하기도, 추론하기도 쉬워요. 그런데 함수형 프로그래머들의 문제가 있어요. 함수형 프로그램의 추론에 대해 이론적으로 떠드는 사람은 많은데 실제로 그런 식으로 추론을 '하는' 사람은 몇 안 되거든요. 해스켈을 좀 더 쉽게 코딩할 수 있는 플랫폼이 빨리 마련되었으면 좋겠어요. 새로 나오는 개발 도구는 해스켈 코드를 이해하고, 형식 추론도 지원하는 데다, 타입 이상의 것을 줄 수 있었으면 합니다. 거인의 어깨에 올라타면 더 멀리 볼 수 있듯이 플랫폼이 개선되면 함수형 프로그램도 더 멀리 나아갈 수 있을 겁니다.

말하자면 건물을 지을 때 좀 더 견고한 자재를 사용할 필요가 있다는 뜻이에요. 견고한 자재를 쓰면 자질구레한 문제는 걱정할 필요가 없어요. 구조적 결함만 대비하면 되거든요. 물론 견고한 만큼 건물 높이를 더 높이 올리고 싶은 욕심이 생길 겁니다. 건물이 무너질 위험성은 또 다시 커질 테고요.

어느 정도는 변치 않는 사실이죠. 목표에 닿자마자 다시 더 이상 닿을 수 없는 곳까지 손을 뻗는다는 점이요. 다시 질문으로 돌아와서 프로그래머라는 직업은 어느 한 부류에도 딱히 속하지 않는다고 봐요. 야망에 어떻게든 손을 뻗는다는 점에서는 장인과 상당히 닮았어요. 엔지니어와 닮은 점은 야망을 실현하려 할 때 물리적인 한계가 있다는 것이고요. 대서양을 횡단하는 대교가 착공될 가능성은 없어요. 적어도 조만간은 말이죠. 어떻게든 짓는다고 해도 무너지고 말 테니까요. 하지만 진짜 이유는 그게 아니에요. 시공 비용이 너무 많이 드니까 못 짓는 거죠. 요즘엔 편리한 개발 도구가 많아져서 신속하게 소프트웨어를 개발할 수 있게 되었어요. 비유하자면 좁은 해협을 가로지르는 다리 정도는 쉽고 저렴하게 놓을 수준이 된 겁니다. 이제 대서양을 횡단하는 다리를 건설합니다. 그리고 다리가 무너지죠. 소프트웨어가 실패하는 이유가 그거예요.

사이블 가이 스틸은 이 분야에 발을 들여놓기 시작한 후로 무어의 법칙이 틀린 적이 없었지만 자녀 세대부터는 사정이 달라질 거라고, 그래서 프로그래밍에도 큰 영향을 미칠 거라고 말하더군요. 그래서 말인데요. "해협 위에 다리를 놓았으니 이제는 대서양 위에 다리를 놓자."라는 말은 결국 쏙 들어가게 될까요?

페이튼 존스 아니라고 생각해요. 전혀요. 소프트웨어는 사정이 좀 다른 게, 소프트웨어 덩치가 10배 커졌다고 10배 빠른 컴퓨터에서 실행해야 하는 건 아니란 말씀입니다. 프로그램을 돌리면 코드의 일부분만 반복해서 실행되는 경우가 많습니다. 10%의 코드가 실행 시간의 90%를 잡아먹는 셈이거든요. 프로그램에서 성능과 밀접한 코드는 몇 줄밖에 안 될 수도 있다는 뜻입니다.

소프트웨어는 결국 추상화 계층 위에 추상화 계층을 계속해서 쌓아 올린 작품이에요. 화면에 있는 버튼 하나를 클릭하면 쌓아 올린 추상화가 벗겨지며 점점 더 저수준 작업으로 내려가기 시작해요. 그러다 CPU에 있는 레지스터 값까지 건드리게 되는데 이를 통해 버튼이 클릭되었다는 걸 알 수 있는 거예요.

추상화를 벗겨 내 저수준 작업으로 변환하려면 복잡한 컴파일 과정이 필요한 거고요. 추상화를 높일수록 인간은 편하죠. 그렇다고 기계가 불평하는 것도 아니니까요. 컴퓨터에서 가능한 추상화의 끝에 도달했다고 해도 소프트웨어는 얼마든지 더 복잡하게 만들 수 있습니다. 어차피 그때쯤이면 하드웨어도 무지하게 빠를 테고요. 그러니 소프트웨어 성능은 하드웨어 성능이 아니라 소프트웨어 설계

능력에 달려 있다고 봐도 과언이 아니에요.

사이블 프로그래밍에 끌린 가장 큰 이유는 뭐죠?

페이튼 존스 같은 프로그램이라도 최대한 똑똑하고 완벽한 방법으로 짜는 재미죠. 그런 게 엄청난 동기 부여가 됩니다. 물론 현상 유지나 하며 꾸역꾸역 프로그램을 작성할 수도 있겠지요. 그런 방식이 오랫동안 먹힐지도 모르고요. 하지만 만족스러운 방법은 아니에요. 훌륭한 프로그래머라면 모름지기 아름다운 해결책을 찾아야 한다고 생각합니다. 오늘 당장 처리해야 하는 일에 떠밀려 사는 사람들은 사치라고 생각할지도 모르겠네요. 그런 사람들은 아름다운 해결책을 떠올릴 여유가 없으니까요.

어쨌든 프로그래밍은 정말 재미난 행위가 맞는 것 같아요. 너무나 유연하거든요. 프로그래밍으로 거의 모든 일을 해낼 수 있어요. 제 말은 추악한 소프트웨어도, 아름다운 소프트웨어도 전부 만들 수 있다는 뜻이에요. 유지 보수 따위는 불가능한 데다 금방 망가지는 소프트웨어도 만들어 낼 수 있고요. 소프트웨어 업계가 염려될 때가 있어요. 고객이 다음 주에 제품이 필요하다고 제품 개발을 서둘러 끝내려 할 때, 시스템을 구축하면서 기능의 질보다 양으로 승부하려고 할 때 그런 느낌을 받아요.

시스템을 구축하려면 자질구레하게 정말 많은 것을 알아야 해요. 예를 들어 ASP.NET 웹 서비스를 구축하는 일만 해도 API와 도구 사용법뿐 아니라 세 가지 언어로 코드를 작성해야 하거든요. 게다가 실버라이트[18]니, 링크(LINQ)[19]니 하는 것도 알아야 하고 수많은 약어도 줄줄이 꿰고 있어야 하죠. 공부하자니 죄다 벽돌 책이고요.

이런 어려움은 어떻게 풀 수 있을지 모르겠어요. 다 유용한 시스템이거든요. 우연히 만들어진 건 없어요. 모두 이유가 있어서 똑똑한 사람이 어떤 아키텍처를 만들어야 할지 고민에 고민을 거듭해 만든 것들이죠. 그렇기는 하지만 하나하나는 모두 인터페이스가 아주 넓습니다. 연결성은 깊을 수도, 아닐 수도 있어요. 하지만 넓은 건 분명합니다. 머릿속에 외워야 할 것이 너무 많다는 얘기지요. 마치 언어를 배우는 것과 같아요. 인간의 언어를 생각해 보세요. 단어 수가 엄청나잖아요.

그런데 외우는 건 참 지루한 일이죠. 저는 구구단도 못 외웠어요. 늘 기본 원리에서 시작해서 곱셈을 해냈죠. 필요한 만큼 빨리 계산할 수는 있지만, 여러 가지 꼼수를 부릴 뿐이에요. 예를 들어 7 곱하기 9를 계산한다고 해 보자고요. 남들이 "7 9 63" 하고 중얼거릴 때 저는 7 곱하기 10을 한 다음에 7을 빼서 63을 만들었죠. 그나마 구구단은 외울 게 적은 편이죠. 외울 게 많아지면 정말 짜증 납니다. 자질구레한 걸 많이 기억해야 되는 일은 저절로 도망 다니게 되더군요. 그렇다고 그런 일들이 무용하다고, 중요하지 않다고 생각하지는 않습니다. 실제로 대부분은 유용하고 중요한 일이거든요. 그렇지만 제가 이런 질문은 던져 볼 수 있을 것 같아요. "그러한 시스템을 설계하는 데 시간을 조금 더 투자하면, 좀 더 작고 간명하며 일관성 있는 인터페이스를 만들 수 있지 않을까?"

사이블 시스템을 이루는 전문 분야가 두루 있고 전문 분야 안에는 똑똑한 사람들이 있잖아요. 똑똑한 사람들은 그 분야를 깊이 파고들고 싶어 할 테고요. 그러니 무엇 하나 복잡하지 않을 게 있겠어요?

페이튼 존스 분명 그런 점을 간과할 수는 없겠지요. 하지만 좀 더 밝게 해석하고 싶네요. 세상이 넓고 복잡해서 할 일도 많은 거라고요. 신처럼 세상을 내려다볼 수 있다면 그리고 엄청나게 크고 처리 속도도 빠른 두뇌가 있다면 낭비 없이 일목요연한 시스템을 만들어 낼 수 있겠지요.

하지만 현실은 달라요. 이런 문제는 작은 덩어리로 쪼개지 않으면 해결할 수 없거든요. 작은 덩어리마다 그 분야를 담당하는 전문가가 있겠죠. 전문가들은 이전에 자신이 했던 일과 이어받은 일들에 제약을 받을 테고요. 그런 상황에서 설계한 결과는 늘 이상적일 수 없습니다. 시간에 쫓기기도 할 테고요. 이런 결과물을 조합해서 시스템을 구성하면 완성도가 생각보다 훨씬 떨어지는 건 당연하겠죠. 그리고 모르고 있던 레거시 문제, 즉 하위 호환성이 발목을 잡을 거예요. 예전 버전과 호환을 유지하기 위해 이상적인 최선의 선택을 할 수 없는 거죠.

레거시 문제는 실제로 상당히 많이 발생해요. 소프트웨어 전체를 늪에 빠뜨리는 주범이기도 하고요. 해스켈은 그런 면에서 자유로운 언어예요. 해스켈 언어가 걸어온 역사에 관해 강연한 적이 있어요. 아마 POPL[20] 2004 콘퍼런스였던 것 같은데요. 그때 발표 슬라이드에 이런 말을 적었습니다. "무슨 수를 써서라도 성공을 피하라." 이 말이 일종의 밈처럼 퍼져 나가기 시작하더니 결국 누구나 쓰는 말이 되어 버렸습니다.

이 말엔 일말의 진실이 담겨 있다고 생각해요. 너무 이르게 성공하지 않았기에 해스켈을 계속 다듬을 수 있었거든요. 꽤 많이요. 해스켈 인기가 치솟은 요즘은 좀 정신없는 상태예요. 이런저런 버그가 있으니 고쳐 달라, 이런저런 기능을 원하니 추가해 달라는 요청이 수없이 들어오거든요. "제발 제 프로그램을 깨 먹지 말아 주세요."라고 말하는 사람도 있고요. 전에는 그런 일이 없었는데요.

사이블 아름다운 코드에 관해 몇 가지 말씀을 하셨으니 말인데요. 어떤 코드가 아름다운 코드인가요? 특징을 알려 주세요.

페이튼 존스 토니 호어의 말대로 눈에 보이는 명백한 버그가 없는 코드 말고 명백히 버그가 없는 코드가 아름다운 코드일 겁니다. 즉, 명백하게 올바른 코드가 아름다운 코드라고 생각해요. 그런 코드는 명쾌하고 투명합니다.

사이블 몇 줄 안 되지만 마법 같은 코드는 어떻게 생각하세요? 난이도가 높아 해독하는 데 오래 걸리지만 이해하고 나면 감동을 선사하는 코드 말이에요. 그런 것도 아름다운 코드에 속하나요?

페이튼 존스 명백하게 올바르다는 게 척 보고 '아, 이건 올바른 코드야.' 하고 알 수 있다는 건 아닙니다. 왜 이게 올바른지 힌트가 좀 필요할 때도 있어요. AVL 트리[21] 코드를 처음 들여다보는 사람은 이 코드가 마법처럼 보일 겁니다. 대체 뭘 하려고 이런 코드를 짠 걸까? 왜 노드 위치를 회전하는 걸까? 어떤 실마리도 찾을 수 없을 거예요. 그러나 코드가 유지하는 불변식을 이해하고 나면 알 수 있게 되는 거죠. 불변식이 지켜지면 원소를 로그 시간에 찾을 수 있구나 하는 거요. 그러면 코드를 한 줄씩 보면서 불변식이 유지되는 걸 확인할 수 있죠. 이런 불변식 덕분에 "아, 명백하게 올바르군."이라고 할 수 있는 거죠.

코드만 대강 살펴보는 걸로는 충분하지 않다는 말에 전적으로 동의합니다. 대강 훑어봐서 올바르게 보인다고 아름다운 코드가 되는 게 아니거든요. 왜 옳은지 정확한 이유가 있어야 하지요. 옳다면 어떤 관점에서 옳은지, 어떤 불변식이 어떻게 작동하기에 옳은지 보여 줄 수 있어야 해요.

사이블 규모가 너무 큰 코드는 아름답지 않다고 생각하세요? 코드 크기에 상한선이 있다고 보십니까?

페이튼 존스 크기와 상관이 있는지는 모르겠네요. 프로그램이 옳다는 것을 보증하려면 옳다거나 최소한 옳을 것 같다고 자신할 만한 증거들이 꽤 필요해요. 이건 확실한 사실이에요. 규모가 방대한 소프트웨어에는 결점이 따르기 마련이에요. 잘못된 걸 알면서도 노골적으로 방치할 때도 많고요. 하지만 바로바로 고치기엔 수지타산이 맞지 않기 때문에 놔두는 거예요. GHC를 개발할 때에도 그렇습니다. 마이크로소프트가 소프트웨어를 개발할 때에도 그렇게 하고요.

방대한 소프트웨어를 손쉽게 관리하려면 이 소프트웨어에서 어떤 것이 어떤 일을 해야 하는지, 어떤 것이 참이어야 하는지 큰 그림을 그리고 이를 포괄하는 불변식도 만들어야 해요. 다시 GHC를 예로 들자면 중간 프로그램이 적절한 타입으로 생성되는지에 관한 불변식이 필요합니다. 원한다면 실행 시점에 실제로 확인할 수 있어요. 이 불변식은 무슨 일이 일어나고 있는지에 대해 믿음직한 증거가 돼 주지요. 그래서 코드 크기는 상관이 있는지 잘 모르겠어요.

확실한 건 상호 연결성 때문에 거대한 프로그램들이 그 무게에 짓눌려 망가진다는 점이죠. 이건 우리 같은 직업을 가진 사람만 누릴 수 있는 사치인데, 학자들은 예전에 끝난 일을 다시 들춰 볼 수 있는 특권이 있어요. 예전 코드를 뭘 하려고 어떤 방법으로 만들었나 훑어보다가 번뜩이는 아이디어가 떠오를 때가 있어요. 그러면 주저 없이 코드를 뜯어고칩니다. GHC의 백엔드 부분을 리팩터링하는 이야기도 앞에서 했죠. 돈이 얽힌 회사에서 근무하고 있었다면 이런 제안을 할 배짱도 없었겠죠. 하지만 저는 코드를 계속 다듬는 일이 장기적으로 볼 때 GHC 프로젝트가 계속 발전하고 인정받는 길이라 믿습니다.

그래서 코드 크기에 상한선이 있냐고요? 글쎄요, 추상화 계층을 잘 쌓을 수 있다면 상관없지 않을까요? 또 모르죠. 대서양을 가로지르는 대교를 건설할 수 있을지도요. 우리가 만든 소프트웨어들이 그래도 동작은 하잖아요. 물론 완벽하게 작동하는 건 아니지만, 어마어마한 코드 규모를 고려하면 놀랄 만한 기적이죠.

사이블 아름답고 거대하고 잘 동작하는 소프트웨어도 충분히 만들어 낼 수 있다는 말로 이해하면 될까요?

페이튼 존스 그렇게 거대한 프로그램은 아름답게 유지하기 쉽지 않습니다. 거대한 프로그램도 처음에는 작은 코드에서 시작했을 거예요. 그때 코드는 예쁘장한 편이거나 적어도 추하진 않았을 겁니다. 프로그램이 계속 사용되고 발전될수록 유지 보수도 그만큼 어려워져요. 장수하는 프로그램의 가장 큰 단점이죠. 점점 못생겨지거든요. 깨끗한 방이 갑자기 쓰레기장이 되지는 않아요. 자질구레한 물건이 계속 쌓이다 보니 그렇게 된 거죠. 소프트웨어도 오래되면 그렇고요.

사이블 그렇다면 그런 경우에는 "이만하면 충분히 오래 썼다. 처음부터 다시 짜자."라고 할 수밖에 없다는 건가요?

페이튼 존스 언젠간 대부분 갈아엎고 다시 설계해야 한다는 생각이에요. 물론 다시 설계할 여유가 있으면 말이에요. 10년 동안 덕지덕지 붙이기만 하고 다듬지 않으면 나중에는 정말 힘들어지거든요. 다 버리고 차라리 새로 시작하고 싶을 겁니다. 그렇게 할 여유가 있으면요. 세포가 스스로 재생하는 것처럼 시스템도 재생시키는 거죠. GHC도 그렇게 다시 태어났으면 좋겠어요.

프로그래머로 살면서 가장 우울한 일은 다른 사람이 짠 코드든, 더 나쁜 경우는 직접 짠 코드든 상당히 많은 코드를 마주했는데 더는 고칠 엄두가 나지 않는 겁니다. 정말 맥 빠지죠.

8장

"프로그래밍 공부는 10년"

피터 노빅

Peter Norvig

피터 노빅은 다방면에 걸친 사상가이자 뼛속까지 해커라고 할 수 있다. 노빅은 한때 하이쿠 비슷한 글을 자동으로 만들어 주는 프로그램을 개발했다. 구글 검색 히스토리를 바탕으로 같은 사용자가 연달아 입력한 검색어 세 개를 찾아 묶는 방식이었다.(예를 들어 "자바 ECC[1] / 자바 타원 곡선 / 플레이보이 faq" 같은 것이 특히 기억에 남는다.)

노빅의 웹사이트 norvig.com에 접속하면 그가 집필한 책과 논문, 연설에서 사용했던 슬라이드, 다양한 컴퓨터 코드를 소개하는 링크들이 보일 것이다. 그런데 노빅의 색다른 시도를 소개하는 링크들도 발견할 수 있다. 맥스위니[2]가 발간하는 잡지에 게재한 단편 유머들이나 세계에서 가장 긴 회문(回文)[3]으로 된 문장을 생성하는 재기 발랄한 파이썬 코드 그리고 '만약 링컨이 파워포인트로 게티즈버그 연설을 했다면 어땠을까?' 하며 만든 파워포인트 슬라이드 같은 것이 있다. 이 슬라이드는 데이터 시각화 분야의 선구자인 에드워드 터프티가 인용하기도 했으며, 이 인터뷰를 하는 현재 구글에서 'PowerPoint'를 검색하면 결과의 첫 번째 페이지에 나온다.[4]

노빅은 구글에서 검색 품질 관리자를 거쳐 현재 같은 회사의 연구 조직 관리자로 재직 중이다. 구글 이전에는 나사 에임스 연구 센터 컴퓨터 과학 부문 책임자였으며, 그 이전에는 1990년대 후반 설립된 인터넷 스타트업 정글리(Junglee)의 초창기 구성원으로 일했다. 노빅은 2001년 나사 최고 공로상을 수상하였으며 전미 인공 지능 학회와 ACM에서 석학 회원으로 선정된 바 있다.

노빅은 구글과 나사, 정글리에서 재직했던 경험을 통해 소프트웨어 개발 방식에서 '해커'의 접근법과 '엔지니어'의 접근법을 모두 겪어 보았다. 이 인터뷰에서 노빅은 이 두 가지 접근법 각각의 장단점을 언급한다. 전직 컴퓨터 과학 교수이자 지금은 세계 최대 소프트웨어 기업의 내부자로서 노빅은 컴퓨터 과학이라는 학문과 실제 산업 현장의 관계를 흥미롭게 보고 있다.

다른 주제들에 관한 이야기도 나누었다. 예를 들어 최근 몇 년 동안 프로그래밍이 어떻게 변화했는지, 설계 기법은 어째서 우리가 무엇을 하는지 모를 때엔 전혀 먹히지 않는지, 왜 나사는 안정성이 떨어지더라도 더 저렴한 소프트웨어를 사용해야 하는지 같은 주제를 다루었다.

노빅은 여전히 구글에 재직 중이며 2021년부터는 스탠퍼드 대학교 인간 중심 인공 지능 연구소 소속으로도 일하고 있다. 스튜어트 러셀과 유명한 인공 지능 교과서 《인공지능: 현대적 접근방식》을 공동 집필했다. 노빅의 홈페이지도 여전히 업데이트되고 있다.

사이블 **언제부터 프로그래밍을 시작하셨죠?**

노빅 고등학교 때요. 학교에 PDP-8이 있었던 것 같아요. 학교에서 수업을 하나 들었는데 거기서 베이식 프로그래밍을 배우기 시작했죠.

사이블 **그게 몇 년도였나요?**

노빅 제가 고등학교를 1974년에 졸업했으니 1972년이나 1973년이었을 겁니다. 그 초창기 일이 몇 가지 기억나네요. 선생님이 카드 한 벌을 어떻게 섞는지 우리에게 알려 주려고 했어요. 선생님이 가르쳐 준 알고리즘은 난수 생성기를 사용하여 두 위치를 무작위로 선택한 다음 선택된 위치의 두 카드를 서로 바꾸는 방법이었어요. 그리고 그 위치의 카드가 섞였다고 표시하고요. 이렇게 모든 위치가 바뀌었다고 표시될 때까지 무작위로 카드 맞바꾸기를 계속하는 겁니다. 제 반응은 이랬어요. "바보 같아요. 그건 세상에서 가장 멍청한 방법이 확실해요. 그런 식으로 카드를 섞으면 선택되지 않는 카드가 있을 수 있잖아요. 그래서 카드 섞기가 영원히 끝나지 않을지도 몰라요." 물론 아는 게 없었기에 선생님의 카드 섞기 알고리즘 복잡도는 n제곱이며 복잡도를 n으로 개선할 수 있다고 말하지는 못했죠. 하지만 선생님의 방법이 잘못되었다는 것쯤은 알 수 있었어요. 그 대신에 저는 마지막 카드인 52번 카드와 그 이전 카드들인 0~51번 중의 카드 한 장을 무작위로 뽑아 맞바꾸고, 그다음으로 마지막 카드 바로 직전인 51번 카드와 그 이전 카드들, 즉 0~50번 중의 카드 한 장을 무작위로 뽑아 맞바꾸고 그러고 나서 50번 카드와 0~49번 카드 중 한 장을 무작위로 뽑아 맞바꿔 나가는 방법을 생각해 냈어요. 이것이 복잡도 n의 커누스 알고리즘[5]이라고 불리는 것이죠. 제 공격에 선생님은 좀처럼 수긍하려 들지 않았어요. 이 일이 '내가 프로그래밍을 좀 하는 것 같은데.'라고 생각하게 된 계기였죠. 물론 '선생님이라고 다 알지는 못하는 것 같아.'라고 생각하게 된 계기이기도 합니다.

사이블 선생님이 알고리즘을 설명하자마자 "어라, 그건 틀린 것 같은데요?"라고 말했나요, 아니면 이리저리 갖고 놀다가 "과정이 너무 복잡한 거 아닌가요?"라고 말했나요?

노빅 바로 지적한 것 같습니다. 당시 제가 무슨 생각을 하고 있었는지는 기억이 잘 나지 않네요. 다만 카드 섞기가 끝나지 않을 가능성이 있다는 건 즉시 눈치챌 수 있었어요. 그렇다고 알고리즘 수행 시간을 미리 계산할 수 있는 정도까지는 아니었던 것 같아요.

다락방에 올라가 아버지가 보시던 『Scientific American』 과월호를 찾아 줄줄이 읽었던 기억도 납니다. 잡지에는 소프트웨어 공학 코너가 있었는데 거기 실린 기사에서 크리스토퍼 스트래치[6]가 사람들이 고차 프로그래밍 언어[7]를 사용하게 될 것이라고 말했습니다. 스트래치가 발명한 언어는 컴파일러도 없었어요. 컴파일 과정은 종이에만 적혀 있었죠. 그리고 "나는 이 언어로 체커[8] 프로그램을 짜겠다."라고 적혀 있었죠. 소스 코드를 꼼꼼히 읽어 봤어요. 학교에서는 카드 섞기 따위를 배우고 있었기 때문에 스트래치가 작성한 체커 게임은 제가 처음으로 읽어 본 만만치 않은 프로그램이었어요. 최근에 다시 프로그램을 들여다보니 버그가 있더군요. 기분이 좋았습니다. 이 프로그램 작성자가 무려 크리스토퍼 스트래치잖습니까. 프로그래밍에 도가 튼 사람이었어요. 잡지도 무려 『Scientific American』이었고요. 유능한 편집자가 많고 온갖 실수를 전부 교정할 수 있는 그런 회사예요. 버그가 있으면 안 됐죠. 그런데 제가 버그를 발견한 겁니다. 잡지에는 make-move(옮기기)라는 함수를 사용할 때 함수 인자로 어떤 말이 있는 보드의 위치를 넣으면 다음 위치를 계산해 돌려주게끔 되어 있었습니다. 그런데 실제 구현된 코드를 보니 make-move 함수의 인자에 보드의 위치 말고도 다른 매개 변수가 들어 있었던 거예요. 필시 글을 먼저 쓴 후 실제 코드는 나중에 넣은 것이 분명했어요. 프로그램을 짜 보니 말이 움직일 수 있는 위치를 무한정 깊이 탐색할 수 없다는 사실을 깨달은 거죠. 그래서 탐색 깊이라는 매개 변수를 슬쩍 추가해서 특정 깊이까지만 make-move 함수를 재귀 호출하고 중지하도록 한 겁니다. 실제 프로그램에는 그 기능을 추가했지만 잡지 안에 실린 글에다 수정 사항을 반영하지는 않았던 거죠.

사이블 처음으로 읽어 본 흥미로운 코드가 그거였군요. 그렇다면 처음으로 작성한 흥미로운 프로그램은 무엇이었나요?

노빅 아마도 생명 게임이었던 것 같습니다. 사실 수업 과제였어요. 저는 재빨리 과제를 끝냈죠. 문제는 결과를 보여 줄 멋진 30인치 모니터가 없었다는 거예요. 노란 종이에 글씨를 찍는 텔레타이프가 전부였죠. 저는 "종이 한 줄에 네모 칸 하나 찍는 건 낭비 아니야?"라고 말했어요. 관리자도 아마 우리가 가로세로 10칸씩의 정사각형을 만들고는 비슷한 모양으로 여러 개의 정사각형을 이어서 인쇄하기를 원할지도 모른다고 생각했어요. 그래서 반 친구들에게 "한 줄에 이 게임의 다섯 세대 진화 결과를 연속으로 출력하는 게 어때?"라고 물었습니다. 하지만 베이식으로는 삼차원 배열을 선언할 수 없다는 문제에 봉착했어요. 어떤 이유에서인지 이차원 배열도 많이 사용할 수 없었던 것 같습니다. 아마 메모리가 부족해서였을 거예요. 하는 수 없이 이차원 배열만 가지고 5~6세대를 찍어 낼 방법을 알아내야 했고 그때 비트 필드[9]라는 개념을 알게 되었죠.

사이블 메모리 제약 조건을 고려해서 데이터를 구겨 넣을 수 있는 자신만의 저장 형식을 구축한 셈이로군요. 비트 필드를 구성하는 비트 배열에 대한 지식은 어딘가에서 미리 배운 건가요, 아니면 매뉴얼을 뒤적거리다가 '가만, 여기 PEEK와 POKE라는 명령어[10]가 있네?' 하는 식으로 스스로 발견한 건가요?

노빅 글쎄요, 저는 그냥 위치마다 0이나 1을 저장하고 있었어요. 그리고 더 많은 걸 어딘가에 저장해야 했고요. 그래서 저는 '아, 여기에 다른 숫자들도 저장하면 되겠군.' 하고 생각한 거죠. 사실 제가 비트 저장 기법을 사용했는지 아닌지도 기억나지 않아요. 아마 이진법보다는 십진법 숫자로 그렇게 했을 겁니다. 이진법을 배우긴 했지만 사실 그렇게 복잡한 걸 해 보진 않았거든요.[11] 그러고 나서 뭔가를 덧붙였습니다. 시뮬레이션에서 세대가 반복되고 있는지, 반복되고 있다면 어떤 주기로 반복되고 있는지 같은 걸요. 이건 딱 이전 세대 결과 하나만 가지고는 파악할 수 없는 문제였어요.

사이블 개발자로 일하기 시작했을 때 기술을 향상시키기 위해 특별히 한 일이 있나요, 아니면 그냥 열심히 코딩만 했나요?

노빅 코딩만 했던 것 같습니다. 당연히 재미있기 때문에 한 거죠. 특히 제가 대학원생이었을 때에는 일정에 그리 구애받지 않았어요. 저는 이렇게 말하곤 했죠. "와, 여기 재미난 문제가 있네. 이 문제 가지고 씨름 좀 해야겠군." 학위 논문 때문이 아니었어요. 코딩은 그저 재미있어서 한 겁니다.

사이블 대학에서 컴퓨터를 공부하긴 했지만 컴퓨터 과학을 전공하지는 않으셨죠. 맞나요?

노빅 제가 입학했을 때 컴퓨터 과목은 응용 수학과에 개설되어 있었어요. 사실 제가 졸업할 때쯤에 컴퓨터 과학과가 생겼지만 저는 수학 전공을 고수했습니다. 컴퓨터 과학 전공에 필요한 모든 과목을 수강하는 건 IBM을 전공하는 것이나 마찬가지란 생각이 들었어요. 컴퓨터 과학과에서 배우는 것이라곤 IBM 어셈블리어와 시스템/360[12]을 구동하기 위한 운영 체제 같은 것이 전부였으니까요. 별로 매력이 없었습니다. 물론 눈길이 가는 과목이 몇 개 있어서 수강하긴 했어요. 하지만 필수 과목을 다 듣고 싶지는 않았죠. 아무튼 대학 졸업 후 저는 매사추세츠주 케임브리지에 있는 소프트웨어 회사에서 2년 동안 일했습니다. 그리고 2년 후에 회사를 뛰쳐나왔죠. "학과 공부에 질리는 데는 4년이 걸렸고 일에 질리는 데는 2년밖에 걸리지 않았으니까, 아마 나는 학교를 두 배 더 좋아하나 봐."라고 주변에 말하고 다녔습니다.

사이블 당시 회사에서는 무슨 일을 했나요?

노빅 그 회사의 주요 제품은 소프트웨어 설계 도구 모음이었어요. 다양한 종류의 소프트웨어 컨설팅도 하고 있었죠. 케임브리지에 있는 드레이퍼 연구소에서 아폴로 달 탐사 계획에 참여했던 사람들이 창업한 회사였는데 공군과 연줄이 있었던 거죠. 그래서 정부에서 따낸 일을 할 수 있었고요. 회사 사람들은 소프트웨어 설계 방법에 대한 참신한 아이디어가 있었어요. 물론 그런 아이디어를 전부 따르지는 않았지만 꽤 재미난 것들이었죠.

그 회사에서 제가 참여했던 프로젝트 중 하나는 순서도 생성 프로그램을 짜는 일이었습니다. 입력으로 특정한 소프트웨어의 소스 코드를 넣으면, 구조를 해석한 후 순서도를 생성해서 출력해 주는 프로그램이었죠. 사람들은 대개 코드를 다 짠 후에 순서도를 만드니까요. 그래서 이런 방식의 프로그램이 완벽하다고 생각했어요. 언뜻 보면 순서도를 먼저 그리고 프로그래밍을 해야 한다고 생각할지 모르겠네요. 하지만 절대 그러지 않잖아요. 실제로 순서도는 나중에 만들죠. 게다가 순서도 생성기 안에는 부분 문법 같은 것도 있어서 문법이 일부 틀린 소스 코드도 처리할 수 있다는 점이 기발했어요. 해석할 수 없는 부분은 대강 얼버무리는 방법을 쓰면 그만이었습니다. 예를 들어 IF 문은 제대로 파싱해야만 했어요. 별도의 블록에 들어가는 내용이니까요. 하지만 다른 것들은 모두 "뭐가 들어 있든지 전부 블록 하나에 집어넣죠."라고 할 수 있었어요. 우리는 순서도 생성기를 납품하기로 계약했습니다. 고객은 생성기가 유닉스 시스템에서 돌아가야 한다고 특별히 요구했어요. 어쩔 수 없이 우리는 유닉스용 컴파일러를 만들기 위해 필요한 야크 같은 도구가 모두 설치된 컴퓨터 한 대를 MIT에서 빌려야 했죠. 그런데 마지막 순간에 갑자기 그 사람들이 "미안합니다. VMS 시스템으로 전환해야 할 것 같습니다."라고 말을 바꿨어요. 우리는 VMS 시스템에 맞는 야크를 빠르게 구할 수 없었죠. 다행스럽게도 우리는 이전 시스템에서 야크로 심벌 테이블[13]을 이미 생성한 상태였어요. 우리는 심벌 테이블이라는 결과만 필요했습니다.

사이블 **문법이 바뀌지 않는 한 문제없었다는 말씀이군요.**

노빅 맞아요. 우리는 소프트웨어를 납품했고 고객들은 만족했습니다. 그리고 당연하게도 납품 직후에 문법이 바뀌어 버렸죠. 우리에게는 더 이상 유닉스 기계가 없었고요. 그래서 심벌 테이블을 직접 살펴보고 이해한 후 바뀐 문법에 맞게 테이블을 수정해야 했습니다. 말하자면 "여기에 다른 상태로 분기하는 명령이 있군. 좋아, 여기로 분기하는 대신에 새로운 상태를 하나 만들어서 그리로 분기하게 하면 되겠어." 하는 식이었습니다.

사이블 그랬더니 정말 잘 해결됐나요? 차라리 파서를 새로 만들 생각은 안 해 보셨나요?

노빅 아마 그랬어야 했겠죠. 하지만 아시다시피 한 곳만 살짝 고치면 되었거든요.

사이블 3주마다 새롭게 바뀐 문법에 맞게 코드를 바꾸느라 골치를 썩지는 않았나요?

노빅 글쎄요, 그때 저는 대학원으로 떠났어요. 저 말고 누군가가 그 문제를 떠안았겠죠. 그다음 일은 솔직히 모르겠네요.

사이블 아무튼 골칫거리에서 해방되셨군요. 다음엔 박사 학위를 따셨고요. 혹시 다른 방식으로 프로그래밍을 배웠더라면 어땠을까 하는 생각은 안 드시나요?

노빅 저는 결국 기업에서 일하게 되었어요. 좀 더 일찍 실무를 접했다면 낫지 않았을까 싶어요. 현장에서 돌아가는 업무에 대해 배운 적은 있지만 학교와 대학원에 너무 오랫동안 있었다는 생각도 들어요. 공부하는 것도 무척 재미있었기 때문에 후회는 없지만요.

사이블 현업에서는 프로그래밍에 관해 무엇을 배워야 했나요?

노빅 일정 지키기요. 동료와 고객, 관리자와 잘 지내는 일도 있고요. 제가 대학원에서 공부할 때에는 그럴 필요가 없었어요. 지도 교수님에게 가끔 얼굴을 내밀기만 하면 됐습니다. 제 생각에 가장 큰 변화는 한 사람에서 한 팀이 된 것이었고, 팀에서 어떤 식으로 협업이 이뤄지는지 알아내는 일이었죠. 그런 건 학교에서 흔히 할 수 있는 경험이 아니었어요. 이제 몇몇 학교에서 교과 과정에 팀 단위 활동의 비중을 점점 늘리기 시작하는 것 같습니다. 제가 학교 다닐 때에는 팀을 이루어 과제를 하면 부정행위 취급을 받았는데 말이에요.

사이블 기업에 취직하려는 사람들한테 코드 작성 능력 말고 개발해야 할 다른 기술이 있을까요?

노빅 사람들과 잘 어울리는 것이 무엇보다 중요합니다. 고객을 잘 이해하는 능력이 정말 중요해요. 고객과 소통하며 어떤 소프트웨어를 구축하고자 하는지 그리고 그 목표를 달성할 수 있는 수단이 올바른지 여부를 파악해야만 합니다. 고객 그리고 팀 동료와 소통할 줄 알아야 하죠. 직접 나가서 회사 내 고위급 인사나 고객을 만나서 소통할 수 있어야 합니다. 만나는 사람과의 사회적 관계에 따라서 필요한 소통 기술도 모두 제각각이더라고요.

사이블 프로그래밍이 예전보다 더 사회적인 활동이 된 셈이군요?

노빅 맞습니다. 한때 컴퓨터는 접근하기 쉽지 않은 기계였어요. 옛날에는 일괄 처리 방식을 사용했기 때문에 인터페이스도 훨씬 간단했지요. 그래서 폭포수 모델을 사용할 수 있었습니다. 폭포수 모델 명세서에는 이를테면 이런 것이 적혔겠죠. '카드 한 벌을 입력으로 받고 이 칸에 이런 숫자를 담은 보고서를 출력한다.' 이런 식으로 소프트웨어 명세를 쓰는 것은 그리 좋은 생각이 아니었어요. 처음부터 고객과 수많은 대화를 거치는 편이 더 좋았을 거예요. 하지만 예전에는 단계를 좀 더 분리할 수 있는 것처럼 보였죠. 지금은 더 유동적이고 상호적인 소프트웨어 개발이 강조되는 것 같아요. '처음부터 완전한 명세를 갖추기보다 고객을 방에 불러들여 브레인스토밍부터 시작하라.'고 하는 게 타당할 것 같네요.

사이블 혼자 프로그래밍하는 것과 팀으로 같이 하는 것의 차이를 번뜩 깨우쳤던 순간이 있나요? 혹시 기억나는 게 있으면 알려 주세요.

노빅 그런 순간이 많이 있었는지 모르겠네요. 확실한 건 '혼자서 모든 것을 할 수는 없다.'는 깨달음이죠. 프로그래밍의 상당 부분이 머릿속에 가능한 한 많이 담는 일이라고 생각합니다. 하지만 그게 한계가 됩니다. 적어도 제 경우에는 그래요. 그다음에는 추상화를 바르게 받아들이기 위해 다른 사람에게 의존해야 하죠. 그래야 그걸 쓸 수 있을 테니까요. 저는 '이건 전에 해 봐서 어떻게 한 건지 알아.'라는 관점보다는 '이걸 어떻게 구현할 수 있을까?'라는 관점에서 생각하기 시작했어요. 내가 했다면 어떻게 했을까? 나라면 이렇게 만들었을 텐데 실제로는 그렇게 만들어지지 않았다면 왜 그랬는지 따져 봐요. 그리고 어떻게 사용해야 하는지도 알아내죠.

사이블 실제로 어떤 팀에 소속되었다고 가정해 보죠. 팀으로 개발하는 방법을 배우면 개인 혼자서도 실제로 더 큰 프로젝트를 감당할 수 있게 된다고 보시나요? 자기 자신이 시간대를 나눠 일하는 팀이라고 생각할 수도 있잖아요.

노빅 사실이라고 생각해요. 젊은 프로그래머들에게서 확실히 그러한 면모를 엿볼 수 있어요. 지금과 그때의 차이점이 또 하나 있는데요. 요즘 프로그래머들은 모든 것을 처음부터 제작하기보다 누가 이미 만들어 놓은 모듈을 조립해서 개발하기를 선호하는 것 같아요. 학교에서 과제를 내줍니다. 학생이 이렇게 발표할 거예요. "안녕하세요. 저는 웹사이트를 하나 만들었습니다. 웹 페이지는 루비온레일스 패키지로 만들었고 드루펄[14] 패키지를 사용해 블로그 기능을 추가했습니다. 이런 파이썬 스크립트도 추가했고 통계를 내기 위한 코드도 다운로드했습니다." 모든 것을 처음부터 작성하기보다 이미 만들어진 부분들을 합쳐 사용할 수 있도록 스크립트를 짤 뿐이죠. 저도 패키지 내부의 모든 세부 사항보다는 인터페이스가 서로 맞물리는 방식을 이해하는 게 더 중요하다고 생각해요.

사이블 그런 관점이 개발자로서 성공할 인재에 대한 기준을 바꾸고 있다고 생각하시나요?

노빅 성공한 사람들은 모두 똑같은 요소를 가지고 있다고 생각합니다. 적어도 이 분야에서만큼은 그렇다고 봐요. 하지만 '완벽히 이해해야 해.'보다는 '일단 당장 필요한 것만 빨리 이해해 보자.'라는 마인드셋이 더 중요해진 것 같네요. 그중 몇몇은 허세를 부리면서 "나는 묻지도 따지지도 않고 그걸 할 거야."라고 거리낌 없이 말할 수도 있고요. "나는 지금 무슨 일이 벌어지고 있는지 전체를 이해하지는 못해. 하지만 문서를 참고해 보니 이것 세 가지는 알 것 같아. 해 봤는데 잘 먹혀들었거든. 그러니 그냥 해 보자." 같은 방식으로도 물론 어느 정도 통할 겁니다. 그러나 정말 훌륭한 프로그래머가 되기 위해서는 그런 마인드셋으로는 안 돼요.

거기서 한 발 더 나아가야 합니다. 이를테면 "여기서 이렇게 하는 게 안전할까? 어떤 실패 사례들이 있을까? 좋아, 한번 해 봤는데 잘 작동했어. 그렇다고 늘 이게 먹힐까? 이게 늘 작동한다는 걸 보여 주는 테스트 케이스는 어떻게 작성할까? 더 잘 이해하는 데도 도움이 되어야 할 텐데. 좋아, 코드는 다 작성했어. 나는 이 안의 조각들을 특정한 방식으로 조립했지. 그렇다면 이제 이 안의 중요한 부분을 새로운 도구로 만들어 공개해 볼까? 사람들이 이것들을 자기 프로젝트에 사용할 수 있게 말이야."라고 말할 수 있는 사람이 되어야 합니다.

사이블 개발자였을 때 팀으로 일했던 경험은 어땠나요? 문제를 쪼개서 모든 사람이 자기 몫만큼 업무를 분담하는 방식을 선호하시나요, 아니면 모든 개발자가 코드 전체를 함께 소유하고 늘 짝 프로그래밍을 하는 익스트림 프로그래밍 모델을 좋아하시나요?

노빅 저는 나눠서 하는 편인 것 같아요. 스티브 예기가 자기 블로그에 'Good Agile, Bad Agile'이라는 글[15]을 썼는데요. 스티브 말이 거의 맞는 것 같아요. 스티브 말대로 업무 시간의 딱 10% 정도까지는 함께 앉아 일하면 정말 도움이 될 것 같습니다. 동료가 알고 있는 걸 같이 알고 싶을 수도 있으니까요. 그런데 그 이상은 딱히 도움이 되지 않을 것 같습니다. 훌륭한 프로그래머 둘을 데리고 있다면 '50%의 능률로 두 사람이 작업하는 것'보다 각자 독립적으로 작업한 후에 서로가 한 작업을 디버깅해 주는 편이 낫다고 봐요.

애초에 어떤 것을 만들지 결정하기 위해 브레인스토밍을 할 때에는 함께 머리를 맞대야 합니다. '우리가 해결하고자 하는 문제는 무엇인가? 여기에 어떤 기능을 넣을 것인가?' 같은 것은 함께 의논해야 하니까요. 프로젝트를 시작하기 전에는 어떤 제품을 출시하고 싶은지도 모릅니다. 함께 머리를 맞대지 않으면 안 되는 부분이죠. 그다음은 프로젝트를 분배하는 부분입니다. 역시 함께 머리를 맞대면 좋은 부분입니다. 이렇게 앞부분이 잘 정리되면 그다음부터는 코딩입니다. 대부분의 시간 동안 혼자 몰두하는 편이 좋은 때죠. 물론 작성하고 있는 코드 한 줄 한 줄을 남들이 다른 시각에서 꼼꼼히 리뷰해 주길 바랄 수도 있습니다. 하지만 실시간 코드 리뷰는 불필요하다고 생각해요. 코드 리뷰는 코드가 완성된 이후에 하는 것이 바람직합니다.

그러고 보니 IBM에서 말한 '마스터 프로그래머'가 기억나는군요. 제가 들어 본 얘기 중 가장 멍청한 아이디어였죠. 아무리 진정한 프로그래머라고 해도 그 심부름꾼이 되고 싶어 하는 사람이 어디 있을까요?

사이블 마스터 프로그래머 모델이 그 정도로 바보 같은 아이디어라고 생각하셔서 놀랐습니다. 'Teach Yourself Programming in Ten Years'라는 에세이에서 프로그래밍이 다른 기술들과 마찬가지로 실제로 마스터하는 데 약 10년이 걸릴 수 있다는 점을 강조하셨는데요.[16] 수공예 분야에는 장인·직공·견습생 같은 여러 층의 위계질서가 존재하는 경우가 많습니다. 이 바닥에서 견습생이 되고 '싶은' 사람은 아마 아무도 없을지 모르죠. 하지만 10년 동안 스승 밑에서 배운 경험이 있는 사람이 학교를 갓 졸업한 사람과는 격이 다른 일을 해야 한다는 말이 그다지 허튼소리처럼 들리진 않네요.

노빅 제 생각에 도제식 가르침의 가장 좋은 점은 스승이 무엇을 어떻게 하는지 볼 수 있다는 것입니다. 제가 견습생이라면 스승의 많은 것을 보고 배우고 싶을 거예요. 이런 경우에 짝 프로그래밍을 쓸 수 있겠죠. 경험이 없는 사람일수록 경험이 많은 사람을 지켜보는 것이 정말 도움이 됩니다. 특히 디버깅 기술처럼 좀처럼 배울 기회가 없는 종류의 기술을 터득해야 할 때 더욱 그렇죠. 알고리즘 같은 건 어디서나 배울 수 있습니다. 하지만 디버깅하는 법을 배울 수 있는 곳은 거의 없죠. 또 누군가를 관찰하는 법 같은 것을 배우고선 "와, 이런 건 상상도 못해 봤어. 정말 쓸모 있는걸." 하고 감탄을 내뱉을 일도 거의 없습니다. 스승과 문하생 형식의 교육이 성행했던 이유는 부분적으로는 배울 재료가 희귀했기 때문이라고 생각합니다. 금세공인이 가공하기 위해 사용할 수 있는 금은 제한적입니다. 외과의사가 수술할 때 사용할 수 있는 심장도 하나뿐이고요. 따라서 환자는 그 수술을 집도할 최고의 명의를 원할 겁니다. 다른 사람들은 그냥 도와주기만 하고요. 코딩은 그렇지 않습니다. 우리는 사용할 컴퓨터가 많아요. 키보드도 흔하디 흔하죠. 재료를 제한하는 요인이 없어요.

사이블 많이 가르치지 않는 것에 관해 더 이야기해 보자면 학계와 업계를 모두 경험해 본 입장에서 볼 때 컴퓨터 과학 학계와 업계의 프로그래밍이 적절히 연결되고 있다고 보십니까?

노빅 중요한 질문이네요. 저는 컴퓨터 과학 교과 과정에 쓸모없는 것은 별로 없다고 생각해요. 대부분 배워 놓으면 매우 쓸모 있는 지식입니다. 학교에서 배우는 게 유용하긴 하지만 그렇다고 학교 교육만으로 소프트웨어 업계에서 성공하거나 어떤 시스템을 구축할 수는 없어요. 많은 학교의 교과 과정이 업계 현실을 잘 따라오지 못했다고 생각합니다. 학교에서 배우는 지식 말고도 여러 가지가 필요하거든요. 학교에서는 팀 단위 개발을 가르치지 않죠. 학교에서는 조그마한 모듈들을 서로서로 맞춰 큰 소프트웨어를 조립하는 것이 가능하다는 발상을 가르치지 않아요. 하지만 학생들은 어떻게든 그런 방법을 습득합니다. 그래서 아마 그 부분은 괜찮을 겁니다. 구글에서는 대규모 클라우드 컴퓨팅이나 병렬 컴퓨팅 같은 기술에 관심이 많은데요. 이런 건 학교에서 가르쳐 주지 않습니다. 이런 면에서 교과 과정이 약간 뒤처지는 면이 있어요. 하지만 학교 교육은 여전히 유용합니다.

사이블 그런데 업계보다 학교가 앞서 나가는 분야가 있나요? 소프트웨어를 만드는 좋은 방법에 관해 업체가 놓치고 있는 부분이요.

노빅 어느 정도는 있어요. 인텔이 실제로 관심을 그리 기울이지 않았던 모델 체킹[17]이 좋은 사례라고 볼 수 있습니다. 인텔은 결국 소프트웨어 결함 때문에 제품을 모두 회수했고 큰 영업 손실을 봤어요. 곱셈 모듈 어딘가에 버그가 있었죠. 인텔은 결국 모델 체킹에 관심을 갖기 시작했고, 결국 한 교수에게 가서 "저희를 좀 도와주실 수 있을까요?" 하고 도움을 요청했습니다. 학계에서만 할 수 있는 일이 정말 있었던 겁니다. 이제 모델 체킹은 인텔의 소프트웨어 개발에 통합되었죠. 그러니 좋은 사례라고 할 수 있습니다. 프로그래밍 언어의 경우는 딱히 좋은 사례에 해당하지 않아요. 연구가 많이 이루어지고는 있지만 새로운 프로그래밍 언어가 업계에 미치는 영향은 크지 않습니다. 운영 체제의 경우는 학계가 도움이 좀 됩니다. 우리는 데이비드 패터슨[18] 등과 함께 버클리 RAD 연구소[19]와 일하고 있습니다. 그들은 신뢰성 높은 시스템을 만드는 방법에 대해 좋은 아이디어를 가지고 있죠. 하지만 업계가 더 광범위하고 거대한 문제를 풀고 있는 것은 분명합니다. 물론 업계가 모든 문제를 해결할 방법을 갖고 있는 건 아니에요. 다만 업계가 학계보다 더 열심히 노력하고 있다는 겁니다.

사이블 PHP를 독학으로 배운 개발자 세대는 좀처럼 해스켈을 반기지 않잖아요. 아무리 소프트웨어를 작성하는 데 해스켈이 더 편리하더라도 말이죠. 이처럼 변화를 두려워하는 업계 사람들의 저항 때문에 학계에서 잘 나가는 아이디어가 받아들여지지 않은 경우는 없나요?

노빅 전 그런 관점에 꽤 회의적이에요. 학계의 어떤 아이디어에 진짜 장점이 있다면 사람들은 그걸 이미 이용하고 있을 거예요. 물론 업계 사정을 보면 모든 문제에 대해 즉시 최적 해결책이 적용될 만큼 정보가 완벽하게 공유되고 있지는 않아요. 하지만 그렇더라도 꽤 잘 공유되고 있습니다. 그러나 학계에서는 업계가 해결해야 할 문제를 모두 보지 못하는 일이 다반사예요. 일부는 교육의 차이 때문인데요. 범주론 수업을 들어 본 적이 없고 모나드가 무엇인지 모르는 개발자들이 한 무더기라면 학계와는 입장이 좀 다를 수밖에요.

문제의 또 다른 부분은 우리에게 모든 시스템이 구축되어 있다는 점입니다. 우리는 지금 사용하는 시스템을 모두 갑자기 내다 버릴 수 없습니다. 그래서 점진적으로 바꿔야 하죠. 저는 업계에서 좀 더 미래 지향적으로 "물론 당장 우리가 모든 시스템을 바꿀 수는 없어요. 하지만 앞으로 10년 후에 우리가 어디에 있게 될지 계획을 세워야만 합니다. 현재에 안주하지 않고 미래에 원하는 목표에 도달하는 방법을 생각해야 하죠."라고 말하는 회사가 많아야 한다고 굳게 믿습니다.

그런데 사람들은 영향이 큰 분야를 개선하려고 하겠죠. 저는 현재의 프로그래밍 언어들이 바라보는 수준이 너무 낮아서 언어 설계자들이 생각하는 만큼 영향을 많이 줄 수 없다고 생각해요. 언어 설계자들이 "내가 새롭게 만든 빛나는 언어를 사용하면 여섯 줄의 코드를 두 줄로 줄일 수 있어요."라고 말한다면, 네, 좋은 거죠. 생산성이 향상되고 디버깅과 유지 보수도 더 쉬워지겠지요. 하지만 아마 그들이 작성하는 코드는 제품이라는 전체 시스템에서 작은 부분에 불과할 거예요. 정말 큰 골칫거리는 매일 데이터를 업데이트하고, 웹을 긁어모아서 새로운 데이터를 수집한 후 그것들을 올바른 형식으로 수정해서 넣는 작업입니다. 따라서 언어 설계자가 해결하는 일은 전체 문제에서 아주 작은 부분에 불과하다는 걸 잊지 말아야 합니다. 다시 말해 시스템을 완전히 갈아엎을 정도의 가치가 있으려면 아주 큰 장벽을 넘어야만 한다는 뜻입니다.

사이블 실용적인 프로그래밍 언어에 대한 연구를 제외하면 초창기 IBM을 전공하는 듯했던 컴퓨터 과학에 많은 진전이 있었다고 느끼시는 것 같군요.

노빅 맞아요. 현재 컴퓨터 과학 교과 과정은 훌륭하다고 생각합니다. 강의실에 빈자리가 많아 속상할 뿐이죠. 입학생 등록이 줄고 있어요. 컴퓨터나 컴퓨터 설계를 너무 좋아해서 컴퓨터 과학과에 진학하는 부류의 사람은 확실히 계속 있어요. 우리는 그런 학생들을 붙잡고 있죠. 하지만 그와 동시에 많은 수의 수재와 영재가 물리학이나 생물학 같은 분야로 진출하고 있어요. 가장 뜨거운 분야이기 때문이죠. 어떤 학생들은 '음, 나는 컴퓨터를 좋아해. 하지만 어차피 이쪽 관련된 일은 모두 인도에 외주를 주잖아. 여기엔 아마 미래가 없을 거야. 차라리 법학이나 다른 걸 전공하는 편이 취업에 도움이 될지 몰라.'라고 판단하고 있죠. 너무나 아쉬운 선택입니다. 뭔가 잘못 알고 있는 겁니다.

사이블 아쉬운 선택이라고 하셨는데요. 그 이유가 사람들이 프로그래머가 되는 것을 좋아하리라고 생각하기 때문인가요, 아니면 우리가 그들을 필요로 하기 때문인가요?

노빅 둘 다예요. 많은 사람이 여러 가지 분야에서 재미를 느끼죠. 그리고 사람들이 두 가지를 똑같이 재미있다고 느낀다면 저는 그 사람들에게 컴퓨터 과학을 공부해야 한다고 말하지 않을 거예요. 하지만 컴퓨터 과학에 특별히 재미를 느낄 수 있는 인재들이 오히려 다른 분야를 바라보고 있습니다. 우리는 똑똑한 사람이 더 많이 필요하고 저는 그들이 세상에 큰 영향을 미칠 수 있다고 생각해요. 그러니 최고의 인재들을 지금보다 더 많이 컴퓨터 과학 쪽으로 끌어와야 합니다.

사이블 데이크스트라가 쓴 한 논문에는 이런 말이 나옵니다. "컴퓨터 과학은 이러저러하기 때문에 수학의 한 분야이다. 따라서 컴퓨터 과학 전공생들은 처음 n년 동안은 컴퓨터를 만지면 안 된다. 그 대신 공식적인 기호 시스템을 다루는 법을 배워야 한다."라고 말이죠. 괜찮은 프로그래머가 되기 위해선 수학을 얼마나 잘해야 할까요?

노빅 저는 데이크스트라가 묘사하는 수준까지 수학을 잘해야 한다고 생각하지 않습니다. 그리고 데이크스트라가 묘사하는 건 특정한 분야의 수학일 뿐입니다. 이산 논리 증명이라는 분야죠. 저는 이게 덜 중요한 분야에서 왔어요. 논리보다는 확률이 더 중요한 분야죠. 제가 짠 프로그램 중 정확성을 증명할 수 있는 건 거의 없습니다. 구글 검색이 수학적으로 올바른가요? 자, 단어를 하나 검색창에 넣어 봅시다. 검색 결과로 링크 10개가 나오네요. 검색 자체가 안 되고 먹통이 되었다? 코드에 뭔가 문제가 있는 거겠죠. 하지만 검색 결과에 이런 링크 10개가 아니라 저런 링크 10개가 나왔으니 틀렸다고 할 수는 없어요. 물론 어떤 것이 다른 것보다 더 나은지에 대한 의견은 제시할 수 있지요. 하지만 그 이상 넘어설 수는 없습니다. 이런 방식은 데이크스트라가 갖고 있던 철두철미한 논리적 사고와는 상당히 달라요. 어차피 그런 종류의 문제, 예를 들어 자율 주행 자동차가 어떤 사람도 치지 않고 도시를 통과해야 하는 문제를 풀어야 한다면 논리 따위는 내다 버리게 될 겁니다.

사이블 훌륭한 프로그래머가 되기 위해 꼭 지녀야 하는 다른 기술이 있을까요? 업계마다 요구하는 자질은 분명히 다르겠지만 어떤 소프트웨어를 개발하든지 상관없이 코드를 작성할 때 갖춰야 하는 자질에는 궁극적으로 공통점이 있을 것 같은데 말이죠.

노빅 일단 코드를 완성할 수 있어야 하고 나중에 그것을 개선할 수 있어야 합니다. 그게 개발자가 인생에서 해야 하는 전부입니다. 어떤 아이디어가 떠오를 때 "우리가 가야 할 방향은 이쪽이야."라고 한 다음 코드를 짜겠지요. 코드를 다 완성하면 그다음 단계는 "이제 이걸 다듬을 시간이야." 하는 겁니다. 다양한 부분을 개선할 수 있습니다. 자신이 만든 코드의 일부가 마음에 들지 않을 수도 있고, 어떤 예외 상황에 대한 처리가 미흡할 수도 있죠. 개선이 잘 이루어지면 다음 단계는

"이젠 이 시스템을 좀 알겠어. 그렇다면 이 부분을 추상화해 도구로 만들어 배포할까? 다음번 시스템은 더 쉽게 만들 수 있도록 말야." 같은 것들입니다. 이런 일을 하기 위해선 "내가 어디로 가고 있었지? 그리고 거기엔 어떻게 갔지? 그리고 더 좋은 방법은 없을까?" 같은 질문을 던져야 합니다. 한마디로 자기 성찰 능력이죠.

사이블 **언급하신 기술은 본질적으로 코드를 짜고 디버깅하는 일을 반복하는 능력 같습니다. 이런 기술을 많은 사람이 배워야 한다고 생각하시나요? 프로그래머가 되지 않을 사림들까지 포함해서 말이에요. 초등학교나 중학교, 고등학교 교과 과정을 만드신다면 프로그래밍이 무엇인지에 대해 모두에게 조금씩 가르치고 싶으신가요, 아니면 프로그래밍은 그러기엔 너무 전문적인 기술이라고 생각하시나요?**

노빅 전문적인 기술이라고 생각합니다. 그러나 프로그래밍도 절차적인 사고에 속하는 하나의 사례라고 생각해요. 기계적인 절차를 가르치는 것도 프로그래밍을 가르치는 것만큼이나 괜찮다고 봅니다. "여기 부품이 많이 있어요. 이것들을 이용해서 어떻게 여기 있는 물을 저기 있는 컵으로 옮길 수 있을까요?"라고 질문해 보는 겁니다. 이런 문제에선 코딩이 필요 없죠. 그저 늘어놓은 다양한 부품을 이리저리 만지고 조립해 가면서 어떻게 원하는 일을 수행할 수 있는지 알아내기만 하면 되니까요.

사이블 **그런데 프로그래머들이 얼마나 깊이 파고들어야 할까요? 'Teach Yourself Programming in Ten Years'라는 글에서 CPU가 인스트럭션을 실행하는 데 걸리는 시간과 디스크에서 데이터를 읽어 오는 시간의 차이를 알아야 한다고 말씀하셨는데요.[20] 깊이 있게 배우기 위해 어셈블리어는 여전히 배워 둬야 할까요?**

노빅 잘 모르겠습니다. 커누스는 "모든 걸 어셈블리어로 짜라. C 언어로 코딩하는 것은 너무 비효율적이다."라고 하더군요. 그 의견에 동의하지 않습니다. 어떤 인스트럭션이 비효율적인지 잘 아는 정도가 되고 싶을 수도 있겠지만, 이것들을 개개 인스트럭션 수준에서 보면 안 됩니다. 인스트럭션을 2개가 아니라 3개 썼다는 정도의 문제가 아니거든요. 페이지 폴트가 있었는지, 캐시 미스가 있었는지도 알아야 하죠. 저는 어셈블리어를 알 필요가 없다고 생각해요. 컴퓨터 아키텍처를 이해해야 합니다. 어셈블리어로 코드를 짜는 방법보다 어셈블리어가 특정 컴퓨터 아키텍처에서 무엇을 나타내는지 이해해야 합니다. 또한 메모리 계층 구조라는 것이 있어서 계층 구조의 한 단계에서 다음 단계로 넘어갈 때 성능 저하가 큰 폭으로 발생한다는 것도 이해해야 합니다. 어쨌거나 저는 우리가 이 모든 것을 추상화된 수준에서 이해할 수 있다고 생각합니다.

사이블 **프로그래머라면 반드시 읽어야 한다고 생각하는 책이 있나요?**

노빅 여러 가지 선택이 가능하다고 생각합니다. 한 가지 길만 있지는 않은 것 같아요. 물론 알고리즘 책은 좀 읽어야 합니다. 다른 사람이 만든 알고리즘을 가져다 붙여 넣기만 해서는 프로그램을 만들 수 없으니까요. 커누스의 《The Art of Computer Programming》도 좋고 코먼과 라이저슨, 리베스트, 스타인이 쓴 책 《Introduction to Algorithms》도 좋습니다. 그밖에도 좋은 책이 정말 많습니다. 샐리 골드먼의 책 《A practical guide to data structures and algorithms using Java》도 빼놓을 수 없지요. 샐리가 이번에 쓴 책은 알고리즘을 좀 더 실용적으로 접근하는데 너무나도 흥미롭더군요. 이런 책 중 하나를 읽으면 되지 않을까요. 추상화 개념에 대한 책을 읽어도 좋습니다. 저는 에이벌슨과 서스먼의 《컴퓨터 프로그램의 구조와 해석》도 좋아해요. 다른 책도 있습니다. 코딩에 사용하는 언어를 잘 알아야 합니다. 참조 설명서를 잘 읽어야 합니다. 언어의 메커니즘을 알려 주고 디버깅 및 테스트를 전체적으로 개관하는 책도 좋습니다. 《코드 컴플리트》 같은 책 말입니다. 하지만 길은 수없이 많아요. 꼭 특정한 책들을 읽어야 한다고 할 수는 없어요.

사이블 **현재 직업이 밤낮으로 코딩하는 개발자는 아닌 것으로 알고 있습니다. 그런데도 참신한 프로그램을 이것저것 만들어 웹사이트에 계속 올리고 있으신데요. 그런 작은 프로그램들을 짤 때에는 어떤 방법을 사용하시나요?**

노빅 짧은 프로그램을 짤 때 가장 중요한 것 중 하나는 모든 계획을 머릿속에 넣을 수 있어야 한다는 겁니다. 그러면 성공할 가능성이 크죠. 그런 식으로 작은 프로그램을 꽤나 쉽게 만들 수 있어요. 거대한 프로그램을 작성하려면 추가적인 도구가 필요하지만요. 자신이 맡은 일에 대해 잘 아는 것도 중요합니다. 제가 스도쿠 푸는 프로그램을 작성했을 때 몇몇 블로거가 댓글을 달더군요. 그들이 이렇게 말했습니다. "정말 대조적이네요. 노빅의 스도쿠 프로그램과 이 사람 걸 비교해 봐요." 이름은 까먹었는데 테스트 주도 설계 전문가였습니다. 그 사람은 '음, 스도쿠를 풀 건데 클래스를 만들 거고 먼저 테스트를 왕창 짜 넣을 거야.' 하는 식으로 접근했죠.

하지만 그는 결국 아무것도 끝내지 못했어요. 그는 블로그에 5개의 게시글을 올렸어요.[21] 프로그램 작성은 느리게 진척되었는데 테스트는 엄청나게 많이 했죠. 하지만 결국 스도쿠 푸는 프로그램을 만들지 못했어요. 문제를 어떻게 풀어야 할지 몰랐기 때문이죠. 저는 인공 지능을 공부하면서 제약 조건 전파[22]라는 분야가 있다는 것을 공부한 상태였죠. 그래서 스도쿠를 어떻게 풀어야 할지 알고 있었습니다. 이런 문제를 해결하기 위해 재귀적 검색이라는 연구 분야가 존재하는데 저는 이런 것도 훤히 꿰뚫고 있었어요. 그리고 이 둘을 합치면 스도쿠를 풀 수 있다는 것을 처음부터 알고 있었습니다. 그에겐 이런 지식이 없었어요. 그래서 테스트 케이스들 덕분에 코드가 전부 '작동'하긴 했지만 내내 어둠 속에서 더듬거리기만 했죠.

그 당시 블로거들은 이 사건이 어떤 의미인지 갑론을박을 벌였지만 제가 볼 때에는 큰 의미가 없어요. 저는 테스트 주도 설계가 훌륭하다고 생각해요. 저도 요즘엔 예전보다 그런 방식을 더 많이 쓰고 있고요. 하지만 문제를 접근하는 방법을 모른다면 테스트를 아무리 많이 한다고 한들 해답을 얻지는 못할 겁니다.

사이블 그렇다면 문제는 그가 그걸 어떻게 알았어야 했느냐일 텐데요. 인공 지능 전공으로 박사 학위를 따야 했을까요? 모든 알고리즘을 알 수 있는 사람은 없습니다. 물론 요즘에는 구글 검색을 이용할 수 있죠. 하지만 문제에 대한 올바른 접근 방식을 찾는 것은 웹사이트를 만들기 위한 프레임워크

를 검색하는 것과는 차이가 좀 있습니다.

노빅 자신이 모르는 것을 어떻게 알 수 있느냐는 질문이죠?

사이블 **그렇죠.**

노빅 제 생각에는 두 가지 방식이 있는 것 같습니다. 이렇게 말할 수도 있겠죠. '글쎄, 아무도 그걸 어떻게 푸는지 알지 못할 수도 있어. 그러니 이것저것 무작위로 골라 먹히는지 시험해 보자.' 그게 한 가지고요. 또 하나는 그 문제에 알려진 해결책이 존재할 가능성을 인정하는 것입니다. '글쎄, 아마 누군가는 그걸 어떻게 푸는지 알고 있을 거야. 나는 단지 그 문제와 관련된 용어를 모를 뿐이야. 그게 뭔지 찾아내자.' 하는 식으로 생각하는 겁니다. 그러고 나서 약간의 직관에 힘입어 '그런 것들은 아마 인공 지능 분야에서 쓰는 지식일지도 몰라.' 하고 추측합니다. 그다음엔 어떻게 그 지식을 찾을 수 있는지 알아내야 합니다. 그 전문가가 스도쿠라는 단어를 검색했다면 그런 지식을 찾을 수 있었을 텐데요. 하지만 아마도 그런 방식이 남의 것을 베끼는 부정행위라고 생각했나 봅니다.

사이블 **그러니까 그게 부정행위라고 쳐 보죠. 자신이 스도쿠를 풀려고 시도하는 최초의 사람이라고 해 보자고요. 그래도 문제를 풀 때 사용한 알고리즘은 여전히 존재하고 있었던 거잖아요. 그걸 적용하기만 하면 되었던 거죠.**

노빅 예를 들어 제가 생물학의 어떤 문제를 풀고 싶다고 해 봅시다. 유전자 염기서열을 밝히는 일 같은 걸 하는 데 가장 좋은 알고리즘이 뭔지 모릅니다. 하지만 직관적으로 그런 알고리즘이 어딘가에 있을 거라는 추측은 할 수 있습니다. 찾아보기 시작하겠죠. 또 다른 측면에서 봅시다. 유전자 염기 서열 분석 문제 같은 응용문제 중 일부는 매우 근본적인 알고리즘과 연관되어 있어요. 예를 들어 동적 프로그래밍이 무엇인지 모른다면 매우 불리하죠. 동적 프로그래밍이 몇 번이고 계속 나타나니까요. 탐색에 대한 일반적인 개념을 모르면 역시 곤란합니다. 탐색 알고리즘을 모르면 무언가를 선택했다가 결과가 신통치 않을 때 뒤로 물러서서 다른 선택지를 계속 탐색하는 방법을 떠올리기가 어렵습니다. 이런 아이디어는 모두 1960년대에 나왔습니다 프로그래밍이 본격적으로 시작된 지 불과 몇 년 되지 않았을 때에요. 이런 기본적인 알고리즘들은 모든 사람이 알아야 할 유형에 속하지 않나 싶습니다. 작년에 누군가 막 알아낸 알고리즘은 뺍시다. 그런 것들까지 누구나 알 필요는 없어요.

사이블 그러면 프로그래머들은 오래된 논문까지 꼭 다 읽어야 하나요?

노빅 그럴 필요는 없어요. 완전히 다른 용어를 쓰고 완전히 달라 보이는 두 기술이 결국은 하나로 합쳐진 적이 많아요. 그것들이 정말로 같은 일을 하고 있었다는 것을 나중에야 알게 되었죠. 현대적 관점에서 정리된 지식을 갖추는 게 더 낫습니다. 옛날 기술부터 모든 단계를 밟아 나가기보다는요. 어쨌든 현대적 관점은 반드시 갖춰야 합니다. 이런 공부를 할 때 제일 좋은 책이 뭔지는 콕 집어 말하기 어렵네요. 저는 그런 지식을 조금씩 힘들게 배웠으니까요.

사이블 소프트웨어 설계 이야기로 다시 돌아가 보죠. 거대한 프로그램을 만들 때에는 모든 코드가 어떤 식으로 짜맞추어지는지 전부 기억할 수 없잖아요. 이런 경우에는 어떻게 설계하시나요?

노빅 일단 전체적인 시스템 설계 수준에서 문서화가 잘되어 있어야 한다고 생각해요. 이 시스템이 어떤 일을 어떻게 하는지에 관한 문서 말입니다. 메서드마다 문서화하는 일은 보통 필요 이상으로 지루합니다. 함수와 매개 변수의 이름을 읽으면 알 수 있는 걸 반복하는 경우가 대부분이지요. 소프트웨어에서 전반적으로 어떤 부분이 무엇을 하는지에 대해 우선적으로 기획해야 합니다. 이런 전반적인 설계를 모두가 이해할 수 있어야 하고 이런 설계에 있어 올바른 선택을 해야 합니다. 프로젝트가 성공하기 위해 가장 중요한 요소 중 하나는 올바른 소프트웨어를 만드는 경험을 충분히 한 인재들을 보유하는 거예요. 하지만 거대한 소프트웨어를 만들어 본 경험이 없고 그런 걸 만드는 방법도 모른다면? 차선책이 있습니다. 유연함이죠. 잘못 만들었을 때 수정할 수 있어야 합니다.

사이블 전에 만들어 본 적이 없는 소프트웨어를 개발해야 한다면, 얼마나 오랫동안 곰곰이 생각한 후

에야 실제로 작동하는 프로그램을 만들 수 있을까요? 문제가 무엇인지 정말로 이해하려면 코드를 실제로 작성해 봐야 하나요?

노빅 그런 문제에 대한 한 가지 좋은 방법은 결과부터 생각해 보는 것입니다. 원하는 최종 상태가 무엇인가요? 어떤 문제에는 바람직한 결과가 대략 하나밖에 없을 수도 있습니다. 또 다른 문제는 수백만 가지 비슷한 결과가 있을 수 있고 그렇다면 다양한 방법으로 접근할 수도 있겠죠. 따라서 어떤 종류의 문제를 다루고 있느냐에 따라 달라집니다.

그다음에는 선택하기 어려운 사항과 쉬운 사항을 구별할 수 있어야 합니다. 아키텍처를 설계할 때 잘못된 선택을 내렸다면 내부 제약 조건과 충돌하거나, 아니면 엉뚱한 걸 만드는 등 실제로 뒤통수를 맞는 일이 발생할 수 있습니다. 구글에서 우리는 이러한 모든 종류의 문제를 마주하고 있어요. 규모와 관련된 문제도 끊임없이 발생하고 있고요. 현재 시스템의 처리량을 참고할 때 시스템이 지금보다 10배 더 많은 데이터를 처리할 수 있게 고치면 넉넉하다고 생각할지 모릅니다. 하지만 한두 해 만에 요구 사항은 예상을 뛰어넘고 말지요. 결국 예전 시스템을 버리고 새 시스템을 처음부터 다시 만들어야 할 겁니다. 어쨌든 최소한 선정한 운용 조건에 맞는 올바른 선택을 하고 싶겠죠. 새 시스템이 10억 개에서 100억 개의 웹 페이지를 처리해야 한다고 생각해 보세요. 그렇다면 시스템이 이 데이터를 여러 컴퓨터에 어떤 방식으로 분배할지 선택이 필요합니다. 또한 어떤 종류의 트래픽이 네트워크에서 오가게 만들지도 선택해야 하고요. 그 수준에서 설득력 있는 계획을 짜야 해요. 그런 계획은 주먹구구 수준의 계산으로도 가능할 수도 있고, 어쩌면 시뮬레이션을 돌려 보거나 미래를 예측해 봐야만 가능할 수도 있어요.

사이블 그런 질문의 경우 코드를 짜는 것보다 손으로 추정치를 대강 계산하거나 시뮬레이션을 돌려 보는 것이 올바른 답을 얻기 훨씬 쉬울 것 같네요.

노빅 네, 맞는 것 같아요. 이런 것들은 계산의 영역이에요. 게다가 어떤 공급 회사가 10배 많은 트래픽을 처리할 수 있는 스위치를 내년에 출시할 거라고 주장할 수도 있어요. 이 업체를 믿을 건가요, 아니면 지금 현재 시스템에 맞춰 설계를 진행할 건가요? 뭘 따르든 장단점이 있습니다. 그리고 사용자 인터페이스 분야도 있죠. 이건 만들어 보기 전까지는 알 수가 없어요. 만드는 입장에서는 새로운 사용자 인터페이스가 훌륭하다고 생각할지 모르지만 막상 사용자에게 보여 주면 절반은 이해하기 힘들다고 말하기도 합니다. 그러면 이걸 모두 갈아엎고 새로운 사용자 인터페이스를 만들지 고민해 봐야 할 테고요.

사이블 어떻게 만들지 세심히 계획하는 것보다 일단 프로토타입부터 제작하는 것이 더 좋을 때가 있을까요? 말씀하신 사용자 인터페이스 문제를 제외하고요.

노빅 저는 해결책을 상상할 때 프로토타입이 유용하다고 생각해요. 그게 효과가 있을지 살펴보는 거죠. 프로토타입이 편안하게 느껴지는지 확인해 보는 겁니다. 일련의 개발 도구가 필요하다고 해 봅시다. 이 도구들은 현재 진행 중인 시스템 구축에 쓰일 뿐 아니라 시간이 지남에 따라 시스템을 개선할 때에도 쓸 거라고 해 보죠. 프로토타입을 만들어 봤는데 갑자기 너무 투박하다고 느껴진다면 아마도 기본 구성 요소가 잘못됐을 확률이 높습니다. 이런 문제를 가능한 한 빨리 알아낼 수 있다는 점이 좋죠.

사이블 테스트 주도로 설계를 하자는 아이디어는 어떻게 보시나요?

노빅 저는 테스트를 설계 기법이라기보다는 오류를 수정하는 방법으로 봅니다. 테스트를 설계에 이용하는 극단적인 접근법은 '일단 테스트를 짜야 해. 이 테스트는 결국 내가 제대로 만들었는지 알려 줄 거야.' 하는 거죠. 그다음 테스트를 실행하고 테스트가 실패하면 이런 생각이 들겠죠. '이젠 뭘 해야 하지?' 이건 설계에 어울리는 방식은 아닌 것 같아요. 해결책이 미리 정해져 있을 정도로 간단한 문제에만 적용이 가능하니까요. 일단 깊이 생각해 보고서 '이 안에는 어떤 모듈이 들어 있을까? 모듈들이 어떤 일을 하는지 아직 모르는 상태에서 몇 가지 모듈에 대한 테스트를 작성하는 방법은 무엇일까?' 하고 질문을 던져야 합니다. 그다음에는 각 모듈에 대해 테스트를 만들어서 각 모듈이 어떻게 상호 작용하는지 알아보고 경계 조건은 무엇인지 잘 이해할 필요가 있죠. 이런 것들은 모두 테스트가 있어야 합니다. 하지만 '테스트가 실패했습니다.'라는 메시지로 전체 설계를 이끌어갈 수는 없다고 생각합니다.

제가 좋아하지 않는 다른 한 가지는 구글에서 마주치는 많은 것이 이 단순한 통과/실패 테스트 모델에 들어맞지 않는다는 거예요. 이런 테스트 프레임워크 안에는 `assertEqual()`, `assertNotEqual()`, `assertTrue()` 같은 함수가 들어 있어요. 이런 게 유용하긴 하죠. 하지만 이게 구현할 수 있는 가장 빠른 방법인지 확인할 수 있는 `assertAsFastAsPossible()` 같은 함수도 있으면 좋겠어요. 또한 가능한 쿼리를 잔뜩 모아 놓은 다음 정밀도(precision)[23]나 재현율(recall)[24]이 이러저러한 값을 만족하는지 확인할 수 있는 단정문도 필요합니다. 정밀도와 재현율을 최적화하고 싶을 수도 있고요. 이런 값을 최적화하려면 테스트가 단지 참/거짓이 분명한 불값이 아니라 통계적이거나 연속적인 값을 다룰 수 있어야 합니다.

사이블 하지만 결국 이 모든 것이 불값으로 환원될 수 있어요. 쿼리를 많이 실행한 후에 모든 값을 캡처해서 그것들이 원하는 허용 범위 내에 있는지 확인하면 되니까요.

노빅 가능할 것 같군요. 하지만 테스트 프레임워크가 제공하는 방법들을 살펴보면 그걸 만든 사람들은 그런 가능성 자체를 고려하지 않은 것이 분명해요. 구글에서 이러한 확률적인 접근 방식을 받아들이는 것 자체가 놀라울 따름이에요. 정글리에서 일할 때 이러한 접근 방식을 품질 보증 팀에 가르쳐야 했던 기억이 떠오르네요. 그때 우리는 쇼핑 검색 작업을 하고 있었어요. 제가 "검색 결과가 80% 정도는 맞는지 테스트해 보는 게 어때요?"라고 말하자 다른 직원들은 "좋아요. 그런데 검색 결과가 틀리면 버그잖아요. 안 그래요?"라고 했어요. 저는 "아니요, 검색 결과 한두 개쯤은 틀려도 괜찮아요. 전체 정확도가 80%만 넘으면요."라고 대답했어요. 그래서 그들은 "틀린 검색 결과가 있어도 버그가 아니라고요?"라고 되물었죠. 그들은 정답이냐 오답이냐 같은 두 가지 가능성밖에 따지지 않았습니다. 절충해야 한다는 생각은 하지 못했어요.

사이블 하지만 단위 테스트를 여전히 신뢰하시고 있군요. 개발자들은 테스트를 어떻게 생각해야 할까요?

노빅 당연히 테스트를 많이 작성해야 합니다. 테스트에 들어갈 다양한 조건을 생각해 보는 건 물론이고요. 단위 테스트뿐 아니라 좀 더 복잡한 회귀 테스트까지 해 보길 원할 수도 있겠죠. 그리고 고장-안전 모드[25]를 추가하는 것도 생각해 봐야 합니다. 제가 프로그래밍에 대해 배운 최고의 교훈이 하나 있는데요. 히드로 공항에 도착했을 때였습니다. 갑자기 정전이 일어났고 모든 컴퓨터가 작동을 멈췄어요. 하지만 제가 탄 비행기는 제시간에 이륙했습니다.

어떻게 했는지 모르겠지만 공항 관계자들이 모든 항공편 일정이 나와 있는 인쇄물을 가져왔어요. 잘은 모르겠지만 공항 밖에도 백업 컴퓨터가 있었던 게 틀림없어요. 그날 아침에 인쇄한 건지, 아니면 항상 전날 밤에 일정표를 인쇄한 후 나눠 줬다가 필요가 없으면 그 종이 뭉치를 그냥 버리는 절차가 있었는지는 모르겠어요. 하지만 어떻게든 항공 일정표가 공항에 배치되었고 출국 게이트에 있는 항공사 관계자들은 컴퓨터 시스템을 사용하지 않고 종이로 탑승 절차를 진행했죠. 이 경험은 제가 소프트웨어를 설계할 때 큰 교훈을 주었죠. 나는 대부분의 개발자가 '정전이 되면 내가 짠 프로그램이 어떻게 작동할까?' 같은 질문을 하지 않는다고 생각합니다.

사이블 정전이 되면 구글은 어떻게 운영되죠?

노빅 전기가 들어오지 않으면 구글은 정상 가동되지 않겠죠. 하지만 우리에겐 백업 시스템도 있고 데이터 센터도 곳곳에 있어요. 우리는 '자신이 맡은 프로그램에 연결된 서버가 다운되거나 이런저런 장애가 발생하면 프로그램이 얼마나 잘 작동할까?' 하는 관점에서 생각해 봅니다. 또는 '내 프로그램이 수천 대의 컴퓨터에서 계산을 수행하고 있는데 그 컴퓨터들 중 하나가 죽으면 어떻게 될까? 다른 컴퓨터로 옮겨서 계산을 다시 시작할 수 있을까?' 같은 질문도 던지고요.

사이블 커누스가 텍을 개발하던 시기에 관해 쓴 에세이를 읽어 보면요. 그가 거리낌 없고 깐깐한 품

질 관리자처럼 자신의 코드에서 흠을 찾아내기 위해 최선을 다했다고 말하고 있어요. 대부분의 개발자가 이런 자세를 잘 실천하고 있다고 생각하세요?

노빅 아니요, 실제로 저도 철자 교정 프로그램을 만들 때 겪은 사례인데요. 제가 철자 교정 코드를 살짝 바꾸면서 그 정확도를 테스트하는 코드를 함께 바꾸었어요. 그런데 실수로 테스트 코드에 버그를 만든 거예요. 테스트를 다시 해 봤더니 점수가 훨씬 좋아졌죠. 그리고 저는 철자 교정 구현을 잘 바꿔서 좋아진 거라고 믿었답니다! 훨씬 나쁜 점수가 나왔더라면 '철자 교정 구현을 살짝 바꾼 것 때문에 점수가 나빠졌을 거야.'라고 생각하진 않았을 거예요. 하지만 저는 살짝 바꿔서 점수가 그렇게 좋아진 거라고 믿으려 했죠. '믿을 수 없어, 그렇게 큰 차이가 나타나다니. 뭔가 잘못된 게 틀림없어.'라고 의심하지 않았어요.

사이블 **어떻게 하면 과도한 일반화와 필요 이상의 기능을 추가하는 일을 피할 수 있을까요? 그런 일은 결과적으로 자원을 낭비할 텐데요.**

노빅 그건 전투예요. 개발 과정에서 많은 전투가 일어나죠. 그런데 전 그런 질문에 답하기엔 제격이 아닌 것 같아요. 저는 실용적인 해결책보다는 우아한 해결책을 여전히 선호하니까요. 그래서 저는 저 자신과 싸워요. "현업 일선에서는 우아한 해결책을 생각할 여유가 없어."라고 스스로 되뇌입니다. "우리는 가장 합리적인 해결책을 제공하기 위해 여기에 있으며, 완벽한 해결책이 있다 해도 그것을 적용할 여유는 없을지 몰라."라고 되뇌죠. 우아한 해결책을 포기하고 지금 가장 중요한 일을 해야 한다고 생각하는 거예요. 저 자신뿐 아니라 동료들에게도 그런 사고방식을 주입해 줘야 해요. 독일 속담이었던가, 정확히 어디서 들었는지는 잘 모르겠네요. '완벽함은 좋음의 적이다.'라는 말이 있어요. 실용성을 추구해야 하는 엔지니어라면 새겨들어야 하는 말이죠.

사이블 **왜 개발자들은 실제로 있지도 않은 문제를 해결하는 일에 끌리는 걸까요?**

노빅 개발자들은 현명하게 행동하고 싶어 하지만 동시에 프로젝트도 완벽히 끝내고 싶어 해요. 프로젝트 하나를 뚝딱 완성하고 다음 프로젝트로 넘어가고 싶어

하죠. 그런데 제 생각엔 사람이 제대로 해낼 수 있는 일의 양은 정해져 있는 것 같아요. 사람들은 곧잘 '이 문제는 완전히 끝났어. 이젠 이 문제에 관한 것을 내 머릿속에서 완전히 지워 버릴 수 있겠군. 그리고 다음 문제를 해결하는 거야.'라는 식으로 생각합니다. 하지만 문제를 완전히 해결하는 투자 수익률은 잘 계산해 보지 않는 것 같습니다. 노력 대비 투자 수익률은 항상 S자 곡선을 그려요. 프로젝트가 대략 80~90% 정도 완벽해지면 그때부터는 수익률이 점점 나빠지기 시작하죠. 이쯤이면 프로젝트를 더 완벽하게 만드는 일에 온 역량을 쏟아붓는 대신 다른 일을 해야 합니다. 할 일이 100가지쯤은 더 있을 거예요. 그런 일들은 곡선의 시작 지점에 있으니 수익률도 훨씬 높을 거고요.

사이블 **어떻게 하면 개발자들이 그 곡선에서 자신이 어디쯤 있는지 알아차릴 수 있을까요?**

노빅 개발 환경을 좀 더 결과 지향적으로 맞추면 된다고 봅니다. 이 부분은 개발자 자신이 스스로 훈련할 수 있습니다. 다들 최적화를 원합니다. 하지만 자신이 편안하게 느끼는 기준에 맞춘 최적화와 실제로 해야 하는 최적화는 달라요. 회사의 투자 수익률을 최적화할 수도 있고 고객 만족도를 최적화할 수도 있으니까요. 한 가지 기능의 완성도를 95%에서 100%로 높이는 일과 전혀 구현되지 않은 10가지 기능을 탑재하는 일을 비교해 보세요. 어떤 선택이 고객에게 도움이 될까요?

구글에는 '일찍 자주 출시하라.'라는 철학이 있어요. 그것 때문에 결정은 쉽습니다. 구글이 빠르게 제품을 출시하는 비결은 여러 가지예요. 우선 우리가 출시하는 소프트웨어 대부분에는 비용이 청구되지 않습니다. 그래서 "어서 출시하세요."라고 말할 수 있어요. 무료이니 고객 입장에서는 불만이 많지 않을 테고요. 게다가 소프트웨어를 시디롬에 구워서 포장하는 것도 아니기 때문에 기능이 완전히 구현되지 않았거나 버그가 있더라도 큰 문제가 벌어지지 않습니다. 구글이 만드는 소프트웨어는 대부분 서버에서 돌아갑니다. 오늘 문제가 있어도 내일 버그를 고치면 모든 사람에게 즉시 업데이트가 적용되고요. 개별 PC마다 업데이트하라고 난리법석을 떨 필요가 없는 거죠. 구글에서는 일단 제품을 출시해서 사용자로부터 피드백을 받은 후 수정해야 할 부분들을 고칠 뿐, 다른 부분에 대해서는 딱히 걱정하지 않아도 됩니다.

사이블 대형 시스템을 설계할 때에는 어떤 도구를 이용하시나요? 모눈종이 패드에다 그리시나요, 아니면 UML 도표 도구를 사용하시나요?

노빅 저는 UML 도구 같은 건 좋아해 본 적이 없습니다. 저는 프로그래밍 언어에 대체 뭔 문제가 있길래 시스템 설계에 다른 도구를 쓰는지 늘 의아해했어요. 저는 사람들이 하는 일이나 다루는 일을 좀 더 높은 수준에서 많이 생각해 봐요. 구글에서 우리가 하는 일은 어떻게 시스템을 모듈화하고 그것들을 병렬 처리할 수 있는지 알아내는 게 대부분이거든요. 이 시스템을 다수의 컴퓨터에서 돌려야 하기도 하지만, 사용자도 너무 많고 대부분의 애플리케이션은 데이터도 너무 많아요. 그러면 시스템은 어떻게 작동할까요? 이런 면에서 우리는 기능이나 상호 작용 같은 수준보다는 컴퓨터들, 여러 랙에 나뉜 컴퓨터들 수준에서 설계를 고민합니다. 함수나 메서드를 어떻게 설계할지에 대한 문제는 물리적인 설계 문제가 끝난 다음의 일이죠.

사이블 그 말씀은 그런 설계를 그냥 글로 하신다는 뜻인가요?

노빅 네, 대부분은 그래요. 때때로 그림을 그리기도 합니다. "이러한 종류의 요청을 처리하는 서버를 이쪽에 놓고, 이 서버를 저 서버에 연결하고, 저장소에는 이러저러한 도구를 쓰고, 대규모 분산 해시 테이블 및 기타 유형의 것들도 씁시다. 이를 위해 기존 소프트웨어를 세 가지 정도 쓰면서 이것들로 충분할지, 아니면 새로운 도구를 만들어야 할지 논의해 봅시다." 하는 식이에요.

사이블 그런 설계는 어떤 식으로 평가가 이루어지나요?

노빅 일단 설계안이 나오면 그 프로젝트를 예전에 해 본 적이 있는 전문가들에게 보여 줍니다. 그러면 이렇게 조언을 주죠. "아, 여기 캐시가 필요할 것 같네요. 이 부분의 처리 속도가 느린데 반복 요청이 많이 들어오잖아요. 그러니 여기에다 이 정도 크기의 캐시를 설치하면 꽤 도움이 될 거예요." 그리고 설계 검토 과정에서 모든 것을 살펴본 후에 문제가 없다고 결론이 나면 시스템을 만들고 테스트를 합니다.

사이블 구글도 형식을 갖춰서 설계 검토를 하나요? 나사에서 근무하셨는데 거기는 매우 엄격하게 설계 검토를 하잖아요.

노빅 나사만큼은 아니에요. 아까 말씀드렸다시피 구글에서는 발생하는 문제나 오류의 위험이 적어요. 쉽게 복구할 수 있으니까요. 나사에서 하는 일은 보통 딱 한 번만 실패해도 치명적이에요. 더 조심할 수밖에 없죠. 하지만 우리는 그만큼 격정할 필요가 없어요. 우리가 하는 건 검토라기보다는 상담에 가깝지 않나 싶네요. 물론 설계 문서를 읽는 사람과 그 내용에 관해 의견을 주는 사람이 공식적으로 정해져 있고 그 과정을 거쳐서 설계안을 승인받아야 하죠. 하지만 나사와 비교하면 훨씬 수월한 편이에요. 설계 검토의 목적은 프로젝트를 착수하려는 거예요. 프로젝트를 진행하는 동안 정기적인 검토가 있긴 하지만 코드를 세세히 파악하지는 않습니다. 그보다는 진척도가 어느 정도인지, 일정보다 빠르게 진행되는지, 아니면 뒤처졌는지, 혹시 커다란 문제가 생겼는지, 그렇다면 그 문제는 무엇인지 같은 수준을 파악하는 검토라고 볼 수 있어요. 하지만 제품 출시 과정은 더 엄격하죠. 일종의 체크리스트가 있는데요. 보안 문제 같은 사항은 매우 엄격해요. 이 제품을 출시하면 XSS로 관리자 권한을 획득하는 문제가 일어날 가능성이 있는가 하는 거요. 이런 보안 검토는 정말 엄격한 편이죠.

사이블 히도 판로쉼이 구글에 합류했을 때 그가 짠 파이썬 코드도 리뷰를 받아야 했다고 말한 적이 있어요. 켄 톰프슨 역시 구글에 왔을 때 C 코드 리뷰를 받아야 했고요. 구글이 가진 아주 명확한 코딩 표준을 지켰는지 판단하기 위해 말입니다. 설계에도 이런 수준의 명시적인 표준이 있나요?

노빅 아니에요. 물론 코딩 표준 중 일부는 설계와 직접적인 연관성이 있긴 하지만 설계와 관련된 부분은 어느 정도 융통성이 필요하다고 생각해요. 어쨌든 분명히 회사에서 규제하는 정책이 있기 때문에 코드 기여를 하기 전에 인증을 받아야 합니다. 코드를 저장소에 올릴 때마다 다른 사람이 검토하고 확인해야 하고요.

사이블 그럼 p4[26]에 들어오는 모든 코드 제출 요청은 최종 반영되기 전에 리뷰를 받나요?

노빅 실험적인 코드는 별도 디렉터리에 바로 올릴 수 있어요. 그 외에 일단 반영하고 리뷰를 나중에 받는 예외적인 절차도 있긴 합니다. 하지만 그런 경우는 최소화해야 합니다.

사이블 본질적으로 고전적인 탁상 검사 비슷한 거네요. 내 코드를 책상 위에 인쇄해서 올려놓고 다른 사람이 그것을 보고 읽은 후에 이상이 없는지 확인해 주는 검사 말입니다.

노빅 네, 사실 그런 코드 리뷰 도구 개발이 판로쉼이 한 첫 번째 프로젝트였어요. 당시 우리는 리뷰를 할 때 유닉스에 들어 있는 기본 diff 도구를 사용했는데 다소 투박한 감이 있었죠. 그래서 판로쉼이 멋진 사용자 인터페이스와 색상을 입힌 분산 리뷰 시스템[27]을 만들었습니다. 그 덕분에 코드 리뷰를 더 잘할 수 있었죠.

사이블 많은 회사에서 리뷰가 필요하다고 말하지만 거의 지켜지지 않는다고 합니다. 어느 정도는 리뷰 방법에 대한 훈련을 받아야 하는데 말이죠.

노빅 저는 그동안 리뷰 훈련이 항상 이루어져 왔으며 사람들도 그것을 받아들인다고 생각했었어요. 음, 그런데 꼭 그렇다 말하면 안 될 것 같네요. 리뷰라는 것에 익숙해지는 데 시간이 걸리는 사람도 있으니까요. 전형적인 실패 사례를 하나 말씀드려 볼게요. 신입 사원이 들어와서 어떤 일을 하기 시작합니다. 그는 자신이 하는 일에 아직 익숙하지 않아서 버전 관리 시스템에 실험적인 브랜치를 하나 만들어 놓고는 모든 코드를 거기다 차곡차곡 쌓아 놓습니다. 그러다 동료로부터 "이런, 아직도 체크인 안 하셨네요?"라는 질문을 받습니다. 그러자 신입 직원이 말하죠. "네, 네, 지금은 코드를 정리하는 중이에요. 내일쯤 체크인 할게요." 그렇게 한 주, 또 한 주, 또 한 주가 지나가고 결국 신입 직원은 거대한 체크인을 해야 하는 상황에 봉착하게 됩니다. 시간이 너무 많이 흘러 버렸습니다. 코드를 전부 한꺼번에 검토하기는 힘든 상황이에요. 게다가 동료들이 비교해야 하는 대상 코드가 일부는 이미 밑바닥부터 달라져 버렸네요. 이제 신입 직원은 리뷰를 빨리 하지 않으면 얼마나 골치 아픈 일을 겪게 되는지 배웠습니다. 실패를 통해 작고 빠른 코드 리뷰의 중요성을 배운 거죠.

사이블 그런데 그건 코딩하는 쪽에서 배워야 하는 부분이네요. 혹시 리뷰하는 사람이 개발해야 하는 덕목이 있을까요?

노빅 확실히 다른 사람보다 리뷰를 더 잘하기로 소문난 사람들이 있습니다. 리뷰를 요청할 때 선택의 기로에 서게 되죠. 좋은 피드백을 많이 줄 사람을 찾아야 할까요, 아니면 "통과!"라고 가능한 한 빨리 말해 줄 사람을 찾아야 할까요?

사이블 그렇다면 더 좋은 리뷰어를 만드는 요건은 무엇인가요?

노빅 음, 문제를 더 많이 잡아내는 사람이죠. 그중 일부는 들여쓰기 규칙을 안 지켰거나 하는 사소한 것들이지만, 한편으로는 '이 기능을 이 클래스에서 저 클래스 안으로 옮기면 설계가 더 깨끗해질 것 같다.' 같은 조언도 있거든요. 그래서 어떤 사람은 그런 지적을 더 많이 하지만 그런 걸 하지 않는 사람도 있죠.

사이블 그것과 조금 관련이 있는 질문인데요. 훌륭한 개발자들은 성장하면 모두가 훌륭한 아키텍트가 될까요, 아니면 특정한 분야에서는 뛰어난 코드를 짜지만 좀 더 큰 설계는 아예 못해서 아키텍트를 절대로 시키면 안 되는 이들도 있을까요?

노빅 저는 사람마다 가진 기술이 다르다고 생각해요. 실제로도 구글 검색 팀에서 최고의 인재 중 한 명은 최고의 프로그래머가 아니에요. 적어도 코드 모양은 그렇죠. 하지만 "검색 결과 랭킹에 새로운 요소를 반영해야 해요. 웹사이트에 방문자들이 접속해서 이런저런 작업을 한 후 어떤 페이지를 몇 번 클릭했는지를 반영하려면 어떻게 해야 할까요?"라고 질문을 던지면 그는 이렇게 답할 겁니다. "아, 코드 427번째 줄에 alpha 변수가 보이죠. 새로운 요소의 값을 제곱하고 1.5를 곱한 후 alpha 변숫값에 더하면 될 것 같아요." 그런 다음 몇 달 동안 여러 가지 시도를 해 보면 이 말이 맞다는 걸 알게 되죠. 1.5가 아니라 1.3이긴 했지만요.

사이블 검색 랭킹 소프트웨어가 어떻게 작동하는지 훤히 꿰뚫고 있는 사람이군요.

노빅 네, 코드를 완벽하게 이해하고 있죠. 코드를 더 잘 짜는 사람은 많아요. 하지만 그 사람은 어떤 코드가 어디에서 어떤 식으로 작동하는지 모든 과정을 이해하고 있습니다.

사이블 남들이 알아볼 수 없을 정도로 복잡한 스파게티 코드를 짜는 사람은 남들보다 머릿속에 더 많은 내용을 담고 있는 사람일 것 같은데요. 그렇지 않으면 그런 코드를 짤 수 없을 테니까요. 이게 서로 관련이 있다고 생각하세요?

노빅 네, 그럴지도 모르겠네요.

사이블 아무튼 구글의 검토 과정은 나사에 비해 덜 형식적이군요. '엔지니어링'과 '해커' 정신 사이에 또 다른 차이점이 있을까요? 이 두 단어들이 지닌 좋은 뜻에서 말입니다.

노빅 또 큰 차이점이 있다면 조직 구조 그리고 소프트웨어가 받아들여지는 방식이죠. 구글은 설립될 때부터 소프트웨어 회사였어요. 그리고 버클리 컴퓨터 과학 박사 출신의 CEO[28]를 고용했죠. 영업 부사장도 컴퓨터 공학 전공자고요. 회사 안의 모든 사람이 다 비슷해요. 그럼 나사는 어떨까요? 전부 로켓 과학자죠! 그 사람들은 프로그래머가 아니에요. 나사 직원들에게 소프트웨어는 필요악일 뿐이죠. 이해하기 편한 간단한 구조의 코드를 선호할 거예요. 코드 안에 반복문이 들어 있다면 뭔가 불길한 예감에 휩싸일 것이고, 그 반복문 '안'에 분기문이 들어 있다면 기분이 나빠질 겁니다. 이건 제어 이론에 나오는 미분방정식으로 풀 수 없는 거니까요. 한마디로 그들은 프로그래밍을 불신합니다.

사이블 맞아요. 나사 사람들은 그러고도 남아요.

노빅 그들은 그러고도 남죠. 맞아요. 그들은 혁신을 두려워합니다. "제가 끝내주는 프로토타입을 새로 개발했어요!"라고 말하면 나사 직원들은 "정말 환상적이네요. 제가 담당한 우주 탐사 임무에서 당신이 설계한 로켓을 날리고 싶습니다. 남들이 맡은 다른 두 가지 임무에서 문제가 없다는 게 증명된 후에요."라고 말할 거예요. 다른 사람들에게 가서 말해 봤자 반응은 전부 같습니다.

대니얼 골딘이 나사 국장이던 당시 이렇게 말한 적이 있어요 "우리는 우주선을 더 잘, 더 빨리, 더 싸게 만들어야만 합니다. 우주 탐사 임무에는 비용이 너무 많이 드니까 말입니다. 싸게 만들어서 임무를 더 많이 수행하는 편이 더 나아요. 일부는 실패한다 하더라도 전체적으로는 같은 금액으로 더 많은 임무를 수행할 수 있을 겁니다." 부정할 수 없는 사실이었죠. 하지만 불행하게도 정치적으로는 맞지 않아요. 우주선을 잃는 건 괜찮지 않습니다. 대중은 나사가 탐사 중에 우주선을 잃어버렸다는 것만 아니까요. 1억 달러짜리 우주선과 10억 달러짜리 우주선 사이에 어떤 차이가 있는지는 잘 모르죠. 10억 달러 대신에 1억 달러를 잃었을 뿐인데 그런 사실은 알려지지 않았어요.

사이블 고쳐야 했던 최악의 버그가 있었다면 무엇인가요?

노빅 아, 제가 경험한 것 중 결과가 가장 심각했던 버그는 사실 제가 만든 게 아니라 다른 사람이 만든 걸 제가 수습해야 했던 일이었는데요. 1998년 화성 프로그램 실패입니다. 원인 중 하나는 피트-파운드와 뉴턴 단위[29] 불일치 버그였고요. 또 다른 하나는 100% 확실한 건 아니지만 소프트웨어 문제 때문에 엔진을 너무 일찍 꺼 버려서 생긴 문제인 듯합니다.

사이블 저도 화성 기후 궤도선 사고[30]에 관한 보고서를 읽었습니다. 피트-파운드 힘과 뉴턴 문제 말입니다. 사고 청문회에서 유일한 컴퓨터 과학자 자문 위원이셨잖아요? 문제 조사를 위해 프로젝트 소속 소프트웨어 개발자들과 논의할 때 참여하셨나요?

노빅 일어난 사건에 대해 따지는 건 꽤 쉬웠어요. 개발자들이 고장 시 작동 모드에 대해 저에게 알려 주었습니다. 그로 인해 사고 원인을 뒷받침하는 증거를 찾는 일은 그리 오래 걸리지 않았어요. 그다음에는 왜 그런 사고가 일어났는지 사후 분석을 진행했지요. 그리고 저는 이 사고가 여러 가지 원인이 조합되며 발생했다고 생각해요. 하나는 외부 회사와 분업 때문이었어요. 화성 기후 궤도선 개발은 캘리포니아주 패서디나에 위치한 제트 추진 연구소[31]와 콜로라도주의 록히드 마틴이 공동으로 추진한 프로젝트였습니다. 이 일을 담당한 두 연구원은 각각 다른 팀에 속해 있었고 함께 점심을 먹을 일도 없었죠. 두 사람이 일상적으로 만났다면 이런 사고는 일어나지 않았을 거라고 확신합니다. 실제로는 둘 중 한 명이 이메일을 보내서 이렇게 말했습니다. "이러한 측정치는 뭔가 좀 안 맞는 것 같은데요. 우리 계산이 조금 틀어진 것 같습니다. 뭐 그리 큰 오차는 아닌 것 같으니 아마 괜찮을 것 같습니다. 그런데…"

사이블 **그 이메일은 탐사선이 화성으로 날아가는 도중에 보내진 건가요?**

노빅 맞아요. 탐사선이 화성으로 향하는 동안 문제를 고칠 기회가 있었습니다. 그들은 뭔가 잘못되었다는 것을 알고 이 이메일을 보냈지만 버그 추적 시스템에 넣지 않았죠. 그랬다면 나사는 그런 버그를 아주 잘 관리하니까 나중에 누군가가 그게 괜찮은지 확인했을 거예요. 하지만 비공식적인 이메일일 뿐이었고 답장도 오지 않았죠. 제트 추진 연구소는 '아, 록히드 마틴에서 문제를 해결했을 거야.'라고 생각했고, 록히드는 '어, 제트 추진 연구소가 이걸 더는 문제 삼지 않네. 신경 쓰지 않아도 되나 봐.'라고 여긴 거죠.

그러니까 이 사고는 소통 문제였던 겁니다. 또한 소프트웨어를 재사용하면서 생기는 문제이기도 했고요. 그 두 팀은 임무 수행에 필수적인 항목에 대해 꼼꼼히 잘 검사하고 있었어요. 물론 이전 임무에서도 피트-파운드 단위로 기록되는 항목이 있긴 했지요. 하지만 그것들은 모두 임무 수행에 꼭 필요하지 않은 그저 로그 파일에 기록되는 것이었지, 항로를 계산하는 데 쓰이는 값들이 아니었습니다. 그것들은 임무에 필수적인 데이터가 아닌 것으로 분류되었죠. 새 임무에서 두 팀은 이전 임무에서 사용했던 프로그램을 대부분 재사용했지만 운항 시스템은 변경했어요. 그러다가 이전에 로그 파일로 쓰던 데이터가 이제는 항로를 계산하는 데 쓰이는 데이터로 바뀌어 버린 거예요.

사이블 **그러니까 문제의 실상은 한쪽에서 피트-파운드로 된 데이터 파일을 생성해서 주었는데, 그 데이터 파일이 항로를 계산하는 소프트웨어의 입력으로 들어갔다. 그런데 그 소프트웨어는 뉴턴 단위의 값을 입력으로 받도록 되어 있었다, 그런 거죠?**

노빅 맞아요. 사고가 일어나게 된 또 다른 근본적 이유도 있어요. 우주선은 태양으로부터 온 수많은 입자에 두들겨 맞습니다. 그 우주선은 비대칭 형태로 되어 있었는데 한쪽에 태양 전지판이 달려 있어요. 입자들이 우주선을 때리면 우주선은 약간 틀어지게 되지요. 이를 보정하기 위해 우주선은 반대 방향으로 로켓을 추진해야 했습니다. 이를 위해 록히드의 신입 사원이 로켓 제조사를 방문했는데 그 회사는 로켓의 모든 사양에 피트-파운드를 쓰고 있었습니다. 이 신입 사원은 그냥 "그렇게 진행하겠습니다."라고 말하고 나왔습니다. 그리고 나사가 SI 단위를 원하는지도 모르고 피트-파운드로 모든 데이터를 기록해 버린 거예요.

사이블 저는 보고서를 읽으면서 "소프트웨어 버그 때문에 이런 사고가 생기긴 했지만 탐사선의 항로가 우리가 기대하지 않는 곳으로 향하고 있다는 것을 알아차릴 수 있는 수많은 기회를 모두 놓쳤습니다. 멍청한 소프트웨어 결함 때문에 확인해야 할 중요한 수치가 완전히 잘못 산출되긴 했지만 어쨌든 우리는 문제를 고칠 수 있었어야 했습니다."라고 하는 나사의 태도에 놀랐어요. 정말 감탄스러웠습니다.

노빅 네, 그들은 절차적인 측면도 검토했죠.

사이블 화성 궤도 탐사선에서 일어난 것과 같은 거대한 소프트웨어 버그는 흔히 생기는 걸까요? 다른 프로세스들 덕분에 큰 문제없이 계속 돌아가서 우리가 몰랐던 것뿐일까요?

노빅 네, 그런 것 같네요. 어떤 컴퓨터 소프트웨어라도 버그는 수없이 많으니까요. 수백만 개쯤 될 겁니다. 하지만 대부분은 프로그램이 죽을 정도는 아니에요.

사이블 우주 왕복선에서 쓰는 비행 소프트웨어의 가격이 코드 한 줄당 1500달러인가 한다고 누가 그러더군요. 소문에 의하면 버그가 없게끔 소프트웨어를 세심히 짜서 그렇게 비싸다던데요. 거짓말일까요?

노빅 아니요, 아마 맞을 거예요. 하지만 버그가 없는 소프트웨어가 최적인지는 모르겠어요. 저는 차라리 버그가 많은 소프트웨어를 사용하는 편이 더 낫다고 보거든요.

사이블 저렴한 소프트웨어와 더 나은 운영을 결합해서요?

노빅 맞아요. 지금 나사는 소프트웨어가 할 수 없는 것들을 다룰 수 있도록 우주 비행사에게 많은 훈련을 시켜야 합니다. 우주 비행사를 시뮬레이터에 앉히고 온갖 문제 상황에 대비하는 훈련을 하는 거예요. 무언가 문제가 발생했어요. 화면에 쉴 새 없이 어떤 정보가 쏟아지는데 비행사는 화면을 멈출 수 없습니다. 앞에 나온 정보를 스크롤해서 볼 수도 없고 중요한 정보만 요약해서 출력해 볼 수도 없죠. 우주 비행사는 자신이 그런 상황에 노출될 때 실제로 일어나고 있는 일이 무엇인지 인식하기 위해 훈련을 받아요. 화면에 '전기적 결함 발생'이라는 메시지가 반복해 나오는 상황이 생긴다고 하죠. 훈련 팀은 우주 비행사가 "알겠어, 원래 고장이 시작된 지점은 이곳이고 여기서부터 오류가 연달아 생겨서 그 파급 효과 때문에 다른 것들도 문제가 생겼다고 보고하고 있어." 하고 문제의 원인을 판단하도록 훈련시키는 겁니다. 우주 비행사를 훈련시키지 말고 소프트웨어로 대체할 수는 없냐고요? 나사는 우주 탐사 임무를 망치고 싶지 않기 때문에 시도하지 않을 겁니다.

사이블 다른 주제로 넘어가죠. 선호하는 디버깅 테크닉과 도구는 무엇입니까? 프린트 문, 형식 증명, 아니면 심벌릭 디버거?

노빅 조금씩 혼합하는 편입니다. 프로젝트에 따라 다를 것 같네요. 어떤 때에는 통합 개발 환경에 달려 있는 좋은 추적 기능을 사용하기도 하고, 또 어떤 때에는 이맥스를 사용합니다. 이맥스 안에는 디버깅을 위한 모든 기능이 달려 있지 않아요. 디버깅을 위해 저는 주로 추적과 프린트를 해 보는 편입니다. 물론 곰곰이 생각도 하고요. 작은 테스트 케이스를 작성해 실행해서 어떻게 되나 보기도 하고, 모듈을 분해해서 어떤 부분에서 테스트 케이스가 실패하는지 살펴보기도 합니다. 고백하자면 결국에는 코드를 다시 짜는 경우도 많습니다. 버그가 정확히 어디에 있는지 찾지 못한 채 코드를 완전히 갈아엎을 때도 자주 있습니다. 대강 어느 부분쯤에 있다는 직감이 와요. 그 부분의 코드를 보면 마음이 편치 않은 느낌이 들어요. 왠지 지저분해 보이고 왠지 이런 식이면 안 될 것 같죠. 그래서 조금씩 조금씩 수정하기보다는 수백 줄이나 되는 코드를 싹 지워 버리고 처음부터 다시 작성하는 겁니다. 그러면 대개 버그가 없어지더라고요. 그런 방식에 대해 가끔은 찔리기도 합니다. 제가 실수하는 건가요?

저는 그 버그가 무엇인지 지금도 모릅니다. 결국 버그는 못 찾았어요. 그 대신 벼룩 한 마리 잡으려고 초가삼간을 다 태워 버렸죠. 어떤 의미에서는, 그 버그가 저를 따돌린 셈이에요. 하지만 그것이 올바른 해결책이 된다면 나쁘지 않잖아요? 버그를 찾는 것보다 더 빨리 문제를 해결했으니까요.

사이블 단정문이나 불변식 같은 요소들은 어떻게 생각하시나요? 코딩할 때 그런 것들을 얼마나 체계적으로 고려하세요?

노빅 저는 좀 비형식적인 것 같네요. 저는 형식적인 메커니즘에 크게 치중하는 언어를 사용해 본 적이 없습니다. 그냥 타입만 선언하는 정도죠. 반복문 불변식 같은 형식 논리는 그 가치에 비해 더 많은 골칫거리를 안겨 준다고 생각합니다. 가끔은 무한 반복 같은 문제에 봉착하곤 하지만 대부분의 경우는 그렇지 않죠. 형식적으로 따지다 보면 개발 과정이 느려진달까, 그런 느낌이 들어요. 문제가 있다면 디버깅해 보세요. 끝나지 않는 반복문이 어디 있는지 디버거가 알려 줄 겁니다. 절대로 실패하면 안 되는 정말 중요한 시스템에 내장될 소프트웨어를 짜고 있다면 소프트웨어 무결성을 하나하나 증명하려 들지 모르겠습니다. 하지만 프로그램의 형식 명세 같은 것이 얼마나 완비되었는지는 나중에 신경 써도 되는 문제입니다. 저라면 동작하고 디버깅할 수 있는 첫 번째 버전을 완성하기 위해 우선 코딩에 매진할 겁니다.

사이블 자신이 만든 버그로부터 교훈을 얻기 위해 뭔가 특별한 일도 해 본 적이 있으신가요?

노빅 네, 저는 버그라는 것에 특히 관심을 갖고 있어요. 버그를 갖고 노는 것은 즐겁습니다. 실제로 그것을 더 잘 이해하기 위해 회사 전체나 어쩌면 전 세계를 대상으로 실험해 볼 수 있는지도 토론하고 있어요. 버그를 어떻게 분류해야 할지, 생산성 측면에서 그런 문제들을 해결하기 위해 어느 정도까지 노력을 기울여야 할지 말이에요. 그게 버그인지 어떻게 판단할지, 특정 종류의 버그와 사람의 성격이 연관성이 있는지, 사람의 어떤 측면이 더 높은 생산성을 가져다주는지, 그런 것들에 관해서도 이야기하고요. 그리고 일을 더 잘할 수 있도록 만들어 주는 통제 가능한 요소가 무엇인지 연구하면 재미있을 것 같다고 생각합니다. 그런 연구에서 더 큰 모니터가 생산성을 몇 퍼센트 증가시킨다는 결과가 나온다면 개발자들에게 더 큰 모니터를 줘야겠지요.

사이블 반대로 연구에서 작은 모니터가 사람들을 더 생산적으로 만든다는 결론이 나오면 사람들이 당신을 미워하겠네요.

노빅 맞아요. 또 조용한 근무 환경이 생산성을 증가시킨다는 결론이 나오면 환경을 그렇게 조성해야 할 겁니다. 하지만 다른 한편으로 팀원 간 의사소통이 원활할수록 생산성이 높다는 연구 결과가 나온다면 그것도 고려해야 합니다. 어떻게 조용함과 소통 두 마리 토끼를 잡을 수 있을까요? 저는 이런 점에서 근무 환경을 어떻게 조성해야 할지 막 고민하기 시작한 참이에요. 실험은 어떻게 해야 하는지, 어떤 요소를 추적할지, 설문지에 추가해서 활용할 만한 수치를 갖고 있는지, 실제로 실험을 고안해야 하는지 하는 것들 말입니다.

사이블 개발자 간에는 생산성에 있어 엄청난 격차가 있다는 말을 자주 듣는데요. 그러다가 그러한 연구 결과를 반박하는 비판적인 글을 어디선가 읽었는데, 개발자의 생산성 격차를 측정한 연구는 꽤 오래전 실시된 것이며 그 이후로 프로그래밍 환경은 많이 달라졌다는 주장이었어요. 당시 프로그래밍 환경이 실험에 영향을 주었을 수 있으니까요. 예를 들어 연구에 참여한 일부 사람들은 여전히 일괄 처리 시스템 방식의 운영 체제에서 코드를 짠 반면, 다른 사람들은 시분할 프로그래밍 환경에서 코드를 짰다는 거예요.

노빅 그것이 전부는 아니라고 생각합니다. 같은 조직 내에서 거의 동일한 도구를 사용해도 개인마다 차이가 약간 발생하기 때문이죠. 또한 그런 연구에서 생산성과 특정한 환경 요소의 상관관계는 밝혀냈지만 그것이 인과 관계인지까지는 확신할 수 없다는 비판도 있었고요. 멋진 사무실 환경에서 일하는 개발자의 생산성이 높다는 연구 결과가 있다면, 그것은 생산성이 높은 개발자들의 사무실 환경을 개선해 주었기 때문일까요, 아니면 좋은 사무실 환경이 개발자의 생산성을 높여 주었기 때문일까요? 결론 내리기 어렵습니다.

사이블 아직도 초창기만큼 프로그래밍을 즐기시나요?

노빅 네, 하지만 모든 것을 알지는 못해서 좌절감이 들 때가 있습니다. 코딩을 많이 하지 않아서 어떻게 하는지 좀 까먹기도 했고요. 요새는 새로운 게 많이 생겼잖아요. 정말 제 웹사이트를 새로 만들고 싶은데, 그러려면 클라이언트 쪽에 자바스크립트나 PHP로 된 코드를 짜야 해요. 그런데 지금까지 그런 걸 배워서 만들 동기 같은 게 없었어요.

사이블 프로그래밍이 젊은 사람들에게 더 어울리는 직업이라고 생각하시나요?

노빅 어떤 면에서는 그런 것 같아요. 구글을 보면 기술 수준이나 연령대에 구애받지 않고 특출난 사람은 많아요. 그런데 젊은 사람의 장점은 전체 프로그램이나 전체 문제의 구조를 머릿속으로 파악할 수 있는 능력을 지니고 있다는 거죠. 즉, 집중력이죠. 젊을수록 집중력이 좋거나 최소한 덜 산만해집니다. 아이나 가족 등이 있다면 혼자일 때보다 방해받지 않는 시간의 길이가 짧아질 수밖에 없습니다. 그것도 집중력 분산의 원인이죠. 하지만 다른 한편으로 나이가 든 사람에게는 풍부한 경험이 있잖아요. 노하우가 있으면 짧은 시간에 많은 일을 할 수 있습니다. 이런 식으로 분산된 집중력을 보완하는 거죠.

사이블 방금 말씀하신 것처럼 프로그래밍 관점에서 볼 때 요즘 시대에는 새로운 게 쏟아지고 있어요. 개발자는 이런 새로운 지식을 재빨리 흡수해야 하고요. 한 번도 본 적 없는 커다란 코드 뭉치를 파악해야 할 때 어떻게 공략하시나요?

노빅 정적인 방식과 동적인 방식을 섞어 보면 좋을 것 같습니다. 일단 코드를 읽으며 이해하려고 노력해 보세요. 다음으로는 무엇이 무엇을 부르고 어떤 함수가 어떤 함수를 부르고 코드의 어떤 부분이 많이 실행되며 프로그램의 전체적인 흐름이 어떤지 추적해 볼 수 있을 겁니다. 그 후엔 무언가를 해 보는 거죠. 코드를 살짝 바꾸는 식으로요. 아니면 이슈 저장소에 가서 “이걸 해 볼게요.”라고 할 수도 있죠. 이런 식으로 작업하려면 코드를 작은 부분이라도 이해해야만 합니다. 작은 조각이긴 하지만 이걸 마치고 나면 다음 도전을 계속 이어 나갈 수 있죠.

사이블 커누스가 고안한 문학적 프로그래밍을 해 보신 적이 있나요?

노빅 커누스가 만든 도구는 전혀 사용해 본 적이 없습니다. 매크로 같은 것들은 당연히 만들어 봤고요. 자바독 같은 것도 써 봤습니다. 리스프로 코드를 작성하면 여러 방면에서 자신만의 고유한 체계를 갖게 될 수밖에 없어요. 그런 식으로 문학적이 될 수밖에 없죠. 이를테면 애플리케이션마다 다른 매크로를 만들어서 쓰게 되는데요. 매크로 중 일부는 문서이고 일부는 데이터이고 일부는 코드죠. 그러니 저도 문학적 프로그래밍을 해 봤다고 할 수 있겠군요. 최근에는 자바, 파이썬 등 어떤 언어를 사용하든지 테스트 케이스와 문서를 빼먹지 않고 꼼꼼히 작성하고 있습니다.

커누스가 처음 쓴 《Literate Programming》을 보면 정말로 말하고 싶었던 주제는 ‘책을 쓸 때 가장 좋은 순서는 무엇인가?’라는 거였습니다. 커누스는 책을 차례대로 전부 읽는 독자를 상정했어요. 그리고 논리적인 흐름에 맞추어 내용을 배열하고 싶어 했죠. 이젠 그렇게 읽는 사람이 없습니다. 현대 독자들은 더 이상 책을 통째 읽으려 하지 않아요. 그 대신에 색인을 이용해 필요한 부분만 읽으며, 읽어야 하는 페이지 수를 줄이려고 하죠. 찾아 읽어야 하는 부분이 세 단락뿐일 수도 있습니다. 그 부분을 읽은 후에는 책을 덮어 버리죠. 이런 점이 정말 큰 변화라고 생각합니다.

사이블 좀 더 현대적으로 문학적 프로그래밍을 적용할 방법은 없을까 궁금합니다. 커누스가 만든 도구를 이용하면 색인이나 멋진 상호 참조도 만들 수 있잖아요. 문학적 프로그래밍을 현대인이 책을 읽는 방식처럼 개선한다면 전체 프로그램을 이해하기도 편할 뿐 아니라 각 조각을 나누었을 때에도 이해하기 편할 텐데요.

노빅 잘 모르겠습니다. 당시 커누스는 지금은 그다지 중요하지 않은 문제에 상당히 골몰했어요. 문서를 작성할 때 웹 방식이나 검색해 정보를 찾는 방식을 적용하기보다 일직선적인 순서를 우선시했기 때문입니다. 커누스의 문학적 프로그래밍에서 볼 수 있는 한계 중 하나일 듯합니다. 커누스가 처음에 파스칼을 사용했던 것으로 기억하는데요. 파스칼은 선언 순서에 상당히 엄격합니다. 원하는 대로 아무 순서로나 쓸 수 없고 앞에서 선언된 것만 쓸 수 있거든요. 나중에 개발된 언어는 선언 순서에 좀 더 융통성이 있어요. 그러니 지금은 그리 큰 문제가 아니라고 생각합니다.

사이블 **어린 시절 『Scientific American』 기사에서 스트래치가 짠 체커 게임 코드를 읽었다고 하셨는데요. 'Teach Yourself Programming in Ten Years'에서도 코드 읽기의 중요성을 강조하셨죠. 어린 시절 이후로는 어떤 코드를 읽으셨나요?**

노빅 저는 심벌릭스[32] 시스템 코드를 많이 읽었어요. 버클리 대학에 있을 때 그 컴퓨터를 사용할 수 있었거든요.

사이블 **근처에 컴퓨터가 있었는데 마침 흥미로워 보여서 우연히 코드를 읽게 된 건가요, 아니면 관심 있는 부분을 찾아보려 의도를 갖고 읽은 건가요?**

노빅 둘 다예요. 프로그램이 어떻게 작동하는지 알아내려고 코드를 읽을 때도 있었고, 어떤 문제를 해결하기 위한 단서를 찾으려고 읽을 때도 있었어요.

사이블 **특별한 목적 없이 코드를 읽을 때에는 어떤 식으로 접근하시나요?**

노빅 흥미가 가는 쪽을 먼저 들여다봅니다. '어라? 이 파일 시스템을 쓰면 인터넷에서 파일을 읽을 때 로컬에서 사용할 때와 동일한 프로토콜을 쓸 수 있네?' 어떻게 이렇게 동작할 수 있는지 궁금해집니다. 잠시 후에 단서를 찾습니다. '이 open() 함수를 봐야겠군. 아, 이게 다른 걸 호출하고 있네.' 호출된 부분으로 가서 코드를 또 읽어 봅니다. 그러다 보면 프로그램이 어떻게 동작하는지 결국 알게 되는 거죠.

사이블 커누스의 문학적 프로그램으로 생성된 책을 읽어 본 적도 있나요?

노빅 분명 그런 책들을 몇 권 집어서 빠르게 훑어본 적은 있어요. 하지만 붙잡고 앉아서 공부한 적은 없습니다.

사이블 《The Art of Computer Programming》은 읽어 보셨나요? 저와 이야기를 나누었던 사람 중 몇 명은 이 책 시리즈를 처음부터 끝까지 완독했더군요. 책장에 두고 참고 도서로만 사용하는 사람도 있었고요. 그냥 책장에 꽂아 두기만 했던 사람도 있었지만요.

노빅 한때 저는 이 책 세트를 모니터 받침으로 사용했어요. 제가 가지고 있는 책들 중 가장 두꺼운 책 세트였고 눈높이에 딱 맞았거든요. 항상 제 눈앞에 보여서 좋았습니다. 게다가 바로 앞에 있었기 때문에 참고하기에 아주 좋았어요.

사이블 책을 보고 싶을 때마다 모니터를 들어 올려야 했을 텐데요?

노빅 아니에요. 박스 세트였거든요. 그래서 책을 꺼내려면 세게 잡아당겨야 했지만 어쨌든 한 권만 빼낼 수 있었죠. 하지만 이제는 뭘 참고하려고 책을 그다지 찾지 않아요. 그냥 검색을 하고 말죠.

사이블 검색하는 게 더 편리하니까요?

노빅 네, 편리해요. 제가 좀 더 목표 지향적이라서 그런 것 같군요. 어떤 주제에 대해 전부 알고 싶다면 커누스의 책이 좋습니다. 하지만 저는 보통 'A 방법이 B 방법보다 나은지 알고 싶어.'라거나 '이 알고리즘의 점근적 복잡도를 알고 싶어. 그렇지만 결과만 대강 알 수 있으면 돼. 세세한 계산법은 필요 없어.'일 때가 많아요.

사이블 프로그래머로서 자신을 무엇으로 분류하십니까? 과학자, 아니면 엔지니어, 예술가, 장인?

노빅 음, 다양한 책의 제목이 열거되는 동안에 프로그래밍은 '기예'가 맞다는 생각을 했어요. 저에겐 '예술'이라는 말이 약간 가식적으로 들리거든요. 예술의 목적은 아름답게 만드는 것, 감정적인 접촉과 감성적인 영향을 주는 것이 아닐까 합니다. 그런데 저는 그런 목적을 달성하려고 하지는 않거든요. 확실히 저는 프로그램이 어떤 면에서 보기 좋기를 바라고 때로는 그렇게 만드느라 시간을 너무 많이 쓴다는 생각을 하기도 합니다. 저는 '아, 이제 다시 예쁘게 좀 꾸며 볼까?' 할 여유가 있었어요. 그리고 출판을 위한 글을 쓸 수 있는 자리에 있었죠. 그런 경우에는 자신의 성장만을 위해 일할 때보다 보기 좋게 만드는 데 더 시간을 쓰게 마련이니까요.

하지만 그런 걸 예술이라고 생각하지는 않아요. 예술보다는 '공예'라는 말이 딱 어울리네요. 의자를 만드는 일도 그렇죠. 잘 만들면 예쁘잖아요. 하지만 기능성이 더 중요하죠. 의자니까요.

사이블 **훌륭한 개발자를 어떻게 알아보십니까? 특히 직원을 채용할 때요. 많은 개발자를 고용하셨고 그럴 때마다 정말 훌륭한 개발자를 고용하려고 노력하실 텐데요. 어떻게 될성부른 떡잎을 구분하는 건가요?**

노빅 우리도 아직 몰라요.

사이블 **구글은 면접에서 퍼즐 질문을 많이 하는 기업으로 유명해요. 그게 좋은 방법이라고 생각하세요?**

노빅 퍼즐을 풀 수 있는지 없는지가 그렇게 중요할까요? 저는 속임수 같은 퍼즐 문제를 좋아하지 않아요. 기술적 상황 제시가 중요한 것 같습니다. 잡담하면서 신입 직원이 될 사람의 성격을 평가하는 일보다는 기술적인 질문을 던져야 해요. 물론 지원자의 성격이 맘에 들어 채용하고 싶을 수도 있어요. 그렇더라도 지원자가 보유했다고 주장하는 기술을 정말 가지고 있는지 꼭 확인할 필요가 있습니다. 지원자의 능력을 증명할 수 있는 방법은 수없이 많아요. 대부분의 경우 이력서를 보면 알 수 있죠. 사내 직원과 지원자가 함께 일한 적이 있고 직원이 지원자의 능력에 엄지를 치켜든다면 통과라고 봐도 됩니다.

우리는 여전히 지원자가 우리에게 맞는 사람인지 현장에서 직접 대면하면서 판단하려고 하죠. 지원자가 생각하는 방법과 함께 일하는 방법이 우리와 맞는지 느낌이 필요해요. 면접에서는 지원자에게 기본적인 소양이 있는지 알아보는 질문을 합니다. 그러면 지원자는 "이 문제를 풀기 위해선 A, B, C가 필요합니다."라고 말하고 그것들을 조합해 문제를 해결해야 합니다. 퍼즐 문제 풀이에 계속 실패하더라도 지원자는 여전히 능력을 보여 줄 기회가 있습니다. "음…, 저 같으면 이렇게 퍼즐을 풀 것 같은데요. 잠깐만요. 생각 좀 해 보고요. 아, 이렇게 하면 되겠군요. 그다음에는 이렇게요. 가만, 아, 이건 안 되겠네요. 이 부분은 솔직히 잘 이해가 안 되네요." 하는 식으로요. 어떤 사람은 막힌 부분을 뚫어 내고 어떤 사람은 막혀서 더 이상 못나가죠. 퍼즐은 못 풀어도 괜찮습니다. 문제 해결을 위해 기본적인 능력과 물 흐르듯 매끄럽게 생각하는 과정을 보여 주기만 한다면요.

프로그래머를 채용할 때에는 칠판에 코드를 적어 보라고 시키기도 해요. 어떤 지원자는 감을 잃어버렸거나 기억이 잘 안 나서 적지 못하거든요. 이런 식으로 지원자가 코딩에 감이 있는지 빠르게 확인할 수 있죠.

사이블 코드를 못 쓰는 것만이 자격이 없다는 징표일까요? 사실 말이 되는 코드를 못 만들어 낸다면 떨어트리는 게 맞겠죠. 그런데 그 관문을 넘더라도 그 사람이 실제로 더 큰 맥락에서 합리적인 코드를 작성해 낼 수 있을지는 알 수 없잖아요.

노빅 맞아요. 어떤 면에서는 그게 맞는 채용 방법이라고 말할 수 있지만 다른 면에서는 아니거든요. 우리는 채용 과정을 꽤 신중하게 연구했어요. 지원서가 수없이 쏟아져 들어오고 있으니까요. 풀어야 할 문제는 두 가지였어요. 하나는 '받은 모든 이력서 중에서 면접을 진행할 올바른 후보를 솎아 내기'고요. 그리고 하나는 '면접이 끝난 후 적절한 후보를 고용하기'입니다.

사이블 그 문제를 잘 풀었는지 측정할 방법이 있나요? 면접을 하지 않거나 채용하지 않은 사람은 얼마나 훌륭한지 알 수 없잖아요.

노빅 맞아요. 그래서 어렵습니다. 두 단계 모두 표본이 절반밖에 안 되는 데다 전부 한쪽으로 표본이 치우쳐져 있으니까요. 하지만 기본적으로 우리는 면접을 치르고 합격한 사람들의 이력서는 어떻게 생겼는지 분석해서 공통점을 찾으려고 합니다. 채용에 결정적인 요인은 무엇인가? 풍부한 경험, 오픈 소스 프로젝트 등에 참여한 경력, 아니면 프로그래밍 대회 우승 이력? 그런 것들을 찾아봅니다.

사이블 그런 것들을 데이터베이스에 밀어 넣는다는 거죠?

노빅 네, 그렇습니다. 채용할 때 그러한 수치를 가지고 "면접 또는 이력서 예측 모델에 따르면 이렇습니다."라고 말합니다. 하지만 그걸 맹신하지는 않아요. 평가를 위해 쓰이는 여러 가지 보조 수단 중 하나일 뿐이에요.

사이블 면접관은 그 수치를 미리 건네받나요?

노빅 아니요, 일단 모든 피드백이 수집된 후 면접관이 채용 위원회에 참여할 때가 돼서만요. 흥미로운 사실을 하나 알려 드리지요. 면접 당시 낮은 점수를 받은 직원일수록 1~2년 후 업무 성과 평가에서 성공적이었다는 지표를 발견한 것입니다. 우리는 면접에서 후보자에게 1점에서 4점까지 점수를 매겼어요. 여러 면접 중에 하나라도 1점을 받았는지 여부가 성공을 아주 잘 예측하는 요소였죠.

사이블 하지만 1점을 받고도 실제로 채용되려면 다른 무언가를 아주 잘해야 할 텐데요?

노빅 맞아요, 그거예요. 면접에서 1점을 받은 사람 중 99%는 채용되지 않았어요. 하지만 남은 1%는 누군가가 아주 열정적으로 그 사람을 옹호했기 때문에 우리가 채용한 거죠. 주먹을 내려치며 이렇게 말한 거예요. "이 사람 고용합시다. 뭔가 대단한 잠재력이 있어 보여요. 나쁜 평가를 한 면접관이 잘못한 거예요. 이 사람이 훌륭한 인재라는 데 제 명예를 걸겠어요."

사이블 어쨌든 여기 구글은 일류 프로그래머가 가득하잖아요. 컴퓨터와 소프트웨어가 구석구석 퍼져 있는 세상을 이해하고 거기에서 잘 살기 위해서라도 모든 사람이 코딩을 조금이나마 이해할 필요가 있다고 생각하시나요?

노빅 자동차를 어떻게 만드는지 이해하는 교양 수준의 지식 정도로 소프트웨어를 어떻게 만드는지 가르치면 될 것 같습니다. 여기서 흥미로운 질문이 하나 떠오릅니다. "교양 있는 시민이라면 프로그래밍을 '얼마나' 알아야 할까?" 같은 것 말입니다. 물론 보통 사람도 이제는 워드 프로그램을 다룰 수 있고, 그중 어떤 이는 스프레드시트 프로그램을 다룰 수 있어요. 스프레드시트 경험이 조금 있다면 프로그래머가 되기 시작했다고도 할 수 있고요.

소프트웨어 사용자를 포함한 모든 이에게 코딩을 가르치려던 시도는 딱히 성공적이지 못했어요. 얼마나 어려운 일인지 모르겠네요. 코딩을 쉽게 배우는 사람과 잘 배우지 못하는 사람이 따로 있는 건지, 아니면 누구에게나 쉽게 코딩을 가르칠 수 있는 제대로 된 교육 모델이 없어서 그런 건지 정말로 잘 모르겠어요.

사이블 제가 이 책이나 다른 곳에서 인터뷰한 사람들은 하나같이 코딩을 즐겼고 소프트웨어가 세상을 바꿀 수 있을 것 같은 느낌이 들었다고 말했습니다. 이 책을 위해 만난 어떤 사람들은 과거에는 자신이 짠 소프트웨어로 세상을 변화시킨다는 긍정적인 느낌이 있었는데, 지금은 그만큼 영향력이 있는 것 같지는 않아 우울하다고 말하기도 했어요. 자신이 세상에 끼치는 영향력을 느끼시나요?

노빅 음, 저는 좋은 기회를 잡았다고 생각해요. 우리에겐 수억 명의 서비스 사용자가 있고 그들을 위해 변화를 일으킬 수 있어요. 사용자들을 위해 새로운 서비스를 빠르게 만들 수도 있고요. 대단한 일입니다. 이 정도 영향력을 행사할 수 있는 다른 분야는 상상이 안 되네요.

9장

컴퓨팅 세상의 다언어 구사자

가이 스틸

Guy Steele

가이 스틸은 진정한 다중 프로그래밍 언어 구사자이다. 본격적으로 써 본 언어를 묻자 스틸이 내놓은 목록은 다음과 같다. 코볼, 포트란, IBM 1130 어셈블리, PDP-10 기계어, APL, C, C++, 블리스(BLISS), GNAL, 커먼 리스프, 스킴, 맥리스프, S-1 리스프, *(스타)리스프, C*, 자바, 자바스크립트, Tcl, 해스켈, 포컬(FOCAL), 베이식, 테코, 텍. 그리고 이렇게 덧붙였다. "주로 쓴 건 이 정도일 거예요."

스틸은 지금까지 살아남은 두 개의 주요 범용 리스프 방언인 커먼 리스프와 스킴의 탄생에 모두 관여했다. 커먼 리스프, 포트란, C, 에크마스크립트, 스킴 표준화 단체에 참여했으며 빌 조이[1]는 스틸을 자바 공식 언어 명세를 쓰는 일에 채용하기도 했다. 스틸은 현재 새로운 고성능 과학 계산용 언어인 포트리스를 설계하는 일을 하고 있다.

스틸은 하버드에서 학사를, MIT에서 석사와 박사를 받았다. MIT에서는 제럴드 서스먼과 협업해 오늘날 '람다 논문'이라고 알려진 일련의 논문을 발표했는데 그 논문에 스킴 프로그래밍 언어의 최초 정의가 포함되어 있다. 스틸은 해커 문화의 역사가이기도 했는데, '자곤 파일(Jargon File)'을 처음 정리할 때 참여했고, 이 내용을 책으로 만든 《The Hacker's Dictionary》를 편집하기도 했다.(에릭 레이먼드가 내용을 갱신, 추가하여 《The New Hacker's Dictionary》를 출간했다.) 스틸은 이맥스 탄생에 중요한 역할을 했으며 도널드 커누스의 프로그램인 텍을 처음으로 이식하는 데 참여하기도 했다.

스틸은 ACM 석학 회원이자 미국 예술 과학 아카데미 회원이다. 미국 국립 공학 아카데미 회원이기도 하다. 1988년에 ACM 그레이스 머레이 호퍼상을 수상했고, 2005년에는 『Dr. Dobb's Journal』의 'Excellence in Programming' 상을 받았다.

이 인터뷰에서 스틸은 소프트웨어 설계, 글쓰기와 프로그래밍 사이의 관계에 대해 이야기한다. 그리고 엄밀한 형식에 따른 정확성 증명이 주는 가치와 한계에 대해 내가 들어 본 것 중 최고의 설명을 해 주었다.

> 스틸은 썬에서 포트리스 개발을 이끌었으나 2010년 인수 합병과 함께 오라클에 합류했다. 포트리스는 2012년 개발이 중단되었지만 스틸은 여전히 오라클 랩스 소속이다. 7장의 주인공 사이먼 페이튼 존스와 함께 버스라는 언어 개발에 참여하기도 했다.

사이블: 어떻게 프로그래밍에 발을 들이셨나요?

스틸 보자, 초등학생 시절 과학과 수학에 푹 빠졌던 기억이 나요. 어빙 애들러[2]의 《Magic House of Numbers》 같은 책을 읽었죠. 제가 제일 좋아한 책 중 하나예요. 어린이 과학 소설도 좋아했고요. 대니 던[3] 시리즈 같은 거요. 그래서 기본적으로 과학과 수학에 관심이 있었죠. 과학과 수학에 대한 걸 죄다 읽다 보니 당시 떠오르던 최신식 컴퓨터에 대해서도 조금 읽게 되었죠.

사이블 그게 언제쯤인가요?

스틸 저는 1960년부터 1966년까지 초등학교를 다녔어요. 하지만 진짜 계기가 된 건 보스턴 라틴 스쿨[4]에 가면서부터였어요. 아마 9학년쯤이었을 거예요. 친구가 그랬어요. "지하에 있는 새 컴퓨터 소식 들었어?" 저는 4층에 있다는 수영장 농담의 새로운 버전인 줄 알았어요. 저희 학교는 3층까지밖에 없었거든요. 그런데 그러는 거예요. "아냐, 정말로 있어."

알고 보니 T. 빈센트 리어슨[5]이 IBM 1130 미니컴퓨터를 보스턴 라틴 스쿨 지하에 보내 준 거였어요. 우리 동문이기도 했고 듣자 하니 인심이 아주 후한 사람이었다고 하더군요. 제 친구는 저를 데려가 다섯 줄짜리 포트란 프로그램을 보여줬고 저는 순식간에 빠져들었죠.

저는 우리 수학 선생님 중 한 분에게 가서 공부할 책이 있는지 여쭤보았어요. 선생님께서는 책을 몇 권 주셨죠. 아마 그 정도면 한 달은 걸릴 거라고 생각하셨겠지만 저는 주말 동안 그걸 다 봤어요. 1968년 추수 감사절 주말 동안 포트란을 독학한 거죠. 긴 주말이었어요. 그때부터 저는 완전히 빠지고 말았어요.

라틴 스쿨 친구들과 저는 IBM을 신봉했죠. IBM 1130 때문이기도 했고 한두 달에 한 번씩 시내에 있는 IBM 사무실에도 방문하기 시작했거든요. 거기서 일하는 사람들과 이야기도 하고 가끔은 수중에 있는 푼돈으로 출판물을 사기도 했죠.

시내에 서점도 하나 있었는데 PL/I 같은 신기한 언어에 대한 책을 팔았죠. 그래서 거기에서도 책을 가끔 샀어요. 라틴 스쿨 시절에 IBM 장비를 익힌 거죠. 저희에게는 1130밖에 없었기 때문에 시스템/360을 탐냈던 기억이 나네요. 관련된 글은 읽었지만 실제로 접할 수 있는 곳이 없었어요.

그러다 1969년 봄에 MIT에서 하는 고등학생 연구 프로그램에 참여하게 되었습니다. 정말 대단했죠. 토요일 아침에 MIT에 가면 대학생들이 온종일 멋진 것들을 가르쳐 줬어요. 저는 수학의 군(群)론과 컴퓨터 프로그래밍 수업을 들었습니다. 그 외에 다른 건 다 까먹었어요. 저는 연구 프로그램에 비교적 깊이 관여하게 되었고 MIT가 점점 더 친숙해졌죠. 고등학생 연구 프로그램 기간 동안 IBM 1130과 DEC PDP-10을 모두 써 볼 수 있었어요. 그렇게 DEC에서 나온 컴퓨터도 익혔죠.

고등학생이던 우리는 센트럴 스퀘어에 DEC 사무실이 있다는 걸 알게 되었어요. 주로 MIT 학생을 상대하던 곳이었죠. 고등학생이 들어가서 참고 설명서를 요청해도 전혀 개의치 않았어요. 정말 멋졌죠. 제가 라틴 스쿨 졸업반 때였나, 아니면 그 한 해 전이었나 친구와 함께 DEC에 제안서를 하나 냈어요. PDP-8에서 APL을 구현하겠다고 제안서를 열심히 썼죠. 그런데 저희 제안을 심각하게 받아들이더라고요. 일주일쯤 검토하고선 대답해 주더군요. "음, 그리 좋은 생각 같지는 않군요. 그래도 제안해 줘서 고맙습니다."

사이블 처음으로 작성한 흥미로운 프로그램이 뭐였나요?

스틸 저는 포트란을 먼저 배웠어요. 그래서 IBM 1130 어셈블리어를 배우기 시작했을 때 정말 재미있었죠. 기억이 나는 최초의 흥미로운 프로그램은 키워드 색인을 문맥과 함께 생성하는 프로그램이에요. IBM은 자신들의 설명서에 이른바 '빠른 색인'이라는 걸 제공했는데요. 키워드를 색인에서 찾을 수 있었고 색인은 키워드의 알파벳순으로 정렬되어 있었는데 키워드 좌우로 그 단어가 속한 문맥을 몇 단어 더 볼 수 있었어요.

사이블 그 단어가 나온 곳의 문맥 말인가요?

스틸 원래 문서에서 단어가 나온 곳이요. 그래서 가운데 열에 알파벳순으로 정렬된 단어들이 쭉 나오고 그 왼쪽과 오른쪽에 문맥이 붙어 있었죠. 그래서 저는 이런 프로그램을 1130에서 만들어 보고 싶었어요. 1130에는 메모리가 4000워드밖에 없었기 때문에 레코드를 디스크에 저장할 수밖에 없었죠. 그래서 그 덕분에 메모리 크기보다 큰 데이터를 효율적으로 정렬하는 방법을 배울 수 있었죠. 이 프로그램에서 흥미로운 부분은 사실 문맥을 보여 주는 색인 생성보다는 병합 정렬 쪽이었어요. 메모리보다 크기가 큰 리스트를 여러 개 병합해야 했죠. 꽤 효율적이었어요. 안타깝게도 메모리 안에서 하는 정렬은 거품 정렬을 썼지만요. 제가 그렇게까지 수준이 높지는 않았어요. 메모리 안에서도 병합 정렬을 했어야 했는데 그땐 그걸 잘 몰랐죠.

사이블 **처음 지하에 컴퓨터가 있다는 걸 알아차리고 나서 그 프로그램을 짤 때까지 얼마나 걸린 건가요? 몇 달, 아니면 몇 주인가요?**

스틸 아마 2년은 넘지 않았을 거예요. 첫해에 했는지는 잘 기억나지 않네요. 1968년 가을에 포트란을 배웠고 APL이 제가 세 번째로 배운 언어이니 어셈블리 언어는 그사이 크리스마스 즈음이나 그 직후에 배웠을 거예요. APL은 1969년 봄에 배운 게 확실해요. 봄 공동 컴퓨터 콘퍼런스6가 보스턴에서 열렸을 때거든요.

IBM은 콘퍼런스 전시장에서 온갖 자사 제품을 홍보했어요. 그중에서도 특히 APL 360을 내세웠고 저는 그 부스에 계속 드나들었죠. 박람회가 끝날 때쯤 IBM 사람들이 셀렉트릭 터미널7 시연에 사용한 종이 더미를 그냥 버리려는 거예요. 때마침 제가 다가가서 물었죠. "이거 버리실 건가요?" 그러자 부스에 있던 여자분이 저를 쳐다보시더니 어리둥절해하다가 말했어요. "자, 가져도 돼." 아주 큰 크리스마스 선물을 준다는 투로 말이에요. 사실 그렇긴 했죠.

사이블 **그 종이가 뭐였나요?**

스틸 하나로 길게 연결된 종이였는데 그 전 이틀간 APL 시연을 하면서 셀렉트릭 터미널에서 출력된 결과물이었어요. 별 의미 없이 입력한 사소한 프로그래밍 예제였죠. 그 종이 더미와 박람회에서 나눠 준 안내 책자를 보고 혼자서 APL을 익혔어요.

사이블 MIT가 아주 익숙해졌는데 결국 하버드에 가셨고 나중에는 MIT에서 일하게 되셨어요. 무슨 일이 벌어진 거죠?

스틸 대학에 지원할 때가 되었을 때 저는 MIT, 하버드, 프린스턴에 지원했어요. 정말 가고 싶은 곳은 MIT였는데 세 곳 모두 붙었죠. 보스턴 라틴 스쿨 교장 선생님은 윌프레드 L. 오리어리라는 분이었는데 전통을 중시하는 고전주의자셨어요. 멋진 신사였죠. 교장 선생님이 부모님과 통화하며 말씀하셨다더군요. "지금 아드님이 하버드에 붙었는데 기술 분야에 가려고 고민한다는 사실을 알고 계시나요?" 그렇게 교장 선생님은 부모님을, 부모님은 저를 설득하셨고 결국 하버드에 가기로 결정한 거죠.

그때 부모님께서는 저에게 집구석에만 있지 말고 여름 일자리를 구하라고 잔소리를 하셨죠. 흔한 일이죠. 저는 제가 컴퓨터에 관심이 있다는 걸 알았고 햄버거나 굽고 싶지는 않았어요. 그래서 천공 작업을 하는 자리의 면접을 봤어요. 제가 꽤 잘할 수 있는 일이라고 여긴 거죠. 하지만 아무도 저를 뽑지 않았어요. 사실 그 당시에는 생각하지 못했지만 제가 18살도 되지 않았었거든요. 그 사람들은 제가 하는 이야기를 듣다가 이렇게 대답했죠. "먼저 연락하지 말고 기다려요. 필요하면 연락할게요."

그러다 7월 초에 MIT의 빌 마틴[8]이 리스프 프로그래머를 찾고 있다는 소식을 들었어요. 저는 '오, 나 리스프 아는데.' 이렇게 생각했죠. 제가 MIT를 자주 드나들다 보니 인공 지능 연구실에서 나온 리스프 문서를 몇 개 갖고 있었거든요. 연구실에 몰래 들어가서 컴퓨터를 갖고 놀기도 했죠. 그 당시에는 학교가 개방되어 있었어요. 베트남전 반대 시위가 아직 일어나기 전이었거든요. 그 이후로는 문에 모두 자물쇠가 달렸죠. 저는 고등학교 마지막 해 동안 IBM 1130에서 저 자신만의 리스프를 구현하기도 했죠.

그래서 저는 빌 마틴의 사무실에 찾아갔어요. 난데없이 등장한 깡마른 꼬마가 머리를 내밀며 이렇게 말한 거죠. "리스프 프로그래머를 찾고 있으시다면서요?" 마틴은 저를 비웃지 않았어요. 저를 쳐다보며 이렇게 말했죠. "음, 내 리스프 퀴즈를 풀어야 해." "좋아요. 지금 풀까요?" 그래서 저는 그 자리에 앉아 두 시간 동안 문제와 퍼즐을 풀었죠. 다 풀고 나서 답안지를 돌려주자 마틴은 10분 정도 그걸 살펴보곤 말했죠. "합격이다."

사이블 고등학생 연구 프로그램에서 리스프를 실제로 배웠었나요?

스틸 조금은요. 하지만 포트란이나 다른 걸 더 많이 배웠어요.

사이블 프로그래밍을 시작할 때 큰 영향을 준 멘토가 있었나요?

스틸 라틴 스쿨 시절은 수학 선생님들에게 주로 공을 돌려야겠네요. 딱 필요한 만큼 저를 격려해 주셨죠. 9학년 때에는 랠프 웰링스 선생님이었는데 추수 감사절 주말 동안 책을 빌려주셨던 분이었어요. 저에게 거래를 제안하셨죠. "수학 퀴즈를 볼 때마다 백 점을 받더구나. 이렇게 하자. 매주 네 번씩 수학 시간에 수업 대신 컴퓨터실을 사용해도 된다. 단 다섯 번째 날에 퀴즈에서 백 점을 받아야 돼. 백 점을 한 번이라도 못 받으면 이 거래는 끝나는 거야." 컴퓨터실이라는 보상이 있는 거였죠. 그래서 저는 그해 내내 퀴즈를 모두 통과했어요. 컴퓨터를 쓰고 싶어서 수학을 특별히 열심히 공부했죠. 더 다행이었던 건 그다음 학년 수학 선생님은 똑같은 조건을 걸지 않았다는 거죠. 사실 그 학년 수학은 제가 잘 몰랐으니까 다행이었어요. 저를 정확하게 파악하신 거죠. 제가 온갖 것을 배울 수 있도록 도와주신 좋은 선생님들이 계셨어요.

사이블 그 이후로 컴퓨터에 더 몰입하시게 되는데요. 특별히 도움을 준 사람이 있나요?

스틸 당연히 빌 마틴이죠. 저를 채용했잖아요. 조엘 모지스도요. MIT에서 맥시머(Macsyma)[9] 프로젝트를 담당하고 있었는데 제가 채용된 게 이 프로젝트였죠.

사이블 결국 대학 시절 내내 그 프로젝트에서 일하신 건가요?

스틸 네, 하버드에 다니는 내내 MIT에서 일했습니다. 여름 방학 동안에는 종일 일했고 학기 동안에는 오후에만 일했죠. 하버드에서는 수업 시간을 최대한 오전으로 맞췄어요. 그러고 나서 지하철을 타고 MIT에 가서 두세 시간쯤 프로그래밍을 하고 집에 갔죠.

사이블 **리스프로 맥시머 일만 계속하신 건가요?**

스틸 네, 구체적으로는 맥리스프 인터프리터를 담당했어요. 존 L. 화이트가 인터프리터와 컴파일러를 둘 다 책임지고 있었는데 존은 거의 컴파일러 도사가 되었죠. 그래서 제가 인터프리터를 맡았어요. 꽤 잘 돌아갔습니다. 그래서 존 L. 화이트가 제 멘토였어요. 사실 맥시머 프로젝트에서 일한 사람 모두가 저를 돌봐 준 셈이죠. 저는 인공 지능 연구실 사람들도 몇 명 알게 되었어요. 그래서 제가 MIT 대학원에 지원했을 때에는 쉽게 합격할 수 있었죠. 다들 제가 누구이고 어떤 일을 하는지 잘 알았으니까요.

사이블 **학부에서는 컴퓨터 과학을 전공하셨나요?**

스틸 네, 처음엔 순수 수학 전공을 하려고 했고 그에 맞게 수업을 들었죠. 그러다 제가 무한 차원 바나흐 공간에 대해 눈곱만큼도 직관이 없다는 사실을 깨달은 거예요. 망했다고 생각했죠. 그런데 운이 좋았던 게, 그냥 호기심으로 컴퓨터 수업을 틈틈이 들은 덕분에 전공을 바꾸기 딱 좋은 상황이었어요. 정확하게는 응용 수학 전공으로 바꿨어요. 컴퓨터 과학은 응용 수학에 속했거든요. 하버드에서는 응용 수학과가 공학부에 속해 있었죠.

사이블 **하버드에서는 어떤 컴퓨터를 사용하셨나요?**

스틸 DEC PDP-10이요. 학교에 PDP-10이 한 대 있었는데 그건 주로 대학원생들이 썼을 거예요. 학부생은 텔레타이프로 다른 상업용 시스템에 접속해야 했는데 하버드가 빌리거나 장기 임차를 하거나 뭐 그랬던 것 같아요.

사이블 **프로그래밍을 배울 때 다르게 했다면 좋았겠다 싶은 게 있나요? 더 일찍 했으면 좋았겠다 싶은 거라든가요.**

스틸 특별한 목표를 염두에 두고 시작한 건 아니라서요. 제가 걸어온 길에 대해 후회하지는 않습니다. 뒤돌아보면 흥미로운 우연과 행운을 많이 겪었다고 생각해요. 운이 좋았죠.

사실상 MIT와 하버드에 동시에 다녔던 이 경험은 지금에 와서 생각해 보면 아주 특이하죠. 저는 양쪽을 왔다 갔다 하면서 조언을 들었어요. "강 건너편 교수님은 이렇게 말씀하시던데요." 그러면 이쪽 교수님은 이러셨죠. "그분은 거기에만 너무 빠져 있어. 그건 사실 이렇게 생각해야 해." 그 덕분에 저는 매우 폭넓은 교육을 아주 빨리 받을 수 있었어요.

고등학생이 MIT에 드나들 수 있었던 것도 꽤 특이한 일이죠. 15살짜리가 100만 달러짜리 컴퓨터를 가지고 놀 수 있었던 것도 그렇고요. 그 당시 100만 달러는 정말 큰돈이었거든요. 여하튼 무언가 다르게 했으면 하는 불만이나 후회, 바람 같은 건 전혀 없습니다. 사실 저는 뭐든지 그냥 받아들이는 태평한 사람이기도 해요.

사이블 그 당시와 지금을 비교하면 프로그래밍에 대해 생각하는 방식 중 가장 많이 바뀐 건 뭔가요? 일단 거품 정렬이 최고의 정렬 기법이 아니라는 건 배우셨고요.

스틸 가장 크게 달라진 점은 요즘은 컴퓨터에서 일어나는 일을 모두 알 수 없다는 사실 같아요. 소프트웨어를 다 알기는 불가능하니까 전혀 건드릴 수 없는 것들이 생겼죠. 1970년대에는 컴퓨터에 메모리가 4000워드밖에 없었거든요. 메모리 덤프를 떠서 원하는 내용이 들어 있는지 전체를 다 검사할 수 있었죠. 운영 체제 소스 코드를 읽으면서 어떻게 돌아가는지 탐구할 수도 있었고요. 저도 읽어 본 적이 있어요. 디스크 관리 코드와 카드 리더 코드를 읽고 저만의 변종을 만들어 보기도 했죠. IBM 1130이 어떻게 작동하는지 전부 이해했던 것 같아요. 적어도 제가 관심 있는 만큼은 알 수 있었죠. 하지만 지금은 불가능해요.

사이블 프로그래밍을 배울 때 중요한 역할을 한 책이 있나요?

스틸 1970년대에는 당연히 커누스의 《The Art of Computer Programming》이죠.

사이블 그걸 전부 정독하신 건가요?

스틸 네, 거의 다요. 문제 공략 방법을 터득했다는 생각이 들 때까지 연습 문제를 최대한 많이 풀었어요. 몇 가지는 복잡한 수학이나 다른 게 필요해서 도저히 이해할 수가 없었죠. 그런 부분은 대강 훑어보거나 건너뛰었어요. 에이호, 홉크로프트, 얼먼의 알고리즘 책[10]도요. 이 책에서 정렬을 제대로 배웠던 것 같아요. 다른 책은 책장을 좀 훑어봐야 기억이 날 것 같아요. 저는 수집벽이 있어서 책을 죄다 모았죠. 그중 머리에 바로 떠오르는 건 이 정도네요. 그리고 리스프에 대한 책이 있죠. 버클리와 밥로가 편집한 인포메이션 인터내셔널의 리스프 책인데 다양한 논문을 긁어모은 책이긴 하지만 흥미로운 것을 많이 배울 수 있었죠. 그다음엔 『Communications of the ACM』(이하 『CACM』)[11]과 『SIGPLAN Notices』[12]를 읽기 시작했어요. 그 당시에는 『CACM』에 진짜 기술적인 내용이 들어 있었기에 읽을 만한 가치가 있었죠.

두 가지를 더 언급해야겠네요. 첫째로 라틴 스쿨에 다니는 동안 과학 축제에 참가했는데 저는 꼭 컴퓨터 과학에 관한 작품을 만들었어요. 한 해는 심사 위원 중 한 분이 그러시더군요. "ACM 학생 회원[13]에 가입해 보는 건 어떠니?" 그분 이름은 모르겠지만 정말 감사하고 있습니다. 정말 행운이었죠.

하버드에 가고 나서는 아침에 여유 시간이 있을 때 러몬트 도서관에 갔어요. 거기서 두 가지를 했는데, 『Scientific American』을 거꾸로 읽어 나가면서 동시에 『CACM』을 창간호부터 차례대로 읽었죠. 특히 마틴 가드너가 쓴 수학 게임에 관한 칼럼을 빼놓지 않고 읽으려고 했어요.[14] 『CACM』에서 흥미 있어 보이는 건 닥치는 대로 읽었습니다. 1972년에는 아직 15년 치밖에 쌓이지 않았기 때문에 진도를 금방 따라잡을 수 있었죠.

사이블 지금 잡지를 읽는 것보다 더 쉬운 면도 있었겠네요. 과거에는 시스템 전체를 이해하기가 더 쉬웠을 테고 사람 한 명이 컴퓨터 과학 분야 전체를 이해하려고 시도할 수도 있었을 테니까요.

스틸 네, 분야 전체를 빠짐없이 이해하려고 시도할 수 있었죠. 한 페이지 분량의 글이 많았어요. 이런 거 있잖아요. "기발한 해싱 기법을 새롭게 제안합니다." 이런 걸 많이 읽었죠.

사이블 저는 옛날 논문을 읽다 보면 너무 오래된 특정 기기나 언어에 매여 있어서 읽기 힘든 경우가 자주 있더라고요.

스틸 뭐, 필요는 발명의 어머니니까요. 특정한 환경에서 필요했기에 아이디어가 떠오른 거겠죠. 그 아이디어가 중요하다는 사실이 알려지는 건 시간이 조금 흐른 뒤입니다. 그러려면 환경에 대한 건 제거하고 아이디어만 도드라지게 해야 하는데요. 보통 몇 년은 걸리는 일이죠. "비트 순서를 뒤집는 기발한 기법이 있어요."라고 하고선 7090 어셈블리 언어로 뭔가를 내놓습니다. 그 안에 흥미로운 수학적인 아이디어가 있을 텐데 아직 추상화되지는 않은 상태죠.

사이블 그건 커누스가 한 일 같은데요. 아닌가요?

스틸 당연히 커누스와 그와 비슷한 사람들이죠.

사이블 아마 학교에서 컴퓨터 과학을 배운 사람은 그런 길을 따라왔겠죠. 하지만 이 일에 대한 정식 훈련이나 교육 없이 이 바닥에 들어온 프로그래머도 아주 많은데요. 혹시 문제를 푸는 방법에 대해 조언해 주실 게 있을까요? 이런 기술적인 논문을 실제로 읽고 이해하려면 어디서부터 시작해서 어떻게 해야 할까요? 『CACM』을 창간호부터 최근 호까지 다 읽어야 할까요?

스틸 일단 무엇보다, 제가 『CACM』을 초기부터 모두 읽긴 했지만 그건 그 잡지 내용을 모두 읽고 위대한 컴퓨터 과학자가 되겠다는 계획은 아니었어요. 그냥 그런 것들에 관심이 많았고 그런 내용을 소화하고 싶은 제 안의 동기가 있었을 뿐이죠. 제 생각엔 두 가지가 필요한 것 같네요. 하나는 이런 것들을 읽고 싶어 하는 동기를 갖는 것입니다. 이런 내용에 관심이 있거나, 아니면 이게 자신의 기술을 키워 주리라고 생각하는 거죠.

그렇다면 남는 건 좋은 내용을 어떻게 찾는가 하는 문제입니다. 물론 무엇이 좋은 내용인가에 대한 관점은 세월이 지나면 달라지겠죠. 올해 매우 좋은 내용이라고 여겨진 것도 10년 후에는 낡은 내용이 되고 말 겁니다. 하지만 그 시절을 모두 겪은 멘토에게 가서 무엇이 좋았는지 물어볼 수 있을 거예요. 저에게는 커누스나 에이호, 홉크로프트, 얼먼의 저작이 그렇습니다. 아, 제럴드 와인버그의 《프로그래밍 심리학》도요. 지금도 읽어 볼 만한 책입니다. 프레더릭 브룩스의 《맨먼스 미신》에서도 깨달음을 얻을 수 있었죠.

그 당시에 저는 MIT 서점의 컴퓨터 과학 코너를 계속 맴돌았어요. 한 달에 한 번은 꼭 가서 서가를 훑어보곤 했죠. 물론 지금은 서점에서 컴퓨터 코너에 가면 책이 10배는 더 많겠죠. 하지만 대부분은 C나 자바를 어떻게 쓰는지에 대한 거예요. 그래도 이론적인 배경이나 알고리즘 따위를 다루는 책들이 꽂혀 있는 작은 구역이 있을 겁니다.

사이블 **중요하다고 생각하는 다른 종류의 읽기가 있는데요. 바로 코드 읽기입니다. 직접 쓰지 않은 커다란 코드 더미를 읽어야 할 때 어떻게 하시나요?**

스틸 제가 사용법은 알지만 내부 구현을 모르는 소프트웨어라면 대개 특정한 명령어나 동작을 골라서 쭉 따라가 볼 겁니다.

사이블 **실행 경로 말씀이신가요?**

스틸 네, 맞아요. 예를 들어 제가 이맥스 소스 코드를 본다고 해 보죠. 그러면 '한 글자만큼 앞으로 커서 움직이기'를 하는 코드 같은 걸 살펴볼 거예요. 완전히 다 이해할 수는 없겠지만 그 명령이 사용하는 자료 구조 몇 가지나 버퍼 표현 방식 같은 건 파악할 수 있겠죠. 운이 좋으면 실제로 1을 더하는 위치를 찾을 수도 있을 테고요. 모두 이해하고 나면 다음으로는 '한 글자만큼 뒤로 커서 움직이기'나 '한 줄 지우기'를 시도하겠죠. 그러면서 점점 더 복잡한 사용법이나 동작으로 올라갑니다. 코드의 꽤 중요한 부분들을 얼추 훑어보았다는 생각이 들 때까지요.

사이블 **'따라간다'는 게 소스 코드를 눈으로 보면서 머릿속으로 실행해 보는 건가요, 아니면 디버거를 띄워서 한 단계씩 실제로 실행해 보는 건가요?**

스틸 저는 두 가지를 다 해요. 과거 1970년대나 1980년대에는 작은 코드를 읽을 때 디버거를 가지고 한 단계씩 실행해 보는 방법을 주로 썼죠. 요즘 겪고 있는 문제는 프로그램을 처음 띄워서 관심이 있는 동작에 도달할 때까지 초기화 과정이 너무 길다는 거예요. 그래서 명령어를 처리하는 메인 반복문이나 중앙 제어 루틴을 찾은 다음에 거기서부터 따라가 보는 편이 아마 더 나을 겁니다.

사이블 **그런 부분을 일단 찾고 나면 중단점을 설정한 다음에 거기부터 한 단계씩 실행하시나요, 아니면 머릿속으로 실행 과정을 시뮬레이션하시나요?**

스틸 저는 탁상 검사하듯이 하는 걸 좋아합니다. 소스 코드를 실제로 읽으면서 동작을 생각해 보는 거죠. 정말로 코드 전체를 이해해야 한다면 아마 날을 잡고 앉아서 코드 전체를 쭉 다 읽어 볼 거예요. 하지만 코드를 받자마자 그렇게 할 수는 없습니다. 일단 그것들이 어떻게 구성되어 있는지 머릿속에 프레임워크 같은 게 생겨야 해요. 요즘에는 운이 좋다면 프로그래머가 실제로 문서를 써 놓기도 하죠. 이름을 잘 붙여 놓거나 파일 내에 코드 순서를 적절히 배치해 놓았으면 실제로 읽어 가면서 바로 이해할 수 있기도 해요.

사이블 **파일 내에 코드를 어떤 순서로 놓는 게 올바른 방식인가요?**

스틸 아주 좋은 질문이군요. 저는 파스칼 같은 프로그래밍 언어의 문제가 파일을 한 번만 읽는 컴파일러를 쓰는 거라고 생각해요. 그래서 파일 속 루틴들의 순서가 상향식이죠. 루틴을 사용하기 전에 반드시 정의해야 하거든요. 그 결과 파스칼 프로그램을 읽는 가장 좋은 방법은 파일 맨 끝부터 거꾸로 읽는 거죠. 그래야 프로그램의 전체 모습을 먼저 파악할 수 있거든요. 하지만 요즘 언어는 그런 제약에서 자유로워요. 프로그래머의 좋은 감각에 모든 게 달렸죠. 읽는 사람에게 도움이 되는 방식으로 얼마든지 배열할 수 있어요. 한편으로 요즘 통합 개발 환경은 아주 훌륭해서 상호 참조가 쉽기 때문에 프로그램 코드가 파일 안에서 어떤 순서인지는 그다지 중요하지 않은 것 같기도 합니다.

반면에 통합 개발 환경을 그리 좋아하지 않는 이유 중에는 제가 모든 것을 실제로 확인했는지 알기 어렵게 만든다는 점도 있어요. 그래프를 이리저리 돌아다니다 보면 모든 지점을 방문했는지 알기 어려우니까요. 한 줄로 쭉 나열되어 있으면 모든 코드를 보았다는 걸 보장하기가 훨씬 쉽죠.

사이블 그렇다면 요즘 코드를 짤 때 높은 수준 함수가 있는 상위 구조를 파일의 앞부분에 쓰고, 이 함수가 의존하는 낮은 수준 함수를 나중에 배치하시나요?

스틸 저는 높은 수준 아이디어를 먼저 보여 주려고 해요. 가장 좋은 방법은 아마 중심이 되는 명령-제어 루틴을 보여 주고, 이 루틴이 호출하는 다른 것들을 그 뒤에 놓는 방식일 거예요. 아니면 자료 구조를 먼저 보여 주는 게 더 중요할 수도 있죠. 더 중요한 자료 구조 먼저요. 중요한 건 아무렇게나 코드 덩어리를 던져 놓지 말고, 이야기하듯이 아이디어를 순서대로 제시해야 한다는 점입니다.

MIT에서 일하면서 좋았던 점 하나는 여기저기 코드가 아주 많았다는 겁니다. 꽤 영리한 해커들이 쓴 코드가 접근 제한도 없이 그냥 놓여 있었죠. 그래서 저는 ITS 운영 체제[15]를 읽었어요. 티코[16]와 리스프 구현도 읽었죠. 빌 고스퍼[17]가 쓴 리스프 출력 프로그램도요. 리스프를 보기 좋게 출력하는 최초의 프로그램이었죠. 사실 이것들은 고등학교 때 이미 읽었고 일부는 1130에서 재현해 보기도 했어요.

다른 컴퓨터의 기존 리스프 구현을 보지 않았다면 1130에서 리스프를 만들 수 없었을 거예요. 뭘 해야 할지 몰랐을 테니까요. 그런 일들을 통해 많이 배웠죠. 우리가 요즘 겪는 문제의 일부는 소프트웨어의 가치가 너무 커져서 어느 정도 크기가 있는 소프트웨어가 대부분 상업용이라는 점입니다. 그래서 읽을 수 있는 좋은 예제 코드가 많지 않아요. 오픈 소스 운동 덕분에 어느 정도는 해소되었죠. 원한다면 리눅스 소스 코드를 읽을 수 있잖아요. 텍 소스 코드를 읽은 일은 정말 값진 경험이었어요. 거대한 코드지만 세심하게 작성되고 잘 디버깅된 코드였거든요.

사이블 무언가가 어떻게 작동하는지 알고 싶은 굉장히 구체적인 이유가 있을 때 저한테는 보통 코드 읽기가 가장 도움이 됩니다. 텍 같은 프로그램을 읽으실 때에는 어떤 생각이셨나요?

스틸 가끔은 저도 구체적인 목표가 있습니다. 어떤 문제를 풀려는 거죠. 제 기억에 《The TeXbook》만으로는 제 텍 매크로 버그를 고칠 수 없었던 적이 있었어요. 정확히 두 번 있었죠. 그래서 어떤 기능이 어떻게 동작하는지 정확히 알기 위해 《TeX: The Program》을 찾아봐야 했어요. 두 번 모두 제가 원하는 답을 15분 안에 찾을 수 있었죠. 《TeX: The Program》은 정말 잘 집필됐고 상호 참조도 좋았거든요. 이 일은 저에게 새로운 눈을 뜨게 해 주었습니다. 어떤 프로그램이 아주 잘 구성되고 문서화와 참조가 잘 정리되어 있으면 무언가를 빠르게 찾을 수 있다는 걸 깨달았죠.

그리고 프로그래밍 도사가 어떻게 자료 구조와 코드를 구성해서 프로그램을 읽기 쉽게 만드는지도 배웠습니다. 커누스는 《TeX: The Program》을 아주 정교하게 짜맞췄기 때문에 거의 소설책 읽듯이 읽을 수 있어요. 앞에서부터 뒤까지 차례대로요. 다양한 요소를 만나며 앞뒤로 건너뛰고 싶을 수도 있겠죠. 물론 이렇게 하려고 커누스는 엄청나게 많은 시간을 투자했을 거예요. 그래서 이렇게 만든 프로그램 수가 아주 적은 거겠죠.

사이블 그렇게 끝까지 읽고 나서 어떤 점을 배우셨나요?

스틸 코드가 어떻게 구성되었는지 잘 알게 되었죠. 제 코드를 더 잘 구성하는 방법에 대해 몇 가지 깨닫기도 한 것 같고요. 하지만 그렇다고 제가 커누스 스타일로 짤 수 있을 것 같진 않아요. 제가 포크너나 헤밍웨이처럼 글을 쓸 수 없는 것처럼요. 그럼에도 이런 작가들의 소설을 많이 읽으면 영어 스타일에 대한 제 생각에 조금은 변화가 생기겠죠. 어쩌면 알 수 없는 이유로 헤밍웨이처럼 쓰지 '않아야'겠다고 의식적으로 결심할 수도 있고요. 아주 가치 있는 경험이죠. 잘 쓴 소설이나 잘 쓴 코드를 읽으며 느끼는 기쁨은 말할 것도 없고요.

사이블 문학적 프로그래밍을 써 보신 적은 있나요?

스틸 커누스처럼 철저한 방식으로는 거의 없습니다. 제 스타일에 영향을 주긴 했죠. 그런 쪽으로 생각을 하니까요. 실제로 서브루틴을 쓰기 전에 글을 한 단락 쓰는 경우도 자주 있습니다. 하지만 철저한 방식으로 쓰는 일은 거의 없어요. 가끔은 커누스가 문학적인 프로그래밍을 하는지도 의심스러워요. 출판 준비를 하기 전에 탐험적인 프로그래밍을 할 때에도 그런 스타일로 코드를 쓸까요? 그런 경우에 커누스가 어떻게 하는지 저는 모르겠습니다.

사이블 그렇다면 문학적 프로그래밍을 시도는 해 보았지만 그로 인해 프로그래밍이 좀 더 생산적이 된다거나 재미있어진다고는 생각하지 않으시는 건가요?

스틸 부분적으로는 혼자서 도구를 많이 만들고 싶지 않았어요. 커누스가 만든 도구는 처음에는 파스칼용이었고 나중에 C로 확장되었죠. 파스칼은 괜찮았어요. 하지만 저는 C의 문제를 잘 알고 있었고 문학적 프로그래밍 도구가 그걸 극복할 만큼 유용하지는 않았습니다. 만약 커누스가 문학적 프로그래밍 도구를 커먼 리스프용으로 만들었다면 훨씬 빨리 문학적 프로그래밍을 써 봤을지도 모르겠어요.

사이블 문학적 프로그래밍 말고 코드 읽기로 다시 돌아가 보죠. 잘 쓴 프로그램은 보통 작성된 차례대로 쭉 읽을 수 있나요, 아니면 언제나 이리저리 길을 찾아야 하는 하이퍼텍스트인가요?

스틸 제가 하이퍼텍스트를 결사반대하는 건 아닙니다. 하지만 어떤 프로그램이 잘 작성됐다면 그 구조가 저를 다양한 부분으로 인도해 줄 거라고 생각합니다. 나름 말이 되는 순서로 말이죠. 그러니까 프로그램에서 중요한 게 동작만은 아니라는 거죠. 이야기가 있어야 합니다. 프로그램이 어떻게 구성되었는지에 대한 이야기, 이 프로그램이 작동하리라고 예상되는 환경에 대한 이야기 같은 거요. 그래서 이런 이야기를 전달해 줄 수 있는 무언가가 있기를 기대합니다. 루틴 첫머리마다 붙어 있는 블록 주석이든, 별개로 관리되는 개요 문서든, 아니면 그냥 변수 이름이든지요. 훌륭한 프로그래머, 정말로 훌륭한 프로그래머라면 프로그램이 실제로 '하는' 일에 대한 이야기에 덧붙여 이런 이야기를 전달하는 방법을 고민할 겁니다.

사이블 최근에 재미로 읽은 코드가 무엇인가요?

스틸 읽어 볼 만한 좋은 코드는 찾기 힘들어요. 우리는 '훌륭한 코드입니다. 모든 사람이 읽어야 해요.'라고 받아들여지는 코드를 많이 만들어 내지 못했습니다. 그래서 제가 읽는 건 대개 논문에 실린 한 페이지짜리 코드 조각이에요. 기존 프로그램에서 가져온 코드 조각이 아니라요. 제가 최근에 읽은 코드는 저희 팀에서 만들고 있는 포트리스 구현에 들어가는 코드일 거예요. 자바 라이브러리도 일부 읽었네요.

최근에 그냥 재미로 분량이 좀 되는 코드를 읽었는데 아마 조지 하트가 짰을 거예요. 조지 하트는 수학자인데 다면체 전문가예요. 브라우저에서 VRML[18]을 이용하여 복잡한 다면체를 생성하고 표시하는 아주 흥미로운 코드를 만들었죠. 거대한 양의 자바스크립트 코드로 VRML 코드를 만든 다음 그걸 VRML 표시기로 넘겼어요.

저는 이걸 여러 가지로 개선해 보고 싶어서 조지 하트의 코드를 주의 깊게 읽었습니다. 그리고 다양한 개선 사항을 적용해 보면서 동작을 이해해 보려고 했죠. 더 근사한 다면체를 만든다든가 그런 거요. 저는 그러면서 안 좋은 오류도 많이 만들었어요. 다면체의 꼭짓점을 펼쳐서 더 예쁘고 보기 좋게 만들어 주는 도형 풀기 알고리즘이 있었는데, 때때로 제가 수학적으로 불안정한 상태를 만드는 바람에 아주 기괴한 일들이 일어났죠. 정말 재미있었어요. 순수하게 제 흥미를 위해 한 일이었습니다. 아마 6, 7년쯤 전일 거예요.

사이블 코드 읽기와 수정이 얼마나 밀접하게 얽혀 있나요? 책상 앞에 앉아 코드를 출력한 종이나 모니터를 보면서 코드를 조금 바꾸면 어떤 일이 일어날지 읽어 보시는 건가요? 실제로 실행하지는 않으면서요.

스틸 아, 실제로 제가 코드를 종이에 인쇄하긴 했어요. 책상 앞에 앉아서 읽긴 했죠. 그리고 코드에 표시나 메모를 잔뜩 남겨 놓거나 스스로에게 질문을 던져 보거나 했어요. 그러고는 컴퓨터로 돌아가서 입력한 다음에 그게 어떻게 돌아가는지 보았죠. 추적해 보고요.

사이블 그 경우에는 코드를 수정하려는 의도가 있었기 때문에 그렇게 하신 것 같은데요. 그냥 코드 읽기만으로 도움이 되거나 재미를 느끼거나 하진 않으시나요? 인쇄를 해서 읽고 질문을 몇 개 끄적거릴 수도 있고 그러고 나서 그냥 내려놓는 경우는요?

스틸 네, 제가 읽기만 하고 거기서 멈췄더라도 유용한 경험이었을 거예요. VRML에 대해 좀 배웠겠죠. 자바스크립트에 대해서도요. 제가 원했던 것보다는 추상화가 많지 않더라고요. 자바스크립트의 동적 타입은 객체 지향 언어라는 점을 생각하면 제 취향에는 조금 지나치게 자유로운 것 같아요.

사이블 이제 소프트웨어 설계에 대해 조금 이야기해 보죠. 과거에 비해서는 코딩을 덜 하실 텐데요. 새로운 소프트웨어 설계를 어떻게 시작하시나요? 컴퓨터 앞에 앉아서 코딩을 바로 시작하시나요, 아니면 앉아서 연습장에 뭔가 적으시나요?

스틸 신중하게 대답해야겠네요. 제가 기억을 왜곡해서 "1970년대에는 그런 식으로 설계를 하는 게 정답이었으니 아마 저도 그렇게 했을 거예요." 식으로 말해 버리기 너무 쉽거든요. 실제로 제가 어떻게 했는지 최대한 기억해 볼게요.

가끔은 순서도를 그렸어요. IBM에서 나온 순서도용 모양자와 노트패드가 있었거든요. 저는 구조적 프로그래밍 시대 이전에 프로그래밍을 배웠기 때문에 제 설계 중 일부는 구조를 띠고 있었고 일부는 그렇지 않았어요. 구조적 프로그래밍을 차차 알아 가면서 구조적 프로그래밍의 좋은 발상을 더 깨닫게 되었죠. 아마 1970년대 동안 제 어셈블리어 프로그램은 점점 더 구조적이 되어 갔던 것 같아요. `if-then-else` 경로나 반복문 같은 것들을 명시적으로 고려하고 있었고, 제 어셈블리어 코드의 구조에 대해서도 더 많이 생각했어요.

프로그램에 넣고 싶은 입력이 무엇인지 설명하는 목록을 자주 만들곤 했습니다. 그리고 어떤 출력을 바라는지에 대한 설명도 썼죠. 때로는 짧은 예제를 만들기도 했어요. 최근에 제가 아주 초창기에 짰던 APL 프로그램을 찾았는데, 아마 15살이나 16살이었을 거예요. 종이에 APL 코드 조각이 적혀 있었죠. 실제로 돌려보기에 앞서 종이에 코드를 가장 먼저 적어 본 거였죠. 이 코드와 함께 들어 있던 다른 종이에는 제가 생각하는 입력과 출력 내용 예제가 적혀 있었죠. 사실 이 예제에는 버그가 있어서 실제로 코드와 일치하지는 않았어요. 하지만 적어도 이 프로그램을 실행하면 어떻게 동작해야 하는지 예시를 만들려고 노력하긴 한 거죠. 인쇄 터미널에서 출력이 정확히 어떻게 나와야 하는지 적은 거였어요. 이 프로그램에서 일어나는 상호 작용은 이래야 한다는 식으로요.

맥리스프 프로젝트에서 일을 시작한 후에는 프로젝트의 구조를 따랐어요. 제가 한 일은 거의 다 기존에 존재하는 거대한 함수 모음에 새로운 함수를 추가하는 거였죠. 함수 문서가 어떻게 생겨야 하는지 참고할 수 있는 예시가 아주 많았습니다. 그냥 그 함수 모음에 하나를 더 추가하기만 하면 되었어요.

사이블 존 L.로부터 인터프리터를 넘겨받았다고 말씀하셨는데요. 원래는 존 L.이 인터프리터와 컴파일러를 모두 맡았다고요.

스틸 설계는 함께 협력해서 했어요. 제가 더 신출내기였으니 존 L.이 이렇게 말했죠. "이 함수를 추가해야 하고 이렇게 동작해야 해. 한번 코딩해 봐." 그런데 사실 맥시머를 구현하는 사람들로부터 요청을 받는 경우가 더 많았어요. "이걸 하려면 이런 게 필요해." 그러면 존 L.과 제가 함께 머리를 맞대고 의논했죠. "음, 이렇게 생긴 인터페이스를 설계해 보면 어떨까?" 그러면 제가 코딩을 시작했죠.

사이블 그렇다면 그런 건 맥리스프에 추가되는 새로운 언어 기능이어서 인터프리터와 컴파일러 양쪽에 모두 구현해야 했던 건가요?

스틸 네, 언어 기능이었죠. 시스템에 관련된 것이 많았어요. 자원을 제어하거나 메모리 페이지를 할당하거나 해야 했으니까요. 저는 '헝크(hunk)'라는 새로운 데이터 타입을 구현했는데, 아마 우리가 언어 설계에 추가한 것 중 가장 큰 실수였을 거예요. 사실상 포인터가 3개 이상인 cons 셀이었거든요. PDP-10의 주소 공간이 바닥나고 있었기 때문에 어쩔 수 없이 추가한 거였죠. PDP-10에는 18비트 주소 공간밖에 없었잖아요. 일반적인 cons 셀로 만든 리스트에서는 포인터 중 절반이 그저 리스트 구조를 구성하기 위해 쓰였어요. 반면에 헝크를 엮어서 만들면 포인터가 아마 8분의 1 정도만 필요했을 거예요. 그만큼 메모리를 아낄 수 있었죠.

사이블 그런 식으로 기능 요청을 계속 받으셨군요. 요청이 지속적으로 왔을 텐데 일관성 같은 것은 어떤 식으로 유지하셨나요? 한 가지씩 가장 뻔한 방식으로 추가하다 보면 결국 간신히 붙어 있는 중구난방의 코드 더미가 되고 말 텐데 말입니다.

스틸 한 번인가 두 번인가 대규모 개편 작업을 했어요. 아마 가장 주목할 만한 건 언어의 입출력 동작을 완전히 재설계하고 재구현한 일이었을 거예요. 이게 이른바 '뉴 I/O' 설계였어요. 저도 참여했죠. 1975년이나 1976년 언제쯤이었을 거예요. 기존 I/O 시스템은 딱 입력 스트림 하나, 출력 스트림 하나에 콘솔을 사용한 상호 작용 정도만 지원했기 때문에 이를 개선하는 게 목표였죠. 우리는 I/O 채널을 나타내는 실제 리스프 객체가 있으면 더욱 유연해진다는 걸 깨달았습니다. 그러면 I/O 채널을 동시에 15개까지 열 수 있었어요.

이걸 해야 했던 또 다른 이유는 맥리스프가 다른 운영 체제로 이식되기 시작했기 때문이었어요. 이식하려는 곳마다 제각기 PDP-10 운영 체제의 자체 변종이 있었죠. 우리 고객을 모두 조사했더니 우리가 지원해야 하는 운영 체제가 6가지나 있더라고요. 테넥스, 트웨넥스(TWENEX), ITS, TOPS-10, 웨이츠(WAITS) 그리고 CMU 변종이었습니다.

그래서 어느 해 여름 저는 존 L.과 마주 앉아 새로운 API 모음을 설계했어요. 그 당시에는 API라고 부르지는 않았고 그냥 함수들의 설명이었어요. 파일을 만들거나 열기, 닫기, 삭제나 이름 바꾸기 같은 걸 체계적으로 하거나 디렉터리 목록을 얻는 함수들이었죠.

그러던 어느 날 저는 맥리스프 최신 소스 코드 전체를 종이에 출력해서 부모님의 여름 별장으로 일주일간 떠났어요. 여섯 가지 운영 체제 설명서와 소스 코드도 함께였죠. 그리고 하루에 여섯 시간씩 종이 위에서 코드를 고치고 바꿔 나갔죠.

저는 기능 하나하나마다 공부를 해야 했어요. 예를 들어 '이름 바꾸기' 함수가 어떻게 동작하는지 알아야 했죠. 파일 이름을 바꾸기 위해 운영 체제를 다루는 구체적인 방식이 여섯 가지 운영 체제마다 아주 딴판이었거든요. 하지만 대체로 세 가지 묶음으로 나뉘긴 했어요. TOPS-20 변종, TOPS-10 변종 그리고 ITS였죠.

그렇게 일주일을 꼬박 보냈습니다. 그런데 보세요. 컴퓨터 터미널 앞에 앉지 않은 채로 설계와 구현을 한 거죠. 모두 책상 앞에 앉아 종이 위에서 한 거예요. 그다음 MIT에 돌아와서 한 달 내내 입력을 하고 디버깅과 테스트를 했죠.

사이블 **왜 그런 식으로 일하신 거죠?**

스틸 제가 써야 하는 함수마다 구현하기 전에 어마어마한 양의 조사를 해야 했거든요. 여섯 가지 운영 체제의 명세를 읽어야 했죠. 한 시간 정도 조사를 하고 나서 코드를 30줄 정도 쓰는 게 다였죠. 어쩌면 조사 시간이 그 세 배 정도는 되었을 수도 있겠네요. 별로 도움이 되지 않을 테니까 터미널 앞에 앉아 있을 필요가 없었죠. 구글 검색을 할 수 있는 것도 아니고 온라인 문서에 접속하지도 않았으니까요. 대부분의 시간 동안은 타자를 하지 않았어요. 책상에 터미널을 올려놓는 대신 문서 더미를 쌓아 놓는 게 더 나았죠.

사이블 **요즘에도 컴퓨터를 끄고 책상을 치우는 게 더 알맞은 상황이 있다고 보시나요?**

스틸 네, 여전히 그렇게 해요. 사실 말 그대로 컴퓨터를 꺼야 할 때가 있어요. 저 멀리서 컴퓨터 팬 도는 소리가 꼭 '이메일을 확인해, 이메일을 확인해.' 하고 유혹하는 것처럼 들리거든요. 그래서 저는 아예 꺼 버리거나 최소한 잠자기 상태로 두고 방 반대편 탁자로 와서 종이를 쭉 펼쳐 놓고 생각을 해요. 아니면 화이트보드 앞에서 일하거나 그런 식이죠.

사이블 **순서도와 표에 대한 프레드 브룩스의 말을 다시 표현하신 것을 읽은 적이 있는데요. "인터페이스를 보여 줘요. 코드는 필요 없어요. 어차피 겹치는 내용이거나 부적절할 테니까요."라고 하셨죠. 자바 같은 언어로 일하실 때 인터페이스부터 설계를 시작하시나요?**

스틸 네, 저는 과거에 비해 인터페이스를 더 중요시하고 있어요. 메서드의 입력과 동작, 출력에 대한 설명 같은 거요. 코드 없이요. 저는 그런 걸 작성하는 게 너무 좋아요. 그걸 구현하는 코드를 짜는 것도 좋긴 하지만 과거에 비해서는 좀 덜한 느낌이에요. 물론 구현 경험을 쌓는 것도 중요합니다. 안 그러면 구현이 불가능한 명세를 만들고 말 테니까요. 인터페이스를 설계할 때 구현이 어떤 모습일지 염두에 두어야 합니다. 최소한 어떤 식으로 구현하겠다는 생각은 있어야 해요. 누군가 더 좋은 구현 방법을 알아낸다면 그것도 좋고요.

사이블 구현 가능성에 대한 것 말고 인터페이스가 좋은지는 어떻게 판단하시나요?

스틸 저는 대개 일반성과 직교성[19]을 생각합니다. 무언가를 하기 위해 용인되는 방법에 부합하는지도요. 예를 들어 나누는 수를 나뉘는 수 뒤에 씁니다. 이런 관례를 어기려면 특별한 이유가 있어야겠죠. 예를 들어 수학에서는 반대로 쓰는 게 익숙하다든지요. 이렇게 무언가를 하는 일반적인 방법을 생각하게 되죠.

저는 충분히 많이 설계해 봤기 때문에 과거에 어떻게 했는지, 그래서 좋았는지 나빴는지 생각해 봅니다. 과거에 해 본 설계와 관련된 무언가라면 관련지어서 설계합니다. 예를 들어 자바의 수학 함수 명세를 만들어야 한다고 해 보죠. 저는 커먼 리스프의 수학 함수들을 만들어 봤습니다. C의 수학 함수들 문서도 작성했죠. 그래서 그런 것들에 대한 구현상의 함정이나 명세의 함정 같은 걸 압니다. 경계 조건들에 대해 고민하면서 이미 시간을 많이 보냈죠.

제가 트렌처드 모어와 그가 만든 APL용 배열 이론으로부터 배운 게 있는데요. 모어의 주장은 경계 조건을 잘 처리하면 그 중간에 있는 것들은 대개 자동으로 해결된다는 것이었습니다. 아, 모어가 정확히 그렇게 말하진 않았어요. 제가 거기서 배운 결론이 그렇다는 거죠.

반대로 생각해 보면 중간에 있는 것들에 대한 동작을 설계할 때 자연스럽게 경계 조건에서도 맞아떨어지도록 해야겠죠. 경계 조건을 특별한 경우로 처리하는 것보다는요.

사이블 MIT 시절에 이맥스 탄생에 기여하시기도 했는데요. 이맥스 초기 역사는 다소 불분명합니다. 당시 상황을 어떻게 기억하시고 있나요?

스틸 제 기억에 따르면 저는 표준 담당이었습니다. 실제로 일어난 일을 보자면 티코를 위지위그 편집기 같은 걸로 바꿔 주는 표시 모드가 있었어요. 24×80 스크린에서는 버퍼의 내용이 21개 줄만큼 화면에 표시되고, 맨 밑 세 줄은 여전히 티코 명령 줄이었죠. 티코 명령을 입력한 다음 이스케이프 키를 두 번 누르면 그제야 명령이 실행되었습니다. 그리고 실시간 편집 모드가 있었어요. 이 특별한 모드에서 입력하는 한 글자 티코 명령은 이스케이프 키를 두 번 누를 필요 없이 즉시 반응해서 작동하도록 되어 있었죠. 글자를 하나 누르면 그 명령을 실행하는 거예요. 또 다른 글자를 누르면 그 명령을 또 실행하고요. 대부분의 일반 문자는 그냥 그 문자를 삽입하는 명령이었어요. 그리고 제어 문자로 상하좌우로 움직일 수 있었죠. 아주아주 단순한 동작이었지만 매우 기초적인 버전의 이맥스처럼 보였어요.

그러고 나서 혁신이 일어났죠. 바로 문자를 받은 다음에 테이블에서 그 문자에 해당하는 티코 명령을 찾아 실행한다는 아이디어였어요. 이걸 실시간 편집 모드에 적용해 보면 어떨까 하는 거였죠. 입력하는 모든 문자를 테이블에서 찾을 문자로 사용하는 거죠. 기본으로 주어지는 테이블의 내용은 일반 문자인 경우 그 문자를 삽입하고, 제어 문자는 그에 따른 동작을 하는 거였어요. 하지만 이걸 프로그래밍 가능하게 만들면 어떻게 될지 본 거죠. 곧바로 MIT의 영특한 사람 네다섯이 저마다 다른 아이디어를 발전시켰어요. 몇 달 만에 티코의 GUI 인터페이스가 다섯 가지나 생겨났죠. 이것들은 서로 전혀 호환되지 않았어요.

사이블 **그런 인터페이스들은 사실 키 할당을 자기 마음대로 바꾸었을 뿐인 건가요?**

스틸 맞아요. 그리고 어떤 명령은 자주 쓰니 짧아야 하고, 어떤 명령은 길어도 되는지에 대해 생각이 저마다 달랐죠. 예를 들어 어떤 사람은 리스프 코드 입력을 정말 중요시했어요. 그래서 표현식의 괄호 짝을 찾는 기능을 실험했죠. 어떤 사람은 텍스트에 관심이 더 많았어요. 그래서 단어 단위 이동이나 단어의 대소문자 바꾸기, 첫 글자를 대문자로 바꾸기 같은 명령에 관심을 더 기울였죠. 이렇게 이맥스 명령어들이 탄생한 거예요.

사람들은 저마다 키 할당 방식에 대해 생각이 달랐어요. 저는 리스프 시스템 지원을 맡고 있었기 때문에 사람들 터미널에 불려 가서 도움을 줘야 하는 일이 많았지요. 그래서 꽤 금방 눈치를 챌 수 있었어요. 그 사람들이 띄워 놓은 티코를 써서 프로그램 수정을 도와줄 수가 없었죠. 제각기 다른 키 할당 방식을 쓰고 있었기 때문에 저로서는 그 키를 누르면 무슨 일이 일어날지 알 수가 없었거든요.

사이블 **그중에 리처드 스톨먼도 있었나요?**

스틸 아니요, 스톨먼은 티코 구현과 지원 담당이었어요. 스톨먼이 티코에 내장된 실시간 편집 모드 기능을 구현했지요. 칼 미켈슨이 그 기능의 초기 버전을 구현했던 것 같긴 하지만요. 이 모든 일을 가능하게 했던 키 할당 기능을 스톨먼이 만들었어요.

어쨌든 매크로 패키지 종류는 대략 네 가지였고 서로 호환되지 않았어요. 그래서 제가 표준화 담당 내지는 커뮤니티 화합 담당을 하기로 했죠. 우리 커뮤니티 안에서 서로의 터미널로 찾아가 쉽게 도와줄 수 있는 능력이 사라져 가는 게 눈에 띄었거든요. 제가 말했죠. "좋아요. 우리는 그동안 실험을 했어요. 여러 가지 아이디어를 얻었고요. 이제 이 키 할당 설정들에서 가장 좋은 점만 모아서 하나의 공통 키 할당 설정을 만들어 보면 어떨까요?"

저는 정말로 메모지를 들고 다니며 건물 여기저기를 누볐어요. 사람들과 이야기하고 각각 여러 번씩 찾아갔죠. 일종의 합의를 이끌어 내려고 했어요. 들어가야 하는 내용에 대한 동의를 얻은 다음, 사람들의 설계를 종합해서 어떤 키를 할당해야 할지 정리하려고 했습니다. 할당이 좀 더 규칙적이고 연상이 좀 더 쉬웠으면 했죠. 저는 인체 공학적 측면은 잘 몰랐기 때문에 키보드 입력을 하는 사람들의 편의성은 고려하지 않았어요. 주로 연상 측면에 집중했죠. 그래서 첫 글자를 대문자로 바꾸기(Capitalize)가 메타[20]-C이고 소문자화(lowercase)가 메타-L, 대문자화(Uppercase)가 메타-U가 된 거예요.

사이블 **명령이 뇌에서 손가락으로 옮겨지는 방식을 생각하면 조금 이상하기도 하네요. 다들 그런 적이 있었을 텐데 누군가가 하루에 수없이 쓰는 어떤 기능의 단축키를 물어보면 막상 답을 못할 때가 있잖아요.**

스틸 제 배우자가 실제로 그런 일을 겪은 적이 있어요. 어쩌면 저는 타자를 잘 못하기 때문에 그런 문제를 깨닫지 못했는지도 모르겠어요. 제 배우자가 이맥스를 20년 동안이나 쓰지 않았거든요. 제가 맥에 이맥스를 설치해 주었죠. 그러자 컴퓨터 앞에 앉아서 이런저런 내용을 타자한 다음에 이렇게 말했어요. "저장은 어떻게 하지? 저장하는 법을 까먹었어." 하지만 말이 끝나기가 무섭게 손가락이 알아서 저장을 했죠. 하지만 뭘 입력했는지도 몰랐어요. 그래서 다시 한번 저장하면서 눈으로 손가락을 보았죠. "아, 컨트롤-X 컨트롤-S." 머리로는 정말로 저장 명령이 뭐였는지 잊고 있었던 거였어요.

사이블 그렇게 표준 키 할당 구성을 만드셨군요. 그게 어떻게 퍼졌나요? 사람들이 좋아했나요?

스틸 먼저 사람들이 그걸 검토했어요. 그러고 나서 구현을 시작했지요. 그때 한 가지 아이디어가 더 떠올랐는데 티코 매크로에서 공백을 모두 없애고 주석을 다 지우면 더 빠르게 작동할 것 같았죠. 티코 인터프리터는 한 번에 문자 하나씩 처리했거든요. 주석과 마주치면 주석을 모두 넘어가느라 시간을 낭비해야 했죠. 그래서 우리는 아주 간단한 티코 컴파일러를 만들기로 했어요. 컴파일러가 하는 건 공백과 주석을 모두 없애는 일과 조금 더 빠르게 실행될 수 있는 형태로 바꾸기 위한 사소한 일 몇 가지 정도였죠.

그래서 제가 처음으로 이 매크로 압축기를 만들려고 시도했습니다. 제 기억에 실제로는 데이비드 문[21]이 내놓았던 더 초기 아이디어에 기반한 것이었어요. 제 고유 아이디어는 아니었던 것 같습니다. 저는 맨 처음 처리를 어떻게 구성할지, 다른 매크로 패키지의 기존 구현에서 빌려 온 첫 몇 루틴은 어떻게 구성할지 고민하기 시작했죠. 다른 매크로 패키지들을 합성하려고 하고 있었거든요. 그때쯤 스톨먼이 나타나서 "뭐하시는 거에요? 재미있어 보이는데요." 하더군요. 스톨먼이 바로 뛰어들었고 저보다 10배는 빠르게 구현해 냈죠. 티코를 속속들이 잘 알고 있기도 했으니까요.

그래서 제가 집중해서 이맥스를 구현한 건 아마 고작 4주에서 6주 정도였을 거예요. 그다음엔 이 프로그램에 대해 스톨먼이 잘 이해했다는 게 명확해졌죠. 저는 대학원생 일로 돌아가고 싶었어요. 그래서 스톨먼이 나머지 99.999%의 일을 했습니다. 그래도 제가 촉매 역할을 했어요. 구현을 시작하기도 했고요.

사이블 다른 주제로 넘어가서, 요즘 컴퓨터 과학 학계는 아주 수학적입니다. 프로그래머로 일하는데, 예를 들어 커누스 책의 수학을 이해하는 게 얼마나 중요할까요, 아니면 "정렬을 해야 해. 커누스 책에서 정렬 부분을 찾은 다음에 '이게 최고의 알고리즘입니다.'라고 하는 걸 구현하면 돼." 하는 식이면 될까요?

스틸 모르겠습니다. 저도 커누스 책에서 이해하지 못하는 부분이 있어요. 관련된 수학을 배운 적이 없거든요. 특히 고차원의 수학이나 '연속 수학'이 포함된 부분은요. 저는 그쪽에 좀 약해요. 제가 잘하는 부분은 조합이나 순열, 군 이론 같은 것들이에요. 이런 부분은 정말 수없이 반복해서 사용하죠. 어쩌면 이게 제 손에 들려 있는 망치[22]여서인지도 모르겠네요. 모든 프로그래머에게 이게 필요하다고 생각하진 않습니다. 하지만 수학은 프로그래머가 매일 다루어야 하는 개념을 형식화해 줍니다.

최근에 프로그래밍 언어 작업에서 겪었던 사례를 하나 말씀드리죠. 제가 만들고 있는 포트리스라는 병렬 언어인데요. 숫자 여러 개를 모두 더하고 싶다고 가정해 보죠. 한 가지 방법은 레지스터를 0으로 초기화한 다음 한 번에 하나씩 숫자를 모두 더하는 거예요. 고전적인 순차 기법이죠.

그런데 알고 보면 우리는 여기서 덧셈에 항등원이 있다는 사실에 의존했어요. 0으로 시작해야만 했죠. 아주 사소한 수학적 사실이지만 분명 이게 필요했어요.

다른 전략을 살펴보죠. 숫자를 모두 늘어놓은 다음, 두 개씩 짝을 지어 더할 수도 있어요. 두 숫자의 합이 여럿 생기면 이걸 다시 짝을 지어 더하는 과정을 숫자가 하나만 남을 때까지 반복하는 거죠. 물론 그러다 보면 숫자가 홀수 개여서 남는 하나를 그냥 놔뒀다가 다음 단계로 넘겨야 할 수도 있겠죠. 이렇게 해도 합이 잘 구해집니다. 부동 소수점 숫자를 사용하고 있다면 이렇게 계산한 결과의 정확도가 살짝 더 좋을 수도 있어요. 이렇게 복잡한 계산 과정을 감수할 가치가 없을 수도 있지만요.

이렇게 해도 답은 0부터 시작해서 한 번에 하나씩 더한 결과와 동일합니다. 정수의 합이라면 반드시 그래야 하죠. 이건 덧셈에서 결합 법칙이 성립한다는 사실에 의존하고 있습니다. 다시 말해 덧셈은 숫자를 묶는 방식에 영향을 받지 않습니다.

그리고 세 번째 전략이 있어요. 프로세서가 아주 많다고 해 보죠. 그러면 숫자 쌍들을 프로세서들로 나눠서 작업을 분산할 수 있어요. '0으로 시작해서 한 번에 하나씩 더하는' 알고리즘은 병렬화하기 어려워요. 하지만 숫자 쌍들로 나누면 사실상 합을 구하는 트리를 만드는 셈이죠. 그리고 트리의 각 부분을 다른 프로세서에 할당할 수 있어요. 그러면 프로세서들은 담당한 부분을 독립적으로 계산할 수 있죠. 맨 마지막에만 상호 작용하면 되고 그렇게 합을 구할 수 있어요.

좋아요. 그런데 병렬화하는 전략이 하나 더 있어요. 첫 번째 전략과 비슷한데 레지스터를 하나 골라서 0으로 초기화해요. 그다음에는 프로세서들이 경쟁적으로 숫자를 하나 뽑은 다음, 공통 장소에 더하도록 하는 거예요. 동기화 문제가 있지만 어쨌든 같은 결과가 나올 거예요. 이 전략은 덧셈의 결합 법칙과 교환 법칙에 의존하고 있어요. 숫자를 묶는 방식뿐 아니라 숫자를 더하는 순서도 상관없다는 거예요.

수학자들은 '항등원'이나 '결합 법칙', '교환 법칙'처럼 어렵고 무서운 용어를 써서 이런 걸 설명하죠. 그들에겐 이게 더 간단해요. 하지만 프로그래머들은 개념을 이해해야 해요. 어떤 순서로 더하든 상관없다는 것 같은 개념을요. 어떻게 묶어도 괜찮다는 것도 알아야 하죠. 프로그래머에게 수학적인 개념이 어느 정도는 중요하다고 주장할 때 제 생각은 이 정도입니다.

사이블 산수를 아는 사람이라면 이해할 수 있는 정도이니 분명 좋은 예시네요. 그런데 이런 식으로 프로그래머가 이해해야 할 더 높은 수준의 개념이 있다고 보시나요?

스틸 자, 제가 보고서를 생성하고 있다고 해 보죠. 일반적으로는 프린트 문을 쭉 쓰겠죠. 프린트 문을 순서대로 쓰면 그 순서대로 출력된다는 사실에 의존하는 거죠. 자, 이제 멀티코어 환경에서 보고서 생성 작업을 쪼개서 여러 프로세서로 나누고 싶다고 해 보죠. 그렇다면 문자열을 이어 붙이는 건 어떨까요? 숫자를 더할 때 썼던 기법을 똑같이 사용할 수 있을까요? 알고 보니 결합 법칙은 성립하지만 교환 법칙은 성립하지 않아요. 이것만으로 문자열에서 어떤 기법은 쓸 수 있지만 어떤 기법은 쓸 수 없다는 걸 정확하게 알 수 있죠. 병렬 프로그래밍 언어 설계에 대해 고민하는 언어 설계자로서 저에겐 이런 개념과 용어가 아주 유용합니다.

사이블 언어 설계자로서 생각을 말씀해 주셨는데요. 언어 설계에 대한 생각은 그동안 어떻게 변해 왔나요?

스틸 제 생각의 가장 큰 변화는 대략 10년 전인 1998년에 OOPSLA에서 한 강연인 'Growing a Language'[23]에서 설명한 적이 있는데요. 과거 1970년대에는 사람들이 언어를 발명하고 설계를 완성한 다음 구현하고 끝이었어요. 끝이 나지는 않더라도 이걸 하면 끝난다는 게 있었죠.

예를 들어 파스칼은 하나의 발명품이었어요. 파스칼에 들어간 것과 빠진 것은 각각 이유가 있었죠. 파스칼 그 자체는 온전했어요. 알고 보니 문자열 처리가 그리 좋지 않았는데 안타까운 일이죠. 하지만 비르트[24]가 언어를 그렇게 설계했어요. 그리고 PL/I과 에이다가 만들어졌죠. 어쩌면 에이다나 C++는 그 세대의 마지막에 가까웠던 것 같아요. C++는 아닐 수도 있겠네요. 그 이후로도 일종의 진화를 했으니까요.

저는 언어가 점점 더 복잡해지면서 한 번에 설계하기에는 정말 너무 커졌다는 걸 깨달았죠. 이제는 언어가 진화 과정을 겪어야만 해요. 한 번에 설계하거나 구현하기에는 너무 커졌거든요. 이게 제가 프로그래밍 언어 설계에 접근하는 방식이나 그에 대한 생각을 바꿔 놓았습니다.

사이블 자바는 그런 식으로 설계되지 않았다고 보시나요?

스틸 네, 자바는 그러지 못한 것 같은데 그렇게 되었어야 했죠. 자바는 자바 커뮤니티 프로세스를 통해 진화해 왔습니다. 자바 커뮤니티 프로세스는 핵심 언어 문제보다는 API를 주로 다루었죠. 지난 12, 13년 동안 언어에 기능이 추가되긴 했지만, 제 생각에 1990년대 초 자바를 설계한 사람들은 특정한 자신만의 목적에 맞추어 온전한 언어를 설계하고 있다고 생각했던 것 같아요. 아시다시피 셋톱박스를 목표로 만든 언어였잖아요.

사이블 맞아요.

스틸 당시에는 자바가 월드 와이드 웹을 프로그래밍하거나 지금과 같이 거대한 사용자층을 가지게 되리라 상상도 못한 것 같습니다. 꽤 작고 자족적인 커널 언어를 설계하고 있다고 생각하지 않았을까요? 그 위에 여러 가지 API를 얹고 그걸 다양한 목적으로 사용하려고 했겠죠. 그리고 이런 모형이 실제로 작동한 거예요. 'Growing a Language' 강연에 대한 제 생각의 일부는 이 과정을 관찰하면서 생겨났습니다. 자바는 알고 보니 조금 지나치게 작은 편이었고 사람들은 다른 일을 하기 위해 더 많은 기능을 추가하고 싶어 했죠.

특히 열거형을 순회할 수 있는 for 반복문 같은 걸 요구하는 압력이 있었어요. 이건 언어에 추가되어야 하는 기능이었죠. 부동 소수점 수 같은 걸 지원하기 위한 기능을 더 넣어 달라는 고성능 과학 계산 커뮤니티의 압력도 있었죠. 이런 압력은 사실상 자바 커뮤니티 프로세스에서 가로막혔는데, 제 생각에는 기술적인 이유보다는 사회적인 이유가 더 컸던 것 같아요.

그러니까 언어에 무언가를 추가하고자 하는 요청이 있고, 이런 요청을 다양한 방법으로 제어하는 사회적인 과정이 있는 거죠. 그래서 전 이런 생각이 들었어요. 정말로 성공적인 프로그래밍 언어가 되려면 언어의 기술적인 특징을 설계하는 것뿐 아니라 사회적인 과정도 설계하고 계획할 필요가 있는 것 같습니다. 그리고 두 가지가 어떻게 상호 작용할지도 생각해야 하죠. 그래서 포트리스가 이걸 시도하는 우리의 첫 실험입니다. 적어도 저에게는 첫 번째 실험이죠. 아직은 초기예요. 실험은 아직 끝나지 않았습니다.

사이블 참여하신 커먼 리스프는 그런 언어 설계에 대한 교훈을 주지 않았나요?

스틸 네, 커먼 리스프도 제가 '언어 키우기' 문제를 생각하게 만든 다른 사례였죠.

자바 같은 것과는 반대였어요. 저는 리스프의 역사를 아주 잘 알고 있습니다. 특히 리스프 매크로 도구가 변화하면서 계속 진화하기도 쉬워졌고 사람들이 기여하기도 쉬워졌죠.

사이블 **일정 정도 참여하신 세 언어가 최근에 모두 고통스러운 재설계를 겪었거나 겪고 있는데요. 스킴은 막 R6RS를 마쳤고 자바스크립트(에크마스크립트)는 ES4 대 ES3.1 논쟁을 겪고 있습니다. 자바는 클로저를 넣을지 말지, 어떻게 넣을지를 놓고 싸움을 벌이고 있죠.**

스틸 예를 들어 보니 그렇네요.

사이블 **이런 언어들은 수월하게 성장하기 위해 필요한 기술적 또는 사회적 자산을 충분히 갖지 못한 사례인 걸까요? 그래서 이렇게 고통스러운 성장 과정을 겪어야 했던 걸까요, 아니면 이런 과정은 필연적인 걸까요?**

스틸 글쎄요, 어떤 언어가 사라지지 않는다면 언젠가는 성장하겠죠. 언제나 진화에 대한 압력이 있어요. 사람들의 필요가 바뀌고 5년 전과는 달라진 위치에 맞추어 도구를 바꾸고 싶어 할 테니까요. 제가 주장하는 내용은 어떤 언어가 성장할지 아닐지에 대한 것은 아니에요. 언어 초기 설계에서 내릴 수 있는 기술적인 선택에 대한 것이죠. 이런 선택이 나중에 특정한 방향으로 언어의 성장을 이끌 수 있거든요. 저는 기술적인 차이 때문에 어떤 언어는 다른 언어보다 성장하기 더 쉽다고 봅니다. 사회적인 상황의 차이 때문에 성장의 차이가 생기는 부분도 있겠지만요.

사이블 **그렇다면 더 쉽게 성장한 언어의 사례로는 어떤 것이 있나요?**

스틸 음, 저는 리스프가 매크로 메커니즘의 유연성 덕분에 더 쉽게 성장한 언어의 예라고 생각합니다. 어느 정도는 리스프를 만든 그룹의 사회적인 태도 덕분이기도 하겠죠.

반면에 스킴은 훨씬 고통스러운 성장 경로를 지나왔어요. 부분적으로는 스킴 커뮤니티가 초기부터 무언가를 추가하려면 꼭 만장일치여야 한다는 문화를 만들었기 때문이죠. 꼭 만장일치는 아니더라도 그에 가까워야 하죠. 그래서 블랙볼[26] 문화에 가까웠어요. 반면 커먼 리스프로 발전한 공동체에서는 과반수만 되면 모두 받아들였어요. 사람들은 다른 것을 얻기 위해서라면 자신이 아주 좋아하지는 않는 것도 기꺼이 받아들였습니다.

사이블 언어의 선택이 얼마나 중요할까요? 특정한 언어를 꼭 선택해야 하는 타당한 이유가 있을까요, 아니면 그냥 취향 문제인 걸까요?

스틸 취향은 타당한 이유가 아닌가요?

사이블 글쎄요, 저는 바닐라 아이스크림을 좋아하고 당신은 초콜렛 아이스크림을 좋아할 수도 있죠. 하지만 그걸로 '싸우진' 않잖아요? 그런데 사람들은 프로그래밍 언어를 놓고 서로 싸우죠.

스틸 아, 그건 이기는 쪽에 붙고 싶어 하는 인간의 사회적인 현상 아닐까요? 저도 언어를 놓고 싸워야 한다고 생각하진 않아요. 다만 주어진 과제에 무엇이 더 효과적인 도구인지를 놓고 의견이 있는 건 타당하다고 봐요.

하지만 제가 확신하는 점 한 가지는 한 언어가 모든 문제를 다른 언어들보다 더 잘 푼다고 여기면 안 된다는 겁니다. 심지어 똑같이 잘 풀 수 있지도 않아요. 특정한 언어가 더 잘 어울리는 응용 분야가 있다고 믿습니다.

저는 알고리즘을 설계할 때 다른 언어들을 마구 뒤섞어서 써도 아무 문제가 없더라고요. 저 혼자서 고민하는 단계라면 화이트보드에 자바와 포트란, APL 코드 조각을 섞어서 쓸 거예요. 나중에 제가 쓴 내용을 정리할 수만 있다면 전혀 문제없습니다. 알고리즘의 특정한 부분은 어떤 언어로 표기하는 게 아주 잘 맞기도 해요. 명확성이나 유용성 면에서 다른 언어와는 비교가 안 될 정도로요.

하지만 문제는 아이디어 중 한 가지 작은 부분에 유용한 이런 표기법을 찾는다고 해서 끝이 아니라는 겁니다. 이걸 완벽한 프로그래밍 언어의 일부로 만들어야 할 테니까요. 그러려면 그 주변에 무언가를 덧붙여야겠지요. 모든 부분을 골고루 잘 만들지 못하면 결국 한쪽은 멋지게 만들었지만 다른 부분은 엉성한 편인 불균형한 언어가 되고 말 거예요.

반면에 모든 부분에 뛰어난 언어를 만드는 건 정말로 어려워요. 일단 간단하게 표현해야 할 것만 해도 너무 많을 테니까요. 허프먼 부호[25] 문제가 있는 거죠. 무언가를 간단하게 만들려면 그 결과 다른 무언가는 장황해질 수밖에 없어요. 그래서 언어를 설계할 때 생각해야 하는 것 중 하나는 이거예요. '나는 이 언어에서 무엇을 표현하기 아주 쉽고, 바르게 사용하기 아주 쉽게 만들고 싶은 걸까?' 이게 무엇인지 생각한 다음 그 목적을 이루려고 문자나 기호를 사용하고 나면 다른 것들은 표현하기 좀 더 어려워질 수밖에 없겠죠.

사이블 이 문제를 푸는 한 가지 방법이 있죠. 리스프가 했듯이 모든 것을 균일하게 조금 덜 간단하게 만드는 거예요. 이런 균일성의 장점은 언어의 사용자가 자신만의 균일하고 조금 덜 간단한 일급 문법 확장을 쉽게 추가할 수 있다는 거죠. S-표현식 문법을 아직도 반대하는 사람도 많지만요. 극성 리스프 팬들의 관점은 이렇습니다. "어떤 사람들은 도무지 이해를 못해. 이해만 한다면 이 해결책이 탁월하다는 걸 알 수 있을 텐데." 그런 극성팬이신가요? 사람들이 리스프를 진정 이해만 한다면 괄호에 치를 떨지 않을 거라고 생각하시나요?

스틸 아니요, 제가 어떤 언어를 자랑할 만한 자리에 있지는 않은 것 같습니다. 혹시 그러더라도 그건 제가 아주 많은 언어를 배웠기에, 언어들이 제각기 서로 다른 것들을 준다는 사실을 다른 많은 사람보다 더 잘 이해하고 있기 때문일 것 같네요. 언어 하나만 "이게 최고야."라고 고집하지 않고 여러 언어를 골라서 써야 할 타당한 이유가 많습니다.

리스프를 쓸 수 없다면 덤벼들고 싶지 않은 종류의 프로젝트가 분명 있습니다. 저는 리스프에 딸려 있는 도구 세트를 좋아하거든요. 예를 들어 입출력이 기본으로 포함되어 있다는 점이 있는데요. 리스프 문법에 맞추어 입출력을 하기로 정하면 몇몇 종류의 작업에 사용하기 충분한 읽기와 쓰기 기능이 기본으로 들어 있는 셈이거든요. 그래서 일종의 빠른 프로토타이핑을 할 수 있습니다. 반면에 입출력을 특정한 기존 형식으로 꼭 해야 한다면 리스프가 그렇게 좋은 도구가 아니겠지요. 아니면 리스프나 다른 언어로 변환기를 만들어서 리스프 세상으로 넘길 수도 있겠네요.

사이블 본격적으로 써 보신 언어들엔 어떤 것이 있나요? 아마 아주 긴 목록이 나올 것 같은데요.

스틸 처음으로 돈을 받고 한 프로그래밍은 코볼이었습니다. 아직 고등학생일 때였는데 성적표 생성 시스템 작업을 하던 사람에게 하청받은 일이었어요. 다른 학교 시스템이라서 이해관계 충돌 가능성은 없었습니다. 포트란도 썼지요. IBM 1130 어셈블리어, PDP-10 기계어, APL도요. 스노볼[27]은 본격적으로 썼다고 할 수는 없겠네요. C, C++는 분명히 들어가고요. 블리스도요. DECsystem의 구현 언어였는데 CMU에서 나온 거였죠. 레드(Red)에 기반한 GNAL도 꽤 열심히 썼습니다.

리스프도 여러 가지 변종을 썼죠. 커먼 리스프, 스킴, 맥리스프요. S-1 슈퍼컴퓨터를 위해 리처드 게이브리얼과 함께 만든 S-1 리스프도 있었는데 커먼 리스프로 통합된 네 가지인가 다섯 가지 리스프 버전 중 하나였죠. 커넥션 머신 슈퍼컴퓨터용으로 커넥션 머신 리스프도 만들었는데 그걸로 코딩을 본격적으로 했다고 말할 수 있을지는 모르겠네요. 제 기억에 결국 커넥션 머신 리스프는 *리스프(스타리스프)로 구현했어요. *리스프와 커넥션 머신 리스프는 서로 다른 언어니까 헷갈리면 안 됩니다.

커넥션 머신용으로 만든 또 다른 언어인 C*로도 본격적인 코딩을 좀 했죠. 당연히 자바도 썼고요. 스크립트 언어도 좀 썼습니다. 자바스크립트나 Tcl로 대규모 작업을 했죠.

'본격적'이라는 게 한 언어로 한 달 이상 일하면서 상당량의 코드를 쓰려고 했다는 의미라면 해스켈로도 본격적인 프로그래밍을 했죠. 아, 포컬도 있네요. DEC 컴퓨터의 초기 대화형 언어였는데요. 그러니까, 조금은 베이식 같고 조금은 JOSS[28] 같은 언어예요. 지금 생각해 보니 베이식으로도 꽤나 코딩을 했네요. 그리고 티코가 있죠. 최초의 이맥스 버전을 만들 때 티코를 썼고 그런 목적에서는 이것도 프로그래밍 언어라고 봐요. 저는 티코 코드를 어마어마하게 짰어요. 그리고 텍도 프로그래밍 언어라고 볼 수 있겠네요. 제 생각에 주요한 것들은 이 정도입니다.

사이블 방금 답변해 주신 말씀으로 미루어 볼 때 "가장 좋아하는 프로그래밍 언어가 무엇인가요?"

라는 질문에 대한 답은 "무(無)."겠네요.

스틸 저는 아이가 셋 있습니다. 저에게 셋 중 어느 아이가 제일 좋냐고 물어보실 수도 있겠지요. 모두 멋진 아이들입니다. 저마다 다른 기술과 개성이 있어요.

사이블 그렇다면 괜히 쓰기 싫은 프로그래밍 언어도 있나요?

스틸 저는 각 언어마다 어떤 재미 같은 걸 얻습니다. 하지만 다른 언어보다 더 불만스러운 언어도 분명 있어요. 예전에는 티코가 재미있었지만 다시 돌아가고 싶지는 않네요. 여러 가지 어려운 점이 있었거든요. 예를 들어 제가 쓴 코드를 한 달 뒤에 다시 읽기가 아주 어려웠습니다.

나쁜 평을 할 만큼 펄 코드를 본격적으로 많이 썼는지는 모르겠는데 펄은 끌리지 않네요. C++도 마찬가지고요. C++ 코드는 꽤 써 봤어요. 제가 C++로 짜고 싶었던 건 지금이라면 거의 비슷한 걸 자바로 더 쉽게 짤 수 있을 거예요. 성능이 아주 중요하지 않다면요.

하지만 C++ 창시자 비야네 스트롭스트룹의 노력을 깎아내리는 것처럼 비치고 싶지는 않습니다. 스트롭스트룹은 자신에게 특별한 목표를 부여했습니다. C와 완벽하게 하위 호환되는 객체 지향 언어를 만든다는 목표였죠. 아주 어려운 과제입니다. 이 제약을 감안한다면 스트롭스트룹은 감탄할 만한 설계를 만들어 냈고, 지금까지 잘 유지되고 있다고 생각합니다. 하지만 제가 프로그래밍에서 목표로 하는 것들을 고려해 보면 C와 하위 호환성을 지키겠다는 결정은 아주 잘못된 것이었다고 생각합니다. 극복 불가능한 난제가 많거든요. C는 근본적으로 타입 체계가 망가져 있습니다. 몇 가지 문제를 피할 수 있도록 도와주는 건 좋지만 완벽하지는 않습니다. 이런 타입 체계에는 의지할 수가 없죠.

사이블 프로그래밍 언어들이 점점 나아지고 있다고 생각하시나요? 언어를 계속 설계하시니 아마 더 나은 언어를 추구할 가치가 있다고 생각하시겠지요? 우리가 이루어 온 진보 덕분에 소프트웨어 개발이 더 쉬워졌나요?

스틸 음, 30년 전에 짜던 프로그램 같은 것은 분명 짜기 더 쉬워졌죠. 하지만 우리의 야심도 엄청나게 커진 것 같습니다. 그래서 프로그래밍 자체는 30년 전보다 더 어려워진 것 같아요.

사이블 **어떤 점 때문에 더 어려워진 걸까요?**

스틸 제 생각에 요즘 사람들 역시 30년 전 사람들만큼 똑똑한데요. 30년 전처럼 그들도 능력의 한계까지 혹사당하고 있어요. 여기서 기준점인 30년 전은 제가 임의로 잡은 건데 제가 막 학교에서 나왔을 때지요. 그런데 앞에서 말했듯이 이제는 일어나고 있는 일을 모두 이해할 수 없게 되었다는 점이 달라졌어요. 그럴 수 있을 거라고 생각하지도 않아요. 그래서 오늘날 프로그래머들은 더 어려운 환경에 놓여 있다고 생각합니다. 여전히 동일한 양의 재능을 뽐내지만 이제는 더 이해하기 어려운 환경에 처한 거죠. 그래서 그런 환경의 불확실성을 다루는 일을 돕기 위해 우리는 더 정교한 언어를 만들려고 노력해요.

사이블 **"더 정교한 언어"라고 말씀하시니 재미있네요. 그렇게 생각하는 사람들도 있잖아요. 스킴 학파라고 불리는 사람들을 당연히 아실 것 같은데요. 복잡성을 감당하는 유일한 방법은 프로그래밍 언어를 포함해서 모든 것을 아주 간단하게 유지하는 거라고 주장하죠.**

스틸 저는 프로그래머가 컴퓨터에 말하고 싶은 바를 포착해 그 내용을 기록하고 참고할 수 있는 능력이 언어에 있어야 한다고 생각합니다. 그래야 기록하고 참고할 수 있으니까요. 프로그래머들은 기록하고 싶은 내용에 대해 저마다 스타일도 다르고 생각도 다르겠지요. 무엇을 기록해야 하는지에 대해 이해가 높아질수록 들었던 생각은, 우리가 자료 구조 그리고 불변식에 대해 아주 많이 말하고 싶어 한다는 거였어요. 우리가 자바독에 기록하는 것은 사실 컴파일러에도 전달해야 마땅한 것이었죠. 제 생각이지만 다른 프로그래머에게 말할 필요가 있는 건 컴파일러에도 말할 필요가 있습니다.

사이블 **자바독에서 사람이 읽을 수 있는 글을 제외한 부분은 사실 코드에서 유도되는 것들 아닌가요?**

스틸 일부는 그렇지만 그렇지 않은 부분도 있어요. 매개 변수 사이의 관계는 자바 코드에 잘 표현되지 않죠. 예를 들어 배열과 정수가 하나씩 있는데, 이 정수의 값이 배열의 유효한 인덱스여야 한다고 해 보죠. 이건 자바로 표현하기 쉽지 않아요. 이런 걸 표현할 수 있게 해 주자는 게 포트리스의 주요 요소입니다.

사이블 그러면 그게 실행 시점에 검사되는 단정문으로 컴파일되는 건가요, 아니면 컴파일 시점에 정적으로 검사되는 건가요?

스틸 가능한 건 모두요. 둘 다죠. 포트리스의 경우에는 이런 종류의 관계를 포착할 수 있도록 하려고 합니다. 아까 어떤 연산의 결합 법칙이 성립하는지 같은 대수학 관계에 대해서도 이야기했는데요. 우리는 포트리스에서 이걸 아주 명시적으로 표현하도록 하고 싶어요. 물론 모든 애플리케이션 프로그래머가 코드를 짜다 갑자기 '아, 내가 방금 만든 이 서브루틴은 결합 법칙이 성립하는군.' 하고 생각할 것 같지는 않아요.

하지만 라이브러리 프로그래머는 신경을 아주 많이 쓰겠죠. 부분적으로는 정교한 알고리즘을 써서 구현하려면 알고리즘의 정확성이 이런 특성에 큰 영향을 받기 때문이에요. 이런 속성에 큰 영향을 받는다면 컴파일러가 이해할 수 있게 표현하는 방법이 있어야겠죠. 저는 이게 우리가 더 진보할 수 있는 길을 찾기 위해 중요한 접근 방법일 것 같아요. 프로그래밍의 중요한 속성을 언어에서 포착하는 거요.

사이블 실수를 아예 할 수 없게 만드는 데 있어서 언어의 역할은 무엇이라고 생각하시나요? 이렇게 말하는 사람도 있잖아요. "이 언어를 적절히 제한해서 나쁜 코드는 아예 쓸 수 없게 만들 수 있을 거야." 반면에 이런 사람도 있죠. "그럴 리가. 그렇게 될 리 없어. 그냥 모든 걸 다 열어 두자고." 둘 사이에서 어떻게 균형을 잡으시나요?

스틸 절충점을 찾아야 함을 깨닫는 게 중요합니다. 게다가 나쁜 코드를 모조리 뿌리 뽑을 수 있을 리가요. 범하기 쉬운 특정한 종류의 오류를 예방하려고는 할 수 있겠죠. "엄마, 이거 해도 돼요?" 하는 코드를 짜도록 하면 됩니다. 무언가 어려운 걸 하려고 할 때 "네, 정말로 이걸 하려는 거예요."라고 확인도 할 겸 조금 더 정교한 코드를 짜도록 하는 거죠. 아니면 일부러 무언가를 하기 아주 어렵거나 아예 불가능하도록 할 수도 있겠죠. 예를 들어 타입 체계를 깨는 행동을 그렇게 만들 수 있습니다. 여기에는 득실이 있을 거예요. 완벽하게 타입이 안전한 언어로는 실제 물리 장비의 장치 드라이버를 짜기 정말 어렵습니다. 물리 장비와 추상화 수준이 맞지 않거든요. 아니면 '이 변수는 절대 주소 XX에 있는 이 장치 레지스터가 맞아요.'라고 표현하는 걸 추가할 수도 있겠죠. 하지만 이런 건 본질적으로 안전하지 않은 기능입니다.

사이블 새로운 언어가 기대 이상이어서 놀랐던 적은 없으신가요?

스틸 파이썬은 그 구성 방식이 꽤 좋아요. 판로섬이 초기에 가비지 컬렉터를 쓰지 않겠다고 했을 때 저는 반대했던 것 같아요. 그 후 판로섬이 그 결정을 뒤집었던 것 같네요. 저는 사람들이 결국에는 가비지 컬렉터를 원할 거라고 예측할 수 있었죠. 파이썬은 문법에서도 몇 가지 흥미로운 선택을 했는데요. 들여쓰기에 의존하는 게 한 가지 사례죠. 특정한 명령문 뒤에 콜론을 쓰기로 한 것도 귀엽고요. 객체와 클로저를 지원하는 방식도 꽤 흥미로워요.

사이블 대부분의 리스프 프로그래머는 파이썬 클로저에 결함이 있다고 생각할 텐데요. 람다가 좀 제한적이잖아요.

스틸 맞아요. 잘 아시겠지만 판로섬은 구현 가능성과 설명 가능성 같은 것들을 위해 몇 가지 타협을 했죠. 이런 타협이 흥미롭더라고요. 저라면 하지 않았을 선택이지만 판로섬에게는 파이썬 사용자 커뮤니티가 있었고, 그런 상황에서 자신에게 주어진 목표를 달성하고자 했죠. 저는 판로섬이 왜 그런 선택을 했는지 이해할 수 있어요. 해스켈은 아름다운 언어예요. 저는 해스켈을 사랑합니다. 하지만 그렇게 많이 사용하지는 않아요.

사이블 그러면 한창 언어를 설계 중이시고 해스켈을 사랑하시는군요. 그런데 포트리스는 해스켈 같

은 순수 함수형 언어가 아니네요.

스틸 해스켈은 모나드를 발견했어요. 입출력 모나드를 도입했고 이제는 트랜잭셔널 메모리 모나드도 도입하고 있죠. 모나드가 함수형이어서 더 도움이 된다는 이론이 있습니다. 한편으로 모나드는 점점 더 명령형 같이 느껴져요. 저는 《거울 나라의 앨리스》에 나오는 하얀 기사가 자꾸 떠오릅니다. "나는 한 가지 계획을 짜고 있었어. 수염을 초록색으로 물들이고는 그게 보이지 않을 만큼 커다란 부채를 항상 사용하는 거지." 어떤 면에서 모나드는 이 커다란 부채처럼 느껴져요. 입출력을 도입한 다음 다시 감추려고 애쓰는 거죠. 그 부작용은 실제로 있는 걸까요, 아니면 실제로 없는 걸까요?

사실 한 달에 한 번 정도는 그런 생각이 드는 것 같아요. '포트리스를 설계할 때 포트란이나 자바에서 시작해서 해스켈 쪽으로 나아가는 게 아니라 해스켈에서 시작해서 포트란이나 자바 쪽으로 나아가야 했던 것 아닐까?' 포트리스 라이브러리를 설계하다 보면 효율적인 병렬 자료 구조를 만들다 어려움에 처하곤 하는데요. 그럴 때마다 함수형 접근 방식을 더 많이 사용하게 되는 것 같습니다.

사이블 영어로도 글을 많이 쓰실 것 같은데요. 글쓰기 능력에도 관심이 많으실 테고요. 글쓰기와 코드 작성이 비슷한 지적 활동이라고 생각하시나요?

스틸 글쎄요, 좀 다른 점이 있어요. 영어로 글을 쓸 때에는 주요 독자가 언어를 컴퓨터와는 아주 다르게 처리한다는 걸 염두에 두는데요. 예를 들어 글에서 코드처럼 재귀를 쓸 수는 없습니다. 수준 높은 독자라면 조금은 쓸 수 있겠지만요. 하지만 독자가 글을 어떻게 처리하고 이해할지 늘 고려하게 됩니다.

코드를 쓸 때에는 걱정하지 않지만 글을 쓸 때 걱정하게 되는 것 하나는 영어가 모호할 수 있다는 부분이에요. 제가 쓴 글을 오독할 여지가 없는지 끊임없이 걱정합니다. 그래서 오해의 소지가 적은 구조를 사용하는 글 형식을 만드느라 의식적으로 정말로 많은 시간을 들입니다.

제가 제일 좋아하는 SNL 코너가 있습니다. 심지어 벌이나 정신없는 거친 남자들이 나오는 것보다 더 좋아하는데요. 에드 애스너가 출연하는 코너인데, 애스너가 원자력 발전소 관리자 역할입니다.[29] 그가 2주간 휴가를 떠나는데 문밖으로 나서면서 이렇게 말합니다. “안녕, 잘 있어요. 저는 떠납니다. 명심하세요. 원자로에는 냉각수를 절대 너무 많이 넣을 수 없습니다.” 남은 사람들은 그가 떠난 후 3분 동안 그의 말이 무슨 뜻인지를 놓고 논쟁을 벌이죠.

사이블 영어로 글을 쓸 때에는 명백히 사람이 보라고 쓰는 것이니 컴퓨터를 위해 짜는 소프트웨어와는 다르게 취급하시는 것 같네요. 하지만 커누스를 비롯해서 많은 사람의 주장은 좀 다른데요. 우리가 짜는 코드는 컴퓨터를 위한 것이기도 하지만 사람을 위한 것이기도 하다는 점을 강조합니다.

스틸 아, 맞아요.

사이블 그렇다면 사람 독자를 위한 영어 글쓰기에서 배운 교훈을 코드를 짤 때에도 적용할 수 있나요?

스틸 아, 물론이죠. 코드를 짤 때 제 머릿속에 가장 먼저 떠오르는 것 중 하나는 이 코드로 내가 원하는 일을 컴퓨터에 시킬 수 있을까입니다. 그러니까 ‘이 코드가 한 가지 방식으로라도 이해가 될까?’의 문제죠. 컴퓨터가 전혀 알아듣지 못할 수도 있으니까요. 이 단계를 넘어가면 무언가를 정확하게 작성하는 방법은 대개 여러 가지가 있다는 질문과 마주치게 됩니다. 그 시점이 제가 사람 독자에 대한 고민을 시작하는 때예요. 효율성에 대한 걱정도 하고요.

대개는 여기서 절충해야 합니다. 효율성이 중요하다면 어쩔 수 없이 교묘한 코드를 쓰게 됩니다. 그러고 나면 사람이 이해하기 힘들겠다는 생각이 들죠. 그러면 가독성을 올리기 위해 주석을 달든지 무언가를 해야 합니다. 하지만 맞아요. 변수명 선택이나 코드 배치 등을 고민하면서 사람 독자에게 초점이 더 가 있을 때가 아주 많습니다. 또 컴퓨터는 신경 쓰지 않는 코드 형식의 세부 사항을 사용해서 사람 독자에게 필요한 신호를 주는 방법을 고민하기도 하겠죠.

사이블 우리 언어가 더 나아질수록, 아니면 적어도 더 프로그래머 친화적이 될수록 정확한 프로그램을 짜기 더 쉬워지는 것 같습니다. 천공 카드에 어셈블리어를 찍던 시절과 비교하면요. 컴파일러가

오류를 찾아 주거나 하는 덕분에 많은 도움을 받을 수 있죠. 정확성보다 가독성에 아주 미세하게라도 초점을 더 둘 수도 있을까요? 어쨌든 해스켈 사람들은 이런 말을 많이 하잖아요. "당신의 해스켈 프로그램이 타입 검사를 통과했다면 오류가 있을 리 없다."고요.

스틸 저는 그게 끔찍한 함정이라고 생각합니다. 컴파일된 프로그램이 오류를 가질 수 있는 방법은 수없이 많아요. 그러니 언제나 정확성을 따져 봐야 합니다. 그리고 정확하지 않은 코드는 컴퓨터뿐 아니라 사람도 오해하게 만들 수 있어요.

프로그래밍은 몹시 부자연스러운 활동입니다. 저는 확신해요. 프로그래밍은 신중하게 배워야 합니다. 사람들은 이야기할 때 듣는 사람이 구멍을 메꿔 주는 상황에 익숙해요. 저는 우리가 컴파일러에도 비슷하게 의지하고 있다고 생각합니다. 조금은요. "'foo'라는 변수가 필요해."라고 할 때 정확히 어떤 레지스터를 쓰고 하는 걸 걱정하지는 않잖아요. 대부분의 사람은 의사소통을 매우 정교하고 철저하게 하는 데에 익숙하지 않아요. 그런데 우리가 수행할 작업을 설명할 때에는 작은 세부 사항이 중요하죠. 작은 세부 사항의 차이가 전체 결과에 영향을 줄 수 있으니까요.

저는 사람들이 재귀를 제한된 방식으로만 사용하는 데 익숙하다고 생각해요. 촘스키가 그걸 증명했던 것 같은데요. 사실 사람들은 세 단계도 거의 넘지 않아요. 더 깊이 들어가더라도 보통은 꼬리 재귀 방식으로 들어가죠. 재귀를 해석하는 방법은 사실 배우기 아주 어려운 기술이에요. 하지만 일단 이 방법을 배우고 이해하고 나면 우리가 가진 가장 강력한 프로그래밍 도구 중 하나가 됩니다. 그래서 저는 절대 정확성에서 눈을 떼면 안 된다고 생각해요.

사이블 **그래도 많은 사람이 '비프로그래머'가 쓸 수 있는 프로그래밍 언어나 체계를 만들려고 노력해 왔는데요. 말씀을 들어 보니 이게 애초에 안 될 일이라고 생각하시는 것 같네요. 문제는 우리가 올바른 문법을 찾지 못한 게 아니라 사람들이 이런 부자연스러운 행동을 배워야 한다는 거고요.**

스틸 네, 제가 생각하기에 다른 문제 하나는 사람들이 자신의 머릿속에 있는 주요 경우에만 집중하는 경향이 있다는 거예요. 경계 조건이나 실패하는 조건, 발생 확률이 낮은 일은 잘 걱정하지 않죠. 그리고 사람들이 어떤 방식이 올바른지를 놓고 충돌할 가능성이 높은 경우가 딱 이런 경우고요.

가끔 제가 학생들에게 이렇게 퀴즈를 내요. "이런 경우에는 어떻게 해야 할까요?" "아, 당연히 이렇게 해야죠." 그러면 다른 학생이 즉시 끼어들어요. "아니요, 아니요. 저렇게 해야죠." 어떤 작업의 프로그래밍 명세를 쓸 때 해결해야 하는 일들이 바로 이런 것들입니다.

저는 우리가 자주 프로그래밍을 마법으로 묘사하는 게 우연이 아니라고 생각해요. 컴퓨터 마법사라는 표현을 쓸 때 우리가 떠올리는 건 마법이나, 아니면 마법과 같이 자동으로 일어나는 일입니다. 그건 자신이 원하는 일을 기계에 시킬 수 있다는 것이 청소년들이 자신의 소원을 이루는 일에 가장 가까운 기술이기 때문이라고 생각해요.

동화를 보면 그렇잖아요. 사람들은 그저 원하는 걸 머릿속에 떠올리고, 손을 휘젓기만 해도 그 일이 일어나기를 원하죠. 물론 이런 동화에는 경계 조건을 체크하는 걸 잊은 덕에 나쁜 일이 일어난다는 교훈을 주는 이야기도 많고요.

사이블 예를 들어 〈판타지아〉[30]와 재귀의 위험성 같은 게 있죠.

스틸 〈판타지아〉와 재귀, 맞아요. 그리고 '이 나라에서 가장 부자가 되고 싶어.'도 있죠. 나는 예전 그대로이고 다른 사람들만 모두 엄청나게 가난해질 수도 있으니까요. 사람들은 무언가를 하는 데 여러 방법이 있다는 걸 늘 잊어요. 그래서 동화에서 이런 일이 벌어지는 거죠. 주요 소원에 대해서만 생각하고 세부 사항을 고민하지 않으면 아주 많은 부분이 정해지지 않은 채 남아 있게 됩니다.

사이블 그렇다면 동화에서 얻을 수 있는 교훈은 뭘까요? 프로그래밍 세계의 간달프들은 아주 힘들게 주문을 배워 가면서 그 자리에 올랐고 지름길은 없다는 걸까요?

스틸 네, 제가 또 다른 예를 들어 보죠. 제가 제 똑똑한 컴퓨터에 이렇게 말한다고 해 봅시다. "좋아. 여기 주소록이 있어. 이 주소록이 언제나 정렬되어 있으면 좋겠어." 그러자 컴퓨터가 주소록에서 첫 번째 항목을 제외하고는 모두 지워 버려요. 자, 주소록이 정렬되어 있죠? 하지만 제가 이걸 원하지는 않았겠죠. 이렇게 간단한 일에 대한 설명도 쓰려고 보면 "목록이 정렬되어 있어야 하고, 잃어버리는 데이터도 없어야 하고, 복사도 되지 않아야 해."처럼 사실 꽤 복잡한 명세가 되어 버린답니다.

사이블 그렇다면 이런 부자연스러운 행동을 익힌 사람인 프로그래머들의 생산성을 높일 수 있는 프로그래밍 언어의 기능이 있을까요? 지금 언어를 만들고 계시니 분명 무언가 해 주실 말씀이 있으실 것 같은데요.

스틸 앞에서도 말씀드렸지만 정확성을 놓치면 안 됩니다. 이런 정확성을 쉽게 보장하도록 해 주는 도구를 만들 수 있을 것 같아요. 아주 간단하지는 않겠지만 이런 도구를 쓰면 다양한 종류의 실수를 쉽게 피할 수 있을 거예요. 좋은 예로 연산 중 오버플로 감지가 있겠네요. 아니면 아예 끝이 있는 32비트 정수가 아니라 그런 제한이 없는 숫자를 제공할 수도 있겠죠. 물론 이걸 구현하는 비용이 들겠지만 특정 종류의 프로그래밍에서는 제한이 없는 큰 수를 제공하면 오류를 좀 줄일 수 있을 것 같아요.

시스템 프로그래머나 운영 체제 알고리즘을 설계하는 사람이 늘 빠지는 함정이 있어요. '음, 각 단계를 동기화해야 하니 숫자 발급 전략을 사용하면 되겠군. 계산에서 새로운 단계에 진입할 때마다 변수를 증가시켜야겠어. 그러면 매번 새로운 숫자가 될 테니 계산에 참여하는 다른 요소들도 특정한 연산을 하기 전에 같은 단계인지 확인할 수 있을 거야.' 실제로 이런 전략은 잘 동작해요. 하지만 문제는 32비트 정수를 쓰면 40억[31]에 생각보다 금방 다다른다는 거죠. 특히 요즘에는요. 숫자가 넘어가서 다시 작은 수가 되면 어떻게 될까요? 그래도 괜찮을까요, 아닐까요? 알고 보니 문서에 등장하는 이런 알고리즘에 잠복해 있는 버그가 아주 많았어요. 만약 어떤 스레드가 해당 연산을 2의 32승번 반복하며 계속 살아 있으면 어떻게 될까요? 실제로 이런 일이 벌어질 가능성은 매우 낮지만 가능은 합니다. 그러면 이런 정확성 문제를 제대로 해결하거나, 아니면 걱정하지 않아도 될 정도로 그 가능성이 충분히 낮다는 걸 증명할 수 있어야 해요. 아니면 그냥 하루에 결함 하나 정도는 감수할 수도 있겠죠. 어쨌든 중요한 건 이 문제를 그냥 무시하지 말고 분석해 봐야 한다는 겁니다. 숫자가 한계를 넘어갈 수 있다는 잠재적인 위험이 대부분의 프로그래머에게는 영향을 주지 않겠지만 아주 소수는 자신의 알고리즘에 설치된 함정에 빠지고 말 거예요.

사이블 결함 이야기가 나와서 말인데요. 고쳐야 했던 최악의 버그는 무엇이었나요?

스틸 최악의 버그는 잘 모르겠지만 몇 가지 이야기를 해 보죠. 병렬 프로세스가 결단코 가장 다루기 어려운 버그를 만들어 냅니다.

제 인생에서 딱 한 번 있었던 일인데요. IBM 1130에서 프로그래밍하던 십 대 시절에 버그 해결책이 꿈에 나왔던 적이 있습니다. 잠에서 깨던 순간이었는지도 모르겠어요. 저는 이틀 정도 버그를 이해하지 못해서 헤매고 있었죠. 한밤중에 벌떡 일어나 앉았는데 갑자기 문제의 원인을 깨달은 거예요. 제가 인터페이스 명세에서 간과한 점이 있었던 거죠.

동시에 실행되는 프로세스 문제였어요. 저는 IBM 디스크 운영 체제[32]를 디컴파일[33]해서 연구하기 위해 디컴파일러를 만들고 있었어요. 디컴파일러가 디스크의 바이너리 데이터를 받아서 인스트럭션이나 문자 코드, 숫자 등 다양한 형식으로 출력해 줬죠. 문자를 변환하기 위해 저는 데이터를 다양한 문자 변환 루틴에 넣었는데요. 그중 하나가 천공 카드 리더에서 카드 코드를 읽은 다음에 사용하도록 설계된 루틴이었어요. 그런데 제가 명세에 적혀 있는 작은 주석을 놓친 거죠. '우리는 이 프로시저를 호출하기 전에 카드 데이터를 읽어 들일 버퍼의 가장 낮은 비트들이 0이라고 가정합니다.'라고 적혀 있었던 것 같아요. 아니면 1이라고 가정했던가 그랬어요.

어쨌든 카드 코드 열에서 읽은 12비트[34]는 16비트 워드 중 높은 12비트로 갔습니다. 그리고 이 프로그램은 낮은 비트를 기발하게 활용했는데 카드 리더 루틴을 비동기적으로 호출해서 버퍼를 비동기적으로 채우면서 버퍼를 채웠는지 이 비트에 표시했죠. 그러면 변환 루틴이 뒤이어 실행되면서 낮은 비트를 체크해 보고 다음 카드 열을 읽었는지를 알 수 있는 거였어요. 그리고 이미 읽었으면 문자 변환을 바로 할 수 있었죠. 그래서 카드를 읽자마자 문자 변환이 곧바로 이어서 이루어질 수 있었어요. 카드 변환에 걸리는 시간과 카드 읽기에 걸리는 시간이 포개지게 만든 거죠. 그런데 저는 바이너리 데이터를 변환 루틴에 그대로 넣으면서 이 제약을 지키지 않은 거예요. 그걸 그냥 놓쳤던 거죠. 저는 그게 또 다른 카드 변환 루틴인 줄 알았거든요. 하지만 알고 보니 인터페이스에 특별한 규약이 있었죠. 이렇게 낮은 비트에 의존하는 방식은 일반적으로 떠올리기 쉽지 않아요. 버퍼의 내용을 해석해서 '카드 리더에서 데이터가 아직 도착하지 않았군.' 하고 판단하니까요. 사실 이걸 알고는 있었는데 머리에 떠오르지 않았어요. 그런데 말씀드렸다시피 비몽사몽간에 떠오른 거죠. 아주 특이한 일이었어요.

떠오르는 정말 흥미로운 사건이 하나 더 있는데 제가 맥리스프 시스템을 유지보수하던 시절 이야기예요. 맥리스프는 임의의 정밀도를 갖는 큰 수를 지원했어요. 이미 수년간 쓰여 왔기 때문에 디버깅도 많이 되었고 문제점도 다 해결했다고 여겨졌죠. 이 기능은 맥시머에서 온갖 종류의 계산에 쓰였어요. 맥시머 사용자라면 항상 이걸 쓰고 있는 셈이었죠. 그런데 빌 고스퍼가 문제를 발견하고는 알려 주었어요. "이 정수를 이 정수로 나누면 몫이 잘못 나와요." 이 몫이 원주율에 10의 제곱수를 곱한 값과 아주 가까워야 했기 때문에 알아차릴 수 있었죠.

이 숫자들은 자릿수가 각각 100개는 되었기 때문에 계산을 전부 손으로 좇아가는 건 불가능했어요. 나눗셈 루틴은 꽤 복잡했고 수가 워낙 컸으니까요. 그래서 코드를 뚫어지게 쳐다보았지만 명백히 틀린 게 눈에 띄지 않았죠. 그런데 조건문 하나가 제 눈길을 사로잡았어요. 잘 이해되지 않는 조건문이었죠.

그 루틴은 커누스 책에 나오는 알고리즘에 기반한 것이었어요. 그래서 저는 커누스 책을 책장에서 꺼내 알고리즘 명세를 읽으면서 커누스의 알고리즘과 어셈블리어 코드를 대응시켜 보았죠. 그런데 커누스 알고리즘에서 눈에 띄는 게 하나 있었는데 이 조건이 아주 드물게 발생한다는 주석이었어요. 발생 확률이 대략 2의 워드 크기 제곱분의 1이라고 했죠. 그러니까 우리의 경우에는 40억분의 1 정도인 거예요.

그래서 저는 이렇게 추론했어요. '이 루틴은 충분히 검증되었다고 여겨졌으니 아주 드문 버그임에 틀림없어. 따라서 문제는 아주 드물게 수행되는 코드 안에 있을 거야.' 그래서 저는 그 코드에 제 신경을 집중할 수 있었고 결국 자료 구조가 제대로 복사되지 않았다는 걸 알아냈어요. 그 부작용으로 나중에 무언가가 깨지는 버그가 발생하는 거였죠. 그래서 제가 문제를 고쳤어요. 틀린 결과가 나오던 숫자를 넣으니 정답이 잘 나왔고 고스퍼도 만족한 듯했죠.

일주일 후에 고스퍼가 무언가 더 큰 수를 들고 다시 나타났어요. "이 숫자들도 제대로 안 나눠져요." 이번에는 저도 대비하고 있었죠. 동일한 열 줄의 인스트럭션으로 다시 돌아갔어요. 그리고 그 코드에서 같은 종류의 두 번째 버그를 발견했죠. 이번에는 코드를 아주 면밀하게 검토했고 모든 게 올바르게 복사되는 걸 확인했어요. 그 이후로는 오류가 더는 보고되지 않았습니다.

사이블 **언제나 벌어지는 일이죠. 문제는 한 번으로 끝나지 않는다.**

스틸 맞아요. 여기서도 배울 게 있네요. 버그가 여러 개 있을 수 있으니 처음부터 더 면밀하게 검토했으면 좋았을 거라는 교훈을 얻을 수 있었겠네요. 또 다른 교훈은 아주 드물게 나타나는 버그 같으면 드물게 실행되는 코드 경로를 보는 게 도움이 될 수 있다는 거예요. 세 번째 교훈은 알고리즘이 무엇을 하는지에 대한 좋은 문서가 있다면 아주 좋다는 거죠. 이 경우 그게 커누스 책이었고요.

사이블 **한밤중에 일어나서 갑자기 문제를 깨닫는 방법 말고 어떤 디버깅 기법을 선호하시나요? 심벌릭 디버거인가요, 또는 프린트 문, 단정문, 형식 증명, 아니면 이런 방법들 모두?**

스틸 제가 게으르다는 걸 인정할 수밖에 없겠네요. 가장 먼저 해 보는 건 프린트 문을 넣어 보는 겁니다. 아마 복잡한 버그를 다룰 때에는 효과가 가장 없는 방법일 것 같지만요. 하지만 간단한 버그라면 잘 먹힙니다. 그러니 한번 해 보는 것도 괜찮아요. 그런데 프로그래밍에 대한 제 사고의 진화 과정에 아주 커다란 깨달음을 얻은 일이 있었습니다. 해스켈로 프로젝트를 하던 때였는데 순수 함수형 언어라서 프린트 문을 끼워 넣을 수가 없었죠.

그래서 100% 단위 테스트 요법을 쓸 수밖에 없었죠. 세부 프로시저마다 단위 테스트를 꼼꼼하게 채워 나갔어요. 그런데 하고 보니 아주 훌륭한 작업 방식이

었죠.

이 경험이 포트리스 설계에도 영향을 주었어요. 단위 테스트 작성을 장려하는 기능을 추가하려고 노력했죠. 그리고 단위 테스트를 별개 파일이 아니라 프로그램 코드와 함께 기록하도록 했어요. 이런 부분은 에펠의 '계약에 의한 설계' 같은 것에서 아이디어를 빌려 온 거죠. 프로시저의 선행 조건이나 후행 조건을 지정할 수 있는 점이요. 테스트 데이터나 단위 테스트 절차를 선언할 수 있는 곳도 있어요. 그러면 요청할 때마다 테스트 관리 도구가 테스트를 실행해 주죠.

사이블 '계약에 의한 설계'를 언급하셨는데요. 코드를 짜실 때 단정문은 어떻게 사용하시나요?

스틸 저는 단정문을 넣는 습관이 있어요. 특히 프로시저 시작 지점이나 중요한 지점에요. 어떤 코드의 정확성을 스스로 증명, 아니 증명은 너무 강한 단어인 것 같고, 확인하고 싶을 때에도요. 저는 불변식이라는 측면에서 자주 생각하고 그런 불변식이 지켜졌는지 증명합니다. 아주 유용한 방식이라고 생각합니다.

사이블 디버거로 코드를 한 단계씩 실행해 보는 건요? 다른 방법이 잘 안 통할 땐 이런 방식도 쓰시나요?

스틸 프로그램 길이에 따라 달라요. 물론 특정 부분에 문제가 없다는 확신이 있다면 그 부분은 건너뛰고 한 단계씩 실행할 수 있는 도구를 쓸 수도 있죠. 물론 커먼 리스프에는 멋진 STEP 함수가 있습니다. 아주 유용해요. 커먼 리스프 코드를 한 단계씩 실행해 본 적도 많죠. 신뢰할 수 있는 서브루틴은 건너뛰는 기능도 물론 많은 도움이 됩니다. '이 특정 반복문이 17번 실행될 때까지는 그냥 넘어가.'라고 멈추는 지점을 설정할 수 있는 기능도 좋고요. PDP-10에는 이런 기능을 지원하기 위한 하드웨어 도구도 있었어요. 이것도 좋았죠. 적어도 MIT에서는요. MIT에서는 당시에 기능을 추가하기 위해 컴퓨터를 개조하곤 했거든요. 코드의 실제 실행을 다양한 방법으로 확인할 수 있으면 여러모로 도움이 되죠.

사이블 코드의 정확성을 엄밀하게 증명하려고 해 보신 적은 없나요?

스틸 음, 그건 코드에 따라 다를 것 같아요. 제가 일종의 까다로운 수학적 불변식이 있는 코드를 쓰고 있다면 증명을 시도하겠지요. 무언가 불변식을 만들고 증명하지 않는다면 정렬 루틴을 쓰는 건 꿈도 못 꾸겠죠.

사이블 페테르 판데르린던이 쓴 《컴파일러 개발자가 들려주는 C 이야기》에 보면 증명을 무시하는 글[35]이 있는데요. 글의 내용은 이렇습니다. 무언가의 증명을 보여 준 다음, '짜잔! 이 증명 안에는 버그가 있었어요.' 하는 거죠.

스틸 네, 맞아요. 증명에도 버그가 있을 수 있죠.

사이블 그래도 최소한 증명하고자 하는 코드보다는 버그가 있을 확률이 적겠죠?

스틸 그럴 것 같습니다. 문제에 다른 방식으로 접근하고 다른 도구를 사용하니까요. 증명을 사용하는 이유는 프로그래밍에서 데이터 타입을 사용하는 이유와 동일합니다. 아니면 등반가가 로프를 사용하는 것과도 동일한 이유죠. 모든 일이 잘 풀린다면 굳이 필요하지 않습니다. 하지만 무언가가 잘못되었을 때 문제를 알아챌 확률을 높여 주죠.

사이블 정말로 안 좋은 경우는 아마 프로그램에 버그가 있는데 증명에도 그 버그와 똑같이 버그가 있는 경우겠죠. 이런 경우는 아주 드물기를 바랍니다.

스틸 그런 일도 있을 수 있죠. 그런 일이 꼭 드문지도 사실 잘 모르겠어요. 사람들은 코드와 같은 구조로 증명을 만들기 마련이거든요. 아니면 반대로 코드를 쓸 때 증명이 머릿속에 이미 있었다면 그 증명이 코드 구조를 특정한 방향으로 이끌기 마련이에요. 그러니 코드와 증명이 완전히 독립적이라고 말할 수는 없습니다. 확률에서 말하는 독립성 측면에서요. 하지만 다른 도구와 다른 사고방식을 활용할 수도 있겠죠.

특히 프로그래밍의 세부 사항은 지엽적인 시야를 취하는 반면 불변식은 전체적인 시야에 집중하는 경향이 있습니다. 그리고 증명을 할 때 이 두 가지 시야가 만납니다. 프로그램의 세부 단계들이 전체 불변식을 지키는 일에 어떻게 영향을 주는지가 보이죠.

제 경력을 통틀어 가장 흥미로웠던 문제 중 하나로 『CACM』의 논문 검토 요청을 받았던 일이 있었습니다. 데이비드 그리스가 쓴 가비지 컬렉션 알고리즘의 정확성 증명에 대한 논문[36]이었는데 병렬성이 있는 가비지 컬렉터였어요. 수전 오위키는 그리스의 지도 학생이었는데 병렬 프로그램의 정확성을 증명하는 도구를 몇 가지 개발했죠. 그리고 그리스는 데이크스트라가 개발한 병렬 가비지 컬렉터에 이 기법을 적용해 보기로 했어요. 제 기억으로는 논문에 실린 코드는 반 페이지밖에 안 되었습니다. 나머지는 모두 정확성에 대한 증명이었죠.

저는 증명을 하나씩 짚어 가면서 혼자서 모든 단계를 검증해 보려고 했죠. 까다로웠던 점은 사실상 프로그램의 모든 문장이 어떤 불변식이든 깨트릴 가능성이 있다는 점이었어요. 병렬성이 있는 프로그램이니까요. 오위키 기법은 이런 불변식을 모든 지점에서 확인하고 있었죠. 전부 검토하는 데 대략 25시간이나 걸렸습니다. 그 과정에서 끝내 확인하지 못한 단계가 두 개 정도 있었어요. 그래서 해당 내용을 전달했는데 알고 보니 알고리즘의 버그에 해당하는 단계였죠.

사이블 결국 증명이 놓친 알고리즘의 버그였던 거네요. 증명의 결과는 '증명 완료! 이 알고리즘은 동작한다.'였으니까요.

스틸 네, 그 증명은 틀린 증명이었죠. 무언가를 간과한 부분이 있었어요. 수식을 다루다 세부 사항에서 무언가를 빠트린 건데요. 그래서 수식이 거의 맞긴 했는데 빠진 부분이 있었죠. 두 문장인가 무언가의 순서를 바꿔야 했던가, 그런 문제였어요.

사이블 그 증명을 분석하는 데 25시간이 걸렸군요. 코드만 있었다면 코드에서 25시간 만에 버그를 찾을 수 있었을까요?

스틸 버그가 있다는 것조차 알아차릴 수 있었을지 의심스럽네요. 알고리즘이 꽤나 복잡했거든요. 저라면 아마 코드를 좀 쳐다보다가 "제가 보기엔 괜찮네요."라고 했을 것 같습니다. 이런 알아차리기 힘든 상호 작용은 발견하기 힘들었겠죠. 여러 단계에 걸친 과정이 필요한 경우라 그런 상호 작용의 발생 가능성이 아주 낮았거든요.

사이블 증명을 만드는 과정에서 그런 종류의 상호 작용이 사실상 추상화되었던 거군요. 그래서 이 일이 일어난 다음, 저 일과 또 다른 일이 일어나야 문제가 발생한다는 시나리오를 떠올리지 않고도 문제를 발견할 수 있었던 거고요.

스틸 정확합니다. 사실 증명은 전체적인 관점을 취하니까요. 매우 복잡한 수식으로 모든 가능성을 요약해서 나타내죠. 그리고 수식이 맞는지 확인하려면 그 수식을 풀어내야만 합니다. 그래서 논문이 다시 제출되어서 검토 요청이 다시 왔을 때 전체를 이미 한 번 봤음에도 증명을 다시 검증하는 데 또 25시간이 걸렸지요. 이번에는 모두 올바른 것 같았습니다.

그렇게 응답을 보냈고 논문은 출판되었어요. 아직까지는 아무도 거기서 버그를 찾지 못했죠. 그러면 정말로 버그가 없는 걸까요? 글쎄요, 하지만 증명을 따라가 봄으로써 알고리즘이 올바르다는 확신을 더욱 많이 얻을 수 있었던 것 같아요. 그리고 그 증명을 빠짐없이 짚어 가면서 검토한 사람이 저 혼자만이 아니었기를 바랍니다.

사이블 데이크스트라의 유명한 말이 있잖아요. 테스트로는 프로그램에 버그가 없다는 걸 증명할 수 없고, 프로그램에 버그가 있다는 사실만 실패한 테스트로 증명할 수 있다고 그랬죠. 그런데 증명도 마찬가지인 것처럼 들리네요. 증명으로는 프로그램에 버그가 없다는 걸 증명할 수 없다고요. 자신이 증명을 이해하는 범위 내에서 버그가 발견되지 않았다는 것만 증명할 수 있고요.

스틸 그렇긴 합니다. 그래서 기계적인 증명 검증을 다루는 전문 분야가 있는 거죠. 그러면 그 증명 검증기가 정확한지를 증명하는 문제로 문제를 바꿀 수 있으니 결국 문제 범위를 줄일 수 있을 거라고 기대하면서요. 증명 검증기를 작게 작성할 수만 있다면 규모가 있는 프로그램의 증명을 검증하기보다는 증명 검증기를 검증하는 일이 실제로 훨씬 다루기 쉬운 문제일 거예요.

사이블 그러면 사람이 증명한 기계적인 검증기가 다른 코드의 특정한 증명을 검증한 결과를 만들어 주겠군요? 직접 25시간 걸려서 하셨던 것처럼요.

스틸 네, 맞습니다.

사이블 혹시 더 이야기하고 싶으신 게 있으신가요?

스틸 음, 프로그램에 담긴 아름다움에 대한 이야기는 별로 하지 않았군요. 그에 대한 이야기를 꼭 하고 싶었는데요. 그 안에 아름다운 무언가를 담은 프로그램들을 읽은 적이 있어요. 그중 하나가 텍입니다. 텍 소스 코드요. 메타폰트[37]는 그보다는 살짝 모자랐어요. 그게 제가 메타폰트를 텍보다 드물게 써서인지, 아니면 코드 구성에 미묘하게 다른 점이 있어서인지, 메타폰트 설계를 제가 덜 좋아하는 건지는 잘 모르겠네요. 정말 이유를 모르겠어요.

그저 경이롭다는 생각밖에 안 드는 알고리즘도 있습니다. 코드 크기를 줄이는 게 중요하던 시절에는 놀라울 정도로 코드 크기를 줄여 놓은 작은 프로그램 조각들도 보았죠. 메모리 크기가 끽해야 1MB이던 시절에는 40워드를 쓰는지, 30워드를 쓰는지가 중요했으니까요. 사람들은 프로그램을 조금이라도 더 압축하기 위해 정말 많은 노력을 기울였습니다. 빌 고스퍼는 작고 경이로운 네 줄짜리 프로그램을 만들었는데, 이 프로그램이 비트를 가지고 노는 동안 누산기의 낮은 비트에 스피커를 연결하면 흥미로운 소리를 들을 수 있었죠.[38]

제 시간을 너무 낭비한 것처럼 들릴 수도 있겠지만 제 경력 중 가장 만족스러웠던 순간 중 하나는 고스퍼가 쓴 11워드짜리 프로그램에서 한 워드를 줄이는 데 성공했을 때였어요. 실행 시간을 아주 조금 손해 보긴 했지만 CPU 사이클 하나만큼도 안 되었죠. 하지만 고스퍼의 코드를 정말로 워드 하나만큼이나 줄이는 방법을 찾은 거예요. 처음 그 프로그램을 본 지 20년 만의 일이었죠.

사이블 20년이 지나서야 답을 한 거군요. "빌, 이거 어때요?"

스틸 제가 20년 동안 그것만 한 건 아닙니다. 그냥 우연히 20년 후에 그 코드를 다시 봤는데 예전에는 몰랐던 아이디어가 갑자기 떠오른 거예요. 옵(op) 코드 하나를 다른 걸로 바꾸면 그게 제가 원하는 부동 소수점 상수와 굉장히 비슷하다는 점을 깨달은 거죠. 그래서 그 인스트럭션을 인스트럭션으로도, 부동 소수점 상수로도 썼어요.

사이블 **'The Story of Mel, a Real Programmer'[39]에나 나오는 모습이군요.**

스틸 그렇죠. 그런 이야기 중 하나예요. 하지만 글쎄요, 정말 그런 식으로 살고 싶지는 않네요. 그냥 제가 고스퍼의 코드를 줄일 수 있었던 유일한 사건이었어요. 진정한 승리를 한 느낌이었죠. 게다가 그 코드는 아름답기도 했어요. 사인과 코사인을 계산하는 재귀 서브루틴이었습니다.

그 당시에는 그런 것들을 고민했죠. IBM 1130에서 프로그래밍을 할 때에는 부트 카드라는 개념이 있었는데요. 카드 뭉치 맨 앞에 넣어야 되는 한 장짜리 카드였죠. 컴퓨터의 시작 버튼을 누르면 하드웨어가 자동으로 첫 번째 카드를 읽어서 메모리의 맨 처음 80칸에 넣었어요.[40] 그리고 정해진 칸에서 실행을 시작했죠. 그러면 그 카드가 진짜 카드 리더 루틴 역할을 하면서 나머지 카드를 읽어야 했죠. 이런 식으로 자신의 프로그램을 시작하는 거였어요.

IBM 1130에서 힘들었던 점은 천공 카드에 줄이 12개밖에 없는데 컴퓨터 워드는 16비트였다는 거죠. 그래서 12비트를 인스트럭션의 16비트로 흩뿌려야만 했고, 그 결과 어떤 인스트럭션은 천공 카드로 표현할 수가 없었어요. 그래서 그런 인스트럭션은 카드의 다른 인스트럭션을 사용해서 만들어 내야 했죠. 그래서 아주 복잡한 퍼즐을 풀어야 했습니다. '내가 어떤 인스트럭션을 쓸 수 있지? 이 인스트럭션을 쓰면 어떨까? 이 인스트럭션을 만들려면 카드에 다른 인스트럭션을 여러 개 써야겠는데?' 하지만 루틴을 80워드 안에 맞춰야 했기 때문에 어마어마한 압박을 느꼈습니다. 그래서 인스트럭션을 데이터로 재사용하거나 한 가지 데이터를 여러 용도로 쓰거나 하기 일쑤였죠. 이 작은 서브루틴을 메모리의 '정확한' 위치에 넣을 수 있다면 메모리 주소 자체도 데이터 상수로 쓸 수 있었습니다. 이런 일을 해야 했어요. 종이접기이면서 하이쿠이기도 했고 이 모든 게 프로그래밍 스타일이었죠. 저는 이런 일을 하면서 몇 년을 보냈어요.

사이블 그런 훈련을 쌓은 사람들이 현재 환경의 프로그래머들보다 더 낫다고 생각하시나요, 아니면 더 못하다고 생각하시나요?

스틸 예전 사람들은 자원의 제약을 다루는 경험을 쌓았죠. 자원을 얼마나 쓰는지 정확하게 측정하기도 했고요.

사이블 정확하게 측정하는 법을 배우는 건 좋네요. 하지만 그런 프로그래밍 습관은 지금은 적합하지 않다고 여겨지니까 양날의 검이 될 수 있잖아요.

스틸 단지 할 수 있다는 이유만으로 무언가를 최적화하는 일에 너무 집착하게 되기 쉽긴 해요. 실제로 그럴 필요가 없을 때에도 하게 되죠. 그건 사실입니다. 그래도 저는 제 아들이 고등학생 시절 텍사스 인스트루먼트 공학용 계산기에서 프로그래밍 경험을 쌓아서 다행이라고 생각해요. 공학용 계산기도 메모리 제한이 꽤나 심하거든요. 그래서 계산기 안에 넣기 위해 데이터를 압축해서 표현하는 법을 배워야만 했죠. 평생 그런 프로그래밍만 하길 바라는 건 아니지만 유용한 경험이라고 생각합니다.

사이블 코드의 아름다움으로 돌아가서, 그런 식의 하이쿠나 종이접기 프로그래밍이 아름다운 이유가 뭘까요? 작고 복잡한 것은 아름다워서일까요?

스틸 네, 하지만 고스퍼의 코드가 아름다운 이유는 프로그램을 그렇게 압축할 수 있었기 때문만이 아니라는 점도 강조하고 싶네요. 애초에 프로그램이 그렇게 작았던 이유는 사인 함수의 세 배 각 공식이라는 아름다운 수학 공식에 기초했기 때문이었죠. 그리고 특정 컴퓨터 아키텍처에서 재귀를 아주 간단하게 표현할 수 있었던 것도 아키텍처가 재귀를 잘 지원하도록 설계되었기 때문이었고요. 그 당시 다른 컴퓨터들과는 달랐죠. 이런 다양한 아름다움이 한 루틴 안에 잘 어우러져 있는 겁니다.

사이블 커누스의 텍도 언급하셨는데요. 이건 훨씬 큰 프로그램이죠. 텍은 어떤 점이 아름다운가요?

스틸 커누스는 정말 정말 복잡하고 특수한 경우가 수없이 많은 프로그램을 가져다 아주 단순한 하나의 패러다임으로 정리해 냈어요. 끈적거리는 네모 상자를 서로 붙이는 방식으로요. 정말로 위대한 돌파구였죠. 글을 조판하는 일뿐 아니라 이차원 페이지 위에 무언가를 시각적으로 배열하는 온갖 종류의 작업에 사용할 수 있을 정도로 유연했죠. 좀 더 많은 GUI가 버튼 같은 것들을 배치할 때 상자와 붙이기에 기반한 방식을 썼으면 좋겠어요.

사이블 **그러니까 네모 상자와 붙이기의 의미를 이해했을 때 느껴지는 아름다움이 있군요. '이건 정말 심오하고도 올바른 방법이군. 이 아름다움을 이해했으니 이 프로그램 이외의 곳에도 적용할 수 있는지 봐야겠어.' 하는 생각이 들겠네요. 그런데 이것 말고도 소스 코드를 쭉 읽으면서 이런 아이디어가 어떻게 실현되는지 봄으로써 느껴지는 또 다른 아름다움도 있을까요? 어쩌면 소스 코드를 읽어야만 느낄 수 있는 부분도 있을 것 같고요. 아니면 전체 소스 코드를 읽고 나면 '우와, 정말로 단순하지만 지나치게 단순하지는 않은 이 한 가지 아이디어에서 모든 게 나왔구나.' 하는 생각이 드는 걸까요?**

스틸 그 모든 것의 조합 같습니다. 그리고 커누스는 코드에 대한 이야기를 아주 잘 풀어 나가요. 《The Art of Computer Programming》을 읽어 보셨다면 아실 거예요. 알고리즘을 읽다 보면 커누스가 설명해 주고 응용 방법도 알려 주죠. 풀어 볼 연습 문제도 주고요. 그러면 아주 보람찬 여정이었다는 느낌이 들 거예요. 그 과정에서 흥미로운 견해도 봤을 거고요. 저는 텍 소스 코드를 누비면서 똑같은 느낌이 들었어요. 프로그래밍에 대해 무언가를 배웠죠. 어떤 부분은 재미없고 형식적이고 그랬어요. 하지만 어떤 부분을 보면서는 '우와, 이렇게 구성하는 방법은 생각도 못 했는걸?' 했죠. 두 가지가 모두 조금씩 있었어요.

사이블 **아름다운 코드의 저 반대편으로 눈을 돌려 보죠. 소프트웨어에는 역사적인 이유로 남아 있는 고통스러운 결점이 가득한데요. 우리가 없앨 수 없는 것들이죠. 줄 바꿈을 표시하는 방법이 제각각인 것처럼요.**

스틸 네, 우리는 커먼 리스프 위원회에서 줄 바꿈 문자를 어떻게 다룰지만을 놓고 몇 시간이나 논쟁을 벌였어요. 개행 문자만 쓰는 유닉스와 CRLF를 쓰는 PDP-10

을 모두 지원하기 위해서요. 줄 바꿈의 정의를 잘 잡아서 두 운영 체제에서 모두 작동하게 만드는 일은 정말 끔찍했죠.

사이블 이 책을 읽은 다음 소프트웨어를 만들 사람들에게 알려 주실 수 있는 게 있나요? 이런 문제를 피하는 방법이라든가, 더 똑똑해지는 방법 같은 거요. 아니면 이런 문제는 진화하는 설계가 피할 수 없는 문제인 걸까요?

스틸 네, 그리고 우리는 미래를 모르니까요. 바보같이 들리겠지만 제가 시간을 거슬러 올라가 딱 한 가지를 바꿀 수 있다면 선사 시대 사람들에게 숫자를 셀 때 엄지를 쓰지 말라고 권했을 것 같아요.[41] 그러면 팔진수가 표준이 되었을 테고 현대의 수많은 일이 훨씬 쉬워졌을 거예요. 그래도 십진수가 2의 거듭제곱 수들과 잘 맞지 않아서 생기는 문제와 싸우면서 배운 것도 많긴 합니다.

10장

스몰토크의 어머니

댄 잉걸스

Dan Ingalls

앨런 케이가 스몰토크의 아버지라면 댄 잉걸스는 스몰토크의 어머니이다. 스몰토크가 앨런 케이의 번뜩이는 아이디어에서 출발했을지는 모르겠지만, 스몰토크를 세상에 내놓는 힘든 일을 해낸 사람은 잉걸스이다. 케이의 한 쪽짜리 메모에 기반해서 베이식으로 스몰토크를 최초로 구현한 것이 시작이었다. 잉걸스는 첫 프로토타입부터 오늘날 쓰이는 오픈 소스 구현체인 스퀴크(Squeak)에 이르기까지 일곱 세대의 스몰토크 구현에 참여했다.

원래 물리학자였던 잉걸스는 포트란으로 프로그래밍을 시작했다. 한때는 대학원 시절에 개발한 프로파일러를 팔기 위해 회사도 세웠지만, 결국 제록스 파크에 합류해 케이가 이끄는 학습 연구 그룹(Learning Research Group)에 들어갔다. 이 그룹은 스몰토크를 만들었고, 컴퓨터를 어린이 교육에 활용하는 방법도 탐구했다.

제록스 파크 시절 잉걸스는 비트맵 그래픽에 쓰이는 빗블릿(BitBlt) 연산을 발명하고, 제록스 파크의 알토 컴퓨터용 마이크로 코드를 짰다. 그 덕분에 고성능 비트맵 그래픽이 가능해졌고 이는 팝업 메뉴 같은 사용자 인터페이스 혁신으로 이어졌다. 오늘날 우리는 모두 당연하게 여기지만 말이다.(오래전 잉걸스의 집에서 이루어진 스몰토크 시스템 시연 도중 팝업 메뉴가 실행되자 다음 장 주인공인 엘 피터 도이치가 벌떡 일어나며 외쳤다. “방금 내가 본 게 진짜로 내가 생각하는 그건가요?”)

현재는 썬의 기술 임원으로 라이블리 커널을 개발하고 있다. 스몰토크와 비슷한 프로그래밍 환경인데 완전히 브라우저 위에서 돌아가며 자바스크립트와 브라우저가 제공하는 그래픽스 기능을 활용한다. 잉걸스는 스몰토크에 대한 공헌으로 1984년에 ACM 그레이스 머레이 호퍼상을, 1987년에는 ACM 소프트웨어 시스템상을 받았다. 2002년에는 『Dr. Dobb’s Journal』의 ‘Excellence in Programming’ 상을 받았다.

이 인터뷰에서 우리는 대화형 프로그래밍 환경의 중요성에 대해 이야기했다. 리스프를 전혀 배우지 않았던 게 왜 행운이었는지, 유연하고 동적인 시스템을 구축하고 제한을 추가하는 방식이 정적인 시스템을 구축하고 동적인 기능을 추가하는 방식보다 왜 더 나은지도 이야기했다.

오라클의 썬 인수 후 회사 차원의 라이블리 커널 프로젝트 지원이 중단되자 잉걸스는 2010년에 SAP로, 2016년에 와이 콤비네이터 연구소로 옮겨서 라이블리 커널에 계속 공헌했지만 2017년 다시 지원이 중단되었다. 이후 라이블리 커널 개발은 독일 포츠담 소재 하소 플라트너 연구소에서 주도하고 있다. 잉걸스는 와이 콤비네이터 연구소를 나온 이후 컨설턴트로 일하고 있다.

사이블 **맨 처음부터 이야기해 보죠. 어떻게 프로그래밍을 시작하셨나요?**

잉걸스 그러니까 저는 지하실에서 발명을 하면서 자랐습니다. 그리고 거기에 제일 가까운 과목이 물리학이어서 대학에서 물리학을 전공했죠. 하버드에 입학했는데 포트란 프로그래밍 과목이 있었어요. 그래서 수강했습니다.

사이블 **그때가 몇 년도인가요?**

잉걸스 제가 하버드를 다닌 게 1962년에서 1966년까지입니다. 프로그래밍을 배울 기회가 두 번 있었는데 하나가 그 포트란 수업이었고요. 또 하나는 어떤 건물 지하의 멋진 연구실에서 들었던 아날로그 컴퓨터 수업이었죠. 아날로그 컴퓨터는 완전히 다른 방식으로 생각할 수 있게 해 줍니다. 커다란 배선판과 회로만 잔뜩 놓여 있는데 이것들이 적분, 미분을 할 수 있는 회로들이죠. 그래서 이것들을 연결하면 온갖 종류의 문제를 실시간으로 풀 수 있습니다. 하지만 프로그래밍의 시작은 포트란이었습니다. 첫눈에 사랑에 빠졌죠. 저는 프로그램을 더 짧게 만들려고 애를 써 보기도 하고 그랬습니다.

결국 저는 제가 전기 공학에 더 관심이 있는지도 모르겠다고 결론 내렸죠. 그래서 스탠퍼드 전기 공학과에 갔고 거기서 컴퓨터 과학 수업을 몇 가지 들었습니다. 정말 좋았죠. 전기 공학 분야에서 그렇게 많은 시간을 보내지는 않았습니다. 도널드 커누스의 수업을 들었는데 커누스는 프로그램 측정에 관한 대학원 과정을 열고 있었고 저는 그게 좋았습니다. 저는 실제로 다른 프로그램을 분석할 수 있는 프로그램에 대한 일을 했고 이걸로 사업을 벌이기 위해 스탠퍼드도 그만두었어요. 입학 다음 해에 석사를 땄고 그 후에 그만두었죠. 그게 아마 1968년쯤일 겁니다.

사이블 그렇다면 박사 과정을 그만두신 건가요?

잉걸스 네, 스탠퍼드 전기 공학과의 일부인 전파 과학 부문이었죠.

사이블 그럼 회사를 세우신 그 프로그램 말인데요. 어떤 프로그램이었나요?

잉걸스 그 프로그램은 커누스로부터 시작되었죠. 제가 들은 세미나 중 일부였는데요. 그 세미나는 프로그램을 측정하고 동적인 측면을 살피는 일에 관한 것이었어요.

사이블 다시 말해 프로파일링인가요?

잉걸스 네, 포트란 프로그램을 입력으로 주면 분기점마다 숫자를 세는 카운터를 삽입하는 프로그램이었죠. 저는 그걸 더 고도화했는데요. 타이머 인터럽트 프로세스가 있어서 프로그램의 다양한 부분에서 실제로 시간을 얼마나 소모하는지 측정할 수 있었습니다.

사이블 기본적으로는 샘플링 방식의 프로파일러였군요?

잉걸스 맞아요. 이 프로그램의 특별한 점이 있다면 그 당시까지만 해도 시간 프로파일링은 대개 메모리 주소 기반으로 이루어졌거든요. 그 결과를 제대로 이해하려면 아마 양자 역학을 알아야 했을 거예요. 반면에 제 프로그램은 소스 코드 기반으로 측정을 했고 '아, 여기서 시간을 모두 보내는구나.' 하고 바로 알 수 있었어요. 사용자가 바로 쓸 수 있는 결과였죠. 저는 그걸 깨달은 거예요. '우와! 사람들이 이걸 쓸 수 있겠어.'

사이블 그렇게 사업을 잠시 동안 운영하셨군요. 제록스 파크로 옮기기 전까지 그 일을 계속하신 건

가요?

잉걸스 그런 셈이죠. 사실 제가 제록스 파크에 가게 된 이유도 그거였어요. 저는 지역 컴퓨터 서비스 센터들을 누비며 많은 시간을 보내게 되었죠. 컨트롤 데이터[1] 지점과 IBM 지점이 있었는데 저는 제 프로그램을 들고 그런 다양한 곳에 가서 고객들의 실제 컴퓨터에서 잘 작동하는지 확인했어요.

사이블 여전히 포트란 코드를 프로파일링하는 프로그램이었나요?

잉걸스 네, 하지만 거기서 흥미로운 걸 발견했죠. 누가 포트란을 많이 쓰겠어요? 과학 계산을 많이 하는 사람들이겠죠. 그러면 그 사람들은 누가 고용할까요? 바로 정부죠. 그렇다면 그 사람들이 프로그램의 효율성에 신경을 쓸까요? 글쎄요, 그들이 정말로 신경 쓰는 건 컴퓨터의 부하가 심하다는 걸 보여 주는 일이었어요. 그래야 새로운 컴퓨터가 필요하고 돈이 있어야 한다고 주장할 수 있을 테니까요. 그 프로그램을 몇몇 회사에 보여 주었는데 사람들이 "이런, 코볼용이면 정말 좋았을 텐데요." 하더군요.

사이블 코볼을 돌리기 위한 큰 메인 프레임을 사라고 돈을 더 주는 사람은 없을 테니까요.

잉걸스 그러니까요. 그래서 저는 똑같은 걸 코볼용으로 만들었죠. 코볼에 완전히 몰입할 수 있는 기회였어요. 타이머 인터럽트에서 나온 통계를 취합하는 결과 생성 루틴을 썼던 기억이 납니다. 이 결과 생성 루틴은 측정 대상 프로그램과 같은 언어로 쓰고 싶었어요. 그래야 한 번에 띄울 수 있을 테니까요. 어쩌면 제가 코볼로 해시 테이블을 만들어 본 유일한 사람일지도 모르겠어요.

어쨌든 이 프로그램은 잘 팔렸습니다. 제가 직접 찾아가 했던 영업 중 몇 번은 아직도 기억이 납니다. 고객의 프로그램 중 하나로 시연을 했는데 프로그램 가격보다 더 많은 돈을 아낄 수 있는 방법을 시연 도중에 바로 알려 줄 수 있었죠.

컴퓨터 서비스 센터들을 돌아다니는 도중 스탠퍼드 산업 단지[2]에 있는 컨트롤 데이터 서비스 센터에 가게 되었어요. 보통은 컴퓨터 비용이 싼 밤늦은 시간에 일하는데, 거기서 포트란으로 만든 음성 인식 프로그램을 사용하는 사람을 만났습니다. 그는 다양한 음성 샘플을 자신의 프로그램으로 분석해서 음성 스펙트럼을 분석하고 음소를 분류하는 일 같은 걸 하고 있었죠. 저는 그 사람에게 가서 이야기를 건넸어요. "아, 혹시 제 프로그램을 한번 써 보시겠어요?" 그래서 제 프로그램을 돌려 본 다음 헤어졌죠.

2주쯤 지나서 그 사람이 저에게 연락을 했어요. "제가 제록스의 음성 인식 프로젝트에 채용되었어요. 그런데 핵심적인 부분을 도와줄 사람이 전혀 없네요. 혹시 저와 같이 일하는 건 어떠세요?" 그래서 저는 그를 돕기 시작했죠. 그가 조지 화이트였어요. 화이트는 그 후로도 오랫동안 음성 인식 연구를 했죠. 그렇게 제록스에 들어갔습니다. 그 덕분에 앨런 케이도 만났고요. 알고 보니 제 사무실 복도 건너편에 앨런의 사무실이 있었거든요. 그런데 음성 인식보다 더 흥미로운 대화가 계속 들리는 거예요.

사이블 음성 인식이라는 분야가 별로 흥미롭지 않았나요, 아니면 거기에 필요한 프로그래밍이 흥미롭지 않았던 건가요?

잉걸스 아니요, 음성 인식 자체는 흥미로웠어요. 아주 매력적이었죠. 저는 결국 시그마 3 미니컴퓨터 위에 온전한 개인 컴퓨팅 환경을 구축해 냈어요. 천공 카드 뭉치를 썼고 주로 포트란으로 일했죠. 그 외에 저는 대화형 환경도 만들었어요. 포트란으로 텍스트 편집기를 만들었고 터미널에서 원격으로 제출하는 기능도 만들었어요. 결국 간단하지만 멋진 컴퓨팅 환경이 만들어졌는데 좀 신기한 방식으로 돌아갔죠.

사이블 대화형 환경에 대한 이런 열망은 당신의 경력 전반에 걸쳐 자주 등장하는 주제인데요. 예를 들어 첫 번째 스몰토크를 베이식으로 짠 이유가 베이식이 그 당시 바로 사용할 수 있는 대화형 환경이었기 때문이었고요. 무언가 문제를 마주치면 일단 대화형 프로그래밍 환경이 필요하다고 생각하시는 것 같은데요. 언제 그런 생각을 처음 하셨나요?

잉걸스 좋은 질문이군요. 즉각적인 만족감을 주는 것은 무엇이든 당연히 그것만으로도 가치가 있다고 생각합니다.

사이블 그런 즉각적인 만족감을 맨 처음으로 받은 게 언제인가요?

잉걸스 두 가지 일이 생각나네요. 반(半)대화형 PL/I을 다룰 일이 있었어요. 그리고 제 친구 중 하나가 IBM에서 일했는데 거기엔 대화형 APL 환경이 있었죠. 둘 중 어느 게 먼저인지 모르겠어요. APL 환경은 잘 기억이 납니다. 저에게 여러모로 영향을 주었거든요. 결과가 바로바로 나오는 것을 볼 수 있었던 신속성도 그렇고 표현식을 계산한다는 발상도 그랬죠. 포트란의 명령문 기반 프로그래밍과는 정말 달랐거든요.

지금도 그런 방식을 볼 수 있잖아요. C, C++, 자바로 이어지는 전통 전체가 여전히 명령문 기반이죠. 객체 지향 방향으로 흘러가긴 했지만요. 하지만 표현식을 쉽게 만들 수 있으면 프로그래밍 경험이 완전히 달라집니다. 저에게는 수학을 재미있게 만들어 주는 느낌이었어요. 어쨌든 이게 두 가지 일 중 하나고요. 제록스에 갔을 땐 리스프 사람들이 만든 것 외에는 대화형 환경이 거의 없었어요. 저는 어쩌다 보니 리스프를 하지 않았어요. 제가 리스프를 했다면 인생이 좀 달라졌겠죠.

사이블 어쩌다 그렇게 되었나요?

잉걸스 제가 완전히 리스프 쪽으로 가 버릴 수도 있었다고 생각합니다. 하지만 그러지 않았기 때문에 그런 일을 다른 방법으로 하고 싶어졌죠. 제 생각에 앨런 케이와 제가 만들어 낸 것도 리스프와 똑같이 멋지고 생동감 넘치며 표현식 느낌을 낸다고 생각해요. 하지만 객체나 메시지라는 개념을 더 자연스럽게 포함시켰죠.

제가 리스프 같은 시스템에 더 능숙했더라면 굳이 스몰토크를 만들지는 않았을 것 같아요. 그 대신 리스프에서 객체를 쓰기 위해 다른 방식을 찾았겠죠. 하지만 처음부터 객체라는 개념에서 출발해서 그런 멋지고 편리한 대화형 환경을 만든 일이 제 업적인 것 같네요.

사이블 앨런 케이는 이런 말도 했어요. 리스프와 스몰토크가 둘 다 너무 훌륭해서 자기 자식들을 잡아먹어 버리는 문제가 있다고요. 리스프를 아셨다면 스몰토크가 가장 먼저 먹힌 아이가 되었을 수

도 있었겠네요.

잉걸스 그랬을지도요.

사이블 **모르는 게 오히려 도움이 되는 좋은 사례네요. 창의성을 발휘할 여지도 생기고요. 하지만 가끔은 이런 무지가 우리 업계의 고질병처럼 느껴지기도 합니다. 사람들이 이미 존재하는 것을 모르고 끊임없이 바퀴를 다시 발명하죠. 그것도 네모 바퀴를요.**

잉걸스 맞아요.

사이블 **이걸 고쳐야 하지 않을까요? 이게 사람들이 창의성을 발휘할 여지를 남겨 두기 위해 감수해야 하는 비용일까요, 아니면 사람들이 어떤 일들이 일어나고 있는지 좀 더 알 수 있도록 해야 할까요?**

잉걸스 저는 대체로 다양성을 포용하는 편입니다. 방금 우리가 이야기한 사례에서도 저라면 이렇게 말할 거예요. "그냥 사람들이 원하는 걸 하도록 내버려두세요." 무지로 인한 낭비가 있겠지만 결국엔 자연 선택이 모든 걸 바로잡을 거예요. 가끔은 갑자기 미래로 나아가는 경험을 할 수도 있고요.

저는 표준화를 시도해서 모두가 한 방향으로 가도록 하려다가 창의성이 억눌린 분야를 많이 알고 있습니다. 제가 자바를 지원하는 회사에 다니고 있어서 이런 말을 하기는 좀 그렇지만 자바가 나왔을 때에도 그랬어요. 제 생각에 어떤 일이 일어났는지 가장 쉽게 알 수 있는 방법은 OOPSLA 같은 객체 지향 학회에서 어떤 이야기가 나오는지 보는 거죠. 자바가 나왔을 때 다른 객체 지향 프로그래밍 언어 작업은 느려진 정도가 아니라 거의 멈췄다고 할 수 있을 정도였어요. 심지어 동적인 프로그래밍 언어까지 전반적인 경향이 그랬죠. 저는 그게 우리에게 손해였다고 생각해요.

하지만 영원하지는 않았습니다. 사람들도 결국 '아, 잠깐만. 자바가 멋진 장점들을 가지고 있고 이런저런 일에 쓰이긴 하지만, 동적 프로그래밍 언어로 다른 좋은 일들도 하고 있었는데 이제 다시 돌아가야겠어.' 하고 깨달았죠. 제가 이 과정에 참여하고 있었기 때문에 저는 이런 경향을 쉽게 깨달을 수 있었죠.

더 크게 보자면 저는 컴퓨터 과학과의 역할이 업계에서 일할 사람을 키워 내는 것이라고 여기는 게 정말 싫습니다. 업계가 이 방향으로 가니까 우리도 학생을 이 방향으로 가르쳐야 한다고 하는 거요. 완전히 잘못된 일입니다. 우리는 학생들이 더 일반적으로 생각하도록 가르쳐야 해요. 틀에서 벗어나 생각하고 우리가 추구할 '다른' 경로를 찾으라고 가르쳐야 합니다.

단순한 문제는 아니죠. 세상에 있는 표준은 각자 가치가 있으니까요. 수천 개의 루틴을 다뤄 본 수천 명의 믿음직한 프로그래머가 있다면, 기존 방식을 따르면서 일을 완수할 수 있습니다.

무언가를 만들기 위한 컴퓨터 과학과 지식을 진보시키기 위한 컴퓨터 과학은 살짝 차이가 있습니다. 저는 라이블리 커널을 갖고 놀고 있는데요. 어떤 면에서는 하찮은 제품입니다. 새로운 것이 전혀 없죠. 이미 존재하는 것들을 사용해서 만들었으니까요. 자바스크립트와 브라우저가 지원하는 그래픽스 기능을 써서 만들었습니다. 하지만 진짜 또 하나의 커널이기에 정말 재미있죠. 스퀵처럼요. 자바스크립트는 브라우저에 모두 들어 있고 그래픽스 기능도 그렇습니다. 그래서 커널 작업은 정말로 작아요. 그냥 그래픽스에 숨을 불어넣고 조그만 컴퓨팅 환경을 만드는 방법에 관한 내용일 뿐입니다.

무언가를 이렇게 작게 만들면 누구나 그걸 이해할 수 있습니다. 수식에서 언어나 그래픽스 같은 걸 몇 가지 빼 보세요. 그러면 질문은 무엇이 커널인가 하는 거예요. 저는 이게 아주 흥미로운 질문 같습니다.

특별히 제가 만든 게 아니더라도 이런 종류의 연구가 컴퓨터 과학에 다시 이런 질문을 던질 수 있습니다. '커널을 어떻게 만들 것인가? 더 단순하고 더 균일한 커널을 어떻게 만들 수 있을까?' 이런 질문에 대한 연구가 부흥할 수 있기를 바랍니다.

수학의 발전과 똑같아요. 수학에서는 여러 가지를 기호로 표현하면서 많은 걸 단순화할 수 있었죠. 그리고 그 덕분에 더 커다란 구조에 대해 생각할 수 있었고요. 컴퓨터 과학에서도 이런 일이 일어나는 게 제 소망입니다.

사이블 커널이라고 말씀하실 때 프로그래밍 커널을 말씀하시는 건가요? 라이블리 커널의 핵심은 뭔가요?

잉걸스 제가 말하는 커널의 의미는 대개 이것저것을 충분히 조립한다면 그 자신을 만들거나, 아니면 다른 유용한 뭔가를 만들 수 있는 걸 가리킵니다. 스퀴크로 실제로 스퀴크를 만들 수 있죠. 라이블리 커널은 자바스크립트와 몇 가지 그래픽스 기능이 있다고 가정하고 있습니다. 하지만 결국엔 그래픽스 기능을 바꿔서 새로운 그래픽스를 만들 수도 있고, 프로그램을 바꿔서 새로운 프로그램을 만들 수도 있습니다. 그래서 결국 브라우저에서 만들 수 있는 모든 애플리케이션을 충분히 만들 수 있죠.

이런 작업을 하다 보면 계층을 숨기고 싶을 때도 있어요. 여기서 질문은 자신이 노는 영역이 어디냐는 거죠. 스퀴크에서는 언어 전체가 다 커널의 일부이다 보니 자체적으로 컴파일러와 바이트코드 인터프리터를 가지고 있습니다. 자체 그래픽스 시스템도 있죠. 빗블릿을 비롯해 온갖 것이 다 있습니다.

이것들이 커널의 중요한 일부처럼 보이지만 사실 반드시 커널 안에 있어야 하는 건 아니에요. 이렇게 해 볼 수도 있는 거죠. '이 언어가 동적 언어라고 가정해 보자. 그래픽스가 따로 있다고 가정해 보자.' 하는 식으로요. 옛날에는 저도 '글쎄, 더 빼낼 게 없는데.'라고 생각했어요. 하지만 사실이 아니었죠. 이제 남은 질문은 이런 겁니다. '어떻게 그래픽스를 함께 붙여서 흥미로운 사용자 인터페이스 환경을 만들 수 있을까? 어떻게 프로그램과 스크립트를 변경 가능한 수준까지 빼낼 수 있을까?'

저는 그렇게 할 수밖에 없었죠. 설치 없이 브라우저에서 돌아가는 걸 만들려다 보니 브라우저에 있는 걸 써야만 했으니까요. 브라우저에 뭐가 있나요? 자바스크립트가 있고 그래픽스 환경이 있죠. 그래서 한 발 물러서서 바라볼 수 있는 기회가 되었어요. '자, 언어 커널이 있고 그래픽스 커널이 있어. 그리고 자체적으로 구축된 사용자 인터페이스 환경 커널이 있지.' 하고요.

사이블 라이블리 커널과 스퀴크 둘 다 마찬가지인데요. 제가 많이 다뤄 보지는 않았지만 사용자 인터

페이스에 해당하는 커널 일부는 언어도 아니고 그래픽스도 아닙니다. 그리고 언제나 프로그래밍 가능하죠. 간단한 핸들 같은 게 있어서 코드로 조작할 수 있어요.

잉걸스 맞아요.

사이블 저는 그게 좀 혼란스럽더라고요. 내가 프로그래밍을 하고 있는 건지, 아니면 이 애플리케이션을 쓰고 있는 건지요. 가끔은 좀 더 확실한 구분이 있었으면 싶었습니다.

잉걸스 네, 그것도 양날의 검이에요. 쉬운 답은 없을 것 같습니다. 기본적으로 우리가 변화에 온전히 대응할 수 있는 컴퓨터를 창조했다는 건 정말 멋진 일이에요. 모두 랜덤 액세스 메모리이고 모두 프로그래밍 가능하죠. 저는 이런 생동감, 유연성, 가변성을 유지하는 게 중요하다고 봅니다. 동적이고 가변성 있는 시스템은 경계를 만들고 '이 안의 것은 바꿀 수 없습니다.' 하고 선을 긋기가 훨씬 쉽습니다. 동적이지도 않고 가변성이 없는 건 그렇게 하기 어렵죠.

현재 웹 프로그래밍을 보면 시작은 텍스트 마크업 언어였죠. 이걸 동적으로 만들려고 자바스크립트를 도입했고요. 그 당시 모든 사람이 아는 동적인 그래픽스 시스템으로 시작했다면 그리고 무언가를 고정하거나 출력 가능하게 만드는 건 필요한 부분에서만 했다면 훨씬 쉬웠을 거예요.

사이블 그러면 더 쉬운 사람도 있었겠지만 그냥 웹에 텍스트를 조금 띄우고 싶은 사람에겐 아니었겠죠.

잉걸스 그것도 사실이에요. 하지만 그 위에 HTML 같은 계층을 올리려는 사람에게는 더 쉬웠겠죠. 저는 기반 시스템이 최대한 동적인 편이 좋다고 생각합니다. 그 후에 문법이나 타입 제한을 추가하거나 이것저것 추가해서 고정된 것으로 바꿀 수 있을 테고요. 분명 사람들이 시스템을 그냥 사용하기만 하는 경우도 있겠죠. 유연할 필요가 없는 건 고정하고 싶을 수도 있고요. 사람들이 유연한 무언가를 볼 때마다 겁을 먹는 것도 사실이에요. 지금의 라이블리 커널을 보면 최종 사용자가 원할 만한 것은 절대 아니죠. 창을 갑자기 20도 기울이고 싶은 사람은 아무도 없을 테니까요.

사이블 누르려는 버튼의 코드를 검사하고 싶은 사람도 없을 거고요.

잉걸스 그렇죠. 맞아요. 사실 그런 방향으로 가고 싶은 사람에게 영감을 주기 위한 데모예요. 그 위에 계층을 하나 얹는 것도 아주 간단해요. 계층을 하나 얹어서 사용하기도 쉽고 그런 이상한 방식으로 바꿀 수 없게 만들 수 있죠. 하지만 실제로는 절충을 해야 하죠. 일반적이고 유연하게 만드느냐, 아니면 사용법을 성문화해서 따라하기 쉽고 예상대로 작동하도록 만드느냐 사이에서요.

사이블 라이블리 커널이 현재 또는 가까운 미래에 사람들이 앱을 만드는 방법이 되리라고 보시나요, 아니면 사실은 사람들에게 사고방식을 보여 주기 위한 썬 연구소의 사고 실험인 건가요?

잉걸스 사고 실험이 맞습니다. 어떤 면에서는 진짜 제품으로 살아남을 수 있는 특장점도 좀 있긴 해요. 예를 들어 빨간 하트를 그린 다음 그 안에 메시지를 넣고 심장처럼 고동치게 만들고 그걸 웹 페이지로 저장하는 일 같은 건 아주 빠르게 할 수 있습니다. 추가 소프트웨어를 설치할 필요 없이 라이블리 커널 안에서 모두 할 수 있어요. 라이블리 커널만 있으면 스크립트를 조금만 짜도 이런 동적인 걸 만들 수 있습니다. 그리고 WebDAV[3]를 지원하는데요. 이걸로 만들어 낸 프로그램을 내보낸 다음 웹 페이지를 만들고 저장할 수 있지요.

아주 단순하고 유용하죠. 스크립트 자체도 이토이스(eToys)[4]의 타일 기반 방식처럼 단순했다면 많은 사람이 재미있게 갖고 놀 수 있었을 거예요. 일종의 홍보 전략이죠. 그런데 두 단계 정도만 더 들어가면 실제로 교육적인 것들을 접할 수 있었을 겁니다. 단순한 동적 모형을 만들어서 상호 작용한다든지요. 어도비 플래시와 아주 비슷하지만 더 단순하고 프로그래밍과 더 맞닿아 있죠.

그런 면에서 라이블리 커널이 간단하고 동적이고 교육적인 예제를 많이 돌려 볼 수 있는 좋은 환경이 될 수 있겠다고도 생각합니다. 10~20년 전에 하이퍼카드라는 게 있었는데 이걸 이해하고 유용한 일을 한 교사가 아주 많았어요. 이런 사용자 경험이 웹으로 옮겨 가지 않은 건 정말 이상한 일이에요. 저는 여전히 하이퍼카드처럼 단순하고 웹처럼 즉각적인 도구의 자리가 비어 있다고 생각합니다. 라이블리가 그런 방향으로 갈 수 있다면 좋겠네요.

사이블 대여섯 가지인가 여하튼 많은 세대의 스몰토크 구현에 참여하신 것으로 유명합니다. 베이식으로 구현한 최초 버전부터 이야기를 시작해 보죠. 앨런 케이에게 받은 두어 쪽의 메모를 현실화해야 했죠. 어떻게 하셨나요?

잉걸스 그냥 코드를 입력하기 시작했죠. 가장 먼저 한 일은 실행 모형을 검증하는 것이었어요. 스택 프레임에 해당하는 기본적인 구조가 몇 가지 필요했죠. 그래서 그냥 만들었어요. 베이식이니까 배열을 쓸 수밖에 없었죠. 조그만 코드 조각을 실행할 수 있도록 코드를 완성시켜 나갔어요.

대개 이런 작업을 할 때에는 '빵판'이라는 단어가 떠오를 텐데요. 일단 해석, 실행하는 데 필요할 것 같은 구조를 제자리에 놓은 다음 그걸 작동하게 만들면 됩니다. 제 기억에 처음으로 실행한 것은 6의 계승이었어요. 아주 간단한 예제이지만 이걸 실행하려면 스택 프레임을 동적으로 조회하거나 생성하는 프로세스가 필요합니다. 일단 이게 동작하고 나면 일이 어떻게 돌아가게 될지 그림이 그려지죠. 어디가 어려울지도 알게 되고요.

결국에는 어디서 시간이 많이 걸리는지 깨닫게 되고 그것들을 모두 개선하게 됩니다. 특히 이 경우엔 프로그램이 돌아가기 시작한 후에도 그 위에 계층을 하나 더 올려야 한다는 문제가 있었습니다. 사용자가 입력한 텍스트를 받아서 방금 빵판 위에 만든 구조에 맞게 변환해 주는 계층으로 사실상 파서죠. 여기까지 하면 간단한 환경이 생깁니다. 그러면 여러 가지를 배우기 시작할 수 있죠.

그러고 나면 '좋아. 이제 어떻게 돌아가는지 알겠어. 이제 어셈블리어로 짜야지.' 같은 생각이 듭니다. 그러다 불현듯 깨닫는 거죠. '아, 저장 공간을 자동으로 관리해야겠네. 이건 어떻게 하지?' 산 넘어 산인 겁니다.

사이블 그렇다면 이렇게 필요한 대로 개발하는 방식이 통하지 않았던 적은 없나요, 아니면 통하지 않을 것 같아서 다른 방식으로 설계했던 적은요?

잉걸스 뭐, 언제나 자신이 할 수 있는 일을 하는 거죠. 그러다 막히면 언제나 돌아서서 반성을 해야겠죠.

프로그램 구현을 하는 다양한 사람 중에서 저는 아마 과하게 그냥 덤비는 쪽일 거예요. 제가 그렇게 하는 가장 큰 이유는 무언가가 현실화될 때 전율을 느끼기 때문입니다. 그래서 처음에 좀 잘못되더라도 개의치 않아요. 중요한 점은 무언가가 현실화되자마자 그게 무엇인지 깨달음이 오기 시작한다는 거죠.

그래요. 어쩌면 저장 공간 관리를 완전히 다르게 만들었을 수도 있겠죠. 하지만 그런 건 중요하지 않아요. 정말로 배워야 하는 건 그게 아니거든요. 제가 만든 최초의 스몰토크는 가비지 컬렉션을 위해 참조 횟수 계산 방식을 썼는데요. 어쩌면 다른 방식을 쓰는 게 더 나았을 수도 있죠. 잠시 동안은 참조 횟수 계산과 관련된 어려움이 어느 정도 있었어요. 하지만 상관없었습니다. 중요한 건 시스템이 커졌고 살아서 돌아가고 있다는 거였죠. 그리고 우리는 다른 멋진 것을 많이 배우고 있었습니다. 객체로 여러 가지를 어떻게 표현해야 하는지, 객체 지향 스타일로 수치 계산을 하면 어떤지 등 다른 쪽에서 진정한 발전을 이루고 있었죠.

사이블 성향이 특별히 유별나셨던 건지는 잘 모르겠네요. 적어도 이 책을 위해 이야기 나눈 사람들 중에서는요. 도널드 커누스가 텍을 공책에 연필로 썼다고는 했네요. 6개월 동안 연필로 쓴 다음에야 코드를 입력하기 시작했다고요. 커누스는 프로그램 전체를 공책에 쓴 덕분에 코드를 죄다 테스트하기 위한 구조를 만드느라 시간을 낭비하지 않을 수 있었다고도 했는데요.

잉걸스 그럴 수도 있다고 생각합니다. 완전히 다른 방식으로 일하는 사람들이 있죠. 말씀하신 경우는 그렇게 일해야 하는 사람인 거고요. 제가 시간을 다소 낭비했다는 건 알고 있습니다. 하지만 이런 관점으로도 생각해 보세요. 제 방식이 탐험적 프로그래밍의 전형적인 양상이라고 볼 수 있지 않을까요? 무언가 교훈을 얻을 수 있는 환경에 더 빠르게 도달할 수 있다면, 어쩌면 처음에 세웠던 목표는 사실 필요치 않았다는 걸 알게 될 수도 있잖아요? 도달한 곳에서 마주치는 것들이 훨씬 중요하죠. 초점이 완전히 바뀌는 거예요.

반성하고 일을 바로잡아야 하는 경우로 돌아와 보면, 저도 그랬던 적이 두어 번 있습니다. 지금 생각나는 사례는 빗블릿이네요. 지금의 빗블릿이 된 기능을 만들려고 했을 때 어려운 일이다 보니 하루이틀 밤을 앉아서 고민해야만 했습니다. 워드 경계에 있는 비트들을 다른 워드로 어떻게 효율적으로 옮길 것인가 하는 문제였죠. 저로서는 참고할 다른 대안이 전혀 없는 문제였어요. 저는 그래서 생각하고 또 생각해서 결국 단순한 모형을 만들어 냈어요. 다른 사람이 만들어 준 명세는 아니었지만 저는 우리가 선을 그리고 글자를 표시하고 화면을 스크롤하는 모든 곳을 찾아보았죠. 그래서 무엇을 해야 하는지에 대한 명세가 머릿속에 있었어요.

사이블 **빗블릿이 해결하려고 했던 문제 중 기본적인 것을 좀 설명해 주시겠어요?**

잉걸스 화면을 그냥 1000×1000픽셀 스크린으로 생각하고 싶은데, 메모리는 워드 단위로 구성되어 있다 보니 둘 사이의 차이로 인한 문제였죠. 여기 네 비트를 가져다 저기에 놓으려고 하는데 이게 한 워드의 서로 다른 부분에 놓일 수도 있다는 거죠. 사실 두 워드에 걸쳐 있을 수도 있고요. 화면상에서는 이걸 저기로 옮기고 싶은 건데, 메모리에서는 '여기' 두 개의 별개 워드에서 조각들을 모아다가 '저기'에 놓아야 할 수도 있고요. 그리고 저쪽에 놓을 때 워드는 무조건 워드 전체를 저장해야 합니다. 그래서 기존에 있는 부분 위에 덮어쓸 때 워드의 일부분은 값이 변하지 않도록 마스킹을 해야 해요. 지저분하기 짝이 없죠.

그리고 화면을 출력하는 문제가 있죠. 이차원의 화면을 줄 단위로 나누어 출력하니까요.[5] 빗블릿은 읽는 영역과 쓰는 영역의 줄당 워드 수가 다른 경우까지 고려해야 했어요.

어떻게 동작해야 하는지 명확한 명세가 있는 어려운 과제였어요. 게다가 아주 일반적인 커널을 만들려고 하기도 했었죠. 이걸 제대로 만들기만 하면 이 부분을 저기로 옮기는 일뿐 아니라 포개지는 스크롤도 할 수 있고 픽셀을 섞을 수도 있었거든요. 이런 일들을 모두 일반화할 수 있는 기회였죠.

저는 테스트를 한 다음 먼저 스몰토크로 작동하게 만들었어요. 그다음에는 어셈블리로 했고 그러고 나서 알토[6]의 CPU 마이크로코드에 넣었죠. 마침내 완성해 냈을 땐 빗블릿 연산을 추가 지연 없이 사실상 메모리 속도에 맞추어 할 수 있었어요. 지저분한 마스킹과 시프트 연산을 메모리 접근 시간 사이에 모두 숨긴 덕분이었죠.

마이크로프로그래밍이 가능한 컴퓨터가 주변에 있었기에 많은 동기 부여를 받았지요. 필요한 작업을 하는 조그만 커널을 만들 수만 있다면, 이걸 마이크로코드에 넣어서 훨씬 빠르게 실행할 수 있었거든요. 그래서 이런 작업을 항상 하고 싶었어요.

제가 이 작업을 하면서 생각해 낸 게 있는데요. 빗블릿 연산은 저에게 다른 무엇보다도 물레방아라는 이미지로 다가왔어요. 읽는 부분과 쓰는 부분, 워드 경계를 생각해 보면 물레방아가 '여기'서 워드 전체를 떠서 '저기'에 떨어트리는 거죠. 그사이에는 시프트 연산이 한 번만 있을 수 있고요. 제가 생각한 그림은 이래요. 그래서 이걸 코드로 옮기기만 하면 되었던 거죠.

그래서 빗블릿 연산의 핵심에는 기본적으로 긴 시프트 연산기가 있어요. 출발지에서 워드를 읽어다가 시프트한 결과를 목적지에 떨어트리는 일을 하죠. 제가 앉아서 고민해야 했던 게 이거예요. 하지만 일단 이 그림을 깨닫고 나면 상수를 저장할 수도 있고, 글을 배치할 수도 있고, 폰트에서 글자 모양을 추출할 수도 있고, 이 모두를 특정 픽셀 위치에 모을 수도 있죠.

사이블 스몰토크의 베이식 구현으로 돌아와서요. 이 스몰토크는 스몰토크-72가 나오기도 전의 원시적인 스몰토크였나요?

잉걸스 맞아요. 베이식 버전이 돌아가자마자 저는 순수 어셈블리어 버전을 만들기 시작했어요. 노바7에서는 어셈블리어 버전을 써야 했거든요. 이것도 거의 완성했죠. 우리가 이 버전으로 여러 가지 디버깅을 하는 와중에 알토도 만들어지고 있었어요. 알토가 완성되자마자 우리는 알토로 넘어가서 개발을 시작했어요. 그게 스몰토크-72가 되었죠.

사이블 그러면 그 과정에서 스몰토크-72 구현도 스몰토크를 사용하게 되었나요? 스몰토크의 멋진 점 중 하나가 스몰토크로 스몰토크의 대부분을 구현한 것이라고들 이야기하잖아요.

잉걸스 그건 한참 후의 일이에요. 스몰토크-72 안에는 거대한 어셈블리어 코드가 들어 있었죠. 스몰토크-76도 그랬고요. 스몰토크-72와 스몰토크-76의 가장 큰 차이점은 스몰토크용 바이트코드 엔진을 추가한 거예요. 키워드 문법이 있었고 컴파일을 할 수도 있었죠. 클래스나 심지어 스택 프레임도 진짜 객체였어요. 자기 기술(self-description)이라는 측면에서 보자면 그렇습니다.

사이블 **바이트코드 인터프리터를 짜야겠다는 아이디어는 어디서 얻으셨나요?**

잉걸스 문제를 풀려다 보니 도입하게 되었습니다. 당시 제가 주로 붙잡고 있었던 문제는 스몰토크-72가 실시간으로 파싱을 한다는 점이었어요. 이 문제를 풀고 싶었던 이유가 최소 두 가지 있었는데요. 스몰토크-72 같은 의미론을 가진 언어를 컴파일해야 하긴 했지만 그게 꼭 실시간으로 파싱해야만 하는 건 아니었거든요.

그래서 스몰토크-76 문법을 만들었습니다. 스몰토크-80 문법과 꽤 비슷하죠. 다음 문제는 이걸 무엇으로 컴파일해야 효율적으로 실행할 수 있을까 하는 거였습니다. 이게 좀 복잡한 경우가 딱 하나 있었는데 우리가 원격 계산이라고 부르는 것이었습니다. 변수를 여기서 선언하지만 실제 계산은 저기서 되는 기능이죠. 이게 결국 스몰토크의 블록이 되었는데 다른 시스템의 클로저와 비슷합니다.

사이블 **왜 그냥 기계어로 컴파일하지 않았나요?**

잉걸스 우리는 공간에 신경을 많이 썼거든요. 그래서 스몰토크 프로그램을 다른 것들에 비해 엄청나게 압축했죠. 우리는 이걸 96K 메모리를 가진 알토에서 실행하고 싶었기 때문에 그 정도로 작아야만 했습니다. 나중엔 조금 더 큰 128K짜리 알토가 나오긴 했죠. 그땐 크기가 중요했습니다.

사이블 **생성된 바이트코드가 기계어 인스트럭션보다 표현력이 더 좋아서 크기가 더 작았다는 뜻인가요?**

잉걸스 네, 바이트코드라는 아이디어 자체가 너무 좋았던 점도 있어요. 피터 도이치가 만든 리스프용 바이트코드 엔진에서도 영향을 받았죠. 제가 더 많은 영향을 받은 점은 이런 바이트코드 구현이 마이크로코드에 들어갈 수도 있다는 거였어요. 사실 애초부터 저는 이 바이트코드가 알토의 마이크로코드에 들어가는 걸 꿈꿨습니다.

사이블 **마이크로코드는 수정이 가능한 영역이었으니 스몰토크 커널을 거기 넣을 수 있었겠군요. 나중에 리스프를 쓸 때에는 리스프 바이트코드 인터프리터를 넣을 수 있었고요.**

잉걸스 네.

사이블 **다음엔 또 어떻게 진화했나요?**

잉걸스 스몰토크-76은 온갖 종류의 그래픽스 꾸러미를 모두 물려받았습니다. 선을 그리거나 문자를 표시하는 일 등을 하기 위해 다양한 전용 코드가 있었죠. 하지만 이땐 제가 빗블릿을 완성한 이후였기 때문에 모든 그래픽스 루틴이 빗블릿과 스몰토크만 사용하도록 커널을 재작성했습니다. 그래서 커널이 훨씬 작아졌죠. 이게 스몰토크-78이었어요. 마이크로프로세서에서 돌린 최초의 스몰토크였습니다. 8086에서 돌렸죠.

하지만 스몰토크로 구현한 건 아직 아니었어요. 스퀴크가 나오기 전에는 스몰토크로 구현하지 않았습니다. 스몰토크-80은 스몰토크 책에 실린 가상 머신 규격을 지원했지만 구현 자체는 모두 C나 어셈블리로 되어 있었습니다.

사이블 **컴파일러는 어땠나요?**

잉걸스 컴파일러는 스몰토크로 짰어요. 사실 스몰토크-80 책을 쓰면서 데이브 롭슨과 저는 바이트코드 인터프리터를 에뮬레이션하는 스몰토크 프로그램을 만들었어요. 주로 롭슨이 짰죠. 스몰토크-80을 공개하면서 우리는 사람들이 자신만의 가상 머신을 만드는 걸 돕고 싶었죠. 그리고 시스템이 처음 시작될 때 정확히 어떤 바이트코드가 어떤 순서로 실행되는지 추적하는 기능이 큰 도움이 된다는 걸 발견했죠.

그래서 롭슨이 스몰토크로 에뮬레이터를 만들었어요. 우리 스몰토크가 꽤 빨라졌기 때문에 이런 일을 할 수 있었죠. 그리고 에뮬레이터가 어떻게 실행되었는지를 모두 기록하면 사람들이 그 기록을 디버깅할 때 쓸 수 있었어요.

사이블 **사람들이 스몰토크 가상 머신을 만드는 걸 돕고 싶었던 이유는 스몰토크-80을 탈출선으로 삼고 싶었기 때문인가요? 그래서 제록스 파크가 스몰토크 개발을 멈추더라도 스몰토크가 계속 살아남을 수 있도록요?**

잉걸스 네, 맞아요. 그 후 저는 업계를 떠났습니다. 그리고 나중에 돌아와서는 새로운 프로젝트에서 스몰토크를 쓰고 싶었죠. 그 당시에는 컴퓨터가 훨씬 빨라져서 이런 생각이 들었죠. '잠깐만. 스몰토크의 스몰토크 버전을 만들어서 돌려 보면 어떨까?' 하지만 진짜 중요한 깨달음은 스몰토크 코드를 C로 기계적으로 번역하는 게 어렵지 않을 테고, 그러면 스몰토크로 만든 엔진도 다른 엔진과 속도가 비슷할 거라는 사실이었어요. 가상 머신의 무언가를 바꾸고 싶다면 스몰토크에서 바꾸기만 하면 되었죠. 스몰토크에서 테스트해 본 다음 버튼만 누르면 실제 사용되는 인터프리터에도 바로 반영되었습니다.

사이블 **스몰토크의 일부를 활용해 스몰토크 인터프리터를 만들고, 거기에 사용된 스몰토크의 일부를 C로 컴파일할 수 있는 특수 목적 컴파일러도 만든 거군요.**

잉걸스 그 C 번역기는 사실 스몰토크 컴파일러의 일부였어요. 코드를 파싱한 트리를 C로 출력하기만 했을 뿐이에요. 제록스에서 예전에도 그런 일을 해 봤거든요. 테드 캘러가 스몰토크로 가상 메모리를 구현했는데 같은 방식으로 그걸 BCPL로 변환했죠. 다 똑같아요.

사이블 **스몰토크-80이 세상에 공개되었을 때 스몰토크 회사들도 생겨났는데요. 객체가 각광받던 시기였죠. 『Byte』에서는 스몰토크 특집을 내기도 했고요. 그 당시 주장은 이랬습니다. 객체는 재사용 가능한 구성 요소가 될 것이고 프로그래머들은 그냥 '객체 상점'에 가서 객체를 몇 개 산 다음 프로그램에 끼워 넣기만 하면 될 거라고요. 이런 주장이 이루어졌나요?**

잉걸스 제 생각엔 그렇기도 하고 아니기도 합니다.

사이블 **어떤 면에서 그런가요?**

잉걸스 자바 세상을 한번 보죠. 지금 그런 상황이거든요. 그런 종류의 인터페이스

덕에 함께 잘 맞물려 돌아가는 소프트웨어가 엄청나게 많습니다. 이런 것들은 모두 진정한 진보라고 봅니다. 스몰토크에서 뻗어 나와 세상에 어느 정도 퍼진 것들이 여러 가지 있습니다. 그중 한 가지가 객체 지향 설계와 인터페이스고요. 또 하나는 동적 언어와 사용자 인터페이스입니다. 하지만 객체가 세상을 모두 장악하지는 않았어요. 역사를 돌아보면 무언가 다르게 해서 더 나을 수 있었던 기회들이 여기저기 많이 보입니다. 하지만 그렇다고 큰 손해를 보거나 이득을 봤다고는 생각하지 않아요. 세상은 천천히 앞으로 나아가니까요. 그 일을 다른 게 더 잘 처리했을 테고요. 결국엔 자연 선택이 정리하기 마련이죠.

사이블 **하지만 자연 선택이 다소 괴이한 결과물을 선택하기도 하지 않나요?**

잉걸스 맞아요. 베타맥스 대 VHS[8]처럼요. 사실입니다. 하지만 길게 보면 정말로 좋은 것은 영원히 잊히지 않아요.

사이블 **앨런 케이가 최근에 스몰토크에서 특히 강조했던 또 다른 면모는 스몰토크의 핵심이 원래는 객체가 아니었다는 점입니다. 원래는 메시지 전달이었다고 해요. C++나 자바에는 스몰토크가 사용한 메시지 전달과 비슷한 게 없는데요. 왜 메시지 전달이 그렇게 핵심적인 부분인 걸까요?**

잉걸스 그래야 제대로 분리할 수 있거든요. 저는 앨런이 최근에 한 말에 동의하는데, 객체가 결국은 인터넷 같아야 한다는 거죠. 우리는 프로그램이 보안을 갖췄는지, 온갖 종류의 보안 장치를 구비했는지 걱정하는데요. 이런 것들로 인해 무수한 문제가 생겨납니다. 하지만 인터넷 같은 방식으로 분리하면 우회가 불가능한 진짜 계층이 만들어집니다.

메시지 전달이 그렇게 좋은 이유가 바로 그거예요. 안쪽과 바깥쪽을 100% 분리하죠. 제대로 하기만 했다면요. 그 방향으로 한 발 더 나아간 다른 시스템들도 있는데, 제 생각엔 그런 시스템이 더 많이 등장할 것 같아요.

사이블 **좋은 건 절대 사라지지 않는다는 말씀이군요. 혹시 스몰토크 또는 다른 데서 온 아이디어 중에 주류로 받아들여졌으면 하는 게 있나요?**

잉걸스 주류가 되었으면 하고 정말로 바라는 건 없습니다. 제가 하고 싶거나 하기 좀 더 쉬웠으면 하는 건 있지요. 제가 컴퓨터 과학 관점에서 주류에 바라는 게 한 가지 있는데요. 사람들이 지적인 영역에서 컴퓨팅을 활용하는 데 있어서 기본 원칙을 조금 더 자주 돌아보았으면 합니다.

우리는 우리가 아는 프로그래밍 시스템과 언어를 무척 잘 쓰게 되었습니다. 우리가 논리 프로그래밍도 이렇게 잘 쓸 수 있다면 그리고 다른 시스템에 잘 통합할 수 있다면 어떨까요? 아마 인간을 중심에 둔 영역에서 놀라울 정도로 더 많은 일을 할 수 있을 거예요. 세상은 인공 지능을 향해 움직이고 있어요. 어느 시점엔가는 컴퓨터가 무언가에 대해 생각하는 능력에서 사람을 뛰어넘을 거라는 점을 명심해야 합니다.

저는 때로는 우리가 그런 일을 무의식적으로 막고 있지 않나 싶기도 해요. 1980년까지 이 분야에서 많은 진보가 이루어졌잖아요. 오늘날 컴퓨터는 연산 속도나 저장 공간 크기 측면에서 아예 자릿수가 다르죠. 제가 최근에 받은 컴퓨터에서 스몰토크로 만든 음악 합성 프로그램을 돌리면, 스몰토크 안에서 라디오 방송국용 라디오 신호를 계산할 수 있습니다. 간단한 숫자 계산 과정을 눈으로 따라갈 수 있었던 시절을 기억하는 사람에겐 정말 놀라운 일입니다.

이런 진보를 논리 프로그래밍이나 규칙 기반 시스템, 인공 지능이 지닌 다양한 가능성에 대입해 보면 가야 할 길이 멀다는 걸 알 수 있습니다. 라이브러리 커널로 이어진 고민을 이런 분야에서도 보고 싶네요. 언어와 사용자 인터페이스를 뺀 커널이 뭘까? 다른 커널은 또 뭐가 있을까? 논리 프로그래밍을 중심으로 커널을 만들면 어떨까? 그걸로 어떤 일을 할 수 있을까? 제 생각에는 사람들이 이 분야에서 많이 탐험을 하거나 이것저것 손을 대지 않는 것 같아요. 아니, 오늘날 우리가 가지고 있는 컴퓨터를 보세요. 여기에서 조금만 돌파구를 만들어 내면 놀라운 일들을 해낼 수 있을 거예요.

사이블 스몰토크는 원래 교육 분야의 플랫폼이 되려고 한 게 맞나요?

잉걸스 앨런이 원래 했던 말에 따르면 스몰토크는 모든 연령대의 어린이를 위한 언어로 구상된 것이었어요. 이 구상이 전체 프로젝트에 도움이 된 것 중 하나였던 것 같아요. 아주 긴 프로젝트였지만 우리는 세계 최고의 프로그래밍 환경을 만들려는 게 아니었어요. 우리는 교육용 소프트웨어를 만들려고 했죠. 그래서 우리의 계획을 보면 단순함의 영역에 머물면서 실제 세상을 본뜨는 일을 많이 다루었습니다.

이렇게 교육에 목표를 두다 보니 저수준 영역은 최대한 간단하게 유지하게 되었죠. 그래서 우리가 만든 게 기대만큼 빠르게 동작하지 않는 경우가 많았어요. 최초의 스몰토크-72는 정말로 느렸죠. 두 번째 버전은 그보단 20~25배 정도 빨랐고요. 하지만 단언컨대 작동하는 시스템을 아이들이 써 볼 수 있게 한 덕에 두 번째 버전을 만들기도 전에 엄청나게 많이 배울 수 있었습니다.

우리는 멋진 그래픽스를 구현하는 데 매우 집중했어요. 비트맵과 음악 그리고 이 모든 걸 꽤 단순한 언어로 엮어 내려고 했죠. 이를 통해 배운 것들로 정말 좋은 진짜 언어를 만들었어요. 스몰토크-72 다음으로 만든 스몰토크-76은 사실상 스몰토크-80과 같았죠. 그리고 이게 업계에서 쓰일 수 있는 괜찮은 프로그래밍 환경이 될 수 있겠다는 깨달음이 왔죠. 이 지점에서 앨런과는 다소 갈등이 있었어요. 앨런은 다른 방향으로 집중력이 분산되는 걸 원하지 않았거든요.

앨런은 얼마 후 제록스를 떠났어요. 우리는 각자의 길을 추구했죠. 하지만 그건 우리가 발견한 것들 때문이었어요. 예를 들어 시스템에서 무언가를 바꾸고 확인하기까지 걸리는 시간이 몇 초에 불과했죠. 그나마도 머지않아 1초 이하로 줄었고요. 완전 실시간이었어요. 이게 바로 저와 동료들이 열정을 품은 주제였죠. 이렇게 살아 있는 시스템을 만들자 하는 것이요. 그리고 스몰토크가 그렇게 되었죠. 이게 우리의 새 목표가 되었고 스몰토크-80에서 갈라져 나왔어요. 스퀴크가 그 결과물입니다. 스몰토크로 스몰토크를 구현하는 것도 여기에 포함되었고요.

사이블 말씀하신 대로 케이와는 다른 길을 선택하셨죠. 애초의 스몰토크 비전은 버리신 건가요?

잉걸스 아니요, 전혀 그렇지 않습니다. 물리학자로서 받은 교육에 대해 이야기했는데요. 이게 제가 세상을 보는 시각에도 들어 있는 것 같아요. 어떻게 작동하는지, 힘은 어떻게 적용되는지, 행성은 어떻게 움직이고, 바람은 어떻게 부는지 같은 것들이요. 그에 대한 질문을 던지면서 그런 현상을 정말로 접하는 거죠. 최소한 물리학 세상에서는 이게 쉽습니다. 무언가에 집중해서 그걸 이해하고 마무리할 수 있죠. '아하, 그렇게 작동하는구나.' 하고요.

컴퓨터에도 동일한 게 있다고 생각합니다. 컴퓨팅 환경에서 음악이나 음악 합성, 소리에 집중한 다음 그런 것들이 어떻게 작동하는지 이해할 수 있어야 합니다. 접근할 수 있어야 하죠. 그래픽스도 마찬가지입니다. 마찬가지 방식으로 조합할 수 있어요. 다양한 효과를 기본 요소로 삼아서 한꺼번에 조합할 수 있는 구조적인 무언가가 있습니다. 수치 계산 역시 마찬가지고요.

누군가에게 스몰토크를 소개할 때 저는 이렇게 묻습니다. "어디에 관심이 있으세요? 텍스트 분석, 아니면 숫자 갖고 놀기나 그래픽스 보기, 음악 연주하기?" 그리고 거기에서 시작해 아주 깊이 들어갑니다. 저는 그런 데에 지금도 열정을 느낍니다. 앨런도 마찬가지일 거라고 생각해요. 사람들을 한 방향으로 아주 깊은 곳까지 데리고 가는 거죠. 그러면 사람들은 거기에 흥미를 느껴서 '아하!' 하고 깨달음을 얻습니다. 앨런이 강력한 아이디어라고 부르는 것이죠. 바로 이렇게 놀랍고 다양한 일이 사실은 몇 가지 작고 일반적인 것들이 작동한 덕분이라는 겁니다.

음악에서도 이런 걸 깨달을 수 있어요. 그래픽스에서도요. 숫자와 텍스트를 다룰 때에도 깨달을 수 있죠. 이런 것들을 사용할 수 있게, 접근하기 더 쉽게 하는 일이 저에게는 정말로 흥미롭습니다.

스퀴크 환경은 사실 컴퓨터 과학자용 환경이에요. 이토이스 환경은 어린이용 환경이고요. 하지만 충분히 포괄적인 환경은 아니에요. 저는 우리가 아직 완성하지 못한 부분이 있다고 느낍니다. 직관적으로 뛰어들 수 있는 면을 유지하면서 아까 말씀드린 강력한 아이디어를 물리적으로 이해할 수 있어야 해요.

이 문제에 관해서는 다른 것들만큼 여전히 열정을 느낍니다. 제가 자바스크립트와 브라우저를 다루고 있는 이유도 그겁니다. 스퀴크와 비슷한 걸 웹 페이지에 넣을 수 있는 단계에 꽤 가까이 이르렀거든요. 어떤 브라우저로든 접근해서 멋지게 상호 작용할 수 있어요. 사용법을 자체적으로 알려 주는 방식으로요. 이게 전체 큰 그림의 일부입니다. 물론 바뀌긴 하겠죠. 브라우저도 바뀔 거예요. 자바스크립트가 아닌 다른 언어를 사용할 수도 있겠죠. 저는 앨런을 비롯한 그의 그룹과 여전히 긴밀하게 연락하고 있는데요. 그 사람들은 이 문제를 다른 방식으로 파고들고 있죠. 더 진지하게 다른 문제들 몇 가지를 풀려고 하면서요. 하지만 아직도 전적으로 동일한 비전을 갖고 있습니다.

사이블 네 가지 분야를 언급하셨는데요. 음악과 그래픽스, 수학, 텍스트요. 이것들은 인류만큼이나 오래된 것들이죠. 당연히 여기에는 컴퓨터와 무관하게 강력한 아이디어가 있을 테고요. 컴퓨터는 그저 컴퓨터가 없었다면 살펴보기 힘들었을 것들을 살펴볼 수 있는 도구를 제공할 뿐이죠. 그런데 컴퓨터 자체에 내재된 흥미롭고 강력한 아이디어도 있을까요? 프로그래밍이나 컴퓨터 과학이 또 다른 심오한 분야일까요? 그러니까 컴퓨터가 탄생해서 접근할 수 있게 된 다섯 번째 분야일까요?

잉걸스 네, 제 생각도 동일합니다. 제가 언제나 꿈꿨던 교과 과정은 이런 분야 중 하나에서 시작하는 겁니다. 이런 분야 중 하나에 깊이 파고들고 싶다는 동기에서 시작할 수도 있겠네요. 그리고 덜 익숙한 다른 분야로 옮겨 가서 비슷한 일을 하는 거죠. 이런 과정을 통해 이 전체 분야를 이루는 간단한 구조나 심층적인 구조에 도달하는 방식이 언제나 비슷하다는 걸 배워야 합니다.

그래픽스에 쓰이는 대수학이 있습니다. 기본 객체들과 중첩, 이동, 회전 같은 것들이죠. 아니면 음악의 대수학도 있죠. 음표와 시간에 따른 순서, 화음 같은 거예요. 마찬가지입니다. 저는 이런 게 바람이 부는 원리나 행성이 움직이는 원리를 아는 것과도 일맥상통한다고 봅니다. 파고들어 가서 이것들이 동작하는 원리를 알아보고 대수학을 이루는 요소, 즉 절차와 기본 성분을 배우라는 초대장이나 마찬가지죠. 그러니까 맞아요. 말씀하셨듯이 이것 모두에 공통적인 부분이 다섯 번째 분야입니다.

사이블 그러한 분야 중 서너 가지를 다루어 본 사람이 결국 프로그래밍을 배울 거라고 생각하시나요, 아니면 프로그래밍은 그냥 우연히 특정한 경로로 배우게 되는 것 중 하나라고 생각하시나요?

잉걸스 그냥 우연히 배우게 되는 것이라고 봅니다. 누군가가 그 사람들의 사고 능력을 갈고닦아 줄 수는 있겠죠. 무언가를 소개해 주거나, 아니면 이런저런 방식으로 무언가를 좋아하게 해 주거나 해서요. 하지만 세상에는 프로그래밍을 좋아할 사람과 그렇지 않은 사람이 있어요. 저에게는 12살 된 아들이 있는데 그 녀석 머릿속에는 스키 점프에서 540도 회전을 하는 것밖에 없죠. 모든 일에는 그에 어울리는 때와 장소가 있다고 봅니다.

사이블 실용적인 이야기로 다시 돌아가서 소프트웨어 테스트는 어떻게 하시나요?

잉걸스 뭘 하는지에 따라 달라요. 제가 테스트를 설정하는 목적은 언제나 가장 빠르게 만족감을 느끼려는 건데요. 무언가 새로운 것을 시도할 때 성취 가능한 가장 빠른 성공의 조각이 무엇일지 생각해 봅니다. 그 답은 매번 다르죠. 더 일반적인 삶에서 일반적인 프로그래밍 팀에 속해 있었다면 아마 요즘 팀이 프로그래밍하는 방식을 전적으로 따랐을 거예요. 하지만 저는 주로 스스로 일을 만들어 하는 편이거든요. 제 주의를 어디에 얼마나 기울여야 할지도 제가 정합니다. 주말 동안 돌아가게 만들 수 있을 것 같으면 그 일을 고릅니다. 다른 일은 모두 제쳐 두고 그 일에 전념하죠. 이걸 일반화해서 설명하긴 좀 어려운데요. 도달하고 싶은 목표가 있다고 합시다. 만족감을 줄 수 있는 일, 이걸 하면 당신이 올바른 길을 가고 있다는 걸 증명할 수 있는 일, 집이나 회사에서 다음번 일을 중단하기 전까지 마칠 수 있는 일을 고릅니다.

사이블 마치고 나면 만족감 같은 걸 얻을 수 있는 목표를 고른다고 하셨는데요. 그게 첫 번째 테스트라면 인수 테스트일 것 같은데요. 화면에 창을 그리거나 그런 건가요? 더 자잘한 단위의 테스트는 어떻게 하시나요?

잉걸스 무언가를 클릭해서 드래그한 다음 놓는 것을 처음으로 가능하게 만들었다면 그 작업에 필요한 프레임워크가 거기서 작동하고 있을 겁니다. 그런 프레임워크가 다른 사람이 와서 그 테스트를 확인할 수 있다는 걸 감안하고 있나요? 저는 일반적으로 그렇게 일하지 않았어요. 저희 세대에만 누릴 수 있었던 특권일지도 모르겠네요. 요즘엔 아무도 그렇게 빠져나갈 수 없을 테니까요. 하지만 저는 노친네이니 저에게 그렇게 하라고 시킬 사람은 없습니다. 하지만 근본적인 느낌은 그대로라고 생각해요. 스퀴크 코드에는 실행할 수 있는 주석이 가득 들어 있었습니다. 확인할 사항들이었죠. 예를 들어 많은 수의 빗블릿 테스트에 이런 작은 것들이 들어 있었는데요. 화면의 한 곳에서 무언가를 집어다가 거기에 무언가를 하고 다시 돌려놓습니다. 그리고 화면에 변화가 생기면 무언가 잘못된 거죠. 주석에도 그렇게 적혀 있고요. 간단한 테스트예요.

사이블 **다른 사람과 일하는 것에 대해 이야기해 보죠. 제록스 파크의 학습 연구 그룹은 아주 긴밀하게 일하는 그룹이었던 것 같은데요. 코딩 자체는 어떻게 협업했나요?**

잉걸스 그냥 가까운 위치에서 일하는 걸로요. 때때로 아수라장이 되긴 했어요. 하지만 큰 그룹이 된 적은 없었고 우리는 저마다 각자 영역이 있었죠. 그때 이후로 팀 프로그래밍에 대한 전문 지식이 많이 생긴 것 같은데 저는 전혀 따라잡지 못하고 있어요. 지금 라이블리 커널에서는 커널 파트에 저 말고 딱 한 사람밖에 없어요. 크시슈토프 팔라치요. 우리는 각자 작업하는 영역이 따로 나뉘어 있는 편이에요. 지금은 실제로 코드 저장소를 쓰긴 해요. 애플리케이션을 더 많이 하긴 하지만 커널도 조금 하는 팀원들도 있고요. 공용 코드 저장소가 있는 점은 좋은 것 같아요. 라이블리 커널은 다음 단계로 이 저장소와 통합되어야 해요. 라이블리 커널 안에서 무언가를 바꾸면 그건 현재 실행 중인 버전에만 영향을 주니까요. 저장소에 푸시되어 이후 버전에 반영되진 않아요. 이게 우리가 다음으로 해야 할 일입니다.

사이블 **짝 프로그래밍을 해 본 적은 없으신가요?**

잉걸스 그런 사례가 있었나 한번 생각해 보죠. 저는 보통 제 일을 하거나, 아니면 담당 부분을 나눠서 일해요. 다른 사람과 함께 일한 프로젝트가 많은데 짝으로 열정적인 디버깅을 한 적은 많습니다.

사이블 그런 종류의 협업을 관리하는 기법 같은 건 없나요? 모두가 뿔뿔이 흩어져서 각자 맡은 일만 하다 보면 잘 들어맞지 않을 위험이 언제나 있잖아요.

잉걸스 무언가 인터페이스에 서로 동의해야겠죠. 아니면 저는 미완성인 프레임워크를 자주 만들기도 해요. 미완성이긴 하지만 한 가지 예제에서는 작동하고 이걸 보면 각자 자기 걸 어떻게 붙여야 할지 명백하게 보이도록 말이죠. 혹시 다른 사람이 이런 걸 만들면 제 걸 어떻게 끼워 넣어야 하는지 명백해지고요. 보통은 이렇게 구체적인 방식으로 일했어요. 어떤 명세 같은 걸 쓰진 않았죠. 대개 아무도 우리가 하는 일을 글로 적지 않았으니까요. 늘 그 순간의 필요에 따라 일하는 식이었죠.

사이블 빗블릿으로 비트를 조작하거나 마이크로코드를 쓰는 수준까지 내려가기도 하고 스몰토크에서 꽤 높은 수준의 작업까지 올라가기도 하며 다양한 수준에서 일하셨는데요. 프로그래머가 자신이 다루는 소프트웨어와 하드웨어의 다양한 수준을 어느 정도로 알아야 할까요?

잉걸스 좋은 질문이군요. 틀에서 벗어난 생각을 하려면 그 틀 밖으로 조금은 나와야겠죠. 어떤 언어를 일반적으로 접하는 수준에서는 알 수 없는 무언가를 이용해야 한다면, 그 바깥에 대한 직관이 있어야 하고 그걸 어느 정도는 이해하고 있어야겠죠. 그걸 제어할 수 있는 시스템을 다루는 능력도 있어야 할 테고요.

언어 설계 맥락에서 보면 어쩌면 바깥 영역에 있는 프로세서를 다루고 싶을 수도 있잖아요. 프로세서에 대해 아주 많이 알 필요는 없겠지만 괜찮은 성능을 원한다면 캐싱 같은 게 어떻게 작동하는지 알아야겠죠. 한 발 물러서서 '이 일은 어떤 경계를 넘을까?' 하고 생각해 봐야 할 거예요.

사이블 궁극적으로 얼마나 알아야 되는지는 잠시 제쳐 두죠. 어떤 사람은 프로그래밍을 배울 때 먼저 높은 수준 언어로 시작해서 특정한 보편 개념을 배워 나가야 한다고 주장합니다. 하지만 어셈블리에서 시작해서 올라가는 식으로 공부하면서 이게 어떻게 돌아가는지 이해해야 한다고 주장하는 사람도 있죠. 이런 말이 맞다고 생각하시나요?

잉걸스 아니요, 그렇게 생각하지는 않아요. 제가 그런 식으로 배웠고 정말 좋아하긴 했죠. 이런저런 수준에 매료되는 사람이 늘 있을 거라고 생각합니다. 하지만 하나의 방식이 있다고는 생각하지 않아요. 마치 예술에 하나의 방식이 없는 것처럼요.

저는 아직 미지의 영역으로 남아 있는 다른 것 중에도 똑같이 흥미롭고, 어쩌면 이 시대에 더 적절한 것들이 있다고 생각합니다. 우리는 인공 지능에 대해 사반세기 동안 고민하고 있는데요. 그사이 컴퓨터는 막대하게 빨라졌는데 우리는 이 영역에서 거의 아무것도 하지 않고 있습니다. 우리가 하는 일은 여전히 포트란에 아주 가깝죠. 프롤로그가 탄생한 지는 한참이나 되었어요. 논리 프로그래밍으로 온갖 일을 할 수 있을 텐데 말이죠. 어셈블리어를 배우고 이게 어떻게 작동하는지 알아야 하긴 해요. 하지만 마찬가지로 틀 바깥쪽의 것들에도 좀 몰입할 필요가 있습니다. 이것들이 정말로 미래를 이루는 요소일 수 있으니까요.

그러니까 '어셈블리어 말고'라는 게 아니에요. 다른 강력한 기법도 배워야 앞으로 더 나아가고 싶을 때 도움을 받을 수 있다는 말입니다. 처음 시작을 어디서 해야 하는지에 대해서는, 저에겐 즉각적인 만족감이 언제나 중요했어요. 다른 사람에게 스몰토크를 가르칠 때 저는 대개 간단한 대화로 시작합니다. "어디에 관심이 가장 많은가요? 텍스트를 다루는 데 관심이 있나요, 아니면 숫자로 할 수 있는 일에 관심이 있나요, 아니면 음악이나 그래픽스로 할 수 있는 일은 어떤가요?" 그리고 이것들 중 하나로 시작합니다.

텍스트를 떼었다 붙였다 하면서 할 수 있는 재미있는 일이 많이 있습니다. 숫자와 다양한 진법, 부동 소수점, 고정 소수점 같은 것들로 할 수 있는 재미있는 일이 많고요. 음악도 마찬가지입니다. 음표로 시작해서 이것들을 모아 선율이나 화음을 만들 수 있죠. 그래픽스도 그래요. 겹쳐 놓기나 회전시키기 같은 일을 할 수 있죠. 각각 탐험할 영역이 막대합니다. 저는 사람들이 이처럼 모두 서로 다르게 생각한다고 믿거든요. 비슷하게 누군가에게 컴퓨터 프로그래밍을 가르칠 때에도 어쩌면 표현식 계산으로 시작할 수도 있고, 아니면 논리 프로그래밍으로 시작할 수도 있을 거예요. 사용자 인터페이스에서 무언가를 할 수도 있겠죠. 사람들의 눈이 반짝이는 분야가 있을 테니 그 부분을 깊이 파고들면 됩니다.

사이블 제가 알기로 스몰토크의 원래 목적은 일종의 프로그래밍 문해력을 가르치는 것이었는데요. 이게 모든 사람에게 필요한 걸까요? 모든 사람이 글을 읽거나 쓰고 약간의 수학을 할 수 있기를 기대하는 것처럼, 모든 사람이 프로그래밍을 어느 정도 할 줄 알아야 하는 걸까요? 이런 방식의 사고가 유용하다는 이유로 말이죠.

잉걸스 저로서는 모든 사람이 무언가를 '해야' 한다고 단정 짓기는 좀 어렵네요. 프로그래밍은 전혀 모르지만 저보다 이러저러한 면에서 더 나은 것 같은 사람을 만나 본 적이 있으니까요. 문해력이라는 측면에서 그 밑에 깔린 건 사실 논리와 수학이거든요. 그러니까 사람들이 논리적으로 사고할 수 있어야 한다는 건 맞아요. 하지만 누구나 프로그래밍을 할 줄 알아야 한다고는 말 못하겠네요. 그렇게 생각하진 않아요. 우리가 매일 일상에서 하는 일 중에 프로그래밍과 비슷한 건 있죠. 일을 하는 절차와 단계를 알아야 하는 것들이요.

컴퓨터는 몇 가지 강력한 아이디어를 갖고 있고, 우리네 삶에 몇 가지 강력한 아이디어를 더해 줄 수 있어요. 컴퓨터의 대단한 점은 우리 삶에 수학을 가져다준다는 거죠. 그런 면에서는 멋진 도구예요. 좋은 삶을 이루는 데 필요한 강력한 아이디어에 대한 제 생각을 말하자면, 그런 게 컴퓨터 분야에 얼마나 있는지는 잘 모르겠네요.

사이블 시모어 패퍼트는 《마인드스톰》에 디버깅이 지능 도구함의 중요한 요소라고 썼어요. 가장 중요한 점은 정답을 얻는 게 아니라 답을 하나 구한 다음 디버깅하는 것이라는 발상이었죠.

잉걸스 아, 물론이죠. 사람들은 명료하게 사고하고 질문하는 법을 배워야 해요. 저에게는 아주 기본적인 것이었죠. 찬장 문이 제대로 닫히지 않았을 때 문을 열고 경첩을 보고 나사가 헐거운지 그래서 문이 그렇게 달려 있는 건지 확인하는 환경과 "어, 문이 좀 이상하네. 사람 좀 불러 봐요." 하는 환경과는 차이가 있겠죠. 제 경우에는 무언가 제대로 작동하지 않는 걸 보았을 때 대처하는 방법을 배우기 위해 컴퓨터가 필요하지는 않았어요. 조사하세요. 살펴보고요. 그리고 문제를 발견했다면 고치는 방법을 고민하세요. 저에겐 이게 너무 기본적이고 인간적인 일이에요. 많은 부분이 부모로부터 자녀에게 전해지겠죠.

분명 컴퓨터가 이런 일의 매개체가 될 수 있습니다. 하지만 컴퓨터일 뿐이죠. 매개체가 될 수 있는 것은 아주 많습니다. 저에게 이건 아주 크고 기본적이고 인간적인 일이에요. 그러니 사람들에게 컴퓨터를 가르친다고 해서 세상이 발전할 것 같지는 않네요.

사이블 **처음으로 짠 흥미로운 프로그램이 기억나시나요?**

잉걸스 어디 보자. 그러니까 프로그래밍을 할 때마다 틀에서 벗어난 무언가가 있었어요. 비지캘크[9]를 처음 접했을 때 저는 비지캘크에서 영어를 피그 라틴[10]으로 변환하는 스프레드시트를 만들었어요. 저에게는 흥미로운 일이었죠. 스프레드시트 메타포를 병렬 프로그래밍 접근 방식으로 사용했거든요. 텍스트 분석을 이런 식으로 사용하는 건 재미도 있고 교훈적이었죠.

사이블 **비지캘크에 문자열을 분리하는 기능이 있었나요?**

잉걸스 네, 문자열을 분리할 수 있었죠. 어쩌면 제가 쓴 게 비지캘크가 아니라 로터스 1-2-3였는지도 모르겠네요. 비지캘크에 문자열 기능이 있었는지 확실하지 않아요. 저한테 Poqet PC[11]가 하나 있었는데요. 손으로 들고 쓸 수 있는 최초의 진정한 PC였죠. AA 건전지 두 개로 돌아갔고 저는 거기에 1-2-3을 깔았어요. 미국 반대편으로 비행기를 타고 갈 일이 있었는데 그래서 '비행 시간 동안 뭘 할 수 있을까?' 하고 생각한 거죠.

사이블 **그 일은 프로그래밍을 배우고 한참 뒤의 일일 것 같은데요. 프로그래밍을 시작하셨을 때에는 분명 Poqet PC가 없었을 테니까요.**

잉걸스 그건 나중 일이긴 하죠. 포트란으로 했던 정말 흥미로웠던 일이 하나 있어요. 발 쇼어의 메타 II 논문을 입수했을 때였는데요. 메타 II는 컴파일러를 생성하는 컴파일러였는데 정말 멋지고 아주 단순했습니다. 저는 이걸 포트란으로 구현했어요. 그 결과 포트란만 있는 환경에서 다른 언어를 갑자기 쓸 수 있게 된 거죠. 포트란에서 가장 흥미로웠던 일은 이거예요. 포트란 밖으로 탈출하기 위해 포트란을 썼으니까요.

사이블 계속 반복되는 측면이 있는데요. 피그 라틴 스프레드시트 그리고 방금 말씀하신 것, 프로파일러에 쓴 코볼 해시 테이블이요. 무언가 반골 기질이 있으신 건가요?

잉걸스 제가 반골이라고 생각하지는 않아요. 저에게 어떤 컴퓨팅 환경이 주어지면 그 안에서 새로운 것을 시도하는 일을 좋아할 뿐이죠. 스몰토크 시스템 작업에서 재미있던 부분이 바로 그거예요. 사실상 아무것도 없는 데서 시작해 무엇을 조립할지 알아내야만 하죠. 그리고 첫 번째 작동하는 걸 만들면 그게 다음 일을 하도록 도와줍니다. 거기서부터 무언가를 쌓아 나갈 수 있죠.

말씀드린 경우는 그저 틀 바깥으로 빠져나오는 문제일 뿐이었어요. 무언가를 모두 익혔다는 걸 확인하는 방법이죠. 그 안에서는 할 수 있으리라 생각해 보지도 못한 일을 할 수 있게 되는 게요.

사이블 요즘 프로그래밍에 대해 생각하는 방식에 크게 바뀐 점이 있나요?

잉걸스 좋은 질문입니다. 한 가지 바뀐 점은 우리가 쓸 수 있는 CPU 사이클이 아주 많아졌다는 거죠. 그래서 이제는 무언가를 깔끔하게 하느라 사이클을 물 쓰듯 한다는 비난을 들어도 편안합니다. 하지만 제가 볼 때 기본적인 것은 전혀 변하지 않았어요. 제가 활용해야 할 커널(들)이 어떤 모습인지 그리고 제가 달성하고 싶은 건 무엇인지 확실히 해야 하죠.

조금 바뀐 것 한 가지는 제가 함께 일하는 그룹에서 가장 바닥 수준을 더는 다루지 않는다는 거죠. 이제는 더 높은 수준에서 일할 때가 많아요. 코드보다는 목표나 정치를 다루면서 시간을 조금 더 많이 보낸다는 거죠. 환경 조성 작업이 더 많아졌습니다. 그동안 삶의 후반부에 접어들 때까지는 운 좋게도 이미 존재하는 환경에서 일을 해 왔어요. 제가 만들 필요는 없었죠. 그래도 가끔은 낮은 수준으로 내려가서 복잡한 코드를 쓰기도 합니다.

사이블 1970년대에 쓰신 포트란 프로파일러에 대한 논문을 본 적이 있는데요. 서문에서 이 도구가

자신의 프로그래밍 작업을 어떻게 바꿔 놓았는지 열정적으로 설명하셨습니다. 원래는 짤 내용을 생각하고 작성하고 디버깅했는데, 이제는 짤 내용을 생각하고 아주 간단한 버전을 작성하고 프로파일링한 다음에 최적화하는 식으로 바뀌었다고요. 아직도 이런 식으로 일하시나요?

잉걸스 확실히 저는 효과를 확인할 수 있는 쪽으로 먼저 향합니다. 화면에 비트를 표시한다든가 뭐 그런 거요. 그런 걸 봐야 동기 부여가 되거든요. 게다가 동작하는 프로그램이 가는 방향을 살짝 엿본 덕분에 우리가 추구했던 것에 대해 무언가 새로운 내용을 배울 때도 많답니다.

그다음 프로파일링이 필요하다면 프로파일링을 합니다. 어쩌면 알고 보니 엉뚱한 일을 했을 수도 있죠. 원했던 게 아니었던 거죠. 그러면 목표를 바꾸거나 실행하는 방법을 바꿉니다. 하지만 성능 문제라면 기존 방식으로 작업할 거예요. 우리는 스몰토크에 정말 좋은 프로파일러를 만들었고 스퀴크에도 만들었죠. 프로파일러가 유용한 피드백을 줄 거예요.

어떤 문제가 성능 때문일 수도 있지만 사실 그냥 구조와 아키텍처 문제일 수도 있습니다. 때로는 어떤 것이 사실 거의 사용되지 않는다는 걸 발견하고선 그냥 없애 버리고 다른 방식으로 문제를 풀 수도 있습니다. 이건 문제를 다른 관점으로 본 것뿐이에요.

사이블 **거의 모든 프로그래머가 도널드 커누스의 《The Art of Computer Programming》을 갖고 있는 것 같은데요. 어떤 사람은 이 책을 그냥 책장에 꽂아 두기만 하고 또 어떤 사람은 참고 자료로 활용합니다. 그리고 어떤 사람은 정말로 이 책을 빠짐없이 정독하죠. 실제로 스탠퍼드에서 커누스에게 배우기도 하셨는데요. 이 책을 얼마나 읽으셨나요?**

잉걸스 저는 도널드와 일하는 게 정말 좋았어요. 스탠퍼드에서 한 학기 동안 도널드의 MIX[12] 수업을 가르치기도 했죠. 가르치면서도 많이 배울 수 있었어요. 제 생각에 저는 도널드와 많이 다른 것 같아요. 하지만 도널드가 대단히 수학적 사고를 하면서도 동시에 비트에 깊숙이 뛰어들어 실용적인 면을 다루는 걸 즐긴다는 점이 좋습니다. 저도 역시 실용적인 면에 뛰어드는 걸 좋아하지만 도널드처럼 엄밀하게 수학을 다루지는 못하거든요.

저는 물리학 분야에서 수련을 쌓았습니다. 그래서 제가 풀려는 문제, 아니면 제가 문제를 푸는 방식은 정말 훨씬 물리적인 거예요. 제가 프로그램의 다른 측면에 대해 이야기할 때 저는 정말로 그게 존재하고 그걸 만지거나 진동을 느낄 수 있다고 생각해요.

도널드가 텍을 만든 방식을 보면 아주 수학적이면서도 아름답고 우아하죠. 거기에 비하면 예를 들어 최초의 스몰토크 엔진은 아주 임기응변식이고요. 그냥 필요한 걸 한데 모은 거죠. 몇 번 진화를 거친 후에야 저는, 아니 우리는 무언가 수학적인 모습을 보여 줄 수 있었어요. 그런 면에서는 좀 다르죠.

본론으로 돌아가서 사실을 말하자면 기본적인 자료 구조 부분은 꽤 많이 읽었어요. 하지만 저는 책을 많이 읽진 않는 편이에요. 저는 일단 행동하는 편에 가깝죠. 제 단점이 있다면 책을 읽거나 공부를 하기보다는 제 맘대로 X나 Y, Z를 하는 일이 많다는 거예요. 제 생각에는 대개 잘 풀린 것 같은데 뭐, 모르죠.

사이블 프로그래머가 수학을 얼마나 알아야 한다고 생각하시나요? 데이크스트라는 컴퓨터 과학이 그저 수학의 한 갈래일 뿐이라고 주장했습니다. 《The Art of Computer Programming》을 이해하려면 수학을 꽤 알아야 하기도 하고요.

잉걸스 일단 논리적인 사고가 있어야 합니다. 하지만 저는 컴퓨터를 배우는 동안 버지니아주 시골에서 많은 시간을 보냈어요. 만약 버지니아 산속에 컴퓨터 회사를 세우고 싶다면 기계적인 걸 공부해야겠다고 늘 생각했죠. 아주 난해한 특정 부분을 제외하면 수학은 논리나 직관보다는 훨씬 덜 중요하다고 생각합니다.

저는 프로그래밍의 많은 부분이 건축학과 비슷하다고 생각해요. 그래픽스에서 모델이 작동하는 방식이나 무언가가 갱신되거나 캐시되는 방식이 그렇죠. 이런 건 난해한 수학이 아니에요. 그러니까 저는 프로그래밍이 수학의 한 분야라고 보긴 합니다. 정말 흥미로운 건 컴퓨터 덕분에 수학이 그저 분석 기술에 그치지 않고 종합적인 기술이 된다는 점이에요. 제가 하루하루 재미있게 다루었던 건 수학적인 무언가이긴 했어요. 하지만 동시에 창의적이고 생성해 내고 합성해 내는 일이었죠.

사이블 책을 많이 읽지는 않는다고 하셨는데요. 혹시 추천하시는 책이 있나요?

잉걸스 아니요, 분명 이런 사람이 많지는 않겠지요. 저는 어렸을 때부터 책을 그리 좋아하지 않았어요. 가끔 무언가에 빠져들면 다 읽을 때까지 쉬지 않고 읽긴 했죠. 물론 논문도 있었고 책도 좀 있었던 것 같아요. 발 쇼어의 메타 II 논문도 그중 하나죠. 리스프 1.5 책이 있고 APL 책도 있어요. 하지만 아이버슨의 책[13]은 언어 학습에는 별로였습니다. 수학자들은 아마 좋아했을 것 같지만요. APL을 배우려고 어떤 책을 읽었는지도 기억나지 않네요. 하지만 APL은 정말 좋아했어요. 한 프로그래밍 언어를 쓰며 시간을 좀 보내는 건 책 한 권을 읽는 것과 마찬가지라고 생각합니다. 스몰토크도 마찬가지고요.

사이블 그러면 처음 프로그래밍을 시작했을 때만큼 프로그래밍이 여전히 즐거우신가요?

잉걸스 네, 프로그래밍 자체는요. 지난 한두 해는 더 흥미로웠는데 저에게 아주 익숙하고, 도구가 정말 끝내주는 환경이었던 스몰토크와 스퀴크에서 벗어나야 했거든요. 저는 살짝 물러나서 브라우저의 자바스크립트와 전통적인 개발 환경에서 일해야 했죠. 과거에 비해 디버깅에 시간이 더 오래 걸리기도 했어요. 하지만 아이디어를 얻고 그걸 실현하는 기본 과정은 여전히 정말 좋았습니다.

사이블 프로그래밍이 젊은이들에게 유리한 일이라고 느끼지는 않으시나요?

잉걸스 아니요, 전혀요. 진행되는 일을 죄다 조사할 만큼 시간이 많다거나, 제가 어느덧 잃어버린 무한한 에너지를 가지고 있다거나 하는 점은 젊은이들이 지닌 것이겠죠. 하지만 저는 그냥 문제를 가져다가 앉아서 해결될 때까지 파고드는 일을 여전히 사랑합니다. 비유를 하나 들 수 있겠네요. 저는 인생에서 꽤 늦게 피아노를 배우기 시작했습니다. 사람들이 그랬죠. "어렸을 때 피아노를 배우셨으면 좋았겠네요. 정말 빨리 배우세요." 제가 그렇게 오래 배우지는 않았지만 제 결론은 젊은 사람들이라고 더 빨리 배우지는 않는다는 거예요. 그저 시간이 더 많을 뿐이죠. 시간을 투자했더니 제 실력도 늘었거든요.

프로그래밍도 좀 비슷한 느낌이에요. 제 삶의 더 어린 시절을 돌아보면 저는 원하는 대로 시간을 마음껏 쓸 수 있었죠. 죽어라 일만 할 수 있었어요. 지금은 제 삶에 다른 것들이 있습니다. 프로그래밍 말고 해야 할 일들이 있죠. 그래서 그런 극도의 집중력은 다소 약해질 수밖에 없어요.

사이블 **들여야 되는 시간은 논외로 하고요. 프로그래밍에는 일정 정도 집중하고 몰두하는 게 필요하지 않나요? 사람들이 몰입에 대해 이야기하잖아요. 15분마다 방해를 받으면 어떤지 같은 이야기요. 문제를 머릿속에 정리하기 시작하는 데만도 15분은 걸리다 보니 사실상 아무 일도 할 수가 없다고요.**

잉걸스 제가 제록스 파크에서 일할 때 누군가에게 했던 말이 생각나네요. 제가 스몰토크만 파고들지 않고 다른 책임을 맡기 시작하던 무렵이었어요. 하지만 스몰토크를 아주 생산적인 시스템으로 만드는 일에도 많은 진전을 보이고 있었죠. 점점 줄어드는 실제 업무 시간 동안 맡은 일을 계속 다 처리하기 위해 스몰토크 환경을 개선하는 수밖에 없다고 농담을 했죠. 그래서 15분만 있으면 앉아서 실제로 유의미한 일을 할 수 있는 수준까지 도달했어요.

한편 우리는 다른 사람과 함께 일하잖아요. 저는 젊은 사람들과 일해서 아주 좋아요. 제가 목표나 정치라는 차원에서 생각하고 일을 하기 위한 환경을 마련하는 데 좀 더 시간을 보낸다면, 다른 사람들은 제가 시간이 부족해서 아주 깊이 파고들지 못하는 부분을 만회해 주죠.

사이블 **주도하시는 프로젝트에서 함께 일하기 정말 좋은 분이라는 명성이 자자한데요. 어떻게 팀원들을 생산적이고 행복하게 만드시나요?**

잉걸스 저는 제 일을 사랑합니다. 그리고 그걸 다른 사람들과 함께하는 게 재미있어요. 우리 일은 끝도 없이 깊이 또는 멀리까지 갈 수 있어요. 그래서 다양한 사람이 뛰어들 일을 쉽게 찾을 수 있죠. 저는 이렇게 다른 사람들과 일하는 게 늘 좋았습니다. 가끔은 일이 잘 풀리기도 하고 가끔은 안 풀리기도 하죠. 이런 종류의 일에는 서로 아주 다른 국면이 있습니다. 필요한 일이 죄다 눈에 보여서 그냥 사람을 투입하기만 하면 되는 때도 있고, 반대로 도대체 어떻게 해야 할지 모르겠어서 헤매는 때도 있죠. 이런 경우들은 서로 정말 많이 달라요.

사이블 좋은 기술 리더가 되기 위한 비결을 알려 주실 수 있을까요?

잉걸스 가장 먼저 자신이 무엇을 하려고 하는지를 분명히 해야 합니다. 뚜렷한 시야가 있어야 하죠. 이 일을 해 왔다면 실제로 뭔가를 어떻게 구현해야 할지가 눈에 보일 거예요. 그래서 어떤 다양한 사람이 그 일을 할 수 있고 그것들이 어떻게 맞물려 돌아가서 일이 진행될지 예상할 수 있게 되죠.

제가 모든 것을 내다볼 수 있었던 프로젝트에 참여한 적이 몇 번 있어요. 정말 강력한 느낌이었죠. 누군가가 막힐 때마다 제가 즉시 다음으로 무엇을 하거나 어떻게 돌아가라고 알려 줄 수 있었거든요. 자신이 목적지를 잘 알고 있다면 사람들도 다 느끼죠. 우리는 저기로 가면 되고 이 사람이 그걸 다 꿰고 있다는 걸 바로 느낄 수 있죠. 그러면 사람들도 힘이 나죠.

사이블 원하는 걸 너무나 명확하게 꿰고 있으면 사람들의 힘이 빠지거나 하지는 않나요? 한 사람 머릿속에 모든 게 들어 있으니 그 사람들은 재미가 없을 수도 있잖아요?

잉걸스 아, 그 사람들이 맡은 부분은 알아서 하도록 열어 두면 돼죠. 필요한 부분만 마이크로매니징으로 개입할 수도 있고요. 가끔은 더 나은 방법을 찾기도 해요. 저는 운이 좋게도 제가 신뢰하는 훌륭한 사람들과 오랫동안 일할 수 있었습니다. 신뢰가 중요해요. 함께 일하는 사람에 대한 신뢰요. 나머지 반쪽은 자신감이고요. 그림이 명확하면 자신감을 더 가질 수 있죠. 나쁜 마이크로매니징을 하게 되는 이유는 걱정과 불안함, 스스로 모든 일을 해결해야 할 것 같은 느낌 때문이라고 생각합니다.

사이블 일벌 역할을 하실 때 정말로 훌륭한 팀 리더를 만나 본 적이 있나요?

잉걸스 제 인생 최고의 상사는 앨런 케이예요. 저는 한창 성장하던 시기에 제록스에서 앨런 밑에서 일했어요. 아주 흥미로운 조합이었던 것 같아요. 앨런은 자신이 원하는 걸 알았지만 저에게 무엇을 하라고는 거의 말하지 않았죠. 하지만 앨런은 온갖 기술에 통달했기에 아주 훌륭한 평론가였어요. 저를 비롯해 저와 함께 일한 사람들은 정말 생산성이 높았거든요. 그래서 앨런은 우리가 충분히 진도를 내고 있다고 생각했던 것 같아요. 저희에게 별로 간섭할 필요가 없었죠. 앨런은 저 그리고 우리에게 우산이 되어 주었고 자신이 하고자 하는 일에 대해 확실한 그림이 있었어요.

사이블 사람들이 팀으로 일할 때 프로그래머들이 시스템을 각자 한 조각씩 나눠 갖는 게 낫나요? 이건 내 코드니까 아무도 건드리지 말라는 식으로요. 아니면 모두가 코드를 공유하고 모든 사람이 아무 데나 건드리는 게 나을까요?

잉걸스 모르겠습니다. 라이블리 커널 프로젝트에서 우리는 사람마다 다른 영역을 맡고 있어요. 하지만 울타리가 있는 건 아닙니다. 제 생각에는 전문성이나 초점, 목표에 달린 것 같아요. 아주 성공적이었던 시기를 생각해 보고 있는데요. 사실 저는 큰 팀에서 일해 본 적이 없습니다. 그래서 대개는 사람마다 코드 일부를 맡아서 거의 혼자 일했던 것 같아요.

사이블 이번에는 디버깅이라는 주제로 넘어가 보죠. 고쳐야 했던 최악의 버그가 있었다면 무엇인가요?

잉걸스 가비지 컬렉터 버그였어요. 가비지 컬렉션은 최악이죠. 문제가 지나가고 한참 후에야 그로 인한 효과가 나타나거든요. 그런 난해한 버그를 추적하는 건 꼭 암호를 푸는 느낌이에요. 저희 아버지는 미 전략 사무국[14]에서 일하셨거든요. 팀을 이루어 일하셨는데 주로 하는 일은 정보를 마구 모으는 거였어요. 모든 걸 알고 있으려고 했죠. 그러다 신문에서 본 내용의 일부와 함께 암호문이 들어오면 그것도 함께 모아 두셨어요.

버그를 추적하는 것도 마찬가지예요. 이런 상황을 일으킬 수 있는 요인에 대한 직감을 모두 수집하는 거죠. 특히 제가 하루 넘게 고민했던 버그가 있는데요. 마침내 해결해 냈을 때 저는 아주 의기양양했죠. 그때 제 아들이 아마 네 살인가 그랬는데 저에게 '끈기의 디버거상'을 만들어 주더군요.

사이블 아마 스몰토크 문제였겠죠? 그때 심벌릭 디버거가 있었나요, 아니면 십육진수 메모리 덤프를 떠서 보셨나요?

잉걸스 멋진 스몰토크 디버거보다 더 저수준의 문제였어요. 문제를 자세히 설명할 수는 없지만, 이런 종류의 문제는 오류가 났을 때 저수준 디버거를 써야만 합니다. 메모리에 팔진수 메모리 주소가 한 무더기 들어 있죠. 보다 보면 한 객체가 다른 객체를 잘못된 방식으로 가리키고 있는 것 같은 문제가 있습니다. 그러면 '어쩌다 이렇게 된 거지?' 생각하는 거죠. 이런 작은 단서와 패턴이 있어요. 이것 때문에 저렇게 되고 저것 때문에 이건 또 이렇게 되고 하는 식이죠. 그러다 보면 문제를 찾을 수 있죠.

사이블 아주 저수준의 문제였군요. 그렇다면 멋진 스몰토크 환경에서 개발하실 때에는 심벌릭 디버거를 쓰실 텐데요. 프린트 문으로 디버깅하실 때도 있나요?

잉걸스 좋은 디버거를 쓸 수 있는데 굳이 프린트 문을 쓰는 사람이 있나요? 프린트 문을 어딘가에 넣을 수 있어서요? '어딘가'에 넣을 수는 있겠죠. 그것보다는 그냥 그 지점에서 멈춘 다음 모든 정보를 보는 편이 낫지 않나요? 딱 하나만 프린트하는 것보다요. 저도 지금은 프린트 문 디버깅을 꽤 많이 합니다. 자바스크립트 디버거가 그리 좋지 않은 경우가 많거든요.

사이블 스몰토크 디버거는 어떤 점이 그렇게 훌륭한가요?

잉걸스 프로그램 아무 데서나 멈출 수 있고 모든 변수가 실제로 무엇을 가리키고 있는지 볼 수 있다는 점입니다. 멈춘 그 지점에서 바로 코드 일부를 실행하거나 표현식을 계산할 수도 있고요.

사이블 스택 프레임의 어느 지점에서든 가능한가요?

잉걸스 네, 코드를 왕창 고친 다음에 실행을 재개할 수도 있죠. 오류를 만나면 화면에 띄워 둔 채로 시스템 전체 상태를 저장할 수도 있어요. 저장한 이미지를 맥이 아니라 윈도를 쓰는 다른 사람에게 보내서 다시 띄울 수도 있죠. 멈춘 딱 그 지점부터요. 그리고 오류를 수정한 다음 계속 실행할 수도 있고요. 서로 다른 컴퓨터 아키텍처에서도 상태가 완벽하게 보존됩니다.

사이블 다른 종류의 디버깅 도구로 불변식이 있는데요. 모든 메서드와 클래스 불변식에 선행 조건과 후행 조건을 형식에 맞추어 열심히 붙이는 사람들도 있고, 그보다는 그때그때 임기응변식으로 대응하는 사람도 있습니다. 이런 것들에 대해 어떻게 생각하시나요?

잉걸스 저는 형식을 덜 따지는 편 같습니다. 가능한 한 전적으로 단순한 게 좋다는 전통적인 사고방식이 가장 큰 이유예요. 타입에 대해서도 마찬가지 생각이에요. 타입은 본질적으로 프로그램에 대한 단정문 같은 거거든요. 그리고 가능한 한 단순하게 만들 수 있다면 더 좋은 거죠. 타입이 뭔지 아예 명시하지 않는 것도 좋은 방법이고요. 더 중요한 시스템이라면 그런 걸 추가할 수 있는 것도 좋다고 생각합니다. 그렇다고 꼭 한쪽을 포기할 필요는 없어요. 타입을 추론하면서 원하는 지점에만 타입을 표시하는 방법도 있죠.

타입은 우리가 코드에 추가할 수 있는 단위 테스트나 온갖 종류의 다른 단정문을 포함하는 스펙트럼 중 하나일 뿐이에요. 우리가 이런 종합적인 수학에서 탐험해 봐야 하는 멋진 영역의 일부죠. 저는 우리가 점점 더 계산이라는 분야를 가져다가 살아 있는 문서, 진짜 프로그래밍 문서로 더 많이 문서화할 수 있을 것 같아요. 그러면 우리가 이런 단정문을 평소에는 무시하다가도, 문제가 생겨서 막혔을 때 단정문을 추가한 다음 온갖 테스트를 수행하는 식으로 도움을 받을 수 있을 거예요.

사이블 프로그램의 정확성을 엄밀하게 증명하는 일에 대해 긍정적인 쪽이든 부정적인 쪽이든 의견이 있으신가요?

잉걸스 저는 그와 관련된 일을 한 적이 없습니다. 저는 아키텍처에 관한 요소에 집중하는 편인데요. 그래야 이런저런 것들을 확인하기 더 쉽더라고요. 프로그램에서 온갖 종류의 위험한 동작을 할 수 있다고 해 봅시다. 형식 증명을 하려고 팔을 걷어붙이더라도 단계 하나하나마다 이런 생각이 들 거예요. '아, 이런 일도 일어날 수 있고, 저런 일도 일어날 수 있고, 또 이런 일도 일어날 수 있지.' 아키텍처가 깔끔하다면 아마 코드를 읽기만 해도 형식 증명 내용이 명백할 겁니다. '음, 저기서는 이럴 수밖에 없겠군. 안전해.' 하는 식으로요.

사이블 C++를 사용해 보신 적이 있나요?

잉걸스 아니요, C도 써 본 적이 없어요.

사이블 하지만 BCPL과 어셈블리를 해 보셨으니 저수준 언어를 전혀 쓰지 않으신 건 아니잖아요.

잉걸스 맞습니다. 그리고 사실 스퀴크가 생성한 걸 디버깅하느라 C를 좀 해 보긴 했네요. 하지만 제 기억으로는 우리가 스퀴크를 만들 때 제 목표 중 하나가 아무것도 몰라도 스퀴크'만' 알면 숙달할 수 있는 시스템을 만드는 거였어요. 그래서 저는 일부러 C를 배우지 않았습니다. 존 멀로니가 실용적인 구현을 만들기 위해 스퀴크를 C로 바꾸는 프로그램을 개발하긴 했어요. 하지만 사실 그렇게 생성된 C 코드를 봤더니 그런 변환을 할 필요가 전혀 없다는 걸 확인했을 뿐이었죠.

사이블 C++가 나왔을 때에도 관심이 가셨을 것 같은데요. 객체 지향 프로그래밍을 발명했다고 주장할 수 있는 그룹에 속해 계셨으니까요. 시뮬라 사람들도 객체 지향을 만드는 데 힘을 보태긴 했지만요.

잉걸스 그렇게 깊이 들여다보지는 않았어요. C와 비교하면 여러 면에서 진보한 듯 보였지만 그 사람들이 주장하는 정도의 객체 지향에는 미치지 못한 것 같아 보였죠. 우리는 그런 객체 지향을 이미 쓰고 있었는데 말이에요. 바닥부터 새로 구현할 일이 또 생긴다면 기계어 대신 C++로 시작할 수도 있겠죠. 그리고 C++ 대가라는 사람들을 좀 아는데 그들이 작업하는 방식을 보는 걸 좋아합니다. C++가 잘하지 못하는 일을 할 때 C++에 의존하는 대신 C++를 거의 메타프로그래밍 언어로만 사용하는 것 같거든요.

사이블 코드 읽기에 대해 이야기해 보죠. 새로 접하는 코드에 어떻게 뛰어드시나요?

잉걸스 그렇게 추상적인 질문에는 답하기가 힘드네요. 그 코드가 무슨 일을 하는지 또는 무슨 일을 해야 하는지 알아내는 걸로 시작하죠. 저는 보통 하향식으로 보는 것 같아요. 각 부분이 어떤 일을 하고 서로 어떻게 맞물려 돌아가는지 이해하려고 노력하죠. 어떤 클래스와 메서드가 있는지, 어떤 일을 하는지 보고요. 그다음은 그 코드를 보는 이유에 달려 있어요. 무언가 새로운 게 나와서 그것에 대해 알고 싶을 수도 있고, 성능이 좋지 않아서 프로파일링한 다음 살펴보는 걸 수도 있죠.

사이블 앞에서 커누스에 대해 이야기했는데요. 커누스가 주창한 것 중 문학적 프로그래밍도 있습니다. 문학적 프로그래밍 코드를 써 보거나 읽어 보신 적이 있나요?

잉걸스 일을 마칠 때까지 여유가 있으면 그런 식으로 일하는 걸 좋아합니다. 제가 처음으로 코드를 짤 때에는 주석이 없죠. 코드가 동작하자마자 주석을 좀 씁니다. 제가 짠 코드가 마음에 들거나 이해하기 어려울 것 같으면 주석을 좀 더 씁니다. 하지만 모든 줄에 주석을 넣는 건 별로예요. 그리고 좋은 언어일수록 주석이 더 적게 필요하다고 생각하는 편입니다. 변수명을 잘 써야 하고요. 그래서 제가 스몰토크의 키워드 매개 변수를 좋아합니다.[15] 코드가 훨씬 읽기 좋아지거든요. 자바스크립트에서도 다양한 곳에서 키워드 매개 변수를 쓰는 꼼수가 있는데요. 성능에서 손해를 약간 보지만 자바스크립트의 중괄호 객체 표기법을 쓰면 됩니다. 키워드를 쓰면 끝에 콜론을 붙이는 게 꼭 스몰토크의 키워드처럼 보이죠. 그렇게 여러 인자를 중괄호 표기법으로 싸서 넘기면 됩니다. 그러면 프로그램이 더 보기 좋죠.

사이블 음, 아름다우면서도 좀 정이 안 가는군요.

잉걸스 네, 맞아요.

사이블 그런 방식을 쓰라고 다른 사람을 설득한 적이 있나요?

잉걸스 사실 제가 발명하지는 않았고 다른 사람이 쓰는 걸 배웠어요.

사이블 자신을 무엇으로 분류하시나요? 과학자, 아니면 엔지니어, 예술가, 장인?

잉걸스 사실 네 가지 전부예요. 물리학자로서 교육을 받은 게 저에게는 도움이 되었어요. 문제를 물리학 문제로 바라볼 수 있게 해 준 게 컸죠. 물체에 작용하는 힘을 각각 분리하는 건 프로그래밍에서 무언가가 시스템에 사용되는 방식이나 영향을 받을 수 있는 요소를 모두 찾는 일과 똑같거든요. 저는 공간적인 특성을 가진 요소들에 대해서도 아주 물리적인 느낌을 갖고 있어요. 요소들이 어떻게 함께 동작하는지, 어떻게 다를 수도 있었던 것들이 동일한지 그리고 어떻게 더 좋은 아키텍처를 만들 수 있는지 같은 것들이요.

제가 스몰토크 초기에 했던 강연이 생각나네요. "이 그룹에서 우리가 하는 일은 과학적 방법론과 비슷합니다. 관찰한 후 이를 설명할 수 있는 이론을 만들죠. 그리고 이론을 증명하기 위해 실험을 수행합니다." 이게 사실 스몰토크가 여러 세대에 걸쳐 이어져 오는 동안 우리가 한 일이에요. 우리에겐 무언가를 작동시키는 방법에 대한 이론이 있었죠. 그렇게 작동하는 시스템을 만들었고요. 그리고 얼마간 사용한 다음에 무언가를 발견했죠. "이거와 이거와 이걸 다르게 했으면 좋았겠네." 하면서요. 그렇게 새로운 시스템을 만들었습니다. 이 고리를 계속 도는 거죠. 과학 연구나 그 진보가 그러듯이요.

일할 때에는 예술가처럼 느껴지기도 해요. 제 머릿속에 어떤 아이디어가 있고 이걸 현실화하고 싶은 모습이 그렇죠. 조각가도 비슷한 느낌이지 않을까요? 작품에 생명을 불어넣는 거죠.

이 문맥에서 엔지니어와 장인은 거의 동일한 것 같아요. 엔지니어는 그냥 기술 분야의 장인인 거죠. 비슷한 느낌이 드는 또 다른 경우도 있어요. 아주 다른 경우인데요. 제가 아주 저수준 작업을 할 때죠. 제 경험을 예로 들어 보면 빗블릿이나 스몰토크 바이트코드 엔진의 가장 내부 작업은 정말 장인이 할 법한 일이에요. 저는 운이 좋게도 완벽한 작업을 위해 같은 일을 두어 번 다시 할 수 있었죠. 장인이 그러듯이 말이에요.

사이블 제가 볼 때 엔지니어와 장인의 차이는 이렇습니다. 엔지니어는 말하죠. "우리는 다리를 만드

는 사람처럼 일해야 해. 다리는 무너지면 안 돼. 우리도 반복 가능한 엔지니어링 절차가 있어야 해." 장인은 말합니다. "이 일은 목공예에 가까워. 나무는 매번 다르지. 경험에 따른 법칙이 있긴 하지만 특정한 결과를 보장하는 방법은 없어."

잉걸스 그런 면에서는 엔지니어와 더 먼 것 같네요. 저는 시스템에 따라 강조하는 부분이 다른 것 같거든요. 제가 아는 사람 중에 아주 중요한 기업용 프로그래밍 시스템을 만드는 사람이 있어요. 하지만 저는 그런 데에는 관심이나 열정이 없습니다. 언급하신 네 가지 중 엔지니어가 꼴찌인 것 같네요. 그다음이 장인이고요. 예술가와 과학자의 신기한 조합이 가장 위군요.

사이블 업계를 잠시 떠났다가 돌아왔다고 하셨는데요. 컴퓨터가 지겨우셨던 건가요, 아니면 그냥 살다 보니 다른 일이 있으셨던 건가요?

잉걸스 다른 일이 좀 있었어요. 그 덕분에 잘 쉬었죠. 제가 좋은 타이밍에 쉬었던 것 같아요. 제가 돌아왔을 땐 거의 변한 게 없어 보였거든요. 모든 게 100배쯤 빨라진 것만 빼고요.

사이블 프로그래머 지망생들에게 추천하시는 게 있나요?

잉걸스 괜찮은 컴퓨터 과학 수업으로 충분한 것 같아요. 저라면 서로 아주 다른 강점을 지닌 다양한 언어를 여러 개 배우도록 구성할 것 같네요. 스몰토크가 강점이 아주 많긴 하지만 언제나 정답은 아니거든요. 논리 프로그래밍이 있고 함수형 프로그래밍이 있죠. 사실 스몰토크를 함수형 스타일로 쓸 수도 있으니 스몰토크로도 어느 정도는 해소될 거예요. 하지만 로터스 1-2-3를 사용해 영어를 피그 라틴으로 바꾸는 이야기에서도 말했듯이 다양한 컴퓨터 환경을 접해 보고 거기서 풀 문제를 골라 보는 경험을 해 보면 좋을 것 같아요. 그 언어의 강점이 드러날 수도 있지만 어떻게든 거기서 도망쳐야겠다는 생각이 들 수도 있겠죠.

사이블 프로그래밍이라는 일이 바뀌었다고 생각하시나요? 프로그래머로서 성공할 수 있는 사람의 종류도 바뀌었을까요? 어셈블리나 C 같은 걸 배우지 않고 꽤 고수준만 다루더라도 훌륭한 프로그

래머가 될 수 있을까요? 어쩌면 커누스의 책 같은 걸 읽으면서 알고리즘을 배우지 않더라도요. 요즘 우리가 쓰는 고수준 언어에는 이런 알고리즘이 라이브러리에 많이 들어 있잖아요.

잉걸스 사람마다 자신이 대상으로 하는 부분을 편안하게 다루기 위해 필요한 수준은 모두 제각각이에요. 그래서 컬렉션 라이브러리를 직접 프로그래밍하지 않더라도 전혀 거리낌 없이 라이브러리를 쓸 수 있는 사람도 있겠지요. 그냥 다른 수준에서 일할 뿐이니까요. 맹세코 컴퓨터 그래픽스를 하기 위해 빗블릿을 직접 만들어야 한다고 생각하진 않습니다. 낸드 게이트를 만들 필요도 없고요. 어셈블리어를 쓰면 되니까요. 이 중 어떤 수준에서든 일할 수 있다고 생각합니다. 과제가 떨어지면 더 깊이 들어가야 할 수도 있겠죠. 어딘가에 관심이 불붙어서 더 깊이 들어가고 싶어질 수도 있고요.

사이블 오늘날 환경은 서로 달라도 대부분의 프로그래머가 아마 꽤 고수준에서 일할 텐데요. 그래도 어셈블리와 마이크로코드를 배워야 할까요, 아니면 프로그래머로 성공하기 위해 필요한 재능의 종류가 바뀌고 있다고 보시나요?

잉걸스 그렇기도 하고 아니기도 해요. 모든 수준이 그 수요가 오르거나 내리거나 하는 건 어느 정도는 동일합니다. 앞으로는 더욱 많이 그럴 테고요. 하지만 지금 보면 특정한 공식에 따라 여러 가지를 조합하는 영역이 있고, 훨씬 기본적인 것을 다루는 영역이 있습니다.

저는 물리학자였잖아요. 수학자 친구들이 있는데 저와는 늘 완전히 다른 부위의 뇌를 사용하는 것 같았죠. 하지만 우리는 모두 일을 잘했습니다. 저는 컴퓨터도 마찬가지가 될 것 같아요. 프로그램 증명기를 만드는 사람은 그래픽스를 만드는 사람과 다르겠죠. 사람마다 자신의 강점을 깨달을 테고 그러면 자기가 일하고 싶은 분야와 괴로운 분야를 알게 될 거예요. 여기에는 선천적인 면뿐 아니라 후천적인 면도 있을 텐데요. 그건 앞으로도 마찬가지일 거예요.

그런 시스템 중에는 여러 수준과 부분으로 나뉠 수 있는 것도 있겠죠. 그래서 사람에 따라 그중에 다른 분야보다 생산적으로 일하기 수월한 분야가 있을 수도 있고요. 하지만 저는 모두 똑같다고 생각해요. 논리적 사고 능력과 구조적 사고 능력이 있죠. 사람을 대하는 능력과 창의성도 있고요. 사람마다 선천적, 후천적인 영향으로 이런 여러 가지 능력을 제각기 다르게 얻겠지요. 그리고 제 경우에는 이런 능력이 그다지 변하지 않았어요. 사람들은 아마 더 크고 더 나은 일을 하려고 노력하겠지만 제 생각에는 거의 변한 게 없어 보이네요.

사이블 이와 관련한 질문입니다. 점점 더 많은 분야에서 점점 더 자신만의 방식으로 컴퓨터를 사용하고 있는데요. '비프로그래머'가 프로그램을 만드는 방법을 연구하는 사람들도 있고요. 이런 일이 정말로 일어날까요, 아니면 해당 분야 전문가, 예를 들어 생물학자가 자신의 문제를 푸는 전용 소프트웨어를 만들기 위해 언제나 프로그래머와 팀을 이루어야 할까요?

잉걸스 저는 그런 협업이 있어야 한다고 봐요. 생물학자는 프로그래밍에 관심이 없거든요. 무언가를 발견하는 일에 관심이 있겠죠. 그래서 그게 컴퓨터에서 어떻게 돌아가는지 이해하는 사람이 생물학자를 도와야 합니다. 비프로그래머가 프로그래밍을 할 수 있게 해 주는 게 있다면 그 자체로 애플리케이션이겠죠.

사이블 저는 이론 분야 생물학자를 위한 프로그래밍 환경을 만드는 프로젝트에서 일했던 적이 있는데요. 생물학자에게 필요한 소프트웨어는 늘 제각각이었어요. 애플리케이션을 만들고 그걸로 개발을 매듭지을 수가 없었죠. 생물학자들이 처음에는 자신이 어떤 데이터를 원하는지 몰랐거든요. 특정한 생물학 데이터를 입수한 다음에야 "제가 정말로 알고 싶은 건 X예요." 하고 말했죠. 그런데 데이터에서 X를 추출하는 방법은 사실상 프로그램을 새로 만드는 방법밖에 없고요.

잉걸스 네, 그런 컴퓨터 환경이 있으면 좋을 것 같네요. 정보를 모두 가지고 있어서 알아서 정보를 보여 주고, 그걸로 원하는 정보를 얻는 방법을 쉽게 알 수 있는 식으로요. 하지만 그런 게 있어도 관심이 있는 사람도 있고, 관심이 없는 사람도 있을 거예요.

사이블 제가 혹시 빠트린 질문이 있을까요?

잉걸스 유명한 사람에 대한 글을 읽다 보면 그 사람이 자기 인생을 어떻게 관리했는지에 관심이 갈 때가 많습니다. 자신이 몰두하지 않았던 다른 일들은 어떻게 처리했는지, 가족 문제나 돈 문제 같은 것들과 어떻게 균형을 잡았는지 말이에요. 아니면 자기 일을 마칠 때까지 숨어서 '다른 일은 될 대로 되라지.' 하며 다른 일들이 망가지도록 놔뒀던 걸까요?

사이블 **자신의 인생에서 프로그래밍에 대한 열정이 지나쳐서 인생의 다른 부분을 해칠 정도였던 적이 있었다고 생각하시나요?**

잉걸스 네, 다른 사람들을 힘들게 했던 적이 있었죠. 저는 아주 집중한 상태였고 집중해야만 했으니까요. 자신이 하는 일에 열정을 가진 사람 누구에게나 있는 위험이죠. 그럴 땐 어떻게든 문제를 완화하는 방법을 배우거나, 아니면 주위 사람들이 잘 알 수 있도록 이야기해야죠. 지금 이 문제를 해치워야 하니까 일주일쯤 걸릴 거고 그때까지는 아빠에게 접근하기 좀 힘들 거라고요.

사이블 **그렇게 '끈기의 디버거상'을 타는 거죠.**

잉걸스 그렇죠. 맞아요. 또 한 가지는 그 과정을 통해 얻은 만족을 그 기간 동안 자신을 돌봐 준 사람들에게 전해 주는 게 좋겠죠. 적어도 아빠가 무언가 좋은 일을 하고 있다는 느낌을 갖도록 말입니다. 그러면 일이 끝났을 때 모두 함께 행복해할 수 있을 거예요.

11장

고스트스크립트 창시자

엘 피터 도이치

L Peter Deutsch

신동 소리를 듣던 엘 피터 도이치는 1950년대 후반 11살 때 프로그래밍을 시작했는데 하버드 대학교에서 제작 중이던 케임브리지 전자 가속기 설계에 관련된 프로그래밍 메모를 아버지가 가져온 것이 계기가 되었다. 도이치는 곧 MIT를 드나들며 PDP-1에서 리스프를 구현했고, 자신보다 나이가 두 배나 많은 MIT 해커들이 작성한 코드를 고치고 다듬었다.

캘리포니아 대학교 버클리 캠퍼스 2학년 시절에는 최초의 미니컴퓨터 기반 시분할 시스템 중 하나인 프로젝트 지니에 참여했고, 운영 체제 커널 대부분을 도맡아 작성하기도 했다.(12장에 나오는 유닉스 창시자 켄 톰프슨도 당시 버클리 대학원생 신분으로 이 프로젝트에 참여했다. 이때 경험이 유닉스를 탄생시키는 데 영향을 미쳤다.) 도이치가 참여한 프로젝트 지니 시스템 상용화가 실패한 후 그는 제록스 파크로 건너가 인터리스프 시스템과 스몰토크 가상 머신 개발에 매진하게 된다. 이때 경험을 살려 도이치는 훗날 JIT 컴파일 기술을 발명할 수 있었다.

도이치는 제록스 파크에서 분리된 파크플레이스(ParcPlace)에서 수석 과학자로 재직했고, 썬에서 펠로로 활동할 때에는 유명한 「Seven Fallacies of Distributed Computing」이라는 논문을 발표하기도 했다. 또한 포스트스크립트 뷰어인 고스트스크립트를 만든 주역으로도 알려져 있다. 1992년에는 인터리스프 개발에 대한 공로로 ACM 소프트웨어 시스템상을 동료들과 함께 수상했고 1994년에는 ACM 석학 회원으로 선출되었다.

2002년 도이치는 고스트스크립트 작업을 그만두고 작곡을 공부하기 시작했다. 요즘 그는 새로운 프로그램을 짜는 일보다는 새로운 음악을 작곡하는 일을 하고 있을 것이다. 하지만 직접 고안한 악보 편집기 프로그램으로 작업하기 때문에 수시로 코드를 고치고 싶은 충동이 일어난다고도 한다.

이 인터뷰에서 도이치는 포인터나 참조 개념을 동반하는 모든 프로그래밍 언어에는 심각한 문제가 도사리고 있음을 지적하고, 소프트웨어 개발을 비용이 아니라 자산으로 취급해야 하는 이유에 대해서도 역설한다. 그리고 개발자라는 직업에서 은퇴한 결정적 계기가 무엇인지도 들어 볼 수 있다.

스탠퍼드 대학교에서 음악 수업을 청강하던 도이치는 2009년 정식으로 작곡 석사 과정에 입학했고 2011년 학위를 받았다. 고전 음악 분야에서 여전히 활발한 작곡 활동을 이어 가고 있으며 스포티파이에서 도이치의 작품을 들을 수 있다.

사이블 프로그래밍에 발을 들여놓으신 계기는 뭐였나요?

도이치 우연히 시작하게 됐어요. 11살 때였죠. 아버지가 당시 제작 중이던 케임브리지 전자 가속기에 대한 메모를 집으로 가져오신 날부터요. 연구 팀은 기계를 설계하기 위해 일련의 계산을 했는데 그 과정에서 끄적여 둔 메모였죠. 그러다 메모 일부가 우연히 아버지께 전달된 거고요. 그 메모가 아버지 서재 주변에 놓여 있었어요. 메모 위에는 컴퓨터 코드가 적혀 있었는데 그게 뭔지 정말 궁금했어요. 머릿속에서 계속 아른거렸죠.

알고 보니 그 메모는 사실 다른 서류에 딸린 부록이었어요. 그래서 저는 아버지께 서류 전체를 집에 가져오실 수 있는지 물었어요. 아버지는 약속을 지키셨죠. 저는 그 문서를 받자마자 푹 빠져서 읽었어요. 정말 재미있었죠. 아버지께 이 문서를 작성한 사람을 한번 만나 볼 수 있는지 물어봤던 것 같아요. 그리고 실제로 만날 수 있었죠. 50년 전 일이라서 자세한 내용은 더 이상 기억나지 않네요. 어쨌든 저는 전자 가속기 설계를 위한 여러 계산 중에서 하나를 골라 코드를 작성하기 시작했어요. 그렇게 프로그래밍에 입문했습니다.

사이블 11살 때 말이죠. 14살인가, 15살인가에는 부친께서 교수로 재직했던 MIT에서 PDP-1을 갖고 노셨다고요.

도이치 14살 때 TX-0[1]를 접할 기회가 있었고 얼마 지나지 않아 PDP-1도 만질 수 있었어요. 제가 기억하기로는 리스프 1.5 버전 프로그래머 설명서도 그때 손에 넣었는데 어떻게 입수했는지는 기억나지 않네요. 구식 보라색 잉크를 쓰는 등사기로 찍어 낸 아주 초창기 버전의 책이었죠. 리스프를 처음 보고 걷잡을 수 없는 호기심에 사로잡혔어요. 저는 수학적인 무언가에 늘 끌리곤 했는데 리스프는 수학적인 언어처럼 보였죠. 그러니 끌리는 게 당연했습니다. 리스프를 구현해 보며 놀고 싶었어요. 하지만 MIT 26번 건물의 거대한 메인 프레임 같은 건 만져 볼 수 없었고요. 그 대신에 PDP-1용 리스프를 만들었죠.

사이블 PDP-1용 리스프를 어떻게 설계했는지 기억이 나시나요?

도이치 프로그램이 너무 작아서 웃음이 나올 정도예요. 혹시 코드를 보신 적 있는지 모르겠지만 어셈블리어로도 몇백 줄 안 되거든요.

사이블 읽어 봤어요. 대강 훑어봐서 잘은 모르지만요. 1.5 버전 설명서의 내용을 PDP-1 어셈블리어로 옮기는 정도의 작업이었나요?

도이치 아니요, 전혀 그렇지 않았어요. 1.5 설명서에는 인터프리터에 관한 내용밖에 없었어요. 읽기 코드와 토크나이저 코드는 제가 직접 만들어야 했죠. 자료 구조를 포함한 그 밖의 것도 전부 설계해야 했고요. 기억을 떠올려 보면 저는 자료 구조부터 먼저 잡아 놓고 시작하는 스타일이었어요. 실제 프로그래밍도 대부분 그렇게 진행했고요. 젊었을 때 제 직감은 정확하게 작동했어요. 100%라고 할 수는 없지만 거의 항상 맞았으니 직감을 따르는 게 최선이었습니다.

그런데 지난 몇 년간 제 직감이 녹슬었다는 걸 깨달았습니다. 직감이 더는 맞지 않았거든요. 저는 훌륭한 오픈 소스 악보 편집기 프로그램을 만든다는 목표 아래 상당히 거대한 프로젝트를 몇 년 동안 중단 없이 작업해 왔어요. 몇 년간 시간 날 때마다 그 프로젝트를 만지작거리면서 깨달았죠. 일단 자료 구조만 올바르게 만들어 놓으면 그 이후 모든 게 물 흐르듯 진행되었던 기존 프로그램 작성 방식이 더는 통하지 않는다는 것을요.

사이블 직감이 실제로 더 나빠졌다고 생각하시는 건가요, 아니면 그동안은 직감이 좀 떨어져도 체력으로 극복해 왔는데 체력이 더는 받쳐 주지 않아서 그렇게 되었다고 보시나요?

도이치 둘 다 맞는 말이긴 한데 전자에 더 가깝다고 생각해요. 직감이란 정말 방대한 양의 데이터에서 해결책을 종합하는 무의식적인 과정이 아닐까 생각해요. 그리고 소프트웨어와 관련된 일에서 점점 멀어지고 있으니 무의식에서 종합하는 데이터의 양도 그만큼 빈약해지는 것이 아닐까요?

어떤 분야에 통달하고 자유자재한 사람이 되려면 그 방면에서 2만 개의 사례를 경험으로 체득해야 한다는 말을 들었어요. 그런데 저는 업계에서 45년 동안 소프트웨어 설계 일을 하며 제 눈으로 목격한 2만 개의 사례가 기억에서 점점 희미해지고 있거든요. 그런 일이 일어나고 있는 것 같습니다.

사이블 프로그래밍의 어떤 점에 특히 끌리셨나요? 기억나시는 대로 말씀해 주세요.

도이치 지난 50년을 돌이켜 보면 저는 항상 외부 대상을 표시하는 기호 체계, 즉 언어에 매혹되었어요. 우리가 일상적으로 말할 때 쓰는 자연 언어뿐 아니라 말이 곧 행동으로 작용하는 언어에도 끌렸죠. 프로그래밍 언어는 확실히 후자의 범주에 속하고요.

작곡으로 직업을 바꾼 이유도 비슷해요. 음악은 언어 또는 언어의 일종이라고 할 수 있죠. 음악이라는 언어는 단순히 음표가 모인 게 아니라 사람들에게 영향을 미치기도 하잖아요. 형식적으로 보면 자연 언어와 컴퓨터 언어 사이 어딘가에 위치하는데 그래서 더 흥미로운 언어죠. 자연 언어보다는 형식적이고 구조적이지만 컴퓨터 언어만큼 구조적이거나 형식적이지는 않으니까요. 제가 시가 아닌 음악에 빠진 이유가 바로 이런 것이 아닐까 생각하고 있습니다. 시는 그다지 구조적으로 보이지 않거든요.

짧게 대답하면 그냥 중력에 이끌리듯 빠졌습니다.

사이블 처음으로 만든 흥미로운 프로그램은 뭐였나요?

도이치 두 번째로 작성했던 프로그램이 그랬어요. 제가 처음으로 작성한 프로그램은 케임브리지 전자 가속기에 관한 계산 프로그램이었고요. 두 번째 프로그램은 부동 소수점 수 출력 프로그램이었어요.

사이블 상당히 복잡한 문제였네요.

도이치 글쎄요, 이진수 기계라면 더 까다로웠겠지요. 하지만 십진수를 쓰는 기계에선 그렇게 복잡한 문제가 아니에요. 그 프로그램은 십진수 기계에서 작업했거든요. 문자열을 밀어서 소수점 위치만 결정하면 되는 문제예요. 그냥 소수점을 쓸지, 아니면 과학적 표기법을 쓸지만 결정하면 되는 거죠. 그런데 당시에는 일괄처리 시스템을 쓰고 있었던 데다가 어셈블리어로 코딩해야 했기 때문에 보기보다 훨씬 어려운 작업이었어요. 결코 사소한 문제가 아니었어요. 다시 말해 어려운 문제는 아니었지만 그렇다고 사소한 문제도 아니었다는 뜻입니다. 그래도 제가 원해서 짰던 최초의 프로그램이라서 기억에 남네요.

사이블 고등학교 때에는 MIT 컴퓨터실에서 죽치고 있다가 대학은 버클리로 가셨는데요. 동부를 떠나고 싶었던 건가요?

도이치 그랬을 거예요. 부모님에게서 최대한 멀리 떨어진 곳으로 가고 싶다는 생각이 들었거든요. 입학을 진지하게 고려했던 학교는 세 곳이었어요. 로체스터 대학교, 시카고 대학교 그리고 버클리죠. 결정은 너무 쉬웠어요. 화창한 날씨를 원했거든요.[2] 그래서 결국 버클리에 간 거죠. 돌이켜 보면 그건 제 인생 최고의 결정이었어요.

버클리에 도착하고 얼마 되지 않아 프로젝트 지니라는 걸 알게 되어 그 프로젝트에 합류하게 되었어요. 나중엔 버클리 컴퓨터 코퍼레이션도 생겼고요. 그 다음에는 제록스가 생겼죠.

사이블 버클리에선 PDP-1에 리스프를 구현하는 일보다 더 큰 프로젝트를 맡으셨겠군요.

도이치 당연하죠. 프로젝트 지니에서는 훨씬 큰 과제들을 맡았죠. 합류하자마자 운영 체제 커널부터 작성하기 시작했는데, 거기 있는 운영 체제 커널은 거의 다 제가 만든 셈이에요. 커널 소스 코드는 1만 줄 정도였어요.

사이블 프로젝트 규모가 커지면서 자신의 설계 방식에도 변화가 있었나요?

도이치 제가 초창기에 어떤 식으로 커널을 구성했는지 기억을 되짚어 보면 당시에는 충분히 전체를 조망할 수 있을 정도로 작은 프로그램이었어요. 모든 건 명백히 기능에 따라 구획해서 설계했고요. 프로그램에서 어떤 모듈이 어떤 주요 자료 구조에 접근할 수 있는지 머릿속으로 명확한 그림을 그릴 수 있었죠. 실은 사용하는 자료 구조가 그리 많지 않았어요. 말씀드려 보자면 프로세스 테이블과 실행 준비된 프로세스 리스트를 썼고 I/O 버퍼가 있었어요. 가상 메모리를 추적하기 위한 자료 구조 몇 가지에다가 각 프로세스별 열린 파일 테이블 같은 걸 쓰는 정도였어요. 시스템의 모든 자료 구조는 C 구조체를 이용해서 두 페이지 안쪽으로 정의할 수 있었습니다. 이 정도면 복잡한 시스템이라고 볼 수는 없겠죠.

사이블 어떻게 설계했는지 기억나는 가장 큰 시스템은 뭔가요?

도이치 제가 주도한 대규모 시스템이 3개 있어요. 고스트스크립트가 그중 하나인데요. 장치 드라이버 쪽은 다른 사람이 짠 부분이 많으니 그걸 제외하면 아마 C 코드로 5~10만 줄 정도 되겠군요.

파크플레이스 스몰토크 가상 머신을 만들 때에는 JIT 컴파일러만 담당했어요. JIT 컴파일러도 제 몫이 20% 정도는 됩니다. C 코드로 수천 줄 정도인데 고스트스크립트보다 한 자릿수 작은 분량이네요. 아마도 3000~5000줄 정도일 겁니다.

인터리스프도 정말 많은 공을 들였어요. 그 안에는 마이크로코드가 수천 줄쯤 들어갔고 생각해 보니 리스프 코드도 5000줄은 족히 되었던 것 같군요. 그러니 제가 참여했던 프로젝트 중에 가장 거대한 단일 시스템을 꼽자면 역시 고스트스크립트라고 볼 수 있어요.

사이블 장치 드라이버 말고는 기본적으로 혼자 작성하셨고요.

도이치 1999년 말까지는 기본적으로 모든 코드를 직접 도맡아 작성했어요. 프로젝트 초반에 아키텍처에 관해 내린 결정이 몇 개 있는데, 첫 번째 결정은 '언어 인터프리터와 그래픽 처리는 완전히 분리한다.'였어요.

사이블 **언어는 포스트스크립트를 말씀하시는 거죠?**

도이치 맞아요. 인터프리터는 그래픽 처리에 사용하는 자료 구조에 대해 알 필요가 없었어요. 그 대신 API를 통해 그래픽스 라이브러리를 사용하도록 설계했죠.

두 번째 결정은 '드라이버 인터페이스를 사용하여 그래픽스 라이브러리를 구성한다.'였어요. 그래픽스 라이브러리는 특정 픽셀을 칠하는 방법, 곡선을 그리는 방법, 글자를 표시하는 방법은 알지만 특정한 장치에 얽매이지는 않도록 만들었어요. 픽셀이 특정 장치에서 어떻게 인코딩돼야 하는지, 픽셀을 특정 장치로 어떻게 전송할지는 전부 장치 드라이버에서 처리하도록 한 거죠.

세 번째 결정은 '기본적인 그리기 명령을 실제로 수행하는 부분은 드라이버 안에 구현한다.'였어요. 처음에는 달랑 `draw-pixmap`과 `fill-rectangle` 함수밖에 없었어요.

이 함수들로 렌더링 라이브러리가 픽셀 배열이나 사각형을 드라이버에 전달할 수 있었어요. 그리고 드라이버는 원하는 경우 픽셀 정보를 조합해 전체 화면 이미지를 만들거나 Xlib이나 GDI 같은 그래픽 인터페이스로 전달할 수도 있었죠. 구현에 들어가기 앞서 아키텍처에 관해 이 세 가지 결정을 내렸고 다행히 정말 잘 들어맞았어요. 이런 요소들이 결국 토대가 되었죠. 제가 따르는 원칙은 이거예요. 여러 개의 서로 다른 기능적 영역을 갖춰야만 작동하는 무언가를 만들 때, 어떤 기능적 영역이 다른 기능적 영역과 결합이나 상호 작용이 빈번히 일어나지 않도록 설계하는 거예요. 이른바 소프트웨어 경계를 아주 엄격하게 설정하는 방식이지요.

그래서 인터프리터 부분과 그래픽 렌더링은 애초에 상호 작용이 별로 없도록 만들었어요. 픽셀 맵과 그래픽 렌더링 부분 사이에도 추상화 경계를 설정했어요. 물론 그 부분에서 훨씬 많은 상호 작용이 일어나긴 하지만 어쨌든 추상화 경계를 설정하면 좋을 부분이었으니까요.

실제로도 그래픽 처리기 코드를 단 한 줄도 안 쓴 상태로 그래픽이 없는 포스트스크립트 레벨 1[3] 인터프리터를 완성했어요. 포스트스크립트 설명서를 열어서 연산자를 하나하나 살펴보면 그래픽을 전혀 사용하지 않는 것들이 있거든요. 그래픽 처리를 어떻게 할지 설계를 시작하기도 전에 이런 연산자 구현을 모두 끝냈죠. 그 과정에서 토크나이저를 설계해야 했어요. 포스트스크립트에서 사용할 데이터 타입도 정해야 했죠. 그밖에도 설명서에 나와 있는 인터프리터가 제공해야 하는 모든 기능을 구현했습니다. 나중에 포스트스크립트 레벨 2를 지원해야 했을 때 가비지 컬렉션 기능을 추가하느라 다시 돌아가서 많은 부분을 새로 구현해야 했죠. 하지만 거기서부터가 시작이었어요.

그런 다음 다른 인터프리터를 만들었던 경험을 바탕으로 포스트스크립트 인터프리터에서 사용할 자료 구조를 설계하기 시작했어요. 그로부터 3주 뒤에 명령 창에 `3 4 add equals`를 입력하면 7이라는 답을 받을 수 있게 되었죠. 어려움은 전혀 없었어요. 참고로 제 작업 환경은 MS-DOS였어요. MS-DOS 환경에서 아주 간소화된 버전의 이맥스와 C 컴파일러로 작업했죠. 어떤 컴파일러였는지는 기억나지 않네요.

사이블 인터프리터 구현은 이전에도 여러 번 해 보셨던 작업이었을 테니 말인데요. 바로 C로 코딩을 시작하셨나요, 아니면 공책에 자료 구조 다이어그램을 끄적이면서?

도이치 간단한 프로그램이라 굳이 다이어그램은 작성할 필요가 없었어요. 처음엔 포스트스크립트 설명서를 읽는 일에 온 정신이 팔려 있었던 것으로 기억해요. 그 다음 종이에 몇 가지 메모를 적지 않았나 하는 기억은 있지만, 아마 바로 C 헤더 파일을 작성했다고 보는 게 맞을 거예요. 아까 말씀드렸듯이 저는 데이터로 설계를 시작합니다.

그런 다음 메인 인터프리터 반복문을 구현할 파일을 작성해야 한다는 생각이 들었어요. 초기화 부분도 작성해야 했죠. 토크나이저도 넣어야 했고 메모리 관리자도 필요했어요. 포스트스크립트 내에서 파일이라는 개념을 관리할 프로그램도 만들어야 하고 포스트스크립트 개별 연산자도 다수 구현해야 했어요. 그래서 이런 것들을 기능별로 파일 여러 개에 나눠 담았습니다.

10년쯤 지나서인가, 고스트스크립트 코드 저작권을 등록할 때 어려움이 좀 있었어요. 그래서 초기에 구현했던 코드를 몽땅 검토해야 했죠. 초창기 버전의 코드와 구조 그리고 변수나 함수 이름 같은 것을 자세히 살펴보니 재미난 사실을 발견했어요. 현재 버전 코드와 구조적으로나 변수명 형식으로나 70~80%는 여전히 같았거든요. 10년이 지난 시점이었고 그동안 포스트스크립트 언어도 두 번이나 크게 바뀌었는데 말이죠.

기본적으로 제가 자료 구조에 가장 먼저 손을 댔기 때문에 가능했던 일이죠. 그다음에는 기능별로 거칠게 나눠 모듈화했어요. 자료 구조와 불변식부터 제대로 잡아 놓으면 나머지 코드는 알아서 척척 작성될 거라는 믿음이 있었어요.

사이블 **헤더 파일을 작성했다고 하셨는데요. 그 안에는 함수 프로토타입 선언을 하셨나요, 아니면 구조체 선언을 하셨나요, 또는 둘 다?**

도이치 구조체만 했어요. 안시 C가 발표되기 이전인 1988년 일이에요. 그때에는 함수 선언 같은 기능은 없었죠. 안시 C 컴파일러가 거의 표준으로 자리 잡자 저는 고스트스크립트 안에 들어 있는 모든 함수를 헤더 파일에 선언했어요. 두 달 정도 걸렸네요.

사이블 **초창기와 비교해서 현재 프로그래밍을 보는 관점이나 프로그래밍하는 방식에 달라진 점이 있나요?**

도이치 그동안 제가 흥미를 느끼는 프로그램의 종류가 엄청나게 바뀌었어요. 그게 가장 달라진 점이죠. 프로그래밍에 입문한 처음 몇 년 동안 저는 장난감 수준의 코드만 썼다고 말하는 편이 정확할 거예요.

시간이 지남에 따라 저는 더 거대하고 흥미로운 일을 수행하는 프로그램을 어떻게 구조화할지 고심하고 또 고심했어요. 그런 거대한 프로그램의 유용성과 신뢰성, 효율성, 투명성이라는 목표를 달성하기 위해 표현 방식인 언어를 어떻게 사용해야 할지 고민했죠.

이제 저는 소프트웨어를 평가하는 훨씬 포괄적인 기준을 숙지하고 있습니다. 거대하고 복잡한 프로그램을 구현하려면 아키텍처나 시스템 수준에서 어려운 작업을 해내야 해요. 그래서 이런 기준을 생각하고 작업에 들어갑니다. 물론 개별 알고리즘 수준의 작업이 저에게 더는 어렵지 않다는 뜻으로 말한 건 아니에요. 개별 알고리즘 수준의 일은 저에게 더 이상 흥미롭지 않다는 뜻입니다. 그런 일을 그만둔 지도 꽤 오래되었고요.

사이블 모든 프로그래머라면 그 수준에서 일할 수 있을 때까지 성장해야 할까요?

도이치 그건 아니에요. 사실은 얼마 전에 제록스 파크에서 오랫동안 알고 지낸 친구였던 레오니다스 기바스[4]가 알고리즘 분야에서 상당히 저명한 상을 받았다는 소식을 들었어요. 그는 저처럼 시스템 전문가로 일한 경력이 없어요. 그 대신에 알고리즘 전문가예요. 아주 뛰어나죠. 레오는 다양한 문제에 적용 가능한 특정한 종류의 분석 방법이나 최적화 알고리즘을 고안했을 뿐 아니라 그런 문제를 해결하는 새로운 도구도 만들어 냈어요. 아무튼 대단한 일을 해낸 사람이죠. 기바스 같은 프로그래머로 성장하는 것도 좋다고 생각해요.

저 같은 사람이 내세우는 아키텍처 원칙과 기바스 같은 사람들이 어려운 최적화 및 분석 문제를 해결하기 위해 사용하는 알고리즘 설계 원칙 사이에는 비슷한 점이 많아요. 차이가 있다면 알고리즘 문제를 다루는 원칙이 5000년에서 1만 년이나 된 수학 역사에 훨씬 직접적인 토대를 두고 있다는 점이겠지요. 그런데 프로그래밍은 달라요. 수학처럼 기반이 될 만한 토대가 없거든요. 그래서 쓰레기 수준의 소프트웨어가 날마다 쏟아져 나오는 거죠. 우리는 아직 우리가 뭘 하고 있는지도 몰라요.

사이블 그렇다면 시스템 수준의 사고력이 없는 사람들이 소프트웨어의 작은 부분을 작업하는 건 괜찮은가요? 프로그래머와 아키텍트를 구분해야 한다고 생각하시는 편인가요, 아니면 소프트웨어는 작은 규모의 일과 큰 규모의 일이 닮은꼴인 일종의 프랙털이니, 시스템 수준의 소프트웨어를 작업하는 모든 사람이 결국은 시스템 단위로 생각하고 작업해야 한다고 보시나요?

도이치 저는 소프트웨어가 프랙털이라고 생각하지 않아요. 그랬다면 좋았을지도 모르죠. 하지만 시스템 규모가 커지면서 발생하는 문제를 처리할 만한 좋은 도구가 시중에 나와 있지 않은 걸 보면 프랙털은 아닌 것 같아요. 시스템이 작은 규모에서 중간 규모로 커질 때 일어나는 일과 그로부터 시스템 규모가 대형이 될 때 일어나는 일은 질적으로 달라요.

그렇다고 해도 누가 소프트웨어를 맡아야 하냐는 질문엔 명쾌한 답을 드릴 수가 없군요. 제가 말할 수 있는 건 소프트웨어의 배관이 더 아래로 내려갈수록 훨씬 유능한 사람이 소프트웨어를 구축하도록 해야 한다는 것 정도예요. 그건 정말 중요한 일이거든요. 일종의 엘리트주의 관점이라고 볼 수 있지만 저는 기꺼이 그런 관점을 고수하고 싶네요.

꼭 말해 두고 싶은 게 있는데, 그건 요즘 소프트웨어와 소프트웨어가 아닌 것 사이의 경계가 점점 희미해지고 있다는 점이에요. 웹사이트를 하나 만든다고 하죠. 요즘은 사용자와 상호 작용을 하거나 상태를 추적하는 다소 복잡한 동작을 구현해 주는 도구가 있어요. 그런 도구를 써 본 적은 없지만 제가 이해하기로는 그렇게 웹사이트를 만드는 건 목적 달성 측면에서 보면 프로그래밍과 다를 바 없어요. 하지만 수단 측면에서 보면 사뭇 다릅니다.

따라서 좀 전에 던지셨던 질문에 이렇게 답변드릴 수 있을 것 같네요. 시간이 지나면서 예전에는 프로그래밍이 필요했던 어려운 작업을 '프로그래밍' 없이 할 수 있게 되었다고요. 그래서 문턱이 낮아져 점점 더 많은 사람이 그런 작업을 하게 되었고 꽤 잘하게 되었다고 말입니다.

전화 교환원이 있던 시절 이야기에 빗대어 설명할 수도 있겠네요. 전화기를 쓰기 시작한 지 얼마 안 되었을 때 이야기예요. 놀라울 정도로 전화 사용량이 폭주하기 시작했죠. 당시에는 다이얼로 전화를 직접 걸 수 없어서 교환원에게 부탁해야 상대방과 통화할 수 있었죠. 늘어나는 사용량에 맞춰 당연히 교환원도 엄청나게 고용해야 했습니다. '세상에, 이 추세로 가다간 지금부터 20~30년 후에는 모든 사람이 전화 교환원이 되어야 하는 거 아니야?'라고 예측하는 사람도 분명히 있었을 테고요. 이를테면 그와 비슷한 일이 지금 일어나고 있다는 거예요. 프로그래밍의 일부 커다란 영역에서도 그런 일이 똑같이 일어나고 있다고 생각해요.

사이블 **프로그래머가 일반인에게 그런 식으로 자리를 내줄 수도 있다는 말인가요?**

도이치 작성하려는 프로그램이 어떤 것인가에 달려 있어요. '프로그래밍은 대체 왜 그렇게 어려운 걸까?' 제가 가장 궁금한 질문이에요. 지난 5년 넘는 시간 동안 시간 날 때마다 계속 생각해 봤죠.

프로그래밍의 알고리즘 측면을 보면 프로그래밍의 기본 모형이 수학이라고 봐도 될 정도예요. 그 정도로 프로그래밍은 수학과 가까우니까 수학적 방법과 사고방식을 이용할 수 있지요. 그렇다고 프로그래밍이 쉬워질 리는 없는데, 수학이 쉽다고 생각하는 사람은 아무도 없으니까요. 우리가 하고 있는 일과 그 일에 대한 이해 수준 그리고 그 일을 해내기 위해 필요한 테크닉의 수준은 수학과 꽤 비슷합니다.

다른 종류의 프로그래밍에서 생기는 문제도 간과할 수 없을 것 같습니다. 인간의 감각과 두뇌, 사회는 물리적 세계와 같이 진화해 왔어요. 그런데 기본적으로 우리가 접하는 프로그래밍 언어의 세계는 그것이 뭐든 간에 물리적 세계와는 근본적으로 달라요. 그러니 사람들이 프로그래밍에 능숙하기를 바라는 건 이상한 생각일지 몰라요. 정말로 훌륭한 프로그래머가 되려면 어딘가 좀 이상해야 해요. 어쩌면 '이상하다'는 말이 너무 강하게 들릴지도 모르겠네요. 하지만 누군가를 '올바로 행동하는 인간'으로 만드는 자질과 '정말 훌륭한 프로그래머'로 만드는 자질에 교집합이 있다고 해서 그 둘이 같다고 생각하면 오산입니다. 그리고 저는 아주 훌륭한 프로그래머였던 사람으로서 주장하는 겁니다.

폰 노이만 계산의 세계나 알골 계열 언어의 세계는 물리적 세계와는 요구 사항 자체가 완전히 달라요. 제가 볼 때에는 우리가 이런 대규모 시스템을 엉망으로 돌아가는 수준이나마 구축할 수 있었다는 게 오히려 놀랍네요.

어쩌면 제트 여객기를 만드는 일이 훨씬 놀라운 일일 겁니다. 하지만 제트 여객기는 물리적 세계에서 작동하는 데다가 수천 년 동안 축적된 기계 공학을 활용할 수 있잖아요. 반면에 소프트웨어는 정말 기괴한 속성으로 가득 찬 근본부터 기괴한 세계예요. 물리 세계의 특성은 아원자 물리학에 뿌리를 두고 그로부터 단계적으로 올라가지요. 아원자 물리학에서 시작해 그 위에 원자 물리학 그리고 그 위에 화학이 있잖아요. 이 작은 것들이 결합하고 차곡차곡 쌓여서 기존에 없던 새로운 특성이 수없이 창발하게 된 셈이에요. 우리 인간은 그런 물리적 세계에서 잘 기능하기 위해 여러 가지 장치를 만들었습니다.

주위를 둘러보세요. 주소나 포인터처럼 보이는 게 있나. 우리 주위에 있는 건 실제 '사물(object)'이에요. 컴퓨터 과학자들이 '객체(object)'라고 부르는 이상한 것은 없죠. 이름을 잘못 붙인 거예요.

사이블 규모도 터무니없을 정도로 크죠. 64비트는 사실 2의 64승을 나타낼 수 있는 엄청난 숫자죠. 컴퓨터 속도를 나타내는 기가헤르츠만 해도 1초에 수십억 번이나 뭔가 움직인다는 걸 나타내고요.

도이치 하지만 현실 세계에서는 그런 것들에 신경 쓸 필요 없어요. 아보가드로수라고 들어 보셨나요? 10의 23승이었나? 아마 그쯤 될 겁니다. 우리는 믿을 수 없을 정도로 많은 수의 작은 것들이 모두 뭉쳐서 동시에 움직임으로써 벌어지는 일을 보고 있는 거예요. 우리가 사는 세상은 그렇습니다. 우리는 아원자 수준에서 이 탁자를 이해하려 파고들 필요가 없어요. 탁자를 보면 그게 뭔지 이해할 수 있으니까요.

덩어리진 총체로서 물질의 물리적 성질은 99.9% 넘게 이해할 수 있어요. 그러니까 물질을 총체적으로 다루는 방법을 이용하면 물질에 관해 쉽게 알 수 있다는 얘기죠. 그런데 이런 방법은 소프트웨어 세계에서는 대체로 통하지 않아요.

우리는 소프트웨어 구조를 모듈화하려고 계속해서 시도해 왔어요. 시간이 지남에 따라 어느 정도 진전이 있긴 했죠. 하지만 소프트웨어는 우리의 직관에 반한다는 문제가 여전히 존재합니다. 주변을 둘러보면 눈에 들어오는 사물마다 그 안에는 최소 10의 23승 개의 원자가 들어 있지만 우리는 그런 세부 사항에 정신이 혼미해지지 않아요.

그런데 소프트웨어는 세부 사항에 모든 것이 달려 있는 작업이에요. 이건 소프트웨어만의 심오하면서도 끔찍한 근본 문제라고 볼 수 있어요. 작은 개별 코드 조각이 여타 모든 코드 조각과 어떻게 상호 작용해야 하는지 고민할 필요가 없는 방식으로 소프트웨어를 개념화하고 조직할 방법을 알아내야 합니다. 그러기 전에는 상황이 그다지 바뀌지 않을 겁니다. 게다가 현재로선 그 수준과 상당히 거리가 있고요.

사이블 바꿀 수 있는 기술적인 문제인가요, 아니면 변하지 않는 건가요?

도이치 처음부터 다시 시작하는 수밖에 없어요. 현실 세계에는 포인터 같은 것이 없잖아요. 그러니 시작할 때부터 포인터 개념이 들어 있는 언어를 몽땅 내다 버려야 해요. 정보는 시간과 공간을 차지하며 특정 장소에 저장된다는 사실을 파악해야 합니다.

사이블 작은 프로그램을 작성하다가 거대 시스템을 구축하는 일로 돌아선 다음에 말인데요. 그때에도 작은 프로그램을 작성할 때와 여전히 똑같은 방식을 썼지만 거대 시스템에 어울리는 관점만 좀 추가하셨나요, 아니면 실제로 작업 방식을 모두 바꾸셨나요?

도이치 작업하는 방식을 통째로 바꿨죠. 제가 첫 번째로 작성한 중대한 프로그램은 하버드 대학교의 유니박[5] 전용 프로그램이었어요. 그다음에 자잘한 작업을 몇 가지 했는데 MIT에 있던 PDP-1에서 했던 것들이에요. 고등학교에 다닐 무렵이었으니 1960년대 초반이에요. 그 시절까지 거슬러 올라가는 프로그램과 시스템이 세 가지 있어요.

하나는 순정 PDP-1 위에 올린 리스프 인터프리터고요. 잭 데니스[6]가 좀 이상하게 개조한 PDP-1 전용 운영 체제도 그때 손을 댔죠. 데니스표 PDP-1 전용 텍스트 편집기도 만들었고요.

기본적으로 이 세 시스템은 모든 요소가 하나로 얽힌 모놀리식 방식으로 작성했어요. 유니박에 있던 제 예전 프로그램과 다른 점이 있었다면 자료 구조를 다시 설계해야 했다는 건데, 그게 거대한 시스템을 프로그래밍하면서 겪은 첫 번째 변화였어요.

기능에 따른 세분화라고 부르는 개념이 뭔지 이해하기 시작했지만 아직 특별히 와닿지는 않았을 때예요. 당시에는 프로그램을 작성할 때 현재 작성 중인 특정 부분에만 정신을 쏟았어요. 인터페이스, 즉 프로그램의 다른 부분과 연결되는 방식은 고려하지 않았죠. 프로그램이 커질수록 인터페이스가 중대한 문제가 되는데 그때에는 그런 걱정을 전혀 하지 않았어요.

그런 걱정을 하기 시작한 건 업무 환경이 바뀌고 나서였어요. 버클리에서 프로젝트 지니에 참여할 때였죠. 상당 기간 학부생 신분으로 940 시분할 시스템[7]과 텍스트 편집기인 QED[8] 구현 등 여러 일을 맡았어요. 어셈블리 디버거도 작성했는데 기억나는 게 많지는 않네요.

그중에서도 운영 체제가 뭐랄까, 가장 시스템적인 맛이 나는 부분이었죠. 제가 운영 체제를 전부 작성했다고 말하는 건 타당하지 않죠. 제가 다 만들지 않았으니까요. 제가 한 일은 커널 작성이었습니다. 그건 전부 제가 했지요. 커널은 죄다 어셈블리어로 짰어요. 여기부터는 프로그램 크기가 좀 더 커지는데요. 어셈블리어로 몇만 줄이었죠. 이 커널 안에는 프로세스 스케줄러와 가상 메모리와 파일 시스템도 있었어요. 사실 여러 파일 시스템을 지원하게끔 만들었죠.

그것보다 자료 구조 설계 문제가 더 복잡했죠. 기억나는 것 중 하나는 활성 프로세스 테이블이었어요. 활성 프로세스 테이블을 어떻게 설계해야 할지, 또 특정 프로세스가 실행 가능한지 아닌지 운영 체제가 어떻게 판가름해야 할지 고민해야 했어요. 가상 메모리 시스템을 관리하는 구조를 만드는 문제도 있었죠. 그런데 인터페이스에서 고민거리가 생기기 시작했어요. 운영 체제 내부엔 별다른 고민거리가 없었어요. 운영 체제가 너무 작아서 커널을 모놀리식, 즉 본질적으로 한 덩어리로 설계했거든요.

소프트웨어 인터페이스 설계에서 고심한 영역은 두 군데였는데 모두 중요한 부분이었어요. 그중 하나는 사용자 프로그램과 커널 사이 인터페이스였어요. 어떤 시스템 콜이 필요할까, 매개 변수는 또 어떻게 배치해야 할까 같은 질문에 답해야 했죠. 940 시분할 시스템 초창기 버전은 한동안 파일을 읽고 쓸 때 시작 주소와 읽을 바이트 수를 넘겼죠. 기본적으로 유닉스의 `read`, `write` 시스템 콜과 동일했어요. 뭐랄까, 전부 꽤 훌륭하고 좋은 방식이지만 사용자들이 원하는 것과 딱 일치하지는 않아 보였어요. 사람들은 사실 스트림 인터페이스 방식을 원했거든요. 그리고 그 당시에는 운영 체제가 제공하는 시스템 콜을 사용하기 급급했어요. 기본 시스템 콜 위에 사용하기 편리한 인터페이스를 덧씌우면 어떨까 하는 생각까지 이르지는 못했죠. 이를테면 read나 write 시스템 콜을 기반으로 getc나 putc 같은 래퍼 함수를 만들듯이 말이죠. 그래서 실제로는 운영 체제 차후 버전에서 getc나 putc와 동일한 시스템 콜을 추가했어요.

인터페이스 문제가 나타나기 시작한 곳이 하나 더 있었는데요. 다시 말하지만 우리가 만든 운영 체제는 멀틱스 모드로 작동하는 방식이라 처음부터 커널과 오늘날 우리가 셸이라고 부르는 것이 철저하게 분리된 구조였어요. 당시 운영 체제 개발은 아직 걸음마 단계였는데, 우리는 셸이 제대로 동작하려면 특별 권한이 반드시 필요하다는 생각에만 사로잡혀 있었어요. 셸은 사용자 모드에서 실행되는 프로그램인데도 특별 권한을 많이 넣었습니다. 그럼에도 커널이 셸에 어떤 기능을 부여해야 하는지를 놓고 문제가 좀 있었습니다. 어디까지는 셸 혼자 직접 수행할 수 있어야 하고, 어디부터는 커널에 요청해야 하는지 구분해야 했죠.

작업하는 도중에 인터페이스 설계를 선택해야 하는 상황이 찾아온 거예요. 제 경력을 되돌아보면 그때가 바로 시스템 구성 요소 사이의 인터페이스도 따로 설계해야 한다는 것을 어렴풋하게나마 깨달은 순간이었어요. 구성 요소 간 인터페이스가 중요한 설계 문제라는 것도 그때 깨달았고요.

그래서 말인데 규모가 큰 시스템을 다루기 시작하면서 규모가 작은 프로그램을 짜던 때와 방식이 달라졌냐고 아까 물으셨잖아요. 제 답변은 "네."입니다. 점점 더 큰 시스템을 구축하면서 컴퓨터 앞에서 코드를 작성할 때 스스로에게 이런저런 질문을 점점 더 자주 던지게 되더군요. '좋아, 이 부분과 주위 다른 모든 부분 사이의 인터페이스는 어떻게 설계해야 할까? 어떤 메시지를 받아야 할까? 어떤 메시지를 보내야 할까? 인터페이스 양쪽에서 각각 얼만큼 작업을 처리해야 할까?' 하는 질문들이요. 그런 종류의 질문이 점점 더 자라나서 제 일에서 중요한 부분이 되었어요. 또 이런 질문들이 제가 개별적인 자그마한 규모의 코드를 작성하는 방식에도 상당한 영향을 미치지 않았나 하는 생각이 듭니다.

사이블 규모가 큰 시스템에서 작업하면 그런 일이 자연스럽게 일어나지요. 시스템이 너무 커지고 있다면 결국 시스템을 분리할 방법을 찾아야 할 테니까요.

도이치 맞아요. 소프트웨어에서 분해는 다양한 수준에서 발생하는 문제예요. 그런 의미에서 보면 소프트웨어가 프랙털이라는 의견에 수긍이 가네요. 처음에 저는 큰 덩어리를 쪼개는 일과 작은 입자를 쪼개는 일은 질적으로 같은 일이 아니라고 주장하고 싶었는데요. 지금은 잘 모르겠어요. 작은 프로그램을 쪼개서 모듈화할 때에는, 예를 들어 자원 할당을 어떻게 할지 생각하지 않아도 돼요. 그런 건 큰 규모의 소프트웨어를 쪼갤 때에나 고려해야 하는 일이거든요. 저는 그렇게 생각했었어요.

사이블 매우 훌륭한 프로그래머이지만 규모가 작은 프로젝트만 작업할 수 있는 그런 사람들과 같이 일해 보신 적이 있나요? 큰 시스템을 구축하기 위해 시스템을 분해하거나 모듈화하려는 사고방식 자체가 없어서 어느 정도 규모까지는 잘 다루지만 그 이상은 대처를 못하는 그런 사람들 말이죠.

도이치 정말 똑똑하지만 대규모 프로그래밍 경험은 없는 프로그래머들과 같이 일해 본 적이 있어요. 고스트스크립트를 만들 때에도 그랬죠. 회사가 합병하면서 팀에 엔지니어가 두 명 합류했는데 저와 꽤 심각한 의견 차이가 있었죠. 둘 다 엄청 똑똑한 데다 열심히 일했어요. 경험도 많았고요. 저는 그들이 매우 훌륭한 프로그래머일 뿐 아니라 설계도 잘한다고 생각했어요. 하지만 시스템적인 사고를 하지 못했죠. 무언가를 바꾸는 게 가져올 영향이나 파급 효과에 관해 생각하는 데 익숙하지 않았을 뿐 아니라, 그런 걸 따져 보는 게 필요하다는 사실도 깨닫지 못했어요. 제가 보는 차이점은 이런 거예요. 더 큰 규모의 설계를 할 때 어떤 질문을 던져야 하는지 이해하는 사람과, 왜인지 모르겠지만 그런 질문을 잘 이해하지 못하는 사람이 있다는 거죠.

사이블 그런 프로그래머가 전체 시스템 설계 작업을 제외하면 일을 잘한다고 생각하시는 건가요?

도이치 네, 그 두 엔지니어는 회사에서 일을 정말 훌륭히 해냈다고 봅니다. 그중 한 명은 규모가 크고 회사 수익에 중요한 일을 맡고 있었어요. 사람들은 잘 몰랐지만요. 그리고 다른 한 명은 제가 짠 그래픽스 코드를 상당 부분 수정했는데, 그가 수정한 코드로 생성한 결과물은 보기에도 더 좋았어요. 다시 말해 그 두 사람은 훌륭하고 똑똑하며 경험이 풍부한 프로그래머란 거죠. 단지 그림의 특정 일부분을 보지 못할 뿐이죠. 물론 제 생각이긴 하지만요.

사이블 좋은 프로그래머가 되는 데 특별히 도움이 됐다고 생각하는 기술이 있다면요?

도이치 아주 뉴에이지스러운 대답이 될 것 같은데, 그렇다고 제가 뉴에이지 사상에 물든 사람은 아니에요. 한때 히피처럼 머리를 길게 기르기도 했지만요. 제가 가진 능력이 최고조에 이르렀을 때 제 직감은 정확했어요. 제가 한 일은 모두 올바른 선택으로 판명되곤 했거든요. 물론 그중 일부는 운이었겠죠. 하지만 나머지 일부는 의식적인 노력으로는 접근이 불가능한 경험, 간단히 말해 내면화된 경험이었던 게 분명해요. 어쨌든 저에겐 남다른 직감이 있었다고 생각해요. 그다지 만족스러운 답변이 아니라는 건 알아요. 하지만 제가 이쪽 분야에서 유능한 인재가 된 이유는 어느 정도는 그런 능력을 가졌기 때문이라고 확신할 수 있습니다.

사이블 MIT에서 조숙한 십 대 시절을 보내면서 말이에요. '와, 이 사람 정말 똑똑한데 이것도 못하잖아? 나는 할 수 있는 일인데.' 하며 고개를 갸웃했던 일화는 없었나요?

도이치 아니요, 그런 적은 없었어요. 아, 한 번 있네요. 데니스 버전 PDP-1에서 텍스트 편집기를 다시 작성하기 시작했을 땐데, 아마 제가 15살인가 16살쯤이었을 거예요. 텍스트 편집기 원본 코드는 테크모형철도클럽[9] 출신 한두 명이 작성했어요. 똑똑한 사람들이었죠. 코드를 들여다봤는데 정말 끔찍했어요.

그렇다고 저와 다른 사람들의 코드 품질에 차이가 있었다는 뜻은 아니에요. 저에겐 코드 작성 방식에 관한 신념이 있었는데 제가 본 코드는 그런 식으로 작성되지 않았다는 거예요. 한 가지 일로 그 사람들을 일반화하는 것 같아서 부담스럽네요.

어쨌든 저는 항상 상징적 세계 또는 상징으로 이루어진 세계에서 지내는 게 정말 편안했어요. 기호와 패턴은 늘 제 장난감이나 다름없었죠. 다른 사람들에게는 그렇지 않을 테지만요. 저와 제 파트너도 이런 면에서 차이가 있어요. 우리는 둘 다 음악가예요. 둘 다 곡을 쓰고 노래를 부르죠. 그런데 저는 음악을 주로 상징적인 관점으로 대해요. 공책과 연필만으로 작곡을 많이 합니다. 작곡할 땐 오선지에 음표를 그릴 뿐 피아노로 일일이 쳐 보지 않아요. 종이 위에 그려진 음표를 머릿속으로 들을 수 있고 계획도 서 있거든요.

반면 제 파트너는 대부분의 작곡을 기타로 해요. 뭔가를 연주하기도 하고 장난을 치기도 하죠. 가끔은 피아노 건반을 시끄럽게 두드려 보면서 살을 조금씩 붙여 가는 식으로 작곡해요. 그리고 아무것도 적지 않아요. 자기가 누른 코드 시퀀스는 적을 때도 있어요. 연주하다가 어느 시점엔가 단어를 끄적거리는 것 같았거든요. 하지만 기호를 이용하는 사고방식으로는 작곡할 줄 모르더라고요.

그러니 어떤 사람은 기호로 생각하고 어떤 사람은 그렇지 않다는 거죠. 이 이야기에서 말하고자 하는 게 뭐냐면, 다시 말하지만 저는 일종의 엘리트주의자예요. 프로그래밍을 직업으로 삼으려면 기호의 세계에서 편안함을 느껴야 한다고 봅니다. 그 세계에서 편안하게 헤엄칠 수 없다면, 어쩌면 프로그래밍을 직업으로 고르지 않아야 할 겁니다.

사이블 영향을 받은 멘토가 있었나요?

도이치 두 사람을 들 수 있어요. 한 사람은 더 이상은 곁에 없는데, 이름은 캘빈 무어스예요. 정보 시스템의 초기 선구자였죠. 제가 기억하기로는 '정보 검색(information retrieval)'이라는 용어를 처음으로 만들어 낸 사람일 겁니다. 원래 전공은 문헌 정보학이라고 하더군요. 캘빈 무어스를 만난 건 고등학생, 아니면 대학생일 때였어요. 그는 누구나 곧바로 사용할 수 있는 수준의 프로그래밍 언어를 설계하고 있다고 하더군요. 프로그래밍 언어를 전혀 다뤄 본 적이 없는 사람도 말이에요. 그때 저는 리스프 시스템을 구축하고 있었고 다른 프로그래밍 언어도 몇 개 공부한 상태였어요.

결국 우리는 함께 하게 됐고 캘빈 무어스가 만들려고 구상했던 언어는 그와 제가 공동 설계하게 됐죠. 그 언어에다 트랙(TRAC)이라는 이름을 붙였죠. 캘빈 무어스는 그 시절 저에게 정말 많은 도움을 주었어요.

제가 항상 멘토라고 생각했던 사람이 또 있어요. 대니얼 보브로[10]라는 사람인데 대니얼과 저는 정말 오랫동안 친구로 지냈어요. 이 업계에 몸담으면서 계속 멘토로 생각해 왔고요.

하지만 실제로 프로그래밍하는 방법이나 소프트웨어를 만드는 방법에 관해서는 MIT에 멘토라 부를 사람이 아무도 없었어요. 버클리에도 아무도 없었고요. 정말 그랬죠. 제록스 파크에서는 딱 한 명 있었어요. 제가 소프트웨어를 만드는 방식에 영감을 준 사람인데 그는 심지어 프로그래머도 아니었어요. 제리 엘킨드라고 한때 제록스 파크 컴퓨터 과학 연구실 관리자였던 사람이에요.

제리는 저에게 사물을 측정하는 것이 얼마나 중요한지 가르쳐 줬어요. 제리의 조언은 저에게 깊은 영향을 주었죠. 자신의 믿음이나 직관이 들어맞지 않는 상황이 있을 거라고, 게다가 그런 상황은 생각보다 많이 찾아올 거라고, 그러니 측정을 게을리하지 말라더군요. 때로는 측정할 필요가 없다고 생각하는 것까지 측정하라고 했어요. 저는 제리의 조언을 뼛속 깊이 새겼어요.

그래서 엄청나게 많은 계산이나 데이터를 다루는 작업을 할 때마다 저는 그것들을 측정하는 작업도 늘 포함시켰습니다. 제록스 파크에서 일하기 시작한 이래로 쭉 그렇게 해 왔으니 대략 35년간이군요.

사이블 이 책 제목에 '코더'라는 단어가 들어간다고 하니 지금까지 인터뷰를 진행한 사람 중에 처음으로 이 단어 선택에 아주 민감하게 반응하셨는데요. 자신을 어떻게 정의하고 싶으신가요?

도이치 이 정도 나이를 먹어 보니 '프로그래머'라는 단어도 다소 듣기 거북한 기분이 드네요. 실제로 작동하는 소프트웨어 제작 과정을 살펴보면 그 목적을 달성하기 위해 다양한 역할, 다양한 프로세스, 다양한 기술이 필요하다는 사실을 알 수 있어요. 단순히 프로그래머라는 이름표만으로는 실제로 어떤 프로세스에서 어떤 기술을 사용해서 일하는 사람인지 그다지 알 수가 없어요.

그래도 '프로그래머'라는 단어 자체의 뜻은 상당한 범위를 아우르도록 꽤 잘 정착된 편이죠. 그에 반해 '코더'라는 개념은 특정한 작은 일과 연관되어 있고 소프트웨어 개발이라는 분야 전체에서 아주 좁은 부분에만 초점을 맞추고 있어요. 제 생각에 '코더'는 제대로 기능하는 그리고 쓸 만한 작업을 수행하는 소프트웨어를 만들기 위해 코드를 하나하나 쌓아 올리는 사람이에요. 제대로 기능하는 건물을 짓기 위해 벽돌을 하나하나 쌓아 올리는 '벽돌공'보다 살짝 높은 정도 수준일 거예요.

코더라는 직업에 문제는 없어요. 벽돌공이란 직업도 그렇고요. 어떤 일이든 잘하려면 그에 부합하는 많은 능력이 필요해요. 하지만 전체 그림에서 아주 작은 부분을 담당할 뿐이라는 거죠.

사이블 스스로를 모두 포괄해서 나타낼 수 있는 단어가 있다면 뭐라고 생각하세요? 소프트웨어 개발자? 컴퓨터 과학자?

도이치 사실 '컴퓨터 과학'이라는 용어를 들으면 좀 짜증이 나요. 저는 '과학'이라는 단어를 컴퓨팅에 적용하면 안 된다고 강하게 주장하는 편이에요. '컴퓨터 과학'이라고 불릴 만한 모든 것은 본질상 공학과 응용 수학의 혼합물이라고 생각해요. 과학이라면 관찰된 현상에 대해 더 나은 설명을 찾는 과정이 필수인데 컴퓨터 과학에는 그런 면이 거의 없거든요.

짧고 간결한 문구를 골라야 한다면 아마 '소프트웨어 개발자'라고 부르는 게 낫지 않을까요. 아키텍처에서 코딩에 이르기까지 거의 모든 걸 다루는 느낌이 잖아요. 실제로 작동하는 쓸 만한 소프트웨어를 만들기 위해 필요한 일 중에 일부는 포함되지 않겠지만, 제가 수행했던 작업은 거의 다 아우를 수 있다는 점에서요.

사이블 소프트웨어 개발자라는 이름에 포함되지 않는 건 뭔가요?

도이치 문제 분야를 이해하는 과정이나 요구 사항을 도출하고 이해하는 과정은 포함되지 않잖아요. 테스트부터 시작해서 소프트웨어가 릴리스된 후 발생하는 피드백 고리 같은 것도 그렇고요. 다룬다고 해도 프로세스 전부를 다루지는 않으니까요. 기본적으로 '소프트웨어 개발자'라는 단어는 소프트웨어를 개발하는 조직

내에서 하는 모든 일과 연관되어 있어요. 하지만 그 조직이 고객이나 나머지 세계와 어떤 식으로 연결되는지 같은 건 알려 주지 않아요. 사실은 그게 소프트웨어를 만드는 이유인데 말이죠.

사이블 소프트웨어 개발자 개념이 예전과 달라지고 있다고 느끼세요? 요즘에는 고객이나 사용자와 더 일찍, 자주 접촉하는 것을 소프트웨어 개발 절차의 일부로 넣어야 한다고 옹호하는 사람들이 늘고 있잖아요.

도이치 네, 익스트림 프로그래밍은 확실히 그런 방식을 따르죠. 저는 익스트림 프로그래밍을 별로 좋아하지 않는데 거기엔 두 가지 이유가 있어요. 익스트림 프로그래밍은 개발 과정에서 고객과 매우 긴밀한 교류가 필요하다고 주장해요. 제가 알기론 두 가지 근거가 있는데요. 하나는 옹호자들이 이 방법으로 고객의 요구를 더 잘 이해하고 충족시킬 수 있다고 주장해요. 사실일지도 모르지요. 제가 익스트림 프로그래밍을 직접 겪어 본 건 아니지만 조금 경계하는 문제가 있어요. 바로 고객 스스로도 자신이 뭘 원하는지 늘 알지는 못한다는 점이죠.

익스트림 프로그래밍이 고객과 긴밀한 교류를 옹호하는 다른 이유는 성급한 일반화나 과잉 설계를 피하기 위해서라고 들었어요. 그런데 그건 양날의 검이 될 수도 있어요. 저는 개발 과정이 섣부른 일반화로 잘못되는 경우와 섣부른 전문화로 잘못되는 경우를 모두 본 적이 있거든요.

그런 점에서 저는 익스트림 프로그래밍에 대해 던지고 싶은 질문이 몇 개 있어요. 프로젝트가 '완료'된 후에는 어떻게 되는가, 유지 보수할 수 있는가, 지원 가능한가, 발전 가능한가, 초기 개발자가 떠나면 어떻게 되는가 하는 것들이요. 익스트림 프로그래밍 방법론에서 문서화는 항상 제일 뒷전이에요. 제가 가장 걱정하는 부분이 이거죠.

신속한 프로토타이핑으로, 아니면 소프트웨어 개발을 엔지니어링으로 취급하지 않는 어떤 형태로 소프트웨어를 개발하는 사람들과 함께 작업할 때 이런 문제점을 많이 볼 수 있었어요. 엔지니어링 관점에서 구축되지 않은 소프트웨어가 오래갈 수 있을까? 정말 진지하게 묻고 싶은 질문이에요.

사이블 일반화나 전문화 때문에 엉망이 된 사례를 하나 들어 주실 수 있나요?

도이치 이 업계에서 한창 잘나가고 있을 때 제가 엄청나게 잘했던 일이 있는데요. 물론 완전히 체계적인 방법으로 했다고는 말할 수 없고요. 그게 뭐냐 하면 향후 몇 년 동안 진화하며 발전해 갈 수 있게 딱 알맞은 정도로 일반화하는 일이었어요. 그 시점에서는 그게 명백하지 않더라도 말이죠.

돌이켜 보면 섣부른 전문화로 잘못된 적도 있었어요. 고스트스크립트 설계에서 벌어진 일인데 색상 맵의 구조를 색상별로 저장하는 평면 기준 표현 방식이 아니라 픽셀 단위 표현 방식을 쓰기로 결정한 것이 화근이었어요. 비트맵을 사용할 때 픽셀 하나를 컴퓨터의 long에 맞추어 표현하고 싶었거든요.

평면 표현이 아닌 픽셀 단위 표현을 사용했다는 사실은 특정한 상황에서 문제가 될 수 있었어요. 특별한 인쇄 작업에서는 표준 CMYK 잉크가 아닌 색상을 쓰기도 하는데, 비트맵 방식으로 그런 색을 처리하려면 상당히 곤란하거든요. 예를 들어 은색이나 금색, 아니면 특정한 색조를 정확하게 표현해야 할 때 문제가 되죠.

메모리 안에 픽셀 단위 컬러 이미지가 어떻게 저장되는지 살펴보면 크게 두 가지 방식 중 하나에 속한다는 걸 알 수 있을 겁니다. 이미지는 메모리에서 픽셀 배열로 나타낼 수 있어요. 이미지의 한 지점을 나타내는 배열의 원소인 픽셀에는 RGB나 CMYK 형식으로 인코딩된 데이터가 들어 있고요. 일반적으로 디스플레이 컨트롤러 같은 장치가 이런 방식으로 작동하지요.

하지만 인쇄업계에서 더 널리 쓰이는 다른 방법을 알려 드리자면 이렇습니다. 각 픽셀별 빨간색의 양을 하나의 배열로 저장합니다. 그다음 녹색의 양, 파란색의 양, 여타 색상의 양을 별도로 저장하는 방법이죠. 물론 픽셀 단위로 무언가를 처리해야 한다면 그다지 편리한 방식은 아니겠죠. 하지만 주어진 이미지를 종이에 찍어 내기 위해 잉크 색상이 몇 종류나 필요할지, 색판이 몇 가지나 필요할지에 대한 제약이 생기지 않는다는 점에서 좋아요.

사이블 금색 잉크를 사용할 수 있는 프린터를 지원해야 한다면 색 배열을 추가하기만 하면 되니까요.

도이치 맞아요. 일반 소비자용 프린터에는 별로 필요가 없겠죠. 심지어 사무용 프린터도 그런 기능은 잘 지원하지 않아요. 하지만 오프셋 인쇄 방식에서는 특별한 층을 넣는 게 꽤 흔한 일이에요. 제가 충분히 일반화하지 않은 사례라고 할 수 있죠.

많이 생각하고 많은 기교를 동원했는데도 제대로 고칠 수 있는 기회를 놓쳤던 사례로 보면 될 것 같습니다. 제가 말하려던 요점과 전혀 다른 방향이지요. 어떤 의미에서는 제 요점을 훼손한다고 볼 수 있을 것 같습니다. 신중하게 예측했지만 불충분한 일반화라는 결과가 나온 사례였으니까요. 그 불충분한 통찰력이 어디에서 왔는지는 정확히 말씀드릴 수 있어요. 기본적으로 인쇄업계에 대해 아는 바가 전혀 없는 똑똑이 한 명이 고스트스크립트 개발을 주도했기 때문이랍니다.

사이블 바로 당신이군요?

도이치 맞아요. 엄밀히 말하자면 고스트스크립트는 포스트스크립트 파일을 모니터에서 미리 보기 위한 용도로 만들기 시작했어요. 당시에는 그런 뷰어가 아직 없었고 PDF 같은 것도 없었거든요. 이 과정에서 얻은 교훈이라면 '요구 사항은 언제나 변한다.' 정도가 되겠네요. 요구 사항은 예상치 못한 방향으로 바뀌기 마련이니까요. 적어도 그런 시도는 늘 있죠.

요구 사항 변경을 대처하는 방식은 사람마다 다른데, 크게 보면 두 가지 학파로 나뉩니다. 먼저 첫 번째 학파는 제가 생각하기론 익스트림 프로그래밍과 관점이 비슷한 사람들이에요. 이들은 기본적으로 요구 사항은 늘 변경되기 마련이니 소프트웨어가 오래갈 거라고 기대하면 안 된다고 얘기하죠. 요구 사항이 바뀌면 소프트웨어도 새로 만들어야 한다고 생각하는 사람이에요. 글쎄요, 어느 정도 현명한 생각이긴 해요.

그런데 업계의 오래된 속담 중에 이런 말이 있잖아요. "속도, 가격, 품질 중에서 둘만 고르라." 신속하고 저렴하게 만들 수는 있겠지만 그런 식으로 만든 제품이 품질도 좋다? 그럴 확률은 희박합니다. 하지만 이 학파 사람들은 소프트웨어 수명을 짧게 잡으라고 주장해요.

밑바닥에 깔린 관점의 차이라고 생각합니다. 소프트웨어를 (개발하며 드는) 지출 비용으로 볼지, 아니면 (개발 결과로 축적되는) 자본 자산으로 여길지에 따라 달라요. 저는 두 번째 학파에 속해요. 소프트웨어가 자본 자산이라고 굳게 믿거든요. 제가 파크플레이스에서 일할 때 아델 골드버그도 있었어요. 우리에게 객체 지향 설계를 전파하고 있었죠. 우리는 객체에 대해 이야기를 나누거나, 우리 고객 또는 잠재 고객에게 객체 지향 언어와 설계를 홍보할 때 "소프트웨어는 자본 자산으로 취급해야 합니다."라고 이야기하기도 했어요.

자본 자산이라면 지속적인 유지 보수 및 투자가 필요합니다. 그렇지 않은 자산은 없어요. 소프트웨어를 재사용할 수 있게 만들려면 점점 방대해지는 라이브러리를 유지 보수하는 데 드는 비용을 어느 정도 예상하고 있어야 합니다. 자, 여기서 회계가 복잡해져요. 소프트웨어 개발 비용을 특정한 프로젝트에만 국한하거나 현시점에서 소프트웨어를 개발해 달라고 요청한 고객에게만 국한해서 청구할 수 없다는 뜻이거든요. 이 문제는 자본 자산이라는 관점으로 접근해야 합니다.

사이블 **공장을 신축할 때처럼 말이죠?**

도이치 맞아요. 잘 설계된 상품은 재사용 가능합니다. 제품을 판매할 때 반드시 염두에 두어야 하는 사실이죠. 설계에 비용을 투자하면 차후 소프트웨어 개발은 훨씬 수월해집니다. 이런 방식으로 투자 비용이 회수되는 거예요.

저는 소프트웨어가 자본 자산이라고 지금도 믿기는 하지만 예전만큼은 아니에요. 요즘엔 재사용 모듈 단위가 너무 크거나, 아니면 너무 작지 않나 싶어요. 한참 객체 지향에 대해 열을 올리고 있을 즈음 우리가 말했던 '재사용' 개념은 클래스 내지 클래스 묶음 정도의 규모에서 작동하는 거였어요. 물론 예외가 있긴 해요. 실제로 특정 분야의 지식을 구체화해 구현하려면 엄청나게 많은 클래스가 필요하잖아요. 하지만 그런 일은 좀처럼 흔하게 볼 수 없네요.

그런데 제가 주로 보는 재사용 모듈은 그런 게 아니에요. 개별 아이콘이나 개별 웹 페이지 디자인처럼 엄청 작은 규모가 아니라면, 아예 프로그래밍 언어 수준처럼 규모가 큰 것들이에요. 확장 기능을 탑재한 아파치나 모질라 같은 거대 애플리케이션도 마찬가지고요.

사이블 객체 지향이 추구하려 했던 재사용성의 본래 취지가 잘 살려지지 않고 있다고 보시는군요. 이론 자체에 문제가 있었던 건가요, 아니면 역사적인 이유로 더는 발전하지 못한 건가요?

도이치 음, 제가 저 자신을 더는 컴퓨터 과학자라고 부르지 않는 이유 중 일부가 그거예요. 제가 대략 50년 동안 소프트웨어 개발 현업에 종사했는데 지난 30년간 컴퓨터 과학 분야에 큰 혁신이 없었거든요.

프로그래밍 언어를 살펴보면 지난 40년 동안 프로그래밍 언어는 질적으로 개선되지 않았어요. 뒷받침할 강력한 증거도 있어요. 오늘날 시뮬라-67보다 질적으로 더 나은 프로그래밍 언어는 없습니다. 좀 우스꽝스럽게 들릴지 모르겠으나 어쩌겠어요. 사실이 그런데요. 자바도 시뮬라-67보다 그다지 좋은 언어가 아니고요.

사이블 스몰토크는요?

도이치 스몰토크는 시뮬라-67보다 좀 낫긴 합니다. 하지만 스몰토크는 1976년에 개발된 거예요. 오리지널 버전과 요즘 버전 사이에 본질적인 차이는 없어요. 오늘날 쓰는 프로그래밍 언어가 30년 전에 존재했던 언어보다 개선되지 않았다는 뜻은 아니에요. 요즘 저는 프로그래밍을 할 때 파이썬만 씁니다. 제 생각에 파이썬은 30년 전에 사용 가능했던 어떤 언어보다도 훨씬 낫더군요. 스몰토크보다도 파이썬이 좋습니다.

'질적'이라는 단어는 제가 매우 의도적으로 사용한 건데요. 오늘날 어느 정도 쓰이고 있는 프로그래밍 언어 중에 제가 떠올릴 수 있는 언어에는 모두 포인터 개념이 포함되어 있어요. 언어가 사용하는 기초 개념이 이런 식인데 어떻게 질적으로 더 나은 소프트웨어를 만들겠어요? 그럴 방법이 있는지도 잘 모르겠네요.

사이블 파이썬과 자바의 참조도 포인터로 치시나요?

도이치 당연하죠. 포인터로 칩니다. 파이썬이나 자바로 빌드한 프로그램이라면 정말 손톱만 한 프로그램이 아니고서야 모두 같은 문제에 노출되어 있어요. C나 C++에서 일어나는 메모리 오염 문제는 없지만요.

문제의 본질은 이거예요. 시스템 내 정보 공유 패턴 또는 정보 접근 패턴을 이해하거나 명시하거나 제어하거나 추론하기 위한 언어 차원의 메커니즘이 없다는 것이죠. 포인터를 전달하고 저장하는 것은 지역적인 작업이지만 그로 인한 영향은 드러나지는 않아도 프로그램 전체로 뻗어 나가거든요. 멀티스레드 애플리케이션까지 언급할 필요도 없어요. 단일 스레드 애플리케이션 안에서도 프로그램의 서로 다른 부분 사이에서 데이터가 왔다 갔다 합니다. 즉, 프로그램의 다른 부분으로 넘어가서 참조가 계속 증식한다는 거예요. 최고로 잘 설계된 프로그램에서도 이런 복잡한 패턴이 2~4개 정도 진행되는 편이에요. 작은 단위에서 일어나는 일을 제약하는 방식으로는 이렇게 큰 단위에서 무슨 일이 일어나는지 기술하거나 추론할 수도 없고 특성을 뽑아낼 방법도 없어요. 물론 여러 사람이 이 문제를 해결하려고 갖은 시도를 해 봤죠. 하지만 저는 어떤 돌파구도 없었다고 생각해요. 널리 받아들여지거나 사용되는 해결책도 없다고 봅니다.

사이블 아마 널리 사용된다고 할 수는 없겠지만 순수 함수형 언어라면 어떨까요?

도이치 네, 순수 함수형 언어에는 또 다른 문제가 있긴 하지만 이런 문제는 확실히 단칼에 해결할 수 있긴 해요.

새로운 프로그래밍 언어를 설계하고 싶은 유혹에 사로잡힐 때가 가끔 있었죠. 그럴 때면 가만히 누워 쉬곤 했는데 잠시 후 그런 욕망은 온데간데없어지더군요. 하지만 그 유혹에 굴복해서 새 언어를 만든다 해도 근본적인 설계 부분에서 갈팡질팡할 것 같네요. 값만 넘겨받고 포인터 개념이 없는 함수형 패러다임 부분 그리고 공유·참조·제어 패턴을 사용하는 다른 패러다임의 언어 사이에서 어떤 부분을 취할지 말이에요.

컴파일러와 인터프리터 개발자 입장에서 생각해 보면 거대한 배열을 늘 복사하지 않고도 무언가를 해낼 수 있는 언어를 구현하는 방법은 수없이 많습니다. 그런데 함수형 언어 사람들은 저보다 훨씬 진보된 방법을 사용하죠. 해스켈이나 그와 비슷한 언어에 매진하는 똑똑한 사람도 많고요.

사이블 해스켈 사람들은 "맞아. 그게 바로 모나드의 힘이지. 타입 체계 덕분에 다른 방법과 확실히 다르게 작동하지."라는 식으로 말하지 않던가요?

도이치 솔직히 말하자면 저는 해스켈 모나드가 뭔지 전혀 이해 못했습니다. ML을 좀 손대다가 멈췄어요. 함수형 언어는 그게 마지막이네요.

E라는 언어를 들여다보면 말이죠. 물론 자주 언급되는 언어는 아니에요. 아무튼 이 언어는 능력(capability)이라는 매우 강력한 개념에 기반을 두고 있죠. 휴잇의 액터 언어와 관련이 있고, 능력 기반 운영 체제(capability-based operating system)와도 관련이 있어요. E 언어는 두 객체가 서로 통신할 때 기본적으로 포트나 통신 채널을 이용하는 방식을 사용해요. 연결이 수립된 각 객체가 자신과 연결된 다른 객체가 무엇인지 알 수 없게 만들자는 취지예요. 포인터와는 상당히 다르지요. 포인터는 단방향에다가, 포인터를 보유하고 있는 엔티티는 다른 쪽 끝에 무엇이 있는지 상당히 많은 정보를 다 알고 있으니까요. E는 철저히 정보 은폐에 기반을 둔 언어입니다.

흐릿하긴 하지만 딱 드는 생각이 있었어요. 함수형 계산을 하며 객체를 공유하지 않는 그런 언어를 만들면 좋겠다는 거죠. 일단 직렬화가 이루어지는 포트를 여러 개 만들어 두어야 하죠. 이 언어에서 참조만 알고 있는 무언가와 대화하고 싶다고 해 봅시다. 이 언어의 기본적인 특징 중 하나는 그 안에서 다루는 것이 무엇이든지 간에 모든 걸 의사소통으로 간주하는 겁니다. 따라서 모든 처리는 통신을 위해 직렬화하거나 일종의 중재를 거쳐야만 하죠. 속성에 접근한다는 개념이 없으니 속성에 무언가를 저장한다는 개념도 당연히 없어요.

이런 불투명한 API를 쓰는 언어로 프로그램을 구현하면 객체 간 통신의 거시적인 패턴은 알 수 없으면서도 불변식은 지켜지도록 만들 수 있어요. 객체를 사용할 때 공통 패턴이 몇 가지 있는데요. 예를 들어 어떤 객체를 서드 파티에 넘겨준 후 어떤 작업을 하도록 시킨 다음, 시간이 좀 지난 후 어떤 시점에 그 객체를 요청하여 돌려받는 패턴이 있습니다. 객체 공유 패턴이죠. 여기서 호출자는 넘겨준 객체에 대한 모든 포인터를 여전히 갖고 있을 수도 있어요. 하지만 객체를 받은 서드 파티가 작업을 마무리할 때까지 호출자인 당신이 해당 포인터를 통해 어떤 참조도 하지 않겠다고 동의한다면 문제는 없어요.

프로그램을 구조화하는 패턴으로 아주 간단한 사례지요. 이걸 언어적으로 표현할 방법만 있다면 사람들이 자신의 코드가 의도에 맞게 돌아가는지 확인하기 쉬워질 겁니다.

그런데 실제로 그런 언어를 설계하겠다고 뛰어들지 않는 데에는 큰 이유가 있어요. 공유 패턴과 커뮤니케이션 패턴을 충분한 고수준 언어로 그리고 충분히 구성 가능한 방법으로 어떻게 기술해야 할지 떠오르지가 않아서에요. 저에게는 그럴 만한 통찰력이 없는 것 같습니다. 하지만 이 정도만 봐도 왜 요즘 소프트웨어를 구성하는 방법이 30년 전보다 그리 나아지지 않았는지 알 수 있을 것 같습니다.

제 박사 논문 주제는 '프로그램의 정확성' 증명이었습니다. 저는 이 용어를 더 이상 사용하지 않는데요. 제가 말씀드리고 싶은 것은 이겁니다. 사람들은 개발 시스템이 검증 작업을 되도록 많이 거치기를 바라죠. 시스템에서 코드가 의도한 대로 돌아간다고 확신하고 싶거든요.

프로그램의 정확성을 판단하기 위해 예전에 사용한 방법은 단정문이었습니다. 단정문은 무엇을 하려고 의도된 코드인지 나타내기 위해 코드 자체에 포함시킨 일종의 표현식인데 이걸로 코드의 정확성을 기계적으로 판단할 수 있었죠. 그런데 이런 접근법에는 문제가 많았습니다. 이제 우리 생각대로 결과가 나오는 소프트웨어를 만들 수 있는 가능성이 더 높은 방향은 단정문이나 귀납적 단정문이 아니라 더 좋은, 더 강력한 그리고 더 심오한 선언적 표기법이라고 생각합니다.

컴퓨터에 관련된 풍자 중에 저는 짐 모리스가 남긴 말을 가장 좋아해요. "타입 검사로 증명하는 프로그램의 정확성은 겨우 네안데르탈인 수준이다."라는 말이었죠. 돌파구가 있다면 저는 프로그램을 어떻게 구조화하고 프로그램으로 무엇을 하려고 하는지 선언적으로 기술하는 강력한 방법에서 나올 거라고 봅니다.

사이블 **예를 들어 그 개념을 이런 식으로 표현해 볼 수 있을 것 같은데요. '이 객체에 대한 참조를 다른 하위 시스템으로 넘기면, 하위 시스템이 이 객체로 저런 일을 잠시 하고 있는 동안에 나는 이 객체로 아무것도 하지 않는다.' 하는 식으로요.**

도이치 네, 제가 1990년대 초에 썬에서 일할 때 그것과 개념이 비슷한 실험적 언어에 관한 연구가 한창이었죠. MIT에서는 데이브 기포드가 FX라는 언어에 관해 연구했는데 제법 많은 성과가 있었습니다. 데이브는 FX를 이용해서 계산의 기능적인 부분과 비기능적인 부분을 구분하고, 포인터가 어딘가에서 어딘가로 이동할 때 그것이 무슨 의미인지 더 명확하게 만들려고 했어요.

하지만 저는 사람들이 너무 낮은 수준에서 문제를 보고 있다고 생각해요. 윈도 비스타[11] 같은 대재앙이 애초에 일어날 수 없거나 일어나지 않도록 하는 획기적인 해결책이 만들어지려면, 프로그램이란 무엇이고 이를 어떻게 결합해야 하는지에 대해 새로운 사고방식이 필요할 겁니다.

사이블 **그런데 스몰토크보다 질적으로 좋지 않은데도 파이썬을 더 좋아하시잖아요.**

도이치 맞아요. 몇 가지 이유 때문인데요. 파이썬을 쓰다 보면 프로그램이란 무엇인지, 프로그램을 실행한다는 의미가 무엇인지 그리고 프로그램을 구성하는 각 부분이 어떤 의미인지가 매우 명확해집니다. '모듈'이라는 개념이 있어요. 모듈은 기본적으로 다른 모듈로부터 필요한 정보가 무엇인지 선언합니다. 그래서 모듈이나 모듈 그룹을 개발해서 다른 사람들과 공유할 수 있어요. 모듈을 둘러보면 외부 사람들도 각 모듈이 어떤 의존성을 갖고 있는지, 모듈의 경계가 어디까지인지 거의 정확히 파악할 수 있습니다.

스몰토크로는 이렇게 하기 골치 아파요. 스몰토크에서 이미지 모드[12] 상태로 개발하면 프로그램은 프로그램 그 자체로 취급되지 않거든요. 물론 파크플레이스 버전의 스몰토크인 비주얼웍스에서는 클래스 하나보다 큰 무언가를 만들 수 있는 서너 가지 개념을 지원하기는 했어요. 하지만 시간이 지나 버전이 바뀌면서 개발 도구 지원도 완벽하지 않은 상황입니다. 적어도 시각적인 방식으로는 지원하지 않아요. 무엇이 무엇에 의존하는지를 명확하고 기계적으로 처리할 수 있게 만들 수도 없습니다. 따라서 이미지 모드에서 개발하는 경우 프로그램의 전체 이미지 말고는 다른 사람과 공유할 수 있는 게 없어요.

프로그램을 텍스트 형식으로 저장하는 '파일링 아웃(filing out)'이라고 하는 작업을 수행하면 말이죠. 프로그램을 다시 읽어 들여서 예전 상태로 돌려놓은 후 이전에 했던 작업을 동일하게 수행할 수 있을지 여부를 전혀 알 수 없어요. 소스 코드들을 읽어 들인 후 이미지 상태는 코드가 생성되었던 시점의 이미지 상태와 다를 수도 있거든요. 그 코드를 다시 읽어 들이면 또 다를 수 있고요. 작업 공간 내에서 임의의 작업을 수행했거나 시간이 지나면서 값이 수정된 정적 변수가 존재할 때 그런 일이 발생합니다. 알 수 없다는 거죠. 이건 이거라고 선을 딱 그어 말할 수 있는 게 없어요.

저도 비주얼웍스 개발자의 일원으로서 이런 일이 계속 반복되는 걸 봅니다. 이미지 개념을 사용하지 않는 언어에서는 있을 수 없는 일이죠. 이미지 개념은 빠르게 프로토타이핑하거나 개발할 때 쓰이는 여러 개념과 비슷해요. 남의 손을 빌리지 않는 1인 프로젝트에는 정말 훌륭합니다. 그런데 소프트웨어를 자산으로 취급하고 싶다면? 다른 사람들과 소프트웨어를 공유하고 싶다면? 끔찍하죠. 이런 것들이 스몰토크 같은 언어로 개발할 때 생기는 진정한 약점이자 심각한 문제라고 생각해요.

제가 파이썬을 좋아하는 두 번째 이유가 있는데, 그건 아마도 제 사고방식이 수년에 걸쳐 변해서일지도 모르겠군요. 저는 사용할 물건이 눈앞에 보여야 속이 편합니다. 그런데 스몰토크로는 메서드 여러 개를 한 번에 화면에 표시하기 어려워요. 정말 짜증 나죠. 파이썬 프로그램을 이맥스로 편집할 때에는 한 번에 10줄 넘게 볼 수 있으니 이게 저에겐 엄청난 장점이에요.

비주얼웍스에서 아직 근무하고 있는 동료 몇 명과 함께 객체 엔진과 JIT 코드 생성기의 오픈 소스화에 관해 이야기를 나눈 적이 있어요. 제가 만든 프로그램이지만 시중에 나와 있는 것보다 여전히 낫다고 자부해요. 한쪽에는 스몰토크라는 언어가 있습니다. 정말 환상적인 코드 생성 구조를 가지고 있는 언어예요. 지금은 상당히 성숙해졌지요. 대략 20년이 되었으니까 정말 안정적이라 말할 수 있습니다. 비교적 단순하고 여러 아키텍처를 지원하며 무척이나 효율적인 JIT 코드 생성기를 탑재하고 있죠. 이 코드 생성기는 타입이 없는 언어들을 잘 지원할 수 있도록 설계되어 있어요. 반면에 파이썬이란 언어도 있지요. 파이썬은 멋진 라이브러리를 가지고 있어 구현은 쉽지만 속도는 엄청나게 느리죠. 이 두 언어의 장점을 합칠 수 있다면 정말 좋지 않을까요?

사이블 파이썬을 스몰토크로 재구현하는 pycore 프로젝트가 그런 종류의 아이디어 아니었나요?

도이치 그랬죠. 실제로 작동하게 하려면 생각보다 훨씬 많은 작업이 필요하다는 것을 깨닫긴 했지만요. 파이썬의 객체 모델과 스몰토크의 객체 모델은 단순히 일대일로 매핑할 수 없을 정도로 많은 차이점이 있어서 메서드를 호출할 때 잡동사니를 여럿 추가해야만 했거든요.

그럼에도 파이썬 코드 실행 성능을 살펴보니 JIT 코드 생성 기능이 있는 스몰토크가 C로 짠 인터프리터와 대등한 범위 안에 있었습니다. 그래서 스몰토크 코드 생성기를 오픈 소스화할 수 있다면 해당 코드 생성기를 가져와 파이썬 객체 모델 및 파이썬 데이터 표현에 맞게 잘 작동하도록 고쳐 볼까 생각한 적도 있습니다. 수고가 많이 들 것 같지도 않았고요.

하지만 결국은 안 됐어요. 엘리엇 미란다라고, 아마 우리 비주얼웍스 팀에서 가장 급진적인 동료였을 거예요. 그가 오픈 소스화를 밀어붙였죠. 그랬더니 씬콤(Cincom)[13] 측에서 "안 됩니다. 그건 우리의 전략적 자산이에요. 소스 공개는 불허합니다."라고 하더군요.

사이블 아, 그런데 소프트웨어는 자본 자산으로 취급해야 한다고 말씀하셨잖아요.

도이치 자산이라는 게 다른 사람이 사용하지 못하게 해야 한다는 뜻은 아니에요.

그런 전략이 늘 최선도 아니고요.

사이블 **옛날부터 스몰토크 사용자이면서 초창기 리스프 해커이셨잖아요. 그런데 왜 리스프를 더는 사용하지 않으시죠?**

도이치 제 박사 논문은 600페이지 분량의 리스프 프로그램이었어요. PDP-1 리스프, 알토 리스프, 바이트 리스프, 인터리스프 개발에도 긴밀히 참여했고요. 하지만 리스프 프로그래밍은 더 이상 하지 않아요. 문법이 너무 짜증 납니다. 문법은 참으로 중요한데 말이죠.

언어 체계는 세 가지 요소가 떠받치고 있어요. 언어, 라이브러리, 도구죠. 그리고 언어의 성공은 이 세 가지 요소 간의 복잡한 상호 작용에 달려 있습니다. 파이썬에는 훌륭한 언어와 라이브러리는 있지만 도구가 거의 없는 게 흠이죠.

사이블 **'도구'에 실제 언어 구현도 포함인가요?**

도이치 물론이죠. 리스프는 대단한 유연성을 갖춘 언어예요. 하지만 사용자를 위한 가독성이 너무 떨어집니다. 요즘은 어떤지 모르겠지만 문법은 상당히 중요하다고 생각합니다.

사이블 **리스프 문법이 맘에 든다는 사람도 있고, 싫다는 사람도 있어요. 왜 그럴까요?**

도이치 글쎄요, 제가 다른 사람 마음을 어떻게 알겠어요. 하지만 리스프 문법이 싫은 개인적인 이유는 말씀드릴 수 있겠네요. 두 가지 이유예요. 우선 아까 말한 것처럼 나이가 들수록 눈앞에 보이는 정보의 밀도가 높아야 일하기 편하기 때문이죠. 리스프처럼 연산자가 앞에 있는 전위 표기법을 쓰는 언어보다 연산자가 중간에 있는 중위 표기법을 쓰는 언어가 화면에 한 번에 표시할 수 있는 정보가 더 많습니다.

사이블 **그렇지만 산술 연산자 몇 개만 제외하면 실제로 거의 모든 언어가 전위 표기법을 쓰잖아요.**

도이치 실제로는 그렇지 않아요. 예를 들어 파이썬의 리스트와 튜플, 딕셔너리를 만드는 문법을 보세요. 전부 괄호를 활용한 표기법을 사용하잖아요. 문자열 포매팅도 중위 표기법이고요.

사이블 커먼 리스프의 FORMAT 함수와 비슷한 포매팅 말씀이신가요?

도이치 네, 맞아요. 하지만 중위 표기로 되지 않는 것들, 이를테면 반복문과 조건문 같은 건 전위 표기법도 아니에요. 그것들은 키워드와 그게 적용되는 인자가 교대로 나오거든요. 그런 점에서 커먼 리스프는 사실 애초의 리스프보다 장황해요. 여기서 파이썬 문법을 더 선호하게 된 또 다른 이유가 나오는데요. 리스프는 문법적으로 너무 밋밋해요.

사이블 래리 월이었나, 리스프 문법에 대해 손톱을 깎아 넣은 오트밀 그릇[14] 같다며 혹평했죠.

도이치 음, 저도 펄이 잘못된 언어라고 논평한 적이 있어요. 래리 월은 언어 설계에 대해 뻔뻔한 발언을 많이 하더군요. 펄은 언어로서 추하기 그지없어요. 음, 이 얘기는 하지 말죠.

리스프 코드를 좀 들여다보며 코드의 의미를 알아내려고 하면 일단 성가시게 구는 장애물이 두 가지 있어요. 파이썬 같은 언어에는 애초에 그런 장애물이 없어요.

먼저 빌어먹을 괄호부터 모두 걸러 내지 않으면 안 돼요. 그다지 머리를 굴려야 하는 일은 아니겠지만 어쨌든 뇌가 이해하려고 다양한 수준에서 애를 써야 하니까요. 리스프 같은 언어의 코드를 이해하려면 가장 먼저 기호 인식부터 시작해야 하죠. 모든 괄호 기호를 인식하고 나서 고수준에서 그것들을 또 걸러 내야 하죠. 두뇌의 기호 인식 메커니즘을 쓸데없는 일에 추가로 이용해야 하는 겁니다.

요즘 리스프의 산술 함수들의 철자를 보면 일반적인 이름을 쓰는 것 같더군요. 더하기 기호나 곱하기 기호 같은 거 말이에요.

사이블 그렇죠.

도이치 좋아요. 그래서 제 두 번째 요지가 뭐냐 하면, 그런 토큰 인식을 더는 할 필요가 없다는 거예요. 파이썬처럼 기호를 바로 인식하면 이해하기 훨씬 편하거든요. 뇌에서 좀 더 고수준의 처리를 할 때 일어나는 일이죠.

그리고 세 번째로, 사소한 것처럼 보일 수도 있지만 사실은 정말 중요한 게 있어요. 중위 표기법 세계에서는 피연산자 두 개 사이에 연산자가 위치한다는 점이죠. 전위 표기법 세계에서는 그렇지 않아요. 그 연산에서 피연산자가 무엇인지 파악하는 데 노력이 많이 들죠. 자잘한 문제처럼 들릴 수 있는 거 압니다. 하지만 저에겐 제곱센티미터당 정보 밀도 같은 것이 정말 중요해요.

사이블 하지만 리스프의 기본 문법인 어휘 문법은 프로그램의 추상 구문 트리에 상당히 가깝잖아요. 매크로를 만들 수 있는 언어라는 뜻이죠. 매크로를 사용하면 문법을 추상화할 수 있어요. 코드를 압축하는 데 가장 좋은 방법이죠.

도이치 네, 그렇습니다.

사이블 제가 쓴 리스프 책에 MP3 파일의 ID3 태그를 예로 들어 이진 파일을 파싱하는 장을 넣은 적이 있어요. 이런 스타일로 프로그래밍을 하면 장점이 하나 있어요. 괄호를 두른 코드의 형태로 된 명세 같은 걸 만들어 사용할 수 있어요. 저는 ID3 명세를 만든 거고요.

도이치 맞습니다.

사이블 제가 책에 적은 ID3 헤더 파싱 방법 설명이 사실 그대로 ID3 헤더 명세가 되는 거죠.

도이치 음, 흥미롭네요. 저도 파이썬에서 거의 똑같은 작업을 했던 적이 있거든요. 정말 복잡한 파일 형식을 파싱해야 하는 상황이었죠. 좀 더 복잡한 음악 파일 포맷이었어요. 그래서 파이썬 클래스를 만들어 파싱도 하고 파싱 결과를 예쁘게 출력하도록 했어요.

클래스를 생성자부터 메서드 이름까지 전부 공통의 슈퍼 클래스에서 만들어요. 객체 지향 방식으로 만든 거죠. 매크로 기능은 필요 없습니다. 다른 방법만큼 보기 좋지는 않지만 가독성은 거의 리스프 매크로에 필적할 겁니다. 리스프로도 좀 더 깔끔하고 일반적인 방법으로 코딩할 방법이 있다는 건 압니다. 그 말이 틀리다는 건 아니에요.

고스트스크립트 코드를 한번 보세요. 고스트스크립트는 전부 C로 작성되어 있어요. 그런데 그건 그냥 C 코드가 아니에요. 전처리기 매크로 수백 개로 둘러싼 C 코드죠. 그래서 사실상 고스트스크립트 코드를 짜려면 C뿐 아니라 이런 확장된 부분도 추가로 배워야 합니다. C로도 이런 일을 할 수 있어요. 필요한 일을 하려면 어쩔 수 없죠. 다른 모든 언어로도 상황은 마찬가지입니다.

저는 조그만 확장 기능을 추가한 파이썬 버전을 사용하고 있어요. 문법을 확장한 건 아닙니다. 클래스이자 믹스인[15]이에요. 파이썬에는 대부분의 사람이 언어의 의미론이라고 여기는 것을 확장하는 믹스인이 많아요. 파이썬에는 이런 일을 하는 도구 모음이 있고 리스프에는 다른 도구가 있습니다. 사람에 따라 어느 쪽을 선호하는지는 각자 다르겠지요.

사이블 **프로그래머에서 작곡가로 직업을 바꾼 계기는 뭐였나요?**

도이치 한마디로 말하자면 고스트스크립트 개발 때문에 진이 빠졌어요. 저는 1986년부터 고스트스크립트 개발에 온 힘을 쏟아 왔습니다. 제 주요 프로젝트 중 하나였지요. 1992~1993년경부터는 거의 이 프로젝트에만 집중했다고 봐도 무방해요. 그러다 1998년쯤부터였나, 프로그래밍만 하는 게 아니라 모든 지원과 행정 업무까지 떠맡게 되니 소진 상태가 되기 시작했죠. 1인 기업이 감당하기엔 너무 버거운 업무였습니다. 사업을 제대로 꾸리려고 비즈니스 전문가를 고용했어요. 그리고 그가 엔지니어를 채용하기 시작했지요.

저를 대신할 적임자를 찾기까지는 2년이나 걸렸고요. 인수인계를 완전히 마치기까지 또다시 2년이 더 걸렸습니다. 2002년이 되도록 고스트스크립트를 붙잡고 있었던 거죠. 더는 쳐다보고 싶지도 않았어요.

그래서 이렇게 말했죠. "다음에 뭘 할지 천천히 생각하는 시간을 갖고 싶습니다. 6개월 정도 걸릴 거 같아요." 그때 제 나이가 55살이었는데 특별히 늙었다고 느끼진 않았어요. 제가 원한다면 굵직한 프로젝트를 하나쯤은 더 해 볼 수 있는 나이라고 생각했어요. 그리고 주위를 둘러보기 시작했지요.

제록스 시절부터 오랜 친구인 제이 스트로더 무어 2세가 솔깃한 프로젝트를 하고 있더군요. 무어는 텍사스 대학교 오스틴 캠퍼스에서 컴퓨터 과학과 학과장을 맡고 있었어요. 수학 정리를 증명하는 정말 어마어마한 알고리즘을 구현해 냈는데, SRI의 로버트 스티븐 보이어라는 사람과 공동으로 이룬 업적이었죠.[16] 무어는 그 소프트웨어를 중심으로 연구 그룹 전체를 개편하더니 특정한 수학 분야의 온갖 정리와 보조 정리를 증명할 수 있는 거대한 라이브러리를 구축해 냈어요.

그 연구 그룹은 규모는 작았지만 제 박사 학위 논문의 주제이자 제가 항상 관심을 가졌던 정리 증명에 관해 많은 성과를 쏟아 내고 있었습니다. AMD CPU의 연산 장치를 놀랍도록 개선하는 방법도 보여 주었지요. 그래서 저는 생각했어요. '여러 면에서 나에게 딱 맞는 조직이야. 내가 늘 관심을 두던 분야를 연구하는 데다가 연구 그룹 수장은 내가 좋아하는 친구야. 리스프 기반 기술을 사용하고 있기도 하고. 이거 딱 내 스타일이잖아.'

그래서 연구소에 찾아갔어요. 정리 증명이 혹시 고스트스크립트의 신뢰성을 향상할 가능성이 있는지 이야기를 나눴지요. 그 무렵 고스트스크립트의 버그 추적 시스템에는 갖가지 버그가 많이 보고되어 있었죠. 그중 버그 20개를 무작위로 골랐어요. 각 버그를 살펴본 후 '좋아. 정리 증명 기술이 이런 문제를 찾거나 예방하는 데 도움이 되었다고 치자. 그렇다면 대체 어떤 곳에 도움이 되었을까? 정리 증명 기술이 적용되었더라면 버그 추적 시스템에는 뭐가 들어 있을까?' 하는 의문이 떠올랐습니다.

제 결론은 정리 증명 기술이 아마 큰 도움이 되지 못하리라는 것이었습니다. 소프트웨어 내에서 할 일을 형식화할 수 있는 부분은 얼마 되지 않기에 헤라클레스의 12개 과업[17]처럼 엄청난 일로 보였거든요.

소프트웨어 신뢰성을 향상하고자 하는 목적으로 볼 때 정리 증명 기술은 실패작이라 할 수 있어요. 그다지 실용적인 기술이 아니거든요. 원하는 속성을 형식화하는 건 정말 너무 어려워요.

그래서 제가 이런 점을 주제로 강연을 했는데 꽤 호평을 받았습니다. 거기서 대학원생 몇 명과 대화를 나누고 무어와도 잠깐 대화를 나눈 후 자리를 떠났죠. 혼자서 이렇게 생각했어요. '이 일은 모든 면에서 괜찮아 보여. 결격 사유가 없어. 그런데 왠지 관심이 가지 않아.'

그리곤 한동안 여기저기 기웃거렸어요. 몇 년간 합창단 활동을 하기도 했죠. 2003년 여름에는 이탈리아의 오래된 교회를 순회하는 6회짜리 콘서트 투어에 참가했어요. 제 파트너가 투어에 동행했는데 우리는 콘서트가 끝나고 2~3주 동안 유럽에 더 머물기로 했어요.

우리는 빈에 갔어요. 다른 빈 여행자들처럼 관광을 했죠. 그 옛날 합스부르크 궁전은 현재 박물관으로 쓰이고 있더군요. 10개 건물이 각각 소규모 박물관이었는데 저마다 다른 걸 전시하고 있었어요. 그중에는 안내 책자에서 봤던 고(古)악기 박물관도 있었죠.

고악기 박물관은 천장이 높은 오래된 방들이 있는 긴 홀에 있더군요. 들어서자마자 아득한 옛날에 썼던 것 같은 엄청 오래된 악기가 보였어요. 물론 전시실 안에 있는 악기 대부분은 몇 세기 전 서유럽에서 쓰던 것이었죠. 사실 전시실을 다 둘러본 건 아니었어요. 끝에서부터 방 한두 개 둘러본 게 전부였어요. 거기서 W. A. 모차르트의 아버지인 레오폴드 모차르트의 피아노, 브람스가 연습할 때 사용했던 피아노, 하이든이 집에서 사용하던 피아노도 볼 수 있었죠.

그 순간 작은 깨달음이 번쩍였어요. 저는 한동안 제 가슴을 뛰게 해 줄 소프트웨어 프로젝트를 찾아다니고 있었어요. 마땅한 프로젝트가 아직 없을 뿐 그것만 생긴다면 소프트웨어 개발에 흥미가 다시 생길 거라고 믿고 있었거든요. 하지만 소프트웨어는 더 이상 저에게 가슴 뛰는 일이 아니란 사실이 명확해졌어요. 지금은 미친 소리처럼 들릴 수 있겠지만 제가 처음에 소프트웨어 개발을 시작하게 된 동기 중 많은 부분이 소프트웨어를 통해 세상을 더 낫게 만들 수 있다는 믿음이 있었기 때문이었어요. 그런데 저에겐 그런 확신이 더 이상 없어요. 정말이에요. 이젠 생각이 달라졌어요.

이 작은 깨달음이 스치고 지나가자 갑자기 그런 느낌이 들었어요. 제가 하고 싶은 건 세상을 더 나은 곳으로 바꾸는 일이 아니었어요. 2~3년 만에 사라지지 않는 무언가를 세상에 이바지하는 삶이었어요. 음악이 그 열쇠란 느낌이 들었죠. 그 순간 숨을 깊이 들이쉬고 50년 동안 해 왔던 일을 그만두자고 결심했습니다.

사이블 하지만 지금도 프로그래밍을 하시잖아요.

도이치 하다 보니 그렇게 되네요. 재미있고 흥미로운 프로젝트에 뛰어들고 싶은 욕구를 멈추기란 정말 힘들거든요. 결국 자잘한 소프트웨어 프로젝트에 많이 개입했습니다. 그렇다고 해도 지난 몇 년 동안 지속적으로 관심을 기울인 프로젝트는 두 개밖에 안 돼요.

하나는 제 메일 서버에서 사용하는 스팸 필터링 기법이었어요. 신나는 일은 아니었지만 어느 정도 흥미로운 일이었죠. 가끔 로그를 들여다보는데 스팸 차단율은 80%~95% 사이를 오가고 있습니다. 그 순간 군비 경쟁에서 누가 더 앞서 있느냐에 따라 오락가락하죠.

악보 편집기도 제가 늘 관심을 두는 중요한 소프트웨어입니다. 시중에 나와 있는 악보 편집기를 꽤 많이 조사해 보고 이걸 해야겠다고 생각했죠. 친구 집에서 '피날레'라는 프로그램을 몇 번 써 봤는데 정말 형편없었어요. 시스템 품질이 너무 나빠서 말하기도 민망할 정도예요. 어느 날엔가는 '시벨리우스'를 입수했는데요. 그 프로그램을 돌리려고 애플 맥북까지 구매해야 했습니다. 그런데 시벨리우스의 사용자 인터페이스상으로 넘버록(NumLock) 키에 꼭 필요한 기능이 연결되어 있었어요. 그런데 맥북에는 넘버록 키가 없었죠. 게다가 시벨리우스 사용자 인터페이스에는 맘에 안 드는 점이 몇 가지 더 있었어요. 그래서 악보 편집기를 직접 만들자고 결심한 거죠.

아키텍처를 네 번이나 변경했어요. 지금은 꽤 마음에 드는 아키텍처로 정착했습니다. 정말 흥미진진하게 배우고 체험할 수 있었어요. 악보 편집기는 시스템 설계로나 인터페이스 설계로나 풀어야 할 숙제가 많은, 정말 거대하고 복잡한 대화형 애플리케이션이거든요.

아키텍처를 네 번 변경한 다음에는 프로그램에서 렌더링 부분에 대한 아키텍처를 만들어야 했습니다. 제 생각에 단연코 가장 어려운 부분이었어요. 그 부분은 방정식 프로그래밍(equational programming)이라는 방법으로 구축했어요. 이 방법을 사용하면 방정식 관점에서 변숫값을 정의한 다음, 변숫값 계산 시점을 프로그램이 직접 결정할 수 있다는 장점이 있어요. 파이썬으로는 방정식 프로그래밍을 적용하는 게 그다지 어려운 일도 아니었어요. 그래서 제 기억으로는 두어 번 더 이 방법을 써 봤던 것 같네요. 반복되는 코드양도 적어져서 한결 좋아요.

맞아요. 코딩을 여전히 손에서 놓지 않고 있는 셈이에요. 적당히 재미있게 즐기며 하고 있죠. 하지만 누구를 '위해' 하는 일도 아니고 한 번에 몇 주씩 몰아붙이며 하는 일도 아니라서 스트레스를 받지는 않습니다. 전문 개발자로 일하고 있을 때에는 프로젝트 하나만 해도 늘 벅찼어요. 그런데 지금은 사정이 달라졌죠. 작곡 중인 곡이 적어도 한두 개 이상은 돼야 만족스럽거든요.

사이블 좀 전에 소프트웨어를 통해 세상을 더 낫게 만들 수 있다고 생각했다는 말씀을 하셨는데요. 어떤 식으로 세상이 더 나아질 거라고 생각하신 건가요?

도이치 따지고 보면 소프트웨어 개발, 그 자체와 아무런 관련도 없는 이유도 일부 포함되어 있었어요. 다만 제 주변에서 나쁜 일이 일어날 때마다 늘 상당히 불쾌한 느낌에 휩싸이곤 했어요. 제가 나서면 더 나아질 것만 같았어요. 애들이나 하는 생각이었죠. 지금은 꿈만 같이 느껴지네요.

제가 프로그래밍을 시작했을 때, 심지어 1980년대까지만 해도 컴퓨터 기술은 규모가 큰 기업에서나 찾았습니다. 그때 저는 정치적으로 기업에 상당히 반감이 컸어요. 저는 오늘날 개인용 컴퓨터나 대화형 컴퓨팅이라 부르는 것을 늘 연구해 왔어요. 많은 사람의 손에 컴퓨터의 힘을 쥐어 주고 싶었던 게 제 동기 중 하나였어요. 그러면 기업이 지닌 힘에 대해 균형추 역할을 할 수 있을 거라고 생각했거든요.

인터넷이란 게 이만큼이나 진화할지는 꿈에도 예상하지 못했습니다. 시간이 지남에 따라 기업의 영향력이 인터넷의 성격을 얼마나 바꿔 놓을지도 절대로 예측하지 못했고요. 본질상 인터넷은 통제 불가능하다고 생각했습니다. 하지만 저는 더 이상 그렇게 생각하지 않습니다. 중국은 인터넷을 꽤 효과적으로 통제하고 있으니까요.

마이크로소프트도 자신들이 쥔 카드를 제대로 사용한다면 인터넷을 장악할 만한 능력이 있을 겁니다. 게다가 그렇게 하기를 바랄 거라고 확신해요. 어쨌든 그들은 현시점에 인터넷에서 사용되는 온갖 소프트웨어를 효과적으로 통제할 방법을 어떻게든 찾아낼 겁니다. 그럴 정도로 그들은 충분히 똑똑하거든요.

이미 눈치채셨겠지만 저는 컴퓨팅의 미래에 대해 그리 낙관적이지 않아요. 솔직히 말해서 소프트웨어 업계에서 탈출하는 게 전혀 어렵지 않았던 이유이기도 합니다. 이 업계는 비윤리적인 독점 기업에 의해 완전히 지배되고 있어요. 제 눈으로 목격한 사실입니다. 이젠 저 같은 사람이 발 딛고 서 있을 곳이 별로 없어요.

12장

유닉스의 아버지

켄 톰프슨

Ken Thompson

켄 톰프슨은 턱수염이 덥수룩한 원조 유닉스 해커이다. 아날로그 컴퓨팅, 시스템 프로그래밍, 정규 표현식, 컴퓨터 체스 등 톰프슨은 평생 재미있어 보이는 일이라면 가리지 않고 뛰어들어 경력을 쌓았다.

톰프슨은 벨 연구소에 채용되어 멀틱스 운영 체제 개발에 투입된다. 하지만 벨 연구소는 멀틱스 프로젝트에서 철수한다.[1] 연구소에서 해고당할 수도 있었는데 톰프슨은 이어서 데니스 리치와 함께 또 다른 운영 체제인 유닉스를 발명한다. 그는 또한 B 언어를 발명했고 이는 데니스 리치의 C 언어로 이어진다.

톰프슨은 컴퓨터 체스에도 관심을 갖기 시작하더니 체스 전용 컴퓨터인 벨(Belle)을 만들었다. 벨은 당대 최고 컴퓨터 기사였다. 톰프슨은 또한 체스 엔드게임[2]의 테이블 베이스[3] 범위를 최대 기물 4~5개까지 지원하도록 확장하는 걸 돕기도 했다.

벨 연구소에서 차세대 운영 체제인 플랜 9[4]을 개발하고 있을 때 톰프슨은 UTF-8 인코딩을 세상에 내놓았다. UTF-8은 현재 유니코드를 인코딩하기 위해 온 세상에서 쓰이고 있다.

1983년에 켄 톰프슨과 데니스 리치는 범용 운영 체제 이론 개발에 대한 기여, 특히 유닉스 운영 체제를 구현한 공로를 인정받아 튜링상을 받았다. 또한 유닉스를 개발한 공로로 미국 국가 기술 훈장과 IEEE 쓰토무 카나이상을 받기도 했다.

이 인터뷰에서 톰프슨은 전자 장치에 관심을 가지게 된 어린 시절과 학생 신분으로 대학원생을 지도해 본 자신의 특이한 경력에 대해 이야기한다. 또한 현대적 프로그래밍 방법론을 그다지 신뢰하지 않는 이유에 대해서도 이야기한다.

> 톰프슨은 2006년부터 구글에서 일하며 고 언어 개발에 참여했고, 이 책을 번역하는 현재 여전히 구글에 재직 중이다.

사이블 **프로그래밍은 어떻게 배우게 되셨나요?**

톰프슨 논리적인 것에 늘 빠져 지냈죠. 초등학교 다닐 때에도 이진수로 된 계산 문제를 푸는 데 몰두했습니다. 정말 재미있었거든요.

사이블 **그러다 프로그래밍에 빠지신 건가요?**

톰프슨 아니요, 하지만 알고리즘을 파고들었어요. 여러 진법에서 덧셈과 자리 올림은 어떻게 처리할지 스스로 알아냈죠. 그다음에는 작은 계산기를 만들었어요. 십진수 계산기였죠. 주판처럼 생긴 물건이었습니다. 숫자를 나타내는 돌 대신에 0부터 9까지 표시할 수 있는 슬라이드가 있었죠. 높은 줄에서 1을 빼서 받아 내리거나 1을 받아 올리거나 하는 구조였어요. 막대를 꽂아서 숫자를 조작하다가 자리 올림이 필요하면 고리를 걸 수 있도록 만들었어요. 이걸 바탕으로 이진수 주판도 만들고 갖가지 진법의 주판으로 일반화하는 방법도 알게 되었죠.

사이블 **이진수를 계산하는 방법은 어디서 배우신 거죠?**

톰프슨 사실 제가 주판을 만들기 시작했던 때에 이진수 기초를 가르치는 수업이 있었어요.

사이블 **'새로운 수학'[5]의 희생자이신가요?**

톰프슨 아니요, 저는 '나쁜' 수학 교육의 희생자예요. 저는 거의 매년 전학을 가야 했어요. 어떤 때에는 거짓말 안 하고 정말 형편없는 학교에 다녔고, 어떤 때에는 훌륭한 학교에 다녔어요. 어떻게 보면 1년 동안 2년 치 학습을 하고, 1년은 아예 학교를 다니지 않은 셈이었습니다. 저는 수학에 나름 관심이 있었는데 초등학교 수학 수업은 형편없었죠. 그런데 어느 날 수업에서 이진수 계산법을 배운 거예요. 저는 그 계산법을 여러 진법에 통용될 수 있도록 확장한 후 갖고 놀았습니다. 그게 제가 수학에 빠진 계기였어요.

사이블 **초등학생 때 그랬다는 거죠?**

톰프슨 네, 초등학교 7학년[6] 때 일이죠. 고등학교 4학년 때였나 아마 그 무렵에는 전자 장치에 푹 빠졌습니다. 라디오나 증폭기, 발진기를 만들기도 하고 테레민[7] 같은 전자 악기를 만들기도 했어요. 그러다 아날로그 컴퓨터에 꽂혔죠. 정말 신세계였어요. 학창 시절 동안 전자 장치에 온 열정을 쏟았죠. 버클리 전기 공학과에 입학해서야 진짜 디지털 컴퓨터를 처음 봤어요. 학부 3학년 때였죠.

사이블 **그게 몇 년도였는지 기억나세요?**

톰프슨 제가 3학년으로 좀 일찍 진급했어요. 3학기를 다니고 나서였던가, 1960년 9월에 입학했으니까 그때가 아마 1962년 봄이나 가을이었을 거예요. 학교에 있는 아날로그 컴퓨터를 사용하며 즐겁게 보내고 있었죠. 그러다 G15라는 이름의 드럼 컴퓨터[8]가 들어왔어요. 실습수업이 있었고 그 수업에 등록할 수 있었어요. 누구나 그 컴퓨터를 갖고 놀 수 있었지만 아무도 그러지 않았어요. 그래서 제 거나 마찬가지였죠. 전 온종일 컴퓨터를 독차지하며 지냈어요. 혼자서 코드를 짰습니다. 아날로그 컴퓨터에서 나온 측정값 크기를 조정하는 프로그램이었어요. 아날로그 컴퓨터로 하는 계산은 측정 단위를 범위에 맞추는 일이 전부거든요.

사이블 **어떤 값의 크기를 조정한다는 거죠?**

톰프슨 시간과 진폭의 크기를 조정하는 거예요. 기본적으로 어떤 기능을 하도록 신호를 조정하는 일이에요. 기계에 입력을 넣으면 입력에 어떤 함수를 적용한 결과가 나오는데 이걸 피드백과 붙이는 거죠. 이 과정에서 값의 크기가 너무 커지지 않도록 잘 조정해야 합니다. 안 그러면 값이 잘려 버리니까요.

시간 축 크기 조정도 마찬가지예요. 어떤 구간은 주파수를 절반으로 만들고 어떤 구간은 주파수를 두 배로 키워야 할 때도 있어요. 이렇게 하면서 크기를 선형적으로 조정해야 하는 곳도 많죠. 크기 조정이 필요하지 않은 단순한 계산을 할 때에는 아날로그가 최적이에요. 하지만 크기 조정이 필요해지면 너무 복잡해집니다. 그래서 전 아날로그 컴퓨터의 크기 조정 부분을 설정하는 디지털 컴퓨터 프로그램을 작성했지요. 파형을 실제로 만들어 내는 대신에 모든 샘플 지점에 진폭과 주파수 값만 계산해 놓는 겁니다. 그 덕분에 아날로그 컴퓨터 계산의 어떤 동작 때문에 값이 허용 범위를 넘어가면 바로 알 수 있었죠.

사이블 **디지털 컴퓨터에서 돌리는 프로그램은 어셈블리어나 포트란으로 짰겠죠?**

톰프슨 대개는 어셈블리어로 짰어요. 인터프리터 방식 언어도 있긴 했는데 사용하기엔 너무 느렸죠. 어셈블리어를 쓸 수밖에 없었어요. 그 덕분에 실제로 컴퓨터가 어떻게 돌아가는지 배울 수 있었습니다.

사이블 프로그램을 로딩하고 실행 버튼을 누른 다음 옆으로 가서 기다렸겠군요. 천공 카드를 쓰는 컴퓨터였나요?

톰프슨 아니에요. 플렉소라이터(Flexowriter)를 사용하는 기계였어요. 전신 타자기에나 종이테이프를 붙여 놓은 거죠. 프로그램을 종이테이프에 저장하고 이걸 플렉소라이터에서 불러올 수 있었어요.

사이블 실습실에서 어셈블리어도 가르쳐 줬나요?

톰프슨 그럴 리가요.

사이블 다음엔 어떤 걸 경험하셨나요?

톰프슨 G15에는 '인터콤 501'이라는 인터프리터가 들어 있었어요. 전기 공학과 수업에선 인터콤으로 코드를 짰습니다. 대학원 학생 중에 친구가 있었는데 그 친구가 학교 전체 수준에서 운용하는 거대한 IBM 메인 프레임에서 작동하는 인터콤 인터프리터를 작성했어요. 저는 그 프로그램의 소스 코드를 입수했죠. 크리스마스 연휴 동안 코드를 세세히 분석하면서 읽었어요. 무슨 언어로 작성된 건지도 몰랐어요. 나중에 알고 보니 넬리악(NELIAC)[9]이라는 거였죠. 코드가 정말 아름다웠어요. 그래서 프로그래밍, 넬리악, 인터콤에 대해 배울 수 있었습니다. 그리고 이 인터프리터가 코드를, 그게 어떤 코드이든 어떻게 해석하는지도 배웠죠. 연휴 기간이었던 일주일 내내 온종일 책상에 앉아 코드를 읽었던 것 같아요. 그리고 복귀해서 친구에게 달려가 인터콤 인터프리터에 관한 질문을 쏟아 냈고, 제가 찾아낸 소소한 버그에 관해 시시콜콜 말하며 귀찮게 했지요. 그 이후로 프로그래밍을 어떻게 하는지에 대해 감을 잡았습니다. 꽤 잘하게 된 거죠. 곧 프로그래머 일자리를 구할 수 있었습니다.

그러니까 학교, 일에 관한 공부 그리고 이상한 직업까지 죄다 해야 했던 거죠. 저는 연구 조교를 맡았는데 대학원생들이 졸업 논문을 쓸 때 필요한 코딩을 도와주는 일종의 단순 노동자였죠. 수업 조교도 맡았어요. 컴퓨터 센터에서 프로그래밍 실습을 도왔죠. 컴퓨터 센터에 있는 조그만 자리에 앉아 있으면 학생들이 코딩하다 막히는 부분을 물어보러 왔습니다. "이 코드 한 줄밖에 안 바꿨는데요?" 그러면 저는 말했죠. "글쎄요, 그 한 줄이 어떻게 일을 망쳤는지 봅시다."

사이블 **그 경험이 디버깅 능력을 날카롭게 해 줬나요, 아니면 그저 따분한 일의 연속이었나요?**

톰프슨 디버깅 능력을 키워 준 건 확실해요. 누구나 흔히 하는 실수에 대해 더 잘 이해하게 된 기회였죠. 누군가 문제의 원인을 찾으려고 며칠을 보내다 저에게 오면 저는 이렇게 말할 수 있었어요. "바로 여기가 문제네요!"

사이블 **전기 공학 전공 학생이 말이죠? 당시에 컴퓨터 과학 전공이 있었나요?**

톰프슨 아니요, 당시 미국에서 컴퓨터 과학과는 태동기에 있었어요. 두 방면에서 출현하고 있었죠. 좀 더 이론적인 부분은 수학과에서 나오고 있었고, 좀 더 실용적인 부분은 전기 공학과에서 나오고 있었어요. 당시 버클리에서는 전기 공학과가 컴퓨터 과학을 완전히 집어삼켜 버렸죠. 물론 수학과도 노력은 했죠. 하지만 산전수전 다 겪은 전기 공학과의 능구렁이 교수진을 상대하긴 버거웠을 겁니다.

사이블 **결국 버클리는 이론에 대한 기여로 이름을 날리기보다는 버클리 시스템스 연구소 같은 곳의 실용적인 노선으로 널리 알려지게 되었네요.**

톰프슨 맞아요, 정말 그렇죠. 같은 컴퓨터 과학과라도 이론을 좀 더 중시하는 코넬 대학교 같은 학교와 실용을 중시하는 버클리 같은 학교가 각각 출현한 겁니다. 학생들은 자신의 입맛에 맞는 곳을 선택해서 가면 됩니다. 그래서 저는 버클리에서 1년간 대학원 시절을 보냈죠. 학문적인 야망이 있어서는 아니었어요. 딱히 다른 할 일이 없었고 대학원 생활이 재미있어서였죠.

사이블 대학을 졸업하고 바로 대학원에 진학하신 건가요?

톰프슨 네, 솔직히 말씀드리면 전 대학에서 일은 하고 있었지만 대학원에 원서를 넣지도 않았어요. 교수님 한 분이 제 대신 입학 원서를 넣고는 저에게 대학원생이 되었다고 말해 줬어요.

사이블 대학원도 전기 공학과였나요?

톰프슨 맞아요. 학부 4학년 때와 대학원 때에는 정말 엄청나게 신났었죠. 제가 하고 싶지 않은 일은 전혀 하지 않아도 되었거든요. 필수로 수강해야 할 과목 같은 것도 전혀 없었어요. 졸업장을 따기 위해 여름 학기에 미국사인가를 수강하긴 했어요. 그런데 그와 별개로 4학년 때와 대학원 시절에는 제가 수강하는 과목의 절반을 오히려 제가 가르쳤어요.

컴퓨팅 관련 기본 이론이 쏟아지기 시작할 때였어요. 셸 정렬 알고리즘이 나왔는데 아무도 그게 복잡도가 n제곱인 정렬 알고리즘에 비해 왜 더 빠른지 이해하지 못했습니다. 그래서 모두가 그 알고리즘을 짜서 직접 실험해 봤어요. 결과만 놓고 보면 정렬이 잘되는데 왜 빠른지 그 이유를 아무도 몰랐죠. 이후 학자들이 점근적 분석을 통해 그 알고리즘의 평균 속도가 대략 n의 1.3승이라는 걸 알아냈어요. 지수가 자연수가 아니었죠. 셸 정렬의 빠른 속도와 그것이 그렇게 빠른 이유에 대해 사람들이 지적으로 끌리게 되면서부터 알고리즘의 속도 경쟁에 불이 붙었죠. 그러다 복잡도가 $n \log n$인 분할 정복 알고리즘이 최초로 등장했고 더 나은 방법이 계속 쏟아져 나왔습니다. 정말 놀랍도록 흥미진진한 시절이었어요.

막 임용된 젊은 교수들 중에 친구가 많았어요. 한 친구는 수학과 교수였고 또 다른 친구는 전기 공학과 교수였는데 정말 친했어요. 그밖에 제가 조수 노릇을 했던 대학원생 몇 명과도 가깝게 지냈습니다. 그들이 저를 위해 수업을 개설했는데 제가 가르쳤습니다.

사이블 공식적으로는 수업을 듣는 거였지만 실제로는 강사진에 속한 건가요?

톰프슨 아니요, 강사진은 아니었습니다. 제가 맡은 수업은 전부 EE199로 분류되었는데 그것은 개별 연구나 그룹 연구 등을 뜻하는 과목 코드였어요. 어쨌든 그들은 과목을 만들어 이름을 붙이고는 저에게 넘겨줬습니다. 보통 3~4명이 수강하고는 했죠.

사이블 공식적으로는 수강생 중 한 명이셨고요.

톰프슨 맞아요.

사이블 가르치는 일은 좋았나요?

톰프슨 어느 정도는요. 가르치는 일로 다시 돌아간 적이 두 번 있어요. 1년을 쉬고 다음 해였던 1975년에 버클리에서 1년을 강의했고요. 1988년에 시드니에서도 1년 동안 강의했죠. 재미있었어요. 가르치는 게 정말 좋았습니다. 저는 연구실에서 연구를 하다가 버클리에 가서 강의를 했는데요. 아무래도 제가 컴퓨터 과학을 정식으로 배운 것이 아니라서 가르치는 동시에 컴퓨터 과학을 밑바닥부터 다시 배워 나갔죠. 보통 초빙 강사는 과목을 하나만 맡는데 저는 과목을 총 다섯 개 맡았어요. 몇몇 과목은 두 번씩 가르쳤는데 두 번이 딱 좋다고 생각합니다. 과목을 처음 강의할 때에는 저 자신도 배우는 중이었거든요. 두 번째 강의할 때 비로소 뭐가 뭔지 감을 잡았어요. 수업도 좀 더 체계적으로 진행할 수 있었고 학생들보다 두 수는 앞서 있을 수 있었어요. 같은 수업을 세 번째 할 때에는 정말 지겨웠어요. 같은 과목 하나를 세 번 맡아서 강의했는데 정말 별로였죠. 그래서 전 선생노릇은 못하리라 생각했습니다. 같은 수업을 반복하고 또 반복하게 될 테니까요. 전 그렇게는 못할 것 같아요. 물론 가르치는 걸 좋아하긴 해요. 어려워서 공부하게 되는 첫 번째 강의와 즐길 수 있는 두 번째 강의가 그렇죠. 하지만 세 번째 강의부터는 끔찍할 뿐이에요.

사이블 처음으로 짜 본 흥미로운 프로그램은 뭐였나요?

톰프슨 펜토미노(pentomino) 문제를 푸는 계산 프로그램이었죠. 코드 길이도 그때까지 짰던 코드 중에 가장 길었고요. 펜토미노를 아시나요?

사이블 블록 맞추기 게임 말씀하시는 거죠?

톰프슨 블록 맞추기 게임 맞습니다. 저는 물리학과에 있던 IBM 1620[10]을 이용해서 펜토미노 게임 정답을 푸는 프로그램을 돌렸어요. 당시에 저는 학과 지하에 컴퓨터가 여러 대 있다는 걸 알고 있었거든요. 한밤중에 기계를 전부 가동해서 문제를 풀었지요. 게다가 주 컴퓨터 센터에 아마 여러 명의로 계정이 20개쯤 있었을 거예요. 펜토미노는 총 12가지입니다. 정사각형 타일 5개로 만들 수 있는 모양이 전부 12가지예요. 60칸짜리 판에 12개의 펜토미노를 채워야 하는 거죠.

사이블 테트리스 블록과 비슷하게 생긴 거잖아요.

톰프슨 비슷해요. 그런데 모양이 좀 달라요. 각 블록은 정사각형 조각 5개를 붙인 모양이니까요.[11] 남들은 모르겠지만 적어도 제가 볼 때 흥미로운 게임 세팅이 두 가지 있었어요. 하나는 가로세로 10×6 형태의 보드에 펜토미노를 놓는 것이고, 하나는 8×8 형태인데 중간에 2×2 크기 정도로 구멍이 뚫려 있는 보드에 펜토미노를 놓는 것이었어요. 저는 두 가지 형태 보드를 채울 수 있는 모든 블록 조합을 찾았습니다. 가능한 보드의 패턴을 늘어놓고 각 보드마다 가능한 블록들의 패턴을 늘어놓은 다음, 보드에 딱 맞아떨어지는 패턴을 찾는 방법으로 말이지요. 전 이 블록들이 펜토미노인 줄도 몰랐어요.

사이블 그냥 일일이 대입해 보는 방식으로 말이죠?

톰프슨 네, 단순 무식한 방법이었죠.

사이블 이 프로그램도 물론 어셈블리로 짰을 테고요?

톰프슨 생각을 좀 해 봐야겠군요. 네, 아마 어셈블리로 짰을 겁니다. 정확히 기억나지는 않지만 말이에요.

사이블 프로그래머 경력을 쌓으면서 포트란도 배우셨겠네요.

톰프슨 네, 컴퓨터 센터에서 포트란을 가르쳐야 했으니까요. 포트란 프로그램을 디버깅해야 할 때도 있었고요. 포트란으로 코딩해 본 적은 없어요. 다만 초창기 유닉스 시스템을 위한 포트란 컴파일러를 만들긴 했죠. B 언어는 제가 포트란 컴파일러를 만들다가 얻어걸린 작품이에요.

사이블 B 언어는 BCPL을 바꿔서 만든 언어라고 생각했는데요.

톰프슨 어느 정도는요. 처음에는 그렇게 될지 몰랐어요. 의미론적으로 말하면 BCPL과 비슷합니다. 처음에 만들던 컴파일러는 원래 포트란이 될 예정이었습니다. 그러다 BCPL이라는 언어를 처음 들여다보게 되었죠. 각 명령문이 나타내는 의미가 뚜렷해서 마음에 들었어요. 그래서 포트란을 버렸죠. 결론적으로 문법은 C와 비슷하고 의미론적으로는 BCPL과 비슷한 결과물이 만들어졌습니다.

사이블 처음 프로그래밍을 배웠을 때와 현재를 비교해 볼 때 프로그래밍에 대한 생각이나 프로그래밍을 하는 방식에 크게 달라진 점이 있나요? 프로그래밍 실력이 어떤 면에서 숙달되었다고 느끼거나 더 개선되었다고 느끼나요, 아니면 뭔가 큰 깨달음을 얻어 "이런, 예전에 나는 내가 무엇을 하는지도 모르고 있었던 거야."라고 말하며 자신을 돌아본 적이 있나요?

톰프슨 아니요, 딱히 그런 적은 없어요. 가끔 제가 만든 프로그램을 훑어보면 지금보다 예전의 제가 한결 더 훌륭했음을 느낍니다. 크리스마스 연휴 내내 코드를 붙잡고 앉아 읽었던 시절부터 30~35살쯤까지의 저는 제가 짠 모든 코드를 한 줄 한 줄 아주 깊이 이해하고 있었습니다. 컴퓨터실에 앉아서 밤낮없이 온종일 프로그램을 짰고 한 줄 한 줄씩 문제를 검토하며 버그를 찾아냈죠. 물론 그다음 날이 되면 어김없이 틀린 부분이 보이긴 했지만요.

사이블 35살에는 10년 전에 짠 코드를 기억할 수 있었나요?

톰프슨 그랬어요. 하지만 이후에는 기억하고 싶은 것만 기억하게 되더군요.

사이블 예전으로 돌아가 프로그래밍을 다시 배운다면 좀 다르게 배우면 좋겠다는 부분이 있나요? 자신이 거쳐 왔던 길에 대한 후회나 '이런 건 좀 더 일찍 해 봤으면 더 좋았을 텐데.' 하는 후회는 없나요?

톰프슨 아, 물론 있습니다. 고등학교 때 타자를 좀 배웠더라면 어땠을까 하는 생각이 있어요. 지금까지도 저는 타자가 엉망이거든요. 뭐, 아무렴 어떻습니까. 저는 아무것도 계획하지 않았고 계획한 대로 행동하지도 않았습니다. 제겐 규율 같은 건 없으니까요. 그저 다음에 하고 싶은 일을 했습니다. 그게 전부에요. 항상 그랬죠. 저에게 선견지명이나 계획 같은 것이 있었다면 타자 연습 같은 것도 반드시 했을 겁니다. 미리 알았다면 기회가 올 때마다 무언가를 했을 거고요. 수학도 더 깊이 파고들었을 거예요. 프로그래밍을 하다 보면 수학의 도움이 필요한 부분을 반드시 만나게 되거든요. 맞아요. 그런 자잘한 것에 후회를 느끼곤 합니다. 하지만 그때로 다시 돌아간다고 해도 제가 지금과 다르게 할 거라는 생각은 추호도 들지 않습니다. 기본적으로 저는 아무것도 계획하지 않았고 다음 단계만을 향해 나아갔어요. 이 생을 다시 산다고 해도 저는 다음에 할 일만 생각하며 살 겁니다.

사이블 학교를 떠난 후에는 곧장 벨 연구소에 취직하셨는데요. 어떻게 그렇게 된 거죠? 당신의 경력에서 이런 점은 학계에 몸담고 있는 일반적인 연구원의 모습과는 거리가 있는 것 같아서요.

톰프슨 어쩌다 보니 그렇게 됐어요. 설명하기는 힘들어요. 사실 저는 학교에 다니지 않았습니다. 형식적으로만 학교에 있었을 뿐이에요. 실제로 친한 교수 한 분이 벨 연구소 채용 담당자를 저에게 보냈어요. 저는 일자리를 찾고 있지 않았습니다. 야망 따위는 한 줌도 없었죠. 전혀요. 채용 담당자는 약속 시간을 잡고 저에게 채용 부스로 오라고 했어요. 저는 자느라 가지 않았든가, 아니면 그냥 일자리에 관심 없다고 말했던 것 같아요. 채용 담당자가 온종일 절 쫓아다녔어요. 얼마 후에 전화가 또 왔어요. 다시 방문해서 저를 또 보고 싶다는 겁니다. 그러더니 제가 사는 아파트에 찾아왔습니다. 벨 연구소에 저를 데려가서 면접을 보게 할 생각이라는 거예요. 싫다고 딱 잘라 말했습니다. 그는 계속 설득하기 시작했어요. "여행 비용도 다 지원해 드립니다. 가셔서 하고 싶은 일은 마음대로 하실 수 있습니다." 솔깃했습니다. "우선 그 일에는 관심 없습니다. 하지만 공짜 여행이라니 마음이 내키네요. 동부에 가서 친구들도 만날 수 있고, 벨 연구소에 한 번 가 보죠."라고 대답했습니다. 채용 담당자는 제 의견에 동의했어요. 그런 식으로 면접을 보게 된 거예요. 저는 벨 연구소에 가서 이틀을 보냈습니다. 그 이후 차를 한 대 빌려서 동부 해안을 따라 오르락내리락하며 그 주변에 흩어져 살던 고등학교 동창 친구들과 만나 회포를 풀었고요.

사이블 **벨 연구소 사람들이 당신 안에 있는 무언가를 보고 분명 "그 친구 우리 연구소에 꼭 필요해."라고 말했을 것 같은 상상이 드는군요.**

톰프슨 그쪽에서 뭐라고 생각했는지는 알 길이 없어요. 제 쪽에서 보았을 때 벨 연구소 직원들은 제가 수강하거나 강의하는 수업에서 인용했던 논문을 썼던 분들이었죠. 저는 그들의 이름과 명성을 익히 알고 있었어요. 그리고 연구소 직원들은 여전히 재미있는 일을 하는 듯 보였습니다. 제 관점에서 일은 단지 일일 뿐이었어요. 하지만 연구소 직원들은 즐거워 보였습니다. 학교에서 그랬던 것처럼 말이에요.

사이블 **벨 연구소에 처음 들어갔을 때 어떤 종류의 일을 맡으셨나요?**

톰프슨 벨 연구소는 멀틱스 프로젝트에 참여하고 있었는데 저는 채용되고 나서 그 프로젝트에 합류했습니다. 그리고 저는 바로 일을 시작했어요. 기계들을 가지고 놀면서 멀틱스 운영 체제를 띄우고 제가 맡은 모듈을 작성하고 있었죠. 그러다 어느 시점엔가 벨 연구소는 멀틱스가 연구소에 부적합하다고 판단하고는 프로젝트에서 손을 떼 버렸어요.

그런데 멀틱스 운영 체제 전용으로 만들어진 컴퓨터 몇 대가 아무 일도 수행하지 않고 한동안 방치되어 있었어요. 그래서 이걸 치울 사람이 나타날 때까지 거의 1년 정도는 괴물같이 거대한 그 컴퓨터들을 사용할 수 있었죠. 멀틱스용으로 구축된 컴퓨터를 사용하는 사람은 두세 명 정도밖에 없었어요. 저는 운영 체제를 만들기 시작했습니다. 실제로 동작하는 아주 작은 운영 체제를 만들려고 했지요.

정말 복잡한 컴퓨터였기 때문에 운영 체제를 만드는 건 미치도록 어려웠어요. 하지만 건물 이곳저곳의 텔레타이프 50개를 연결할 수 있는 곳에 이걸 설치했죠. 그런데 사람들이 컴퓨터를 치워 버리더군요. 어쩔 수 없이 기계를 구하러 돌아다니다가 사용하지 않는 컴퓨터를 더 발견했습니다. 거기다 유닉스를 올리게 된 겁니다. 정말 정말 작은 PDP 컴퓨터였죠.[12]

사이블 **상사가 그 일을 알고 있었고 좋은 연구 프로젝트라고 평가해 주었기 때문에 유닉스에 전념할 시간이 있었던 건가요, 아니면 프로젝트가 중단된 틈을 타서 비공식적으로 작업한 건가요?**

톰프슨 상사에게 말하지 않았어요. 솔직히 말하자면 저는 일종의 구제 불능이었죠. 제가 언젠간 반드시 해고되리라 짐작했지만 개의치 않았어요. 우리 팀은 기초 연구를 수행하기로 되어 있었어요. 하지만 실제로 수행해야 하는 기초 연구와 수행하면 안 되는 기초 연구가 엄연히 나뉘어 있었죠. 멀틱스의 폐허 속에서 막 벗어난 우리에게 운영 체제 연구는 '금기시'되는 기초 연구였습니다. 멀틱스 시스템은 야심 차게 출발했지만 신통치 않았고 결국 거대한 실패로 끝났습니다. 엄청난 비용만 들었고 결국 중단되었죠. 그래서 저는 제가 매달리고 있는 일로 인해 결국 회사에서 쫓겨나리라 예상했어요. 결과는 그렇지 않았지만요.

사이블 **소프트웨어 설계는 어떻게 하시나요? 모눈종이 위에 그림을 그려서? UML 도구를 써서? 그게 아니면 바로 코딩하시나요?**

톰프슨 프로젝트 규모에 달린 문제입니다. 대부분의 경우 머릿속에서 설계해 봅니다. 종이도 필요 없습니다. 어려운 부분에 집중해서 한동안 생각하는 거죠. 쉬운 부분은 금방 떠오르기 때문에 답을 적기만 하면 됩니다. 그런 것은 준비된 상태라면 금방 튀어나옵니다. 하지만 어려운 부분은 싹이 자라도록 어쩌면 한 달이나 그 이상 놔두고 깊이 숙고해야 할 겁니다. 어느 시점에 이르면 이런저런 조각이 바닥으로 떨어져 쌓이며 피라미드 모양이 되어 가는 걸 볼 수 있게 돼요. 머릿속에서 피라미드가 충분히 높이 쌓였을 때 밑바닥부터 구현을 시작합니다.

사이블 **단순히 밑바닥부터 만들기 시작하는 게 아니잖아요. 각 조각이 들어맞게 될 구조를 이미 알고 있으니까요.**

톰프슨 누군가 저에게 컴퓨터와 그 컴퓨터의 옵 코드를 주었다고 가정해 봅시다. 그리고 저에게 어떤 작업에 대해 설명하는 거예요. 그러면 저는 프로그램의 구조와 옵 코드를 기반으로 피라미드 계층을 마음속으로 상상해 보면서 그런 방식의 작업이 얼마나 효율적이거나 비효율적인지 시각화할 수 있어요. 프로그램도 마찬가지예요. 누군가 저에게 라이브러리 루틴이나 저수준의 기본 뼈대에 해당하는 코드를 보여 주면 저에겐 이것들이 어떻게 다른 프로그램 안에 구축될 수 있는지, 특정한 종류의 프로그램을 짜기에 어떤 부분이 부족한지 보이거든요. 저는 그런 피라미드를 상상할 수 있어요. 문제는 소프트웨어의 구성 요소를 분해해서 밑바닥을 이루는 조각을 알아내는 것입니다.

현대의 프로그래밍 방식을 보면 저는 많은 면에서 불안해집니다. 추상화된 층 위에 또 층을 쌓고 그 위에 다른 층을 겹겹이 쌓아 놓는데, 실제로는 메시지 형태를 바꿀 뿐 일은 아무것도 하지 않거든요. 프로그램을 '반드시' 하향식으로 읽어야 할 때에는 정말 정신 사납습니다. A를 한다는 코드가 뭔지 알아내려고 코드를 읽으면 그 안에는 A가 아니라 B를 한다고 되어 있고, 그것이 뭔지 알아내려고 코드를 또다시 읽으면 그 안에는 C를 한다고 되어 있어요. 그러다가 다시 상위 함수로 올라가 버리기도 하고요. 실제로 진행된 일은 아무것도 없죠. 문제를 더 깊고 깊은 수준으로 이관해 버리기만 합니다. 저도 이런 건 머릿속으로 설계할 수 없습니다. 그냥 이해 자체가 안 돼요.

사이블 **그럼 상향식으로 읽어 보는 건요? 더 쪼갤 수 없는 요소들도 찾아보면 어딘가 있을 텐데요.**

톰프슨 글쎄요, 뭐가 쪼갤 수 없는 요소이고 뭐가 아닌지 알기 어렵습니다. 문서화가 잘되어 있다면 영어 문장을 읽고 쉽게 이해할 수 있을 테고 코드도 읽을 필요가 없을 테죠. 하지만 실제로는 그저 커다란 코드 뭉치만 주어지고 상사가 "코드를 해독해서 프로그램을 개선해 봐요. 아니면 다른 기능을 추가하는 것도 좋아요." 하며 일을 시킨다면 그때에는 하향식으로 읽을 수밖에 없어요.

사이블 코드를 작성하기 전에 종이에다 뭘 끄적거리기도 하시나요?

톰프슨 저는 보통 코드를 작성하기 전에 그 프로그램에 들어갈 자료 구조를 적어 봅니다. 알고리즘은 적지 않아요. 순서도 같은 것도 그리지 않죠. 하지만 자료 구조는 실제 구현된 코드의 거의 모든 줄에서 사용해야만 하죠.

사이블 C로 프로그램을 짠다면 자료 구조를 정의하는 C 코드를 말씀하시는 걸까요?

톰프슨 아니요, 작은 상자와 화살표 같은 것을 말하는 겁니다.

사이블 그렇다면 피라미드 같은 큰 그림이 생겼다고 칩시다. 코딩을 시작한 후에 이런 계획을 얼마나 고수하시는 편인가요?

톰프슨 저는 코드에 집착하지 않아요. 코드가 다른 식으로 나뉘는 편이 더 낫다는 생각이 들면 돌아가서 그 부분을 해킹하고 다시 점검하죠. 제가 아는 사람 중 많은 수가 코드를 한 번 작성한 후에는 죽을 때까지 코드를 수정하지 않습니다. 버그가 없다면 말이죠. 특히 API가 있는 루틴을 하나 만든다면 종잇조각이나 API 목록 같은 데다 대강 끄적이고는 그게 끝이에요. 코드가 아무리 형편없어도 절대 고치지 않아요. 더 잘 들어맞는 방법이나 코드를 효율적으로 나눌 수 있는 방법이 있으면 저는 언제든 기꺼이 코드를 샅샅이 뜯어고치려 했습니다. 코드는 시간이 지나면 부패하는 성질이 있어요. 그래서 다시 작성해야 합니다. 전혀 손대지 않더라도 여러 가지 이유로 예전에 작성한 코드는 질이 떨어지게 되어 있어요.

사이블 그렇다면 예전에 작성했던 코드는 언제 버릴지 어떻게 결정하시나요?

톰프슨 그걸로 일을 하기가 버거워질 때 버립니다. 저는 다른 사람보다 훨씬 빨리 결정하는 편이에요. 더 추가하고 싶은 것이 있는데 예전에 작성한 코드에 그 기능을 추가하기가 너무 힘들다는 느낌이 오는 순간이 있어요. 그럴 때 저는 코드를 전부 밀어 버리죠. 코드를 전부 밀어 버리고 완전히 새롭게 시작하는 겁니다. 제가 원하는 게 무엇이든 간에 확장이 쉬워지는 방향으로 코드를 새롭게 조직화합니다. 버릴 건 빨리 버리는 게 제 특기죠.

사이블 **다른 사람이 만든 코드도 이런 식으로 갈아엎나요?**

톰프슨 저에게 권한이 있는지 없는지에 따라 달라요. 저에게 권한이 있다면 당연히 고칠 겁니다. 권한이 없는 다른 사람 코드라면 그냥 참고 놔두겠지요.

사이블 **다른 사람에게 물려받은 코드를 새로 다시 쓰다 보면 프로그램이 작동하는 방식에 관련된 중요한 세부 사항을 놓치거나 그 코드가 수행하는 기능이 일부 삭제되는 문제가 발생할 수 있을 것 같은데요. 그런 부작용 때문에 곤란을 겪은 적이 있나요?**

톰프슨 글쎄요, 문제는 겪겠지만 그것도 디버깅의 일부인걸요. 잊어버렸거나 하지 않은 작업이 나타났나요? 그러면 그때 하면 됩니다. 모두가 디버깅의 일부일 뿐이에요. 처음부터 완벽할 수는 없습니다. 조금씩 채워 나가면 됩니다.

사이블 **시스템을 완성하고 난 후에 다시 돌아가서 어떤 식으로든 문서화 작업을 하시나요?**

톰프슨 프로그램의 목적에 따라 다른데요. 순전히 저 혼자 쓰려고 만든 프로그램은 문서를 작성하지 않습니다. 그저 명령어에 어떤 인자를 넣어야 하는지 잊어버리지 않도록 사용법이나 한 줄 적겠지요. 프로그램 앞머리에 이 프로그램이 전체적으로 뭘 하는지 주석을 적기도 하고요. 하지만 상당히 짧게 씁니다. 만든 프로그램이 시스템이나 라이브러리 또는 정식으로 출하할 소프트웨어의 일부라면 시간을 내서 문서를 씁니다. 그 외의 경우에는 문서를 작성하지 않아요.

문서화 작업은 프로그래밍만큼이나 세밀한 공예라고 볼 수 있어요. 제가 만족할 만한 수준에 이른 문서는 거의 없더군요. 필요 이상으로 자질구레한 내용으로 가득 찬 문서가 태반이죠. 그런 문서에는 프로그램이 하는 일과 관련 없는 내용만 잔뜩 실려 있거나, 아니면 처음 보는 용어들이 설명이나 참조도 없이 마구 등장하죠. 문서화 작업은 정말 대단히 어렵습니다. 시간도 많이 잡아먹고요. 문서화를 잘하려면 프로그래밍하는 것처럼 해야 해요. 내용을 해체해서 좋은 방식으로 짜임새를 갖춰야 합니다. 틀린 게 발견되면 언제든 다시 써야 하고요. 그런데 사람들은 그렇게 하지 않습니다.

저는 문서도 상향식 구성을 선호합니다. 사람들은 잘 쓰지 않는 방식이죠. 어떤 프로그램이 다른 프로그램이나 파일, 자료 구조에 의존하고 있다면 저는 따라가서 읽어 볼 수 있는 참조가 명확하게 표시되는 게 좋습니다. 이런 참조를 계속 따라갔을 때 원래 위치로 다시 돌아오지는 않아야겠지요.

사이블 **선호하는 코드 작성 방식과 동일한 방식으로 코드를 이해하고 싶으신 건가요, 상향식으로?**

톰프슨 맞아요. 상향식 방법이 제 머릿속에서 코드를 처리하고 기억할 수 있는 방법이에요. 다른 방법으로 코드를 읽으면 그 시점에는 이해했다고 느낄지 몰라도 시간이 지나면 잊어버리게 돼요. 제가 코드의 구조를 이해한다면 그게 제 일부가 되면서 코드를 이해할 수 있게 되죠.

사이블 **튜링상 수상 연설에서 이런 말씀을 하셨는데요. 대니얼 보브로가 PDP-10이 아니라 성능이 떨어지는 PDP-11을 쓸 수밖에 없었다면 자신과 데니스 리치 대신에 그가 상을 수상했을지도 모른다고요. 그게 무슨 뜻이죠?**

톰프슨 뜻밖의 행운으로 상을 타게 되었다는 취지로 말한 겁니다.

사이블 **성능이 떨어지는 컴퓨터를 사용하는 제약 조건 때문에 오히려 득을 봤다는 뜻인가요?**

톰프슨 PDP-11은 작고 효율적이었기 때문에 이득은 확실히 있었어요. 하지만 외부의 제약이 있거나 말거나 우리는 그런 효율적인 코드를 짰을 겁니다. 부정할 수 없는 더 중요한 진실은 우리가 정확히 미니컴퓨터 혁명의 전성기에 있었다는 거예요. 반면에 PDP-10은 컴퓨터 센터에서나 돌릴 수 있는 엄청나게 거대한 메인프레임이었죠. 컴퓨팅 환경이 중앙 집중화에서 자율적인 방향으로 옮겨 가는 추세였습니다. 유닉스의 성공은 정말 기막힌 우연이었어요. 그런 변화가 PDP-11을 타고 온 거죠.

사이블 **유닉스는 C로 작성된 덕분에 앞서 나갈 수 있었죠. 그렇지 않나요? 테넥스[13]나 ITS 같은 운영체제는 어셈블리어로 작성되었잖아요. 그래서 유닉스처럼 쉽게 여러 하드웨어에 대한 호환성을 얻을 수 없었죠.**

톰프슨 운영 체제에 들어갈 프로그램을 짤 수 있는 좋은 시스템 프로그래밍 언어는 이미 어느 정도 있었어요.

사이블 어떤 것이었죠?

톰프슨 넬리악 같은 거요. 시스템 프로그래밍을 위한 알골 58의 변종이죠.

사이블 블리스도 그 시대에 나왔나요?

톰프슨 블리스는 좀 뒤에 나왔던 걸로 기억해요. 블리스는 컴파일 최적화에 주안점을 두고 있었죠. 장담하건대 처음부터 컴파일을 잘하려고 아등바등할 필요는 없다고 생각해요. 최적화를 잘하면 좋죠. 그렇다고 쥐어짤 필요까지는 없습니다. 컴파일 기법을 최적화해서 프로그램 성능을 그럭저럭 괜찮은 수준에서 정말 훌륭한 수준까지 향상시켰을 때쯤이면 무어의 법칙이 그걸 추월할 테니까요. 컴파일 과정을 최적화해서 성능을 10% 올릴 수는 있을 거예요. 하지만 그 10% 성능 향상을 이룰 때쯤이면 두 배 빠른 CPU에다, 최적화에 더 큰 영향을 주는 캐시 메모리 같은 것이 탑재된 컴퓨터를 살 수 있을 테지요. 대체로 볼 때 성능을 쥐어짜는 일은 정말 시간 낭비라고 봅니다. 어렵기도 하고요. 버그를 잡으려 할수록 더 많은 버그가 생겨나지요. 멈춰야 합니다. 10%를 위해 일을 100% 더하게 될 테니까요.

사이블 혹시 리처드 게이브리얼이 쓴 에세이 'Worse is Better'[14]를 읽어 보신 적이 있나요?

톰프슨 아니요.

사이블 게이브리얼은 그 글에서 '정확성이 다른 모든 것에 우선한다.'는 MIT 스타일과 '단순한 것이 최고로 가치 있다.'는 뉴저지 스타일을 비교했어요. 벨 연구소가 뉴저지에 있었기에 붙은 이름이죠. 게이브리얼은 '더 못한 것이 더 낫다.'라는 모토가 바로 뉴저지 스타일을 대변한다고 주장했죠. 뉴저지 스타일처럼 단순함을 추구해야 계획을 실행하기도, 개선하기도 쉽다는 거예요.

톰프슨 MIT는 유닉스에 대해 늘 열등감을 가지고 있었어요. 언젠가 MIT에서 유닉스에 관해 강연한 적이 있었는데요. 제 강연에 앞서 미하일 데르투조스[15]가 진행을 했습니다. 그는 유닉스가 MIT에서 만들어지지 못한 이유와 MIT에서 만들어졌어야 하는 이유에 대해 장황하게 말을 늘어놓았습니다. MIT에는 기회도 있었고 인재도 있었고 모든 걸 갖췄는데 왜 자신들은 유닉스를 못 만들었는가 하는 거죠. 그때 저는 MIT 사람들에게서 일종의 경쟁의식을 엿볼 수 있었어요. 당시 저에게 경쟁의식 따위는 없었습니다. 우리는 유닉스로 나아갔고 그들은 거대한 괴물 같은 멀틱스를 끌어안고 있었죠. 멀틱스는 두 번째 시스템 증후군의 확실한 사례예요.

사이블 MIT가 만든 호환 시분할 시스템(Compatible Time-Sharing System) 다음으로 나온 두 번째 시스템이 멀틱스라는 거죠?

톰프슨 맞아요. 그런데 설계, 구현, 그 외 모든 것이 전부 과도합니다. 거의 사용할 수 없을 정도였죠. 그들은 여전히 대성공이라고 주장하지만 사실 실패한 것이 명백합니다.

사이블 제가 이해하기로는 MIT 해커들도 상당수는 멀틱스를 비관적으로 봤습니다. 그들은 ITS나 자신들이 만든 리스프 기반 시스템을 선호했거든요. 멀틱스 이후에는 이들 중 일부가 노선을 달리하게 됩니다. 아시겠지만 유닉스가 세상에 나온 뒤 MIT의 리스프 해커 집단은 멀틱스를 떠나죠. 그리고 PDP-10에다 자신들의 운영 체제를 작성하기 시작합니다. 결국 그들은 리스프 기반 시스템을 구축하게 되는데, 제 생각에 이게 리스프 전용 컴퓨터 출현의 시발점이 아닐까 합니다.

톰프슨 네, 맞아요. 저는 그 MIT 해커 집단을 모두 알고 있었어요. 그들이 하는 일은 정말 미친 짓이라고 생각했죠. 저는 리스프가 별도의 컴퓨터를 만들어야 할 정도로 특수한 언어라고 생각하지 않았습니다. 제 생각이 맞았죠. 저는 줄곧 말했어요. "당신들 제정신이 아니군요." 리스프를 사용하기에 PDP-11은 더할 나위 없이 좋은 기계였어요. PDP-10도 마찬가지였죠. 따라서 더 빠르지도 않은 리스프 전용 기계를 만들 필요는 없었어요. 바보 같은 짓이었습니다.

사이블 마음에 들었지만 유닉스에는 넣지 못한 멀틱스의 기능이 혹시 있나요?

톰프슨 유닉스에 가져오고 싶을 정도로 멀틱스에서 정말 마음에 들었던 것은 계층 구조 파일 시스템과 셸이었습니다. 셸은 별도 프로세스인데 다른 프로세스로 바꿔칠 수 있었죠. 그전까지는 시스템마다 일종의 '실행기(executive)'라는 게 있었는데 운영 체제에 내장된 처리 언어였죠. 프로세스를 실행할 때마다 실행기를 써야 했어요. 반면에 셸은 명령을 내리면 새로운 프로세스가 만들어지기에 무엇이든 입력만 하면 실행할 수 있었어요. 프로세스가 죽으면 원래 자리로 되돌아오고요. 그 덕분에 실행되는 프로세스로부터 어느 정도 거리를 확보할 수 있었죠.

사이블 그런 것들을 멀틱스에서 채용했군요. 혹시 유닉스에 옮기지 못해서 후회하는 것들은 없나요?

톰프슨 없습니다.

사이블 유닉스의 역사[16]에 대해 좀 읽어 봤는데요. 아까 말씀하셨던 방법대로 유닉스를 어떻게 설계할지 한참을 숙고한 후 구현에 착수하셨더군요. 배우자와 아이가 한 달간 휴가를 떠날 때 "와, 잘됐군. 이제 코드를 좀 짤 수 있겠어."라고 말씀하셨다고요.

톰프슨 맞아요. 우리 팀은 파일 시스템을 어떻게 설계할지 머리를 맞대고 상의하기 시작했어요. 팀이라고 해 봐야 서너 명 정도였죠. 그중에는 대중에게 잘 알려지지 않은 루드 캐너디라는 사람도 있었습니다. 당시 벨 연구소에는 편의 시설이 훌륭하게 갖춰져 있었어요. 특정 전화번호로 전화를 걸어 녹취를 할 수 있었죠. 받아 적어 달라고 요청하고 음성으로 메시지를 남기면 그다음 날 우편함에 종이 뭉치가 들어 있었어요. 우리가 파일 시스템에 관해 칠판에 뭔가를 끄적이며 토론한 뒤에는 캐너디가 수화기를 들고 번호를 눌렀어요. 그리고 전화기에다 대고 칠판에 적혀 있는 내용을 소리 내어 읽었죠.

그다음 날 우편함에 종이 뭉치가 꽂혀 있었습니다. 읽어 보니 설계 문서와 비슷해 보였어요. 동음이의어가 몇 개 잘못 적혀 있는 것만 빼고요. 우리는 당장 자리로 돌아가 PDP-7에 딱 들어맞는 파일 시스템을 구현하기 시작했습니다. 그러다 어느 시점에 테스트가 필요하다고 판단했죠. 파일 시스템에 부하를 걸어도 잘 작동하는지 알아볼 수 있는 코드를 작성하기 시작했습니다. 그런데 파일 시스템을 구동하는 프로그램은 짜기가 좀 어려웠어요. 뭔가 상호 작용이 가능하면 좋지 않을까 생각했지요.

사이블 그저 파일 시스템을 작성하면서 이런저런 시도를 해 보려고 한 건가요? 그 시점에 운영 체제를 만들려는 계획은 없었나요?

톰프슨 아니요, 단지 파일 시스템뿐이었어요.

사이블 그러니까 파일 시스템 테스트 환경을 개선하려다 운영 체제까지 만들게 되었다는 말씀이군요.

톰프슨 예, 테스트 환경을 좀 더 상호 작용이 가능하도록 고치는 중에 문득 제가 진짜 시분할 시스템을 만들고 있다는 걸 깨달았어요. 저는 파일 시스템을 구동하기 위해 셸을 작성하고 있었죠. 그것 말고도 파일 시스템을 구동하는 데 필요한 프로그램 몇 가지를 더 짜고 있었어요. 정확히 그 당시 저는 직감했습니다. 이제 편집기 프로그램만 갖추면 운영 체제가 탄생한다는 것을요.

사이블 잡아내기 최고로 어려웠던 버그는 뭐였나요?

톰프슨 보통 메모리 내용을 손상시키는 버그죠. 지금은 그런 버그를 더는 찾아볼 수 없어요. 왜 그런 건지는 모르겠지만요. 예전에는 늘 다양한 종류의 실험적인 하드웨어 장치를 쓸 수밖에 없었어요. 그래서 하드웨어 버그도 좀 있었고요.

사이블 하드웨어 오류가 메모리까지 건드리나 보군요. 포인터가 엉뚱한 메모리를 가리켜서가 아니고요.

톰프슨 포인터 문제일 수도 있어요. 하드웨어 문제일 수도 있고요. 아니면 둘 다일 수도 있죠. 실제로 제가 겪은 최악의 사례는 PDP-11 기계에서 나왔어요. PDP-11은 곱셈을 지원하지 않았어요. 하지만 곱셈 장치를 사서 장착할 수 있었죠. 그런데 그 곱셈 장치는 입출력 주변 장치였어요. 곱셈 장치로 나눗셈을 하려면 피제수와 제수를 각각 저장해 곱셈 장치에 넘기고 반복문을 돌면서 기다리다가 몫과 나머지를 답으로 얻을 수 있었습니다. 그 곱셈 장치는 메모리 관리 기능이 없는 PDP-11용으로 만들어진 제품이었어요. 그런데 메모리 관리 기능을 갖춘 최초의 실험적인 PDP-11을 받았는데 이 곱셈 장치가 제대로 작동하지 않았습니다.

그러니까 피제수와 제수 값을 넘긴 다음 계산이 끝났는지 계속 물어보며 대기하는 겁니다. 이 물어보는 과정 어딘가에서 가상 주소 대신에 물리 주소 값을 이용한 거예요. 그래서 작업을 계속하다 보면 웬일인지 나눗셈의 피제수로 사용될 값이 메모리의 다른 부분에 계속 저장되는 문제가 발생했어요. 이런 문제가 어디서 비롯되는지 찾으려면 한 세월 걸리죠. 메모리가 오염되는 위치는 계속 바뀌니까요. 이 버그가 제가 경험한 것 중에 가장 찾기 어려웠습니다.

사이블 **어떻게 잡아내셨나요?**

톰프슨 자연로그의 밑인 e의 값을 더 많은 자릿수까지 계산해서 세계 기록을 달성하려고 짠 프로그램이 있었어요. 이전 기록을 세울 때 병목은 초당 명령어 처리 수 같은 연산 속도가 아니라 입출력 속도였어요. 그래서 저는 입출력은 거의 하지 않으면서 대신 연산 성능이 중요한 새로운 알고리즘을 고안했습니다. e를 계산하기 위해선 엄청난 양의 곱셈과 나눗셈 연산이 필요했죠. 그런데 제 프로그램을 실행할 때마다 기계가 먹통이 되더군요. 그래서 버그의 원인을 알아낼 수 있었어요.

사이블 **곱셈 장치에 문제가 있다는 실마리를 얻었다는 말씀이군요. 그래서 결국 문제를 일으켰던 근본 원인까지 찾아냈나요?**

톰프슨 어느 시점엔가 곱셈 장치 안의 곱하는 수를 저장한 다음 값을 다시 확인해 봤더니 그 값이 없는 거예요. 우리는 DEC에 이 문제를 보고했는데 DEC는 그런 문제가 없다고 그러더군요. 애초부터 문제를 해결해 줄 생각이 없었던 거죠. 평균적인 DEC 사람답게 순정 PDP가 아닌 제품은 건드리고 싶지 않았던 거예요. 우리 팀은 장치 회로도를 들여다보고 버그를 찾아냈습니다. 그리고 DEC에 전화를 걸어서 이렇게 말했어요. "여기 있는 전선과 저쪽에 있는 전선을 연결하세요."

사이블 요즘 하드웨어는 대부분 그렇게 엉망으로 만들어져 있지 않아서 다행이에요.

톰프슨 맞아요. 그래서 요즘 하드웨어는 그런 문제가 잘 생기지 않죠. 게다가 요즘 장치들은 독립적으로 설계되기에 의존성 문제도 잘 없고요. 뭔가를 괴상하게 쓰면 그렇게 쓴 사람에게 오류가 나겠지요. 그리고 그땐 어셈블리어를 썼잖아요. 어셈블리어로 코딩을 하면 서브루틴을 호출하는 과정에서 특정한 레지스터에 잘못된 값을 채우는 실수를 하기 정말 쉬운데요. 고수준 언어에서는 인자 수나 타입 같은 게 다 일치해야만 하기 때문에 이런 오류가 발생하기 점점 더 어려워지고 있습니다.

옛날에 어셈블리어로 코딩할 때에는 그런 버그를 흔하게 찾을 수 있었어요. 소프트웨어 버그라면 하드웨어와 소프트웨어가 결합된 버그와는 달리 대개 메모리의 한 지점에서 그리고 똑같은 지점에서 메모리 오류가 발생합니다. 그런 문제는 특정한 종류의 버그와 결부되어 나타나죠. 이제 운영 체제에 프로세스 추적기를 띄워 놓고 앉아서 지켜봅니다. 화면을 수시로 응시하면서 오류가 발생하는지 확인합니다. 그리고 오류가 발생하면 가능한 한 빨리 중지시키는 거죠. 그리고 다른 지점에서 무슨 일이 벌어지고 있는지도 들여다봅니다. 이런 식으로 오류를 뒤좇아서 버그를 잡아낼 수 있어요.

곱셈 장치에 있는 버그는 그런 식으로 잡을 수 없었어요. 곱셈과 나눗셈을 집중적으로 수행하는 프로그램을 작성해서 테스트해 보니 오류가 나는 빈도가 엄청나게 커지더군요. 며칠에 한 번꼴로 먹통이 되던 컴퓨터가 이젠 몇 분에 한 번씩 먹통이 되었으니까요. 기계에서 문제가 생기는 위치가 어디인지 실마리를 잡을 때마다 버그를 해결할 기회가 생기는 겁니다.

사이블 요즘 몇몇 사람은 코드를 어셈블리어로 작성하면 소프트웨어 버그에 취약하고 메모리 결함 문제도 당연히 따라올 수밖에 없다고 말해요. C 언어도 어셈블리어 못지않게 그렇다고들 합니다. C에서도 포인터로 엉뚱한 곳을 참조하게 만들거나, 배열의 끝을 한참 지나치는 주소를 가리키게 할

수 있으니까요. 어떻게 생각하시나요? 이런 게 문제라고 생각하지 않으시나요?

톰프슨 문제라고 생각하지는 않습니다. C에서 많이 쓰는 방식으로 회피할 수 있으니까요. 이 업계에서는 흔히 이런 말을 합니다. "어떤 사람은 허술한 코드를 작성하고, 어떤 사람은 구조적으로 매우 강건한 코드를 작성한다." 코드의 질은 코드를 짜는 사람에게 달려 있습니다. 어떤 언어를 사용하든 깨지기 쉬운 코드를 작성할 수 있어요. 제가 말하는 '깨지기 쉽다'는 게 무엇인지 예를 들어 설명해 보죠. 기존 코드에 어떤 기능을 추가하고 싶다고 합시다. 기능을 추가하기 위해 딱 한 곳만 변경하고 끝나면 좋은 코드입니다. 반면에 기능 하나를 추가하려고 열 곳을 손봐야 한다면 나쁜 코드, 깨지기 쉬운 코드입니다.

사이블 그렇다면 버퍼 오버플로 때문에 보안에 구멍이 뚫리는 건 C와 C++ 언어 자체에도 부분적으로 책임이 있다는 비판에 대해 어떻게 생각하시나요? 배열의 경계를 넘어가지 않게 관리하거나 가비지 컬렉션 기능이 있는 언어를 사용하면 이런 종류의 문제를 피할 수 있을 텐데요.

톰프슨 버그는 버그일 뿐입니다. 코드를 짜면서 버그를 만들었기에 버그가 생기는 거죠. 실행 시점에 안전함을 갖추려면 운영 체제가 잘못된 버퍼에 접근하는 대신 죽어야 할 텐데 이것은 또 다른 취약점이 될 뿐입니다. 죽음의 핑 공격[17]은 운영 체제의 IP 스택을 공격합니다. 제 생각엔 죽음의 핑 공격만 더 늘어날 것 같네요. 기계를 탈취해서 관리자 권한을 얻는 핑 공격은 없을 겁니다. 그저 죽음의 핑 공격만 있을 뿐이죠.

사이블 하지만 서비스 거부 공격과 취약점을 파고들어 루트 권한을 얻은 다음 셸로 뭐든 할 수 있게 되는 공격을 같은 선에 놓고 비교할 수는 없을 것 같은데요.

톰프슨 루트를 얻는 방법에는 두 가지가 있어요. 하나는 버퍼 오버플로를 이용하는 방법이고, 다른 하나는 프로그램이 해서는 안 되는 동작을 하도록 유도하는 방법이죠. 대부분의 공격은 버퍼 오버플로가 아니라 후자에 속하지요. 버퍼 오버플로 없이도 루트가 될 수 있는 겁니다. 다시 말해 그 주장은 사실이 아니에요. su 명령을 이용해 셸을 띄우도록 만들 수 있으면 됩니다. 실행 시점 오류 없이도 루트 권한을 얻을 방법은 많습니다.

사이블 **좋습니다. 그런데 충돌 문제나 취약점을 이용하는 권한 탈취 문제 말고도 C와 C++로 짠 코드에서 발생하는 종류의 버그들이 있어요. 이런 버그들은 예를 들어 자바로 짠 코드에서는 발생하지 않는데요. 그렇다면 특정한 종류의 프로그램에 대해서는 이런 종류의 버그로 인한 고통을 감내할 만한 가치가 정말로 있다고 생각하시나요?**

톰프슨 실제로는 그런 종류의 버그가 얼마 안 될 것 같습니다. 특정한 서브루틴이나 strcpy 함수처럼 길이를 비교하지 않는 코드를 이용해서 프로그램을 작성할 때마다 저는 그 안에 버그가 있다는 걸 인지하고 있어요. 여기서 저는 어떤 식으로든 일종의 경제적인 입장에서 결정을 내립니다. 버그를 그대로 놔두는 게 좋을지, 아니면 버그를 완전히 없애기 위해 추가적인 인수를 도입하는 게 좋을지 저울질하죠. 요즘은 보통 추가 인수를 도입해서 코드를 작성하는 편이에요. 그래도 의미론적으로는 또 다른 문제가 발생할 수 있어요. 문자열을 복사할 때 문자열의 길이를 정해 놓으면 그것보다 긴 부분은 잘려 버리거든요. 잘린 문자열이 또 다른 문제를 일으킬 수 있죠. 버그는 여전히 남는 거예요. 버퍼 오버플로만 되지 않을 뿐이죠.

사이블 **디버깅할 때에는 어떤 도구를 주로 쓰시나요?**

톰프슨 대부분의 경우 프린트 문으로 값을 찍어 봅니다. 프로그램을 개발할 때 저는 엄청나게 많은 값을 찍어 보는 습관이 있어요. 프린트 문은 아주 견고한 방법입니다. 프린트 문을 삭제하거나 주석 처리할 때쯤이면 깨닫게 되지요. 값을 찍어 보는 것만으로 다시 살펴볼 필요가 거의 없게 되거든요.

사이블 **주로 어떤 종류의 값들을 프린트해 보시나요?**

톰프슨 필요한 건 뭐든지요. 뭐든지 막혀서 진도가 안 나가는 부분이라면 다 찍어 봅니다. 불변식 같은 걸 체크하기도 하고요. 하지만 프로그램을 개발하는 동안에는 이것저것 전부 찍어 보는 편이에요. 이게 제 디버깅 방식입니다. 저는 프로그램을 밑바닥부터 새로 짜지 않아요. 기존에 있는 프로그램을 가져다 고쳐서 만들죠. 거대한 프로그램도 마찬가지입니다. 여기 '메인 함수', '이것', '저것', '출력', '그것'으로 이루어진 프로그램이 있습니다. 이 중에 '그것'은 애초에 제가 고치고 싶은 부분이 아니에요. 그럼 뭘 먼저 고쳐야 할까요? 먼저 그 부분을 짠 다음 디버깅해 봅니다. 그래서 저는 제가 개발하고 있는 프로그램을 한 시간에 20번은 돌려 봅니다. 실행해 보면서 고치고 개선하는 거죠.

사이블 불변식도 찍어 본다고 하셨는데요. 불변식을 체크하기 위해 단정문도 쓰시나요?

톰프슨 그렇게까지는 하지 않아요. 제 스스로 어떤 부분이 정확하다고 확신할 수 있으면 끝이에요. 프린트 문은 주석 처리하거나 삭제해 버리죠.

사이블 불변식이 성립하는 걸 확인하기 위해 assert를 쓰면 자동으로 확인할 수 있잖아요. 값을 찍어 보는 것이 더 번거롭지 않나요?

톰프슨 값을 찍어 보면 단순히 그 값이 특정한 값과 일치하는지에 대한 정보를 볼 수 있을 뿐 아니라 실제로 들어 있는 값까지 확인해 볼 수 있잖아요. 불변식이 아닌 다른 값들도 자세히 확인해 볼 수 있고요. 이게 제 디버깅 방식이에요. 이렇게 디버깅해야 한다는 건 아니에요. 그냥 제가 늘 이렇게 해 왔다는 거죠.

사이블 소프트웨어를 설계하는 방식에 대해 좀 전에 이야기를 나눴는데요. 상향식 개발 과정에 대해서도 자세히 말씀해 주셨고요. 상향식 개발에서 밑바닥 구성 요소들을 구현할 때에는 각 요소를 독립적으로 작업하시나요?

톰프슨 때로는 그렇게 합니다.

사이블 저수준 함수를 테스트해 보기 위해 테스트를 돌리기 위한 코드도 작성하시나요?

톰프슨 네, 그런 테스트를 자주 해요. 사실 지금 작업하는 프로그램이 무엇이냐에 달렸죠. 번역기 프로그램을 예로 들어 보지요. A라는 언어를 B라는 언어로 번역하는 프로그램이라고 해 볼게요. 이 번역기에는 A 언어 요소 뭉치와 그에 해당하는 B 언어 요소들이 짝지어 있어요. 번역기를 테스트하기 위해 저라면 A 언어로 된 문장에 대한 B 언어 정답을 만들어 놓고, 번역기가 산출한 B 언어 문장이 정답과 일치하는지 대조해 볼 겁니다. 컴파일러나 번역기 또는 정규 표현식을 이용한 검색 프로그램을 테스트할 때 그렇게 합니다. 전부 비슷한 방법을 사용하죠. 하지만 그런 테스트가 불가능한 프로그램들도 있어요. 저는 테스트를 많이 연구해 보지 않아서 그런 프로그램은 테스트하기가 좀 막막합니다. 프로그램 중간중간 검사하는 코드를 집어넣긴 하지만 프로그램 안에서나 주변에서나 오래가지 못해요. 프로그램이 변할 때마다 같이 유지 보수하기가 너무 어렵거든요. 그래서 대부분은 회귀 테스트 정도만 합니다.

사이블 테스트하기 힘든 프로그램이라면 장치 드라이버나 네트워크 프로토콜 같은 걸 말씀하시는 건가요?

톰프슨 어쨌든 그런 것들은 운영 체제가 가동되는 동안 항상 실행되고 있으니까요.

사이블 그래서 언젠가는 버그가 다 잡힐 거다?

톰프슨 당연하죠. 실제로 사람들이 쓰면서 버그도 찾고 하는 게 최고의 운영 체제 테스트 방법이니까요.

사이블 프로그램을 개발하다 보면 최적화도 고려해야 하는데요. 어떤 사람은 처음부터 최적화를 고려해서 개발합니다. 그런데 어떤 사람은 일단 프로그램을 작성한 다음에 최적화를 걱정하지요. 어떻게 하시나요?

톰프슨 처음에는 최대한 간단하게 만듭니다. 그리고 그걸로 충분한 경우가 아주 많습니다. 처음부터 엄청 복잡한 알고리즘을 구현하려고 하면 실행도 안 돼요. 바보 같은 짓이죠. 시간 낭비에 불과해요. 복잡할수록 버그가 더 꼬여 듭니다. 그래서 코드 유지 보수도 불가능해지죠. 왜냐고요? 자신이 실제로 하는 일을 옆 사람에게 설명하기 위해 50쪽에 걸친 수학 공식을 설명해야 할 테니까요.

99%의 상황에서는 간단하고 무식한 방법으로 충분합니다. 자신이 자주 사용

하게 될 도구를 하나 만들고 있는데 그 프로그램의 복잡도가 계수가 작은 n제곱 정도라고 해 보죠. 때로는 복잡도를 낮추기 위해 머리를 써야 할 수도 있겠지만 대부분은 그럴 필요가 없어요. 간단할수록 더 좋습니다.

사이블 어떤 사람들은 자신의 코드가 다이아몬드처럼 완벽한 수준에 이르기를 갈구합니다. 단지 자신을 위해 말이죠.

톰프슨 솔직히 저도 그렇습니다. 하지만 다른 면도 있죠. 저는 코드를 위해 알고리즘을 희생하기도 하니까요. 제 말은 알고리즘이 복잡하면 코드도 복잡해진다는 뜻입니다. 저라면 차라리 간단한 알고리즘을 택해서 간단한 코드를 만들겠어요. 거대하고 무시무시한 코드 대신에 말이죠. 제가 짠 코드는 하나같이 비슷한 특징이 있어요. 간단하고 거칠고 작다는 것이죠. 화려하지도 않고요. 그래서 누구나 읽을 수 있죠.

사이블 그래도 성능 문제 때문에 어셈블리어로 일일이 수작업으로 짜야 하는 프로그램이 여전히 남아 있지 않나요?

톰프슨 그런 문제는 흔치 않아요. 정말로 자릿수가 바뀔 정도로 최적화를 하는 게 아니라면 그런 경우는 아주 드뭅니다. 어셈블리어를 쓴다 해도 그 정도의 최적화는 불가능해요. 정말 열심히 매달려서 거대한 프로그램의 일부분을 두 배 빠르게 만들 수도 있겠지만, 사실 한두 해만 기다리면 아무 일도 하지 않아도 전체 프로그램이 두 배 더 빨라질 거예요. 컴파일러를 만든다고 해 봅시다. 컴파일러를 최적화해 봤자 그걸로 컴파일된 프로그램의 대부분은 어쩌다 한두 번밖에 실행되지 않습니다. 대부분의 프로그램, 그러니까 99%는 이 축에 속합니다. 그런데 운영 체제 안에서 24시간 내내 돌아가는 프로그램이 있죠. 그리고 더 나아가 운영 체제 안에 들어 있는 어떤 반복문이나 반복문 속의 반복문 명령 같은 게 있고요. 이런 0.1%의 경우에 컴파일러 최적화가 사용자에게 영향을 미칠 거예요. 그렇지만 큰 영향을 미칠 테니 최적화하고 싶겠지요.

사이블 하지만 말씀하신 최적화란 어셈블리어로 컴파일러 자체를 세심히 다듬는 작업이 아니라 컴파일러를 이용해 최적화된 기계어 코드를 생성하는, 즉 결과물의 최적화인 듯합니다.

톰프슨 아, 그래요, 맞아요.

사이블 어셈블리어의 중요성이 점점 줄어드는 건 컴파일러 성능이 점점 더 좋아져서가 아닐까요?

톰프슨 아닙니다. 제 생각으로는 성능이 더 향상된 하드웨어 때문인 듯합니다. 컴파일러는 여전히 형편없어요. GCC가 내놓는 코드를 살펴보면 끔찍합니다. 품질이 정말 안 좋아요. 그리고 느리죠. 말문이 막히네요. 이 컴파일러는 결과물이 나오기까지 20단계나 거쳐야 합니다. 정말 상상을 초월할 정도로 느립니다. 하지만 컴퓨터는 GCC가 나온 이래로 1000배나 빨라졌어요. 소프트웨어가 빨라졌다고 느끼는 이유는 느린 프로그램 밑에서 컴퓨터가 더 빠르게 돌고 있어서입니다.

사이블 어느 정도 관련이 있는 이야기인데요. 가비지 컬렉션에 대해서는 어떻게 생각하시나요? 가비지 컬렉션은 자바 덕분에 마침내 주류로 진입했는데요. 반면에 데니스 리치는 예전에 "C 언어는 가비지 컬렉션에 강하게 반대한다."라고 발언한 적이 있습니다. 개발자들이 가비지 컬렉션을 지원하는 언어 쪽으로 몰리는 추세는 바람직하다고 보시나요? 가비지 컬렉션이라는 기술이 결국엔 대세가 될 자격이 있다고 생각하시나요?

톰프슨 모르겠습니다. 저는 이런 주제만 나오면 갈팡질팡합니다. 수많은 사람이 사용해야 할 운영 체제나 C 컴파일러 같은 것을 작성해야 한다면 가비지 컬렉션은 제 생각에 나쁜 결정입니다. 대개는 그렇습니다. 개발자 자신이 수작업으로 할 수 있는, 그것도 더욱 잘할 수 있는 일에 편법을 쓰는 꼴입니다. 가비지 컬렉션은 개발자가 하는 작업을 떠넘기는 거예요. 그 결과 사용자는 무겁고 느린 프로그램을 쓰게 되겠죠. 그래서 운영 체제를 만들 때 가비지 컬렉션 언어를 쓰면 안 된다는 거예요. 그 특성상 운영 체제에는 별로 어울리지 않습니다. 하지만 작업상 필요한 일회용 프로그램을 작성한다면 가비지 컬렉션은 아주 좋은 기능이에요. 깊이 생각하지 않고도 프로그램을 짤 수 있게 되니까요. 편리성을 얻는 대신 성능을 일부 잃습니다. 하지만 컴퓨터는 엄청나게 빠르기에 그 정도 오버헤드는 충분히 감당해 냅니다. 모두가 좋죠. 결국 뭐가 좋은지 확실히 결정을 못 내리겠습니다.

가비지 컬렉션에는 문제가 하나 더 있는데, 가비지 컬렉션 알고리즘마다 속성이 다르다는 거죠. 정말 엄청나게 다릅니다. 운영 체제 같은 매우 일반적인 목적을 위해 사용하는 소프트웨어를 작성한다고 해 봅시다. 이때 가비지 컬렉션이 들어 있는 언어로 운영 체제를 짠다면 특정한 가비지 컬렉션 알고리즘까지 자동으로 선택되는 거죠. 가비지 컬렉션 알고리즘을 고를 수도 없는 거예요.

실시간성이 필요한 프로그램에 긴 지연이 생기면 쓸모가 없습니다. 그런데 쓰고 있는 언어의 가비지 컬렉터가 임계점에 이르자 마크-스윕 알고리즘으로 동작한다면 어떻게 될까요? 엉망진창이 되겠죠.

실제 사용자가 누구인지 알 수 없는 범용 프로그램을 작성하는 경우에는 그런 방식을 사용할 수 없어요. 게다가 가비지 컬렉션은 캐시 일관성(cache coherence)과 상극입니다. 모든 기계에 딱 들어맞는 가비지 컬렉션 알고리즘도 없어요. 캐시를 잘 만지작거리면 속도를 5배 이상 높일 수 있는 컴퓨터도 있어요. 가비지 컬렉션 알고리즘은 지금보다 훨씬 하드웨어와 친밀해질 필요가 있습니다. 사람들은 이것을 하드웨어와 무관한 별도의 알고리즘으로 취급하는 경향이 있어요. 하지만 캐시 일관성 문제만 들여다봐도 그렇지 않다는 걸 알 수 있잖아요.[18]

사이블 개인적으로 스스로가 과학자, 엔지니어, 예술가, 장인 중 어떤 사람에 가깝다고 생각하시나요?

톰프슨 모르겠어요. '과학자'라는 말은 별로예요. 엘리트주의자 냄새가 풍기거든요. 박사 학위가 없으면 안 될 것 같기도 하고요. 과학자 수업이 별도로 있어서 수료하면 '과학자'라는 자격증을 따는 것도 아닌데 말이죠. 엔지니어라고 부르는 건 괜찮아요. '엔지니어'라고 적힌 대학 졸업장을 받았거든요. 그래서 서류에 직업 항목을 기입할 때에는 엔지니어나 프로그래머라고 씁니다. 그건 사실이니까요. 어쨌든 전 뭐라고 부르든 별로 관심이 없어요.

사이블 **자격이나 학위 같은 것을 제쳐 두고 본래 자신은 어떤 사람에 가까운 편이라고 생각하시나요? 물리학자? 토목 공학자? 화가? 그것도 아니면 목수?**

톰프슨 토대를 놓는 사람입니다. 장인에 가깝겠네요. 하지만 예술가 기질도 어느 정도 있어요. 토대를 멋지게 다듬으려고 최선을 다하지요.

사이블 **재능 있는 프로그래머는 어떻게 알아보시나요?**

톰프슨 열정이 있는지 확인해요. 지금까지 작성해 본 것 중에 가장 흥미로운 프로그램이 뭐냐고 물어봅니다. 그것들이 뭔지, 어떤 알고리즘이 쓰였는지, 어떤 식으로 작동하는지 설명해 달라고 합니다. 자신이 만든 프로그램인데도 제 질문 공세를 견뎌 낼 수 없다면 훌륭하지 않은 개발자예요. 저는 그 사람의 프로그램 안에 들어 있는 알고리즘과 해법에서 문제를 찾아내고 공격하죠. 그 사람이 제대로 방어하지 못하고 저보다 더 감정적으로 반응한다면 탈락입니다. 이 과정에서 저는 열정을 감지할 수 있어요. 열정이 있는지 곧장 물어보는 대신 대화해 보는 거죠. 그러면 제 내면에서 일종의 열정 측정기가 작동해서 눈금을 알려 줍니다. 이게 어마어마하게 도움이 돼요. 저는 이런 식으로 면접을 진행합니다. 질문 폭탄을 받는 면접자에게 제 방식이 너무 가혹하다는 말을 듣기도 해요.

사이블 **상상이 되네요. 일종의 구두시험 같은 거군요. 프로그래밍 실력은 출중한데도 남 앞에서 말하기 어려워하는 성격 때문에 면접을 잘 보지 못하는 사람도 있지 않을까요?**

톰프슨 아닙니다. 프로그래밍 실력과 답변하는 능력은 따로 떨어져 있지 않아요. 면접에서 저는 교과서에 나오는 컴퓨터 과학 이론을 물어보지 않습니다. 그런 건 묻지 않아요. 저는 면접자 자신이 온 시간과 에너지를 쏟아 완성한 자신의 프로젝트에 대한 걸 질문하고 그게 뭔지 설명하도록 할 뿐입니다. 정말 스스로 피땀 흘려 어떤 것을 만들었다면 자신이 창조한 물건에 대해 그걸 어떻게 만들었는지, 왜 만들었는지 이야기를 술술 쏟아 낼 수 있어요. 그렇지 않을까요? 저는 질문 주제를 후보자가 고르도록 합니다. 주제도 제가 선정하지 않아요. 그러니까 후보자가 고른 주제에 대해서만큼은 후보자가 전문가이고 저는 아마추어 신세란 겁니다. 아마추어가 던지는 질문을 전문가가 감당하지 못한다면 더 볼 필요도 없습니다.

사이블 구글에서는 어떤 일을 하시나요?

톰프슨 기반 구조를 다루고 있어요. 운영 체제 같은 것 말이죠. 조각을 모아서 붙이는 일을 하고 있다고 할까요? 저는 원하는 것이 뭐든 할 수 있는 권한을 가지고 있어요. 요즘에는 신뢰성이 낮은 기계 여러 대를 묶어서 신뢰성 높은 한 대의 멀티프로세서 컴퓨터처럼 만드는 일에 매달려 있죠. 그게 제가 하는 일에 가장 가깝겠네요.

사이블 구글에서 야심 차게 내놓은 맵리듀스를 말씀하시는 것 같네요. 공유 메모리를 사용하는 대신에 공유하는 것 없이 메시지 전달만 이용하는 분산 처리 기법이잖아요?

톰프슨 맞아요. 맵리듀스는 이해하기 쉬운 의미 체계를 사용하는 데다 복잡한 피드백 루프도 없죠. 맵리듀스처럼 신뢰할 수 있는 프레임워크만 있다면 수많은 문제를 그 프레임워크에 맞게 변환해서 해결할 수 있습니다.

사이블 맵리듀스 프레임워크 같은 환경에 들어갈 프로그램을 만들고 있다는 말씀인가요?

톰프슨 아니에요. 그저 개발자 한 사람 한 사람이 신뢰성이라는 어려운 문제를 고민하지 않아도 되도록 하려고 노력하고 있을 뿐이에요. 정말로 어려운 문제죠. 구글의 소프트웨어는 전부 계층 위에 또 계층이 있고 그 위에 또 계층이 있거든요. 그래서 이게 작동하지 않으면 무슨 일이 일어나고 저게 작동하지 않으면 어떻게 되고 하는 식이죠. 제가 일을 하지 않으면 어떤 일이 일어날까요? 예를 들어 누가 저를 죽이면 저 대신 누가 일을 시작하고 또 누가 뭘 하고 그런 거죠. 제 생각에 전체 코드의 반 이상이 이런 만약에 대한 코드인 것 같아요.

사이블 그렇다면 당신의 목표는 그 절반의 코드를 필요 없게 만드는 건가요?

톰프슨 글쎄요, 제가 하는 일은 사람들 눈에 잘 보이지 않습니다. 하지만 다른 사람이 만든 코드에 시스템적으로 적용될 수 있겠죠. 어려운 일이에요.

사이블 구글에서 일하는 데 만족하시나요?

톰프슨 어떤 일은 정말 만족해요. 그런데 어떤 일은 너무 신중하게 돌아가요. 버그는 돈과 연결되어 있거든요. 많은 일이 돈과 관련되어 있어요. 걸려 있는 돈의 규모가 상상할 수 없을 정도로 거대해요. 개발자가 실수로 뭔가를 망치기라도 하면 다음날 200만 명의 사용자가 피해를 입습니다. 그런 일을 상상할 수 있나요.

사이블 실제 서비스 쪽에서 일하신다는 말씀이군요. 구글 랩스[19] 같은 곳에 있으시면 예전에 벨 연구소에서 하던 일과 비슷한 일을 하실 것 같은데요.

톰프슨 실제 서비스를 하는 건 아니에요. 추후에 서비스될 가능성이 있는 프로젝트를 하고 있으니까요. 하지만 서비스에 반영된 후 관리하는 건 제 소관이 아닙니다. 제가 맡은 업무는 '삶을 더 낫게 만드는 뭔가를 찾아내는 일'입니다. 제가 그 책무를 따르든 따르지 않든 간에 말이죠. 낡은 방식을 대체할 새로운 방식과 새로운 아이디어를 내놓는 일이에요. 즉, 개선하는 일이 제가 하는 일입니다. 잘못된 것, 느리고 버그를 일으키는 것은 뭐든지요. 구글이 만든 어떤 시스템이든지 저는 구조를 슬쩍 건드려 보면서 개선의 여지가 있는지 살펴봐요. 그러다 개선의 여지를 발견하면 고치고요.

사이블 제가 알기로는 구글 신입 사원은 코드를 체크인할 수 있게 되기 전에 해당 언어를 쓰는 능력에 대해 검사를 받아야 한다면서요?[20] 그렇다면 마찬가지로 언어 능력에 대해 검사를 받으셔야 했겠군요.

톰프슨 맞아요. 아직 검사를 받지는 않았어요.

사이블 아직 안 받으셨군요! 그러면 코드를 올릴 수 없는 건가요?

톰프슨 네, 코드를 올릴 수 없습니다.

사이블 그냥 검사를 받지 않으신 건가요, 아니면 구글 코딩 표준에 철학적인 불만이 있으신 건가요?

톰프슨 그냥 아직까지 받지 않은 것뿐이에요. 아직 그럴 필요가 없었습니다.

사이블 그러니까 혼자만의 공간 안에서 작업을 하고 있다는 말씀이죠? 보통 C로 작업을 하시나요?

톰프슨 주로 C를 사용해요. 구글은 C++를 엄격하게 쓰지만 저는 테스트나 실험을 위해 작성하는 모든 코드에 C를 쓰고 있어요. 물론 C++로 프로그래밍을 할 수도 있지만 그러고 싶지 않네요. 저는 버티고 있습니다.

사이블 AT&T에서 비야네 스트롭스트룹과 함께 일하신 적이 있죠? C++ 개발에 조금이라도 관여하셨나요?

톰프슨 말하면 곤란해질 것 같은데요.

사이블 괜찮을 거예요.

톰프슨 C++가 막 개발되던 시점이었을 거예요. 그 언어를 한 번 써 보고 논평을 몇 마디 남긴 적은 있습니다. AT&T는 참여를 독려하는 분위기를 가지고 있었거든요. 그런데 코드를 작성한 후 하루가 지나면 동작하지 않았어요. 언어가 바뀌었기 때문이었지요. C++는 아주 오랫동안 불안정했어요. 어느 시점이 되자 제가 말했습니다. "더는 못 쓰겠군."

어떤 인터뷰에서 정확히 다음과 같이 말했어요. "저는 C++를 사용하지 않습니다. 이틀을 못 넘기고 바뀌거든요." 스트롭스트룹이 그 인터뷰를 읽었고 곧 제 방으로 뛰어들어 왔어요. "당신이 나를 얼마나 깎아내린 줄 아느냐. 당신 같은 위치에 있는 사람이 그렇게 함부로 말하면 되느냐. 대체 왜 C++를 나쁜 언어라고 말했느냐."라며 고함을 치며 따졌죠. 저는 인터뷰에서 C++가 나쁜 언어라고 말한 적이 없어요. 그밖에도 변명할 여지는 많았지요. 그 이후로 그런 종류의 질문에는 답변을 피해 다녔어요.

사이블 C++가 좋은 언어인지, 나쁜 언어인지 지금은 말씀해 주실 수 있나요?

톰프슨 장점도 분명히 있긴 있죠. 하지만 대체적으로는 나쁜 언어라고 생각합니다. C++에는 여러 가지 기능이 들어 있지만 각각의 완성도는 절반밖에 안 돼요. 상충하는 아이디어의 쓰레기 더미일 뿐입니다. 개인적으로 친분이 있는 사람들이나 회사 동료들도 C++를 일부분만 사용하죠. 그 일부분도 사람마다 천차만별이고요. 알고리즘을 전달하기에 좋은 언어가 아니란 말씀입니다. "제가 짠 코드예요. 가져가요."라고 말할 수 없는 거죠. 언어가 너무 무겁고 복잡해요. 확실히 위원회에서 만든 언어예요.

스트롭스트룹은 C++가 표준 언어로 자리 잡아 쓰이도록 정치에 많은 공을 들였어요. 그가 언어 자체에 기술적으로 기여한 것보다 훨씬 오랫동안 말입니다. 그는 마치 조련사가 사자를 길들이는 것처럼 표준 위원회 구성원을 모두 현혹했습니다. 그 대신 그들이 원하는 요구를 전부 들어줬지요. 그 결과 지금처럼 잡다한 기능이 죄다 탑재된 거예요. 설계가 단순 명확하지 않았어요. 그냥 생각할 수 있는 모든 것을 한데 뭉쳐 놓은 덩어리였죠. 그로 인해 C++는 엄청나게 더 나빠졌다고 생각합니다.

사이블 C++가 너무 무거워진 이유는 뭘까요? 스트롭스트룹이 모든 아이디어를 다 좋아해서일까요, 아니면 자신이 만든 언어를 채택해 줄 위원회 사람들에게 지지를 얻기 위해 아이디어를 전부 받아들인 결과일까요?

톰프슨 제 생각엔 후자에 더 가까운 듯하네요.

사이블 "맙소사, C++는 정말 최악이야."라고 말하는 사람들이 꽤 많은 것 같습니다. 그렇지만 아직도 모두가 사용하고 있어요. 예를 들어 구글에서도 C++는 공식 언어 네 가지 중 하나에 속하고요. C++가 그렇게 나쁜데도 왜 계속 쓰고 있는 걸까요?

톰프슨 모르겠어요. 구글에서도 설 자리를 잃어 가는 것 같긴 합니다. 요즘엔 C++를 싫어하는 사람이 좋아하는 사람보다 더 많으니까요.

사이블 자바로 바꾸고 있는 건가요?

톰프슨 글쎄요, C++를 대체할 만한 언어는 거의 없을 것 같은데요. 그래서 불평은 하지만 바꾸지 않는 겁니다. 대학원생은 학교에서 C++를 배우고 나옵니다. 구글은 이런 사람을 채용하고요. 이 현상은 막기가 어려워요. C++의 파급력이 지속되는 이유죠. 회사 입장에서는 교육이나 재교육에 필요한 엄청난 비용을 절약할 수 있어요. 또 취업하자마자 빠르게 일을 시킬 수 있거든요.

사이블 프로그래밍하기 즐겁거나 즐거웠던 다른 언어들은 없었나요?

톰프슨 희한한 언어들은 한 번씩이라도 다 건드려 본 것 같습니다. 수학 방정식을 풀려고 메이플[21]이나 맥시머 같은 걸 써 봤고요. 문자열 처리를 위해 스노볼 같은 언어도 사용해 봤습니다. 언어에 뭔가 흥미로운 점이 있으면 테스트해 봤으니 언어를 수십 가지는 가지고 놀아 봤을 겁니다.

사이블 코딩할 때 큰 도움이 되는 개발 도구가 있다면 좀 소개해 주시겠어요?

톰프슨 야크가 최고예요. 야크는 정말 사랑할 수밖에 없어요. 제가 원하는 걸 정확히 수행하거든요. 반면에 야크와 함께 사용하는 렉스(Lex)는 정말 최악이에요. 제가 원하는 것과는 전혀 다른 결과를 주니까요.

사이블 어쨌든 렉스를 그냥 쓰시나요, 아니면 수제 어휘 분석기를 직접 만들어 쓰시나요?

톰프슨 제 손으로 직접 짜서 써요. 그게 훨씬 쉬워요.

사이블 문학적 프로그래밍을 해 본 적은 있으세요? 이른바 도널드 커누스 스타일로 말입니다.

톰프슨 아니요, 정말 대단한 아이디어라고 생각해요. 실전에서 적용하기가 거의 불가능해서 그렇지.

사이블 왜 그렇죠?

톰프슨 사실 똑같은 프로그램을 두 가지 방법으로 표현하는 거잖아요. 그래서 둘 사이에 차이가 생기기 일쑤예요. 이건 해결할 방법이 없죠. 프로그래밍 언어로 잘 작성된 코드는 읽기 어렵지 않아요. 코드로 충분합니다. 모든 내용을 그렇게 주석으로 쓸 필요가 없어요. 주석은 알고리즘에 대한 설명을 쓰는 정도죠. 아니면 까다로운 작업을 수행하는 경우 경고나 주의 사항을 표현하기 위해 많이 씁니다. 저는 길고 비대한 주석을 달지 않기로 아주 '유명'하죠.

사이블 **저와 한 인터뷰에서 커누스는 기술적인 글쓰기의 핵심이 모든 내용을 상호 보완이 되도록 두 번 쓰는 것이라고 말했습니다. 그래서 커누스는 두 가지 방법으로 표현하는 게 문학적 프로그래밍의 단점이 아니라 의도된 기능이라고 볼 것 같네요.**

톰프슨 두 가지 방식이 있는데 둘 중 하나만 진짜예요. 바로 기계가 실행하는 코드죠. 다른 하나는 가짜입니다. 이게 다른 방식보다 훨씬 간단하다면 가치가 있겠죠. 하지만 소스 코드와 문서의 분량이 서로 같다면 당연히 실제 작동하는 것을 읽겠죠. 훨씬 간결하고 정밀하지 않더라도 원하는 것을 얻을 수 있다면 그건 훌륭해요. 하지만 원하는 것을 얻지 못할 때가 훨씬 많습니다. 실제로는 세부 내용이 필요해서 결국 코드를 보게 되죠. 그런 경우에는 원하는 목적에 따라 소스 코드를 읽을지, 문서를 읽을지 결정할 겁니다. 하지만 어떤 알고리즘을 정말 자세히 기술해야 하는데 프로그래밍 언어로 한 번, 자연 언어로 한 번 써야 한다고요? 커누스는 할 수 있을지 모르겠지만 저는 못할 거예요.

사이블 **커누스의 문학적 프로그래밍 방법론이 적용된 코드를 읽어 본 적은 있으신가요?**

톰프슨 커누스가 쓴 초기 논문들에 실려 있던 코드를 읽어 본 적은 있어요. 요즘에는 읽어 본 적이 없네요.

사이블 **특별히 중요하다고 생각하는 책이 있으신가요? 개인적인 이유로 각별히 여기는 책이든, 아니면 사람들에게 추천하고 싶은 책이든 상관없이 말이에요.**

톰프슨 저는 프로그래밍 입문서는 읽지 않았어요. 그러니 그런 종류의 책은 추천하기가 좀 그렇네요. 하지만 제가 지금 언어를 새로 하나 배워야 해서 마땅한 책을 한 권 골라야 한다면 이런저런 코딩 스타일이 좋으니 나쁘니 시시콜콜 잔소리하는 책보다는 차라리 문법과 명령문의 뜻 위주로 설명하는 두꺼운 책을 고르겠습니다.

대학에서 강의하던 시절이 떠오르는군요. 저는 수업에서 교재로 쓸 책을 정해야 했어요. 결국 교재를 정하기 위해 그 분야의 관련 서적은 모조리 다 읽어봐야 했습니다. 살면서 그런 적이 딱 두 번 있었던 거죠. 대학 강의에서 사용하는 기본 전공 서적은 그런 식으로 만났습니다. 하지만 그때를 빼곤 책을 읽지 않습니다.

사이블 유닉스를 발명하던 시절 운영 체제를 네 가지 요소[22]로 나누어 개발 계획을 세우셨다고 하던데요. 그리고 아내와 아이들이 여행을 떠나자 한 달간 유닉스에 몰두할 수 있는 자유 시간이 생겼죠. 그 한 달간 정말 긴 시간을 쏟아부었을 테지요. 왜 그렇게 유닉스에 몰두하신 거죠? 꼭 필요한 일이라서? 그냥 재미로?

톰프슨 동기 부여가 되면 자동으로 그렇게 됩니다. 그렇게 하지 '않는' 저를 상상할 수가 없네요. 물론 다른 이유도 있긴 해요. 아내와 아이가 주변에 있을 때에는 24시간 주기로 맞춰진 일상에서 살게 됩니다. 그런데 가족들이 없을 때에는 24시간 주기에 맞춰 살 필요가 없습니다. 이 경우 저를 막을 수 있는 건 아무것도 없어요. 아침에 뜨는 태양도 저를 막지 못합니다. 그럴 때 보통 저는 27시간 또는 28시간 주기로 하루를 보냅니다. 잠은 6시간 정도 자고요. 새로운 주기에 스스로를 내맡기는 거예요. 눈을 붙이면 저절로 눈이 떠질 때까지 자는 거죠. 아이들이 쿵쾅거리는 소리에 잠을 깨던 예전과는 다르게 컨디션도 더 좋아집니다.

사이블 프로젝트를 완수하겠다는 강한 의욕이 아침에 컴퓨터를 켜고 더 많은 코드를 작성하고 싶게끔 만든 거군요. 하지만 다른 사람들 역시 오랜 시간 동안 일하잖아요. 어떤 아이디어가 있을 때 그것을 실제 제품으로 출시하기 위해서는 누구나 한 주에 80시간이나 100시간 정도는 일해야 된다고 생각하니까요.

톰프슨 그런 방식은 소진 상태를 야기합니다. 자발적인 동기로 즐겁게 프로그래밍을 하는 동안 저는 한 번도 스트레스를 느낀 적이 없어요. 반면에 외부에서 정한 마감 시한이 있는 프로젝트를 맡으면 스트레스를 받죠. 재미도 없고요. 그런 방식은 좋아하지 않습니다.

사이블 오랜 시간 일을 하면 진이 빠집니다. 그건 분명히 나쁘지요. 하지만 단기간에 마감을 맞춰야 한다면 이런 방식이 통하기도 하지 않나요?

톰프슨 사람들은 보통 단기적인 마감을 거듭 마주하는 처지에 있습니다. 한 업무가 마감되는 즉시 또 다른 마감 기한이 다가오기 시작하지요. 그런 식으로 계속 마감일을 맞추며 살다 보면 다음에 할 일에 대한 열정은 점점 식어 버리고 머지않아 그런 식으로 살 수 없음을 깨닫게 될 겁니다. 저는 그렇게 살 수 없어요.

사이블 하지만 마감 기한에 맞추려 노력하면 최소한 일이 얼마나 오래 걸릴지 예측할 수는 있잖아요. 일정량의 코드를 작성할 때 얼마나 시간이 걸릴지 예측하실 수 있나요?

톰프슨 저 혼자 쓸 프로그램을 작성하는지, 아니면 제품이 될 프로그램을 작성하는지에 따라 다릅니다. 저 혼자 쓸 프로그램을 짜는 경우에는 예측이 가능해요. 때에 따라서는 이상하게 작동해도 감수할 수 있고요. 마지막 10%의 완성도를 높이는 일은 못하죠. 제가 알고 있는 구멍을 모두 메꾸지도 않습니다. 그런 식이에요. 그런 방식으로 일해서 프로그램을 완성하고 한가할 때 코드를 다듬습니다. 그리고 계속 사용하겠죠. 어쩌면 '완성된 제품'의 정의가 달라서인지도 모르겠네요. 하지만 출하될 제품을 만들기 위해 일하면 다른 사람들과 함께 일해야 하고 갖가지 조정이 필요하게 되지요. 그런 경우에는 제품을 완성하기 위해 얼마나 걸릴지 예측할 수가 없습니다.

사이블 1999년 인터뷰에서 리눅스에 대해 크게 신경 쓰지 않는다고 말씀하셨습니다. 그 말에 리눅스 관련 개발자들이 모두 들고일어났었죠. 10년이 지난 지금 돌이켜 볼 때 어떻습니까? 리눅스가 세상을 점령하고 있다고 보시나요?

톰프슨 리눅스는 훨씬 안정적으로 변모했어요. 의심의 여지가 없죠. 저는 리눅스 코드를 가끔 들여다봅니다. 물론 예전만큼 자주 읽지는 않죠. 플랜 9 운영 체제를 개선하기 위해 리눅스를 많이 들여다봤어요. 리눅스는 항상 우리보다 앞서 있었습니다. 리눅스는 하드웨어에 대응할 인력이 훨씬 많았으니까요. 하드웨어를 조금이라도 동작시켜야 할 때 저는 그 하드웨어의 리눅스 드라이버를 살펴본 다음 플랜 9용 드라이버를 짰습니다. 지금은 코드를 살펴볼 필요가 없어요. 그냥 리눅스를 쓰죠. 지금도 리눅스 코드는 가끔 읽어요. 하지만 그럴 일은 상당히 드뭅니다. 그러니 리눅스의 품질이 점점 더 나아지고 있는지 아닌지는 판단하기가 어렵네요. 그러나 한 가지, 안정적인 운영 체제가 되었다는 것은 확실합니다.

사이블 **그저 재미 삼아 남의 코드를 읽기도 하시나요?**

톰프슨 옛날에는 재미로 읽는 편이었어요. 지금은 덜 그렇죠. 제가 구글에 처음 왔을 때에는 그저 구글이라는 회사가 뭐하는 곳인지 느끼려고 코드를 읽었어요. 사실 그래야만 했죠. 아무도 가르쳐 주지 않아서 스스로 알아내야 할 것이 정말 많았거든요.

사이블 **프로그램을 하나 골라서 완전히 이해하려고였나요, 아니면 그냥 구글 개발자들이 어떻게 프로그래밍을 하는지 알고 싶어서?**

톰프슨 둘 다 조금씩 섞여 있어요. 저는 처음에 커다란 라이브러리부터 몇 개 골라서 이것저것 들여다보는 편이에요. 어떤 서비스 안에 들어 있는 메인 프로그램도 읽어 봅니다. 구글의 프로그래밍 스타일은 좀 별스러워요. 서브루틴 호출 명령을 하나 만들고 RPC 형태의 패키지로 싼 다음에 그걸 시스템 어딘가에 정적인 형태로 저장해 둡니다.[23] 누구나 어디에서나 어떤 이유로든 그 서브루틴을 호출할 수 있다는 뜻이죠. 이런 호출을 받기 위해 일종의 '포괄적인' 리스너 프로그램이 대기하고 있습니다. 어딘가에 있는 사람이 요청할 서브루틴의 이름이 적혀 있는 메시지를 보내면 리스너가 그 메시지를 해독해서 해당 서브루틴을 찾은 다음 그걸 호출하는 거예요.

사이블 **분산 컴퓨팅 환경에서 사용하는 기법이군요.**

톰프슨 맞아요. 구글 어디에서든 이런 식으로 프로그래밍을 해요. 그래서 코드 읽기가 정말 힘들어요. 코드를 읽으려면 바인딩 코드[24]부터 시작해야 합니다. 바인딩 코드를 보다 보면 일반적인 IPC로 이어지지요. IPC를 들여다보면 그것이 참조하는 핸들이 있어요. 핸들을 따라 들어가야 비로소 구현된 코드 부분이 나타납니다. 이 부분을 실제로 읽고 이해해야 하지요. 그전까지는 아무것도 이해할 수 없습니다.

사이블 팀으로 일할 때 특별히 선호하는 구성 방식이 있나요?

톰프슨 좋은 사람들, 말이 통하는 사람들과 일할 수 있으면 됩니다.

사이블 말이 통하는 사람들과 함께 일한다고 가정해 보죠. "이 코드는 제가 썼으니 제 것입니다. 그러니 책임도 제가 지겠습니다." 같은 식의 강한 코드 소유권을 선호하시나요, 아니면 "코드를 함께 소유하고 누구나 자신의 생각을 코드에 반영토록 합시다." 같은 식의 느슨한 코드 소유권을 선호하시나요?

톰프슨 저는 늘 그 중간쯤에서 일했습니다. 어떤 코드를 소유하는 사람이 있고 그 코드에 문제가 생기면 이메일을 보내거나 말해 주면 돼요. 그러면 코드 소유자가 문제를 고칩니다. 그런데 소유자가 사라져 버릴 때도 있고 코드를 고치려는 의욕이 없거나 보고도 그냥 놔두거나 아예 반응하지 않을 때가 있어요. 그럴 땐 다른 사람이 고쳐야 합니다. 이럴 땐 '마지막으로 손댄 사람'이라는 문구가 불문율이에요. 그 사람이 책임져야 합니다. 그러니까 어중간한 소유권이라 볼 수 있죠. 아무나 우르르 몰려가서 닥치는 대로 코드를 수정하지는 않아요. 엄연히 코드 소유자를 거쳐서 일해야 합니다. 하지만 코드 소유자가 쉽게 바뀔 수 있는 거죠.

사이블 요즘 짝 프로그래밍을 지지하는 개발자들이 있는데요. 키보드 하나로 두 명이 같이 코딩하는 거 말이에요. 이런 식으로 일해 보신 적이 있나요?

톰프슨 작은 프로젝트는 그런 식으로 할 수 있어요. 제 옆에 저보다 타자 속도가 훨씬 빠른 사람이 앉아 있다면 제가 말을 하고 그 사람이 타자를 하는 편이 더 나을 겁니다. 실제로 몇 분에서 한두 시간까지 둘이서 그런 식으로 같이 작업해 본 적이 있어요. 각자 따로 할 수도 있었는데도요.

사이블 **그래서 작업 결과물이 더 향상되었나요, 아니면 작업이 더 빨리 끝났나요?**

톰프슨 결과물은 향상되지 않았어요. 디버깅 작업은 빨라질지도 모르겠네요. 한 사람이 타자하는 동안 그 사람 어깨너머로 버그를 잡아낼 수 있으니까요. 그런 식으로 버그를 줄일 수는 있을 것 같아요. 그렇다고 철학적으로 볼 때 짝 프로그래밍이 앞으로 가야 할 길이라는 증거는 찾지 못했습니다. 그냥 해 본 정도예요.

사이블 **아직도 프로그래밍하는 걸 즐기시나요?**

톰프슨 네, 작고 간단한 프로그램 짜는 걸 좋아합니다. 한 달이면 너끈히 만들 수 있는 것들 말이에요. 1년 정도 걸리는 거대한 작업에 매달리는 건 좋아하지 않아요. 제 집중력은 그 정도로 길지 않거든요.

사이블 **짧은 프로그램을 늘 선호하셨나요, 아니면 장기 프로젝트들에 기운이 너무 빠져서 그런 건가요?**

톰프슨 잘 모르겠어요. 실제로 어떤 프로젝트를 진행하는지에 따라 달라요. 운영체제처럼 거대한 프로젝트는 몇 년씩 걸립니다. 이런 프로젝트는 여럿으로 잘게 쪼개야 하는데, 재미있는 부분도 많이 찾을 수 있어요. 하나의 거대한 프로그램이 아니라 작은 프로그램 여러 개인 셈이죠. 하지만 거대한 결과물 하나만 만들어 내는 프로젝트도 많아요. 그런 프로젝트를 접할 때마다 늘 어려움을 느낍니다. 저에겐 만족감과 피드백이 필요합니다. 앉아서 몇 날 며칠, 아니 몇 달을 일하는데 가득 쌓이는 코드 말곤 아무것도 볼 수 없다면 그런 일은 어렵습니다.

사이블 **이전까지 대개 연구소에서 일하셨고 자신이 착수하고 싶은 프로젝트도 자유롭게 고르실 수 있었잖아요. 그런데 일반 회사에 취업하면서 바뀐 점이 있었나요? 일이 더 재미없어졌다든가요.**

톰프슨 아니에요. 일은 여전히 늘 재미있어요. 여기서도 대부분 제가 하고 싶어 하는 일만 골랐으니까요. 대학에서도 일거리는 정말 넘쳐 났어요. 할 일이 엄청나게 쌓여 있었으니까요. 수많은 사람이 무언가에 매달려 있었죠. 저는 그 사람들의 일을 수월하게 만들어 줄 프로그램이 필요할 것 같다는 생각이 들었습니다. 그런 사람들을 위해 일하는 건 더할 나위 없이 만족스러웠어요. 며칠 동안 몰입하다 빠져나올 수 있는 자잘한 일거리들을 맡을 수 있었죠. 하고 싶은 일거리도 제 마음대로 고를 수 있었고요.

대학에서 처음 얻은 일거리는 호메로스의 작품을 목록으로 만들고 있던 인문학부 교수가 맡긴 일이었어요. 교수는 《일리아드》와 《오디세이》를 적은 카드 뭉치를 갖고 있었어요. 그는 두 작품에 나오는 단어의 개수와 빈도를 세고 싶어 했는데 이는 기본적으로 통계 분석이었죠. 재미있었어요. 당시엔 컴퓨터로 텍스트 분석을 하는 사람이 없었으니까요. 그게 제 첫 번째 특이한 일거리였습니다.

사이블 1999년에 한 인터뷰에서 아들에게 컴퓨터 쪽은 이제 끝물이라고 생각한다며 컴퓨터 과학 대신에 생물학을 전공하도록 설득했다는 이야기를 하셨습니다. 그 인터뷰가 거의 10년 전쯤이었죠. 지금은 어떻게 생각하시나요?

톰프슨 전과 똑같이 느끼고 있어요. 컴퓨터 산업에서 예상을 벗어날 정도로 큰 혁신은 딱히 일어나고 있지 않습니다. 제가 생각하기에 마지막으로 가장 중대한 발명은 '인터넷'이었어요. 1999년에 이미 인터넷이 있었죠. 그 이후로 모든 것이 성장했어요. 양적으로는 말입니다. 개인용 컴퓨터의 속도도 여전히 기하급수적으로 빨라지고 있고요. 하지만 질적으로 달라진 게 있나요?

사이블 유닉스 역사에 관한 책을 읽어 보면 당신 같은 사람들이 운영 체제를 개발한 기본적인 취지는 컴퓨터를 가지고 더 재미있게 놀기 위해서였다고 하더군요. 게임이나 애플리케이션을 만드는 것처럼 요즘이라면 아주 기본적일 수도 있는 일을 하기 위해 운영 체제를 통째로 구현하셔야 했습니다. 그뿐 아니라 컴파일러를 작성하고 여러 가지 일을 할 수 있는 개발 인프라도 만드셔야 했고요. 그런 프로젝트들은 모두 그 자체로 재미있었을 거라고 확신해요. 앞에서 이야기 나누었듯이 요즘 소프트

웨어는 많은 층을 추상화해서 겹겹이 맞아떨어지게 조립하는 방식으로 만들어집니다. 이런 것이 현대적 프로그래밍의 복잡성이라 할 수 있어요. 하지만 그런 복잡성이 소프트웨어를 돌리기 위해 운영 체제를 밑바닥부터 만드는 것과 동일한 종류의 복잡성이라고 볼 수 있을까요? 물론 이제는 그런 일을 하실 필요가 없겠지만요.

톰프슨 하지만 상황은 더 심각합니다. 사람들은 운영 체제를 주어진 환경으로만 생각해요. 사용할 줄만 알면 된다고 생각하는 거죠. 하지만 운영 체제는 의무적으로 알아야 할 것입니다. 그런데 컴퓨터 과학과를 막 졸업한 학생들을 붙잡고 물어보세요. 컴퓨터가 밑바닥에서 어떻게 동작하는지 아는 사람이 아무도 없을 겁니다. 그들에게 컴퓨터가 무엇인지 물어보세요. 정말 까무러칠 정도로 추상적인 답변만 듣게 될 겁니다. 계산 이론이 뭐냐고 물어볼 필요조차 없어요. 그들은 원리를 전혀 모르니까요.

사이블 아드님에게 컴퓨터 말고 생물학 쪽으로 진로를 택하라고 조언하셨는데요. 하지만 제 생각엔 컴퓨터 쪽도 나쁘지 않은 것 같은데요. 프로그래밍에서는 일종의 지적인 재미를 느낄 수 있잖아요? 마법의 기계에 주문을 걸듯 자신이 원하는 일이 벌어지게끔 절차를 정의할 때 재미를 느끼잖아요. 그런 재미를 당신과 똑같이 느낄 수 있지 않을까요?

톰프슨 맞아요. 헤어 나올 수 없을 정도로 재미있어요. 그렇다고 제 자식에게 바늘구멍으로 들어가라고 할 수는 없는 노릇이에요. 시대가 변한 것 같습니다. 나이가 들어서 그런지도 모르겠군요. 아무튼 층 위에 층을 쌓고 그 위에 또 다른 층을 쌓아 올리는 프로그래밍 방식에서는 DFA[25]를 스스로 짜 봤자 어디 쓸 데도 없습니다. 필요에 의해 새롭게 개발되는 알고리즘은 시간이 지날수록 점점 더 복잡해지고 있어요. 새로운 알고리즘은 뭔가를 하기 위해 기존의 간단한 알고리즘 50개를 조합하는 방식을 사용합니다. 제가 어렸을 때에는 간단한 알고리즘을 많이 짜곤 했어요. 그런 게 정말 재미있었습니다. 간단한 알고리즘은 이해하기 쉬웠어요. 복잡한 알고리즘에서는 마치 회계 장부를 작성하듯이 특정 사례에 따라 문제 해결 방식을 쪼갭니다. 그러고 나서 이런 사례는 이 알고리즘으로, 저런 사례는 저 알고리즘으로 처리하는 방식을 사용해요. 문제는 읽어도 이해가 안 되는 알고리즘이 끝없이 등장한다는 거예요. 그런 면에서 지금 사정은 예전과는 달라요. 정말 다르다고 믿습니다. 사정이 이렇게나 달라진 이유의 대부분은 시간이 지나면서 단순한 것들이 전부 복잡해졌고, 복잡성을 다루기 위해 모든 것을 층층이 추상화해서 숨겨 놨기 때문이에요. 그래서 우리는 현재 추상화된 층들을 다루고 있습니다. 저는 괴팍한 노인네라서 그런지 이런 추상화된 층들이 도무지 이해가 안 되네요.

13장

최초의 튜링상 여성 수상자

프랜 앨런

Fran Allen

프랜 앨런은 원래 수학 교사가 되려고 했다. 하지만 학자금 대출을 갚기 위해 1957년 임시직이라 생각하고 IBM 리서치에 프로그래머로 취업했다. 앨런에게 주어진 첫 번째 과제는 말을 잘 듣지 않는 IBM 과학자들에게 새롭게 개발된 언어를 가르치는 일이었다. 바로 포트란이었다.

교육 분야로 돌아가는 대신 앨런은 IBM에서 45년간 일하며 일련의 컴파일러 프로젝트를 수행했다. 스트레치-하베스트 머신[1]을 위한 컴파일러를 만들기도 했고, 야심 차게 도전했지만 결국 완성되지 못한 ACS-1 슈퍼컴퓨터용 컴파일러도 만들었다. 자신의 프로젝트인 PTRAN에서는 포트란 프로그램의 자동 병렬화 기법을 개발하기도 했고, 정적 단일 할당[2] 중간 표현도 만들었다. 정적 단일 할당은 이제 일반 컴파일러나 JIT 컴파일러 모두에서 널리 사용된다.

2006년에는 '컴파일러 최적화 기법의 이론과 실제에 대한 선구적 공헌'을 인정받아 튜링상을 받았다. 튜링상 40년 역사상 최초의 여성 수상자였다. IBM에서 최고의 기술적 공헌을 한 사람에게 부여하는 IBM 펠로로도 여성으로서는 처음 선정되었다. 앨런은 IEEE와 ACM 석학 회원이자 미국 국립 공학 아카데미, 미국 예술 과학 아카데미, 미국 철학 협회 회원이기도 하다.

앨런은 자신의 경력 전반에 걸쳐 컴퓨터 분야에서 여성의 역할이 변화하는 걸 지켜봐 왔다. 경력 초기에는 IBM 같은 회사들이 아직 불분명하고 새로운 직업이었던 '프로그래머' 자리에 여성만 골라서 채용했다. 하지만 그 후로 수십 년에 걸쳐 이 분야는 남성의 비중이 훨씬 높아졌다.

우리가 나눈 대화에서 앨런은 이런 변화가 어땠는지 그리고 이 분야의 다양성을 높이는 일이 왜 중요한지 이야기했다. 그리고 C 언어가 컴퓨터 과학 연구를 해친 게 얼마나 통탄할 일인지 이야기했다.

> 앨런은 2002년 IBM에서 은퇴한 후에도 프로그래밍 분야에서 여성의 참여를 늘리기 위한 활동을 계속했다. 인터뷰 이후 2020년 알츠하이머병으로 세상을 떠났다.

사이블 어떻게 프로그래밍을 하게 되셨나요? 원래는 수학 교사가 되려고 했는데 학자금 대출을 갚기 위해 IBM에 취직하셨다는 이야기는 알고 있습니다.

앨런 뉴욕주에서 교사 정식 자격증을 얻으려면 석사 학위가 있어야 했습니다. 저는 학부에서 수학을 전공하고 물리학을 부전공했고 2년 동안 가르치는 일을 했어요. 그러고 나서 미시간 대학교에 가서 수학에 더 집중하기로 했어요. 미시간 대학교에서 석사 학위를 따려면 자기 전공 외 과목을 두 개 들어야 했어요. 그래서 컴퓨터 과목을 하나 들었죠. 그때가 1957년이니까 컴퓨터 과학이란 건 없었어요. 학과가 생기기 시작한 건 10년은 더 지나서였죠. 하지만 공대에 컴퓨터 수업이 한두 개 있었어요.

사이블 그 수업에서는 뭘 가르쳤나요?

앨런 학교에 IBM 650이 있었어요. 우리가 오늘날 쓰는 컴퓨터와는 꽤 다른 기계죠. 학생들은 이걸로 프로그래밍하는 법을 배웠어요. 그러려면 컴퓨터 자체에 대해 속속들이 배우고 어셈블리어로 코드를 짜는 법을 익힐 뿐 아니라 컴퓨터에서 자신의 프로그램을 돌리는 법도 배워야 했죠. 진짜 실습을 하는 환경이었어요.

사이블 천공 카드 더미를 직접 만들어서 컴퓨터로 가져간 다음 직접 투입하셨다는 건가요?

앨런 맞아요. 그러고 나서 실행해 보고 고치는 거죠. IBM 650은 드럼 컴퓨터[3]였어요. 계속 돌고 있는 드럼에 인스트럭션이 들어가는 거죠. 그래서 실행 속도를 올리려면 드럼상의 인스트럭션 사이 간격을 조절해야 했어요. 드럼이 회전할 때 다음 인스트럭션 위치가 딱 맞아떨어지도록 말이죠.

사이블 그때 IBM 채용 팀이 온 거군요. 직장으로서 IBM의 어떤 점이 끌렸나요?

앨런 아, 저는 마침 일자리가 필요했어요. 학자금 대출을 갚아야 했으니까요. 그런데 채용 팀이 캠퍼스에 나타난 거예요. 게다가 지역도 딱 맞았죠. 뉴욕주로 다시 돌아갈 수 있었으니까요. 그래서 지원서를 썼고 제가 지원하는 부서가 정확히 뭔지는 크게 신경 쓰지 않았어요. 알고 보니 IBM 리서치였죠. 하지만 이게 어떤 조직인지는 전혀 몰랐어요.

몇 주 후에 전화를 받았죠. 일리노이주 남부에 있는 교육 대학 강사 자리에 지원해서 면접을 보고 있던 중이었어요. 그땐 일자리가 정말 간절했거든요. 하지만 아직 구하지 못하고 있었죠. 그래서 여행 도중에 전화를 받자마자 무슨 일인지 알아보지도 않은 채 덥석 수락했어요. 제출할 서류를 받고 보니 뉴욕주 남부 포킵시에 있는 연구소였죠.

그래서 거기서 프로그래머 일을 시작했어요. IBM은 컴퓨터 산업으로 빠르게 사업을 확장하고 있었는데, 그땐 컴퓨터 과학 수업 같은 건 아직 전혀 없었죠. 그래서 프로그래머가 있으면 어디서든 채용을 했어요.

사이블 거기서 어떤 훈련을 받았나요?

앨런 글쎄요, 제 기억에는 일하면서 배웠다고 할 수 있을 것 같아요. 회사에 대한 소개는 있었지만 프로그래밍 강의 같은 건 없었던 듯해요. 다시 생각해 보니 이상하긴 하네요. 이전에 어떤 일을 했는지에 따라 몇 가지 수업은 있었던 것 같아요. 하지만 체계가 아주 없었죠.

제가 받은 첫 업무는 과학자와 다른 프로그래머들에게 포트란을 가르치는 일이었어요. 어쨌든 수학 교사였으니까요. 저는 1957년 7월에 입사했는데 포트란은 그해 4월 15일에 처음으로 제품이 나온 상황이었죠. 그리고 제가 속해 있었던 IBM 리서치에는 9월까지 모든 프로그래밍을 포트란으로 전환하라는 지시가 내려와 있었어요. 자사 직원들이 무언가를 쓰도록 만드는 IBM 방식이죠. 외부 사람들에게 그렇게 하는 것처럼요.

사이블 학생들은 IBM 내부 과학자였나요? 자체적으로 과학 계산을 수행하는?

앨런 네, IBM 704 컴퓨터가 있었는데 애초에 포트란이 설계되고 최적화된 기계가 바로 704였죠. 과학자들은 원래 어셈블리어 코드를 기계에 직접 짰는데, 제가 미시간 대학교에서 하던 일과 똑같았습니다. 자기가 짠 프로그램을 돌리기 위해 시간을 확보하고 프로그램을 돌렸어요. 하지만 고수준 언어로 짠 프로그램이 자신이 기계를 직접 프로그래밍하는 것만큼 잘 돌아가리라고 믿지 않았어요.

사이블 과학자들은 그때 이후로 새로운 언어를 배우지 않은 거군요. 아직도 포트란을 쓰니까요. 그렇지 않나요?

앨런 맞아요. 뭐, 그 수업도 그리 즐겁지는 않았어요. 하지만 전체적으로는 우리 모두에게 정말 놀라운 경험이었어요. 포트란을 쓰면 단순히 언어만 바뀌는 게 아니라 엄청나게 진보한 컴파일러가 함께 따라왔으니까요. 그게 현대 컴파일러 구조의 기반을 놓은 거죠.

사이블 제가 알기로 그다음으로 수행하신 큰 프로젝트는 스트레치 컴퓨터인데요. 혹시 그사이에 또 다른 과제가 있었나요?

앨런 포트란과 스트레치 컴파일러 사이에 두 가지 프로젝트에 참여했어요. 그중 하나가 모니터링 가능한 자동 디버깅 시스템(Monitored Automatic Debugging system, 이하 MAD)이었어요. 다시 704용 어셈블리어 수준으로 내려가는 작업이었죠. 정말 재미있었어요.

MAD는 아주 초창기 운영 체제라고 할 수 있었죠. 세 명이 함께 일했어요. 우리는 컴퓨터에 버튼을 몇 개 추가했어요. 그땐 그럴 수 있었죠. 그중 하나가 패닉 버튼이었고요. 프로그램이 무한 반복에 빠진 것 같으면 패닉 버튼을 누르기만 하면 됐어요. 그러면 우리가 만든 디버거로 넘어갔죠. 제가 한 작업 중에 실행 중인 어셈블리어 프로그램을 가져다가 출력을 돌려서 열 기반 프로그램 데이터를 만드는 일이 있었어요. 카드 리더를 쓰면 데이터가 행 기반이거든요. 각 줄에 인스트럭션에 해당하는 비트가 들어 있는 형태죠. 하지만 테이프에서는 다른 형식으로 읽어야 했어요. 그래서 열 기반 프로그램 데이터 형태가 되어야 했죠. 그 프로그램을 아직도 갖고 있답니다.

지금도 기억이 나는데 제가 정말 좋아했던 것 중 하나는 기존 프로그램을 읽는 일이었어요. 프로그램이 아주 우아하게 느껴졌죠. 이 분야에서 경력이 좀 있었던 로이 넛[4]이라는 사람이 쓴 꽤 복잡한 프로그램이었는데 제 마음을 사로잡았죠. 정말 아름다웠어요.

사이블 아름다운 프로그램이란 어떤 건가요?

앨런 문제에 대해 단순하고 직접적인 해결책을 갖고 있어야죠. 프로그램 안에 고유한 구조와 명백함이 있어야 하지만, 사실 문제만 보면 그렇게 명백하지는 않죠. 프로그래밍을 배우거나 새로운 언어를 배울 때 기존 프로그램을 가져다 공부하는 습관이 아마 그때 생긴 것 같아요.

사이블 코드를 어떻게 읽으시나요? 새로운 언어를 배워야 해서 그 언어로 된 프로그램을 구해서 읽는다고 해 보죠. 어디서부터 공략하시나요?

앨런 제 밑에서 일하던 사람이 파서를 만들었던 사례를 말씀드릴게요. 이건 나중에 PTRAN 프로젝트 때 일이긴 한데요. 저는 그가 파서를 만든 방법을 이해하고 싶었죠. 아마 정말로 세계 최고의 파서일 거예요. 지금은 오픈 소스로 풀려서 공개되어 있지만, 파싱 도중에 오류 수정을 할 수 있는 아주 대단한 파서죠.[5]

저는 그 파서를 이해하고 싶었어요. 그래서 소스 코드를 가져다 읽었죠. 저는 그 파서를 만든 필리프 샤를이 멋진 프로그래머라는 걸 알고 있었어요. 저는 새로운 언어나 아주 복잡한 문제의 새로운 구현을 이해하고 싶을 때 이렇게 합니다. 제가 아는 훌륭한 프로그래머의 프로그램을 가져다 읽는 거죠.

사이블 그런 코드를 어떻게 파고드시나요? 실행 단계를 추적해 보시나요, 아니면 위에서 아래로 쭉 읽으면서 머릿속에 구조를 그려 보시나요? 까다로운 코드 읽기 문제를 어떻게 푸시는지 궁금합니다.

앨런 네, 까다로운 문제죠. 대개는 코드에 대한 직관이 있거나 해결책의 구조를 이미 알고 있거나 해요. 그래서 코드에 뛰어들어 대략 중간부터 출발해서 핵심적인 부분을 찾죠. 프로그램에 사용된 알고리즘뿐 아니라 그 언어를 우아하게 사용하는 방법을 배울 수 있는 아주 훌륭한 방식이에요.

사이블 혹시 들려주실 만한 디버깅 무용담이 있으신가요?

앨런 두어 가지 있어요. MAD 시스템에서 있었던 일이 하나 기억나네요. 컴퓨터 운영자가 한밤중에 전화를 했어요. 밤새 돌아야 하는 프로그램이 돌아가지 않는다고 하더군요. 우리는 데이터가 맞는지 확인하기 위해 자동으로 체크섬 검사를 하는 방식을 쓰고 있었어요. 컴퓨터 자체에는 데이터 오류 검사 기능이 거의 없었거든요. 데이터 오류 자동 수정은 말할 것도 없고요.

어쨌든 전화상으로는 문제를 알기 어려웠죠. 시간이 좀 걸렸던 것 같아요. 그런데 갑자기 제가 만든 시스템의 체크섬 검사에서 특정한 경우를 처리하지 않았다는 생각이 났죠. 체크섬 방식의 문제 때문에 프로그램이 정확한 경우에도 수행이 계속 차단되었던 거예요. 그래서 저는 운영자에게 다시 전화를 걸어 그 문제를 우회하는 방법을 알려 줬어요.

또 하나가 있는데요. 이건 제가 스스로 아주 뿌듯했기에 기억하고 있는 거예요. 스트레치 프로젝트를 할 때였는데 밤새 일하는 걸 좋아하는 직원이 한 명 있었죠. 몸집도 크고 성격도 딱딱해서 좀 무서운 사람이었는데, 하루는 아침에 저를 찾아온 거예요. 제 책상에 엄청나게 두꺼운 프로그램 덤프 종이 뭉치를 던졌죠. 그땐 그런 걸 보면서 디버깅했거든요. 덤프에서 딱 한 비트를 가리키면서 그러더라고요. "왜 이 비트가 1인 거죠?" 밤새 고민한 게 분명했어요. 그런데 정말 신기했던 건 제가 그 이유를 알고 있었다는 거죠. 그건 버그가 아니었거든요. 그렇게 되어 있는 이유가 있었는데 그는 그걸 몰라서 오류의 원인으로 잘못 생각했던 거죠.

사이블 그건 좀 나중 일이네요. MAD와 스트레치 사이에 다른 프로젝트가 하나 더 있다고 하셨으니까요.

앨런 맞아요. IBM의 과학자가 하드웨어 배선도를 그리는 일을 돕는 프로그램이었어요. 그 당시 칩이라고 불리던 것 위에 전선을 놓아야 했죠. 우리가 구현한 것은 수학적인 해결 방법이었는데 물론 칩 영역이 한정되어 있다 보니 제약 조건이 아주 많았어요. 저는 거기서 프로그래머로 일했고요. 프로그래머가 둘 아니면 셋이었는데 모두 여자였죠.

사이블 그다음 스트레치 프로젝트로 이어졌군요. 아주 큰 프로젝트였고요.

앨런 저는 포트란에 경험이 있고 컴파일러를 잘 안다는 이유로 IBM 리서치에서 차출되어 IBM의 다음 대규모 프로젝트에 투입되었어요. 바로 스트레치 컴퓨터였죠. 프로젝트는 1955년에 시작되었어요. 스트레치라는 이름은 아마 1956년에 붙었던 것 같아요. 그 당시 세상에 있던 어떤 컴퓨터보다 100배는 더 빠른 컴퓨터를 만드는 게 목표였죠. 정말 끝내주는 컴퓨터가 될 거였어요.

이 컴퓨터가 성공하는 데 컴파일러가 핵심 요소가 되리라는 게 분명해 보였어요. 목표 성능을 달성하는 데 있어 가장 까다로운 부분이 메모리 접근이었거든요. 그래서 메모리를 효과적으로 활용하기 위해 컴파일러가 중요한 역할을 해야 했죠.

사이블 프로그래머가 직접 손으로 어셈블리어 코드를 쓸 수 없을 정도로 메모리 접근 시간을 다루는 일이 복잡했던 걸까요?

앨런 네, 메모리 접근 시간 문제를 풀기 위해 하드웨어의 동시성을 활용했거든요. 아주 복잡한 동시성이었어요. 메모리 구성 자체도 여러 경로가 서로 섞여 있을 수 있었고, 계산 유닛에 어떤 순서로 데이터가 도착할지 예측이 전혀 불가능했죠. 메모리 접근이 동시에 여섯 건까지 가능했어요. 계산 유닛 자체에도 파이프라인이 있었고 동시에 여러 인스트럭션을 실행할 수 있었죠. 그리고 컴퓨터에서 가장 복잡한 부분은 내다보기(look-ahead)[6] 유닛이었어요. 스트레치 컴퓨터에는 아키텍처 설계의 일부로 정확한 인터럽트가 포함되어 있었거든요. 그래서 내다보기 유닛은 현재 동시에 진행 중인 처리 내용을 모두 추적하는 것은 물론, 인터럽트가 발생했을 때 준비한 것을 모두 취소시키는 일도 해야 했죠.

정말로 프로그래밍하기 극도로 복잡하면서도 끝내주는 기계였어요. 이걸 최대한 활용하는 컴파일러를 만드는 일도 아주 어려웠죠. 끝내주게 어려운 프로젝트였어요.

컴파일러와 운영 체제 소프트웨어를 개발하기 위해 IBM 리서치에서도 꽤 많은 사람이 뽑혀 갔어요. 컴파일러만 놓고 봐도 컴퓨터만큼이나 거창했죠. 저는 포트란 최적화 작업을 한 적이 있었기 때문에 스트레치 컴퓨터 최적화에 참여했어요. 결국 그 기계는 스트레치 하베스트가 되었지만요. 컴파일러의 얼개는 다른 위원회에서 만들어졌는데, 세부 사항을 채워 넣을 책임은 저희 네 명에게 주어졌죠. 컴파일러의 인터페이스를 비롯해서 이 명세가 무엇을 위한 것인지, 각 부분은 누가 담당할지 같은 걸 정해야 했어요. 저는 최적화를 맡았고 다른 사람이 파서나 레지스터 할당, 어셈블리 프로그램과의 인터페이스 같은 걸 가져갔죠.

사이블 프로젝트는 어떻게 구성되었나요? 사람들이 기술적인 작업을 하는 측면에서요.

앨런 음, 세 명 정도가 컴파일러의 전반적인 설계를 그렸는데요. 파서가 있어야 하고 이것도, 저것도 있어야 하고 그것들을 어떻게 모아야 한다는 식으로요. 그 사람들 위에도 누군가가 있었죠. 어쨌든 제품이니까 의사 결정과 관리를 위한 계층이 있었어요.

그리고 큰 컴포넌트마다 프로젝트 감독관이 있었습니다. 저희 네 명, 그중 세 명은 여성이었는데요. 여하튼 저희에게 팀으로 함께 참여해서 인터페이스를 설계하라고 지시했죠.

사이블 그 외에 실제 구현을 담당하는 다른 프로그래머도 있었나요?

앨런 네, 제 밑에 프로그래밍만 하는 사람이 17명 있었어요.

사이블 설계 단계와 코딩 단계 사이의 관계는 어땠나요? 당신을 포함한 네 명이 함께 각 부분 사이의 인터페이스를 정했다고 하셨는데요. 이런 설계가 17명의 프로그래머가 코드를 짜기 전에 일어난 건가요, 아니면 코딩을 하면서 설계에 피드백을 주었나요?

앨런 일을 하면서 설계가 이루어졌다고 봐야겠네요. 우리 제품의 제약 조건은 우리 관리자들이 정했어요. 저처럼 각 부분을 이끄는 사람들을 관리하는 사람이 한 명 있었는데요. 조지 그로버였죠. 그로버가 기술적으로 더 큰 그림을 그렸어요. 그리고 많은 게 고객이 제시하는 제약 조건에 의해 움직였죠. 그 당시에는 협동 작업이 많았고 유연성도 높았어요. 어떤 면에서는 우리가 계속 새로운 것을 발명해야 하는 상황이었으니까요. 하지만 마감 시한은 정해져 있었죠. 그러니까 관리 구조가 아주 복잡하지는 않았어요. 그냥 팀의 일부로서 일했을 뿐이죠.

사이블 소속 팀원이 짠 코드 때문에 상위 의사 결정이 필요하게 되지는 않았나요? 각 부분이 조합되는 방식을 재검토할 필요가 생기거나 해서요.

앨런 네, 이 인터페이스는 이런 문제가 있다고 하는 식이죠. 요소들이 어떻게 합쳐지는지 따라가는 것도 저희 일이었죠. 각 부분을 이끄는 우리 넷도 함께 만났어요. 하지만 대부분의 시간은 각자 담당한 컴포넌트를 만드는 데 써야 했어요. 자유도가 아주 높았죠.

소프트웨어 공학이라는 개념은 훨씬 나중에 나왔어요. 소프트웨어 공학이란 것도 없었고 커다란 프로세스 같은 것도 아직 탄생하기 전이었죠. 그다음 프로젝트인 IBM 시스템/360은 프레드 브룩스가 이끌었는데 소프트웨어가 아주 엉망이었죠. 저는 참여하지 않았지만요. 360 엔지니어링은 1963년 정도까지는 꽤 잘되고 있었어요. 그러다 소프트웨어가 잘 진행되지 않아서 몇몇 엔지니어가 컴퓨터를 만드는 일에서 소프트웨어로 옮겼어요. 하드웨어 엔지니어들이었는데 소프트웨어는 하나도 모르는 사람들이었죠. 정말 난장판이었어요.

360이 출시된 후 어떤 사람이 IBM 고위층에 편지를 썼어요. 360에 참여한 사람이었는지는 모르겠네요. 어쨌든 그 편지에서 그는 클린 룸이라는 소프트웨어 엔지니어링 규율을 제안했죠. 그가 제시한 일련의 프로세스를 지키면 완벽한 프로그램을 짤 수 있다고 주장했어요. 저만의 생각인지 모르겠지만 그 후에 경영진이 한 일을 보면 이 아이디어를 받아들인 것 같아요.

사이블 360 프로젝트가 너무 고통스러웠기 때문이었을까요?

앨런 맞아요. 그래서 IBM의 제품 개발 방식이 아주 엄격한 클린 룸 프로세스로 바뀌었죠. 여러 프로세스를 모두 지켜야 했어요. 그중 하나를 보면 어떤 사람이 목표를 설정해요. 그러면 설계를 하는 다른 그룹이 있죠. 설계를 하는 사람이 프로그래머가 설계에 맞추어 코드를 쓸 수 있도록 세부 사항까지 모두 설계합니다. 그리고 이 그룹들은 서로 이야기를 하지 않아요. 이 프로세스를 아주 깨끗하게(clean) 지키면 완벽한 소프트웨어가 탄생한다는 거죠.

사이블 360 프로젝트에서 브룩스가 소프트웨어와 하드웨어를 모두 담당했죠. 맞나요?

앨런 네, 360을 모두 담당했던 것 같아요. 하지만 소프트웨어 리더 일부를 하드웨어 경험을 한 사람으로 교체했죠. 그건 정말 잘한 것 같아요. 하드웨어 사람들은 하드웨어를 만들 때 사용하는 훌륭한 체계를 이미 갖고 있었거든요. 칩 설계나 테스트 절차 같은 것들 말이에요. 설계를 표현하는 검증되고 더욱 엄밀한 방식이죠. 우리 소프트웨어 사람들은 그저 시늉만 내고 있었어요.

사이블 그래서 적어도 그 프로젝트에서는 하드웨어 사람들이 소프트웨어 개발 프로세스에 무언가를 도입한 덕분에 프로젝트를 구할 수 있었다고 생각하시나요?

앨런 절대적으로 필요한 일이었어요. 하지만 소프트웨어 사람들에게 아주 고통스러운 일이었죠. 이 사람들이 옮겨 왔는데 소프트웨어는 눈곱만치도 모르고 설계 리뷰와 명세 등 온갖 것을 도입하고 그랬으니까요.

사이블 그게 프로젝트를 구하긴 했군요. 그 사람들이 대담하게 한 걸음 더 전진해서 클린 룸 프로세스를 도입한 것은 너무 나간 일이었을까요?

앨런 네, 저는 그렇게 생각해요. 그렇게 일이 흘러간 거죠. 클린 룸 프로세스, 폭포수 프로세스 같은 게 아주 강력한 지지를 받으며 관리층 사이에 퍼졌고요.

사이블 그런 지지는 하드웨어 쪽으로부터 온 걸까요?

앨런 아니요, 오히려 소프트웨어 쪽으로부터 받았어요. 그런데 그 편지를 쓴 사람이 360 프로젝트에 참여했던 것 같지는 않아요. 적어도 360 프로젝트를 구하는 일에는요. 하지만 소프트웨어 구조에 경험이 좀 있던 우리 중 몇몇은 그 당시 그런 주장에 깜짝 놀랐죠. 가끔은 무언가를 전파하기 위해 강한 주장을 하게 되는 것 같아요.

사이블 **그런 프로세스가 적용된 프로젝트에서 일해 보신 적 있으신가요?**

앨런 아, 물론이죠. 정말 당황스러웠어요. 초기 단계에 설계 담당자와 프로그래머가 서로 이야기할 수 없었으니까요. 문제가 하나 있다면 간단한 소프트웨어라도 그 전체 생명 주기는 아주 길다는 점이었어요. 이건 지금도 그럴 것 같네요. 그리고 그 당시에 커다란 소프트웨어를 만들려면 여러 달에서 길면 몇 년이 걸렸죠. 그 와중에 환경도 변하고 요구 사항도 변하고요. 그리고 정말 중요한 건 고객이잖아요. 자신이 원하는 것에 대해 알려 줄 수 있는 사람은 고객밖에 없으니까요.

사이블 **그러면 변경된 사항을 프로세스를 모두 거쳐서 다시 전달해야 하나요, 아니면 사람들이 프로세스에서 지름길을 찾아내기 시작하나요? 프로그래머에게 직접 찾아가서 "있잖아요. 고객한테 A가 필요하다는 걸 알아냈어요." 하고 말하는 식으로요.**

앨런 그렇죠. 수년에 걸친 생애 주기 내내 아주 세부적인 사항까지 충분하고 유용한 명세를 쓸 수 있는 사람은 사실 아무도 없을 테니까요. 그게 문제였어요. 그러다 보니 당연히 또 다른 프로세스가 생겼는데요. 뭐랄까, 일단 그냥 하고 버리는 겁니다.

사이블 **브룩스도 자신의 유명한 책[7]에서 그랬잖아요. "버릴 걸 만들라. 어쨌거나 버리게 될 것이다."**

앨런 네, 사실 정말 맞는 말이에요. 저도 그렇게 생각하고요. 하지만 제가 볼 땐 그런 생각이 무언가를 만들기 시작하기 전에 전혀 생각을 하지 않는 행태로 이어지는 일이 많은 것 같네요.

저는 언제나 얼개를 파악하고 있는 편이 좋아요. 모형을 갖고 있는 거죠. 대개는 순서도나 인터페이스에 대한 명세 몇 가지 정도로요. 물론 그 당시 우리는 순서도를 엄청나게 많이 그렸습니다. 컴퓨터를 그렇게 자주 사용할 수 없었고 순서도는 생각을 이어가기에 아주 좋은 모형이었으니까요. 시스템의 각 부분이 어떻게 상호 작용해야 하는지, 무엇을 해야 하는지, 어디서 해야 하는지, 각 컴포넌트의 목적은 무엇인지 같은 걸 담아낼 수 있었죠. 지금은 순서도 말고 뭘 쓰는지 모르겠네요.

사이블 **순서도라고 해도 규칙에 따라 엄격하게 그리는 형식에 맞는 순서도도 있지만, 그냥 칠판에 자기가 이해한 바를 손으로 그려 보는 순서도도 있잖아요? 둘 중 어떤 방식을 사용하신 건가요?**

앨런 형식에 맞춰 그린 순서도였어요. 요소들의 핵심에 아주 복잡한 부분이 있을 때도 많잖아요. 그럴 땐 형식에 맞춰 순서도를 그렸죠. 하지만 다른 경우에는 그런 규칙에 얽매이지 않고 그냥 문제를 풀기 위해 순서도를 그렸어요. 칠판 가득 그림이 그려지면 그게 그 달 또는 특정한 기간 동안 우리가 한 작업의 기록이 되기도 했죠.

사이블 **IBM에서 PTRAN 컴파일러라는 큰 프로젝트를 주도하셨는데요. CPU 파이프라인 같은 곳에서 발생하는 내부 동시성이 아니라 명시적인 동시성을 처음으로 다뤄 보신 거잖아요. 이 작업을 시작하실 때에는 당신뿐 아니라 IBM 전체로 보아도 아주 새로운 개념이었을 것 같네요.**

앨런 IBM으로선 새롭긴 했지만 우리는 이 개념을 아주아주 늦게 도입한 거였어요. 정말 실용적인 관점에서 동시성이라는 개념을 창안한 훌륭한 업적은 일리노이에서 1969년, 1970년부터 이미 나오기 시작했죠.

사이블 **PTRAN 컴파일러는 어떤 언어를 컴파일했나요? 병렬성 전용 문법을 추가하지 않은 순수한 포트란이었나요?**

앨런 네, 맞아요. 거기서 시작했죠. 저는 우리가 최적화에서 했던 일과 똑같은 걸 해내고 싶었어요. 사용자가 애플리케이션에 자연스러운 방식과 언어로 순차적 코드를 작성하면, 컴파일러가 최적화를 하고 그걸 컴퓨터에 맞게 변환해서 동시성을 누릴 수 있도록 하고 싶었죠.

PTRAN의 목표는 우리가 '먼지 쌓인 천공 카드 뭉치'라고 부른 기존 코드를 가져다가 하드웨어의 병렬 컴포넌트를 자동으로 활용하도록 만들자는 거였어요.

사이블 다시 말해 오늘날로 따지면 대칭형 다중 처리라고 부르는 걸 만들려고 하셨군요?

앨런 네, 그런 것 같네요. 병렬성에는 정말 다양한 모형이 있어요. 그래서 어려운 면도 있죠. 제 생각에는 훨씬 단순화할 수 있을 것 같아요. 그래도 멀티코어는 정말 흥미롭긴 합니다. 적어도 저는 그래요. 어쨌든 병렬성의 모형은 다양합니다.

우리는 이걸 기존 연구를 바탕으로 만들었는데 특히 데이브 쿡[8]의 작업을 바탕으로 했죠. 뉴욕 대학교의 연구도 좀 가져왔고요. 우리는 이런 분야에 경험이 이미 많은 연구실로부터 갓 졸업한 박사들을 채용했어요. 우리는 실용적인 면과 이론적인 면 양쪽을 모두 추구했기 때문에 양쪽 모두에서 의미 있는 결과물을 많이 내놓았습니다. 저는 실무에서 알고리즘과 이론, 문제 해결 방법에 대한 사고방식 같은 걸 찾아낼 수 있기를 원합니다. 동시에 알고리즘을 실무에 적용해서 실제로 얼마나 가치가 있는지, 어떻게 적용할 수 있는지 확인할 수 있기를 원하고요. 정말 간절하게요. 저는 우리 분야가 같은 프로젝트를 이론과 실무 양쪽에서 함께 접근할 때 최고의 결과를 낼 수 있다고 생각합니다.

사이블 PTRAN 프로젝트에서는 팀을 이끄셨는데요. 그때에도 여전히 코딩을 하셨나요?

앨런 코딩을 하지는 않았어요. 하지만 코드와 아주 가까웠죠. 예를 들어 정적 단일 할당 연구가 끝났을 때 저는 이 작업을 적당한 시간 내에 구현할 수 있는 방법을 몰랐어요. 그러니까 아주 좋은 알고리즘이었는데 정말 시간과 공간 복잡도가 적당한 구현을 보진 못했으니까요. 구현이라는 문제를 해결해야 했죠. 코드를 봐야 했어요. 코드가 필요했고 구현해야 했죠. 아주 멋지고 유명한 논문이긴 하지만 논문에 나오는 그래프와 복잡도 계산만으로는 아무것도 되지 않으니까요.

실제 시스템에서 이걸 구현할 수 없다면 문제는 해결되지 않은 거죠. 제 바람처럼 유용한 무언가가 아닌 거예요. 결국 제 소속 팀원 한 명이 코드를 짰어요. 저는 그걸 읽었죠. 코드를 전부 보고 사용한 자료 구조도 확인했죠. 아주 놀라운 코드였어요. 제가 말했죠. "이거야. 잘되겠네."

사이블 전체 시스템에 들어갈 코드를 모두 다 보셨다는 건가요?

앨런 네, 네, 맞아요.

사이블 그 많은 사람을 모두 관리하면서요? 혹시 그 사람들을 관리하는 사람은 따로 있고 기술 아키텍트 역할만 하신 건가요?

앨런 아니요, 제가 그 그룹의 연구 관리자였어요. 핵심 멤버는 10~12명 정도였고 전체 과제를 나눠서 구성원 각자가 맡은 부분을 책임감을 갖고 담당하도록 했어요.

사이블 코드 소유권에 대한 논쟁이 있습니다. 적어도 제럴드 와인버그가 《프로그래밍 심리학》을 쓴 시점 이후로는 논쟁이 계속되어 왔는데요. 와인버그는 사람들이 코드를 '소유'하는 게 낫다고 주장합니다. 그래야 책임감을 갖는다는 논리였죠. 반면에 좀 더 공동으로 일해야 사일로 효과를 피하고 한 사람만 코드를 아는 일을 막을 수 있다는 주장도 있습니다. 말씀하신 것을 들어 보면 소유권을 나누는 편이 낫다고 생각하신 것 같네요.

앨런 우리는 함께 일했어요. 하지만 그런 협업은 시스템 상태나 구현에 관한 것이었죠. 어떤 사람은 구현에 아주 능합니다. 그래서 특정한 부분의 코드를 소유하죠. 최적화 루틴 부분이나 프로세스 내 분석 같은 건 분명 한두 사람이 짰을 거예요. 반면에 이론 작업이나 논문을 쓰는 추상적인 작업을 많이 하는 사람도 몇 명 있었어요. 이런 사람들은 논문이나 알고리즘을 아주 많이 작성했죠. 저희 그룹이 특별했던 건 이 두 전문가 그룹이 협력한 덕분이라고 생각합니다.

병렬성을 위한 분석이나 변환 분야에서 아주 많은 일이 벌어지던 시기였어요. 그래서 제가 노력했던 방향은 모든 사람이 두루두루 일할 수 있게 하는 거였어요. 이론을 하는 사람에게는 코드를 좀 짜 보라고 했죠. 자신의 이론을 시스템 일부를 구성하는 코드로 표현해 보라고요. 다른 부분을 하던 사람들에게는 논문 같은 걸 좀 써 보라고 했고요.

사이블 많은 프로그래머가 어떻게 해서든 관리자가 되지 않으려고 합니다. 관리자 역할이 마음에 드

셨나요?

앨런 아, 초창기 IBM 리서치에서는 특별한 구분이 없었어요. 관리자를 한다는 게 승진이 아니었고 월급도 그대로였죠. 그냥 업무를 관리할 사람이 필요했을 뿐인 거예요. "관리 업무를 하고 싶지 않으세요?" 아니면 "이 업무를 관리할 사람은 당연히 당신인 것 같은데요." 하는 식이었죠. 그리고 기술 분야의 관리 업무잖아요. 사람을 관리하는 일의 비중은 크지 않았어요. IBM 리서치에서 사람들의 직함은 입사한 날부터 RSM, 그러니까 연구원(research staff member)이었어요. 대부분은 경력 내내 직함이 바뀌지 않았죠. 제 동료들은 모두 그랬어요. 그런 부정적인 꼬리표 없이 관리자 역할을 시작하거나 그만두거나 했죠.

사이블 그렇다면 관리 역할로 뽑힌 사람들은 실제로 관리 업무를 잘하는 사람들이었겠네요. 그런 관리 기술은 어떻게 익히셨나요?

앨런 아, 저는 관리자 수업을 들었어요. 그땐 처음 관리자가 되면 모두가 수업을 들어야 했죠. 그런데 돌이켜 보면 농장에서 자랄 때 그런 기술을 익혔던 것 같아요. 저는 여섯 아이 중 첫째였고 그중 저를 포함해서 다섯이 연년생이었죠. 아마 우리 부모님은 꽤나 버거우셨을 거예요. 그래서 자연스럽게 그런 관리자 역할을 익히게 되었죠.

사이블 기술 분야 관리자 역할에서 어려운 점 중 하나가 균형을 잡는 일일 것 같은데요. 일을 어떤 식으로 해야 하는지 자신의 기술적인 의견을 제시하는 것과 다른 사람이 고유한 아이디어를 낼 수 있는 공간을 열어 주는 것 사이에서 균형을 잡아야 하죠.

앨런 저는 스트레치 프로젝트에서 뼈아픈 교훈을 얻은 것 같아요. 하루는 프로젝트에 참여한 몇 사람이 저에게 와서 우리가 리스트와 해싱을 써야 한다고 말하더군요. 프로그래밍에서 리스트는 익숙했지만 해싱은 아직 낯선 기술이었어요. 제 밑에서 일하는 사람 둘이 와서는 심벌 테이블에 해싱을 쓰고 싶다고 했죠. 그래서 제가 "아니, 그러면 안 돼요. 우린 해싱을 어떻게 쓰는지 모르잖아." 이러쿵저러쿵하며 잔소리를 했죠. 그다음 주 월요일에 출근했더니 벌써 다 만들었다는 거예요. 시스템을 모두 파헤친 다음 해싱을 써서 다시 만들었죠. 잘 동작했어요. 게다가 훨씬 빨랐죠. 저에게는 아주 큰 교훈이 된 사건이었어요. 새로운 발상에 훨씬 열린 자세를 보여야 했던 거죠.

사이블 가끔은, 어쩌면 훨씬 자주 그런 일이 일어나죠. 팀원들이 자기가 무슨 말을 하는지 실제로 잘 알고 있으니 좋은 아이디어의 싹을 밟아 버리지 않도록 너무 간섭하지 않는 편이 나을 때가 있어요. 하지만 좀 까다로운 경우도 있죠. 자신이 정말로 옳고 팀원의 아이디어에 실제로 조금 문제가 있을 때요. 너무 지적하고 싶지는 않으실 테니까요.

앨런 그런 일이 정말 있었죠. 한 분야에서 지식을 쌓은 사람이 다른 분야에 왔을 때 그런 일이 일어나곤 해요. 프로젝트에 충분히 참여하지도 않았는데 자기 지식을 프로젝트에서 현재 진행 중인 부분에 적용하고 싶어 하죠. 마감이 눈앞으로 다가온 것을 무시하는 경우도 많고요.

외부 과제를 하다가 큰 문제를 겪은 적이 있습니다. 우리 부서 사람들은 PL/I이라는 크고 색다른 언어에 적용한 내용을 기반으로 최적화기 개발을 멋지게 해낸 적이 있어요. 그런데 외부 과제에 참여한 사람 중 하나가 객체 지향 프로그래밍을 알게 되자 이걸 극단적으로 많이 적용한 거예요. 저는 계약을 감독하는 입장인데도 그 사람을 말리지 못했죠. 결국 프로젝트는 망했어요. 결국 우리가 만든 건 PL/I이긴 한데 포인터가 잔뜩 들어 있고 포인터 추적이 내내 이루어지고 값을 추적하거나 한 포인터의 값을 알아내기 위해 인스트럭션이 11개나 필요했습니다.

사이블 생성된 코드가 그랬다는 말씀이시죠?

앨런 생성된 코드도 그랬지만 컴파일러 자체도 마찬가지였어요. 컴파일러 자체도 그 컴파일러로 컴파일했으니까요. 한 단계 작업을 할 때마다 그 값이 올바른지 확인해야 했죠. 확인하고 또 확인하고 또 확인하고요. 오늘날에도 그런 일이 여전히 일어나죠. 우리가 이런 데서는 교훈을 아직 얻지 못했다는 거죠. 제가 그 상황에 잘 대처하지 못한 것 같아요. 객체 지향 기술을 그런 상황에 적용하는 일의 비용을 지적했어야 했는데 말이지요. 정말 끔찍하게 느렸어요. 결국 전체 과제가 취소되었죠.

사이블 **제품 인도 기한을 꼭 지켜야 하는 IBM 제품을 직접 만드신 적이 있나요?**

앨런 스트레치 프로젝트가 딱 그랬죠. 저는 제품 개발에 두세 번 참여했는데요. 마감 기한이 될 때까지 매주 코드 리뷰를 해야만 했죠. 저는 그런 프로세스를 존중합니다. 그게 최종 결과물에, 또 작업을 하는 팀에 얼마나 중요한지 잘 이해하고 있어요. 금요일마다 모여 앉아서 사람들과 코드를 읽고 뭘 했고 왜 했는지 설명하면서 다른 사람의 오류를 찾는 일은 정말 고통스러울 수도 있죠.

사이블 **고통스럽지만 감수할 가치가 있었나요?**

앨런 물론 그랬죠. PTRAN 프로젝트에서 담당한 제품 일부를 인도하기로 한 마감 날짜까지 우리는 매주 코드 리뷰를 했어요. 우리의 코드, 다른 사람들의 코드 등 어디에서든 발생하는 오류를 설명하기 위해 하루의 절반을 썼죠. 아마 10달쯤은 했을 거예요. 금요일 오후를 송두리째 바쳤죠.

사이블 **그런 환경에서 일하실 때 일정 범위의 소프트웨어를 만드는 데 걸리는 시간을 어느 정도의 정확도로 추정하는 프로세스가 구축되어 있다고 느끼셨나요?**

앨런 글쎄요, 제품 개발 사람들은 분명 그랬던 것 같아요. 모든 걸 다 측정했으니까요. 지금도 그러고 있겠지요. 그중에는 코드 품질에 대해 통계적으로 감을 잡으려는 것도 있었어요. 이번 주에는 버그가 몇 개나 등록되었다든지 하는 거죠. 저는 제품 연구실 환경을 좋아했어요. 정말 모든 것이 현실이 되는 곳이니까요.

사이블 **프로그래머를 채용할 때 어떤 점을 보시나요?**

앨런 저는 여러 대학에 인맥이 많습니다. 뉴욕 대학교는 컴파일러 분야에 훌륭한 교수진을 갖추고 있죠. 그 그룹 사람들은 컴파일러 코드를 짜는 훈련을 정말로 잘 받아요.

사이블 알고 믿을 수 있는 교수에게서 추천받은 사람을 채용할 수 있겠군요. 혹시 그런 사람의 추천을 받지 않은 누군가의 면접을 봐야 할 때에는 어떤가요? 두어 시간 안에 좋은 프로그래머인지 알아내야만 한다면요?

앨런 IBM 리서치에서 면접을 볼 때 저는 면접자가 흥미를 느끼는 게 있는지 늘 가장 먼저 물어봤어요. 저에겐 그게 기본적인 요구 조건이거든요. 그게 프로그래밍이나 컴퓨터가 아니어도 상관없어요. 무언가에 열정을 보이지 않는 사람은 모여서 일할 때에도 열의를 보이지 않거든요.

가끔은 위험한 시도를 하기도 해요. 한 번은 위험을 무릅쓰고 채용한 적이 있어요. 그 사람의 논문 지도 교수가 그 사람이 심한 난독증이 있다고 했는데도 채용했지요. 하지만 IBM에서는 잘 풀리지 않았어요. 몇 가지 면이 맞지 않았죠. 그런데 그 사람이 직접 창업을 했어요. 저는 아직도 그에게 조언을 구하러 가곤 해요. 무언가를 기술적으로 풀어내는 통찰력이 있는 사람이거든요. 그냥 해법을 알아요. 그러니 그 채용은 사실 실수가 아니었던 거죠. 프로젝트는 잘못 골랐지만 그와 관계를 맺은 건 실수가 아니었어요.

사이블 최근에는 멘토링에 참여하고 있으신데요. IBM에 당신 이름을 따서 만든 멘토링상도 있고요.[9] 새내기 프로그래머가 더 나은 프로그래머가 될 수 있도록 이끄는 좋은 방법이 있을까요?

앨런 그런 측면의 멘토링은 요즘 많이 하지 않고 있어요. 그 대신 젊은이들에게 너무 성급하게 관리자가 되려고 하지 말라고 권하는 일을 하고 있죠. 그런 쪽에 재능이 있는 사람들은 유혹에 빠지기 너무 쉽거든요. 기술적인 업적으로 평판을 쌓으세요. 컴퓨터 과학 논문이든, 알고리즘이든, 훌륭한 코드를 쓰는 일이든 뭐든 상관없어요. 자신의 분야에서 탄탄한 평판을 쌓으세요. 그게 나중에 프로젝트 관리나 다른 일로 옮겨 가고 싶을 때 큰 도움이 될 겁니다. 일을 하려면 무엇이 필요하고 어떻게 일해야 하는지 방법을 잘 배웠을 테니까요.

사이블 기술적인 역량은 아주 잘 갖추지 못했더라도 다른 사람들의 일을 조직하는 데 아주 뛰어난 사람이 훌륭한 관리자가 되는 게 가능할까요?

앨런 물론이죠. 자기가 기술에 뛰어나다고 착각하지만 않는다면요. 그리고 자기 밑에서 일하는 사람 중 누가 일을 잘하고 못하는지 구분할 수 있어야겠죠.

사이블 그게 아마 가장 까다로운 일일 것 같은데요. 진짜 최고의 프로그래머를 어떻게 구분하시나요?

앨런 저는 언제나 제 정신이 번쩍 들게 하는 사람을 찾으려고 합니다. 저는 시스템에 대해 생각하면서 시간을 많이 보내기 때문에 이게 정말 중요해요. 그래서 적어도 IBM 리서치에서는 저에게 무언가 새롭거나 흥미로운 것, 아니면 무언가를 보는 새로운 방식, 문제를 푸는 새로운 방식을 보여 줄 수 있는 사람을 찾습니다.

저는 다른 사람들의 생각에 의지하기도 해요. 제가 틀린 적도 많으니까요. 제가 어떤 사람을 그룹에서 내린 평가보다 더 높이 평가했다는 사실을 깨닫는 건 생생한 교훈이 됩니다. 좋은 그룹이 있다면 그 사람들의 의견을 모으는 것도 일 잘하는 프로그래머를 구분하는 아주 좋은 방법이에요.

사이블 가장 마지막으로 프로그래밍을 하신 게 언제인지 기억나시나요?

앨런 꽤 오래전이에요. C가 나왔을 때 코딩을 그만둔 셈이죠. 정말 큰 충격이었어요. 우리는 최적화와 변환 분야에서 좋은 성과를 내고 있었습니다. 문제를 하나씩 멋지게 해결해 나가고 있었죠. C가 나왔을 때 SIGPLAN 컴파일러 콘퍼런스에서 논쟁이 붙었어요. C를 옹호하는 벨 연구소 출신의 스티브 존슨과 우리 쪽 사람인 빌 해리슨 사이의 논쟁이었죠. 해리슨은 그 당시에 제가 참여하던 자동 최적화 프로젝트에서 일하고 있었고요.

논쟁의 핵심은 스티브가 C 컴파일러에 최적화가 없는 걸 변호하면서 펼친 주장이었어요. 프로그래머가 직접 최적화할 테니 필요 없다는 거였죠. 이제 최적화는 프로그래머가 신경 쓸 일이라고요. C를 설계한 이유는 고수준 언어에서 풀 수 없었던 세 가지 문제를 해결하기 위해서였어요. 첫 번째 문제는 인터럽트 처리였고, 두 번째 문제는 리소스 스케줄링이었어요. 돌아가는 작업을 멈추고 컴퓨터가 큐에 쌓여 있는 프로세스를 처리하도록 할당하는 일이었죠. 그리고 세 번째가 메모리 할당이었죠. 고수준 언어에서는 불가능한 작업이었어요. 이것들이 C가 필요한 이유였죠.

사이블 **만약 C가 운영 체제 커널 전용 언어였다면 적절했을까요?**

앨런 네, 그랬다면 좋았겠죠. 사실 운영 체제에서는 그런 게 필요하니까요. 전문가가 큰 병목 없이 정말로 세밀하게 조정할 수 있어야 하죠. 그게 운영 체제에서 해결해야 할 핵심 문제니까요.

1960년에 우리는 멋진 언어가 아주 많았어요. 리스프, APL, 포트란, 코볼, 알골 60이 있었죠. 모두 C보다 고수준인 언어죠. 우리는 C가 개발된 이후로 심각한 퇴행을 겪었어요. 자동 최적화, 자동 병렬화, 고수준 언어를 기계어로 자동으로 변환하는 분야에서 더 진보할 수 있는 역량이 있었지만 C가 다 파괴해 버렸죠. 그게 대학에서 사실상 컴파일러 강의가 열리지 않게 된 이유 중 하나일 거예요.

사이블 **컴파일러를 만드는 수업 자체는 지금도 열리고 있을 텐데요?**

앨런 그렇지 않은 학교도 많아요. 충격적인 일이죠. 여전히 콘퍼런스가 열리고 사람들이 좋은 알고리즘을 만들고 좋은 결과를 내고 있긴 해요. 하지만 그로 인한 성과는 아주 초라하다고 생각합니다. C 같은 언어들이 문제의 해결책을 지나치게 세부적인 부분까지 정해 버렸거든요. 그런 언어들이 학문으로서의 컴퓨터 과학을 망치고 있습니다.

사이블 **하지만 요즘 나온 최신 언어들은 C보다 고수준인데요. 자바나 C#, 파이썬, 루비 같은 것들이요.**

앨런 하지만 여전히 지나치게 세부 사항까지 프로그래머가 지정합니다. 가장 핵심적인 문제는 데이터의 위치를 지정한다는 점이에요. 아까 말한 다른 언어들을 보면 데이터의 위치를 지정하려고 들지 않죠. 데이터를 컴퓨터의 어디로 옮기고 어디에 저장하라고 지정하지 않아요. 근본적으로 어떤 시점에 어떤 값을 가지는지만 관여하죠.

사이블 하지만 C나 C++를 제외하면 포인터를 날것으로 쓰는 언어는 이제 거의 없는데요. 자바는 가비지 컬렉션이 있고 데이터는 이리저리 옮겨 다닙니다. 그래도 여전히 지나치게 세부적인 부분까지 정한다고 보시나요?

앨런 네, 우리가 계산 최적화를 한 것처럼 데이터에 관한 최적화도 할 수 있는 여지가 있다고 믿어요. 우리는 데이터를 그다지 잘 다루고 있지 못하거든요. 함께 사용되는 데이터들이 모여 있게 만든다든지 하는 식으로 자동 데이터 관리를 잘 못하고 있습니다.

현재 다양한 갈래의 연구가 이루어지고 있는데 아주 흥미로워요. 하지만 더 크고 대담한 발상은 아직 나오지 않은 것 같습니다. 기존의 것들이나 현재의 생각으로 한정 지어진 영역 안에서 이루어지는 연구가 대부분이에요. 하룻밤 사이에 바뀌진 않겠죠. 이미 수백만 줄의 코드가 있으니까요. 하지만 '이건 여기서 하고 저건 저기서 한다.'는 식의 한계를 뛰어넘으려 노력해야 합니다.

사이블 고성능 컴퓨팅 분야에서 대부분의 경력을 보내셨는데요. 2019년 또는 어느 시점엔가는 아마 노트북에 코어가 1000개쯤 들어갈 거라는데요.[10] 그렇다면 고성능 컴퓨팅과 일상 컴퓨팅 분야가 합쳐질까요, 아니면 고성능 컴퓨팅 분야는 앞으로도 꽤 다른 모습으로 별도로 발전해 나갈까요?

앨런 그건 무엇을 놓고 비교하느냐에 달린 것 같네요. 고성능 컴퓨팅에서 우리의 현재 목표인 페타플롭[11]에 어떻게 도달할 수 있을지는 잘 모르겠어요. 분명 성능을 높이기 위해 우리는 멀티코어를 활용할 거예요. 소모하는 에너지도 줄일 수 있고 다른 장점이 많으니까요. 물리적인 한계 때문에 생기는 문제들도 해결할 수 있고요.

그리고 분명 이런 추세를 강화하는 경쟁 요소도 있어요. 하지만 이런 멀티코어 도입은 문제를 하드웨어에서 소프트웨어로 옮깁니다. 그런데 제가 볼 때 우리는 소프트웨어에서 이런 문제를 개선할 준비가 되어 있지 않아요. 멀티코어를 활용하려면 새로운 언어 수준의 무언가가 나타나야 할 것 같습니다. 이 문제는 총체적으로 바라봐야 해요. 아마 무언가 아주 새로운 발상이 필요할 겁니다.

50년, 아니 60년인가요? 에니악이 1944년인가 1943년이었고, 그 이후로 이어진 컴퓨터의 역사 동안 우리는 멋지고 감탄할 만한 유산을 쌓았어요. 정말 놀랍죠. 하지만 동시에 우리가 버려야 할 결과물들도 만들어 냈습니다. 이것들을 대체하려면 아주 많은 시간이 걸릴 거예요. 그 결과 컴퓨터가 어떻게 진화할지 예측하기는 좀 힘드네요. 하지만 우리가 새로운 발상을 적재적소에 적용할 수 있다면 아주 빠르게 진화할 수 있을 겁니다. 우리는 아주 많은 종류의 계산을 할 줄 압니다. 하지만 컴퓨터의 계산 요소에 데이터를 공급하는 방법은 잘 몰라요.

사이블 **계산을 하는 곳에 데이터를 공급하는 일을 우리가 잘하지 못한다고 말씀하셨는데요. 구체적으로 뭘 말씀하시는 건지 간단한 예를 들어 주실 수 있을까요?**

앨런 제가 말하는 건 데이터 관리를 가져오는 거예요. 기본적으로 우리는 지금 참조 방식을 쓰고 있죠. 참조를 하드웨어, 아니면 밑에서 돌아가는 운영 체제나 지원 체계가 이리저리 옮깁니다. 그리고 참조는 개별 요소 단위인 경우가 많고요.

사이블 **구조체나 배열 안에 포인터를 넣을 수 있다는 점을 말씀하시는 걸까요?**

앨런 네, 구조체나 배열의 한 요소가 포인터일 수 있죠. 그 결과 하드웨어·아키텍처 프로토콜에 따라 그게 가리키는 값이 계산의 일부로 사용할 수 있는 위치로 옮겨지고요.

그런데 다른 방식을 생각해 볼 수 있어요. 데이터를 배치하는 상대적인 위치를 최적화 대상으로 삼는 거죠. 이렇게 하는 이유는 어떤 계산에 좋은 방식이 다른 계산에서는 안 좋을 수도 있기 때문이에요. 예를 들어 행렬처럼 단순한 배치 방식도 행렬의 값을 다른 방식으로 접근해야 한다면 안 좋을 수 있죠. 그러니까 접근하는 순서의 조합이 중요해요. 위치가 아니라요. 이걸 하려면 아키텍처 작업과 하드웨어 작업이 필요할 수도 있습니다. 하지만 저는 참조나 주소 접근 기능을 하드웨어 자체에 다시 넣으면 가능할 거라고 생각해요. 이런 기능이 있는 컴퓨터가 있는데 데이터가 메모리에 올라오는 시점에 꽤 많은 변환이 일어나죠. 그런 위치 매핑이 하드웨어에서 수행될 수 있어요.

고성능 컴퓨팅에서는 대부분 계산 속도만 측정합니다. 그래서 속도를 올리기 위해 온갖 일을 다 하죠. 계산 유닛에 데이터를 공급하는 것도 우리가 겪는 큰 문제예요. 하지만 이 문제를 최우선으로 다뤄 본 적은 한 번도 없어요. 그냥 하드웨어에 맡겨 왔죠.

사이블 **이런 말씀을 하신 적이 있어요. "우리는 지금 기로에 서 있는데 그걸 깨닫지 못하고 그냥 지나칠지도 모릅니다. 잘못된 길로 접어든 다음 그 길로 한참 동안 가게 될 수도 있습니다."**

앨런 네.

사이블 **올바른 길은 자동 병렬화 같은 종류의 방향으로 돌아가는 거라고 보시나요?**

앨런 네, 하지만 우리가 지금 쓰는 것보다 더 고수준 언어를 사용해야 해요.

사이블 **그리고 사람들에게 병렬성을 명시적으로 표현하라고 하는 건 잘못된 길이고요?**

앨런 언젠가는 우리가 과거보다 더 엉망진창인 뭔가를 만들었음을 깨달으리라고 생각합니다. 그래도 더 고수준 언어가 필요하긴 해요. 도메인 특화 언어가 있고 무언가를 개발하는 방법들이 있긴 하죠. 정말로 꽤 훌륭해요.

이런 것들의 이점을 잘 활용하는 것은 물론, 시스템들을 통합함으로써 얻을 수 있는 이점이나 데이터가 온갖 곳으로부터 흘러 들어온다는 사실 또한 활용해야 합니다. 더 이상 데이터가 프로그램 코드와 함께 들어 있지 않아요. 지금도 막대한 양의 접근 가능한 데이터를 마주하고 있잖아요. 숫자 데이터뿐 아니라 정보성 데이터도 있죠. 이런 데이터가 전 지구에 걸쳐 저장될 거예요. 특히 생물 정보학을 한다면 더 그렇겠죠. 그래서 플랫폼을 만들 수 있어야 합니다. 아마 그런 플랫폼은 수많은 요소가 모여서 이루어질 텐데 막대한 정보를 한데 모을 수 있게 해 줄 거예요. 계산 능력은 지금 우리가 가진 것과는 아마 꽤 다르겠지만요. 그리고 조만간 이런 시스템들의 사용성이라든가 무결성 같은 것도 다루어야 할 겁니다.

사이블 **프로그래머 입장에서 사용성 말씀이신가요, 아니면 그런 시스템을 사용하는 최종 사용자의**

사용성을 말씀하시는 걸까요?

앨런 최종 사용자의 사용성이요. 이런 시스템은 정말 거대한 자원이잖아요. 그리고 시스템 정확도 측면에서 무결성을 다루어야 한다는 말입니다. 저는 오래전에 미국 국가 안보국에서 위험 관리에 대한 프로젝트를 했는데요. 고성능 컴퓨팅에서 기존에 계산하던 만큼 정확도가 필요하지 않을 때가 많다는 사실을 갑자기 깨달은 거예요. 해답을 찾아 나가기 위해 그 모든 데이터가 필요하지는 않죠. 그래서 데이터 분야에서는 적당히 좋은 해답을 구하는 연구가 잘 이루어지고 있는 것 같아요. 그리고 멀티코어라는 게 나타났으니 시간을 다시 돌려서 많은 것을 재검토하기에 정말 좋은 기회죠.

사이블 자신을 과학자, 엔지니어, 예술가, 장인 중 무엇이라고 생각하시나요?

앨런 저는 제가 컴퓨터 과학자라고 생각합니다. 컴퓨터 과학이라는 분야가 발전하는 걸 돕기 위해 제 자리에서 노력했어요. 컴퓨터 과학이라는 분야가 떠오르던 정말 흥미로운 시기였죠. "이게 정말 과학이야? 이름에 '과학'이 들어 있다고 다 과학인 건 아닌데." 같은 말이 많았으니까요. 그게 무슨 뜻인지 저도 명확하지 않았죠.

하지만 컴파일러는 아주 오래된 분야예요. 운영 체제보다도 오래되었죠. '컴파일러'라는 단어도 사실은 실행할 작은 인스트럭션 조각을 끼워 넣는 일에서 비롯되었어요. 덧셈이 컴퓨터의 아주 기초적인 기호로 표기되는 것처럼요. 덧셈을 실행하려면 덧셈을 정의한 라이브러리로 가서 그걸 펼쳐 봐야죠.

그런데 어셈블러도 기호를 사용하고 있었어요. 정확한지는 모르겠지만 예전에는 변수 이름에 기호를 최초로 도입한 사람이 냇 로체스터라고 생각했어요. 1951년경 아주 초기 IBM 컴퓨터인 701에서였죠. 로체스터는 701 테스트 담당이었는데 컴퓨터를 테스트하기 위한 프로그램을 작성했죠. 그 와중에 변수를 기호로 표현하기 시작한 거예요. 그런데 알고 보니 그보다 먼저 정보를 기호로 표현하는 방식들이 있었던 거예요. 1950년대 초기, 어쩌면 1940년대에 나타난 것 같아요. 제일 먼저 에니악에서 그런 것들을 정확히 어떻게 표현했는지 확인해 봐야겠죠.

사이블 경력을 쌓아 가다가 어느 순간 자신이 컴퓨터 과학자가 됐고 컴파일러 최적화에 관한 이론을 만들고 있다는 걸 깨달으셨을 텐데요. 처음에는 프로그래머로 시작하셨잖아요? 코드를 짜는 일로 채용되신 거죠. 그리고 PTRAN 프로젝트 시기쯤 되면 실제로 소프트웨어를 짜는 사람들로 이루어진 팀을 관리하는 일을 하셨고요. 왜 관리자로 전환하신 건가요?

앨런 음, 두 가지 이유가 있는 것 같네요. 첫째로 저는 아주 훌륭한 프로그래머는 아니었어요. 저는 실수를 곧잘 저지르곤 했죠. 여자는 세부 사항을 잘 챙기기 때문에 좋은 프로그래머가 될 수 있다는 통념과는 반대였어요. 저는 그렇지 않았죠. 그래서 저는 그런 세부 사항을 꼼꼼하게 챙기는 데에는 별 관심이 없었어요. 그 대신 시스템이 동작하는 방식에 훨씬 관심이 많았죠.

저는 수학에서도 아주 추상적인 부분에 관심이 있었어요. 박사 과정에 진학할 돈이 있었다면 아마 기하학자가 되었을 거예요. 기하학의 엄격한 절차를 사랑했으니까요. 제가 가장 좋아하는 것도 그런 거예요. 시스템을 파고들어 이해하는 거요. 세부 사항까지 다 알지는 못하더라도 공학적인 무언가를 파고드는 걸 좋아하죠. 하지만 엔지니어가 되려면 그런 세부 사항을 잘 알아야 할 테니 좀 다른 것 같아요.

사이블 PTRAN 프로젝트에 기술적으로 공헌하신 방식을 예로 들어 보죠. 전체적으로 동작하는 방식을 보여 주는 큰 아키텍처 그림을 염두에 둔 상태에서 어떻게 작동할지가 명확하지 않은 부분들을 지적하셨던 것 같은데요.

앨런 맞아요.

사이블 그런 능력을 원래 타고 나셨던 건가요, 아니면 점차 쌓으신 것 같나요?

앨런 부분적으로는 농장에서 자라면서 익힌 것 같아요. 현재 또는 조금 더 이전 시기에 우리 분야에서 일어나는 흥미로운 엔지니어링 작업들을 보면 그중 정말 많은 수가 어린 시절을 농장에서 보낸 사람들이 해낸 거예요. 저는 이 사실을 미국 국립 공학 아카데미에서 함께 일한 사람 몇 명을 보다 우연히 발견했어요. 중서부 농장에서 자란 나이 든 사람이 정말 많았죠. 이 사람들이 로켓을 설계하거나 아주 공학적이고 시스템적인 것들, 직접 손을 대야 하는 것들에 많이 관여했더라고요. 농장이나 자연을 접하면서 무언가를 어떻게 고치거나 무엇이 어떻게 작동하는지에 대해 많은 관심이 생긴 것 같아요.

사이블 **농장은 입력과 출력이 있는 거대한 시스템이기도 하죠.**

앨런 맞아요. 그리고 자연에 매우 가깝기 때문에 자체적인 주기와 체계가 있어요. 그런 건 사람이 어찌할 수 없는 부분이죠. 그래서 그 안에서 자리를 찾았어요. 아주 편안한 자리죠.

사이블 **앞에서 스트레치 컴파일러 시절 이야기를 해 주셨는데요. 컴파일러 작업을 이끄는 서너 명이 모두 여성이었다고 하셨어요. 어떤 환경이었는지 더 이야기해 주시겠어요?**

앨런 1959년쯤이었을 거예요. 그 당시에는 여성이 프로그래머로서 많은 역할을 차지하고 있었죠. IBM은 그런 쪽에서 정말 훌륭한 회사였고요. 최근에 역사를 좀 찾아 봤는데 IBM의 다양성 정책은 무려 1899년에 시작되었어요.[12] 다양성이 별로 관심을 받지 못하던 시기였음에도 아주 명시적인 정책이 지속적으로 이어져 왔죠.

사이블 **그 프로젝트에 여성이 많았던 건 명시적인 경영 정책 때문이었다고 생각하시나요? IBM이 여성을 더 많이 채용해야 한다거나?**

앨런 경영진에서 "꼭 여성을 더 채용해야 합니다."라고 하지는 않았던 것 같아요. 능력이 있으면 누구나 채용했고 여성만 채용하지도 않았어요. 이 시기는 아프리카계 미국인에게는 정말 힘든 시기였는데 IBM은 정말 선두 주자였죠. 잘 알려지지 않은 이야기가 하나 있는데, 그 당시 포킵시에는 아프리카계 미국인용 집이 따로 분리되어 있었어요. 그런데 IBM이 그걸 바꿨죠.

사이블 예전에 한 인터뷰에서 콘퍼런스에 도착하면서 생긴 일을 이야기하신 적이 있는데요. 주최 측이 당신을 보면서 이렇게 말한 거죠. "프랜 앨런?"

앨런 "여자분이시군요?"

사이블 "당신을 진 암달[13]과 한 방에 배정했는데 어쩌죠?"

앨런 네, 맞아요. IBM 콘퍼런스였죠. 이쪽에서 진행하던 시스템 Y 프로젝트를 서부의 제품 개발 쪽으로 넘기면서 이름도 ACS(Advanced Computing Systems)[14]로 바꾸던 시절의 일이었어요. 허드슨강 건너 아든 하우스(Arden House)라는 곳에서 큰 콘퍼런스를 열었죠. 한두 사람만 빼곤 죄다 IBM 사람이었어요. 콘퍼런스 주최를 서부에서 온 사람에게 맡겼는데 우리 쪽 사람을 전혀 몰랐던 거예요. 그냥 알파벳 순으로 방을 배정했죠.

사이블 그럼 그 방에 머물지 못하고 방을 직접 찾으셔야 했던 건가요?

앨런 네, 다락에 있는 가정부 방에서 잤죠.[15]

사이블 논문에 이름을 프랜(Fran)으로 쓰시나요, 아니면 프랜시스(Frances)로 쓰시나요?

앨런 F.E. Allen이요. 왜 그렇게 썼는지는 기억나지 않네요. 대부분 그렇게 첫 글자만 썼던 것 같아요. 적어도 그 시절에는요.

사이블 이 일을 시작하셨을 당시에는 사람들이 프로그래머를 여자가 일하기 좋은 직업으로 여겼다고 아까 말씀하셨는데요. 여성이 좀 더 꼼꼼하다고들 하니까요. 그런데 요즘은 무언가에 기이할 정도로 집중하는 능력을 가진 반면 그 이외의 일은 서툰 남자가 프로그래머에 적합하다고들 생각합니다. 그래서 남성 프로그래머가 대부분이고요.

앨런 맞아요.

사이블 그사이의 시간 동안 아마 사람들의 견해가 여러 차례 바뀌는 것을 목격하셨을 텐데요.

앨런 음, 요즘에는 여성이 훌륭한 프로그래머라고는 하지 않지만 팀에서 뛰어난 활약을 보인다고들 하죠. 협업을 잘하니까요. 협업에 있어서는 여성 쪽으로 다시 기울어졌어요. 함께 일을 잘합니다. 초창기에 여성이 아주 꼼꼼하다고 가정했던 것의 현대판이군요.

사이블 스트레치 컴파일러 그룹에 여성이 많긴 했지만 경력을 쌓아 오시면서 거의 대부분 남자들에게만 둘러싸여서 일하신 적도 분명 있으셨겠지요. 여성이 많은 그룹에서 일하실 때 뭔가 다른 점이 있었나요?

앨런 네, 그랬죠. 그런데 단순히 여자가 많아서만은 아니었어요. 그 당시에 함께 일하던 동료들은 대부분 저와 나이가 비슷한 또래였죠. 저도 대규모 채용을 하던 시기에 입사했으니까요. 우리는 나이도, 배경도 거의 다 같았어요. 우리끼리는 아주 평등했죠. 그리고 아주 신생 분야였기 때문에 아직 모르는 게 무척 많았어요. 우리가 뭘 모르는지도 몰랐죠. 경험이 아주 많거나 아는 게 훨씬 많은 사람이 우리 주위에 있는 것도 아니었고요.

사이블 그런데 어떻게 된 건가요? 이 분야엔 더 이상 여성이 많지 않은데요. 언제 바뀐 거죠?

앨런 그 이유를 깨닫기까지 몇 년은 걸린 것 같네요. 1960년대 후반이었어요. 적어도 제가 속한 환경에서는요. ACS 프로젝트를 하기 위해 IBM 리서치를 떠나 캘리포니아로 옮겼죠. 나중에 IBM 리서치로 다시 돌아와 보니 8년 전 제가 떠났던 때와는 아주아주 다른 환경이 되어 있더군요.

아주 견고한 유리 천장이 있었어요. 프로세스와 관리 라인도 있었고요. 관리 구조도 바뀌었고 의사 결정에서 형식을 훨씬 더 따지더라고요. 특히 어떤 프로젝트를 할지, 어떻게 할지 같은 걸 정할 때 그랬죠. 여성의 수도 바뀌었고 조직 내 여성의 자리도 크게 바뀌었어요. 물론 좋은 쪽으로는 아니었죠. 당연히 저로서는 불만족스러운 변화였습니다.

1970년, 1971년, 1972년은 제 경력이 18~19년 정도 되었을 때였어요. 재미와 기회로 가득 찬 시기였죠. 제가 성장하고 있다고 여긴 적은 없지만 제가 옳다고 여기는 일을 할 수 있는 자유가 있다고 느끼고 있었죠. 제가 좋아하는 자리에서 재미있는 일을 할 수 있다고요. 그런데 돌아와 보니 그게 아니었던 거예요.

사이블 그런 유리 천장이 원래도 있었는데 그때까지는 부딪히지 않았던 걸까요, 아니면 무언가가 바뀐 걸까요?

앨런 그전에는 분명히 없었어요. 최근에 저는 그런 변화의 원인을 깨달았는데요. 1960년에서 1970년 사이에 컴퓨터 과학이 출현한 게 원인이었어요. 대부분은 공학 대학에 생겼지만 일부는 수학과에서 갈라져 나오기도 했죠.

그리고 그 시기 공학 대학은 대부분 남자뿐이었어요. 그리고 IBM이 채용하는 사람은 일정한 기준을 통과해야 했죠. 컴퓨터 과학 분야에서 특정한 학위가 있고 특정한 수업을 들었어야 했어요. 이제는 컴퓨터 과학이 학문이 되었으니까요. 그리고 그런 요구 사항을 통과하는 사람은 거의 다 남자였습니다. 또 한 가지 변화는 이 일이 전문적인 직업이 되었다는 거죠. 그래서 수많은 프로세스가 도입되었고 그런 프로세스를 구현하고 모든 일을 순조롭게 실행하기 위해 관리 계층이 생겨난 거예요. 그 결과 아주 다른 곳이 된 거죠.

사이블 1950년대, 1960년대는 사회 전반적으로 성차별도 만연했을 때인데요. 그런 시기에도 일하셨던 그룹에는 여성이 많았잖아요. 그땐 왜 그렇게 여성에게 열려 있었을까요?

앨런 소프트웨어는 그 당시 최신 중의 최신이었으니까요. 아마 아직도 과학 중에서도 이른바 '소프트' 과학으로 분류될 거예요. 여성은 그런 일에 쏠리게 되죠. 초창기 에니악을 다룬 프로그래머나 블레츨리 파크에서 일한 사람들처럼요. 이 여성들을 '컴퓨터'라고 불렀어요. 이 직업의 이름이 컴퓨터였죠. 하지만 공학이나 더 오래된 하드 과학인 물리학에는 여자가 그렇게 많지 않았어요. 아마 초창기에는 그런 식으로 나뉘었을 거예요.

그러다 공학 대학에서도 여성을 배출하기 시작했죠. 이제는 공학 분야의 학부 여성 비율이 20%쯤 돼요. CMU는 훨씬 높을 거예요. 특별히 많은 노력을 기울이거든요. 하지만 컴퓨터 과학 분야는 그래봐야 8% 정도입니다.[16] 지금 숫자만 놓고 보면 컴퓨터 과학만큼 여성에게 나쁜 분야가 없죠. '나쁜' 건 아니네요.

숫자가 적다는 거죠.

사이블 이야기를 이어 나가기 위해 일부러 부정적인 질문을 드려 보자면, 어니타 보그[17]가 주장한 '2020년까지 50/50을'이라는 목표를 왜 달성해야 하죠? 2020년까지 컴퓨터 과학 분야의 여성 비중을 50%로 만들자는 건데요. 특정 분야 하나가 전체 인구 구성을 대체로 반영하는 일이 왜 그렇게 중요한 거죠?

앨런 이 사회 전체에 큰 변화를 가져오는 분야니까요. 다양한 그룹의 사람이 참여하지 않는다면 우리가 하는 일의 결과는 환영받지 못할 거예요. 우리 사회의 모든 측면에 두루두루 유용하지도 않을 거고요. 우리에게 주어진 과제는 컴퓨터 그리고 컴퓨터가 낳는 모든 것에 모든 사람이 접근할 수 있도록 하는 거예요. 이상적인 이야기죠. 하지만 우리는 정말로 그 방향으로 가고 있어요. MIT가 만드는 100달러 컴퓨터[18]가 그렇고 저개발 국가 오지에서 컴퓨터를 통해 아주 낮은 수준의 상거래를 가능하게 만드는 일이 그렇죠.

사이블 분명 최종 사용자에게 가까이 갈수록 다양한 경험을 지닌 사람이 있을 경우 사용자가 컴퓨터와 상호 작용하는 방식에 대해 더 다양한 아이디어를 떠올릴 수 있으리라는 건 납득이 됩니다. 다시 한번 부정적인 질문을 드려 볼게요. 이런 말을 하는 사람도 있을 수 있잖아요? "애플리케이션을 만들 때 다양성은 좋을 것 같아요. 그런데 컴파일러 최적화를 설계할 때에도 그럴까요? 시각의 다양성이 왜 중요하죠?" 컴파일러 최적화처럼 소프트웨어에서 극도로 기술적인 면을 다룰 때에도 다양한 직원을 채용하는 게 여전히 중요한가요?

앨런 그럼요. 사실 그것도 PTRAN 그룹의 핵심 요소였어요. 그 그룹에 많은 여성이 관심을 보였는데 부분적으로는 다른 여성들이 이미 있었기 때문이었죠. 그런데 그 결과 그 그룹은 아주 평등한 그룹이 되었어요. 그건 그 인원 구성 덕분이었다고 봐요. 여성들이 있어서가 아니라 전체 인원 구성 덕분이었죠. 이 사람들은 IBM의 서로 다른 조직에서 왔고 학력도 제각각이었어요.

일단 뉴욕 대학에 있는 커런트 연구소(Courant Institute)에서 온 사람들이 있었어요. 모두 같은 대학원을 나왔기 때문에 일하는 데 있어 자신들만의 방식이 있었죠. 그리고 MIT를 나온 사람이 둘 있었어요. 그중 하나는 여성이었는데 아주 이론적인 쪽이었고 다른 방식으로 아주 멋진 생각을 많이 해냈죠. 일리노이에서 온 사람들은 또 다른 특성이 있었고요. 성별의 차이나 다른 문화적인 차이를 배제하더라도 이렇게 다른 곳에서 온 사람들이 모였다는 사실만으로 훨씬 강력한 그룹이 되었어요.

사이블 컴퓨터 과학 학부생이 성별 기준으로 50/50으로 맞춰지더라도 그런 경험의 다양성을 놓칠 수도 있겠네요. 모두 동일한 컴퓨터 과학 학위를 받는다면요.

앨런 예를 들어 IBM에서 대학 졸업생을 채용할 때 한 가지 학문만 파지 않은 사람이 매력적이더라고요. 이 학문에서 저 학문으로 옮겨 다닌 거죠. 깊은 수준의 기술을 가졌지만 또 다양한 학문을 경험했죠. 가끔은 일부러 그렇게 하는 사람도 있어요. 큰 분야 몇 가지를 연결하겠다고 결심한 사람이죠. 그런 사람과 이야기해 본 적이 있어요. 언어 분야에서 일하는 것과 컴퓨터 분야에서 일하는 것 사이의 연결 고리를 찾았다고 하더군요. 그런 사람은 정말 채용하고 싶죠.

사이블 그렇다면 '2020년까지 50/50을' 프로젝트에 대해서는 어떻게 생각하시나요?

앨런 꽤 어려울 것 같네요.

사이블 이 목표를 달성하려면 어떤 일을 해야 할까요? 중학교나 고등학교 수학 교육을 바꿔야 한다고 보시나요? 제가 알기로는 많은 여학생이 이 시점에 수학이나 과학 분야의 꿈을 접거든요. 그전까지는 수학을 정말 좋아했더라도요.

앨런 많이들 그렇게 생각하는데 저는 동의하지 않습니다. 웨스팅하우스 경진 대회[19]를 보세요. 여학생들이 우승하고 있거든요. 고등학교에서 어려운 과학과 수학을 모두 마치고 공학 분야로 진학하는 여학생도 많고요. 제가 사는 동네인 뉴욕주 크로톤의 작은 고등학교에서도 웨스팅하우스 대회에 나가 전국 5위를 배출했습니다. 좋은 과학 프로그램도 갖추고 있어요. 올해 이 프로그램에 참여한 졸업반 일곱 명 중 여섯 명이 여학생인데 저마다 놀라운 과학 프로젝트를 하고 있죠.

이런 여학생들에게 무슨 일이 일어나는지를 보면 사회적으로 의의가 있는 분야로 진학합니다. 컴퓨터 과학도 엄청나게 사회적으로 의의가 있는 분야일 수 있을 텐데 지구 과학이나 생물학, 의학으로 가요. 의대는 조만간 50/50이 될 겁니다. 여자에게 어울리지 않는 분야라는 말이 허구임을 많은 분야에서 보아 왔습니다. 하지만 컴퓨터 과학에서는 아직 그러지 못했어요.

사이블 그렇다면 컴퓨터 과학에 매력을 느끼지 못하는 이유가 뭘까요?

앨런 모니터 앞에 온종일 앉아서 게임이나 하고 괴짜처럼 행동하는 게 컴퓨터 과학이라고 생각하는 사람이 많아요. 최근 부상하고 있는 온라인 소셜 네트워크 서비스가 어떤 효과를 가져올지 궁금하네요. 모르겠어요. 하지만 우리가 풀어야 할 문제예요. 교육자들에게 교육 방식을 바꾸라고 말하는 게 아니라 이 분야에 있는 우리가 컴퓨터 과학을 더 매력적으로 바꿔 나가야 해요.

우리는 컴퓨터 과학이 갖고 있는 현재의 정체성을 더욱 확장해야 해요. 사람에 더욱 가까운 정체성을 가져야겠죠. 지금까지 우리는 우리가 이 분야를 왜 좋아하는지, 어떤 점이 신나는지, 미래에 대해서는 무엇이 흥미로울지, 왜 뛰어들기 좋은 분야인지 잘 표현하지 못해 왔어요.

사이블 그렇다면 이 분야를 왜 좋아하시나요?

앨런 이유를 하나 들어 보자면 매일 새로운 아이디어를 접할 수 있어서예요. 무언가를 볼 때마다 '우와, 그건 처음 보는데?' 하게 되죠. 이 분야 전체가 정말 자주 뒤바뀌죠. 그래서 이 분야가 지닌 잠재력이나 영향력을 생각하면 정말 흥분된답니다.

사실인지 모르겠지만 과학 소설 작가인 아이작 아시모프가 컴퓨터의 미래에 대해 이런 주장을 했어요. 컴퓨터가 우리 모두를 훨씬 창조적으로 만들 거고, 그래서 창조성의 시대를 열어젖힐 거라고요. 그런 일을 이미 목격하기도 하죠. 특히 미디어에서요. 아이들도 예전에는 불가능했던 일들을 하잖아요. 영화를 만들고 그림을 그리죠. 사람들은 창조성을 어떤 사람이 지닌 특별한 재능으로 여기는 경향이 있는데요. 마치 중세 암흑기에 읽기나 쓰기가 특별한 재능이었던 것처럼 아주 소수의 사람만 할 수 있는 일이라고 여기죠. 컴퓨터가 사람들이 지닌 창조성의 싹을 틔울 거라는 견해가 아주 고무적입니다.

사이블 많은 곳에서 최초의 여성이라는 업적을 달성하셨는데요. 최초의 여성 튜링상 수상자, 최초의 여성 IBM 펠로시고요. 당신 이전에 주목받지 못한 여성들도 있다고 보시나요?

앨런 오, 물론이죠.

사이블 그렇다면 튜링상을 수상하셨을 때 '세상에! 한참 전에 다른 여성이 이 상을 탔어야 하는데.' 하고 생각하진 않으셨나요?

앨런 가장 먼저 든 생각은 정말 신난다는 거였죠. 그다음으로 자신의 업적을 전혀 인정받지 못한 다른 많은 여성이 떠올랐어요. 많은 경우 그들은 업적을 도둑맞았죠. 정말 멋진 일을 해냈지만 전혀 인정받지 못한 여성들이 생각났어요. 심지어 그들의 동료로부터도 인정받지 못했죠. 제가 그들에게 "전문가 조직에 가입해야 해요. 제가 추천서를 써 드릴게요."라고 하면 그들은 숨고 피해 버려요.

사이블 그렇다면 여성들이 인정받지 못하는 문제의 원인 중에 업적이 두드러질 수 있는 자리에 나서지 않는다는 것도 있다고 보시나요?

앨런 맞아요.

사이블 혹시 지금 언급하고 싶은 사람이 특별히 있으신가요? 조금이라도 공로를 알릴 수 있을 것 같은데요.

앨런 이디스 션버그요. 위대한 컴퓨터 과학자죠. 기술적인 면에서 보면 논문들을 통해 잇달아 최초의 업적을 쌓아 나갔죠. 션버그는 자신의 성과를 빼앗겼어요. 정말 악랄하게 빼앗겼죠. 션버그의 논문이 콘퍼런스에서 거부당했는데 그 콘퍼런스 조직 위원회에 있던 사람이 그걸 가져다 논문을 세 편이나 썼죠. 그런 식이에요. 우리 분야에서 이런 일들이 벌어지는데 제대로 대처를 못하고 있어요.

사이블 **여성에게 그런 일이 더 많이 일어나나요?**

앨런 네, 그런 것 같아요. 여성은 그럴 때 싸움을 잘하지 못한다고 여겨지는 경우가 많잖아요. 더 고립되어 있고 악명 높은 도둑과 싸워 줄 지지자가 없다고요. 그 사람이 도둑이라는 건 유명했고 모두가 알고 있었지만 누구도 감히 건드리지 못했어요. 스트레치 시절까지 거슬러 올라가면 그런 사례가 부지기수예요. 사실상 멀티프로그래밍을 발명했다고 할 수 있는 여성도 있는데 그것도 다른 사람이 공을 가로채 갔죠. 그 사람은 결국 튜링상을 받았고요.

사이블 **그렇다면 튜링상을 받더라도 최초의 여성이 아닌 편이 더 좋으셨을까요? 그런 기사가 많았잖아요. '여성이 튜링상을 수상하다.' 제 생각엔 조금 짜증이 날 법도 한데요. 만약 다른 여성이 10년쯤 전에 튜링상을 최초로 받았다면 최초라는 수식어 없이 그냥 상을 받으셨을 테고요. 그런 게 더 좋으셨을까요?**

앨런 어느 쪽이 더 좋았을지 모르겠네요. 저는 제가 상을 탈 이유가 충분했다고 봅니다. 그리고 수상하기까지 시간이 오래 걸렸죠. 어떤 면에서는 제가 한 일이 명확하지 않았으니까요. 저는 언제나 그룹으로 일했어요. 훌륭하고 유명한 사람과 일한 적이 많았죠. 그래서 제 성과가 다른 사람에게 가기가 쉬웠어요. 이를테면 아이디어를 사방으로 퍼트리는 일을 한 존 콕[20] 같은 사람에게요. 그로부터 아이디어를 받은 덕분에 상을 받거나 명성을 쌓은 사람이 많았죠. 우리 모두가 그랬어요.

하지만 저는 튜링상을 받아서 기뻐요. 여성이 늦게나마 수상했다는 것도 한 가지 이유죠. 40년간 50명인가요? 남자만 내내 상을 받았다는 건 우리 공동체가 부끄러워할 일인 것 같아요. 여성이 진작에 상을 받았어야 한다고 생각합니다. 그래서 제가 최초가 되어 지극히 기쁠 따름입니다. 하지만 수상의 그런 측면에 쏠리는 관심을 살짝 돌리려고 했어요. 제 경력이나 제가 걸어온 길에 더 많은 초점이 가게 만들고 싶었죠.

사이블 **IBM에서 평생 경력을 쌓아 온 기분이 어떠신가요?**

앨런 IBM 리서치에서 일할 수 있었던 건 저에게 일어난 일 중 가장 큰 행운이었죠. IBM 리서치는 업계와 학계 사이에 위치하니까요. 말하자면 둘 사이를 가르는 돌벽 위에 서서 양쪽을 모두 바라보며 흥미로운 문제와 기회를 찾을 수 있었어요.

사이블 돌벽 비유가 마음에 드네요. 학계와 업계 사이 돌벽을 넘나드는 교류가 충분하다고 느끼시나요?

앨런 미국 국립 과학 재단이 몇 년 전에 훌륭한 보고서를 내놓았는데요. 그래픽스, 인터넷, 고성능 컴퓨팅, 트랜지스터 같은 것들이 수조 원짜리 산업을 창출했다는 걸 보여 주는 그래프가 보고서 한 쪽을 가득 채우고 있었죠. 이런 수조 원짜리 산업이 y 축이었고, x 축은 그런 기술이 언제 시작되었는지 보여 주는 시간 축이었어요. 업계에 속한 연구실들의 역할이 무엇이었는지, 학계의 역할이 무엇이었는지도 보여 주었죠.

일부는 업계에서, 일부는 학계에서 시작되었어요. 수조 원짜리 산업을 일으키는 데 이 둘이 거의 공평하게 함께 공헌했지요. 이런 공헌이 지속되려면 학계와 업계의 상호 작용을 보호하는 게 정말 중요하다고 생각합니다. 아이디어나 기술, 방법론, 투자를 서로 많이 주고받으며 섞일 수 있도록 말이죠.

지금은 미국이 혁신을 유지하는 데 집중하고 있고 혁신의 중요성도 인식하고 있기 때문에 상호 작용이나 협동, 공동 문제 해결 측면에서는 꽤 잘하고 있다고 생각합니다. 그리고 문제 해결을 어렵게 만드는 걸림돌을 치우는 것도요. 예를 들어 지적 재산권 문제 같은 거죠.

사이블 IBM도 그런 면에선 자유롭지 않은데요.

앨런 네, 분명 책임이 있지요.

사이블 특허를 출원하신 적이 있을 것 같은데요.

앨런 아니요, 전혀 없습니다. 과거에는 소프트웨어에 특허를 걸 수 없기도 했고요. 저는 주로 최첨단 분야에서 일했기 때문에 IBM에 그 기술을 도입하는 최선의 방법은 논문을 발표한 다음 다른 회사들이 그 기술을 도입하도록 하는 거였어요. 저는 기술에 특허를 거는 것보다 기술을 제품에 도입하는 데 훨씬 관심이 많았습니다.

사이블 IBM에서는 당신의 연구에 기반한 제품을 만들고 싶을 때 논문 발표가 그냥 설득하는 것보다 더 효과적이었다는 말씀이시죠?

앨런 지금은 훨씬 나은 방법이 있지만 과거에는 그렇지 않았습니다. 좋은 연구 아이디어와 제품 사이에는 먼 거리가 있었지요.

사이블 튜링상을 받으시면서 경력 전체를 돌아보게 되셨을 것 같은데요. 경력 전체를 일관하는 무언가가 혹시 있을까요?

앨런 제 경력 그리고 제가 하는 일을 한 단어로 압축하면 '탐험'인 것 같아요. 저는 최첨단을 탐험하는 일을 사랑합니다. 아이디어든, 프로젝트든, 진짜 물리적인 지구든, 무엇이든요. 사람도 마찬가지고요. 이런 게 제가 흥미를 느끼는 것들이에요.

그런 성향에는 동전의 뒷면 같은 게 있는데 제가 일의 시작은 잘하지만 끝맺음은 잘 못한다는 거예요. 저는 새로운 것에 끌려요. 컴파일러라는 분야는 정말 놀라운 분야였어요. 컴퓨터가 계속해서 새로운 도전 거리를 내놓았으니까요. 문제 하나를 해결하면 언제나 더 어려운 문제가 등장했죠.

14장

라우터의 전신 IMP 개발자

버니 코셀

Bernie Cosell

1969년 아르파넷의 두 노드가 최초로 연결되었다. 이 네트워크는 나중에 인터넷의 핵심 요소로 발전했다. 임대한 50킬로비트/초 전선을 통해 흘러간 모든 패킷은 인터페이스 메시지 처리기(Interface Message Processor, 이하 IMP)[1]라는 특수 컴퓨터 두 대를 통해 전달되었다. IMP는 BBN(Bolt Beranek and Newman)이라는 회사에서 설계하고 만들었는데, IMP를 구동한 소프트웨어는 세 명으로 이루어진 프로그래머 팀이 짰는데, 그중 한 명이 3학년 초에 MIT를 그만두고 BBN에 합류한 지 3년째 되는 버니 코셀이었다.

버니 코셀은 원래 응용 프로그래머로 채용되어 초창기 시분할 시스템을 구축하는 프로젝트에서 일했지만 이내 시스템 프로그래밍 쪽으로 옮겼다. 그리고 금세 운영 체제 코드 마무리와 지속적인 시스템 운영을 책임지는 'PDP-1 시분할 시스템 대장'[2]이 되었다.

BBN에서 26년이 조금 넘게 일하는 동안 코셀은 거의 모든 것에 조금씩 발을 담갔고 BBN 내에서 디버깅 도사 또는 '해결사'라는 평판을 얻었다. 헤매는 프로젝트에 던져 놓으면 소프트웨어가 돌아가게 만들어 놓아서다. 코셀은 그냥 재미로 해킹을 하기도 했다. 리스프 기술을 연마하기 위해 요제프 바이첸바움이 쓴 논문의 설명을 바탕으로 바이첸바움의 일라이저(ELIZA)[3]를 닥터(DOCTOR)라는 이름으로 다시 만들었다. 코셀은 닥터를 BBN-리스프로 개발했는데 BBN-리스프는 테넥스 운영 체제와 함께 아르파넷을 타고 퍼져 나갔다. 코셀의 닥터도 바이첸바움이 쓴 버전보다 더 널리 퍼지면서 새로운 구현이나 관련된 프로그램에 영향을 주었다.

코셀은 1991년 BBN을 떠나 버지니아에 양 목장을 샀다. 이 책을 집필하는 현재 그곳에서 배우자인 린, 세 마리 개, 셀 수 없이 많은 고양이 그리고 아주 많은 양과 함께 살고 있다. 지역 인터넷 업체를 위해 프로그래밍을 조금 하거나, 개인 프로젝트로 해킹을 조금 하거나, 프로그래밍과 컴퓨터 보안에 관해 강의를 조금 하기도 하지만 더 이상 정규직으로 프로그래머 일을 하지는 않는다. 아이러니한 점은 인터넷의 아버지 중 한 명인 코셀이 시골로 이사 간 결과 자기 집에서는 전화선으로밖에 인터넷에 접속할 수 없다는 것이다.

이 인터뷰에서 우리는 코셀이 디버깅 도사라는 명성을 얻게 된 과정, 명확한 코드를 쓰는 일의 중요성, IMP 프로젝트의 다른 프로그래머들을 설득해서 바이너리 패치를 중단한 일 등을 이야기했다.

2022년 인터뷰 기사(*https://cardinalnews.org/2022/08/22/phenomenally-lucky-internet-pioneer-reflects-on-life-from-his-giles-county-hilltop/*)에 따르면 여전히 버지니아 농장에서 양을 돌보며 살고 있다.

사이블 **프로그래밍을 언제 처음 접하셨나요?**

코셀 고등학교 때요. 사실인지는 모르겠지만 제가 다닌 학교가 미국 최초로 자체 컴퓨터를 보유한 고등학교라는 소문이 있었죠. IBM이 1620을 학교에 기증했거든요. 제가 고등학교에 1959년에 입학했는데 그해, 아니면 그 전해에 생겼던 것 같아요.

사이블 **학교 이름이 뭐였나요?**

코셀 뉴욕에 있는 브롱크스 과학 고등학교였습니다. 제 고등학교 선배들은 컬럼비아 대학에 있는 650을 사용했던 것 같아요. 그런데 수학 교육부장 선생님이 학교에 컴퓨터가 생겨서 무척 기뻐하셨던 것 같네요. 사실 그 선생님은 프로그래밍에 관한 책을 쓰고 계셨어요. 그때는 프로그래밍에 관한 책이 그리 많지 않았거든요. 결국 제가 선생님이 만든 예제를 죄다 디버깅했죠. 고등학교 때 있었던 일 중 기억나는 건 프로그래밍을 배운 것밖에 없네요.

사이블 **그땐 어떻게 프로그래밍을 했나요? 천공 카드에 어셈블리어였나요?**

코셀 네, 천공 카드를 쓰긴 했는데 1620에는 콘솔도 있었어요. IBM 셀렉트릭 타자기를 입출력 콘솔로 달고 있었죠. 그걸로 프로그램을 입력할 수 있었어요. 그 시절이 어땠는지 엿볼 수 있는 이야기를 하나 들려 드리죠. 학교에 설치된 1620에는 연산용 하드웨어가 없었어요. 계산은 표를 참조하는 방식으로만 이루어졌죠. 메모리에 계산을 위한 특정 영역이 있어서 덧셈을 하고 싶으면 숫자 하나를 행 번호, 숫자 하나를 열 번호로 해서 값을 읽으면 결과가 나왔어요. 프로그램마다 덧셈표나 곱셈표를 메모리의 해당 영역에 불러오는 코드가 들어 있었죠.

그렇게 타자기로 입력할 수도 있긴 했지만 대부분은 천공 카드를 써서 프로그램을 불러왔어요. 그 컴퓨터에는 포트란도 있었는데 저는 포트란을 거의 쓰지 않았습니다. 대부분 1620 어셈블리어로 프로그래밍했죠.

고등학교 때 배운 것 중에 배선반을 연결하는 방법도 있었네요. 어디였는지는 기억이 나지 않지만 오래된 403[4] 계산 프린터가 있었거든요. 그래서 배선반 전선 연결 방법을 배웠죠. 그 당시로 따져도 기초적인 기술이지만 알고 보니 나름 유용했어요. 고등학교를 떠나고 10년쯤 지나서였나? BBN에서 배선반 전선을 연결할 사람이 실제로 필요했거든요. 그래서 제가 말했죠. "제가 매뉴얼을 좀 볼 수 있을까요?" 그래서 매뉴얼을 읽고 오래된 독립형 회계 기계의 프린터가 기초적인 프로토콜을 처리할 수 있도록 만들었죠. 그 덕분에 그걸 우리 PDP-1의 라인 프린터로 쓸 수 있었어요.

사이블 **고등학교와 BBN 사이에는 MIT를 가신 건가요?**

코셀 1963년에 고등학교를 졸업하고 MIT에 들어갔어요. MIT에서는 수학 전공을 착실히 하면서 신기한 컴퓨터 수업도 들었어요. 컴퓨터는 그때까지도 전기 공학과에서 가끔 여는 수업이었죠. 컴퓨터 과학 전공을 할 수는 없었어요. 컴퓨터 센터에 있는 IBM 709나 7094 같은 기계에서 최초의 시분할 시스템을 막 만들기 시작하던 시기였죠. 하지만 저는 수학만으로도 꽤 바빴어요.

전기 공학이나 논리 수업도 몇 개 들었고 색다른 컴퓨터 수업도 들었는데 제가 좀 재능이 있어 보였어요. 정말 훌륭한 프로그래머들이 무슨 일을 하는지는 이해하지 못했죠. 아직 어린아이였으니까요. 하지만 프로그래밍을 할 수 있겠다는 생각이 들었어요.

그러다가 테크모형철도클럽에 들어가게 되었죠. 정말로 멋지다고 생각했어요. 저는 계전기로 논리를 구성하는 데 정말 뛰어났죠. 테크모형철도클럽에는 계전기 논리와 스테핑 계전기만으로 만든 철도 모형이 있었어요. 이 모임을 통해 전자 연구소(Research Lab of Electronics, 이하 RLE) 사람들과 조금 알게 되었어요.

이 이야기는 아직 MIT 26번 건물 지하에서 천공기로 천공 카드를 찍어 내느라 시간을 다 쓰던 시기예요. 다 찍은 천공 카드를 담당자에게 건네고 간절히 기도를 하면 그다음 날 결과를 돌려줬죠. 그 후에는 프로젝트 맥[5]에 참여하며 시간을 보냈어요. 원래는 수학 강의에 시간을 쏟아야 했지만 사실상 점점 더 많은 시간을 컴퓨터와 관련된 장소에서 보내고 있었던 거죠.

RLE 다음으로는 테크 스퀘어[6]로 옮겼어요. 거기서 리처드 그린블랫[7]이나 빌 고스퍼 같은 사람을 만났죠. 하지만 그 당시엔 그 세계를 그저 어슬렁거리기만 했지, 프로그래밍을 많이 했던 것 같지는 않아요. 제가 프로젝트 맥에 참여하게 된 것도 비슷해요. 제가 정말 관심이 있었던 건 PDP-1에서 돌아가는 '스페이스워!'[8]였죠. 하지만 제가 해커나 프로그래머로서 '소스 코드를 좀 볼까? 어떻게 구현했지?' 하고 접근한 건 아니었어요. 그냥 게임이라는 게 너무 멋지다고 생각했죠. 그 당시에는 프로그래머가 아니라 그냥 게이머였던 거예요. 그런데 프로젝트 맥 사람들이 더 멋진 스페이스워! 버전을 만들었다는 소문을 들었어요. 더 멋진 콘솔이 있고 남는 PDP도 있다고요. 그래서 거기 찾아갔죠. 그러다 피터 샘슨[9]을 만나게 되었죠. 샘슨은 뉴욕시 지하철 시스템을 공략하고 있었는데 티켓 하나로 가장 빠르게 모든 노선을 타는 끝내주는 도전이었어요. 아쉽게 실패했지만요.

아마 그때가 2학년이었을 거예요. 자기 일에 능숙하고 통달한 이 사람들을 지켜보면서 평범한 2학년다운 일들에 푹 빠졌죠. 저는 미로를 푸는 간단한 프로그램을 짜고 있었어요. 개구리가 연못 한가운데에서 벗어나기 위해 연꽃잎들을 뛰어다니게 만들었죠. 프로그램을 짜기도 하고 제 기숙사에서 다른 학생들 프로그램이 돌아가게 도와주기도 했던 기억이 나네요. 그 정도가 제 영역이었어요. 천공 카드 뭉치를 건넨 후 어떤 일이 일어나는지는 전혀 몰랐죠.

돌이켜 보면 그때 전 프로그래밍 기술을 배우는 중이었다고 할 수 있을 것 같아요. 제가 원하는 대로 컴퓨터를 대충은 동작시킬 수 있었으니까요. 하지만 아직 깨달음이 오지는 않았어요. 내면화하지는 못한 거죠. 컴퓨터 안에서 일어나는 일을 완전히 이해하지는 못했어요. 죄다 조금 마술 같고 신기했죠. 대학 내내 이렇게 어슬렁거리고 다녔어요. 진짜 프로그래머가 된 건 BBN에서였죠.

대학에서 알았던 사람이 한 명 있었는데 졸업한 후 BBN에서 일하고 있었죠. 저에게 "한 번 와 봐." 하고 말하더니 하루는 늦은 밤에 저를 BBN에 데려갔어요. BBN은 밤낮없이 이상한 곳이었거든요. MIT 연구실의 확장판 같기도 했죠. 사람들은 24시간 드나들 수 있었어요. 저를 데려간 사람은 밤에 주로 활동하는 사람이었고요. 그래서 그날 저녁 같이 갔죠. BBN은 너무나 신비스럽고 놀라운 곳이었어요. 이해할 수 없을 정도였죠. 그 사람이 저에게 무엇을 보여 주는지 도무지 이해할 수가 없었어요. 그 후 얼마 지나지 않아 그 사람이 저에게 같이 일하자고 제안했어요. 그래서 만났고 면접을 봤고 합류한 거죠.

사이블 그때가 MIT 3학년 땐가요?

코셀 맞아요. 3학년 9월에 저를 시간제로 채용했죠. 아마 그렇게 다니다가 10월에 학교를 그만둔 뒤부터 BBN에서 정규직으로 일하기 시작했을 거예요.

돌이켜 생각해 보면 제가 그렇게 뛰어나진 않았어요. PDP-1을 본 적은 있었지만 그걸로 프로그래밍하는 방법은 몰랐죠. 시분할 시스템에 대해서는 전혀 몰랐고요. 물론 당연한 일이긴 해요. 그때 시분할 시스템이 뭔지 아는 사람은 지구에 50명쯤밖에 없었을 테니까요.

BBN은 원래 매사추세츠 종합 병원과 함께 병원 자동화 실험을 위한 프로젝트를 하고 있었어요. 저는 그 프로젝트에 참여한 거죠. 원래는 응용 프로그래머로 시작했어요. 제가 잘하는 유일한 일이었으니까요. 아마 응용 프로그래머로 3주쯤 일한 것 같아요. 저는 갑자기 시스템 프로그래머가 되었어요. 프로젝트에서 사용하는 라이브러리들을 만들었죠. 그로부터 얼마 지나지 않아 시스템 도사 두 명이 저를 데려갔어요. PDP-1 시분할 시스템을 대부분 만든 분들이었는데 저를 후계자로 지명하셨죠. 그해 겨울 둘 다 BBN을 떠나 대학원으로 돌아갔고, 1월에는 제가 PDP-1 시분할 시스템의 대장이 되었어요. 제가 그 난장판을 모두 책임져야 했죠.

그런데 그 짧은 기간 동안 번쩍 하고 깨달음이 왔어요. 갑자기 시분할을 이해하게 되었죠. 실시간 시스템을 이해했고요. 일단 이해하고 나니 시분할 시스템을 체화할 수 있었어요. 그 이후론 모두 식은 죽 먹기였죠.

그 프로젝트는 당시로는 꽤 야심 찬 기획이었어요. 기본 아이디어는 모델 33 텔레타이프를 여기저기에 놓자는 거였어요. 시끄럽고 투박한 데다 대문자밖에 출력하지 못했지만요. 이걸 병동마다 그리고 각 의사 진료실, 약국, 원무 팀 사무실에 놓고 우리의 조그만 시분할 시스템으로 전부 조정하자는 거였죠.

환자가 한 명 들어오면 병상이 배정될 거예요. 의사는 검사 예약을 잡을 거고요. 이런 일이 있을 때마다 간호사의 텔레타이프가 출력을 하겠죠. '이 샘플을 가져가세요. 이 숫자를 붙이세요.' 하고요. 검사실도 메시지를 받을 거고요. '검사를 진행하세요.' 의사가 약을 처방하면 약국이 메시지를 받을 거고 약이 준비되겠죠.

병동마다 이 조그만 시끄럽고 바보 같은 기계를 놓는다니 정말 대단했죠. 이렇게 투박한 기계로 그런 전문적인 처치를 한다는 건 꽤 공격적인 목표였어요. 그래서 많은 사람이 도입을 거부했죠. 하지만 저는 크게 개의치 않았어요. 저는 컴퓨터 세상의 시스템 쪽으로 이미 이끌려 간 상황이었거든요.

그리고 저는 시스템이 멈추지 않고 돌아가는 게 정말 중요하다고 판단했어요. 누가 시켰는지, 저 혼자 그랬는지 모르겠는데 우리가, 아니 제가 시분할 시스템이 작동한다는 걸 증명해야겠다고 결심했죠. 병원 운영에 쓸 만큼 좋고 견고하다고요. 생각해 보세요. 투약이 필요한 환자가 있는데 시스템이 뻗어 버리면 어떻게 되겠어요? 더 심하게는 처방전이 유실되는 바람에 약을 못 받게 되면요? 혹시 시스템이 처방전을 요리조리 잘 전달해서 간호사들이 정말로 시스템을 신뢰하기 시작했다면 어떨까요? 그래서 저는 시스템이 죽으면 안 된다고 생각하기 시작했어요. 이 시스템은 30년 후의 유닉스처럼 좋아야 했죠.

하지만 그땐 실시간 디버깅이라는 게 없었어요. 시스템이 죽으면 실행을 보여 주는 램프가 꺼지고 그걸로 끝이었죠. 제어판 스위치는 있었어요. 디버깅하기 위해 그걸로 '시스템이 죽었을 때 뭘 하고 있었는지' 알아낼 수는 있었죠. 프로그램을 돌리며 디버깅하는 게 아니라 시스템이 죽었을 때 하던 일을 추적하는 표를 볼 수밖에 없었어요. 그래서 저는 메모리를 보면서 모눈종이에 시스템이 뭘 하고 있는지를 기록했죠. 그리고 그 일을 점점 더 잘하게 되었어요.

지금 생각해 보면 저는 정말로 그 일을 잘했어요. 그래서 저에게 무선 호출기를 주더군요. 그땐 호출기가 아직 꽤 신기한 물건이던 시기였어요. 의사들이나 가질 수 있는 물건이었죠. 크고 투박한 데다 삐 소리밖에 못 내는 물건이었어요. 양방향 의사소통은 불가능했죠. 텍스트도 전달할 수 없었고요. 그리고 보스턴 일대에서만 작동했어요. 호출기 발신기가 푸르덴셜 센터[10] 꼭대기에 있었거든요. 보스턴에서 80㎞ 범위 내에 있으면 작동했어요.

저는 사실상 잘 훈련된 작은 로봇이었어요. 제 호출기가 삐삐거리면 문제를 확인하기 위해 전화를 걸었죠. 정신 나간 이야기 같지만 주차장에 있는 공중전화에서 종이도 없이 팔진수 주소를 검사하고 바꾸고 그랬어요. 이런 식으로 말했죠. "좋아요. 이제 이 주소를 입력하고 실행 버튼을 누르세요." 그러면 시스템이 정상으로 돌아왔어요. 도대체 제가 어떻게 그렇게 했는지 모르겠네요. 어쨌든 그런 일이 가능했어요. 시분할 시스템을 아마 2~3년 넘게 담당했을 거예요.

사이블 **그쯤이면 물려받은 시스템이긴 하지만 직접 짜신 코드도 무척 많았겠네요.**

코셸 네, 제가 물려받았을 때 운영 체제는 미완성이었어요. 스티브 와이스와 밥 모건이 대학원으로 떠났을 땐 아직 버그도 많았고 마무리되지 않은 부분도 있었죠. 결국 시스템이 작동하게 만든 건 저였어요. 두 분이 하지 못한 일이었고 저도 이 일 덕분에 BBN 내에서 좀 알려지게 되었죠.

저는 컴퓨터가 결정론적이라고 정말로 믿었어요. 그래서 컴퓨터가 어떻게 작동하는지 이해할 수 있고, 컴퓨터가 작동하지 않거나 제대로 기능하지 않는다면 변명의 여지가 없다고 믿었죠. 돌이켜 보면 저는 시스템을 계속 작동시키는 일 그리고 망가트리지 않으면서 시스템에 코드를 추가하는 일에 놀라울 정도로 뛰어났던 것 같아요.

이게 제가 과분한 명성을 받은 첫 번째 일이었죠. 제가 디버깅에 정말 뛰어나다는 말을 제 상사, 어쩌면 몇몇 동료도 했다더라고요. 부분적으로는 사실이지만 사실 거기엔 속임수가 있어요.

사실 저는 아주 주도면밀한 프로그래머였어요. 그리고 오만하게도 근본적으로 어려운 컴퓨터 프로그램은 매우 드물다고 믿었죠. 작동하지 않는 것 같은 코드가 있으면 코드 일부를 가져다가 읽었지요. 제가 코드를 이해할 수 있다면 보통 틀린 곳을 바로 알아내거나 이리저리 만지작거리다 고칠 수 있었어요. 그런데 가끔은 코드를 가져왔는데 그러지 못할 때도 있었지요. 대부분 다른 사람들이 돌리는 데 실패한 코드였고요. 그러면 이렇게 말했어요. "코드가 너무 복잡하네요."

그러면 무슨 일을 해야 하는지 충분히 생각한 다음, 코드를 버리고 백지에서부터 새로 짰어요. 저와 함께 일한 끝내주는 프로그래머 중 몇몇은 그런 방식을 용인하지 못했죠. 윌 크라우더처럼요. 그들은 그렇게 새로 짜면 두 가지 버그는 고칠지 몰라도 27가지 새로운 버그를 만들어 낼 거라고 여겼어요. 하지만 사실 저는 코드를 아주 잘 짰죠. 제가 무언가를 완전히 다시 짜면 그건 원래 프로그래머가 만들었던 것과는 구조가 달랐어요. 제가 문제를 다르게 생각했기 때문이죠. 보통은 예전보다 더 간단했어요. 최소한 제 눈에는요. 그리고 작동했죠.

그래서 그런 명성을 얻었죠. 누구도 고칠 수 없는 미궁에 빠진 버그를 고친다고요. 다행히도 저에게 어떤 버그였는지 묻는 사람은 없었습니다. 누군가가 "어떻게 버그를 고쳤나요?"라고 물어보면 사실 제 대답은 이랬을 거예요. "그 코드가 어떻게 돌아가는지 이해할 수가 없었어요. 그래서 다시 짰죠."

PDP-1 시분할 시스템에서 이런 일이 많이 있었어요. 코드를 읽다 보면 그런 코드 뭉텅이가 있었어요. '이 프로그램의 이 부분은 이런 일을 해야 할 것 같은데 이 코드는 그렇지가 않군.' 아니면 그냥 '이상한데.' 하는 거죠. 그리고 다시 짰어요. 그런 식으로 일하면서도 계속 일할 수 있었던 이유는 딱 하나였어요. 제 일의 결과가 괜찮았던 거죠. 세상 일이 그렇거든요. 당신이 무언가를 잘 못하면 당신은 혼란을 키우겠죠. 하지만 무언가를 잘하면 세상 사람들이 당신이 실제로는 못하는 일까지 할 수 있다고들 생각해요.

사이블 MIT를 중퇴하고 떠나셨는데요. 그 결정은 어렵지 않았나요?

코셀 아니요, 돌이켜 보면 정말 놀라울 정도로 간단한 결정이었어요. 학교를 정말 싫어했거든요. 학교 때문에 돌아 버릴 뻔했어요. MIT는 숨 막히도록 압박이 심한 곳이거든요. 반면에 BBN은 천국 같았죠. 정말 끝내줬어요. 사람들은 컴퓨터를 가지고 놀았죠. 회사는 아주 느긋한 분위기였고요. 어쩌면 프로젝트 맥보다 더 프로젝트 맥 같았어요. 그 시절에는 사람들이 일상적으로 회사에 개를 데려왔거든요. 반려동물들이 통로를 이리저리 돌아다녔죠. 사람들은 밤낮으로 일했고요.

처음에는 시간제로 시작했어요. MIT를 다니던 시절부터 저는 늘 어딘가에서 시간제로 일하고 있었거든요. BBN에 들어서는 순간 바로 집처럼 느껴졌죠. 정말 믿을 수 없었어요. MIT에서의 삶은 완전히 망가졌고, 저는 학교를 뛰쳐나와 정직원으로 일하기 시작했어요. 그렇게 BBN에 정착했습니다. 저는 더 부드러워졌고 정신 상태도 나아졌죠. 그래서 사실 그다음 가을, 원래는 4학년으로 올라갔을 시점에 MIT에 재등록했어요. 다시 돌아간 거죠. 그렇게 다 잘 풀렸어요.

사이블 MIT에서 배운 것들이 자신의 회사 경력을 잘 보완해 준다고 생각하시나요?

코셀 MIT 학부생 시절 들은 프로그래밍 수업은 개념적인 면에서는 다소 유용했을지 몰라도 배운 건 사실 많지 않았어요. BBN 환경에서 배운 게 대부분이죠. 아마 스티브 와이스를 빼면 저를 정말로 가르쳐 준 사람은 아무도 없을 거예요. 하지만 저는 모두로부터 제가 알아야 할 것들을 쭉쭉 흡수했죠.

사이블 당시에는 분명 지금보다 참고할 컴퓨터 책이 적었을 텐데요. 그래도 특별히 유용했던 책, 아니면 프로그래머라면 꼭 읽어야 한다고 생각하는 책이 있으신가요?

코셀 요즘 프로그래머가 뭘 해야 하는지는 제가 말씀드리기 어렵네요. 프로그래밍 방법에 관해서는 딱히 기억나는 게 없어요. 가장 가까운 건 커누스의 《The Art of Computer Programming》을 샀을 때 같네요. 처음부터 끝까지 빼놓지 않고 모두 이해하려고 했죠. 하지만 사람들에게 그걸로 프로그래밍을 배워야 한다고 추천하기는 어렵네요.

사이블 커누스 책을 순서대로 모두 읽으신 건가요?

코셀 그 당시엔 아주 인기가 있었거든요. 제가 한창때이기도 했고요. 그래서 한 권 한 권 나올 때마다 처음부터 끝까지 열심히 읽고 머릿속에 집어넣었죠.

사이블 그 책을 읽으려면 상당한 수학적인 능력이 필요하지 않나요? 대부분의 프로그래머가 그렇게 커누스 책을 처음부터 끝까지 읽어야 한다고 생각하시나요?

코셀 커누스 책은 예시일 뿐이고요. 저라면 학생들에게 커누스 책을 가르치진 않을 것 같아요. 두 가지 이유가 있는데요. 첫 번째 문제는 알고리즘을 소개하기 위한 것 말고도 알고리즘이 좋은지 나쁜지 유도하기 위한 수학적인 내용이 너무 많다는 점이에요. 그런 게 정말로 필요한지 모르겠어요. 저도 조금은 이해할 수 있지만 그게 필요한지는 모르겠거든요. 하지만 어떤 알고리즘이 빠르고 느린지, 어떤 상황에서 그런지 감을 잡는 건 중요해요. 얼마나 빠르고 느린지는 모르더라도 느낌은 알아야죠.

두 번째 문제는 학생들이 그런 데 민감해지면 쓸데없이 똑똑하게 군다는 점이에요. 프로그램의 사소한 부분까지 최적화하기 시작하거든요. "이건 AB 불균형 2-3 이중 역순 뒷방향 포인터 세제곱 알고리즘을 쓰기에 딱 좋은 상황이야. 이런 알고리즘을 늘 써 보고 싶었는데." 하면서 프로그램에서 중요하지도 않은 부분을 최적화하느라 한두 주를 쓰죠. 사실 그럴 필요도 없었고 그 덕분에 프로그램은 더 복잡해진 데다가 나아진 점은 하나도 없는데도요. 결국 모든 알고리즘을 배울 때 그것들이 작동하는 방식 그리고 그것들을 적용하는 방식을 적절히 이해할 필요가 있어요. 프로그래밍은 하려고 하는 일에 적합한 걸 고르는 문제에 더 가깝거든요. 이건 복잡도가 n의 3승 더하기 얼마이고 저건 그냥 4 곱하기 n 제곱이라는 걸 따지기보다는요.

관심이 있다면야 커누스 책을 보면 좋겠죠. 하지만 일반적인 사람은 커누스 책을 이해할 필요가 없어요. 하지만 그 책에 담긴 지혜는 알아야겠죠. 자료 구조도 알아야 하고요. 제가 펄로 연결 리스트를 만드는 걸 보고 놀라면 곤란합니다. 그런 자료 구조를 모두 알아야 적합한 걸 고를 수 있죠. 가장 빠른 걸 골라야 하는 문제는 아닙니다. 구현이 가장 매력적인 걸 골라야 하는 일도 아니고요. 대안을 모두 알아야 당면한 데이터를 가장 잘 다룰 수 있는 자료 구조를 고를 수 있죠. 책을 모두 이해하려고 노력하긴 했지만 사실 커누스가 조합의 수를 줄이기 위해 질릴 정도로 늘어놓은 수학 계산을 그리 많이 사용하지는 못했어요. 이 말은 커누스에게는 하지 마세요. 하지만 자료 구조에 대해 정말 많이 배웠던 건 좋았죠.

사이블 독학하는 많은 프로그래머에게 해 줄 조언이 있으신가요?

코셀 프로그램을 많이 짜세요. 저에게는 확실히 이 방법이 통했어요. 제가 들은 다양한 수업을 보세요. 사실 효과가 있었던 건 프로그램을 짜는 일뿐이었어요. 그저 시간만 보내는 프로그래밍 말고 구체적으로요. '여기에 대해 공부해야겠어. 그러면 간단한 프로그램을 짜 볼까?' 이게 통하는 방법이죠.

직접 해 보기 전까지는 무언가가 어떻게 동작하고 상호 작용하는지 알 수 없어요. 어떤 프로그래밍 방식이 위험한지 배우려면 자신이 디버깅하느라 몇 주가 걸린 프로그램을 훌륭한 프로그래머가 5분 만에 고치는 걸 봐야 합니다. 수업을 통해 배울 수는 없어요. 수업으로도 많은 걸 배울 수는 있지만 결국 프로그래밍은 직접 다뤄 보면서 완성해야 하는 기술입니다.

운이 좋다면 직장에서 배울 기회가 있겠죠. 하지만 직장에서 일을 배우는 중이더라도, 정말 잘하고 싶다면 일 때문에 배우는 것보다 더 빠르게 배워야 해요. 업무로 꼭 해야 하는 것 말고도 추가로 더 배워야 합니다. 일 때문에 Tcl을 배워야 한다고 해 보죠. Tcl로 인터페이스를 만드는 법을 주어진 과제에 필요한 만큼만 배울 수도 있겠죠. 그러면 간신히 일을 해낼 수 있을 뿐입니다. 제대로 하려면 주말 동안 Tcl을 탐구해야 합니다. 그러면 월요일에는 Tcl의 동작 방식에 숙달되겠죠.

사이블 개인적인 프로그래밍을 하실 때 재미로 하는 것과 특정 기술을 배우기 위해 의도적으로 하는 것의 비율이 얼마나 되시나요?

코셀 저는 컴퓨터 프로그래밍을 멋진 걸 만들기 위한 수단으로 여겨 왔습니다. 그리고 무언가를 돌아가게 만들려고 프로그래밍을 배웠죠. 뭔가 이상해 보이는데 제가 고칠 수 있는 것들이 있었어요. 리스프 프로그래밍을 배우면 재미있을 것 같다는 생각이 든 적이 있었는데요. 리스프를 배우고 싶었던 건 아니었어요. 그냥 하버드 쪽 친구 몇 명이 리스프를 아주 잘했고 리스프가 좀 신비해 보였거든요. 그럴 땐 프로그램을 몇 개 짜 보는 게 저에게는 자연스러운 일이었죠. 댄 머피[11]가 떠먹여 주는 CONS, CDR, CAR[12]에 대한 강의를 듣는 게 아니라요.

사이블 컴퓨터 과학 세부 분야 중에 특별히 프로그래머로 일하고 싶어 하는 사람들에게 유용할 만한 분야가 있을까요?

코셀 여러 가지가 있어요. 엉망으로 하고 있는 학교도 많지만 객체 지향 프로그래밍을 개념적인 형태로 배우는 수업이 있다면 도움이 될 것 같습니다. C++로 객체 지향 프로그래밍을 가르쳐야 하는지를 놓고 어느 지역 대학 사람들과 의견이 충돌한 적이 있었는데요. 제 질문은 그거였어요. 객체 지향 프로그래밍의 철학적인 개념과 C++의 특이하고 기괴한 객체 지향 구현을 학생들이 어떻게 구분할 수 있냐는 거죠.

학교에서 할 수 있는 것 중에는 커누스 책에 있는 내용을 가르치는 것도 있겠네요. 저는 연결 리스트가 마법이라고 생각하는 사람들에 둘러싸여 있거든요. 83가지 서로 다른 트리의 종류와 왜 이게 저것보다 나은지 이유를 잘 모르는 사람들이죠. 가비지 컬렉션도 이해하지 못하고요. 구조 같은 것도 잘 몰라요.

그다음으로는 커누스 책 3권의 정렬과 검색입니다. 프로그래밍 언어에 정렬 함수가 없다면 다양한 정렬 방법에 대해 전혀 이해할 수 없을 거예요. 무언가를 어떻게 찾아야 하는지, 언제 색인을 만들어야 하는지, 우리가 데이터베이스를 사용할 때 무언가가 B-트리에 저장된다는 게 무슨 의미인지도요. 좋은 수업이라면 이런 것들에 대한 배경지식을 가르칠 수 있겠죠. C로 연결 리스트를 어떻게 짜는지처럼 단순한 코딩 지식이 아니라 추상적인 의미에서 연결 리스트의 역할을 가르쳐야 해요.

사이블 참여하신 프로젝트 중 가장 유명한 건 아마 아르파넷을 개시한 일일 텐데요. 윌 크라우더, 데이브 월든과 함께 최초의 아르파넷 IMP 소프트웨어를 만드셨는데요. 그때 이야기를 좀 해 주세요.

코셀 저는 프랭크 하트의 부서에 속해 있었는데 프랭크는 프로그래머들을 모두 단순한 장기말로 보았어요. 누구를 이 프로젝트 또는 저 프로젝트로 보낼지 프랭크가 결정했죠. 제 프로젝트가 끝났을 때 제가 다음으로 어떤 프로젝트를 해야 할지 프랭크가 판단해야 했습니다. 진짜 컨설팅 사람들은 워싱턴으로 날아가서 제안서를 써야 했지만 저는 그런 일을 할 필요는 없었어요. 이유는 모르겠지만 프랭크가 저를 IMP 프로젝트의 세 번째 구성원으로 지정했죠.

데이브, 윌을 비롯한 사람들은 IMP 프로젝트를 1968년 가을에 시작했는데 그때 저는 다른 프로젝트를 하고 있었어요. IMP 프로젝트는 계약이 되긴 했지만 다음 해 1월에나 시작하는 상황이었던 것 같아요. 제가 합류했을 때에도 별로 진행된 게 없었습니다. 코드를 조금 만지작거리고 있었던 것 같은데 제대로 돌아가는 건 아직 없었죠. 제가 합류하자 데이브와 윌은 시스템을 어떻게 구성할지 대강 스케치를 했어요. 그리고 큰 덩어리를 몇 개 가져가서 만들기 시작했지요. 저는 겨우 끼어들어 한두 조각을 맡았어요. 우리는 각자 가진 기술이 다 달랐지만 프로젝트의 코드 한 줄 한 줄이 어떻게 작동하는지 모두 알게 되었습니다. 프로그램이 그렇게 크지는 않았거든요. 복잡하긴 했지만 크진 않았어요.

제가 합류했을 때 데이브와 윌이 많은 걸 해 놓지 못했으리라는 건 알고 있었어요. 여전히 컴퓨터에서 어셈블리로 코드를 직접 짤 수 없었거든요. 작업할 때마다 허니웰 516 컴퓨터가 있는 방으로 종이테이프를 가져가서 그걸 입력해야 했어요. 어셈블리 코드를 보려면 허니웰에서 종이테이프 한 상자를 다 써 가며 천공한 다음 그걸 또 다른 컴퓨터로 가져가서 코드를 출력했지요. 허니웰 컴퓨터에는 라인 프린터가 없었거든요. 이런 식으로 소프트웨어를 관리하는 건 정말 번거로웠어요. 제가 프로젝트에 합류해서 제일 먼저 한 일 중 하나가 우리 PDP-1용 크로스 어셈블러를 만드는 일이었죠.

그러자 PDP-1에서 파일을 편집하고 어셈블러를 돌려서 결과물인 허니웰용 어셈블리 코드를 만들 수 있었죠. 그 후에 티코 매크로를 돌렸고요. 그래서 바이너리 실행 프로그램만 종이테이프에 천공하면 되었는데 이건 상대적으로 크기가 작았어요. 이걸 허니웰 컴퓨터로 가져가서 돌렸죠.

사이블 IMP 소프트웨어를 만들 때 가장 큰 어려움이 뭐였나요? 실행 속도였나요?

코셀 오, 흥미로운 질문이군요. 일단 프로그램 크기에 대해서는 크게 고민하지 않았어요. 그 시스템에는 버퍼링을 위해 저장 공간을 아주 많이 넣을 예정이었거든요. 코드는 상대적으로 크기가 작을 테니까요. 예를 들어 코드가 최소로 줄일 수 있는 크기보다 10%쯤 더 크다고 해도 저장에 쓸 버퍼 크기는 아주 조금 줄어들 뿐이었죠. 그래서 프로그램에 들어가는 인스트럭션 수에는 별로 개의치 않았어요.

사이블 프로그램이 차지하는 공간 말씀이시군요.

코셀 네, 공간이요. 하지만 속도에 대한 고민은 있었죠. 대역폭을 따라갈 수 있어야 했으니까요. 그리고 매끄럽게 처리량을 조절할 수 있도록 시스템을 구성하는 방법도요. 특히 문제가 생겼을 때 스스로 처리량을 조절해서 문제를 벗어날 수 있어야 했죠. 그냥 갑자기 터져서 죽으면 안 되니까요.

두 번째로 고민했던 건 시스템을 돌아가게 만드는 일 자체였어요. 처음 시도해 보는, 검증되지 않은 것이 너무 많았으니까요. 프로토콜이 작동할까? 윌이 생각해 낸 라우팅 알고리즘이 작동할까? 이렇게 드러나지 않은 질문이 여전히 아주 많았죠. 정체 제어(congestion control)에 대한 질문도요. 세상의 모든 사람이 특정한 사람 한 명에게 패킷을 보내면 이 사람이 다시 정상으로 돌아올 수 있도록 올바른 순서로 패킷을 버릴 수 있을지 확신할 수 있었을까요?

사이블 기본적으로 그 문제를 이전에 풀려고 했던 사람이 아무도 없어서였겠군요.

코셀 정확합니다. 그때에도 연구 프로젝트는 있었어요. 이론은 많았죠. 논문을 쓴 사람도 많았고요. 많은 사람이 어떻게 하면 되는지 알고 있다고 생각했어요. 이제 부딪혀 볼 시간이었죠. 대기 이론(queuing theory)이 정말로 동작할지, 아니면 라우팅 알고리즘이 오락가락하지 않는지 실제로 확인해야 했습니다.

세 번째로 아주 어려웠던 점은 단순히 이걸 디버깅해야 한다는 점이었어요. 갑자기 오하이오주 신시내티에 연결되지 않는다고 해 보죠. 무엇이 잘못된 걸까요? 어떻게 원인을 알 수 있을까요? 신시내티에 전화를 걸면 새벽 3시에 야간 경비원이 눈을 비비며 구석에서 불빛을 깜빡이는 조그만 박스로 다가갈 거예요. 그다음 뭘 확인해야 할까요? 당신은 뭘 해야 할까요? 시스템을 어찌저찌 복구했다고 해도 무엇이 잘못되었던 걸까요? 어떻게 고쳐야 할까요? 말씀드렸듯이 저는 무언가가 멈추면 안 된다는 생각이 아주 강했거든요.

다른 사람들이 찾지 못한 버그를 제가 찾았을 때 윌이 깊은 인상을 받았던 기억이 나네요. 알고 보니 모뎀에서 어떤 프로토콜을 처리하는 데 버그가 있었어요. 엉뚱한 시점에 엉뚱한 패킷을 보내고 있었죠. 저는 패킷에 표식을 달아서 특정한 패킷을 만나면 미리 준비해 둔 패치를 시스템에 설치하도록 해 두었어요. 이 패치는 다른 어떤 사건이 일어나는지를 지켜보다가 그런 사건이 일어나자마자 시스템을 멈추게 되어 있었죠. 일단 시스템이 멈추고 나면 디버거로 무슨 일이 일어났는지 확인할 수 있었어요. 이런 체계를 갖추고 나자 버그를 2분 만에 찾을 수 있었죠. 문제를 일으킨 패킷이 여전히 메모리에 남아 있었거든요. 아직 덮어쓰지는 않았죠.

정확히 뭐였는지는 기억이 나지 않지만 치명적인 부류의 문제는 아니었어요. 메모리를 오염시키는 포인터 오류가 있었는데 당장 문제가 생기진 않았어요. 하지만 CPU 사이클이 수천 번 돌고 난 후 오염된 자료 구조 때문에 프로그램이 죽었죠. 그런데 자료 구조가 계속 사용 중이었기 때문에 '값이 바뀌면 멈춤' 같은 코드를 넣을 수가 없었어요. 그래서 곰곰이 생각한 끝에 두세 단계에 걸친 패치 기능을 넣은 거죠. 첫 번째 사건이 일어나면 어떤 패치가 활성화되면서 실행되는 코드가 바뀌어요. 그러다가 코드의 또 다른 부분이 실행되면 또 다른 패치가 활성화되고 다른 코드가 들어가는 거죠. 그러다가 무언가 오류가 발생하면 시스템을 중단시킵니다. 저는 동적으로 패치를 하는 꼼수를 써서 코드의 특정 부분을 그 자리에서 다른 코드로 바꿔치기할 수 있었고, 그렇게 문제가 발생하는 정확한 타이밍까지 프로그램을 지연시킬 수 있었어요. 제가 운이 좋았죠. 제 추측이 들어맞아서 문제를 바로 찾을 수 있었거든요.

사이블 그런 직관을 어떻게 키우셨나요?

코셀 제가 아주 잘 다루는 시스템은 어떻게 돌아가는지가 전부 제 머릿속에 들어 있었어요. IMP 시스템이 그랬고 PDP-1 시분할 시스템이 그랬죠. PDP-1은 멀티프로그래밍이 가능하고 여러 계층이 있는 인터럽트 기반 시스템이긴 했지만요. 어떤 순서로 일이 일어나는지 훤했어요. 어떤 일이 일어나지 않아야 할 때에는 일어나지 않는다는 것도 알았고요. 그 덕분에 '이 일이 어떻게 일어날 수 있었는가?' 하는 모형을 만들 수 있었던 거죠.

문제 중 적어도 일부는 두 컴퓨터 사이의 문제였어요. 그래서 문제를 찾으려면 유별난 상상력도 필요했죠. 예를 들어 내 컴퓨터에 문제가 발생했는데 그 증거는 다른 컴퓨터에서 찾을 수 있는 식이에요. 반대로 내 컴퓨터는 잘 돌아가서 패킷을 이미 6000개나 더 처리했는데 그때 다른 컴퓨터는 오류에 빠져서 '잘못된 패킷을 수신했습니다.'라고 하는 거죠. 자, 그러면 어떻게 해야 할까요? 우리 셋은 이런 문제를 추적하고 고치기 위한 방법을 찾으려고 애썼어요. 그 덕분에 꽤 탄탄한 시스템을 만들 수 있었죠.

사이블 제품에 디버깅용 코드를 넣으셨나요?

코셀 아니요.

사이블 서로 다른 까다로운 버그를 많이 마주치셨는데 버그마다 각각 다른 방법으로 찾아내셨다는 거죠?

코셀 제 기억이 맞다면 우리는 디버깅용 코드를 넣지 않았어요. 요즘은 저도 사람들에게 프로그램을 테스트 가능하게 만들어야 한다고 늘 지적합니다. 그리고 그러려면 코드 첫 줄을 시작하기 전부터 그 점을 염두에 두어야 하죠. 프로그램이 작동하기 시작한 후에 사후적으로 중단점이나 단정문을 넣는 지점, 테스트를 넣는 지점을 추가한다면 효율적으로 정확하게 작동하도록 할 수는 없을 겁니다.

하지만 그땐 이런 생각이 전혀 없었어요. 아주 빠르게 돌아가야 하는 엄청나게 복잡한 실시간 프로그램을 짜는 일, 그것만 생각하고 있었죠. 그것만으로도 아주 어려웠어요. 실제로 일관성을 확인하는 코드는 전혀 넣지 않았죠. 뭐하러 그런 일에 시간을 낭비하겠어요? 앞에서 설명한 것은 다 임기응변식 대응이었어요. 메모리의 남는 부분으로 뛰어들고, 손으로 만든 명령어를 돌려서 이러저러한 것들을 확인하고, 다시 돌아가고, 프로그램을 계속 실행하고 그랬죠.

사실 어느 정도는 시스템화도 했어요. 예를 들어 패처(patcher)가 있었어요. 제가 만들었던 것 같은데 우리가 시스템에 코드 패치를 제출하면 사용 중인 버퍼를 하나 빼낸 다음 거기에 패치한 코드를 넣었어요. 그다음 이 코드가 실행되도록 연결한 후 실행이 끝나면 다시 원래 코드 흐름으로 돌아가도록 만들었죠. 우리는 이런 식의 일을 많이 했어요. 모두 임기응변이었습니다. 버그를 만나면 왜 그런 일이 발생했는지 찾아내느라 머리가 깨질 듯했죠.

대부분의 경우에는 버그가 무엇인지 이해하기만 하면 고쳐야 하는 코드를 바로 찾을 수 있어요. 그러면 그 부분을 주의 깊게 읽은 후 고치면 되죠. 하지만 그렇지 않을 땐 데이터를 더 모아야 해요. 또 가끔은 문제를 밝혀 줄 실낱같은 단서를 잡아내기 위해 희망이 없어 보이는 일을 해야 할 때도 있어요. 우리는 이런 일들을 모두 겪어야 했습니다.

우리가 콘솔도 없고 아무것도 없는 기계를 돌려야 했다는 점을 잊지 마세요. 보통 우리가 제출한 패치는 데이터를 확보한 다음 기계를 멈추는 거였어요. 그 후에는 전면 패널을 써야 했던 것 같아요. 기계 상태를 망가트리지 않으면서 터미널에서 돌릴 수 있는 디버거가 없어서 그랬던 것 같네요. 전면 패널로 메모리의 필요한 영역을 살펴보는 거죠. 그렇게 무슨 일이 일어났는지 확인하기 위해 검사하고 기록하고 했죠.

사이블 **전면 패널이라면 실제로 불빛이 한 줄로 켜지는 걸 말씀하시는 거죠?**

코셀 네, 전구가 한 줄로 쭉 있어요. 비트 하나당 전구 하나죠.

사이블 그리고 토글 스위치로 주소를 입력하고요?

코셀 네, 사실은 좀 더 나았어요. PDP-1은 토글 스위치였는데 허니웰은 제 기억엔 누르는 버튼식이었어요.

사이블 당신을 포함한 세 사람이 어떻게 함께 일했나요?

코셀 기억나는 것 한 가지는 모두 스타일이 조금씩 달랐다는 점이에요. 윌은 직감이 뛰어난 프로그래머였어요. 대부분의 사람은 이해하지도 못할 정도인 최고로 어려운 문제를 만나도 해결책을 찾았죠.

그가 포트란으로 만든 '어드벤처'[13]의 인공 지능 엔진처럼요. 그리고 IMP 시스템이 돌아가게 만든 라우팅 알고리즘과 온갖 것들은 윌이 모두 꿰맞춘 거예요. 실시간 시스템의 특징 중 하나는 모든 것에 타임아웃이 있어야 한다는 점인데요. 영원히 기다릴 수 있는 건 없죠. 실시간 시스템에 영원한 건 없으니까요.

그렇게 프로그램 전체에 걸쳐 타임아웃의 종류가 점점 많아졌습니다. 이걸 이해하느라 정말 힘들었죠. 그래서 한 번은 소스 코드를 수정하면서 모든 타임아웃을 수학 공식으로 계산하려고 시도해 본 적도 있습니다. 예를 들어 메시지 전달 통지(acknowledgement)를 받을 때까지의 전체 타임아웃은 패킷 하나를 네트워크로 전달하는 작업의 타임아웃 더하기 무언가의 여덟 배가 된다는 식으로요. 네트워크를 측정하는 메시지의 전체 타임아웃은 네트워크의 최대 직경에 패킷이 한 홉을 지나가는 최대 시간을 곱한 값이고요.

저는 윌이 이것들을 조합할 때 구상했던 기본적인 상수가 무엇인지 찾고 싶었던 거예요. 두 가지 타임아웃 시간이 동일하면 이건 동일한 값이어야 하는 걸까요, 아니면 우연히 같은 걸까요? 누가 알겠어요? 이 상수들 중 하나를 바꾸고 싶을 때 몇 군데를 함께 바꿔야 할까요? 예를 들어 시스템에서 어떤 일이 일어나는 걸 충분히 오래 기다리지 않아서 의도치 않게 타임아웃이 발생하고 있다고 해 보죠. 당연히 타임아웃 값 하나만 바꿔선 안 될 거예요. 모두 서로 관련이 있으니까요.

결국 저는 #define을 왕창 추가했습니다. 무엇보다도 독립적인 상수의 수를 최소화하려고 한 거죠. 그 일이 아직도 기억나는 건 정말 불안해서였을 거예요. 그 부분은 저도 잠깐 살펴본 정도였고 정말로 이해하는 사람은 아무도 없었거든요. 대부분의 상수는 월이 직감에 따라 넣은 다음 하나씩 손으로 조정하며 돌아가게 만든 거였어요. 타임아웃이 너무 짧으면 좀 늘리고 한 거죠. 원칙이나 공식이 있었던 게 아니라 그냥 돌아갈 때까지 조정하는 식이었어요.

사이블 그러다 버그를 발견하셨나요, 아니면 그렇게 더 안정적인 기반을 만들 수 있었나요? 상황이 바뀔 때 뭔가 바꾸더라도 다시 조정하는 작업을 끝없이 하지 않아도 되도록 말이지요.

코셸 버그를 찾은 기억은 없어요. 분명 그전과 값이 달라진 타이머가 몇 개 있었습니다. 그렇다고 동작이 크게 달라지지 않았고 그냥 방어적으로 다른 값을 쓴 거였죠. 어쨌든 타임아웃 개수는 더 줄어들었어요. 필요한 경우 변경할 수 있도록 하기 위해서라기보다는 프로그램을 더 쉽게 이해할 수 있도록 하기 위한 것이었습니다. 저는 프로그램 여기저기에 흩어져 있는 임의의 독립적인 상수 200개가 네트워크 작동 여부와 관련되어 있다는 사실이 싫었습니다. 어쨌든 그 덕분에 코드가 간단해졌습니다. 무슨 일이 일어나고 있는지 파악하기도 더 쉬워졌어요. 그 덕분에 상수를 문자로 더 많이 표현할 수 있게 되기도 했어요. 직경 곱하기 8 더하기 펄스 시간 뭐 이런 식이 훨씬 이해하기 쉽죠.

월은 최신 아이디어를 잘 가져오는 사람이기도 했어요. 여기에 대해 제가 프랭크 하트에게 불평한 기억도 나네요. 막 나온 걸 프로젝트에 사용한다고요. BBN은 최첨단 연구를 아주 많이 하고 있었고 월은 이전에는 불가능했던 일을 하는 방법을 찾아내는 데 정말 뛰어났거든요.

하지만 코드를 100% 완성해 내는 일은 그렇게 잘하지 못했어요. 대부분의 경우에 작동하는 75~80% 수준의 꽤 좋은 코드는 정말 잘 만들었죠. 제 기억에 월은 이미 TIP[14] 작업으로 넘어갔던 것 같아요. 데이브와 제가 여전히 IMP 시스템을 만들고 있는 데도요. 아마 그때쯤 제가 라우팅 알고리즘을 다시 구현했던 것 같아요. 이상한 상수들이 있었는데 도저히 이해가 안 되었거든요. 여전히 월의 라우팅 알고리즘이었지만 구현은 제 스타일로 다시 짠 거죠. 제 생각엔 조금 더 안정적인 코드였어요. 적어도 이제는 라우팅이 오락가락하지 않는지, '왜' 그렇게 동작하는지 같은 건 알 수 있었죠. '제가' 그렇게 만들었으니까요.

윌 크라우더와 제가 완전히 다른 점이 하나 더 있었는데, 윌은 프로그램을 다시 어셈블할 때마다 버그를 없애기보다 더 많이 만든다고 믿었어요. 저는 다시 어셈블하느라 수없이 많은 시간을 들였지만 윌은 회의적이었죠. 윌은 자신의 노트에 패치한 내용을 수없이 쌓아 나갔어요.[15] 아마 도저히 패치를 덧붙일 수 없는 지경이 될 때까지 버티다가 마지막 순간에야 다시 어셈블을 했을 거예요. 이런 패치들은 다른 패치 위에 또 쌓인 것이었기 때문에 아주 복잡해졌고, 윌의 생각은 자기 충족적인 예언이 되곤 했죠. 수없이 쌓인 패치를 모두 반영해서 소스 코드를 고치고 다시 어셈블하다 보면 실수하기 쉬우니까요. 무엇보다도 패치가 바꾸는 동작이 실제로 무엇을 표현하는지 제대로 이해하기가 아주 어려웠어요.

사이블 **그러니까 원래 소스 코드가 있고 이걸 어셈블러에 넣을 수 있는 걸 텐데요.**

코셀 맞아요. 그리고 실행 중인 바이너리가 있었죠. 우리는 이 바이너리의 동작을 바꿨어요. 종이테이프로 패치를 만들었죠. 가끔은 그냥 손으로 전면 패널을 조작해서 하기도 했지만요. 이를테면 어떤 작은 영역으로 이동하는 점프 명령어를 심어서 세 줄짜리 코드를 다섯 줄짜리 코드로 바꿔치기했는데요. 이걸 실행하면 바꿔치기한 부분을 모두 실행한 후 다시 원래 코드에 뒤이어지는 부분을 이어서 실행하는 거죠.

사이블 **그 종이테이프에는 패치가 바이너리로 담겨 있고요?**

코셀 네, 나중에는 제가 검사 및 저장 함수를 가진 간단한 대화식 디버거를 만들었는데 무척 맘에 들었지요. 그 디버거를 사용해서 짧은 바이너리 테이프를 만들 수 있었어요. '주소 12785로 이동, 값, 값, 값, 값. 빈 줄. 주소 12832로 이동, 값, 값, 값, 값, 값.' 하는 식으로요. 프로그램을 처음부터 모두 불러와야 할 때에는 먼저 프로그램을 불러온 후 그다음에 이렇게 만든 패치 테이프를 불러오는 거죠.

사이블 그렇다면 그 시점에는 실제 돌아가는 바이너리 상태로 어셈블되는 소스 코드는 없는 상황이겠군요?

코셀 정확합니다. 우리가 겪은 문제 중 하나는 소스가 여러 벌이라는 점이었어요. 어떤 소스 코드는 까맣게 지운 부분도 있었어요. 코드 두 줄을 지우고 옆에 대체 코드를 써 놓거나 했죠. 그러면 다른 버전의 코드에도 이 사항을 반영했을까요? 윌이 이걸 아주 잘 관리했어요. 윌이 가지고 다니는 노트가 있었죠. 우리 프로그램의 최종 버전은 특정한 소스 코드가 아니라 윌의 노트였어요. 그게 윌의 방식이었죠.

저는 시스템을 언제나 바로 돌릴 수 있어야 한다고 생각했어요. 어셈블리 코드에 수정할 부분을 계속 표시하고 싶지 않았어요. 제가 처음 프로젝트에 발을 들였을 때에는 윌의 패치를 모두 반영하기가 어려웠어요. 그래서 우리는 일과 시간 업무를 마친 후 소스 코드를 편집해서 밤 동안 시스템을 다시 어셈블했어요. 그러면 그다음 날 아침 깨끗한 테이프로 다시 시작할 수 있었죠. 매일 밤 편집하면 그날 하루 동안은 기껏해야 두세 군데만 바뀌니까요. 바뀌는 부분도 코드를 읽으면서 말이 되게 반영할 수 있는 곳이고요. 이런 방식은 당연히 금방 정착되었어요.

그 후로는 패치가 잘못된 것이 아닌 이상 버그를 고치다가 새로운 버그를 만드는 일을 거의 겪지 않았지요. 하지만 윌과 저는 이것 때문에 다투기도 했어요. 윌은 패치 방식을 너무나 좋아했고 가능하다면 어셈블러를 쓰고 싶지 않아 했거든요. 금방 패치하고 진행할 수 있는 건데 시간이 너무 오래 걸리는 것도 한 가지 이유였고요. 그리고 소스 코드 편집 실수를 할 수도 있다며 다시 어셈블링하는 작업 자체를 신뢰하지 않았어요.

사이블 IMP 프로젝트가 자신이 이룬 기술적인 주요 업적 중 하나라고 보시나요?

코셀 좀 이상하게 들리겠지만 그렇지 않아요. 흥미롭고 어려운 프로그램이긴 했어요. 하지만 저는 닥터를 이미 만들었고 리스프 코딩도 하고 있었어요. 병원 컴퓨터 시스템을 총괄하기도 했고요. 그 시점에 제가 한 일 중 가장 멋진 걸 꼽아 본다면 분명 최첨단 시분할 시스템의 모든 코드를 속속들이 이해하고 있다는 점이었어요. 반면에 IMP는 그냥 작고 독립적인 통신 처리기였죠. PDP-1처럼 인터럽트 채널이 많지도 않았어요. 스왑이 32칸밖에 없는데 40명이 로그인한 상황을 처리해야 하는 시스템도 아니었죠.

우리 셋은 사이가 아주 좋았어요. 그래서 재미도 있었고 도전적인 일이기도 했죠. 디버깅이나 구현을 하다 보면 어려운 점들이 있었어요. 하지만 그 일이 제 경력의 큰 성과라고 생각하지는 않았던 것 같아요. 그냥 다음으로 만들어야 하는 프로그램일 뿐이었죠. IMP 시스템의 결말이 실망스러웠던 점 하나는 한계가 있었다는 거예요. IMP를 개발할 때 사용했던 PDP-1은 기본적으로 어려웠습니다. 시분할 시스템이었기 때문에 점점 더 진화했어야 했죠.

IMP 시스템의 멋진 점은 이 프로젝트가 정말 규칙적으로 진행되었다는 거예요. 프로젝트는 1월에 공식적으로 시작되었는데 저는 2월에 합류했고 9월에 끝났죠. 완전히 끝나진 않았어요. 우리는 여전히 버그 수정 같은 일을 하고 있었고 9월에 릴리스되긴 했지만 프로젝트는 계속되었죠. 얼마 지나지 않아 윌이 다음 프로젝트로 넘어갔지만 데이브와 저는 새로 들어온 사람과 그 일을 계속했어요.

제가 많은 공을 돌려야 할 사람은 프랭크 하트예요. 우리 같은 괴짜를 그렇게 놔두는 관리 스타일을 대체 어떻게 생각해 낸 건지 모르겠어요. 소프트웨어 검토 회의 같은 걸 했는지 전혀 기억이 나지 않아요. 빨리 문서를 쓰라고 닦달한 기억도 없고요. 우리 셋은 프로그램을 머릿속에만 넣어 두고 그런 건 거의 할 생각이 없었거든요. 우리 셋이 해낼 수 있다는 믿음과 확신이 어느 정도 있었고 그래서 그는 우리를 그냥 놔뒀어요. 돌이켜 보면 프로젝트 관리자로서 놀라운 행동이고 특이했죠. 주간 회의도 없었고 벽에 PERT[16] 도표를 붙이지도 않았어요. 물론 해야 할 일과 우리가 찾은 버그 같은 걸 윌이 관리하고 있긴 했죠. 하지만 그런 관리 감독 구조가 없다는 건 정말 인상적이었습니다. 우리를 함께 모아 놓고 그 일을 좀 해 보라고 말하기만 한 것은 제 생각엔 정말 용감한 관리술이었어요.

프랭크가 다른 프로젝트에서는 설계 검토 회의를 했어요. 프랭크의 설계 검토는 최고로 무서웠는데 저도 실제로 그런 경험을 했습니다. 사람들은 프랭크의 설계 검토에 들어갈 때마다 벌벌 떨었죠. 대략 졸업 논문 구두 심사에 들어가는 것 같았어요. 프랭크는 참석자를 직접 선정해 검토 회의에 참여시켰고 참석자는 그 앞에서 자신의 설계를 설명해야 했어요. 그렇게 고른 참석자도 모두 훌륭했죠. 프랭크가 설계 검토 회의에서 무서웠던 까닭은 우리가 하는 허세를 모두 꿰뚫어 보았기 때문이었어요.

아마 설계 리뷰에서 그런 적 있으실 거예요. 어떤 부분은 꼼꼼히 보지 않아서 그 부분을 슬쩍 넘어가려고 할 때가 있죠. 잘한 것 같기는 한데 제대로 분석해 보진 않아서 정확히 다 알지는 못할 수 있잖아요. 프랭크는 직감이 있었어요. 훌륭한 사람들이 함께 앉아 있기도 했고요. 허세를 부리거나 꼼꼼히 생각해 보지 않았을 때 딱 잡아냈죠.

정말로 잘한 부분에는 말 한마디 보태지 않았어요. 모두 “아하.” 하고 끝이죠. 그런데 가장 꺼림칙한 부분은 죄다 파고들어요. 이걸 무서워하는 사람들이 좀 있었죠. 문제는 자신감이 없는 프로그래머가 이런 비판을 공격이라고 받아들여서 자신이 무능력한 사람이라는 게 탄로 났고 인생이 망했다고 생각한다는 거죠.

하지만 사실은 그렇지 않아요. 그 회의의 긍정적인 면을 좀 짚어 보자면, 설계 검토 회의는 프로그램을 올바르게 만들도록 도와주는 시간이었어요. 제대로 한 부분은 어차피 더 보탤 것이 없죠. 그리고 꼼꼼히 생각해 보지 않은 부분을 잘 고칠 수 있도록 BBN에서 가장 똑똑한 사람 네 명이 도와주는 거예요. “왜 이 부분을 꼼꼼히 생각해 보지 않았는지 말해 보세요. 어떻게 생각하세요. 무엇을 잘못한 건가요? 앞으로 15분 동안 우리가 도와주겠습니다.” 하는 식으로요.

엔지니어로서 자신의 기술에 충분히 확신이 있다면 이렇게 말할 수 있을 거예요. “좋아요. 제 문제는 이거예요. 이걸 어떻게 할지 잘 모르겠거든요. 여러분이 눈치를 못 채고 설계 검토에서 통과 의견을 주길 바랐어요.” 그러면 무조건 이렇게 대답할 거예요. “물론 설계 검토 결과는 통과일 거예요. 괜찮아 보이니까요. 그런데 그 문제를 붙잡고 한두 주 더 허우적거리지 않도록 고쳐 보죠. 지금 훌륭한 사람들이 모여 있으니까요."

설계 검토의 목표는 자신이 올바로 했다고 생각하는 부분을 정말로 올바로 했는지 재확인하고, 만약 올바르지 않은 부분이 있다면 그걸 이해하는 것입니다. 이걸 깨닫고 나자 아직 20살인가 21살밖에 안 된 제게도 당연히 옳은 일 같아 보였어요. 검토를 하면서 선임 프로그래머의 재능을 제대로 활용하는 일이라는 생각이 들었죠.

물론 고객에게 하는 설계 검토는 다릅니다. 고객에게 하는 건 이렇죠. "우리는 다 파악하고 있습니다. 완벽하게 될 거예요." 하지만 내부 설계 검토는 하나의 기회예요. 다가오는 설계 검토를 너무나 두려워하는 사람이 얼마나 많은지 언제나 놀라곤 합니다. 훌륭한 사람들인데도 늘 이러죠. "제 설계를 갈가리 찢어 놓을 거예요." 좋은 설계라면 그럴 리가 없고 검토 참석자들이 앙심을 품고 있는 게 아니라고 설득하기 참 힘들어요. 그냥 모든 걸 제대로 해내는 BBN의 신비를 지켜 가려고 노력한 사람들일 뿐인데요.

자신의 경력에 있어 이런 사람들이 설계를 함께 고민해 주며 한 시간을 보낼 일이 다시는 없을 거라고 알려 주는 일도 힘들어요. 이후로는 다 혼자서 해야 하는데 말이죠. 정말 멋진 경험이에요.

사이블 설계 검토는 얼마나 자주 있었나요? 프로젝트 시작 시에만, 아니면 계속?

코셀 설계 검토는 여러 번 하지 않았어요. 원래는 설계가 끝났다고 생각될 때 딱 한 번 했죠.

사이블 그러면 실제로 코딩에 들어가기 전에 설계를 마쳤나요?

코셀 네, 맞아요. 아마 코딩을 조금은 했을 거예요. 저를 포함해서 많은 사람이 그럴 텐데, 코드를 조금 구성해 봐야 실제로 어떻게 돌아갈지 알 수 있거든요. 하지만 보통은 일하는 절차가 있습니다. 우리가 먼저 무언가를 제안하고 나중에 그걸 하라고 예산을 받죠. 그래서 고객에게 "우리는 이런 걸 할 겁니다."라고 제안해야 합니다. 그러려면 그걸 잘 알고 있어야 해요. 그 시점에 고객이 아주 많은 시간과 돈을 주면서 그걸 돌아가게 만들라고 할 테니까요. 그래서 보통 그 시점에 제안서를 확정하게 됩니다. 우리가 해야 하는 일을 기술적으로 설명할 수 있게 되죠. 그러면 우리가 그걸 이해했는지 확인하고자 설계 검토 회의에 모여 앉게 됩니다. 계약이 일단 시작된 후에 프랭크가 관여했는지는 기억이 나지 않네요. 분명 제가 참여한 프로젝트에서는 진행 중인 프로젝트 검토에 프랭크가 참여한 적은 없었던 것 같아요.

사이블 아까 닥터를 언급하셨는데요. 그건 뭔가요?

코셀 제가 PDP-1 시분할 시스템을 담당하고 있을 때 댄 머피와 그의 친구들이 자신들의 PDP-1에 리스프 시스템을 올리고 있었어요. 그래서 리스프를 배워야겠다고 생각했죠. 그해 봄 요제프 바이첸바움이 『CACM』에 일라이저에 대해 글을 썼죠. 정말 멋져 보였어요. 그리고 저는 제가 이해한 것은 모두 컴퓨터에 시킬 수 있다고 믿었죠. 지금도 그렇게 믿는 것 같습니다만 어쨌든 바이첸바움은 일라이저가 어떻게 작동하는지 설명했어요. 그래서 저는 생각했죠. '나도 이런 프로그램을 짤 수 있겠어.' 그래서 저는 BBN에 있는 댄 머피의 PDP-1 시스템에서 리스프 프로그램을 짜기 시작했습니다. 제 PDP-1 컴퓨터실에 있는 모델 33 텔레타이프를 댄 머피의 PDP-1에 연결해 놓았기 때문에 제 컴퓨터실에서 제 시스템으로 일하는 척하면서 댄의 컴퓨터를 쓸 수 있었죠. 저는 그 프로그램을 짜고 돌아가게 만들었어요. BBN 사람들이 죄다 그 프로그램을 갖고 놀았죠. 사람들이 저에게 의견을 주었어요. "이렇게 하면 더 좋을 것 같아요." "이렇게 해 보았는데 잘 작동하지 않았어요." 등이요. 그 덕분에 바이첸바움의 발상이 더 널리 퍼질 수 있었죠. 처음에는 닥터를 PDP-1 리스프로 짰는데 댄을 비롯한 사람들이 PDP-6에서도 리스프를 만들고 있었어요. PDP-10이었는지도 모르겠네요. 그리고 이 리스프 버전이 아르파넷을 타고 여기저기로 퍼졌죠. 그 결과 닥터도 리스프와 함께 여기저기로 퍼졌습니다.

대니얼 보브로가 'A Turing Test Passed'라는 글을 쓰는 바람에 살짝 유명세를 타기도 했어요. 시답잖은 해킹을 한 덕에 실제로 주변의 이목을 좀 끌기 시작했는데 그 일도 그런 것 중 하나였어요. 닥터를 탄생시켰다고요. BBN 임원 한 명이 PDP-1 컴퓨터실에 와서는 대니얼 보브로가 접속해 있다고 생각한 거예요. 자신이 대니얼과 이야기하고 있다고 착각했죠. 일라이저를 써 본 우리들은 모두 답변이 어떤 식인지 알고 있었고 그게 사람과 비슷하다고 생각하지 않았어요. 하지만 일라이저를 잘 모르는 사람에게는 정말로 적절한 대답처럼 보였던 거예요. 불쾌한 일일 수도 있었지만 그는 정말로 자기 상대가 대니얼 보브로라고 생각했어요. "그 얘기를 좀 더 해 보세요." "아까 고객의 공간에 가고 싶다고 말했잖아요."처럼 일라이저가 하는 말은 그 상황에서는 앞뒤가 거의 들어맞았어요. 그런데 결국 그가 무언가를 입력한 다음에 엔터를 치는 걸 까먹었고 프로그램은 계속 응답하지 않았죠. 그래서 그는 대니얼의 연결이 끊어졌다고 생각했어요. 그래서 집에 있는 대니얼에게 전화를 걸어 소리를 질렀죠. 물론 대니얼은 전혀 영문을 몰랐고요. 하지만 제 터미널에서 뭐가 실행되고 있는지는 알았죠. 그래서 컴퓨터에 남은 대화 기록을 갈무리해서 저장했죠.

제가 만든 건 바이첸바움이 만든 것보다 말을 훨씬 잘 꾸며 냈어요. 대화 내용을 좀 더 발전시켰죠. 그리고 몇 세대에 걸쳐 많은 해커가 살을 붙였고요. 그리고 말씀드렸다시피 인터넷에 널리 퍼졌어요. 지금은 아마 이맥스 매크로로 만든 버전도 있을 거예요. 어쨌든 제가 진정한 리스프 프로그래머가 될 수 있는지 시험해 본 작품이었습니다.

사이블 궁금한 게 있는데요. 제가 본 가장 복잡하고 어려운 코드를 쓰는 프로그래머들은 모두 엄청나게 많은 세부 사항까지 다 머릿속에 넣고 있더라고요. 당신도 분명 그런 세부 사항을 머릿속에 넣고 있을 텐데요. 하지만 코드를 단순하고 명확하게 만드는 데도 여전히 많은 신경을 쓰시는군요.

코셀 둘 다 신경 쓴다고 해야겠네요. 일반적으로는 모든 걸 간단하게 만들려고 노력합니다. 하지만 제가 프로그램은 쉬워야 한다고 이야기할 때 그 프로그램이 가진 기능의 특정한 면이 모두 쉬워야 한다는 건 아니에요. 아주 복잡한 코드를 쓸 수도 있죠. 바로 정확히 동작하게 하기 위해서요. 그 코드를 보고 사람들이 난감해하거나 건드리기를 싫어할 수도 있긴 하겠죠. 하지만 모두 잘 캡슐화되어 있을 겁니다.

제가 겪어 본 나쁜 프로그램들, 그러니까 제가 그냥 버리고 새로 짠 것들을 보면 복잡함이 격리되지 않고 프로그램 사방으로 흘러나와 버렸어요. 그래서 작은 부분만 이해하고 고치는 일이 불가능했죠.

제가 사람들에게 강조하는 규칙이 두 가지 있어요. 프로그래밍에 관해 알아야 할 모든 걸 이해했다고 믿는 대학을 막 졸업한 사람들 같은 부류에게 꼭 말하죠. 첫째는 근본적으로 어려운 문제는 매우 적다는 거예요. 어떤 코드를 보았는데 아주 어려워 보인다면, 그래서 무슨 일을 하려는 건지 이해가 안 된다면, 십중팔구 코드를 주의 깊게 짜지 않은 거예요. 그때 코드를 고치려고 두 팔 걷어붙이고 나서면 안 돼요. 한 발 물러서서 다시 한번 주의 깊게 생각해야 합니다. 주의 깊게 생각하고 나면 사실 쉬운 문제임을 깨닫게 될 거예요.

회사에서 그런 일이 있었어요. 큰 설계 프로젝트를 하고 있었는데 점점 더 꼬여 가고만 있었죠. 그래서 회의를 하며 이것저것 없애기 시작했어요. 제가 말했어요. "이건 너무 복잡해 보이는데." 그리고 순식간에 이것들이 어떻게 작동해야 하는지 블록 도표를 만들었어요. 모두가 깜짝 놀랐어요. 각 블록이 어떻게 각자의 역할을 할 수 있을지 이해가 되었거든요. 따분하게 그런 걸 모두 다 적지도 않았어요. 그냥 인터페이스가 깔끔하고 이걸로 일을 진행할 수 있겠다고 깨달은 거죠. 저는 이 직업을 꽤 오래 했기 때문에 정말로 어려운 문제도 있다는 걸 잘 압니다. 하지만 아주 적어요. 언제나 문제에 대해 깊이 생각하다 보면 문제가 점점 쉬워지고, 어느 순간 정확한 프로그램을 만들 수 있게 됩니다.

나머지 규칙 하나는 프로그램을 짜는 목적은 사람이 읽기 위해서라는 거죠. 저도 초년생 시절 몇 페이지에 달하는 티코 매크로를 짠 죄가 있긴 하지만, 저는 컴퓨터 프로그램 소스 코드는 사람을 위한 거지, 컴퓨터를 위한 게 아니라는 믿음을 꽤 빨리 갖게 되었어요. 아마 PDP-1 시분할 시스템 일을 하면서 시분할 시스템의 복잡성을 이해하면서부터였던 것 같네요. 컴퓨터는 소스 코드를 신경 쓰지 않습니다. 저는 펄에 `if`와 `unless`가 둘 다 있는 게 좋아요. 코드에서 무언가가 어떤 일을 하는 코드를 읽을 때 '만약(if) 어떤 조건이 아니면(not)'과 '어떤 조건이 아닌 한(unless)'은 동일한 의미를 내포하지는 않거든요.[17]

컴퓨터가 원하는 건 바이너리 파일의 비트뿐이고 텍스트 파일은 사람을 위한 거죠. 제 프로젝트에 새로운 사람을 채용했다고 해 보죠. 대학을 막 나온 톱 클래스의 똑똑하고 정말 훌륭한 사람이에요. 프로그래밍을 이미 속속들이 알고 있어서 제가 프로젝트의 어떤 부분을 맡깁니다. 그러면 우리 프로젝트 검토 회의에서 칼날을 맞대게 되는 거죠. 이런 식으로 말합니다. "왜 그렇게 지적하시는 거죠? 여기 전역 변수가 있는 게 어때서요? 이걸 하지 않은 건 왜요? 제 서브루틴 순서가 마음에 안 드시나요? 프로그램은 잘 돈다고요."

제가 입을 열면 모두 당황합니다. "프로그램이 도는지는 관심 없어요. 여기서 일한다는 거 자체가 작동하는 프로그램을 짤 수 있는 사람이라는 이야기니까요. 작동하는 프로그램을 짜는 건 기술이 필요한 일이고 그건 잘하는 것 같아요. 자, 그럼 이제 프로그래밍 하는 법을 배워야겠네요." 정말 훌륭한 프로그래머인데도 다른 사람의 코드는 한 줄도 읽어 보지 않은 사람들도 있어요. 사실 그런 사람들 일부는 자기 코드도 읽어 본 적이 없죠. 6개월 후 벌어지는 일을 지켜보는 고통을 겪어 보지 않은 거예요.

몇몇은 반항합니다. 몇몇은 자신이 훌륭한 프로그래머라고 전적으로 믿고선 저를 한물간 퇴물 취급해요. 자신을 몰라본다고요. "프로그램이 작동하잖아요. 뭐가 문제예요?" 하면서요. 제가 이렇게 말했던 것도 아주 옛날 일은 아니네요. 어쨌든 그러면 제가 이렇게 말하죠. "프로그램이 작동하는 걸로는 일을 했다고 할 수 없어요. 우리는 한 단계 더 높은 걸 원해요. 작동하는 프로그램은 기본이고요." 그러면 다들 놀라 입을 벌리죠. 그러고 나서 다른 사람들을 찾아가 이야기를 할 텐데 그러면서 이게 사실상 BBN 전체의 기준임을 알게 되는 거죠. 자신의 머릿속에 들어 있는 걸 컴퓨터에 시킬 수 있는 기술을 갖추지 않으면 일하면서 새로운 아이디어를 찾아낼 수 없어요.

저는 전역 변수를 어떻게 쓰고 서브루틴을 어떻게 배열하는지에 대해 선호하는 방식이 있어요. 그러다 어떤 사람과 이걸 놓고 며칠이나 다투게 되었죠. 그 사람은 “잘 돌아가는데요.”라는 식이었어요. 아주 좋은 프로그래머였기 때문에 제가 억지로 강요하고 싶지는 않았죠. 무능력자가 권위를 내세우고 싶어서 그러는 게 아니라 다른 방식으로 하라고 하는 데는 다 이유가 있다는 사실을 그 사람이 이해하는 게 중요했는데요. 그 사람은 그 프로그램을 이해하는 게 얼마나 어려운지 이해하지 못했어요. C 서브루틴 하나가 42페이지인 프로그램이었는데 말이죠.

사이블 헉!

코셀 제가 언쟁을 벌인 이유는 제가 한 번만 호출되는 서브루틴의 팬이었기 때문이었어요. 부모 서브루틴에서 작은 부분만 추상화하기 위한 목적으로만 만드는 서브루틴이요. 제 프로그래밍 방식에서는 부모 서브루틴을 읽다가 이런 코드 부분을 만나면 여러 가지 얽혀 있는 세부 사항들 때문에 신경이 분산되거든요. 그럴 땐 이 덩어리를 뽑아내는 게 좋습니다. 그러면 ‘표를 정렬한 후 최적 경로를 찾기’ 같은 단순한 일만 하는 코드가 생기죠. 이 서브루틴을 딱 한군데에서만 부르더라도요. 이 코드를 최적화하는 사람이 그럴 수도 있어요. “별도의 서브루틴일 필요가 없네요. 원래 서브루틴 하나로 합치죠.” 하지만 이건 떼어 놓을 수 있는 작은 서브루틴 하나잖아요. 입력이 무엇인지 명확하고 알고리즘도 알기 쉽습니다. 딱 이것만 신경 쓰면 되니까요. 하지만 그 사람은 제가 이런 말을 하는 걸 싫어했어요. 제가 “당신이 쓴 루틴은 너무 복잡해요. 루틴 하나가 설계의 너무 많은 부분을 담당하고 있어요.”라고 하니 그 사람은 이렇게 답했죠. “괜찮아요. 전 루틴 하나에서 모두 다 할 수 있으니까요.”

반항했지만 결국에는 제 방식을 따랐어요. 그다음으로 그 사람에게 주어진 일은 예전에 다른 프로젝트에서 일했던 프로그래머가 남겨 놓은 큰 코드 덩어리를 우리 시스템에 맞추는 일이었어요. 거의 일주일 동안 그 일을 했죠. 선임이 남겨 놓은 프로그램을 얼마나 싫어했던지 제 상사에게 찾아가서 우리 부서의 프로그래밍 기준이 너무 느슨하다고 불평했다더군요. 사실 그 선임은 그 사람이 하고 싶어 했던 프로그래밍 방식과 비슷하게 한 건데 말입니다. 다만 그

결이 조금 달랐을 뿐이었죠. 그 사람은 그렇게 아주 훌륭하고 성실한 프로그래머가 프로그램을 잘 쪼개 놓지 않으면 어떤 일이 일어나는지 배운 거죠. 아주 긴 하나의 프로그램이 생깁니다. 스파게티 코드는 아니에요. 하나의 긴 흐름 안에 다양한 수준의 복잡도가 섞여 있을 뿐이죠. 그 사람 때문에 좀 화가 날 뻔하긴 했어요. 말씀드렸다시피 그 사람이 부서에 그런 일이 일어나지 않도록 기준이 있어야 한다고 제 윗선에게 요구했거든요.

사이블 자신이 이전에 만든 코드가 그 기준에 벗어날지도 모른다는 건 생각하지도 않고요?

코셀 아니요, 알았어요. 전향한 거죠. 담배를 끊더니 갑자기 다른 사람들이 아직도 담배를 핀다며 제일 괴로워하는 사람 같은 거예요. 그 사람은 우리 프로젝트에서 가장 뛰어난 사람 중 하나가 되었죠. 제가 뭔가 타협을 하면 귀신같이 찾아내서 잔소리를 했어요. 그 프로젝트는 그 사람이 이전에 해 보지 않은 유형의 일이었어요. 통신, 실시간, 이런 것들이 모두 그에겐 새로운 것이었죠. 하지만 똑똑한 사람이어서 그런 작은 깨달음의 순간을 지나 제가 기대했던 모습으로 성장했죠. 마지막으로 소식을 들었을 땐 잘 살고 있더라고요. 그 사람과는 결국 맞게 됐어요. 하지만 다른 사람들은 저와 일하는 걸 좋아하지 않았죠. 제가 너무 고압적이라고요. 왜 그런지 모르겠네요.

사이블 주석을 얼마 이상 또는 얼마 이하로 달아야 한다는 특별한 규칙이 있으신가요?

코셀 저는 코드에 주석을 많이 달지 않아요. 코드가 읽기 쉬워서 구현하는 알고리즘이나 자신의 생각이 코드에 명확하게 드러나야 한다고 생각하거든요. 이 루틴은 이런 일을 한다는 주석 정도지요. 대개는 어떻게 호출해야 하고, 예외가 발생하면 어떻게 해야 하며, 인자의 순서는 어때야 한다 같은 설명을 조금 쓰죠. 하지만 코드 자체로 하는 일을 명확하게 표현할 수 있어야 합니다.

제가 코드에 주석을 열심히 다는 경우가 딱 하나 있어요. '이 코드는 작동하기는 하지만 내가 하고 싶은 일을 명확하게 보여 주지는 않네.' 하는 직감이 들 때죠. 그러면 코드에 "이 코드는 표를 정렬합니다."라고 주석을 쓰는 거죠. 평소에 보는 표 정렬 코드와 좀 달라 보이겠지만 그건 사실 제가 뭔가를 더 최적화할 수 있었기 때문인 거예요.

저는 틀에 박히게 짜인 프로그램 소스 코드를 좋아해 본 적이 없어요. 함수 시작 부분에는 무조건 주석이 18줄 있어야 하고 인자를 순서대로 설명해야 하는 그런 식이요. 저는 프로그램을 동일한 크기로 나누지도 않아요. 어떤 서브루틴은 복잡하고 어떤 건 간단하죠. 프로그램을 배치하는 방식은 신경을 씁니다. 저는 중괄호에 집착하는 무리의 대표 주자이기도 하죠.

왜 그렇게 집착하냐고요? 제가 코드를 읽는 목적은 그 코드가 하는 일을 이해하는 거지, 각 코드 조각이 무엇인지 보려는 게 아니니까요. 예를 들어 `if` 문을 보면 그 조건을 보겠죠. 머릿속으로 조건이 참인지 거짓인지 헤아려 볼 테고요. `if` 문이 걸려 있는 블록을 넘어가야겠다는 생각이 들면 바로 눈을 내리기만 하면 되도록 프로그램이 구성되어 있어야 하지 않을까요? 일일이 문법을 따지면서 코드를 읽을 필요 없잖아요. 그래서 제가 여는 중괄호와 닫는 중괄호의 열을 맞추길 좋아하는 옛날 사람인 거예요.

편집기에서 줄마다 다섯 번째 열 이후 내용을 모두 지워 버리면 제 코드가 이렇게 생겼을 거예요. '연산자, 여는 중괄호, 닫는 중괄호. 또 연산자, 여는 중괄호, 닫는 중괄호.' 연산자들을 잘 볼 수 있죠. 아까 이야기한 것과 연관이 있는 요소도 있는데요. 여는 중괄호가 닫는 중괄호와 너무 멀리 떨어져 있다면 대개는 그 안에서 하는 일이 너무 많다는 거예요. 그러면 그걸 다른 함수로 추출해 낼 수 있겠죠. 가끔은 하는 일이 너무 많지 않더라도 추출할 때가 있어요. 그 안에 형편없는 코드가 너무 많아서 그 부분이 하는 일을 이해할 수 없을 때 그렇게 합니다.

저는 그런 형편없는 부분을 정말 열심히 숨깁니다. 그런 부분을 다른 곳으로 치워 놔야 전체 코드의 흐름을 따라갈 수 있거든요. 그리고 코드가 뭘 하는지 머릿속에 그림을 그릴 수 있지요. 어떤 프로그래밍 스타일은 블록 구조를 이해하기가 너무 힘들어서 읽기 어렵기도 해요. 재미있는 게 파이썬을 만든 사람은 분명 저와 비슷한 생각이었던 것 같아요. 열고 닫는 중괄호를 없애서 문법 전쟁의 싹을 뽑아 버렸죠. `if`를 보면 여는 중괄호가 거기 암시적으로 있는 셈이고 닫는 중괄호도 암시적으로 있는 셈이에요. `if` 다음으로 실행할 코드는 `if`와 들여쓰기를 맞추어 써야 하고요. 제가 C나 펄 코딩을 할 때 쓰는 편집기는 버튼을 클릭하면 해당 부분을 접어서 표시해 줘요. 그러면 바깥쪽 구조만 볼 수 있게 되죠. 파이썬 환경에도 그런 기능을 하는 편집기가 아마 있을 거예요.

이렇게 스타일을 놓고 전쟁을 하면서 특정 스타일을 깎아내리고 싶지는 않습니다. 제가 전쟁에 뛰어든 이유는 제가 코드를 이해하는 데 방해가 되는 스타일이 있어서예요. 그리고 제가 코드는 꽤 잘 이해하는 편이었죠. 저보다 더 코드를 잘 이해한다는 걸 증명할 수 없다면, 자기 스타일이 더 좋다고 저와 맞붙기가 만만치 않을 겁니다.

사이블 **분명 낯설고 새로운 코드를 접하고 디버깅하는 건 특별한 기술입니다. 좋은 프로그래머라도 다 갖추고 있진 않죠. 하지만 그런 일에 뛰어나셨던 것 같군요.**

코셀 그랬죠. 거기에는 두 가지 방식이 있어요. 스티브 버터필드라는 다른 친구가 있는데, 이 친구도 고치는 일에 능했지만 저와는 정반대였어요. 스티브는 프로그램이 어떤 식으로 돌아가는 건지 단서가 전혀 없는 상황에서 문제를 고치는 일에 선수였어요. 프로그램에 파고들어 켜켜이 쌓인 코드 속 이상한 코드를 살짝 바꾸곤 했죠. 그러면 프로그램이 다르게 돌아갔어요. 크고 복잡한 프로그램도 스티브가 뛰어들어 살짝 바꿔서 고쳐 놓곤 했죠. 제가 볼 때 기능적으로는 더 나아졌지만 프로그램 자체는 더 나빠졌어요.

저는 언제나 전체 프로그램을 개선하려고 노력했어요. 그래서 아주 작은 문제가 있는 경우라 하더라도 전체 프로그램을 이해하려고 노력했죠. 맨 위에서부터 차근차근 따져 가면서 문제를 찾으려고 했어요. "이게 작동을 안 하네. 여기를 뜯어고쳐 봐." 하는 식이 아니었어요. 그래서 제 머리에 전체를 다 밀어 넣느라 오래 걸리고 시간이 많이 들긴 했어요. 더 직접적으로 접근하면 문제를 그냥 고칠 수 있었을 때에도요.

하지만 대개 스티브가 프로젝트를 그만두고 나면 코드가 어떤 일을 하도록 고치기가 힘들었어요. 반면에 저는 프로젝트를 좋은 상태로 유지하려고 했죠. 하지만 그 프로그램이 정말로 크고 끔찍한 경우에는 제가 머리를 굴리느라 시간을 엄청 써야만 했어요. 그렇게 전부 이해한 후에야 문제에 뛰어들 마음이 들었으니까요. 그런데 사실 그런 일은 별로 없었어요. 제가 버그를 고칠 때 사실 디버깅으로 고치지 않는 경우가 많았거든요.

아까 말씀드렸다시피 제가 단서를 찾지 못했던 버그가 많았습니다. 그냥 이렇게 한 거죠. '이 코드는 원래 해야 할 일을 하지 않네. 그러니까 간단한 일을 하는 코드를 대체 왜 이렇게 복잡하게 짠 거지?' 그리곤 해당 코드를 날려 버립니다. 제 생각에 그 코드가 했어야 하는 간단한 일을 하는 코드를 새로 짜서 넣지요. 그러면 마법처럼 프로그램이 동작합니다. 돌이켜 보면 사실 프로그램이 계속 발전하면서 그 작은 코드가 계속 바뀌었던 것 같아요. 프로그램이 발전하면서 교체되지는 않고 다른 일을 하도록 땜질을 하고 있었던 거죠. 그러다 한 번 실수를 한 거고요.

사실 저는 디버깅을 전혀 하지 않았는데 말이죠. 하루이틀 붙잡고 앉아 타자를 하고 있으면 제가 뭘 하는지 눈치채는 사람이 아무도 없었어요. 그런데 프로그램이 고쳐진 거예요. 정말 훌륭한 디버거죠! 하지만 정말 위험한 방식입니다. 윌 크라우더의 명언이 정말 맞는 말이거든요. 백 줄짜리 코드를 다시 짜면 버그 하나는 고칠지 몰라도 새로운 버그를 여섯 개쯤 만들기 마련이죠. 원래 찾던 버그 하나는 알게 되지만 이제 새로운 버그 여섯 개를 찾아야 합니다. 그런데 저는 그냥 운이 좋았어요. 오랫동안 코드를 짜 왔지만 대부분은 잘 작동했거든요. 성적이 괜찮았죠.

사이블 코드를 읽을 때 무언가 전략이 있으셨을 것 같은데요. 꼭 버그가 있어서가 아니더라도 거대한 코드 덩어리로 작업해야 할 수도 있잖아요. 어떻게 접근하시나요?

코셀 사실 별로 잘 못했어요. 제가 코드를 고치지 않고 다시 짜는 경향이 있는 것도 사실 코드를 더는 이해할 수 없었기 때문이에요. 저는 책 읽듯이 코드를 읽지는 않아요. 프로그램이 무슨 일을 하는지 파악하려고 하고, 위에서부터 내려가면서 코드에 대한 힌트를 얻으려고 하죠.

코드를 읽으면서 동시에 저라면 이 문제를 어떻게 풀었을지 생각해요. 다시 말해 코드에서 특정한 부분을 찾고 있다는 거죠. '아하, 여기가 그 일을 하는 부분이구나.' 하면서요. 그리고 평소의 오만한 자세로 '이 사람 이걸 잘못 짰네.' 하는 거죠. 아니면 적어도 어떻게 했는지 이해하게 됩니다.

여하튼 저는 위에서 아래로 내려갑니다. 그런데 제가 아는 사람 중에 아래에서 위로 올라가는 걸 정말 잘하는 사람도 있어요. 작은 서브루틴부터 읽기 시작해서 결국 자기가 원하는 서브루틴을 찾아내죠. 하지만 저는 그런 일을 할 때 하향식으로 하는 편입니다. 프로그램을 볼 때 다른 프로그래머가 어떻게 '했어야' 할지 알아내려고 한다는 뜻입니다. 그런 식으로 버그가 무엇인지도 모르면서 때때로 버그를 고칠 수 있었던 것 같아요. 읽다 보면 그런 곳에 맞부딪치거든요. '이 코드는 내가 바르게 이해했다면 이런 일을 해야 해.' 그런데 제가 보고 있는 코드는 그 일을 하지 않거나 코드가 너무 복잡해서 다른 여섯 가지를 더 하는데 그게 좀 이상한 거죠.

어느 쪽이든 저는 그런 상황이면 대개 그 부분의 코드를 고칩니다. 제 생각에 프로그램의 그 부분에서 해야 하는 일을 하도록 만들죠. 이런 방식이 얼마나 어처구니없이 위험한지 아시겠죠? 프로그램을 구성하는 방법은 정답이 없는데 그 프로그램이 제 생각과는 다른 방식으로 완벽하게 잘 구성되어 있는 거면 어쩌겠어요? 프로그램을 망친 셈이죠. 고쳐야 되는 문제가 산사태처럼 쏟아질 테고요. 그런데 저는 운이 정말 좋았어요. 제가 "이거 틀린 것 같은데 제가 고칠게요."라고 하면 보통 잘 고쳐졌어요. 아주 초창기부터 그랬죠.

제가 처음으로 개발한 큰 프로그램은 PDP-1 시분할 시스템이었어요. 저는 대학생 수준의 프로그래밍 문제를 다루는 새내기 프로그래머였죠. 병원 프로젝트를 빠르게 거치면서 애플리케이션을 개발하다가 시스템 프로그래머들의 품 안으로 막 옮겨 온 참이었죠. 직업 프로그래머가 된 지 고작 6개월밖에 되지 않았는데 아주 용감하게 말했죠. 이 원격 프로세스 스와퍼 코드가 잘못된 것 같으니 제가 다시 짜겠다고요.

사이블 **새로운 버그를 만드는 위험뿐 아니라 원래 프로그램이 의도한 동작을 잘못 이해하는 위험도 있었을 것 같네요.**

코셸 맞아요. 소심한 사람은 제 방식을 택할 수 없겠죠. 제가 19살 때에는 그게 유일한 길처럼 보였어요. 저에겐 두 가지 소신이 있었는데 저한테 아주 도움이 되었죠. 하나는 프로그램이 이해가 되어야 한다는 것이고, 하나는 근본적으로 어려운 문제는 아주 드물다는 거예요. 정말로 어렵고 까다로워 보이는 건 대부분 자신이 해야 하는 일을 완전히 이해하지 못한 프로그래머가 제대로 돌아가는 것처럼 보이는 코드가 나올 때까지 망치로 마구 두들겨 만들어 낸 거죠.

이런 두 가지 소신이 어떻게 생겼는지는 모르겠어요. 저는 아무런 기술 없이 BBN에 들어갔지만 어쨌든지 마음 깊은 곳에 그런 소신을 품고 있었어요. 무엇이든 이해할 수 있어야 하고 그건 그렇게 어렵지 않을 거라고 생각했죠. 알고 보니 시분할 시스템이나 IMP, 그런 종류의 프로그램은 모두 정말 그랬어요. 일반적으로는 프로그램이 의도한 동작을 제대로 이해만 한다면 조각이 모두 딱딱 맞아떨어지죠. 들어맞지 않는 조각은 직소 퍼즐에서 색깔이 다른 조각처럼 눈에 확 들어오고요.

제 또 다른 원칙 하나는 언제나 깨끗한 코드를 추구했다는 거예요. 코드를 제대로 짜고 싶었죠. 우리가 프로그램을 디버깅할 때 버그를 찾은 곳에서 버그를 고치는 일은 절대 없습니다. 제 규칙은 "이 부분의 코드를 이렇게 짜면 안 된다는 사실을 원래부터 알았다면 루틴의 이 부분을 어떻게 구성했을까?" 하고 묻는 거죠. 이전엔 뭘 잘못 생각한 걸까요? 그런 일이 일어날 수 없도록 코드를 고쳐야 합니다. 루틴 하나를 완성했을 때 저는 그 루틴이 언제나 그냥 자연스럽게 짠 것처럼 보이길 바랍니다. 나중에 덧붙인 발상의 흔적이 남거나, 무언가가 잘못되어서 오류를 고친 자국이 보이면 안 됩니다. "이 루틴이 잘못된 값을 가끔 반환해서 제가 고쳤습니다."라고 적혀 있는 수상한 코드도 안 되고요. 그런 것들은 없어야 합니다. 마치 멋진 영감을 받아 단번에 정확하게 만들어 낸 듯한 코드를 원합니다.

저는 이걸 제 다른 비결과 섞어서 사용했습니다. 미 국방부 프로젝트를 할 때였는데요. 국방부는 신규 프로젝트에 절대 돈을 주지 않습니다. BBN과 정부 모두 기존 프로그램에 너무 많이 투자했거든요. 반드시 고쳐야 할 끔찍한 한계가 있더라도 말이죠. 가장 흔한 건 프로그램의 용도와 요구 사항 같은 게 변화하는 경우입니다. 프로그램을 만들기 시작했을 때에는 옳았던 결정이 시간이 지나고 나서 형편없는 결정이 되어 버리는 거죠. 그럴 땐 프로그램의 해당 부분을 뜯어 고치고 싶겠죠. 위에서 "그러면 뭐가 좋아지나요?"라고 물어볼 때 "좋아지는 건 전혀 없습니다. 그냥 다음 주에 프로그램을 다루기 더 좋아질 거예요."라고 대답해서는 허가를 받을 수 없습니다.

제가 찾은 방법은 좀 교활한데 많은 프로그램에서 잘 써먹었습니다. 프로그램의 미래 버전을 설계합니다. 현재 알고 있는 지식을 활용해서 프로그램이 어떻게 생겨야 할지 그려 보는 거죠. 서브루틴 수준은 아니고 전체 프로그램 수준에서요. 이제 버그를 고쳐야 할 때 그 버그를 고치는 방법을 고를 일이 있을 겁니다. 이때 새로운 더 나은 모형에 가까운 쪽으로 고치는 거죠. 무조건 제일 빨리 고치는 방법으로 고치지 않고요. 현재 상황에 적합한 방식으로 고치고 끝내지 않고, 새로운 모형을 향해서 움직이다 보면 몇 달 후 결과가 완전히 달라집니다. 오래되고 잘못된 코드를 패치로 계속 뒤덮은 모습이 아니라 프로그램의 모든 주요 부분이 어느새 새로운 방식으로 작동하고 있을 거예요. 예전 방식으로 돌아가는 부분이 조금밖에 안 남게 되면 몰래 살짝 바꿔 놓을 수 있을 겁니다. 전체 프로그램에 주는 영향은 미미할 테니까요.

그래서 "이 변경 사항을 적용하려면 시간이 얼마나 걸리나요?"라고 물어보면 세 가지 답이 있을 수 있습니다. 첫 번째는 최단 경로를 택했을 때 시간이죠. 코드 한 줄을 딱 바꾸는 시간이요. 두 번째는 앞에서 말한 제 규칙을 적용해서 실수를 반복하지 않도록 서브루틴을 다시 작성하는 데 걸리는 시간입니다. 그리고 세 번째는 버그를 고치는 동안 이 서브루틴을 더 나은 버전의 프로그램의 일부가 되도록 작성하는 데 걸리는 시간입니다. 기간을 추정할 때 두 번째나 세 번째 사이 어디쯤으로 하면 과제를 맡을 때마다 프로그램을 개선할 수 있는 추가 시간을 조금씩 얻을 수 있을 겁니다. 저는 이게 큰 차이를 만든다고 생각해요. 프로그램이 깨끗하게 발전할 수 있도록 해 주죠. 여전히 첫 번째 버전인데 알고 보면 모든 구석이 테세우스의 배처럼 다 바뀌었죠. 정말로 멋지고 반짝이는 프로그램이 된 거예요. 모든 주요 부분이 다 바뀌었으니까요. 실제로 프로그램을 다 뒤집어엎고 고치라고 허가한 프로젝트 관리자도 없었는데 말이죠.

사이블 혹시 리팩터링이라는 말 들어 보셨나요?

코셀 아니요, 그게 뭔가요?

사이블 방금 설명하신 거요. 제 생각에 요즘은 그런 방식이 좀 더 널리 사용되는 것 같네요. 프로젝트 관리자들 중에도 리팩터링이 필요하다고 받아들이는 사람도 있고요.

코셀 오, 정말 좋은 소식이네요. 저는 버그가 필요하곤 했거든요. 그냥 코드를 깨끗하게 만들기 위해 고치겠다고 하면 허가를 받을 수 없었기 때문에 방금 말한 것처럼 코드를 고치는 이유가 늘 필요했어요. 그래서 그 코드를 건드리는 버그나 개선 요청이 들어올 때까지 기다려야만 했죠. 하지만 일단 들어오면 원하던 대로 바꿔 놓았습니다. 리팩터링이라는 걸 하려면 정확한 목표가 무엇인지 생각하는 시간이 좀 필요하겠네요. 사람마다 다른 방향을 보고 있거나 아예 목표가 잘못되었다면 리팩터링이 잘되지 않을 테니까요.

제 방식에 이름을 붙여 본 적은 없어요. 복잡도를 관리하면서 '동시에' 내다버리거나 재구현할 필요가 없는 프로그램을 만들려다 보니 그저 이 방법밖에 보이지 않았던 거죠. PDP-1이 이걸 가르쳐 줬어요. 수년간 이어진 정말 거대한 프로젝트였죠. 첫 두 버전을 만드는 데 서너 명이 필요했는데 이걸 폐기할 수는 없었어요. 하지만 개선이 필요했죠.

사이블 프로그래머를 어떻게 채용하시나요? 재능이 있는 사람을 알아보는 비법이 있나요?

코셀 저는 표준적인 면접 양식을 따라 본 적이 없어요. 사람들이 간단한 문제를 주면서 풀어 보라고 한다고 하더라고요. 마이크로소프트가 이 방식으로 유명하고요. 저는 직감을 더 따르는 방식을 사용하는 것 같네요. 일단 후보자의 이력서를 훑어보면서 제 타입의 사람인지 느낌을 봅니다. 사실 대학 졸업반인 경우에는 이력서가 보통 쓸모없죠. 행간을 보면서 멋지게 보이는 프로젝트가 사실은 어딘가의 수업 프로젝트가 아니었는지 파악합니다. 하지만 보통은 이야기하면서 파악하는 편이에요. 제가 주위 사람들에게 기대하게 된 사고방식인 지적 욕구나 호기심, 꼼꼼함 같은 걸 찾아보죠.

그밖에 무엇에 흥미가 있는지, 전공 이외에는 무엇에 흥미가 있는지 물어봅니다. 무언가를 잘 이해하는 소질과 호기심을 두루 보여 주는지도요. 간단하게 보면 이런 게 제가 면접을 보는 방식입니다. 저는 'BBN 수준의 사람'에 대한 이상화된 이미지가 있어요. 소질과 호기심, 빠른 학습, 다양한 것에 대한 관심, 다재다능함 같은 것들이 어렴풋하게 섞여 있죠. 그 사람이 BBN 수준의 사람이 될 수 있을 것 같은 느낌이 오는지 알아보려고 했습니다.

사이블 말씀하셨듯이 마이크로소프트는 면접에서 퍼즐 같은 질문을 하는 걸로 유명한데요. 퍼즐을 좋아하시잖아요. 어떤 사람의 가능성을 평가하기 위해 그런 퍼즐을 묻는 건 어떻게 생각하세요?

코셀 문제를 잘 고르기만 한다면 가능한 방법이라고 봅니다. 그 사람이 퍼즐을 풀었는지 여부는 사실 중요하지 않고, 그 사람이 문제에 접근하는 방식을 엿볼 수 있거든요. 저는 그런 질문을 해 본 적이 없습니다. 저라면 지원자에게 조그만 장난감 퍼즐을 주고선 그걸 푸는지 지켜보는 일은 하지 않을 것 같긴 하네요. 문제는 그런 퍼즐을 풀려면 저마다 다른 스타일의 해법이 필요하다는 거예요. 지원자가 알거나 모르거나 둘 중 하나죠. 그래서 별로입니다. 제가 슬라이딩 퍼즐을 엄청 잘 푸는 사람을 원하는 건 아니잖아요? 그냥 우연히 그걸 잘 푸는 사람일 수 있으니까요.

BBN은 미지의 영역을 항해하면서 많은 시간을 보냈습니다. 아무도 해 본 적 없고, 하는 방법을 모르는 일을 해 왔죠. 쉬운 일이 아니기에 대담함도 필요하고, 침몰하지 않기 위해 어느 정도 기술도 필요합니다. 제가 찾는 사람은 그런 사람이죠. 특정한 퍼즐을 푸는 재주를 지닌 사람이 아니라요. 퍼즐을 잘 푼다고 해서 복잡한 걸 다루어야 하는 상황에 던져졌을 때 적절히 대응할 수 있을까요?

좋은 사례로 루빅스 큐브가 나왔을 때를 들 수 있습니다. 이 환상적인 퍼즐에 대한 소문을 듣긴 했는데 마침 영국에 출장 갔던 사람들 중 한 명이 가방 가득 큐브를 사 왔어요. 책도, 문서도, 아무것도 없었어요. 사실 미국 내에서는 아직 화제가 되지도 않았어요. 군 이론을 떠올리게 하는 이상하고 작은 퍼즐이라고만 알았죠. 우리는 그걸 가지고 놀기 시작했고 몇몇이 서로 다른 방법으로 퍼즐을 풀어냈어요. 우리가 그런 퍼즐을 풀어낼 수 있다는 게 흥미로웠죠. 어쨌든 그 당시 BBN 사람들이 올바른 자질을 가졌을 뿐이에요. 저는 그런 자질을 지닌 사람을 찾으려고 했었죠.

마이크로소프트의 간단한 퀴즈는 뭔지 모르겠네요. 구글에도 그런 적성 검사 같은 게 있다고 들었어요. 그런 걸로 후보자가 머리가 괜찮은지 엿볼 수 있는지는 모르겠습니다. 여하튼 저는 이렇게 사람을 봅니다. 이 사람이 BBN 수준의 사람이 될 수 있어 보이나? 대부분 대답은 "아니요."죠. 지극히 훌륭한 사람이고 뛰어난 엔지니어이더라도 이야기하다 보면 느낌이 오지 않는 경우도 있어요. 저는 그런 느낌을 찾는 편인데 정확하게 무엇 때문인지는 모르겠네요.

사이블 프로그래밍이 젊은 사람에게 유리하다고 생각하시나요?

코셀 그럴 수도 있다고 봅니다. 그런 경우도 있었어요. BBN에서 경력 말년에 했던 프로젝트를 돌아보면, 제 밑에서 일하는 사람들이 저라면 불가능했을 법한 일들을 해내더라고요. 제 밑에서 일하던 사람 하나가 인터페이스 일부를 Tcl로 하면 좋을 것 같다고 하더군요. 그래서 하루 하고 반나절 정도 만에 Tcl을 배우더니 돌아가게 만들었어요. 저라면 못했을 거예요. 마음 한구석에서는 '와, 나도 한때는 저럴 수 있었는데.' 하는 생각이 들어 재미있었죠.

실제로 코드를 만들어 내려면 높은 강도로 일해야 하고 머리도 민첩하게 돌아가야 합니다. 새로운 것을 계속 배워야 하니까요. 하지만 적어도 지금의 저는 잘하지 못하죠. 하지만 반대로 어렸을 때 없던 지혜를 갖추고 있는 것도 사실이죠. 이제는 일하는 법을 더 잘 압니다. 그래서 저는 더 젊고 활발한 사람들을 지도하는 게 더 나은 것 같습니다. 수학에는 옛날부터 그런 말이 있잖아요? 대부분의 수학자는 자기 최고의 업적을 30살이 되기 한참 전에 쌓는다고요. 제가 이야기하고 있는 프로그래밍 같은 것도 그렇게 되지 않을까요? 진짜 최첨단 수학을 연구하기 위해 필요한 업무 강도나 집중력이 아마 제가 어렸을 때 프로그래밍에 열중하는 데 필요했던 정신력과 비슷할 거예요.

사이블 그런 업무 강도는 어쩌면 단순히 오랜 시간 일하며 체력을 소진하는 걸로도 나타날 텐데요. 그렇게 긴 시간 일하는 게 꼭 필요할까요, 아니면 우리가 코딩을 너무 사랑하다 보니 나타나는 부작용일까요?

코셀 저는 개인의 성격에 따른 부작용이라고 봅니다. 일을 하다가 잠깐 내려놓은 다음 다시 돌아와서 할 수 있는 사람이 있는 반면, 다 마칠 때까지 붙잡고 손에서 놓지 못하는 사람도 있죠. 제가 BBN에서 알았던 사람들 중에도 완벽하게 업무 시간에만 일하고 주말 출근은 하지 않는 사람도 있었습니다. 제일 똑똑한 축에 속하는 사람들 중에도요. 물론 다른 쪽에 속하는 과격파도 있었죠. 저는 한때 컴퓨터실에서 잤는데 집이 너무 멀어서 차에서 버리는 시간이 너무 많았거든요. 제가 컴퓨터실에서 낮잠을 자는 동안 제가 일에 아주 미쳐 있다고 사람들이 생각했을지도 모르겠네요. 하지만 그런 게 필요하다고 생각하지는 않습니다. 우리가 하는 일이 너무나 흥미진진하다 보니 생기는 부작용이라고 생각해요. 특히 무언가가 조금씩 돌아가기 시작할 때 그렇죠.

BBN에서 정말로 훌륭한 사람 중 한 명은 업무 시간을 온전히 지키면서 '동시에' 박사 논문도 마쳤어요. 놀라울 정도로 규칙적으로 생활한 덕분이었죠. 토요일에는 논문을 쓰고 저녁에는 또 뭘 하고 하는 식으로요. 제 생각에 비결 중 하나는 체계화인 것 같아요. 무언가를 마칠 때까지 쭉 할 수 있으면 늘 훨씬 쉽습니다. 체계를 세울 필요도 없고 중단한 다음 재개할 필요도 없어요. 마친 후에는 그냥 잊으면 되니까요. 요즘은 제 삶이 평범해졌기 때문에 이런 것들을 배우고 있습니다. 저는 짬이 날 때 프로그래밍을 하는데요. 하다가 중단하고 나중에 재개하는 식이죠. 2, 3주쯤 작업을 하지 않으면 재개하는 게 깜짝 놀랄 정도로 어려워요. 간단한 개인 프로그래밍 작업이 자주 더뎌질 때 그걸 정말로 꼭 하고 싶다면 이렇게 결심하죠. '좋아. 운동을 결심한 사람처럼 이걸 하는 거야. 아침마다 두 시간씩 코딩하자.' 하지만 대부분 실패해요. 일이 좀처럼 끝나지 않는 게 너무 지겨워지거든요. 그래서 그냥 하루나 이틀을 투자해서 끝내 버립니다.

잠깐씩은 과거처럼 집중할 수 있어요. 하지만 그렇게 잘하진 못합니다. 그래서 그런 진짜 해커가 할 만한 특별하고 멋진 프로그래밍 작업은 젊은 사람들에게 유리한 것 같습니다. 젊었을 때 빛나는 업적을 쌓았던 사람들은 거의 대부분 그 일에 매우 몰두했던 것 같네요. 진정으로 뛰어난 종류의 일을 회사 일 하듯 하루에 두 시간씩만 투자해서 이루는 사람은 상상하기 어렵네요. 제가 아는 거의 모든 사람은 미친 듯한 집중력과 업무 강도를 분출해서 일을 끝내 버립니다. 하지만 집중은 힘든 일입니다. 자신을 소모시켜요. 저도 분명 그렇게 지친 적이 있었고요.

사이블 **자신을 뭐라고 생각하십니까? 과학자, 엔지니어, 예술가, 장인, 아니면 다른 무언가?**

코셀 당연히 그것들을 섞은 거죠. 제가 아는 과학자의 개념상 저는 과학자는 아니에요. 저는 저 자신을 예술가와 장인의 조합으로 보고 싶네요. 제가 엔지니어링을 하는 방식이 예술과 기술의 조합이에요.

사이블 **엔지니어링 부분을 먼저 여쭤볼게요. 와츠 험프리[18]나 SEI(Software Engineering Institute) 사람들은 프로그래밍이 다리 건축처럼 엔지니어링 학문이어야 한다고 주장합니다. 사람들은 다리를 지으면서 그게 얼마나 걸릴지 예측할 수 있죠. 그리고 다리는 대개 무너지지 않고요.**

코셀 맞습니다. 중간에 불합리한 추론이 하나 껴 있긴 하지만 아주 좋은 비유입니다. 사실 다리가 무너지지 않도록 설계하는 사람은 설계만 하니까요. 케이블을 연결하는 사람이나 검사하는 사람, 강철 구조물이 이상 없는지 확인하는 사람이나 콘크리트를 붓는 일 등을 하는 사람은 모두 다른 사람이죠.

그런 면에서 프로그래밍은 엔지니어링 학문입니다. 무엇을 해야 하는지 알아야 하죠. 무엇을 할 수 있는지도 알아야 하고요. 제가 하는 업무 수준에서는 조각들이 어떻게 끼워 맞춰질지 내다볼 수 있어야 합니다. 무엇이 빠르고 느린지,

무엇이 만들기 어렵고 쉬운지 어느 정도 직관이 있어야 합니다. 무언가가 어떻게 작동할지 엔지니어링에 걸맞은 수준의 모형이 있어야겠죠.

예술가적인 측면에서는 설계가 우아한지 판단합니다. 컴퓨터 프로그램의 예술성은 프로그램 수명에 영향을 주기 때문에 우아함도 함께 고려해야 해요. 여기서 컴퓨터 프로그래밍의 예술성은 나중에 다른 사람이 이걸 망가트리지 않으면서 바꾸는 일이 얼마나 쉬운지를 말하는 거예요. 기능 구현과는 상관없지만 만든 후 그 수명이 얼마나 될지가 여기에 달려 있죠.

사이블 코드의 아름다움이 나중에 그 코드를 사람들이 바꿔야만 한다는 사실과 연결되어 있는 거군요.

코셀 제가 만든 것 중 컴퓨터가 켜져 있는 동안에만 돌아가면 되는 블랙박스도 한두 가지 있었어요. 하지만 대부분은 수많은 사람이 차례대로 망치질을 해도 망가지지 않고 버텨 냈죠. 제가 예술성이나 아름다움을 이야기하는 이유는 우리가 프로그램을 짤 때 엄청난 자유도를 갖고 있기 때문이에요. 루틴을 어떻게 구성해 배열할지, 주석을 어디에 달고, 변수명을 어떻게 지을지, 서브 루틴을 모두 균일한 호출 순서를 갖도록 할지, 아니면 상황에 맞게 할지 결정할 수 있죠.

그래서 나중에 올 신참 프로그래머의 눈으로 프로그램을 봐야 합니다. 이 프로그램의 구조는 어떤지, 어떤 일을 하고, 어떻게 하는지, 왜 하는지 하는 것들을요. 예술성이란 다음 사람이 프로그램을 읽고 어떤 서브루틴이 원래 해야 하는 일이 무엇인지 이해하도록 하는 것입니다. 다시 말해 뭔가 다른 일을 하려고 프로그램을 망치는 건 바람직하지 않으며 프로그램의 구조를 유지해야 한다는 사실을 깨닫게 하는 것입니다.

사이블 명료성과 효율성이 충돌하는 문제는 어떤가요? 가장 단순하고 읽기 좋은 코드가 가장 빠른 코드가 아닐 때가 가끔 있잖아요.

코셀 프로그래머가 하는 최적화는 최악일 때가 많습니다. 프로그래머는 언제나 최적화하기 재미있는 부분만 건드리고, 정말로 최적화가 필요한 부분은 건드리지 않습니다. 그 결과 의미 없이 엄청 어려운 코드 더미만 남고 말죠. 저는 함께 일하는 사람들에게 늘 강조합니다. "가능한 한 명료하고 읽기 쉽고 명명백백한 코드를 작성하세요. 단순하게 짜세요. 속도를 올려야 하면 나중에 살펴보면 됩니다. 제대로 짰다면 그 부분에 작은 상자를 그려서 분리할 수 있을 거예요."

아주 옛날 이맥스 버전 중 하나를 보면 소스 코드 중 한 페이지에 주석으로 커다란 해골이 그려져 있었어요. 그리고 이렇게 쓰여 있었죠. "이 아래 엄청나게 꼬인 코드가 있음." 검색 코드의 가장 핵심 부분인가 그랬는데 엄청나게 최적화한 부분이었죠. 코드를 보면 정말 엄청 어려운 부분이었어요. 그래서 커다란 블랙박스를 그려 놓고선 그렇게 선언한 거죠. "정말로 이해한 게 아니라면 건드리지 마세요."

하지만 요즘 우리가 짜는 프로그램은 더 크고 어설퍼요. PDP-1을 쓰던 시절에 제가 배운 우아함의 기준으로는요. 느리기도 하고요. 하지만 괜찮습니다. 그래도 괜찮더라고요. 지금도 영상 합성을 하는 사람이나 컴퓨터 그래픽 애니메이션을 하는 사람은 분명 이런 여유가 없긴 하죠. 여전히 아주 조심스럽게 프로그래밍해야 합니다. 저는 이제 그렇게 못해요. 한물간 거죠. 예전에는 할 수 있었어요. 그런 일을 하는 사람들을 이해할 수는 있죠. 그런데 우리가 만드는 프로그램은 대부분 판에 박힌 잡동사니죠.

몇몇 대학교에는 9월부터 5월까지 이어지는 두 학기짜리 수업이 있어요. 수업 초반에 꽤 어려운 프로그래밍을 시키죠. 하지만 4월에 그 프로그램을 다시 만져야 된다는 걸 미리 알려 주지 않아요. 그사이에 다른 과제들을 막 던지죠. 그 수업의 핵심은 6개월 전 완벽하게 다 이해했다고 생각한 걸 다시 떠올리기가 얼마나 어려운지 경험하는 거예요. 정말 깜짝 놀라게 되죠.

사이블 **결국 숙제 마감 직전 주말에 짰던 코드가 6개월 후에 나를 다시 괴롭히러 오는 거군요.**

코셀 맞아요. 아주 훌륭한 구조라는 생각이 들었죠. 원래는 바깥세상에서나 얻을 수 있는 교훈을 배울 수 있으니까요.

사이블 **제가 켄 톰프슨과 이야기할 때 C의 타고난 문제가 보안 사고를 일으키는 게 아닌지 물었는데요. 톰프슨은 사실상 문제는 없다고 대답했습니다. 컴퓨터 보안에 대해 강의하시는 걸로 알고 있는데요. 어떻게 생각하시나요?**

코셀 톰프슨에게 칼을 겨누고 싶지는 않습니다. 하지만 저는 컴퓨터 보안 수업에서 현대 컴퓨터에 닥친 가장 큰 보안 문제가 C라고 이야기합니다. C는 시스템 프로그래밍 언어로 설계되었지만 너무나 쓰기 편한 시스템 프로그래밍 언어이다 보니 온갖 사람이 다 사용했죠. C로 운영 체제도 만들고 실시간 시스템도 만듭니다.

저는 파스칼 시대에 벌어졌던 전쟁을 기억합니다. 컴퓨터가 프로그래머를 도와주어야 하는지에 대한 논쟁이었죠. C는 너무 위험한 언어라고요. 목소리를 높였던 사람 중에 비르트와 데이크스트라가 기억에 남네요. 그리고 그 반대편에는 사실상 제가 아는 모든 시스템 프로그래머가 서 있었죠. 저를 포함해서요. 저는 모든 걸 다 C로 짰거든요. C가 그 당시 존재했던 수많은 언어를 사실상 다 평정해 버렸죠.

정부는 에이다를 의무화하려고 하기도 했어요. 에이다가 아니면 계약을 주지 않으려고도 했죠. 하지만 C가 다 압도해 버렸어요. 정말 놀라웠죠. 하지만 조금이라도 복잡한 프로그램을 C로 짜면서 보안 문제가 없기란 불가능에 가깝다는 걸 여전히 거의 매일 느끼고 있어요. 프로그래머가 엄청나게 주의를 기울여야 문제를 피할 수 있습니다. 버퍼에 데이터를 읽어 들일 때 버퍼 끝을 넘어가지 않도록 명시적으로 확인하고, 메모리를 잘못 해제해서 포인터가 프로그램 내에서 엉뚱한 곳을 가리키지 않도록 해야 하죠. 잘못된 크기의 데이터를 저장해서 실수로 다음 메모리의 값을 침범하지 않아야 하고요. 이런 문제들은 찾기도 정말 어려워요.

C는 시스템 프로그래밍에 정말 요긴했어요. 시스템은 어셈블러로 짜고 애플리케이션은 파스칼로 짜야 한다는 발상은 정말 생각만 해도 등골이 오싹했죠. 저는 그게 정답이라고 보지 않아요. 하지만 시스템과 애플리케이션을 모두 C로 짜는 것도 잘 작동하지는 않았다고 할 수밖에 없겠네요. 정말 너무 어려워요.

이건 인터럽트 버그 문제와 비슷해요. 프로그램이 중간에 멈추거나 인터럽트를 받아도 문제가 없는 프로그램을 짜는 데 현란한 기술은 전혀 필요 없다고 주장할 수 있겠죠. 그 말 자체는 맞습니다. 시스템에 대한 이해가 조금 필요하고 좀 더 조심하면 되죠. 하지만 그런 걸 모두 이해하는 훌륭한 프로그래머조차도 프로그램에 버그를 집어넣기 일쑤입니다. 저 같은 프로그래머가 와서 문제를 고쳐야 하죠. 그리고 인터럽트 버그가 생기지 않도록 니클라우스 비르트처럼 컴퓨터 언어를 발명해야 하고요.

IMP 시스템에서는 복잡한 어셈블러 매크로를 잔뜩 만들었어요. 그래서 무슨 일을 하고 있었는지 선언할 수 있도록 했죠. 인터럽트가 들어왔을 때 다음과 같은 선언을 할 수 있도록 만들었어요. '모뎀 입력을 처리하고 있음', '높은 우선 순위 클록에 있음', '낮은 우선 순위 클록에 있음' 같은 것들이요. 그리고 이 프로그램을 어셈블하면 어느 인터럽트 수준에서 실행 중이었는지 모든 인스트럭션에 태그를 붙이도록 했어요. 그리고 후처리기가 있었는데 아마 티코 매크로로 만들었을 거예요. 후처리기가 이런 태그를 처리해서 시분할 문제를 찾아냈죠. 두 가지 다른 인터럽트 수준에서 접근한 변수를 찾은 다음 메시지를 띄웠어요. '인터럽트 충돌이 있음.' 그 덕분에 시분할 버그를 모두 순식간에 없애 버릴 수 있었죠. 이렇게 선언만 잘 붙여 놓으면 매크로를 활용해서 타이밍 버그를 만들지 않을 수 있다는 걸 다른 프로그래머들도 잘 이해했고요. 헝가리에 가서 이걸 발표하기도 했는데요. 프로그래머가 실시간 시스템 문제를 완전히 이해하지 못했더라도 탄탄한 실시간 프로그램을 짤 수 있도록 돕는 충돌 문제 추상화 기법이었죠.

C에 대한 생각은 이 정도예요. 아마 저를 비롯해 유능한 프로그래머라면 C로 프로그램을 잘 짤 수 있다고 믿습니다. 하지만 필요 이상으로 어렵긴 해요. 현대 환경에서는 더 어려워졌고요. 간과하거나 공략하기 쉬운 C의 약점이 많아서 훨씬 많은 주의를 기울여야 하죠. 제가 펄로 프로그래밍하는 걸 편하게 느끼는 이유 중 하나입니다. 펄은 느려요. 아마 가장 느린 언어 중 하나일 거예요. 하지만 C 프로그래밍의 모든 보안 문제를 사실상 고쳤습니다. 펄에서 배열의 맨

마지막 요소 뒤에 접근하려고 하면 어떻게 될까요? 그냥 배열을 더 늘려 버립니다.

포인터가 무엇을 가리키는지 알고 있으므로 포인터를 잘못 참조할 수가 없죠. 포인터를 따라가기만 하면 그게 어디로 가는지 알려 주니까요. 그래서 보안이 필요한 애플리케이션은 펄로 짜는 게 마음이 훨씬 편합니다. 세상에 있는 많은 사람이 펄의 핵심 부분을 강화하고 있고 오랜 기간 안정적이었으니까요. 할당 버그나 포인터 버그가 많이 나올 것 같지도 않고 사실 펄 코드로 그런 버그를 활용하기란 어차피 매우 어려울 테니까요. 동료 프로그래머들이 포인터를 제대로 검사했는지 일일이 확인할 필요가 없습니다.

하지만 그렇더라도 겪게 되는 전형적인 문제가 있습니다. 어떤 사람이 테이블에서 사람을 찾는 웹 페이지를 만들었는데 어떤 해커가 입력창에 'Joe;drop table' 같은 입력을 넣는 거죠.[19] 이런 일이 아직도 일어납니다. 이건 C의 문제는 아니지만 프로그래머가 끊임없이 조심해야 한다는 걸 보여 줍니다. 모든 곳을 다 확인할 수는 없어요. 그리고 C는 문제가 일어날 수 있는 곳을 너무 많이 만듭니다. 정말 겁이 나죠. 제 C 경력은 켄보다 5년쯤 짧다고 할 수 있을 텐데요. 우리가 같은 종류의 일을 한다고 볼 수는 없지만 저는 오랫동안 C로 일해왔습니다. 그리고 C로 일하는 게 얼마나 힘든지 알죠. 이 문제에서 C가 차지하는 비중은 작지 않습니다.

애플리케이션은 점점 더 복잡해지고 더 많은 복잡한 라이브러리를 사용해서 구축되고 있는데요. 라이브러리가 너무 복잡해서 라이브러리 안의 보안 결함을 다 이해하는 사람은 아무도 없을 거예요. 결국 오류를 만들 여지가 더 적은 다른 애플리케이션 개발 언어로 옮겨 가야 하지 않을까 싶습니다. CPU는 극도로 빨라지고 있고, 메모리는 터무니없을 정도로 저렴해지고 있잖아요. 미래의 언어가 무엇일지는 모르겠지만 C나 C의 후손인 C++가 정말 적절한 도구일 것 같지는 않습니다. 중요한 애플리케이션 개발은 물론이고 심지어 시스템 개발에 있어서도요.

자바는, 글쎄요, 제 오래된 직감으로는 자바는 너무 권위주의적인 느낌이에요. 제가 펄에 대한 인상이 좋다고 언급했던 이유 중 하나이기도 한데요. 안전성과 확인 기능을 잘 갖추고 있으면서도 깜짝 놀랄 정도로 다차원적이에요. 그래서 무언가를 명확하게 표현하면서도 일을 하는 올바른 방법을 고민할 때 제 안의 예술가에게 아주 많은 자유가 주어지지요. 정말로 자유도가 높아요.

처음 자바를 다루어야 했을 때, 그러니까 당시는 물론 자바가 아직 아주 아기였을 땐데요, 저는 이렇게 말했어요. "그리 훌륭하지 않은 프로그래머들이 길을 잃지 않도록, 할 수 있는 일을 제한해서 길을 좁히는 그런 언어가 또 하나 나왔구나." 어쩌면 그렇게 해야만 하는 시기가 되었는지도 모르겠네요. 세상이 너무 위험해져서 훌륭하고 유연한 언어를 감당하지 못할 수도 있잖아요. 1, 2%의 프로그래머는 그런 언어를 사용해서 위대한 예술 작품을 만들 수 있겠죠. 하지만 세상엔 평범한 프로그래머가 대다수이고 엄청나게 복잡한 애플리케이션을 만들 때 도움을 더 많이 주는 언어가 필요할 테니까요. 어쩌면 자바가 올바른 선택일 수도 있죠. 잘 모르겠네요.

사이블 **제가 IBM에서 포트란 컴파일러를 만든 프랜 앨런과 이야기했을 때 앨런은 C에 대해 완전히 다른 관점에서 비판했는데요. C가 너무 낮은 수준이어서 정말로 고수준의 최적화 컴파일러를 만들 수 없게 되어 버렸다는 거였죠.**

코셸 앨런은 다른 진영에 있는 거죠. 컴파일러를 만들잖아요. 앨런은 C를 좀처럼 할 수 있는 게 없는 끔찍하고 투박한 저수준 언어라고 보겠죠. 반면에 비트를 갖고 노는 어셈블리어로 일하던 우리에게 C는 신선한 바람 같았죠. 물론 그 당시 최고의 프로그래머들 대부분은 베이식 프로그램이나 계산을 위한 포트란 프로그램을 짜지 않았어요. 진짜 실력자들은 당연히 어셈블리 코드를 쓰고 있었죠. 그래서 우리는 C로 옮겨 간 거고요. C의 배열 검사에 문제가 있다면 배열 반복문을 어셈블리어로 쓰면 끝이었어요. 그런 점에서 C는 정말 편리했죠.

C가 그 유용성을 이미 다했다고 말하고 싶지는 않습니다. 하지만 너무 많은 훌륭한 프로그래머가 C를 사용한 바람에 이제는 그리 훌륭하지 않은 프로그래머도 C로 애플리케이션을 만들고 있어요. 결론적으로 그리 훌륭하지 않은 사람

들이니 C를 제대로 쓸 수 없을 거예요. 어쩌면 C는 정말로 훌륭한 시스템 프로그래머에게만 완벽한 언어일 수도 있겠네요. 하지만 안타깝게도 그리 훌륭하지 않은 시스템 프로그래머나 응용 프로그래머도 C를 쓰고 있어요. 그러면 안 되는데요.

사이블 이제는 컴퓨터가 어떻게 돌아가는지 완벽하게 이해하기는 힘든 세상이 되었는데요. 그 결과 프로그래밍이란 일의 본질이 바뀌었다고 생각하시나요?

코셀 네, 맞아요. 그래서 제가 좀 더 공룡이 된 것처럼 느껴집니다. 모든 건 이전에 등장한 것을 바탕으로 만들어지잖아요. 옛날에 유닉스 7 버전이 돌아가는 PDP-11에서 애니메이션과 그래픽스를 했던 기억이 나네요. 정말 어려운 일이었어요. 프로그래밍이 힘들었고 화면을 그리는 것도 편리하지 않았죠. 라이브러리라는 건 아예 없었고요.

세대가 지날수록 프로그래머들은 저수준으로부터 점점 멀어졌고, 일을 하는 데도 점점 더 편리한 도구를 사용하게 되었죠. 좋은 점은 더 똑똑한 일들을 할 수 있게 되었다는 거예요. 출발점 자체가 좋기 때문에 그다음으로 할 수 있는 일이 정말 멋지죠. 그다음에는 그게 다시 새로운 출발점이 되고 2년쯤 지나고 나면 훨씬 멋져집니다. 문제는 이 출발점이 점점 더 복잡해진다는 거예요. 요즘 일어나는 일들에 비하면 PDP-1 인스트럭션 집합은 공원 산책 정도랄까요.

저는 마이크로소프트에서 운영 체제를 빌드하는 사람이 되고 싶지는 않습니다. 쿼드 코어 멀티프로세서를 제대로 지원해야 하겠죠. 그래픽 카드는 엄청나게 큰 용량의 메모리를 가진 데다가 완전한 병렬 프로세서 파이프라인을 갖춰서 배열이나 벡터 같은 연산을 직접 할 수 있을 정도로 발전했고요. 그래서 그래픽 카드를 멋진 데이터 처리 도구로 사용할 수 있어요. 이런 걸 프로그래밍하려면 얼마나 어려울까 늘 생각합니다.

IMLAC이라는 게 있었는데요. 멋진 벡터 디스플레이[20]가 내장된 초기 컴퓨터 중 하나였어요. PDP-1과 같은 방식의 디스플레이였지만 이건 미니컴퓨터였죠. 이 컴퓨터용 프로그램 중에 작은 카트에 앉아서 3D로 표현된 미로를 탈출하는 게 있었어요. 벽이 다가오는 것도 볼 수 있고 모퉁이 뒤를 살짝 엿볼 수도 있었죠. 이 프로그램을 제가 좋아했던 이유는 안 보이는 선 감추기를 구현했기 때문이었어요. 아직 사람들이 『CACM』에 알고리즘에 대한 글을 쓰던 시기였죠. 대칭 좌표계와 누군가의 알고리즘을 사용하는 방법에 대한 책도 한 권 있었어요. 그걸로 두 선이 어디서 교차하는지 계산할 수 있었고 그래서 선이 평면을 지나는 점을 알아내어 그 이후로는 선을 그리지 않고 끊어지도록 할 수 있었죠.

그 당시에는 그렇게 선을 감추는 게 어려운 일이었어요. 그리고 그 프로그램은 그걸 구현했죠. 그 프로그램을 보고 깜짝 놀랐던 기억이 나네요. 대단한 코드였어요. 아주 뛰어났죠. 지금은 제가 알기론 그래픽 카드가 삼차원 좌표를 받아서 선 감추기를 해 줍니다. 8, 9년 전에는 텍스처 매핑이나 레이 트레이싱이 아주 어려운 일이었어요. 코드로 구현하기 아주 힘들었죠. 프로그램으로 구에서 반짝임을 없애려면 몇 시간이나 걸렸어요.

그런데 이제는 그래픽 카드가 레이 트레이싱을 하죠. 한편으로는 엔비디아 같은 곳에서 일하는 사람은 분명 엄청나게 복잡한 일을 하고 있을 거예요. 그리고 현대 프로그래머는 말씀드린 것처럼 선으로 벽을 그리는 정도로는 더 이상 만족할 수 없겠죠. 라이브러리 위에 구축된 엄청난 3D 그래픽 환경을 숙달해야만 할 거예요. 이런 라이브러리는 날이 갈수록 점점 더 복잡해질 테고요. 바닥부터 코드를 직접 짜는 것보다는 쉽겠지만 요즘 사람들이 이런 걸 어떻게 다 흡수하는지 가늠이 안 되네요. 저에겐 정말 엄청난 일처럼 보여요.

저는 Tk를 하면서 그런 일을 겪었어요. 간단한 Tk 프로그램을 하나 만들려고 했을 뿐인데 Tk가 얼마나 복잡한지, 혹은 또 얼마나 많은지 정말 깜짝 놀랐습니다. 버튼을 조금 키우거나 줄이고 싶을 때, 아니면 여기저기로 옮기고 싶을 때 해야 하는 일이 얼마나 복잡하던지요. 그걸 다 숙달하려면 정말 큰일이겠더라고요. PDP-1 시분할 시스템을 이해하는 건 상대적으로 간단해 보이더군요.

그래서 저는 현대 프로그래머를 부러워하지 않습니다. 점점 더 힘들어질 거예요. 간단한 건 라이브러리로 패키징되고 어려운 것들만 남겠죠. 이런 문제들은 점점 더 복잡해져 가는데 사람들의 기대 수준은 정말 엄청납니다. 언젠가 정말 깜짝 놀랄 만한 걸 본 적이 있는데요. 누가 저에게 길을 안내해 주는 구글 지도를 보여 주더라고요. 그런데 안내된 경로 일부를 마우스로 클릭해서 다른 곳으로 드래그하면 구글에 그 경로를 포함해서 길을 찾아 달라고 할 수 있더라고요. 그러자 구글 지도가 드래그한 지점을 포함하는 경로로 길을 다시 찾아 주더군요. 지금은 어떻게 그렇게 하는지 압니다. 마우스를 추적하기 위한 자바스크립트 코드가 한 무더기 있겠죠. 마우스를 놓으면 그 지점을 경로에 추가하라고 서버에 Ajax 요청을 날릴 테고요. 그러면 경로를 조금씩 수정하겠지요. 최단 경로를 계산하면서요. 어떻게 그렇게 코드를 잘 만들 수 있는지 정말 상상조차 안 됩니다. 하지만 최적 경로 문제는 컴퓨터 과학에서 고전적인 문제 중 하나죠. 주어진 임의의 그래프에서 모든 지점을 방문하는 최단 경로를 찾는 문제요. 정말 대단합니다.

어떤 면에선 이렇게 생각합니다. '이건 정말 멋지다. 나도 할 수 있을 거야.' 하지만 제 안의 프로그래머 입장에서는 이런 생각도 들죠. '세상에! 내가 프로그래머였을 때에는 이런 게 없어서 다행이야.' 저는 이런 일을 하는 코드를 절대 짤 수 없었을 거예요. 대체 어떻게 하는 걸까요? 지금 프로그래머 세대는 제가 프로그래머 일을 할 때보다 훨씬 나은 것 같아요. 한때 훌륭한 프로그래머였다는 명성을 조금이나마 가지고 있어서 기쁩니다. 그리고 지금은 그걸 실제로 보여 줄 필요도 없고요. 이제는 그런 능력을 보여 주지 못할 것 같거든요.

한물간 명예 프로그래머로 지내기 좋은 시기예요. 예전에 프로그래밍을 했다는 존경을 조금 받을 수 있으니까요. 하지만 세상이 너무 경이롭다 보니 그 덕을 보기도 해요. 실제로 프로그래밍을 하지는 못하더라도 때때로 인정을 받을 때도 있죠. 혹시라도 제가 만약 대학에 있었다면 그리고 컴퓨터 과학을 전공했다면 여전히 학교에 나가서 이런 컴퓨터 과학의 발전 위에 무엇을 더 보탤 수 있을지 고민해야 했을 거예요. 정말 다행이네요.

15장

"바로 그"

도널드 커누스

Donald Knuth

이 책에서 인터뷰한 모든 명사 중에서도 가장 유명한 도널드 커누스에 대해서는 소개가 딱히 필요 없을 것 같다.

커누스는 지난 40년 동안 걸작 《The Art of Computer Programming》 시리즈에 공을 들였고 지금도 계속 작업 중이다. 이 책에는 기초적인 알고리즘과 자료 구조가 집대성되어 있다. 『American Scientist』는 이 시리즈를 러셀과 화이트헤드, 아인슈타인, 디랙, 파인만, 폰 노이만의 저작들과 함께 금세기 최고의 자연 과학 저작물 12개 목록에 포함시켰다.[1]

커누스는 알고리즘 분석에 있어 점근적 표기법(일명 빅O)의 사용을 대중화했다. 그뿐 아니라 LR 파싱[2]을 고안했으며 데이크스트라의 비판에 맞서 goto 문 사용을 변호하기도 했다.

커누스는 그저 이론가이기만 한 게 아니다. 《The Art of Computer Programming》 3권을 마친 후 1976년에 커누스는 스스로 만족할 만한 수준으로 자신의 책을 조판할 수 있도록 조판 소프트웨어 텍과 메타폰트를 만들기 위해 1년 일정을 예상하고[3] 집필 작업을 중단한다. 그로부터 10년이 지난 후 커누스는 '문학적 프로그래밍'이라는 새로운 프로그래밍 스타일을 발명했다. 그리고 커누스가 고안한 텍스트 단락을 줄로 쪼개는 조판 알고리즘은 아직까지도 가장 뛰어난 성능을 자랑하고 있다.

커누스는 1971년에 최초의 ACM 그레이스 머레이 호퍼상을 받은 것을 비롯해 1974년에 튜링상, 1979년에 국가 과학 훈장을 각각 받았다. 1990년에는 이메일 사용을 중단하며 컴퓨터 과학이라는 광대한 분야를 깊이 이해하고 설명하기 위해 사물의 '꼭대기'가 아닌 '밑바닥'에 있는 것이 자신의 소명이라고 밝히면서 자신의 책으로 이를 설명하겠다고 알렸다.

이 인터뷰에서 커누스는 문학적 프로그래밍에 대한 열정, 블랙박스에 대한 그의 양가적 감정에 대해 이야기한다. 그리고 재사용 가능한 소프트웨어에 대한 과도한 집착을 비판한다.

커누스의 《The Art of Computer Programming》은 1962년부터 집필을 시작해서 1권(1968), 2권(1969), 3권(1973), 4A권(2011), 4B권(2023)까지 총 5권이 나와 있고 4C권을 집필 중이다. 그밖에도 연례 행사인 스탠퍼드 강연을 비롯해 매년 몇 차례 외부 강연을 하고 있다. 2016년에는 성서 중 요한의 묵시록에 영감을 받아 작곡한 오르간 곡인 〈Fantasia Apocalyptica〉를 발표하기도 했다. 커누스의 개인 홈페이지에서 관련된 설명을 찾을 수 있다.

사이블 **프로그래밍은 언제 배우셨나요?**

커누스 케이스 공대[4]에 신입생으로 들어갔을 때였어요. 1956년 가을쯤이었죠. 그 학기 아니면 학교에 컴퓨터가 들어온 학기였을 겁니다.

사이블 **IBM 650 컴퓨터 맞죠?**

커누스 맞아요. 650이었어요. 수백 대가 넘게 양산된 모델은 그 컴퓨터가 처음이었습니다. 아마 수천 대쯤 제조되었을 거예요. 1만 대는 안 넘을 것 같고요. 어쨌든 650 모델은 최초로 대량 생산된 컴퓨터였고 우리 대학도 한 대 구매할 수 있을 정도였습니다.

저는 통계학과 연구실에서 카드 분류 일을 하고 있었어요. 통계학자들이 수집한 데이터를 표로 만드는 일을 하면서 근로 장학금을 받았죠. 건물 1층에 창문이 있는 방이 있었는데 창문 안쪽에서 이 컴퓨터의 불빛이 깜빡거리고 있었어요. 정말 매력적으로 보였죠.

어느 날 오후에 연구실 사람 한 명이 저를 포함한 신입생 세 명에게 와서는 칠판에다 그 컴퓨터가 무슨 일을 하는지 끄적이며 설명했어요. 그 후에 저는 그 컴퓨터의 설명서를 찾아봤습니다. 10줄짜리로 된 예제 코드가 몇 개 나와 있더군요. 책에 나온 코드는 엉망이었어요. 달랑 10줄짜리 프로그램에서도 개선할 점이 많이 보였으니까요.

그러다 그 컴퓨터를 밤중에 사용할 수 있다는 사실을 알게 되었죠. 정말 드문 기회였어요. 당시 미국에서는 다트머스 대학교나 케이스 공대 빼곤 학부생에게 컴퓨터실을 열어 주지 않았거든요. 다른 기관에서는 오로지 컴퓨터 전문가만 컴퓨터를 만질 수 있었고, 천공 카드 더미를 제출하면 실행 결과는 그다음 날에나 받을 수 있었습니다. 하지만 케이스 공대에선 컴퓨터를 직접 만져 볼 수 있었죠. 관리자는 그저 주의 사항에 대해서만 말했어요. "이거 조심하세요. 이렇게 하면 큰일 납니다. 기계 망가져요." 우리에게는 컴퓨터를 쓸 수 있는 정말 좋은 기회가 있었던 거죠.

저는 코드를 살짝 수정해도 프로그램이 여전히 동작하는지 보고 싶었어요. 그래서 그렇게 해 봤죠. '세상에, 이거 참 놀랍군. 책에 나와 있는 코드보다 일개 신입생이 짠 코드가 훨씬 나아 보이는걸. 내가 이 분야에 소질이 좀 있나 봐.' 하고 생각했죠. 그 생각은 맞았어요. 재능이 있었던 거죠. 하지만 책에 있는 예제를 고치는 건 재능과 상관이 없었습니다. 바보가 아니라면 그 설명서에 실려 있던 예제 프로그램보다는 더 잘 짰을 테니까요.

고등학교 수업 시간에 이진수 사칙 연산을 조금 배웠거든요. 그때는 정말 적응을 못했는데 그 컴퓨터는 십진수 기반이라 그런지 이상한 느낌이 그다지 없었어요. 십진수를 사용하는 컴퓨터는 뭔가 인간적이고 편안한 느낌이 들었어요. 아직도 기억나는 기계어가 하나 있어요. 그 기계어는 65였는데 'reset, add, lower' 연산을 수행하라는 뜻이에요. 그래서 그걸 제 암호를 만드는 데 사용해 왔어요. 지금도 그렇고요.

사이블 **어, 방금 암호를 공개해 버리셨네요.**

커누스 네, 맞아요. 그다음에 저는 숫자를 소인수 분해하는 작은 프로그램을 작성하기로 했어요. 다 만들고 나니 코드가 100줄 정도 되었죠. 밤중에 컴퓨터실에 오니 컴퓨터를 사용하는 사람이 아무도 없더군요. 디버깅을 시작했습니다. 처음에는 고작 100줄짜리 코드에 버그가 100개도 넘게 튀어나왔습니다. 하지만 2주 후에는 어떤 10자리 숫자든 소인수를 무리 없이 계산해 내는 프로그램이 완성되었어요. 숫자는 아날로그 텔레비전에 달린 채널 스위치처럼 왼쪽, 오른쪽으로 돌리면서 입력할 수 있었고요.

이게 제가 프로그래밍을 배운 방법이에요. 프로그램 하나를 직접 짠 다음 몇 주 동안 기계 앞에 죽치고 앉아서 그걸 조금씩 더 잘 돌아가도록 만들었어요. 기본적으로 이런 방식이었어요.

제가 짠 두 번째 프로그램은 이진수와 십진수 간 변환기였어요. 세 번째 프로그램은 틱택토라는 게임이었고요. 틱택토를 만들면서 어엿한 프로그래머가 된 것만 같았죠.

이 게임을 만들려면 자료 구조가 필요했어요. 저는 틱택토를 세 가지 버전으로 만들었습니다. 그중 한 버전은 이 게임에 대해 아무런 규칙도 모르는 컴퓨터 플레이어가 스스로 배우며 성장하도록 만들었어요. 어떤 움직임이 벌어진 후 게임에서 지면 자신의 수는 안 좋게, 상대방의 수는 좋게 여기도록 했어요. 이렇게 학습하면서 컴퓨터가 돌을 놓을 수 있는 어떤 위치에는 높은 가치를 부여하고, 다른 위치에는 상대적으로 낮은 가치를 매겼습니다. 게임을 400번 반복하며 학습했더니 컴퓨터가 틱택토 게임을 제법 그럴싸하게 하더군요.

사이블 제가 인터뷰한 다른 사람들과 비슷한 경험을 하셨네요. 그들 중 상당수도 프로그래밍에 입문할 때 기계를 직접 만져 봤다고 말했거든요. 그런데 말이죠. 아마 잘 아실 것 같은데 데이크스트라의 논문 있잖아요. 논문에서 데이크스트라는 컴퓨터 과학과 학생은 교육 과정의 처음 몇 년 동안 컴퓨터를 만지면 안 된다고 주장해요. 기호 조작에 모든 수업 시간을 할애해야 한다면서요.

커누스 하지만 데이크스트라도 그런 방식으로 배우지 않았어요. 그는 정말 위대하고 영감을 주는 말을 많이 남겼지만 늘 맞는 말만 하지는 않았어요. 저도 그렇죠. 데이크스트라의 주장에 대한 제 견해를 말씀드리죠. 어떤 분야에 과학자를 한 명 모셔 왔습니다. 시간이 지나 늙어 버린 과학자는 이렇게 말했습니다. "아, 기억나요. 제가 해 왔던 것 중 일부는 정말 좋은 성과를 거두었어요. 하지만 다른 것들은 신통치 않았습니다. 저는 제 학생들이 큰 진전을 이루지 못하는 데 시간을 낭비하도록 놔두지 않을 것입니다. 저는 낮은 수준은 전혀 다루지 않을 거고요. 그에 비해 이론적인 개념은 정말 매우 강력해요. 그게 전부입니다. 저는 이런 업적을 어떻게 이뤘냐고요? 기억이 잘 안 납니다."

어떤 분야든지 과학자들의 사고방식에는 근본적인 오류가 있어요. 과학자들은 여러분이 무언가를 배울 때 모든 수준에서 탐구해야 한다는 것을 깨닫지 못합니다. 천장을 올리기 전에 바닥부터 봐야 된다는 걸 몰라요. 이런 게 모두 머리에 들어갔다가 잊히고 말죠. 나이 먹은 사람들은 그런 게 필요했다는 사실도 잊어버리고 말아요.

사이블 **이 책을 쓰기 위해 인터뷰를 했던 사람들에게 《The Art of Computer Programming》을 얼마나 읽어 봤는지 물어봤습니다. 대부분은 이 책을 참고 자료로 사용했다고 답했는데요. 하지만 몇 사람은 완독했다고 합니다. 프로그래머라면 모두가 이 책을 읽을 수 있어야 한다고 생각하시나요? 꽤 어려운 수학으로 채워진 책이잖아요.**

커누스 저도 가끔 과연 '제가' 이 책을 읽을 수 있을지 의문이 들어요. 저는 제가 논의하고 싶은 주제에 관한 수많은 지식을 정리하려고 노력할 뿐이에요. 그런 지식은 대개 여기저기서 산발적으로만 찾을 수 있고 부분적으로만 존재해요. 그런 지식 조각을 한데 모아서 쓸 만한 형태로 만들고, 출처의 역사를 바로잡고, 원전에 있던 버그와 모호함을 제거하는 것이 제가 하는 일이죠.

이 시리즈에서 현재 집필 중인 부분도 역시 그런 식으로 작업하고 있습니다. 먼저 수학 저널부터 찾아보고 있는데 죄다 전문 용어로 쓰여 있어요. 이런 논문을 읽고 공부할 프로그래머가 몇이나 될까요. 그래서 저는 그 안에 나오는 전문 용어를 적어도 '제가' 이해할 수 있는 수준까지는 풀어서 설명하려고 노력합니다. 핵심 아이디어를 제시하고 가능한 한 간단히 설명하려고 하죠. 하지만 그래도 어려운 부분이 있을 겁니다. 어쨌거나 제 책의 다섯 페이지에 누군가의 평생 경력이 담겨 있을 수 있거든요.

다시 말해 제 책의 다섯 페이지 너머에는 평생을 쏟아부어 연구할 가치가 있는 주제가 있다는 뜻입니다. 컴퓨터 과학에는 정말로 그런 게 수도 없이 많거든요. 컴퓨터 과학은 단순하게 요약하거나 축약할 수 없어요. 컴퓨터 과학이 그렇게 단순한 것이었다면 잘 정제된 지식 50가지만 선별해서 달달 외우면 됐겠죠. 저도 이렇게 말했을 거고요. "세상 모든 사람이 알아야 할 50가지 컴퓨터 과학 지식입니다. 이걸 철저히 익히세요."

하지만 컴퓨터 과학은 그렇지 않아요. 제 책은 수천 페이지로 구성되어 있고 연습 문제도 그만큼 많습니다. 저는 그 모든 걸 제 머릿속에 담아 둘 필요가 없도록 글로 옮긴 다음 책에 실었습니다. 물론 저도 이따금 제 책을 펴고 다시 공부하지 않으면 안 돼요. 연습 문제만 만든 게 아니에요. 연습 문제에 대한 해답도 가지고 있습니다. 10년 후에는 그걸 어떻게 푸는지 기억해 내지 못할 것 같았어요. 그래서 다시 풀 때 최소한 힌트는 되도록 메모해 놓은 거죠.

저는 늘 양극단의 리뷰 사이에서 갈팡질팡합니다. "너무 복잡하다. 이 부분은 아예 언급하지 않는 게 더 좋지 않았을까 한다."라고 리뷰를 적는 독자가 있는가 하면 "죄다 너무 시시한 내용뿐이다. 읽을 만한 게 없다."라고 하는 독자도 있죠. 그런 말은 저도 아무 때나 할 수 있어요.

결론적으로 말하자면, 반 페이지 안에 설명할 수 있는 정말 멋진 것들은 모두 제 책의 어딘가에 반 페이지만큼 실어 놓는 것이 제 목표입니다. 제가 보기에 좋은 것들은 빼놓지 않고 싶었습니다. 인터뷰 좀 전에 이진 결정 다이어그램(binary decision diagram, 이하 BDD)[5]에 관한 절을 막 탈고했는데요. 살펴보니 그 안에 연습 문제가 260개가 넘더군요. 문제마다 대상 독자가 꽤 있으리라는 생각에 계속 추가하게 된 겁니다. 그렇다고 이 책을 읽는 모든 독자가 연습 문제 260개를 전부 반기리라고 생각하지는 않아요. 그럼에도 저마다 흥미로워하며 풀어 보는 연습 문제가 있다는 걸 알고 있습니다.

제 책을 처음부터 끝까지 읽는 독자도 있다니 정말 놀라운 일이네요. 대부분의 경우 독자들 자신이 좋아하는 부분만 선별해서 읽는다고 알고 있거든요. 하지만 독자들이 이 책을 더 파고들수록 이점이 많다는 점을 알고 있을 겁니다. 이 책에서는 장황할 정도로 다양한 표기법을 도배하듯 늘어놓지도 않거니와 다른 문서를 참조하라는 식으로 둘러대지도 않습니다. 그 대신에 모든 전문 용어를 그 자리에서 곧바로 설명합니다. 전문 용어를 설명하는 전문 용어는 없어요. 제가 이 책을 쓰지 않는다면 사람들이 이런 지식을 얻기가 훨씬 어려워질 겁니다. 이런 생각을 하면 가슴이 뛰어요.

저는 현업에 종사하는 프로그래머에게 가장 알맞은 방식으로 해당 영역을 탐구하려고 노력합니다. 학문 연구를 하는 사람은 논문 출간을 위해 이론적으로 흥미로운 것을 찾아다니고 싶을 거예요. 하지만 그런 건 실제 프로그램에서 쓸 일이 거의 없어요.

누군가 시간 복잡도를 log log n만큼 줄이는 자료 구조를 만들었는데 그 효과는 데이터 크기 n이 2의 100만 승 이상은 돼야 나타난다고 해 봅시다. 그런 것들은 책에서 전부 빼 버렸습니다. 그런 식의 논문이 정말 많아요. 이론가들은 기본적으로 신과 같은 컴퓨터를 가정해 놓은 뒤 자신이 더 빠른 알고리즘을 고안했다며 장난을 하고 있는 겁니다. 그래서 저는 실제로 사람들이 많이 쓰는 AVL 트리나 여타 균형 트리 같은 알고리즘도 잘 쓰지 않습니다. 트리 크기가 정말 방대하다면 모를까 제 프로그램에 넣지 않아요.

사이블 그러면 뭘 쓰시나요?

커누스 평범한 이진 검색 트리를 씁니다. 거기에 데이터를 무작위로 섞는 트릭을 살짝 곁들인 버전이죠.

사이블 실용적인 결과물에 관해 이야기를 좀 더 나눠 보고 싶습니다. 《The Art of Computer Programming》 집필을 돌연 중단하시고 10년 뒤에 조판 시스템 텍을 들고 돌아오셨어요. 제가 들은 바로는 컴퓨터를 전혀 사용하지 않고 텍의 첫 번째 버전 코드를 작성하셨다고요.

커누스 텍은 원래 1977년과 1978년 사이에 짰습니다. 물론 당시에는 문학적 프로그래밍도 아직 만들어지지 않았을 때였죠. 구조적 프로그래밍은 있었어요. 큰 노트에 연필로 코드를 직접 썼습니다.

노트에 코드를 다 적는 데 6개월이 걸렸어요. 컴퓨터를 켜고 코드를 타자하기 시작했지요. 1977년 10월 프로그램을 작성하기 시작해서 1978년 3월부터 디버깅에 들어갔습니다. 스탠퍼드 대학 자료 보관소에서 제가 손으로 쓴 텍 코드 사진을 열람할 수 있어요. 전부 연필로 썼습니다. 수정할 서브루틴이 발견되면 다시 돌아와서 고치기도 했죠.

텍을 처음으로 만드는 상황이었기 때문에 다양한 아키텍처를 실험해 보면서 마음에 들지 않는 건 버릴 수 있었습니다. 그러다 어떤 아키텍처는 오랫동안 버리지 않고 쓰고 있음을 알게 되었죠. 거기에 닭이 먼저냐, 달걀이 먼저냐 하는 문제가 하나 있었어요. 글꼴이 없으면 조판을 못하고, 조판을 못하면 글꼴도 쓸모가 없다는 문제 말이에요.

하지만 구조적 프로그래밍에서 불변식 개념을 가져왔고 제가 이해할 수 있는 블랙박스를 만드는 법도 배울 수 있었죠. 텍의 버그를 잡아내고 나면 결국 코드가 작동할 거란 자신감이 있었습니다. 테스트에 들어가기 전에 6개월 정도는 인내심을 갖고 기다리기로 했어요. 이 방식으로 오히려 시간을 많이 절약할 수 있을 거라고 생각했죠. 코드를 거의 올바르게 작성했다는 충분한 확신이 있었습니다.

사이블 불완전한 코드를 테스트하려고 스캐폴딩이나 스터브 같은 걸 구겨 넣는 데 시간을 낭비하지 않아서 시간을 절약할 수 있었다는 말씀이시죠?

커누스 맞습니다.

사이블 텍을 개발하는 데 10년을 투자하지 않았다면, 《The Art of Computer Programming》 시리즈가 지금과는 무척 달라졌을 거라고 생각하시나요? 텍 덕분에 깔끔해진 조판은 제쳐 놓고 내용만 따졌을 때요.

커누스 좋은 질문입니다. 그 덕분에 구조적 프로그래밍 기법을 순전히 학문적인 방법으로만 쓰지 않을 수 있었죠. 불변식 같은 개념도 장난감 수준의 프로그램이 아니라 실제 수준의 프로그램에서 적용해 본 거니까요. 그런 경험이 지금 이 책을 다시 이어 쓰면서 알고리즘을 소개하는 방식에 꽤 많은 영향을 끼쳤을 겁니다. 책에 그런 경험이 담기지 않았다면 지금이라도 그렇게 만들어야 하고요.

논문 내용을 그대로 제 책에 옮기기만 했다면 캐싱 기법이나 컴퓨터가 변화하는 경향 등을 파악하기 힘들었을 겁니다. 게다가 텍은 전형적인 거대한 현업 수준 프로그램인데 이 책의 1, 2, 3권에 들어간 프로그램들은 장난감 예제 수준밖에 안 돼요. 텍 덕분에 큰 프로그램을 만들 때의 숫자나 양에 대한 시각을 얻을 수 있었습니다.

텍을 완성한 경험은 저에게 정말 놀라운 영향을 끼쳤습니다. 심지어 책을 쓸 때에도 많은 영향을 받았어요. 예전에는 전혀 쓰지 않았던 단어를 사용하게 되었거든요. 어쩌다 그렇게 되었는지는 모르겠습니다. 텍을 만들면서 받은 가장 중요한 영향은 다른 종류의 생각이 생겼고 제 문장도 달라졌다는 겁니다. 애매한 문체에서 조금은 벗어났다고 할 수 있어요. 그 덕분에 전체적으로 볼 때 자신감 있는 글을 쓸 수 있게 되었습니다.

사이블 **텍을 완성한 다음에 비교할 수 없을 만큼 더 나은 프로그래머가 되었다고 생각하시나요? 텍 개발을 시작할 때와 비교해서요.**

커누스 음, 맞아요. 문학적 프로그래밍 덕분이었죠.

사이블 **더 좋은 도구를 쓴 덕분에 능력도 실제로 더 나아졌다는 뜻인가요?**

커누스 텍을 만들면서 엄청나게 많은 걸 배웠어요. 그중 하나는 소프트웨어 개발이 두뇌를 얼마나 혹사시키는지 깨달았던 일입니다. 텍 개발은 예상보다 훨씬 어려운 작업이었습니다. 일과 시간 내내 강의를 하면서 전업 프로그래머처럼 소프트웨어를 작성할 수는 없었어요. 강의를 하면서 전업 작가처럼 책을 쓸 수는 있을지는 몰라도 소프트웨어 개발은 세부 사항에 굉장한 주의를 기울여야만 합니다. 따라서 개발에 착수하기 전에 반드시 두뇌에서 나머지 관심사를 다 날려 버려야 합니다. 그래서 대규모 소프트웨어 프로젝트를 수행하는 사람들에게는 특별한 존경심이 들더군요. 직접 겪어 보지 않고는 짐작조차 못했을 겁니다.

사이블 **좀 전에 프로그래밍이 책 쓰기보다 어렵다는 말씀을 하셨는데요. 제가 어딘가에서 읽은 바에 따르면 책을 쓸 때 기간이 얼마나 소요될지 가늠하기 힘들다는 말씀도 하셨더라고요. 그렇다면 프로그램을 작성하는 데 소요되는 시간은 더욱 예측하기 힘들단 뜻이겠군요?**

커누스 네, 맞습니다. 결국 그렇게 될 수밖에 없어요.

올해 저는 문학적 프로그래밍 스타일의 코드로 프로그램 3개를 짰습니다. 각각 레터 크기 종이 기준으로 100페이지 정도 되는 굵직한 프로그램이죠. 코드와 글을 포함해서요. 그중 두 개는 서로 연관되어 있어서 따지고 보면 2개 반 정도 되네요. 자그마한 프로그램은 150개 정도 짰습니다. 아마 작년보다 많이 짰을 거예요. 금년에는 작은 프로그램을 많이 만들었어요. 그런데 한 달 또는 그보다 오래 걸린 프로그램도 두세 개는 있네요.

사이블 그런 프로그램을 작성하는 데 한 달씩 걸릴 거라는 예상은 하셨나요?

커누스 글쎄요, 처음엔 그중 하나만 한 달쯤 걸리지 않을까 예상했어요. 물론 쉽지 않다는 건 알고 있었죠. 하지만 그 프로그램들을 직접 사용하면서 이것저것 기능을 추가했고, 프로젝트 규모가 그렇게 산처럼 커질지는 몰랐습니다. 프로젝트 관리자라면 프로그래머가 언제쯤 일을 끝낼 수 있다는 말을 곧이곧대로 믿으면 안 된다는 말이 있는데요. 맞는 말이라고 생각합니다.

사이블 《The Art of Computer Programming》 저자이자 텍 개발자라는 호칭 말고도, 문학적 프로그래밍의 창안자이자 옹호자로 알려지셨습니다. 문학적 프로그래밍으로 인해 사람들이 좀 더 읽기 쉽게 코드를 작성할 수 있는 길이 열렸죠. 그리고 문학적 프로그래밍 언어로 실제 프로그래밍을 할 수 있는 도구도 2개 만드셨어요. 하나는 파스칼 언어로 문학적 프로그래밍을 하는 WEB이고 하나는 그걸 C 언어용으로 개작한 CWEB이죠.

커누스 '옹호자'라니 재밌네요. 그냥 좋다고 말한 것뿐입니다. 설교하고 전도하는 건 제 체질에 안 맞아요. 프로그래밍은 종교나 마찬가지예요. 사람들은 저마다 신앙이 있거든요. 어떤 사람은 자신의 믿음을 다른 사람에게 강요하죠. 반면에 어떤 사람은 자신의 생각을 그냥 넌지시 말합니다. 그게 가장 최선이라는 것을 증명할 길은 없지만 자신에게는 확실히 효과가 있었다고 말이죠. 그러고 나서 다른 사람들도 그 방법을 한 번쯤은 시도해 보길 바라죠. 똑같은 결론에 도달하면 더 좋고요. 저는 그런 스타일도 아니에요. 사람들에게 뭘 믿게 하려고 나서고 싶지도 않거든요.

사이블 그래도 문학적 프로그래밍을 그렇게 좋아하시는 이유나 비문학적 프로그래밍과의 차이점 같은 걸 설명해 주시면 더 좋지 않을까요?

커누스 독자를 이해하는 게 글쓰기의 첫 번째 원칙이지요. 독자에 대해 더 많이 알

수록 당연히 더 잘 쓸 수 있어요. 두 번째 원칙은 기술적인 글을 쓸 때 똑같은 말을 상호 보완적인 방식으로 다르게 두 번 말하는 것입니다. 이렇게 하면 두 가지 말이 서로를 보강하기 때문에 독자의 두뇌에 아이디어가 깊이 잘 새겨집니다.

따라서 기술적인 글쓰기에는 중복되는 내용이 있게 마련입니다. 같은 것을 형식적인 언어와 비형식적인 일상 언어를 둘 다 동원해서 설명하기 때문이죠. 어떤 것을 정의하고는 '그러므로 이러이러한 것은 참이다.'라는 결론을 유도했다고 해 봅시다. 이런 경우엔 정의를 먼저 이해해야만 결론을 이해할 수 있어요.

반면에 'a를 이러이러한 선행 원소 전체의 집합과 같다고 정의하자.' 같은 식으로 표현할 수 있습니다. 여기서 '선행 원소 전체의 집합'이란 일상적인 표현을 집합 a를 만드는 수학적 설명으로 보완할 수도 있겠죠.

그래서 문학적 프로그래밍은 같은 말을 형식 언어와 일상 언어 모두로 표현하는 것이 최고의 소통 방법이라는 아이디어에 기반하고 있습니다. 그리고 영어 같은 자연 언어와 C나 리스프 같은 형식 언어 사이를 왔다 갔다 하고 통합할 수 있는 자연스러운 프레임워크를 제공해요. 그래서 제가 볼 때에는 문서화에 큰 도움이 됩니다.

이제 다른 점을 좀 봅시다. 문학적 프로그래밍 방법을 사용하면 프로그램을 작성할 때 더 이상 코드를 컴파일러가 보고 싶은 형태로 나타낼 필요가 없어져요. 그 대신에 사람이 가장 읽기 편한 방식으로 코드를 제시할 수 있게 되지요.

어떤 사람은 상향식으로 코드를 짜기 시작합니다. 서브루틴을 만들어 점점 더 거대한 구조물을 쌓아 올리려고 하지요. 점점 더 많은 일을 해낼 수 있기 때문에 작업하는 사람의 자신감은 커질 겁니다. 또 어떤 사람은 하향식으로 코드를 짭니다. 프로젝트에 착수하면서 이렇게 말하죠. "자, 내가 해결할 문제는 이거야. 먼저 이쪽 절반 부분을 해결한 다음에 나머지 절반을 해결할 거야."

문학적 프로그램을 작성할 때에도 상향식과 하향식 접근법 중 하나를 선택할 수 있습니다. 완성된 프로그램을 보면 거의 대부분 제가 실제로 생각했던 순서대로 구성되더군요. 처음에는 하향식으로 시작하죠. "내가 해결할 문제는 이거야. 그러니 먼저 이쪽 절반을 해결하고 그다음에 저쪽 절반을 해결해야 해." 하면서요.

하지만 그러고 나서 "이제는 상향식으로 도구를 몇 개 만들어야 할 차례가 왔군." 하고 중얼거리는 때가 옵니다. 물론 저에겐 목표가 분명히 있어요. 도구를 몇 개 만들려고 잠시 상향식 접근법으로 간 것뿐입니다. 그 작업을 마치는 대로 하향식 접근법으로 복귀할 겁니다. 작업 순서가 어떻게 되냐고요? 프로젝트에 착수한 첫날에 제가 생각했던 것들에 대해 코드를 적습니다. 그러고 나서 다음 항목에는 제가 그다음에 다루기로 했던 것들을 적고요.

저는 대면하기 가장 두려우면서도 동시에 지금 해결할 준비가 된 부분부터 작업을 시작합니다. 저는 하기 싫다고 작업을 뒤로 미루지 않습니다. 준비가 됐다면 바로 그걸 완료하고 할 일 목록에서 치워 버리죠. 그런데 이건 작업 순서가 좀 다른 거죠. 하향식 접근법도, 상향식 접근법도 아닙니다. 심리학적인 접근법이죠. '내가 찾고 있는 것은 무엇인가? 그것은 내가 다음에 완료할 일 중에 가장 만족스러운 일이 될 그런 일인가? 또 지금 바로 그것에 뛰어들 준비가 되었는가?' 이런 질문에 대한 답은 그리 어렵지 않게 나와요. 그래서 인간이 이해할 수 있는 순서로 프로그램을 넣을 수 있는 자유는 저에게 정말 중요합니다.

그런데 그게 그렇게 좋다면 어째서 이 방법이 전 세계에 퍼지지 않았으며, 모두가 이 방법으로 프로그래밍을 하지 않을까요? 정확히 기억나지는 않습니다만 아마 존 벤틀리가 답을 내놨던 것 같습니다. 요약하자면 이렇습니다. "슈퍼 프로그래머로 타고나는 사람은 세계 전체 인구에서 단 2%에 불과합니다. 슈퍼 작가로 타고나는 사람도 세계 전체 인구에서 단 2%에 불과하고요. 그런데 커누스는 모든 사람을 슈퍼 프로그래머이자 슈퍼 작가로 생각하나 봐요."

문학적 프로그래밍으로 세상에 존재하는 프로그래머의 숫자를 2% 이상으로 늘리려는 건 정말 아니에요. 물론 슈퍼 프로그래머는 존재합니다. 기계를 정말 좋아하고 잘 다룰 뿐 아니라 기계도 그 사람을 좋아하고 그 기술로 먹고살 수 있을 정도로 재능을 타고난 사람들 말이에요. 하지만 슈퍼 작가에 대해서는 견해가 좀 다릅니다. 요즘에는 사람들이 블로그를 많이 하잖아요. 자신을 표현하기 위해 글을 꾸준히 올리다 보니 평범한 사람도 이젠 글을 상당히 잘 씁니다. 그러니 상위 2%의 슈퍼 작가가 되어야만 내 방법을 적용할 수 있다는 주장은 더 이상 설득력이 없다고 생각해요.

저는 오직 스탠퍼드 대학교에서만 제 방법론을 테스트해 봤어요. 학부생 몇 명을 대상으로 한 실험이었죠. 학생들은 여름 프로젝트로 프로그램을 하나 작성해야 했는데, 그때 저는 학생들에게 문학적 프로그래밍의 개념을 알려 주고 추천해 줬어요. 일곱 명 중 여섯 명은 그때 이후로 지금까지 문학적 프로그래밍 스타일로 프로그램을 짜고 있습니다. 나머지 한 명만 제 방법론을 싫어했어요. 그 학생은 기존의 구조적 프로그래밍 기법으로 짠 코드를 가져와서 래퍼 코드로 둘러싼 다음에 '이것은 1번 모듈이다.'라는 문장을 추가해 놓고 문학적 프로그램이라고 우기더군요. 물론 스탠퍼드는 글을 잘 쓰는 사람만 뽑을 테니 대상을 무작위로 뽑아서 수행한 실험은 아니었네요.

사이블 문학적 프로그래밍을 하다 보니 설명을 위해 프로그램 순서가 완전히 다르게 작성되는 경우는 없었나요? 의식의 흐름대로 뭔가를 조직하는 방식이 '언제나' 최고는 아니잖아요. 전 잘 믿어지지가 않습니다.

커누스 그런 적은 거의 없었어요. 만들다 말고 돌아가서 장이나 절의 순서를 바꾼 적은 정말 없었어요. 다음 공략 목표는 선택할 필요가 거의 없었습니다. 한 번에 하나씩밖에 나타나지 않았거든요. 정확히 설명하기 어렵군요. 어쨌든 어떤 작업을 완료하면 다음 작업이 부드럽게 이어졌다고 말할 수는 있습니다.

사이블 혼자 사용할 프로그램을 만들 때에도 문학적 프로그래밍을 적용하시나요?

커누스 그렇고 말고요. 아무에게도 안 보여 주는 코드를 작성할 때야말로 문학적 프로그래밍이 제격이죠. 혼잣말을 끄적이기도 편해요. 게다가 1년 후에 프로그램을 다시 읽기도 편하죠. 전에 어떤 생각으로 코드를 작성했는지 정확히 떠오르거든요.

사이블 **그런 방식이 늘 통하나요?**

커누스 아, 요즘에는 예전 같지가 않네요. 1년 전에 작성한 코드를 들여다보면 금방 이해되지 않는 경우가 많더라고요. 하지만 문학적 프로그래밍을 안 쓰고 작성한 프로그램과 비교해야 해요. 문학적 프로그래밍이 복잡한 문제를 별것도 아닌 듯이 해결하지는 못해요. 다만 제가 아는 다른 프로그래밍 방법들보다 훨씬 낫다고는 말씀드릴 수 있습니다.

방금 전에 저는 BDD를 조작하는 최신 기법을 구현한 코드를 이해해 보려고 하는 중이었는데요. C로 작성된 이 코드 안에는 서브루틴이 엄청나게 많이 있었습니다. 그중 일부만 골라 인쇄해서 읽어 보고 있습니다. CWEB과는 아주 다른 방식이더라고요. 요즘은 C 패키지를 개발할 때 전 세계 거의 모든 사람이 이런 방식을 쓰더군요. 꽤 체계적인 주석 관례를 지키는 건데 많은 커뮤니티에서 사용하고 있습니다. 코드도 논리적인 형태로 분리되어 있어서 이해하기 그리 어렵지 않습니다. 헤더 파일 안에 자료 구조들이 선언되어 있고, 그것들이 수행하는 기능을 설명하는 주석도 달려 있습니다. 그러니 이것도 잘 작동하는 다른 프로그래밍 스타일이라고 봐야겠네요.

하지만 이런 건 문학적 프로그래밍의 잠재력에 한참 못 미치는 수준의 성취라고 생각합니다. 뭐라 증명하기 힘들지만 잘 표현되지 않는 장점이 많거든요. 확실한 건 제가 작성한 몇몇 프로그램은 문학적 프로그래밍이 없었다면 전혀 만들지 '못했을' 거라고 생각한다는 점입니다. 설득력 있게 들릴지 모르겠네요. 어쨌든 저는 그렇게 믿고 있어요. MMIX[6] 시뮬레이터가 그 예입니다. 지적으로 부하가 정말 너무 크게 걸리는 작업이었어요. 그래서 전통적인 스타일로 그 프로그램을 작성했다면 과연 제가 그걸 끝낼 수 있었을지 의문이 드는군요. 제 머리로 감당할 정도로 단순화하기 위해서는 서브루틴 형태로 옮겨 담는 작업만으로는 충분치 않았습니다.

MMIX 시뮬레이터는 매우 일반적인 사양이 갖춰진 컴퓨터나 마찬가지예요. 컴퓨터의 기능 유닛들, 한 번에 실행할 수 있는 인스트럭션 수, 캐싱 전략, 버스 구조, 출력 구조, 분기 예측, 파이프라이닝 관리 방식을 모두 다루어야 했죠.

나눗셈 유닛이 여섯 개 있고 여러 단계의 파이프라인을 거치도록 설계된 컴퓨터를 상상해 보세요. 이제 그런 가상 컴퓨터를 시뮬레이션해야 합니다. 그런 컴퓨터가 있다면 소수를 더 빠르게 계산할 수 있을까요? 기계를 정말로 만들 필요는 없지만요.

서브루틴을 이용하는 스타일로 이 프로그램을 구현하는 게 불가능하다는 뜻은 아니에요. 하지만 저는 그런 식으로는 이 프로그램을 절대 완성할 수 없었을 거예요. 반면에 문학적 프로그래밍 스타일로는 170페이지 분량밖에 안 될뿐더러 이해하기도 쉬웠어요. 이 프로그램의 코드를 읽고 이해할 수 있는 사람이 저밖에 없는 것도 아니고요.

사이블 '어드벤처' 게임도 문학적 프로그래밍으로 다시 구현하셨더라고요. 읽어 보니 코드가 하나의 거대한 덩어리에 가깝더군요. 문학적인 글쓰기 스타일처럼 말이죠. 서브루틴으로 쪼개서 분리하지 않고 오히려 사이사이에 이것저것 덧붙일 수 있는 형식으로 되어 있었어요.

커누스 맞습니다. 서브루틴을 호출하는 대신 인라인 서브루틴을 쭉 쓰는 느낌이죠. 물론 서브루틴이라는 개념은 그대로 남아 있어요. 하지만 최종적으로 완성된 프로그램에서는 서브루틴 같은 건 보이지 않게 되지요. 어찌 보면 서브루틴보다는 매크로에 가깝죠. 아무튼 한 언어 안에 서브루틴 호출 메커니즘을 대신할 다른 방법이 있다면 꼭 서브루틴을 쓸 필요는 없다고 생각해요. 이게 제가 하고 싶은 말입니다.

그렇다고 제가 돈 우즈가 포트란으로 작성한 게임 코드에서 서브루틴을 다 없애 버렸다고 생각하지는 않습니다. 포트란 프로그램을 그저 영어와 C 언어로 옮겼을 뿐이죠. 하지만 제가 짠 텍 코드를 보면 서브루틴 스택 위에 올라가는 서브루틴 개수가 최대 네다섯 개밖에 안 된다는 사실을 알 수 있을 거예요. 반면에 문학적 프로그래밍이 아닌 다른 방식으로 다른 사람이 짰다면 스택이 50개에서 100개까지 쌓였을 거예요.

저는 논리학자처럼 형식 체계에 무언가를 끼워 맞추는 식으로 작업하지 않아요. 그보다는 제가 머릿속에서 생각한 것을 그대로 꺼내서 옮기는 방식으로 작업합니다. 다른 사람이 만든 엄격한 틀에 끼워 맞추지 않고 직관을 좇아 프로그래밍하는 편이죠.

물론 제 프로그램도 결국은 컴퓨터로 들어가야 하죠. 아시다시피 컴퓨터가 제 말을 제대로 이해하려면 엄격한 규칙을 완벽히 지켜 줘야 합니다. 그럼에도 저는 최대한 기계가 아니라 사람이 이해하기 쉬운 프로그램을 작성해야 한다고 믿습니다. 제 생각에는 그것이 올바른 프로그램이에요. 기계가 이해할 수 있는 방법을 찾긴 해야겠지만 어쨌든 소스 텍스트는 기계보다는 제 두뇌에 가깝게 끄적여 놓습니다.

다양한 집단에 속한 사람이 소통할 때 활용할 문서가 필요하다면 문학적 프로그래밍은 정말 강력한 도구가 될 수 있어요. 텍 코드를 잘 이해하는 사람 상당수는 프로그램이 잘 작동하지 않을 시나리오도 더 잘 뽑아내거든요. 사람들은 똑같은 규모로 짠 다른 프로그램보다 텍을 훨씬 잘 이해하는 것 같아요.

사이블 문학적 프로그래밍을 사용했는데도 코드를 이해하지 못하고 엉뚱한 질문을 던지는 사람들 때문에 답답함을 느끼셨던 적은 없었나요?

커누스 물론이죠. 그런 일은 늘 있어요. 하지만 제가 글을 잘 못 쓴 대가죠. 간단한 예를 들어 드릴게요. 《The Art of Computer Programming》을 펼쳐 보면 비트 연산의 초창기 역사에 관한 부분이 있는데요. 거기에 제가 이런 문장을 써 놨습니다. "에드삭(EDSAC)과 거의 같은 시기에 만들어진 맨체스터 마크 I 컴퓨터는 and 비트 연산뿐 아니라 or와 xor도 탑재하고 있었다. 앨런 튜링은 1950년에 최초로 그것의 프로그래밍 설명서를 작성했다. 그는 설명서에서 not 비트 연산은 1로 가득 찬 값에 xor 연산을 해서 구현할 수 있다고 말했다."

저는 맨체스터 마크 I의 최초 설명서를 작성한 사람이 튜링이라는 뜻으로 "앨런 튜링은 1950년에 최초로 그것의 프로그래밍 설명서(its first programming manual)를 작성했다."라고 썼습니다. 그랬더니 네다섯 명의 독자가 제각기 쪽지를 보내왔어요. 튜링이 설명서를 쓴 것이니 'its(그것의)'가 아니라 사람을 가리키는 'his(그의)'를 써야 하는 거 아니냐더군요.

사실 튜링이 그전에 다른 프로그래밍 설명서를 쓴 적이 있어요. 그러니 제 문장이 맞긴 합니다. 다만 오해를 불러일으키기 충분했달까요. 그래서 저는 이 문장을 "앨런 튜링이 최초로 마크 I의 프로그래밍 설명서를 썼을 때는 1950년으로…"로 시작하게끔 고쳐 썼습니다.

수학적인 내용도 비슷해요. 앞서 말했던 것처럼 가끔 혼동하고 질문하는 사람들이 있거든요. 그럴 때마다 저는 "이 문장은 실제로 옳다. 다만 더 다듬겠다."라고 답변합니다.

사이블 문학적 프로그램을 발표할 때 말이에요. 그것 역시 전형적인 최종 형태의 프로그램일 텐데요. 그런데 "성급한 최적화는 모든 악의 근원"이라는 명언을 남기신 걸로도 알려져 있어요. 프로그램이 발표될 때쯤이면 '성급한' 단계라고 할 수는 없을 텐데요. 게다가 어떤 부분들은 매우 영리하게 최적화되었을지도 모르고요. 최적화 때문에 코드 읽기가 더 어려워지지 않을까요?

커누스 아니에요. 잘 작성된 문학적 프로그램은 이력을 남길 테니까요. 좋은 문학적 프로그램에는 '이것을 수행하기 위한 확실한 방법을 찾았다. 그러니 이제 이 방법으로 전환하겠다.' 같은 설명이 적혀 있을 겁니다.

프로그램 안에 미묘한 세부 사항을 넣을 때 문학적 프로그래밍의 진가가 드러납니다. 단순히 코드만 추가하는 게 아니라 문서도 동시에 쓰게 되니까요. '이 부분은 조금 지저분한 트릭을 썼지만 잘 작동한다. 그 이유는…' 같은 식으로 적는 거죠. 이런 식으로 이유와 가정을 매우 세심하게 기술할 수 있어요.

제가 지저분한 트릭을 쓸 때에는 두 가지 이유가 있어요. 하나는 트릭을 적용해서 성능 향상을 꾀할 수 있을 때예요. 그리고 그런 성능 향상이 제 프로그램에 꼭 필요한 경우죠. 그게 아니면 단지 그 방법이 정말 교묘하고 매력적이어서 그 방법을 쓰지 않고는 못 배길 때가 있어요. 그럴 땐 순전히 재미있다는 이유 하나로 그 방법을 적용합니다. 어느 경우든 문서화는 꼭 해요. 코드만 달랑 던져 놓는 일은 없어요.

사이블 그런 것은 글 부분에 많이 들어가나요?

커누스 글 부분에 들어가죠. 들어낸 코드는 보여 주지 않아요. 그렇게 할 수는 있겠지만요.

사이블 CWEB에 현재 애플리케이션에 속하지 않는 코드를 넣는 기능은 없나요? 그러면 그런 코드를 글 안에 넣지 않을 수 있잖아요. '이 부분은 A 함수의 매우 간단한 버전이다.'처럼 소개하는 거죠.

커누스 코드는 있지만 전혀 사용되지 않는 부분이 있을 수 있어요. 그럴 땐 코드에서 이러이러한 부분은 사용되지 않는다고 문서에 기술하면 됩니다.

사이블 그러니까 전혀 쓰는 곳이 없는 코드 조각을 넣을 수 있다는 거죠?

커누스 맞습니다. 프로그램 안에 코드를 넣어 놓으면 디버거에서 호출할 수도 있지요. 문서 부분에 '이러저러한 서브루틴을 이러저러한 매개 변수와 함께 호출한다.'고 써 놓을 수 있어요. 프로그램 내에서는 실제로 전혀 호출되지 않아요. 하지만 문서상으로 분명히 존재하는 서브루틴이죠. 디버거에서 프로그램 실행을 잠시 중지한 다음 이 서브루틴을 호출하면 어떤 일이 일어나고 있으며 그 일이 어느 정도 큰지 살펴볼 수 있어요.

사이블 그렇다면 마찬가지로 이렇게 쓸 수도 있겠군요. '섹션 1: 이 알고리즘을 가장 단순한 방법으로 구현함. 섹션 2: 섹션 1을 살짝 강화한 버전. 섹션 3: 실제로 사용하는 코드. 앞의 두 섹션을 읽지 않으면 이해할 수 없음.'

커누스 정확합니다. 15퍼즐[8]을 푸는 프로그램을 몇 개 만들어 웹에 올려놨는데요. 완성하기까지 총 세 가지 버전을 거쳤어요. 문서 부분에 '버전 1을 읽으라. 읽지 않으면 버전 2를 결코 이해할 수 없을 것이다. 버전 2를 읽으라. 읽지 않으면 버전 3을 결코 이해할 수 없을 것이다.'라고 써 두었죠.

저는 상당히 다양한 종류의 프로그램을 만들어요. 가끔은 효율성을 신경 쓰지 않고 프로그램을 작성할 때가 있죠. 답만 얻을 수 있으면 될 때 그렇게 해요. 그럴 땐 별 생각하지 않아도 잘 돌아가는 방법인 단순 무식 탐색을 이용합니다. 이 방법에는 미묘한 세부 사항이 전혀 없는 만큼 너무 앞서갈 여지도 전혀 없어요. 성급한 최적화 자체가 불가능하죠.

그다음에는 같은 알고리즘을 좀 더 효율적인 방식으로 만들어서 단순 무식 알고리즘으로 나온 답과 같은지 비교합니다. 그게 잘 동작하면 알고리즘이 더 큰 크기의 입력을 감당할 수 있도록 만들고 더 많은 경우를 처리할 수 있도록 확장하죠. 대부분의 프로그램은 동일한 코드를 수조 번씩 실행하지 않아도 되니까 이 정도 단계를 완성으로 간주하고 개발을 멈춥니다. 《The Art of Computer Programming》에 들어갈 일러스트 작업을 예로 들어 볼게요. 일러스트를 여러 번 수정하고 싶을 수 있어요. 그러면 제 책을 번역하는 사람들도 덩달아 프로그램을 다시 실행해야 할지도 모르죠. 저는 아주 느린 렌더링 방법을 써서 일러스트를 그렸지만 일러스트 렌더링은 딱 한 번만 수행하면 되었기에 느린 렌더링 방법은 전혀 문제가 되지 않죠. 그 파일을 한 번만 생성해 놓으면 출판사에 보내서 책에 인쇄할 수 있었습니다.

하지만 지금 저는 조합적 알고리즘에 대해 쓰고 있어요. 조합적 알고리즘은 정의상 문제 크기가 엄청 커요. 관련해서 독자들의 흥미를 유발할 수 있는 예제가 필요했습니다. 그래서 제 책에 조합적 알고리즘으로 문제를 푸는 프로그램을 직접 짜서 실었습니다. 독자들이 이 부분을 읽고 '이 문제는 간단한 방법으로는 절대 풀리지 않겠군. 이 책에 있는 더 나은 방법을 배워야겠어. 단순 무식한 방법으로는 100년 넘게 걸릴지도 몰라.' 하고 생각하길 원했어요.

조합적 알고리즘은 정말 매력적이에요. 좋은 아이디어 하나가 실행 시간을 어마어마하게 줄여 줄 수 있거든요. 자릿수가 열 자리나 달라질 수도 있어요. 하지만 계산 시간을 고작 20%밖에 절약하지 못하는 알고리즘이라도 비웃을 필요는 없다고 생각해요. 그 작업을 수조 번 반복해야 하는 프로그램이라면 상당히 효과를 볼 수 있거든요. 그런 반복문에서 반복당 계산 시간을 100나노초씩 절약할 수 있다면 결국은 하루를 절약하는 셈이에요. 빈번히 사용되는 코드는 이해하기 어렵더라도 절묘한 트릭을 사용해야 합니다. 그러면 실제로 대단한 성과를 볼 수 있어요.

1년 전쯤 'Computing Reviews'라는 웹사이트[9]에서 어떤 책에 관한 리뷰를 봤어요. 제목이 '프로그래밍 트릭'이었던가, 그 비슷한 제목의 책이었는데요. 리뷰의 요지는 다음과 같았습니다. '내가 사장이라면 이런 트릭을 쓰는 프로그래머를 발견하는 즉시 해고할 것이다.' 리뷰를 보자마자 오히려 구미가 당겼어요. 책을 읽고 싶다는 생각이 들었지요. 분명 얻어 갈 것이 있으리라는 부푼 기대를 안고 책장을 펼쳤는데 웬걸, 쓸 만한 트릭은 하나도 없더군요.

사이블 **정말로 사람을 해고할 만큼 끔찍한 트릭이었나요?**

커누스 사실 아주 시시한 트릭이었어요. 체계적으로 정리되지는 않았지만 전부 당연한 것들이었죠. 완전히 다른 프로그래밍 방식이었을 뿐이에요. 하지만 사람들을 해고하겠다고 으름장을 놓은 리뷰어는 비효율적인 프로그램을 선호한다는 생각밖에 안 듭니다. 오로지 자신의 머릿속에 있는 질서 정연함이라는 관념에 모든 것을 끼워 맞추려 했어요. 프로그램의 실행 속도와 성능은 고려하지 않고 아무나 데려다 놓아도 유지 보수가 가능한지 따위의 다른 기준만 따진 거죠. 참, 사람들은 웃기는 생각을 많이 하죠.

이상한 생각이죠. 그런 사람들이 원하는 것은 누구든지 매개 변수만 몇 개 넣으면 알아서 작동하는 프로그램이에요. 그들이 보는 세상에는 라이브러리를 전담해서 짜는 소수의 프로그래머가 존재해요. 그 라이브러리의 설명서를 작성하는 사람이 또 있고요. 그리고 그 라이브러리를 가져다 쓰는 사람들이 있죠. 그게 전부예요.

그런 사고방식은 문제가 있어요. 라이브러리에서 적당한 함수를 찾아 호출하는 일밖에 못하고, 자신이 라이브러리를 직접 만들 수도 없다면 코딩은 재미없는 일이 되고 말 테니까요. 생각해 보세요. 코딩이 그저 함수에 어떤 매개 변수를 조합해 넣을지 고르는 것에 그치는 지극히 평범한 일이라면 대체 누가 프로그래머를 직업으로 삼으려 할까요? 소프트웨어 재사용성을 지나치게 강조하다 보니 박스를 열고 그 안에 어떤 코드가 들어 있는지 확인해 볼 수도 없게 되어 있어요. 물론 그런 블랙박스 자체가 나쁘다는 건 아니에요. 나름대로 좋습니다. 하지만 박스를 열어 볼 수 있으면 대부분의 경우 성능을 향상시키고 더 잘 작동하게 만들 수 있어요. 박스의 내용물을 이해할 수만 있다면요.

그 대신에 그런 세계관 속의 사람들은 모든 코드를 닫힌 래퍼 클래스 안에 꽁꽁 감춰 놓고 프로그래머들에게는 껍데기만 보여 주죠. 프로그래머가 코드를 이리저리 고치며 갖고 놀게끔 허락하지 않습니다. 프로그래머가 할 수 있는 일은 부품 조립이 전부예요. 어떤 서브루틴에서 매개 변수의 순서가 `x0, y0, x1, y1`이라고 해 보죠. 그런 상황에서 프로그래머에게 중요한 일이란 그 매개 변수의 순서를 기억했다가 서브루틴에 `x0, y0, x1, y1`을 차례로 넣는 일이 될 겁니다. 정확한 순서로 타자하기, 그게 그 사람의 일이죠.

사이블 많은 사람이 말씀하신 의견에 동의할 거예요. 맞아요. 스스로 코드를 짜는 게 훨씬 재미있죠. 하지만 재미 말고도…

커누스 단지 재미만 추구하진 않아요. 어떤 수학적 난제를 풀기 위한 가설을 세우고 그걸 증명하고 싶은 수학자가 있다고 가정해 봅시다. 그런데 수학적 가설이 기존에 있던 정리를 몇 개 조합하는 방식으로 증명되었던 적은 거의 없다고 봐도 무방해요. 물론 책 안에서 이런저런 '쓸 만한' 정리를 찾을 수는 있어요. 그렇지만 자신의 가설을 증명하기 위해서는 그런 정리들을 증명하는 과정을 들여다보면서 어떤 부분에 변경을 가해야만 하죠. 수학 책들은 정리로 가득 차 있어요. 하지만 그대로 가져다 붙이기만 하면 되는 정리는 없습니다. 원하는 정확한 정리가 나타나는 경우는 백 번에 한 번 있을까 말까예요. 결국 기존 정리들을 증명하는 과정을 파헤쳐 봐야 합니다. 소프트웨어도 정확히 같다고 생각합니다.

사이블 그렇지만 소프트웨어는 사정이 다르지 않나요? 컴퓨터 프로그램은 인간이 지금까지 만든 것 중 가장 복잡한 것이라고 말씀하신 적도 있고요.[10]

커누스 그 말을 최초로 한 사람은 데이크스트라였어요. 어쨌든 그렇죠. 컴퓨터 프로그램을 조립하는 방식으로 만들기에는 부품들이 지닌 복잡성이 천차만별이기 때문이에요. 순수 수학은 보편적으로 적용되는 몇 가지 법칙만 따르면 됩니다. 서너 가지 공리만 있으면 체계를 구성할 수 있어요. 하지만 컴퓨터 프로그램은 구성 요소가 너무 많습니다. 게다가 구성 단계도 제각각이지요. 1단계는 2단계와 다르고 2단계는 3단계와 달라요. 프로그램을 구성하기 위해서는 이 모든 것을 하나로 모으고 복잡한 방식으로 엮어야 하니까요.

사이블 프로그램의 복잡성을 감안하면 어느 시점에는 블랙박스 몇 개 정도는 작동법 정도만 이해하고 사용하는 선에서 그쳐도 괜찮지 않을까 생각합니다. 우리가 숨겨 놓은 코드를 전부 무조건 들여다봐야 한다면 결코 완성할 수 없는 프로그램도 있을 테니까요.

커누스 블랙박스가 쓸모없다는 뜻으로 한 말은 아니에요. 코드는 볼 수 없고 라이브러리 몇 개 골라서 일하는 것이 전부라면 그 결과로 엄청 느리고 품질도 떨어지는 프로그램이 나올 거라는 말입니다.

사이블 실행 속도가 느려진다는 말인가요, 아니면 개발 속도가 느려진다는 말인가요?

커누스 둘 다요. 아, 그래요. 빠르게 돌아가는 프로그램을 만들 수는 있을 것 같네요. 그러니 앞서 한 말은 취소할게요. 하지만 저는 참고 설명서를 이것저것 뒤지고 올바른 부속을 찾다가 시간을 다 보낼 것 같네요. 그렇게 되면 프로그래밍은 창의적으로 뭘 만드는 일이 아니라 검색 작업이 되어 버려요.

사이블 표준 자바 컬렉션 라이브러리를 작성한 사람 중 한 명이 얼마 전에 글을 하나 썼어요. 자바의 이진 검색에 9년 동안이나 버그가 들어 있었다고 밝혔죠. 이진 검색은 기본적으로 최솟값과 최댓값을 취해서 그것들을 합하고 2로 나누는 알고리즘이에요. 하지만 덧셈을 하다가 오버플로가 생기는 버그가 있었죠. 물론 표준 라이브러리 안에 버그가 있는 것은 좋지 않아요. 하지만 개발자들은 결국 버그를 발견하고 고쳤습니다. 모두가 이진 검색 알고리즘을 직접 작성해서 써야 했다면 아마 그런 버그도 훨씬 많지 않았을까요.

커누스 맞는 말씀입니다. 좀 전에 말씀하셨던 알고리즘은 빙산의 일각에 불과해요. 제가 프로그래밍을 가르치던 1970년대에는 이진 검색으로 수업을 시작하곤 했어요. 수업 첫날 학생들은 모두 이진 검색 프로그램을 짜야 했습니다. 수업 조교가 프로그램을 걷어 가서 제출물을 살펴봤지요. 그런데 제대로 된 정답을 낸 학생은

열 명 중 한 명이 될까 말까 했어요. 나머지 학생의 제출물에는 각각 4~6개 정도의 버그가 들어 있었죠. 참, 방금 말했던 오버플로는 차치하고서요. 이건 새로운 유형의 버그네요. 제 수업 시간에는 숫자 두 개를 더하는 것이 문제가 되리라고 생각해 본 적은 없는 것 같군요.

이제 제가 블랙박스 아이디어를 왜 그토록 싫어하는지 말씀드릴 차례군요. 지금 산수에 관해 이야기하고 있으니 행렬 두 개를 곱하는 블랙박스가 하나 있다고 가정해 봅시다. 이 블랙박스를 이용하는 프로그램은 실수를 입력받아 행렬 곱셈을 진행합니다. 이때 데이터 타입을 실수에서 복소수로 바꾸면 연산을 n^3이 아니라 $4 \times n^3$번 해야 합니다. 실수 연산에 대해 t 시간이 걸린다고 할 때, 복소수 연산은 $4t$ 시간이 걸리는 거예요. 하지만 블랙박스를 열어 코드를 수정할 수 있다면 실수 행렬 곱셈 4개 대신 3개만으로 복소수 행렬 곱셈을 구현할 수 있습니다. 두 복소수 행렬을 곱하는 작업의 특성 때문이죠. 행렬 곱셈은 단지 수많은 예 중 하나에 불과해요. 코드를 볼 수 있으면 생기는 장점은 그것 말고도 셀 수 없이 많아요.

우선순위 큐나 힙 구조 같은 걸 만든다고 생각해 봅시다. 이진 검색 알고리즘이 요소로 반드시 들어가죠. 물론 저에게 이진 검색 알고리즘 소스 코드는 있을 겁니다. 하지만 제가 만들려 하는 것에 딱 들어맞지는 않아요. 그래서 알고리즘을 매번 슬쩍 고쳐야 해요. 제 생각에 이게 더 좋은 방식입니다. 저는 소수의 프로그래머가 블랙박스를 만들고, 나머지 사람은 그걸 일률적으로 사용한다는 사고방식에 거부감을 느낍니다. 블랙박스에 있는 버그는 라이브러리를 만드는 사람이 고치면 되고, 이를 통해 나머지 사람들이 혜택을 본다는 사고방식도 거부합니다. 그런 세상은 마음에 들지 않아요. 프로그램 안을 들여다볼 수 있는 세상을 원해요.

제가 《The Art of Computer Programming》 1권을 썼을 때만 해도 사람들은 자신의 프로그램에 연결 리스트를 쓰는 방법도 몰랐고, 자료 구조에 포인터를 이용할 수 있다는 것도 몰랐습니다.

단순한 배열을 넘어서는 자료 구조가 필요할 때엔 다른 사람이 만든 패키지를 삽입하든지, IPL-V[11]나 리스프 같은 인터프리터 언어로 넘어가서 작업하는 것이 보통이었어요. 포트란에도 그런 패키지가 있었는데 그 서브루틴을 가져다가 사용법을 배워 그걸로 자신의 프로그램을 만들 수 있었죠. 평범한 프로그래머에게 연결 리스트를 프로그램에 포함시키는 방법을 가르치는 건 완전히 터무니없는 일이었어요. 모든 서브루틴은 마치 깡통에 든 음식처럼 밀봉된 상태로 있어야 했습니다.

하지만 그런 일반적인 패키지를 만들려면 코드가 너무나 복잡해져요. 소수의 사용자에게만 해당하는 문제들까지 처리할 수 있도록 잡동사니를 이것저것 집어넣어야 하니까요. 제 책이 그런 면에서 사람들의 눈을 뜨게 해 주었다고 할 수 있습니다. 사람들은 그제야 연결 리스트가 뭔지 알게 되었거든요. 더 나아가 두 개의 연결 리스트가 동시에 동일한 원소를 공유하도록 고칠 수 있다는 것도 알게 되었죠. 자료 구조도 수정할 수 있다는 인식이 생겨났습니다. 그러면서 패키지 안에 들어 있는 기능을 그대로 쓰는 데에서 벗어나 코드를 고쳐 쓰는 일이 점점 주류가 되었어요.

BDD 구조를 작성하고 있는 지금도 똑같은 현상을 목격할 수 있어요. BDD 구조가 들어 있는 서브루틴 패키지는 시중에 이미 서너 개 나와 있어요. 그런데 제가 《The Art of Computer Programming》에 BDD를 구현해 넣는 이유는 무엇이냐면요. 제 취지는 누구나 간단한 버전의 BDD를 구현해서 그걸 여러 프로그램에 사용할 수 있다는 거예요. 이런 식으로 원하는 만큼 확장해서 기존 패키지에 있는 기능만으로는 해결할 수 없는 여러 문제를 해결할 수 있어요. 패키지에 들어 있는 온갖 잡동사니를 함께 끌고 다니지 않아도 되죠. 간단한 코드라 이해하기도 쉽고 자신이 만드는 프로그램 안에 넣기도 쉽고요.

올해 초에는 비트 연산을 이용한 트릭 및 기법에 관한 절을 탈고했는데요. 해커 커뮤니티에서 비법으로 오랫동안 회자되었던 내용이었어요. 이런 것들의 배경이 되는 이론을 소개할 때가 되었다고 생각했습니다. 사람들에게 그런 트릭의 기본적인 원리뿐 아니라 실제 작동 방식을 알려 주고 싶었어요. 책을 읽으면 자신감을 갖고 그런 기법을 활용할 수 있어요. 1년 전만 해도 어떻게 만들지 전혀 감을 잡지 못하던 것들도 만들어 낼 수 있게 됩니다. 놀라운 일을 할 수 있게 되지요. 사람들은 이제 어두운 터널 끝을 빠져나왔습니다. 서광이 비추기 시작합니다. 이런 걸 사람들에게 기본 상식으로 가르치면 참 좋을 텐데요.

저는 다양한 프로그램을 만듭니다. 물론 보편적인 프로그램을 만들지는 않아요. 하지만 제가 만든 수많은 프로그램이 또 다른 프로그램들을 위해 쓰이는 건 맞습니다. 제가 다른 사람들이 만든 루틴의 사용법을 외우느라 제 시간을 모두 써야 하는 처지였다면 이렇게 많은 프로그램을 만들어 낼 수는 없었을 거예요. 저는 몇 가지 기본 개념만 배운 다음에 이전에 작동했던 코드 텍스트를 편집해서 코드를 재사용했습니다. 그러는 편이 훨씬 쉬웠으니까요.

사이블 프로그래밍에 대한 생각이 궁금합니다. 초창기부터 지금까지 어떻게 변해 왔나요?

커누스 문학적 프로그래밍에 관해 이미 이야기를 나눴는데요. 그건 뿌리부터 새로 시작하려는 시도였습니다. 그렇다고 올바른 프로그래밍이란 이런 것이라며 사람들을 계도하기보다는 그저 설명하려 했을 뿐이죠. 당시 데이크스트라도 같은 발전 과정을 거친 산물을 내놓았습니다. 심지어 그의 프로그래밍 스타일은 기계에 들어가지도 않는 프로그램을 작성한다는 취지에서 저보다 훨씬 문학적이라고 볼 수 있었어요. 오로지 문학'만' 있었죠.

데이크스트라는 구조적 프로그래밍에 크게 기여한 사람 중 한 명이었어요. 그 덕분에 우리가 프로그램을 더 크게 확장할 때 헤매지 않고 작업할 수 있었습니다. 10배 큰 프로그램을 작성하더라도 잠을 10배 줄일 필요가 없는데 더 큰 시스템에서 안정적으로 조합할 수 있는 도구가 있기 때문입니다. 확실히 다른 방식이었어요.

여기엔 중요한 측면이 하나 있어요. 바로 '추상화'라는 개념입니다. 추상화를 통해 우리는 아무리 놀라울 정도로 복잡하고 거대한 시스템을 다루더라도 그걸 통제하고 있다는 확신을 가질 수 있습니다. 무엇을 하고 있는지도 알 수 있고요.

다른 많은 것들도 중요한 변화처럼 보이지만 저는 그런 것들이 그다지 큰 차이를 만들어 낸다고 보지 않아요. 문법이나 사소한 변형 같은 겉모습에 차이가 있을 뿐이죠. 그리고 자연스레 사람들은 저마다 구미에 맞는 언어에 더 끌리게 돼요. 예를 들어 저보다 더 논리적인 사람들은 괄호를 쓰는 언어를 좋아할 겁니다. 이런 사람들은 괄호를 잔뜩 이용해서 시작하는 부분과 끝부분을 맞추길 좋아하죠. 괄호를 열고 "여기서 시작할 것이다."라고 말하고, 괄호를 닫으며 "여기서 끝낼 것이다."라고 말할 겁니다. 그런데 그런 방식은 저에겐 매력적이지 않습니다. 저는 그런 식으로 사고하지 않아요. 하지만 그런 식으로 사고하는 사람들이 있죠. 누구에게나 최선인 방법은 존재하지 않습니다.

개인적으로 C 언어의 포인터 개념을 프로그래밍 언어에 나타난 가장 중요한 혁명 중 하나로 꼽습니다. 복잡하게 구성된 자료 구조를 가지고 있을 때, 그 자료 구조의 한 부분에서 다른 부분을 가리켜야만 할 경우가 자주 있습니다. 고수준 언어로 그런 일을 하기 위해 사람들이 여러 가지 방식을 시도했는데요. 예를 들어 토니 호어가 고안한 시스템은 깔끔했습니다. C 언어에 포인터가 추가된 걸 처음 보고는 큰 실수라고 생각했어요. 그런데 나중에는 좋아하게 되었는데요. x라는 변수가 포인터라고 해 봅시다. 이때 x+1은 x의 1바이트 뒤를 의미하지 않아요. 그 대신에 x가 가리키는 노드, 즉 특정한 유형과 크기를 가진 메모리 공간 뒤를 가리킵니다. x+1의 실제 위치는 x가 가리키는 것이 무엇인지에 따라 달라지죠. x가 큰 노드를 가리킨다면 메모리에서 x와 x+1 사이의 번지수 차이가 클 테고, x가 작은 노드를 가리킨다면 x와 x+1 사이의 번지수 차이가 작을 거예요. 이런 포인터 개념은 개인적으로 프로그래밍 언어 표기법에서 가장 놀라운 개선점 중 하나라고 봅니다.

사이블 **포인터를 쓸 수 있어 확실히 예전 언어들에 비해 강력해지긴 했어요. 그런데 포인터가 고안된 이후로 많은 사람이 포인터를 그냥 사용하면 매우 위험하다는 걸 알게 되었죠. 그래서 웬만하면 포인터처럼 기능하지만 위험 요소가 적은 참조를 쓰라고 권고하는 실정입니다.**

커누스 포인터는 이제 잘 쓰지 않게 되었어요. 요즘에 든 생각이 있는데 이 말은 꼭 해야겠군요. 저에게 64비트 컴퓨터가 한 대 있는데요. 이 컴퓨터가 지닌 성능을 정말 제대로 쓰고 싶다면 포인터를 사용하지 않는 편이 낫다는 생각이 들더군요. 이 장비에는 64비트 레지스터가 달려 있지만 램 용량은 고작 2기가바이트뿐이죠. 그러니 포인터로 32비트만 써도 충분한 상황이에요. 그런데 포인터를 한 번 사용할 때마다 램을 64비트나 잡아먹어요. 자료 구조도 두 배로 커지고요. 더 안 좋은 건 CPU 캐시에 포인터가 들어가니까 캐시 중 절반은 낭비되는 셈이죠. 돈을 날리는 거예요. 캐시는 비싸니까요.

그런 이유로 제가 지금 정말로 한계를 넘어서려고 한다면 포인터 대신 배열을 사용하는 것이 낫다는 판단을 하게 되었습니다. 그 대신 복잡한 매크로를 만들어 겉으로는 포인터처럼 보이게 했습니다. 하지만 실제로는 포인터가 아닙니다. 자질구레한 것에 불과할지도 모르고 철 지난 아이디어일지도 모르지요. 그래도 어쨌든 포인터처럼 저수준을 다루기 위한 표기법은 상당히 중요한 발명이라고 생각합니다. 코드를 짜고 디버깅을 할 때마다 저는 톰프슨과 리치에게 여전히 감사한 마음을 느낍니다. 그 외에 포인터 개념에 공헌한 사람이 누가 있는지는 사실 잘 모르겠어요.

사이블 **프로그램을 작성할 때 사용하시는 중요한 도구가 또 있나요?**

커누스 '변경 파일(change file)'이라는 도구가 있어요. 문학적 프로그래밍을 위해 도입한 도구인데 다른 프로그래머들은 이런 도구를 사용할 일이 없겠네요. 설명이 좀 필요할 것 같습니다.

제가 텍과 메타폰트를 개발하자 사람들이 이걸 쓰고 싶어 했어요. 문제는 사람들이 사용하는 프로그래밍 언어, 운영 체제, 컴퓨터 아키텍처가 모두 제각각이었다는 겁니다. 이것들을 조합하면 2~300가지 다른 환경이 나옵니다. 제 코드가 다른 사람의 시스템에 쉽게 호환되도록 만들고 싶었어요. 그래서 만든 해법이 이겁니다. 제가 스탠퍼드 대학교에 앉아서 원판 프로그램을 작성합니다. 그리고 여기에 붙여서 쓸 수 있는 '변경 파일'이라는 게 있죠. 사람들은 제각기 자신의 플랫폼에 맞게 프로그램을 커스터마이징할 수 있습니다.

변경 파일은 정말 간단한 구조로 되어 있어요. 바뀌는 부분들에 대한 정보를 담고 있죠. 변경 사항 하나는 변경할 부위의 코드로 시작합니다. 이 코드가 원판(master) 파일의 어떤 줄에 해당하는지 찾습니다. 이렇게 바꿀 부분을 찾은 다음에는 '원판 파일의 해당 부분을 다음 내용으로 교체하라.'는 식으로 작업이 이루어지죠.

'원판 파일의 이 부분 6행을 다음 12행으로 교체하라.'는 식의 수정도 가능합니다. 아니면 아예 삭제해 버릴 수도 있고요. 해당하는 부분을 찾자마자 교체할 내용을 삽입하고 다음 변경할 부분으로 넘어가는 겁니다. 그래서 변경 사항은 순서대로 써 놔야 합니다. 매칭 과정에 특별한 인공 지능은 없으니까요. 그저 변경 파일에서 변경된 부분에 해당하는 첫 줄이 원판 파일의 어떤 행에 일치하는지 쭉 훑어보는 과정을 반복하는 게 전부거든요.

이 시스템을 구현하는 데는 한 시간밖에 걸리지 않지만 목적에는 충분히 부합하지요. 그다음에는 문학적 프로그래밍 도구인 위브(weave)와 탱글(tangle)이 원판 파일과 변경 파일을 알아서 처리합니다.[12]

원판 프로그램의 새 버전을 릴리스해야 할 때가 자주 있습니다. 전 세계 수많은 사람이 모두 이전 버전에 대해 자신만의 변경 파일을 이미 가지고 있는 상태예요. 어떤 사람의 변경 파일은 더 이상 새 버전에 들어맞지 않을 수도 있죠. 그러면 변경 파일을 좀 고쳐야 할 수도 있습니다. 하지만 그렇게 자주 있는 일은 아니에요. 버그 수정도 마찬가지예요. 원판 프로그램을 수정하면 그들의 프로그램에도 거의 자동으로 적용되거든요. 변경 파일을 통해 호환성과 버그 문제를 매우 간단하게 해결했고 실제로 효과가 있었어요. 누구나 쉽게 배우고 금방 써먹을 수 있었죠.

변경 파일을 활용한 극단적인 예는 사람들이 텍에 유니코드를 도입할 때였어요. 변경 파일이 원판 프로그램보다 10배나 더 길었죠. 8비트 환경에서 16비트 환경으로 이식하느라 그랬던 거였습니다.[13] 그 사람들은 제 원판 프로그램을 완전히 새로 만드는 대신 변경 파일을 만드는 데 몰두했어요. 마침내 그들은 '오메가'라는 유니코드 지원 기능을 변경 파일로 만들어 냈습니다. 텍의 원판 파일 코드가 2만 줄인데 변경 파일 코드는 무려 100만 줄에 이르렀습니다. 과도했죠.

요즘 저는 늘 변경 파일을 사용해요. 책을 쓰는 데 사용하는 프로그램을 손수 작성하고 있기 때문이죠. 풀어 보고 싶은 문제가 많아서 여러 버전으로 실험하고 있어요. 어제는 n비트 숫자의 곱셈을 위해 필요한 불 회로[14]의 크기를 알고 싶었어요. 그래서 불 함수를 받아서 그 함수의 BDD를 계산하는 프로그램을 작성했습니다.

제가 처음 짰던 BDD 프로그램은 진리표를 직접 채워 넣어야 했어요. 프로그램을 실행하면 '진리표를 입력하세요.'라는 메시지가 떴죠. 그러면 빈칸에 십육진수를 입력했습니다. 예시로 사용하는 작은 함수가 아주 많았거든요. 하지만 진리표를 직접 채우는 방식은 손으로 입력할 수 있는 작은 함수에만 쓸 수 있다는 것이 문제였어요.

그러다 복잡한 불 함수를 처리해야 하는 일에 맞닥뜨리게 되었습니다. 이를테면 8비트 숫자 두 개를 받은 다음에 첫 번째 숫자 x를 구성하는 모든 비트 값과 두 번째 숫자 y를 구성하는 모든 비트 값을 개별적으로 곱했을 때 나오는 조합을 모두 열거하는 함수 말입니다. 이건 입력 변수가 총 16개나 되는 함수예요. x와 y가 각각 8비트입니다. 더 이상 대화 상자에 값을 채우기는 무리였어요. 곱셈에 대한 진리표를 자동으로 생성해 주는 프로그램으로 탈바꿈이 필요했습니다. 그래서 이에 대한 변경 파일을 만들기 시작했죠.

그러고 나서 저는 비트를 왼쪽에서 오른쪽으로 읽는 대신, 오른쪽에서 왼쪽으로 읽도록 변경 파일을 만들었습니다. 결과로 다른 BDD가 출력되었죠. 변수가 6개인 모든 불 함수에 대해 BDD를 계산해서 어떤 함수가 가장 큰 BDD를 생성하는지도 알아볼 수 있었어요. 이 모든 것은 제 원판 프로그램을 살짝 변형해서 얻을 수 있는 결과였습니다.

저는 원본 프로그램에서 변형된 버전을 15개나 뚝딱 만들었어요. 모두 아주 이해하기 쉬운 구조로 말입니다. 문학적 프로그래밍을 원래 이런 목적으로 고안한 건 아니었어요. 예상하지 못했던 일이었죠. 그냥 많은 사람에게 원판 파일을 보내면 그들 시스템에 맞게 스스로 변경 사항을 적용할 수 있기를 바랐던 것뿐이었어요. 이제 저는 문학적 프로그래밍을 완전히 다른 방식으로 사용하고 있습니다.

사이블 **주로 하시는 작업에는 분명 유용할 듯하네요. 한 작품을 다양한 주제에 걸맞게 여러 버전으로 자주 고쳐야 하니까요.**

커누스 맞아요. 책 쓰기가 그렇죠.

사이블 **이런 작업 방식이 다른 분야에도 쓸 만하다고 생각하시나요?**

커누스 잘 모르겠네요. 팀 인원이 50명쯤 될 때에도 이런 방식이 통할지는 확실치 않네요. 다만 개인적으로 무언가를 배우려고 프로그램을 짜는 프로그래머들이 전부 멸종하지는 않았기를 바랄 뿐입니다.

사이블 **초창기에는 기계어로 직접 프로그래밍을 하셨습니다. 그다음에는 구조적 프로그래밍 언어를 이용해 코드를 작성하셨고요. 구조를 사용해서 프로그램을 구성하셨다는 거지요. 그다음에는 문학적 프로그래밍을 발명하셨습니다. 프로그램을 구성하는 다른 방식을 제안하신 겁니다. 문학적 프로그래밍을 발명하신 이후로 프로그래밍을 바라보는 관점을 극적으로 바꿔 놓은 것이 또 있을까요?**

커누스 문학적 프로그래밍을 위한 좀 더 개선된 디버깅 도구를 갖추었지요. 사실상 그게 전부예요.

사이블 **좋습니다. 그럼 디버깅 이야기로 넘어가실까요. 현재는 어떤 개선된 도구를 쓰시나요?**

커누스 GDB 개발자들은 사람들이 프로그램을 작성할 때 전처리기를 쓸 수도 있다는 사실을 알고 있었어요. 전처리기를 잘 이용하면 저수준 기계어와 고수준 소스 코드를 서로 연계할 수 있다는 뜻이에요. 언어가 서로 완전히 다르더라도요. 그래서 CWEB으로 코드를 작성하면서도 CWEB에서 추출된 저수준 소스 코드를 들여다볼 필요가 없습니다. CWEB 소스 코드 형태로 프로그램을 한 줄씩 실행하며 디버깅할 수 있거든요.

사이블 **그러니까 GDB에는 그런 기능이 탑재되어 있고 CWEB으로 그 기능을 활용할 수 있다는 뜻인**

가요?

커누스 맞습니다. GDB에는 C 언어를 위해 전처리 기능이 탑재되어 있었어요. 코드에 `__LINE__` 같은 지시자를 넣어 두고 처리할 수 있었죠. CWEB도 `__LINE__` 지시자를 사용하도록 작업했어요. 정말 완벽하게 작동하도록 만들 수 있었죠. 컴퓨터는 기계어로 프로그램을 실행합니다. 하지만 GDB로 디버깅할 때에는 그 기계어가 CWEB의 어떤 문장에 해당하는지 가리킬 수 있도록 만들었어요. 아시다시피 CWEB은 C 언어가 세상에 나온 지 10~20년 후에 나온 언어예요. GDB 설계가 상당히 훌륭하고 미래 지향적인 덕분이죠.

사이블 주로 사용하시는 디버깅 도구는 GDB군요. 그렇다면 디버깅은 어떤 방식으로 하시나요. 특별한 기법이 있나요?

커누스 제가 만든 자료 구조가 정상으로 작동하는지 확인하는 코드는 정말 많이 짰습니다. 점검 코드를 활성화하면 프로그램이 100배 느려질 때도 있었죠.

한 번은 복잡한 자료 구조 안에 그것이 몇 번 참조되는지 세는 기능을 넣은 적이 있었어요. 제가 작성하는 프로그램은 꽤 복잡해서 어떤 객체가 정확히 몇 번 참조되는지 세는 게 쉽지 않습니다. 프로그램이 실행되면서 참조 개수가 늘어나기도 하고 줄어들기도 합니다. 하지만 포인터가 어떤 레지스터에 들어 있거나 포인터를 서브루틴의 매개 변수로 넘길 때에는 참조 횟수를 올려야 할지가 불분명해요. 그래서 저는 참조 횟수가 수백만 개인 예제를 만들어서 참조 횟수를 정확히 세는지 시험해 봤습니다. 전체적인 문제를 검사하는 데는 약간의 계산만 필요했을 뿐입니다. 이런 방식으로 프로그램이 완전히 먹통이 되기 수십억 단계 전에 오류를 감지해 낼 수 있었습니다.

한 번은 새로운 방식으로 곱셈을 하는 프로그램을 만들었는데 철저하게 테스트했습니다. 숫자를 256개 고른 다음 그중 하나를 또 다른 숫자와 곱했습니다. 계산이 끝날 때마다 정답이 맞는지 검사했어요. 2 곱하기 3의 정답이 틀리게 나왔어요. 그래서 코드를 고친 후 계산을 계속 진행했어요. 결국 모든 테스트가 통과했어요. 전부 옳은 곱셈 결과를 계산해 냈거든요.

저에게는 이런 게 가장 중요한 디버깅 테크닉이라고 말할 수 있어요. 아마 코드의 10% 정도는 오로지 디버깅에만 쓰일 거예요. 그리고 검사 코드가 자료 구조를 문서화해 주는 역할도 하고요.

자료 구조의 구성 요소에 그럴싸하게 이름을 붙일 때도 있어요. 그렇게 하면 바이너리 데이터를 해독하느라 진땀 뺄 필요가 없거든요. 그런 형식을 사용할 때에는 필요한 경우 깔끔하게 구조화된 형태로 자료 구조 전체의 내용을 출력하거나 파일에 내용을 덤프해 저장할 수 있는 기능을 만듭니다. 자료 구조를 분석하는 프로그램도 따로 만들었기 때문에 덤프된 내용이 들어 있는 파일을 넣고 돌려서 어떤 문제가 있는지 확인할 수 있지요.

사이블 불변식 개념과 다양한 단정문에 관해 좀 여쭤볼게요. 데이크스트라는 프로그램의 정확성을 증명하기 위해 프로그램의 모든 단계마다 매우 엄밀한 단정문을 넣어야 한다고 주장합니다. 그런데 어떤 책에선가 형식적이지 않은 방식으로 프로그램의 정확성을 증명하고 싶다는 말씀을 하셨더라고요.[15] 비형식적인 증명을 넘어 형식을 따르는 엄밀한 증명이 필요하다는 주장은 어떻게 생각하시나요?

커누스 먼저 증명되지 않는 것이 있을 수 있어요. 증명 불가능성을 염두에 두어야 해요. 여기에 검증된 프로그램이 하나 있다고 합시다. 그 프로그램이 검증된 이유는 무엇일까요? 어떤 검증기가 명세를 따랐는지 검증했기 때문이에요. 하지만 검증기에 버그가 있었다면? 명세에 버그가 있었다면? 프로그램의 정확성은 프로그램이 검증되었다는 사실만으로 결코 완벽히 알 수 없어요. 자신에게 믿음을 주는 증거들이 보태질지 모르지만 그것만으로는 부족해요. 결국 쳇바퀴를 돌면서 결코 결론에 다다르지 못하지요. 이론적으로 불가능합니다.

형식 증명에 관한 최초의 논문은 토니 호어가 썼어요. 「Proof of a Program: FIND」라는 제목의 논문입니다. 대단한 업적이에요. 증명 기술을 한 단계 진보시켰죠. 하지만 그 논문의 증명에도 버그가 두세 개 있었습니다. 배열의 첨자가 배열의 크기를 넘지 않는지 같은 걸 확인해야 한다는 생각을 하지 못했죠. 아무리 정교하게 만들어도 항상 틈새가 있기 마련입니다. 그렇다 해도 토니가 당시

다른 방법보다 훨씬 정확한 증명법을 제시했다는 것을 부정할 수는 없겠지요.

어제도 프로그램을 하나 짰습니다. 단정문도 몇 개 넣었어요. 하지만 형식 증명을 위해 넣은 건 아니니 뭐라고 설명해야 할지 모르겠네요. 어쨌든 제가 짠 프로그램에 대해선 자신이 있습니다. 하지만 단정문에 대해선 그만큼은 아니에요.

예를 들어 텍은 형식적인 측면에선 엉망진창입니다. 텍은 컴퓨터를 위한 언어가 아니라 사람을 위한 언어예요. 따라서 텍 프로그램의 정확성을 정의한다고 문제가 달라지지 않습니다. 골치만 아파질 뿐이죠. '정확성'이 어쩌고 하는 정의는 죄다 형식적 의미론을 응용한 방법들에서 나온 거예요. 너무나 복잡해서 이해하는 사람이 아무도 없죠.

사이블 텍을 작업하실 때 말입니다. 자신이 만든 프로그램에 대해 정말 가혹할 정도로 테스트를 수행하셨는데요.

커누스 맞습니다.

사이블 그런 사고방식은 어떻게 습득하셨나요? 프로그래머들은 제 자식을 애지중지하는 경향이 있잖아요. 그래서 테스트도 최선을 다해 열심히 수행하지는 않죠.

커누스 글쎄요, 저는 평생 사소한 꼬투리를 잡으며 살아왔어요. 오류를 잡는 데 희열을 느끼려면 우선 내가 그 프로그램을 작성한 사람이라는 사실부터 잊어버려야 해요. 프로그램을 작성한 이가 다른 사람이라고 상상하려고 노력합니다. 굳이 그러지 않아도 저는 공격 모드로 쉽게 전환할 수 있지만요. 왜 그런지는 잘 모르겠습니다.

예를 들어 저는 버로스(Burroughs Corporation)에서 일하던 시절 버로스 컴퓨터 B-5000 시리즈의 하드웨어 설계를 디버깅한 적이 있습니다. 버로스에서 한 일 중 최고로 꼽는 업적이었죠. 엔지니어들이 컴퓨터 명세를 알려 주더군요. 그것을 읽은 후 저는 한 자리 차이로 어떤 오류가 생길 수 있는지 예제를 작성해서 보여 주었죠. 컴퓨터는 시뮬레이터 테스트를 통과한 상황이었어요. 하지만 제가 작성한 테스트에서 200개가 넘는 버그가 발견되었어요. 양산에 돌입하기 전에 다행히 컴퓨터의 버그를 잡을 수 있었습니다.

사이블 다시 말해 프로그램 코드의 의미는 문제가 없는데 컴퓨터가 오동작하는 일이 발생하는 경우를 찾으셨다는 말씀인가요?

커누스 맞아요. 부동 소수점 숫자 두 개를 곱한 결과가 틀렸다면 그런 잘못된 결과가 나오는 숫자가 어떤 것들인지 예부터 찾을 겁니다. 그런데 그 컴퓨터는 스택을 하드웨어로 구현하고 있었는데요. 스택 맨 위에 레지스터 값이 들어가지 않거나 엉뚱한 곳에 들어가는 버그가 있었어요. 저는 그들의 동작 논리가 엉망이 되는 시나리오를 찾아서 알려 주었습니다.

사이블 그런 버그를 찾는 체계적인 방법이 있으신가요? 어떻게 찾아내신 거죠?

커누스 제가 깐깐한 사람처럼 보이나요? 그럴지도 모릅니다. 제가 무언가를 증명하고 있다면 말이에요. 예를 들어 수학에서 어떤 정리를 증명한다 칩시다. 그럴 때에는 정리를 곧바로 증명하지 않고 반례를 찾아 반증하는 방식을 써요. 저에겐 그 방식이 더 쉬워요. 프로그램 안에 들어 있는 허점을 파헤치거나 프로그램이 작동하지 않는 이유를 설명하는 일에는 곧바로 뛰어들 준비가 되어 있습니다. 그러고 나서 아무런 허점도 찾지 못한다면 그 프로그램은 증명되었다고 생각합니다.

공격적으로 오류를 찾는 게 제 성격인 것 같습니다. 그냥 앉아서 '어라, 지금은 왜 이게 돌아가지?' 하고 질문하는 것보단 제가 게임의 상대편이라 치고 일할 때 제 의지가 발동하거든요.

사이블 무언가를 설명하는 데 헌신적인 삶을 사시는 줄은 알았는데 이토록 독특한 사고방식의 소유자였다니 흥미롭네요. 이런 사고방식이 무언가를 설명하는 일에도 영향을 줄까요?

커누스 무언가를 설명할 때 제가 염두에 두는 게 딱 한 가지 있어요. 우리가 두 눈으로 사물을 봐야 더 잘 이해할 수 있듯이 한 번에 두 가지 다른 방식으로 사물을 보려고 노력해요. 한쪽 눈으로만 사물을 볼 때보다 두 눈으로 사물을 보면 입체적인 시야를 가질 수 있어요. 이런 설명 방식이 제 공격적인 면모와 뭔가 연관이 있는지는 잘 모르겠군요.

하지만 제가 공격적으로 프로그램에서 구멍을 찾는 건 게임에서 상대방을 이기려고 하는 것과 비슷해요. 게임을 이기기 위한 수를 더 많이 궁리할수록 일종의 경쟁 호르몬이나 뇌를 자극하는 뭔가가 분비됩니다. 좋은 설명도 이와 비슷합니다. 좋은 설명을 만들려면 어떤 식으로든 다양한 관점을 하나로 결합해야 하거든요.

사이블 'The Errors of TeX'이라는 글을 봤어요. 텍 개발 과정에서 발생한 모든 오류를 상세히 기록하셨더군요. SEI 사람들은 미래에 같은 우를 범하지 않기 위해 모든 버그를 추적하는 것이 성숙한 소프트웨어 공학이라고 주장합니다. 하지만 그런 기록이 향후에 오류를 예방해 주지는 않을 거라고 말씀하셨는데요.

커누스 그렇게 말했죠. 그런데 기록 없이도 제가 실수를 덜 했다고 말하기는 어렵겠네요.

사이블 오류의 원인을 알았는데 또다시 실수를 저지르셨다는 거죠?

커누스 제 죄를 시인해야겠군요. 아시다시피 신앙이 더 큰 사람이 회개도 더 많이 하잖아요.

사이블 그러니까 작업하다 정신을 차려 보니 예전과 똑같은 종류의 버그를 만들고 있었다는 얘기인가요?

커누스 맞습니다.

사이블 왜 그럴까요? 실수에서 배우지 못하고 똑같은 실수를 반복하는 어떤 나쁜 본성이 있어서 그런 걸까요?

커누스 아마 너무 어려운 문제를 풀려고 해서 그렇게 되지 않나 싶어요. 저는 제 한계를 시험하는 문제를 늘 시도해 봅니다. 예전에 작성했던 것들과 비슷한 종류의 쉬운 프로그램을 다시 작성했다면 그렇게 많은 실수를 저지르진 않았을 겁니다. 하지만 좀 더 많은 지식을 갖추고 나서는 더 까다로운 프로그램을 작성하려고 하지요. 항상 편안한 영역에만 머무르는 것은 별로 재미가 없어요. 제 능력의 한계치까지 늘 밀어붙이죠. 그러다 보니 일어나는 실수예요.

사이블 앞으로도 텍 조판 시스템은 계속 업그레이드하실 건가요?

커누스 그럴 것 같아요. 꽤 괜찮게 만들 수 있을 겁니다. 하지만 기준을 계속해서 높이고 있으니 언젠가 걸려 넘어질 날이 있겠죠. 앞서 이야기했듯이 현재 우리는 인간이 지닌 능력의 경계에 있는 일을 다루고 있습니다. 예전에 했던 어떤 일보다도 더 복잡한 일이죠.

정말 쉬운 문제로만 우리 자신을 제한한다면 만족하지 못할 겁니다. 우리에겐 거의 불가능하다고 믿는 영역에 도달할 때까지 항상 경계를 뚫고 계속 전진하려는 욕망이 있거든요. 그리고 한계에 다다르자마자 우리는 즉시 그 한계를 넘어서고 싶어 합니다.

그러니 버그는 불가피한 문제입니다. 우리의 능력을 확장하는 무언가를 작성하지 않겠다고 결심하면 모를까요. 이런 문제를 더 잘 피할 수 있는 방법이 있을까요? 이런 모든 문제를 해결할 뿐 아니라 실제로도 정말 잘 작동한다는 방법이 3년마다 등장했죠. 익스트림 프로그래밍도 2~3년 전에 출현했고요. 그전에도 뭔가가 존재했어요. 앞으로도 또 다른 묘책은 계속 쏟아져 나올 거예요. 사람들은 새로운 시류에 편승할 거고요. 그렇지만 금세 어렵다고 불만의 목소리를 쏟아 낼 겁니다.

사이블 어떤 사람이 훌륭한 프로그래머가 될 수 있을까요? 마찬가지로 그것도 시대에 따라 달라졌을까요?

커누스 제 경험에서 오랜 시간 동안 꽤 변함없어 보이는 사실이 하나 있어요. 그것은 컴퓨터라는 기계를 정말 사랑하면서도 잘 다루는 프로그래머는 100명 중 2명

꼴에 불과하다는 사실입니다. 컴퓨터 과학 전공자가 모인 집단만 빼고는 어떤 집단에서든 비슷한 비율을 보였죠. 알래스카주 와실라라는 도시는 인구가 1만 명 정도입니다. 그러니 거기엔 아마 프로그래머가 200명 있을 겁니다.

사이블 2%에 해당하는 프로그래머 유형에 대해선 어떤가요. 많이 바뀌었나요, 아니면 변하지 않고 그대로인가요?

커누스 모르겠어요. '프로그래밍'이라는 단어는 다른 의미로 쓰일 수 있잖아요. 한편에는 인간의 두뇌가 있고 다른 한편에는 기계적인 작업을 수행하는 컴퓨터가 있습니다. 우리는 항상 이 둘이 잘 결합될 수 있도록 프로그래밍을 위한 갖가지 도구를 만들어 왔습니다. 저는 주로 기계를 한계까지 몰고 갔을 때 기계가 작동하는 방식에 대해 이야기하는 거예요. 그냥 답을 얻어 내는 것보다는요.

현재 우리는 매우 강력한 기계들을 가지고 있어요. 저만의 기준에 따르면 프로그래밍에 능숙하지 못한 사람들도 이 기계들로부터 답을 얻을 수 있죠. 구식 기계들로 답을 얻으려면 최고 전문가가 반드시 필요했는데 말이에요. 하지만 지금 제가 말씀드리는 사람들은 새로운 기계들을 이용해서 오래된 기계로는 손댈 수 없었던 문제들에 도전할 수 있을 거예요.

그런 바람직한 변화가 있는 반면에 정말 우려되는 변화도 있어요. 오늘날 프로그래밍은 여러모로 재미없는 방식으로 변모하고 말았어요. 남이 만든 소프트웨어 몇 개를 조합해서 개발에 착수합니다. 마치 마법 주문 몇 개를 이리저리 끼워 넣고 외우는 듯하지요. 창의성을 발휘할 기회가 별로 없어요. 새로운 일을 벌일 필요도 거의 없고요. 이런 지루한 환경이 저는 정말 걱정스럽습니다. 지루한 프로그래밍에서도 여전히 짜릿함을 느낄 수는 있을 겁니다. 결과가 좋으면 얼마든지 쾌감을 얻을 수 있으니까요. 하지만 그런 것은 무언가 새로운 것을 창조하며 제가 느꼈던 짜릿함과는 거리가 멀어요. 이제 프로그래밍이라는 일은 지루한 과정을 참아 내고 끝내야만, 좋은 감상을 갖게 되는 일이 되고 말았어요. 그런데 예전에는 일이 이처럼 지루하지 않았어요.

사이블 프로그래밍에서 여전히 재미를 느끼시나요?

커누스 네, 맞습니다. 스스로도 놀라울 정도예요. 프로그램을 '짜야 한다'는 강한 욕망이 있어요. 저는 일어나자마자 문학적 프로그램을 한 문장 끄적입니다. 아침을 먹기 전이죠. 시인들에게 찾아오는 영감이랄까? 분명 비슷한 구석이 있어요. 그럴 땐 컴퓨터에 앉아서 나머지 문장을 채워 단락을 끝내야 합니다. 그걸 끝내고 식사를 해야 마음이 편안하거든요. 인정합니다. 일종의 강박증이죠.

예를 들어 어제 어떤 프로그램을 만들었는데요. 천문학적인 크기를 능가하는 숫자를 곱하는 프로그램이었어요. 그런 숫자는 너무 커서 일반적인 표기법으로 표현하기가 어렵습니다. 그래서 새로운 정수 표현법을 사용해서 숫자들을 압축할 수 있었죠. 이런 방식으로 상상도 할 수 없이 큰 숫자들을 곱할 수 있었어요. 심지어 숫자를 제곱할 수도 있었죠. 커다란 숫자를 제곱한 다음 결과가 어떻게 나오는지 지켜보기도 했어요. 결괏값을 보고 있으면 뭐가 뭔지 정말 아찔했죠. 하지만 재미있었습니다.

사이블 학자이시지만 거대한 시스템을 구축하기도 하셨고 산업 현장에도 어느 정도 몸담으신 적이 있으니 말인데요. 학구적인 컴퓨터 과학이 실제 현업과 어떤 식으로 연관되어 있다고 보시나요?

커누스 관련성은 거품처럼 사라졌어요. 1960년대 학계에서 내놓은 프로그램은 업계에서 출시하는 것보다 수준이 훨씬 높았습니다. 예외라면 항공 예약 시스템 정도였을까. 당시 업계의 프로그램은 대학 연구자들에게 비웃음거리밖에 되지 않았어요.

1980년대 상황은 완전히 역전되었습니다. 오히려 업계 사람들이 대학 사람들이 만든 프로그램을 보고 비웃기 시작했거든요. 왜냐고요? 대학 사람들이 점점 성직자처럼 행세하며 goto 문 사용도 허용하지 않으려 했죠. 간단히 말하려다 보니 좀 과장이 섞였어요. 어쨌든 대학에는 기본적으로 사람들의 두 손을 묶는 프로그래밍 규칙 같은 게 있었단 말씀을 드리려던 겁니다. 반면에 업계 사람들은 그런 규칙 따위에 매여 있을 필요가 없었고요.

하지만 대학 사람들이 네트워킹과 대용량 데이터 처리 부분 등에서 혁신적인 아이디어를 생각해 내며 다시 추월했어요. 학계와 업계는 이렇게 앞서거니 뒤서거니 합니다. 하지만 알고리즘과 자료 구조 학계의 흐름은 대부분 제 맘에 들지 않아요. 너무 과해요. '바로크'적[16]이랄까, 그 말밖에 떠오르지 않네요. 그런 알고리즘은 복잡하고 만들기 까다로워요. 그들의 지적 도전에는 경의를 표해야 합니다. 하지만 무익한 일을 하고 있는 거예요. 삶과 연결되어 있지 않습니다. 마치 다른 세상 속에 있는 사람들 같아요. 그들이 사는 세상은 그럭저럭 괜찮습니다. 구조도 갖춰져 있고요. 사람들도 모두 친절하고 좋습니다. 하지만 개인적으로 실제 현장과 관련이 없는 일엔 도통 끌리지가 않아요.

이론과 실제가 이어져야 한다고 말은 했는데 사실 그게 저에게 왜 중요한지 설명하기 어렵군요. 세상엔 유한한 숫자를 전혀 생각하지 않는 수학자도 있습니다. 셀 수 있는 무한(countably infinite)까지 내려오는 일도 거의 없죠. 그런 수학자는 멋진 논문을 써서 무한에도 여러 종류가 있다는 등 기절초풍할 정도로 놀라운 개념을 늘어놓습니다. 실제로 그들은 그런 어려운 개념을 이해할 수 있고 그것이 그들에게 만족감을 주니까요. 알고리즘에도 비슷한 연구들이 있습니다. 하지만 저는 제 컴퓨터에서 사용할 수 있을 만한 아이디어에 훨씬 끌립니다.

사이블 1974년에 1984년이 되면 우리가 '유토피아 84' 같은 언어를 갖게 될 거라는 말씀을 하신 적이 있는데요. 코볼과 포트란을 대체할 이상적인 프로그래밍 언어가 탄생할 거라고요. 또 그런 언어가 물밑에서 아주 천천히 형성되고 있는 징후를 포착했다는 말씀도 하셨는데요. 1984년에서 20년 이상 지났지만 아무 일도 벌어지지 않은 것 같습니다.

커누스 그런 일은 일어나지 않았어요.

사이블 젊은이의 낙관론이었나요?

커누스 시뮬라 같은 객체 지향 언어가 속속 등장하던 시점이었어요. 그 당시 나름대로 생각하는 바를 표현했던 건 분명해요. 새로운 언어가 만들어지는 비결은 다음과 같다고 생각했지요. 오래된 언어를 새롭게 이해해서 정리하기. 그리고 새로운 요소와 실험적인 요소를 추가하기. 새로운 언어를 갖게 되었고 그것을 이해했다고 끝은 아닙니다. 사람들은 거기서 멈추지 않아요. 항상 한계를 돌파하고 싶어 하니까요.

언젠가 어떤 사람은 이렇게 외칠지도 모르겠어요. “아니, 나는 혁신보다 안정이 좋아. 깔끔하고 단순한 게 미덕이라고. 난 안정을 택할래.” 파스칼은 그런 철학으로 시작되었지만 그 맥이 이어지지 못했죠. 하지만 언젠가는 시야를 내려서 언어를 좀 더 안정적으로 다듬을 시점이 왔다고 말하는 사람이 나타날지 모릅니다. 그게 좋은 생각일 수도 있고요.

사이블 잘못 설계된 기능이 있는 반면 아예 누락된 기능도 있을 수 있잖아요. 어떤 기능이 빠졌다면 기존 언어에 그 기능을 추가해야 하지 않을까요?

커누스 맞아요. 그러니 어떤 식으로든 확장 가능해야 해요. 그런 면에서 볼 때 자바는 확장 가능하게끔 만들어지지 않은 언어예요.

사이블 언어도 몇 개 설계하신 적이 있으신데요. 그중 가장 널리 사용되는 언어는 역시 텍이고요.

커누스 텍도 프로그래밍 언어라 할 수 있어요. 텍에 어떤 기능들을 넣어야 했는데 실은 내키지 않았어요. 가이 스틸, 테리 위노그래드[17], 레슬리 램포트[18] 같은 사람들이 찾아왔죠. 텍을 자신들의 프로젝트를 위한 프런트엔드로 사용하고 있는데 이런저런 기능이 부족하니 추가해 달라고 요구하더군요. 테리 위노그래드는 당시 자연 언어 문법에 관한 책을 쓰고 있었던 것 같아요. 그는 텍을 이용해서 책에 들어갈 도표를 그리는 강력한 매크로를 짰습니다. 텍 개발 초기에 있었던 일이죠. 텍이 어엿한 프로그래밍 언어에 가까워진 계기였어요.

사이블 언어를 개발할 때 언어의 설계 자체에 좀 집중하고 싶으셨던 적은 없었나요?

커누스 잘은 모르겠지만 있긴 있었겠죠. 보편성을 추구하는 요즘 언어들을 보면 짜증이 나요. 호환되지 않는 각자 다른 방식으로 추구하는 보편성이거든요. 유닉스에서 사용하는 정규 표현식과 비슷한 상황이죠. 한 지붕 서른 가족은 되는 것 같아요. 다 정규 표현식이긴 한데 문법이 조금씩 달라요. 가지고 있는 모든 도구 안에 보편 만능 기계인 튜링 기계가 들어간다면 어떨까요? 정말 그래야 할까요? 텍에 프로그래밍 기능이 늘어날수록 원래 임무인 조판 기능은 줄어드는 것 같다고 생각했어요.

텍 사용 설명서에 소수를 찾는 매크로를 넣긴 했어요. 하지만 사람들이 텍을 그런 식으로 사용하게끔 유도하려고 넣은 건 아닙니다. 그저 텍으로 조판 기능 말고도 부차적인 기능을 사용할 수 있다는 걸 보여 주려고 그랬어요. 개가 잠깐씩 두 다리로 일어설 수도 있잖아요. 소수를 찾는 매크로를 텍 매뉴얼에 넣은 것도 그런 취지예요.

사이블 하지만 사람들은 조판 관련 계산을 하기 위해 튜링 완전한 언어가 들어갔다는 사실을 이용합니다. 튜링 완전한 언어가 아니면 조판 계산을 할 수 없었을 거예요.

커누스 맞아요. 그렇게들 생각하죠. 1960년대에 시뮬레이션을 위한 언어인 SOL을 작성했어요. 그러다 시뮬라 언어가 출시되었고 저는 사람들에게 SOL을 그만 쓰라고 열심히 말하고 다녀야 했습니다. 설득하기 만만치 않았죠. 많은 사람이 SOL을 쓰고 있었거든요. 시뮬라는 제가 보기에도 더 좋은 언어였어요. 돌이켜 보면 결국 언어 설계에 대단한 재능은 없었던 것 같네요.

텍을 다루면서 수백 년의 인간사와 얽히게 되었어요. 책을 조판하기 위해 필요한 지식이 수 세기 동안 축적되어 왔기 때문입니다. 이런 지식을 활용하고 싶었어요. 전부 던져 버리고 새롭게 시작하고 싶지 않았죠. '이제는 경험적 방식을 버리자. 논리적 방식의 조판이 낫겠어.' 같은 생각 역시 안 들었습니다. 왜 그랬냐고요? 책을 조판하는 일은 엄청나게 복잡한 문제라 그렇습니다. 책을 찍기 위해 필요한 조판 명령어 개수를 최소화하면서도 책을 제대로 찍어 낼 수 있는 방법을 고민해야만 했거든요. 조판 명령어 1000개를 100개로 줄일 수는 있겠죠. 그러나 수학적으로 단순 명료함을 추구한답시고 명령어를 50개나 심지어 10개까지 줄이려 든다면 텍은 제대로 작동하지 않을 겁니다. 세상 일이 복잡하게 돌아가듯 책을 만드는 일도 단순하게 축약되지 않아요.

사이블 철저히 조사하지는 않았지만 수학 논문이나 과학 논문은 대부분 텍으로 조판되는 것 같은데요. 남들이 텍으로 작성한 문서를 보신 적이 있으실 겁니다. 자신이 만든 프로그램이 과학 분야에 기여하는 걸 보니 뿌듯하시겠어요.

커누스 네, 페르마의 마지막 정리를 증명[19]한 논문도 텍으로 조판된 거랍니다. 역사상 가장 유명한 수학 논문 중 하나예요. 그뿐 아니라 종래의 조판 방식으로는 정말 찍어 내기 어려운 디자인이 가능해지면서 텍으로 책을 쓰는 사람이 꽤 많아졌습니다. 이것도 역시 블랙박스 문제와 조금 관련이 있어요.

예전에 이런 논문이나 책을 찍어 내려면 뭔가를 타자해서 조판공에게 가져가야 했습니다. 조판공은 디자이너가 세운 조판 짜임새에 따라 인쇄용 판을 만든 후, 판을 종이에 시험 삼아 찍어 보는 일을 반복해야 했죠. 교정쇄 결과물에 문제가 없을 때까지 말이지요. 수학자 말고도 다양한 직종의 사람을 거쳐야만 마지막으로 결과물이 완성되는 구조였어요. 이 사람들에게 감히 이래라저래라 해봤자 소용없는 일이었습니다. 무언가 요구를 해 봐야 혼란만 가중될 뿐이었으니까요.

이와는 반대로 교정쇄가 어떻게 찍히는지 스스로 직접 볼 수 있고, 남들이 만들어 놓은 템플릿을 쓰는 대신에 자신의 문제에 딱 맞는 표기법 같은 걸 만들 수 있다고 생각해 보세요. 훨씬 좋은 결과물을 만들어 낼 수밖에 없는 환경이죠.

사람들은 이제 지름길로 곧장 질러갈 수 있게 되었어요. 자신의 창의성을 그대로 독자에게 전할 수 있죠. 이런 생각을 할 때마다 정말 뿌듯합니다.

사이블 이제 역사 이야기로 넘어가 볼까요. 프로그래머들과 컴퓨터 과학자들이 이 분야 역사에 대해 충분히 잘 알고 있다고 생각하십니까? 사실 꽤 짧은 역사잖아요.

커누스 그 방면으로 공부를 많이 하는 사람은 별로 없어 보여요. 《The Art of Computer Programming》을 쓰기 시작했던 1963년에도 사람들은 1959년에 무슨 일이 일어났는지 몰랐습니다. 저는 그렇다고 생각해요. 지난주 『American Scientist』에 누군가가 보이어와 무어가 1980년에 이미 발명했던 알고리즘을 재

발견했다는 기사가 실렸어요. 그런 일들은 늘 일어나요. 사람들은 역사가 얼마나 찬란한지 깨닫지 못합니다. 요즘 프로그래머들은 1970년대 사람들이 자신이 모르는 뭔가를 알고 있었을지 모른다는 생각 자체를 잘 안 하니까요.

이렇게 복잡한 분야에서는 시간이 흐르면 곧잘 잊히는 게 많아요. 어쩔 수 없는 일이죠. 부디 누군가 위키백과에라도 기록을 남겨서 업적이 예전처럼 잊히지 않았으면 좋겠어요. 그런데 저처럼 원전을 읽는 즐거움을 만끽하는 사람이 더 많았으면 좋겠습니다. 그저 '이러저러한 알고리즘이 있구나.' 하며 그것을 발명한 저자들의 공로에 찬사를 보내는 대신에 원전으로 돌아가 저자 자신이 정확히 어떤 말로 설명하는지 살펴볼 필요가 있습니다. 원전을 읽는 습관은 자신이 지닌 기술을 갈고닦는 데 엄청난 도움을 줄 겁니다.

다른 사람이 써 놓은 단어와 문장을 해독하려면 그 사람이 어떻게 생각하는지 들어가 볼 수 있어야 합니다. 이게 정말 중요해요. 그들이 어떻게 생각했는지 그리고 어떻게 새로운 발견을 했는지 이해할 수 있다면 머지않아 스스로 새로운 것을 발견하게 될 겁니다. 컴퓨터 과학 분야 역사에는 기라성 같은 인물이 많아요. 저는 자주 그들이 쓴 원전을 읽으며 과거에 그들이 어떤 말을 남겼는지 살펴봅니다. 생각을 표현하는 방식이 요즘과는 판이하게 달라서 잘 안 읽힐 거예요. 그래도 해독의 난관을 극복하며 그들의 생각을 꿰뚫어 보려고 노력합니다. 충분히 가치 있는 일이거든요.

예를 하나 들어 보죠. 바빌로니아 사람들이 점토판에 어떤 알고리즘을 적어 두었어요. 무려 4000년 전에요. 바빌로니아 사람들이 알고리즘을 어떤 식으로 설명했는지 궁금했어요. 그래서 한참을 계속 들여다보았습니다. 그러다 갖가지 질문이 생겨났어요. 사람들은 대체 무슨 생각을 하며 이것들을 끄적였을까? `while` 같은 반복문도 사용했을까? 그렇다면 어떤 방식으로 반복문을 기술했을까? 이런 질문을 던지며 제 이해의 폭이 크게 확장되었습니다. 인간의 두뇌가 어떻게 동작하는지, 옛날 사람들은 새로운 아이디어를 어떻게 발견했는지에 대해 많은 단서를 얻을 수 있었죠.

몇 년 전 저는 산스크리트어로 된 13세기 조합 수학[20]에 관한 문서를 발견했습니다. 당시 그 글을 쓴 사람의 지인들 대부분은 그가 실없는 소리를 한다고 생각했을 거예요. 아무것도 이해할 수 없었을 테니까요. 하지만 제가 이 문서의 번역본을 받아 든 순간 어떤 직감을 받았어요. 문서가 저에게 말을 건다는 느낌이었죠. 컴퓨터 프로그래밍에 입문할 때에도 비슷한 직감이 있었어요. 프로그램이 저에게 말을 걸어왔거든요. 원전 자료는 저에게 풍요로운 삶과 창의력의 공급원이라고 볼 수 있어요.

제 학생들에게는 이런 방식을 물려주지 못했어요. 물론 컴퓨터 과학 분야에도 원전을 꼼꼼히 읽는 사람들이 있긴 해요. 하지만 저만큼 원전을 사랑하는 사람은 한 손에 꼽을 정도밖에 안 됩니다.

저는 소스 코드를 많이 수집해요. 컴파일러 소스 코드도 있습니다. 1960년대의 디지텍(Digitek) 컴파일러 코드는 매우 흥미로운 방식으로 작성되었는데요. 디지텍은 자체 언어를 만들었습니다. 이 언어에서 쓰는 식별자의 길이는 30자였는데 의미를 아주 상세하게 풀어서 썼습니다. 그 당시 경쟁사들은 디지텍 컴파일러를 확보해서 열심히 뜯어보며 탐구했죠. 1963년인가 1964년에는 이게 최첨단 컴파일러였거든요.

데이크스트라가 만든 THE 운영 체제[21]의 소스 코드도 갖고 있어요. 아직 읽어 보지는 않았지만 대충 훑어보고 모아 뒀어요. 시간 날 때 읽으면 재미가 쏠쏠할 것 같아서요.

한 번은 자전거를 타다 넘어진 적이 있었어요. 팔이 부러져 한 달 동안 꼼짝할 수 없었죠. 그래서 멋진 아이디어가 들어 있다는 평을 들었던 소스 코드를 읽기 시작했어요. 그런 아이디어는 어디에도 문서화되지 않았죠. 이런 것들은 모두 정말로 귀중한 경험이었어요.

사이블 소스 코드 읽기는 어떻게 공략하시나요? 이미 아는 언어로 쓰인 소스 코드더라도 내용을 이해하는 것은 여전히 까다로운 문제잖아요.

커누스 하지만 그만큼 가치가 있어요. 남의 코드를 읽을수록 두뇌가 코드를 더 잘 해독하도록 배선되거든요. 제 방식을 알려 드릴까요? 예전에 벙커 래모(Bunker

Ramo)[22] 300이라는 컴퓨터가 있었어요. 누군가가 저에게 귀띔해 줬어요. 이 컴퓨터의 전용 포트란 컴파일러가 정말 놀라울 정도로 빠르다고요. 하지만 어째서 그런지는 아무도 모르더군요. 소스 코드를 복사해 달라고 했어요. 컴퓨터 설명서도 없어서 어떤 기계어를 사용하는지도 알 수 없는 상태였지요.

저는 낙담하지 않았어요. 그 대신 흥미로운 도전으로 받아들였지요. 처음으로 알아낸 명령어는 BEGIN이었어요. 해독은 그다음부터 시작할 수 있었죠. 이 컴퓨터의 옵 코드는 기억을 돕기 위한 두 글자 이름이었는데요. 이 사실에 힌트를 얻어 '이건 아마 로드 명령어일 거야, 저건 아마 분기 명령어일 거야.' 하고 추측해 냈어요. 그리고 그 프로그램이 포트란 컴파일러라는 건 알고 있었죠. 그러고 보니 해당 코드가 어느 시점에 천공 카드의 일곱 번째 열을 보더군요. 그 줄이 주석인지 확인하는 부분이었어요.

세 시간 동안 씨름 끝에 그 컴퓨터에 대해 조금 알게 되었죠. 그때 커다란 분기표를 발견했습니다. 퍼즐 풀이 같았어요. 작은 도표를 계속 만들었죠. 정보부 요원이 암호를 해독하는 것처럼 일했어요. 하지만 어쨌든 그게 작동하는 포트란 컴파일러라는 건 알고 있었죠. 사실 의도적으로 꼬아 놓은 코드도 아니었으니 암호라고도 할 수 없긴 해요. 단지 컴퓨터 설명서 없이 코드만 있어서 그랬던 거죠.

결국 그 컴파일러가 왜 그렇게 빠른지 알아냈습니다. 불행히도 특별한 비밀 알고리즘은 없었어요. 짜임새를 포기하고 수작업으로 끝까지 최적화한 결과였죠.

제가 한 것은 기본적으로 알려지지 않은 종류의 퍼즐을 푸는 방법과 같았습니다. 표와 차트를 만들고 그 안에 정보를 채운 후 그것들을 보면서 가설을 세우는 거예요. 일반적으로 기술 논문을 읽는 일도 똑같아요. 같은 식으로 더듬어 가며 도전하지요.

일단 저자의 마음속으로 들어가서 그 사람이 말하고자 하는 핵심 개념부터 파악하려고 노력합니다. 나중에 자신만의 글을 쓰고 싶다면 다른 사람이 쓴 저작을 많이 읽고 최대한 이해하기 위해 노력해야 합니다. 많이 읽고 배울수록 새로운 것을 창조할 가능성이 더 높아져요. 저는 그렇게 생각합니다.

그러기 위해서는 코드도 발표해야 합니다. 존 라이언스가 쓴 책[23]처럼 말이지요. 그리고 빌 앳킨슨의 프로그램들은 고맙게도 애플이 소스 코드를 공개한 상태고요.[24] 조만간 읽을 수 있을 거예요. 앳킨슨의 코드는 정말 귀중한 자료예요. 초창기 그래픽스 알고리즘이 다수 포함되어 있는 데다 문서도 꼼꼼히 잘 정리되어 있지요.

사이블 **오픈 소스가 확산되면서 예전보다 확실히 더 많은 코드를 읽을 수 있게 되었어요.**

커누스 네, 맞아요. 하지만 세상에는 정말 다양한 방식의 코드가 존재한다는 걸 기억해야 해요. 예전 방식들도 여전히 쓸모 있다는 점을 명심해야 합니다. 자신과 똑같이 코딩하는 사람들 코드만 읽으면 안 돼요.

참고 문헌

- *The Art of Computer Programming*, Donald Knuth (Addison-Wesley, 1997) 한국어판 《The Art of Computer Programming 1, 2, 3, 4A》(류광 옮김, 한빛미디어, 2006, 2007, 2008, 2013)
- *Beautiful Code: Leading Programmers Explain How They Think*, Andy Oram, Greg Wilson (eds.) (O'Reilly, 2007)
- *Byte*, Vol. 6, No. 8, "Smalltalk issue," August 1981
- *Code Complete*, Steve McConnell (Microsoft Press, 1993) 한국어판 《코드 컴플리트》(서우석 옮김, 위키북스, 2020)
- *Compiling with Continuations*, Andrew W. Appel (Cambridge University Press, 1992)
- *The Design and Analysis of Computer Algorithms*, Alfred V. Aho, John E. Hopcroft, Jeffrey D. Ullman (Addison-Wesley, 1974)
- *Design Patterns: Elements of Reusable Object-Oriented Software*, Erich Gamma, Richard Helm, Ralph Johnson, John Vlissides (Addison-Wesley Professional, 1994) 한국어판 《GoF의 디자인 패턴》(김정아 옮김, 프로텍미디어, 2015)
- *A Discipline of Programming*, Edsger W. Dijkstra (Prentice Hall, Inc., 1976)
- *Effective Java*, Joshua Bloch (Addison-Wesley Professional, 2017) 한국어판 《이펙티브 자바》(이복연 옮김, 인사이트, 2018)
- *The Elements of Programming Style*, Brian Kernighan, P.J. Plauger (Computing McGraw-Hill, 1978)

- *Elements of Style*, William Strunk, E. B. White (Longman, 1999)
- *Expert C Programming*, Peter van der Linden (Prentice Hall PTR, 1994) 한국어판 《컴파일러 개발자가 들려주는 C 이야기》(정기훈 옮김, 인사이트, 2022)
- *Founders at Work*, Jessica Livingston (Apress, 2007)
- *Hacker's Delight*, Henry S. Warren (Addison-Wesley, 2002)
- *Higher-Order Perl*, Mark Jason Dominus (Morgan Kaufmann, 2005)
- *Java Concurrency in Practice*, Brian Goetz, Tim Peierls, Joshua Bloch, Joseph Bowbeer, David Holmes, Doug Lea, (Addison-Wesley, 2006) 한국어판 《자바 병렬 프로그래밍》(강철구 옮김, 에이콘출판사, 2008)
- *Java Puzzlers: Traps, Pitfalls, and Corner Cases*, Joshua Bloch, Neal Gafter (Addison-Wesley, 2005)
- *The Lisp 1.5 Programmer's Manual*, John McCarthy (MIT Press, 1962)
- *Literate Programming*, Donald Knuth (Center for the Study of Language and Information, 1992)
- *Machine Intelligence 1*, N.L. Collins, Donald Michie (eds.) (Oliver and Boyd, 1967)
- *Machine Intelligence 2*, Ella Dale, Donald Michie (eds.) (Oliver and Boyd, 1968)
- *Machine Intelligence 3*), Donald Michie (ed.) (Edinburgh University Press, 1968)
- *Machine Intelligence 4*), Bernard Meltzer, Donald Michie (eds.) (Edinburgh University Press, 1969)
- *Magic House of Numbers*, Irving Adler (HarperCollins, 1974)
- "META II a Syntax-Oriented Compiler Writing Language", D.V. Schorre, *Proceedings of the 1964 19th ACM national conference*, (ACM, 1964)

- *Mindstorms: Children, Computers, And Powerful Ideas*, Seymour A. Papert (Basic Books, 1993) 한국어판 《마인드스톰: 어린이, 컴퓨터, 배움 그리고 강력한 아이디어》(이현경 옮김, 인사이트, 2020)
- *The Mythical Man-Month: Essays on Software Engineering*, Frederick P. Brooks (Addison-Wesley Professional, 1995) 한국어판 《맨먼스 미신》(강중빈 옮김, 인사이트, 2015)
- *Principles of Compiler Design*, Alfred Aho, Jeffrey Ullman (Addison- Wesley, 1977)
- "Proof of a Program: FIND", C.A.R. Hoare, *Communications of the ACM*, Vol. 14, Issue 1 (ACM, 1971)
- *Programming Pearls*, Jon Bentley (ACM Press, 1999) 한국어판 《생각하는 프로그래밍》(윤성준·조상민 옮김, 인사이트, 2014)
- *Purely Functional Data Structures*, Chris Okasaki (Cambridge University Press, 2008) 한국어판 《순수 함수형 데이터 구조》(오현석 옮김, 에이콘출판사, 2019)
- *A Retargetable C Compiler: Design and Implementation*, David Hanson, Christopher Fraser (Addison-Wesley Professional, 1995)
- *Smalltalk-80: The Interactive Programming Environment*, Adele Goldberg (Addison-Wesley, 1983)
- *Smalltalk-80: The Language & Its Implementation*, David Robson, Adele Goldberg (Addison-Wesley, 1983)
- *Structure and Interpretation of Computer Programs*, Harold Abelson, Gerald Jay Sussman (MIT Press, 1996) 한국어판 《컴퓨터 프로그램의 구조와 해석》(김재우·안윤호·김수정·김정민 옮김, 이광근 감수, 인사이트, 2016)
- *TeX: The Program*, Donald Knuth (Addison-Wesley, 1986)
- *The Programming Language LISP: Its Operation and Applications*, Edmund Berkeley, Daniel Bobrow, eds. (MIT Press, 1966)

- *The Psychology of Computer Programming*, Gerald Weinberg (Dorset House, 1998) 한국어판 《프로그래밍 심리학》(조상민 옮김, 인사이트, 2014)
- *The TeXbook*, Donald Knuth (Addison-Wesley Professional, 1986)
- *Writers at Work: The Paris Review Interviews*, Malcolm Cowley (Penguin, 1977)
- *Zen and the Art of Motorcycle Maintenance: An Inquiry into Values*, Robert Pirsig (Bantam, 1984) 한국어판 《선과 모터사이클 관리술》(장경렬 옮김, 문학과지성사, 2010)

미주

들어가며

1. 에니악 개발자들의 이야기는 《사라진 개발자들》(캐시 클라이먼 지음, 이미령·김태곤 옮김, 한빛미디어, 2023)을 참고하라.
2. 대략 1946년에서 1964년 사이에 태어난 사람을 가리킨다.
3. 1953년 파리에서 창간된 영문판 계간 문예지이다. 1973년 본사를 뉴욕으로 이전했다.
4. 그 외에도 1980년대 유명 소프트웨어 개발자들을 취재한 인터뷰집이 《Programmers at Work》라는 제목으로 출간되었다. 한국어판은 《오래된 인터뷰, 개발자의 미래를 긷다》 1 (박재호 옮김, 인사이트, 2025)

1장 제이미 자윈스키

1. 마이크로프로세서가 CPU 역할을 하는 컴퓨터로 그 이전 세대 미니컴퓨터보다 작다는 의미로 이런 이름이 붙었다. 1970년대부터 널리 쓰였으며 현대 개인용 컴퓨터는 마이크로컴퓨터의 후손이라고 볼 수 있다.
2. 한국에서는 중학교 2학년에 해당한다.
3. 1977년 탠디 코퍼레이션에서 출시한 가정용 마이크로컴퓨터
4. 1960년대에 만들어진 배열 기반 프로그래밍 언어
5. APL은 프로그램에 고유한 별도 문자를 많이 사용했는데 그래서 프로그래밍을 위해 특별한 키보드나 입력 방법이 필요했다. 하지만 자윈스키는 종이에만 프로그램을 썼으니 이런 키보드는 필요 없었을 것이라는 농담이다.
6. 미국의 컴퓨터 과학자로 주 연구 분야는 자연 언어 처리와 인공 지능이고 커먼 리스프 주요 개발자 중 한 명이다. 1982년 CMU 게시판에 스마일리 아이콘인 :-) 그리고 :-(두 가지 사용을 제안한 것으로도 유명하다.
7. 제록스 알토의 영향을 받아 1970년대 후반 출시된 워크스테이션으로 GUI를 탑재했다.
8. 20세기에 사용된 인공 지능 방법론으로, 특정 분야의 정보를 바탕으로 추론 능력을 구현하여 인간 전문가의 판단 방식을 모방하는 시스템이다.
9. 초창기 인터넷에서 널리 사용되었던 주제별 공개 게시판 서비스
10. 디버거에서 코드를 한 단계씩만 실행하고 멈추는 기능이다.

11. CPU에서 다음 실행될 조건문이 어느 쪽으로 분기할지 미리 추측하는 기술이다. 보통 CPU 안에 분기 예측기라는 하드웨어로 탑재되어 있다.

12. 1990년대 초중반 루시드에서 개발한 C++ 전용 GUI 통합 개발 환경

13. 이맥스에서 리스프 코드를 이맥스 바이트 코드로 변환하는 모듈. 이맥스 바이트 코드는 리스프 코드보다 더 빠르게 실행된다.

14. 명함이나 주소가 적힌 카드 따위를 꽂은 후 돌려 가면서 쉽게 찾아볼 수 있도록 만든 사무용품

15. GNU 이맥스에서 사용하는 전화번호부·주소록 모듈. BBDB로 줄여 쓰기도 한다.

16. GNU 프로젝트와 자유 소프트웨어 재단의 설립자로서 자유 소프트웨어 운동을 이끌었다. 이맥스, GCC, GDB 등을 처음 만든 프로그래머이기도 하다.

17. DEC에서 1970년에 발표한 미니컴퓨터 시리즈. 널리 사용되었을 뿐 아니라 이후 시스템에도 많은 영향을 주었다.

18. 호출되어 어떤 기능을 수행한다는 점에서는 함수와 서브루틴은 동일하다. 여기서는 자바의 함수가 단순히 코드 실행 경로를 나타내는 데에서 그치지 않고, 수학의 함수처럼 특정한 기능을 수행하는 부분을 더 잘 분리한다는 의미이다.

19. 자바에는 goto가 없다.

20. 리눅스를 비롯한 대부분의 유닉스 계열 운영 체제에는 설치되어 있지만 마이크로소프트 윈도 등 기본으로 설치되어 있지 않은 환경도 있다.

21. 유닉스 계열 운영 체제에서 GUI 프로그램을 작성하기 위해 사용하는 X 윈도 시스템(줄여서 X11 또는 그냥 X라고도 쓴다)의 프로토콜을 구현한 클라이언트 라이브러리이다. X11은 클라이언트-서버 모델인데, 예를 들어 웹 브라우저 같은 GUI 프로그램은 X 클라이언트로 간주된다. X 클라이언트인 웹 브라우저를 실행하면, 웹 브라우저는 창 크기와 색깔 등의 정보를 X 프로토콜을 통해 X 서버로 보낸다. 그러면 X 서버가 메시지를 받은 후 비트맵 데이터를 모니터 화면에 표시한다.

22. 미국 국립 슈퍼컴퓨팅 응용 연구소(National Center for Supercomputing Applications). NCSA에서 만든 모자이크는 최초로 널리 사용된 웹 브라우저였다.

23. 두 번째로 만드는 시스템이 과도한 기대와 믿음으로 인해 지나치게 거대하고 복잡해지는 경향을 일컫는다.

24. 넷스케이프 창립 당시 엔지니어이자 HTTP 쿠키를 고안했고 텍스트 기반 웹 브라우저 링크스(Lynx)를 개발한 것으로도 잘 알려져 있다.

25. 마크 앤드리슨과 함께 NCSA에서 유닉스용 모자이크 첫 버전을 개발했다.

26. 넷스케이프 초기 사무실은 마운틴뷰에 있었는데 버클리에서 80㎞ 정도 떨어져 있다.

27. 회사로부터 주식이나 스톡옵션을 받는 일을 말한다. 대개 일정 재직 기간을 채워야 베스팅이 이루어진다.

28. 제품에 필요한 것 이상의 과도한 기능이나 추상화 등을 넣다가 여러 가지 부작용을 낳는 일을 말한다.

29. 모질라에서 사용하는 이슈 관리 시스템으로 테리 와이스먼이 개발했다.

30. 아무런 구현 내용 없이 비어 있는 함수를 말한다.

31. 일반적으로 생각하는 디버거로 변수나 루틴 이름 등 소스 코드의 추가적인 정보를 보여 준다. 심벌 정보가 없다면 인터뷰 초반에 나왔듯이 바이너리의 어셈블리어 코드를 보면서 디버깅을 해야 한다.

32. 간단한 리스프 표현식을 실행해 볼 수 있는 REPL 도구이다.

33. 이제는 자바스크립트와 펄 모두 다양한 디버거가 있다.

34. 리스프에서 가장 기본이 되는 자료 구조로 두 개의 값을 담는 메모리 객체이다. cons 셀을 여러 개 연결해 리스트나 트리 같은 복잡한 자료 구조를 만들 수 있다.

35. 변수나 함수 이름 앞에 데이터 타입을 붙이는 명명법. 예를 들어 bNumber는 b로 시작하므로 바이트(byte) 타입이라는 걸 알 수 있다. 타입이 없는 언어에서 유용하게 쓰였고 마이크로소프트 윈도 API에서도 한때 널리 쓰였다.

36. C에서 static으로 선언한 변수나 함수는 다른 파일에서 참조할 수 없다.

37. 정전기를 모으는 유리병으로 된 장치

38. 이 책 원서가 나온 2009년에는 구글 맵리듀스나 아마존 웹 서비스 등이 있기는 했지만 아직 대중화되지는 않은 시점이었다. 이제 아마존 EMR이나 구글 Dataproc 등 대부분의 클라우드 서비스에서 이런 분산 데이터 처리 서비스를 제공한다.

39. 리스프 변종 중 하나인 스킴을 사용한다. 《자바스크립트로 배우는 SICP》(제럴드 제이 서스먼 외 지음, 류광 옮김, 한빛미디어, 2022)도 출간됐다.

40. 1993년에 출간된 《Writing Solid Code》로 추측되나 확실하지는 않다.

41. 예전에는 전자 부품이 크기가 크고 단순했기 때문에 일반인이 전자 제품을 직접 수리할 수 있었지만 전자 부품 크기가 매우 작아지고 시스템 온 칩 같은 기술이 발전하면서 이런 일이 무척 어려워졌다.

42. 1990년대에는 동적인 콘텐츠를 제공하기 위해 CGI(common gateway interface)라는 기술을 사용했는데, 웹 서버가 다른 프로그램을 실행해 사용자에게 반환할 문서를 생성하는 방식이었다. 이때 펄이 많이 쓰였다.

2장 브래드 피츠패트릭

1. 라이브저널은 1999년에 문을 열었다. 2000년대 블로그 붐과 함께 번창했으나 2010년대 들어서면서 페이스북 등에 사용자를 빼앗기며 인기를 잃었다.

2. 클리포드라는 개가 등장하는 미국의 유아용 그림책 시리즈

3. 볼랜드에서 1987년 출시한 C 통합 개발 환경

4. 게임을 구성하는 레벨이나 지도, 시나리오 등을 만들거나 편집하는 데 사용하는 프로그램

5. EGA(enhanced graphic adaptor)와 VGA(video graphics array) 둘 다 디스플레이 표준 규격이다. VGA가 EGA보다 조금 더 높은 해상도를 표현할 수 있다.

6. 1990년대에는 멀리 떨어진 컴퓨터에 전화로 접속해서 게시판을 사용하기도 했다. 한국에서는 PC 통신 서비스에서 게시판을 제공했다.

7. 고등학생이 대학에서 배우는 내용을 미리 수강하는 과정 또는 그 이후에 치르는 학점 인정 시험을 말한다.

8. 아메리카 온라인(America Online)을 가리키며, 전화로 인터넷에 접속하는 서비스를 제공했다.

9. 썬에서 판매하던 워크스테이션 시리즈로, SPARC(Scalable Processor Architecture) 기반 프로세서를 사용했다. 당시 일반 PC보다 더 높은 성능을 갖춘 전문가용 컴퓨터를 워크스테이션이라고 불렀는데 이 시장에서 높은 인기를 누렸다.

10. '어떤 일을 하는 데에는 여러 방법이 있다.'는 것이 펄의 철학이다.

11. 구글에서 개발해 내부적으로 사용하는 분산 파일 시스템으로 이후 하둡과 HDFS에 많은 영향을 주었다.

12. 요청마다 프로세스를 만드는 CGI와 달리 한 프로세스에서 여러 번 요청을 처리할 수 있도록 만든 프로토콜. 아파치 등 많은 웹 서버가 FastCGI를 지원한다.

13. IP 주소를 도메인 이름으로 바꾸는 일을 가리킨다. 예를 들어 웹 서버에서 로그를 찍기 위해 요청을 보낸 IP 주소를 도메인 이름으로 바꾸는 경우가 있다.

14. U는 서버 컴퓨터의 물리적 크기 중 높이를 가리키는 단위로 1U는 약 44㎜에 해당한다.

15. 마빈 민스키와 시모어 패퍼트가 만든 교육용 프로그래밍 언어. pendown은 이동 경로가 화면에 남도록 펜을 내리는 명령이고, penup은 반대로 펜을 드는 명령이다.

16. 모의 객체는 테스트 등을 위해 실제 객체 대신 갈아 끼우는 객체를 말한다. 정적 타입이 있는 언어는 동적 타입 언어에 비해 모의 객체를 쓰기 번거로운 경우가 많다.

17. 펄 6는 펄을 새롭게 만들려는 목표로 2000년에 설계가 시작되었다. 2015년 12월 25일에야 첫 버전이 발표되었으나 2019년에 라쿠(Raku)로 이름을 바꾸었다. 따라서 펄의 최신 버전은 여전히 5이다.

18. C나 C++ 라이브러리를 파이썬 같은 다른 언어에서 가져다 쓸 수 있도록 연결해 주는 개발 도구이다.

19. 구글에서 제공하는 클라우드 서비스로 사용자가 작성한 프로그램을 쉽게 돌릴 수 있다.

20. TI(Texas Instruments)에서 1992년 발표한 계산기로 베이식 언어가 탑재되어 있었고 출시 이후 어셈블리 프로그래밍도 할 수 있다는 사실이 밝혀졌다.

21. 숨겨진 말의 색깔과 위치를 맞추는 보드 게임. 숫자 야구라고 부르는 숫자 맞추기 게임과 비슷하다.

22. 리눅스 커널에서 네트워킹 장치에 사용하는 이벤트 처리 메커니즘 중 하나이다.

23. 원소가 특정 집합에 속하는지 확률적으로 알 수 있는 자료 구조이다. 스팸 필터 등에 많이 쓰인다.

24. 엄밀하게는 더미나 모의 객체를 모두 통틀어 테스트 대역(test double)이라고 부르기도 한다.

25. X 윈도용 위젯 툴킷. 리눅스에서 GUI 프로그램을 만들 때 많이 사용한다.

26. 유닉스 환경에서 많이 쓰이는 tar 프로그램으로 여러 파일을 하나로 묶은 파일
27. 오픈 소스 오피스 제품으로 리눅스와 윈도 등에서 실행할 수 있다. 마이크로소프트 오피스와 파일 형식이 호환된다.
28. *https://google.github.io/styleguide/*
29. 리눅스와 자유 소프트웨어에 대한 소식을 주로 전하는 뉴스 사이트(lwn.net)
30. 더 자세한 내용은 《구글 엔지니어는 이렇게 일한다》(타이터스 윈터스 외 지음, 이복연 옮김, 한빛미디어, 2022)를 참고하라.
31. 블로그 소프트웨어인 무버블 타입을 개발한 회사로 2005년 라이브저널을 인수했다가 2007년 러시아 미디어 기업 수프에 매각한다. 식스 어파트는 2010년 비디오에그에 인수되었다가 2011년 일본 인포컴에 다시 매각된다.
32. 프로그램이 실행되는 동안 호출하는 시스템 콜을 보여 주는 도구
33. 프로그램 실행을 분석하는 도구이다. 밸그린드 안에는 여러 가지 도구가 내장되어 있는데 보통은 기본으로 실행되는 메모리 디버깅 도구를 가리킨다.
34. 밸그린드의 일부로 함수 호출 그래프를 만들어 주는 도구
35. 어떤 일을 하는 펄 프로그램을 짤 때 누가 글자 수가 가장 적은 프로그램을 만드는지를 놓고 겨루는 게임이다.
36. 정규 표현식에서 차례대로 문자열을 읽으며 패턴을 맞춰 보다가 텍스트 앞쪽으로 다시 돌아가는 경우가 가끔 있는데 이걸 역추적(backtracking)이라고 한다. 역추적은 정규 표현식 검사 성능을 떨어트리는 주요 요인이다. 정규 표현식에 일치하는 텍스트를 찾았을 때 해당 텍스트의 일부를 추출하기도 하는데, 이런 부분의 텍스트를 추출할 때 사용하는 것이 캡처 그룹(capture group)이다.
37. 펄에서 C 코드를 호출할 수 있게 해 주는 도구이다.
38. 맥에서 사용자 입력을 받을 수 없을 때 커서 대신 나타나는 아이콘이다. 윈도에서는 같은 상황일 때 회전하는 파란색 고리가 나타난다.
39. 유사 프로젝트로 이맥스 NG(*https://emacs-ng.github.io/emacs-ng/*)가 있다.

3장 더글러스 크락포드

1. 2009년경 크락포드는 'The State and Future of JavaScript'라는 주제의 발표를 여러 차례 했다. 유튜브 등에서 찾아볼 수 있다.
2. 아타리에서 1979년에 발표한 8비트 컴퓨터. 아타리는 원래 비디오 게임 회사였으나 이 컴퓨터로 가정용 컴퓨터 시장에 진출했다.
3. MOS 테크놀로지에서 만든 8비트 CPU로 애플 II와 아타리 800에 사용되었다.
4. 전설적인 컴퓨터 과학자로 객체 지향 프로그래밍과 GUI 분야에 큰 업적을 남겼다. 2003년 튜링상을 수상했다. 아타리에서는 1982년에서 1984년까지 수석 과학자로 일했다.
5. 루카스필름에서 1986년에 발표한 MMORPG 게임

6. 코모도어가 1982년 발표한 8비트 가정용 컴퓨터. 애플 II나 아타리 800보다 더 많이 팔렸다.
7. 1980년대에 많이 사용된 패킷 기반 네트워크 프로토콜
8. 동시성을 구현하는 프로그래밍 방법론 중 하나로, 가상의 처리 장치인 액터가 자신이 받은 메시지를 독립적으로 처리하는 방식이다. 조 암스트롱(6장 참고)이 만든 프로그래밍 언어인 얼랭이 액터 모델을 구현한 것으로 유명하다.
9. 자바의 구호였던 '한 번만 작성하면 어디서나 돌아간다.'를 비꼰 발언이다.
10. 2000년대 웹에서 다양한 멀티미디어 효과를 구현하기 위해 어도비 플래시가 많이 사용되었는데, 내부적으로 에크마스크립트 기반 언어인 액션스크립트를 사용했다.
11. ES3를 가리킨다.
12. 다행히 최근 브라우저는 자동 업데이트 기능을 대부분 탑재하고 있다. 다만 일부 구형 스마트폰 등 자동 업데이트가 되지 않는 환경도 여전히 남아 있다.
13. 2000년대 각광받았던 웹 2.0 기술 중 하나이다.
14. 구글이 개발한 자바스크립트 도구로 자바스크립트와 HTML, CSS를 입력으로 받아 안전한 자바스크립트, HTML, CSS로 바꿔 준다. 2021년에 개발이 중단되었다.
15. 더글러스 크락포드가 만든 자바스크립트 프레임워크로, 역시 더글러스 크락포드가 만든 코드 분석 도구인 JSLint로 안전성을 검사할 수 있다.
16. 객체를 클래스로 정의하지 않고 원형(프로토타입)을 복제함으로써 동일하게 동작하는 객체를 만드는 방식이다. 자바스크립트가 프로토타입을 사용하는 대표적인 언어이다.
17. 이 책 원서가 나오기 2년 전인 2007년 아이폰이 처음 나왔다. 2008년에는 구글이 새로운 자바스크립트 엔진인 V8과 크롬 웹 브라우저를 발표했다.
18. 톰프슨도 그렇게 생각했는지 톰프슨이 개발에 참여한 고 언어는 gofmt라는 포매팅 도구를 제공한다.
19. 《The C Programming Language》의 저자 브라이언 커니핸과 데니스 리치가 책에서 쓴 스타일을 가리킨다. 이 책은 상당 기간 C의 표준을 정의하는 역할도 담당했다. K&R 스타일은 함수를 정의하는 여는 괄호를 독립된 줄에 쓰고, 그 이외의 경우에는 여는 괄호를 앞의 문장과 같은 줄에 쓴다.
20. 자바스크립트는 프로그래머가 세미콜론을 빠트린 경우에도 코드가 돌아가도록 하기 위해 몇몇 경우에 세미콜론을 자동으로 추가한다.
21. 미국의 유명 그림책 작가인 닥터 수스의 《The Sneetches》 이야기를 가리킨다. 배에 별이 있는 스니치가 배에 별이 없는 스니치를 차별하는 세계에서 벌어지는 일을 다룬다.
22. 《TeX: The Program》은 텍 구현을 설명하는 책으로, 문학적 프로그래밍 방식으로 작성한 코드를 책으로 변환한 결과물이다.
23. 두 사람은 LCC라는 C 컴파일러를 개발했고 이 컴파일러의 설계와 구현을 다룬 《A Retargetable C Compiler: Design and Implementation》을 집필했다.
24. TUG는 텍 사용자 그룹(TeX User Group)을 가리킨다. 1권 색인 중 '순환 정의(Circular

definition)'를 보면 '정의, 순환(Definition, circular)을 보시오'로 되어 있고 '정의, 순환'에 가 보면 '순환 정의를 보시오.'로 적혀 있어서 색인 내용 자체로 '순환 정의'를 보여 주고 있다.

25. 《The Art of Computer Programming》에서 어려운 절은 독자가 건너뛸 수 있도록 앞에 *이 표시되어 있다.
26. 버트런드 마이어가 만든 객체 지향 프로그래밍 언어. '계약에 의한 설계'를 잘 지원하는 것으로 유명하다. 《실용주의 프로그래머》(데이비드 토머스·앤드류 헌트 지음, 정지용 옮김, 김창준 감수, 인사이트, 2022) 'Topic 23 계약에 의한 설계'를 참고하라.
27. 인텔 8080과 호환되는 8비트 프로세서. 1976년에 발표되었다.
28. 직접 메모리 접근(direct memory access)의 줄임말로 입출력 장치가 CPU와 독립적으로 메모리에 접근할 수 있게 해 주는 기능이다.
29. 2007년에 구글에서 공개한 오픈 소스 도구로 웹 앱에 별도 저장 공간과 워커 등의 기능을 추가로 제공한다. 웹 스토리지나 웹 워커 같은 비슷한 기능이 HTML 표준에 추가되면서 2010년 개발이 중단되었다.
30. 원문은 test-infected로 JUnit을 만든 에리히 감마가 만든 표현으로 테스트를 좋아하게 되는 걸 말한다.
31. 자바스크립트 생태계는 빠르게 발전하고 있다. 이 책을 번역하는 현재 널리 쓰이는 단위 테스트 도구로는 제스트(Jest)가 있다.
32. 외부에 공개된 최초의 스몰토크로 1980년에 나왔다.
33. 요즘은 번들러 같은 도구로 소스 코드를 변환하기 때문에 다른 사이트의 소스 코드를 사람이 읽기는 쉽지 않다. 사실 자바스크립트 소스 코드의 길이를 줄이는 최초의 도구인 JSMin도 더글러스 크락포드가 2001년에 만들었다.

4장 브렌던 아이크

1. 1988년에 세워진 회사로 미디어 데이터를 처리하는 하드웨어와 소프트웨어를 만들었다.
2. DEC에서 만든 메인 프레임 컴퓨터용 운영 체제로 1976년에 발표되었다. LOTS(low-overhead time sharing)는 스탠퍼드에서 사용한 프로젝트명이다.
3. 정수 기본형을 36개의 비트로 표현하는 프로세서로 1970년대 초까지 널리 쓰였다. 위키백과에 따르면 과거 기계식 계산기는 대개 십진수를 열 자리까지 표현할 수 있었는데, 이 때문에 전자식 컴퓨터에서 이 숫자 범위를 모두 표현하기 위해 36비트가 필요했다고 한다. DEC PDP-10 외에도 IBM 704 등에 쓰였다.
4. 매크로란 명령문 하나를 여러 명령문으로 확장할 수 있는 기능을 말한다. 매크로 어셈블러는 이런 매크로 기능을 갖춘 어셈블러를 말한다.
5. 파싱 결과는 트리 구조로 표현되는데 이를 아래쪽부터 채워 나가는 파싱 방법이다. 야크가 이런 상향식 파서인 LALR 파서를 생성한다.
6. 정규 표현식으로 표현 가능한 형식 언어를 말한다.

7. 커서 이동이나 글자 색깔 조정 등을 위한 제어 문자를 표현하는 문자열. VT100은 DEC가 1978년에 발표한 비디오 터미널로 안시 표준 확장 비트열을 최초로 지원했다.

8. 최초의 유닉스에 포함된 매크로 처리기로 오늘날까지도 쓰인다.

9. C 전처리에 쓰이는 매크로 처리기로, 별도의 프로그램이지만 대개 컴파일러가 컴파일을 시작하는 단계에 실행한다.

10. 〈몬티 파이튼의 비행 서커스〉 시즌 2의 에피소드 2에 등장하는 대사이다.

11. 모토롤라가 1984년에 발표한 32비트 CPU

12. 마이크로소프트가 1980년대에 개발한 유닉스 운영 체제

13. 미국의 컴퓨터 과학자 겸 창업가. 1982년에는 실리콘 그래픽스를 창업했고, 실리콘 그래픽스를 그만둔 1994년에는 넷스케이프를 창업했다.

14. 애플이 1980년대에 만든 자체 네트워크 프로토콜. 한때 PC나 프린터 등 다양한 기기에서 지원됐으나 TCP/IP에 밀려 개발이 중단되었다.

15. 《Compilers: Principles, Techniques, and Tools》를 가리킨다. 표지에 용 그림이 있어서 얻은 별칭이다. 에이호와 얼먼은 컴파일러 분야의 업적으로 2020년 튜링상을 받았다.

16. C 언어에서 #ifdef와 같이 조건에 따라 동작이 달라지는 매크로를 처리하는 프로그램이다.

17. 이 책을 번역하는 현재 가장 많이 쓰이는 버전은 데이브 요스트의 최초 버전을 토니 핀치가 안시 C에 맞게 고친 버전이다. 아이크의 버전은 아이릭스에 포함되어 있었다.

18. 《Design Patterns》을 가리킨다.

19. 컴퓨터 프로그램에 무작위 데이터를 입력하는 테스트 기법

20. 프로그램의 특정 부분에서 가상 머신이 실행하는 일련의 명령어를 기록한 것을 가리킨다. JIT는 프로그램 실행 도중 이런 트레이스를 활용하여 프로그램 성능을 높인다.

21. 《컴퓨터 프로그램의 구조와 해석》을 가리킨다. 1장에 나오듯이 이 책에서는 스킴이라는 언어를 사용한다.

22. 1958년부터 개발된 일련의 명령형 프로그래밍 언어인 알골 58, 알골 60 등을 가리킨다. 코드 블록과 렉시컬 스코프 등의 아이디어로 현대 프로그래밍 언어에 많은 영향을 주었다.

23. 동적 스코프 또는 동적 바인딩은 변수명이 가리키는 변수가 실행 도중에 결정되는 방식이다. 이맥스를 만든 리처드 스톨먼이 왜 동적 스코프를 사용했는지에 대한 설명은 이맥스 논문(*https://www.gnu.org/software/emacs/emacs-paper.html#SEC17*)에서 찾을 수 있다. 스킴은 초기 리스프와 달리 알골의 렉시컬 스코프 아이디어를 채용했는데, 렉시컬 스코프란 프로그램의 문법 구조에 의해 실행 전에 변수가 결정되는 방식이다.

24. 펄에서는 스칼라 변수명 앞에 $를 붙여서 표기한다. my는 변수가 렉시컬 스코프를 따르도록 만드는 키워드로 1994년 발표된 펄 5에 추가되었다. Tcl은 동적인 스크립트 언어로 보통 Tk라는 GUI 툴킷과 함께 사용된다. Tcl에서 upvar와 uplevel은 각각 변수와 명령문의 스코프를 변경하는 키워드이다.

25. 함수에 인자로 전달되지 않고 클로저를 통해 전달된 변수를 가리킨다. 따라서 함수 코드만

봐서는 이 변수가 어떤 변수인지 알 수 없다.

26. 스킴에서 let은 렉시컬 스코프를 따르는 변수를 만드는 반면, fluid-let은 동적 스코프를 따르는 변수를 만든다. set!은 변수의 값을 바꾸는데 이를 이용하여 현재 스코프 바깥 변수의 값을 바꿀 수도 있다.

27. (function (){/* code */})(); 같은 식으로, 즉시 실행 함수라고도 부른다.

28. 2008년 브렌던 아이크가 하모니 계획을 발표한 후, ES3.1은 2009년에 ES5라는 이름으로 정식 발표되었다. '하모니'로 불린 별도 버전은 2015년에야 ES6로 발표되었는데, 나중에 ES2015로 이름이 바뀌었다.

29. 미국에서 열리는 대학생 대상 수학 경시대회로 상위 5위 안에 들면 퍼트넘 펠로상을 받는다. 호와트는 1986년에 수상했다. 호와트는 1985년에 국제 수학 올림피아드에서 금메달을 받기도 했다.

30. 프로그래밍 언어를 더 읽고 쓰기 쉽게 해 주지만 언어의 기능 자체를 확장하지는 않는 문법을 말한다.

31. 9장 참고

32. 추상 구문 트리(abstract syntax tree)로 소스 코드를 파싱해서 트리 구조로 표현한 것이다.

33. JScript는 마이크로소프트가 구현한 에크마스크립트 버전으로, 사실상 자바스크립트와 동일하다. 더글러스 크락포드는 마이크로소프트가 자바 상표권 분쟁을 피하기 위해 이런 이름을 사용했다고 말한 적이 있다. JScript.NET은 JScript에서 갈라져 나온 언어로 컴파일 후 CLR 위에서 돌아간다.

34. 2008년경 브라우저 시장에서 인터넷 익스플로러의 점유율은 60% 정도로 1위를 차지하고 있긴 했지만 30% 정도인 파이어폭스에 점유율을 계속 빼앗기던 상황이었다.

35. 편의 문법을 영어로 설탕(sugar)이라고 부르긴 하지만 이가 썩는 진짜 설탕은 아니라는 말이다.

36. 1987년에 발표된 프로토타입 기반 객체 지향 프로그래밍 언어이다. 데이브 엉거와 랜덜 스미스가 만들었다.

37. 애플의 휴대용 기기인 뉴턴의 프로그램 작성을 위해 개발된 프로그래밍 언어로 역시 셀프의 영향을 받은 프로토타입 기반 언어이다.

38. 하이퍼카드는 애플이 1987년에 만든 애플리케이션으로, 링크를 기반으로 다양한 미디어를 탐험할 수 있었다. 하이퍼토크는 하이퍼카드에 내장된 언어로 데이터와 인터페이스를 구현하기 위해 사용되었다.

39. 텍스트 처리에 주로 쓰이는 스크립트 언어로, 1977년 개발된 이래 유닉스나 리눅스에 기본으로 들어 있다. function 키워드로 함수를 정의할 수 있다.

40. 영화 〈반지의 제왕: 반지 원정대〉의 장면을 차용한 슬라이드였다. 착한 편인 간달프가 나쁜 편인 발로그를 물리치고 원정대 일행(슬라이드에서는 자바스크립트를 가리킴)을 구하는 장면이다.

41. 미국의 컴퓨터 과학자로 람다 대수를 고안했다.

42. 컴퓨터 과학자인 프레더릭 브룩스가 1986년에 발표한 논문인 「은 탄환은 없다」를 가리킨다. 모든 문제를 완벽하게 해결하는 해법은 없다는 내용이다. 브룩스가 쓴 유명한 책인 《맨먼스 미신》에도 실려 있다.

43. call-with-current-continuation의 줄임말로 스킴 등의 언어에 있는 기능이다. 코드의 실행 환경을 이 함수가 정의된 환경으로 변환하는 기능으로 자바의 예외나 C의 setjmp, longjmp가 일반화된 형태라고 볼 수 있다.

44. 마이크로소프트는 2000년대 초반 브라우저 시장에서 높은 점유율에도 불구하고 느린 버그 수정, 부진한 신규 기능 추가 등으로 많은 비판을 받았다.

45. 8장 참고

46. 교육용 소프트웨어를 만들던 PLT라는 그룹에서 개발한 PLT 스킴에 추가된 기능이다. 에펠의 계약에 의한 설계를 고차원 언어로 확장한 것으로, 메서드가 호출될 때 입력값이나 출력값이 지켜야 할 조건을 명시할 수 있다. 2010년에 PLT 스킴은 이름을 라켓(Racket)으로 바꿨다.

47. 미국 정부가 지원하는 대학 연구 지원금의 25% 정도를 담당하고 있다.

48. Meta Language의 줄임말로 범용 함수형 프로그래밍 언어이다. 강력한 자동 타입 추론 체계인 힌들리-밀너 타입 추론을 구현하고 있다. SML, OCaml, nML 등의 방언이 있다.

49. SML 컴파일러와 프로그래밍 환경 중 하나이다. 구현에 참여한 벨 연구소와 프린스턴 대학교가 모두 미국 뉴저지주에 위치해서 이런 이름이 붙었다.

50. 6장 참고

51. 캘리포니아 대학교 어바인 캠퍼스에서 트레이스 JIT로 박사 연구를 했다. 이후 모질라에 합류해서 트레이스멍키를 만들었고, 2014년에서 2015년까지 모질라 CTO로 일했다.

52. SMP(symmetric multiprocessing)라고도 부른다. 여러 프로세서가 하나의 공유된 메모리를 사용하는 아키텍처를 말하며, 오늘날 대부분의 다중 프로세서 시스템이 이 아키텍처를 사용한다.

53. *https://brendaneich.com/2007/02/threads-suck/*

54. 의사(pseudo-) 터미널을 말한다. 터미널의 동작을 모사하는 한 쌍의 파일을 가리킨다.

55. 보통 바이섹트(bisect)라고 부른다. 문제가 있을 수 있는 범위를 둘로 나누어 가며 둘 중 어느 쪽에서 문제가 생기는지 관찰하는 방법이다. '늑대 울타리(wolf fence)'는 1982년 에드워드 가우스가 이런 디버깅 방법에 붙인 이름이다.

56. 로버트 오캘러핸은 밸그린드 기반 접근 방법을 버리고 기능을 다시 만들었고, 2014년에 rr(*https://rr-project.org/*)이라는 이름으로 발표했다. 이제는 기록 시 두 배 이하로 느려진다고 한다.

57. 기계적인 증명의 성능을 측정하기 위한 벤치마크 문제들로 2005년에 제안되었다.

58. 밴 제이콥슨은 TCP/IP에 대한 공헌으로 유명하다. traceroute, tcpdump 같은 네트워크 분석

도구를 만들었다. gdb README 파일 기록을 보면 밴 제이콥슨의 코드는 저작권 문제 때문에 GDB에 들어가지 못한 것으로 보인다. 2023년부터는 GDB 스크립트에서도 while을 사용해서 반복문을 구현할 수 있게 되었다.

59. 스레드 오류를 검출하는 밸그린드 도구

60. 실제로 오스카 와일드가 한 말인지는 확실치 않지만 공산주의 사회에서는 저녁 시간을 이용해 각종 위원회와 소모임 등에 참가해야 하기 때문에 저녁 시간을 많이 할애해야 한다는 뜻이다. 여기서는 단순히 여러 날에 걸쳐 저녁 시간까지 디버깅을 해야 했다는 말이다.

61. 1987년에 영국에서 설립된 기술 회사이다. 미국 등으로 확장했으나 1999년에 파산했다.

62. 《조엘 온 소프트웨어》(조엘 스폴스키 지음, 이해영·박재호 옮김, 에이콘출판사, 2005)로 출판된 동명의 블로그로 유명한 소프트웨어 엔지니어. 2008년에는 스택오버플로(*https://stackoverflow.com/*)를 만들었다. 넷스케이프 이야기는 앞의 책 중 '결코 하지 말아야 하는 일, 제1부' 편에 실려 있다.

63. 더글러스 매컬로이는 수학자이자 프로그래머로, '|'를 써서 표현하는 유닉스 파이프 개념을 처음 제안했다. 이 내용은 《생각하는 프로그래밍》의 저자인 존 벤틀리가 1986년 6월에 『Communications of the ACM』에 발표한 글(*https://homepages.cwi.nl/~storm/teaching/reader/BentleyEtAl86.pdf*)인데, 커누스가 먼저 문학적 프로그래밍으로 문제를 풀었다. 그리고 매컬로이는 파이프와 유닉스 유틸리티를 써서 동일한 일을 하는 한 줄짜리 스크립트를 만들었다.

64. 심리학에서 게슈탈트 과정이란 여러 감각 자극이 하나의 전체적인 내용으로 체계화되는 과정을 말한다.

65. 디즈니의 피노키오 애니메이션에 나오는 귀뚜라미 캐릭터

66. 해시에서 충돌을 해결하는 방식 중 하나로, 다른 해시 함수를 적용해 새로운 주소를 구한다.

67. 아델 골드버그는 스몰토크 설계와 구현에 참여한 컴퓨터 과학자로, 다른 참여자들과 함께 스몰토크-80에 대한 일련의 책을 썼다.

68. 『Byte』는 1975년부터 1998년까지 발간된 월간지로 소형 컴퓨터를 주로 다루었다. 1981년 8월호에서는 스몰토크를 특집으로 다루었는데 아델 골드버그의 글도 실렸다. 인터넷 아카이브에서 열기구가 그려진 당시 표지(*https://archive.org/details/byte-magazine-1981-08*)를 볼 수 있다. 표지 열기구와 관련된 이야기는 스퀵 위키(*http://wiki.squeak.org/squeak/3459*)에서 볼 수 있다.

69. OCaml은 여러 플랫폼을 지원하는데 런타임에서 실행되는 바이트코드 컴파일러와 특정 플랫폼에서 바로 실행할 수 있는 네이티브 코드 컴파일러를 모두 지원한다.

70. *http://dsw.users.sonic.net/oink/index.html*

71. 단순함을 중시했던 벨 연구소의 분위기를 가리킨다. 12장 참고.

5장 조슈아 블로크

1. 『Dr. Dobb's Journal』에서 1년에 한 번씩 최고의 소프트웨어 도서와 도구에 주던 상. 2014년 이후로 중단되었다. 『Dr. Dobb's Journal』 역시 같은 해 12월 발행 중단을 발표했다.
2. 퍼즐러란 아리송한 문제라는 뜻이다.
3. DEC에서 1966년에 발표한 메인 프레임 컴퓨터로 원래는 PDP-10이라고 불렸다.
4. 타자기처럼 생겼으나 실제로는 컴퓨터와 통신하여 명령을 내리고, 처리된 결과를 인쇄해서 보여 주는 프린터형 단말기
5. 똑같은 지식이나 의도를 중복으로 표현하지 말라는 경구이다. 《실용주의 프로그래머》 'Topic 9 DRY: 중복의 해악'을 참고하라.
6. 데이크스트라는 1982년에 출판된 저서에서 베이식에 노출된 사람은 정신이 오염되기 때문에 그런 사람에게는 좋은 프로그래밍을 가르치기 힘들다고 썼다. 데이크스트라는 베이식뿐 아니라 당대 널리 쓰이던 코볼이나 포트란 등도 함께 비판(*https://www.cs.utexas.edu/users/EWD/ewd04xx/EWD498.PDF*)했다.
7. Stanford Artificial Intelligence Language의 줄임말로, 1970년에 스탠퍼드 인공 지능 연구실에서 만든 언어이다.
8. 최초의 객체 지향 언어로 1962년 노르웨이 컴퓨팅 센터의 올레-요한 달과 크리스텐 뉘고르가 개발했다.
9. 1959년에 출판된 영어 글쓰기에 대한 책이다. 몇 가지 한국어 번역판이 있다.
10. IBM이 1962년에 발표한 포트란 컴파일러
11. 1964년에 IBM이 만든 절차형 언어로 피엘원이라고 읽는다.
12. 자바소프트는 당시 자바 개발을 위해 썬이 만든 자회사이다. 웹로직은 최초로 표준 기반 자바 애플리케이션 서버를 만든 회사이다. 웹로직은 1998년 BEA에 인수되었고, 이후 오라클이 BEA와 썬을 각각 2008년, 2010년에 인수했다.
13. 자바용 오픈 소스 정적 코드 분석 소프트웨어
14. 구글이 발표한 오픈 소스 프레임워크로 의존성 주입을 쉽게 해 준다.
15. Object-Oriented Programming, Systems, Languages & Applications의 줄임말로 객체 지향 프로그래밍을 주제로 한 학회이다.
16. 조슈아 블로크는 이 발표(*https://dl.acm.org/doi/10.1145/1176617.1176622*)를 2006년에 했다. 같은 주제로 구글 테크 토크에서 발표한 영상(*https://www.youtube.com/watch?v=aAb7hSCtvGw*)도 있다.
17. 초창기 자바가 몇몇 아키텍처에서 리눅스를 지원하지 않았기 때문에 이를 지원하기 위해 운영되었던 별도 프로젝트이다. OpenJDK에 핫스폿 가상 머신의 오픈 소스 버전이 들어가면서 2007년에 프로젝트가 중단되었다.
18. 썬에서 오픈 소스로 공개한 자바 통합 개발 환경. 현재는 아파치 재단에서 관리하고 있다.
19. 썬에서 만든 유닉스 운영 체제이다. 썬에서 판매하는 스팍 하드웨어에서 많이 쓰였다.

20. 제네릭, 애너테이션, enum, 자동 박싱 등이 추가되었다.
21. 제네릭에서 가변성을 지정하기 위해 쓰는 ? 기호를 가리킨다. 자세한 내용은 《이펙티브 자바》 '아이템 31. 한정적 와일드카드를 사용해 API 유연성을 높이라'를 참고하라.
22. 타입의 가변성을 지정하는 지점을 가리키는 말이다. 선언 지점 가변성은 타입 변수를 선언하는 위치에 가변성을 지정하는 반면, 사용 지점 가변성은 타입을 사용할 때 가변성을 지정한다. 자바는 사용 지점 가변성 방식이다.
23. java.lang 패키지에 포함된 클래스로 모든 enum 클래스의 부모 클래스이다.
24. 리스코프 치환 원칙으로 유명한 바버라 리스코프가 1973년에 학생들과 설계한 언어이다. 많이 사용되지는 않았지만 초기 객체 지향에 많은 영감을 주었다.
25. 한국어 번역: *https://johngrib.github.io/wiki/java/feel-of-java/*
26. *https://research.google/blog/extra-extra-read-all-about-it-nearly-all-binary-searches-and-mergesorts-are-broken/*
27. 영국의 컴퓨터 과학자로 프로그래밍 언어론, 알고리즘, 운영 체제, 형식 증명 등의 분야에 이론적인 큰 공헌을 했다. 퀵 정렬의 개발자로 잘 알려져 있다. 1977년 튜링상을 받았다.
28. 스칼라의 액터 라이브러리는 2014년 발표된 2.11.0에서 별도의 동시성 라이브러리인 아카(Akka)로 대체되었다. 아카는 자바와 스칼라에서 사용할 수 있다.
29. 미국의 컴퓨터 과학자로 'JSR 166: Concurrency Utilities' 명세를 작성했다.

6장 조 암스트롱

1. 북유럽에 설치된 세 대의 비간섭성 산란 관측 레이더 시스템을 관리하는 기관이다.
2. 물리학 실험에서 하전된 입자를 검출하기 위해 사용하는 액체가 채워진 상자
3. 코어 메모리 사진을 다음 페이지에서 볼 수 있다. *https://www.amusingplanet.com/2020/02/that-time-when-computer-memory-was.html*
4. 영국 버킹엄셔주에 위치한 저택으로 2차 세계 대전 동안 독일군 에니그마 암호를 해독한 곳으로 유명하다.
5. 임의의 얼랭 데이터 하나를 가리키는 용어이다.
6. 프린터로 인쇄할 내용을 기술하는 언어의 하나. 1982년 등장하여 인쇄용 자료를 저장하기 위해 널리 사용되었다. 21세기 들어서는 PDF로 많이 대체되고 있다. 더 자세한 내용은 11장과 《오래된 인터뷰, 개발자의 미래를 긷다》 1에 실린 존 워녹 인터뷰를 참고하라.
7. 순차적인 명령이나 동작이 아니라 데이터 이동에 초점을 두고 프로그램을 바라보는 패러다임
8. 여러 파일에서 문자열을 찾는 도구이다. 과거 ed라는 편집기에서 비슷한 일을 하는 명령이었던 g/re/p에서 유래한 이름이다. 여기서 re는 찾고자 하는 정규 표현식을 의미한다.
9. 에릭슨 컴퓨터 과학 연구소 초기 멤버이자 얼랭 공동 창시자 중 한 명이다.

10. 에릭슨에서 하드웨어 개발자로 경력을 시작해 에릭슨 컴퓨터 과학 연구소 창립 멤버로 합류했다. 얼랭 공동 창시자 중 한 명이다.

11. 다양한 형식의 이미지 파일을 읽고 쓰거나 변환할 수 있는 오픈 소스 도구이다. 명령 줄 프로그램뿐 아니라 C나 파이썬 등의 API도 제공한다.

12. 얼랭에서 외부 프로그램을 실행하는 함수

13. 데이크스트라가 고안한 언어로 명령어가 실행되기 위해 특정 조건을 만족해야 해서 보호된(guarded) 명령이라는 이름이 붙었다. 주어진 조건들이 모두 거짓이면 오류가 발생하는데, 조 암스트롱이 영향을 받은 것이 이 부분이다. 프로그램이 명세와 일치하는지 증명하기 쉽도록 만든 언어이다.

14. 프롤로그는 논리형 프로그래밍 특성상 주어진 규칙들을 만족시키는 방법을 찾기 위해 여러 가능한 선택 사항을 깊이 우선 방식으로 탐색하는데, 이 과정에서 때때로 탐색 경로를 되돌아가는 역추적을 한다.

15. 이탈리아의 컴퓨터 과학자로 모듈러-3 설계에 참여했고 ML 언어의 첫 컴파일러를 구현했다.

16. 람다나 지역 함수를 다른 곳에서도 쓸 수 있도록 독립적인 순수 함수로 바꾸는 작업. 예를 들어 람다 리프팅을 하려면 함수에서 참조하는 지역 변수를 모두 함수의 매개 변수로 바꾸어야 한다.

17. 미국의 컴퓨터 과학자로 주 연구 분야는 논리형 프로그래밍이다.

18. 리처드 해밍은 미국의 수학자로, 컴퓨터 과학과 통신 분야에 많은 공헌을 했다. 해밍 거리 같은 개념으로 유명하다. 이 글은 해밍이 한 강연을 옮긴 것으로, 한국어 번역(*https://ropas.snu.ac.kr/~kwang/quote/hamming.html*)도 있다. 참고로 원래 글의 표현은 암스트롱의 기억과 다소 차이가 있다.

19. 얼랭에서 이름이 붙는 상수를 아톰이라고 부른다. 숫자가 아닌 불변값을 표현한다.

20. CPU는 메모리로부터 데이터를 가져와 캐시에 저장할 때 특정한 크기 단위로 읽어 온다. 이렇게 읽어 와서 캐시에 저장하는 단위를 캐시 라인이라고 한다.

21. x86 멀티코어 CPU는 2005년부터 나오기 시작했다. 이 책의 원서는 2009년에 출간되었고 그 당시 CPU는 코어가 4개 정도였다. 2024년에는 100개가 넘는 코어를 가진 서버용 CPU가 출시되었다.

7장 사이먼 페이튼 존스

1. 2010년에 새로운 표준안(Haskell 2010)이 발표되었다.

2. 영국의 엘리엇 브러더스가 제작한 트랜지스터 디지털 컴퓨터로 여러 영국 대학에서 사용되었다. 현재 런던 과학 박물관과 블레츨리 파크 국립 컴퓨팅 박물관에 한 대씩 전시되어 있다.

3. 1966년에 케임브리지 대학교의 마틴 리처드가 만든 언어로 B 언어에 영향을 주었다.

4. 논리 기능을 하는 트랜지스터와 증폭 기능을 하는 트랜지스터를 붙여서 만드는 논리 회로 제품으로 과거에 컴퓨터를 만들기 위해 사용되었다.
5. 영국의 수학자 존 호튼 콘웨이가 고안해 낸 세포 기계 시뮬레이션 게임이다. 바둑판처럼 정사각형의 여러 셀로 나뉜 공간에서 시간에 따라 셀이 켜졌다 꺼지면서 마치 살아 있는 생명처럼 증식하거나 움직이는 모습을 보여 준다.
6. 케임브리지 대학의 고유한 학사 학위 제도로 총 3년으로 이루어진다.
7. 영국의 컴퓨터 과학자로 힌들리-밀너 타입 시스템과 ML 언어를 개발했다. 1991년 튜링상 수상자이다.
8. 영국의 컴퓨터 과학자로 함수형 프로그래밍 언어 SASL, KRC, 미란다를 개발했다.
9. 자유 변수를 갖지 않는 람다 항을 가리킨다. 즉, 외부에 참조하는 변수가 없는 항이다.
10. 미니맥스 알고리즘은 순서대로 행동을 하는 게임에서 상대가 고를 수 있는 최솟값을 최대화하는 방법을 찾는 알고리즘으로 체스와 같은 곳에서 쓰인다. 알파 베타 가지치기(pruning)는 이런 미니맥스 알고리즘을 최적화하는 기법이다.
11. 반환값이 존재하지 않음을 표현하기 위해 사용하는 타입이다.
12. 컴파일러가 처리 중간 단계에서 소스 코드를 표현하기 위해 내부적으로 사용하는 자료 형식이나 구조
13. 이 책을 번역하는 현재 인텔리제이 등 주요 통합 개발 환경은 해스켈 플러그인을 갖추고 있다.
14. 프로세스가 필요로 하는 리소스를 계속 할당받지 못하고 기약 없이 대기하는 상태
15. 미국의 컴퓨터 과학자로 주 연구 분야는 멀티프로세서 동기화이다. STM 연구에도 기여했다.
16. 미국의 과학자이자 작가 겸 칼럼니스트로 『American Scientist』 등 여러 잡지에 기고했다. 그가 쓴 글들은 《Beautiful Code》 외에 여러 곳에 전재되었다.
17. 5장의 토니 호어 발언 인용 참고
18. 웹 브라우저에서 애니메이션이나 비디오 재생 등 다양한 효과를 낼 수 있는 플러그인으로 마이크로소프트가 2007년 발표한 후 어도비 플래시와 경쟁했지만 결국 2021년 지원이 종료되었다.
19. Language-Integrated Query의 줄임말로 닷넷 프레임워크에서 데이터 쿼리 기능을 담당하는 컴포넌트이다.
20. Principles of Programming Languages의 줄임말로 유명한 프로그래밍 언어 콘퍼런스이다.
21. 트리 전체의 높이가 균등하게 유지되는 이진 탐색 트리이다. 발명자 게오르기 막시모비치 아델손-벨스키(Adelson-Velsky)와 예브게니 미하일로비치 란디스(Landis)의 이름을 따서 AVL 트리라는 이름이 붙었다.

8장 피터 노빅

1. 타원 곡선 암호화(elliptic curve cryptography)를 가리킨다. 더 적은 비트 수로 강력한 암호화가 가능하다.
2. 미국의 비영리 출판사
3. 앞에서부터 읽으나 뒤에서부터 읽으나 같은 말이 되는 어구
4. 이 책을 번역하는 현재 'gettysburg powerpoint'라고 검색해야 나온다.
5. 정식 명칭은 피셔-예이츠 셔플 알고리즘이다. 커누스가 최초로 고안한 방법은 아니다.
6. 영국의 컴퓨터 과학자로 프로그래밍 언어 분야의 선구자이다.
7. 함수나 모듈 같은 것을 값으로 사용할 수 있는 언어를 말한다.
8. 체스판에 돌을 놓고 하는 보드 게임
9. 메모리를 비트 단위로 쪼개서 값을 여러 개 저장하는 기법
10. PEEK와 POKE는 베이식 언어 등에서 사용되는 저수준 명령어이다. PEEK는 지정된 메모리 주소에 있는 바이트 데이터를 읽어 오고, POKE는 지정된 메모리 주소에 바이트를 써넣는다.
11. 메모리를 가장 효율적으로 사용하려면 이진법을 사용하여 각 비트마다 0이나 1을 저장해야 한다. 노빅은 십진법 숫자 자릿수 하나마다 0이나 1을 저장했다는 뜻이다. 이진법보다 효율은 떨어지지만 5~6자리만 저장하면 되기 때문에 십진법을 써도 충분했을 것이다.
12. IBM에서 1960년대 중반부터 1970년대 후반까지 출하한 메인 프레임
13. 변수의 이름과 타입, 데이터의 주소를 연관 지어 저장하는 테이블
14. PHP로 작성된 오픈 소스 콘텐츠 관리 프레임워크이다. 웹사이트 콘텐츠를 관리하기 위해 사용한다.
15. *http://steve-yegge.blogspot.com/2006/09/good-agile-bad-agile_27.html*
16. 말콤 글래드웰의 저서 《아웃라이어》(노정태 옮김, 김영사, 2019)에 나오는 1만 시간의 법칙을 토대로 피터 노빅은 한 가지 분야에 주당 20시간씩 투자하면 전문가가 되기까지 10년이 걸린다는 걸 풀어서 주장하고 있다. 노빅 홈페이지에서 그 글(*https://norvig.com/21-days.html*)을 볼 수 있다.
17. 소프트웨어 검증 방법의 일종으로 시스템의 행동을 모델화한 후 해당 시스템 모델이 명시된 특정한 시스템 특성을 만족하는지 자동으로 검증할 수 있다.
18. 미국의 컴퓨터 과학자 및 소프트웨어 엔지니어. RISC 방식의 마이크로프로세서 아키텍처를 개발할 공로로 존 헤네시와 함께 2017년 튜링상을 수상했다.
19. 현재 정식 명칭은 로렌스 버클리 국립 연구소(Lawrence Berkeley National Laboratory)이며 줄여서 버클리 연구소라고도 부른다. 1931년 설립 당시 명칭인 방사선 연구소(Radiation Laboratory)도 관행적으로 쓰인다.
20. 노빅은 자신의 글에서 컴퓨터 과학에는 '컴퓨터'라는 낱말이 들어가기 때문에 컴퓨터에 대

해 알아야 한다고 주장한다. 나아가 컴퓨터가 명령을 실행하고, 메모리에서 데이터 한 워드를 읽고, 디스크에서 순차적으로 연결된 워드를 읽고, 디스크에서 다른 위치에 접근하는 데 걸리는 시간을 알아야 한다고도 한다. 실제로 글의 부록 부분에 PC 메모리 계층별 대략적 접근 시간이 정리되어 있다.

21. 이 이야기의 주인공은 론 제프리즈로, 그의 블로그(ronjeffries.com)에서 해당 글을 볼 수 있다. 제프리즈는 2006년에 스도쿠에 대한 글을 쓰다가 중단했고, 2024년에 재도전해 연재를 마쳤다.
22. 스도쿠 게임을 통해 설명해 보자. 규칙상 한 칸에 들어갈 값을 정하면 그 칸의 이웃 칸들이 가질 수 있는 값이 변하게 되고, 그 이웃 칸 중 하나의 값을 정하면 또 그 이웃 칸의 이웃 칸들이 가질 수 있는 값이 변할 수 있다. 이런 과정을 제약 조건 전파(constraint propagation)라고 한다.
23. 모델이 참이라고 분류한 것 중에서 실제로도 참인 것의 비율
24. 실제 참인 것 중에서 모델도 참이라고 예측한 것의 비율
25. 시스템이 완벽하게 모든 기능을 수행할 수 없을 때 정상 가동할 수 있는 일부 기능만 수행하는 방식을 말한다.
26. 구글에서는 당시 소스 코드 관리 시스템으로 퍼포스(perforce)를 사용하고 있었는데 p4는 퍼포스의 CLI 이름이다.
27. 몬드리안이라는 이름의 시스템으로 구글 내에서만 사용되었다.
28. 에릭 슈밋을 가리킨다. 2001년에서 2011년까지 구글 CEO를 맡았다.
29. 피트-파운드와 뉴턴 모두 힘의 단위이다. 피트-파운드는 미국에서 쓰이는 단위이고 뉴턴은 SI 단위계에 속한다.
30. 마스 서베이어(Mars Surveyer) '98 프로그램의 일부로 기획된 임무였다. 화성의 계절, 기후, 물과 이산화탄소의 존재 여부, 장기간에 걸친 화성의 기후 변화를 연구하기 위해 쏘아 올려졌다.
31. 나사의 우주선을 만드는 연구소이다. 현재는 행성 탐사선을 개발, 운용하거나 관련 장비를 연구하고 있다.
32. 미국의 컴퓨터 제조사로 리스프에 최적화된 컴퓨터를 만들었다.

9장 가이 스틸

1. 미국의 컴퓨터 과학자로 썬을 공동 창업했으며 오랫동안 CTO로 재직했다.
2. 미국의 수학자 겸 작가로 어린이용 작품도 다수 집필했다.
3. 청소년 과학 소설 시리즈의 주인공으로 과학자가 되고 싶어 하는 5학년생이다.
4. 1635년에 설립된 미국 최초의 공립 고등학교로 7학년부터 12학년까지의 과정으로 이루어져 있다. 한국으로 치면 중학교와 고등학교를 아우르는 학제이다.
5. 1971년부터 1973년까지 IBM CEO를 맡았다.

6. Spring Joint Computer Conference. 1950년대에서 1980년대까지 열린 컴퓨터 분야 콘퍼런스 시리즈 중 하나이다.
7. 시스템/360의 입력 장치로 쓰인 기기. 셀렉트릭(Selectric)은 기기의 모태가 된 타자기 이름이고 실제 모델명은 IBM 2741이다.
8. 미국의 컴퓨터 과학자로 전문가 시스템을 연구했다.
9. MIT에서 만든 가장 오래된 범용 컴퓨터 대수 처리 시스템. 1988년 GPL에 따라 소스 코드가 공개되었고, 현재는 Maxima라는 이름으로 유지 관리되고 있다.
10. 《The Design and Analysis of Computer Algorithms》
11. ACM(Association for Computing Machinery)은 컴퓨터 과학 분야 학회의 연합체이다. SIG(Special Interest Group)라는 여러 분과로 나뉘어 콘퍼런스를 주최하거나 저널 등을 펴내고 있다. 『Communications of the ACM』은 ACM에서 출판하는 월간 잡지로 줄여서 CACM이라고도 부른다. 1958년에 창간되었으며 컴퓨터 과학의 다양한 주제를 다룬다.
12. ACM의 프로그래밍 언어 분과인 SIGPLAN에서 발간하는 월간 잡지이다.
13. 학생 회원은 2023년 기준으로 1년에 19달러만 내면 ACM 저널을 볼 수 있고 논문 데이터베이스도 더 저렴한 가격으로 사용할 수 있다.
14. 마틴 가드너는 미국의 과학 저술가로 『Scientific American』에 30년간 297편의 칼럼을 연재했다.
15. Incompatible Timesharing System의 줄임말로 MIT 인공 지능 연구실을 중심으로 개발된 운영 체제이다. MIT에서 과거에 만들었던 Compatible Time-Sharing System의 이름을 살짝 비꼬아서 붙인 이름이다. 스틸과 스톨먼이 ITS에서 최초의 이맥스를 개발했다.
16. TECO(Text Editor and Corrector). 이맥스 이전에 쓰이던 줄 단위 텍스트 편집기이다. 티코 매크로를 통합하여 만들어진 것이 이맥스이다.
17. 미국의 컴퓨터 과학자이자 수학자로 초창기 해커 문화 형성에 기여했다. MIT, 스탠퍼드, 제록스 파크 등에서 일했으며 MIT에서는 맥리스프와 맥시머 등에 참여했다.
18. 가상 현실 모델링 언어(Virtual Reality Modeling Language)로 브라우저에서 삼차원 벡터 그래픽을 표현하기 위한 표준 형식이다. 1990년대에 표준화되었으나 2001년에 X3D로 대체되었다.
19. 《실용주의 프로그래머》 'Topic 10 직교성'을 참고하라.
20. 특정 키보드에 존재하는 특수 키이다. 환경에 따라 윈도 키나 알트 키, ESC 키가 대신 쓰인다.
21. 이맥스 최초 구현자 중 한 명
22. 망치를 든 사람에겐 모든 문제가 못으로 보인다는 격언에서 빌려 온 표현이다.
23. 유튜브에서 강연 영상(*https://www.youtube.com/watch?v=lw6TaiXzHAE*)을 볼 수 있다.
24. 스위스의 컴퓨터 과학자인 니클라우스 비르트를 가리킨다. 파스칼을 비롯해 여러 프로그래밍 언어를 설계했다.
25. 데이비드 허프먼이 개발한 부호화 방식이다. 문자의 등장 빈도에 따라 그 문자의 표현에 다

른 길이를 사용하여 부호화된 결과물의 길이를 줄인다.

26. 18세기 영국의 클럽에서 흰색 공과 검은색 공으로 신입 회원을 받아들일지 만장일치 투표를 하던 문화에서 유래한 말이다. 다른 사람의 가입이나 어떤 결정에 어깃장을 놓는다는 표현이다.
27. 1960년대에 벨 연구소에서 문자열 처리를 위해 개발한 언어로 1970~1980년대에 텍스트 조작을 위해 많이 쓰였다.
28. 1963년에 발표된 초창기 대화형 언어이다. 포컬도 JOSS를 기반으로 만든 언어이다.
29. SNL(Saturday Night Live)은 1975년에 방영을 시작한 미국의 코미디 쇼이다. 벌로 분장한 사람이 등장하는 코너나 정신없는 거친 남자들(Wild and crazy guys)이라고도 불린 코너는 1970년대에 주로 방영되었다. 에드 애스너는 1984년에 출연했다.
30. 디즈니 애니메이션 중 〈판타지아〉에 수록된 '마법사의 제자' 단편을 일컫는다. 제자인 미키가 섣불리 마법을 쓰다가 빗자루가 계속 증식해서 곤경에 처한다.
31. 부호 없는 32비트 정수로 표현 가능한 최댓값은 약 43억이다.
32. 당시 IBM 1130에 탑재된 운영 체제 제품명은 디스크 모니터 2였다.
33. 컴파일의 반대로, 프로그램을 사람이 읽을 수 있는 소스 코드로 역변환하는 작업
34. 당시 가장 널리 쓰인 천공 카드는 한 줄에 칸이 12개 있는 12×80 체계였다.
35. 해당 책의 '쉬어 가기: 프로그램 증명의 한계' 참고
36. 「An Exercise in Proving Parallel Programs Correct」(*https://dl.acm.org/doi/pdf/10.1145/359897.359903*) 참고
37. 벡터 글꼴을 정의하는 프로그래밍 언어이자 이 언어를 실행하는 인터프리터. 도널드 커누스가 텍과 함께 만들었다.
38. HAKMEM이라는 문서 72쪽에 실린 145번 항목 프로그램을 가리킨다. 이 문서는 MIT 인공지능 연구소 사람들의 다양한 알고리즘, 수학 지식 등을 모은 것이다. PDP-10의 36비트 워드에는 6비트 문자가 여섯 자밖에 안 들어가서 'hacks memo'를 'HAKMEM'으로 줄여서 표현했다고 한다. 가이 스틸은 《Hacker's Delight》 추천사에서도 HAKMEM을 언급했다.
39. 'Real Programmers Don't Use Pascal'라는 1980년대 글에서 파생된 글이다.(이 제목 역시 《Real Men Don't Eat Quiche》라는 책 제목의 패러디이다.) 글 속에서 멜은 십육진수 기계어로 프로그램을 쓰는데, 정수 오버플로를 일부러 일으키거나 실행 중인 코드를 변경하는 등 기괴한 기법을 사용한다.
40. 천공 카드가 12×80 규격이었기 때문이다.
41. 엄지를 빼고 양손의 손가락 수를 합하면 8이 된다.

10장 댄 잉걸스

1. 1960년대 메인 프레임과 슈퍼컴퓨터를 주로 만들었던 회사
2. 스탠퍼드 대학교 근처에 위치한 산학 단지로 1970년대 스탠퍼드 연구 단지로 이름이 바뀌

었다. 제록스 파크, 페이스북 같은 회사가 거쳐 갔고 지금도 HP, 테슬라, 구글 등이 입주해 있다.

3. Web Distributed Authoring and Versioning의 줄임말로 웹 서버를 통해 여러 사람이 콘텐츠를 작성할 수 있게 해 주는 HTTP 확장이다.
4. 스퀴크 기반의 어린이용 프로그래밍 환경. 앨런 케이가 설계했고 잉걸스도 개발에 참여했다. 프로그램을 표현하는 타일을 움직이는 방식 등은 스크래치 등 다른 어린이용 프로그래밍 환경에 많은 영향을 주었다.
5. 예전에 사용하던 브라운관 방식 텔레비전이나 모니터는 줄 단위로 화면을 만들었다.
6. 제록스 파크에서 1973년 출시한 개인용 컴퓨터. GUI를 이용한 최초의 컴퓨터였다. 알토의 CPU는 프로그래머가 마이크로코드를 직접 변경할 수 있었다.
7. 데이터 제네럴에서 만든 16비트 미니컴퓨터
8. 베타맥스와 VHS는 1970~1980년대 비디오 테이프 표준을 놓고 경쟁했다. 기능 면에서는 베타맥스가 더 우월하다고 여겨졌지만 결국 VHS가 더 널리 사용되었다.
9. 1979년에 발표된 최초의 스프레드시트 프로그램. 선풍적인 인기를 끌며 애플 II 판매에도 기여했다. 1983년 경쟁 제품인 로터스 1-2-3이 발표되며 빠르게 몰락했다.
10. 영어에서 단어의 발음 순서를 바꾸는 말장난의 일종
11. 1989년에 발표된 초소형 PC. MS-DOS를 돌릴 수 있었다. 마이크로소프트가 2000년에 발표한 PDA 규격인 포켓(Pocket) PC와는 다른 것이다.
12. 도널드 커누스가 만든 가상의 컴퓨터로 《The Art of Computer Programming》에서 사용된다. 나중에 MMIX로 대체되었다.
13. 케네스 아이버슨의 《A Programming Language》를 가리킨다. 케네스 아이버슨이 만든 언어인 APL을 다룬다.
14. 2차 세계 대전 중에 운영된 미국 정보 기관
15. 스몰토크에서는 obj foo:1 bar:2 같은 식으로 함수에 매개 변수를 전달할 때 매개 변수 이름을 항상 써 주어야 한다.

11장 엘 피터 도이치

1. MIT에서 설계한 완전 트랜지스터 방식 컴퓨터로 이후 PDP-1 제작에 영향을 미쳤다.
2. 로체스터 대학교는 미국 뉴욕주 서부에, 버클리는 캘리포니아주 샌프란시스코 근처에 위치해 있다. 캘리포니아 기후는 화창하기로 유명하다.
3. 포스트스크립트 언어의 최초 버전을 가리킨다. 이후에 포스트스크립트 레벨 2, 포스트스크립트 레벨 3이 추가되었다.
4. 미국의 컴퓨터 과학자로 핑거 트리, 레드-블랙 트리 자료 구조로 유명하다. 2007년 여러 알고리즘을 다양한 컴퓨터 과학 분야에 적용한 기여를 인정받아 ACM-AAAI 앨런 뉴웰상을 받았다. 최근 주 연구 분야는 심층 신경망을 이용한 컴퓨터 비전이다.

5. 에니악을 개발한 존 에커트와 존 모클리가 창업한 에커트-모클리 컴퓨터 회사에서 출시한 컴퓨터
6. 미국의 컴퓨터 과학자로 멀틱스 프로젝트 창시자 중 한 명이다.
7. 프로젝트 지니의 설계에 따라 제작된 상업용 시분할 시스템. 사이언티픽 데이터 시스템스에서 출시했다.
8. SDS940에 탑재된 줄 단위 편집기. Quick Editor를 줄인 이름이다. 나중에 켄 톰프슨이 다른 운영 체제용으로 다시 작성했고, 이후 유닉스에 추가된 편집기들에도 영향을 주었다.
9. MIT 학생들이 만든 모임으로 당시 해커 문화의 요람이었다. 엘 피터 도이치도 클럽의 일원이었다.
10. 미국의 컴퓨터 과학자로 BBN, 제록스 파크에서 일했고 인터리스프 개발에 참여했다.
11. 2007년에 발매된 마이크로소프트 윈도 버전으로 높은 요구 사항과 느린 속도로 많은 비난을 받았다.
12. 스몰토크에서는 실행 중인 프로그램의 상태를 이미지라고 부르는데, 이미지 안에서는 프로그램 자체도 하나의 객체로 취급되므로 다른 객체들과 구분되지 않는다.
13. 비주얼웍스를 인수한 회사. 비주얼웍스라는 제품 이름도 2023년 씬콤 스몰토크로 바뀌었다.
14. 리스프 코드에 괄호가 많이 등장하는 것을 비꼰 표현이다.
15. 클래스에 추가적인 메서드나 속성을 추가하는 것. 《실용주의 프로그래머》 'Topic 31 상속세'를 참고하라. 예를 들어 파이썬 클래스에 믹스인을 붙여서 + 또는 - 기호의 동작을 변경할 수 있다.
16. 보이어와 무어 두 사람은 보이어-무어 문자열 검색 알고리즘, 보이어-무어 과반수 투표 알고리즘 등을 고안했다. 그 외에도 Nqthm이라는 자동 정리 증명기를 개발했는데 이 증명기는 AMD K5 프로세서의 부동 소수점 나누기 연산의 정확성을 증명하는 데 사용되었다.
17. 그리스 신화에서 헤라클레스가 죗값을 치르기 위해 해내야 했던 일들

12장 켄 톰프슨

1. 멀틱스는 MIT, 제너럴 일렉트릭, 벨 연구소의 공동 프로젝트로 추진되었다. 하지만 1969년 벨 연구소가 프로젝트에서 발을 뺐고, 뒤이어 1970년 제너럴 일렉트릭이 컴퓨터 사업에서 철수하면서 컴퓨터 사업부를 허니웰에 매각했다. 이후 허니웰이 멀틱스가 탑재된 하드웨어를 판매했지만 1980년대에 개발이 중단되었고, 허니웰 하드웨어에서 동작하던 마지막 멀티스 시스템은 2000년 10월 운영을 중단했다.
2. 체스에서 주요 말이 다 잡히고 양쪽 모두 킹과 기물 한두 개, 폰 몇 개 정도가 남아 있을 때를 보통 엔드게임이라고 지칭한다.
3. 체스의 엔드게임에서 기물의 위치를 배열한 후 어떤 기물을 어떻게 움직일 때 승, 무, 패가 어떻게 나오는지 그리고 완벽한 수를 둔다면 승부가 나기까지 몇 수가 걸리는지 미리 계산

해 놓은 데이터베이스이다.

4. 동명의 영화에서 따온 이름이다. 벨 연구소에서 유닉스의 한계를 개선하기 위해 야심 차게 준비한 운영 체제로 많은 장점과 혁신에도 불구하고 흥행에는 실패했다.
5. 1950~1970년대에 미국에 도입된 새로운 수학 교육 과정
6. 켄 톰프슨은 초등학교 8년, 고등학교 4년으로 이루어진 학제에 따라 학교를 다녔다.
7. 신체 접촉 없이 소리를 내는 전자 악기로, 안테나 두 개에서 발생시킨 전자기장을 손으로 간섭시켜 소리를 표현한다.
8. 원기둥 모양의 드럼 메모리를 주기억 장치로 사용하는 컴퓨터
9. 알골 58에서 파생된 언어. 미 해군 전자 연구소에서 항공 모함이나 순양함에 설치되는 전략적 지휘 제어 시스템 개발을 위해 만들었다.
10. 1959년부터 1970년까지 생산된 비교적 저렴한 과학 계산용 컴퓨터
11. 테트리스는 정사각형 4개를 이어 붙인 블록인 테트로미노(tetromino)를 이용하는 게임이다.
12. DEC에서 출시한 PDP-7이라는 18비트 미니컴퓨터였다. 톰프슨은 이 기계가 작았다고 말하지만 무게는 500kg에, 책장을 2~3개 붙인 정도로 요즘 컴퓨터에 비하면 상당히 컸다.
13. TENEX, PDP-10을 구동하기 위해 초기에 사용했던 운영 체제. 추후 PDP-10은 DEC에서 자체 개발한 TOP-20 운영 체제를 쓰기 시작했다. 톰프슨이 언급한 대니얼 보브로가 테넥스 개발에 참여했다.
14. 리처드 게이브리얼의 홈페이지(*https://www.dreamsongs.com*)에서 읽을 수 있다.
15. 그리스 출신 컴퓨터 과학자로 MIT 컴퓨터 과학 연구소 디렉터를 맡았고 월드 와이드 웹 컨소시엄 창설에도 기여했다. GNU 프로젝트와 자유 소프트웨어 재단이 MIT를 기반으로 활동할 수 있도록 지원하기도 했다.
16. 유닉스의 탄생에 대해 더 알고 싶다면 벨 연구소 동료였던 브라이언 커니핸이 쓴 《유닉스의 탄생》(하성창 옮김, 한빛미디어, 2020)을 참고하라.
17. 핑은 서버 동작 여부나 네트워크 상태를 확인하기 위한 기능이다. 핑에 사용하는 ICMP 패킷은 원래 매우 작은데, 죽음의 핑 공격은 이 패킷의 크기를 훨씬 크게 설정하여 이를 제대로 처리하지 못하는 시스템을 마비시키는 공격이다.
18. 켄 톰프슨이 개발에 참여한 고 언어는 가비지 컬렉터를 사용한다.
19. 구글이 실험적인 프로젝트나 기능을 선보이던 사이트. 2011년에 문을 닫았다.
20. 《구글 엔지니어는 이렇게 일한다》 중 '3.8 가독성 제도'를 참고하라.
21. 수식 처리를 위한 언어이자 수식 모델 설계, 데이터 분석, 시각화를 위한 소프트웨어
22. exec 호출 기능, 셸, 편집기, 어셈블러를 말한다.
23. 정적 링크를 수행한 프로그램 파일을 말한다.
24. 비교적 저급 언어로 작성된 라이브러리를 별도 구현 과정이나 성능 저하 없이 고급 언어 환

경에서 가져다 쓸 수 있도록 대응시킨 래퍼 라이브러리 같은 것을 말한다.

25. 결정적 유한 오토마타(deterministic finite automata)를 말한다. 유한 상태 기계(finite state machine)의 일종으로 현재 상태와 입력에 따라 다음 상태가 유일하게 결정되는 기계이다.

13장 프랜 앨런

1. 스트레치는 IBM 최초의 트랜지스터 슈퍼컴퓨터이고, 하베스트는 스트레치에 연동되는 부가 장치로 암호 해독용으로 설계됐다. 스트레치-하베스트는 미국 국가 안보국에서 1976년까지 운영됐다.
2. 각 변수가 딱 한 번만 값을 할당받는 형태의 프로그램을 가리킨다. 다양한 컴파일러 최적화를 적용하기에 더 용이한 형태이다.
3. 영문판 위키백과 'IBM 650' 항목에서 드럼 사진을 볼 수 있다.
4. 포트란 주요 개발자 중 한 명이며 IBM 704 어셈블러를 개발하기도 했다.
5. 필리프 샤를은 이 파서를 바탕으로 박사 논문을 썼고, 오픈 소스 자바 컴파일러인 자이크스(Jikes)에 적용한 후 지속적으로 발전시켰다. 2005년에 개발이 멈추었지만 소스 코드는 깃허브 저장소(*https://github.com/daveshields/jikespg*)에서 볼 수 있다.
6. 현재 처리 중인 내용의 다음 내용을 미리 확인하는 것을 말한다. CPU에서는 다음 인스트럭션에 사용하는 명령어나 데이터를 미리 확인하고 준비하면 전체 실행 시간을 줄일 수 있다.
7. 《맨먼스 미신》을 가리킨다.
8. UIUC 교수로 일했으며 병렬성 관련 연구에 많은 업적을 남겼다. 병렬성 프로그래밍 도구인 OpenMP에도 크게 기여했다.
9. 2000년에 제정된 'Frances E. Allen Women in Technology Mentoring Award'를 말한다. 앨런이 2020년 세상을 떠난 후에는 ACM에서 2021년부터 'ACM Frances E. Allen Award for Outstanding Mentoring'을 제정하여 컴퓨터 분야의 다양성, 형평성, 포용성 증진에 기여한 사람에게 수여하고 있다.
10. 이 책을 번역하는 현재 AMD 라이젠 AI 맥스+ 제품군, 인텔 코어 울트라 시리즈 1 제품군, 애플 M4 맥스 모두 최대 16코어를 탑재하고 있다.
11. 1초에 10^{15}번 부동 소수점 연산을 할 수 있는 성능을 말한다. 2024년 11월 18일 미국 로런스 리버모어 연구소의 슈퍼컴퓨터 엘 캐피탠이 1742페타플롭을 돌파했다.
12. IBM의 역사를 살펴보면 IBM이란 사명을 쓰기 시작한 건 1924년부터이고 그 이전(1911~1924) 사명은 CTR(Computing-Tabulating-Recording Company)이었다. 앨런이 언급한 1899년은 네 개 회사가 합병해 CTR을 구성하기(1911) 이전 시기이다. 기록에 따르면 IBM 전신 시기인 1899년에 최초의 흑인 직원과 여성 직원을 고용한 것으로 알려져 있다. 1914년에는 최초의 장애인 직원을 고용했고 1935년부터는 IBM 교육 센터의 전문직 교육 과정을 여성에게도 개방하기 시작했다. 2011년에는 첫 여성 CEO가 임명됐다.
13. 암달의 법칙으로 유명한 남성 컴퓨터 과학자

14. 슈퍼 컴퓨터를 만드는 프로젝트였다. 실제 제품은 출시되지 못했으나 이후 고성능 컴퓨팅 분야에 많은 영향을 주었다.
15. 아든 하우스는 미국 철도 사업가 에드워드 해리먼이 1909년 지은 저택이다. 현재는 콘퍼런스 센터로 쓰이고 있다.
16. 미국은 2020년 기준 22%, 한국은 2021년 기준 30% 정도이다.
17. 미국의 컴퓨터 과학자로 기술 분야에서 여성의 지위 향상에 크게 공헌했다.
18. OLPC(The One Laptop per Child)라는 이름의 프로젝트로 저렴한 노트북 컴퓨터를 개발해 저개발 국가에 보급하는 프로젝트였다. 2005년에 시작되어 많은 호응을 받았지만 가격과 유지 보수 등 다양한 문제로 많이 보급되지 못했다.
19. 미국의 유명 과학 경진 대회이다. 원래 이름은 웨스팅하우스 과학 영재 발굴(Science Talent Search) 대회였는데 2023년 대회 후원사가 바뀌어 리제너론(Regeneron) 과학 영재 발굴 대회로 바뀌었다.
20. 미국의 컴퓨터 과학자로 컴파일러 최적화와 컴퓨터 아키텍처를 연구했다. 인스트럭션을 적게 사용하고 단순한 인스트럭션을 빠르게 수행하는 칩을 설계하자는 그의 아이디어는 RISC 아키텍처 탄생으로 이어졌다.

14장 버니 코셀

1. 요즘으로 치면 네트워크 라우터에 해당하는 역할을 했다.
2. 원문에는 원래 러시아 황제를 의미하는 차르(czar)라는 낱말이 쓰였다. 소프트웨어 팀에서는 특정 분야 담당자나 책임자를 의미하는 비공식 용어로 많이 사용한다.
3. 간단한 패턴 매칭으로 구현된 일종의 인공 지능 상담 프로그램으로 환자와 상담하는 의사 역할을 한다.
4. IBM 403은 1940년대 후반 출시된 통계, 회계 계산을 위한 기계이다. 천공 카드 입력을 읽어 들여 내장된 프린터로 출력할 수 있었다. 배선반의 전선을 이리저리 연결해 동작을 제어했다.
5. Mathematics and Computation의 줄임말로 1963년 MIT에 만들어진 연구 조직이다. 운영 체제, 인공 지능, 계산 이론 등에 수많은 업적을 남겼고 이후 MIT 컴퓨터 과학 인공 지능 연구소(CSAIL)로 이어졌다. 가이 스틸이 개발에 참여한 맥리스프의 이름도 여기서 딴 것이다.
6. MIT 바로 옆에 위치한 업무용 건물들이다. 첫 건물이 문을 연 1963년에 프로젝트 맥이 이 건물에 입주했다.
7. 빌 고스퍼와 더불어 초창기 해커 문화를 주도한 인물이다. 맥리스프와 ITS 주요 개발자이기도 하다.
8. 1962년 PDP-1에서 만들어진 세계 최초의 디지털 컴퓨터 게임
9. 미국의 컴퓨터 과학자로 여러 가지 TX-0, PDP-1용 소프트웨어를 개발했다. 테크모형철도클럽 사전을 집필하기도 했다.

10. 1964년에 완공된 52층 빌딩. 1975년까지 보스턴에서 가장 높은 빌딩이었다.
11. 코셀과 함께 BBN에 근무한 컴퓨터 과학자이다. 9장에 나온 티코 편집기를 처음 만들었다.
12. 리스프의 자료 구조인 cons 셀을 다루는 함수들이다.
13. 정식 명칭은 거대한 동굴 탐험(Colossal Cave Adventure)으로 윌 크라우더가 1976년에 발표한 PDP-10용 텍스트 기반 게임이다.
14. Terminal Interface Processor. 네트워크에 컴퓨터 대신 직접 연결할 수 있는 터미널이었다.
15. 앞에서도 묘사했듯이 어셈블은 어셈블리어 소스 코드를 바이너리로 바꾸어 종이테이프에 기록하는 과정을 말한다. 프로그램 전체의 어셈블 작업은 번거롭기 때문에 일부 코드만 바꾸어 가며 디버깅했던 것으로 보인다. 종이테이프는 자르거나 이어 붙이는 식으로 편집할 수 있었다.
16. 프로그램 평가 검토 기법(program evaluation and review technique)으로 프로젝트 일정을 체계적으로 추정할 때 사용하는 기법이다.
17. 펄 자체에서는 if(not ~)과 unless(~)가 동일하다. 사람이 코드를 읽을 때 if not과 unless 사이에 뉘앙스의 차이가 있다는 뜻이다.
18. 미국의 소프트웨어 엔지니어링 개척자 중 한 명으로 SEI의 CMM에 큰 영향을 미쳤다.
19. SQL 삽입 공격 기법을 가리킨다.
20. 1970년대까지 쓰이던 디스플레이 장치로 점이 아니라 선을 그어서 화면을 채우는 방식이었다. IMLAC은 이런 디스플레이가 딸린 컴퓨터를 제조하던 회사 이름이다.

15장 도널드 커누스

1. '100 or so Books that shaped a Century of Science'(*https://www.americanscientist.org/article/100-or-so-books-that-shaped-a-century-of-science*) 기사의 'The Physical Sciences' 중 'Monographs'에서 전체 목록을 볼 수 있다.
2. 상향식 구문 분석 방법 중 하나로 왼쪽에서 오른쪽으로 텍스트를 읽으며 구문 분석을 수행한다. 텍스트를 오른쪽에서 왼쪽으로 역추적하거나 추측하는 작업 없이 올바른 단일 구문 분석을 생성할 수 있다.
3. 원래 계획은 안식년인 1978년 동안 개발을 마치고 완성하는 것이었으나 이후 1982년 완전히 재작성된 버전이 발표됐고 1990년에는 3.0 버전이 나왔다.
4. 1967년 웨스턴 리저브 대학교(Western Reserve University)와 합병하면서 케이스 웨스턴 리저브 대학교로 바뀌었다. 현재 미국 오하이오주 클리블랜드에 위치하고 있으며 연구 중심 명문 사립 대학교이다.
5. 불 함수를 나타내는 데 사용하는 자료 구조
6. 도널드 커누스가 만든 64비트 RISC 프로세서 방식의 가상 머신으로, 이전에 설계했던 MIX의 다음 버전이다. 《The Art of Computer Programming》 4A권부터 예제 코드 형식이 MIX에서 MMIX의 어셈블리어 코드로 대체되었다.

7. 미국의 프로그래머로 가이 스틸과 함께 《The Hacker's Dictionary》를 공동 편집했고 윌 크라우더의 '어드벤처' 게임 개발에도 참여했다.

8. 정사각형 모양의 4×4 보드에서 1부터 15까지의 숫자 중 하나가 적힌 조각들을 상하좌우로 움직여 순서대로 맞추는 게임이다.

9. ACM에서 운영하는 *https://www.computingreviews.com/*으로 보인다.

10. 1996년 『Byte』와의 인터뷰에서 커누스가 한 말이다. 원문 출처: *http://www.literateprogramming.com/byte1996.html*

11. 정보 처리 언어(Information Processing Language)라는 프로그래밍 언어로 1956년 개발되었다. IPL 언어의 기본 자료 구조로 사용하기 위해 연결 리스트가 최초로 고안되었다.

12. 문학적 프로그래밍 언어 WEB이나 CWEB에서 위브는 소스 파일에서 문서 부분을 추출하는 과정을, 탱글은 코드를 추출하는 과정을 각각 가리킨다.

13. 유니코드에서는 인코딩에 따라 문자 하나를 16비트 이상으로 표현하기도 한다. 커누스는 1990년에 마지막 주요 버전이 될 텍 3.0 버전을 발표했는데 이 버전은 8비트밖에 지원하지 않았다. 그래서 1991년에 발표된 오메가는 존 플레이스와 야니스 하랄람보스가 별도의 프로그램으로 만들었다.

14. AND, OR, NOT 논리 소자를 이용해서 만든 회로이다. 0과 1로 된 이진 입력을 넣으면 다시 0과 1 중 하나를 출력한다.

15. 《소프트웨어 크리에이티비티 2.0》(로버트 L. 글래스 지음, 이해영·박재호 옮김, 위키북스, 2009)

16. 원래는 '변칙적이고 이상한 것'이라는 뜻을 내포하는 단어이다. 균형과 조화를 중시하는 르네상스 양식에서 탈피하여 불규칙하고 과장된 기법을 통해 입체감과 역동성, 극적인 격정을 표출하는 예술 양식 사조이다.

17. 심리 철학 및 인공 지능 분야에서 유명한 미국의 컴퓨터 과학자로 자연 언어 이해 프로그램인 SHRDLU를 개발했다.

18. 미국의 컴퓨터 과학자이자 수학자로 분산 시스템 이론의 토대를 마련한 공로로 2013년 ACM 튜링상을 수상했다.

19. 1994년 영국의 수학자 앤드루 존 와일스 경이 정리가 참임을 증명했다.

20. 조합론(Combinatorics)이라고도 한다. 주로 유한하고 셀 수 있는 구조를 다루는 수학의 하위 분야이다. 순열, 조합처럼 수를 세는 기법이나 그래프, 트리 등을 아우른다.

21. 1965년에 데이크스트라가 설계한 최초의 멀티프로그래밍 운영 체제이다.

22. 1964년 조지 벙커와 사이먼 래모가 설립한 회사로 주로 군용 전자 장비와 디지털 컴퓨터를 제조했다.

23. 1976년 출간된 《Source Code and Commentary on UNIX Level 6》를 말한다.

24. 빌 앳킨슨이 작성한 드로잉 프로그램인 맥페인트와 퀵드로우 소스 코드를 말한다. 컴퓨터 역사 박물관 웹사이트(*https://computerhistory.org/blog/macpaint-and-quickdraw-source-code/*)나 깃허브에서 소스 코드를 받을 수 있다.

찾아보기